MANUAL DE DIREITO CONSTI TUCIONAL

Danniel Adriano Araldi Martins

MANUAL DE DIREITO CONSTI TUCIONAL

3ª EDIÇÃO
revista, ampliada e atualizada

CONFORME:

- EC 131/2023 – Perda da nacionalidade originária para os brasileiros que adquirem outra nacionalidade
- EC 130/2023 – Permuta entre juízes estaduais de diferentes tribunais
- Lei 14.601/2023 – Reestruturação da política nacional de Assistência Social
- Informativo 1.118 / STF

2024

EDITORA JusPODIVM
www.editorajuspodivm.com.br

EDITORA JusPODIVM
www.editorajuspodivm.com.br

Rua Canuto Saraiva, 131 – Mooca – CEP: 03113-010 – São Paulo – São Paulo
Tel: (11) 3582.5757
• Contato: https://www.editorajuspodivm.com.br/central-de-relacionamento

Diagramação: Equipe *Jus*podivm

Capa: Maitê Coelho e Cendi Coelho *(cendicoelho@gmail.com)*

Imagem: Enocoooper em Vecteezy.com

M386m Martins, Danniel Adriano Araldi.
Manual de Direito Constitucional /Danniel Adriano Araldi Martins.– 3.ed., rev., ampl. e atual. - São Paulo: Editora Juspodivm, 2024.

944p.

Inclui Bibliografia
ISBN: 978-85-442-4769-3

1. Direito Constitucional.2. Poder Constituinte. 3. Constitucionalidade. 4. Direitos Fundamentais. I. Martins, Danniel Adriano Araldi. II. Título.

CDD 341.2

Bibliotecária responsável:
Ana Carolina Ribeiro Mois – CRB7 – RJ 007348/0

Dedico esse livro à Nossa Senhora,
mãe do Nosso Senhor Jesus Cristo.

À minha amada esposa Helena
e à minha querida mãe Ivone,
que me fizeram – e fazem –
um homem melhor.

APRESENTAÇÃO

Todo estudante depara-se com duas grandes preocupações ao escolher um manual de Direito Constitucional: ao mesmo tempo em que se busca um livro que aborde, de forma aprofundada, todos os principais temas da matéria, almeja-se que a obra seja clara e objetiva.

Essa inquietude é ainda mais latente para aqueles que desejam se preparar para concursos públicos. Com o grande volume de matérias a serem estudadas e o alto nível de exigência das bancas examinadoras, não há como abrir mão de nenhum desses pilares.

Acredito ter, com essa obra, resolvido essa questão.

Preocupei-me em expor, de forma clara e organizada, todos os pontos para a formação de uma sólida base doutrinária. Para tanto, recorri aos grandes autores pátrios e estrangeiros. Também abordei os principais julgados de nossa Corte Suprema, explicando-os e relacionando-os com a doutrina.

Onde há divergências, tomei o cuidado de apresentar as diversas visões sobre o tema, apontando sempre qual posição é majoritária.

Assim, entrego aos leitores um livro profundo e claro; completo e objetivo.

Desejo a todos uma boa leitura e espero fazer parte da concretização dos seus maiores sonhos.

Aos estudos!

SUMÁRIO

PARTE I: TEORIA DA CONSTITUIÇÃO

CAPÍTULO 1

CONSTITUCIONALISMO 37

1. Conceito 37
2. Constitucionalismo antigo 38
   - 2.1. Constitucionalismo hebreu 38
   - 2.2. Constitucionalismo na Grécia Antiga 39
   - 2.3. Constitucionalismo na Roma Antiga 39
3. Constitucionalismo Medieval 40
4. Constitucionalismo moderno 41
   - 4.1. Reino Unido 42
   - 4.2. Estados Unidos 43
   - 4.3. França 44
   - 4.4. Tabela comparativa entre as principais características dos três modelos de constitucionalismo moderno 46
5. Constitucionalismo social 46
6. Neoconstitucionalismo ou Constitucionalismo contemporâneo 47
7. Constitucionalismo antiliberal 49
8. Constitucionalismo abusivo 50
9. Constitucionalismo e globalização – mal-estar da constituição 51
10. Patriotismo constitucional 54

CAPÍTULO 2

DIREITO CONSTITUCIONAL E CONSTITUIÇÃO ... 55

1. Conceito de Direito Constitucional ... 55
2. Objeto do Direito Constitucional ... 55
3. Natureza do Direito Constitucional ... 56
4. Conceito de constituição ... 56
5. Classificação das constituições ... 58
6. Histórico das constituições brasileiras ... 67
   A. Constituição de 1824 ... 67
   B. Constituição de 1891 ... 68
   C. Constituição de 1934 ... 69
   D. Constituição de 1937 ... 72
   E. Constituição de 1946 ... 73
   F. Constituição de 1967 ... 75
   G. Constituição de 1988 ... 78

CAPÍTULO 3

PODER CONSTITUINTE ... 81

1. Conceito ... 81
2. Origem do poder constituinte ... 81
3. Poder constituinte originário ... 83
   A. Introdução ... 83
   B. Titularidade ... 83
   C. Natureza jurídica ... 84
   D. Atributos do poder constituinte originário ... 85
      D.1. Inicial ... 85
      D.2. Autônomo ... 85
      D.3. Ilimitado ... 86
      D.4. Incondicionado ... 87
      D.5. Permanente ... 87
   E. Procedimento constituinte ... 87
      E.1. Momento constitucional ... 88

E.2. Formas de expressão do poder constituinte 88
F. "Reforma" da constituição via poder constituinte originário 89

4. Poder constituinte derivado 90
A. Introdução 90
B. Poder constituinte derivado reformador 91
B.1. Introdução 91
B.2. Poder constituinte derivado reformador na Constituição de 1988 92
I. Revisão constitucional 92
II. Emendas constitucionais 95
II.1. Limitações formais 95
II.2. Limitações circunstanciais 96
II.3. Limitações materiais 96
II.4. Limitações formais ou circunstanciais implícitas? 105
C. Poder constituinte derivado decorrente 106
C.1. Poder constituinte derivado decorrente no âmbito dos estados-membros 106
C.2. Poder constituinte derivado decorrente no Distrito Federal 111
C.3. Poder constituinte derivado decorrente no âmbito dos Municípios 112
D. Mutação constitucional 113
D.1. Conceito 113
D.2. Mecanismos de atuação 114
D.3. Limites 115

CAPÍTULO 4

NORMAS CONSTITUCIONAIS 117

1. Introdução 117
2. Texto normativo e norma constitucional 118
3. Características das normas constitucionais 118
4. Normas constitucionais especiais 120
A. Preâmbulo 120
B. Disposições constitucionais transitórias 122

5. Princípios, regras e postulados normativos 123

A. Introdução 123
B. Critérios distintivos entre regras e princípios 124
B.1. Critérios quantitativos 124
B.2. Critérios qualitativos 126
C. Postulados normativos 128
6. Eficácia das normas constitucionais 129
A. Ruy Barbosa 129
B. Pontes de Miranda 130
C. José Afonso da Silva 130
7. Normas constitucionais no tempo 133
A. Introdução 133
B. Aspectos gerais da incidência no tempo das normas constitucionais 134
C. Relação entre a nova constituição e a ordem constitucional anterior 137
D. Relação entre a nova constituição e a ordem infraconstitucional anterior .. 139

CAPÍTULO 5

HERMENÊUTICA E INTERPRETAÇÃO CONSTITUCIONAL 143

1. Introdução 143
2. Método clássico de interpretação 148
A. Elemento gramatical 148
B. Elemento histórico 149
C. Elemento sistemático 150
D. Elemento teleológico 150
3. Métodos e princípios de interpretação específicos 151
A. Princípios de interpretação da constituição 151
A.1. Princípio da unidade da constituição 151
A.2. Princípio da concordância prática 151
A.3. Princípio do efeito integrador 152
A.4. Princípio da força normativa da constituição e princípio da máxima efetividade 152
A.5. Princípio da justeza 152
A.6. Princípios da razoabilidade e da proporcionalidade 153
I. Questão terminológica 153

II. Origens 153
III. Natureza jurídica 154
IV. Aplicação dos princípios da razoabilidade e da proporcionalidade 155
V. Proibição de proteção insuficiente 157
B. Métodos de interpretação constitucional 158
B.1. Método tópico-problemático 158
B.2. Método hermenêutico-concretizador 158
B.3. Método científico-espiritual 159
B.4. Método normativo-estruturante 160

PARTE II: PRINCÍPIOS FUNDAMENTAIS DA CONSTITUIÇÃO FEDERAL DE 1988

CAPÍTULO 6

PRINCÍPIOS FUNDAMENTAIS DA REPÚBLICA FEDERATIVA DO BRASIL 163

1. introdução 163
2. Princípios estruturantes da República Federativa do Brasil 163
A. Republicanismo 164
B. Estado Democrático de Direito 165
B.1. Estado de Direito 165
B.2. Democracia 167
B.3. Síntese: o Estado Democrático de Direito 169
C. Separação dos Poderes 169
D. Federalismo 173
2. fundamentos da República Federativa do Brasil 173
3. Objetivos da República Federativa do Brasil 178
4. Princípios da República Federativa do Brasil nas relações internacionais 179

PARTE III: ORGANIZAÇÃO POLÍTICO-ADMINISTRATIVA

CAPÍTULO 7

FORMAS DE ESTADO 183

1. Introdução 183
2. Tipologia das Formas de Estado 183
3. Estado federal 186
   A. Características 186
   B. Tipologia do federalismo 187
   C. Autonomia dos entes federativos 191

CAPÍTULO 8

O ESTADO FEDERAL BRASILEIRO 193

1. Introdução 193
2. Técnicas de repartição de competências 195
3. Entes federativos brasileiros 196
   A. União Federal 196
      A.1. Conceito 196
      A.2. Bens da União 197
      A.3. Competências da União 198
   B. Estados-membros 223
      B.1. Conceito 223
      B.2. Formação dos Estados-membros 223
      B.3. Bens dos Estados-membros 225
      B.4. Competências dos Estados-membros 225
      B.5. Regiões metropolitanas 226
   C. Municípios 227
      C.1. Conceito 227
      C.2. Posição dos Municípios na federação 228
      C.3. Formação dos Munícipios 229
      C.4. Bens dos Municípios 230

C.5. Competências dos Municípios 231
D. Distrito Federal 233
D.1. Criação do Distrito Federal 233
D.2. Natureza jurídica do Distrito Federal 234
D.3. Autonomia do Distrito Federal 234
D.4. Competências do Distrito Federal 235
D.5. Peculiaridades do Distrito Federal 235
E. Territórios Federais 236
F. Federação e a pandemia da COVID-19 237

CAPÍTULO 9

INTERVENÇÃO 245

1. Noções Gerais 245
2. Intervenção federal 246
3. Intervenção estadual 251

PARTE IV: ORGANIZAÇÃO DOS PODERES

CAPÍTULO 10

FUNÇÕES TÍPICAS E ATÍPICAS 255

CAPÍTULO 11

PODER LEGISLATIVO 257

1. Funções do poder Legislativo 257
2. Estrutura do Poder Legislativo 258
A. Estrutura do Poder Legislativo federal 258
B. Estrutura do Poder Legislativo estadual 260
C. Estrutura do Poder Legislativo federal 261
3. Atribuições do Poder Legislativo 262

A. Atribuições do Congresso Nacional ... 262
B. Atribuições da Câmara dos Deputados ... 265
C. Atribuições do Senado Federal ... 265

4. Funcionamento do Poder Legislativo ... 267
A. Reuniões ... 267
B. Mesas ... 268
C. Comissões parlamentares ... 270
C.1. Conceito e características ... 270
C.2. Comissões temáticas ... 271
C.3. Comissão representativa do Congresso Nacional ... 272
C.4. Comissões Parlamentares de Inquérito (CPIs) ... 272
I. Conceito e requisitos ... 272
II. Poderes das Comissões Parlamentares de Inquérito ... 275
III. Sindicabilidade dos atos das Comissões Parlamentares de Inquérito ... 280
IV. Conclusões das Comissões Parlamentares de Inquérito ... 281
V. Comissões Parlamentares de Inquérito estaduais e municipais ... 282

5. Remuneração dos parlamentares ... 283

6. Estatuto dos parlamentares ... 285
A. Introdução ... 285
B. Imunidades parlamentares ... 285
B.1. Regras gerais ... 285
B.2. Imunidade material ... 286
B.3. Imunidades formais ... 289
I. Imunidade formal em relação à prisão ... 290
II. Imunidade formal em relação ao processo ... 291
B.4. Foro por prerrogativa de função ... 293
B.5. Outras garantias ... 299
I. Outras garantias ... 299
B.6. Imunidades parlamentares estaduais, distritais e municipais ... 300
C. Incompatibilidades e impedimentos ... 302
D. Perda do mandato ... 303
D.1. Visão geral ... 303
D.2. Perda do mandato por quebra do decoro parlamentar ... 304

D.3. Perda do mandato em razão de sentença penal condenatória transitada em julgado ... 305
D.4. Renúncia do cargo ... 307
D.5. Controle judicial do processo de cassação ... 307
I. Hipóteses em que o parlamentar não perde o mandato parlamentar ... 308

7. Processo legislativo ... 309
A. Introdução ... 309
B. Leis ordinárias e leis complementares ... 310
B.1. Fase introdutória (iniciativa) ... 310
I. Fase introdutória ... 310
I. Iniciativa concorrente ... 311
II. Iniciativa privativa ... 311
III. Iniciativa popular ... 318
IV. Iniciativa conjunta ... 320
V. Formalização da iniciativa ... 321
B.2. Fase constitutiva ... 322
I. Deliberação parlamentar ... 322
I.1. Parecer das Comissões ... 322
I.2. Discussão e votação nas Casas Legislativas ... 323
I.3. Emendas parlamentares ... 326
I.4. Regime de urgência constitucional ... 329
II. Deliberação executiva ... 330
II.1. Sanção ... 330
II.2. Veto ... 331
B.3. Fase complementar ... 335
I. Promulgação ... 336
II. Publicação ... 336
C. Processos legislativos especiais ... 337
C.1. Emendas constitucionais ... 337
I. Introdução ... 337
I.I. Limitações formais ... 338
II.1. Fase introdutória (iniciativa) ... 338
II.2. Fase constitutiva ... 342
II.3. Fase complementar ... 344

C.2. Leis delegadas 344
C.3. Medidas provisórias 346
I. Introdução 346
II. Natureza jurídica 347
III. Elaboração das medidas provisórias 348
III.1. Fase pré-congressual 348
III.2. Fase congressual (lei de conversão) 354
IV. Medidas provisórias nos Estados-membros e nos Municípios? 360
C.4. Decretos legislativos 360
C.5. Resoluções 361
8. Processo legislativo 362
A. Introdução 362
B. Tribunais de Contas 364
B.1. Origem, conceito e natureza jurídica 364
B.2. Composição 365
B.3. Competências 366
B.4. Tribunais de Contas estaduais e municipais 374
B.5. Ministério Público Especial 378

CAPÍTULO 12

PODER EXECUTIVO 381
1. Funções do poder executivo 381
2. Sistemas de Governo 382
3. Estrutura do Poder Executivo Federal 384
A. Presidente da República 384
A.1. Eleição, posse e mandato 384
A.2. Substituição e sucessão do Presidente da República 386
A.3. Atribuições do Presidente da República 388
B. Vice-Presidente da República 392
C. Ministros de Estado 393
D. Conselho da República e Conselho de Defesa Nacional 394
4. Estrutura do Poder Executivo Estadual 395

5. Estrutura do Poder Executivo Municipal ... 397
6. Responsabilidade do Presidente da República ... 397
A. Infrações penais comuns ... 397
B. Crimes de responsabilidade ... 399
B.1. Conceito de crime de responsabilidade ... 399
B.2. Processo de impeachment ... 400
I. Introdução ... 400
II. Primeira etapa – Câmara dos Deputados ... 401
III. Segunda etapa – Senado Federal ... 402
IV. Sanções ... 404
V. Controle jurisdicional ... 405
7. Responsabilidade dos governadores e dos prefeitos ... 405
A. Governadores dos Estados-membros ... 405
A.1. Infrações penais comuns ... 405
A.2. Crimes de responsabilidade ... 406
B. Prefeitos Municipais ... 409

CAPÍTULO 13

PODER JUDICIÁRIO ... 411

1. Funções do poder judiciário ... 411
2. Garantias do poder judiciário ... 411
A. Garantias institucionais ... 412
B. Garantias funcionais ... 414
3. Estrutura do poder judiciário ... 416
A. Visão geral ... 416
B. Supremo Tribunal Federal ... 418
B.1. Posição e composição ... 418
B.2. Competências ... 419
B.3. Súmula vinculante ... 422
C. Superior Tribunal de Justiça ... 424
C.1. Posição e composição ... 424
C.2. Competências ... 425
D. Justiça Federal ... 427

D.1. Composição 427
D.2. Competências 428
I. Competência dos Tribunais Regionais Federais 428
II. Competência dos Juízes Federais 429
III. Incidente de deslocamento de competência (IDC) 430
E. Justiça do Trabalho 432
E.1. Composição 432
E.2. Competências 433
F. Justiça Eleitoral 435
F.1. Composição 435
F.2. Competências 436
G. Justiça Militar da União 437
G.1. Composição 437
G.2. Competências 437
H. Justiça Estadual 438
H.1. Composição 438
H.2. Competências 438
H.3. Justiça militar dos Estados 439
4. Quinto constitucional 439
5. Estatuto da magistratura 441
6. Conselho Nacional de Justiça (CNJ) 448
A. Natureza jurídica e papel 448
B. Composição 448
C. Competências 449
7. Precatórios 454
A. Introdução 454
B. Requisição de pequeno valor (RPV) 455
C. Regimes de pagamento de precatórios 457
D. Procedimento 457

CAPÍTULO 14

FUNÇÕES ESSENCIAIS À JUSTIÇA 461

1. Introdução 461

2. Ministério Público 461
A. Conceito 461
B. Princípios institucionais 462
C. Garantias 463
C.1. Garantias institucionais 463
C.2. Garantias funcionais 465
D. Estrutura 468
E. Investidura 470
F. Atribuições do Ministério Público 470
G. Conselho Nacional do Ministério Público (CNMP) 472
G.1. Composição 472
G.2. Atribuições do CNMP 473
3. Advocacia pública 475
A. Introdução 475
B. Advocacia-Geral da União (AGU) 476
C. Procuradorias estaduais e do Distrito Federal 477
4. Advocacia privada 481
5. Defensoria pública 482
A. Posição e papel da Defensoria Pública 482
B. Organização e estrutura 483
C. Garantias funcionais 484
D. Autonomia das Defensorias Públicas 485
E. Princípios institucionais 486

PARTE V: DEFESA DO ESTADO E DAS INSTITUIÇÕES DEMOCRÁTICAS

CAPÍTULO 15

SISTEMA CONSTITUCIONAL DAS CRISES 491

1. Introdução 491
2. Estado de defesa 492
3. Estado de sítio 494

CAPÍTULO 16

FORÇAS ARMADAS 497

1. Conceito de forças armadas 497
2. Posição e organização 497
3. Funções 498
4. Estatuto dos militares 499
5. Serviço militar obrigatório 501

CAPÍTULO 17

SEGURANÇA PÚBLICA 503

1. Introdução 503
2. Órgãos de segurança pública e suas finalidades 503
3. Estatuto dos agentes de segurança pública 509

PARTE VI: CONTROLE DE CONSTITUCIONALIDADE

CAPÍTULO 18

CONSIDERAÇÕES INICIAIS SOBRE O CONTROLE DE CONSTITUCIONALIDADE 513

1. Conceito de controle de constitucionalidade 513
2. Pressupostos do controle de constitucionalidade 514
3. Antecedentes históricos do controle de constitucionalidade 515
4. Sistemas norte-americano e austríaco de controle de constitucionalidade 516
5. Bloco de constitucionalidade 518

CAPÍTULO 19

A INCONSTITUCIONALIDADE 521

1. Conceito e efeitos 521
2. Espécies de inconstitucionalidade 523
A. Formal e material 523
B. Por ação e por omissão 524
C. Total e parcial 526
D. Originária e superveniente 526
3. Estado de coisas inconstitucional 529

CAPÍTULO 20

MODALIDADES DE CONTROLE DE CONSTITUCIONALIDADE 531

1. Considerações iniciais 531
2. Controle político e controle judicial 531
3. Controle preventivo e repressivo 532
4. Controle difuso e concentrado 535
5. Controle principal e incidental 536

CAPÍTULO 21

O SISTEMA BRASILEIRO DE CONTROLE DE CONSTITUCIONALIDADE 537

1. Histórico 537
2. Constituição Federal de 1988 539

CAPÍTULO 22

CONTROLE DIFUSO-INCIDENTAL DE CONSTITUCIONALIDADE NA CONSTITUIÇÃO DE 1988 541

1. Introdução 541
2. Forma de provocação 542
3. Competência 544
4. Procedimento 545
5. Efeitos 548

A. Suspensão pelo Senado Federal da execução de lei declarada inconstitucional pelo Supremo Tribunal Federal (artigo 52, inciso X, da CF/88). 550
B. Abstrativização do controle difuso-incidental ... 553

CAPÍTULO 23

CONTROLE CONCENTRADO-PRINCIPAL DE CONSTITUCIONALIDADE NA CONSTITUIÇÃO DE 1988 ... 561

1. Introdução ... 561
2. Forma de provocação ... 562
3. Ação direta de inconstitucionalidade – ADI ... 564
A. Conceito e fundamento legal ... 564
B. Competência ... 565
C. Parâmetro de controle ... 566
D. Objeto de controle ... 568
E. Legitimidade ... 578
E.1. Legitimidade ativa ... 578
E.2. Legitimidade passiva ... 583
F. Processo e julgamento ... 584
F.1. Procedimento ... 584
F.2. Medida cautelar ... 588
F.3. *Amicus curiae* e audiências públicas ... 591
F.4. Julgamento ... 594
G. Decisão e seus efeitos ... 595
G.1. Efeitos *erga omnes* ... 596
G.2. Efeitos vinculantes ... 596
G.3. Efeitos retroativos *(ex tunc)* ... 600
G.4. Efeitos repristinatórios ... 601
G.5. Modulação dos efeitos ... 602
G.6. Efeitos da decisão de inconstitucionalidade sobre as decisões judiciais ... 604
H. Técnicas especiais de julgamento: as decisões intermediárias ... 605
H.1. Interpretação conforme a Constituição ... 606
H.2. Declaração parcial de inconstitucionalidade sem redução do texto ... 607
H.3. Apelo ao legislador ... 608

H.4. Declaração de inconstitucionalidade sem a pronúncia de nulidade.... 609
H.5. Decisões manipulativas.... 611
I. Prescritibilidade?.... 614
J. Reclamação.... 615

4. **Ação declaratória de constitucionalidade - ADC**.... 616
A. Conceito e fundamento legal.... 616
B. Competência.... 617
C. Parâmetro de controle.... 617
D. Objeto de controle.... 617
E. Legitimidade.... 618
F. Processo e julgamento.... 618
F.1. Procedimento.... 618
F.2. Medida cautelar.... 620
F.3. *Amicus curiae* e audiências públicas.... 621
F.4. Julgamento.... 622
G. Decisão e seus efeitos.... 622

5. **Ação direta de inconstitucionalidade por omissão - ADO**.... 622
A. Conceito e fundamento legal.... 622
B. Competência.... 623
C. Parâmetro de controle.... 623
D. Objeto de controle.... 624
E. Legitimidade.... 626
F. Processo e julgamento.... 627
F.1. Procedimento.... 627
F.2. Medida cautelar.... 628
F.3. *Amicus curiae* e audiências públicas.... 628
F.4. Julgamento.... 629
G. Decisão e seus efeitos.... 629
H. Ação direta de inconstitucionalidade por omissão e mandado de injunção.... 631

6. **Arguição de descumprimento de preceito fundamental - ADPF**.... 633
A. Conceito e fundamento legal.... 633
B. Espécies.... 633
C. Competência.... 634
D. Cabimento.... 634

D.1. Parâmetro de controle: descumprimento de preceito fundamental..... 634
D.2. Objeto de controle 636
D.3. Princípio da subsidiariedade 641
E. Legitimidade 642
F. Processo e julgamento 643
F.1. Procedimento 643
F.2. Medida liminar 644
F.3. *Amicus curiae* e audiências públicas 644
F.4. Julgamento 645
G. Decisão e seus efeitos 646

7. **Ação direta interventiva (representação interventiva)** 646
A. Conceito e fundamento legal 646
B. Competência 647
C. Parâmetro de controle 647
D. Objeto de controle 648
E. Legitimidade 648
F. Processo e julgamento 649
F.1. Procedimento 649
F.2. Medida liminar 650
F.3. *Amicus curiae* e audiências públicas 651
F.4. Julgamento 651
G. Decisão e seus efeitos 652
H. Ação direta interventiva estadual 652

CAPÍTULO 24

CONTROLE DE CONSTITUCIONALIDADE NOS ESTADOS-MEMBROS 655

1. Controle difuso-incidental de constitucionalidade nos Estados-membros 655
2. Controle concentrado-principal de constitucionalidade nos Estados-membros... 656
A. Introdução 656
B. Competência 657
C. Parâmetro 657
D. Objeto 658
E. Legitimidade 659

F. Ações possíveis em âmbito estadual 660
G. Recurso extraordinário 661
H. Simultaneidade de ações 663

PARTE VII: DIREITOS E GARANTIAS FUNDAMENTAIS

CAPÍTULO 25

TEORIA DOS DIREITOS FUNDAMENTAIS 667

1. Conceito 667
   A. "Titularizados pelas pessoas" 667
   B. "Frente ao Estado": a questão da eficácia horizontal 670
   C. "Positivados nas Constituições" 672
   D. "Concretizar uma vida digna, livre e igual" 674
2. Institutos afins 675
   A. Direitos naturais 675
   B. Direitos humanos 675
   C. Garantias fundamentais 675
   D. Direitos da personalidade 676
   E. Direitos públicos subjetivos 677
3. Histórico 677
4. Evolução e dimensões dos direitos fundamentais 679
5. Características 681
6. Classificação dos direitos fundamentais 683
   A. Teoria dos quatro *status* de Jellinek 683
   B. Direitos de defesa, direitos a prestações e direitos de participação 684
      B.1. Direitos de defesa 684
      B.2. Direitos a prestações 684
      B.3. Direitos de participação 685
7. Aplicabilidade das normas de direitos fundamentais 685
8. Dimensão subjetiva e dimensão objetiva 687

9. Âmbito de proteção, restrições e conteúdo essencial dos direitos fundamentais ... 689
   A. Suporte fático ... 689
   B. Restrições aos direitos fundamentais ... 691
   C. Limite dos limites: conteúdo essencial dos direitos fundamentais ... 693
   D. Casos especiais de restrição ... 695
10. Deveres fundamentais ... 696

CAPÍTULO 26

DIREITOS FUNDAMENTAIS INDIVIDUAIS EM ESPÉCIE ... 699

1. Introdução ... 699
2. Direito à vida ... 700
   A. Aspectos gerais ... 700
   B. Âmbito de proteção ... 701
   C. Relatividade do direito à vida ... 702
   D. Questões controvertidas ... 703
      D.1. Aborto ... 703
      D.2. Eutanásia ... 708
      D.3. Células-tronco embrionárias ... 710
      D.4. Legítima defesa da honra ... 711
      D.5. Regulamentação do uso de armas de fogo por agentes da segurança pública ... 712
3. Direito à liberdade ... 712
   A. Aspectos gerais ... 712
   B. Liberdade de locomoção ... 713
   C. Liberdade de expressão ... 714
      C.1. Aspectos gerais ... 714
      C.2. Questões controvertidas ... 716
         I. Discurso de ódio *(hate speech)* ... 716
         II. Marcha da maconha ... 717
         III. Trucagem e sátiras políticas ... 717
         IV. Tatuagem e concursos públicos ... 718
         V. Caso Gerald Thomas ... 719
         VI. Dossiê contra servidores do grupo "antifascista" ... 719

VII. Especial de Natal do "Porta dos Fundos" 720
VIII. Restrição à comercialização de testes psicológicos 721
IX. Caso Aída Curi – direito ao esquecimento 721
X. Restrições à publicidade comercial de fumígenos 722

D. Liberdade de informação e de imprensa 723
D.1. Aspectos gerais 723
D.2. Questões controvertidas 724
I. Biografia não autorizada 724
II. Não recepção da lei da imprensa 725
III. Programação de televisão e classificação indicativa 725
IV. Entrevista com Adélio Bispo 726
V. Pandemia de COVID-19 e acesso à informação 728
VI. Resolução do TSE para o enfrentamento à desinformação atentatória à integridade do processo eleitoral 728

E. Liberdade de consciência e religiosa 729
E.1. Aspectos gerais 729
E.2. Questões controvertidas 732
I. Obrigatoriedade da expressão "sob a proteção de Deus" no preâmbulo das Constituições estaduais 732
II. Ensino religioso nas escolas 732
III. Provas de concurso público e dias de guarda 733
IV. Proselitismo religioso em rádios comunitárias 735
V. Discurso de ódio e liberdade religiosa 736
VI. Sacrifícios de animais em rituais religiosos 737
VII. Vacinação obrigatória 738
VIII. Medidas de contenção à transmissão do novo coronavírus e proibição temporária de atividades religiosas em ambiente presencial 739
IX. Manutenção de Bíblias em escolas públicas e bibliotecas 739

F. Liberdade de reunião e de associação 740
F.1. Liberdade de reunião 740
F.2. Liberdade de associação 742

G. Liberdade profissional 743

4. Direito à privacidade 744
A. Aspectos gerais 744
B. Direito à intimidade, vida privada, honra e imagem 745

C. Sigilo de comunicações privadas e dados 747
D. Inviolabilidade do domicílio 751
E. Proteção aos dados pessoais 753

5. Direito à igualdade 754
A. Aspectos gerais 754
B. Ações afirmativas 756
C. Lei Maria da Penha 758
D. Reserva de vagas para alunos de escolas públicas do mesmo ente federativo 758
E. Critérios diferenciados entre homens e mulheres para a concessão de pensão por morte 759

6. direito à propriedade 759
A. Aspectos gerais 759
B. Desdobramentos constitucionais do direito de propriedade 761
B.1. Desapropriação 761
B.2. Requisição 762
B.3. Impenhorabilidade da pequena propriedade rural 763
B.4. Direitos autorais 763
B.5. Propriedade de inventos, patentes e marcas 765
B.6. Direito de herança 765

CAPÍTULO 27

GARANTIAS FUNDAMENTAIS INDIVIDUAIS EM ESPÉCIE 767

1. Segurança jurídica 767
A. Noções gerais 767
B. Corolários da segurança jurídica 768
B.1. Princípio da legalidade 768
B.2. Princípio da irretroatividade das leis 769

2. Garantias penais 775
A. Introdução 775
B. Garantias relativas às normas penais 776
B.1. Princípio da legalidade penal 776
B.2. Princípio da irretroatividade da lei penal 776
B.3. Mandados de criminalização 777

C. Garantias relativas às penas 778
C.1. Princípio da intranscendência das penas 778
C.2. Princípio da individualização das penas 779
C.3. Princípio da humanidade 780
C.4. Limitações à extradição 781
D. Garantias relativas à prisão 782
3. Garantias processuais 783
A. Introdução 783
B. Princípio da inafastabilidade da jurisdição 784
C. Princípio do juiz natural 784
D. Tribunal do júri 784
E. Devido processo legal 786
F. Contraditório e ampla defesa 787
G. Inadmissibilidade da utilização de provas ilícitas 788
H. Presunção de inocência 789
I. Publicidade dos atos processuais 793
J. Assistência judiciária 794
K. Princípio da razoável duração do processo 794
4. Remédios constitucionais 795
A. Aspectos gerais 795
B. *Habeas corpus* 796
B.1. Aspectos gerais 796
B.2. Hipóteses de cabimento 797
B.3. Legitimidade 801
B.4. Competência 802
B.5. Procedimento 804
C. *Habeas data* 805
C.1. Aspectos gerais 805
C.2. Hipóteses de cabimento 806
C.3. Legitimidade 807
C.4. Competência 808
C.5. Procedimento 809
D. Mandado de segurança 810
D.1. Aspectos gerais 810
D.2. Histórico 811

D.3. Hipóteses de cabimento 811
D.4. Espécies de mandado de segurança 817
D.5. Legitimidade 818
D.6. Competência 821
D.7. Algumas observações procedimentais 822
E. Mandado de injunção 824
E.1. Aspectos gerais 824
E.2. Hipóteses de cabimento 825
E.3. Legitimidade 826
E.4. Competência 827
E.5. Procedimento 828
E.6. Decisão e efeitos 828
E.7. Mandado de injunção coletivo 832
F. Ação popular 832
F.1. Aspectos gerais 832
F.2. Requisitos 832
F.3. Legitimidade 833
F.4. Competência 834
G. Direito de petição 835

CAPÍTULO 28

DIREITOS SOCIAIS 837

1. Introdução 837
2. Aplicabilidade das normas que veiculam direitos sociais 838
A. Introdução ao tema 838
B. Argumentos doutrinários 840
B.1. Argumentos favoráveis ao reconhecimento de uma menor densidade normativa 840
B.2. Argumentos favoráveis ao reconhecimento de uma maior densidade normativa 844
C. Conclusões doutrinárias 847
D. A jurisprudência dos Tribunais Superiores 848
3. Princípio da vedação do retrocesso 851
4. Direitos sociais em espécie 854

A. Direito à seguridade social 854
A.1. Direito à saúde 855
I. Aspectos gerais 855
II. Fornecimento de medicamentos e tratamentos pelo poder público 857
III. Direito à saúde e a pandemia de Covid-19 862
IV. Demais entendimentos do Supremo Tribunal Federal sobre o direito à saúde 864
A.2. Direito à previdência social 865
A.3. Direito à assistência social 866
I. Benefício de prestação continuada (BPC) 866
II. Renda básica familiar 870
III. Outros benefícios assistenciais 870
B. Direito à educação 871
C. Direito à cultura 878
D. Direito à alimentação 880
E. Direito à moradia 880
F. Direitos dos trabalhadores 883

CAPÍTULO 29

DIREITO À NACIONALIDADE 891

1. Conceito 891
2. Natureza jurídica 892
3. Espécies de nacionalidade e critérios para a sua aquisição 893
4. Conflitos de nacionalidade: apatridia e polipatridia 894
5. O caso brasileiro 895
A. Brasileiros natos 895
B. Brasileiros naturalizados 897
C. Diferenças de tratamento entre brasileiros natos e naturalizados 900
D. Perda da nacionalidade 902
E. Reaquisição da nacionalidade 903
F. Situação jurídica do estrangeiro 904

CAPÍTULO 30

DIREITOS POLÍTICOS 909

1. Conceito 909
2. Natureza jurídica 910
3. Aquisição da cidadania 910
4. Direitos políticos positivos 911
   A. Capacidade eleitoral ativa 914
   B. Capacidade eleitoral passiva 917
   C. Plebiscito, referendo e iniciativa popular 919
   D. Ação popular 920
   E. Partidos políticos 920
5. Direitos políticos negativos 924
   A. Inelegibilidades 924
      A.1. Introdução 924
      A.2. Inelegibilidades constitucionais 924
      A.3. Inelegibilidades infraconstitucionais 927
   B. Perda e suspensão dos direitos políticos 928
      B.1. Perda dos direitos políticos 928
      B.2. Suspensão dos direitos políticos 929
   C. Reaquisição dos direitos políticos 931
6. Princípio da anterioridade eleitoral 932

BIBLIOGRAFIA 933

PARTE I:
TEORIA DA CONSTITUIÇÃO

CAPÍTULO 1

CONSTITUCIONALISMO

1. CONCEITO

O constitucionalismo é o termo utilizado para designar o movimento de **limitação do poder político.**[1]

Embora possa se falar em um constitucionalismo antigo, como o fazem Karl Loewenstein[2] e Charles Howard McIlwain[3], o termo "constitucionalismo", sem qualquer predicação, refere-se aos movimentos políticos, sociais e jurídicos revolucionários liberais que destruíram o modelo absolutista que lhes antecedeu.

Desde logo é importante destacar que **não há correspondência entre existência de uma constituição e o constitucionalismo.** É plenamente possível que exista um movimento constitucional - leia-se, de limitação do poder político - sem a presença de um documento escrito chamado constituição. São os casos em que os limites ao exercício poder político estão tão enraizados no costume constitucional que os governantes e governados os respeitam independentemente da existência de uma norma positivada. Dois exemplos disso, que estudaremos com mais vagar à frente, são os casos do Reino Unido e da Nova Zelândia.

---

1. Nas palavras de José Joaquim Gomes Canotilho, constitucionalismo é uma técnica específica de limitação do poder com fins garantísticos. Ver CANOTILHO, J.J. Gomes. Direito Constitucional e Teoria da Constituição, 7ª ed., 20ª reimp. Coimbra: Almedina, 2003, p. 51.
2. LOEWENSTEIN, Karl. Teoría de la Constitución. Tradución por Alfredo Gallego Anabitarte. 2 ed. Barcelona: Editorial Ariel, 1976.
3. MCILWAIN, Charles Howard. *Constitutionalism: ancient and modern*. Indianápolis: Liberty Fund, 2007.

Por outro lado, é possível que inexista constitucionalismo em Estados que contem com uma constituição escrita. Trata-se de circunstância em que a constituição não é dotada de legitimidade popular, servindo de mero subterfúgio formal para legitimar um regime político que encontra se não nenhum, poucos limites ao exercício do poder.

Desse modo, para que possamos falar efetivamente na existência de efetiva limitação ao poder político, deverá o Estado organizar-se a partir de uma constituição ou , ao menos, a partir de leis constitucionais esparsas e costumes constitucionais verdadeiramente enraizados que organizem e limitem da ação estatal.

Essa limitação do poder é feita precipuamente pelo estabelecimento da **separação dos poderes** e pela garantia de **direitos fundamentais**. Aquele é tomado como o **limite interno**, pois relacionado com a forma de organização do próprio Estado; ao passo que este é considerado o **limite externo**, já que a afirmação de direitos fundamentais decorreria da própria dignidade humana, sendo anterior ao próprio Estado.[4]

Nesse sentido, o art. 16 da Declaração dos Direitos do Homem e do Cidadão de 1789 dispõe que: "Qualquer sociedade em que não esteja assegurada a garantia dos direitos, nem estabelecida a separação dos poderes não tem Constituição."

2. CONSTITUCIONALISMO ANTIGO

De acordo com Charles Howard McIlwain, o mundo antigo não conheceu o termo "constituição" tomado no seu sentido moderno, qual seja, o de completa estruturação legal do Estado.[5]

Tampouco é possível afirmar que organização política, antes da modernidade, foi marcada por uma separação de poderes ou pelo estabelecimento e proteção de direitos fundamentais, ambas criações modernas.

Contudo, a existência de alguma ordem de limites aos poderes políticos remonta a tempos mais remotos, fixando raízes na Antiguidade Clássica. Bem por isso alguns autores afirmam existir um constitucionalismo antigo, ilustrando-o com três formas organizações políticas diversas: a dos hebreus, a dos gregos e a dos romanos.

2.1. Constitucionalismo hebreu

A crença do povo judaico de que existe um único Deus, criador e ordenador do universo, levou-o à conclusão de que o governante está limitado, pelo menos,

4. AMARAL JÚNIOR, José Levi Mello do. Constitucionalismo e Conceito de Constituição. Revista de Direito Público (RDP). Brasília, Volume 18, n. 98, 692-742, abr./jun. 2021, p. 693.

5. MCILWAIN, Charles Howard. *Constitutionalism: ancient and modern*. Indianápolis: Liberty Fund, 2007, p. 23.

pelas leis divinas. O poder temporal e secular não tinha fundamento próprio, de modo que seus detentores o recebiam de Deus. Logo, a política estava necessariamente submetida à Teologia.

É nesse sentido que Karl Loewenstein identifica o nascimento do constitucionalismo entre os **hebreus**, que, inseridos em um Estado teocrático, criaram limites ao poder do governante por meio de leis de ordem moral e religiosa extraídas da Sagrada Escritura e dos profetas[6].

2.2. Constitucionalismo na Grécia Antiga

Na **Grécia Antiga** a organização política deu-se por meio das Cidades-Estado (*polis*), que representaram um início de racionalização do poder, pois havia uma organização em que se distribuía as diferentes funções estatais.

Embora não houvesse uma constituição consolidada, nos moldes modernos, por um período e em um determinado local, a Grécia Antiga experimentou um regime político com uma relevante igualdade entre governantes e governados.

Mais precisamente entre os Séculos V e VI a.C., Atenas implementoua democracia direta, de modo que os cidadãos atenienses deliberavam diretamente na *ágora* (praça pública) sobre os assuntos de interesse geral. Essa experiência foi tão incrível que Karl Loewenstein chega a afirmar que a democracia ateniense foi o único exemplo conhecido de um sistema político com plena identidade entre governantes e governados[7]. Todavia, não se pode olvidar que apenas participavam a vida política ateniense, nesse período, os filhos de pais que fossem cidadãos, estando excluídos os estrangeiros, as mulheres e os escravos.

Independentemente das críticas que se possa fazer à universalidade da democracia ateniense, é certo que tal regime político impedia, em boa medida, a concentração do poder e o seu exercício de maneira arbitrária, já que as decisões eram tomadas pela maioria dos cidadãos e as funções estatais distribuídas entre órgãos e cargos diversos, ocupados por meio de sorteio.[8]

2.3. Constitucionalismo na Roma Antiga

Entre o século V a.C. e o século II a.C., a **República Romana, ainda que não tenha se estruturado como uma democracia plena,** conheceu um sistema político com divisões de poder e, consequentemente, limitações ao seu exercício.

---

6. LOEWENSTEIN, Karl. Teoría de la Constitución. Tradución por Alfredo Gallego Anabitarte. 2 ed. Barcelona: Editorial Ariel, 1976, p. 154.
7. *Ibidem*, p. 155.
8. AMARAL JÚNIOR, José Levi Mello do. Constitucionalismo e Conceito de Constituição. Revista de Direito Público (RDP). Brasília, Volume 18, n. 98, 692-742, abr./jun. 2021, p. 697.

Tal período caracterizou-se pela existência do Senado, das magistraturas – aqui, sinônimos de cargos públicos –, e das assembleias do povo. O Senado era composto pelos antigos cônsules e pretores, que ocupavam o cargo de maneira vitalícia. Os magistrados superiores, que governavam Roma, eram os dois cônsules – detentores dos comandos civis e militares – e os pretores – subordinados diretos dos cônsules, atuavam basicamente na administração da justiça. As assembleias do povo eram duas: a assembleia das centúrias, compostas por cidadãos do sexo masculino reunidos por unidades recrutamento militar (as centúrias), e a assembleia popular, que reunia os cidadãos segundo uma divisão territorial.[9]

Karl Loewenstein lista as limitações mútuas entre tais órgãos e cargos, o que produzia uma limitação à concentração do poder: i) a estrutura colegial das magistraturas; ii) a duração anual dos cargos e a proibição de eleição imediata; iii) a possibilidade de intervenção dos tribunos da plebe ante a prática de conduta ilegal por outro tribuno ou magistrado; iv) a atuação do Senado na nomeação de funcionários e na solução de crises governamentais, com a instituição de uma ditadura constitucional para fins determinados e períodos limitados.[10]

Todavia, ainda que houvesse um repertório de limitações mútuas entre as instituições romanas e, em alguma medida, o indivíduo fosse valorizado frente à coletividade, a participação dos cidadãos na vida política era bem reduzida.

3. CONSTITUCIONALISMO MEDIEVAL

Com a queda do Império Romano em 476 d.C., inicia-se a **Idade Média**. Caracterizado pelo surgimento do feudalismo, esse período foi marcado por intensa fragmentação e atomização do poder político, sendo o poder repartido de maneira difusa entre a Igreja, os reis, os senhores feudais e as corporações de ofício.

Como bem nos ensina Jacques Le Goff, a realidade política do ocidente medieval não era de apenas atomização da sociedade e de seu governo, mas de verdadeiro acavalamento vertical e horizontal dos poderes, de modo que os homens da Idade Média nem sempre sabiam de quem eles são dependentes politicamente, entre múltiplos senhores, reis, cidades, príncipes e a Igreja.[11]

Embora não seja possível considerar da existência de um constitucionalismo nos moldes modernos, uma vez que sequer havia algo semelhante ao Estado

9. CORASSIN, Maria Luiza. Sociedade e política na Roma Antiga. São Paulo: Atual, 2001, p. 25-27.

10. LOEWENSTEIN, Karl. Teoría de la Constitución. Tradución por Alfredo Gallego Anabitarte. 2 ed. Barcelona: Editorial Ariel, 1976, p. 156-157.

11. LE GOFF, Jacques. A civilização do Ocidente medieval. Trad. Mônica Stahel. Rio de Janeiro: Vozes, 2016, p. 85-86.

moderno, a própria dispersão do poder político é tratada por alguns autores como uma forma de limitação de poder e, portanto, de **constitucionalismo medieval.**[12]

Ainda no período da Idade Média, durante os séculos XI e XV (Baixa Idade Média), inicia-se um lento processo de centralização de poder nas mãos dos monarcas. Os reinos da Inglaterra, sob a realeza dos Tudor, da Espanha, sob os Reis Católicos, e da França, pela monarquia de Carlos VII e Luiz XI, se consolidam, em um modelo absolutista. Os governantes, considerados entidades divinas, não estavam sujeitos a limitações: suas decisões não se submetiam a controle jurídico, pois eram verdadeiras emanações da vontade divina.

Na **Inglaterra**, no entanto, ressurge o ideal constitucionalista. Após diversos fracassos do Rei João Sem Terra e o fortalecimento dos barões ingleses, houve a celebração se uma série de pactos entre o rei e os estamentos sociais mais elevados, o que resultou na limitação do exercício do poder político do monarca.

O mais famoso deles, a **Magna Carta** *(Magna Charta Libertatum)*, foi assinado em 1215. Para alguns autores, ela seria a primeira constituição escrita. No entanto, por assegurar direitos somente aos barões feudais – direito à propriedade, à não criação de novos tributos sem prévia autorização dos nobres e à liberdade religiosa –, faltava-lhe a universalidade própria das constituições modernas, que asseguram direitos a todos.

4. CONSTITUCIONALISMO MODERNO

Ao modelo absolutista, contrapõe-se o **constitucionalismo moderno**, termo utilizado para designar o movimento político, social e cultural que questiona os esquemas de domínio político, sugerindo uma nova forma de ordenação e fundamentação do poder político baseada na separação dos poderes (Montesquieu) e na proteção das liberdades fundamentais (John Locke).

Em especial, o constitucionalismo moderno surge com os movimentos históricos que pretenderam superar e prevenir o Absolutismo. Seu marco, portanto, são as três grandes Revoluções Liberais: i) A Revolução Gloriosa inglesa de 1688 a 1689; ii) a Revolução Americana de 4 de julho de 1776; e iii) a Revolução Francesa de 14 de julho de 1789.[13]

Na Revolução Gloriosa houve o fim do absolutismo e o início da monarquia constitucional no Reino Unido. Com a fuga do monarca absolutista Rei Jayme II

12. SARMENTO, Daniel e SOUZA NETO, Cláudio Pereira de. Direito Constitucional: teoria, história e métodos de trabalho – 2ª edição, 2 reimpr. Belo Horizonte: Fórum, 2016, p. 72.

13. AMARAL JÚNIOR, José Levi Mello do. Constitucionalismo e Conceito de Constituição, RDP, Brasília, Volume 18, n. 98, 673-723, mar./abr. 2021.

para a França, coube ao Parlamento inglês escolher o novo monarca – o fez nomeando Guilherme de Orange – e afirmar sua **soberania**. Assim, o Parlamento passou concentrar mais poder do que o monarca. Em 1776, com a Declaração de Independência das Treze Colônias norte-americanas, estimulou-se a edição de constituições escritas pelas ex-colônias. No mesmo ano, foram editadas e publicadas a *Virginia Bill of Rights* (12 de junho de 1776) e a *Constitution of Virginia* (29 de junho de 1776). Em 17 de setembro de 1787, atendendo aos anseios de unificação das colônias em um só Estado, foi aprovada a **Constituição dos Estados Unidos**, considerada a primeira Constituição do mundo moderno.

Ainda dentro da análise histórica do constitucionalismo moderno, é importante destacar que a **Revolução Francesa (1789)**, embora não seja propriamente a primeira experiência do constitucionalismo moderno, foi, sem dúvida alguma, o marco histórico que ressignificou o que é uma revolução e lançou as bases para a compreensão do mundo ocidental dos dias de hoje.

Nesse sentido, Luís Roberto Barroso ensina que a Revolução Francesa desempenhou um papel simbólico arrebatador no imaginário dos povos da Europa e dos países sobre sua influência. Foi ela a responsável pela alteração do Estado absolutista em liberal e por incendiar o resto do mundo[14].

No constitucionalismo moderno, destacam-se justamente **três modelos principais oriundos dessas experiências pioneiras**: o inglês, o estadunidense e o francês. Esses modelos, alerta-nos Canotilho, nada mais são do que estruturas teóricas capazes de explicar o desenvolvimento da ideia constitucional[15].

4.1. Reino Unido

O modelo inglês, embora inovador, nunca produziu uma Constituição escrita, como ocorreu nos Estados Unidos e na França. Nele, os institutos constitucionais permanecem assentados na **tradição**, no **costume do povo** e nas **leis constitucionais**.

Trata-se, a bem da verdade, de um **modelo historicista**, que foi construído ao longo do tempo, por meio de diversos momentos constitucionais. Como vimos, foram editados diversos documentos escritos que, paulatinamente, asseguraram direitos individuais e construíram as instituições constitucionais.

São **características** do modelo constitucionalista inglês: i) historicismo; ii) fundamento na tradição e em leis constitucionais esparsas; iii) a garantia de

14. BARROSO, Luís Roberto. Curso de direito constitucional contemporâneo: os conceitos fundamentais e a construção do novo modelo. 2ª ed. São Paulo: Saraiva, 2009, p. 51-52.

15. CANOTILHO, J.J. Gomes. Direito Constitucional e Teoria da Constituição, 7ª ed., 20ª reimp. Coimbra: Almedina, 2003, p. 55.

liberdades pessoais e do direito à propriedade por meio de regras que disciplinam a sua restrição (*due process of law*); iv) as leis do país (*laws of the land*) advêm dos costumes, cabendo aos juízes revelá-las e interpretá-las (*common law*); v) a supremacia do Parlamento, conquistada a partir da Revolução Gloriosa (1688), como uma forma de estruturar um governo moderado; vi) o sistema de governo é a monarquia parlamentar, prevalecendo a *rule of law*, de modo que o poder do monarca é exercido em conformidade com as leis editadas pelo Parlamento; vii) em razão da supremacia do Parlamento, nenhuma lei votada por ele pode ser afastada ou invalidada, não existindo, por conseguinte, controle de constitucionalidade; e viii) carência de um sistema formal de direito administrativo.

4.2. Estados Unidos

Durante o século XVI, espanhóis, francês, holandeses e suecos começaram a explorar a região que hoje forma os Estados Unidos. Somente no século XVII os britânicos, sem sua maioria refugiados religiosos, pisaram em solo norte-americano.

Virgínia, a primeira colônia britânica nas Américas, foi fundada em 1606. Na sequência, foram criadas as províncias coloniais britânicas: Massachusetts (1620), Nova Hampshire (1623) e Nova Iorque (1624).

Até 1754, as colônias norte-americanas, que gozavam de satisfatória autonomia, mantiveram-se leais à Coroa Britânica. Contudo, em virtude dos gastos com a Guerra dos Sete Anos, o Reino Unido aumentou os impostos sobre as suas colônias (*Stamp Act*), o que desagradou aos americanos. A maior fonte de insatisfação norte-americana lastreava-se no fato de, a despeito de pagar cada vez mais impostos à Coroa, não tinham os colonos representação no Parlamento inglês ("*No taxation without representation*").

As relações entre a colônia e o Reino Unido, que já estavam tensas, tornaram-se insustentáveis após o Massacre de Boston e do *Boston Tea Party*. Em 1774, doze das treze colônias reuniram-se no Primeiro Congresso Continental da Filadélfia. Em 1776, teve início a Revolução Americana. No mesmo ano, em 4 de julho, o Segundo Congresso Continental da Filadélfia declarou a independência das Treze Colônias. Somente em 1787 as Treze Colônias unificaram-se e foi promulgada a Constituição dos Estados Unidos.

A experiência constitucional estadunidense baseia-se fortemente no jusnaturalismo liberal. A sua grande contribuição foi a ideia de que cabe ao **povo** – e não um parlamento onipotente – **tomar as decisões** ("*We the people*").

Desconfiando de um parlamento soberano, que havia, durante o domínio inglês, instituído e aumentado injustamente impostos, os norte-americanos entenderam que as decisões do povo que domesticam o poder deveriam positivadas em uma **norma jurídica superior**: a **Constituição**.

Daí advêm as **principais características** do modelo constitucionalista estadunidense: i) edição de uma constituição escrita e rígida e que é considerada norma jurídica superior (bíblia política); ii) a constituição é norma jurídica, hierarquicamente superior as demais leis elaboradas pelo Poder Legislativo (supremacia constitucional); iii) ao Poder Judiciário é atribuída a função de proteger a constituição, podendo invalidar as normas infraconstitucionais que estejam em desacordo com ela (controle judicial de constitucionalidade); iv) a forma de Estado adotada foi o federalismo, o que garante razoável autonomia aos Estados-membro – antigas colônias; v) adotou-se um modelo rígido de separação entre os Poderes Executivo, Legislativo e Judiciário; vi) criou-se um Estado republicano, sob o sistema presidencialista.

4.3. França

Na segunda metade do século XVIII, a França enfrentava uma grave crise econômica. A Guerra dos Sete Anos (1757-1763) realizada por Luís XV havia sido desastrosa do ponto de visto econômico. Luís XVI, sucessor de Luís XV, agravou ainda mais a situação do país ao enviar vultuosa soma em dinheiro para patrocinar os colonos americanos na guerra de independência contra o Reino Unido.

Soma-se a isso a inabilidade política de Luís XVI em lidar com a situação e o grande período de estiagem que assolou a França, levando à quebra da produção agrícola. Um pão, gênero de primeira necessidade na dieta francesa da época, chegou a custar um mês do salário médio.

Paralelamente a isso, no campo das ideias, havia o domínio do movimento intelectual e filosófico chamado de Iluminismo. Os trabalhos de Voltaire, Diderot, Montesquieu e Rousseau preconizavam, em maior ou menor medida, a limitação do poder do monarca. Rousseau, por exemplo, era ferrenho crítico da sociedade estamental e defendia a necessidade de reformas sociais que aumentassem a participação do povo na vida pública.

Para solucionar a grave crise instalada, o Primeiro Ministro das Finanças, Jacques Necker convenceu Luís XVI a convocar a Assembleia dos Estados Gerais, que nada mais era do que a reunião consultiva e legislativa das três classes sociais do país: o Clero, a Nobreza e o Povo.

O Terceiro Estado, composto pelos burgueses, camponeses sem terra e *sans-culottes* (proletários, artesões e aprendizes), embora representasse mais que 97% (noventa e sete por cento) da população, tinha direito a um único voto na assembleia.

Para evitar que restassem vencidos em qualquer votação, uma vez que os votos do Clero e da Nobreza, somados, sempre prevaleceriam, iniciou-se uma campanha para que o número de representantes do Terceiro Estado fosse duplicado e que a votação fosse feita por cabeça, e não por classe.

Em junho de 1789, movidos pelas ideias do Abade Sieyès de que o Terceiro Estado era tudo, mas na política não era nada, devendo tornar-se alguma coisa, o Terceiro Estado se autoproclama como Assembleia Nacional. O rei, em resposta, ordena o seu fechamento. Os deputados, por sua vez, juram que consolidarão uma nova constituição.

Necker é demitido e, após uma reação violenta da população, ocorre a Tomada da Bastilha. Estava em curso a **Revolução Francesa**, o **marco inicial do constitucionalismo francês.**

Sangrenta, a revolução se desenrolou em diversas etapas e gerou uma enorme instabilidade política na França. Prova dessa falta constância é o número de constituições francesas que, desde então, foram editadas: treze.

O constitucionalismo francês é um modelo **individualista** e **revolucionário.** Diferentemente do que ocorreu no Reino Unido, e até mesmo nos Estados Unidos, houve o rompimento abrupto com o regime anterior (*ancien régime*).

A edificação da nova ordem jurídica e institucional baseou-se em dois pilares:

i) nos **direitos naturais do indivíduo**, que nascem livres e iguais (Declaração dos Direitos do Homem e do Cidadão); e

ii) no **construtivismo político-constitucional**: a organização política depende de uma constituição escrita, que garante direitos e limite o poder político.

As **características** do constitucionalismo francês são: i) garantia dos direitos individuais e universais das pessoas, repelindo-se completamente a ideia a estratificação da sociedade e estamentos (clero, nobreza e povo); ii) ruptura brusca com a organização política e com os privilégios do antigo regime; iii) constituição escrita que, além de organizar e limitar o poder político, destina-se a promover uma transformação política e social; iv) reconhecimento de um Poder Constituinte, que é titularizado pela Nação, capaz de criar a constituição (Sieyès); v) separação dos poderes; vi) desconfiança com o Poder Judiciário – instituição vista pelos revolucionários franceses como associado ao Antigo Regime[16]; e vii) valorização do Poder Legislativo – como as leis são expressão da vontade geral do povo, cabe ao Poder Executivo tão somente dispor dos meios de sua aplicação.

---

16. Em razão dessa desconfiança, até a reforma constitucional de 2008, não havia, no sistema constitucional francês, previsão de controle judicial de constitucionalidade. Somente após a reforma passou-se a admitir que o Conselho de Estado ou a Corte de Cassação provoquem o Conselho Constitucional a analisar a constitucionalidade de uma lei que viole direitos e liberdades garantidos na Constituição.

4.4. Tabela comparativa entre as principais características dos três modelos de constitucionalismo moderno

Constitucionalismo inglês	• Historicismo • Inexistência de constituição escrita • Tradição e leis constitucionais esparsas • *Due process of law* • *Common law* • Supremacia do Parlamento • Monarquia parlamentar • Ausência de controle judicial de constitucionalidade • Ausência de sistema formal de direito administrativo
Constitucionalismo estadunidense	• Constituição escrita e rígida • Supremacia da constituição • Controle judicial de constitucionalidade • Federalismo • Separação entre os Poderes • República presidencialista
Constitucionalismo francês	• Direitos individuais e universais • Ruptura brusca com o Antigo Regime • Constituição escrita destinada a promover uma transformação política e social • Poder Constituinte titularizado pela Nação • Separação dos Poderes • Desconfiança com o Poder Judiciário • Valorização do Poder Legislativo

5. CONSTITUCIONALISMO SOCIAL

No final do século XIX e no início do século XX, o modelo de Estado liberal-burguês começa a ser questionado.

A **Revolução Industrial** vivida pela Europa ocidental entre os anos de 1760 a 1830 transformou completamente não só os meios de produção, mas a sociedade. As fábricas, antes organizadas em torno da produção manufaturada, passaram a adotar máquinas à vapor, o que acelerou o processo produtivo.

Embora tenha proporcionado um forte crescimento econômico e, pela primeira vez na história, a renda média das pessoas comuns tenha aumentado de forma sustentável, a Revolução Industrial teve seus contrapontos.

Com um intenso deslocamento de população do campo para a cidade, havia abundância de mão de obra. Os trabalhadores, então, sujeitavam-se a péssimas condições de trabalho: as jornadas de trabalho chegavam a incríveis 80 (oitenta) horas semanais e as condições das fábricas eram insalubres.

Inconformados e concentrados em um mesmo espaço físico – seja na própria fábrica, ou na cidade – os trabalhadores passaram a se organizar em **sindicatos**, para lutar por uma situação melhor. Paralelo a isso, no campo da filosofia, surge o **marxismo** e sua ácida crítica ao capitalismo. Na política, a **ampliação do sufrágio** permitiu que outras classes, que não a burguesia, pudessem ter algumas de suas demandas atendidas.

Surge, dessa maneira, o **constitucionalismo social.**

A primeira Constituição a contar com um rol substancial e sistematizado de direitos sociais foi a **Constituição mexicana de 1917**. Em seu Título Sexto, havia previsão de limitação da jornada de trabalho, salário-mínimo, proteção à maternidade e de uma seguridade social. Na Europa, a **Constituição de Weimar (1919)** também consagrou, em seu rol de direitos fundamentais, diversos direitos relacionados ao trabalho e à seguridade social.

O constitucionalismo social é marcado pela criação de um **Estado Social.** O Estado, antes absenteísta, torna-se um ator decisivo na economia, formulando políticas públicas redistributivas, fornecendo prestações materiais aos mais pobres e intervindo nos ajustes entre particulares quando constatada uma assimetria de forças.

> **Atenção**: As Constituições do México e de Weimar foram as primeiras a contar com um rol significativo e organizado de direitos sociais. Contudo, as Constituições Francesas de 1793 e 1848 e mesmo a Constituição Brasileira de 1824[17] já contavam com direitos sociais isolados.

6. NEOCONSTITUCIONALISMO OU CONSTITUCIONALISMO CONTEMPORÂNEO

O constitucionalismo moderno, vimos, preocupou-se principalmente com a limitação do poder. Nas palavras de André Ramos Tavares, "essa é a nota mais antiga e, ao mesmo tempo, a mais recente no constitucionalismo. Opõe-se, desde sua origem, ao governo arbitrário"[18].

---

17. Nos incisos XXXI e XXXII do artigo 179 da Constituição de 1824, previu-se, respectivamente, o direito aos "socorros públicos" e à instrução primária e gratuita a todos os cidadãos.
18. Curso de Direito Constitucional. 16ª ed. São Paulo: Saraiva Educação 2018, p. 37.

Os Estados modernos, no decorrer do Século XIX, estabeleceram-se na forma de Estado de direito. É somente no Século XX que preocupações com a legitimidade do exercício do poder político e a melhor forma de representação política ganham corpo. Surge, aqui, o aprofundamento e a consolidação da democracia, que desemboca na formulação do **Estado democrático de Direito**.

Nesse momento inicial, embora as conquistas democráticas tenham elevado o constitucionalismo a um novo patamar, a preocupação central era com a **forma**: em relação ao Estado de direito, conformava-se com a existência de uma ordem legal, cujos procedimentos deveriam ser observados pelos órgãos de poder e pelos particulares; no que toca à democracia, bastava a ideia de governo da maioria e de respeito às garantias de liberdades públicas.

A partir do século XXI, dá-se um novo colorido ao constitucionalismo. Após a Segunda Grande Guerra, com a experiência traumática da barbárie promovida pelos regimes autoritários da Alemanha nazista e da União Soviética comunista, percebeu-se que uma preocupação formalista, dissociada de uma **dimensão substantiva**, não era suficiente. Era preciso mais. Questões morais, políticas e econômicas, rejeitadas pelo positivismo jurídico, voltam a fazer parte da preocupação da comunidade jurídica.

Surge o **neoconstitucionalismo**. Embora o termo seja usado para abrigar um grupo heterogêneo de pensadores, com concepções filosóficas, políticas e jurídicas distintas, é possível traçar algumas características partilhadas entre todos.

São elas:

a) **Constitucionalização do direito**: as normas e valores constitucionais passam a se irradiar por todo o sistema jurídico. Todos os demais ramos do Direito passam a ser interpretados e aplicados à luz da Constituição. As normas que forem contrárias ao texto constitucional devem ser declaradas inválidas e extirpadas do ordenamento jurídico.

b) **Diminuição do espaço de discricionariedade da política:** ainda que as questões políticas e morais continuem a ser debatidas precipuamente nas instâncias decisórias políticas, a Constituição acaba por impor limites intransponíveis às maiorias circunstanciais. Não basta que a decisão política observe um procedimento prévio para que se encontre chancelada pela ordem constitucional. Para tanto, é preciso que o seu conteúdo esteja em consonância com os limites traçados pelas normas e valores constitucionais.

c) **Maior eficácia do texto constitucional**: passa-se a reconhecer uma maior eficácia ao texto constitucional. A constituição, vista antes como uma mera proclamação política, passa a ostentar o status de norma jurídica, podendo ser invocada frente ao Poder Judiciário para a solução de casos concretos. Tanto as normas-regra quanto as normas-princípio são dotadas de densidade normativa.

d) **Supremacia da Constituição**: a supremacia da lei, vista como manifestação da vontade geral, cede espaço para a supremacia da Constituição. Qualquer ato normativo que esteja em dissonância com a Constituição, deve ser invalidado. Pululam, nos sistemas constitucionais, formas de controle de constitucionais das leis.

e) **Nova teoria da interpretação**: na teoria da interpretação, que estudaremos mais à frente, o constitucionalismo contemporâneo também representou um redimensionamento aos elementos tradicionais. Embora não se tenha abandonado os critérios gramatical, histórico, sistemático e teleológico, as peculiaridades das normas constitucionais, em geral mais abertas, levaram ao desenvolvimento de novos princípios interpretativos que complementam aqueles. A ponderação, como método de solução de antinomias normativas ganha destaque.

Por fim, deve-se ter em mente que o neoconstitucionalismo **não se confunde** com o fenômeno do **pós-positivismo.**

Na certeira observação de Marcelo Novelino, o **pós-positivismo** tem pretensão de **universalidade**, funcionando como uma verdadeira teoria geral do direito aplicável a qualquer ordenamento jurídico, enquanto o **neoconstitucionalismo** é uma teoria **específica** desenvolvida para o Estado constitucional democrático dotado de uma constituição normativa e garantista. Ainda, o **pós-positivismo o direito e a moral** estão **necessariamente ligados**, já que são esferas complementares e não totalmente autônomas, enquanto o **neoconstitucionalismo** vê a conexão entre direito e moral de forma apenas **contingente.**[19]

7. CONSTITUCIONALISMO ANTILIBERAL

O jusfilósofo **Carl Schmitt** concebia a democracia como sendo uma identidade de dominadores e dominados, de governantes e governados, dos que mandam e obedecem. Isso ocorreria, segundo seus ensinamentos, quando o povo, titular do poder, fosse **homogêneo**. Somente se os governantes não são considerados qualitativamente melhores do que os governados é que teríamos a homogeneidade e identidade necessárias à democracia.[20]

19. NOVELINO, Marcelo. Curso de direito constitucional. 12. ed., Salvador: Ed. Juspodivm, 2017, p. 67-70.

20. SCHMITT, Carl. Teoría de la Constituición. Versión española de Francisco Ayala. 1ª ed., 2ª reimpresión, Madrid: Alianza Universidad Textos, 1996.

Essa visão, que se aproxima muito da ideia de "vontade geral" de Rousseau[21], se contrapõe às ideias liberais de Hans Kelsen, que vê a democracia justamente como um meio pacífico de uma sociedade plural se governar de forma a respeitar ao máximo a liberdade de cada um dos indivíduos que a compõem.[22]

A partir de sua visão de democracia e povo, Schmitt sustenta que a constituição é válida quando emanada de uma **decisão**, de um **ato de vontade** proveniente do grupo político unitário e uniforme que se confundiria com a própria figura do povo. Todas as decisões e normas que forem contrárias a essa **decisão política fundamental** são inválidas e devem ser coibidas.

É nesse sentido que se fala em um **constitucionalismo antiliberal**, fundamentado nas ideias de democracia substancial, de povo como uma unidade homogênea e de constituição como uma decisão política fundamental a ser resguardada contra os inimigos.

Na trajetória constitucional brasileira, o constitucionalismo antiliberal influenciou a Constituição de 1937, idealizada na Era Vargas pelo então Ministro de Justiça Francisco Campos.

8. CONSTITUCIONALISMO ABUSIVO

O termo "constitucionalismo abusivo" foi empregado por David Landau para designar o fenômeno de **erosão da ordem democrática por meio de mecanismos constitucionais.**[23]

O autor constata que os mecanismos tradicionais de suplantação da ordem democrática por uma ordem autocrática alteraram-se ao longo do tempo. Antes, governantes autoritários valiam-se de golpes militares e outros meios de ruptura evidentes. Agora, afirma Landau, esses mesmos personagens passaram a utilizar-se de instrumentos constitucionais como meio para concentrar o poder em suas mãos.

O constitucionalismo abusivo se dá, em geral, com a utilização de meios formais de alteração do texto – **emendas à constituição** ou **promulgação/outorga de uma nova constituição.** Landau cita como exemplo de erosão do sistema democrático por meio de emendas à constituição o pacote de emendas empreendidas, a partir de 2002, pelo governo Álvaro Uribe Vélez na Colômbia, e como exemplo

---

21. ROUSSEAU, Jean-Jacques. Do contrato social. Trad. Eduardo Brandão. São Paulo: Penguin Classics Companhia das Letras, 2011.

22. KELSEN, Hans. A democracia. Trad. Vera Barkow. 3ª ed. São Paulo: Editora WMF Martins Fontes, 2019.

23. LANDAU, David. *Abusive constitutionalism.* UC Davis Law Review, Estados Unidos, v. 47, n. 1, pp. 189-260, nov. 2013.

de erosão democrática pela outorga de uma nova Constituição, cita o movimento promovido por Hugo Chávez na Venezuela.

Assim, a formação de regimes autoritários ou semiautoritários passa a se dar de forma velada e com fundamento na própria constituição.

9. CONSTITUCIONALISMO E GLOBALIZAÇÃO - MAL-ESTAR DA CONSTITUIÇÃO

As interações entre os povos de diferentes lugares no mundo não são novidade. Desde a Antiguidade, com a Rota da Seda, passando pelas grandes navegações dos séculos XV e XVI, há um movimento global de bens, pessoas e ideias.

Todavia, com o incrível avanço tecnológico iniciado em meados do século XX, principalmente nos transportes, nas telecomunicações e na informática, permitiu-se que esse intercâmbio ocorresse em uma velocidade nunca antes imaginada.

A esse aprofundamento na integração econômica, social, cultural e política entre todos os povos e países do mundo dá-se o nome de **globalização**.

Assim como as interações positivas se intensificaram, as dificuldades e problemas a serem enfrentados passaram a não mais respeitar os limites geopolíticos. Crises econômicas, degradação do meio ambiente, criminalidade organizada e terrorismo, por exemplo, são questões que não podem mais ser hoje confrontados pelos Estados nacionais isoladamente, dependendo de uma articulação regional, quando não global.

O Direito – e, notadamente, o Direito Constitucional – também foi intensamente impacto por essas mudanças. O esmaecimento das fronteiras políticas atinge em cheio conceitos fundamentais para o desenvolvimento da ciência jurídica, como a ideia de Estado e de soberania.

Nesse cenário, Daniel Sarmento aponta três processos que **relativizam a soberania estatal**[24]**.** São eles:

a) **Universalização dos Direitos Humanos**: Após a Segunda Grande Guerra Mundial, o princípio da dignidade da pessoa humana ganha posição de destaque não só nos ordenamentos jurídicos internos de cada país, mas no mundo. Percebe-se que a tutela dos direitos fundamentais não pode ficar a cargo somente dos Estados, já que o próprio Estado pode ser o seu principal agressor. São instituídos, assim, mecanismos internacionais de tutela dos direitos do homem, com o fito de universalizá-los.

24. SARMENTO, Daniel. Constituição e Globalização: a crise dos paradigmas do Direito Constitucional. Revista de Direito Administrativo, Rio de Janeiro, v. 215, pp. 19-34, jan./mar. 1999.

São editados documentos internacionais dotados de força jurídica na esfera internacional, como a Declaração Universal dos Direitos do Homem, de 1948, o Pacto Internacional dos Direitos Civis e Políticos (1966) e o Pacto Internacional dos Direitos Econômicos e Sociais (1966), ambos de 1966.

No âmbito regional, foram editados a Convenção Europeia de Direitos Humanos (1950), a Convenção Americana de Direitos Humanos (1969) e a Carta Africana de Direitos Humanos (1981).

Todas essas fontes normativas não estão subordinadas ao Direito estatal, sendo verdadeiros exemplos de **exercício do poder político fora dos Estados nacionais.**

b) **Integração dos Estados em blocos regionais**: A intensificação do processo de integração entre países situados em uma mesma região geográfica acarretou o nascimento de órgãos e entidades independentes dos Estados-membros. O mais destacado exemplo foi a formação da União Europeia, que é dotada de funções executivas, legislativas e judiciárias – funções tipicamente exercidas no âmbito dos Estados.

A **coexistência** de uma ordem supranacional com as ordens constitucionais domésticas coloca em xeque uma das mais tradicionais características da soberania: a sua **indivisibilidade**.

c) **Expansão de um direito paralelo aos Estados (*lex mercatoria*)**: Com a globalização, há um expressivo aumento na atuação do capital a nível mundial. Os agentes econômicos transnacionais passam a fragmentar suas atividades empresariais, atuando nas mais diversas localidades do globo. Essa mobilidade de capitais e dos meios de produção alçou os grandes agentes econômicos a uma posição de protagonismo que lhes permite, no mais das vezes, a ditar as regras do jogo. Os Estados nacionais se veem impelidos a **adaptar seus ordenamentos jurídicos à *lex mercatoria***, sob pena de serem abandonadas por empresas e investidores, o que acarretaria, de forma inequívoca, em um enorme prejuízo em sua economia.

Essa ruptura parcial com o paradigma tradicional de que o ordenamento jurídico estatal é uma pirâmide, em cujo vértice encontra-se a Constituição foi chamada, por J. J. Gomes Canotilho, de **mal-estar da Constituição**[25].

A partir desse cenário, surgem, em doutrina, diversas nomenclaturas que buscam explicar e, em alguma medida conduzir, esse fenômeno.

---

25. CANOTILHO, J.J. Gomes. Constituição dirigente e vinculação do legislador: contributo para a compreensão das normas constitucionais programáticas. 2ª ed. Coimbra: Coimbra Editora, 2001.

Alguns autores utilizam-se do **termo constitucionalismo global** para referir-se à ocupação pelas fontes de Direito Internacional do papel que antes era exercido exclusivamente pelas constituições estatais.

Os defensores do constitucionalismo global têm como enfoque o sistema da ONU. Baseando-se no conceito de cidadania mundial, reconhecem a comunidade mundial como uma ordem constitucional. Alguns, chegam a atribuir à Carta da ONU o *status* de constituição.

Segundo Canotilho, os traços caracterizadores do constitucionalismo global são: i) o estruturamento do sistema jurídico-político internacional na relação Estado-povo, e não mais na relação horizontal entre Estados; ii) a emergência de um *jus cogens* informado por princípios e valores universais; iii) a elevação da dignidade da pessoa humana a pressuposto de todos os constitucionalismos.

A ideia de um constitucionalismo global, no entanto, parece muito mais prescritiva do que descritiva. É dizer: no estágio atual, não é ainda possível dizer que a Carta da ONU seja de fato uma constituição, tampouco que a comunidade mundial seja uma ordem constitucional.

Ingolf Pernice, analisando o caso da União Europeia, em que há uma sobreposição do direito constitucional nacional e o direito europeu, fala na existência de um **constitucionalismo multinível**[26].

Esse termo é utilizado para descrever o processo de distribuição, divisão e organização progressiva de poderes em diversos níveis de competência e ação que tem ocorrido na Europa. Na ótica do autor, a União Europeia conta hoje com **dois níveis jurídicos**: em um estão as **constituições** e em outro está a **"constituição" da União Europeia**. Esses níveis se relacionam, havendo uma primazia, em casos de colisão, das normas regionais.

No Brasil, Marcelo Neves cunhou o termo **transconstitucionalismo** para se referir ao entrelaçamento de ordens jurídicas diversas, tanto estatais como transnacionais, internacionais e supranacionais, em torno dos mesmos problemas de natureza constitucional[27].

O autor aponta que as transformações profundas ocorridas na sociedade mundial levaram à superação do constitucionalismo paroquial: o Estado deixou de ser um *locus* privilegiado de solução dos problemas constitucionais.

---

26. PERNICE, Ingolf. La dimensión global del Constitucionalismo Multinivel: Una respuesta legal a los desafíos de la globalización. Serie Unión Europea y Relaciones Internacionales, n. 61, 2012.

27. NEVES, Marcelo. Do diálogo entre as cortes supremas e a Corte Interamericana de Direitos Humanos ao transconstitucionalismo na América Latina. Revista de Informação Legislativa, ano 51, n. 201, jan./mar. 2014.

Quando questões ligadas aos direitos fundamentais e limitação de poder são discutidas ao mesmo tempo por tribunais de ordens diversas, não é possível haver uma imposição unilateral. Não há uma hierarquia em que a última palavra cabe à ordem internacional, supranacional ou transnacional. A resolução passa por um diálogo constitucional, sendo necessária uma **articulação transversal**, onde cada uma dessas ordens jurídicas compreende seus próprios limites e contribui para a solução do problema.

Destaque-se que, para o autor, o tranconstitucionalismo entre ordens jurídicas não se reduz ao "diálogo" entre cortes. Ao contrário, os problemas transconstitucionais são enfrentados fora do Poder Judiciário, no plano da administração, do governo, do legislativo, dos organismos internacionais e supranacionais e dos atores privados.

10. PATRIOTISMO CONSTITUCIONAL

O termo patriotismo constitucional, popularizado por Jürgen Habermas, é utilizado para se referir à formação de uma identidade política coletiva com base nos princípios do Estado Democrático de Direito.

Segundo o autor alemão, uma vez descartada a ideia nazifascista de um nacionalismo étnico como forma de assegurar a união necessária em uma sociedade, somente as regras procedimentais e o compromisso com os valores constitucionais democráticos é que têm o condão de aglutinar pessoas tão diferentes em torno de um projeto único.

A preocupação, aqui, é saber como se produz uma solidariedade cidadã. Habermas responde essa questão justamente voltando-se ao patriotismo constitucional, nos seguintes termos: "a constituição do Estado constitucional liberal basta a si mesma para legitimar. (...) Ao contrário do que poderia sugerir um mal-entendido muito disseminado, a existência de um 'patriotismo constitucional' significa que os cidadãos assimilam os princípios da constituição não apenas em seu conteúdo abstrato, mas concretamente a partir do contexto histórico (...)".[28]

É importante notar que, ao contrário do que o nome poderia sugerir, o patriotismo constitucional não prega um constitucionalismo nacionalista ou o fortalecimento de uma pátria. Ao contrário, busca conferir justificação e elementos para a formação de uma unidade fraterna em uma sociedade plural, marcada por diferenças étnicas e culturais.

---

28. HABERMAS, Jurgen; RATZINGER, Joseph. Dialética da secularização: sobre a razão e religião. Trad. Alfred J. Keller. Aparecida: Ideias & Letras, 2007.

DIREITO CONSTITUCIONAL E CONSTITUIÇÃO

1. CONCEITO DE DIREITO CONSTITUCIONAL

O Direito Constitucional pode ser conceituado como o ramo do direito público que **estuda sistematicamente as normas constitucionais do Estado.**

Nas palavras de Manoel Gonçalves Ferreira Filho:

> "À acepção jurídica de Constituição corresponde o conceito de Direito Constitucional. Como ciência, este é o conhecimento sistematizado da organização jurídica fundamental do Estado. Isto é, conhecimento sistematizado das regras jurídicas relativas à forma do Estado, à forma do governo, ao modo de aquisição e exercício do poder, ao estabelecimento de seus órgãos e aos limites de sua ação"[1].

2. OBJETO DO DIREITO CONSTITUCIONAL

O objeto de estudo do Direito Constitucional é, essencialmente, a **constituição.**

Para que essa assertiva seja verdadeira, devemos tomar o termo "constituição" não como sinônimo de texto escrito. Com efeito, o Direito Constitucional se ocupa precipuamente dos temas materialmente constitucionais (organização do poder político e direitos fundamentais).

---

1. FERREIRA FILHO, Manoel Gonçalves. Curso de direito constitucional. 40. ed. São Paulo: Saraiva, 2015, p. 44.

Nesse ponto, é importante observar que o objeto do Direito Constitucional não é somente descritivo, mas também prescritivo. Em outras palavras, o Direito Constitucional são se limita a descrever como as coisas são, mas também discute e reflete como elas deveriam ser.

Ana Paula de Barcellos ensina que além das perspectivas jurídica, histórica e sociológica, o direito constitucional contemporâneo não dispensa também uma abordagem filosófica, de modo que, paralelo à observação e descrição da organização do poder político, há uma reflexão sobre como ela poderia ser.[2]

3. NATUREZA DO DIREITO CONSTITUCIONAL

Há uma distinção clássica, que remonta ao direito romano, entre o direito público e direito privado. Àquele são atribuídas as coisas do Estado; a este, os interesses privados.

Tal divisão, embora venha gradualmente perdendo sua força, pois os limites entre o direito público e direito privado vêm se apagando com o tempo, é, ainda hoje, válida.

A grande diferença entre o direito privado e o direito público é o **regime jurídico** aplicável a cada um deles.

O direito privado é regido pelos princípios da livre-iniciativa e da autonomia da vontade. É a velha máxima, consagrada inclusive no artigo 5º, inciso II da Constituição Federal de 1988, de que as pessoas não são obrigadas a fazer ou deixar de fazer alguma coisa senão em virtude da lei. Pode um particular, por exemplo, contratar o que quiser, com quem quiser, se quiser.

Já o direito público é regido pelos princípios da legalidade e da supremacia do interesse público. Uma autoridade pública só pode fazer aquilo que esteja previsto em lei.

O Direito Constitucional, a toda evidência, é um ramo do **direito público**.

4. CONCEITO DE CONSTITUIÇÃO

O termo "constituição" é empregado, por diversos autores, com **significados diferentes**. A diversidade de concepções é tamanha, que alguns autores chegam a falar em uma tipologia dos conceitos da constituição.

Vejamos, por primeiro, essas diferentes acepções:

2. BARCELLOS, Ana Paula de. Curso de direito constitucional. Rio de Janeiro: Forense, 2018, p. 79.

a. **Sentido sociológico**: O jusfilósofo Ferdinand Lassalle entendia que uma constituição **reflete as forças sociais que constituem o poder**[1]. É o conjunto de forças políticas, econômicas e sociais que estabelecem um sistema de poder. Para Lassalle, é preciso fazer uma diferenciação entre a **constituição-documento**, que segundo ele seria uma mera folha de papel, e a **constituição real**, que é a soma das relações reais de poder existentes na sociedade. Aquela só será boa e duradoura enquanto corresponder à esta, do contrário, estará fadada a sucumbir.

b. **Sentido político: Carl Schmitt** defendia que a constituição é **decisão política fundamental**[2]. Explica Schmitt que a constituição somente pode se lastrear na vontade política e não em uma norma jurídica que lhe antecede. Quem está no poder é quem teria a legitimidade para ditar o que é a constituição. Após decidido, concretamente, sobre a estrutura do Estado, direitos fundamentais, sobre a vida democrática etc., cabe ao sistema jurídico coibir qualquer ato que fosse de encontro a essa decisão.

   Schmitt diferencia constituição e leis constitucionais, sendo estas os demais dispositivos que, embora estejam no texto constitucional, não se refiram à matéria de decisão política fundamental.

c. **Sentido jurídico-formal**: Nesta perspectiva, constituição é a **norma jurídica dotada de superioridade hierárquica em relação às demais**. Este conceito está intimamente ligado à teoria do direito de **Hans Kelsen**. Segundo o jusfilósofo austríaco, o ordenamento jurídico é escalonado, sendo que a norma de hierarquia inferior busca o seu fundamento de validade na norma superior a esta. A Constituição estaria no topo desta pirâmide, buscando sua validade na "norma hipotética fundamental", que nada mais é do que um comando lógico que determina que as normas jurídicas devem ser respeitadas e obedecidas[3].

   Os **críticos** a essa perspectiva do termo constituição argumentam que a ausência de considerações substanciais, ou seja, de conteúdo mínimo, acarreta a própria ausência de limitação ao poder. Isso porque, se a observância de formalidades procedimentais basta para que se reconheça um texto como constituição, a constituição poderia conter os conteúdos mais

1. LASSALLE, Ferdinand. A essência da Constituição. 6ª ed., Rio de Janeiro: Editora Lumen Juris, 2001.
2. SCHMITT, Carl. Teoría de la Constituición. Versión española de Francisco Ayala. 1ª ed., 2ª reimpresión, Madrid: Alianza Universidad Textos, 1996.
3. KELSEN, Hans. Teoria pura do direito. Trad. João Baptista Machado. São Paulo: Martins Fontes, 1999.

bárbaros e autoritários possíveis. Tal crítica ficou especialmente contundente após a Segunda Guerra Mundial, em que se estabeleceu um consenso na comunidade internacional de que o positivismo jurídico, completamente apartado da ideia de valores, era insuficiente para evitar atos de extrema maldade.

d. **Sentido jurídico-material**: Aqui identifica-se a constituição com **determinados conteúdos específicos**, quais sejam, a organização do exercício do poder político, a previsão de direitos fundamentais e a separação de poderes.

   A crítica que pode ser feita a essa acepção é a dificuldade em se obter um consenso sobre quais conteúdos mínimos devem estar presentes para que se possa falar em constituição.

Todo doutrinador, ao conceituar um instituto jurídico, deve preocupar-se em não resvalar para um dos dois extremos. O conceito não pode ser tão aberto de tal maneira que abarque um sem-número de situações, tornando-se, portanto, inócuo. Também não pode ser tão restrito, o que excluirá situações que deveriam estar nele abrangidas, tornando-se incompleto.

É por isso que tem prevalecido em doutrina um conceito de constituição que unifique essas diferentes perspectivas. A partir desse enfoque, a constituição é o conjunto sistematizado de normas, escritas ou costumeiras, que, transformando o fenômeno político em Direito, cria ou recria o Estado, organizando-o e limitando o seu poder.

5. CLASSIFICAÇÃO DAS CONSTITUIÇÕES

As constituições podem ser classificadas de acordo com diversos critérios. Vejamos aqueles mais relevantes em doutrina.

- **Quanto à origem:**

  i. **Outorgada (autocrática/imposta/ditatorial/não democrática)**: É a constituição imposta unilateralmente pela autoridade à sociedade. Não há, aqui, legitimidade conferida pelo povo à constituição. As constituições outorgadas são chamadas, em doutrina, de cartas constitucionais.

  ii. **Promulgada (popular/votada/democrática)**: É a constituição que foi elaborada a partir de um processo democrático, ou seja, que foi, discutida e votada por uma Assembleia Nacional Constituinte eleita de forma razoavelmente democrática. Trata-se de uma representação popular legítima.

> **Observação:** Parte da doutrina critica a utilização dos termos "promulgada" e "democrática" como sinônimos para se referir às constituições que são editadas a partir de uma assembleia constituinte. Fundamenta-se tal crítica apontando que algumas constituições são promulgadas por uma assembleia constituinte, mas, devido às limitações à participação popular na sua elaboração, não poderiam ser chamadas propriamente de democráticas.[4]

iii. **Cesarista**: É a constituição que é imposta pelo detentor do poder, mas que é ratificada por uma participação popular, que se dará por meio de um plebiscito ou referendo. Ocorre quando o detentor do poder, em geral um ditador ou imperador, buscando "dar um ar de legitimidade" à sua vontade, permite a participação popular tão somente para confirmar o que foi imposto.

iv. **Pactuada (dualista)**: É a constituição que exprime um compromisso instável e frágil entre a monarquia e outras forças políticas rivais, como a nobreza ou a burguesia. Reflete a mudança – ainda que não integral – de um regime monárquico absolutista para uma monarquia constitucional.

- **Quanto ao conteúdo:**

i. **Material:** Constituição material é aquela que consiste no conjunto de regras materialmente constitucionais, ou seja, aquelas normas que regulamentam a estrutura e a organização do Estado e instituem direitos fundamentais.

ii. **Formal:** Constituição formal é aquela que está consolidada em um documento solene escrito que fora estabelecido pelo poder constituinte originário. Qualquer regra nela contida, independentemente do conteúdo, desde que tenha seguido o processo de formação adequado, terá *status* de norma constitucional.

- **Quanto à forma:**

i. **Escrita**: É a constituição que decorre de uma previsão escrita. Uma constituição escrita pode ser composta por apenas um documento único, sendo chamada de **codificada** ou **orgânica**, ou por vários documentos, sendo chamada de **constituição legal, pluritextual** ou **inorgânica**.

4. Nesse sentido: SARMENTO, Daniel e SOUZA NETO, Cláudio Pereira de. Direito Constitucional: teoria, história e métodos de trabalho – 2ª edição, 2 reimpr. Belo Horizonte: Fórum, 2016, p. 66.

ii. **Costumeira (consuetudinária/não escrita)**: É a constituição que não decorre de previsão escrita, mas do costume e da tradição. Essa técnica preponderou até o Século XVIII, quando passou a se tornar extremamente rara na prática.

> **Observação**: Parte da doutrina utiliza o termo "constituição escrita" como sinônimo de "constituição codificada". Para esses autores, aquelas constituições que são formadas diversos textos escritos esparsos seriam exemplos de uma "constituição não escrita".[5]

- **Quanto à extensão:**

i. **Sintética (concisa/breve/suscinta)**: É a constituição que possui texto pequeno, pouco detalhado e trata de poucos temas. Limitam-se a traçar princípios fundamentais e estruturais do Estado. Tendem a conferir uma maior estabilidade, posto que, ao não descerem a minúcias, possuem maior flexibilidade e capacidade de adaptação às maiorias formadas em cada tempo.

ii. **Analítica (prolixa/extensa)**: É a constituição que trata de mais temas, abordando diversos assuntos, chegando, muitas vezes, a descer em minúcias. Em razão de abarcarem mais temas e com maior detalhamento, tendem a ser mais emendadas ao longo do tempo. Também são mais suscetíveis ao envelhecimento do seu texto, conferindo uma menor estabilidade.

- **Quanto à estrutura:**

i. **Constituição-garantia (abstencionista/negativa/liberal/estatutária)**: É aquela concebida como simples estatuto organizatório do Estado, limitando-se a definir competências e regular processos. Além disso, pode trazer alguns direitos fundamentais ligados às liberdades-negativas.

ii. **Constituição dirigente (programática/diretiva/social)**: É a constituição que se caracteriza por não só organizar a estrutura do Estado e prever direitos negativos, mas também por conter normas-fim e normas-tarefa. Essas normas definem programas de ação e linhas de orientação dirigidas

5. Nesse sentido: BRANCO, Paulo Gustavo Gonet; MENDES, Gilmar Ferreira. Curso de direito constitucional. 12ª ed. rev. e atual. São Paulo: Saraiva, 2017, p. 61; SARMENTO, Daniel e SOUZA NETO, Cláudio Pereira de. Direito Constitucional: teoria, história e métodos de trabalho – 2ª edição, 2 reimpr. Belo Horizonte: Fórum, 2016, p. 56; MARINONI, Luiz Guilherme; MITIDIERO, Daniel; SARLET, Ivo Wolfgang. Curso de Direito Constitucional. 7ª ed., São Paulo: Saraiva Educação, 2018, p. 74-75.

ao Estado. A constituição dirigente comanda a ação do estado e impõe aos órgãos competentes a realização de metas programáticas nela estabelecidas[6].

iii. **Constituição-balanço (constituição registro)**: Típica de Estados socialistas, ela descreve e registra, de tempos em tempos, o estágio em que se encontra a evolução do socialismo. Foi adotada pela União Soviética.

▶ **Quanto à alterabilidade:**

i. **Rígida**: É a constituição que demanda um procedimento de alteração mais dificultoso daquele previsto para a criação e alteração de normas infraconstitucionais.

ii. **Flexível (plástica):** É a constituição que possui um procedimento de alteração igual ao previsto para criação e alteração de uma lei ordinária. A dificuldade em alterar a constituição é, portanto, a mesma encontrada para alterar uma norma infraconstitucional.

iii. **Semirrígida**: É a constituição que é ao mesmo tempo rígida e flexível. Em algumas matérias exige-se um processo de alteração mais dificultoso do que o previsto para a legislação infraconstitucional e, em outras matérias, exige-se um procedimento idêntico.

iv. **Imutável (granítica)**: É a constituição que não pode ser alterada, pretendendo-se eterna. Está associada, no mais das vezes, a regime teocráticos, que consideram o texto constitucional como uma revelação divina.

v. **Super-rígida**: É a constituição rígida, ou seja, que possui um procedimento de alteração mais dificultoso do que aquele previsto para as leis ordinárias, mas que é imutável em relação a algumas matérias.

vi. **Fixa (silenciosa):** É a constituição que somente pode ser alterada pelo poder constituinte originário que a criou. Logo, inexiste um procedimento de alteração do texto constitucional que possa ser levado à cabo pelas autoridades constituídas. Diferencia-se da constituição imutável, posto que esta não poderá ser alterada nem mesmo pela manifestação do poder constituinte originário, já que seu fundamento é divino.

---

6. CANOTILHO, J.J. Gomes. Direito Constitucional e Teoria da Constituição, 7ª ed., 20ª reimp. Coimbra: Almedina, 2003, p. 217.

- **Quanto à correspondência com a realidade (Karl Loewenstein):**

  i. **Normativa**: Diz-se que uma constituição é normativa quando há correspondência entre o aquilo que ela prevê e o mundo real. Ela é observada por todos os interessados e está integrada na sociedade estatal.
  ii. **Nominal**: É a constituição que, a despeito de ser formalmente válida, ainda não possui força normativa suficiente para conformar a realidade ao seu programa normativo. Todavia, há um esforço das autoridades políticas em alcançar os resultados pretendidos, de modo a tornar-se efetivamente uma constituição normativa.
  iii. **Semântica**: É aquela em que há um descompasso entre o programa normativo e a realidade, como ocorre na constitucional nominal. Contudo, aqui, não há qualquer pretensão de que as metas constitucionalmente previstas sejam alcançadas e se tornem realidade. Cuida-se de mera retórica política, sem qualquer conexão com a realidade (**insinceridade normativa**), servindo o texto constitucional somente como um meio de conferir legitimidade formal ao detentor do poder.

> **Observação:** Em sentido próximo à constituição semântica, temos o termo "**constituição simbólica**", cunhado pelo professor Marcelo Neves. Segundo o autor, há uma constitucionalização simbólica quando o texto constitucional não é suficientemente concretizado normativo-juridicamente de forma generalizada. Tal vício é tão grave e disseminado que ultrapassa o campo da eficácia normativa, atingindo o nível da vigência social das normas. Como não há expectativa entre os agentes públicos ou privados de que a constituição será aplicada, as pessoas deixam de pautar seus comportamentos nelas. Nesse contexto, a constituição passa a ser um mero álibi para a manutenção do estado de coisas atual, incapaz de pautar a solução de conflitos por meio da legalidade e da igualdade.[7]

- **Quanto ao modo de elaboração:**

  i. **Dogmática (sistemática)**: É a constituição que é fruto da elaboração levada a efeito por uma assembleia constituinte. São redigidas a partir de dogmas políticos, ocorrendo de uma só vez, em determinado momento histórico. São forçosamente escritas.

  ii. **Histórica:** É a constituição que resulta de gradativa sedimentação jurídica das tradições de um povo. É o caso da Constituição da Inglaterra.

7. NEVES, Marcelo. A constitucionalização simbólica. São Paulo: Editora Acadêmica, 1994.

- **Quanto à dogmática:**

   i. **Ortodoxa (monista/ideológica)**: É a constituição lastreada em uma só ideologia. O grande exemplo é a Constituição Soviética de 1977.

   ii. **Compromissória (eclética/pluralista):** É a constituição que recebe influxos de várias ideologias diferentes, conciliando-as em seu texto. Não há uma identidade ideológica, mas diversos acordos e compromissos entre as diferentes forças políticas e sociais.

   iii. **Imparcial:** É a constituição que é neutra politicamente, não possui qualquer pretensão de estabelecimento de um projeto específico para a sociedade. O seu objetivo limita-se tão somente a garantir que o procedimento de interação entre os diversos blocos políticos e ideológicos ocorra de forma pacífica e isonômica.

- **Quanto à origem de sua decretação:**

   i. **Heterônoma (heteroconstituição)**: É a constituição que é decretada fora do Estado, por outros Estados ou por organizações internacionais. A Constituição do Japão de 1947 é um exemplo, pois foi escrita principalmente por funcionários estadunidenses durante a ocupação dos Aliados no Japão após a Segunda Guerra Mundial.

   ii. **Autônoma (autoconstituição):** É a Constituição que é promulgada dentro do próprio Estado, por ele próprio. É a regra, sendo raras as hipóteses de heteroconstituição.

- **Quanto ao papel no ordenamento jurídico (Virgílio Afonso da Silva[8])**

   i. **Constituição-lei:** Segundo essa acepção, a constituição é uma lei como qualquer outra, não se distinguindo da legislação ordinária. Apoiados na ideia de supremacia do Parlamento, os defensores dessa visão afirmam que o papel das normas constitucionais no ordenamento jurídico, inclusive daquelas que veiculam direitos fundamentais, é apenas **indicar um possível caminho a ser trilhado pelo legislador.**

   ii. **Constituição-fundamento:** Também chamada como constituição total, a ideia de constituição-fundamento está baseada na reivindicação de que a

8. SILVA, Virgílio Afonso da. A constitucionalização do direito: os direitos fundamentais nas relações entre particulares. 1ª ed. 3ª tiragem. São Paulo: Malheiros, 2014, p. 107-132.

constituição é a lei fundamental não só da atividade estatal, mas também da vida social. Assim, o papel da constituição é o de **regular todas as ações humanas**, restando ao legislador ordinário o diminuto papel de tão somente interpretá-la e aplicar as suas normas, principalmente aquelas que veiculam direitos fundamentais.

iii. **Constituição-moldura:** A constituição-moldura é aquela que serve de **limite para a atividade legislativa.** Como moldura, não tem "tela" (preenchimento), cabendo à jurisdição constitucional tão somente a tarefa de controlar se o legislador infraconstitucional agiu dentro daquele espaço constitucionalmente delimitado. Há, portanto, um espaço discricionário (conveniência e oportunidade) de atuação do legislador. Cuida-se de posicionamento intermediário entre a constituição-lei e a constituição-fundamento. Evita-se, desse modo, o risco a politização da constituição – deixar para as instâncias majoritárias a definição integral do conteúdo da constituição – e, por outro, a judicialização da constituição – não deixar para as instâncias majoritárias nenhum ou quase nenhum espaço para a conformação do conteúdo da constituição.

▶ **Outras classificações:**

i. **Constituição dúctil (suave)**: Segundo o jurista italiano Gustavo Zagrebelsky, a sociedade atual é marcada pela inexistência de um projeto único da vida em comunidade, coexistindo valores e princípios plurais. Nesse cenário, a constituição não pode mais endossar alguns desses valores e rejeitar outros. Não há mais valores e princípios absolutos, uma vez que a pluralidade da sociedade impõe uma **convivência harmoniosa entre os mais diversos projetos de vida.** Os termos-chave passam a ser o **compromisso** e a **integração.** A constituição, nessa ordem de ideias, tem o papel de possibilitar uma vida em comum. Para tanto, deve ser **maleável** de modo a acomodar o pluralismo social, econômico e político por meio de uma rede de valores e procedimentos comunicativos.[9]

ii. **Constituição em branco:** Uadi Lammêgo Bulos afirma que a constituição em branco é aquela que **não traz qualquer limitação explícita** ao poder de alteração ou reforma constitucional. Assim, o poder constituinte derivado poderá alterar e reformar o texto constitucional sem ter que observar um procedimento específico ou limites impostos pelo poder constituinte

9. ZAGREBELSKY, Gustavo. El derecho dúctil: ley, derechos, justicia. Traducción de Marina Gascón. Madrid: Editorial Trotta, 1995.

originário. São exemplos: Constituições da França de 1799, 1814 e 1830 e a Carta espanhola de 1876.[10]

Paulo Bonavides, contudo, utiliza-se da expressão em sentido diverso. Segundo o célebre constitucionalista, o termo "constituição em branco" é utilizado para designar, na esteira dos ensinamentos de Horst Ehmke, **a constituição tomada em sua acepção formalista e positivista, apta a receber qualquer conteúdo, desde que observado o procedimento adequado.**[11]

iii. **Constituição ubíqua:** O termo é utilizado por Daniel Sarmento para se referir ao fenômeno da constitucionalização do direito. Diz-se que a constituição é ubíqua porque ela passou a **estar presente em todos os lugares**: na argumentação e solução de casos judiciais, nos debates parlamentares e nas reinvindicações da sociedade.[12]

iv. **Constituição chapa-branca**: O termo é utilizado por Carlos Ari Sundfeld para se referir à constituição que possui como traço central a **garantia de posições de poder a corporações e organismos estatais ou paraestatais**. O autor afirma que a nossa Constituição de 1988 é uma "constituição chapa-branca", porque os cidadãos que tiveram atenção primária foram os policiais, fiscais tributários, militares, juízes, membros do Ministério Público, advogados públicos, defensores públicos, professores de universidades, profissionais de saúde pública e assim por diante.[13]

Vistos alguns critérios de classificação, pode-se dizer que **Constituição brasileira de 1988** é uma Constituição **promulgada, formal, escrita, codificada, analítica, dirigente, rígida, nominal, dogmática, compromissória** e **autônoma.**

Cabe, todavia, tecer algumas observações.

Inicialmente, faz-se necessário destacar que, embora nossa Constituição seja escrita, isso não afasta o reconhecimento de **algumas normas constitucionais costumeiras.**

Uma segunda ponderação que podemos fazer refere-se à classificação de nossa Constituição de 1988 como codificada. Embora esse entendimento seja

10. BULOS, Uadi Lammêgo. Curso de Direito Constitucional. 8ª ed. rev. e atual. São Paulo: Saraiva, 2014, p. 107.

11. BONAVIDES, Paulo. Curso de direito constitucional. 34ª ed. atual. São Paulo: Malheiros, 2019, p. 174-178.

12. SARMENTO, Daniel. Ubiquidade constitucional: os dois lados da moeda. *In*: SARMENTO, Daniel. Livres e iguais: estudos de Direito Constitucional. Rio de Janeiro: Lumen Iuris, 2006, p. 167-205.

13. SUNDFELD, Carlos Ari. Direito Administrativo para céticos. São Paulo: Malheiros, 2012, p. 56.

amplamente majoritário em doutrina, alguns autores apontam que a nossa Constituição deixou de ser codificada após a EC n. 45/2004, que introduziu o §3º ao artigo 5º da CF. Esse dispositivo permite que tratados internacionais de direitos humanos sejam introduzidos em nosso ordenamento jurídico com *status* de lei constitucional. Além disso, as emendas à constituição nem sempre introduzem alterações no corpo permanente ou no ADCT da Constituição de 1988, podendo conter normas constitucionais autônomas em seu texto. Assim, teríamos não um único documento ao qual se atribui o *status* constitucional, mas diversos.

O terceiro apontamento é sobre a alterabilidade. Há divergência doutrinária se a Constituição Federal de 1988 deve ser enquadrada em rígida ou super-rígida.

Não há dúvidas de que o procedimento para alteração do texto constitucional é mais dificultoso do que aquele previsto para as normas infraconstitucionais. O grande debate recai sobre a imutabilidade de certas partes do texto, uma vez que há a previsão de **cláusulas pétreas** em nosso Texto Maior (artigo 60, §4º).

Em razão do disposto no artigo 60, §4º, da Constituição Federal, Alexandre de Moraes entende ser a nossa Constituição **super-rígida**[14]**.**

Entretanto, a maioria da doutrina considera que a Constituição Federal é **rígida**[15]. O argumento que fundamenta esse posicionamento parte do entendimento adotado pelo Supremo Tribunal Federal de que as matérias contidas no artigo 60, §4º, da Constituição Federal podem ser alteradas, desde que não se tenda a abolir os preceitos ali resguardados.

A quarta e última observação sobre a tipologia da Constituição de 1988 é que alguns autores pátrios a classificam como **semântica**, em vez de nominal. Essa parcela da doutrina, em claro tom crítico, sustenta que diversas previsões em nosso texto constitucional não passam de letra morta, não havendo qualquer esforço do Poder Público para implementar tais metas. Dão como exemplo a previsão do direito a um salário mínimo "capaz de atender as necessidades vitais básicas e às de sua família com moradia, alimentação, educação, saúde, lazer, vestuário, higiene, transporte e previdência social".

É inegável que a Constituição Federal de 1988 tem metas e planos ambiciosos. Contudo, concordo com a maior parte da doutrina no sentido de que a nossa Constituição é **nominal**, pois, embora ainda estejamos longe de atingir todas as metas postas no texto constitucional e, em verdade, muitas vezes os esforços empreendidos pelo poder público nessa direção sejam tímidos, os progressos são evidentes.

---

14. MORAES, Alexandre de. Direito Constitucional, 34ª ed. São Paulo: Atlas, 2018, p. 9.
15. É esse posicionamento, por exemplo, de Bernardo Gonçalves Fernandes. Ver FERNANDES, Bernardo Gonçalves. Curso de Direito Constitucional. 12ª ed. ver., atual e ampl. Salvador: Ed. Juspodivm, 2020, p. 58.

6. HISTÓRICO DAS CONSTITUIÇÕES BRASILEIRAS

A. Constituição de 1824

Editada no império, também é conhecida como **Carta de 1824**, pois foi outorgada pelo Imperador Dom Pedro I, em 25 de março de 1824. Foi um elemento decisivo no processo de independência do Brasil. Ao contrário dos demais países da América, o Brasil não adotou uma forma de governo republicana, mas, em um firme compromisso entre o **liberalismo conservador** e o **semiabsolutismo**, instaurou-se uma **monarquia constitucional**.

As principais características da Constituição de 1824 são:

a) **Forma de governo**: Monarquia constitucional (art. 3º). A pessoa do Imperador era considerada sagrada e inviolável, não estando o monarca sujeito a qualquer mecanismo de responsabilização (art. 99).

b) **Forma de Estado**: Estado unitário, dividindo-se administrativamente o território províncias (art. 2º).

c) **Divisão de Poderes**: Adotou-se a quadripartição dos poderes, estando previstos o Poder Executivo, o Poder Legislativo, o Poder Judiciário e o Poder Moderador (art. 10).

d) **Poder Executivo**: Titularizado pelo Imperador e exercido com auxílio dos Ministros (art. 102). Parte da doutrina sustenta ter havido, durante o Segundo Reinado, uma prática constitucional semelhante ao parlamentarismo.

e) **Poder Legislativo**: Exercido pela Assembleia Geral (art. 13), que era composta da Câmara dos Deputados e do Senado (art. 14). Adotou-se, portanto, o bicameralismo. A Câmara dos Deputados era composta de deputados eleitos de forma indireta para mandatos de quatro anos (arts. 17, 35 e 90), enquanto o Senado era composto de membros vitalícios escolhidos pelo Imperador entre os três nomes mais votados em uma província (arts. 40 e 43).

f) **Poder Judiciário**: Era integrado por juízes de direito perpétuos, jurados e juízes de paz (arts. 151 a 153 e 162). Embora considerado um poder independente (art. 151), o Imperador podia suspender magistrados por queixas prestadas contra eles (art. 154). Foi prevista a instituição do Supremo Tribunal de Justiça (art. 164).

g) **Poder Moderador**: Exercido pelo Imperador, foi considerado a chave de toda a organização política (art. 98). Nele estavam concentrados os poderes de nomear Senadores, convocar extraordinariamente a Assembleia Geral, sancionar decretos e resoluções para que tenham força de lei, aprovar e suspender as resoluções dos Conselhos Provinciais, dissolver a Câmara dos Deputados, nomear ou exonerar os Ministros de Estado, suspender magistrados, perdoar ou reduzir as penas impostas aos réus condenados por sentença e conceder a anistia (art. 101).

h) **Direitos fundamentais**: Foram previstos no artigo 179, que trouxe um rol de direitos assegurados aos cidadãos brasileiros, dentre eles a legalidade, a liberdade de expressão e de imprensa, a vedação à tortura, a liberdade religiosa, entre outros. Houve uma preocupação, ainda que tímida, com direitos sociais, tendo sido previstos os direitos aos socorros públicos e à instrução primária gratuita.

i) **Religião**: A religião oficial era a Católica Apostólica Romana, embora se permitisse o culto doméstico e particular de outras crenças (artigo 5º).

j) **Controle de constitucionalidade**: Não foi previsto.

B. Constituição de 1891

Com a queda da monarquia e a **Proclamação da República**, em 1889 foi eleito um Congresso com funções constituintes, resultando, em 24 de fevereiro de 1891, na promulgação da Constituição de 1891. Nela, coroou-se o **liberalismo** no Brasil. Pretendendo afastar-se do passado monárquico brasileiro, os constituintes incluíram no texto constitucional regras para neutralizar o poder pessoal dos governantes e distanciar o Estado da sociedade.

O texto, que foi revisado por Ruy Barbosa, era inspirado na Constituição norte-americana. A influência da fórmula adotada pelos Estados Unidos da América foi tamanha, que o nosso país passou a se chamar "**Estados Unidos do Brasil**" (artigo 1º).

As principais características da Constituição de 1891 são:

a) **Forma de governo**: República (art. 1º), podendo ser o Presidente responsabilizado por crimes comuns e crimes de responsabilidade (art. 53).

b) **Forma de Estado**: Estado federal, composto pela União e pelos Estados – as antigas províncias foram transformadas em Estados dotados de autonomia política, financeira e legislativa (arts. 1º, 2º, 6º e 63). Foi prevista a divisão dos Estados em Municípios, assegurando-se a estes autonomia às questões de seu peculiar interesse (art. 68). Embora dotados de "autonomia", não se assegurou aos Município organização federativa, de modo que o federalismo implementado era dual.

c) **Sistema de governo**: Presidencialismo (art. 41).

d) **Divisão de Poderes**: Adotou-se a tripartição dos poderes, estando previstos o Poder Executivo, o Poder Legislativo e o Poder Judiciário, harmônicos e independentes entre si (art. 15).

e) **Poder Executivo**: Titularizado pelo Presidente da República (art. 41), que cumulava as funções de Chefe de Governo e Chefe de Estado (art. 48). Foi prevista a figura do Vice-Presidente (art. 41, §1º). Ambos eram eleitos diretamente, pela maioria dos povos, não havendo necessidade de uma chapa única (art. 47). O Presidente era auxiliado pelos Ministros de Estado (art. 49).

f) **Poder Legislativo**: Exercido pelo Congresso Nacional, com a sanção do Presidente da República (art. 16). O Congresso Nacional era composto da Câmara dos Deputados e do Senado Federal (art. 16, §1º). Adotou-se, portanto, o bicameralismo. A Câmara dos Deputados era composta de deputados federais, representantes do povo, eleitos para um mandato de 3 (três) anos de forma direta, garantida a representação da minoria (art. 28). O Senado Federal era composto de senadores, representantes dos Estados-membros e do Distrito Federal, eleitos para um mandato de 9 (nove) anos da mesma forma que os deputados federais (art. 30).

g) **Poder Judiciário**: Era integrado pelo Supremo Tribunal Federal, com sede na capital, Tribunais e juízes (art. 55). Em razão da forma federativa de Estado adotada, previu-se a Justiça Federal (art. 60) e a Justiça Estadual (art. 61). Como forma de garantir maior independência ao Poder Judiciário, conferiu-se vitaliciedade aos seus membros (art. 57).

h) **Direitos fundamentais**: Foram previstos no artigo 72, que trouxe um rol de direitos assegurados aos brasileiros e aos estrangeiros residentes no país, dentre eles se destacam as liberdades religiosa, de expressão, de associação, de reunião e de locomoção. Foi vedada expressamente a instituição de privilégios de nascimentos e foros de nobreza, extinguindo-se as ordens honoríficas então existentes e todas as suas prerrogativas regalias. Foi instituído pela primeira vez em nossa história o *habeas corpus* (art. 77, §22). Como o texto não fazia menção à proteção ao direito ambulatorial, o professor Ruy Barbosa a desenvolver a "doutrina brasileira do *habeas corpus*", ampliando o cabimento do remédio heroico para atacar toda e qualquer arbitrariedade estatal.

i) **Religião**: Não havia previsão de religião oficial, adotando-se o Estado laico (art. 11, 2º).

j) **Controle de constitucionalidade**: Previu-se o controle de constitucionalidade das leis, adotando-se o modelo difuso, em que os juízes e tribunais poderiam deixar de aplicar uma lei, no caso concreto, em razão da sua incompatibilidade com a Constituição (artigo 60, §1º, a).

C. Constituição de 1934

Em outubro de 1930 ocorreu **Revolução de 30**, pondo fim à República Velha. Getúlio Vargas ascende ao poder pela primeira vez. Em 16 de julho de 1934 foi promulgada uma nova constituição. Durante os debates para a elaboração desse novo texto constitucional, os debates em torno de questões sociais ganharam maior relevância, de modo que diversos autores apontam que a Constituição de 1934 foi marcada pelo seu sentido social.

As principais características da Constituição de 1934 são:

a) **Forma de governo**: República (art. 1º), podendo ser o Presidente responsabilizado por crimes comuns e crimes de responsabilidade (arts. 57 e 58).

b) **Forma de Estado**: Estado federal, composto pela União, pelos Estados, pelo Distrito Federal e pelos Territórios (art. 1º). Instituiu-se um modelo cooperativo de federação, de modo que foram previstas, além das competências privativas da União (arts. 5º e 6º) e dos Estados (arts. 7º e 8º), competências concorrentes à União e aos Estados (art. 10).

c) **Sistema de governo**: Presidencialismo (art. 51).

d) **Divisão de Poderes**: Adotou-se a tripartição dos poderes, estando previstos o Poder Executivo, o Poder Legislativo e o Poder Judiciário, independentes e coordenados entre si (art. 3º).

e) **Poder Executivo**: Titularizado pelo Presidente da República (art. 51), que cumulava as funções de Chefe de Governo e Chefe de Estado (art. 56). Não foi prevista a figura do Vice-Presidente. O Presidente era auxiliado pelos Ministros de Estado (art. 59). Há uma ampliação das atribuições do Poder Executivo, resultado de uma visão política que pretende regular mais ativamente todas as instâncias da vida social.

f) **Poder Legislativo**: Exercido pela Câmara dos Deputados com a colaboração do Senado Federal (art. 22). Note-se que foi adotado o unicameralismo, uma vez que Senado deixa se der um órgão do Legislativo, passando a realizar uma função de coordenação entre os três Poderes (art. 88).

   A Câmara dos Deputados era composta de: i) deputados federais, representantes do povo, eleitos por sufrágio universal e direto para um mandato de 4 (quatro), garantida a proporcionalidade (art. 23); e ii) deputados das profissões, eleitos de forma indireta pelas associações profissionais da lavoura e pecuária, comércios e transportes, profissões liberais e funcionários públicos (art. 23, §3º), para um mandato de 4 (quatro) anos e em número de um quinto dos deputados representantes do povo (art. 23, §1º).

   O Senado Federal era composto de senadores, representantes dos Estados-membros e do Distrito Federal, eleitos para um mandato de 8 (oito) anos (art. 89).

g) **Poder Judiciário**: Era constituído pela Corte Supremo, Juízes e Tribunais federais, Juízes e Tribunais militares e Juízes e Tribunais Eleitorais (art. 63). Manteve-se a divisão entre Justiça Federal e Justiça Estadual, criada pela

Constituição anterior (art. 70). Pela primeira vez, a Justiça Eleitoral foi incluída no texto constitucional (arts. 82 e 83). A Justiça do Trabalho foi criada, mas incluída dentro do Poder Executivo (art. 122). Foram aumentadas as garantias constitucionais aos magistrados, que passaram a gozar de vitaliciedade, inamovibilidade e da irredutibilidade dos vencimentos (art. 64). De outro lado, previu-se expressamente que não era dado ao Poder Judiciário conhecer de questões exclusivamente políticas (art. 68).

h) **Direitos fundamentais**: O rol de direitos fundamentais foi bastante ampliado. No art. 113, foram previstos direitos e garantias individuais, com destaque para a inclusão do mandado de segurança (art. 113, §33) e da ação popular (art. 113, §38). Foi incluída a função social da propriedade (art. 113, XVII). Além do rol das liberdades civis, foi incluída previsão expressa de um título específico para cuidar da ordem econômica e social. Nele, foram previstos diversos direitos sociais, como os direitos trabalhistas (art. 121), o amparo dos desvalidos, da maternidade e da infância, o socorro às famílias de prole numerosa (art. 138) e o direto à educação (art. 149).

i) **Religião**: Não havia previsão de religião oficial, adotando-se o Estado laico (art. 17, III).

j) **Controle de constitucionalidade**: Manteve-se a previsão do controle difuso de constitucionalidade, com duas grandes novidades: foi incluída a cláusula de reserva de plenário (art. 179) e a possibilidade de o Senado Feral suspender a execução das normas declaradas inconstitucionais (art. 91, IV).

Outra novidade foi a previsão da **ação interventiva** (artigo 12, §2º). Alguns autores, como Ana Paula de Barcellos, entendem que, primeira vez foi previsto um mecanismo concentrado de controle de constitucionalidade[16]. Outros, como Cláudio Pereira de Souza Neto e Daniel Sarmento, entendem que se tratou somente de um embrião a partir do qual mais à frente se desenvolverá o controle concentrado e abstrato de constitucionalidade[17].

> **Atenção**: A Constituição de 1934 foi a primeira Constituição a prever o **voto feminino**, mas, desde 1932, com a edição do Código Eleitoral, as mulheres já podiam votar no Brasil.

---

16. BARCELLOS, Ana Paula de. Curso de direito constitucional. Rio de Janeiro: Forense, 2018, p. 84.
17. SARMENTO, Daniel e SOUZA NETO, Cláudio Pereira de. Direito Constitucional: teoria, história e métodos de trabalho – 2ª edição, 2 reimpr. Belo Horizonte: Fórum, 2016, p. 120.

D. Constituição de 1937

Em 1935, durante o governo Vargas, ocorreu a insurreição político-militar chamada de Intentona Comunista, o que levou à decretação do estado de sítio. Posteriormente, em 1937, foi noticiada a descoberta do "Plano Cohen", um novo plano comunista para a tomada do poder. O governo, então, decreta estado de guerra, centraliza o poder e fecha o Congresso Nacional. Dava-se início ao **Estado Novo**.

A consolidação do golpe de 1937 ocorreu, em 10 de novembro de 1937, com a outorga da Carta de 1937, também conhecida por "**Polaca**", em razão da influência que a Constituição polonesa de 1935 teve em sua edição.

A Constituição de 1937, fruto do trabalho de Francisco Campos, foi resultado de uma conjugação entre fórmulas fascistas, nacionalistas e de caráter liberal. Previu-se um modelo de Estado **autoritário**, com a concentração de poder nas mãos do Chefe do Poder Executivo federal.

As principais características da Constituição de 1937 são:

a) **Forma de governo**: República (art. 1º), podendo ser o Presidente responsabilizado por crimes de responsabilidade (art. 85).

b) **Forma de Estado**: Estado federal, composto pela União, pelos Estados, pelo Distrito Federal e pelos Territórios (art. 3º). Todavia, a autonomia dos Estados-membros foi drasticamente reduzida, o que leva alguns autores a afirmarem que o regime federalista foi meramente nominal. O Presidente da República tinha, por exemplo, o poder de confirmar ou não o mandato dos Governadores, podendo nomear um Interventor no caso de não confirmação (arts. 9º e 176).

c) **Sistema de governo**: Presidencialismo, cabendo ao Presidente dirigir a política interna e externa, promover ou orientar a política legislativa de interesse nacional e superintender a Administração do País (art. 73).

d) **Divisão de Poderes**: Adotou-se, formalmente, a tripartição dos poderes, estando previstos o Poder Executivo (arts. 73 a 88), o Poder Legislativo (arts. 38 a 66) e o Poder Judiciário (arts. 90 a 113). Contudo, na prática, os poderes ficarem concentrados no Poder Executivo.

e) **Poder Executivo**: Titularizado pelo Presidente da República, que cumulava as funções de Chefe de Governo e Chefe de Estado (art. 73). Não foi prevista a figura do Vice-Presidente. O Presidente era auxiliado pelos Ministros de Estado (art. 88). Há uma ampliação ainda maior das atribuições do Presidente da República, que era considerado a autoridade suprema do Estado. A escolha do Presidente se dava por eleições indiretas (art. 82) para um mandato de 6 (seis) anos (art. 80).

f) **Poder Legislativo**: No texto constitucional, o Poder Legislativo era exercido pelo Parlamento Nacional, composto da Câmara dos Deputados e do Conselho Federal, com a colaboração do Conselho da Economia Nacional e do Presidente da República (art. 38, *caput* e §1º). Todavia, na prática, a função legislativa foi exercida diretamente pelo Presidente da República, mediante a edição de decretos-lei (arts. 13 e 180), pois o parlamento fora dissolvido na União, nos Estados e Municípios e não reestabelecido.

g) **Poder Judiciário**: Era constituído pelo Supremo Tribunal Federal; pelos Juízes e Tribunais dos Estados, do Distrito Federal e dos Territórios; e pelos Juízes e Tribunais militares (art. 90). Como se vê, o primeiro e segundo graus da Justiça Federal e a Justiça Eleitoral não foram previstos. A Justiça do Trabalho continuou a estar inserida no Poder Executivo (art. 139). As garantias conferidas aos magistrados – vitaliciedade, inamovibilidade e da irredutibilidade dos vencimentos – foram mantidas (art. 91), mas foi prevista a possibilidade de aposentadoria compulsória dos magistrados – e demais servidores públicos – pelos Governadores no interesse do regime (art. 177). Durante o estado de emergência ou o estado de guerra, os atos praticados pelo Poder Executivo central não poderiam ser apreciados por qualquer juiz ou Tribunal (artigo 170).

h) **Direitos fundamentais**: O artigo 122 da Carta de 1937 previu um rol de direitos fundamentais, mas foram vários os retrocessos na matéria: não foram previstos o mandado de segurança, a ação popular e o princípio da irretroatividade das leis. A liberdade de expressão foi restringida, uma vez que se previu a censura prévia da imprensa e outros meios de comunicação. Foram mantidos os direitos trabalhistas, mas proibido o direito de greve e de *lock-out*.

i) **Religião**: Não havia previsão de religião oficial, adotando-se o Estado laico (art. 32, b).

j) **Controle de constitucionalidade**: Manteve-se a previsão do controle difuso de constitucionalidade, mantida a cláusula de reserva de plenário (art. 96). Todavia, previu-se um mecanismo de superação da decisão tomada pelo Poder Judiciário. Caso o Presidente da República entendesse que a lei declarada inconstitucional fosse necessária ao bem-estar do povo ou ao interesse nacional, poderia submetê-la novamente ao Parlamento que, confirmando-a por dois terços de seus membros, tornaria sem efeito a decisão do Tribunal (art. 96, parágrafo único).

E. Constituição de 1946

Com a derrota das forças do "Eixo" na Segunda Guerra Mundial, as ideias democráticas e de valorização dos direitos humanos fortaleceram-se em todo o mundo. No Brasil não foi diferente, tendo o governo Vargas, paulatinamente, perdido apoio. Agravou-se a situação principalmente pelo fato de o Brasil, durante a guerra, ter apoiado os "Aliados", o que demonstrou uma inequívoca contradição entre a política externa e a política interna do governo.

Getúlio Vargas, então, acabou sendo deposto pelas Forças Armadas. Um ano depois, elegeu-se, por voto direto, o General Gaspar Dutra como o novo Presidente da República. Em 2 de fevereiro de 1945, instalou-se a Assembleia Constituinte, encarregada de elaborar uma nova Constituição, que seria promulgada em 18 de setembro de 1946.

A Constituição de 1946 afastou-se do autoritarismo, conciliando a **democracia** e o **liberalismo político** com o **Estado Social**. Na ordem econômica, procurou harmonizar a livre-iniciativa com a justiça social.

As principais características da Constituição de 1946 são:

a) **Forma de governo**: República (art. 1º), podendo ser o Presidente responsabilizado por crimes comuns e crimes de responsabilidade (art. 88).

b) **Forma de Estado**: Estado federal, composto pela União, pelos Estados, pelo Distrito Federal e pelos Territórios (art. 1º. §1º). Houve uma real divisão espacial do poder, tendo sido assegurado aos Municípios certa autonomia pela eleição de Prefeitos e Vereadores e pela administração própria no concerne ao seu peculiar interesse (artigo 28).

c) **Sistema de governo**: Presidencialismo (arts. 78 e 87).

d) **Divisão de Poderes**: Adotou-se a tripartição dos poderes, estando previstos o Poder Executivo, o Poder Legislativo e o Poder Judiciário, harmônicos e independentes entre si (art. 36).

e) **Poder Executivo**: Exercido pelo Presidente da República, (art. 78), eleito diretamente para um mandato de 5 (cinco) anos (art. 82). Foi restabelecida a figura do Vice-Presidente (art. 79). O Presidente era auxiliado pelos Ministros de Estado (art. 90).

f) **Poder Legislativo**: Era exercido pelo Congresso Nacional, composto pela Câmara dos Deputados e pelo Senado (art. 37). Adotou-se, portanto, o bicameralismo. A Câmara dos Deputados era composta por deputados federais, representantes do povo, eleitos diretamente pelo sistema proporcional para um mandato de 4 (quatro) anos (arts. 56 e 57). O Senado Federal, por seu turno, era composto por representantes dos Estados e do Distrito Federal, eleitos segundo o princípio majoritário para um mandato de 8 (oito) anos (art. 60). Cabia ao Vice-Presidente da República o exercício das funções de Presidente do Senado, onde só teria voto de qualidade (art. 61).

g) **Poder Judiciário**: Era constituído pelo Supremo Tribunal Federal, pelo Tribunal Federal de Recursos, pelos Juízes e Tribunais militares, pelos Juízes e Tribunais eleitorais e pelos Juízes e Tribunais do trabalho (art. 94).

Tornou-se a prever a distinção entre Justiça Estadual (art. 124) e a Justiça Federal (arts. 103 a 105), mas esta sem juízes de primeiro grau. Também tornou ao texto constitucional a Justiça Eleitoral (art. 109). A Justiça do Trabalho passou a ser integrada à estrutura do Poder Judiciário (art. 122). Foram previstas as garantias aos magistrados – vitaliciedade, inamovibilidade e da irredutibilidade dos vencimentos (art. 95). O Ministério Público foi previsto no texto constitucional (arts. 125 a 128).

h) **Direitos fundamentais**: Foi previsto um longo catálogo no art. 141. Restabeleceu-se o mandado de segurança, a ação popular e o princípio da irretroatividade das leis. Os direitos trabalhistas conquistados no regime constitucional anterior foram mantidos, mas, dessa vez, permitindo-se o direito de greve. Previu-se pela primeira vez o direito à participação nos lucros (art. 157, IV).

i) **Religião**: Não havia previsão de religião oficial, adotando-se o Estado laico (art. 31, III).

j) **Controle de constitucionalidade**: Manteve-se a previsão do controle difuso de constitucionalidade, mas foi excluída a possibilidade de revisão das decisões por parte dos poderes políticos.

F. Constituição de 1967

Em 1961, Jânio Quadros, então Presidente da República, renunciou ao cargo, após perder apoio político. Seu Vice-Presidente, João Goulart, estava em viagem, tendo sido impedido de retornar pelas Forças Armadas, que temiam suas ligações comunistas.

O Congresso Nacional, buscando uma forma de esvaziar os poderes de João Goulart e permitir o seu retorno, instalou o parlamentarismo no país. Tal qual previsto na Emenda Constitucional n.º 4 de 1961, caberia ao Presidente da República a nomeação de um Primeiro Ministro que, por sua vez, escolheria os demais Ministros.

Em 1963 foi realizado um referendo para que o povo aprovasse ou não o parlamentarismo. O sistema parlamentarista não estava funcionando bem – no período de quatorze meses, foram escolhidos quatro Primeiros-Ministros diferentes. Em razão disso, a maioria esmagadora do povo brasileiro decidiu pelo retorno ao presidencialismo.

João Goulart passou, então, a aproximar-se cada vez mais da esquerda e a radicalizar o discurso.

Em março de 1964, com o apoio de setores do empresariado, proprietários rurais e setores da classe média, os militares ascendem ao poder, o que foi formalizado pelo Ato Institucional n.º 1, de 9 de abril de 1964.

O Congresso Nacional foi fechado em 1966, tendo sido reaberto em 1967, por meio do Ato Institucional n.º 4, com a finalidade de aprovar a Constituição de 1967.

A maioria da doutrina entende que, a despeito o texto ter sido votado pelo Congresso Nacional, a Constituição de 1967 foi **outorgada**, posto que imposta unilateralmente pelo regime ditatorial militar, tendo sido a votação, aprovação e promulgação meramente formais.

Paulo Bonavides ensina que a Constituição de 1967 foi **semiautoritária**. Alguns dispositivos formalmente liberais colidiam com outros vários dispositivos autoritários que permitia ao Poder Executivo sobrepor-se aos Poderes Legislativo e Judiciário.[18]

As principais características da Constituição de 1967 são:

a) **Forma de governo**: República (art. 1º), podendo ser o Presidente responsabilizado por crimes comuns e crimes de responsabilidade (arts. 84 e 85).

b) **Forma de Estado**: Estado federal, composto pela União, pelos Estados, pelo Distrito Federal e pelos Territórios (art. 1º). Houve, contudo, maior concentração de poder no ente central (art. 8º). Aos Municípios foi reconhecida autonomia (art. 16), mas essa autonomia foi mitigada com a possibilidade de nomeação dos Prefeitos pelos Governadores e pelo Presidente da República (art. 16, §2º).

c) **Sistema de governo**: Presidencialismo (arts. 74 e 83).

d) **Divisão de Poderes**: Adotou-se a tripartição dos poderes, estando previstos o Poder Executivo, o Poder Legislativo e o Poder Judiciário, harmônicos e independentes entre si (art. 6º). Todavia, houve concentração de poder pelo Poder Executivo federal, podendo o Presidente da República, por exemplo, editar decretos com força de lei (art. 58).

e) **Poder Executivo**: Exercido pelo Presidente da República, com auxílio dos Ministros de Estado (art. 74). O Presidente era eleito indiretamente pelo colégio eleitoral (art. 76) para um mandato de 4 (quatro) anos (art. 77, §3º). O Vice-Presidente era eleito na mesma chapa que o Presidente (art. 79, §1º).

f) **Poder Legislativo**: Era exercido pelo Congresso Nacional, composto pela Câmara dos Deputados e pelo Senado Federal (art. 29). Adotou-se, portanto, o bicameralismo. A Câmara dos Deputados era composta por deputados federais, representantes do povo, eleitos diretamente pelo sistema proporcional para um mandato de 4 (quatro) anos (art. 41, *caput* e §1º).

18. ANDRADE, Paes de; BONAVIDES, Paulo. História Constitucional do Brasil. Brasília: OAB Editora, 2004, p. 445.

O Senado Federal, por seu turno, era composto por representantes dos Estados, eleitos segundo o princípio majoritário para um mandato de 8 (oito) anos (art. 43, *caput* e §1º). Cabia ao Vice-Presidente da República o exercício das funções de Presidente do Congresso Nacional, onde só teria voto de qualidade (art. 79, §2º).

g) **Poder Judiciário**: Era constituído pelo Supremo Tribunal Federal, pelos Tribunais Federais de Recursos e Juízes Federais, pelos Tribunais e Juízes Militares, pelos Tribunais e Juízes Eleitorais e pelos Tribunais e Juízes do Trabalho. Como se vê, os juízes de primeiro grau voltaram a ser previstos na Justiça Federal. A Justiça Estadual foi prevista no art. 136 e o Ministério Público nos arts. 137 a 139. Foram previstas as garantias aos magistrados – vitaliciedade, inamovibilidade e da irredutibilidade dos vencimentos (art. 108). Todavia, os atos praticados pelo "Comando Supremo da Revolução de 31 de março de 1964" tiveram a sua apreciação excluída do Poder Judiciário (art. 173).

h) **Direitos fundamentais**: Havia a previsão de direitos e garantias individuais, tendo sido mantidas as previsões do texto constitucional anterior e, inclusive, tendo-se acrescentados outros (art. 150). Também estavam previstos direitos sociais, inclusive direitos trabalhistas (arts. 157 e 158). No âmbito da família, o casamento foi previsto como indissolúvel (art. 167, §1º). As ciências, as letras e as artes foram consideradas livres (art. 171). Havia, contudo, um grande descompasso entre a previsão legal (dever-ser) e prática estatal (ser), sendo um grande exemplo na nossa história de insinceridade normativa.[19]

i) **Religião**: Não havia previsão de religião oficial, adotando-se o Estado laico (art. 9º, II).

j) **Controle de constitucionalidade**: Manteve-se a previsão do controle difuso de constitucionalidade, inclusive da cláusula de reserva de plenário (art. 111), e do controle concentrado de constitucionalidade (art. 114, I, l). A representação de inconstitucionalidade somente poderia ser ajuizada no Supremo Tribunal Federal pelo Procurador-Geral da República.

> **Atenção**: Com o Presidente Costa e Silva no poder, houve um recrudescimento do regime militar. Em 13 de dezembro de 1968, foi editado o **Ato Institucional n.º 5**. O AI-5 permitia ao Presidente decretar recesso das Casas Legislativas em todos os âmbitos da federação, decretar a intervenção

19. Nesse mesmo sentido, Ana Paula de Barcellos afirma que, "sob a perspectiva dos direitos, a Constituição de 1967/69 previu os direitos individuais e políticos clássicos, mas havia um claro descompasso entre as previsões constitucionais e a ação estatal relativa a eles". Ver BARCELLOS, Ana Paula de. Curso de direito constitucional. Rio de Janeiro: Forense, 2018, p. 88.

em Estados-membros e Municípios, sem qualquer limitação e suspender os direitos políticos de quaisquer cidadãos pelo prazo de dez anos, cassar mandatos eletivos. As atividades e manifestações políticas foram suspensas, autorizando-se a **censura**. As **garantias da magistratura foram suspensas** e nenhum ato do Presidente poderia ser apreciada judicialmente.

Em 1969, foi editada a **Emenda Constitucional n.º 1**. A **maioria dos autores** a colocam como uma **nova constituição**, sustentando ter havido manifestação de um novo poder constituinte originário, que constitucionalizou todos os Atos Institucionais baixados anteriormente.

Nas palavras do professor José Afonso da Silva:

> "Teórica e tecnicamente, não se trata de emenda, mas de nova constituição. A emenda só serviu como mecanismo de outorga, uma vez que, verdadeiramente, se promulgou texto integralmente reformulado".[20]

Com o máximo respeito àqueles que entendem de forma diversa, sou partidário do entendimento de que a Emenda Constitucional n.º 1 de 1969 não representou uma nova constituição, mas somente uma emenda ao texto de 1967. Isso porque não houve a recriação do Estado, tampouco ruptura completa com o ordenamento jurídico antecedente. Houve, sim, um aprofundamento no autoritarismo já previsto, ainda que de forma disfarçada, na Constituição de 1967.

As principais alterações em relação ao texto constitucional anterior foram o aumento do mandato presidencial para cinco anos, o aumento dos Poderes do Poder Executivo e a redução do número de parlamentares. O processo de alteração da Constituição foi dificultado e o nome do país alterado para "**República Federativa do Brasil**".

G. Constituição de 1988

No governo Geisel, deu-se início a um processo lento e gradual de abertura do regime, um caminho de avanços e retrocessos, que passou também pelo governo Figueiredo.

Nas eleições de 1985, indiretas, sagrou-se vencedor um civil, Tancredo Neves, que prometeu restabelecer a democracia. Tancredo, contudo, não chegou a assumir, falecendo antes de sua posse. José Sarney, Vice-Presidente, assumiu a presidência.

Em 1985, Sarney encaminha ao Congresso Nacional a Proposta de Emenda à Constituição n. 48/1985, que resultou na Emenda Constitucional n. 26 de 1985.

20. SILVA, José Afonso da. Curso de direito constitucional positivo. 42ª ed., rev. e atual, São Paulo: Malheiros, 2019, p. 89.

Tal emenda convocou para o dia 1º de fevereiro de 1987 a reunião da Assembleia Nacional Constituinte.

Na verdade, atribuiu-se poderes constituintes ao Congresso Nacional, composto em sua maioria, de parlamentares eleitos no pleito de 1986, opção que até hoje é criticada por muitos autores.

Raymundo Faoro, por exemplo, questionava a capacidade de deputados e senadores eleitos ainda durante a ditadura militar editarem uma constituição democrática. Mais do que isso, Faoro criticava a falta de legitimidade dos congressistas para representar o povo brasileiro. Nas palavras do jurista gaúcho:

> "A Chave para que atua a justiça está, em primeiro lugar, na democratização do poder, com o poder participatório ampliado, o que é incompatível com o esquema constituído, que se apropria do mecanismo representativo. (...) O povo não dispõe de outra arma senão aquela que faz povo, na sua soberania. Os representantes do povo, quando não espelham a maioria, tornam-se espectros autônomos, aliados e servidores da cadeia das tutelas."[21]

Há, inclusive, parcela minoritaríssima da doutrina que defende, em razão da convocação da Assembleia Constituinte por meio de Emenda Constitucional, não ter havido manifestação do poder constituinte originário[22].

Em julho de 1985, formou-se Comissão Provisória de Estudos Constitucionais (Comissão Afonso Arinos), pelo Decreto n. 91.450 de 18 de julho de 1985. Tal comissão era composta por cinquenta membros e foi presidida por Afonso Arinos de Melo Franco. O anteprojeto elaborado era extenso – contava com 436 artigos no corpo permanente e 32 nas disposições transitórias – e sequer chegou a ser enviado pelo Presidente Sarney à Constituinte, sendo posteriormente arquivado no Ministério de Justiça.

Iniciados os trabalhos constituintes na data aprazada e sem ter um anteprojeto para se apoiar, foi editada a Resolução n. 2 de 1987, estabelecendo o procedimento

---

21. FAORO, Raymundo. Constituinte ou Congresso com Poderes Constituintes. In: FAORO, Raymundo et al. Constituição e constituinte. São Paulo: Revista dos Tribunais, 1987. p. 11-28.

22. Nesse sentido, Manoel Gonçalves Ferreira Filho afirma que "Assim, a Nova República não nasceu de uma revolução, surgiu do exato cumprimento da Constituição em vigor. Não lhe é dado, em consequência, invocar o Poder Constituinte revolucionário. Não detém ela Poder Constituinte originário. (...) Isto queria dizer, na prática, que a integrariam os deputados eleitos em fins de 1985, os senadores eleitos nessa mesma ocasião, mas também os senadores que haviam sido escolhidos em 1981, mas que ainda gozavam de mandato. Portanto, ninguém pode sustentar que haviam recebido do eleitorado o poder constituinte originário, mas simplesmente detinham como membros do Congresso Nacional poder derivado." Ver: FERREIRA FILHO, Manoel Gonçalves. O poder constituinte. 6ª ed. rev., São Paulo: Saraiva, 2014.

de edição da Constituição de 1988, que passaria basicamente por **quatro grandes fases**: a) a elaboração de dispositivos constitucionais por subtemas, a cargo das Subcomissões Temáticas; b) a elaboração dos Capítulos, por temas, a cargo das Comissões Temáticas; c) a elaboração dos Títulos e sistematização dos dispositivos aprovados pelas Comissões e elaboração do Projeto de Constituição, a cargo da Comissão de Sistematização; e d) a votação e redação final de toda a matéria, a cargo do Plenário da Assembleia Nacional Constituinte e da Comissão de Redação.

Assim, foram criadas 8 (oito) Comissões Temáticas, cada uma dividida em três Subcomissões Temáticas. As comissões temáticas foram integradas por 63 (sessenta e três) membros titulares e igual número de suplentes. Todo o trabalho das Comissões Temáticas deveria convergir para a Comissão de Sistematização.

A Comissão Sistematizadora era composta de 49 (quarenta e nove) membros titulares e igual número de suplentes, além dos respectivos presidentes e relatores das demais comissões e relatores das subcomissões. A presidência da Comissão Sistematizadora coube ao Senador Afonso Arinos, enquanto a relatoria coube ao deputado Bernardo Cabral.

Em 26 de junho de 1987, o relator Bernardo Cabral apresenta um anteprojeto que condensou em 501 artigos os trabalhos das demais comissões. Após oportunizada a apresentação das emendas de adequação e sua análise – foram mais de mil emendas –, foi elaborado um novo projeto, agora com 496 artigos. Na sequência, houve abertura às emendas populares. Em 24 de novembro de 1987, foi entregue solenemente ao Presidente da Assembleia Nacional Constituinte, deputado Ulysses Guimarães, o novo Projeto de Constituição, com 335 artigos, dentre os quais 271 são disposições permanentes e 64 são disposições transitórias.

No dia 27 de janeiro de 1988 iniciou-se o primeiro turno de votação do projeto na Assembleia Nacional Constituinte, encerrado em 30 de junho de 1988. Em 22 de setembro de 1988 ocorreu a última votação do segundo turno, tendo havido a aprovação do texto definitivo da nova Constituição, por 474 votos a favor, 15 contra e seis abstenções. Em 5 de outubro de 1988, a nossa Constituição foi promulgada. Apesar de todos os percalços vistos, a Constituição Federal de 1988 contou com ampla participação popular, o que fica demonstrado por seu caráter vivamente plural e democrático. Ela é marcada pela transição de um regime autoritário para um regime democrático, havendo profundo compromisso com a **democracia** e com os **direitos fundamentais**. Suas características serão analisadas ao longo de toda a obra.

PODER CONSTITUINTE

1. CONCEITO

Pode-se conceituar o poder constituinte como o poder de **editar uma constituição, fundando ou refundando o Estado e a ordem jurídica**.

O termo, apesar do protesto de alguns setores da doutrina[1], também tem sido utilizado para designar o poder de **alterar a Constituição** (poder constituinte derivado reformador) e o poder que possuem os Estados-membros de **criarem as constituições estaduais** (poder constituinte derivado decorrente).

2. ORIGEM DO PODER CONSTITUINTE

As origens do poder constituinte podem ser analisadas sob dois enfoques: o **histórico** e o **teórico**.

Historicamente, o poder constituinte existe desde as **primeiras organizações políticas**. Embora se afirme frequentemente que a ideia da existência de um poder que estabelece a constituição tenha surgido somente no século XVIII, é inegável que o fenômeno deita raízes na Antiguidade.

1. A professora Ana Paula de Barcellos, por exemplo, sustenta que "o chamado poder constituinte derivado ou reformador não é, a rigor, um poder *constituinte* e sim um *poder constituído*, já que criado pelo poder constituinte originário e exercido nos limites por ele definidos.". Ver BARCELLOS, Ana Paula de. Curso de direito constitucional. Rio de Janeiro: Forense, 2018, p. 98.

Nas palavras de Luís Roberto Barroso:

> "Onde quer que exista um grupo social e poder político efetivo, haverá uma força ou energia inicial que funda esse poder, dando-lhe forma e substância, normas e instituições. A teoria do poder constituinte, envolvendo especulações acerca de sua natureza, titularidade e limites, é que só recebeu elaboração em época mais recente."[2]

Contudo, foi na **Convenção da Filadélfia de 1787** em que o poder constituinte, nos moldes em que conhecemos hoje, se manifestou pela primeira vez na história. Foi nessa ocasião em que se editou a primeira constituição escrita do mundo moderno: a Constituição americana de 1787.

O **desenvolvimento teórico** do poder constituinte, por sua vez, deu-se início com os estudos do abade francês Emmanuel Joseph Sieyès e seu livro *Qu'est ce que le Tiers-État?*[3]

O livro foi escrito nos momentos preliminares à Revolução Francesa. À época, o rei francês Luís XVI convocou órgão deliberativo chamado de Estados Gerais, que era composto por três estados: a nobreza (Primeiro Estado), o clero (Segundo Estado) e os comuns (Terceiro Estado). Como os votos eram tomados por estados, os comuns – grupo composto por aqueles que não possuíam privilégios legais – eram sempre derrotados, embora representassem a maioria da população francesa.

Buscando reverter essa situação, Sieyès estabeleceu o seguinte raciocínio: existe uma diferença entre poder constituinte e poder constituído. Aquele é incondicionado e permanente, sendo a vontade da Nação; enquanto este só existe em razão do primeiro, sendo por ele juridicamente limitado. Os governantes apenas exercem esses poderes constituídos, mas não são seus titulares. O Terceiro Estado representava a Nação, logo caberia a ele, que até agora era "um nada" na ordem política, "ser alguma coisa".

Com base na proposta teórica de Sieyés, em 17 de junho de 1789, logo após a instalação dos Estados Gerais, os comuns se autodeclararam "Assembleia Nacional Constituinte". Ao cabo, promulgou-se a primeira Constituição francesa (1791).

Sustentava Sieyès que todo Estado tem uma constituição. Essa constituição, entretanto, é **obra do poder constituinte**, que lhe é **anterior**. Há, assim, uma sequência lógica e necessária: o poder constituinte gera os poderes constituídos do Estado, sendo-lhes, por consequência, superior.

---

2. BARROSO, Luís Roberto. Curso de direito constitucional contemporâneo: os conceitos fundamentais e a construção do novo modelo. 7ª ed. São Paulo: Saraiva Educação, 2018, p. 131.

3. Para uma versão em português do clássico francês, ver SIÈYES, Emmanuel Joseph. A constituinte burguesa: *Qu'est-ce que le Tiers État?*. 4ª ed. Trad. Norma Azevedo. Rio de Janeiro: Editora Lumen Iuris, 2001.

3. PODER CONSTITUINTE ORIGINÁRIO

A. Introdução

O poder constituinte originário é o poder de **criar uma Constituição.**

A rigor, é o **poder constituinte por excelência**, sendo os chamados poderes constituintes derivados que trataremos mais a frente, na verdade, poderes constituídos, uma vez que limitados pelo poder constituinte originário.

Antes de analisarmos mais a fundo esse instituto, é importante fazer uma observação: com o advento do constitucionalismo liberal, houve uma inevitável **tensão entre** a ideia de **constitucionalismo** e a ideia de **soberania.**

Soberania, tal qual concebida por Jean Bodin, é o poder absoluto e perpétuo[4]. De outro lado, o constitucionalismo, vimos, está ligado à limitação jurídica do poder. Como conciliar, então, essas duas ideias aparentemente antagônicas?

É a teoria do poder constituinte que ajuda a apaziguar essa contradição. Segundo ela, a soberania é exercida na elaboração de uma constituição, que limita o poder político. Uma vez promulgado o texto constitucional, a soberania entra no chamado "**estado de latência**", como se adormecida fosse. Em caso de nova conjuntura histórica de ruptura com a estrutura e o ordenamento jurídico estabelecidos, a soberania pode levantar-se novamente, plenipotenciária.

B. Titularidade

Uma das questões mais importantes relacionadas ao poder constituinte originário é esta: quem é o titular do poder constituinte originário?

O abade **Emmanuel Sieyès**, quando elaborou sua teoria de poder constituinte originário, atribuiu a sua titularidade à **nação**, termo utilizado para se referir à comunidade histórico-cultural em que há um estreito vínculo espiritual entre seus membros por conta da comunhão de tradições, costumes e idioma e que é animada por uma crença em um destino comum.[5]

O conceito de nação, embora utilizado com grande sucesso a partir do século XVIII para instigar as pessoas durante revoluções, formações de Estado Nacionais

---

4. BODIN, Jean. Os seis livros da República: livro primeiro. Tradução José Carlos Orsi Morel. 1ª ed. São Paulo: Ícone, 2011, p. 195.

5. Dalmo de Abreu Dallari ensina que "Del Vecchio, Maritain, Marcello Caetano e Ataliba Nogueira demonstraram claramente que o termo nação se aplica a uma comunidade de base histórico-cultural, pertencendo a ela, em regra, os que nascem num certo ambiente cultural feito de tradições e costumes, geralmente expresso numa língua comum, tendo um conceito idêntico de vida e dinamizado pelas mesmas aspirações de futuro e os mesmos ideais coletivos". Ver DALLARI, Dalmo de Abreu. Elementos da Teoria Geral do Estado. 28ª ed., São Paulo: Saraiva, 2009, p. 96.

e guerras, é problemático quando considerado sob a ótica da titularidade do poder constituinte originário. A sua vagueza, se bem manipulada, pode acarretar a exclusão da vida política de minorias.

Por essa razão, hoje, é **absolutamente majoritário** em doutrina que o titular do poder constituinte originário é o **povo**. Por povo entende-se o conjunto de pessoas vinculadas juridicamente a um determinado Estado pelo **vínculo da nacionalidade**.[6]

C. Natureza jurídica

Quando se analisa a natureza jurídica de um instituto jurídico, perquire-se, em verdade, qual o lugar que aquele instituto ocupa no mundo do Direito. Trata-se de busca relevantíssima, pois, a partir dela, é possível responder várias perguntas e retirar diversas conclusões.

No caso do poder constituinte originário, para respondermos qual é a sua natureza jurídica, devemos, primeiro, formular a seguinte a questão: O poder constituinte originário é um **poder de fato** ou um **poder de direito**?

Para a **maioria dos autores**, o poder constituinte originário é um **poder de fato**. Isso porque se fala em poder constituinte originário no momento exato em que o poder político altera a norma basilar do Estado. Cuida-se de um fenômeno político, que ocorre no mundo dos fatos – uma revolução vitoriosa, uma emancipação colonial, um golpe de estado etc.

A grande consequência de considerar o poder constituinte originário como um poder de fato é reconhecê-lo, em razão disso, como **ilimitado**. Sob essa ótica, o poder constituinte originário não está subordinado à nenhuma norma jurídica que lhe seja anterior.

Nas palavras do então Ministro do Supremo Tribunal Federal Cezar Peluso, em voto proferido no julgamento da Medida Cautelar na ADI n.º 2.356/DF:

> "A eficácia das regras jurídicas produzidas pelo poder constituinte originário não está sujeita a nenhuma limitação normativa de ordem material, e muito menos, formal, porque provém do exercício de poder fático, cuja força soberana e vinculante, repousando no fato de se impor à obediência geral, independe de legitimação jurídica."[7]

6. Não se deve confundir a ideia de "povo" com a de "população". Esta é a mera expressão numérica do conjunto de pessoas que vivem ou estão de passagem em um território em um determinado tempo.
7. STF, Tribunal Pleno, ADI 2.356/DF-MC, Red. p/ acórdão Min. Ayres Britto, j. 25.11.2010.

Existe, contudo, **doutrina minoritária** que entende que o poder constituinte originário é um **poder de direito**. Para esses autores, o poder constituinte se manifesta em um contexto de certa domesticação, devendo observância a parâmetros impostos pelo direito supranacional.[8]

D. Atributos do poder constituinte originário

Tradicionalmente, a teoria constitucional ensina que o poder constituinte originário é inicial, ilimitado, incondicionado, indivisível e permanente. Vejamos cada uma dessas características, bem como as críticas que lhes são direcionadas.

D.1. Inicial

O poder constituinte originário é inicial porque **cria uma ordem jurídica inteiramente nova**, fundando ou refundando o Estado, rompendo com a ordem jurídica que lhe era anterior.

Cuida-se de uma primazia não de natureza cronológica, mas **estruturante**. Um exemplo pode nos ajudar a compreender bem isso. Quando uma nova Constituição é editada, muito provavelmente já existe uma gama de leis e textos normativos que lhe precederam. Como veremos mais adiante, essa legislação anterior não necessariamente é completamente revogada, subsistindo diplomas legais que foram editados sob a ordem constitucional anterior. Esses diplomas, apesar de cronologicamente anteriores, passarão a viger sob a nova Constituição, haurindo dela seu fundamento. Tudo aquilo que lhe contrariar substancialmente, será não recepcionado, pois não está de acordo com a nova ordem jurídica daquele Estado.

Uma **crítica** que pode ser feita a esse atributo é que o constituinte não toma decisões que nascem "do nada". Quando da edição de uma nova constituição, existem formulações teóricas e acontecimentos históricos que lhe precederam e a influenciam decisivamente.[9]

D.2. Autônomo

O poder constituinte é dito autônomo ou **exclusivo** porque cabe somente a seu titular decidir qual a ideia de ordenamento jurídico e de direito que o guiará e se fará presente no conteúdo da nova constituição. Em outras palavras, não existem dois poderes constituintes dentro de uma mesma sociedade política.

---

8. COELHO, Paulo Magalhães da Costa. O poder constituinte e a construção de utopias: suas possibilidades e limites, em Revista do Instituto de Pesquisas e Estudos Divisão Jurídica, v. 48, n. 62, 2014.
9. Nesse sentido, SARMENTO, Daniel e SOUZA NETO, Cláudio Pereira de. Direito Constitucional: teoria, história e métodos de trabalho – 2ª edição, 2 reimpr. Belo Horizonte: Fórum, 2016, p. 253.

D.3. Ilimitado

Diz-se que o poder constituinte originário é ilimitado. Isso porque **ele não estaria sujeito a amarras jurídicas**, destacadamente às prescrições da ordem jurídica que lhe antecedeu.

Sieyès, quando da formulação teórica originária do conceito e dos atributos do poder constituinte, embora o tratasse como ilimitado, previu que este não poderia violar o direito natural. Sob a égide do positivismo jurídico, deixa-se de admitir a existência de normas religiosas ou racionais que se sobreponham ao direito positivado, tornando, no campo teórico, o poder constituinte originário verdadeiramente ilimitado.

Todavia, parcela da doutrina[10] formula uma **crítica** a esse atributo, mitigando-o. Segundo esses autores, com a **internacionalização dos direitos humanos**, é inconcebível que se aceite que o poder constituinte originário viole esses preceitos (**limites normativos**).

Há, ainda, limites impostos pela própria **realidade** (**limites fáticos**). Não pode o poder constituinte originário querer alterar a própria realidade das coisas, prevendo, por exemplo, que um quadrado é uma bola, ou, ainda, proibindo que a terra seja redonda – mais precisamente, elíptica.

Formulação célebre na história do Direito sobre a limitação do poder constituinte é de autoria de **Otto Bachof**. Otto Bachof foi um jurista alemão que, além de professor de Direito Público, exerceu a função de Juiz do Tribunal Estadual de Baden-Württemberg. De acordo com o professor bávaro, **caso uma norma constitucional originária viole o direito supranacional, ela é inconstitucional.**[11]

Tal tese, contudo, não tem acolhida no **Supremo Tribunal Federal**, que adota a **teoria da ilimitação do poder constituinte originário sem ressalvas.**

Exemplo disso ocorreu no bojo do **AgR na ADI 4.097**. Na oportunidade, foi indeferida a petição inicial, com fundamento na impossibilidade jurídica do pedido, que se dirigia à declaração de inconstitucionalidade da norma que afirma serem inelegíveis os analfabetos. Afirmou-se ser impossível a declaração de inconstitucionalidade de norma constitucional originária[12].

10. *Ibidem*, p. 254-257.

11. BACHOFF, Otto. Normas constitucionais inconstitucionais? Trad. José Manual M. Cardoso da Costa. Coimbra: Almedina, 1994.

12. "EMENTA: AÇÃO DIRETA DE INCONSTITUCIONALIDADE. ADI. Inadmissibilidade. Art. 14, § 4º, da CF. Norma constitucional originária. Objeto nomológico insuscetível de controle de constitucionalidade. Princípio da unidade hierárquico-normativa e caráter rígido da Constituição brasileira. Doutrina. Precedentes. Carência da ação. Inépcia reconhecida. Indeferimento da petição inicial. Agravo improvido. Não se admite controle concentrado ou difuso de constitucionalidade de normas produzidas pelo

D.4. Incondicionado

O poder constituinte originário é dito incondicionado porque **não está adstrito a nenhum procedimento previamente definido na ordem jurídica que lhe antecedeu.** É ele próprio quem estabelecerá como se manifestará.

Essa característica **não afasta** a possibilidade de serem deliberadas e editadas **regras procedimentais anteriores** à manifestação do poder constituinte originário, com a finalidade de balizá-lo. Tal prática, que é comum, é plenamente possível. A incondicionalidade significa, na verdade, que não resultará na invalidade da nova constituição se o poder constituinte se manifestar de outra maneira, ao largo das regras procedimentais prévias, posto que ele **não está adstrito a elas.**

A **crítica** que é feita por parte da doutrina a esse atributo baseia-se na titularidade do poder constituinte. Como já dissemos, o titular do poder constituinte é o povo. Assim, não seria todo e qualquer procedimento constituinte legítimo, mas somente aquele que reflita a vontade do povo. Acaso o procedimento não seja **democrático**, estará viciado e não pode ser aceito.

Essa crítica, a toda evidência, tem um forte caráter prescritivo. Descritivamente, todavia, são fartos os casos de Constituições, como, por exemplo, a nossa Constituição de 1937, que foram editadas de maneira autoritária, alijando o povo do seu processo criativo.

D.5. Permanente

A permanência do poder constituinte originário está atrelada à **possibilidade de manifestação a qualquer tempo.**

O poder constituinte não se esgota com a edição de uma nova Constituição, tão somente entrando no chamado "**estado de latência**". Encontrando-se nesse estado de hibernação, voltará à tona muito excepcionalmente, nos chamados "momentos constitucionais", ou seja, em situações que demandem um rompimento completo com a ordem jurídica então vigente.

Ainda que adormecida, a soberania popular deve manter-se ativa na arena da interpretação constitucional, assumindo papel de destaque na concretização da Constituição.

E. Procedimento constituinte

Até agora vimos o que é o poder constituinte originário, quais suas características, natureza e quem é seu titular. Resta-nos analisar o procedimento de edição

poder constituinte originário." (STF, Tribunal Pleno, AgR na ADI 4.097-9/DF, Rel. Min. Cezar Peluso, j. 8.10.2008).

de uma constituição, ou seja, as formas de manifestação do poder constituinte originário. Como já sabemos, o poder constituinte é incondicionado. Logo, caberá a ele próprio determinar qual será o seu procedimento de manifestação. Não pretendemos nesse tópico, portanto, estudar um modelo ideal e fixo, mas, ao contrário, analisar como esse fenômeno tem ocorrido na prática constitucional mundial.

E.1. Momento constitucional

O nosso ponto de partida será o reconhecimento de que a manifestação do poder constituinte originário se dá em um contexto específico, onde há uma verdadeira intenção de criação de um novo Estado e, consequentemente, um novo ordenamento jurídico. Cuida-se, portanto, de uma conjuntura específica em que o titular do poder constituinte toma a decisão de editar uma nova constituição. A esse fenômeno pré-constituinte, a doutrina tem dado o nome de **momento constitucional**.

Em geral, o momento constitucional se dá em quadros sociais e políticos extraordinários, razão pela qual boa parte dos autores o associa à **revolução**. Mas, como bem nos ensina Manoel Gonçalves Ferreira Filho, a associação entre poder constituinte e revolução não é necessária e absoluta. É perfeitamente possível que o poder constituinte se manifeste de forma diluída ao longo tempo, em uma reconstrução permanente da ordem constitucional, tal qual ocorre no constitucionalismo histórico, típico do modelo inglês.[13]

Ainda, o poder constituinte pode se manifestar dogmaticamente em decorrência de outros eventos sociais e políticos, que também podem ser a base do momento constitucional como a declaração de independência, a criação de um novo Estado, o golpe de Estado, a reconstrução do Estado após a derrota em uma guerra ou a transição constitucional pacífica.

E.2. Formas de expressão do poder constituinte

Após a ruptura integral com o ordenamento jurídico vigente e a decisão de edição de uma nova constituição, passa-se propriamente ao procedimento de elaboração do texto constitucional.

Esse procedimento poderá ser levado a cabo, basicamente, por duas formas:

a) **Assembleia Constituinte**: ocorre quando há a criação de um órgão específico, a assembleia constituinte, para representar o titular do poder constituinte (o povo) e, assim, otimizar os trabalhos. Nesse modelo, elegem-se

13. FERREIRA FILHO, Manoel Gonçalves. O poder constituinte. 6ª ed. rev., São Paulo: Saraiva, 2014, p. 42-43.

os representantes que comporão esse órgão e efetivamente elaborarão a constituição. Cuida-se de uma forma democrática de edição da constituinte e, por isso, sendo apontada como aquela com maior grau de legitimidade.

No procedimento de edição por meio de uma assembleia constituinte, podemos ter soluções diversas, com maior ou menor participação popular. A assembleia constituinte pode ser **soberana**, de modo que a constituição por ela editada será imediatamente promulgada, sem a necessidade de consulta popular posterior. Já na assembleia constituinte **não soberana**, o texto por ela aprovado se submete a controle posterior pelo povo, por meio de referendo ou por meio de convenções populares.

b) **Outorga**: ocorre quando os líderes do movimento político vencedor, que obteve êxito em tomar o poder político de seu antecessor ou em criar um Estado impõe, unilateralmente, a constituição ao povo. Tal forma está ligada intimamente aos modelos autoritários de exercício do poder político e tende a não conferir legitimidade à constituição.

Diz-se que a outorga se dá de forma **bonapartista** quando, previamente à elaboração do texto constitucional pela autoridade, é realizado um plebiscito para questionar ao povo se ele aceita ou não entregar tal incumbência ao detentor do poder.

F. "Reforma" da constituição via poder constituinte originário

Vamos abordar nesse tópico a intrincada questão sobre a possibilidade ou não de convocação de uma Assembleia Nacional Constituinte para **alteração parcial da constituição.**

Tal questão se mostra relevante uma vez que, como veremos mais adiante, o poder de reformar o texto constitucional possui diversos limites. Caso seja possível a convocação de uma Assembleia Constituinte, manifestação do poder constituinte originário, as alterações ali debatidas, aprovadas e promulgadas **não estariam limitadas**, podendo ser alteradas e suprimidas inclusive as cláusulas pétreas.

A **doutrina majoritária** entende que **não** é possível convocar uma Assembleia Nacional Constituinte para implementar uma reforma política, alterando-se algumas partes do texto constitucional[14].

14. Por todos, ver LENZA, Pedro. Direito constitucional esquematizado, 22ª ed., São Paulo: Saraiva Educação, 2018. p. 213-214.

Os autores que defendem essa posição baseiam-se em **dois grandes argumentos.**

O **primeiro** é que o poder constituinte originário, por suas **características** (principalmente pelo fato de ser inicial e absoluto) e **forma de expressão** (momento constituinte), **não é compatível com a mera alteração de alguns pontos** do texto constitucional. Se o poder constituinte originário refunda o Estado, rompendo completamente com a ordem jurídica passada, não faria sentido que se manifestasse apenas pontualmente, para reformar parte da Constituição já existente.

O **segundo** argumento é que tal proceder viabilizaria **uma burla aos limites impostos para o poder reformador**. É dizer: afrontar-se-ia uma constituição que não se deseja extinguir, pelo contrário, quer-se manter, mas com alterações pontuais.

Há, todavia, **alguns autores** que entendem ser **possível** a convocação de uma Assembleia Constituinte para a reforma de parte do texto constitucional.[15]

Para essa parcela da doutrina, deve-se aplicar a máxima do Direito segundo a qual **quem pode o mais, pode o menos** (*a maiori, ad minus*). Se o povo, titular do poder constituinte originário, pode criar uma constituição, sem qualquer limitação, refundando o Estado, não haveria razões para não poder alterar somente parte dela.

Argumentam que é perfeitamente possível a ocorrência de um "**momento constitucional**", ou seja, de uma intensa mobilização do povo para refundar o Estado, mas que disso não decorra a edição de uma nova constituição em sentido formal, mas sim meramente a aprovação de emendas constitucionais ou até mesmo de leis infraconstitucionais.

4. PODER CONSTITUINTE DERIVADO

A. Introdução

O poder constituinte derivado, também chamado de **poder constituinte instituído ou constituído**, engloba o poder de **modificar a constituição** (poder constituinte derivado reformador) e o poder que possuem os Estados-membros de **editarem e alterarem suas constituições estaduais** (poder constituinte derivado decorrente).

Antes de analisá-los separadamente, **três observações** são extremamente importantes.

15. ACKERMAN, Bruce. We the people, volume II: Transformations, Harvard University Press: 2000; SARMENTO, Daniel e SOUZA NETO, Cláudio Pereira de. Direito Constitucional: teoria, história e métodos de trabalho – 2ª edição, 2 reimpr. Belo Horizonte: Fórum, 2016, p. 274-275.

A **primeira** delas refere-se à nomenclatura. O poder constituinte derivado, na verdade, não é um poder constituinte, mas **constituído ou instituído.** Isso porque, ele é criado e limitado pelo poder constituinte originário. Embora instituído, adota-se nessa obra o termo "poder *constituinte* derivado" em razão de sua consolidação na doutrina.

A **segunda**, que não deixa de decorrer da primeira, refere-se às **características** do poder constituinte derivado. Por ser um poder instituído pelo poder constituinte originário, suas características diferem das características deste.

Não se trata de um poder inicial, uma vez que não inaugura uma nova ordem jurídica, haurindo sua validade da constituição. Cuida-se, portanto, de **poder derivado.** Tampouco é ilimitado, pois está **subordinado** às limitações delineadas pelo poder constituinte originário. Por fim, o poder constituinte é **condicionado,** estando previsto na Constituição o procedimento para o seu exercício.

A **terceira** e última observação é a de que a natureza jurídica do poder constituinte derivado é, inequivocamente, de **poder de direito.** Diferentemente do que ocorre em relação ao poder constituinte originário, aqui não há dúvidas, uma vez que o poder constituinte derivado somente pode se manifestar validamente dentro dos limites previamente estabelecidos pelo poder constituinte originário.

B. Poder constituinte derivado reformador

B.1. Introdução

O poder constituinte derivado reformador é o **poder de reformar a constituição então vigente.**

Fundamenta-se na ideia de que as constituições devem ser dotadas da capacidade de se adaptarem às alterações fáticas na sociedade. Sem um mecanismo que permita a atualização de seu texto, muito provavelmente a constituição estará fadada a, rapidamente, tornar-se obsoleta e ser abandonada.

Por outro lado, como bem pontua Luís Roberto Barroso, deve haver um **equilíbrio entre adaptabilidade e estabilidade.** É igualmente importante que o texto constitucional possa se impor em determinados momentos, tutelando os direitos fundamentais. Do contrário, há a possibilidade de a constituição ser facilmente apropriada por maiorias ocasionais, o que enfraqueceria o seu papel preservador de direitos e valores fundamentais frente o poder político.[16]

---

16. BARROSO, Luís Roberto. Curso de direito constitucional contemporâneo: os conceitos fundamentais e a construção do novo modelo. 7ª ed. São Paulo: Saraiva Educação, 2018, p.177-179.

É interessante notar que as **constituições sintéticas**, que possuem seu texto mais enxuto e principiológico, tendem a se **adaptar mais facilmente** às alterações ocorridas na sociedade. Justamente por seu caráter mais aberto, são mais capazes de captares os influxos da realidade, sem a necessidade de alterações formais em seu texto. Já as **constituições analíticas**, mais extensas e detalhistas, tendem a **necessitar mais continuamente de alterações formais** em seu texto para se manterem compatíveis com a realidade.[17]

B.2. Poder constituinte derivado reformador na Constituição de 1988

A Constituição de 1988 previu dois mecanismos para a alteração formal da Constituição: a **revisão constitucional** e as **emendas constitucionais**.

Como falamos, o poder constituinte derivado é limitado e condicionado. Estudar as formas de alteração do texto constitucional é, em última análise, estudar esses **limites** impostos pelo poder constituinte originário.

I. Revisão constitucional

A revisão constitucional está prevista no **artigo 3º do ADCT**, nos seguintes termos: "*A revisão constitucional será realizada após cinco anos, contados da promulgação da Constituição, pelo voto da maioria absoluta dos membros do Congresso Nacional, em sessão unicameral*".

Deste dispositivo já se podem extrair, desde logo, **limites formais** (**quórum de maioria absoluta** e **sessão unicameral**) e **limites temporais** (**após cinco anos da edição da Constituição**) à revisão constitucional, ainda que se cuide de **procedimento facilitado** em relação às emendas constitucionais, que, como veremos, exige quórum de 3/5 (três quintos) e duas votações sucessivas em cada casa Legislativa.

A **razão** de e ter previsto um procedimento simplificado para alteração da Constituição de 1988, logo após completados cinco anos de sua vigência, é simples: a edição de uma nova constituição refunda o Estado e a ordem jurídica. Por se tratar de um rompimento brusco, com a criação de diversos novos fundamentos e paradigmas para o ordenamento jurídico, acreditou-se que seria razoável a possibilidade de alteração simplificada do texto constitucional após um período de prática constitucional, para correção daquilo que não se mostrou frutífero na prática.

17. Roberto Campos, em dura crítica à Constituição de 1988, afirmou: "O segundo defeito é que cada vez mais marchamos para as constituições *instrumento*, para usar a expressão de Afonso Arinos, ao invés de ficarmos nas constituições *suma*, mais duradouras. Estas se limitam a dispor sobre a organização do Estado e dos direitos básicos do cidadão. Aquelas tendem a refletir reinvindicações e exigências do momento, e por isso são condenadas à transitoriedade" *in* CAMPOS, Roberto. A constituição contra o Brasil: ensaios de Roberto Campos sobre a constituinte e a Constituição de 1988. Org. Paulo Roberto de Almeida. São Paulo: LVM Editora, 2018.

Duas observações devem ser feitas sobre a revisão constitucional, uma de caráter puramente histórico e outra com importância atual.

A **primeira** é que, no lapso temporal entre a entrada em vigor da Constituição de 1988 e a realização da revisão constitucional, houve intenso **debate** envolvendo os **limites do poder revisional**.

Parte da doutrina, chamada **minimalista**, entendia que a revisão constitucional só deveria ser realizada se o povo, no plebiscito previsto no artigo 2º do ADCT, alterasse a forma e sistema de governo previstos no texto original. Esse dispositivo dispunha que no dia 7 de setembro de 1993 o eleitorado definiria, através de plebiscito, a forma (república ou monarquia constitucional) e o sistema de governo (parlamentarismo ou presidencialismo).

Assim, para os defensores dessa corrente, a revisão constitucional, prevista topograficamente logo após o plebiscito para escolha da forma e sistema de governo, justificar-se-ia tão somente para facilitar a adaptação da Constituição ao resultado da decisão popular.[18]

Outra parcela da doutrina, chamada **maximalista**, defendia que a revisão constitucional deveria ocorrer independentemente do resultado obtido no plebiscito e que ela não estava adstrita aos limites materiais (cláusulas pétreas).[19]

Uma terceira corrente, dita **conciliatória**, sustentava que a revisão constitucional do artigo 3º do ADCT deveria ocorrer independentemente do resultado do plebiscito. Todavia, ela estaria limitada pelo disposto no artigo 60, §4º, da CF/88 e pelo resultado do plebiscito, que não poderia ser alterado.[20]

---

18. Paulo Bonavides, adotando o entendimento minimalista, ensina que "do ponto de vista jurídico, afigura-se-nos – e temos inumeráveis vezes reiterado esse entendimento – só poderia haver revisão constitucional, veículo da passível reforma estatuída no artigo 3º do Ato das Disposições Constitucionais Transitórias, se a resposta plebiscitária for favorável à monarquia constitucional ou ao parlamentarismo". Ver BONAVIDES, Paulo. Curso de direito constitucional. 34ª ed. atual. São Paulo: Malheiros, 2019, p. 214. No mesmo sentido, é o posicionamento de Ingo Wolfgang Sarlet. Ver MARINONI, Luiz Guilherme; MITIDIERO, Daniel; SARLET, Ivo Wolfgang. Curso de Direito Constitucional. 7ª ed., São Paulo: Saraiva Educação, 2018, p. 130.

19. Embora não adotasse precisamente essa posição, Diogo de Figueiredo Moreira Neto ensina que, dado o ineditismo da previsão da revisão constitucional na história de nosso pais, surgiram diversos entendimentos sobre o tema, entre eles o extremo positivo: "No extremo positivo, afirma-se, ao contrário, que tudo pode ser alterado, dado o caráter autônomo da revisão, insubmetido às restrições existentes para apor emendas, por se tratar de uma devolução, embora excepcionalmente prevista, dos poderes constituintes, outorgar sem quaisquer outras limitações que as do próprio artigo 3º do ADCT." Ver MOREIRA NETO, Diogo de Figueiredo. A revisão constitucional brasileira: como se situa, qual seu alcance e quais seus limites. Rio de Janeiro: Lumen Juris, 1993, p. 53-58.

20. LOPES, Maurício Antonio Ribeiro. Poder constituinte reformador: limites e possibilidades da revisão constitucional brasileira. São Paulo: Revista dos Tribunais, 1993, p. 181-185 *apud* SARMENTO, Daniel e SOUZA NETO, Cláudio Pereira de. Direito Constitucional: teoria, história e métodos de trabalho – 2ª edição, 2 reimpr. Belo Horizonte: Fórum, 2016, p. 322.

Na prática, prevaleceu o último entendimento, tendo o Congresso Nacional editado a **Resolução n.º 1, de 18 de novembro de 1993**, que disciplinou a realização da revisão constitucional **submetendo-a aos limites materiais e ao resultado do plebiscito** (art. 4º, §3º, I e IV, da resolução).[21]

O **Supremo Tribunal Federal**, na ADI 981, julgada em 1993, **confirmou** a constitucionalidade da Resolução n.º 1/93, decidindo que a revisão constitucional estava sujeita ao estabelecido no artigo 60, §4º, da Constituição de 1988 e que o resultado do plebiscito, mantendo a República Presidencialista, não a tornou sem efeito.[22]

A **segunda** observação, esta sim de relevância atual, refere-se à possibilidade de **aprovação de uma emenda constitucional convocando nova revisão**, nos moldes do artigo 3º do ADCT (sessão unicameral e maioria absoluta).

A **doutrina majoritária** possui o entendimento de que **não é possível** a convocação de nova revisão constitucional.[23] Isso se justifica uma vez que o procedimento para alteração do texto constitucional é muito mais fácil pelo procedimento da revisão do que pelo procedimento da emenda. Ademais, o poder constituinte derivado, que é limitado e condicionado, não pode tratar sobre o seu procedimento de manifestação, matéria essa que cabe exclusivamente ao poder constituinte originário. Permitir que, via emenda constitucional, se convoque uma revisão constitucional seria burlar os limites formais que foram instituídos pelo poder constituinte originário.

Há, no entanto, **parcela da doutrina** que defende ser **possível** a convocação de nova revisão constitucional[24]. Alguns dos autores que sustentam essa tese reconhecem a força do argumento de que o poder constituinte derivado reformador não pode estabelecer seu próprio procedimento de manifestação, razão pela qual exigem que uma nova reforma constitucional seja **autorizada** não só pelo

---

21. Ingo Sarlet, ao tratar dos limites da revisão constitucional, afirma que, embora haja expressa diferenciação em relação aos limites formais dos dois institutos no texto constitucional, **na prática** os institutos foram **equiparados**. Isso porque, o Congresso Nacional, quando das discussões sobre a revisão constitucional, optou por promulgar seis emendas constitucionais de revisão. Essas emendas foram aprovadas pelo Congresso mediante observância dos mesmos limites formais e materiais previstos para as emendas e não pelo rito simplificado previsto no art. 3.º do ADCT. Ver MARINONI, Luiz Guilherme; MITIDIERO, Daniel; SARLET, Ivo Wolfgang. Curso de Direito Constitucional. 7ª ed., São Paulo: Saraiva Educação, 2018, p. 129-130.

22. STF, Tribunal Pleno, ADI 981-MC, Rel. Min. Néri da Silveira, j. 17.12.1993.

23. Nesse sentido: FERNANDES, Bernardo Gonçalves. Curso de direito constitucional. 12ª ed. Salvador: Editora Juspodivm, 2020, p. 146; ATALIBA, Geraldo. Superação jurídica da Constituição de 1993. *In*: CUNHA, Sérgio Sérvulo da (Org.). Revisão constitucional: aspectos jurídicos, políticos e éticos. Porto Alegre: Sérgio A. Fabris, 1993, p. 25-26; e SAMPAIO, Nelson de Souza. O poder de reforma constitucional. Salvador: Livraria Progresso, 1954, p.82-83.

24. FERREIRA FILHO, Manoel Gonçalves. O poder constituinte. 6ª ed. rev., São Paulo: Saraiva, 2014.

Congresso Nacional, por meio de emenda constitucional, mas também pelo **povo**, titular do poder constituinte originário, por meio de **plebiscito** ou **referendo.**[25]

II. Emendas constitucionais

As emendas à constituição são o meio ordinário de alteração do texto constitucional. Os limites à sua edição estão previstos no artigo 60 da CF/88. Eles são de três tipos: limites formais, limites circunstanciais e limites materiais.

II.1. Limitações formais

O primeiro limite formal refere-se à **iniciativa**, ou seja, a quem é dado apresentar proposta de emenda à constituição. Segundo o *caput* e os incisos do artigo 60 da CF/88, a Constituição poderá ser emendada mediante proposta: i) de um terço, no mínimo, dos membros da Câmara dos Deputados ou do Senado Federal; ii) do Presidente da República; iii) de mais da metade das Assembleias Legislativas das unidades da Federação, manifestando-se, cada uma delas, pela maioria relativa de seus membros.

O segundo limite formal refere-se ao **quórum de aprovação**: a proposta de emenda à constituição será discutida e votada em cada Casa do Congresso Nacional, em dois turnos, considerando-se aprovada se obtiver, em ambos, três quintos dos votos dos respectivos membros (artigo 60, §2º da CF/88).

Outro limite procedimental é aquele previsto no §3º do artigo 60 da CF/88. De acordo com esse dispositivo, a emenda à Constituição será **promulgada pelas Mesas da Câmara dos Deputados e do Senado Federal**, com o respectivo número de ordem. Veja-se que não há participação do Presidente da República, que não tem a atribuição de sancionar, vetar, promulgar ou mandar publicar as emendas constitucionais.

Por fim, o último limite formal está positivado no artigo 60, §5º, da CF/88. A matéria constante de proposta de **emenda rejeitada ou havida por prejudicada não pode ser objeto de nova proposta na mesma sessão legislativa.** Assim, uma vez rejeitada a emenda à constituição, ela somente poderá ser reapresentada no dia 2 de fevereiro do ano seguinte, que é quando se inicia uma nova sessão legislativa (artigo 57 da CF/88).

Estudaremos com maior profundidade o processo legislativo das emendas constitucionais na Parte II do livro, quando tratarmos do processo legislativo.

---

25. SARMENTO, Daniel e SOUZA NETO, Cláudio Pereira de. Direito Constitucional: teoria, história e métodos de trabalho – 2ª edição, 2 reimpr. Belo Horizonte: Fórum, 2016, p. 324.

II.2. Limitações circunstanciais

Com a finalidade de evitar alterações precipitadas e irrefletidas no texto constitucional em **momentos de instabilidade**, o poder constituinte originário entendeu por bem vedar a edição de emendas à constituição em contextos excepcionalíssimos.

Desse modo, prevê o artigo 60, §1º da CF/88 que a Constituição Federal não poderá ser emendada na **vigência de intervenção federal**, de **estado de defesa** ou de **estado de sítio**.

Evita-se, portanto, a prática de qualquer ato abrangido pelo processo legislativo durante a vigência de intervenção federal, de estado de defesa ou de estado de sítio. Assim, não poderá ser apresentada nenhuma proposta de emenda à constituição. Se houver proposta de emenda à constituição em trâmite, ela ficará suspensa e somente voltará a correr cessada a circunstância limitadora.

> **Observação**: Em decisão monocrática, o Min. Dias Toffoli afirmou que o art. 60, §1º, da CF/88 não proíbe expressamente a tramitação de PEC no mesmo período, mas somente a aprovação. Assim, ficariam suspensos todos os atos deliberativos, mas não a tramitação da PEC.[26] Por se tratar de decisão monocrática, tal entendimento não deve ser adotado como cristalização da jurisprudência do Supremo Tribunal Federal.

II.3. Limitações materiais

O poder constituinte derivado reformador, além de limites formais e circunstanciais, submete-se a limites de natureza substancial. De fato, o constituinte originário entendeu por bem retirar do jogo político determinadas decisões, estabelecendo determinadas matérias que **não poderão ser alteradas nem mesmo maiorias extremamente qualificadas**.

A esse núcleo intangível, que somente poderá ser alterado por uma nova manifestação do poder constituinte originário, dá-se o nome de **cláusulas pétreas**.

O **artigo 60, §4º, da CF/88** estabelece que não será objeto de deliberação a proposta de emenda tendente a abolir:

a) a forma federativa de Estado;
b) o voto direto, secreto, universal e periódico;
c) a separação dos Poderes;
d) os direitos e garantias individuais.

26. STF, Decisão Monocrática, MS 35.535, Rel. Min. Dias Toffoli, j. 26.6.2018.

Antes de analisarmos cada um dos incisos do §4º do artigo 60 da CF/88, três **observações gerais** devem ser feitas.

A **primeira** delas diz respeito à **natureza jurídica** das cláusulas pétreas.

Alguns autores sustentem a tese de que os limites materiais ao poder de reforma da Constituição têm **natureza meramente política**, não permitindo que o Poder Judiciário exerça o controle de constitucionalidade sobre as emendas constitucionais com base neles.

Os defensores desse entendimento fundamentam-no, basicamente, no **princípio democrático**. A cada geração deve ser dada, advogam, a possibilidade de autogovernar, modificando as normas constitucionais que os regem, sob pena de se instituir um "governo dos mortos sobre os vivos".[27]

Não é essa, todavia, a tese que vem prevalecendo na doutrina amplamente **majoritária**[28] e na jurisprudência do **Supremo Tribunal Federal**.[29] O entendimento dominante é o de que os limites materiais têm **natureza de limites jurídicos**, sendo plenamente possível que o Poder Judiciário declare a **inconstitucionalidade** de emenda à constituição que os viole.

As razões que embasam tal conclusão são: i) o poder de reforma à constituição é **constituído**, encontrando limites na própria constituição; ii) o poder de reforma é uma forma de permitir mudanças no texto constitucional, sem, contudo, desconfigurá-lo por completo – o que ocorreria se as matérias entrincheiradas pelas cláusulas pétreas, que formam o **núcleo de identidade** da constituição, fossem alteradas; e iii) os limites materiais à reforma da constituição são manifestação de um **pré-compromisso** assumido pelo povo em momento deliberativo superior

27. Segundo Rodrigo Brandão, "A perplexidade do estabelecimento de um governo dos mortos sobre os vivos já fora manifestada, no século XVIII, por Thomas Paine e por Thomas Jefferson. Para o último, a Constituição deveria ser revista a cada dezenove anos, conferindo, assim, à nova geração a possibilidade de ratificar, ou não, as deliberações da geração anterior. Nesta linha, dispõe o art. 28 da Declaração dos Direitos do Homem e do Cidadão, de 1793, que 'um povo tem sempre o direito de rever, de reformar e de mudar a sua constituição. Uma geração não pode sujeitar às suas leis as gerações futuras.' Ver BRITO, Miguel Nogueira de. A constituição constituinte: ensaio sobre o poder de revisão da constituição. Coimbra: Coimbra Editora, 2000." Em BRANDÃO, Rodrigo. São os direitos sociais cláusulas pétreas? Em que medida? Custos Legis: revista eletrônica do Ministério Público Federal. Vol. II. 2010.

28. Jorge Miranda, por exemplo, afirma: "A subordinação material do poder de revisão constitucional ao poder constituinte (originário), da revisão constitucional à Constituição, é um postulado lógico: por uma banda, se o poder de revisão constitucional se deriva do poder constituinte, a revisão constitucional que realize não pode ir contra a Constituição como totalidade instituída pelo mesmo poder constituinte; por outra banda, se a revisão constitucional é a revisão de normas constitucionais, não a feitura de uma Constituição nova, ela fica encerrada nos limites da Constituição", ver MIRANDA, Jorge. Teoria do Estado e da Constituição. 5ª ed. Rio de Janeiro: Forense, 2019, p. 372.

29. STF, Tribunal Pleno, ADI 939/DF, Rel. Min. Sydney Sanches, j. 15.12.1993.

– momento constitucional – de retirar do debate político ordinário determinadas matérias fundamentais.[30]

A **segunda** observação refere-se à **extensão da imutabilidade** conferida pelas cláusulas pétreas.

Os limites materiais ao poder de reforma da constituição não podem ser vistos como vedações absolutas a qualquer modificação do texto constitucional. É perfeitamente possível que uma emenda constitucional **altere o texto de dispositivo** que trate sobre as matérias protegidas pelo artigo 60, §4º, da CF/88.[31]

É até mesmo **possível** que nessa alteração se **amplie** ou **restrinja** o âmbito de proteção das cláusulas pétreas, desde que **preservado o núcleo essencial da norma**. Veja-se que o próprio §4º do artigo 60 da CF/88 vale-se do termo "tendentes a abolir", não vedando, portanto, toda e qualquer modificação aos institutos nele salvaguardados.

É esse o entendimento do **Supremo Tribunal Federal**. No julgamento da **Medida Cautelar na ADI n.º 2.024/DF**, fixou-se a tese de que as limitações materiais ao poder constituinte de reforma, que o artigo 60, §4º, da Lei Fundamental enumera, não significam a intangibilidade literal da respectiva disciplina na Constituição originária, mas apenas a **proteção ao núcleo essencial** dos princípios e institutos cuja preservação nelas se protege.[32]

A **terceira** e derradeira observação é que além das quatro limitações materiais expressas, a doutrina admite a **existência de limitações materiais implícitas**.

Três delas são mencionadas por quase todos os autores: i) a **titularidade do poder constituinte originário**; ii) a **titularidade do poder constituinte derivado reformador**; e iii) os **próprios limites** traçados ao poder de reforma da constituição previstos no **artigo 60 da CF/88**.

No terceiro exemplo de limite material implícito encontra-se a vedação à chamada **teoria da dupla revisão**. De acordo com essa teoria, seria possível que, em um primeiro momento, uma emenda constitucional fosse aprovada suprimindo

---

30. Para se aprofundar nas linhas de justificação dos limites materiais ao poder de reforma, ver SARMENTO, Daniel e SOUZA NETO, Cláudio Pereira de. Direito Constitucional: teoria, história e métodos de trabalho – 2ª edição, 2 reimpr. Belo Horizonte: Fórum, 2016, p. 295-301.

31. Nesse sentido, Paulo Gustavo Gonet Brando ensina que "A cláusula pétrea não tem por meta preservar a redação de uma norma constitucional – ostenta, antes, o significado mais profundo de obviar a ruptura com princípios e estruturas essenciais da Constituição. Esses princípios e essas estruturas é que se acham ao abrigo de esvaziamento por ação do poder reformador.", ver BRANCO, Paulo Gustavo Gonet; MENDES, Gilmar Ferreira. Curso de direito constitucional. 12ª ed. rev. e atual. São Paulo: Saraiva, 2017, p. 122.

32. STF, Tribunal Pleno, ADI 2.024/DF-MC, Rel. Min. Sepúlveda Pertence, j. 27.10.1999.

uma cláusula pétrea e, em um momento posterior, uma outra emenda constitucional alterasse a matéria que antes era protegida pela cláusula pétrea revogada.

Embora importantes autores como Jorge Miranda[33] e Manoel Gonçalves Ferreira Filho[34] advoguem a viabilidade da dupla revisão, a **ampla maioria da doutrina** afirma que **as próprias cláusulas pétreas não podem ser objeto de reforma**, de modo que a dupla revisão é absolutamente inconstitucional.[35]

Feitos esses apontamentos, passemos à análise de cada um dos limites materiais enumerados no artigo 60, §4º, da CF/88:

a) **Forma federativa de Estado**: a República Federativa do Brasil adotou o federalismo, desconcentrando espacialmente o poder entre diversos entes federativos dotados de autonomia – a União, os Estados-membros, o Distrito Federal e os Municípios. Esse arranjo foi entrincheirado pelo constituinte originário, de modo a tornar **inválida qualquer reforma constitucional que desconfigure as características mais elementares da forma federalista de Estado.**

   Veja-se que não será inválido todo e qualquer rearranjo das competências ou das receitas que são atribuídas a cada um dos entes da Federação. A título de exemplo, uma reforma tributária, ainda que altere por completo a constituição financeira e tributária, será plenamente constitucional, desde que preveja fontes próprias de receita a todos os entes federativos, permitindo-os exercer a contento sua autonomia.

   O que **não se admite** é o aumento drástico de centralização ou de descentralização do poder por meio de emenda à constituição, pois isso fere o disposto no artigo 60, §4º, inciso I, da CF/88.

   Dois exemplos retirados da jurisprudência do **Supremo Tribunal Federal** demonstram com clareza o que acabamos de estudar.

   Na **ADI n.º 939/DF**, o Supremo Tribunal Federal julgou inconstitucional a EC n.º 3 de 1993, sob o fundamento de que ela violou a cláusula pétrea do artigo 60, §4º, inciso I, da CF/88 ao prever a possibilidade de a União Federal cobrar o IPMF sobre os Estados, o Distrito Federal e os Municípios. Entenderam os Ministros que a imunidade recíproca prevista no

33. MIRANDA, Jorge. Manual de direito constitucional. 1º v. Tomo II. Coimbra: Coimbra Editora, 2014, p. 259-262.

34. FERREIRA FILHO, Manoel Gonçalves. O poder constituinte. 6ª ed. rev., São Paulo: Saraiva, 2014.

35. Por todos, BRANCO, Paulo Gustavo Gonet; MENDES, Gilmar Ferreira. Curso de direito constitucional. 12ª ed. rev. e atual. São Paulo: Saraiva, 2017, p. 131.

artigo 150, inciso VI, alínea "a", da CF/88 faz parte do núcleo essencial do federalismo, pois, sem ela, um ente poderia se sobrepor sobre os demais.[36] Já na **ADI n.º 2.381/DF**, o Supremo Tribunal Federal entendeu que a EC n.º 15 de 1996, que estabeleceu a necessidade de edição de uma lei complementar federal para a criação, a incorporação, a fusão e o desmembramento de Municípios, não viola o núcleo essencial do pacto federativo, pois foi mantida a autonomia dos Estados-membros que, respeitados os requisitos constitucionais, continuaram a ter reservada para si a decisão política concreta sobre a criação dos Municípios.[37]

b) **Voto direto, secreto, universal e periódico**: o voto, em nosso sistema constitucional é dotado de certas características que o qualificam e, consequentemente, aprimoram o nosso regime democrático.

O constituinte originário selecionou algumas dessas características e as tornou imodificáveis por meio de emendas à constituição, conferindo-as uma tutela reforçada. É assim que o artigo 60, §4º, inciso II, da CF/88 eleva à cláusula pétrea o voto direto, secreto, universal e periódico.

O voto **direto** é aquele o cidadão escolhe o seu representante diretamente, sem que haja intermediários nesse ato. O voto **secreto**, por seu turno, é o voto sigiloso, ou seja, o voto que não poderá ter o seu conteúdo revelado pela Justiça Eleitoral. A **periodicidade** do voto significa que o direito de votar deve ser exercitado de tempos em tempos. Por fim, a **universalidade**, que na verdade é característica do sufrágio e não propriamente do voto, confere ao maior número de nacionais o direito de votar, somente restringindo-o nos casos em que, justificadamente, for necessário fazê-lo.

c) **Separação dos Poderes**: assim como ocorre em relação ao princípio federativo, o princípio da separação dos poderes foi alçado à condição de cláusula pétrea pelo artigo 60, §4º, inciso III, da CF/88.

O constituinte originário vedou, dessa forma, reformas constitucionais que **desequilibrem os Poderes**, tornando as suas relações desarmônicas. Note-se que, não é qualquer rearranjo estrutural que acarretará a invalidade da reforma constitucional formulada. É perfeitamente possível que normas associadas à independência dos Poderes sejam alteradas e até mesmo suprimidas, sendo, inclusive desejável algum grau de experimentalismo democrático na busca de um aperfeiçoamento do sistema.

---

36. STF, Tribunal Pleno, ADI 939/DF, Rel. Min. Sydney Sanches, j. 15.12.1993.

37. STF, Tribunal Pleno, ADI 2.381/DF, Rel. Min. Sepúlveda Pertence, j. 20.6.2001.

O que é terminantemente vedado pela cláusula pétrea da separação dos poderes é que uma emenda à constituição **concentre poder em torno de um dos Poderes, sobrepondo-o sobre os demais.**

No seio do Supremo Tribunal Federal, dois julgamentos envolvendo os limites desse limite material destacam-se.

Na **ADI n.º 3.367/DF**, a Suprema Corte brasileira decidiu que a EC n.º 45 de 2004, ao criar o Conselho Nacional de Justiça, não violou o disposto no artigo 60, §4º, inciso III, da CF/88. Isso porque, embora o CNJ seja composto por membros alheios ao Poder Judiciário, a sua atuação se limita ao campo administrativo, A função jurisdicional, típica do Poder Judiciário, e as principais garantias conferidas ao Poder Judiciário, que o permitem atuar de forma independente e imparcial, mantiveram-se intactas.

Na **ADI n.º 2.654/AL**, o Supremo Tribunal Federal julgou inconstitucional a emenda à Constituição Estadual de Alagoas que impõe a indicação pela Assembleia Legislativa de um representante no Conselho Estadual de Educação, pois cabe ao Chefe do Poder Executivo exercer a direção superior e dispor sobre a organização e o funcionamento da Administração Pública. Houve, portanto, violação à separação dos poderes.

d) **Direitos e garantias individuais**: a Constituição de 1988 trouxe um amplo rol de direitos fundamentais em seu corpo. Além disso, erigiu os direitos e as garantias individuais à condição de cláusulas pétreas, conferindo-lhes salvaguarda reforçada contra as investidas das maiorias ocasionais. Assim, nem mesmo uma maioria qualificadíssima poderá emendar a Constituição Federal para abolir os direitos fundamentais nela enumerados.

O limite material contido no artigo 60, §4º, inciso IV, da CF/88 é, sem dúvidas, aquele que gera maiores debates na doutrina e jurisprudência.

Inicialmente, destaque-se que não apenas os direitos fundamentais expressamente elencados no Título II da CF/88 (Dos Direitos e Garantias Fundamentais) são considerados cláusulas pétreas, **incluindo-se os direitos fundamentais dispersos** ao longo de todo o texto constitucional. Nesse sentido, o Supremo Tribunal Federal já reconheceu que as limitações ao poder de tributar contidas no art. 150, III, da CF/88 não podem ser abolidas pelo poder constituinte reformador.[38]

Transposta essa primeira dificuldade, surge uma segunda. Vimos que podemos ter direitos fundamentais não contidos no Título II da CF/88 e que sejam cláusulas pétreas. Mas **todas** as normas contidas no Título II da CF/88 serão necessariamente consideradas cláusulas pétreas?

38. STF, Tribunal Pleno, ADI 939/DF, Rel. Min. Sydney Sanches, j. 15.12.1993.

Sobre o tema, Oscar Vilhena Vieira[39] e Rodrigo Brandão[40] defendem que não necessariamente todos os direitos enumerados no Título II da Constituição de 1988 são cláusulas pétreas. Para esses autores **somente os direitos materialmente fundamentais** estão abrangidos pelo limite material ao poder de reforma previsto no artigo 60, §4º, inciso IV, da CF/88, pouco importando a sua posição topográfica no texto constitucional.

Por outro lado, Ingo Wolfgang Sarlet sustenta que **todas as normas inseridas no Título II da Constituição são cláusulas pétreas**, sob pena de os poderes constituídos deliberarem sobre qual direito é ou não materialmente fundamental, ao arrepio da opção feita pelo próprio poder constituinte, ao criar um capítulo específico sobre o tema na CF/88. Logo, todos os direitos elencados no Título II são fundamentais e, portanto, estão abarcados pela proteção do §4º do art. 60 da CF. Além deles, todos os demais direitos fundamentais que não estejam elencados nesse rol, mas que sejam materialmente fundamentais, também terão esse *status*[41].

O terceiro embate doutrinário acerca dos limites do art. 60, §4º, IV, da CF fundamenta-se no fato de tal dispositivo referir-se somente aos direitos e garantias **individuais**. Surge, então, o questionamento: são somente os direitos e garantias individuais que têm natureza de cláusula pétrea ou, ao contrário, todos os direitos fundamentais o são, incluindo-se, por exemplo, os direitos políticos, sociais e os dos trabalhadores na proteção do art. 60, §4º, da CF?

Parcela da doutrina, fazendo uma interpretação literal, diz que **somente os direitos e garantias individuais** têm natureza pétrea, não sendo possível estender, por via hermenêutica, tal condição aos demais direitos fundamentais. Sustentam esses autores que os limites materiais ao poder de reforma da constituição são **exceções** ao princípio democrático estabelecido no artigo 1º, *caput*, da CF/88 e, como tal, não podem ser interpretadas ampliativamente. Sob essa ótica, haveria, portanto, evidente **silêncio eloquente** do constituinte originário que, não desconhecendo da

39. VIEIRA, Oscar Vilhena. A Constituição e sua reserva de justiça: um ensaio sobre os limites materiais ao poder de reforma. São Paulo: Malheiros, 1999.

40. BRANDÃO, Rodrigo. Direitos fundamentais, democracia e cláusulas pétreas. Rio de Janeiro: Renovar, 2008.

41. SARLET, Ingo Wolfgang. A eficácia dos direitos fundamentais: uma teoria geral dos direitos fundamentais na perspectiva constitucional. 11. ed. rev. atual. Porto Alegre: Livraria do Advogado Editora, 2018, p. 445-447.

existência de outros direitos fundamentais que não os individuais, somente a eles estendeu o manto protetor das cláusulas pétreas.[42]

Não é essa, todavia, a tese que tem prevalecido. A **doutrina majoritária** sustenta que **todos os direitos materialmente fundamentais**, sejam eles individuais, políticos, sociais ou transindividuais, são cláusulas pétreas. Isso porque os direitos fundamentais **participam da essência** da concepção da Estado acolhida pela Carta Política de 1988, que proclama como princípios fundamentais do nosso Estado a dignidade da pessoa humana e os valores sociais do trabalho e da livre iniciativa (artigo 1º, incisos I e II, da CF/88). Nesse contexto, o constituinte originário, ao formular o artigo 60, §4º, inciso IV, da CF/88, incorreu em uma "**lacuna de formulação**", e não em silêncio eloquente.[43]

A jurisprudência do **Supremo Tribunal Federal** ainda **não aderiu expressamente a nenhumas dessas correntes.** Com efeito, quando chamada a se manifestar sobre reformas à constituição que envolveram direitos fundamentais não individuais, a Corte Suprema optou por tangenciar o tema e analisar a questão sob a ótica dos direitos fundamentais individuais envolvidos, como o direito à isonomia.[44]

A quarta cizânia doutrinária se dá em torno dos direitos fundamentais inseridos em nosso texto constitucional **por meio de emendas constitucionais.**

Parte da doutrina advoga que os direitos fundamentais incluídos por meio de emendas constitucionais ou mesmo tratados internacionais de direitos humanos introduzidos em nosso ordenamento jurídico pelo procedimento do art. 5º, §3º, da CF/88 **não estão abrangidos** pela proteção do art. 60, §4º, IV, da CF. O principal argumento utilizado para embasar tal entendimento é o de que o poder constituído reformador não pode se autolimitar e, consequentemente, não pode criar cláusulas pétreas. Somente ao poder

---

42. Nesse sentido, Gilmar Ferreira Mendes sustenta que: "Ao consagrar a cláusula pétrea em apreço, referiu-se o constituinte, expressa e inequivocadamente, aos *direitos e garantias individuais* (CF, artigo 60, §4º). (...) É certo, por outro lado, que o constituinte pretendeu conferir disciplina destacada aos direitos fundamentais e aos direitos sociais, tal como pode se depreender do disposto nos arts. 5º, 7º e 8º do texto constitucional. A cláusula pétrea do artigo 60, §4º, não parece abranger os direitos sociais, que, como visto, não se confundem com os direitos individuais propriamente ditos.", em MENDES, Gilmar Ferreira. Os limites da revisão constitucional. Cadernos de Direito Constitucional e Ciência Política, n.º 21, p. 69-91, 1997. MENDES, Gilmar Ferreira. Os limites da revisão constitucional. Cadernos de Direito Constitucional e Ciência Política, São Paulo.

43. Ver SARLET, Ingo Wolfgang. A eficácia dos direitos fundamentais: uma teoria geral dos direitos fundamentais na perspectiva constitucional. 11. ed. rev. atual. Porto Alegre: Livraria do Advogado Editora, 2018, p. 441-443; e BARROSO, Luís Roberto. Curso de direito constitucional contemporâneo: os conceitos fundamentais e a construção do novo modelo. 7ª ed. São Paulo: Saraiva Educação, 2018, p. 216-220.

44. Por exemplo: STF, Tribunal Pleno, ADI 1.946/DF, Rel. Min. Sydney Sanches, j. 3.4.2003.

constituinte originário é dado estabelecer o procedimento de reforma do texto constitucional.[45]

Outra parte da doutrina sustenta que os direitos fundamentais incluídos via emenda constitucional ou tratados internacionais de direitos humanos aprovados pelo procedimento do art. 5º, §3º, da CF/88 **são também cláusulas pétreas**. Isso porque o próprio poder constituinte originário já estabeleceu, no art. 5º, §2º, da CF, que o rol de direitos fundamentais é exemplificativo, sendo possível o reconhecimento posterior de outros direitos. Se assim o fez, não faria sentido reconhecer uma proteção menor a esses direitos ligados fortemente à dignidade da pessoa humana, criando uma subclasse de direitos ditos fundamentais.[46]

Por fim, há que se destacar que a qualidade de cláusula pétrea reconhecida aos direitos fundamentais **não os torna absolutamente imutáveis**. Também aqui se aplica o entendimento de que as reformas constitucionais que alterem – seja para ampliar, seja para restringir – as normas de veiculam direitos fundamentais são toleradas. O que não pode ocorrer, em hipótese alguma, é o amesquinhamento de seu **núcleo essencial**.

Observação: a República e o presidencialismo são cláusulas pétreas?

A forma de governo republicana e o sistema de governo presidencialista não estão previstos expressamente como cláusulas pétreas no art. 60, §4º, da CF/88. Além disso, o art. 2º do ADCT previu a realização, em 7 de setembro de 1993, de um plebiscito para que o povo brasileiro escolhesse a forma de governo (república ou a monarquia constitucional) e o sistema de governo (parlamentarismo ou presidencialismo) a serem adotadas pela nossa ordem constitucional.

A partir desse cenário, formam-se três correntes sobre o tema.

a) **Primeira corrente**: um primeiro grupo de autores sustenta que a República e o presidencialismo **são cláusulas pétreas implícitas**. Ainda que não estejam previstas no §4º do art. 60 da CF/88, após realizado o plebiscito do art. 2º do ADCT, eles tornaram-se cláusulas pétreas implícitas. Isso porque não poderia o poder constituinte derivado reformador tornar-se contra decisão tomada diretamente pelo povo, verdadeiro

45. Nesse sentido: BRANCO, Paulo Gustavo Gonet; MENDES, Gilmar Ferreira. Curso de direito constitucional. 12ª ed. rev. e atual. São Paulo: Saraiva, 2017, p. 128.

46. MARINONI, Luiz Guilherme; MITIDIERO, Daniel; SARLET, Ivo Wolfgang. Curso de Direito Constitucional. 7ª ed., São Paulo: Saraiva Educação, 2018, p. 158-159; FERNANDES, Bernardo Gonçalves. Curso de direito constitucional. 12ª ed. Salvador: Editora Juspodivm, 2020, p. 153-154.

soberano e titular do poder constituinte originário. Além disso, em relação à República, deve-se destacar que ela foi enquadrada como princípio constitucional sensível (art. 34, VII, a, da CF/88). Nesse sentido, temos as lições de José Afonso da Silva.[47]

b) **Segunda corrente**: outros autores sustentam que a República e o presidencialismo **não são cláusulas pétreas**. Isso porque não foram previstas expressamente no §4º, do art. 60 da CF/88, que deve ser interpretado restritivamente, pois se cuida de restrição à autodeterminação das maiorias do presente – ainda mais quando qualificada para aprovação de uma emenda. Para os defensores desse posicionamento, a própria Constituição, ao prever o plebiscito de 1993, demonstra a possibilidade de alteração da forma e do sistema de governo.

c) **Terceira corrente**: para os defensores de um terceiro entendimento, a República e o presidencialismo **não são cláusulas pétreas**, por não estarem previstas no rol do artigo 60, §4º, da CF/88. Para alterá-las, contudo, é necessário observar o **limite formal** imposto pelo art. 2º do ADCT, qual seja, a proposta de emenda à constituição que vise alterar a forma ou o sistema de governo **deverá ser objeto de consulta popular**, verdadeiro titular do poder constituinte. É esse o entendimento de Daniel Sarmento e Cláudio de Souza Neto.[48]

II.4. Limitações formais ou circunstanciais implícitas?

No tópico anterior, ao analisarmos os limites materiais, vimos que a quase totalidade dos autores brasileiros **admite a existência de limites materiais implícitos** ao poder de reforma da constituição.

Todavia, a situação muda de figura em relação aos limites formais e circunstanciais. Pouco se tem falado sobre o tema e, ao que tudo indica, a posição prevalente é a de que **não há limites formais ou circunstanciais implícitos**.

O professor Ingo Wolfgang Sarlet, no entanto, faz uma interessante provocação quanto ao tema. Embora reconheça as dificuldades relacionadas ao princípio democrático, questiona se determinadas situações de aguda crise político-institucional, marcada por expressiva instabilidade de desprestígio das instituições não geram maior instabilidade do que determinados casos de intervenção federal. Não haveria, portanto, nesses casos graves um limite circunstancial implícito às

47. SILVA, José Afonso da. Comentário contextual à constituição. 9ª ed. São Paulo: Malheiros, 2014, p. 450.

48. SARMENTO, Daniel e SOUZA NETO, Cláudio Pereira de. Direito Constitucional: teoria, história e métodos de trabalho – 2ª edição, 2 reimpr. Belo Horizonte: Fórum, 2016, p. 321.

reformas da Constituição, mormente aquelas de maior impacto? O ilustre autor não firma posição conclusiva, mas instiga ao debate.[49]

No julgamento das ADIs n.º 4.887/DF, 4.888/DF e ADI 4.889/DF, o Supremo Tribunal Federal parece ter adotado a tese de que **existem limites formais implícitos** ao poder de emenda à Constituição.

Isso porque, nesse julgamento, a Suprema Corte consignou que o vício que corrompe a vontade do parlamentar ofende o devido processo constituinte reformador ou legislativo contrariando o princípio democrático e a moralidade administrativa. Assinalou que a quebra do decoro parlamentar pela conduta ilegítima de malversação do uso da prerrogativa do voto pelo parlamentar configura crise de representação. Assim, seria possível, em tese, declarar uma emenda à Constituição formalmente inconstitucional se comprovada a "compra" de votos de parlamentares em número suficientes a comprometer o resultado da votação.[50]

C. Poder constituinte derivado decorrente

O poder constituinte derivado decorrente é próprio dos Estados que adotam o **federalismo** como forma de distribuição espacial do poder. Cuida-se do **poder atribuído aos entes da federação para editarem suas próprias constituições ou leis orgânicas dentro de sua autonomia**.

Assim como o poder constituinte derivado reformador, não se trata propriamente de um poder constituinte, mas constituído, uma vez que criado e limitado pelo poder constituinte originário. Assim, são suas características a **derivação**, a **limitação** e o **condicionamento**.

C.1. Poder constituinte derivado decorrente no âmbito dos estados-membros

O **artigo 11 do ADCT** prevê o **procedimento** para a manifestação do poder constituinte derivado decorrente no âmbito dos Estados-membros. Segundo esse dispositivo, cada Assembleia Legislativa elaborará a Constituição do Estado, no prazo de um ano contado da promulgação da Constituição Federal, obedecidos os princípios desta.

Vê-se que os únicos **limites** impostos foram: i) a elaboração por **Assembleia Legislativa do Estado**; ii) o **prazo máximo de um ano**, a contar da promulgação da Constituição Federal de 1988; e iii) a **observância dos princípios** estabelecidos na Constituição Federal de 1988.

---

49. MARINONI, Luiz Guilherme; MITIDIERO, Daniel; SARLET, Ivo Wolfgang. Curso de Direito Constitucional. 7ª ed., São Paulo: Saraiva Educação, 2018, p. 136-137.

50. STF, Tribunal Pleno, ADI 4.887/DF, ADI 4.888/DF e ADI 4.889/DF, Rel. Min. Cármen Lúcia, j. 10.11.2020.

Em relação aos limites, **duas questões** merecem ser analisadas com mais profundidade.

A **primeira** refere-se a um limite formal. Como vimos, o artigo 11 do ADCT não trouxe expressamente a exigência de nenhum quórum de aprovação, surgindo, assim, a dúvida: qual o **quórum necessário para a aprovação** de uma Constituição Estadual?

Por não haver qualquer limitação expressa no texto constitucional, entendo que **não há a exigência de um quórum qualificado**. Basta, portanto, a aprovação por maioria simples da respectiva Assembleia Legislativa. Isso porque não é dado ao intérprete alargar os limites impostos ao poder constituinte derivado decorrente, mormente quando a própria CF/88 garante expressamente a autonomia aos Estados e Municípios (artigo 18, *caput*, da CF/88).

Há autores, contudo, que sustentam que o quórum deveria ser pelo menos de **maioria absoluta**, uma vez que o artigo 11 da ADCT dispõe que na elaboração da Constituição do Estado devem ser observados os princípios da Constituição Federal, sendo um deles a exigência de maioria qualificada.[51]

Na prática, a maior parte das Assembleias Legislativas adotaram o quórum de maioria absoluta, utilizado na Assembleia Nacional Constituinte de 1987.[52]

A **segunda** questão a ser analisada, ainda dentro dos limites ao poder constituinte derivado decorrente, está ligada aos seus **limites materiais**.

A existência desses limites substanciais é pacífica em doutrina e na jurisprudência do Supremo Tribunal Federal. Isso porque tanto o artigo 25 da CF/88 quanto o artigo 11 do ADCT preveem que as Constituições estaduais deverão **observar os princípios da Constituição Federal**.

Mas **quais** seriam esses limites?

O professor **Manoel Gonçalves Ferreira Filho** aponta que esses **princípios** de observância obrigatória seriam aqueles do **artigo 34, inciso VII da CF/88** (forma republicana, sistema representativo, regime democrático, direitos da pessoa

---

51. O professor Manoel Gonçalves Ferreira Filho, partidário dessa segunda corrente, ensina que: "No direito vigente, isto se depreende da exigência, constante do art. 11 do ADCT, de que, na elaboração da Constituição estadual, sejam observados os "princípios" da Carta federal. Ora, entre estes, considerando-se o aspecto formal, está a exigência de maioria qualificada. Com efeito, a Lei Magna nacional foi aprovada pela maioria absoluta dos membros do Congresso Nacional, de modo que se entendeu exigível para a aprovação das Leis Maiores estaduais também a maioria absoluta. E, como a Lei Fundamental brasileira reclama para a aprovação de emenda a maioria de 3/5 dos membros de cada uma das Casas do Congresso Nacional, a adoção de emenda à Carta estadual exige a maioria de 3/5 de seus membros." Ver FERREIRA FILHO, Manoel Gonçalves. O poder constituinte. 6ª ed. rev., São Paulo: Saraiva, 2014.

52. SARMENTO, Daniel e SOUZA NETO, Cláudio Pereira de. Direito Constitucional: teoria, história e métodos de trabalho – 2ª edição, 2 reimpr. Belo Horizonte: Fórum, 2016, p. 327.

humana, autonomia municipal, prestação de contas da administração pública direta e indireta e a aplicação do mínimo exigido da receita resultante de impostos estaduais, compreendida a proveniente de transferências, na manutenção e desenvolvimento do ensino e nas ações e serviços públicos de saúde), os princípios obrigatórios previstos no **artigo 125 da CF/88** para a organização da Justiça estadual e o **princípio da separação dos poderes**. Além desses princípios, segundo o professor paulista, existem **regras completas e autoexecutáveis** que limitam materialmente o poder constituinte derivado decorrente. Elas estão previstas nos artigos 27, 28, 37 e 75, todos da CF/88.[53]

Raul Machado Horta faz uma divisão entre **normas de reprodução** e **normas de imitação**. Aquelas devem, obrigatoriamente, serem transpostas pelo constituinte estadual da Constituição Federal, enquanto estas podem ser discricionariamente transpostas. Entre as normas de reprodução obrigatória, estão os princípios previstos no **artigo 34, inciso VII da CF/88**, os **princípios estabelecidos**, que são aqueles de acentuada relevância, e as **regras de pré-organização do Estado-membro.**[54]

A classificação mais célebre dos limites materiais do poder constituinte decorrente, no entanto, foi formulada pelo professor **José Afonso da Silva.**[55] Segundo o autor, os limites podem ser divididos em três grupos:

a) **princípios constitucionais sensíveis**, que são aqueles previstos no artigo 34, inciso VII da Constituição Federal;
b) **princípios constitucionais estabelecidos**, que são princípios que, implícita ou explicitamente, vedam ou ordenam algo ao Estado-membro; e
c) **princípios constitucionais extensíveis,** que são aqueles aplicáveis expressamente à União, mas que devem se estender também aos Estados-membros.

Ainda dentro dos limites impostos ao poder constituinte derivado decorrente, temos o **princípio da simetria.**

Tal princípio nasceu sob a vigência da Constituição de 1967 que, em seu artigo 13, inciso III, previa que o poder constituinte estatual deveria observar as normas sobre processo legislativo previstas na Constituição Federal.

Este dispositivo não foi replicado na Constituição de 1988. Todavia, ainda que sob a crítica de parcela da doutrina, o **Supremo Tribunal Federal** vem aplicando o

53. *Ibidem.*

54. HORTA, Raul Machado. Natureza do poder constituinte do Estado-membro. In: HORTA, Raul Machado. Estudos de direito constitucional, 1985, p. 73 a 78.

55. SILVA, José Afonso da. Curso de direito constitucional positivo. 42ª ed., rev. e atual, São Paulo: Malheiros, 2019, p. 620-626.

princípio em diversos julgados, com fundamento no artigo 25 da CF/88 e no artigo 11 do ADCT. Veja algumas questões já decididas pela mais alta corte do país:

- As constituições estaduais devem absorver, em razão do princípio da simetria, as **normas relativas ao processo legislativo**, tais como as normas sobre iniciativa para propor projetos de lei.[56]

- Dentro das normas sobre iniciativa, as **emendas à constituição estadual propostas por parlamentares não podem tratar de matérias cuja iniciativa seja atribuída ao Chefe do Executivo.**[57] Neste ponto importante destacar que o STF admite que a constituição estadual **originária** trate de temas previstos na Constituição Federal como de iniciativa do Chefe do Executivo.[58]

- A Constituição Estadual **não pode ampliar as hipóteses de reserva de lei complementar**, ou seja, não pode criar outras hipóteses em que é exigida lei complementar, além daquelas que já são previstas na Constituição Federal.[59]

- As **normas relativas às demais competências do Poder Legislativo** também devem ser simétricas, como, por exemplo, as normas aplicáveis às **Comissões Parlamentares de Inquérito**[60] **e as normas que tratem sobre a competência fiscalizatória.**[61]

Observação: O Supremo Tribunal Federal já julgou inconstitucional a exigência de prévia autorização da Assembleia Legislativa para que o

56. STF, Tribunal Pleno, ADI n.º 1.994, Rel. Min. Eros Grau, j. 24.5.2006.

57. STF, Tribunal Pleno, ADI n.º 725, Rel. Min. Moreira Alves, j. 15.12.1997.

58. STF, Tribunal Pleno, ADI n.º 2.581, Red. p/acórdão Min. Marco Aurélio, j. 16.8.2017.

59. "(...) A ampliação da reserva de lei complementar, para além daquelas hipóteses demandadas no texto constitucional, portanto, restringe indevidamente o arranjo democrático-representativo desenhado pela Constituição Federal, ao permitir que Legislador estadual crie, por meio do exercício do seu poder constituinte decorrente, óbices procedimentais – como é o quórum qualificado – para a discussão de matérias estranhas ao seu interesse ou cujo processo legislativo, pelo seu objeto, deva ser mais célere ou responsivo aos ânimos populares. 5. *In casu,* são inconstitucionais os dispositivos ora impugnados, que demandam edição de lei complementar para o tratamento (i) do regime jurídico único dos servidores estaduais e diretrizes para a elaboração de planos de carreira; (ii) da organização da Polícia Militar e do Corpo de Bombeiros Militar e do regime jurídico de seus servidores; (iii) da organização do sistema estadual de educação; e (iv) do plebiscito e do referendo – matérias para as quais a Constituição Federal não demandou tal espécie normativa." (STF, Tribunal Pleno, ADI 5.003/SC, Rel. Min. Luiz Fux, j. 5.12.2019.

60. STF, Tribunal Pleno, ADI n.º 3.619, Rel. Min. Eros Grau, j. 1º.8.2006.

61. STF, Tribunal Pleno, ADI-MC n.º 3.715, Rel. Min. Gilmar Mendes, j. 24.5.2006; e STF, Tribunal Pleno, ADI 5.416, Rel. Gilmar Mendes, j. 3.4.2020.

> Governador e o Vice-Governador do Estado possam se ausentar, em qualquer tempo, do território nacional, pois tal restrição mostra-se incompatível com os postulados da simetria e da separação de poderes, já que o artigo 49, inciso III, da CF/88 exige a autorização somente caso o afastamento seja superior a 15 (quinze) dias.[62]

- As normas relativas a **impedimentos e prerrogativas dos agentes políticos e servidores públicos** também devem ser simétricas. O STF, por exemplo, julgou inconstitucional norma constitucional estadual que previu foro de prerrogativa por função para procuradores do estado, procuradores da assembleia legislativa, defensores públicos e delegados de polícia, pois, no âmbito federal, os servidores públicos que desempenham a mesma função não o possuem.[63] Portanto, é inconstitucional norma de constituição estadual que estende o foro por prerrogativa de função a autoridades não contempladas pela Constituição Federal de forma expressa ou por simetria.[64]
- As normas relativas às **competências dos chefes do Poder Executivo** devem ser simétricas, não podendo a constituição estadual, por exemplo, prever que a celebração de convênios está sujeita à aprovação da Assembleia Legislativa, posto que não há tal limitação em âmbito federal[65] ou que a nomeação de dirigentes das autarquias e fundações públicas, interventores de Municípios, titulares da Defensoria Pública e da Procuradoria-Geral do Estado se submetam a prévia arguição e aprovação da Assembleia Legislativa.[66]

Questão interessante é saber se pode o Estado-membro **editar uma nova Constituição estadual**. A **doutrina majoritária** tem entendido que **não**, embasando este entendimento no fato de o artigo 11 do ADCT trazer um expresso limite temporal para o seu exercício (até um ano após a promulgação da Constituição Federal).[67]

---

62. STF, Tribunal Pleno, ADI 5.373 MC, Rel. Min. Celso de Mello, j. 9.5.2019.
63. STF, Tribunal Pleno, ADI-MC n.º 2.587, Rel. Min. Maurício Corrêa, j. 15.5.2004; STF, Tribunal Pleno, ADI 2.553/MA, Red. p/ o acórdão Min. Alexandre de Moraes, j. 15.5.2019.
64. STF, Tribunal Pleno, ADI 6.501/PA, ADI 6508/RO, ADI 6.515/AM e ADI 6.516/AL, Rel. Min. Roberto Barroso, j. 20.8.2021.
65. STF, Tribunal Pleno, ADI n.º 676, Rel. Min. Carlos Velloso, j. 1º.7.1996.
66. STF, Tribunal Pleno, ADI 2.167/RR, red. p/ acórdão Min. Alexandre de Moraes, j. 3.6.2020.
67. SARMENTO, Daniel e SOUZA NETO, Cláudio Pereira de. Direito Constitucional: teoria, história e métodos de trabalho – 2ª edição, 2 reimpr. Belo Horizonte: Fórum, 2016, p. 328.

As Constituições estaduais, entretanto, **podem ser alteradas** por meio de **emendas**. Para tanto, diz o Supremo Tribunal Federal, deverá ser observado o princípio da simetria, de modo que a reforma de uma constituição estadual exige **quórum de aprovação de três quintos, em dois turnos de votação**. Logo, o procedimento para a alteração do texto constitucional estadual deve ser o mesmo previsto para reforma da Constituição Federal, exceto no que toca à necessidade de aprovação pelas duas Casas Legislativas, já que o Poder Legislativo estadual é exercido unicameralmente.[68]

Observação: Firme nesse entendimento, o Supremo Tribunal Federal julgou inconstitucional o artigo 38, § 2º, da Constituição do Estado de Rondônia, que estabelecia o quórum de votação de 2/3 (dois terços) dos membros da Assembleia Legislativa para o processo legislativo de reforma da constituição estadual. Entretanto, como tal dispositivo vigorou por trinta anos e foi parâmetro para a edição de 136 emendas, houve modulação dos efeitos da decisão, conferindo-lhe efeitos *ex nunc* a partir da data da publicação da ata do julgamento.[69]

C.2. Poder constituinte derivado decorrente no Distrito Federal

O art. 32, *caput*, da CF/88 dispõe que o Distrito Federal reger-se-á por lei orgânica, votada em dois turnos com interstício mínimo de dez dias, e aprovada por dois terços da Câmara Legislativa, que a promulgará, atendidos os princípios estabelecidos nesta Constituição.

Como se vê, o nosso constituinte originário valeu-se do termo "lei orgânica" para se referir ao estatuto organizatório do Distrito Federal, o que poderia suscitar alguma dúvida acerca da natureza jurídica do referido diploma.

Contudo, é certo que a Lei Orgânica do Distrito Federal é manifestação do poder constituinte derivado decorrente, uma vez que tal diploma possui as mesmas características que uma constituição estadual e está limitado tão somente pela Constituição Federal de 1988.

Nesse sentido, o **Supremo Tribunal Federal** possui firme entendimento de que a Lei Orgânica do Distrito Federal tem força e autoridade equivalentes a um **verdadeiro estatuto constitucional**, podendo ser equiparada às Constituições promulgadas pelos Estados-membros.[70]

---

68. Ver STF, Tribunal Pleno, ADI n.º 486, Rel. Min. Celso de Mello, j. 3.4.1997.

69. STF, Tribunal Pleno, ADI n. 6.453, Rel. Min. Rosa Weber, j. 14.2.2022.

70. STF, Tribunal Pleno, ADI 980, Rel. Min. Menezes Direito, j. 6.3.2008.

Assim, tudo o que tratamos sobre o poder constituinte derivado decorrente no âmbito dos Estados-membros se aplica em relação ao Distrito Federal e a Lei Orgânica do Distrito Federal.

C.3. Poder constituinte derivado decorrente no âmbito dos Municípios

A Constituição de 1988 previu que os **Municípios** compõem a **federação** e são dotados de **autonomia** (artigo 18 da CF/88). E não só. O artigo 29, *caput*, da Constituição Federal, conferiu-lhes o **poder de editar suas próprias leis orgânicas.**

Segundo o artigo 11, parágrafo único, do ADCT, coube às Câmaras Municipais, no prazo de seis meses contados da promulgação da Constituição do Estado, votar a Lei Orgânica respectiva, em dois turnos de discussão e votação, respeitado o disposto na Constituição Federal e na Constituição Estadual.

Há, contudo, divergência doutrinária se essas leis orgânicas municipais são manifestações do poder constituinte derivado decorrente.

Uma **primeira corrente, majoritária**, entende que **não.**[71] Para esses autores, o fato de a Lei Orgânica Municipal estar subordinada tanto à Constituição Federal quanto à Constituição Estadual descaracteriza o poder constituinte decorrente, que deve estar subordinado diretamente e tão somente à Constituição Federal. Como consequência disso, ato local que tenha sua validade questionada frente à lei orgânica municipal enseja controle de legalidade e não de constitucionalidade.

A **segunda corrente, minoritária**, entende que a lei orgânica **municipal é manifestação** do poder constituinte derivado decorrente. Isso porque o Município, com o advento da Constituição de 1988, passou a ser ente da federação, dotado de auto-organização. Além disso, as leis orgânicas municipais são dotadas de rigidez, sendo exigido o quórum de dois terços para sua aprovação. Por fim, as limitações impostas pelas constituições estaduais às leis orgânicas municipais são mínimas, incapazes de descaracterizar o poder constituinte decorrente.[72]

---

71. ARAUJO, Luiz Alberto David; NUNES JÚNIOR, Vidal Serrano. Curso de Direito Constitucional. 23ª ed. Santana de Parnaíba: Manole, 2021, p. 24-25; LENZA, Pedro. Direito constitucional esquematizado, 22ª ed., São Paulo: Saraiva Educação, 2018, p. 220 e PORTO, Noemia. Temas relevantes de direito constitucional: poder constituinte. Brasília: Fortium, 2005, p. 54-55.

72. MEIRELLES, Hely Lopes. Direito municipal brasileiro. 16ª ed. São Paulo: Malheiros, 2008, p. 84-85; SILVA, José Afonso da. Comentário contextual à constituição. 9ª ed. São Paulo: Malheiros, 2014, p. 304; e FERNANDES, Bernardo Gonçalves. Curso de direito constitucional. 12ª ed. Salvador: Editora Juspodivm, 2020, p. 159.

D. Mutação constitucional

D.1. Conceito

Vimos o poder constituinte derivado reformador, que trata do modo como o texto constitucional pode ser formalmente alterado. Não obstante, a Constituição pode ser **modificada informalmente**, sem que haja alteração em seu texto. Trata-se do fenômeno chamado mutação constitucional.

A mutação constitucional nada mais é do que uma **alteração do significado** de determinada norma da constituição, sem observância do mecanismo constitucionalmente previsto para as emendas e **sem que tenha havido qualquer modificação de seu texto.**

Para entender a mutação a constitucional, é preciso, primeiramente, compreender que norma e texto não se confundem. Texto é o conjunto de palavras (signos) que compõem o texto legal ou constitucional. Norma, por sua vez, corresponde ao comando específico que dará solução a um caso concreto. Em geral, extrai-se a norma por meio da interpretação do texto.

Alguns exemplos ajudam a aclarar essa distinção.

O primeiro exemplo é doutrinário. Imaginemos uma placa em que esteja escrito "É proibido o uso de trajes de banho". Esta placa, que contém um texto, não nos permite de antemão apreender uma norma, ou seja, um comando específico, pois outros elementos devem ser analisados. Caso a placa esteja na porta de um restaurante ou um mercado, provavelmente a norma que se extrai desta placa é a proibição da entrada de clientes em trajes sumários, exigindo-se que eles estejam mais bem vestidos. Contudo, caso a placa esteja na entrada de uma praia de nudismo, a norma é outra: proíbe-se a entrada de pessoas que não estejam nuas.

O segundo exemplo, também sempre mencionado em doutrina, mas de matriz jurisprudencial, é o caso *Brown v. Board of Education*. Neste caso, a Suprema Corte americana decidiu, à luz do princípio da igualdade e com base no mesmo texto constitucional, que deveria haver integração racial nas escolas públicas. Até então, o entendimento, também fundado no princípio da igualdade, era que brancos e negros, apesar de iguais, não poderiam compartilhar as mesmas escolas públicas (*separate but equal*).

Compreendido que texto e norma não são a mesma coisa, fica fácil entender a possibilidade de uma mutação constitucional. Isso porque, **mesmo mantido o texto**, sem qualquer alteração, **é possível que alterações na realidade fática ou de interpretação alterem a norma que se extrai daquele texto**.

A mutação constitucional haure a sua legitimidade na interseção entre a rigidez constitucional e a plasticidade das normas constitucionais. Por um lado, busca-se preservar a estabilidade e a segurança jurídica. Por outro, reconhece-se que é preciso dotar a constituição de certo dinamismo, permitindo-se a sua adaptação mais fácil às alterações fáticas que ocorrem no seio social.

Nesse contexto, parcela da doutrina chega a falar na existência de um **poder constituinte difuso.**[73] Além dos já estudados poder constituinte originário e poder constituinte derivado, para esses autores, existiria esta terceira modalidade, que se caracteriza como um poder de fato que serve de fundamento para a mutação constitucional, instrumentalizando modificações na constituição de modo informal e espontâneo.

Contudo, outra parcela da doutrina nega que exista o chamado poder constituinte difuso. Os defensores desse entendimento não rejeitam a possibilidade de mutação constitucional, afastando, somente a possibilidade de se levar ao extremo a possibilidade mutação constitucional, a ponto de tratá-la como fruto do exercício de um poder constituinte.[74]

D.2. Mecanismos de atuação

A mutação constitucional está sempre atrelada a alguma transformação operada na sociedade. Mas quais são os mecanismos de atuação da mutação constitucional? Havendo alteração na realidade fática subjacente ao texto constitucional, a adaptação da constituição a essas mudanças poderá se dar por meio da **interpretação constitucional**, por meio da **atuação do legislador** ou por via do **costume**.

A **interpretação constitucional** é a via mais comum de atualização das normas constitucionais. Ela é levada a efeito pelos Poderes Executivo, Legislativo e Judiciário, embora este tenha prevalência em caso de controvérsia. Como já vimos, texto e norma não se confundem, sendo a norma fruto da interpretação dada ao texto. Assim, havendo alteração na interpretação previamente dada ao texto constitucional, consequentemente haverá a alteração da norma constitucional.

A mutação constitucional por **atuação do legislador**, por sua vez, ocorre quando um ato normativo primário busca modificar a interpretação que é tradicionalmente dada a alguma norma constitucional.

Um exemplo citado em doutrina desse mecanismo foi a instituição, por meio de lei, de cotas raciais para acesso ao ensino superior. Ao se editar leis infraconstitucionais que criam reservas de vagas para afrodescendentes em universidades públicas, há, paralelamente, uma mutação constitucional no conteúdo do princípio

73. BARDEAU, Georges. Traité de science politique, v.4, 1969.

74. SARMENTO, Daniel e SOUZA NETO, Cláudio Pereira de. Direito Constitucional: teoria, história e métodos de trabalho – 2ª edição, 2 reimpr. Belo Horizonte: Fórum, 2016, p. 344.

da igualdade. Antes mais formal, o princípio da igualdade ganha, com a edição dessas leis, um contorno mais substancial.

O terceiro e último mecanismo de mutação constitucional é o **costume**. O costume, em termos jurídicos, se caracteriza pela repetição habitual de um comportamento que passa a ser socialmente aceito como obrigatório.

Mesmo em países que adotem uma constituição rígida, o costume pode operar mudanças constitucionais. Contudo, é importante destacar que o costume aceito como mecanismo de mutação constitucional é o ***secundum constitutionem*** – de natureza interpretativa – e o ***praeter constitutionem*** – de natureza integrativa. O **costume *contra constitutionem***, que é invocado para o descumprimento da Constituição, **não é aceito** como um mecanismo válido de mutação constitucional.

D.3. Limites

O poder de alterar a constituição informalmente, por meio da chamada mutação constitucional, **não é ilimitado**. Para preservar a rigidez constitucional e a soberania popular, faz-se necessário traçar alguns limites.

Em doutrina e jurisprudência, firmou-se o entendimento de que são dois os limites à mutação constitucional: o **texto constitucional** e os **princípios fundamentais que dão sentido à constituição**.

O **primeiro limite** justifica-se uma vez que a mutação constitucional deve **respeitar os limites semânticos da norma**. O texto constitucional possui diversos sentidos, devendo a mutação atuar dentro desse leque de possibilidades. Não é possível se falar em alteração informal da norma caso isso contradiga expressamente o texto positivado na Constituição. Para realizar uma alteração da norma constitucional que contrarie expressamente o texto constitucional, deve-se utilizar dos meios formais de reforma.

Um exemplo de atuação do Supremo Tribunal Federal que foi objeto de crítica, por supostamente ter havido inobservância a esse limite imposto à mutação constitucional, foi a decisão que permitiu a união estável entre pessoas do mesmo sexo.[75] Para parte da doutrina, o texto do artigo 226, §3º, da Constituição Federal, que prevê que é reconhecida a união estável entre o homem e a mulher, não dá margem semântica para que se reconheça, pela via interpretativa, a viabilidade jurídica da união estável entre pessoas do mesmo sexo. Para tal desiderato, seria necessária a alteração do texto constitucional via emenda constitucional.[76]

75. STF, Tribunal Pleno, ADI n.º 4.277 e ADPF n.º 178, Min. Rel. Ayres Britto, j. 5.5.2011.

76. BARRETO, Vicente de Paulo; OLIVEIRA, Rafael Tomaz de; STRECK, Lenio Luiz. Ulisses e o canto das sereias: sobre ativismos judiciais e os perigos da instauração de um "terceiro turno da constituinte".

O **segundo limite**, por sua vez, se fundamenta no reconhecimento de que o **sistema constitucional é um todo harmônico**. Não se pode pretender alterar informalmente uma norma constitucional caso isso implique no abandono de **escolhas fundamentais** feitas pelo poder constituinte. Somente o próprio poder constituinte originário pode, em nova manifestação, alterar essas escolhas, refundando o Estado.

Nesse segundo limite entram as **cláusulas pétreas**, que, a despeito de permitirem alguma alteração de significado ao longo do tempo, como vimos no caso do princípio da igualdade, não podem ser abolidas via mutação constitucional. Se nem mesmo uma alteração via reforma pode fazê-lo, não será por meio de um procedimento informal que tal modificação será aceita.

Revista Eletrônica da Faculdade de Direito de Franca, São Paulo, v.2. n.1, 2010.

CAPÍTULO 4

NORMAS CONSTITUCIONAIS

1. INTRODUÇÃO

As normas constitucionais são espécies do gênero norma jurídica. Assim, possuem a mesma estrutura desta, sendo uma proposição enunciativa de uma forma de organização ou de conduta, que deve ser seguida de maneira objetiva e obrigatória.[1]

Contudo, **até o final do século XX**, as constituições eram vistas de forma completamente diferente. Havia um consenso no sentido de que as normas constitucionais não gozavam de imperatividade e de coatividade. A constituição era vista tão somente como um **documento de natureza política**, no qual eram descritos conselhos aos Poderes Executivo e Legislativo.

Tinha-se, portanto, uma **visão não normativa das constituições**, que se sujeitavam à conveniência e oportunidade das instâncias majoritárias. Ao Poder Judiciário não caberia impor o cumprimento das normas constitucionais, sob pena de violação do princípio democrático e do princípio da separação de poderes.

Somente **após a Segunda Guerra Mundial** é que houve a mudança de paradigma, prevalecendo a ideia de que a constituição, como norma jurídica que é, possui **força normativa**.

Desse caráter normativo das constituições, pode-se extrair **quatro consequências** muito relevantes para o Direito:

1. REALE, Miguel. Lições preliminares de direito. 27ª ed., São Paulo: Saraiva, 2002, p. 95.

i. As normas constitucionais **incidem diretamente sobre a realidade social**, não dependendo de intermediação de uma lei infraconstitucional para tanto;
ii. A Constituição serve como um norte, **orientando** os operadores do Direito **na interpretação e na aplicação das leis infraconstitucionais**;
iii. As normas constitucionais são **parâmetros de validade** das demais normas do ordenamento jurídico, de modo que qualquer norma que esteja em contraste com a constituição é inválida; e
iv. O **Poder Judiciário pode impor** ao Poder Legislativo e ao Poder Executivo o cumprimento das normas constitucionais.

2. TEXTO NORMATIVO E NORMA CONSTITUCIONAL

Quando do estudo da mutação constitucional, traçamos a diferenciação entre texto constitucional e norma constitucional para mais bem entender o fenômeno da alteração da norma constitucional sem alteração formal em seu texto. Em razão da importância do tema para a completa compreensão da matéria, retomamos, aqui, esta diferenciação.

O termo **texto constitucional** é empregado para se referir às disposições, preceitos e enunciados positivados na constituição. Cuida-se de uma expressão linguística. Por outro lado, a **norma constitucional** é o produto da interpretação do texto normativo.

Essa diferenciação, longe de ser estéril, é fundamental para entendermos que é plenamente possível, de um mesmo texto constitucional, extrairmos duas ou mais normas constitucionais, da mesma forma que pode ser necessária a conjugação de mais de um dispositivo constitucional para a extração de uma única norma.

3. CARACTERÍSTICAS DAS NORMAS CONSTITUCIONAIS

As normas constitucionais, embora sejam espécies do gênero norma jurídica, possuem peculiaridades próprias que as distinguem das demais. Nesse cenário, além das **características** comuns a todas as normas jurídicas, as normas constitucionais possuem outras, que lhes são **específicas**.

A professora Ana Paula de Barcellos elenca quatro[2], são elas:

2. BARCELLOS, Ana Paula de. Curso de direito constitucional. Rio de Janeiro: Forense, 2018.

a) **Superioridade hierárquica**: A constituição ocupa o **ápice** do sistema normativo, razão pela qual suas normas estão em um patamar hierárquico mais elevado que as demais.

   A superioridade hierárquica das normas constitucionais fundamenta-se, ao mesmo tempo em que é garantida, pela previsão de um procedimento mais dificultoso de alteração de seu texto do que aquele previsto para as leis infraconstitucionais (**rigidez constitucional**).

   A principal **consequência** dessa característica é a de que qualquer ato jurídico que contrarie a constituição será **inválido.**

b) **Caráter marcadamente político**: A constituição é o instrumento pelo qual as **decisões políticas** tomadas pelo poder constituinte originário são **transformadas em jurídicas.** Por estar situada justamente nesse limiar entre Política e Direito, é inevitável que suas normas tenham forte dimensão política.

   Isso, no entanto, não pode ser entendido como uma forma de reduzir a sua normatividade, tampouco leva ao abandono da utilização de mecanismo técnicos de interpretação.

c) **Conteúdo específico**: As normas constitucionais, em razão de instituírem ou refundarem o Estado, são responsáveis por **organizar o poder político, definir os direitos fundamentais** e **estabelecer fins** a serem alcançados. Nas palavras de Barcellos: "*as normas constitucionais se ocupam exatamente de organizar, limitar e direcionar o próprio exercício do poder político*".[3]

d) **Elevado grau de abstração do seu texto:** A quarta e última característica das normas constitucionais decorre das duas anteriores. Em virtude da forte dimensão política e de seu conteúdo diferenciado, é frequente a utilização de uma **linguagem aberta e vaga** quando da edição de uma constituição. Assim, as cláusulas gerais e os conceitos relativamente indeterminados abundam nos textos constitucionais, havendo uma maior participação do intérprete na construção da norma constitucional.

Por fim, necessário fazer uma derradeira **observação**. Muitos autores apontam que essas características seriam um empecilho à atribuição de imperatividade às normas constitucionais. No entanto, tem-se entendido majoritariamente que as características acima analisadas não podem ser vistas como um problema, sendo uma **opção consciente** do poder constituinte originário.

---

3. *Ibidem*, p. 46.

Ainda que se exija dos intérpretes da constituição a elaboração e utilização de novas ferramentas, essa opção possui a vantagem de **deixar espaços às maiorias políticas eventuais** para que implementem seus projetos de governo, reafirmando o caráter democrático do Estado democrático de Direito. Isso permite que constituição se **adapte ao longo do tempo**, não havendo a necessidade de uma ruptura constitucional a cada troca de visão política predominante.

4. NORMAS CONSTITUCIONAIS ESPECIAIS

A Constituição Federal de 1988 está estruturada em: preâmbulo, corpo permanente (artigos 1º a 250) e Ato das Disposições Constitucionais Transitórias – ADCT (artigos 1º a 114).

O preâmbulo e as disposições constitucionais transitórias possuem particularidades que as distinguem do corpo permanente da constituição, razão pela qual as nomeamos de **normas constitucionais especiais**. Estudemos, pois, essas diferenças.

A. Preâmbulo

O preâmbulo é o **texto anteposto** ao corpo permanente da constituição.

Variável em sua **extensão** e **forma**, os preâmbulos apresentam-se de forma mais ou menos longa, mais ou menos solene a depender das circunstâncias e intenções do poder constituinte originário. A sua própria **existência** em uma constituição **não é mandatória**.

Seu **conteúdo** também é bastante variável. Em geral, reflete em tom grandiloquente os valores fundamentais que inspiraram a Constituinte, deles tendo a constituição retirado sua força[4].

É no âmbito jurídico, no entanto, que surgem as maiores dúvidas. A grande questão se coloca é: **qual é o alcance jurídico do preâmbulo?**

a) **Primeiro entendimento**: o preâmbulo **não possui qualquer relevância jurídica**. Isso porque ele não se situa no campo jurídico, mas sim no domínio da política ou da história. Podemos citar, como partidário desse entendimento, o professor Hans Kelsen.[5]

---

4. Hans Kelsen ensina que "uma parte tradicional dos instrumentos chamados 'constituições' é uma introdução solene, um assim chamado 'preâmbulo', que expressa as ideias políticas, morais e religiosas que a constituição pretende promover". Ver KELSEN, Hans. Teoria geral do direito e do estado. Trad. Luís Carlos Borges. São Paulo: Martins Fontes, 2000, p. 372.

5. *Ibidem*.

b) **Segundo entendimento**: o preâmbulo **possui valor jurídico**, mas com ***status* de norma infralegal**, mais precisamente de lei supletiva, e não de norma constitucional. Esse é o posicionamento prevalente na jurisprudência francesa, segundo José Afonso da Silva.[6]

c) **Terceiro entendimento**: o preâmbulo tem **idêntica eficácia jurídica às demais normas constitucionais**, partilhando, com elas, todas as características. Comungo desse posicionamento, acompanhado, dentre outros, do ilustre professor Bernardo Gonçalves.[7]

d) **Quarto entendimento**: o preâmbulo possui **relevância jurídica indireta**, ou seja, não possui força normativa *per se*, mas pode ser empregado como vetor interpretativo das demais normas constitucionais. É o posicionamento de Jorge Miranda[8], Ana Paula de Barcellos e Luís Roberto Barroso[9].

e) **Quinto entendimento**: o preâmbulo, **em regra**, possui **relevância jurídica indireta**, valendo como orientação para a interpretação e aplicação das demais normas constitucionais. Contudo, caso contenha uma **declaração de direitos políticos e sociais do homem** e o texto articulado da constituição não repetir tais direitos de forma eficaz, esse conjunto de normas **terá eficácia jurídica direta**. É esse o escólio de José Afonso da Silva.[10]

O **Supremo Tribunal Federal**, ao julgar a ADI 2.076/AC, afirmou expressamente que o preâmbulo **não possui relevância jurídica**. No caso, o Partido Social Liberal questionava a ausência da invocação a "proteção de Deus" no preâmbulo da Constituição Estadual do Acre. A ação foi julgada improcedente, sob o fundamento de que somente as normas centrais da Constituição Federal de 1988 são de reprodução obrigatória, o que não era o caso do preâmbulo, que **não possuía força normativa.**[11]

Todavia, em julgados posteriores, o Supremo Tribunal Federal utilizou-se do preâmbulo como **reforço argumentativo**. Foi o caso da ADI 3.510, em que a Lei de Biossegurança foi considerada constitucional. Na oportunidade, além de outros

---

6. SILVA, José Afonso da. Comentário contextual à constituição. 9ª ed. São Paulo: Malheiros, 2014, p. 24.
7. FERNANDES, Bernardo Gonçalves. Curso de direito constitucional. 12ª ed. Salvador: Editora Juspodivm, 2020, p. 122.
8. MIRANDA, Jorge. Manual de direito constitucional. Vol. I, Tomo II, Coimbra: Coimbra Editora, 2014, p. 292-295.
9. BARCELLOS, Ana Paula de; BARROSO, Luís Roberto. Preâmbulo da CR: função e normatividade. *In*: CANOTILHO, J.J. Gomes et al. Comentários à Constituição do Brasil. 1ª ed. São Paulo: Saraiva/Almedina, 2013, p. 107.
10. SILVA, José Afonso da. Comentário contextual à constituição. 9ª ed. São Paulo: Malheiros, 2014, p. 24.
11. STF, Tribunal Pleno, ADI 2.076/AC, Rel. Min. Carlos Velloso, j. 15.08.2002.

argumentos, consignou-se que, desde o preâmbulo, a Constituição de 1988 incorpora o constitucionalismo fraternal ao constitucionalismo liberal e social.[12]

B. Disposições constitucionais transitórias

A edição de uma nova constituição se traduz no surgimento de um novo Estado e de uma nova ordem jurídica. No entanto, na maioria das vezes, essa criação não se dá *ex nihilo*. A maior parte das constituições, quando entram em vigor, deparam-se com um ordenamento jurídico já estabelecido, que regia a vida do Estado e das pessoas.

Vimos que o poder constituinte originário **não está atrelado**, ao menos para a doutrina majoritária, **a nenhum limite anterior**, podendo criar, alterar e recriar tudo aquilo que lhe convenha.

Todavia, no mais das vezes, há uma opção consciente por criar **regras de transição entre o antigo e o novo ordenamento jurídico**. Desse modo, suaviza-se essa passagem, evitando-se uma ruptura extremamente brusca. A essas regras, dá-se o nome de **disposições constitucionais transitórias**.

Todas as nossas constituições, à exceção da Constituição de 1824, previram disposições constitucionais transitórias. Nas de 1891, 1934, 1946 e 1988, essas regras foram destacadas do corpo permanente e elencadas em um Ato das Disposições Constitucionais Transitórias (ADCT). Nas de 1937, 1967 e 1969, não houve essa clivagem, constando as disposições transitórias das disposições finais ou gerais.

As disposições transitórias, como seu próprio nome antecipa, não estão ontologicamente destinadas a durar indefinidamente. Pelo contrário, têm **eficácia temporária**. Isso significa que produzidos os seus efeitos ou atingido ou condição previstos pelo constituinte originário, elas se esgotam, tornando-se normas de **eficácia exaurida**.

O nosso constituinte, contudo, não trilhou um caminho estritamente técnico, sendo possível encontrar algumas **normas permanentes no ADCT**, como o artigo 68 do ADCT, que confere aos remanescentes das comunidades quilombolas a propriedade definitiva das terras que estejam ocupando.

A **natureza jurídica** das normas contidas no ADCT é de **norma constitucional**. É esse o entendimento do Supremo Tribunal Federal, que já afirmou expressamente que **não existe qualquer desnível ou desigualdade** entre as normas contidas no ADCT e os preceitos constantes do corpo permanente da Constituição de 1988.[13]

12. STF, Tribunal Pleno, ADI 3.510, Rel. Min. Ayres Britto, j. 29.05.2008.

13. STF, Primeira Turma, RE 160.486/SP, Rel. Min. Celso de Mello, j. 11.10.1994.

Consequentemente, as disposições constitucionais transitórias são hierarquicamente superiores às leis infraconstitucionais e servem de **parâmetro** para o **controle de constitucionalidade**. Além disso, qualquer alteração no corpo do ADCT terá que seguir os limites impostos ao poder constituinte reformador, devendo ser veiculado por meio de **emenda constitucional**.

A propósito, é importante destacar que **parcela da doutrina** sustenta **não ser possível reformar as disposições transitórias**, sob o argumento de que tal proceder contrariaria a natureza temporária dessas normas. No mais, não haveria sentido em estabelecer novas regras de transição, quando esta já se efetivou.[14]

Esse entendimento, no entanto, é minoritário. **Prevalece** em doutrina o entendimento de que é **plenamente possível a alteração** das disposições transitórias constantes do ADCT, que se sujeita, tão somente, aos limites do artigo 60 da CF/88.[15]

Não é outro o posicionamento do **Supremo Tribunal Federal** sobre o tema. No julgamento da ADI n.º 829, a Corte Maior afirmou que é **plenamente possível a reforma** das normas constantes do ADCT. Afastou-se, na oportunidade, os argumentos de que o ADCT não faz parte da Constituição e que a transitoriedade das suas normas impediria a sua alteração[16].

5. PRINCÍPIOS, REGRAS E POSTULADOS NORMATIVOS

A. Introdução

Hodiernamente, há um relativo consenso no sentido de que as **regras** e os **princípios** são **espécies do gênero norma jurídica.**

No entanto, nem sempre foi assim. Até meados do século XX, os princípios eram tratados como meras proclamações políticas, esvaziados de normatividade. Foi necessário que a Teoria do Direito percorresse um longo caminho até chegarmos ao reconhecimento da juridicidade dos princípios.

Paulo Bonavides, em excelente trabalho sobre o tema, ensina que a juridicidade dos princípios passou por **três fases distintas:**[17]

---

14. Nesse sentido, BULOS, Uadi Lammêgo. Curso de Direito Constitucional. 8ª ed. rev. e atual. São Paulo: Saraiva, 2014, p. 1.662-1.663.

15. SARMENTO, Daniel e SOUZA NETO, Cláudio Pereira de. Direito Constitucional: teoria, história e métodos de trabalho – 2ª edição, 2 reimpr. Belo Horizonte: Fórum, 2016, p. 369.

16. STF, Tribunal Pleno, ADI 829, Rel. Min. Moreira Alves, j. 16.9.1994.

17. BONAVIDES, Paulo. Curso de direito constitucional. 34ª ed. atual. São Paulo: Malheiros, 2019, p. 264-271.

a) **Fase jusnaturalista**: Os princípios encontram-se posicionados no campo da abstração, não lhes sendo reconhecido qualquer traço de normatividade. Neste período, que perdurou por um longo período até o advento da Escola Histórica do Direito, reconhecia-se aos princípios tão somente uma dimensão ético-valorativa.

b) **Fase positivista**: Os princípios passam a constar do Códigos, mas não como normas autônomas, e sim como "válvulas de segurança" que permitiriam a **integração das lacunas normativas**. A concepção reinante era a de que os princípios estão contidos no Direito Positivo, derivando, após sucessivas generalizações, das próprias leis.

c) **Fase pós-positivista**: Nesta fase, que se inicia nas últimas décadas do século XX, há uma acentuação da importância axiológica dos princípios, que passam a ser a base de todo o ordenamento jurídico. Os princípios, aqui, passam a ser tratados como direito, sendo possível extrair deles – e não só das regras – obrigações legais. Erigem-se os princípios à categoria de norma.

O reconhecimento de normatividade aos princípios é um dos elementos essenciais da ciência jurídica nos dias de hoje, afetando, em especial, o estudo das normas constitucionais.

B. Critérios distintivos entre regras e princípios

Não há consenso em doutrina sobre qual é o critério determinante para que possamos distinguir, com segurança, o que é um princípio e o que é uma regra. As propostas doutrinárias são inúmeras e é possível observar um mesmo autor utilizando o termo "princípio" ora com um sentido, ora com outro.

Para os fins do presente trabalho, que não tem a pretensão de exaurir todos os critérios já utilizados para diferenciar os princípios das regras, dividiremos a análise em dois momentos.

Em um primeiro momento, analisaremos a investigação doutrinária feita por Riccardo Guastini, que tem o mérito de reunir, organizar e sintetizar os usos mais comuns do vocábulo "princípio" pelos juristas e pela jurisprudência.

Em um segundo momento, analisaremos com mais vagar, em razão de sua importância, as tentativas de distinção entre regras e princípios formuladas por Ronald Dworkin, Robert Alexy e Humberto Ávila.

B.1. Critérios quantitativos

O professor italiano Riccardo Guastini, em sua obra "Das fontes às normas", sintetizou qual os critérios mais comuns entre os autores e os juízes para distinguir os princípios das regras.[18] Cuidam-se, basicamente, de **critérios quantitativos**, é dizer: a característica manifesta-se em ambas as espécies normativas, mas com intensidades diferentes.

O primeiro critério é a **importância.**

Segundo esse parâmetro, os **princípios** seriam as normais **mais importantes**, pois ocupam um lugar de destaque no ordenamento jurídico, servindo de alicerce às demais. É nesse sentido que diversos autores se referem aos princípios como "normas fundamentais" ou como "mandamentos nucleares do sistema". As **regras**, por sua vez, seriam normas **menos importantes**, buscando apoio nos princípios.

O segundo critério distintivo é **formação linguística**.

Aqui, os **princípios** são vistos como normas que se expressam em **linguagem mais vaga**, sendo o seu **significado altamente elástico e indeterminado**. Desse modo, não é possível saber de antemão quais as situações estão abarcadas em seu campo incidência, bem como quais as consequências jurídicas advirão de sua aplicação. As **regras**, por outro lado, são normas com **significado relativamente preciso**, sendo possível antever, como maior precisão, quais as situações que se subsomem a ela, bem como quais as consequências jurídicas serão deflagradas.

O terceiro e último critério diferenciador é a **generalidade.**

Os **princípios**, de acordo com esse padrão, são **mais gerais** do que as regras. O exemplo dado pelo professor italiano ajuda a compreendermos essa diferenciação: a norma segundo a qual o contrato tem força de lei entre as partes (princípio do *pacta sunt servanda*) é mais geral que as normas que disciplinam os contratos de compra e venda (regras). Isso porque aquela norma se aplica um número muito maior de casos - aplica-se não só aos contratos de compra e venda, mas aos de doação, empreitada etc. – do que as normas especificamente traçadas para os contratos de compra e venda.

Alguns autores, como Daniel Sarmento e Claudio Pereira de Souza, afirmam que esse critério se **confunde** com o segundo – a indeterminabilidade[19]. Todavia, com a máxima vênia, entendo que é sim **possível distinguir** a generalidade da indeterminabilidade.

A indeterminabilidade, como vimos, refere-se à impossibilidade de traçar de antemão em quais casos a norma se aplica, bem como quais as consequências

18. GUASTINI, Riccardo. Das fontes às normas. Trad. Edson Bibi. São Paulo: Quartier Latin, 2005, p. 185-191.

19. SARMENTO, Daniel e SOUZA NETO, Cláudio Pereira de. Direito Constitucional: teoria, história e métodos de trabalho – 2ª edição, 2 reimpr. Belo Horizonte: Fórum, 2016, p. 382.

jurídicas advirão dessa eventual aplicação. A generalidade, por sua vez, está atrelada tão somente ao fato de uma norma ser aplicável a um maior número de hipóteses.

Embora seja possível e até frequente que normas com maior indeterminabilidade sejam aplicáveis a um maior número de casos, isso não é uma relação necessária. Além disso, a indeterminabilidade é um critério que atua nas duas pontas do processo de aplicação e interpretação da norma (casos em que é aplicável e consequências), enquanto a generalidade refere-se somente ao início do processo (casos em que a norma é aplicável), sendo a consequência de sua aplicação certa.

B.2. Critérios qualitativos

Agrupamos no primeiro grupo todos aqueles parâmetros que, selecionando características comuns entre os princípios e as regras, buscam distingui-los por conta de sua intensidade.

Agora, nesse segundo grupo, reuniremos os critérios distintivos que não estão ligados à ideia de quantidade, mas sim de **qualidade**. É dizer: são critérios que diferenciam os princípios das regras à luz do seu **modo de aplicação** – e não de uma maior ou menor presença de uma característica.

A primeira formulação nessas bases é atribuída a **Ronald Dworkin**. O autor estadunidense, em seu livro *Taking rights seriously*[20], afirma que as **regras** são normas que se aplicam no padrão do "**tudo ou nada**" (*all-or-nothing fashion*). Se os fatos nela descritos ocorrerem e a regra for válida, ela se aplica ao caso concreto e produz integralmente as suas consequências jurídicas. Do contrário, a regra não é aplicável ao caso concreto se ela for inválida ou se os fatos ocorridos não se enquadrarem na sua descrição hipotética.

Os **princípios**, por sua vez, são normas que possuem uma **dimensão de peso**. Quando dois ou mais princípios se intercruzam no caso concreto, deve-se **analisar a força relativa** que cada um tem para **determinar qual deles resolverá a questão**. Diferentemente do que ocorre com as regras, em que se duas regras se aplicam aprioristicamente ao mesmo caso, uma delas é inválida, todos os princípios aplicáveis ao caso concreto **continuarão válidos**, embora somente o mais forte no caso concreto produzirá seus efeitos.

Robert Alexy, em linha muito próxima a adotada por Dworkin, conceitua os **princípios** como **mandados de otimização**. A sua principal característica é que eles exigem que algo seja realizado na maior medida possível, podendo, assim,

20. DWORKIN, Ronald. Taking rights seriously. Harvard University Press, 1977.

serem cumpridos em graus diferentes a depender das possibilidades fáticas e jurídicas.[21]

As **regras**, por sua vez, são consideradas **mandados definitivos**, ou seja, são normas que são sempre satisfeitas ou não satisfeitas. Se uma regra é válida, deve-se fazer exatamente aquilo que ela exige.

Essa distinção, segundo o professor alemão, desponta com maior nitidez nos casos de colisões entre princípios e de conflitos de regras.

No caso do **conflito de regras**, a solução será encontrada ou por meio de uma **cláusula de exceção**, ou por meio da **declaração de nulidade** de uma das regras. Juridicamente, ou a norma vale e é aplicada, ou não vale e não é aplicada.

Já a **colisão de princípios** é solucionada de maneira completamente diferente. Não é necessário que exista uma cláusula de exceção, tampouco que o princípio não utilizado no caso concreto seja declarado nulo. No caso concreto, um dos princípios **prevalecerá** enquanto o outro cederá. Todavia, em outras circunstâncias, é plenamente viável que a questão se resolva de forma contrária, com o princípio que outrora recuou, prevalecendo. Para definir qual princípio prevalecerá, Alexy recorre à **ponderação** entre os princípios, que é norteada pelos critérios da **proporcionalidade**.

A distinção formulada por Robert Alexy é a **mais adotada no Brasil**.

Na literatura brasileira, a tentativa de distinção entre regras e princípios mais original é aquela formulada por **Humberto Ávila**. Em sua obra "Teoria dos princípios"[22], Ávila propõe três critérios para que possamos distinguir os princípios das regras:

i. **Natureza do comportamento prescrito**: As **regras** são normas **imediatamente prescritivas**, pois estabelecem obrigações, permissões e proibições por meio da descrição de uma conduta a ser adotada. Os **princípios**, por outro lado, são "**normas-do-que-deve-ser**", uma vez que estabelecem um estado ideal de coisas a ser atingido. Assim, percebe-se que a diferenciação entre regras e princípios está centrada na **proximidade com os fins**: as regras preveem condutas que servem à realização de determinados fins, ao passo que os princípios preveem fins cuja realização depende de condutas necessárias.
ii. **Natureza da justificação exigida**: As **regras**, por serem normas que determinam mais o comportamento, exigem que o aplicador justifique a sua

21. ALEXY, Robert. Teoria dos direitos fundamentais. Tradução de Vírgilio Afonso da Silva. 2ª ed. 5ª tiragem, São Paulo: Malheiros, 2017.

22. ÁVILA, Humberto. Teoria dos Princípios. 18ª ed. rev. e atual, São Paulo: Malheiros, 2018.

aplicação por meio de uma operação que demonstre a correspondência dos fatos com a descrição normativa e a finalidade da norma. Em relação aos **princípios**, por outro lado, o aplicador deve fundamentar a sua aplicação por meio de uma correlação entre os efeitos da conduta adotada e realização gradual do estado de coisas exigido.

iii. **Medida de contribuição para a decisão**: As **regras** são normas **preliminarmente decisivas e abarcantes**. Isso porque as regras, por abarcarem todos os aspectos relevantes para a solução específica da questão, são normas que têm a pretensão terminativa do conflito. Os **princípios**, por sua vez, são normas **primariamente complementares e preliminarmente parciais**. Por abrangerem apenas parte dos aspectos relevantes para a tomada de decisão, os princípios não têm a pretensão de gerar uma solução específica, mas tão somente de contribuir, ao lado de outras razões, para a tomada de decisão.

Com base nesses critérios, o professor Humberto Ávila define as regras como as normas imediatamente descritivas, primariamente retrospectivas e com pretensão de decidibilidade e abrangência, para cuja aplicação se exige a avaliação da correspondência, sempre centrada na finalidade que lhes dá suporte ou nos princípios que lhes são axiologicamente sobrejacentes, entre a construção conceitual da descrição normativa e a construção conceitua dos fatos.

Já os princípios são as normas imediatamente finalísticas, primariamente prospectivas e com pretensão de complementariedade e de parcialidade, para cuja aplicação se demanda uma avaliação da correlação entre o estado de coisas a ser promovido e os efeitos decorrentes da conduta havida como necessária à sua promoção.

C. Postulados normativos

O professor Humberto Ávila afirma, ainda, existir uma terceira categoria de norma, distinta das normas-regra e das normas-princípio: os **postulados normativos.**[23]

Postulados, segundo Ávila, são as condições essenciais a que se submete a interpretação de qualquer objeto cultural. Postulados normativos, por sua vez, são metanormas que **instituem critérios de aplicação de outras normas**. Assim, os postulados normativos funcionariam como verdadeiras **normas de segundo grau**.

As diferenças entre os postulados e as regras e princípios são de **três ordens**:

23. *Ibidem*.

a) os postulados não se situam no mesmo nível das regras e princípios, já que estas são normas objeto de aplicação, enquanto os postulados normativos são normas que orientam a aplicação de outras normas;
b) os princípios e as regras são dirigidos ao Poder Público e às pessoas, enquanto os postulados normativos têm como destinatários os intérpretes e os aplicadores do Direito; e
c) os princípios e as regras, ao se relacionarem com as outras normas, implicam-se reciprocamente, ao passo que os postulados normativos orientam a aplicação dos princípios e das regras sem conflituosidade com outras normas.

Embora pertinentes as colocações do professor Humberto Ávila, a doutrina brasileira, em sua **maioria, não reconhece os postulados como uma terceira espécie de norma**. Para o entendimento majoritário, os postulados normativos de Ávila podem ser enquadrados nas categorias de princípios ou de regras, pois não apresentam uma estrutura normativa que possa diferenciá-los.[24]

6. EFICÁCIA DAS NORMAS CONSTITUCIONAIS

Uma das temáticas que mais atrai a atenção dos juristas brasileiros é a classificação das normas constitucionais de acordo com a sua **eficácia jurídica**, isto é, à luz da sua **aptidão para produzir efeitos jurídicos.**

Longe de exaurir as inúmeras classificações já propostas, analisaremos nesse tópico aquelas que tiveram maior aceitação em nosso país.

A. Ruy Barbosa

A primeira classificação baseada na eficácia jurídica das normas constitucionais foi formulada por **Ruy Barbosa**. Inspirando-se na doutrina e na jurisprudência norte-americanas, o jurista baiano classificava as normas constitucionais em autoaplicáveis (*self executing*) e não autoaplicáveis (*non self executing*).

As normas constitucionais **autoaplicáveis** são aquelas cujo teor já encerra em si mesmo **todas as condições de execução direta e imediata**. Por já conterem todos os elementos necessários para sua aplicação no caso concreto, as normas autoaplicáveis **não dependem de intermediação legislativa.**

---

24. Nesse sentido, SARMENTO, Daniel e SOUZA NETO, Cláudio Pereira de. Direito Constitucional: teoria, história e métodos de trabalho – 2ª edição, 2 reimpr. Belo Horizonte: Fórum, 2016, p. 393.

As normas constitucionais **não autoaplicáveis**, por sua vez, são aquelas que não se executam a si mesmas – o pleonasmo aqui é intencional –, **dependendo**, pois, de uma **ação legislativa** para que os seus preceitos sejam efetivos.

Acerca das normas não autoaplicáveis, Ruy Barbosa alerta:

> "Não há numa constituição cláusulas a que se deva atribuir meramente o valor moral de conselhos, aviso ou lições. Todas têm a força imperativa das regras, ditadas pela soberania nacional ou popular de seus órgãos. Muitas, porém, não revestem dos meios de ação essenciais ao seu exercício...".[25]

B. Pontes de Miranda

Pontes de Miranda também formulou uma classificação das normas constitucionais baseada em sua eficácia jurídica[26]. O ilustre jurista valeu-se da divisão feita por Ruy Barbosa, mas adicionou-lhe uma terceira espécie.

Para o professor alagoano as normas constitucionais poderiam ser dividias em três: **normas bastantes em si**, **normas não bastantes em si** e **normas programáticas**. As duas primeiras espécies são equivalentes, respectivamente, às normas autoaplicáveis e às normas não autoaplicáveis.

A novidade fica por conta das **normas programáticas**. Essas, segundo Pontes de Miranda, são normas que definem **diretrizes** a serem implementadas pelos poderes públicos. Apesar de sua indeterminação, é preciso destacar que o mestre alagoano não às esvaziava completamente de força cogente. Ao contrário, ele reconhecia que as normas programáticas limitavam a atuação do legislador infraconstitucional, que não poderia optar por outro programa que não aquele previamente talhado nelas.

C. José Afonso da Silva

Em 1967, o professor José Afonso da Silva publicou o livro *Aplicabilidade das normas constitucionais*, obra clássica sobre o tema. Na obra, o ilustre jurista parte de um **pressuposto** diverso daquele que partiam os autores tradicionais, pois afirma que **todas as normas constitucionais possuem algum grau de eficácia**.

25. BARBOSA, Ruy. Obras completas de Ruy Barbosa. Vol. XLII, Tomo I, 1915, p. 170.

26. PONTES DE MIRANDA, Francisco Cavalcanti. Comentários à Constituição de 1967 com a Emenda n.º 1 de 1969. São Paulo: Revista dos Tribunais, 1970.

Em suas próprias palavras: "*Cada norma constitucional é sempre executável por si mesma até onde possa, até onde seja suscetível de execução*".[27]

A partir dessas conclusões, José Afonso da Silva divide as normas constitucionais, quanto à sua eficácia, em **três grupos**: i) normas constitucionais de eficácia plena; ii) normas constitucionais de eficácia contida; e iii) normas constitucionais de eficácia limitada ou reduzida.

As **normas constitucionais de eficácia plena** são aquelas que, desde a entrada em vigor da constituição, produzem todos os seus efeitos essenciais, ou, ao menos, têm a possibilidade de produzi-los. O legislador constituinte dotou-as normatividade suficiente para que elas **incidam direta e imediatamente**, sem a necessidade de intermediações legislativas, sobre a matéria que lhes constitui objeto. São normas, portanto, de **aplicabilidade direta, imediata e integral**.

São exemplos de normas de eficácia plena: "A República Federativa do Brasil [é] formada pela união indissolúvel dos Estados e Municípios e do Distrito Federal" (artigo 1º da CF/88); "É vedada a utilização pelos partidos políticos de organização paramilitar" (artigo 17, §4º da CF/88); e "As taxas não podem ter base de cálculo própria de impostos" (artigo 145, §2º da CF/88).

As **normas constitucionais de eficácia contida** são aquelas que, assim como as primeiras, possuem normatividade suficiente para **incidir direta e imediatamente**, produzindo, consequentemente, todos os seus efeitos jurídicos. No entanto, diferentemente do que ocorre com as normas de eficácia plena, é **dado ao legislador infraconstitucional restringir** os seus efeitos. Isso ocorre porque a própria norma constitucional prevê meios ou conceitos que permitem manter a sua eficácia contida em certos limites, dadas certas circunstâncias. São normas, portanto, de **aplicabilidade direta, imediata, mas não integral**.

São exemplos de normas constitucionais de eficácia contida: "Ninguém será privado de direitos por motivo de crença religiosa ou de convicção filosófica ou política, salvo se as invocar para eximir-se de obrigação legal a todos imposta e recusar-se a cumprir prestação alternativa, fixada em lei" (artigo 5º, VIII da CF/88); e "É livre o exercício de qualquer trabalho, ofício ou profissão, atendidas as qualificações que a lei estabelecer" (artigo 5º, XIII, da CF/88).

Por fim, as **normas de eficácia limitada ou reduzida** são aquelas que não produzem, com a simples entrada em vigor, todos os seus efeitos. Isso se dá porque o próprio legislador constituinte não estabeleceu, sobre a matéria, normatividade suficiente para sua aplicação. Assim, **há a necessidade de regulamentação infraconstitucional** para que as normas de eficácia limitada produzam, a contento,

---

27. SILVA, José Afonso da. Aplicabilidade das normas constitucionais. 7ª ed. 3ª tiragem, São Paulo: Malheiros, 2009, p. 76.

todos os seus efeitos. São normas, portanto, de **aplicabilidade indireta, mediata e reduzida.**

Dentro das normas constitucionais de eficácia limitada, podemos ainda fazer uma **subdivisão**, distinguindo-as entre:

a) **Normas declaratórias de princípios institutivos ou organizativos**: são normas constitucionais em que o constituinte traça esquemas gerais de estruturação e atribuições de órgãos, entidades ou institutos para que o legislador ordinário, por meio de lei, os estruture definitivamente.

   Um exemplo é o disposto no artigo 121, *caput*, da CF/88, que consigna: "Lei complementar disporá sobre a organização e competência dos tribunais, dos juízes de direito e das juntas eleitorais".

b) **Normas declaratórias de princípio programático**: são normas constitucionais em que o constituinte se limitou a definir programas a serem cumpridos pelos Poderes Públicos. Em vez de regular direta e imediatamente determinados interesses, essas normas definem objetivos e finalidades a serem perseguidos.

   A norma esculpida no *caput* do artigo 170 da CF/88 ("A ordem econômica, fundada na valorização do trabalho humano e na livre iniciativa, tem por fim assegurar a todos existência digna, conforme os ditames da justiça social...") é um bom exemplo de norma declaratória de princípio programático.

O grande mérito do professor José Afonso da Silva, ao estabelecer essa classificação, foi romper com a ideia tradicional de que as "normas não autoaplicáveis" eram totalmente desprovidas de normatividade.

Com efeito, o ilustre jurista ensina que mesmo as normas programáticas – que possuem aplicabilidade indireta, mediata e reduzida – **têm eficácia jurídica imediata, direta e vinculante** em alguns casos. Isso porque essas normas:

i) Estabelecem um **dever para o legislador ordinário**, servindo de parâmetro de controle de constitucionalidade em caso de omissão;
ii) **Revogam** a legislação que lhe antecede e que com elas seja incompatível;
iii) **Condicionam** a legislação futura, servindo de **parâmetro de controle de constitucionalidade** em caso de ação que lhes firam;
iv) Informam a **concepção de Estado e da sociedade**, inspirando o seu ordenamento jurídico;
v) Conferem conteúdo teleológico para a **interpretação, integração e aplicação de todas as normas jurídicas**;
vi) **Condicionam a atividade discricionária** da Administração e do Judiciário; e

vii) Criam situações jurídicas subjetivas, de vantagem ou desvantagem.

A teoria de José Afonso da Silva é, ainda hoje, a mais influente. No entanto, isso não a imunizou de **críticas**. A mais contundente delas foi formulada por **Virgílio Afonso da Silva.**[28]

Para o professor paulista, a categoria de **normas constitucionais de eficácia contida** é problemática em três aspectos.

O primeiro problema, terminológico, é que essas normas seriam passíveis de limitação em dadas circunstâncias, de modo que a nomenclatura mais adequada seria normas constitucionais "**restringíveis**" ou "**redutíveis**". Essa crítica é partilhada por Michel Temer.[29]

A segunda dificuldade, de natureza classificatória, apontada por Virgílio Afonso da Silva, é a de que as normas constitucionais contidas **não devem formar uma nova categoria**. Para ele, não há diferença, no plano da eficácia, entre as normas contidas e as normas de eficácia plena, pois ambas são aplicáveis desde a promulgação da constituição. A classificação proposta, então, seria apenas dúplice, abarcando as categorias de norma de eficácia dúplice e norma de eficácia limitada. Essa crítica também é formulada por Manoel Gonçalves Ferreira Filho.[30]

O terceiro e último problema refere-se à própria **existência** das normas constitucionais restringíveis. Tal crítica baseia-se na incompatibilidade da classificação proposta por José Afonso da Silva com a teoria contemporânea dos direitos fundamentais. À luz dessa teoria, que tem como uma de suas premissas a inexistência de direitos fundamentais absolutos, **todas as normas constitucionais podem ser restringidas** pela legislação infraconstitucional. Assim, não faria sentido a distinção entre normas de eficácia plena e normas de eficácia contida.

7. NORMAS CONSTITUCIONAIS NO TEMPO

A. Introdução

Sempre que ocorre uma **sucessão de normas no tempo**, surge um problema relacionado ao âmbito de incidência de cada uma delas. Para resolvê-lo, é preciso

---

28. SILVA, Virgílio Afonso da. Direitos fundamentais, conteúdo essencial, restrições e eficácia. 2ª ed. 4ª tiragem, São Paulo: Malheiros, 2017.

29. TEMER, Michel. Elementos de direitos constitucional. 22ª ed., 2ª tiragem. São Paulo: Malheiros, 2008, p. 26.

30. FERREIRA FILHO, Manoel Gonçalves. Os princípios do direito constitucional e o art. 192 da carta magna. Revista de Direito Público, São Paulo, v. 21, n. 88, p. 162–171, out./dez., 1988.

traçar regras claras de modo a compartimentar quais situações estão abarcadas pela norma anterior e quais estarão abrigadas na norma superveniente.

Essa questão se torna ainda mais relevante quando ocorre a sucessão de normas constitucionais no tempo. Com efeito, a constituição funda ou refunda o ordenamento jurídico de um determinado Estado, alterando por completo o parâmetro último de validade de todos os atos jurídicos.

Como são raros, hoje, os casos em que um novo Estado é criado, a edição de uma nova constituição, no mais das vezes, **encontrará um ordenamento jurídico previamente estabelecido**. Com base nele, vários atos – normativos ou não – foram produzidos. Enfim, as pessoas viveram suas vidas e, em alguma medida, contam com a estabilidade das situações já concretizadas sob a égide do ordenamento antigo.

Ainda que não seja editada uma nova constituição, o estudo do direito intertemporal constitucional é de uma suma importância, já que há a possibilidade de edição de **emendas constitucionais**, ou seja, à possibilidade de reformas – algumas bastante abruptas – no próprio texto constitucional vigente. No caso brasileiro, profícuo em alterações à Carta Maior, esse estudo é ainda mais relevante.

B. Aspectos gerais da incidência no tempo das normas constitucionais

Apresentada a problemática do direito intertemporal constitucional, neste primeiro tópico delinearemos as **regras gerais** de aplicação no tempo das normas constitucionais.

São **dois** os princípios básicos para a solução de conflitos de normas no tempo: i) o **princípio do efeito imediato**, segundo o qual, uma vez findo o processo legislativo – incluindo-se as providências complementares –, a lei passa a produzir os seus efeitos, incidindo desde logo sobre os fatos dali em diante; e ii) o **princípio da irretroatividade**, que, inspirado na segurança jurídica, preceitua que a lei nova não alcança os fatos pretéritos, não podendo afetar as situações anteriormente já constituídas.

Vistas as regras gerais que permeiam o direito intertemporal, passamos à análise de como essas regras se aplicam às normas constitucionais.

De proêmio, verificamos que o **princípio do efeito imediato também se aplica às normas constitucionais**. Isso significa que as normas constitucionais, uma vez promulgadas, têm incidência imediata sob as situações e atos praticados a partir daquele instante. É nesse sentido o ensinamento de Pontes de Miranda que, ao tratar do tema, afirma: "*As Constituições têm incidência imediata, ou desde o momento em que ela mesma fixou como aquele em que começaria a incidir*"[31].

Importante destacar que o constituinte pode determinar expressamente que a constituição ou alguma de suas normas somente passe a ter eficácia após o transcurso de um determinado lapso temporal. Admite-se, portanto, a previsão de uma ***vacatio legis* constitucional** ou, como preferem alguns autores, ***vacatio constitutionis***.

A Constituição Federal de 1988 trouxe previsão nesse sentido, no artigo 34 do ADCT, que assim dispõe: "*O sistema tributário nacional entrará em vigor a partir do primeiro dia do quinto mês seguinte ao da promulgação da Constituição, mantido, até então, o da Constituição de 1967, com a redação dada pela Emenda nº 1, de 1969, e pelas posteriores*".

No que toca ao **princípio da irretroatividade**, por seu turno, a situação muda de figura.

A maior parte das Constituições de nossa história não formularam especificamente o princípio da irretroatividade das leis, fazendo-o por meio da proteção das categorias do **direito adquirido, do ato jurídico perfeito e da coisa julgada**. Foi assim também com a Constituição de 1988, em que o artigo 5º, inciso XXXVI, da CF/88 consigna que a lei não prejudicará o direito adquirido, o ato jurídico perfeito e a coisa julgada.

Todavia, como já estudamos, o **poder constituinte originário** é inicial, incondicionado e ilimitado, o que significa que ele não está obrigado a respeitar os atos praticados sob a égide do ordenamento jurídico, podendo dispor livremente sobre o passado. Desse modo, **não é possível falar em direito adquirido frente ao poder constituinte originário.**

É esse o entendimento amplamente **majoritário em doutrina**[32], inclusive entre aqueles autores que sustentam que o poder constituinte originário está adstrito a alguns limites jurídicos[33]. Também é esse o entendimento do **Supremo Tribunal Federal**[34].

31. PONTES DE MIRANDA, Francisco Cavalcanti. Comentários à Constituição de 1967, com a Emenda n. 1 de 1969, 2. ed., São Paulo, Revista dos Tribunais, 1970, v. VI, p. 392, *apud* FERREIRA FILHO, Manoel Gonçalves. O poder constituinte. 6ª ed. rev., São Paulo: Saraiva, 2014.

32. Por todos, ver FERREIRA FILHO, Manoel Gonçalves. O poder constituinte. 6ª ed. rev., São Paulo: Saraiva, 2014.

33. Ver SARMENTO, Daniel e SOUZA NETO, Cláudio Pereira de. Direito Constitucional: teoria, história e métodos de trabalho – 2ª edição, 2 reimpr. Belo Horizonte: Fórum, 2016.

34. STF, Tribunal Pleno, ADI 248/RJ, Rel. Min. Celso de Mello, j. 18.11.1993.

Questão interessante que se coloca sobre o tema é saber **se a nova constituição atinge direitos adquiridos mesmo que seu texto seja omisso.** Três correntes disputam o tema em doutrina:

a) **Primeira corrente**: Raul Machado Horta sustenta que, quando o texto constitucional for omisso, **não haverá prejuízo aos direitos adquiridos, ao ato jurídico perfeito e à coisa julgada.**[35] Isso porque a regra é a proteção à segurança jurídica, sendo excepcional a vulneração do direito adquirido, que deve, portanto, ocorrer de forma expressa. Esse entendimento já foi adotado pelo Supremo Tribunal Federal sob a égide da Constituição de 1967/1969[36].

b) **Segunda corrente**: para os autores da segunda corrente, entre eles Paulo Gustavo Gonet Branco (2017), a **nova constituição atinge as situações anteriormente constituídas, ainda que não o faça de maneira expressa.**[37] Inverte-se, aqui, o raciocínio: somente é possível vislumbrar direito adquirido como exceção à incidência de certo dispositivo constitucional se a própria constituição o admitir claramente. O **Supremo Tribunal Federal**, agora sob a égide da Constituição de 1988, já se manifestou nesse sentido[38].

c) **Terceira corrente**: alguns autores, adotando uma posição intermediária, entendem que, quando o próprio constituinte expressamente definir a solução para a questão intertemporal, é essa que deve prevalecer. No entanto, se houver omissão, deverá ser realizado, no caso concreto, uma ponderação entre o valor segurança jurídica e os direitos surgidos antes da entrada em vigor da nova constituição. Nesse sentido, temos as vozes de Cláudio Pereira de Souza Neto e de Daniel Sarmento.[39]

Diferentemente do que ocorre com o poder constituinte originário, o **poder constituinte derivado reformador** é derivado, limitado e condicionado. Desse

35. HORTA, Raul Machado. Direito constitucional. 5ª ed. Belo Horizonte: Del Rey Editora, 2010, p. 216-219.

36. STF, Tribunal Pleno, RE 74.284/SP, Rel. Min. Thompson Flores, j. 28.3.1973.

37. BRANCO, Paulo Gustavo Gonet; MENDES, Gilmar Ferreira. Curso de direito constitucional. 12ª ed. rev. e atual. São Paulo: Saraiva, 2017, p. 111-114.

38 "Pensões especiais vinculadas a salário mínimo. Aplicação imediata a elas da vedação da parte final do inciso IV do artigo 7 da Constituição de 1988. - **Já se firmou a jurisprudência desta Corte no sentido de que os dispositivos constitucionais têm vigência imediata, alcançando os efeitos futuros de fatos passados (retroatividade mínima)**. Salvo disposição expressa em contrário - e a Constituição pode fazê-lo -, eles não alcançam os fatos consumados no passado nem as prestações anteriormente vencidas e não pagas (retroatividades máxima e media). Recurso extraordinário conhecido e provido." (STF, Primeira Turma, RE 140.499/SP, Rel. Min. Moreira Alves, j. 12.4.1994 – grifei).

39. SARMENTO, Daniel e SOUZA NETO, Cláudio Pereira de. Direito Constitucional: teoria, história e métodos de trabalho – 2ª edição, 2 reimpr. Belo Horizonte: Fórum, 2016, p. 552-553.

modo, embora tenha efeito imediato, somente terá eficácia retroativa se não se encontrar entre os seus limites a proteção ao direito adquirido, ao ato jurídico perfeito e à coisa julgada.

No caso brasileiro, a Constituição de 1988 expressamente previu como cláusula pétrea os direitos e garantias individuais (artigo 60, §4º, inciso IV, da CF/88). Ora, entre esses direitos está a proteção ao direito adquirido, ao ato jurídico perfeito e à coisa julgada, tal qual esculpido no artigo 5º, inciso XXXVI, da CF/88.

Assim, **não é possível**, em nosso ordenamento jurídico, que **emenda constitucional regule situações pretéritas vilipendiando direitos adquiridos**. Aplica-se, portanto, o princípio da irretroatividade ao poder constituinte derivado reformador.

C. Relação entre a nova constituição e a ordem constitucional anterior

Quando uma nova constituição é editada, no mais das vezes, ela se depara com uma constituição que lhe antecede. Surge, assim, uma dúvida: o que acontece com as antigas normas constitucionais?

Alguns autores sustentam que as normas da antiga constituição que são compatíveis com a nova ordem constitucional devem continuar em vigor. Todavia, haveria a **desconstitucionalização** desses preceitos, ou seja, eles se **manteriam em vigor**, mas agora com ***status* de lei ordinária**.

Um dos mais célebres defensores da desconstitucionalização das normas da antiga constituição compatíveis com a nova é **Carl Schmitt**. Para ele, a constituição, enquanto decisão política fundamental, perde toda sua eficácia. No entanto, aquelas normas constitucionais que não tratam sobre a decisão política fundamental mantêm, desde que compatíveis com o novo texto constitucional, a sua eficácia como simples leis.[40]

No Brasil, a defesa mais sólida da possibilidade de desconstitucionalização de normas da constituição anterior é feita por **Manoel Gonçalves Ferreira Filho**. O professor paulista, distinguindo as normas constitucionais em materialmente constitucionais e formalmente constitucionais, afirma que somente aquelas perderiam a sua eficácia quando do advento de uma nova constituição. As normas formalmente constitucionais, ou seja, aquelas que não tratam de matérias constitucionais – organização política do Estado, estruturação dos órgãos fundamentais e

40. SCHMITT, Carl. Teoría de la Constituición. Versión española de Francisco Ayala. 1ª ed., 2ª reimpresión, Madrid: Alianza Universidad Textos, 1996, p. 108-144.

direitos fundamentais –, mas estão inseridas formalmente no texto constitucional, não perdem a sua eficácia, sendo tão somente reduzidas a normas ordinárias[41].

Uma **segunda corrente**, no entanto, afirma que o advento de uma nova constituição acarreta a **revogação global da antiga constituição.** Tal afirmativa baseia-se na impossibilidade de existência, em um mesmo tempo e território, de duas constituições válidas.

Desse modo, nenhuma norma da constituição antecedente permanecerá vigente na nova ordem constitucional. Tal situação somente é **excepcionada** se a nova constituição **expressamente mantiver válidos**, definitiva ou provisoriamente, preceitos da sua antecessora. A título de exemplo, temos o artigo 34 do ADCT de 1988.

Nas palavras de Luís Roberto Barroso:

> "A regra geral é que a nova Constituição revoga inteiramente a ordem constitucional anterior não é incompatível com certas situações peculiares de subsistência de regras constitucionais precedentes. É possível cogitar-se, por exemplo, de que a nova Carta expressamente mantenha em vigor, e com o mesmo caráter constitucional, preceito do ordenamento que está sendo substituído. Por evidente, o poder constituinte que tem força para revogar tem também para conservar. Apenas nesse caso, que se denomina **recepção material**, o título jurídico da superioridade da norma mantida não é a ordem constitucional anterior, mas a atual."[42] (grifei).

Além de Barroso, sustentam essa posição, que é **majoritária**, Hans Kelsen[43], Carlos Ayres Britto[44] e Paulo Gustavo Gonet Branco[45]. É esse, também, o entendimento do **Supremo Tribunal Federal[46].**

41. FERREIRA FILHO, Manoel Gonçalves. O poder constituinte. 6ª ed. rev., São Paulo: Saraiva, 2014, p. 76-77.
42. BARROSO, Luís Roberto. Interpretação e aplicação da Constituição: fundamentos de uma dogmática constitucional transformadora. 7ª ed. rev. São Paulo: Saraiva, 2009, p. 62-63.
43. KELSEN, Hans. Teoria geral do direito e do estado. Trad. Luís Carlos Borges. São Paulo: Martins Fontes, 2000.
44. BRITTO, Carlos Ayres. Teoria da constituição. Rio de Janeiro: Forense, 2003.
45. BRANCO, Paulo Gustavo Gonet; MENDES, Gilmar Ferreira. Curso de direito constitucional. 12ª ed. rev. e atual. São Paulo: Saraiva, 2017, p. 109.
46. STF, Tribunal Pleno, Emb. Decl. no Ag. Reg. Nos Emb. Div. Nos Emb. Decl. no Ag. Reg. no Agravo de Instrumento n.º 386.820/RS, Rel. Min. Celso de Mello, j. 26.4.2004.

D. Relação entre a nova constituição e a ordem infraconstitucional anterior

A constituição, sabemos, dá início à ordem jurídica, funcionando como fundamento de validade para todos os demais atos normativos subsequentes. Com base nessa premissa, poderíamos pensar que, com o **advento de uma nova constituição, todas as leis e todos os atos normativo existentes** que se basearam na antiga constituição **estariam automaticamente revogados**. Afinal, houve a própria refundação do Estado e de seu ordenamento jurídico.

Tal pensamento, embora logicamente correto, não deita raízes no mundo dos fatos. Na prática, é absolutamente inviável que se instale uma situação de absoluto vácuo normativo. Basta imaginar que seria preciso editar um novo Código Civil, um novo Código Penal, novas leis processuais... Enquanto isso a vida das pessoas continuaria a seguir seu rumo, mas agora em meio ao caos e à insegurança que a falta de proteção estatal conferida pelas normas e regras de Direito gera.

É nesse contexto em que foi criada, por Hans Kelsen, a **teoria da recepção.**[47]

À luz dessa teoria, as normas jurídicas infraconstitucionais anteriores à nova constituição **continuam a vigorar**, desde que sejam **compatíveis** com ela. As normas infraconstitucionais que sejam **incompatíveis**, por sua vez, são consideradas **não recepcionadas** e, por conseguinte, **deixam de vigorar**.

Acerca da recepção, podemos fazer algumas relevantes **observações.**

A **primeira** delas é a de que não é necessário que a nova constituição a preveja expressamente, sendo perfeitamente possível falarmos em **recepção implícita.**

Em nossa história constitucional, as Constituições de 1891 e 1934 previram expressamente que, enquanto não revogadas, as leis que não contrariassem as novas disposições constitucionais continuariam a vigorar. Todavia, todas as demais, inclusive a Constituição de 1988, não fez menção expressa à recepção, o que não impediu o seu reconhecimento.

A **segunda** observação refere-se à **natureza jurídica** da não recepção. Quanto ao tema, duas correntes disputam o tema em doutrina:

a) **Primeira corrente (minoritária)**: A natureza jurídica da não recepção é de **inconstitucionalidade superveniente**. Os autores que comungam desse entendimento, grupo no qual meu incluo, afirmam que para solucionar a antinomia entre a lei infraconstitucional anterior e a constituição

47. KELSEN, Hans. Teoria geral do direito e do estado. Trad. Luís Carlos Borges. São Paulo: Martins Fontes, 2000.

posterior deve-se valer do critério hierárquico, pois este critério é analisado com precedência em relação ao critério temporal.

b) **Segunda corrente (majoritária)**: A natureza jurídica da não recepção é **similar à da revogação**. Isso porque se deve resolver o conflito entre a norma constitucional e a lei anterior incompatível com base no critério temporal, segundo o qual lei posterior revoga lei anterior. Assim, a antinomia resolve-se no âmbito da **existência**, e não no da validade. É esse o posicionamento do **Supremo Tribunal Federal**[48].

Um **terceiro** ponto a ser destacado sobre o tema é que a edição de uma nova constituição, embora não revogue todas as normas jurídicas anteriores que com ela sejam compatíveis, **altera o seu fundamento de validade**. Essa modificação de fundamento pode levar a uma **mudança substancial no conteúdo da norma**.

Para visualizar isso, basta recordarmos que a norma é extraível da conjugação do texto e da interpretação que dele é feita. Quando há uma mudança no fundamento de validade do ato normativo, muito frequentemente alteram-se os vetores interpretativos. Como consequência, daquele mesmo texto passamos a extrair uma nova norma jurídica.

Nesse ponto, o exemplo do **direito à propriedade** no Brasil é emblemático. Até o advento da Constituição de 1988 vigorava, entre nós, uma visão liberal-burguesa da propriedade. Com a promulgação da nova constituição, que estabeleceu o princípio da função social da propriedade (artigo 5º, inciso XXIII, e artigo 170, inciso III), houve uma profunda transformação no modo como esse direito e seus consectários são interpretados e operacionalizados.

A **quarta** consideração, ainda sobre a recepção, é a de que a **compatibilidade** ou não da norma é verificada no **plano material/substancial. Alterações no processo legislativo** – *v.g.* a alteração no quórum para a aprovação de lei que veicule determinada matéria – não afetam a validade da norma anterior, que se mantém plenamente em vigor. Aplica-se, em relação ao processo legislativo, o brocardo latino ***tempus regit actum***.

Nesse sentido, o **Supremo Tribunal Federal**, ao analisar o HC 74.675, afirmou que embora a Constituição de 1988 não inclua o "Decreto-Lei" como forma de processo legislativo, nem por isso revogou o Decreto-Lei n.º 201 de 1967, que regula a responsabilidade penal dos prefeitos e vereadores[49].

48. STF, Tribunal Pleno, ADI 3.833, Red. p/ acórdão Min. Marco Aurélio, j. 19.12.2006.

49. STF, Segunda Turma, HC 74.675, Rel. Min. Sydney Sanches, j. 4.2.1997.

Em verdade, quando a nova constituição exige espécie normativa diversa da que era exigida no regime constitucional anterior, a **recepção** da norma **implicará na alteração de sua natureza.**

Foi o que ocorreu, por exemplo, com o **Código Tributário Brasileiro.** Ele foi editado em 1966, ainda sob a vigência da Constituição de 1946, sob a forma de Decreto-Lei. Em 1967, com a outorga da nova Constituição, passou-se a exigir que normas gerais sobre direito tributário fossem veiculadas por lei complementar, razão pela qual o CTN foi recepcionado por ela com status de lei complementar. A Constituição de 1988, por sua vez, manteve a exigência, não tendo havido, portanto, alteração na natureza do CTN, que se manteve como lei complementar.

Questão importante que se coloca é saber o que ocorre quando há a **alteração na competência legislativa.**

Em Estados federais, pode ocorrer de uma nova constituição ou uma emenda constitucional vir a alterar qual o ente federativo competente para editar lei sobre determinado assunto. Se isso acontecer, como ficam as leis que foram anteriormente editadas pelo outro ente federativo?

Gilmar Ferreira Mendes entende que a análise deve ser cindida em duas. Caso uma matéria que era tratada por lei federal passe a ser de competência dos Estados ou Municípios (**desfederalização**), ela terá a sua vigência **prorrogada** até que o ente competente edite a sua própria lei regulando o tema. Por outro lado, se a alteração de competência atribuir à União Federal matéria que antes tratada por ato normativo municipal ou estadual (**federalização**), os atos normativos editados pelos entes menores serão **imediatamente revogados** com o advento da nova constituição.

Assim, normas editadas por entidades maiores mantêm-se vigorando, mesmo após a transferência de competência legislativa para entidades menores, que poderão, no futuro, tratar dessas matérias, momento em que a lei do ente superior deixará de valer naquele território. Ao contrário, ainda que se trate de incompatibilidade formal, as leis editadas por entes menores não valerão se a competência for alterada para um ente maior.[50]

Luís Roberto Barroso possui entendimento em sentido diverso. O autor fluminense sustenta que o ato normativo materialmente compatível com a novel constituição **continuará vigorando até que o novo ente competente edite uma nova lei**, independentemente do ente federativo que tenha editado.[51]

---

50. MENDES, Gilmar Ferreira. Controle de constitucionalidade: aspectos jurídicos e políticos. São Paulo: Saraiva, 1990, p. 88.

51. Ver BARROSO, Luís Roberto. Interpretação e aplicação da Constituição: fundamentos de uma dogmática constitucional transformadora. 7ª ed. rev. São Paulo: Saraiva, 2009.

Para Barroso, não se deve fazer uma distinção entre a alteração de competência de um ente menor para um maior e vice-versa, pois é preferível que uma mesma matéria seja tratada de forma diversa entre vários entes federativos à total ausência de norma regulando o tema.

O **quinto** e último apontamento a ser feito é o de que **não** se reconhece no Brasil a figura da **repristinação constitucional tácita.**

Isso significa que os atos normativos que sejam incompatíveis com a constituição não voltarão a viger, ainda que sejam compatíveis com uma nova ordem constitucional ou com uma emenda constitucional que revogue a norma constitucional que servia de parâmetro anteriormente.

Manoel Gonçalves Ferreira Filho ensina que a única forma de um dispositivo inconstitucional recobrar a sua validade se dá quando a novel norma constitucional expressamente o prever. Desse modo, a **repristinação** é **sempre expressa.**[52]

Não é outro o entendimento do **Supremo Tribunal Federal**, que já decidiu que o nosso sistema jurídico **não** contempla a figura da **constitucionalidade superveniente**[53]**.**

---

52. FERREIRA FILHO, Manoel Gonçalves. O poder constituinte. 6ª ed. rev., São Paulo: Saraiva, 2014.

53. Por todos, STF, Tribunal Pleno, RE 390.840, Rel. Min. Marco Aurélio, j. 9.11.2015.

CAPÍTULO 5

HERMENÊUTICA E INTERPRETAÇÃO CONSTITUCIONAL

1. INTRODUÇÃO

A interpretação constitucional é matéria de extrema importância não só para os estudiosos do Direito, mas para todas as pessoas. Com efeito, quando se interpreta a constituição, há a concretização de meras disposições textuais (signos linguísticos) em normas constitucionais prontas para serem aplicadas sobre toda a ordem jurídica e, consequentemente, sobre a realidade social.

Antes de analisarmos os diversos métodos de interpretação, é importante fazermos alguns **apontamentos** de ordem geral para a melhor compreensão do tema.

O **primeiro** deles é uma questão terminológica: as expressões "hermenêutica jurídica" e "interpretação jurídica" não são sinônimas. A **hermenêutica jurídica** é o ramo da hermenêutica que estuda e sistematiza os métodos de interpretação do direito. Não se confunde, portanto, com a **interpretação jurídica**, que é a atividade prática de revelar – na verdade, dar concretude a – o conteúdo de uma norma.

O **segundo** apontamento preliminar envolve uma cizânia doutrinária acerca do que é efetivamente o **ato de interpretar**. José Joaquim Gomes Canotilho apresenta o problema a partir das discussões travadas nos Estados Unidos da América, dividindo os autores em: interpretativistas e não interpretativistas.[1]

---

1. CANOTILHO, J.J. Gomes. Direito Constitucional e Teoria da Constituição, 7ª ed., 20ª reimp. Coimbra: Almedina, 2003, p. 1.195-1.198.

Os autores **interpretativistas** consideram que os juízes, ao interpretarem a constituição, devem tão somente captar o sentido dos preceitos expressos ou, ao menos, claramente implícitos, no texto constitucional. Desse modo, o ato de interpretar não é um ato de construção, mas sim de **revelação**: o intérprete não deve se utilizar de valores próprios, estando limitado pelos limites semânticos do texto e pela vontade do legislador.

Por outro lado, para os autores **não interpretativistas**, também chamados de **construtivistas**, o ato de interpretar vai além do desvelar do texto ou da vontade do legislador. O intérprete, em sua atividade, **constrói** a norma jurídica a partir da conjugação não só do texto e seus sentidos, mas de valores a ele externos, notadamente a justiça, igualdade e liberdade.

Uma **terceira** questão que deve ser desde logo abordada é: **quem interpreta a constituição?**

Tradicionalmente, concebe-se a interpretação constitucional como uma tarefa de juízes, destacadamente aqueles que compõe as Cortes Constitucionais. No entanto, mais recentemente formou-se um consenso doutrinário no sentido de que não só o Poder Judiciário interpreta a Constituição, mas também os demais Poderes e a própria sociedade.

Peter Häberle, em feliz síntese, afirma que passamos de uma sociedade fechada para uma **sociedade aberta de intérpretes da constituição**. Para o autor alemão, no processo de interpretação constitucional estão potencialmente vinculadas todos os órgãos estatais, todas as potências públicas, todos os cidadãos e grupos, não sendo possível estabelecer-se um elenco taxativo (*numerus clausus*) de intérpretes da constituição.[2]

Firmada essa premissa, surge uma nova dificuldade. Se não só o Poder Judiciário que interpreta a constituição, mas também o Poder Executivo, o Poder Legislativo e a sociedade, o que ocorre se houver um dissenso entre eles acerca do conteúdo de uma norma constitucional? A quem caberá a **última palavra**?

Esse é um dos temas mais instigantes e que mobiliza grandes esforços dos estudiosos do Direito. Conrado Hübner Mendes organiza os autores e argumentos por eles formulados em **três grandes correntes**.[3]

2. HÄBERLE, Peter. Hermenêutica constitucional: a sociedade aberta dos intérpretes da Constituição – contribuição para a interpretação pluralista e procedimental da Constituição. Porto Alegre: Sérgio Antônio Fabris Editor, 2004.

3. MENDES, Conrado Hübner. Direitos fundamentais, separação de poderes e deliberação. Dissertação (Doutorado em Ciência Política) – Faculdade de Filosofia, Letras e Ciências Humanas, Universidade de São Paulo – USP, São Paulo, 2008.

A **primeira corrente** defende que cabe ao **Poder Judiciário** dar a última palavra em controle de constitucionalidade (**supremacia judicial**). Os argumentos utilizados para fundamentar essa posição são:

a) A **democracia** não se limita ao princípio majoritário, **abarcando também condições prévias** que devem ser respeitadas para que a regra da maioria possa funcionar bem.

b) As Cortes Constitucionais seriam também **emissárias do povo**. Isso se daria por duas razões. A primeira, teórica, reconhece que quando da criação de uma nova Constituição, há uma mobilização e participação intensas do povo, ocorrendo aquilo que é chamado de "**momento constitucional**". Todavia, para as decisões corriqueiras e a criação das leis pelo legislador, não há essa intensidade de participação do povo, pois as pessoas estão preocupadas em cuidar das suas vidas e com seus afazeres diários. Assim, quando a Corte realiza o controle de constitucionalidade de uma lei, estaria protegendo essa **vontade genuína do povo constante da Constituição.**

   A segunda, pragmática, preceitua que, com frequência, o Poder Judiciário ao exercer o controle de constitucionalidade, vai ao encontro dos interesses do povo. Esse argumento ganha especial força nos dias de hoje, em que se fala em uma crise de representatividade, ou seja, em um descolamento entre os anseios populares e as decisões tomadas pelas classes políticas. Assim, em diversas situações, **os magistrados, mesmo não sendo eleitos, podem captar melhor a vontade da maioria popular do que as instâncias políticas.**

c) A supremacia judicial é uma **exigência do Estado de Direito e do constitucionalismo**. O Estado de Direito é o reconhecimento de que o poder político deve ser limitado por regras gerais e abstratas. O governo deve ser da razão, e não dos homens.

   Com a modernidade e o surgimento do constitucionalismo, essa ideia de limitação de poder transportou-se para o estabelecimento de uma Constituição, norma superior às demais e que organiza o poder e prevê direitos fundamentais. Se a Constituição é suprema e limita o poder político, o legislador não pode editar leis ordinárias que a contrariem. Caso o faça, caberá ao Judiciário garantir a efetividade das normas constitucionais.

   Deixar a última palavra com o Poder Legislativo seria reconhecer que ele faria um julgamento em causa própria. Teríamos a maioria a julgando quais são os limites da própria maioria, o poder político julgando quais são os limites do próprio poder político.

d) As cortes constitucionais possuem **mais capacidade institucional de decidir a compatibilidade de determinada lei com a ordem constitucional**.

Isso porque o Poder Judiciário possui *expertise* em solucionar conflitos no caso concreto. Desse modo, em vez de analisarem a questão de maneira prospectiva e abstrata, juízes e cortes constitucionais tomam decisões após a lei já ter produzido seus efeitos nas vidas das pessoas. Diferente do Poder Legislativo, que faz um prognóstico da situação, apenas especulando quais serão os efeitos da aplicação da norma criada.

e) A Corte Constitucional promove uma **representatividade deliberativa**. A ideia de representação deliberativa está intimamente ligada à democracia deliberativa, que não limita a democracia à regra da maioria, mas a expande para abarcar a apresentação de razões e contrarrazões de seus participantes.

O jusfilósofo Robert Alexy entende que essa modalidade de representação é até mesmo superior à representação eleitoral clássica. O Tribunal Constitucional, mais sensível às razões e menos influenciado por barganhas políticas e por desejos majoritários, seria a instituição perfeita para exercer essa representação argumentativa. Nele, permite-se que ocorra um processo altamente argumentativo onde as razões de todas as partes potencialmente interessadas são ouvidas.

A **segunda corrente** sustenta que caberá ao **Poder Legislativo** a última palavra em controle de constitucionalidade (**supremacia legislativa**). Os argumentos utilizados para fundamentar essa posição são:

a) Os parlamentos representam, ainda que de forma indireta, a vontade do povo (**representação eleitoral**). Com a magnitude que os Estados adquiriram ao longo do tempo, é impossível que se replique, atualmente, a experiência da democracia ateniense, em que os cidadãos participavam diretamente das deliberações políticas.

Dessa forma, a escolha de representantes, via eleição, para deliberarem na qualidade de mandatários, em nome dos eleitores, é a melhor solução possível e concreta. Diferente do que ocorre nas Cortes Constitucionais, onde uma elite é alçada ao cargo por indicação, é o próprio povo que escolhe seus parlamentares.

b) O Poder Legislativo **possui melhores condições de filtrar informações da sociedade**, entrando em contato com todos os pontos de vista. Nesse emaranhado de dados, é mais factível que seja proferida uma decisão que acomode melhor as divergências, conseguindo um consenso mínimo em tornos de alguns pontos.

c) A decisão majoritária, em que cada cidadão tem o mesmo peso ("*one man, one vote*"), é a única forma de respeitar o **princípio da igualdade**.

Priorizar as decisões tomadas por um grupo de supostos sábios, em detrimento das massas, remonta a tradição antidemocrática que impõe a pecha de ignorantes e despreparados à maioria da população, não respeitando as suas opiniões.

Os demais integrantes do povo, portanto, seriam tratados de forma diferente, violando-se a igualdade formal e materialmente.

d) Deixar a última palavra nas mãos do Poder Legislativo é a **melhor forma de limitar o poder e evitar arbitrariedades.**

Isso porque os parlamentares estão sob constante escrutínio popular, passando por um controle direto nas urnas de tempos em tempos. Há, portanto, uma prestação de contas de democrática, que pode, encerrado os mandatos – em situações excepcionais até antes disso – renovar o Parlamento, para adequá-lo.

O Poder Judiciário, por sua vez, não passa por esse controle direto e, é visto pelos defensores da supremacia judicial, de forma romantizada. Os juízes que compõem as cortes constitucionais não são agentes políticos neutros, como se pode supor, e também possuem agendas ideológicas.

Trazer a ideia de pré-compromisso para justificar a imposição das ideias e posições políticas de uns poucos em face de todos é uma manobra política. Quando da edição da Constituição, o povo, titular do poder constituinte, se compromete a respeitar valores abstratos, muitas vezes expressados nas normas constitucionais em tom grandiloquente. Contudo, em momento posterior, surgem questões de aplicação concreta desses valores, em que haverá um desajuste sincero e bem-intencionado na sociedade. Nessas circunstâncias, deve continuar o povo escolhendo os caminhos e se autogovernando, agora via edição de leis infraconstitucionais.

Por fim, uma **terceira corrente** faz a dialética entre as duas primeiras, sintetizando a **teoria dos diálogos institucionais.**

Para esses autores, não há que se falar na última palavra. Tanto o Poder Legislativo quanto o Poder Judiciário podem errar. Assim, em vez de se ter "o direito de errar por último", essas duas instituições dialogariam sobre o significado das normas constitucionais.

Nesse sentido, Cristina Bateup pontua que as teorias dialógicas enfatizam que o Judiciário não tem, tampouco deveria ter o monopólio da atividade de interpretação constitucional. Ao realizarem a revisão judicial, os juízes estão se engajando em uma cadeia argumentativa, interconectada e dialética, com outros atores, a respeito dos significados constitucionais. Assim, as decisões a respeito dos significados das normas constitucionais são produzidas em um processo compartilhado entre o Poder Judiciário, o Poder Legislativo. Poder Executivo. os demais atores constitucionais e a sociedade civil.[4]

Não se pode olvidar, contudo, que, a cada rodada decisória sobre o conteúdo das normas constitucionais impõe-se maiores barreiras aos demais atores. Basta pensar que uma decisão definitiva do Supremo Tribunal Federal no bojo de uma ação direta do controle de constitucionalidade impõe ao Congresso Nacional, caso discorde da decisão, o início de um novo processo legislativo, com o ônus argumentativo maior de comprovar que a decisão tomada no seio do Poder Judiciário não foi a mais acertada.

Por fim, a última observação geral a ser feita sobre o assunto é que a constituição não deixa de ser, em última análise, uma lei e, como tal, submete-se aos **métodos clássicos de interpretação.**

Contudo, em razão de certas peculiaridades que permeiam as normas constitucionais – superioridade hierárquica, caráter político, conteúdo específico e elevado grau de abstração –, desenvolveram-se alguns **métodos e princípios específicos** para a interpretação constitucional.

2. MÉTODO CLÁSSICO DE INTERPRETAÇÃO

O método clássico de interpretação das leis é fruto do magistério de Savigny, que distinguiu os elementos gramatical, sistemático e histórico, e de Ihering, que acrescentou o elemento teleológico aos três anteriores.[5]

A. Elemento gramatical

O elemento gramatical, que também é conhecido como **textual**, **literal**, **filológico**, **verbal** ou **semântico**, funciona como o ponto de partida do processo de interpretação. A partir dele, o intérprete busca esclarecer quais são os **sentidos das palavras** empregadas pelo legislador no enunciado normativo.

4. BATEUP, Cristina. The Dialogic Promise: Assessing the Normative Potential of Theories of Constitutional Dialogue. Brooklyn Law Review, v. 71, 2006.

5. BARROSO, Luís Roberto. Interpretação e aplicação da Constituição: fundamentos de uma dogmática constitucional transformadora. 7ª ed. rev. São Paulo: Saraiva, 2009, p. 128-130.

Em termos de interpretação constitucional, o elemento gramatical apresenta duas peculiaridades.

A primeira delas é que, em razão da **linguagem aberta** usualmente utilizada nos textos constitucionais, o elemento gramatical raramente é capaz de, sozinho, solucionar a questão posta à análise pelo intérprete.

A despeito disso, não se pode dizer que o elemento gramatical perde por inteiro sua importância na interpretação constitucional. Ao contrário, ele é responsável por **fixar os limites** à atividade interpretativa, de modo que somente serão válidas as interpretações que estejam inseridas dentro dos **sentidos mínimos** que possam ser atribuídos ao texto constitucional[6].

A segunda peculiaridade é que a constituição é um diploma legislativo **feito pelo povo e para o povo**. Como consequência disso, frequentemente a linguagem empregada não é tecnicamente rigorosa. Por essa razão, afirma-se que as palavras empregadas na constituição devem ser entendidas em seu **sentido comum**, a não ser que resulte claramente de seu texto que o constituinte quis referir-se ao seu sentido técnico-jurídico.[7]

B. Elemento histórico

O elemento histórico é aquele em que o intérprete busca o sentido da lei na **vontade do legislador**. Por meio dele, analisam-se os precedentes legislativos, trabalhos preparatórios, os debates parlamentares e as exposições de motivos, com o objetivo de descobrir qual era a **intenção do legislador** ao editar aquele ato normativo.

Contemporaneamente, tem-se atribuído **baixa relevância** ao elemento histórico na interpretação das leis. Isso porque prevalece que uma vez editado o ato normativo, ele se desgarra da vontade que animou os seus autores (***mens legislatoris***), cabendo ao intérprete buscar aquilo que a lei objetivamente quer (***mens legis***).

Entretanto, nos Estados Unidos da América, há um número expressivo de relevantes juristas que advogam a tese de que o elemento histórico deve ser, se não o único, o mais importante vetor interpretativo da Constituição.

---

6. Cláudio Pereira de Souza Neto e Daniel Sarmento sustentam que, excepcionalmente, o texto constitucional pode ser superado. Trazem como exemplo a decisão tomada pelo Supremo Tribunal Federal na ADI n.º 1.289/DF, em que o texto dos artigos 94 e 115 da CF/88 foi superado, pois se admitiu a inclusão de Membros do Ministério Público do Trabalho com menos de dez anos de carreira em lista para a nomeação a Juiz do Tribunal Regional do Trabalho, quando não houver quem preencha aquele requisito temporal. Ver SARMENTO, Daniel e SOUZA NETO, Cláudio Pereira de. Direito Constitucional: teoria, história e métodos de trabalho – 2ª edição, 2 reimpr. Belo Horizonte: Fórum, 2016, p. 416.

7. BARROSO, Luís Roberto. Interpretação e aplicação da Constituição: fundamentos de uma dogmática constitucional transformadora. 7ª ed. rev. São Paulo: Saraiva, 2009, p. 132-133.

Para essa corrente, que se atribuiu o nome de **originalismo**, a interpretação constitucional está limitada pela vontade dos autores de seu texto (*original intent originalism*) ou pela investigação do sentido que as palavras empregadas no texto constitucional tinham à época em que a constituição foi editada (*semantic originalism*). Rejeita-se, portanto, a ideia de *living Constitution*.[8]

C. Elemento sistemático

O elemento sistemático preconiza que os enunciados normativos de um determinado diploma legislativo devem ser interpretados não de forma isolada, mas **em conjunto com os demais**.

Parte-se da premissa de que o Direito não é um conjunto aleatório de atos normativos, mas um sistema ordenado e harmônico de normas. É a partir da visão do ordenamento jurídico como um todo que se compreende as suas partes isoladamente consideradas.

Embora haja um consenso doutrinário de que nenhum dos elementos interpretativos deva ser utilizado isoladamente, de forma absoluta, tem-se atribuído ao elemento sistemático, ao lado do elemento teleológico, **primazia** em relação aos demais.

No âmbito constitucional, extrai-se a partir desse elemento três importantes princípios interpretativos, que analisaremos com mais vagar no próximo tópico: o princípio da **unidade da constituição**, o princípio da **concordância prática** e o princípio do **efeito integrador**.

D. Elemento teleológico

A partir do elemento teleológico, busca-se interpretar o enunciado normativo a partir do seu espírito e de sua **finalidade**.

Diferentemente da interpretação histórica, em que o intérprete se limita à uma análise das circunstâncias históricas que levaram à edição do ato normativo (*occasio legis*), na interpretação teleológica a busca é pela *ratio legis*, ou seja, da finalidade da norma.

Luís Roberto Barroso, ao enunciar essa diferenciação, afirma que a *ratio legis* é uma "**força vivente móvel**", pois, ainda que acompanhe a norma por toda a sua vigência, não é perene e pode evoluir sem modificação do texto.[9]

8. BARROSO, Luís Roberto. Interpretação e aplicação da Constituição: fundamentos de uma dogmática constitucional transformadora. 7ª ed. rev. São Paulo: Saraiva, 2009, p. 116-119.

9. *Ibidem*, p. 144.

3. MÉTODOS E PRINCÍPIOS DE INTERPRETAÇÃO ESPECÍFICOS

A. Princípios de interpretação da constituição

Em razão das peculiaridades que envolvem a interpretação constitucional, a doutrina formulou alguns princípios que balizam a interpretação e aplicação das normas constitucionais.

Cuidam-se, em verdade, de verdadeiros postulados normativos. No entanto, ante sua larga utilização pela doutrina, adotaremos nessa obra a expressão "princípios".

A.1. Princípio da unidade da constituição

O princípio da unidade da constituição, como vimos, é um desdobramento do elemento sistemático presente no método clássico de interpretação. Segundo ele, a **constituição é um sistema único de regras e princípios**, razão pela qual os seus enunciados normativos devem ser interpretados tendo em vista o **todo.**

Cuida-se de princípio de extrema importância e que traz algumas dificuldades na prática. Isso porque, em contextos democráticos, as constituições são formadas mediante um pacto entre diversas correntes ideológicas, sendo acomodadas em seus textos valores diversos, quando não colidentes. Caberá ao intérprete, nesse cenário, harmonizar essas tensões e contradições.

A doutrina e a jurisprudência do Supremo Tribunal Federal extraem desse princípio uma importante **consequência prática**: se a constituição é um sistema unitário de regras e princípios, **não há hierarquia formal** entre as normas que a compõe e, consequentemente, **não é possível declarar a inconstitucionalidade de uma norma constitucional originária.**[10]

A.2. Princípio da concordância prática

Também conhecido como **princípio da harmonização**, o princípio da concordância prática impõe ao intérprete, em situações em que houver a **colisão** entre duas ou mais normas constitucionais, o dever de coordenar e combinar os bens jurídicos de modo a preservá-los ao máximo e **evitar o sacrifício total** de uns em relação aos outros.

Embora comumente aplicado em colisões entre direitos fundamentais, o princípio da concordância prática deve ser observado em qualquer colisão que envolva normas e valores constitucionais.

---

10. STF, Tribunal Pleno, ADI 815/DF, Rel. Min. Moreira Alves, j. 28.3.1996.

A.3. Princípio do efeito integrador

À luz do princípio do efeito integrador, na solução dos problemas jurídico-constitucionais, deve-se dar **primazia** aos critérios ou pontos de vista que favoreçam a **integração política e social.**[11]

A.4. Princípio da força normativa da constituição e princípio da máxima efetividade

Os princípios da força normativa da constituição e da máxima efetividade decorrem de uma mesma preocupação: garantir que as constituições não sejam meras folhas de papel, mas que, ao contrário, sejam efetivamente aplicadas à realidade.

Embora alguns autores o tratem como sinônimos, adotamos os ensinamentos de J.J. Gomes Canotilho, que os distingue.[12]

O **princípio da força normativa da constituição** é aquele segundo o qual, na solução dos problemas jurídico-constitucionais, deve-se dar prevalência às **soluções** e pontos de vistas que contribuam para que as normas constitucionais tenham uma eficácia ótima.

O **princípio da máxima efetividade**, por sua vez, impõe ao intérprete atribuir aos enunciados normativos constantes do texto constitucional o **sentido** que mais lhe dê eficácia. Esse princípio tem especial relevância em relação às normas que veiculam direitos fundamentais.

A.5. Princípio da justeza

O princípio da justeza é também conhecido como **princípio da conformidade funcional, da exatidão funcional ou da correção funcional.**

Segundo esse princípio, o intérprete não pode chegar a um resultado que subverta o esquema organizatório-funcional estabelecido pela constituição. Em outras palavras, deve o intérprete respeitar a repartição de funções delineada pelo constituinte.

Desse modo, cada órgão estatal deve se manter dentro do quadro de funções a ele atribuídas, não lhe sendo dado interpretar a constituição de modo a invadir a esfera de atribuição de outro órgão.

---

11. CANOTILHO, J.J. Gomes. Direito Constitucional e Teoria da Constituição, 7ª ed., 20ª reimp. Coimbra: Almedina, 2003, p. 1.224.

12. *Ibidem.*

A.6. Princípios da razoabilidade e da proporcionalidade

I. Questão terminológica

No Brasil, a **doutrina majoritária** afirma que o princípio da razoabilidade e o princípio da proporcionalidade são **fungíveis entre si.**[13]

Há, contudo, autores que negam essa correspondência. Humberto Ávila, por exemplo, ao tratar dos postulados específicos, afirma que a razoabilidade é aplicada em três diferentes acepções (diretriz que exige a relação das normas gerais com as individualidades do caso concreto, diretriz que exige uma vinculação das normas jurídicas com o mundo dos fatos e diretriz que exige a relação de equivalência entre duas grandezas), ao passo que o postulado da proporcionalidade se aplica somente às situações em que há uma relação de causalidade (meio-fim) entre dois elementos empiricamente discerníveis.[14]

A jurisprudência do **Supremo Tribunal Federal** parece acompanhar o entendimento dominante, **não fazendo distinção** entre os princípios da razoabilidade e da proporcionalidade[15].

II. Origens

Mesmo entre os autores que sustentam que os princípios da razoabilidade e da proporcionalidade são equivalentes, há um consenso de que as suas origens são diversas.

O princípio da **razoabilidade** foi desenvolvido no seio do **direito anglo-saxão**, a partir de um desdobramento do **devido processo legal**. O ponto de partida é a Magna Carta (1215), que estabeleceu que nenhum homem livre seria despojado de sua liberdade, exceto por julgamento legítimo de seus pares ou pela *Law of the Land*, mas a sua verdadeira guinada ocorreu a partir das decisões proferidas pela Suprema Corte dos Estados Unidos nos séculos XIX e XX.

Com efeito, a jurisprudência estadunidense, que em um primeiro momento lia a cláusula do devido processo legal sob uma ótica estritamente processual (*procedural due process*), passou, ao final do século XIX (Era de *Lochner*), a extrair-lhe também uma acepção substantiva (*substantive due process*).

---

13. Nesse sentido, ver BARROSO, Luís Roberto. Interpretação e aplicação da Constituição: fundamentos de uma dogmática constitucional transformadora. 7ª ed. rev. São Paulo: Saraiva, 2009, e MENDES, Gilmar Ferreira. Direitos fundamentais e controle de constitucionalidade. 2ª ed. São Paulo: Saraiva, 2012.
14. ÁVILA, Humberto. Teoria dos Princípios. 18ª ed. rev. e atual, São Paulo: Malheiros, 2018.
15. STF, Tribunal Pleno, ADI 1.753/DF-MC, Rel. Min, Sepúlveda Pertence, j. 16.4.1998.

A partir dessa nova visão, os atos do Poder Público não deveriam estar somente de acordo com as regras procedimentais para serem legítimos, mas também passar pelo crivo da razoabilidade. Abre-se, com isso, espaço para o Poder Judiciário analise o mérito dos atos do Poder Público, havendo uma ressignificação da ideia de discricionariedade.

Já o princípio da **proporcionalidade** é uma criação do Direito Administrativo alemão, que, após a **Segunda Guerra Mundial**, foi transposta para o Direito Constitucional pelo **Tribunal Constitucional alemão.**

Virgílio Afonso da Silva ensina que, do modo como foi desenvolvido pela jurisprudência germânica, atribuiu-se à proporcionalidade uma estrutura racionalmente definida, com subelementos independentes (adequação, necessidade e proporcionalidade em sentido estrito), para permitir ao Poder Judiciário o controle de atos restritivos de direitos fundamentais.[16]

No **Brasil**, o princípio da razoabilidade-proporcionalidade passou a ser adotado de forma explícita pelo **Supremo Tribunal Federal** ainda na vigência da Constituição de 1969[17].

Mesmo após o advento da CF/88, o princípio continuou a não ser expressamente previsto no texto constitucional. Entretanto, a jurisprudência da nossa Corte Suprema continua a aplicá-lo, extraindo-o da **cláusula do devido processo legal** (artigo 5º, inciso LIV, da CF/88), em sua dimensão substantiva[18].

III. Natureza jurídica

Há divergência doutrinária acerca da natureza jurídica da razoabilidade-proporcionalidade. Neste ponto, podemos dividir os autores em três correntes doutrinárias:

a) **Primeira corrente**: A razoabilidade-proporcionalidade tem natureza jurídica de **regra.** Isso ocorre porque a sua aplicação segue a lógica do "tudo ou nada", ou seja, ou se aplica a regra da razoabilidade-proporcionalidade no caso concreto, ou não se aplica. Nas palavras de Virgílio Afonso da Silva, defensor desse entendimento: "*O chamado princípio da proporcionalidade não pode ser considerado um princípio, pelo menos não com base na classificação de Alexy, pois não tem como produzir*

16. SILVA, Virgílio Afonsa da. O proporcional e o razoável, em Revista dos Tribunais, n. 798, p. 23-50, 2002.
17. STF, Tribunal Pleno, RP 930/DF, Red. p/ acórdão Min. Rodrigues Alckmin, j. 5.5.1976.
18. STF, Tribunal Pleno, ADI 1.158/DF-MC, Rel. Min. Celso de Mello, j. 19.12.1994.

efeitos em variadas medidas, já que é aplicado de forma constante, sem variações".[19]

b) **Segunda corrente**: A razoabilidade-proporcionalidade é um postulado, e não um princípio ou uma regra. Chega-se a essa conclusão ao perceber-se que, na verdade, a razoabilidade e a proporcionalidade funcionam como uma metanorma, que baliza a aplicação de outras normas. É esse o entendimento de Humberto Ávila.[20]

c) **Terceira corrente**: A razoabilidade-proporcionalidade é um **princípio**, pois pode vir a ser ponderada, no caso concreto, com outros valores constitucionais, como a democracia e a separação dos poderes. Nesse sentido, Cláudio Pereira de Souza Neta e Daniel Sarmento advogam a tese de que a proporcionalidade representa um autêntico princípio, pois, além de possuir um conteúdo material próprio, deve ter a sua incidência calibrada em razão da tensão com outros princípios constitucionais.[21]

A despeito da controvérsia doutrinária, as nomenclaturas princípio da razoabilidade e princípio da proporcionalidade estão consagradas em doutrina e jurisprudência, tudo a indicar a prevalência da terceira corrente.

IV. Aplicação dos princípios da razoabilidade e da proporcionalidade

Os princípios da razoabilidade e da proporcionalidade permitem que o Poder Judiciário valore os atos do Poder Público, verificando se eles atendem ao valor superior da **justiça**.

Isso não significa, contudo, conferir aos Juízes um "cheque em branco". Admitir que todo e qualquer ato do Poder Público seja submetido a um controle discricionário do Poder Judiciário feriria de morte os princípios democrático e da separação dos poderes.

É por isso que a doutrina e a jurisprudência construíram algumas **balizas objetivas** que devem permear a aplicação dos princípios da razoabilidade e da proporcionalidade.

Luís Roberto Barroso, com esse propósito, ensina que a razoabilidade deve ser aferida em duas dimensões diversas. Em primeiro lugar, deve-se verificar se existe uma relação racional e proporcional entre os motivos, meios e fins do ato do Poder

---

19. SILVA, Virgílio Afonsa da. O proporcional e o razoável, em Revista dos Tribunais, n. 798, p. 23-50, 2002.
20. ÁVILA, Humberto. Teoria dos Princípios. 18ª ed. rev. e atual, São Paulo: Malheiros, 2018.
21. SARMENTO, Daniel e SOUZA NETO, Cláudio Pereira de. Direito Constitucional: teoria, história e métodos de trabalho – 2ª edição, 2 reimpr. Belo Horizonte: Fórum, 2016, p. 471-472.

Público (**razoabilidade interna**). Em um segundo momento, analisa-se se o ato é compatível com ou não com os meios e fins admitidos e preconizados no Texto Constitucional (**razoabilidade externa**).[22]

A proposição mais difundida, entretanto, foi formulada pelo Tribunal Constitucional alemão. A partir de uma série de decisões, o princípio da proporcionalidade foi dividido em três subprincípios: a adequação, a necessidade e a proporcionalidade em sentido estrito.

A **adequação**, também chamada de **idoneidade**, impõe que o **meio** adotado pelo ato do Poder Público mostre-se **apto a alcançar o resultado (fim) pretendido**. Aqui, a doutrina faz uma importância ressalva: para que seja considerado adequado, basta que o meio adotado **contribua/fomente** o fim a ser alcançado, e não necessariamente seja capaz de realizar o objetivo por completo.[23]

A **necessidade**, também conhecida como **exigibilidade**, preconiza que o Estado opte, entre os diversos meios possíveis que promovam com igual intensidade o fim pretendido, por aquele que seja menos gravoso. Nessa segunda etapa, verifica-se, portanto, se **inexiste meio menos gravoso** para o atingimento dos fins almejados.

Note-se que não basta a existência de um meio menos gravoso que contribua para o atingimento da finalidade buscada para dizermos que o meio adotado é desnecessário. Além de ser menos gravosa, a medida alternativa deve promover tanto ou mais o objetivo perseguido pela medida adotada, sob os aspectos quantitativos, qualitativos e temporais.[24]

Por fim, o último subprincípio da proporcionalidade é a **proporcionalidade em sentido estrito**. Aqui, faz-se o sopesamento entre a intensidade do ônus imposto e o benefício trazido pela realização do interesse contraposto. Cuida-se, em verdade, de análise de **custos e benefícios**, em que se verifica se as **vantagens** da medida adotada **superam as desvantagens**.

Dentre os três subprincípios da proporcionalidade, a proporcionalidade em sentido estrito é o mais questionado. Em razão de sua maior abertura e imprecisão, alguns autores chegam a excluí-la da análise da proporcionalidade, mantendo

22. BARROSO, Luís Roberto. Interpretação e aplicação da Constituição: fundamentos de uma dogmática constitucional transformadora. 7ª ed. rev. São Paulo: Saraiva, 2009, p. 232-233.

23. Ver SILVA, Virgílio Afonsa da. O proporcional e o razoável, em Revista dos Tribunais, n. 798, p. 23-50, 2002.

24. SARMENTO, Daniel e SOUZA NETO, Cláudio Pereira de. Direito Constitucional: teoria, história e métodos de trabalho – 2ª edição, 2 reimpr. Belo Horizonte: Fórum, 2016, p. 476-478.

somente a adequação e a necessidade.[25] Entretanto, é francamente majoritária a posição que mantém na análise da proporcionalidade os três subprincípios.

Por fim, cumpre destacar que os subprincípios da proporcionalidade devem ser analisados de forma **subsidiária**. Isso significa que em um primeiro momento, o aplicador da proporcionalidade verificará tão somente a adequação da medida aos fins por ela pretendidos. Somente se a medida for adequada é que se passa para o segundo estágio, ou seja, à análise acerca da necessidade da medida. Do mesmo modo, a avaliação da proporcionalidade em sentido estrito só será feita se a medida tiver sido considerada adequada e necessária.

V. Proibição de proteção insuficiente

Originalmente concebido como um mecanismo de controle de atos do Poder Público, mais recentemente o princípio da razoabilidade-proporcionalidade ganhou novos contornos.

Com a passagem do Estado Liberal para o Estado de Bem-Estar Social, no final do século XIX e durante o século XX, houve uma profunda alteração nas atribuições estatais. Antes, limitado à proteção do território nacional contra ataques externos e à garantia da ordem no âmbito interno, o Estado passa a ter o dever de atuar positivamente para proteger e promover direitos.

A partir desse contexto, surge a ideia de que o princípio da proporcionalidade deve ser utilizado não só para verificar se as medidas adotadas pelo Poder Público estão de acordo com o ideal de justiça, mas também para **controlar a inércia ou o atuar insuficiente do Estado no cumprimento de seus deveres de proteção.**

Cuida-se da aplicação da proporcionalidade na perspectiva da **proibição de proteção insuficiente**. Nesse contexto, Ingo Wolfgang Sarlet ensina que, na aplicação do princípio da proporcionalidade para tal finalidade, deve-se utilizar dos mesmos subprincípios (adequação, necessidade e proporcionalidade em sentido), guardadas as peculiaridades que decorrem da finalidade do exame do devido cumprimento dos deveres de proteção.[26]

---

25. Leonardo de Araújo Ferraz apresenta firme crítica ao princípio da proporcionalidade: "É que, em verdade, o princípio da proporcionalidade serve apenas para justificar o ponto de vista prévio do julgador. Em outras palavras, decide-se primeiro e depois e fundamenta, ou melhor, estabelece-se onde se quer chegar e, em seguida, utiliza-se o método objetivo de viés iluminista e tributário da filosofia da consciência, exatamente para confirmar aquele resultado antecipado e não depurado", ver FERRAZ, Leonardo de Araújo. Princípio da proporcionalidade: da teoria à crítica. Belo Horizonte: Editora Dictum, 2009, p. 153.

26. SARLET, Ingo Wolfgang. A eficácia dos direitos fundamentais: uma teoria geral dos direitos fundamentais na perspectiva constitucional. 11. ed. rev. atual. Porto Alegre: Livraria do Advogado Editora, 2018, p. 414-419.

B. Métodos de interpretação constitucional

B.1. Método tópico-problemático

O método tópico problemático de interpretação da constituição é atribuído a Theodor Viehweg. Ele parte da premissa de que as constituições são compostas de **normas abertas e fragmentárias**, cujo conteúdo não pode ser determinado aprioristicamente. Em razão disso, a interpretação constitucional deve prioritariamente **solucionar os casos concretos.**

Nas palavras do juiz alemão:

> "O ponto mais importante no exame da tópica constitui a afirmação de que se trata de uma *techne* do pensamento que se orienta para o problema. (...) Para nosso fim, pode chamar-se de problema – esta definição basta – toda questão que aparentemente permite mais de uma resposta e que requer necessariamente um entendimento preliminar, de acordo com o qual toma o aspecto de questão que há que levar a sério e para qual há que buscar uma resposta como solução. (...) Quando se depara, onde quer que seja, com um problema, pode-se naturalmente proceder de um modo simples, tomando-se, através de tentativas, pontos de vista mais ou menos casuais, escolhidos arbitrariamente. Buscam-se deste modo premissas que sejam objetivamente adequadas e fecundas e que nos possam levar a consequências que nos iluminem. (...) Desta maneira, produzem-se catálogos de topoi e a um procedimento que se utiliza destes catálogos chamamos de tópica de segundo grau."[27]

Para atingir ao melhor resultado prático, o intérprete deve se valer de vários pontos de vista e "lugares comuns" (***topoi***) para, em um **processo aberto de argumentação**, adaptar a norma constitucional ao problema em concreto.

B.2. Método hermenêutico-concretizador

Konrad Hesse, formulador do método hermenêutico-concretizador, afirma que a interpretação tem significado decisivo para a consolidação e preservação da força normativa da constituição. Por isso, a interpretação adequada é aquela que

27. VIEHWEG, Theodor. Tópica e Jurisprudência. Trad. de Tércio Sampaio Ferraz Jr. Brasília: Departamento de Imprensa Nacional, 1979, p. 33-57.

consegue concretizar, de forma excelente, o sentido da proposição normativa dentro das condições reais dominantes numa determinada situação.[28]

Destrinchando o método hermenêutico-concretizador, Canotilho ensina que ele adota como premissa básica a ideia de que a **pré-compreensão** que o intérprete tem do problema jurídico a ser solucionado é o ponto de partida do processo interpretativo.

Nesse primeiro momento da atividade interpretativa, o intérprete desempenha, a partir dos valores, tradições e costumes da comunidade em que está inserido, um papel **criador** na construção dos sentidos possíveis que o texto constitucional pode adquirir (**aspecto subjetivo**).

Em um segundo momento interpretativo, o intérprete deve considerar a **realidade** em que a norma está inserida. Há, assim, uma efetiva **concretização** da norma, uma vez que o intérprete não pode olvidar-se da realidade social em que está inserido, sob pena de tornar a constituição em letra morta (**aspecto objetivo**).

Por fim, fechando o **círculo hermenêutico**, o intérprete retorna à norma (**movimento de ir e vir**), de modo a não somente refletir a realidade, mas também **influenciá-la**. Nessa última etapa, há a mediação entre o texto e a norma: a norma deve ser construída de modo a transformar a realidade segundo o seu programa, mas sempre de forma a respeitar os limites impostos pela realidade fática.[29]

B.3. Método científico-espiritual

Os adeptos do método científico-espiritual, afastando do positivismo jurídico kelseniano, enxergam a constituição como um **instrumento de integração**, e não somente como o fundamento de validade de todo o ordenamento jurídico.

Nas palavras de **Rudolf Smend**, maior expoente dessa escola:

> "A Constituição é a ordenação jurídica da dinâmica vital em que se desenrola a vida do Estado, ou seja, de seu processo de integração. A finalidade desse processo é a perpétua reimplementação da realidade total do Estado; e a Constituição é a manifestação legal ou normativa de determinados aspectos desse processo."[30]

Ora, se a constituição é vista como instrumento ordenador da totalidade da vida do Estado, do seu processo de integração e, também, da própria dinâmica

---

28. KONRAD, Hesse. A força normativa da constituição. Trad. Gilmar Ferreira Mendes. Porto Alegre: Sergio Antônio Fabris Editor, 1991, p. 22-23.
29. CANOTILHO, J.J. Gomes. Direito Constitucional e Teoria da Constituição, 7ª ed., 20ª reimp. Coimbra: Almedina, 2003, p. 1.212.
30. SMEND, Rudolf. *Constitucion y derecho constitucional*. Trad. José María Beneyto Pérez. Madrid: Centro de Estudios Constitucionales, 1995, p. 132.

social, não basta que, na atividade interpretativa, se busque somente o sentido das palavras empregadas pelo constituinte. O intérprete deve ir além e **captar o espírito** do conteúdo axiológico último da ordem constitucional, pois esta é a única forma de compreender o sentido de uma norma constitucional.

Esse método, no entender de Inocêncio Mártires Coelho, permite – na verdade, exige – que a interpretação constitucional seja extensiva e flexível, diferentemente do que ocorre na interpretação jurídica aplicada aos outros ramos do Direito.[31]

B.4. Método normativo-estruturante

O método normativo-estruturante foi criado por **Friedrich Müller**. Segundo esse método, a atividade interpretativa tem seu ponto de partida no **texto constitucional**, que é apenas a "parte descoberta do *iceberg*"[32].

A partir do texto, o intérprete obtém o **programa normativo**, que nada mais é do que o conjunto de domínios linguísticos resultantes da abertura semântica proporcionada pelo texto. Para tanto, deve-se aplicar os métodos clássicos de interpretação preconizados por Savigny, quais sejam, a interpretação gramatical, histórica, sistemática e teleológica.[33]

Além do programa normativo, a norma é composta por um **domínio normativo**, isto é, um conjunto de domínios fáticos que a programa normativo apenas parcialmente contempla. Desse modo, deve o intérprete concretizar a norma com elementos provenientes não só do programa normativo, mas também do domínio normativo.[34] A **norma jurídica** é justamente o conjunto formado por esses dois elementos.

---

31. COELHO, Inocêncio Mártires. Métodos e princípios da interpretação constitucional. RDA, Rio de Janeiro, 230, p. 163-168, Out./Dez. 2002.

32. CANOTILHO, J.J. Gomes. Direito Constitucional e Teoria da Constituição, 7ª ed., 20ª reimp. Coimbra: Almedina, 2003, p. 1.213.

33. Nas palavras de Friederich Muller: "Os meios tradicionais da metódica jurídica referem-se explicitamente apenas ao tratamento de textos. Implicitamente eles contêm possibilidades de incluir na concretização teores materiais provenientes dos âmbitos das normas de forma hermenêutica não-refletida e metodologicamente não diferenciada". Ver MULLER, Friedrich. Métodos de trabalho do direito constitucional. Trad. Peter Naumann. 3ª ed. rev. e ampliada. Rio de Janeiro: Renovar, 2005, p. 104.

34. "A concretização da norma introduz os seguintes elementos no jogo: a) elementos metodológicos strictiore sensu (interpretações gramatical, histórica, genética, sistemática e 'teleológica', bem como princípios isolados da interpretação da constituição); b) elementos do âmbito da norma; c) elementos dogmáticos; d) elementos de teoria; e) elementos de técnica de solução; e f) elementos de política do direito e de política constitucional. Os elementos listados em (a) e (b) bem como uma parte dos listados em (c) são diretamente referidos a normas. O restante dos elementos em (c), os elementos listados em (d), (e) e (f) não são diretamente referidos a normas e nessa medida estão restritos a funções auxiliares na concretização." Ver MULLER, Friedrich. Métodos de trabalho do direito constitucional. Trad. Peter Naumann. 3ª ed. rev. e ampliada. Rio de Janeiro: Renovar, 2005, p. 105-106.

PARTE II:
Princípios Fundamentais da Constituição Federal de 1988

CAPÍTULO 6

PRINCÍPIOS FUNDAMENTAIS DA REPÚBLICA FEDERATIVA DO BRASIL

1. INTRODUÇÃO

O Título I da CF/88 trata dos chamados "princípios fundamentais". Tais normas constitucionais são assim chamadas por trazerem, em seu conteúdo, o verdadeiro **núcleo duro das opções políticas** que inspiraram o constituinte e sobre as quais todo o restante do nosso ordenamento jurídico foi construído.

Como bem acentua José Joaquim Gomes Canotilho, são os princípios fundamentais que garantem **identidade** e **estruturam** a Constituição, o que lhes confere uma natureza de "superconceitos" ou "metanormas", pois todo o restante da constituição e do ordenamento jurídico podem ser a eles reconduzidos.[1]

Esses princípios fundamentais podem ser divididos, didaticamente, em princípios estruturantes, fundamentos, objetivos e princípios nas relações internacionais.

2. PRINCÍPIOS ESTRUTURANTES DA REPÚBLICA FEDERATIVA DO BRASIL

Muitos autores utilizam-se do termo "princípios estruturantes" como sinônimo de "princípios fundamentais", não havendo na doutrina uma unidade terminológica nesse ponto.

---

1. CANOTILHO, J.J. Gomes. Direito Constitucional e Teoria da Constituição, 7ª ed., 20ª reimp. Coimbra: Almedina, 2003, p. 1.184-1.185.

Na presente obra, adotaremos o termo princípios estruturantes com uma subclassificação dos princípios fundamentais, utilizando-o para designar as normas que estabelecem a forma de Estado e a organização do poder político dentro da burocracia estatal e ao longo do território.

A. Republicanismo

A Constituição Federal de 1988 adotou a república como **forma de governo.**

Por forma de governo, entende-se o modelo de distribuição do poder político sob o ponto de vista da estrutura das instituições políticas. Assim, a forma de governo determina como os órgãos de governo se estruturarão e se relacionarão.[2]

Pode-se destacar, hoje, duas formas fundamentais de governo: a república e a monarquia.

São **características da monarquia**: i) a **vitaliciedade**, de modo que o governante exercerá o poder político enquanto estiver vivo ou tiver condições de governar; ii) a **hereditariedade**, de modo que o governante transmite seu poder a seus descendentes; e iii) a **irresponsabilidade**, não estando o monarca sujeito a responsabilização política por seus atos.[3]

De outro lado, são **características da república**: i) a **temporariedade**, vez que os governantes exercem suas funções enquanto durar o seu mandato, ou seja, por um prazo determinado; ii) **eletividade**, de modo que os governantes são escolhidos pelo povo; e iii) **responsabilidade**, posto que os governantes devem prestar contas à população por seus atos.[4]

Como se vê, as formas de governo monárquica e republicana são opostas, tendo a Constituição Federal de 1988 optado por esta. Logo, nosso Estado é considerado uma *res publica* (coisa pública), e não coisa particular do governante.

A partir dessa constatação, podemos extrair importantes consequências de ordem prática. No republicanismo, o povo passa a ser o ator central da vida política, sendo estimulada a cidadania e a tomada de uma postura mais ativa de seus integrantes. Há, ainda, grande preocupação com a moralidade pública, com o combate à confusão entre público e privado pelos agentes públicos e à impunidade dos detentores de poder.[5]

---

2. RANIERI, Nina. Teoria do Estado: do Estado de Direito ao Estado Democrático de Direito. Barueri: Manole, 2013, p. 150.
3. DALLARI, Dalmo de Abreu. Elementos da Teoria Geral do Estado. 28ª ed., São Paulo: Saraiva, 2009, p. 227-228.
4. *Ibidem*, p. 227-228.
5. SARMENTO, Daniel e SOUZA NETO, Cláudio Pereira de. Direito Constitucional: teoria, história e métodos de trabalho – 2ª edição, 2 reimpr. Belo Horizonte: Fórum, 2016, p. 218.

Por isso, o art. 14, §1º, I, da CF/88 estabelece que o alistamento eleitoral e o voto são obrigatórios para os maiores de 18 (dezoito) anos e o art. 5º, LXXIII, da CF/88 previu a possibilidade de o cidadão ajuizar a ação popular para defesa do patrimônio público, da moralidade administrativa, do meio ambiente e do patrimônio histórico e cultural.

No âmbito do **Supremo Tribunal Federal**, o princípio republicano já serviu de fundamento para inúmeras decisões. Com base nele, o STF vem declarando inconstitucionais as previsões normativas que possam acarretar a irresponsabilidade dos governantes, como a previsão em Constituição Estadual que determine a necessidade de prévia autorização da Assembleia Legislativa do respectivo Estado-membro para que o Governador do Estado seja processado por crime comum[6]; ou a fixação em Constituição Estadual de foro por prerrogativa de função para autoridades diversas daquelas estabelecidas no texto da Constituição Federal.[7]

Sob a ótica da moralidade administrativa decorrente do princípio republicano, o Supremo editou o **Enunciado n. 13 da sua Súmula Vinculante**, vedando a nomeação de parentes para cargos em comissão ou de função gratificada (nepotismo), nos seguintes termos: "A nomeação de cônjuge, companheiro ou parente em linha reta, colateral ou por afinidade, até o terceiro grau, inclusive, da autoridade nomeante ou de servidor da mesma pessoa jurídica investido em cargo de direção, chefia ou assessoramento, para o exercício de cargo em comissão ou de confiança ou, ainda, de função gratificada na administração pública direta e indireta em qualquer dos poderes da União, dos Estados, do Distrito Federal e dos Municípios, compreendido o ajuste mediante designações recíprocas, viola a Constituição Federal."

B. Estado Democrático de Direito

B.1. Estado de Direito

A ideia de Estado de Direito foi desenvolvida ao longo de mais de dois mil anos. A doutrina, contudo, costuma a apontar como a sua primeira materialização a instituição do ***Rechtsstaat* alemão**, ocorrida no século XIX, cuja principal finalidade foi transformar o poder do Estado em um poder de direito, de modo a eliminar, ou ao menos reduzir, a possibilidade de exercício arbitrário e discricionário do poder.[8]

---

6. STF, Tribunal Pleno, ADI 5540/MG, Rel. Min. Edson Fachin, j. 3.5.2017.
7. STF, Tribunal Pleno, ADI 6.502, Rel. Min. Roberto Barroso, j. 23.8.2021.
8. RANIERI, Nina. Teoria do Estado: do Estado de Direito ao Estado Democrático de Direito. Barueri: Manole, 2013, p. 227-228.

Também se destaca a ***Rule of Law*** britânico, de lenta elaboração consuetudinária, e a sua derivação americana, estabelecida após a independência dos Estados Unidos, na Constituição de 1778. Nina Ranieri nos ensina que o *Rule of Law* organiza-se em torno da ideia da **supremacia do direito**, sendo seus traços essenciais: i) a igualdade jurídica dos cidadãos, independentemente de classe social e condições econômicas, em particular no que se refere à lei penal e à integridade patrimonial; ii) a atribuição de soberania ao Parlamento e ao Judiciário; e iii) a tutela jurisprudencial dos direitos subjetivos, sem prejuízo da atividade legislativa no mesmo sentido.[9]

Temos, ainda, a experiência do ***État de droit* francês**, elaborada na primeira metade do século XX, e que constituiu uma grande síntese entre os modelos alemão e americano. Segundo a ideia de *État de droit* francês, não basta identificar o Direito com um comando do Estado, sem que isso seja feito de forma sistematiza. Assim, deve haver uma organização hierarquizada das normas, colocando-se os direitos naturais no ápice do sistema, seguidos da Constituição e das leis infraconstitucionais. Além disso, houve o fortalecimento da ideia de legalidade, notadamente pelo exercício do Poder Legislativo pelo povo.[10]

Contemporaneamente, são diversas as interpretações que se tem feito acerca do **conteúdo do "Estado de Direito"**. Como bem nos aponta Manoel Gonçalves Ferreira Filho, para alguns autores as expressões "Estado de Direito" e "Estado constitucional" se confundem, pois ambas significam a existência de limitação do poder político por meio de uma constituição escrita e rígida. Para outros, o Estado de Direito é aquele que é regido pela lei em sentido formal, ou seja, pelos atos normativos editados por meio do processo legislativo previamente estabelecido, independentemente de seu conteúdo. Há ainda aqueles que concordam com a premissa de que o Estado de Direito é aquele regido pelas leis, mas identificam a lei com um conteúdo mínimo de justiça, e não com a mera vontade formalizada do legislador.[11]

A despeito das controvérsias acerca do seu significado, podemos destacar que o Estado de Direito é marcado pela **submissão de todos ao império da lei.**[12] Sua principal faceta é, portanto, o **princípio da legalidade**: impõe-se aos governantes freios à sua atuação, que se dará somente quando autorizada por lei e nos limites

9. *Ibidem*, p. 207.

10. *Ibidem*, p. 231-233.

11. FERREIRA FILHO, Manoel Gonçalves. Comentários à Constituição Brasileira de 1988. Vol. I. São Paulo: Saraiva, 1990, p. 18.

12. SILVA, Marco Antonio Marques. Cidadania e democracia: instrumentos para a efetivação da dignidade da pessoa humana. In: SILVA, Marco Antonio Marques da & MIRANDA, Jorge (Coordenação). Tratado Luso-Brasileiro da Dignidade Humana. 2ª ed. São Paulo: Quartier Latin, 2009, p. 229.

desta; e permite-se aos cidadãos agirem livremente, sem distinções, estando somente obrigador a fazer ou deixar de fazer algo quando haja previsão em ato normativo genérico e abstrato.

B.2. Democracia

A Constituição Federal de 1988 elegeu a democracia como o regime político vigente no Estado brasileiro.

Mas o que é a democracia? A democracia é o **governo do povo.**

Essa afirmativa, em um primeiro momento singela, esconde infindáveis controvérsias e grandes dificuldades teóricas e práticas. O ponto de partida para definirmos o que é democracia de forma mais precisa é estabelecer que esse regime político parte da premissa de que **todos os cidadãos são iguais** e, por isso, devem **participar das deliberações e das tomadas de decisão públicas.**

Nas palavras de Michelangelo Bovero, o que distingue a democracia das outras formas de convivência política, na maioria das versões sobre ela apresentadas, em tempos antigos ou modernos, é alguma forma de igualdade, ou, mais precisamente, de equiparação, de superação ou absorção de desníveis.[13]

Para concretizar essa premissa e permitir a todos a participação nas tomadas de decisão, sob um **aspecto formal**, deve-se garantir que as decisões sejam tomadas a partir da **regra da maioria**: se todos os homens são iguais, suas opiniões e seus votos valem igualmente, devendo prevalecer no âmbito estatal a opinião que conte com o maior número de adeptos.

A partir de um olhar mais refinado, Robert Dahl adota **cinco critérios** para que a exigência de participação igual nas decisões públicas seja efetivamente satisfeita: i) **participação efetiva**, garantindo-se a todos os membros oportunidades iguais e efetivas de fazer conhecer suas opiniões; ii) **igualdade de voto**, assegurando-se que, no momento de tomada da decisão, os votos dos membros da sociedade política sejam contados como iguais; iii) **entendimento esclarecido**, permitindo-se que os membros da comunidade política tenham oportunidades iguais e efetivas de aprender sobre as políticas alternativas e suas possíveis consequências; iv) **controle do programa de planejamento**, possibilitando aos membros da sociedade que dedicam quais questões serão postas em debate; e v) **inclusão dos adultos**,

---

13. BOVERO, Michelangelo. Contra o governo dos piores: uma gramática democrática. Trad. Daniela Becaccia Versiani. Rio de Janeiro: Campus, 2002, p. 17-18.

de modo a permitir a participação nos quatro primeiros critérios da maioria dos adultos que residam permanentemente no Estado.[14]

Nos Estados contemporâneos, marcados por sua grandiosidade e complexidade, tornou-se impossível que todos os cidadãos aptos participem diretamente na tomada de todas as decisões políticas. É inviável pensar que todas as pessoas tenham que parar suas atividades rotineiras para deliberar acerca dos mínimos detalhes da convivência pública. Para sanar essa dificuldade, estabeleceram-se **democracias representativas (indiretas)**, de modo que o povo é chamado a, periodicamente, eleger políticos profissionais que o representarão ao longo da duração de seu mandato. Conjuga-se, assim, o exercício da liberdade e igualdade pelo povo com a divisão de trabalho necessária aos dias de hoje.[15]

Não foi outro o modelo adotado por nossa Constituição de 1988, que estabeleceu no art. 14, *caput*, que a soberania popular será exercida pelo sufrágio universal e pelo voto direto e secreto, com valor igual para todos. Estabeleceu-se, contudo, algumas formas de participação direta do povo nas tomadas de decisão (**democracia direta**), entre as quais podemos destacar as consultas populares (plebiscito e referendo – art. 14, I e II, da CF/88), a iniciativa popular (art. 14, III, da CF/88) e a possibilidade do ajuizamento de ações populares (art. 5º, LXXIII, da CF/88).

Por fim, faz-se necessário pontuar que, modernamente, diversos autores têm adotado uma concepção de **democracia substantiva**, na qual é somada à dimensão formal da democracia (regra da maioria), uma dimensão de caráter substantivo, qual seja, a **proteção de direitos fundamentais**.[16]

Para os defensores dessa concepção de democracia, a simples previsão de que as decisões serão tomadas por um procedimento por meio da regra da maioria ou mesmo a garantia de liberdades civis e direitos políticos é insuficiente para se estabeleça um regime verdadeiramente democrático. Ao contrário, muitas vezes as decisões tomadas pela maioria podem reduzir ainda mais a igualdade e a liberdade necessárias para que o sistema funcione a contento. Assim, é necessário tratar as pessoas como igualmente dignas de respeito e consideração, assegurando-lhes o **direito de autodeterminação em relação aos seus projetos pessoas e escolhas existenciais** e um **conjunto mínimo de condições materiais.**[17]

---

14. DAHL, Robert. Sobre a democracia. Trad. Beatriz Sidou. Brasília: Editora Universidade de Brasília, 2001, p. 49-50.

15. KELSEN, Hans. A democracia. 3ª ed. São Paulo: Editora WMF Martins Fontes, 2019, p. 46-51.

16. BARROSO, Luís Roberto. A razão sem voto: o Supremo Tribunal Federal e o governo da maioria. Revista Brasileira de Políticas Públicas, Brasília, v.5, Número Especial, 2015, p.2.350.

17. SARMENTO, Daniel e SOUZA NETO, Cláudio Pereira de. Direito Constitucional: teoria, história e métodos de trabalho – 2ª edição, 2 reimpr. Belo Horizonte: Fórum, 2016, p. 238.

B.3. Síntese: o Estado Democrático de Direito

O Estado Democrático de Direito surge da união do Estado de Direito com o sistema democrático, sendo chamado por muitos de "Estado Constitucional". Nele, pretende-se buscar um equilíbrio entre o liberalismo e o socialismo; entre dinamismo e conservacionismo.

Se às maiorias momentâneas se assegura o direito de autodeterminação, alterando-se o ordenamento jurídico por meio de leis editadas segundo um procedimento majoritário que assegure a participação de todos; de outro lado garante-se a proteção aos direitos fundamentais e à dignidade da pessoa humana, que estabelecem limites à atuação majoritária ao longo do tempo.

C. Separação dos Poderes

A teoria da separação dos poderes é aquela segundo a qual se deve **separar** qualitativamente as funções estatais de **legislar**, **julgar** e **administrar**. Assim, o Estado deve organizar-se estruturalmente de modo que cada uma dessas funções seja **distribuída a órgãos estatais diversos, harmônicos e independentes entre si.**

Busca-se, a partir da separação dos poderes, duas importantes **finalidades**. A **primeira**, e mais importante, é **garantir a liberdade dos indivíduos**. Isso porque se percebeu que a concentração de poder tende a levar a um abuso no seu exercício e, consequentemente, em uma redução geral da liberdade. A **segunda** finalidade, essa mais bem desenvolvida somente no século XIX, é o aumento da **eficiência** no exercício dos poderes. Com a divisão de poderes e de tarefas, cada órgão acaba por se especializar, conseguindo produzir melhores resultados.[18]

A teoria da separação dos poderes deita raízes na Antiguidade Clássica. **Aristóteles**, em *Política*, afirma que são três os poderes existentes em todo governo: i) o **Poder Deliberativo**, que é aquele em que a Assembleia delibera sobre a paz e a guerra, a formação ou o rompimento de alianças, a edição ou supressão de leis, a decretação das penas de morte, de banimento e de confisco, e sobre a prestação de contas; ii) o **Poder Executivo**, que tem por objeto as honras devidas ao Ser supremo, o serviço militar, a administração das finanças, dos portos e dos campos, a administração da justiça, o tabelionato dos contratos, a execução das sentenças,

18. Jeremy Waldron possui uma interessante visão sobre os fundamentos e objetivos da separação dos poderes. O autor norte-americano critica a justificativa clássica para a instituição da separação dos poderes, qual seja, a de evitar a tirania. Para ele, são dois os fundamentos aptos a justificar a adoção da teoria: i) a separação dos poderes garante a integridade e dignidade de cada função estatal, pois cada uma delas tem seu lugar específico e bem delimitado dentro do sistema; e ii) a separação dos poderes garante um modo de governança articulado, capaz de gerar melhores resultados aos problemas que são apresentados ao Estado. Ver: WALDRON, Jeremy, Separation of Powers in Thought and Practice, 54 B.C.L. Rev. 433 (2013).

a guarda das prisões, a auditoria e o exame das contas, a reforma dos abusos e das prevaricações, enfim, as deliberações sobre os negócios de Estado; e iii) o **Poder Judiciário**, ao qual cabia, entre outras funções decidir sobre crimes de Estado ou atentados contra a Constituição, malversações financeiras, contratados de alguma importância entre particulares e assassínios e outros crimes.

Embora Aristóteles tenha tido o mérito de vislumbrar a separação das funções em três, o Filósofo não se aprofundou na relação dessas funções com a estrutura de organização estatal, admitindo que as três funções fossem reunidas em um único órgão ou em uma única pessoa.[19]

É com **John Locke**, em sua obra *Segundo tratado sobre o governo civil* em que há um salto significativo para o desenho da teoria da separação dos poderes como a conhecemos hoje.[20]

O filósofo inglês, assim, como Aristóteles, dividia os poderes da comunidade civil em três: i) o **poder legislativo**, que é aquele que edita as leis, prescrevendo segundo que procedimentos a força da comunidade civil deve ser empregada para preservar a comunidade e seus membros; ii) o **poder executivo**, que é o poder de executar a lei, assegurando a sua continuidade; e iii) o **poder federativo**, que é a competência para fazer a guerra e a paz, ligas e alianças, e todas as transações com todas as pessoas e todas as comunidades que estão fora da comunidade civil.

O grande mérito de John Locke foi **atribuir**, de forma clara, **o poder legislativo a um órgão, pessoa ou grupo de pessoas** e os **poderes executivo e federativo a outro órgão diverso**. Locke parte do reconhecimento de que o ser humano é frágil, não sendo, portanto, conveniente que as mesmas pessoas que detenham o poder de legislar tenham também em suas mãos o poder de executar as leis, pois elas poderiam se isentar da obediência às leis que fizeram, e adequar a lei à sua vontade, tanto no momento de fazê-la quanto no ato de sua execução.

Coube à Charles-Louis de Secondat, o **Barão de Montesquieu**, a concepção da teoria da separação dos poderes nos moldes que a conhecemos hoje. Em sua obra prima, *O espírito das leis*, Montesquieu divide as funções estatais, tal qual Aristóteles já havia feito, em três: a função de legislar, a função de executar as leis e a função de julgar.[21]

O filósofo francês, no entanto, afirma que "tudo estaria perdido" se uma mesma pessoa ou grupo de pessoas exercesse os três Poderes. Para evitar isso, Montesquieu concebe a existência do **Poder Legislativo**, responsável por **editar as leis**,

19. ARISTÓTELES. Política. Trad. Maria Aparecida de Oliveira Silva. São Paulo, Edipro, 2019.
20. LOCKE, John. Dois tratados do governo civil. Trad. Miguel Morgado. Lisboa: Edições 70, 2009.
21. MONTESQUIEU, Charles de Secondat Baron de. O espírito das leis. Trad. Cristina Murachco. São Paulo: Martins Fontes, 1996.

do **Poder Executivo**, responsável por **executar as leis**, e do **Poder Judiciário**, responsável por **julgar os conflitos**. Esses poderes, na concepção do Barão, devem ser relacionar **harmonicamente**, contando cada qual com **independência** em relação aos demais.[22]

Em razão da sua potente capacidade de limitação do poder político, garantindo maior liberdade aos governados, a teoria da separação dos poderes tornou-se uma **constante do Estado Constitucional**.

Já no primeiro documento constitucional que conteve uma declaração de direitos, a Declaração de Direitos do Bom Povo de Virgínia (1776), previu-se: "*que os poderes legislativo, executivo e judiciário do Estado devem estar separados*".

Na Declaração dos Direitos do Homem e do Cidadão (1789), foi-se além. O artigo XVI previu que: "*A sociedade em que não esteja assegurada a garantia dos direitos nem estabelecida a separação dos poderes não tem Constituição*", elevando o princípio da separação dos poderes a verdadeiro **dogma constitucional**.

> **Observação**: A maioria dos autores, entre eles Karl Loewenstein, adverte que não há uma separação de poderes, mas sim a distribuição de determinadas **funções** a diferentes órgãos do Estado. Isso porque é característica própria do poder ser **uno e indivisível**. O termo "poderes" é utilizado, na verdade, tão somente como uma figura de linguagem.[23] Na presente obra, utilizaremos indistintamente os termos "Poderes" e "Órgãos", em razão da maioria dos autores e da jurisprudência do Supremo Tribunal Federal utilizá-los como sinônimos.

Em um Estado que adote a separação dos poderes, a relação entre os Poderes Executivo, Legislativo e Judiciário é marcada pelo **binômio independência e harmonia** (art. 2º da CF/88).

A **independência** significa que a cada um dos poderes caberá, sem a interferência dos demais, investir os seus membros, exercer as atribuições que lhes sejam próprias e organizar os seus serviços. Tudo, é claro, desde que respeitadas as normas constitucionais.

---

22. Hans Kelsen critica a separação de poderes tal qual formulada por Montesquieu. Para o jusfilósofo austríaco, a tripartição dos poderes seria antidemocrática por dois fatores. Primeiro, fora formulada por Montesquieu como uma forma de conservar o exercício da função executiva nas mãos do monarca. Segundo, equipara a função executiva à função legislativa, quando a vontade do povo consubstanciada nas leis deveria preponderar. Ver: KELSEN, Hans. A democracia. 3ª ed., São Paulo: Editora WMF Martins Fontes, 2019, p. 89-90.

23. LOEWENSTEIN, Karl. Teoría de la Constitución. Tradución por Alfredo Gallego Anabitarte. 2 ed. Barcelona: Editorial Ariel, 1976, p. 55.

A **harmonia**, por outro lado, impõe a colaboração entre os Poderes nas tomadas de decisão, bem como estabelece mecanismos de fiscalização e responsabilização recíprocas entre os Poderes.

Cuidam-se de duas forças opostas, que juntas acomodam uma estrutura estatal em que o poder político é exercido de forma limitada, garantindo-se uma maior liberdade individual.

Já em Montesquieu é possível extrair esse caráter ambíguo na teoria da separação dos poderes. Com a Revolução Americana, o debate ganhou maior peso e importância. Havia a preocupação que, garantindo-se uma independência absoluta a cada um dos Poderes, o Poder que se mostrasse mais forte na prática usurpasse as funções dos demais.

Em *O Federalista*, Alexander Hamilton, John Jay e James Madison afirmam que, para a manutenção na prática da separação essencial dos poderes, tal qual prevista em teoria na constituição, é necessário construir um governo em que todas as diferentes partes possam reter-se umas às outras em seus respectivos lugares.

Inspirados nessas ideias, os autores da Constituição dos Estados Unidos da América não só dividiram as funções em três órgãos distintos (legislativo, executivo e judiciário), mas também instituíram um **sistema de freios e contrapesos** (***checks and balances***) apto a garantir que nenhum dos poderes apreenda poder em demasia.

A nossa Constituição Federal de 1988, na esteira da experiência estadunidense, previu diversos **mecanismos de controle recíproco entre os Poderes**. São **exemplos**:

- **i.** o Presidente da República exerce o comando supremo das Forças Armadas (artigo 84, inciso XIII, da CF/88), mas somente pode declarar guerra ou celebrar a paz mediante autorização do Congresso Nacional (artigo 49, inciso II, da CF/88);
- **ii.** Cabe ao Poder Legislativo a edição de normas gerais e abstratas, mas o Poder Executivo participa do processo legislativo, não só propondo projetos de leis (artigo 61, §1º da CF/88), mas também sancionando ou vetando os projetos de lei já aprovados pelo Poder Legislativo (artigo 66, §1º da CF/88). O veto presidencial, contudo, pode ser rejeitado se, em trinta dias do seu recebimento, a maioria absoluta Deputados Federais e Senadores assim deliberarem em sessão conjunta (artigo 66, §4º da CF/88);
- **iii.** O Poder Judiciário pode declarar inconstitucional uma lei que tenha sido editada pelo Poder Legislativo;
- **iv.** É competência do Presidente da República a nomeação dos Ministros do Supremo Tribunal Federal e dos Tribunais Superiores (artigo 84, inciso XIV, da CF/88). Tal nomeação, no entanto, deve ser aprovada pelo Senado Federal (artigo 52, inciso III, alínea "a", da CF/88);

v. Compete ao Senado Federal processar e julgar o Presidente da República, o Vice-Presidente da República, os Ministros do Supremo Tribunal Federal e outros funcionários do alto escalão nos crimes de responsabilidade (artigo 52, incisos I e II, da CF/88).

D. Federalismo

O art. 1º, *caput*, e o art. 18 da CF/88 adotaram a federação como forma de Estado. Assim, adotou-se uma divisão espacial do poder político, evitando-se a concentração do poder em um único ente. Nesse cenário, formam a República Federativa do Brasil a União Federal, os Estados-membros, o Distrito Federal e os Municípios, todos dotados de autonomia.

O tema será tratado com maior profundidade quando estudarmos a organização do Estado.

2. FUNDAMENTOS DA REPÚBLICA FEDERATIVA DO BRASIL

O artigo 1º da CF/88 enumera, em seus incisos, os **fundamentos da República Federativa do Brasil**. São eles:

i. **soberania**;
ii. **cidadania**;
iii. **dignidade da pessoa humana**;
iv. **valores sociais do trabalho e da livre iniciativa**;
v. **igualdade entre os Estados**;
vi. **pluralismo político.**

Dentre esses fundamentos, destacamos a **dignidade da pessoa humana**, verdadeira pedra de toque de todo o nosso ordenamento jurídico constitucional.

O princípio da dignidade da pessoa humana, tal qual o conhecemos, não é uma ideia que surgiu dogmaticamente em um determinado momento histórico; ao contrário, cuida-se de um poderoso conceito que foi construído ao longo do tempo. Dessa forma, passar pelas diferentes etapas desse processo histórico não se traduz em mera curiosidade diletante, mas possui grande valor para que possamos efetivamente compreender os contornos desse tão importante instituto jurídico.

Não é possível encontrar no mundo grego antigo o desenvolvimento de um conceito específico de dignidade da pessoa humana. Em verdade, o próprio termo "dignidade" não é expressamente utilizado. Contudo, é inegável que os filósofos gregos se ocuparam de temas fundamentais sem os quais a própria ideia de dignidade da pessoa humana não poderia ter sido desenvolvida.

A superioridade do ser humano em relação aos demais seres que habitam o mundo tal qual o conhecemos, por exemplo, já era uma ideia constatada e bem desenvolvida. Nesse sentido, Protágoras afirmava que "o homem é a medida de todas as coisas, daquelas que são o que são, daquelas que não são o que não são"[24]. Platão[25] e Aristóteles[26], por sua vez, distinguiam na alma humana o elemento racional e o elemento volitivo, elementos estes que nos permitem abstrair conceitos e fazer escolhas livres e racionais. Aos animais, de outro lado, restavam somente as faculdades ligadas à sua subsistência física (alimentação e reprodução).

Na Roma Antiga, vemos a primeira utilização expressa da palavra dignidade (*dignitas*). Todavia, o termo possui uma conotação estritamente ligada ao estatuto social ocupado pelo indivíduo. É dizer: a depender da posição ocupada em sociedade, algumas pessoas eram consideradas mais ou menos dignas. Os poucos que, por nascimento, méritos e conquistas alcançassem um status social superior, eram enfim considerados dignos e merecedores de receber honrarias e respeito.[27]

Tal formulação de dignidade por certo foi fundamental para o crescimento e a expansão de Roma sobre a península itálica e, posteriormente, sobre o mundo conhecido.[28] No entanto, é visível o seu caráter excludente, associado a um ideal de nobreza não extensível a todos os seres humanos.

É preciso destacar que no mesmo período os estóicos chegaram a dar uma conotação universal à dignidade. Marco Túlio Cícero, em uma passagem de sua obra, utiliza a palavra dignidade como uma qualidade intrínseca a todos os homens,

24. COPLESTON, Frederick. Uma história da filosofia, vol. 1: Grécia, Roma e Filosofia Medieval. Trad. Alberto Augusto Caballero Fleck, Carlos Guilherme e Ronald Robson, Campinas: Vide Editorial, 2021, p. 103.

25. Na República, Platão descreve que a alma humana possui três elementos: o racional, que deve governar as demais e cuja virtude é a sabedoria; a animosidade, que deve auxiliar a racional e cuja virtude é a coragem; e a apetitiva, que deve ser governada e cuja virtude é a temperança. Ver: PLATÃO. A república. Trad. Edson Bini. 3ª ed. São Paulo: Edipro, 2019.

26. Aristóteles, na Ética a Nicômaco, aponta que a alma humana possui uma parte irracional, uma parte racional e uma parte intermediária. A parte irracional, ligada à nutrição, crescimento e demais faculdades vitais, é compartilhada com os demais animais. As demais partes, ligadas às virtudes morais e intelectuais, são exclusivas dos seres humanos. Ver: ARISTÓTELES. Ética a Nicômaco. Trad. Edson Bini, 4ª ed. São Paulo: Edipro, 2014.

27. "Quanto aos deveres, é preciso lembrar-se que a natureza do homem é superior à dos animais. (...) Lembre-se que a natureza nos deu dupla personalidade: uma, comum a todos nós, quinhão de razão e dignidade que nos eleva acima dos animais (...)." CÍCERO, Marco Túlio. Dos deveres. Trad. João Mendes Neto. São Paulo: Edipro, 2019, p. 63-64.

28. Nesse sentido, Políbio apontava que uma das explicações para o sucesso romano era a existência de diversos costumes e passatempos que estimulavam os jovens ao heroísmo e autossacrifício, o que lhes garantiram honrarias sociais. Ver: BEARD, Mary. SPQR: uma história da Roma Antiga. Trad. Luis Reyes Gil. 1 ª ed. São Paulo: Planeta, 2017, p. 183-186.

independentemente de seu cargo ou posição social.[29] O faz, é certo, tão somente para distinguir os homens das demais criaturas; mas, como dito, utiliza-se o termo dignidade de maneira universal, aplicável à toda a humanidade.

Paralelamente a essas experiências, o judaísmo e o cristianismo foram determinantes para a construção da nossa atual concepção de dignidade da pessoa humana. No Gênesis, primeiro livro do Pentateuco, conjunto de livros considerado sagrado tanto pela religião judaica quanto pela cristã, está escrito que "*E Deus disse: – Façamos o homem à nossa imagem e semelhança; que eles dominem os peixes do mar, as aves do céu, os animais domésticos e todos os répteis. E Deus criou o homem à sua imagem, à imagem de Deus o criou; homem e mulher os criou.*" (Gn 1, 26-27).

A partir desses versículos, as tradições judaica e cristã passaram a conferir um valor diferente e especial a cada ser humano. Como vemos, não se abandonou a ideia de superioridade do ser humano em relação aos demais animais. Mas houve um importante acréscimo: cada homem e cada mulher, em si mesmos, são considerados como imagens de Deus, o que lhes confere uma suma dignidade.

Consequentemente, os seres humanos não são somente algo, mas são alguém. São capazes de conhecerem a si mesmos, de se relacionarem livremente com outras pessoas e, principalmente, se relacionarem amorosamente com o seu Criador. [30] O homem deixa, portanto, de ser um momento do cosmos e passa a ser uma criatura privilegiada, criada à imagem e semelhança de Deus.[31]

Durante a Idade Média, período de intenso sincretismo entre fé e razão, foi construído um sólido arcabouço conceitual no âmbito da Teologia que, posteriormente, mostrou-se fundamental à delineação da concepção de dignidade da pessoa humana. Tertuliano e Agostinho de Hipona, com os olhos voltados ao mistério cristão da Santíssima Trindade, trabalham o conceito de "pessoa", de modo a expressar algo de singular e indiviso em contraposição a um conceito de espécie genérico e abstrato. Posteriormente, Tomás de Aquino descreve o homem como superior às demais criaturas tanto pela sua racionalidade como por seu livre-arbítrio, sendo a mais perfeita criação divina.[32]

29. "Há duas espécies de beleza, uma é a graça, a outra, a dignidade; uma é propriamente apanágio das mulheres, a outra, dos homens. Evitemos, assim, tudo o que poderia desmentir essa dignidade, seja no adorno, seja na postura ou no gesto (...)." CÍCERO, Marco Túlio. Dos deveres. Trad. João Mendes Neto. São Paulo: Edipro, 2019, p. 72.

30. SAGRADA BIBLIA: COMENTARIO. Pamplona: EUNSA, 2018, p. 25-26

31. REALE, Giovanni. História da filosofia: patrística e escolástica, v. 2. Trad. Ivo Storniolo. São Paulo: Paulus, 2003, p. 12-13.

32. AQUINO, Tomás de. Suma Teológica, vol 1. Trad. Alexandre Correia. 4ª ed. São Paulo: Editora Permanência, 2016.

Se do pensamento grego para o pensamento cristão medieval o homem se separa do cosmos e ganha especial valor, no Renascimento o homem se torna efetivamente o centro, autor de sua própria história. Os pensadores passam a desvencilhar a razão da fé, conferindo àquela autossuficiência e primazia em relação a este. Abandona-se qualquer necessidade à utilização de valores transcendentais para explicar o mundo, incluso o universo jurídico e político.[33]

Começa aqui uma jornada de laicização da dignidade da pessoa humana. Antes ligada à ideia religiosa de que o homem atinge sua felicidade quando ordena sua vontade a Deus, agora o homem é colocado como o centro do mundo, sendo detentor não só da liberdade de escolher entre o bem e o mal, mas de efetivamente dizer o que é a felicidade para si.

Nesse contexto, Giovanni Pico dela Mirandola justifica a ideia de superioridade do homem em relação aos outros seres como fruto da racionalidade que lhe é inerente e lhe permite viver de forma livre, sendo senhor de seu destino.[34]

A racionalização e laicização do conceito de dignidade humana prosseguiu nos séculos XVII e XVIII. Agora, o homem passa a ser visto não só como livre, mas igual, ao menos sob o ponto de vista formal.

O ideal de liberdade e igualdade ressoou nas revoluções francesa e estadunidense. Nesse sentido, o art. 1º da Declaração dos Direitos do Homem e do Cidadão de 1789 prevê que: "Todos os homens nascem livres e iguais em direito". Houve, pois, uma brusca ruptura com o antigo regime, extinguindo-se os privilégios comummente conferidos à nobreza e ao alto clero.

Também dentro do contexto do iluminismo é que Immanuel Kant profere a formulação mais célebre acerca da dignidade da pessoa humana. Para o filósofo alemão, a pessoa humana é dotada de autonomia, o que lhe permite agir conforme a moralidade. Essa autonomia, fundamento de sua dignidade, não depende de qualquer circunstância social, étnica ou cultural. Por isso, todo e qualquer ser humano, pelo simples fato de o sê-lo, é um fim em si mesmo, jamais podendo ser tratado como um meio para qualquer outro fim.[35]

---

33. "Em um primeiro momento, essa explicação opera-se mantendo-se os autores fiéis a certos pressupostos medievais, como acontece na doutrina de Grócio. Na obra do mestre holandês há uma passagem característica na qual declara que a justiça possui fundamento de razão, de maneira tão inamovível, que ela existiria mesmo que, por absurdo, Deus não existisse." REALE, Miguel. Filosofia do direito. 20 ed. São Paulo: Saraiva, 2002, p. 614-615.

34. PICO DELLA MIRANDOLA, Giovanni. Discurso sobre a dignidade do homem. Trad. Maria de Lurdes Sirgado Ganho e Luís Loia. 6ª ed. Lisboa: Edições 70, 2019.

35. "A humanidade é ela própria uma dignidade, pois o homem não pode ser usado por nenhum homem (nem pelos outros nem sequer por si mesmo) apenas como meio, mas tem que ser sempre ao mesmo usado como fim, e nisto (a personalidade) consiste propriamente sua dignidade (...)." KANT, Immanuel.

A dogmática jurídica moderna do iluminismo, contudo, mostrou-se de extremo individualismo. O ser humano é considerado em sua individualidade extrema, ao qual devem ser conferidos direitos – notadamente a liberdade e a propriedade – de modo a garantir um espaço individual instransponível no qual o Estado não poderá interferir.

Após da Segunda Guerra Mundial, essa visão egoística do ser humano cede lugar a uma visão mais abrangente, que o considera não só como indivíduo isolado a ser protegido do arbítrio estatal, mas também como parte integrante de uma comunidade, lugar onde o pleno desenvolvimento de sua personalidade é possível. Passamos da ideia de "direitos do homem", eminentemente ligados à filosofia política liberal e individualista, para a ideia de "direitos humanos", em que os direitos são necessariamente considerados nas relações humanas, vistas como necessárias.

Dessa desastrosa experiência, resultou a Declaração Universal dos Direitos do Homem (1948), que, em seu art. 1º prevê que todos os seres humanos, porque dotados de razão e de consciência, nascem livres e iguais em dignidade e em direitos. Assim, a Declaração Universal dos Direitos do Homem de 1948 é o primeiro marco histórico de um diploma que pretende, de fato, universalizar a dignidade da pessoa humana, que se torna o princípio unificador e fundante dos direitos humanos.

Contemporaneamente, é praticamente impossível encontrar quem se oponha ao reconhecimento da importância do princípio da dignidade da pessoa humana tomado em abstrato. Contudo, em razão dos contornos vagos e imprecisos do seu conteúdo, são muitas as controvérsias que surgem quando de sua concretização.

Tais circunstâncias levam à uma utilização excessiva do termo por parte de atores políticos e operadores do direito. Não raro, dois lados opostos de uma contenda argumentam com base no princípio da dignidade da pessoa humana, dele extraindo conclusões completamente diversas[36]. Ronald Dworkin chega a lamentar pelo uso excessivo do conceito de dignidade, o que, segundo ele, o tem rebaixado[37].

Essa dificuldade de concretização, contudo, não pode servir de óbice à concretização desse relevante princípio, que serve como centro gravitacional de toda a nossa Constituição. Afinal, o Estado e a ordem jurídica foram criados para atender ao ser humano, e não o contrário. Por isso, tem-se reconhecido na dignidade da pessoa

Metafísica dos costumes. Trad. Clélia Aparecida Martins, Bruno Nadai, Diego Kosbiau e Monique Hulshof. Petrópolis: Vozes, 2013, p. 277.

36. Nesse sentido, é célebre o caso francês envolvendo o "lançamento de anões", no qual tanto os defensores da proibição quanto os defensores da manutenção da prática escudavam seus argumentos na dignidade da pessoa humana.

37. DWORKIN, Ronald. Justice for hedgehogs. Cambridge: The Belknap Press, 2011, p. 13 (tradução livre).

humana não só o potencial de servir de instrumento interpretativo, mas também como fundamento para a extração e criação de novos direitos fundamentais.

Nesse sentido, o **Supremo Tribunal Federal** vem, gradativamente, utilizando-se cada vez mais da dignidade da pessoa humana não só como vetor interpretativo, mas mesmo como uma regra apta à solução de conflitos. A análise de dois acórdãos é esclarecedora quanto a essa evolução de entendimento.

Em 2008, no julgamento do HC 87.676/ES, o STF, ao analisar o excesso de prazo em uma prisão preventiva, valeu-se do postulado da dignidade da pessoa humana como reforço argumentativo e interpretativo. Afirmou-se, na ocasião, que a duração prolongada, abusiva e irrazoável da prisão cautelar do réu, sem julgamento da causa, violava o art. 5º, LVVVIII, da CF/88 e a dignidade da pessoa humana, consubstanciando-se em constrangimento ilegal[38].

Três anos depois, o Supremo Tribunal Federal valeu-se da dignidade da pessoa humana de forma mais intensa e como critério de solução do caso em si. No julgamento da ADI 4.277, o Tribunal Pleno conferiu interpretação conforme ao art. 1.723 do Código Civil para reconhecer à união homoafetiva o *status* de família chancelada em nosso ordenamento jurídico. Para os fins do presente trabalho, é preciso destacar que não só o termo dignidade aparece 105 (cento e cinco) vezes no acórdão, mas que os Ministros extraíram da dignidade da pessoa humana (art. 1º, III, da CF/88) o direito à liberdade sexual, reconhecendo a todos a terem assegurados o direito à preferência sexual e à busca da felicidade[39].

3. OBJETIVOS DA REPÚBLICA FEDERATIVA DO BRASIL

Os objetivos da República Federativa do Brasil estão previstos no artigo 3º da Constituição de Federal de 1988 e se consubstanciam em normas dirigentes, ou seja, normas que pré-determinam um estado de coisas a ser alcançado prioritariamente pelos poderes constituídos.

São eles:

i. **construir uma sociedade livre, justa e solidária;**
ii. **garantir o desenvolvimento nacional;**
iii. **erradicar a pobreza e a marginalização e reduzir as desigualdades sociais e regionais;**
iv. **promover o bem de todos, sem preconceitos de origem, raça, sexo, cor, idade e quaisquer outras formas de discriminação.**

---

38. STF, Segunda Turma, HC 87.676/ES, Rel. Min. Cezar Peluso, j. 6.5.2008.

39. STF, Tribunal Pleno, ADI 4.277, Rel. Min. Ayres Brito, j. 5.5.2011.

4. PRINCÍPIOS DA REPÚBLICA FEDERATIVA DO BRASIL NAS RELAÇÕES INTERNACIONAIS

Por fim, temos ainda o artigo 4º da CF/88. Esse dispositivo constitucional elenca os **princípios ordenadores das relações internacionais.** Trata-se de diretrizes fixadas para a atuação no âmbito externo da República Federativa do Brasil, que deverá observá-los sempre que se relacionar com outros Estados Nacionais ou com organismos internacionais.

São princípios reitores das relações internacionais:

i. **independência nacional;**
ii. **prevalência dos direitos humanos;**
iii. **autodeterminação dos povos;**
iv. **não intervenção;**
v. **igualdade entre os Estados;**
vi. **defesa da paz;**
vii. **solução pacífica dos conflitos;**
viii. **repúdio ao terrorismo e ao racismo;**
ix. **cooperação entre os povos para o progresso da humanidade;**
x. **concessão de asilo político.**

PARTE III: Organização Político-Administrativa

CAPÍTULO 7

FORMAS DE ESTADO

1. INTRODUÇÃO

Dalmo de Abreu Dallari conceitua o **Estado** como a ordem jurídica soberana que tem por fim o bem comum de um povo situado em determinado território.[1] Tal conceito tem o mérito de agrupar os três elementos que compõem o Estado: i) **soberania**; ii) **povo**; e iii) **território**.

O **território**, que pode ser definido como o limite espacial dentro do qual o Estado exerce de modo efetivo e exclusivo o poder de império sobre pessoas e bens[2], é o ponto de partida do estudo a organização do Estado.

Ao estudarmos a organização de um determinado Estado buscamos perscrutar qual é a **forma de Estado** por ele adotada, ou seja, buscamos investigar **como o poder político é distribuído pelo território**.

2. TIPOLOGIA DAS FORMAS DE ESTADO

Um certo **grau de centralização** do poder faz parte da própria concepção de Estado Moderno. Afinal, ele surge justamente da busca por uma unidade, que se

---

1. DALLARI, Dalmo de Abreu. Elementos da Teoria Geral do Estado. 28ª ed., São Paulo: Saraiva, 2009, p. 119.
2. SILVA, José Afonso da. Curso de direito constitucional positivo. 42ª ed., rev. e atual, São Paulo: Malheiros, 2019, p. 100.

concretiza na afirmação de um poder soberano. Por outro lado, na prática, não é possível que exista um Estado em que não haja algum **grau de descentralização** do poder, já que ela é necessária para que as suas funções sejam exercidas a contento.

A presença em todos os Estados dessa dicotomia, muito bem apontada por Manoel Gonçalves Ferreira Filho[3], não impede que os **classifiquemos**, de acordo com a maior ou menor concentração espacial de poder, em **três diferentes grupos**: i) Estados unitários; ii) Estados Regionais; e iii) Estados Federais.

Historicamente, a forma de Estado mais comum é o **Estado unitário**. Também conhecida como estado "**Estado simples**", essa forma de Estado é caracterizada pela **concentração** do poder sobre o território, bens e pessoas **em um único centro**.

O poder político central, nos Estados unitários, **pode perfeitamente descentralizar** atividades (administrativa, legislativa e política) em seu território. Ainda que assim o faça, ele mantém as atividades descentralizadas sob **seu controle e supervisão**. Além disso, a opção por ampliar, restringir ou até mesmo suprimir essa descentralização é **discricionária**, não contando os centros de poder atomizados com qualquer garantia em face da vontade central.

Alguns autores, como Pedro Lenza[4], **subdividem**, com base no grau de descentralização, a categoria de Estado unitário em três: i) **Estado unitário puro**, em que há absoluta centralização do exercício do poder; ii) **Estado unitário descentralizado administrativamente**, em que a execução das decisões políticas tomadas pelo poder central é descentralizada; e iii) **Estado unitário descentralizado administrativa e politicamente**, em que há certa autonomia para a implementação do comando central.

Embora a centralização de poder em um único centro político ainda seja a regra no mundo, no último século verifica-se uma **tendência de descentralização** do poder político, passando-se a conferir uma maior autonomia às instâncias de poder local.[5]

Tal tendência fundamenta-se, basicamente, em **dois pilares**.[6]

---

3. FERREIRA FILHO, Manoel Gonçalves. Curso de direito constitucional. 40. ed. São Paulo: Saraiva, 2015, p. 80-81.

4. LENZA, Pedro. Direito constitucional esquematizado, 22ª ed., São Paulo: Saraiva Educação, 2018, p. 480-481.

5. Essa tendência é muito bem percebida pela professora Ana Paula de Barcellos. Ver BARCELLOS, Ana Paula de. Curso de direito constitucional. Rio de Janeiro: Forense, 2018, P. 211-212.

6. Dircêo Torrecillas Ramos, em crítica ao Estado unitário, afirma: "Embora haja em todo tipo de Estado uma certa centralização esta é muito pequena no Estado Unitário e significa lentidão das decisões e afastamento entre quem governa e os que são governados.", ver RAMOS, Dircêo Torrecillas. O federalismo assimétrico. 2ª ed. Rio de Janeiro: Forense, 2000, p. 56.

O primeiro é o reconhecimento de que a descentralização é instrumento de **eficiência governamental.** Com efeito, os entes locais (municípios, regiões, províncias etc.) estão mais próximos das pessoas, podendo captar com maior facilidade suas necessidades concretas. No mais, a remessa de toda e qualquer questão ao poder central gera um inevitável atraso na tomada e na implementação das decisões.

O segundo fundamento para uma maior descentralização deita raízes na velha máxima de que a **divisão do poder** – no caso, a divisão territorial – é a melhor forma de **limitá-lo.** Sabemos que a concentração de poder, em regra, facilita a ocorrência abusos. Além disso, a proximidade entre governantes e governados intensifica o controle social que é exercido por estes sobre aqueles.

Uma das fórmulas de descentralização do poder é a instituição de um **Estado regional.** Nele, a própria **constituição** assegura um espaço de autonomia às regiões, que não pode ser suprimido pelo ente central. Caberá, todavia, ao **poder central** a **delimitar concretamente** essa autonomia.

A grande **diferença** entre as figuras do Estado unitário e do Estado regional é que naquele é possível que o ente central suprima toda a autonomia dos entes locais, chamando para si todas as atribuições administrativas, legislativas e políticas. Já nos Estados regionais, ainda que caiba ao ente central determinar em concreto quais atribuições serão conferidas às regiões, a supressão completa dessa autonomia não é possível, posto que constitucionalmente vedada.

Em razão dessa situação híbrida – o Estado regional está no meio do caminho entre um Estado unitário e um Estado federal –, muitos autores tratam dessa forma de descentralização espacial do poder político como uma subcategoria de Estado unitário. Assim, não é rara a adoção dos termos "**Estado unitário politicamente descentralizado**" e "**Estado unitário constitucionalmente descentralizado**" para se referir ao fenômeno.

Por fim, o maior nível de descentralização ocorre nos **Estados federais.**

Essa forma de Estado originou-se nos **Estados Unidos da América.** Com a Proclamação da Independência norte-americana, ocorrida em 1776, cada uma das treze colônias intitulou-se um novo Estado soberano. Poucos anos depois, em 1781, os novos Estados celebraram entre si um tratado (Artigos da Confederação), por meio do qual se formou uma confederação que tinha por finalidade a proteção mútua contra as ameaças externas – notadamente aquelas provenientes da ex-metrópole.

A **confederação** caracteriza-se como uma forma de união de Estados em que não há um poder político único e centralizado, mantendo cada Estado confederado a sua soberania. Não há, portanto, uma ordem jurídica interna una, concentrando-se as atividades da confederação no **âmbito externo.**

Como era possível que qualquer uma das ex-colônias britânicas se retirarem do pacto a qualquer momento, o vínculo confederativo mostrou-se frágil. É nesse contexto que Alexander Hamilton, John Jay e James Madison, buscando manter a união das ex-Treze Colônias, vislumbraram a forma federalista de Estado.

Em 1787, com a promulgação da Constituição dos Estados Unidos, as Treze Colônias unificaram-se em um único Estado. Formou-se um **único Estado**, soberano, dentro do qual coexistem um **ente central** e diversos **entes locais**, todos dotados de **autonomia**. Os entes locais, antes soberanos, mantiveram diversas competências, inclusive legislativas, mas não tinham mais o direito de secessão.

No **Estado federal**, também nomeado por alguns autores de **Estado composto**, há, portanto, uma **descentralização territorial do poder político**. Nele, convivem uma multiplicidade de organizações governamentais dotadas de **autonomia**. As competências e atribuições são delimitadas, aprioristicamente, pela própria constituição.

Quadro esquemático das formas de Estado:

Estado unitário	• Concentração territorial do poder político no ente central. • Pode haver delegação de competências e atribuições pelo governo central, mas ela é discricionária e pode ser ampliada, reduzida ou suprimida a qualquer momento.
Estado regional	• O poder político está constitucionalmente descentralizado. • Cabe ao governo central determinar, discricionariamente, o que será ou não descentralizado. Todavia, não pode haver a supressão de todas as atribuições, já que a própria constituição garante algum nível de divisão espacial de poder.
Estado federal	• O poder político está constitucionalmente descentralizado. • A própria constituição faz a divisão de competências e atribuições, de modo que a cada unidade federativa é reconhecida autonomia.

3. ESTADO FEDERAL

A. Características

Dalmo de Abreu Dallari aponta como **características** da forma de Estado federalista:[7]

7. DALLARI, Dalmo de Abreu. Elementos da Teoria Geral do Estado. 28ª ed., São Paulo: Saraiva, 2009, p. 258-259.

i) **Existência de um único Estado.** Em uma federação, ainda que os entes locais recebam o nome de "Estados", como acontece nos Estados Unidos e no Brasil, há somente um único Estado composto por um ente central e vários entes locais.

ii) **A constituição é a base jurídica.** Diferentemente do que ocorre em uma confederação, em que a base jurídica da união é um tratado, nos Estados federais o elemento jurídico unificador é a constituição.

iii) **Inexistência do direito de secessão.** Independentemente de previsão expressa na constituição, os entes federados não podem retirar-se legalmente do Estado.

iv) **Somente o Estado Federal tem soberania.** Os entes federados não possuem soberania, mas tão somente autonomia política. Isso significa que o poder político dos entes da federação está constitucionalmente limitado.

v) **Não há hierarquia entre os entes federados.** Não há, em um Estado federal, a prevalência do ente central sobre os entes locais. O que há é uma **divisão de competências**, esquadrinhada na própria constituição, que deve ser respeitada.

vi) **Repartição de receitas.** Para garantir a autonomia e individualidade de cada ente federado, a constituição prevê receitas próprias para cada um deles. A razão é simples: se os entes locais dependessem exclusivamente de repasses do ente central, a autonomia constitucionalmente garantida poderia se tornar mera previsão formal.

vii) **Direito de participação dos entes locais na formação de vontade do ente central e o do ente global.** Em regra, tal participação ocorre por meio da previsão de um Poder Legislativo bicameral no ente central, cabendo ao Senado ser o órgão de representação dos entes locais.

viii) **Cidadania única.** Os cidadãos do Estado federal possuem a mesma cidadania, não havendo a coexistência de cidadanias – por exemplo, não é possível estabelecer uma cidadania carioca ou paulista. Isso significa que não pode haver tratamento diferenciado entre pessoas que nasceram ou residem nos diferentes entes federados.

B. Tipologia do federalismo

O federalismo, ainda que mantenha suas características, pode se manifestar de diversas formas na prática. Em razão disso, é possível classificá-lo a partir de diversos critérios.

▶ **Quanto à origem:**

a. **Federalismo por agregação**: É aquele em que o Estado federal é formado por meio de um movimento **centrípeto**. Aqui, diversos Estados independentes optam por reunirem-se e formar um novo Estado. Para tanto, abrem mão de sua soberania e passam a deter tão somente autonomia.

O grande exemplo de federalismo por agregação é o caso dos Estados Unidos da América. Podemos citar ainda a Suíça.

b. **Federalismo por desagregação**: O federalismo por desagregação, ao contrário, é aquele em que é formado historicamente por meio de um movimento **centrífugo**. É dizer: um único Estado unitário opta, em determinado momento, por descentralizar-se. Criam-se, assim, diversos entes locais dotados de autonomia.

O Brasil é um exemplo desse federalismo, uma vez que se formou como um Estado unitário após a declaração de independência, vindo a se tornar uma federação somente com o advento da Constituição de 1891.

▶ **Quanto à repartição das competências:**

a. **Federalismo dualista**: Neste modelo de federalismo, as competências são repartidas entre os entes federativos de **forma estanque**. Não há, aqui, a previsão de competências comuns ou concorrentes, não se estabelecendo uma relação de cooperação, mas sim de **coordenação**. Dircêo Torrecillas Ramos aponta que esse tipo de dualismo foi concebido nos séculos XVIII e XIX e dele decorria a repartição horizontal de competências, com a previsão de tributos exclusivos.[8]

b. **Federalismo de cooperação**: É aquele em que a constituição prevê, ao lado das competências exclusivas e privativas, a existência de competências concorrentes e comuns entre os entes federados. Nessas matérias, faz-se necessária uma atuação conjunta entre as diversas esferas de poder estatais.

O Brasil, em sua Constituição de 1988, adotou o federalismo cooperativo - ver artigos 23 e 24 da CF/88.

▶ **Quanto à simetria:**

a. **Federalismo simétrico**: Diz-se simétrico aquele federalismo em que a distribuição de competências feitas pela constituição **prestigia igualmente**

8. RAMOS, Dircêo Torrecillas. O federalismo assimétrico. 2ª ed. Rio de Janeiro: Forense, 2000, p. 48.

os diversos entes federativos de mesmo nível. Ocorre quando as regiões que integram o Estado são **culturalmente homogêneas**, contando com um nível de **desenvolvimento similar.**

É o caso, por exemplo, dos Estados Unidos da América.

b. **Federalismo assimétrico**: No federalismo assimétrico, a constituição federal trata de **maneira diversa** entes federativos que estão no mesmo nível. Isso ocorre em situações em que há **diferenças culturais e econômicas** dentro de um mesmo território, sendo necessária uma flexibilização no modelo federalista para que esses pontos de distinção sejam bem acomodados.

Um bom exemplo de federalismo assimétrico é o caso da Suíça, que é composta por vinte e seis cantões que, ainda que mantenham alguma proximidade cultural e econômica, diferenciam-se em diversos aspectos, como, por exemplo, a língua – são quatro as línguas oficiais: o alemão, o francês, o italiano e o "romanche".

Observação: A **Constituição de 1988** adotou, no Brasil, um **federalismo simétrico**. Com efeito, foram previstas as mesmas competências entre os entes federados de mesmo nível – as competências dos Estados-membros estão previstas no artigo 25 da CF/88 e são iguais entre eles, da mesma forma em que os Municípios possuem as mesmas competências (artigo 30 da CF/88).

Há, no entanto, alguma **mitigação**. Em diversos dispositivos espalhados pelo texto constitucional reconhece-se que existem diferenças entre as regiões brasileiras de modo a equacioná-las (ver os artigos 3º, inciso III; 43; 151, inciso I e 159, inciso I, alínea "c", todos da CF/88).

Apesar dessas regras, parcela da doutrina afirma que há um **erro de simetria** em nosso federalismo, pois o Brasil, pelas suas dimensões continentais e, principalmente, por suas diferenças socioeconômicas, demandaria um tratamento constitucional mais assimétrico.[9]

▶ Quanto à estrutura:

a. **Federalismo típico**: Também conhecido como federalismo **bipartide** ou **bidimensional**, é aquele formado por duas ordens de competência: a central e as regionais. É o mais frequente, podendo citar-se como exemplo os Estados Unidos da América.

9. ZIMMERMAN, Augusto. Curso de direito constitucional. 2ª ed. Rio de Janeiro: Lumen Juris, 2000, p. 392.

b. **Federalismo atípico**: É chamado também de **tripartite** ou **tridimensional**. Nele, além da descentralização do todo, característica do federalismo, há a **descentralização das partes**. Em vez das tradicionais duas ordens de competência, temos **três**: a central, as regionais e as locais.

O exemplo é o caso do Brasil a partir da Constituição de 1988.

> **Observação**: O professor Manoel Gonçalves Ferreira Filho, ao tratar da tríplice estrutura do Estado brasileiro, que conta com a União, os Estados-membros e os Municípios como entes federativos, afirma que a Constituição de 1988 consagra um **federalismo de segundo grau**. Isso porque, argumenta o ilustre professor paulista, o poder de auto-organização dos Municípios está submetido tanto aos preceitos da Constituição Federal, quanto aos preceitos da Constituição do respectivo Estado-membro.[10]

- **Quanto à concentração de poder:**

a. **Federalismo centralizador:** É aquele que possui como característica uma maior concentração de poder no ente central, em detrimento dos entes regionais e locais. Embora haja um destaque para o ente central, isso não é suficiente para afastar a autonomia dos demais entes, que possuem competências administrativas, legislativas e políticas previstas expressamente na constituição – do contrário, sequer seria possível falar em Estado federal.

O Brasil é comumente citado como exemplo de federalismo centralizador.

> **Observação 1**: Quando há uma concentração acentuada de poder político no ente central e consequentemente um largo enfraquecimento da autonomia dos demais entes, temos o chamado **federalismo de integração**.[11]

> **Observação 2**: Outro modelo em que há uma presença marcante do ente federal é o **federalismo orgânico**. O termo é cunhado por Augusto Zimmermann. Segundo o autor, ele ocorre quando a constituição disciplina

10. FERREIRA FILHO, Manoel Gonçalves. Curso de direito constitucional. 40. ed. São Paulo: Saraiva, 2015, p. 88.

11. Dircêo Torrecillas Ramos afirma que: "Essa modalidade acentua os traços do federalismo cooperativo, mas conduz mais a um Estado unitário descentralizado constitucionalmente, do que a um verdadeiro Estado federal.", ver RAMOS, Dircêo Torrecillas. O federalismo assimétrico. 2ª ed. Rio de Janeiro: Forense, 2000, p. 48.

de maneira minuciosa como as unidades federativas devem se organizar, deixando uma margem irrisória de autonomia para elas se auto-organizarem.[12]

b. **Federalismo descentralizador:** É aquele marcado pela maior autonomia dos entes regionais e locais, aos quais são conferidas mais competências legislativas, administrativas e políticas.

   Os Estados Unidos da América podem ser citados como um exemplo de federalismo descentralizador.

c. **Federalismo de equilíbrio:** O federalismo de equilíbrio é expressão cunhada por Dircêo Torrecillas Ramos para designar um tipo de federalismo que se encontra no meio do caminho entre o centralizador e o descentralizador. Enquanto estes modelos buscam priorizar ou o ente central ou os entes regionais, no federalismo de equilíbrio busca-se o **reforço das instituições federativas** para que todos os entes federados se desenvolvam de maneira uniforme e detenham **igual parcela de poder político.**[13]

C. Autonomia dos entes federativos

Os entes federativos, vimos, não são dotados de soberania, mas sim de autonomia.

A **soberania** é o poder de organizar-se juridicamente e fazer valer dentro de seu território a universalidade de suas decisões para a realização do bem comum.[14] Tem por características a indivisibilidade, inalienabilidade e a imprescritibilidade. Cuida-se de um poder que não está condicionado por nenhum outro, seja de ordem interna ou de ordem externa.

A **autonomia**, por outro lado, é a capacidade de auto-organização, autogoverno e autoadministração conferida aos entes federativos. Diferentemente da soberania, está condicionada por limites previstos na constituição.

12. TAVARES, André Ramos. Curso de Direito Constitucional. 16ª ed. São Paulo: Saraiva Educação 2018, p. 855.

13. Nas palavras do autor: "o federalismo pra alcançar o sucesso desejado requer um equilíbrio de população, de riqueza, de território e de poder. Quando ocorre disparidades, estas devem ser corrigidas.", RAMOS, Dircêo Torrecillas. O federalismo assimétrico. 2ª ed. Rio de Janeiro: Forense, 2000, p. 53.

14. REALE, Miguel. Teoria do direito e do estado. 5ª ed. São Paulo: Saraiva, 2000, p. 140.

A **auto-organização** é o poder que o ente federado tem de **editar sua própria constituição** e, assim, organizar a sua estrutura – órgãos, entidades etc. No caso dos Municípios, a auto-organização se manifesta na edição de sua lei orgânica própria.

A auto-organização é tão importante para a configuração da autonomia, que André Ramos de Tavares adverte:

> "Constata-se a autonomia, especialmente, pela admissibilidade de Constituições elaboradas pelos próprios entes federativos.
>
> A auto-organização de cada entidade é imprescindível para a existência do federalismo. A circunstância de respeitar certos princípios obrigatórios não impede que se reconheça essa autonomia. É preciso, contudo, encontrar um justo equilíbrio entre a necessária autonomia e a necessária unidade".[15]

O **autogoverno**, por sua vez, é o poder que o ente federado tem de escolher seus próprios representantes, preenchendo a estrutura criada na constituição ou lei orgânica respectiva.

A **autoadministração**, por fim, é o poder que o ente federado tem de gerir e desenvolver suas competências constitucionalmente previstas, ou seja, de gerir seus bens, dar execução às suas leis e organizar e prestar os serviços a eles atribuídos.

Parcela minoritária da doutrina adiciona aos três predicados clássicos da autonomia, um quarto: a **autolegislação**, que é o poder de editar, dentro das competências que lhe foram atribuídas pela constituição, as próprias leis. [16]

Em um Estado que adote o modelo federalista, a soberania é exercida pelo **Estado Federal**, enquanto os entes federativos (no caso brasileiro, a União, Estados-membros e Municípios) possuem autonomia para exercer as suas competências constitucionalmente previstas.

---

15. TAVARES, André Ramos. Curso de Direito Constitucional. 16ª ed. São Paulo: Saraiva Educação 2018, p. 859.

16. Nesse sentido: NOVELINO, Marcelo. Curso de direito constitucional. 12ª ed. rev. ampl. e atual. Salvador: Ed. Juspodivm, 2017, p. 550.

O ESTADO FEDERAL BRASILEIRO

1. INTRODUÇÃO

O Brasil adota o federalismo como forma de Estado desde a edição do **Decreto n.º 1 de 15 de novembro de 1889**, que em seu artigo 2º previu: "*As Províncias do Brazil, reunidas pelo laço da federação, ficam constituindo os Estados Unidos do Brazil*". É, contudo, com a promulgação da **Constituição de 1891** que o federalismo se **consolida**, vindo a ser reproduzido em todas as constituições subsequentes.

Na **Constituição de 1988**, o **artigo 1º** dispõe que: "*A República Federativa do Brasil, formada pela união indissolúvel dos Estados e Municípios e do Distrito Federal, constitui-se em Estado Democrático de Direito e tem como fundamentos: (...)*".

Tal disposição é complementada pelo **artigo 18**, que afirma que: "*A organização político-administrativa da República Federativa do Brasil compreende a União, os Estados, o Distrito Federal e os Municípios, todos autônomos, nos termos desta Constituição*".

Assim, são componentes do Estado Federal brasileiro: a União Federal, os Estados, os Municípios e o Distrito Federal.

Desde logo deve-se fazer um importante apontamento. Alguma dúvida poderia surgir se a "**união indissolúvel**" do artigo 1º da CF/88 e a "**União**" do artigo 18 da CF/88 são expressões linguísticas que se referem a uma mesma realidade.

Embora o constituinte originário tenha se valido da expressão "união indissolúvel" com letra minúscula no primeiro caso, não há dúvidas de que **ambos os**

dispositivos se referem à União Federal, ente central do Estado Federal brasileiro. A opção pela letra minúscula no artigo 1º, como bem aponta José Afonso da Silva, é mero apego à tradição constitucional brasileira, que, desde o Decreto n.º 1 de 1889, se vale dessa mesma fórmula apresentada no *caput* do artigo 1º.[1]

Os entes federativos não possuem o direito de secessão, de modo que não lhes é dado a possibilidade de se desvincularem da Federação, como sói ocorrer em um Estado federal. O próprio *caput* do artigo 1º da CF/88 prevê expressamente o **princípio da indissolubilidade do vínculo federativo**.

O art. 19 da CF/88 estabelece algumas **vedações** aos componentes da Federação brasileira, com a finalidade de manter a unidade e integridade necessárias entre os eles.

No inciso I do art. 19 da CF/88, o constituinte **vedou** aos entes federados a adoção de uma **religião oficial**, sendo-lhes proibido estabelecer, manter, subvencionar ou embaraçar o funcionamento de cultos religiosos ou igrejas. O Brasil constituiu-se, portanto, em um **Estaco laico**.

É importante perceber que a laicidade estatal é uma via de mão dupla, pois ao Estado não será possível tornar-se dependente de uma religião especifica, privilegiando-a; como também às religiões respeito, não podendo intervir e prejudicar o seu funcionamento.

Nesse sentido, nosso Estado não é – e não pode ser – ser ateu ou refratário às religiões, devendo tão somente manter-se em uma posição de **neutralidade** em relação a elas. Tanto isso é verdade que, em casos de interesse público, a lei poderá autorizar e regular a colaboração dos entes federados com as religiões.

O art. 19, II, da CF/88 **impede** que os entes federados **recusem fé aos documentos públicos**. Desse modo, uma entidade da federação não poderá negar autenticidade a um documento emitido, reconhecido ou garantido por outra entidade, já que a fé pública é nacional.

Por fim, o art. 19, III, da CF/88 impede que a União, os Estados, o Distrito Federal e os Municípios criem distinções entre brasileiros ou preferências entre si. Assim, os entes federados deverão se tratar como iguais, assim como não podem criar vantagens ou impor desvantagens aos brasileiros naturais de outro ente.

---

1. SILVA, José Afonso da. Comentário contextual à constituição. 9ª ed. São Paulo: Malheiros, 2014, p. 35-36.

2. TÉCNICAS DE REPARTIÇÃO DE COMPETÊNCIAS

A repartição de competências entre os entes federativos, vimos, é **característica essencial** da forma de Estado federativa. Somente com a previsão constitucional das competências de cada um dos núcleos espaciais de poder é possível garantir uma atuação autônoma, sem que um ente se imiscua na esfera do poder do outro.

Essa característica, todavia, pode manifestar-se mediante a utilização de **diferentes técnicas** pelo poder constituinte.

Fernanda Dias Menezes de Almeida[2] subdivide-as em:

a) **Técnica de repartição horizontal**: também conhecida como **técnica norte-americana** ou como **modelo clássico** de repartição de competências, a técnica da repartição horizontal é aquela segundo a qual as competências da **União** são **enumeradas** no texto constitucional, cabendo aos **Estados-membros** as **competências remanescentes** (**competência residual**). Há uma separação radical de competências, pois as matérias são distribuídas **exclusivamente a cada ente da federação.**

   Segundo Almeida, são exemplos de países que adotaram essa técnica em suas constituições os Estados Unidos (1789), a Argentina (1994), a Venezuela (1999), o México (1917), a Suíça (1999) e a Rússia (1993).[3]

b) **Técnica de repartição vertical**: também conhecida como **modelo moderno** de repartição de competências, ela é própria do federalismo cooperativo. Por meio dessa técnica, **atribui-se o exercício de uma mesma matéria a diferentes entes federativos,** de modo que a competência é **exercida por mais de um ente da federação, em níveis diferentes**. No âmbito legislativo, atribuem-se **competências concorrentes**, cabendo a um dos entes a edição de normas gerais sobre a matéria, enquanto aos demais caberá a competência de editar normas específicas. No âmbito administrativo, por sua vez, fala-se em **competência comum**, de modo que os entes federativos devem atuar em conjunto, de forma coordenada, para a execução das atividades a eles atribuídas.

   A Constituição alemã de 1919 e a Constituição austríaca de 1919 são exemplos de textos constitucionais que adotaram a repartição vertical de competências.

---

2. ALMEIDA, Fernanda Dias Menezes de. Competências na Constituição 1988. 6ª ed. São Paulo: Atlas, 2013, p. 32-44.

3. *Ibidem*, p. 32-34.

c) **Técnica de repartição mista**: de acordo com essa técnica, há um convívio entre as duas técnicas anteriores, de modos que são previstas competências exclusivas ou privativas para o ente central e os entes regionais e, também, competências concorrentes ou comuns. Fernanda Dias Menezes de Almeida cita, como exemplos de constituições que adotaram essa técnica, a Constituição indiana de 1950 e a Constituição alemã de 1949.[4]

A **Constituição de 1988** é um exemplo da tendência contemporânea em **misturar** as diversas técnicas de repartição de competência, tendo sido estabelecidas **competências exclusivas** (artigo 21 da CF/88), **competências privativas** (artigo 22 da CF/88), **competências comuns** (artigo 23 da CF/88) e **competências concorrentes** (artigo 24 da CF/88).

Nas palavras de Fernanda Dias Menezes de Almeida:

> "não é difícil identificar no modelo adotado pela Constituição brasileira de 1988 a combinação de praticamente tudo que já se experimentou na prática federativa. Estruturou-se, com efeito, um sistema complexo em que convivem privativas, repartidas horizontalmente, com competências concorrentes, repartidas verticalmente, abrindo-se espaço também a participação das ordens parciais na esfera de competências própria da ordem central, mediante delegação".[5]

Em regra, o vetor principal para distribuí-las adotado foi a **preponderância do interesse**. Desse modo, à **União** foram conferidas as competências relacionadas aos assuntos de **interesse nacional e preponderantemente geral**; aos **Estados-membros**, as competências ligadas ao **interesse regional**; e aos **Municípios**, as competências atreladas ao **interesse local**.

3. ENTES FEDERATIVOS BRASILEIROS

A. União Federal

A.1. Conceito

A **União Federal** é a pessoa jurídica de direito público **interno** formada pela agregação das demais partes que compõem a Federação, que, no caso brasileiro, são os Estados-membros, os Municípios e o Distrito Federal.

4. Ibidem, p. 36-40.
5. *Ibidem*, p. 58.

Embora de seu conceito possa parecer que a União se confunde com a figura do Estado Federal, vimos que isso não é verdadeiro. A União Federal é ente federativo, dotado de **autonomia**. Ainda que ocupe o papel de **ente central** e que represente o Estado Federal no âmbito das relações externas, com ele não se confunde. A **República Federativa Brasileira** que é uma pessoa jurídica de direito público **internacional**, dotada de **soberania** e composta por todos os entes federados, entre eles a União Federal.

A.2. Bens da União

O **artigo 20 da Constituição de 1988** enumera como bens da União:

i. os que atualmente lhe pertencem e os que lhe vierem a ser atribuídos;

ii. as terras devolutas indispensáveis à defesa das fronteiras, das fortificações e construções militares, das vias federais de comunicação e à preservação ambiental, definidas em lei;

iii. os lagos, rios e quaisquer correntes de água em terrenos de seu domínio, ou que banhem mais de um Estado, sirvam de limites com outros países, ou se estendam a território estrangeiro ou dele provenham, bem como os terrenos marginais e as praias fluviais;

iv. as ilhas fluviais e lacustres nas zonas limítrofes com outros países; as praias marítimas; as ilhas oceânicas e as costeiras, excluídas, destas, as áreas referidas no art. 26, II;

v. as ilhas fluviais e lacustres nas zonas limítrofes com outros países; as praias marítimas; as ilhas oceânicas e as costeiras, excluídas, destas, as que contenham a sede de Municípios, exceto aquelas áreas afetadas ao serviço público e a unidade ambiental federal, e as referidas no art. 26, II;

vi. os recursos naturais da plataforma continental e da zona econômica exclusiva;

vii. o mar territorial;

viii. os terrenos de marinha e seus acrescidos;

ix. os potenciais de energia hidráulica;

x. os recursos minerais, inclusive os do subsolo;

xi. as cavidades naturais subterrâneas e os sítios arqueológicos e pré-históricos;

xii. as terras tradicionalmente ocupadas pelos índios.

Essa enumeração feita pelo artigo 20 da CF/88, no entanto, **não é taxativa.** José dos Santos Carvalho Filho alerta, neste ponto, que essa previsão constitucional serve de partilha básica de alguns bens de caráter especial[6]. É também nesse contexto que Almiro do Couto e Silva afirma que o único interesse prático do inciso I do artigo 20 da CF/88 é esclarecer que a lista dos bens da União não é exaustiva.[7]

A relação de bens da União prevista na Constituição Federal de 1988 baseou-se em **quatro critérios:**

a) **Segurança nacional**: em razão desse critério, são bens da União as terras devolutas necessárias à defesa das fronteiras e fortificações e construções militares (inciso II), os lagos e rios limítrofes com outros países (inciso III), o mar territorial (inciso VI) e os terrenos de marinha e seus acrescidos (inciso VII).

b) **Proteção à economia do país**: em virtude da especial relação com a economia do país como um todo, o constituinte optou por atribuir à União a plataforma continental e a zona econômica exclusiva (inciso V), os potenciais de energia hidráulica (inciso VIII) e os recursos minerais, inclusive os do subsolo (inciso IX).

c) **Interesse público nacional**: esse critério é a razão pela qual são bens federais as vias federais de comunicação e as terras devolutas necessárias à preservação ambiental (inciso II), as cavidades naturais subterrâneas e os sítios arqueológicos e pré-históricos (inciso X) e as terras tradicionalmente ocupadas pelos índios (inciso XI).

d) **Extensão do bem**: com base nesse quarto critério, o constituinte estipulou que os lagos e rios que banhem mais de um Estado são bens da União (inciso III).

A.3. Competências da União

A União Federal ficou bem aquinhoada na partilha de competências feita pela Constituição de 1988. A ela foram atribuídas: a) competências materiais exclusivas (artigo 21 da CF/88); b) competências legislativas privativas (artigo 22 da CF/88); c) competências materiais comuns (artigo 23 da CF/88); e d) competências legislativas concorrentes (artigo 24 da CF/88).

---

6. CARVALHO FILHO, José dos Santos. Manual de Direito Administrativo. 33ª ed. São Paulo: Atlas, 2019, p. 1.228.

7. COUTO E SILVA, Almiro do. Da União. *In*: CANOTILHO, J.J. Gomes et al. Comentários à Constituição do Brasil. 1ª ed. São Paulo: Saraiva/Almedina, 2013, p. 715.

As **competências materiais** consistem na capacidade jurídica de executar atividades de conteúdo individual e concreto voltadas à satisfação do interesse público.[8]

A **competência material exclusiva** da União está prevista, precipuamente, no **artigo 21 da CF/88**, embora seja possível encontrar, ao longo do texto constitucional, outros dispositivos que atribuam com exclusividade competências administrativas à União, como é o caso, por exemplo, do artigo 184 da CF/88.

Diz-se exclusiva porque **somente a União poderá exercê-la**, sendo vedado qualquer tipo de delegação aos demais entes federativos.

O artigo 21 da CF/88 preceitua que **compete à União**:

i) manter relações com Estados estrangeiros e participar de organizações internacionais;

ii) declarar a guerra e celebrar a paz;

iii) assegurar a defesa nacional;

iv) permitir, nos casos previstos em lei complementar, que forças estrangeiras transitem pelo território nacional ou nele permaneçam temporariamente;

v) decretar o estado de sítio, o estado de defesa e a intervenção federal;

vi) autorizar e fiscalizar a produção e o comércio de material bélico;

vii) emitir moeda;

viii) administrar as reservas cambiais do País e fiscalizar as operações de natureza financeira, especialmente as de crédito, câmbio e capitalização, bem como as de seguros e de previdência privada;

ix) elaborar e executar planos nacionais e regionais de ordenação do território e de desenvolvimento econômico e social;

x) manter o serviço postal e o correio aéreo nacional;

xi) explorar, diretamente ou mediante autorização, concessão ou permissão, os serviços de telecomunicações, nos termos da lei, que disporá sobre a organização dos serviços, a criação de um órgão regulador e outros aspectos institucionais;

xii) explorar, diretamente ou mediante autorização, concessão ou permissão: a) os serviços de radiodifusão sonora, e de sons e imagens; b) os serviços e instalações de energia elétrica e o aproveitamento energético dos cursos de água, em articulação com os Estados onde se situam os potenciais hidroenergéticos; c) a navegação aérea, aeroespacial e a infraestrutura aeroportuária; d) os serviços de transporte ferroviário e aquaviário entre

---

8. NOVELINO, Marcelo. Curso de direito constitucional. 12ª ed. rev. ampl. e atual. Salvador: Ed. Juspodivm, 2017, p. 575.

portos brasileiros e fronteiras nacionais, ou que transponham os limites de Estado ou Território; e) os serviços de transporte rodoviário interestadual e internacional de passageiros; f) os portos marítimos, fluviais e lacustres;

xiii) organizar e manter o Poder Judiciário, o Ministério Público do Distrito Federal e dos Territórios e a Defensoria Pública dos Territórios;

xiv) organizar e manter a polícia civil, a polícia penal, a polícia militar e o corpo de bombeiros militar do Distrito Federal, bem como prestar assistência financeira ao Distrito Federal para a execução de serviços públicos, por meio de fundo próprio;

xv) organizar e manter os serviços oficiais de estatística, geografia, geologia e cartografia de âmbito nacional;

xvi) exercer a classificação, para efeito indicativo, de diversões públicas e de programas de rádio e televisão;

xvii) conceder anistia;

xviii) planejar e promover a defesa permanente contra as calamidades públicas, especialmente as secas e as inundações;

xix) instituir sistema nacional de gerenciamento de recursos hídricos e definir critérios de outorga de direitos de seu uso;

xx) instituir diretrizes para o desenvolvimento urbano, inclusive habitação, saneamento básico e transportes urbanos;

xxi) estabelecer princípios e diretrizes para o sistema nacional de viação;

xxii) executar os serviços de polícia marítima, aeroportuária e de fronteiras;

xxiii) explorar os serviços e instalações nucleares de qualquer natureza e exercer monopólio estatal sobre a pesquisa, a lavra, o enriquecimento e reprocessamento, a industrialização e o comércio de minérios nucleares e seus derivados, atendidos os seguintes princípios e condições: a) toda atividade nuclear em território nacional somente será admitida para fins pacíficos e mediante aprovação do Congresso Nacional; b) sob regime de permissão, são autorizadas a comercialização e a utilização de radioisótopos para pesquisa e uso agrícolas e industriais; c) sob regime de permissão, são autorizadas a produção, a comercialização e a utilização de radioisótopos para pesquisa e uso médicos; d) a responsabilidade civil por danos nucleares independe da existência de culpa;

xxiv) organizar, manter e executar a inspeção do trabalho;

xxv) estabelecer as áreas e as condições para o exercício da atividade de garimpagem, em forma associativa;

xxvi) organizar e fiscalizar a proteção e o tratamento de dados pessoais, nos termos da lei.

Além das competências materiais exclusivas, o **artigo 23 da CF/88** prevê expressamente que a União Federal também possui **competências materiais comuns** aos Estados-membros e Municípios. Aqui, todos os entes da federação não só podem como devem atuar nessas matérias.

São elas:

i) zelar pela guarda da Constituição, das leis e das instituições democráticas e conservar o patrimônio público;
ii) cuidar da saúde e assistência pública, da proteção e garantia das pessoas portadoras de deficiência;
iii) proteger os documentos, as obras e outros bens de valor histórico, artístico e cultural, os monumentos, as paisagens naturais notáveis e os sítios arqueológicos;
iv) impedir a evasão, a destruição e a descaracterização de obras de arte e de outros bens de valor histórico, artístico ou cultural;
v) proporcionar os meios de acesso à cultura, à educação, à ciência, à tecnologia, à pesquisa e à inovação;
vi) proteger o meio ambiente e combater a poluição em qualquer de suas formas;
vii) preservar as florestas, a fauna e a flora;
viii) fomentar a produção agropecuária e organizar o abastecimento alimentar;
ix) promover programas de construção de moradias e a melhoria das condições habitacionais e de saneamento básico;
x) combater as causas da pobreza e os fatores de marginalização, promovendo a integração social dos setores desfavorecidos;
xi) registrar, acompanhar e fiscalizar as concessões de direitos de pesquisa e exploração de recursos hídricos e minerais em seus territórios;
xii) estabelecer e implantar política de educação para a segurança do trânsito.

A atuação de vários entes federativos em um mesmo feixe de competências, embora seja desejável sob a ótica contemporânea, pode acarretar alguns problemas. Em um extremo, pode ocorrer de os entes federativos, sabendo que os demais também são responsáveis por executarem aquela atividade, quedarem-se inertes. Em outro extremo, é possível que todos os entes atuem simultaneamente de forma desorganizada, provocando não só colisões, como desperdício de recursos.

Para tentar equacionar essas questões, o **artigo 23, parágrafo único, da CF/88** consigna que **leis complementares fixarão normas para a cooperação** entre a União e os Estados, o Distrito Federal e os Municípios, tendo em vista o equilíbrio do desenvolvimento e do bem-estar em âmbito nacional.

Tais normas de cooperação permitem o exercício **harmônico** da competência comum, além de garantir **maior segurança jurídica aos administrados.** A título de exemplo, não era incomum, antes da edição da LC n.º 140/11, que regulamentou a competência comum da União, dos Estados-membros, do Distrito Federal e dos Municípios relativa à proteção ao meio ambiente, que um mesmo administrado fosse multado por mais de uma esfera federativa em razão de uma única conduta poluidora.

Sobre o tema, o **Supremo Tribunal Federal** já decidiu que, ao reservar à lei complementar a disciplina da cooperação interfederativa, o artigo 23, parágrafo único, da CF/88 **não vedou** que União, Estados, Municípios e Distrito Federal recorram à **utilização de instrumentos negociais** para a racionalização e coordenação das suas atividades, em conformidade com a perspectiva consensual e pragmática da Administração Pública contemporânea em sua vertente gerencial. Logo, é perfeitamente constitucional que as entidades federadas celebrem **acordos entre si**, dentro de sua prerrogativa de autoadministração, para organizar os esforços de atuação nas matérias de competência comum.[9]

As **competências legislativas** consistem na capacidade política de editar normas primárias capazes de inovar no ordenamento jurídico.[10]

A **competência legislativa privativa** da União Federal está entabulada no artigo 22 da CF/88. Utiliza-se o termo "privativa" em vez de "exclusiva", pois o **parágrafo único do artigo 22 da CF/88** admite que a União **delegue** aos Estados-membros, mediante **lei complementar**, a competência para legislar sobre questões específicas das matérias relacionadas no artigo 22 da CF/88.

São três os **requisitos** para que essa **delegação** seja válida:

a) A delegação deverá ser realizada por meio de **lei complementar**.

b) Somente **questões específicas** podem ser delegadas, estando vedadas, portanto, delegações genéricas.

c) A delegação deve se **contemplar**, de maneira igual, **todos os Estados-membros.** Tal requisito, que não está previsto expressamente no artigo 22, parágrafo único, da CF/88, é formulado pela maioria dos autores brasileiros com base no **artigo 19, inciso III, da Constituição de 1998**, que veda aos entes federativos a criação de preferências entre si.[11]

9. STF, Tribunal Pleno, ADI 3.499, Rel. Min. Luiz Fux, j. 30.8.2019.

10. *Ibidem*, p. 575.

11. Nesse sentido, MORAES, Alexandre de. Direito Constitucional, 34ª ed. São Paulo: Atlas, 2018, p. 340; e ALMEIDA, Fernanda Dias Menezes de. Competências na Constituição 1988. 6ª ed. São Paulo: Atlas, 2013, p. 94.

Há de se destacar, no entanto, que uma **parcela minoritária** da doutrina entende ser **possível** a delegação de competência pela União a um **único Estado-membro ou a Estados-membros determinados**, de modo que esse terceiro requisito deixaria de existir.[12]

Ainda sobre a delegação prevista no artigo 22, parágrafo único, da CF/88, **duas observações** devem ser feitas.

A primeira é que, por se tratar de uma delegação de competência, **a União Federal poderá, a qualquer tempo, retomar a sua competência** para exercê-la em sua plenitude. No entanto, tal revogação deverá ser feito por meio de **lei complementar**, em razão do princípio do paralelismo das formas.

A segunda observação é a de que a delegação somente poderá ser feita aos Estados-membros – e, consequentemente ao Distrito Federal –, **não** sendo possível que haja uma delegação da União Federal diretamente **aos Municípios**, tampouco que os Estados-membros deleguem aos Municípios a competência recebida da União por delegação.

Segundo o artigo 22 da CF/88, **compete privativamente à União legislar** sobre:

- **i)** direito civil, comercial, penal, processual, eleitoral, agrário, marítimo, aeronáutico, espacial e do trabalho;
- **ii)** desapropriação;
- **iii)** requisições civis e militares, em caso de iminente perigo e em tempo de guerra;
- **iv)** águas, energia, informática, telecomunicações e radiodifusão;
- **v)** serviço postal;
- **vi)** sistema monetário e de medidas, títulos e garantias dos metais;
- **vii)** política de crédito, câmbio, seguros e transferência de valores;
- **viii)** comércio exterior e interestadual;
- **ix)** diretrizes da política nacional de transportes;
- **x)** regime dos portos, navegação lacustre, fluvial, marítima, aérea e aeroespacial;
- **xi)** trânsito e transporte;
- **xii)** jazidas, minas, outros recursos minerais e metalurgia;
- **xiii)** nacionalidade, cidadania e naturalização;
- **xiv)** populações indígenas;
- **xv)** emigração e imigração, entrada, extradição e expulsão de estrangeiros;

12. FERREIRA FILHO, Manoel Gonçalves. Comentários à Constituição Brasileira de 1988. Vol. I. São Paulo: Saraiva, 1990, p. 184.

xvi) organização do sistema nacional de emprego e condições para o exercício de profissões;

xvii) organização judiciária, do Ministério Público do Distrito Federal e dos Territórios e da Defensoria Pública dos Territórios, bem como organização administrativa destes;

xviii) sistema estatístico, sistema cartográfico e de geologia nacionais;

xix) sistemas de poupança, captação e garantia da poupança popular;

xx) sistemas de consórcios e sorteios;

xxi) normas gerais de organização, efetivos, material bélico, garantias, convocação, mobilização, inatividades e pensões das polícias militares e dos corpos de bombeiros militares;

xxii) competência da polícia federal e das polícias rodoviária e ferroviária federais;

xxiii) seguridade social;

xxiv) diretrizes e bases da educação nacional;

xxv) registros públicos;

xxvi) atividades nucleares de qualquer natureza;

xxvii) normas gerais de licitação e contratação, em todas as modalidades, para as administrações públicas diretas, autárquicas e fundacionais da União, Estados, Distrito Federal e Municípios, obedecido o disposto no art. 37, XXI, e para as empresas públicas e sociedades de economia mista, nos termos do art. 173, § 1°, III;

xxviii) defesa territorial, defesa aeroespacial, defesa marítima, defesa civil e mobilização nacional;

xxix) propaganda comercial;

xxx) proteção e tratamento de dados pessoais.

Atenção: O Supremo Tribunal Federal já analisou a constitucionalidade formal de inúmeras leis e atos normativos frente ao artigo 22 da CF/88. Trago, aqui, decisões as mais recentes e importantes:

- É inconstitucional a legislação estadual que estabelece a redução obrigatória das mensalidades da rede privada de ensino durante a vigência das medidas restritivas para o enfrentamento da emergência de saúde pública decorrente do novo Coronavírus. Essa lei viola a competência privativa da União para legislar sobre Direito Civil (art. 22, I, da CF/88).[13]
- É formalmente inconstitucional lei estadual que estabelece a possibilidade de o Poder Executivo proibir a suspensão ou o cancelamento de

13, STF, Tribunal Pleno, ADI 6.575, Rel. Min. Alexandre de Moraes, j. 18.12.2020.

planos de saúde por falta de pagamento durante a pandemia causa pelo coronavírus, pois viola a competência privativa da União para legislar sobre Direito Civil (art. 22, I, da CF/88).[14]

- É formalmente inconstitucional lei estadual que estabeleça redução das mensalidades no âmbito da rede privada de ensino, enquanto perdurarem as medidas temporárias para o enfrentamento da pandemia causada pelo Coronavírus, por violar o art. 22, I, da CF/88.[15]
- É formalmente inconstitucional lei estadual que estabeleça prazo máximo de 24 horas para as empresas de plano de saúde regionais autorizarem ou não solicitações de exames e procedimentos cirúrgicos em seus usuários que tenham mais de 60 anos, por violar o art. 22, I, da CF/88.[16]
- É formalmente inconstitucional legislação estadual que impeça as operadoras de planos de saúde de recusarem o atendimento ou a prestação de alguns serviços, no âmbito de seu território, aos usuários diagnosticados ou suspeitos de estarem com Covid-19, em razão de período de carência contratual vigente, por violar o art. 22, I, da CF/88.[17]
- É inconstitucional lei estadual que proíbe a cobrança de juros, multas e parcelas vencidas de contratos de financiamento, por violação à competência privativa da União para legislar sobre Direito Civil (art. 22, I, da CF/88).[18]
- São inconstitucionais normas estaduais que estabeleçam obrigações contratuais para operadoras de planos de saúde, por violação à competência legislativa privativa da União (art. 22, I e VII, CF/88).[19] Assim, é inconstitucional lei estadual que: i) veda, no âmbito de seu território, operadoras de planos de saúde de limitarem consultas e sessões para o tratamento de pessoas com deficiência[20]; ii) obriga as operadoras de planos saúde a assegurar atendimento médico-hospitalar integral e adequado às pessoas com deficiência[21]; iii) estabeleça prazo máximo para que os planos de saúde autorizem solicitações de exames e procedimentos cirúrgicos[22]; iv) obriga planos de saúde a atenderem os clientes com Covid-19

14. STF, Tribunal Pleno, ADI 6.441/RJ, Rel. Min. Cármen Lúcia, j. 14.5.2021.
15. STF, Tribunal Pleno, ADI 6.445/PA, Red. p/ acórdão Min. Dias Toffoli, j. 28.5.2021.
16. STF, Tribunal Pleno, ADI 6.452/ES, Red. p/ acórdão Min. Alexandre de Moraes, j. 11.6.2021.
17. STF, Tribunal Pleno, ADI 6.493/PB, Rel. Min. Gilmar Mendes, j. 11.6.2021.
18. STF, Tribunal Pleno, ADI 6.938/PB, Rel. Min. Cármen Lúcia, j. 22.11.2021.
19. STF, Tribunal Pleno, ADI 6.132/GO, Rel. Min. Rosa Weber, j. 26.11.2021; e STF, Tribunal Pleno, ADI 7.208/MT, Rel. Min. Roberto Barroso, j. 27.3.2023.
20. STF, Tribunal Pleno, ADI 7.172/RJ, Rel. Min. Cármen Lúcia, j. 17.10.2022.
21. STF, Tribunal Pleno, ADI 7.029/PB, Rel. Min. Cármen Lúcia, j. 6.5.2022.
22. STF, Tribunal Pleno, ADI 6.452/ES, red. p/ acórdão Min. Alexandre de Moraes, j. 11.6.2021.

mesmo que eles estejam no período de carência contratual[23]; v) proíba a suspensão de planos de saúde por inadimplência, mesmo durante a pandemia[24].

- A concessão legislativa de prazo mínimo de 20 (vinte) dias, após a comunicação escrita, para o devedor pagar a dívida, caracteriza norma de direito civil e comercial, sujeita à competência legislativa privativa da União (CF, art. 22, I).[25]
- É inconstitucional lei estadual que obrigue empresas privadas que atuam sob a forma de prestação direta ou intermediação de serviços médico-hospitalares a garantir atendimento integral e adequado às pessoas com deficiência, por violar o artigo 22, I e VII, da CF/88.[26]
- É inconstitucional lei estadual que impõe aos prestadores privados de serviços de ensino e de telefonia celular a obrigação de estender o benefício de novas promoções aos clientes preexistentes (art. 22, I, da CF/88).[27]
- É inconstitucional norma do provimento do Conselho da Magistratura estadual que proíbe o juiz de converter os autos de prisão em flagrante em diligência, por versar sobre processo penal, matéria de competência privativa da União (art. 22, I, da CF/88).[28]
- É inconstitucional, por violar competência legislativa privativa da União, lei estadual que obriga a Fazenda Pública a antecipar o pagamento das despesas com diligências dos oficiais de justiça (art. 22, I, da CF/88).[29]
- É inconstitucional – por violação à competência privativa da União para legislar sobre direito do trabalho (art. 22, I, CF/88) – lei estadual que obriga hospitais públicos e privados a criarem uma sala de descompressão para ser utilizada por enfermeiros, técnicos de enfermagem e auxiliares de enfermagem.[30]
- É formal e materialmente inconstitucional – por violar a competência privativa da União para legislar sobre direito do trabalho e direito comercial (CF/1988, art. 22, I) (1) e os princípios da livre iniciativa (CF/1988, arts. 1º, IV, e 170, "caput") (2), da razoabilidade e da proporcionalidade – lei

23. STF, Tribunal Pleno, ADI 6.493/PB, Rel. Min. Gilmar Mendes, j. 11.6.2021.
24. STF, Tribunal Pleno, ADI 6.441/RJ, Rel. Min. Cármen Lúcia, j. 14.5.2021.
25. STF, Tribunal Pleno, ADI 5.224/SP, ADI 5.252/SP, ADI 5.273/SP e ADI 5.978/SP, Rel. Min. Rosa Weber, j. 8.3.2022.
26. STF, Tribunal Pleno, ADI 7.029/PB, Rel. Min. Cármen Lúcia, j. 6.5.2022.
27. STF, Tribunal Pleno, ADI 5.399/SP e ADI 6.191/SP, Rel. Min. Roberto Barroso, j. 9.6.2022.
28. STF, Tribunal Pleno, ADI 4.662, Rel. Min. Dias Toffoli, j. 15.8.2022.
29. STF, Tribunal Pleno, ADI 5.969/PA, Rel. Min. Dias Toffoli, 30.9.2022.
30. STF, Tribunal Pleno, ADI 6.317/SP, Red. p/ acórdão Min. Alexandre de Moraes, j. 15.3.2023.

municipal que impõe a instalação de ambulatório médico ou serviço de pronto-socorro, para prestação de atendimento de emergência, bem como a contratação de profissional médico, nos shopping centers existentes na área do município.[31]

- É inconstitucional lei estadual que veda ao Poder Executivo e às empresas públicas e de economia mista, cujo controle acionário pertença ao estado, de assinarem contratos ou outros instrumentos legais congêneres que viabilizem a transferência do controle técnico, administrativo ou de gestão compartilhada, por violação à competência privativa da União de legislar sobre Direito Civil e Comercial (art. 22, I, da CF/88).[32]
- É inconstitucional – por violar a competência privativa da União para legislar sobre direito penal e material bélico (art. 22, I e XXI, CF/88) – norma estadual que concede, de forma incondicionada, o porte de arma de fogo a agentes penitenciários.[33]
- É inconstitucional norma estadual que regulamenta o Programa Jovem Aprendiz, porque compete privativamente à União legislar sobre direito do trabalho (art. 22, I, CF/88).[34]
- São inconstitucionais leis estaduais que dispõem sobre associações de socorro mútuo e associações e cooperativas de autogestão de planos de proteção contra riscos patrimoniais, por violação à competência privativa da União para legislar sobre direito civil, seguros e sistema de captação da poupança popular (art. 22, I, VII e XIX, CF/88).[35]
- É inconstitucional lei estadual que prevê normas de proteção aos consumidores filiados às associações de socorro mútuo, por invadir a competência privativa da União para legislar sobre direito civil, política de seguros e sistemas de captação de poupança popular (art. 22, I, VII e XIX, CF/88).[36]
- É inconstitucional – por usurpar a competência privativa da União para legislar sobre direito do trabalho (CF/1988, art. 22, I) – lei estadual que, ao criar o "estágio supervisionado, educativo e profissionalizante" sob a forma de bolsa de iniciação ao trabalho ao menor que frequente o ensino regular ou supletivo, constitui relação jurídica que se aproxima do instituto do contrato de aprendizagem.[37]

---

31. STF, Tribunal Pleno, RE 833.291/SP, Rel. Min. Dias Toffoli, j. 1º.12.2023.
32. STF, Tribunal Pleno, ADI 1.846/SC, Rel. Min. Nunes Marques, j. 21.10.2022.
33. STF, Tribunal Pleno, ADI 5.076/RO, Rel. Min. Gilmar Mendes, j. 13.3.2023.
34. STF, Tribunal Pleno, ADI 7.148/RO, Rel. Min. Roberto Barroso, j. 25.4.2023.
35. STF, Tribunal Pleno, ADI 6.753/GO e ADI 7.151/RJ, Rel. Min. Gilmar Mendes, j. 3.5.2023.
36. STF, Tribunal Pleno, ADI 7.099/MG, Rel. Min. Edson Fachin, j. 15.8.2023.
37. STF, Tribunal Pleno, ADI 3.093/RJ, Rel. Min. Nunes Marques, j. 25.8.2023.

- É inconstitucional – por invadir a competência privativa da União para legislar sobre direito do trabalho (CF/1988, art. 22, I) – lei distrital que assegura funções de trabalho aos atuais cobradores do Serviço de Transporte Público Coletivo de empresa de ônibus que venha a implantar dispositivos de leitura e registro de oferta e demanda para a cobrança de tarifas pelo sistema de bilhetagem eletrônica.[38]
- É inconstitucional – por invadir a competência privativa da União para legislar sobre matéria penal e processual penal (art. 22, I, da CF/88), bem como por violar o Estado de direito, os direitos fundamentais e o sistema constitucional especial de proteção de dados – lei estadual que cria cadastro de usuários e dependentes de drogas, com informações concernentes ao registro de ocorrência policial, inclusive sobre reincidência.[39]
- É inconstitucional – por violar a competência privativa da União para legislar sobre direito penal (CF/1988, art. 22, I) – lei estadual que destina ao Fundo Penitenciário Estadual (Funpen) os valores recolhidos de multas pecuniárias fixadas nas sentenças judiciais.[40]
- Norma estadual que onere contrato de concessão de energia elétrica pela utilização de faixas de domínio público adjacentes a rodovias estaduais ou federais é inconstitucional, por violar a competência da União para legislar sobre o tema (art. 22, IV, da CF/88).[41]
- É inconstitucional lei municipal que estabeleça limitações à instalação de sistemas transmissores de telecomunicações por afronta à competência privativa da União para legislar sobre telecomunicações, nos termos dos arts. 21, XI, e 22, IV, da Constituição Federal.[42]
- É inconstitucional norma estadual que vede ao consumidor, pessoa física, o abastecimento de veículos em local diverso do posto de combustível, pois a competências legislativa sobre o tema – combustíveis e energia – é da União (art. 22, IV, da CF/88).[43]
- É inconstitucional lei municipal que regulamente do serviço de radiodifusão comunitária, por violação aos artigos 21, XII; 22, IV; e 223 da CF/88.[44]
- É inconstitucional lei estadual que define os dias e horários apropriados à realização da suspensão do serviço de fornecimento de água, energia elétrica e de telefonia, por falta de pagamento, ao usuário inadimplente

38. STF, Tribunal Pleno, ADI 3.899/DF, Rel. Min. Nunes Marques, j. 22.9.2023.
39. STF, Tribunal Pleno, ADI 6.561/TO, Rel. Min. Edson Fachin, j. 1º.9.2023.
40. STF, Tribunal Pleno, ADI 2.935/ES, Rel. Min. Nunes Marques, j. 20.11.2023.
41. STF, Tribunal Pleno, ADI 3.763/RS, Rel. Min. Cármen Lúcia, j. 7.4.2021.
42. STF, Tribunal Pleno, ADPF 732/SP, Rel. Min. Ricardo Lewandowski, j. 26.4.2021.
43. STF, Tribunal Pleno, ADI 6.580/RJ, Rel. Min. Cármen Lúcia, j. 11.5.2021.
44. STF, Tribunal Pleno, ADPF 335/MG, Rel. Min. Roberto Barroso, j. 27.8.2021.

(por exemplo, apenas nos dias úteis, das 8h às 18h). Há violação ao art. 22, IV, da CF/88.[45]

- É constitucional norma estadual que determine que as prestadoras de serviço telefônico são obrigadas a fornecer, sob pena de multa, os dados pessoais dos usuários de terminais utilizados para passar trotes aos serviços de emergência.[46]
- É inconstitucional lei estadual que fixa a obrigatoriedade de divulgação diária de fotos de crianças desaparecidas em noticiários de TV e jornais, por violar o art. 22, IV, da CF/88.[47]
- É inconstitucional, por violar os arts. 21, XI, 22, IV, e 48, XII da CF/1988, norma estadual que proíbe concessionárias de serviços de telecomunicação de ofertarem e comercializarem serviço de valor adicionado (SVA).[48]
- É inconstitucional, por violação à competência legislativa privativa da União, lei municipal que versa sobre a instalação de estação rádio base (ERB) e dá ensejo à atividade fiscalizatória do município, quanto ao uso e a ocupação do solo urbano em seu território (art. 22, IV, da CF/88).[49]
- É inconstitucional, por ofensa à competência privativa da União para legislar sobre telecomunicações (art. 22, IV, da CF/88), lei estadual que veda a aplicação de multa por quebra de fidelidade nos serviços de TV por assinatura, telefonia, internet e serviços assemelhados, enquanto perdurar a pandemia da Covid-19.[50]
- É inconstitucional – por violação à competência da União para explorar os serviços e instalações de energia elétrica e para legislar sobre energia (CF/1988, arts. 21, XVII, "b"; 22, IV; e 175, parágrafo único) – lei estadual que obriga as empresas concessionárias de energia elétrica a expedirem notificação com aviso de recebimento para a realização de vistoria técnica no medidor de usuário residencial.[51]
- É inconstitucional lei estadual que confere ao Governador poderes para conceder isenção de tarifa de energia elétrica aos consumidores residenciais, industriais e comerciais atingidos por enchentes no estado (art. 22, IV, da CF/88).[52]

---

45. STF, Tribunal Pleno, ADI 5.798/TO, Rel. Min. Rosa Weber, j. 3.11.2021.
46. STF, Tribunal Pleno, ADI 4.924/DF, Rel. Min. Gilmar Mendes, j. 4.11.2021.
47. STF, Tribunal Pleno, ADI 5.292/SC, Rel. Min. Cármen Lúcia, j. 25.3.2022.
48. STF, Tribunal Pleno, ADI 6.199, Rel. Min. Nunes Marques, j. 15.8.2022.
49. STF, Tribunal Pleno, ARE 1.370.232, Rel. Min. Luiz Fux, j. 8.9.2022.
50. STF, Tribunal Pleno, ADI 7.211/RJ, Rel. Min. Alexandre de Moraes, j. 30.9.2022.
51. STF, Tribunal Pleno, ADI 3.703/RJ, Red. p/ acórdão Min. Gilmar Mendes, j. 6.3.2023.
52. STF, Tribunal Pleno, ADI 7.337 MC-Ref/MG, Rel. Min. Alexandre de Moraes, j. 1º.3.2023.

- É inconstitucional – por invadir a competência privativa da União para legislar sobre águas e energia (art. 22, IV, CF/88) e para dispor sobre os bens federais (art. 20, III e VIII, CF/88), bem como por ocupar indevidamente o espaço normativo da Agência Nacional de Águas (ANA) – lei estadual que proíbe a construção de instalações hidrelétricas em toda a extensão de curso de água de domínio da União.[53]
- É inconstitucional norma estadual que institui a obrigatoriedade de licenciamento ambiental para a instalação de Rede de Transmissão de Sistemas de Telefonia e de Estações Rádio Base (ERBs) e Equipamentos de Telefonia sem Fio em seu território local, por violação à competência privativa da União para legislar sobre telecomunicações (art. 22, IV, da CF/88).[54]
- É inconstitucional – por invadir a competência da União exclusiva para manter o serviço postal e privativa para legislar sobre a matéria (arts. 21, X; e 22, V, da CF/88) – lei estadual que proíbe a entrega, em caixas postais comunitárias, das correspondências que se enquadram como carta, cartão-postal e correspondência agrupada.[55]
- É inconstitucional – por invadir a competência da União privativa para legislar sobre telecomunicações (CF/1988, art. 22, IV) e exclusiva para definir a forma e o modo da exploração desses serviços (CF/1988, art. 21, XI c/c o art. 175) – legislação municipal que estabelece a obrigatoriedade de condicionantes para a instalação e o funcionamento de antenas, postes, torres, contêineres e demais equipamentos relacionados às Estações Transmissoras de Radiocomunicação (ETR).[56]
- É inconstitucional – por invadir a competência da União exclusiva para explorar os serviços de telecomunicações (CF/1988, art. 21, XI) e privativa para legislar sobre a matéria (CF/1988, art. 22, IV) – lei municipal que dispõe sobre a implantação e o compartilhamento da infraestrutura de telecomunicações.[57]
- É inconstitucional – por invadir a competência da União privativa para legislar sobre telecomunicações (art. 22, IV, da CF/88) – lei estadual que assegura ao consumidor de serviço móvel de telefonia o direito de funcionalidade e acesso de dados em passagens subterrâneas de trânsito em qualquer modalidade de transporte utilizada.[58]

53. STF, Tribunal Pleno, ADI 7.319/MT, Red. p/ acórdão Min. Gilmar Mendes, j. 9.5.2023.
54. STF, Tribunal Pleno, ADI 7.321/AL, Rel. Min. Gilmar Mendes, j. 5.6.2023.
55. STF, Tribunal Pleno, ADI 3.081/RJ, Rel. Min. Nunes Marques, j. 25.8.2023.
56. STF, Tribunal Pleno, ADPF 1.063/SP, Rel. Min. Alexandre de Moraes, j. 17.10.2023.
57. STF, Tribunal Pleno, ADPF 1.031/DF, Rel. Min. Nunes Marques, j. 15.9.2023.
58. STF, Tribunal Pleno, ADI 7.404/RJ, Rel. Min. Alexandre de Moraes, j. 6.10.2023.

- O art. 22, XI, da Constituição da República fixa a competência privativa da União para legislar sobre "trânsito e transportes". O significado da competência privativa atribuída à **União** quanto à legislação sobre transporte de passageiros há de ser definido sob a perspectiva de que a Constituição também confere a esse ente a titularidade da exploração, diretamente ou mediante autorização, concessão ou permissão, dos serviços de transporte rodoviário **interestadual e internacional** de passageiros (art. 21, XII, e). Aos **Municípios** foi conferida a competência de organizar serviços públicos de interesse **local**, inclusive **transporte coletivo** (art. 30, V, CF). Resta a cargo dos **Estados-membros** a competência para explorar e regulamentar a prestação de serviço de **transporte intermunicipal** de passageiros, no exercício de sua competência reservada (art. 25, § 1º, CF). Nesse contexto, é inconstitucional lei federal que dispõe sobre o prazo de validade dos bilhetes de transporte coletivo rodoviário intermunicipal, por violar competência legislativa dos Estados-membros.[59]
- É inconstitucional lei estadual que proíbe a apreensão e remoção de motocicletas, motonetas e ciclomotores de até 155cc (cento e cinquenta e cinco cilindradas), por autoridade de trânsito, em função da não identificação de pagamento do IPVA por violar a competência privativa da União para legislar sobre trânsito e transporte (art. 22, XI, da CF/88.[60]
- É inconstitucional – por violar a competência privativa da União para legislar sobre trânsito e transporte (art. 22, XI, CF/88) – lei distrital que prevê a possibilidade de parcelamento de multas decorrentes de infrações de trânsito e o pagamento de débitos com cartão de crédito. [61]
- São inconstitucionais leis estaduais, de origem parlamentar, que versam sobre a autodeclaração do proprietário de veículos automotores acerca de sua conformidade quanto à segurança veicular e ambiental, e determinam que eventual fiscalização seja realizada e filmada por agentes do DETRAN, pois há afronta à competência privativa da União para legislar sobre trânsito e transporte (art. 22, XI, da CF/88) e violação à reserva de iniciativa do chefe do Poder Executivo para dispor sobre servidores públicos e órgãos da Administração Pública (art. 61, § 1º, II, "c" e "e", CF/88).[62]
- É formalmente inconstitucional norma estadual que dispõe sobre condições para o exercício de atividade profissional de despachante (art. 22, XVI, da CF/88).[63]

---

59. STF, Tribunal Pleno, ADI 4.289/DF, Rel. Min. Rosa Weber, j. 8.4.2022.
60. STF, Tribunal Pleno, ADI 6.997, Rel. Min. Gilmar Mendes, j. 25.11.2022.
61. STF, Tribunal Pleno, ADI 6.578/DF, Rel. Min. Ricardo Lewandowski, j. 27.3.2023.
62. STF, Tribunal Pleno, ADI 6.597/RJ, Rel. Min. Gilmar Mendes, j. 18.4.2023.
63. STF, Tribunal Pleno, ADI 6.754/TO, Rel. Min. Edson Fachin, j. 25.6.2021; e STF, Tribunal Pleno, ADI 6.740/RN e ADI 6.738/GO, Rel. Min. Gilmar Mendes, j. 21.11.2022.

- **Enunciado n. 39 da Súmula Vinculante**: Compete privativamente à União legislar sobre vencimentos dos membros das polícias civil e militar e do corpo de bombeiros militar do Distrito Federal.
- **Enunciado n. 2 da Súmula Vinculante**: É inconstitucional a lei ou ato normativo estadual ou distrital que disponha sobre sistemas de consórcios e sorteios, inclusive bingos e loterias.
- É inconstitucional norma estadual que confira autorização para porte de arma de fogo a procuradores estaduais, pois a competência para legislar sobre o tema compete à União Federal (art. 22, XXI, da CF/88).[64]
- É constitucional ato normativo estadual que, respeitando as condições mínimas definidas em diploma federal de normas gerais, estabelece exigência adicional para a manutenção do porte de arma de fogo por servidores estaduais aposentados das forças de segurança pública (art. 22, XXI, da CF/88).[65]
- É inconstitucional norma estadual que prevê a modalidade de venda direta de arma de fogo aos membros de seus órgãos de segurança pública, pois viola a competência privativa da União para legislar sobre material bélico (art. 22, XXI, da CF/88) e normas gerais sobre licitações e contratos (art. 22, XXVII, da CF/88).[66]
- É inconstitucional, por violação à competência legislativa privativa da União (art. 22, XXI, da CF/88), lei estadual que reconhece o risco da atividade e a efetiva necessidade do porte de armas de fogo para os vigilantes de empresas de segurança privada.[67]
- É inconstitucional lei estadual que dispõe sobre a admissão de diplomas expedidos por instituições de ensino superior estrangeiras, pois há violação à competência da União de editar normas gerais sobre educação (art. 22, XXIV, da CF/88).[68]
- É inconstitucional – por violar a competência privativa da União para legislar sobre diretrizes e bases da educação nacional (art. 22, XXIV, CF/88) – norma estadual que dispõe sobre o reconhecimento e a validação de títulos acadêmicos obtidos no exterior.[69]
- É inconstitucional lei estadual que fixa critério etário para o ingresso no Ensino Fundamental diferente do estabelecido pelo legislador federal e

64. STF, Tribunal Pleno, ADI 6.985/AL, Rel. Min. Alexandre de Moraes, j. 25.2.2022.
65. STF, Tribunal Pleno, ADI 7.024/PR, Rel. Min. Roberto Barroso, j. 16.12.2022.
66. STF, Tribunal Pleno, ADI 7.004/AL, Rel. Min. Roberto Barroso, j. 25.4.2023.
67. STF, Tribunal Pleno, ADI 7.252/TO, Rel. Min. Roberto Barroso, j. 25.4.2023.
68. STF, Tribunal Pleno, ADI 6.592/AM, Rel. Min. Roberto Barroso, j. 3.9.2021.
69. STF, ADI 6.091/RR, Rel. Min. Dias Toffoli, julgado em 29/05/2023.

regulamentado pelo Ministério da Educação, por violar o artigo 22, XXIV, da CF.[70]

- É inconstitucional – por violar a competência privativa da União para legislar sobre diretrizes e bases da educação nacional (art. 22, XXIV, CF/88) – lei estadual que veda a adoção da "linguagem neutra" na grade curricular e no material didático de instituições de ensino públicas e privadas, assim como em editais de concursos públicos locais. Tese fixada pelo STF: Norma estadual que, a pretexto de proteger os estudantes, proíbe modalidade de uso da língua portuguesa viola a competência legislativa da União.
- É inconstitucional – por invadir a competência privativa da União legislar sobre seguridade social e sobre diretrizes e bases da educação nacional (art. 22, XXIII e XXIV, da CF/88) – lei estadual, de iniciativa parlamentar, que estende essa modalidade de aposentadoria para atividades administrativas, técnico-pedagógicas e outras que não propriamente a de professor, inclusive a de representação associativa ou sindical.[71]
- É inconstitucional lei estadual que autoriza o cômputo de gastos previdenciários como despesas com manutenção e desenvolvimento do ensino, pois há invasão à competência privativa da União para legislar sobre diretrizes e bases da educação nacional (art. 22, XXIV, da CF/88).[72]
- É inconstitucional norma de Constituição Estadual que disponha sobre o depósito de lixo atômico e a instalação de usinas nucleares (art. 22, XXVI).[73]

Além da sua competência legislativa privativa, a União Federal também foi contemplada com **competências legislativas concorrentes**. Com efeito, o **artigo 24 da Constituição Federal** prevê que compete à União, aos Estados e ao Distrito Federal **legislar concorrentemente sobre**:

i) direito tributário, financeiro, penitenciário, econômico e urbanístico;
ii) orçamento;
iii) juntas comerciais;
iv) custas dos serviços forenses;
v) produção e consumo;
vi) florestas, caça, pesca, fauna, conservação da natureza, defesa do solo e dos recursos naturais, proteção do meio ambiente e controle da poluição;

70. STF, Tribunal Pleno, ADI 6.312, Rel. Min. Roberto Barroso, j. 18.12.2020.
71. STF, Tribunal Pleno, ADI 856/RS, Rel. Min. Luiz Fux, j. 1º.9.2023.
72. STF, Tribunal Pleno, ADI 6.412/PE, Rel. Min. Roberto Barroso, j. 1º.9.2023.
73. STF, Tribunal Pleno, ADI 6.895/PB, Rel. Min. Carmen Lúcia, julgado em 14.9.2021.

vii) proteção ao patrimônio histórico, cultural, artístico, turístico e paisagístico;

viii) responsabilidade por dano ao meio ambiente, ao consumidor, a bens e direitos de valor artístico, estético, histórico, turístico e paisagístico;

ix) educação, cultura, ensino, desporto, ciência, tecnologia, pesquisa, desenvolvimento e inovação;

x) criação, funcionamento e processo do juizado de pequenas causas;

xi) procedimentos em matéria processual;

xii) previdência social, proteção e defesa da saúde;

xiii) assistência jurídica e Defensoria pública;

xiv) proteção e integração social das pessoas portadoras de deficiência;

xv) proteção à infância e à juventude;

xvi) organização, garantias, direitos e deveres das polícias civis.

Em relação a essas matérias que se encontram no âmbito da legislação concorrente, a competência da **União** limitar-se-á a estabelecer **normas gerais** (artigo 24, §1º, da CF/88).

Fernanda Dias Menezes de Almeida conceitua normas gerais como aquelas que estabelecem **princípios**, **diretrizes** e **bases** que serão pormenorizadas quando do exercício da competência complementar[74]. Na mesma esteira, Diogo de Figueiredo Moreira Neto afirma que normas gerais são **declarações principiológicas** que estabelecem de **diretrizes nacionais** sobre certos assuntos.[75]

Embora o esforço dos referidos autores seja notável, não há dúvidas de que, na prática, é difícil determinar o que é uma norma geral para fins de delimitação da competência concorrente da União.

Conhecedor dessa dificuldade, o legislador pátrio, não raras vezes, opta por afirmar expressamente que determinadas normas se enquadram na categoria de normas gerais. Um bom exemplo é a Lei n.º 13.874/19, que instituiu a Declaração de Direitos de Liberdade Econômica. Tal diploma legislativo prevê que as normas descritas em seus artigos 1ª ao 4º são normas gerais de direito econômico de observância obrigatória pelos demais entes federativos.

Aos **Estados-membros** e ao **Distrito Federal** caberá editar **normas suplementares** (artigo 24, §2º da CF/88).

---

74. ALMEIDA, Fernanda Dias Menezes de. Competências na Constituição 1988. 6ª ed. São Paulo: Atlas, 2013, p. 128-133.

75. MOREIRA NETO, Diogo de Figueiredo. Competência Concorrente Limitada. O problema da conceituação das normas gerais. Revista de Informação Legislativa, Brasília, ano 25, n. 100, p. 127-162, out./dez. 1988, p. 159.

Normas suplementares são aquelas que **complementam**, **especificam** e **particularizam** as normas gerais. Diferentemente das normas gerais, que, em regra, não regulam diretamente situações fáticas, as normas suplementares podem ser **aplicadas direta e imediatamente às situações concretas.**

A Constituição atribui competência suplementar, de forma expressa, somente aos Estados-membros – o que é facilmente extensível ao Distrito Federal, com arrimo na norma do artigo 32, §1º da CF/88 –, silenciando acerca dos **Municípios**.

Ainda que haja esse silêncio no artigo 24, §2º da CF/88, a **doutrina majoritária** entende que também os Municípios **exercem competência legislativa suplementar**. Isso porque o artigo 30, inciso II, da CF/88 consigna que compete aos Municípios suplementar a legislação federal e a estadual no que couber.[76]

Uma interessante questão que se coloca em relação à competência legislativa concorrente é esta: o que acontece se União manter-se inerte e não editar as normas gerais?

Se **inexistir norma geral** sobre o tema, o artigo 24, §3º da CF afirma que os Estados terão **competência plena**. Assim, poderão os Estados-membros exercer competência supletiva e editar normas gerais sobre a matéria. Essas normas serão válidas e aplicáveis **em seus respectivos territórios.**

Cuida-se de regra que tem o escopo de evitar que a ausência do exercício de uma competência por um dos entes federativos, no caso a União, impeça os demais de desempenharem a contento suas atribuições.

Se um Estado-membro, ante a inércia legislativa da União, exercer a sua competência supletiva e editar uma lei que contemple normas gerais, isso não retira da União Federal a sua competência.

Desse modo, é perfeitamente possível que a União venha a exercer sua competência e edite uma norma geral, mesmo após os Estados-membros terem exercido a competência legislativa concorrente plenamente. Se isso ocorrer, o artigo 24, §4º, da CF/88 dispõe que a **superveniência** de lei federal sobre **normas gerais suspende a eficácia da lei estadual, no que lhe for contrário.**

> **Atenção**: O constituinte optou, aqui, pela suspensão da norma geral editada pelo Estado-membro ou pelo Distrito Federal, e **não** por sua **revogação**. Isso traz efeitos práticos relevantes, uma vez que se houver a revogação da lei federal, cessará a suspensão da lei estadual, que voltará a se tornar aplicável.

76. Por todos, ver BARCELLOS, Ana Paula de. Curso de direito constitucional. Rio de Janeiro: Forense, 2018, p. 236.

Observação: A competência suplementar, então, pode ser dividida em **competência complementar**, que é o poder de editar, com base nas normas gerais, normas específicas aplicáveis ao caso concreto, e em **competência supletiva**, que é o poder de editar a própria norma geral, quando a União for omissa e não exercer a sua competência legislativa concorrente.

Por fim, ressalte-se que os **Municípios**, embora possam "suplementar" a legislação federal e a estadual, jamais poderão editar normas gerais, ainda que a União e o respectivo Estado-membro mantenham-se inertes. Os Municípios **não** exercem **competência supletiva**, portanto.

Atenção: Competência legislativa concorrente e meio ambiente. A proteção ao meio ambiente é matéria de competência legislativa concorrente entre os entes da federação (art. 24, incisos VI, VII e VIII, da CF/88). Assim, aplica-se integralmente tudo o que já estudamos sobre a competência de cada um dos entes federados. Contudo, parcela da doutrina tem sustentado que se deve somar às regras dos parágrafos do art. 24 da CF/88 do chamado **princípio da prevalência da norma que conferir maior proteção ambiental** a fim de solucionarmos eventuais conflitos normativos.

Como o próprio nome já deixa transparecer, segundo esse princípio, deve-se aplicar a norma mais protetiva ao meio ambiente, não importando qual ente federado a tenha editado.

Na lição de Paulo Farias, nos conflitos normativos em que a noção de norma geral e especial não sejam suficientes, deve-se fixar como diretriz exegética a prevalência da norma que melhor proteja o direito fundamental ao meio ambiente ecologicamente equilibrado, corolário do princípio do *in dubio pro natura*.[77]

O professor Ingo Sarlet, por seu turno, sustenta que é difícil atribuir vício de inconstitucionalidade à legislação estadual ou municipal mais protetiva ao meio ambiente que esteja em desconformidade com a norma geral federal que seja mais restritiva.[78]

Para compreendermos a questão, parece-me necessário, em um primeiro momento, fazer algumas distinções.

A lei federal que estabelecer normas gerais sobre matéria ambiental de forma mais protetiva a um ato normativo editado em competência suplementar deverá prevalecer. A questão se resolve por simples aplicação dos

77. FARIAS, Paulo José Leite. Competência federativa e proteção ambiental. Porto Alegre: Fabris, 1999, p. 356.

78. MARINONI, Luiz Guilherme; MITIDIERO, Daniel; SARLET, Ivo Wolfgang. Curso de Direito Constitucional. 7ª ed., São Paulo: Saraiva Educação, 2018, p. 953.

parágrafos do art. 24 da CF/88 – norma suplementar não pode dispor de forma contrária à norma geral.

Do mesmo modo, se a lei suplementar aumentar o **patamar inicial mínimo** de proteção conferido pela lei geral, não haverá qualquer violação à sistemática do art. 24 da CF/88, sendo desnecessária a previsão de um princípio específico.

Todavia, a discussão ganha maior relevância quando a lei estadual dispuser de forma contrária à lei federal em matéria ambiental ou quando lei municipal o faça em relação à lei estadual ou lei federal.

Para ilustrar esse terceiro caso, imaginemos uma situação em que a lei federal permita a extração de determinado mineral nocivo ao meio ambiente, com algumas restrições, e a lei estadual a proíba por completo, sem qualquer ressalva.

Nessa hipótese, se adotada pura e simplesmente a sistemática do artigo 24 da CF/88, as normas suplementares seriam inconstitucionais, por violação ao aludido dispositivo. Se, ao contrário, adotarmos o princípio da prevalência da norma que conferir maior proteção ambiental, a norma suplementar é formalmente constitucional, e será aplicada aos fatos por ela regidos.

Atualmente, embora a tese da prevalência da norma mais protetiva tenha muitos adeptos, parece-me ainda **minoritária**.

O **Supremo Tribunal Federal**, em ao menos duas ocasiões, tangenciou a prevalência da norma ambiental mais protetiva.

No julgamento da ADI n. 3.937/SP, o STF, ainda que tenha decidido de forma a conceder maior proteção ao meio ambiente – a norma estadual que proibia a venda de amianto foi declarada constitucional somente após a declaração incidental de inconstitucionalidade da norma geral que permitia expressamente a sua comercialização –, o fez **rechaçando o princípio da prevalência da norma ambiental mais protetiva**. Constou expressamente do voto vencedor que não se pode admitir que a legislação estadual possa adentrar a competência da União e disciplinar a matéria de forma contrária à norma geral federal, desvirtuando o mínimo de unidade normativa almejado pela Constituição Federal, sob pena de ser considerada formalmente inconstitucional.

Na ADI n. 5.996/AM, o STF afirmou que: "A sobreposição de opções políticas por graus variáveis de proteção ambiental constitui circunstância própria do estabelecimento de competência concorrente sobre a matéria. **Em linha de princípio, admite-se que os Estados editem normas mais protetivas ao meio ambiente, com fundamento em suas peculiaridades regionais e na preponderância de seu interesse, conforme o caso**".

Como se vê nesse segundo julgado, o STF parece ter dado um passo em direção à adoção do princípio da prevalência da norma mais protetiva em matéria ambiental. Resta-nos aguardar novas manifestações para haverá a formação de jurisprudência no ponto.

Observação: O Supremo Tribunal Federal já analisou a constitucionalidade formal de inúmeras leis e atos normativos frente ao artigo 24 da CF/88. Trago, aqui, as mais recentes e importantes:

- É constitucional lei estadual que concede aos professores das redes públicas estadual e municipais de ensino o benefício da meia-entrada nos estabelecimentos de lazer e entretenimento, por ser uma lei que cuida de direito econômico, que é matéria de competência legislativa concorrente (art. 24, I, da CF/88).[79]
- Embora a competência para legislar sobre Direito Econômica seja concorrente (art. 24, I, da CF/88), é inconstitucional lei municipal que estabelece o acesso gratuito de idosos às salas de cinema da cidade, de segunda a sexta-feira, por violação à norma geral federal sobre o tema (Lei n. 10.741/03).[80]
- É constitucional lei estadual que fixa distância mínima entre presídios e contingente máximo da população carcerária, por se tratar de matéria de direito penitenciário (art. 24, I, da CF/88).[81]
- Normas estaduais que disponham sobre obrigações destinadas às empresas de telecomunicações, relativamente à oferta de produtos e serviços, incluem-se na competência concorrente dos estados para legislarem sobre direitos do consumidor (art. 24, V, da CF/88).[82]
- Lei estadual tem competência para proibir que instituições financeiras, correspondentes bancários e sociedades de arrendamento mercantil façam telemarketing, oferta comercial, proposta, publicidade ou qualquer tipo de atividade tendente a convencer aposentados e pensionistas a celebrarem contratos de empréstimo (art. 24, V, da CF/88).[83]
- Não invade a competência da União para o estabelecimento de normas gerais sobre consumo e desporto a autorização e regulamentação, por Estado-membro, da venda e do consumo de bebidas alcoólicas em eventos esportivos (art. 24, V, da CF/88).[84]
- Por violar norma geral editada pela União Federal, é inconstitucional lei estadual que impõe aos prestadores privados de serviços de ensino a

79. STF, Tribunal Pleno, ADI 3.753/SP, Rel. Min. Dias Toffoli, j. 8.4.2022.

80. STF, Segunda Turma, ARE 1.307.028/SP, Red. p/ acórdão Min. Gilmar Mendes, j, 22.11.2022.

81. STF, Tribunal Pleno, ADI 2.402/ES, Rel. Min. Nunes Marques, j. 26.6.2023.

82. STF, Tribunal Pleno, ADI 5.962/DF, Rel. Min. Marco Aurélio, j. 25.2.2021.

83 STF, Tribunal Pleno, ADI 6.727/PR, Rel. Min. Cármen Lúcia, j. 11.52021.

84. STF, Tribunal Pleno, ADI 5.112/BA, Rel. Min Edson Fachin, j. 16.8.2021.

obrigação de estender o benefício de novas promoções aos clientes preexistentes (art. 24, V, da CF/88).[85]

- É inconstitucional, por violar norma geral editada pela União, a lei estadual que vede a inscrição em cadastro de proteção ao crédito de usuário inadimplente dos serviços de abastecimento de água e esgotamento sanitário (art. 24, V, da CF/88).[86]
- São constitucionais as normas estaduais que proibiram a suspensão do fornecimento do serviço de energia elétrica, o modo de cobrança, a forma de pagamentos dos débitos e a exigibilidade de multa e juros moratórios durante a pandemia causada pelo coronavírus. O STF pontuou que tais leis não tratam sobre energia elétrica, mas sim direito à saúde e direito do consumidor, ambas matérias de competência concorrente (art. 24, V e XII, da CF/88).[87]
- É constitucional lei estadual que obriga as empresas prestadoras de serviços de internet móvel e banda larga na modalidade pós-paga a apresentarem, na fatura mensal, gráficos sobre o registro médio diário de entrega da velocidade de recebimento e envio de dados pela rede mundial de computadores. Tal lei não viola a competência privativa da União para legislar sobre telecomunicações, pois está inserida dentro da competência legislativa concorrente em matéria de direito do consumidor (art. 24, V, da CF/88).[88]
- É formalmente inconstitucional norma estadual que vede a comercialização de produtos desenvolvidos a partir de teste em animais, bem como a que determine que conste no rótulo informação acerca da não realização de testes em animais. Tais leis violam a competência legislativa da União para editar normas gerais sobre produção e consumo, e para legislar sobre comércio interestadual (artigo 22, V e VIII, da CF/88).[89]
- É formalmente constitucional lei estadual que torna obrigatória a assinatura física de idosos em contratos de operação de crédito firmados por meio eletrônico ou telefônico com instituições financeiras, por se tratar de matéria consumerista (art. 24, V, da CF/88.[90]
- É formalmente constitucional lei estadual que proíbe a fabricação, venda ou comercialização de armas de fogo de brinquedo no Estado, por tratar

85. STF, Tribunal Pleno, ADI 6.614/RJ, Red. p/ acórdão Min. Roberto Barroso, j. 12.11.2021.

86. STF, Tribunal Pleno, ADI 6.668/MG, Rel. Min. Gilmar Mendes, j. 11.2.2022.

87. STF, Tribunal Pleno, ADI 6.432/RR, Rel. Min. Cármen Lúcia, j. 7.4.2021 e STF, Tribunal Pleno, ADI 6.588/AM, Rel. Min. Marco Aurélio, j. 28.5.2021.

88. STF, Tribunal Pleno, ADI 6.893/ES, Rel. Min. Carmen Lúcia, j. 8.10.2021.

89. STF, Tribunal Pleno, ADI 5.995/RJ, Rel. Min. Gilmar Mendes, j. 28.5.2021.

90. STF, Tribunal Pleno, ADI 7.027/PB, Rel. Min. Gilmar Mendes, j. 16.12.2022.

de matéria afeta à proteção à infância e juventude (art. 24, XV, da CF/88) e à produção e consumo (art. 24, V, da CF/88).[91]

- É constitucional lei estadual que obriga empresas do setor têxtil a identificarem as peças de roupa com etiquetas em braile ou outro meio acessível que atenda as pessoas com deficiência visual, por se tratar de matéria relacionada à produção e consumo (art. 24, V, da CF) e proteção às pessoas com deficiência (art. 24, XIV, da CF).[92]
- É constitucional – por se tratar de matéria consumerista (art. 24, V, da CF/88) – lei estadual que fixa limite de tempo proporcional e razoável para o atendimento de consumidores em estabelecimentos públicos e privados, bem como prevê a cominação de sanções progressivas na hipótese de descumprimento.[93]
- É inconstitucional, por violação às normas gerais editadas pela União Federal sobre o tema, lei estadual que: a) reduza o conceito de pessoas com deficiência previsto na Constituição, na Convenção Internacional sobre os Direitos das Pessoas com Deficiência, de estatura constitucional, e na lei federal de normas gerais; b) desconsidere, para a aferição da deficiência, a avaliação biopsicossocial por equipe multiprofissional e interdisciplinar prevista pela lei federal; ou c) exclua o dever de adaptação de unidade escolar para o ensino inclusivo.[94]
- É constitucional – por não violar o princípio do pacto federativo nem as regras do sistema de repartição de competências – lei estadual que obriga todas as refinarias e distribuidoras de combustíveis operantes em seu território a fornecerem certificado de composição química de cada produto, quando houver entrega de álcool, gasolina "C" comum, gasolina aditivada, gasolina premium e diesel. Para o STF, tal norma versa sobre direito do consumidor e meio ambiente, e não sobre energia.[95]
- É inconstitucional norma estadual que estabelece hipóteses de dispensa e simplificação do licenciamento ambiental para atividades de lavra a céu aberto por invadir a competência legislativa da União para editar normas gerais sobre proteção do meio ambiente (art. 24, VI, da CF/88), nos termos previstos no art. 24, §§ 1º e 2º, da Constituição Federal.[96]

91. STF, Tribunal Pleno, ADI 5.126/SP, Rel. Min. Gilmar Mendes, j. 17.12.2022.
92. STF, Tribunal Pleno, ADI 6.989/PI, Rel. Min. Rosa Weber, j. 19.6.2023.
93. STF, Tribunal Pleno, ADI 2.879/SC, Rel. Min. Nunes Marques, j. 15.9.2023.
94. STF, Tribunal Pleno, ADI 7.028/AP, Rel. Min. Roberto Barroso, j. 19.6.2023.
95. STF, Tribunal Pleno, ADI 3.752/SP, relator Ministro Nunes Marques, j. 7.11.2023.
96 STF, Tribunal Pleno, ADI 6.650/SC, Rel. Min. Cármen Lúcia, j. 26.4.2021.

- É constitucional lei estadual que proíba a utilização de animais para desenvolvimento, experimentos e testes de produtos cosméticos, de higiene pessoal, perfumes e seus componentes (art. 24, VI, da CF/88).[97]
- É constitucional o dispositivo de Constituição Estadual que proíbe a caça em seu respectivo território, pois a matéria é de competência legislativa concorrente entre os entes federados.[98]
- É inconstitucional lei estadual que flexibilize a ocupação antrópica em APPs, por violar norma geral editada pela União sobre o tema (art. 24, VI, da CF/88).[99]
- É constitucional – formal e materialmente – lei municipal que obriga à substituição de sacos e sacolas plásticos por sacos e sacolas biodegradáveis, por se tratar de norma que versa sobre meio ambiente (art. 24, VI, da CF/88).[100]
- É inconstitucional – por violar a competência da União para legislar sobre normas gerais de proteção ao meio ambiente e sobre direito penal e processual penal (CF/1988, arts. 24, VI e VII; e 22, I) – lei estadual que proíbe os órgãos ambientais e a polícia militar de destruírem e inutilizarem bens particulares apreendidos em operações de fiscalização ambiental.[101]
- É constitucional – por dispor sobre a proteção do meio ambiente e a proteção e defesa da saúde, matérias de competência legislativa concorrente entre a União, estados e DF (art. 24, VI e XII, CF/88), e estabelecer restrição necessária, adequada e proporcional no âmbito de sua competência suplementar e nos limites de seu interesse local (art. 30, I e II, CF/88) – lei municipal que veda a soltura de fogos de artifício e artefatos pirotécnicos produtores de estampidos.[102]
- É constitucional – pois não viola o princípio do pacto federativo e as regras do sistema de repartição de competências – norma estadual que cria modelo simplificado de licenciamento ambiental para regularização de atividades ou empreendimentos em instalação ou funcionamento, e para atividades de baixo e médio potencial poluidor.[103]
- É constitucional norma estadual que, sem afastar a aplicação da legislação nacional em matéria ambiental (inclusive relatório de impacto ambiental) e o dever de consulta prévia às comunidades indígenas e tradicionais,

97. STF, Tribunal Pleno, ADI 5.995/RJ, Rel. Min. Gilmar Mendes, j. 28.5.2021.
98. STF, Tribunal Pleno, ADI 350/SP, Rel. Min. Dias Toffoli, j. 18.6.2021.
99. STF, Tribunal Pleno, ADI 5.675/MG, Rel. Min. Ricardo Lewandowski, j. 17.12.2021.
100. STF, Tribunal Pleno, RE 732.686/SP, Rel. Min. Luiz Fux, j. 19.10.2022 (Tema 970).
101. STF, Tribunal Pleno, ADI 7.203/RO, Rel. Min. Gilmar Mendes, j. 1º.3.2023.
102. STF, Tribunal Pleno, RE 1.210.727/SP, Rel. Min. Luiz Fux, j. 9.5.2023 (Tema 1.056).
103. STF, Tribunal Pleno, ADI 5.014/BA, Rel. Min. Dias Toffoli, j. 10.11.2023.

quando diretamente atingidas por ocuparem zonas contíguas, autoriza a concessão à iniciativa privada da exploração de serviços ou do uso de bens imóveis do Estado. No entanto, a concessão pelo Estado não pode incidir sobre áreas tradicionalmente ocupadas por povos indígenas, remanescentes quilombolas e demais comunidades tradicionais.[104]

- É constitucional – pois inserida dentro da competência comum dos entes federados para proteger documentos, obras e outros bens de valor histórico, artístico e cultural, monumentos, paisagens naturais notáveis e sítios arqueológicos (art. 23, III, da CF/88), e da competência concorrente para legislar sobre esses temas (art. 24, VII, da CF/88) – a instituição, por lei estadual, de feriado comemorativo do "Dia de São Jorge".[105]
- É inconstitucional lei estadual que concede descontos aos idosos para aquisição de medicamentos em farmácias localizadas no respectivo estado, pois viola a competência da União para editar normas gerais sobre defesa da saúde (art. 24, XII, da CF/88).
- Lei estadual pode restringir a publicidade infantil de produtos de baixo valor nutricional nas escolas. No caso, a competência legislativa estadual é extraída do artigo 24, XII e XV, da CF/88, que conferem competência concorrente sobre a defesa da saúde e a proteção da infância. Entendeu o STF que essas matérias, por serem axiologicamente mais importantes, devem prevalecer sobre a competência exclusiva da União para propaganda comercial.[106]
- É constitucional, por estar inserida dentro da competência da União para editar normas gerais sobre a matéria, a norma federal que criou a Ouvidoria-Geral da Defensoria Pública nos estados-membros e estabeleceu suas competências (art. 24, XIII, da CF/88).[107]
- Lei estadual que que estabeleceu a reserva de lugares disponíveis em salas de projeções, teatros, espaços culturais e nos veículos de transporte público municipal e intermunicipal para pessoas obesas é formalmente constitucional, pois se enquadra na competência concorrente dos Estados, da União e dos Municípios para promover acesso a cultura, esporte e lazer (arts. 6º; 23, V; 24, IX; 215 e 217, § 3º, CF).[108]
- É constitucional – pois configura legítimo exercício da competência concorrente em legislar sobre organização das polícias civis (CF/1988, art. 24, XVI e § 1º) – norma estadual que cria função gratificada de gestor de

104. STF, Tribunal Pleno, ADI 7.008/SP, Rel. Min. Roberto Barroso, j. 22.5.2023.

105. STF, Tribunal Pleno, ADI 4.092/RJ, Red. p/ acórdão Min. Edson Fachin, j. 25.8.2023.

106. STF, Tribunal Pleno, ADI 5.631/BA, Rel. Min. Edson Fachin, j. 25.3.2021.

107. STF, Tribunal Pleno, ADI 4.608/DF, Rel. Min. Gilmar Mendes, j. 13.5.2022.

108. STF, Tribunal Pleno, ADI 2.477, Rel. Min. Roberto Barroso, j. 24.10.2022.

Delegacias Interativas de Polícia do Interior (DIPs) no quadro de funções gratificadas da polícia civil local.[109]

B. Estados-membros

B.1. Conceito

Os Estados-membros são as pessoas jurídicas de direito público interno, dotadas de **autonomia**, que funcionam como **entes regionais** da Federação. A eles a própria Constituição de 1988 atribui, diretamente, a capacidade de se auto-organizar, autogovernar e autoadministrar.

B.2. Formação dos Estados-membros

A formação dos Estados-membros está expressamente prevista no artigo 18, §3º, da Constituição Federal de 1988. Esse dispositivo foi regulamentado pela Lei n.º 9.709/98.

A alteração interna do território nacional, por meio da **criação ou redimensionamento** dos Estados-membros, poderá ocorrer de três formas: i) a **fusão** de Estados-membros, que ocorre quando dois ou mais Estados-membros incorporam-se, formando um terceiro e único Estado-membro; ii) a **cisão** de Estado-membro, que se dá com a subdivisão em dois ou mais novos Estados-membros do Estado-membro antigo, que deixa de existir; e iii) o **desmembramento**, hipótese na qual um ou mais Estados-membros cedem parte de seu território para a formação de um terceiro e novo Estado-membro ou para serem anexadas a Estados-membros já existentes.

Observação: Hely Lopes Meirelles possui entendimento **minoritário** no sentido de serem a **fusão e a incorporação situações diversas**. Para o consagrado autor, a fusão ocorre quando dois ou mais municípios se unem e formam um terceiro município novo. Por outro lado, na incorporação, um município incorpora outro, deixando somente este segundo de existir. O incorporador continua a existir, mas agora com sua área geográfica ampliada.[110] Embora se refira a municípios, o raciocínio do mestre paulista se aplica perfeitamente aos estados-membros.

109. STF, Tribunal Pleno, ADI 6.847/AM, Rel. Min. Edson Fachin, j. 20.11.2023.

110. MEIRELLES, Hely Lopes. Direito municipal brasileiro. 16ª ed. São Paulo: Malheiros, 2008, p. 69.

Observação: Fernanda Dias Menezes de Almeida afirma que existe uma quarta possibilidade de criação de Estados que não está prevista expressamente no texto Constituição. Cuida-se da **elevação de Territórios Federais** à categoria de Estado-membro.[111]

Os **requisitos** para a alteração territorial dos Estados são a aprovação da população diretamente interessada, mediante plebiscito e a aprovação de lei complementar editada pelo Congresso Nacional.

Dessa maneira, o primeiro passo para o redesenho territorial dos Estados é a realização de um **plebiscito com a população diretamente interessada**.

Embora haja entendimento no sentido de que a expressão "população diretamente interessada" se refere tão somente à população da área que terá nova destinação, prevalece em doutrina que **toda a população interessada do Estado ou dos Estados envolvidos deverá participar do plebiscito**.

Foi esse o entendimento abrigado pela **Lei n.º 9.709/98**, que, em seu artigo 7º, consigna de forma categórica: "(...) *entende-se por população diretamente interessada tanto a do território que se pretende desmembrar, quanto a do que sofrerá desmembramento; em caso de fusão ou anexação, tanto a população da área que se quer anexar quanto a da que receberá o acréscimo;* (...)".

A **convocação** do plebiscito dar-se-á mediante decreto legislativo, por proposta de **um terço**, no mínimo, dos membros que compõem qualquer das Casas do Congresso Nacional (art. 3º da Lei n. 9.709/98).

O quórum para aprovação é de **maioria simples** (artigo 10 da Lei n.º 9.709/98).

Caso o resultado do plebiscito seja **desfavorável** à alteração pretendida, **encerra-se** o procedimento, uma vez que essa decisão é **vinculativa**, não podendo a questão sequer ser remetida ao Congresso Nacional.

Caso o resultado seja **favorável**, o projeto de lei complementar será proposto perante qualquer das Casas do **Congresso Nacional**. Essa decisão favorável não vincula o Congresso Nacional, que terá **discricionariedade** para debater e votar a proposta de lei complementar que prevê a alteração territorial.

A especificidade procedimental dessa fase é que será obrigatória a audiência das respectivas **Assembleias Legislativas** (artigo 48, inciso VI da CF/88 c/c artigo 4º, §2º da Lei n.º 9.709/98), as quais opinarão, **sem caráter vinculativo**, sobre a matéria, e fornecerão ao Congresso Nacional os detalhamentos técnicos concernentes

111. ALMEIDA, Fernanda Dias Menezes de. Transformação de Territórios Federais em Estados. *In*: CANOTILHO, J.J. Gomes et al. Comentários à Constituição do Brasil. 1ª ed. São Paulo: Saraiva/Almedina, 2013, p. 704.

aos aspectos administrativos, financeiros, sociais e econômicos da área geopolítica afetada.

Por fim, caso o projeto de lei complementar seja aprovado no Congresso Nacional, caberá ao Presidente da República **sancioná-lo ou vetá-lo.** Na hipótese de o projeto de lei complementar para a alteração a formação de novo Estado-membro ser vetado, poderá o Congresso Nacional, em sessão conjunta a ser realizada no prazo de 30 (trinta) dias do recebimento do veto, pela votação da maioria absoluta dos seus membros, **derrubar o veto.**

B.3. Bens dos Estados-membros

O **artigo 26 da Constituição de 1988** enumera como bens dos Estados-membros:

- **i.** as águas superficiais ou subterrâneas, fluentes, emergentes e em depósito, ressalvadas, neste caso, na forma da lei, as decorrentes de obras da União;
- **ii.** as áreas, nas ilhas oceânicas e costeiras, que estiverem no seu domínio, excluídas aquelas sob domínio da União, Municípios ou terceiros;
- **iii.** as ilhas fluviais e lacustres não pertencentes à União;
- **iv.** as terras devolutas não compreendidas entre as da União.

Esse rol **não é taxativo**, ou seja, é possível os Estados-membros sejam proprietários de outros bens – por exemplo, os prédios estaduais – que não estejam listados na Constituição.

B.4. Competências dos Estados-membros

A Constituição de 1988, seguindo a tradição brasileira, utilizou-se da técnica norte-americana de repartição de competências, atribuindo aos Estados-membros **competência residual** (artigo 25, §1º, da CF/88).

Assim, para identificar quais são as competências estaduais, deve-se, primeiro, verificar aquilo que foi exclusivamente ou privativamente atribuído pelo texto constitucional à União Federal e aos Municípios. Tudo aquilo que sobrar dessa operação é de competência do Estado-membro.

Essa é a **regra** no que toca à competência dos Estados-membros. No entanto, a Constituição de 1988 foi além.

No âmbito das **competências materiais**, os Estados-membros foram contemplados com a **competência exclusiva** para explorar diretamente, ou mediante concessão, os **serviços locais de gás canalizado**, na forma da lei, vedada a edição de medida provisória para a sua regulamentação (artigo 25, §2º da CF/88) e com as **competências materiais comuns** do artigo 23 da CF/88.

Já em relação às **competências legislativas**, os Estados poderão exercer, além das competências residuais, a **competência delegada da União**, cabendo-lhes legislar sobre questões específicas de matérias previstas no artigo 22 da CF/88 (artigo 22, parágrafo único, da CF/88); e a **competência legislativa concorrente**, cabendo aos Estados-membros editarem não só normas complementares às normas gerais editadas pela União, como também, em caso de inércia desta, editar supletivamente normas gerais aplicáveis em seu território, até que a União exerça a sua competência (artigo 24, §§1º a 4º, da CF/88).

B.5. Regiões metropolitanas

O **artigo 25, §3º, da CF/88** prevê que: "*Os Estados poderão, mediante lei complementar, instituir regiões metropolitanas, aglomerações urbanas e microrregiões, constituídas por agrupamentos de municípios limítrofes, para integrar a organização, o planejamento e a execução de funções públicas de interesse comum.*"

Cuida-se de **competência legislativa privativa** atribuída aos Estados-membros, que poderão ordenar os seus territórios da maneira que melhor lhes aprouver. Como na Constituição de 1967/69 a competência para instituir regiões metropolitanas fora atribuída à União (artigo 157, § 10), a previsão do artigo 25, §3º da CF/88 representou um **ganho de autonomia** dos Estados-membros.

Os **conceitos** de região metropolitana e aglomerações urbanas estão descritos no artigo 2º, da Lei n.º 13.089/15 (Estatuto da Metrópole). O conceito de microrregião não foi tratado por lei federal, de modo nos utilizaremos do conceito formulado pela Constituição do Estado de São Paulo:

a. **Região metropolitana**: unidade regional instituída pelos Estados, mediante lei complementar, constituída por agrupamento de Municípios limítrofes para integrar a organização, o planejamento e a execução de funções públicas de interesse comum (artigo 2º, inciso VII, da Lei n.º 13.089/15);
b. **Aglomeração urbana**: unidade territorial urbana constituída pelo agrupamento de 2 (dois) ou mais municípios limítrofes, caracterizada por complementaridade funcional e integração das dinâmicas geográficas, ambientais, políticas e socioeconômicas (artigo 2º, inciso I, da Lei n.º 13.089/15); e
c. **Microrregião**: agrupamento de municípios limítrofes que apresente, entre si, relações de interação funcional de natureza físico-territorial, econômico-social e administrativa, exigindo planejamento integrado com vistas a criar condições adequadas para o desenvolvimento e integração regional (artigo 153, §3º da CE/SP).

Desse modo, percebe-se que a diferença entre elas é o grau de intensidade das relações entre os Municípios por elas abrigados. Enquanto em uma **região metropolitana** há a **conurbação** – que é fenômeno urbano que ocorre quando duas cidades limítrofes se expandem ao ponto de se encontrarem – e um **município-polo** influenciador; nos **aglomerados urbanos** há a **conurbação**, mas sem um polo de atração de humana. Nas **microrregiões não há conurbação, tampouco um município influenciador**, mas tão somente Municípios limítrofes com interesses administrativos comuns.[112]

Questão interessante é saber se os **municípios** devem **aprovar ou não a sua participação** nessas unidades regionais. Tal indagação se coloca porque os Municípios são entes federativos dotados de autonomia, cabendo-lhes, por conseguinte, determinar a sua própria organização.

O **Supremo Tribunal Federal** já se manifestou em três oportunidades sobre o tema. Em todas, o entendimento foi o de que **basta a edição de lei complementar estadual** para a criação de regiões metropolitanas, aglomerações urbanas e microrregiões, sendo **compulsória a participação dos municípios** envolvidos.[113]

A autonomia dos municípios fica preservada uma vez que, embora a participação nas unidades regionais seja compulsória, a sua **gestão é compartilhada**. Não é possível que um único ente centralize o poder decisório, ainda que não seja necessária a previsão de participação paritária no colegiado. Nesse sentido, o STF já julgou inconstitucional dispositivo de lei instituidora de região metropolitana que concentrava 70% (setenta por cento) votos na Assembleia Metropolitana e no Conselho de Desenvolvimento Metropolitano, unificando em si, de facto, todo o poder decisório da empreitada comum.[114]

Por fim, deve-se destacar que essas unidades regionais **não são entidades integrantes da federação.** A sua natureza jurídica é de **órgão de planejamento**, de modo que as regiões metropolitanas, as aglomerações urbanas e as microrregiões sequer são dotadas de personalidade jurídica própria.

C. Municípios

C.1. Conceito

Os municípios são as pessoas jurídicas de direito público interno, dotadas de **autonomia**, que funcionam como **entes locais** da Federação.

---

112. SILVA, José Afonso da. Direito urbanístico brasileiro. 5ª ed. São Paulo: Malheiros, 2008, p. 159-161.

113. Por todos, ver STF, Tribunal Pleno, ADI 1.842, Rel. Min. Luiz Fux, j. 6.3.2013.

114. STF, Tribunal Pleno, ADI 6.573/AL, ADI 6.911/AL e ADPF 863/AL, Rel. Min. Edson Fachin, j. 13.5.2022.

C.2. Posição dos Municípios na federação

A **natureza jurídica** dos municípios é questão controvertida em doutrina. Isso porque, em nossa história, os municípios nunca foram considerados entes federativos autônomos, mas meras divisões administrativas dos estados-membros.

Com o advento da **Constituição de 1988** foi conferida, de forma inédita, **autonomia real** aos municípios, dotando-os de auto-organização, autogoverno e autoadministração.[115] Veja-se que o artigo 18 da CF/88 consigna que os municípios são autônomos, ao passo que o artigo 34, inciso VII, alínea "c" da CF/88, ao tratar da intervenção federal, expressamente fala em "autonomia municipal".

Adotou-se, assim, a tese municipalista advogada por eminentes doutrinadores, como Hely Lopes Meirelles, que sempre reivindicaram que os municípios fossem tratados como membros da federação.[116]

No entanto, logo após a promulgação da Constituição de 1988, parcela da doutrina, destacadamente o professor José Afonso da Silva, continuou a rejeitar a tese de que os municípios foram elevados à condição de entes federativos[117].

Argumentam os defensores desse entendimento que: i) os municípios não possuem capacidade de autogoverno, uma vez que **não editam constituições municipais**, mas meras leis orgânicas, submetidas a um duplo grau de subordinação – à Constituição Federal e à Constituição Estadual respectiva; ii) os municípios **não possuem participação na vontade do ente central**, pois não elegem representantes no Congresso Nacional; iii) os municípios **não possuem Poder Judiciário próprio**, ficando atrelados à Justiça Estadual; iv) os municípios não possuem polícia própria, não tendo os meios para garantir o cumprimento de suas decisões. Assim, os municípios possuiriam natureza jurídica de **autarquias territoriais.**

Esse posicionamento, todavia, não prevaleceu. É absolutamente **majoritário** em doutrina e em jurisprudência que os Municípios **são entes federativos autônomos**, tal qual a União e os Estados-membros.[118]

---

115. Hely Lopes Meirelles, embora afirme que a autonomia real dos municípios existiu desde a Constituição de 1946, pontifica: "A posição atual dos Municípios Brasileiros é bem diversa da que ocuparam nos regimes anteriores. Libertos da intromissão discricionária dos governos federal e estadual e dotados de rendas próprias para prover os serviços locais, os Municípios elegem livremente seus vereadores, seus prefeitos e vice-prefeitos e realizam o *self- government* de acordo com a orientação política e administrativa de seus órgãos de governo", em MEIRELLES, Hely Lopes. Direito municipal brasileiro. 16ª ed. São Paulo: Malheiros, 2008, p. 46.

116. *Ibidem*, p. 45-47.

117. SILVA, José Afonso da. Comentário contextual à constituição. 9ª ed. São Paulo: Malheiros, 2014, p. 304.

118. Por todos, FERREIRA FILHO, Manoel Gonçalves. Curso de direito constitucional. 40. ed. São Paulo: Saraiva, 2015, p. 88.

C.3. Formação dos Munícipios

A formação dos municípios está expressamente prevista no **artigo 18, §4º, da Constituição Federal de 1988**, que foi regulamentado pela Lei n.º 9.709/98.

Em sua **redação original**, o texto constitucional previu que a criação, incorporação, fusão e desmembramento de municípios dependeria de aprovação da população diretamente interessada, mediante plebiscito, e da edição de lei estadual, editada em obediência à Lei Complementar estadual.

Em 1996, entretanto, foi editada a **EC n. º15**, que alterou ambos os requisitos com o fito de refrear o surgimento descontrolado de novos Municípios. Com a nova redação dada ao §4º do artigo 18 da CF/88, antes da realização do plebiscito, deverão ser divulgados **estudos de viabilidade municipal**, apresentados e publicados na forma da lei. Além disso, passou-se a exigir, para a criação, incorporação, fusão e desmembramento de municípios a edição de lei estadual, **dentro do período determinado por lei complementar**.

Nesse contexto, o primeiro passo para o redesenho territorial dos Estados é a **edição de uma lei complementar federal** que delimite o período em que poderão haver as alterações territoriais dos municípios.

O **Supremo Tribunal Federal**, ao debruçar-se sobre o artigo 18, §4º, da CF/88, já afirmou que se trata de **norma de eficácia limitada**, de modo que a criação de novos municípios, com o advento da EC n.º 15/96, somente será possível após a edição de lei complementar federal que confira eficácia plena ao preceito constitucional[119]. É inconstitucional, portanto, lei estadual que permita a criação, incorporação, fusão e desmembramento de municípios sem a edição prévia das leis federais previstas no art. 18, § 4º, da CF/88.[120]

Depois de editada a lei complementar federal, deverá ser confeccionado o estudo de viabilidade municipal, na forma da lei, em que os mais diversos aspectos envolvendo a criação, fusão, incorporação ou desmembramento dos Municípios serão esmiuçados e publicados.

Após o estudo, realizar-se-á o plebiscito **com a população diretamente interessada**, que é a população de todos os municípios envolvidos, e não somente aqueles da área que terá nova destinação (artigo 7º da Lei n.º 9.709/98). A **convocação** do plebiscito será feita pela Assembleia Legislativa, em conformidade com a legislação federal e estadual (artigo 5º da Lei n.º 9.709/98).

119. STF, Tribunal Pleno, ADI 2.381-MC/RS, Rel. Min. Sepúlveda Pertence, j. 20.6.2001.

120. STF, Tribunal Pleno, ADI 4.711/RS, Rel. Min. Roberto Barroso, j. 3.9.2021; STF, Tribunal Pleno, ADPF 819/MT, Red. p/ acórdão Min. Gilmar Mendes, j. 6.10.2023.

O quórum para aprovação é de **maioria simples** (artigo 10 da Lei n.º 9.709/98). Caso o resultado do plebiscito seja **desfavorável** à alteração pretendida, **encerra-se** o procedimento, uma vez que essa decisão é **vinculativa**, não podendo a questão sequer ser remetida ao legislador estadual.

Caso o resultado seja **favorável**, o projeto de lei estadual será proposto perante a Assembleia Legislativa. Essa decisão favorável não vincula o Poder Legislativo estadual, que terá **discricionariedade** para debater e votar a proposta de lei estadual que prevê a alteração territorial. Aprovada a lei estadual, o **Governador do Estado poderá vetá-lo.**

Observação: A lei complementar federal a que se refere o artigo 18, §4º, da CF/88 **até hoje não foi editada**, havendo clara omissão inconstitucional. No entanto, algumas leis estaduais criaram novos municípios, mesmo após a edição da EC n.º 15/96, como é o famoso caso do Município de Luís Eduardo Magalhães/BA.

O Supremo Tribunal Federal declarou todas essas leis inconstitucionais, mas não pronunciou a nulidade dos atos normativos impugnados pelo prazo de 24 (vinte e quatro) meses, pois, em juízo de ponderação, entendeu que as suas extinções seriam mais daninhas do que as suas manutenções[121].

Posteriormente e antes de completado o lapso temporal concedido pelo Supremo, foi promulgada a EC n.º 57/08, que convalidou os atos de criação, fusão, incorporação e desmembramento de municípios cuja lei tenha sido publicada até 31.12.2007 e tenha atendido os requisitos estabelecidos pela legislação do respectivo Estado.

C.4. Bens dos Municípios

Os municípios **não foram contemplados** na partilha de bens públicos feita pela Constituição de 1988. Isso, contudo, não significa que os municípios não sejam proprietários de diversos bens, inclusive bens públicos. Integram o seu patrimônio não só imóveis, dinheiros públicos, a dívida ativa municipal, mas também ruas, praças, jardins públicos e logradouros públicos.[122]

121. STF, Tribunal Pleno, ADI 2.240, Rel. Min. Eros Grau, j. 9.5.2007.

122. CARVALHO FILHO, José dos Santos. Manual de Direito Administrativo. 33ª ed. São Paulo: Atlas, 2019, p. 1.230.

C.5. Competências dos Municípios

Os municípios, vimos, foram alçados à verdadeira condição de entes federativos. Consequentemente, o constituinte atribuiu-lhes competências próprias, administrativas e legislativas.

Os municípios possuem **competência legislativa exclusiva** para legislar sobre **assuntos de interesse local** (artigo 30, inciso I, da CF/88).

Entende-se, por "assuntos interesse local", aquelas questões que envolvam **exclusivamente ou predominantemente** um interesse local. É esse o entendimento de Michel Temer, replicado por quase toda a doutrina pátria, que afirma:

> "é de peculiar interesse aquele em que predomina o do Município no confronto com os interesses do Estado e da União. Peculiar interesse significa predominante. Interesse local é expressão idêntica a peculiar interesse."[123]

Também se encontra no âmbito da competência legislativa exclusiva dos municípios a edição de **leis instituidoras de tributos** de sua competência (artigo 30, inciso III, da CF/88).

Além da competência legislativa exclusiva, os municípios têm **competência legislativa suplementar**. Embora o artigo 24 da CF/88 não fale expressamente nos municípios, deve ser feita a conjugação desse dispositivo com o artigo 30, inciso II, da CF/88, de modo que lhes caberá suplementar a legislação federal e a estadual no que couber.

Diferentemente dos Estados-membros, que possuem competência suplementar supletiva, o município não poderá exercer a sua competência suplementar, muito menos editar normais gerais, caso a União e o respectivo Estado-membro não exerçam suas competências legislativas concorrentes.

Outro ponto importante é o que a competência suplementar dos municípios está limitada às matérias elencadas no artigo 24 da CF/88, sendo-lhes vedado editar normas que versem sobre matérias de competência privativa da União Federal ou do Estado. Somente quando o próprio constituinte expressamente o disser, isso será possível, como é o caso os incisos XX e XXVIII do artigo 22 da CF/88.

---

123. TEMER, Michel. Elementos de direitos constitucional. 22ª ed., 2ª tiragem. São Paulo: Malheiros, 2008, p. 108.

No que toca às **competências materiais municipais**, a Constituição de 1988 agraciou os entes federativos locais com competências exclusivas e competências comuns.

As **competências materiais exclusivas** foram previstas tanto de forma **explícita** quanto de forma **implícita**. São **expressas** a competência de arrecadar os tributos de sua competência e aplicar suas rendas (artigo 30, inciso III, da CF/88) e a competência de organizar e prestar, diretamente ou sob regime de concessão ou permissão, os serviços públicos de interesse local, incluído o de transporte coletivo, que tem caráter essencial (artigo 30, inciso V, da CF/88). Por outro lado, a competência material para cuidar de assuntos de interesse local está **implícita** no artigo 30, inciso I, da CF/88.

Já as **competências materiais comuns** estão listadas no artigo 23 da CF/88. Há, também, competências comuns previstas no próprio artigo 30 da CF/88, quais sejam, a competência de criar, organizar e suprimir distritos, observada a legislação estadual (inciso IV); a competência de manter, com a cooperação técnica e financeira da União e do Estado, programas de educação infantil e de ensino fundamental (inciso VI); a competência de prestar, com a cooperação técnica e financeira da União e do Estado, serviços de atendimento à saúde da população (inciso VII); a competência de promover, no que couber, adequado ordenamento territorial, mediante planejamento e controle do uso, do parcelamento e da ocupação do solo urbano (inciso VIII) e a competência de promover a proteção do patrimônio histórico-cultural local, observada a legislação e a ação fiscalizadora federal e estadual (inciso IX).

Observação: O Supremo Tribunal Federal já se pronunciou acerca de determinadas matérias e atividades, considerando-as de interesse local. Veja-se:

- Compete aos municípios legislar sobre a obrigatoriedade de instalação de hidrômetros individuais nos edifícios e condomínios, em razão do preponderante interesse local envolvido (art. 30, I, da CF/88).[124]
- **Enunciado n. 38 da Súmula Vinculante**: É competente o Município para fixar o horário de funcionamento de estabelecimento comercial.
- Embora o Município tenha competência para legislar sobre questões atinentes ao comércio local, não poderá violar, por óbvio, direitos e garantias constitucionais. Por isso, foi editado o **Enunciado n. 49 da Súmula Vinculante** ("Ofende o princípio da livre concorrência lei municipal que impede a instalação de estabelecimentos comerciais do mesmo ramo em determinada área").

124. STF, Tribunal Pleno, RE 738.481/SE, Rel. Min. Edson Fachin, j. 16.8.2021 (Tema 849).

- É constitucional lei municipal que fixou feriado da consciência negra, incluindo-se no interesse local a instituição de feriado de alta significação étnica.[125]
- É constitucional lei municipal que, ao regulamentar apenas o seu interesse local, sem criar novas figuras ou institutos de licitação ou contratação, estabelece diretrizes gerais para a prorrogação e relicitação dos contratos de parceria entre o município e a iniciativa privada.[126]
- É inconstitucional – por violar a competência dos municípios para legislar sobre assuntos de interesse local, e para organizar e prestar, diretamente ou sob regime de concessão ou permissão, os serviços públicos de interesse local (CF/1988, art. 30, I e V) (1) – lei estadual que obriga as concessionárias dos serviços públicos de fornecimento de água a oferecer aos consumidores a opção de pagamento de dívidas por meio de cartão de crédito ou débito antes da suspensão dos serviços, bem como impõe aos agentes concessionários que efetuam as suspensões de fornecimento do serviço o porte da máquina do cartão.[127]

D. Distrito Federal

D.1. Criação do Distrito Federal

A criação do Distrito Federal decorre da necessidade de, em um Estado instalar a **sede do governo federal em um território neutro**, que não pertença a nenhum outro ente federativo.

A **Constituição de 1891**, marco da transição do Brasil de um Estado unitário para um Estado federal, foi quem criou o Distrito Federal. Para tanto, transformou o antigo "**Município Neutro**", sede do governo imperial, que se situava no Rio de Janeiro, na Capital da União provisória (artigo 2º).

Previu-se, ainda, a criação de uma cidade puramente oficial no Planalto Central do país, tal qual ocorreu nos Estados Unidos da América, para a instalação da Capital Federal (artigo 3º). Somente em **1960,** sob a égide da Constituição de 1946, é que foi concretizada a promessa constitucional com a construção de **Brasília.**

Na Constituição de 1988, Brasília, que integra o Distrito Federal, é a **Capital Federal** (artigo 18, §1º da CF/88).

125. STF, Tribunal Pleno, ADPF 634/SP, Rel. Min. Cármen Lúcia, j. 30.11.2022.

126. STF, Tribunal Pleno, ADPF 971/SP, ADPF 987/SP e ADPF 992/SP, Rel. Min. Gilmar Mendes, j. 29.5.2023.

127. STF, Tribunal Pleno, ADI 7.405/MT, Rel. Min. Cármen Lúcia, j. 24.11.2023.

D.2. Natureza jurídica do Distrito Federal

Em razão das peculiaridades do Distrito Federal, a definição de sua natureza jurídica impõe dificuldades à doutrina.

Antes da promulgação da CF/88, renomados autores atribuíram ao Distrito Federal as mais variadas naturezas jurídicas. Ruy Barbosa afirmava tratar-se de um "quase-Estado". Hely Lopes Meirelles, por seu turno, sustentava a natureza jurídica de entidade estatal anômala. Havia ainda o entendimento de José Afonso da Silva, que defendia que o Distrito Federal era uma autarquia territorial.[128]

Com o advento da Constituição Federal de 1988, a questão ganhou novos contornos. Há hoje um relativo consenso no sentido de ser o Distrito Federal uma **entidade federativa autônoma.** Isso porque os artigos 1º e 18 da CF/88 listam-no como um ente político integrante da Federação, ao lado da União, dos Estados-membros e dos Municípios. Ademais, conferiu-se **autonomia** ao Distrito Federal, que tem a capacidade de se auto-organizar, autogovernar e autoadministrar.

Nesse contexto, José Afonso da Silva passou a afirmar que, após a promulgação da Constituição de 1988, o Distrito Federal tornou-se uma unidade federada. No entanto, por suas peculiaridades, não é possível encaixá-lo na categoria de Estado-membro ou de Município, tratando-se de verdadeira figura *suis generis.* A natureza jurídica do Distrito Federal seria, assim, a de **unidade federada com autonomia parcialmente tutelada.**[129]

D.3. Autonomia do Distrito Federal

Sob a égide da Constituição de 1988, não há dúvida de que o Distrito Federal **é dotado de autonomia**, uma vez que o artigo 18, *caput*, é bem claro nesse sentido. Soma-se a isso o estatuto jurídico desenhado pelo artigo 32 da CF/88 para o Distrito Federal, conferindo-lhe **auto-organização**, **autoadministração** e **autogoverno**.

Com efeito, o *caput* do artigo 32 da CF/88 atribui ao Distrito Federal a capacidade de editar uma **Lei Orgânica própria**, sendo certo que tal diploma normativo tem força e autoridade de um verdadeiro **estatuto constitucional**, equiparando-se às constituições estaduais[130]. O §1º do artigo 32 da CF/88, por seu turno, confere ao Distrito Federal **competências** legislativas e materiais próprias, ao passo que os §§ 2º e 3º do mesmo dispositivo definem as regras para a **escolha do Governador, Vice-Governador e deputados distritais.**

---

128. SILVA, José Afonso da. Comentário contextual à constituição. 9ª ed. São Paulo: Malheiros, 2014, p. 324.

129. *Ibidem*.

130. STF, Tribunal Pleno, ADI 980/DF, Rel. Min. Menezes Direito, j. 6.3.2008.

No entanto, tal autonomia é **mitigada**, porque, diferentemente do que ocorre com os Estados-membros, ficou a cargo da **União** a organização o Poder Judiciário, o Ministério Público, as polícias civil, penal e militar e o corpo de bombeiros militar do Distrito Federal (artigos 21, inciso XIII e XIV; 22, inciso XVII; e 48, inciso IX, todos da CF/88).

Reconhecendo tal mitigação e reafirmando a competência da União para organizar e tais órgãos, o Supremo Tribunal Federal possui entendimento consolidado no sentido de que compete **privativamente à União** legislar **sobre vencimentos dos membros das polícias civil e militar e do corpo de bombeiros militar do Distrito Federal** (**S. 647 do STF e SV 39**), declarando inconstitucionais as leis distritais que tratem sobre o tema.

D.4. Competências do Distrito Federal

O artigo 32, §1º, da CF/88 atribuiu ao Distrito Federal as **competências legislativas reservadas aos Estados e Municípios**, aplicando-se, aqui, tudo o que falamos quando abordamos as competências estaduais e municipais.

Embora este dispositivo tenha se referido tão somente às competências legislativas, Léo Ferreira Leoncy aponta, com acuidade, que o constituinte disse menos do que poderia e deveria dizer, pois não seria lógico atribuir ao Distrito Federal competências legislativas tão relevantes se não fosse ele também protagonista das respectivas atividades administrativas a eles atinentes.[131]

É por essa razão que, além das competências legislativas, reconhece-se que o Distrito Federal **é titular das competências materiais exclusivas dos Estados e Municípios.**

Ao Distrito Federal também foram atribuídas as **competências materiais comuns** (artigo 23 da CF/88) e as **competências legislativas concorrentes** (artigo 24 c/c artigo 32, inciso I, da CF/88).

D.5. Peculiaridades do Distrito Federal

Além do que já falamos até aqui, podemos apontar ainda três outras características que são próprias do Distrito Federal:

- O Distrito Federal **não pode ser dividido em Municípios** (artigo 32, *caput*, da CF/88);

---

131. LEONCY, Léo Ferreira. Competências do Distrito Federal. *In*: CANOTILHO, J.J. Gomes et al. Comentários à Constituição do Brasil. 1ª ed. São Paulo: Saraiva/Almedina, 2013, p. 796.

Observação: Embora o Distrito Federal não possa ser dividido em Municípios, o art. 10 da Lei Orgânica do Distrito Federal o organiza em regiões administrativas, inclusive autorizando a participação popular no processo de escolha do administrador regional. Tal previsão foi declarada constitucional pelo Supremo Tribunal Federal, que afirmou não haver violação ao art. 32 da CF/88, já que tais regiões administrativas não são dotadas de autonomia.[132]

- Somente com a **EC n.º 69 de 2012** é que a organização e manutenção da **Defensoria Pública do Distrito Federal** foram transferidas da União para o próprio Distrito Federal;
- O artigo 21, inciso XIV, da CF/88 prevê que a União deve prestar assistência financeira ao Distrito Federal para a execução de serviços públicos, por meio de um **fundo próprio**. Esse fundo foi instituído somente em 2002, com a edição da Lei n.º 10.633/02.

E. Territórios Federais

Os Territórios Federais receberam tratamento diferente pela Constituição de 1988 daquele que foi dado pelas Constituições de 1946 e 1967/69. Nestas, os territórios eram enumerados como entes federados, ao lado da União, dos Estados-membros e do Distrito Federal.

Grandes autores, antes mesmo da promulgação da Constituição de 1988, já negavam o *status* de ente federado aos Territórios. Michel Temer, por exemplo, afirmava que a natureza jurídica dos Territórios era de pessoa jurídica de direito público, de capacidade administrativa e de nível constitucional, genericamente ligada à União.[133]

No entanto, é com a promulgação da Constituição de 1988 que os Territórios deixam, inequivocamente, de ser tratados como entes federados e passam a ter natureza jurídica de **descentralizações administrativas da União**.

Com efeito, o *caput* artigo 18 da CF, ao listar os componentes autônomos da Federação, não menciona os Territórios. O §2º do artigo 18 da CF/88, de forma resolutiva, afirma que os **Territórios Federais integram a União**.

132. STF, Tribunal Pleno, ADI 2.558, Rel. Min. Cezar Peluso, j. 26.05.2010.

133. TEMER, Michel. Território federal nas constituições brasileiras. São Paulo: Revista dos Tribunais, 1975, p. 73-76.

A criação, transformação em Estado ou reintegração ao Estado de origem dos Territórios Federais serão reguladas em **lei complementar**.

O *caput* e os parágrafos do **artigo 33 da CF/88** trazem algumas regras relativas à organização dos Territórios:

- A organização administrativa e judiciária dos Territórios será regulamentada por **lei ordinária**;
- Outra regra é a de que os Territórios **poderão ser divididos em Municípios**, aplicando-se a estes, no que couber, as regras previstas nos artigos 29 a 31 da CF/88;
- As **contas do Governo do Território** são submetidas ao Congresso Nacional, com parecer prévio do Tribunal de Contas da União;
- Se o Território Federal contar com mais de cem mil habitantes, além de um Governador, nomeado pelo Presidente da República após aprovação pelo Senador Federal (artigo 84, inciso XIV da CF/88), haverá órgãos judiciários de primeira e segunda instância, membros do Ministério Público e defensores públicos federais, todos organizados e mantidos pela União Federal (artigo 21, inciso XIII, da CF/88).

Desde a promulgação da Constituição de 1988, não existem mais Territórios Federais no Brasil. O artigo 14 do ADCT transformou os territórios de Roraima e Amapá em Estados-membros, ao passo que o artigo 15 do ADCT extinguiu o Território de Fernando de Noronha, anexando a sua área ao Estado de Pernambuco.

F. Federação e a pandemia da COVID-19

A pandemia da COVID-19, decretada em11 de março de 2020 a Organização Mundial da Saúde (OMS), resultou em uma das maiores crises sanitárias da humanidade e, consequentemente, gerou uma enorme instabilidade social, política e econômica.

Diante desse cenário, surgiu uma relevante questão jurídica envolvendo a distribuição de competências adotada em nossa Constituição Federal de 1988. Afinal, qual dos entes federativos tem atribuição de adotar as providências necessárias para minimizar os danos causados pela COVID-19?

Ao olharmos para a nossa Constituição de 1988, enxergamos três dispositivos que podem ser utilizados para definir o âmbito de atuação dos entes federativos diante da pandemia.

O artigo 21, inciso XVIII, da Constituição Federal de 1988 dispõe que compete à **União** planejar e promover a defesa permanente contra as calamidades públicas, especialmente as secas e as inundações.

Já o artigo 23, inciso II, da Constituição de 1988, prevê que é **competência comum** da União, dos Estados, do Distrito Federal e dos Municípios cuidar da saúde e assistência pública, da proteção e garantia das pessoas portadoras de deficiência. Por seu turno, o artigo 24, inciso XII, da CF/88 consigna que compete à União, aos Estados e ao Distrito Federal **legislar concorrentemente** sobre previdência social, proteção e defesa da saúde.

Ao analisarmos esses dispositivos perfunctoriamente, poderíamos chegar à conclusão de que há um conflito de normas. De um lado, o artigo 21, inciso XVIII, da CF/88 atribuiria à União Federal a competência para adotar as medidas necessárias ao combate da pandemia. De outro, os artigos 23, inciso II, e 24, inciso XII, ambos da CF/88 confeririam a todos os entes federativos tal mister.

Tal ilação não me parece acertada. As competências atribuídas pelos artigos 23, inciso II, e 24, inciso XII, ambos da CF/88 referem-se aos cuidados ordinários com a saúde pública, o que não engloba a pandemia de COVID-19, situação absolutamente extraordinária e de intensa gravidade. Cuida-se, em outras palavras, de verdadeira situação de calamidade pública, atraindo a aplicação isolada do artigo 21, inciso XVIII, da CF/88.

Todavia, ao afirmar que deve ser aplicada isoladamente a norma contida no artigo 21, inciso XVIII, da CF/88, não proponho atribuir à União Federal exclusivamente a competência para adotar as medidas necessárias ao combate da pandemia. Ao contrário, a previsão constitucional de que compete à União **planejar e promover** a defesa permanente contra as calamidades públicas **não afasta dos Estados e Municípios** o dever de auxiliar o ente central em tal desiderato.

Sobre o tema Manoel Gonçalves Ferreira Filho ensina que:

> "A defesa contra eventos excepcionais, de intensa gravidade, que assolam vastas regiões ou grandes núcleos populacionais, não era, nos primórdios da República, tarefa cometida à União. A Constituição de 1891 (art. 5º.) autorizava a União a prestar 'socorros ao Estado que, em caso de calamidade pública, os solicitar'. Estas solicitações foram tão constantes e repetidas que, já em 1897, o governo federal, pelo Ministro do Interior e Justiça, baixava aviso a fim de disciplinar os casos em que cabia tal auxílio (...) A Constituição de 1946, embora mantendo o dever de socorro (art. 18, §2º.), deu um passo adiante e incumbiu a União de organizar defesa permanente contra os feitos da seca, das endemias rurais e das inundações (art. 5º, XIII). A Constituição de 1967 seguiu o mesmo caminho. (...) O texto atual fala em 'planejar e promover', o que, na verdade, equivale a 'organizar'."[134]

134. FERREIRA FILHO, Manoel Gonçalves. Comentários à Constituição Brasileira de 1988. Vol. I. São Paulo: Saraiva, 1990, p. 166-167.

Como se vê, diante dos inúmeros apelos à União para que esta prestasse socorro aos entes federados menores em situações de calamidade pública, formulados na vigência de nossas constituições anteriores, o constituinte originário de 1987 optou por centralizar na União a competência para planejar e promover a defesa contra as calamidades públicas.

Essa centralização, todavia, refere-se à **organização** da defesa e não ao enfrentamento integral das catástrofes naturais. Nesse sentido, Fernanda Dias Menezes de Almeida sustenta que:

> "A atuação da União no enfrentamento das catástrofes naturais é sem dúvida muito importante. Mas não exime as demais autoridades públicas de participarem e contribuírem na debelação de problemas que também lhe dizem respeito."[135]

A professora paulista chega a afirmar que, diante dessas circunstâncias, a matéria deveria ter sido inserida no artigo 23 da CF/88, onde se alojam as competências comuns da União, Estados, Municípios e Distrito Federal.

Com a máxima vênia à brilhante professora, não concordo que o artigo 21, inciso XVIII, da CF/88 tenha atribuído competência comum aos entes da federação da mesma forma que o artigo 23 da CF/88 o fez em outras situações. Ainda que reconheça o dever dos demais entes atuarem no combate à calamidade pública que também lhes afetem, a escolha topográfica feita pela constituinte originário não pode ser desprezada.

A Constituição Federal de 1988, ao atribuir à União Federal a competência de organizar os esforços no combate às calamidades públicas, quis conferir ao ente central o poder de tomar as decisões estratégicas sobre o assunto, limitando a atuação dos Estados-membros, dos Municípios e do Distrito Federal ao auxílio material na aplicação das medidas já selecionadas pela União. Isso fica ainda mais patente nas calamidades públicas que atinjam todo o território nacional, como é o caso da pandemia de COVID-19, pois o atuar de todos os entes federados pode causar desorganização, perda de eficiência e desigualdades regionais.

Logo, por força do artigo 21, inciso XVIII, da CF/88, compete à União Federal a organização da defesa contra a pandemia de COVID-19, o que significa que lhe cabe escolher quais medidas serão adotadas, onde e por quanto tempo, enquanto cabe aos demais entes federados auxiliar materialmente à União, nos moldes por ela determinados.

---

135. ALMEIDA, Fernanda Dias Menezes de. Comentários ao artigo 21, XVIII, da Constituição de 1988. *In*: CANOTILHO, J.J. Gomes et al. Comentários à Constituição do Brasil. 1ª ed. São Paulo: Saraiva/Almedina, 2013, p. 734.

Não foi esse, contudo, o entendimento adotado pelo Congresso Nacional e pelo Supremo Tribunal Federal.

Em 6 de fevereiro de 2020 foi promulgada a **Lei Federal n.º 13.979**, que tratou sobre as medidas para o enfrentamento da situação de emergência na saúde pública causada pela pandemia. Posteriormente, foi editada a Medida Provisória n. 926 de 20 de março de 2020, que promoveu alterações no texto legal.

Contra as alterações promovidas pela MP 926/20, foi ajuizada a **ADI 6341**. O **Supremo Tribunal Federal**, ao analisar medida cautelar deferida pelo Ministro Relator da ação, manifestou o seu entendimento de que a **competência** para adotar medidas de enfrentamento à pandemia de COVID-19 é **comum**, por força dos **artigos 23, inciso II, e 198, inciso I, da CF/88.**

Afirmou-se, na oportunidade, que o Estado garantidor dos direitos fundamentais não é apenas a União, mas também os Estados e os Municípios e que a diretriz constitucional da hierarquização, constante do *caput* do art. 198 não significou hierarquização entre os entes federados, mas comando único, dentro de cada um deles.

Assim sendo, as normas que integram a Lei 13.979/20 devem ser lidas como decorrendo da competência própria da União para legislar sobre vigilância epidemiológica, nos termos da Lei Geral do SUS, Lei n.º 8.080, de 1990 e que, de nenhuma forma, o exercício dessa competência da União diminuiu a competência própria dos demais entes da federação na realização de serviços da saúde.

Consignou-se, ainda, que como a atuação dos entes federativos é comum, a solução de conflitos sobre o exercício da competência deve pautar-se pela melhor realização do direito à saúde, amparada em evidências científicas e nas recomendações da Organização Mundial da Saúde.

Em razão desses argumentos, o plenário do Supremo Tribunal Federal deferiu medida cautelar para dar interpretação conforme à Constituição ao § 9º do art. 3º da Lei 13.979, a fim de explicitar que, preservada a atribuição de cada esfera de governo, nos termos do inciso I do artigo 198 da Constituição, o Presidente da República poderá dispor, mediante decreto, sobre os serviços públicos e atividades essenciais.[136]

Em **6 de maio de 2020** o **Supremo Tribunal Federal** novamente reafirmou o seu entendimento segundo o qual a competência para adotar as medidas de combate à pandemia de COVID-19 é comum da União, Estados, Municípios e Distrito Federal.

136. STF, Tribunal Pleno, ADI 6.341 MC-Ref/DF, Red. p/ acórdão Min. Edson Fachin, j. 15.4.2020.

No julgamento da **ADI 6.343 MC-Ref**, o STF asseverou que a gravidade da emergência causada pela pandemia do coronavírus (COVID-19) exige das autoridades brasileiras, em todos os níveis de governo, a efetivação concreta da proteção à saúde pública, com a adoção de todas as medidas possíveis e tecnicamente sustentáveis para o apoio e manutenção das atividades do Sistema Único de Saúde.

Em relação ao pacto federativo, fixou entendimento de que a União tem papel central, primordial e imprescindível de coordenação em uma pandemia internacional nos moldes que a própria Constituição estabeleceu no SUS, mas que, em saúde e assistência pública, a Constituição Federal consagra a existência de competência administrativa comum entre União, Estados, Distrito Federal e Municípios (art. 23, II e IX, da CF), bem como prevê competência concorrente entre União e Estados/Distrito Federal para legislar sobre proteção e defesa da saúde (art. 24, XII, da CF); permitindo aos Municípios suplementar a legislação federal e a estadual no que couber, desde que haja interesse local (art. 30, II, da CF); e prescrevendo ainda a descentralização político-administrativa do Sistema de Saúde (art. 198, inciso I, CF, e art. 7º, inciso IX, da Lei 8.080/1990), com a consequente descentralização da execução de serviços, inclusive no que diz respeito às atividades de vigilância sanitária e epidemiológica (art. 6º, I, alíneas "a" e "b", da Lei 8.080/1990).

Desse modo, consignou que não compete ao Poder Executivo federal afastar, unilateralmente, as decisões dos governos estaduais, distrital e municipais que, no exercício de suas competências constitucionais, adotaram ou venham a adotar, no âmbito de seus respectivos territórios, importantes medidas restritivas como a imposição de distanciamento ou isolamento social, quarentena, suspensão de atividades de ensino, restrições de comércio, atividades culturais e à circulação de pessoas, entre outros mecanismos reconhecidamente eficazes para a redução do número de infectados e de óbitos.[137]

A MP 926 de 2020 foi convertida na **Lei n.º 14.035**, de 11 de agosto de 2020, e, adotando o mesmo entendimento já firmado pelo Supremo Tribunal Federal, promoveu alterações de forma a **descentralizar a competência do combate à pandemia**. As principais mudanças em relação à MP, nesse sentido, foram: i) conferir a decreto da respectiva autoridade federativa, e não mais do Presidente da República, o poder de definir quais são as atividades consideradas essenciais; e ii) afastar a necessidade de autorização ou parecer prévio de órgão federal para a adoção das medidas de restrição excepcional e temporária, por rodovias, portos ou aeroportos, de entrada e saída do País e de locomoção interestadual e intermunicipal.

Em 2 de setembro de 2020, o Supremo Tribunal Federal julgou improcedente a **ADI n.º 6.362**, que impugnava a previsão contida no art. 3º, caput, VII e § 7º, III,

137. STF, Tribunal Pleno, ADI 6.343 MC-Ref, red. p/ acórdão Min. Alexandre de Moraes, j. 6.5.2020.

da Lei nº 13.979/2020, que autoriza que os gestores locais de saúde, mesmo sem autorização do Ministério da Saúde, façam a requisição de bens e serviços.

Nessa oportunidade, o Supremo Tribunal Federal reafirmou que a competência específica da União para legislar sobre vigilância epidemiológica, da qual resultou a Lei 13.979/2020, não inibe a competência dos demais entes da federação no tocante à prestação de serviços da saúde.

Dentre as medidas de combate à pandemia, a Lei 13.979/2020 estabelece que qualquer ente federado poderá lançar mão da "requisição de bens e serviços de pessoas naturais e jurídicas, hipótese em que será garantido o pagamento posterior de indenização justa" (art. 3º, VII). Consignou o Supremo que tais requisições independem do prévio consentimento do Ministério da Saúde, sob pena de invasão, pela União, das competências comuns atribuídas aos Estados, Distrito Federal e Municípios, os quais, todavia, precisam levar em consideração evidências científicas e análises sobre as informações estratégicas antes de efetivá-las (art. 3º, § 1º).[138]

Na **ADPF n.º 770 MC-Ref** e na **ACO n.º 3.451 MC-Ref**, o Plenário do STF, ainda com base no argumento de que a Constituição outorgou a todos aos integrantes da Federação a competência comum de cuidar da saúde, compreendida nela a adoção de quaisquer medidas que se mostrem necessárias para salvar vidas e garantir a higidez física das pessoas ameaçadas ou acometidas pela nova moléstia, assentou que os **Estados**, **Distrito Federal** e **Municípios** (i) no caso de descumprimento do Plano Nacional de Operacionalização da Vacinação contra a Covid-19, recentemente tornado público pela União, ou na hipótese de que este não proveja cobertura imunológica tempestiva e suficiente contra a doença, **poderão dispensar às respectivas populações as vacinas das quais disponham, previamente aprovadas pela Anvisa**, ou (ii) se esta agência governamental não expedir a autorização competente, no prazo de 72 horas, poderão **importar e distribuir vacinas registradas por pelo menos uma das autoridades sanitárias estrangeiras e liberadas para distribuição comercial nos respectivos países**, conforme o art. 3º, VIII, a, e § 7º-A, da Lei 13.979/2020, ou, ainda, quaisquer outras que vierem a ser aprovadas, em caráter emergencial, nos termos da Resolução DC/ANVISA 444, de 10/12/2020.

Na **ACO n.º 3.463**, o Supremo Tribunal Federal afirmou que a **requisição administrativa, pela União, de bens insumos contratados por outra unidade federativa** e destinados à execução do plano local de imunização, cujos pagamentos já foram empenhados, é **incabível**. Essa decisão fundamentou-se na histórica jurisprudência da Corte no sentido de que a requisição administrativa não pode

138. STF, Tribunal Pleno, ADI 6.362, Rel. Min. Ricardo Lewandowski, j. 2.9.2020.

se voltar contra bem ou serviço de outro ente federativo, de maneira a que haja indevida interferência na autonomia de um sobre outro.[139]

Por fim, na ACO n.º 3.451/DF, o Tribunal Pleno do Supremo Tribunal Federal referendou liminar concedida pelo Ministro Relator Ricardo Lewandowski para autorizar o Estado do Maranhão a importar e a distribuir a vacina Sputnik V à população local, sob sua exclusiva responsabilidade, e desde que observadas as cautelas e recomendações do fabricante e das autoridades médicas, caso a ANVISA não decidisse sobre a importação excepcional e temporária da vacina Sputnik V, nos termos do art. 16, § 4º da Lei 14.124/2021.

Novamente, reafirmou-se que o grave abalo à saúde pública causado pela pandemia da COVID-19 exige uma atuação fortemente proativa dos agentes públicos de todos os níveis governamentais.[140]

139. STF, Tribunal Pleno, ACO 3.463 MC-Ref, Rel. Min. Ricardo Lewandowski, j. 8.3.2021.

140. STF, Tribunal Pleno, ACO 3.451/DF - TPI - Segunda Ref, Rel. Min. Ricardo Lewandowski, j. 3.5.2021.

CAPÍTULO 9

INTERVENÇÃO

1. NOÇÕES GERAIS

O Estado federal, como já estudamos, é marcado por uma **ambiguidade** incontornável: ao mesmo tempo em que se preocupa na manutenção da **unidade**, estimula a **diversidade**, distribuindo espacialmente os poderes entres as unidades federadas.

Para que se mantenha um equilíbrio entre as tendências agregadora e desagregadora, diversos mecanismos foram desenvolvidos ao longo dos tempos. O mais drástico deles é a **intervenção** do ente central nos entes regionais ou dos entes regionais nos entes locais.

Cuida-se, a toda evidência, de medida **excepcionalíssima**. Isso porque, em um Estado federal, os entes federados são dotados de **autonomia**, sendo vedada a ingerência de um ente em outro. Dessa forma, a intervenção somente é admitida quando a **unidade ou a existência** do Estado federal estiverem **em risco**.

Enrique Ricardo Lewandowski afirma que, para a doutrina majoritária, a natureza jurídica da intervenção é de **ato político ou ato de governo**, caracterizado por ampla **discricionariedade**. Aponta, contudo, que Pontes de Miranda, minoritariamente, considera a intervenção um ato jurídico.[1]

1. LEWANDOWSKI, Enrique Ricardo. Pressupostos materiais e formais da intervenção federal no Brasil. 2ª ed. rev. ampl. e atualizada, Belo Horizonte: Fórum, 2018, p. 42.

2. INTERVENÇÃO FEDERAL

A Constituição Federal de 1988 previu, nos artigos 34 a 36, a possibilidade de a União Federal intervir nos Estados-membros, no Distrito Federal e nos Municípios dos Territórios Federais.

De imediato, dois pontos relevantes já merecem ser ressaltados. O primeiro é o de que a **regra** é a **não intervenção**. A redações dos *caputs* dos artigos 34 e 35 da CF/88 deixam isso claro. O segundo ponto é que, em razão da ausência de previsão constitucional, **não pode União intervir nos Municípios localizados em Estados-membros**.

Também é importante destacar, desde logo, que a possibilidade de intervenção da União nos Estados-membros, no Distrito Federal e nos Municípios localizados em Territórios Federais **não** significa que haja uma **hierarquia** entre as unidades da federação. O que o ocorre é que a Constituição atribuiu à União, na qualidade de ente central, o poder de atuar para resguardar a existência e viabilidade do projeto federativo.

Os **pressupostos materiais**, isto é, situações que autorizam a **intervenção da União nos Estados ou no Distrito Federal**, estão listados, **taxativamente**, nos incisos do artigo 34 da CF/88. São eles:

- **i.** Manter a integridade nacional;
- **ii.** Repelir invasão estrangeira ou de uma unidade da Federação em outra;
- **iii.** Por termo a grave comprometimento da ordem pública;
- **iv.** Garantir o livre exercício de qualquer dos Poderes nas unidades da Federação;
- **v.** Reorganizar as finanças da unidade da Federação que: a) suspender o pagamento da dívida fundada por mais de dois anos consecutivos, salvo motivo de força maior; b) deixar de entregar aos Municípios receitas tributárias fixadas nesta Constituição, dentro dos prazos estabelecidos em lei;
- **vi.** Prover a execução de lei federal, ordem ou decisão judicial;
- **vii.** Assegurar a observância dos seguintes princípios constitucionais: a) forma republicana, sistema representativo e regime democrático; b) direitos da pessoa humana; c) autonomia municipal; d) prestação de contas da administração pública, direta e indireta; e) aplicação do mínimo exigido da receita resultante de impostos estaduais, compreendida a proveniente de transferências, na manutenção e desenvolvimento do ensino e nas ações e serviços públicos de saúde.

Já os **pressupostos materiais** para que a **União possa intervir nos Municípios localizados nos Territórios Federais** estão previstos nos incisos do artigo 35 da CF/88:

i. Deixar de ser paga, sem motivo de força maior, por dois anos consecutivos, a dívida fundada;

ii. Não forem prestadas contas devidas, na forma da lei;

iii. Não tiver sido aplicado o mínimo exigido da receita municipal na manutenção e desenvolvimento do ensino e nas ações e serviços públicos de saúde;

iv. o Tribunal de Justiça der provimento a representação para assegurar a observância de princípios indicados na Constituição Estadual, ou para prover a execução de lei, de ordem ou de decisão judicial.

Além dos pressupostos materiais, a Constituição de 1988 estabeleceu, no artigo 36, diversos **pressupostos formais** que devem ser observados para que a intervenção seja válida.

As **competências** de **decretar** e **executar** a intervenção federal são sempre do **Presidente da República** (artigo 84, inciso X, da CF/88).

A **iniciativa**, no entanto, variará de acordo com a hipótese em que se fundamenta a intervenção. Com base nisso, podemos classificar a intervenção federal em:

a) **Intervenção de ofício**: também conhecida como intervenção **espontânea**, é aquela em que basta a ocorrência do pressuposto material para que o Presidente da República esteja autorizado a **decretar de ofício** a intervenção. Não há, dessa maneira, a necessidade de solicitação ou requisição de quem quer que seja. É o que ocorre nas hipóteses descritas do **artigo 34, incisos I, II, III e V, e no artigo 35, incisos I, II e III da CF/88.**

   A intervenção, nesses casos, é **discricionária**, ou seja, caberá ao Presidente da República analisar a conveniência e oportunidade da decretação da intervenção.

b) **Intervenção solicitada**: quando a intervenção federal se fundar na garantia do livre exercício dos Poderes Executivo ou Legislativo nas unidades da Federação (artigo 34, inciso IV, da CF/88), o Presidente da República dependerá de **provocação do Poder Executivo ou do Poder Legislativo que está sendo coagido ou impedido** (artigo 36, inciso I, da CF/88).

   O pedido tem que ser **expresso e inequívoco**, embora não seja necessária nenhuma fórmula especial. Recebida a solicitação, o Presidente da República poderá ou não intervir, uma vez a intervenção, aqui, é um **ato discricionário.**

c) **Intervenção requisitada**: quando a intervenção federal se fundar na garantia do livre exercício do Poder Judiciário de um Estado-membro ou do Distrito Federal, será necessária a **requisição do Supremo Tribunal Federal** para que o Presidente da República possa intervir no respectivo ente federado (artigo 34, inciso IV, c/c artigo 36, inciso I, ambos da CF/88).

Também será necessária a **requisição do Supremo Tribunal Federal, do Superior Tribunal de Justiça ou do Tribunal Superior Eleitoral** no caso de a intervenção se basear na desobediência de ordem ou decisão judiciária (artigo 34, inciso VI, c/c artigo 36, inciso II, ambos da CF/88). Enrique Ricardo Lewandowski, delimitando a iniciativa de cada um dos Tribunais listados, ensina que a requisição caberá ao **TSE** se a ordem ou decisão descumprida envolver matéria eleitoral. A iniciativa será do STJ em matérias que forem de sua competência recursal. Caberá ao STF, por fim, a representação em assuntos constitucionais. Na hipótese de descumprimento de ordem ou decisão emanada diretamente por uma dessas Cortes, elas próprias requisitarão a intervenção, se não couberem outras providências.[2]

Recebida a requisição, o Presidente da República **está obrigado a intervir**. Aqui, a intervenção é um **ato vinculado**. O não atendimento à requisição configura crime de responsabilidade (artigo 85, inciso VII, da CF/88).

d) **Intervenção determinada pelo provimento de representação interventiva**: o artigo 36, inciso III, da CF/88 prevê que a decretação da intervenção dependerá de **provimento**, pelo Supremo Tribunal Federal, de **representação** do Procurador-Geral da República, em duas hipóteses: i) para assegurar a observância dos **princípios constitucionais sensíveis** (artigo 34, inciso VII, da CF/88); e ii) no caso de **recusa à execução de lei federal** (artigo 34, inciso VI, primeira parte, da CF/88).

Provida a representação ministerial, o Supremo Tribunal Federal **requisitará** a intervenção, devendo o **Presidente da República decretá-la no prazo de 15 (quinze) dias** (artigo 11 da Lei n.º 12.562/11), sob pena de responder por crime de responsabilidade (artigo 85, inciso VII, da CF/88). Cuida-se, a toda evidência, de ato vinculado.

O artigo 90, inciso I da CF/88 consigna que compete ao **Conselho da República** pronunciar-se sobre a intervenção federal, ao passo que o artigo 91, §1º, inciso II, da CF/88 afirma que compete ao **Conselho de Defesa Nacional** opinar sobre a decretação de intervenção federal.

---

2. *Ibidem*, p. 142.

Neste ponto, surgem **duas interessantes questões** que são debatidas em doutrina.

A primeira delas refere-se ao **aspecto temporal** das manifestações do Conselho da República e do Conselho de Defesa Nacional. José Afonso da Silva[3], acompanhado pelo restante da doutrina, sustenta que a oitiva deve ser realizada **previamente** à decretação da intervenção pelo Presidente da República, uma vez que teríamos nesses pareceres verdadeira forma de controle político prévio.

Paulo Gustavo Gonet Branco, no entanto, faz um alerta: embora a oitiva dos órgãos superiores de consulta do Presidente da República deva, em regra, ser realizada previamente à decretação da intervenção federal, em **casos de urgência**, ela poderá ser realizada **após a edição do ato interventivo.**[4]

A segunda questão que se coloca é: as oitivas do Conselho da República e do Conselho de Defesa Nacional **são obrigatórias em todas as hipóteses de intervenção federal**?

Duas correntes disputam o tema em doutrina:

a) **Primeira corrente**: José Afonso da Silva sustenta que **sim**. Afirma o renomado autor que **em qualquer caso** a intervenção dependerá do pronunciamento dos órgãos superiores de consulta do Presidente da República[5]. Essa é a posição a qual nos filiamos. A uma, porque onde o texto constitucional não distinguiu, não cabe ao intérprete fazê-lo. A duas, porque ainda nos casos em que a intervenção seja requisitada e não tenha o Presidente da República discricionariedade quanto a sua decretação, os Conselhos poderão se manifestar sobre a amplitude, prazo e condições da intervenção.

b) **Segunda corrente**: Paulo Gustavo Gonet Branco, ao contrário, entende que **somente nas intervenções espontâneas** é que as oitivas do Conselho da República e do Conselho de Defesa Nacional serão obrigatórias.[6]

Por fim, destaque-se que o parecer emitido pelo Conselho da República e o Conselho de Defesa Nacional são **meramente opinativos**, não vinculando o Presidente da República.

---

3. SILVA, José Afonso da. Comentário contextual à constituição. 9ª ed. São Paulo: Malheiros, 2014, p. 333.
4. BRANCO, Paulo Gustavo Gonet; MENDES, Gilmar Ferreira. Curso de direito constitucional. 12ª ed. rev. e atual. São Paulo: Saraiva, 2017, p. 859.
5. SILVA, José Afonso da. Comentário contextual à constituição. 9ª ed. São Paulo: Malheiros, 2014, p. 333.
6. BRANCO, Paulo Gustavo Gonet; MENDES, Gilmar Ferreira. Curso de direito constitucional. 12ª ed. rev. e atual. São Paulo: Saraiva, 2017, p. 859.

Observação: No primeiro caso de intervenção federal ocorrido sob a égide da Constituição de 1988, ocorrido em 2018, o Conselho da República e o Conselho de Defesa Nacional não foram ouvidos previamente, mas **posteriormente**. À época, o então Presidente da República Michel Temer decretou a intervenção da União no Estado do Rio de Janeiro com a finalidade de pôr fim a grave comprometimento da ordem pública, em razão da crise na segurança pública vivenciada pelo referido Estado.

Já no caso de intervenção federal na área de segurança pública do Distrito Federal, decreta em 8 de janeiro de 2023, com o objetivo de pôr fim a grave comprometimento da ordem pública, **não houve a oitiva** do Conselho da República e do Conselho de Defesa Nacional.

A intervenção federal materializa-se por **decreto presidencial de intervenção**, que especificará a **amplitude**, o **prazo** e as **condições** de execução e que, se couber, nomeará o interventor (artigo 36, §1º, primeira parte, da CF/88).

Uma vez decretada, a intervenção será objeto de **controle político** a ser realizado pelo Poder Legislativo. Isso porque o artigo 36, §1º, segunda parte, da CF/88 afirma que o decreto presidencial interventivo será submetido à **apreciação do Congresso Nacional no prazo de 24 (vinte e quatro) horas**. Caso o Congresso Nacional não esteja funcionando, far-se-á a sua **convocação extraordinária**, também no prazo de 24 (vinte e quatro) horas (artigo 36, §2º da CF/88).

O Congresso Nacional, então, aprovará ou rejeitará, por meio de decreto legislativo, a intervenção federal. Se **aprová-la**, os parlamentares podem tanto autorizar a continuidade da intervenção até o atingimento dos seus fins, como podem suspender de imediato a medida, convalidando os atos já praticados. Se **reprová-la**, serão declarados ilegais, retroativamente, os atos da intervenção.[7]

Nas intervenções para prover a execução de lei federal, ordem ou decisão judicial (artigo 34, inciso VI, da CF/88) ou para assegurar a observância dos princípios constitucionais sensíveis (artigo 34, inciso VII, da CF/88), o decreto poderá se limitar a suspender a execução do ato impugnado, se essa medida bastar ao restabelecimento da normalidade. Nesse caso, fica **dispensado o controle posterior pelo Congresso Nacional** (artigo 36, §3º da CF/88).

A intervenção tem natureza de **ato político**, **não** sendo possível, **em regra**, o seu **controle jurisdicional**. **Excepcionalmente**, se houver **manifesta infringência às normas constitucionais**, poderá o Supremo Tribunal Federal realizar esse controle (artigo 102, inciso I, alínea "f", da CF/88). Um exemplo de situação em que se admite o controle jurisdicional ocorre quando a intervenção é realizada sem solicitação ou requisição, quando delas deveria ter sido precedida.

7. LEWANDOWSKI, Enrique Ricardo. Pressupostos materiais e formais da intervenção federal no Brasil. 2ª ed. rev. ampl. e atualizada, Belo Horizonte: Fórum, 2018, p. 155.

Por fim, tratando-se de medida excepcional, a intervenção federal deverá **durar pelo tempo estritamente necessário** à solução da grave situação que colocava em risco a Federação. Cessados os motivos que deram azo à medida extrema, **as autoridades afastadas de seus cargos a estes voltarão, salvo impedimento legal** (artigo 36, §4º da CF).

Observação: O Supremo Tribunal Federal deferiu medida cautelar na Ação Cível Originária n.º 3.427/BA determinando que a União retire dos Municípios de Prado-BA e Mucuri-BA o contingente da Força Nacional de Segurança Pública mobilizado pela Portaria nº 493, de 1º de setembro de 2020. Em um juízo de delibação, afirmou-se que a norma inscrita no art. 4º do Decreto nº 5.289/2004, ao autorizar o emprego da Força Nacional de Segurança, em território de Estado-membro, sem a anuência de seu Governador, por mero ato de Ministro de Estado, viola a natureza cooperativa do programa e seu suporte constitucional, conflitando com os art. 34 e 241 da Constituição Federal. Especificamente em relação ao artigo 34 da CF/88, consignou-se que a Força Nacional foi mobilizada para intervir na segurança pública do Estado da Bahia de forma violadora de sua autonomia federativa, pois não havendo qualquer tipo de requisição por parte do Governador de Estado, admitir a referida intervenção afigurar-se-ia hipótese de intervenção federal diversa daquelas elencadas no art. 34 da CF/88.[8]

3. INTERVENÇÃO ESTADUAL

O **artigo 35 da CF/88** previu a possibilidade de **intervenção dos Estados-membros em seus Municípios**. Assim como ocorre com a intervenção federal, a intervenção estadual é medida **excepcionalíssima**, somente sendo admitida nas seguintes hipóteses:

i. Deixar de ser paga, sem motivo de força maior, por dois anos consecutivos, a dívida fundada;

ii. Não forem prestadas contas devidas, na forma da lei;

iii. Não tiver sido aplicado o mínimo exigido da receita municipal na manutenção e desenvolvimento do ensino e nas ações e serviços públicos de saúde;

iv. O Tribunal de Justiça der provimento a representação para assegurar a observância de princípios indicados na Constituição Estadual, ou para prover a execução de lei, de ordem ou de decisão judicial.

8. STF, Tribunal Pleno, ACO 34.27 Ref-MC/BA, Rel. Min. Edson Fachin, j. 24.9.2020.

Além dos pressupostos materiais, a intervenção dos Estados-membros nos Municípios deverá respeitar alguns **pressupostos formais.**

É competência privativa do **Governador do Estado** a decretação e execução da intervenção estadual. **Em regra**, as intervenções estaduais serão **decretadas de ofício**, bastando a ocorrência do pressuposto material para que o Governador esteja autorizado a decretar ou não a intervenção.

Somente na hipótese do **artigo 35, inciso IV, da CF/88**, ou seja, quando o escopo da intervenção for assegurar a observância de princípios indicados na Constituição Estadual, ou para prover a execução de lei, de ordem ou de decisão judicial, é que a intervenção estadual dependerá de **provimento de representação interventiva pelo Tribunal de Justiça**.

Nesse caso, caberá ao **Procurador-Geral de Justiça** ajuizar a representação interventiva junto ao Tribunal de Justiça. Somente ele é legitimado a tanto, conforme o **Enunciado n.º 614 da Súmula do Supremo Tribunal Federal**.

A intervenção estadual materializa-se por **decreto de intervenção**, que especificará a **amplitude**, o **prazo** e as **condições** de execução e que, se couber, nomeará o interventor (artigo 36, §1º, primeira parte, da CF/88).

Uma vez decretada, a intervenção será objeto de **controle político** a ser realizado pela Assembleia Legislativa do respectivo Estado-membro, no prazo de vinte e quatro horas (artigo 36, §1º, segunda parte, da CF/88). Caso a Assembleia Legislativa não esteja funcionando, far-se-á a sua **convocação extraordinária**, no mesmo prazo de vinte e quatro horas (artigo 36, §2º da CF/88).

Não será necessário o controle político exercido pela Assembleia Legislativa quando a intervenção estadual for decretada nos moldes do **artigo 35, inciso IV, da CF/88** e **limitar-se a suspender** a execução do ato impugnado (artigo 36, §3º, da CF/88).

Por fim, é importante destacar que as normas contidas nos artigos 35 e 36 da Constituição Federal são **taxativas**, de modo que não é dado à Constituição Estadual trazer novas hipóteses de intervenção estadual[9] ou atribuir aos Tribunais de Contas a competência para requerer ou decretar a intervenção em Município.[10]

---

9. STF, Tribunal Pleno, ADI 2.917, Rel. Min. Gilmar Mendes, j. 27.3.2020; STF, Tribunal Pleno, ADI 6.616/AC, Rel. Min. Cármen Lúcia, j. 26.4.2021; e STF, Tribunal Pleno, ADI 6.619/RO, Rel. Min. Gilmar Mendes, j. 21.10.2022.

10. STF, Tribunal Pleno, ADI 3.029, Rel. Min. Gilmar Mendes, j. 27.3.2020.

PARTE IV: ORGANIZAÇÃO DOS PODERES

CAPÍTULO 10

FUNÇÕES TÍPICAS E ATÍPICAS

É do próprio conceito de Estado a existência de um poder político soberano, unificador da ordem jurídica. Estudamos, no capítulo anterior, que esse poder pode ser repartido espacialmente no território do Estado de forma mais ou menos concentrada.

Neste capítulo estudaremos **como o poder político se reparte na estrutura do próprio Estado**. Aqui, o poder pode ser atribuído a um único órgão, gerando concentração de poder, ou ser distribuído entre diversos órgãos, gerando uma desconcentração de poder.

A Constituição Federal de 1988, como vimos quando do estudo dos princípios fundamentais adotados pela República Federativa do Brasil, adotou a teoria da separação dos poderes (art. 2º da CF), estabelecendo a **separação** qualitativa entre as funções estatais de **legislar**, **julgar** e **administrar**, **distribuindo-as entre órgãos estatais diversos, harmônicos e independentes entre si.**

Todavia, não o fez de forma rígida. Com a finalidade de evitar a concentração de poder político e, consequentemente, o abuso no seu exercício, a nossa Constituição atribuiu a cada um dos "Poderes" funções específicas. Coube ao **Poder Legislativo** as **funções legislativa e fiscalizatória;** ao **Poder Executivo**, a **função executiva**; e ao **Poder Judiciário**, a **função jurisdicional**. A essas funções dá-se o nome de **funções típicas**.

No entanto, além das funções típicas, o constituinte pátrio atribuiu aos Poderes **funções atípicas**, ou seja, funções que, a rigor, caberiam a outro Poder. Isso se deu como uma de assegurar a independência de cada um dos Poderes, e, também, de viabilizar o controle recíproco entre eles.

No caso brasileiro, podemos citar como **exemplos** de funções atípicas:

i) o exercício de **função executiva pelo Poder Legislativo**, quando, as Casas Legislativas realizam licitações, promovem concursos públicos ou concedem férias a seus servidores;

ii) o exercício de **função jurisdicional pelo Poder Legislativo**, quando o Senado Federal julga o Presidente da República nos crimes de responsabilidade (artigo 52, inciso I, da CF/88);

iii) o exercício de **função legislativa pelo Poder Executivo**, quando o Presidente da República edita medida provisória com força de lei (artigo 62 da CF/88);

iv) o exercício da **função legislativa pelo Poder Judiciário**, quando os Tribunais editam os seus regimentos internos (artigo 96, inciso I, alínea "a", da CF/88);

v) o exercício da **função executiva pelo Poder Judiciário**, quando os Tribunais realizam licitações, concursos públicos, concedem férias aos seus magistrados e servidores.

Por fim, faz-se necessário destacar que as **funções atípicas** somente podem ser criadas de **maneira expressa pelo poder constituinte**. Não é permitido que um Poder delegue a outro função que lhe foi originalmente atribuída na constituição (**princípio da indelegabilidade**). A título de exemplo, não pode o Poder Legislativo delegar a sua atribuição de editar leis complementares ao Poder Executivo. Em nosso sistema constitucional, é possível, contudo, que o Congresso Nacional autorize que o Presidente da República elabore lei delegada, pois há expressa previsão nesse sentido (artigo 68 da CF/88).

CAPÍTULO 11

PODER LEGISLATIVO

1. FUNÇÕES DO PODER LEGISLATIVO

As **funções típicas** do Poder Legislativo são a função legislativa e a função fiscalizatória.

A **função legislativa** consiste na edição de regras gerais, abstratas e impessoais. É a capacidade de inovar no ordenamento jurídico, editando leis a que todos devem obediência.

A **função fiscalizatória**, por sua vez, consiste no controle externo realizado pelo Poder Legislativo sobre a Administração Pública. Por meio dela, verifica-se o atuar do administrador público está em consonância ou não com o ordenamento jurídico.

É interessante notar que, embora atualmente o Poder Legislativo seja reconhecido precipuamente pela função legislativa, quando do seu surgimento, na Inglaterra, as Câmaras tinham tão somente a função de controle da atividade financeira do Poder Executivo, que não poderia tributar sem o consentimento popular. Somente em um segundo momento histórico é que foi conferido ao Parlamento a função de legislar.

O Poder Legislativo exerce ainda **funções atípicas**: i) **função jurisdicional**, ao julgar determinados agentes públicos nos crimes de responsabilidade; ii) **função executiva**, ao, por exemplo, licitar e adquirir insumos necessários para o bom funcionamento dos trabalhos.

2. ESTRUTURA DO PODER LEGISLATIVO

A. Estrutura do Poder Legislativo federal

No âmbito federal, o Poder Legislativo é exercido pelo **Congresso Nacional**, que é composto por duas Casas Legislativas: a Câmara dos Deputados e o Senado Federal (artigo 44, *caput*, da CF/88). Adotou-se, portanto, o **bicameralismo**.

A **Câmara dos Deputados** é composta pelos **representantes do povo**, eleitos pelo sistema proporcional (artigo 45, §1° da CF/88).

O número total Deputados Federais e o número de Deputados Federais a serem eleitos por cada Estado-membro e pelo Distrito Federal são estabelecidos por meio de **lei complementar** (artigo 45, §1° da CF/88).

Na fixação da representação dos Estados-membros e Distrito Federal na Câmara dos Deputados, o legislador complementar deverá respeitar duas regras. Primeiro, o critério de cálculo deverá observar a **proporção** entre a representação e a **população** do ente federativo regional. A segunda regra é a de que nenhuma unidade federativa terá **menos de 8 (oito) e mais de 70 (setenta) Deputados.**

Essa segunda regra é objeto de intensas críticas pela doutrina. Argumenta-se que essa previsão gera, invariavelmente, uma **distorção no sistema de representação proporcional.** Ademais, vilipendia-se o princípio democrático segundo o qual **cada voto tem peso igual** ("*one man, one vote*").[1]

Um exemplo ajuda a visualizar isso. O Estado-membro mais populoso do Brasil, São Paulo, conta com uma população de quase 46 (quarenta e seis) milhões de pessoas, mas somente elege 70 (setenta) Deputados Federais – cada Deputado representa cerca de 656.000 (seiscentas e cinquenta e seis mil) pessoas. O Estado de Roraima, o menos populoso, conta com população de cerca de 606.000 (seiscentos e seis mil) pessoas e elege 8 (oito) Deputados Federais – cada Deputado representa pouco mais de 75.000 (setenta e cinco mil pessoas).

Para dar cumprimento ao mandamento constitucional esculpido no artigo 45, §1°, da CF/88 foi editada a **LC n.° 78/93**. Essa lei complementar fixou o número de Deputados Federais em **513 (quinhentos e treze)** e **delegou ao Tribunal Superior Eleitoral** fixação do número de Deputados Federais a representarem cada Estado-membro e o Distrito Federal.

1. Criticando a opção do constituinte, Jose Afonso da Silva afirma: "Em qualquer Matemática isso não é proporção, mas brutal desproporção. Tal fato constitui verdadeiro atentado ao princípio da representação proporcional. A Câmara dos Deputados deve ser o espelho fiel das forças demográficas de um provo; nada justifica que, a pretexto de existirem grandes e pequenos Estados, os grandes sejam tolhidos e sacrificados em direitos fundamentais de representação.", ver SILVA, José Afonso da. Comentário contextual à constituição. 9ª ed. São Paulo: Malheiros, 2014, p. 397-398.

Em 2014, o Supremo Tribunal Federal decidiu que a **delegação ao Tribunal Superior Eleitoral**, da forma como foi feita pelo artigo 1º, parágrafo único, da LC n.º 78/93, é **inconstitucional**. A maioria dos Ministros afirmou que o TSE não tem autorização constitucional para exercer juízo de valoração quanto ao critério de cálculo da representação proporcional. Segundo o Supremo, o legislador complementar deveria ter, ao menos, definido qual o critério, dentre as possibilidades existentes, a ser utilizado para calcular a distribuição do número de Deputados entre os Estados e o Distrito Federal.[2]

Desde então, referida lei complementar não foi editada, tendo recentemente o Supremo Tribunal Federal constituído em mora o Congresso Nacional quanto à edição do aludido ato normativo, fixando-lhe prazo de até 30 de junho de 2025 para que seja sanada a omissão, pela redistribuição proporcional das cadeiras hoje existentes. O Tribunal também entendeu que, após esse prazo, e na hipótese de persistência da omissão inconstitucional, caberá ao Tribunal Superior Eleitoral (TSE) determinar, até 1º de outubro de 2025, o número de deputados federais de cada estado e do Distrito Federal para a legislatura que se iniciará em 2027, bem como o consequente número de deputados estaduais e distritais (arts. 27, caput; e 32, § 3º, da CF/88), observado o piso e o teto constitucional por circunscrição e o número total de parlamentares previsto na LC n. 78/93, com base nos dados demográficos coletados pelo IBGE no Censo 2022 e na metodologia utilizada por ocasião da edição da Resolução TSE 23.389/13.[3]

Ainda sobre a representação na Câmara dos Deputados, o §2º do artigo 45 da CF/88 dispõe que cada **Território** elegerá **quatro Deputados**. As críticas feitas à fixação de limites mínimos e máximos ao número de Deputados a serem eleitos por cada Estado-membro aplicam-se integralmente aqui.

O **mandato** de cada Deputado Federal tem duração de **4 (quatro) anos** – que é a duração de uma **legislatura** (artigo 44, parágrafo único, da CF/88). É permitida a reeleição, podendo um Deputado Federal se reeleger quantas vezes quiser e conseguir. O ex-deputado Manoel Novaes (BA) é o recordista em reeleições: participou de 12 legislaturas (1933-1982).

O **Senado Federal** é composto por **representantes dos Estados-membros e do Distrito Federal**, eleitos segundo o princípio majoritário (artigo 46, *caput*, da CF/88).

---

2. STF, Tribunal Pleno, ADIs 4.947, 4.963, 4.965, 5.020, 5.028 e 5.130, Red. p/ acórdão Min. Rosa Weber, j. 1º.7.2014.

3. STF, Tribunal Pleno, ADO 38/DF, Rel. Min. Luiz Fux, j. 25.8.2023.

Cada Estado e o Distrito Federal elege o número fixo de **três Senadores Federais**, o que totaliza **81 (oitenta e um)** Senadores. Cada Senador é eleito com dois suplentes (artigo 46, §§ 1º e 3º da CF/88).

O **mandato** de cada Senador é de **oito anos**, abrangendo, por conseguinte, duas legislaturas. A renovação de Senadores ocorre de quatro em quatro anos, nas proporções de 1/3 (um terço) e 2/3 (dois terços), alternadamente (artigo 45, §§ 1º e 2º, da CF/88).

Exemplifica-se. Em 2006, os Estados-membros e o Distrito Federal elegeram, cada qual, um único Senador Federal, cujo mandato terminou em 2014. Em 2010, foi a vez de cada Estado renovar duas cadeiras de Senadores, cujos mandatos duraram até 2018. Em 2014, cada entidade federada voltou a eleger um novo Senador. Em 2018, enfim, foram eleitos dois Senadores por unidade federativa regional.

Assim como ocorre com os Deputados Federais, é possível concorrer **ilimitadamente** à **reeleição** no cargo de Senador Federal.

B. Estrutura do Poder Legislativo estadual

O Poder Legislativo dos Estados-membros é exercido por uma única Casa Legislativa, a **Assembleia Legislativa**. Os Estados, portanto, adotam um **modelo unicameral**, não replicando o bicameralismo adotado pela União.

A Assembleia Legislativa é composta de **Deputados Estaduais**, que representam o povo. O número de Deputados corresponderá ao triplo da representação do Estado na Câmara dos Deputados e, atingido o número de trinta e seis, será acrescido de tantos quantos forem os Deputados Federais acima de doze (artigo 27, *caput*, da CF/88).

Desse modo, um Estado-membro que tenha de 8 (oito) a 12 (doze) Deputados Federais na Câmara dos Deputados, terá o triplo de Deputados Estaduais em sua Assembleia Legislativa. A partir de 13 (treze) Deputados Federais, até o número máximo, que é 70 (setenta), o número de Deputados Estaduais será o de 36 (trinta e seis) somado ao resultado da subtração de doze ao número total de Deputados Federais.

O Estado do Rio de Janeiro, por exemplo, elegeu, em 2018, 46 (quarenta e seis) Deputados Federais. Assim, a sua Assembleia Legislativa será composta de 70 (setenta) Deputados Estaduais (36 + 46 -12).

O **mandato** dos Deputados Estaduais é de **quatro anos** (artigo 27, §1º da CF/88), sendo possível a reeleição.

Observação: O **Poder Legislativo distrital** é exercido pela **Câmara Legislativa**, que é composta de Deputados Distritais (artigo 32, *caput*, da CF/88). Aos Deputados Distritais e à Câmara Legislativa aplicam-se as

regras esquadrinhas para a estruturação do Poder Legislativa estadual (artigo 32, §3º, da CF/88).

C. Estrutura do Poder Legislativo federal

O Poder Legislativo dos municípios é exercido por uma única Casa Legislativa, a **Câmara Municipal**. Assim como ocorre nos Estados-membros e diferentemente do que ocorre no âmbito federal, adotou-se um modelo **unicameral**.

A Câmara Municipal é composta de **vereadores**, representantes do povo. É a própria Lei Orgânica do Município que determina qual o número de Vereadores (artigo 29, *caput*, da CF/88). No entanto, a Constituição de 1988 traz limites. A EC n.º 58/09 alterou o **artigo 29, inciso IV, da CF/88**, que passou a estabelecer o **número máximo** de vereadores com base na população do Município.

O **mandato** dos vereadores tem duração de **quatro anos** (artigo 29, inciso I, da CF/88), sendo possível a reeleição.

Outra novidade trazida pela EC n.º 58/09 foi a inclusão do **artigo 29-A na Constituição Federal**, que acrescentou à regra do artigo 29, inciso VII, da CF/88 novos limites de gastos envolvendo o Poder Legislativo municipal. Posteriormente, o *caput* desse dispositivo foi alterado para **incluir nesses limites os gastos com inativos**, chegando à sua redação atual.

Reza o referido dispositivo que o **total da despesa** do Poder Legislativo Municipal**, incluídos os subsídios dos Vereadores e os demais gastos com pessoal inativo e pensionistas**, não poderá ultrapassar os seguintes percentuais, relativos ao somatório da receita tributária e das transferências previstas no §5º do art. 153 e nos arts. 158 e 159 desta Constituição, efetivamente realizado no exercício anterior:

- **i.** 7% (sete por cento) para Municípios com população de até 100.000 (cem mil) habitantes;
- **ii.** 6% (seis por cento) para Municípios com população entre 100.000 (cem mil) e 300.000 (trezentos mil) habitantes;
- **iii.** 5% (cinco por cento) para Municípios com população entre 300.001 (trezentos mil e um) e 500.000 (quinhentos mil) habitantes;
- **iv.** 4,5% (quatro inteiros e cinco décimos por cento) para Municípios com população entre 500.001 (quinhentos mil e um) e 3.000.000 (três milhões) de habitantes;
- **v.** 4% (quatro por cento) para Municípios com população entre 3.000.001 (três milhões e um) e 8.000.000 (oito milhões) de habitantes;

vi. 3,5% (três inteiros e cinco décimos por cento) para Municípios com população acima de 8.000.001 (oito milhões e um) habitantes.

Soma-se a esses limites o disposto no artigo 29-A, §1º, da CF/88, que assevera que a Câmara Municipal **não gastará mais de setenta por cento de sua receita com folha de pagamento**, incluído o gasto com o subsídio de seus Vereadores. O desrespeito a esse limite constitui crime de responsabilidade do Presidente da Câmara Municipal (artigo 29-A, §3º, da CF/88).

Com a finalidade de garantir o cumprimento desses mandamentos constitucionais, o artigo 29-A, §2º da CF/88 dispôs, ainda, que constitui crime de responsabilidade do Prefeito Municipal: i) efetuar repasse que supere os limites definidos no artigo 29-A da CF/88; ii) não enviar o repasse até o dia vinte de cada mês; ou iii) enviá-lo a menor em relação à proporção fixada na Lei Orçamentária.

3. ATRIBUIÇÕES DO PODER LEGISLATIVO

A. Atribuições do Congresso Nacional

O Congresso Nacional é dotado de diversas atribuições. A Constituição Federal de 1988 destacou a Seção II do Título IV especificamente para tratar delas.

O **artigo 48 da CF/88** prevê que cabe ao Congresso Nacional, com a **sanção do Presidente da República**, dispor sobre todas as matérias de competência da União, especialmente sobre:

i. Sistema tributário, arrecadação e distribuição de rendas;

ii. Plano plurianual, diretrizes orçamentárias, orçamento anual, operações de crédito, dívida pública e emissões de curso forçado;

iii. Fixação e modificação do efetivo das Forças Armadas;

iv. Planos e programas nacionais, regionais e setoriais de desenvolvimento;

v. Limites do território nacional, espaço aéreo e marítimo e bens do domínio da União;

vi. Incorporação, subdivisão ou desmembramento de áreas de Territórios ou Estados, ouvidas as respectivas Assembleias Legislativas;

vii. Transferência temporária da sede do Governo Federal;

viii. Concessão de anistia;

ix. Organização administrativa, judiciária, do Ministério Público e da Defensoria Pública da União e dos Territórios e organização judiciária e do Ministério Público do Distrito Federal;

x. Criação, transformação e extinção de cargos, empregos e funções públicas, observado o que estabelece o artigo 84, VI, b;

xi. Criação e extinção de Ministérios e órgãos da administração pública;

xii. Telecomunicações e radiodifusão;

xiii. Matéria financeira, cambial e monetária, instituições financeiras e suas operações;

xiv. Moeda, seus limites de emissão, e montante da dívida mobiliária federal;

xv. fixação do subsídio dos Ministros do Supremo Tribunal Federal, observado o que dispõem os artigos 39, § 4º; 150, II; 153, III; e 153, § 2º, I, da CF/88.

Com efeito, o Congresso Nacional, na qualidade de órgão legislativo da União Federal, tem a **atribuição elaborar as leis sobre as matérias de competência da União** (artigos 22 e 24 da CF/88), em especial as elencadas no artigo 48 da CF/88. Aqui, exige-se a **sanção do Presidente da República.**

O Congresso Nacional possui, ainda, **atribuições deliberativas**, que envolvem a prática de atos concretos. Essas atribuições estão previstas no **artigo 49 da CF/88**. São elas:

i. resolver definitivamente sobre tratados, acordos ou atos internacionais que acarretem encargos ou compromissos gravosos ao patrimônio nacional;

ii. autorizar o Presidente da República a declarar guerra, a celebrar a paz, a permitir que forças estrangeiras transitem pelo território nacional ou nele permaneçam temporariamente, ressalvados os casos previstos em lei complementar;

iii. autorizar o Presidente e o Vice-Presidente da República a se ausentarem do País, quando a ausência exceder a quinze dias;

iv. aprovar o estado de defesa e a intervenção federal, autorizar o estado de sítio, ou suspender qualquer uma dessas medidas;

v. sustar os atos normativos do Poder Executivo que exorbitem do poder regulamentar ou dos limites de delegação legislativa;

vi. mudar temporariamente sua sede;

vii. fixar idêntico subsídio para os Deputados Federais e os Senadores, observado o que dispõem os arts. 37, XI, 39, § 4º, 150, II, 153, III, e 153, § 2º, I;

viii. fixar os subsídios do Presidente e do Vice-Presidente da República e dos Ministros de Estado, observado o que dispõem os arts. 37, XI, 39, § 4º, 150, II, 153, III, e 153, § 2º, I;

ix. julgar anualmente as contas prestadas pelo Presidente da República e apreciar os relatórios sobre a execução dos planos de governo;

x. fiscalizar e controlar, diretamente, ou por qualquer de suas Casas, os atos do Poder Executivo, incluídos os da administração indireta;

xi. zelar pela preservação de sua competência legislativa em face da atribuição normativa dos outros Poderes;

xii. apreciar os atos de concessão e renovação de concessão de emissoras de rádio e televisão;

xiii. escolher dois terços dos membros do Tribunal de Contas da União;

xiv. aprovar iniciativas do Poder Executivo referentes a atividades nucleares;

xv. autorizar referendo e convocar plebiscito;

xvi. autorizar, em terras indígenas, a exploração e o aproveitamento de recursos hídricos e a pesquisa e lavra de riquezas minerais;

xvii. aprovar, previamente, a alienação ou concessão de terras públicas com área superior a dois mil e quinhentos hectares;

xviii. decretar o estado de calamidade pública de âmbito nacional previsto nos arts. 167-B, 167-C, 167-D, 167-E, 167-F e 167-G desta Constituição.

As atribuições deliberativas são de **competência exclusiva** do Congresso Nacional. Em razão disso, são veiculadas por **decreto legislativo** (artigo 59, inciso VI, da CF/88) e **não dependem de sanção presidencial**.

Além das atribuições legislativas e deliberativas, o Congresso Nacional possui **atribuições de fiscalização e controle**, que são exercidas por meio dos pedidos de informações (artigo 50, §2º da CF/88), das comissões parlamentares de inquérito (artigo 58, §3º da CF/88), do controle externo realizado sobre as contas (artigos 71 e 72 da CF/88) e sobre atos do Presidente da República (artigo 49, inciso X, da CF/88); e **atribuições constituintes**, que são exercidas mediante a edição de emendas à Constituição (artigo 60 da CF/88).

Observação: O Supremo Tribunal Federal entende que as normas contidas no art. 50, *caput* e § 2º, da Constituição Federal são de reprodução obrigatória pelos estados-membros. Assim, por imposição do princípio da simetria (CF, art. 25), **é incompatível** com a Constituição Federal ato normativo estadual que **amplie as atribuições de fiscalização do Legislativo local e o rol de autoridades submetidas à solicitação de informações.**[4] Exemplo de ampliação inconstitucional a esses poderes é a norma de constituição estadual que confere o poder de requisitar informações sobre atos do Poder Executivo a qualquer deputado estadual individualmente considerado, e não ao colegiado.[5]

4. STF, Tribunal Pleno, ADI 5.289/SP, Rel. Min. Marco Aurélio, j. 7.6.2021.

5. STF, Tribunal Pleno, ADI 4.700, Rel. Min, Gilmar Mendes, j. 13.12.2021.

B. Atribuições da Câmara dos Deputados

São **atribuições exclusivas** da Câmara dos Deputados (artigo 51 da CF/88):

i. Autorizar, por dois terços de seus membros, a instauração de processo contra o Presidente e o Vice-Presidente da República e os Ministros de Estado;

ii. Proceder à tomada de contas do Presidente da República, quando não apresentadas ao Congresso Nacional dentro de sessenta dias após a abertura da sessão legislativa;

iii. Elaborar seu regimento interno;

iv. Dispor sobre sua organização, funcionamento, polícia, criação, transformação ou extinção dos cargos, empregos e funções de seus serviços, e a iniciativa de lei para fixação da respectiva remuneração, observados os parâmetros estabelecidos na lei de diretrizes orçamentárias;

v. Eleger membros do Conselho da República, nos termos do art. 89, VII.

> **Observação**: Embora o *caput* do artigo 51 da CF/88 diga que essas são as atribuições privativas da Câmara dos Deputados, a doutrina aponta que essas atribuições são, na verdade, **exclusivas**. Isso porque **não pode a Câmara delegá-las** a outros órgãos.

Essas competências atribuídas à Câmara dos Deputados serão veiculadas por meio de **resoluções** (artigo 59, inciso VII, da CF/88) e **não dependerão de sanção presidencial.**

C. Atribuições do Senado Federal

O **artigo 52 da CF/88** enumera as **atribuições exclusivas** do Senado Federal. Assim como ocorreu no artigo 51 da CF/88, o constituinte pátrio utilizou a expressão "compete privativamente", quando, em razão da indelegabilidade das atribuições ali trazidas, deveria ter dito que "compete exclusivamente".

São elas:

i. Processar e julgar o Presidente e o Vice-Presidente da República nos crimes de responsabilidade, bem como os Ministros de Estado e os Comandantes da Marinha, do Exército e da Aeronáutica nos crimes da mesma natureza conexos com aqueles;

ii. Processar e julgar os Ministros do Supremo Tribunal Federal, os membros do Conselho Nacional de Justiça e do Conselho Nacional do Ministério Público, o Procurador-Geral da República e o Advogado-Geral da União nos crimes de responsabilidade;

iii. Aprovar previamente, por voto secreto, após arguição pública, a escolha de: a) Magistrados, nos casos estabelecidos nesta Constituição; b) Ministros do Tribunal de Contas da União indicados pelo Presidente da República; c) Governador de Território; d) Presidente e diretores do banco central; e) Procurador-Geral da República; f) titulares de outros cargos que a lei determinar;
iv. Aprovar previamente, por voto secreto, após arguição em sessão secreta, a escolha dos chefes de missão diplomática de caráter permanente;
v. Autorizar operações externas de natureza financeira, de interesse da União, dos Estados, do Distrito Federal, dos Territórios e dos Municípios;
vi. Fixar, por proposta do Presidente da República, limites globais para o montante da dívida consolidada da União, dos Estados, do Distrito Federal e dos Municípios;
vii. Dispor sobre limites globais e condições para as operações de crédito externo e interno da União, dos Estados, do Distrito Federal e dos Municípios, de suas autarquias e demais entidades controladas pelo Poder Público federal;
viii. Dispor sobre limites e condições para a concessão de garantia da União em operações de crédito externo e interno;
ix. Estabelecer limites globais e condições para o montante da dívida mobiliária dos Estados, do Distrito Federal e dos Municípios;
x. Suspender a execução, no todo ou em parte, de lei declarada inconstitucional por decisão definitiva do Supremo Tribunal Federal;
xi. Aprovar, por maioria absoluta e por voto secreto, a exoneração, de ofício, do Procurador-Geral da República antes do término de seu mandato;
xii. Elaborar seu regimento interno;
xiii. Dispor sobre sua organização, funcionamento, polícia, criação, transformação ou extinção dos cargos, empregos e funções de seus serviços, e a iniciativa de lei para fixação da respectiva remuneração, observados os parâmetros estabelecidos na lei de diretrizes orçamentárias;
xiv. Eleger membros do Conselho da República, nos termos do art. 89, VII;
xv. Avaliar periodicamente a funcionalidade do Sistema Tributário Nacional, em sua estrutura e seus componentes, e o desempenho das administrações tributárias da União, dos Estados e do Distrito Federal e dos Municípios.

Essas competências atribuídas ao Senado Federal serão veiculadas por meio de **resoluções** (artigo 59, inciso VII, da CF/88) e **não dependerão de sanção presidencial**.

4. FUNCIONAMENTO DO PODER LEGISLATIVO

A. Reuniões

O artigo 57, *caput*, da CF/88 trata, basicamente, das reuniões do Congresso Nacional. Esses períodos em que os parlamentes se reúnem, na Capital Federal, para exercer as suas atividades são chamados de **sessões legislativas**.

À luz da Constituição de 1988, são quatro os tipos de sessões legislativas, a saber: sessão ordinária, sessão extraordinária, sessão conjunta e sessão preparatória.

A **sessão legislativa ordinária** é o período **anual** em que o Congresso Nacional se reúne para os trabalhos legislativos. Ela é composta de **dois períodos legislativos**. O primeiro se inicia em **2 de fevereiro** e termina em **17 de julho**, enquanto o segundo período legislativo começa em **1º de agosto** e finda no dia **22 de dezembro** (artigo 57, *caput*, da CF/88).

Caso os termos inicial e/ou final caiam em sábados, domingos ou feriados, a reunião será transferida para o primeiro dia útil subsequente (artigo 57, §1º, da CF/88).

Essa é regra. Mas há **exceção**: haverá o **prolongamento** da sessão legislativa caso ainda **não tenha sido aprovado o projeto de lei de diretrizes orçamentárias**. Assim, chegado o dia 17 de julho sem que a LDO tenha sido aprovada, os trabalhos prosseguirão até que tal lei seja promulgada (artigo 57, §2º, da CF/88).

Os lapsos temporais entre os dias 18 e 31 de julho e entre os dias 23 de dezembro a 1º de janeiro são chamados de **recessos parlamentares**. Durante esses períodos, o Congresso Nacional não funcionará, salvo se houver a convocação de sessão legislativa extraordinária.

As **sessões legislativas extraordinárias** são as reuniões do Congresso Nacional que ocorrem no período de recesso parlamentar. São excepcionais, de modo que somente poderão convocá-las (artigo 57, §6º, da CF/88):

a) **o Presidente do Senado Federal**, em caso de decretação de estado de defesa ou de intervenção federal, de pedido de autorização para a decretação de estado de sítio e para o compromisso e a posse do Presidente e do Vice-Presidente da República;

b) **o Presidente da República**, os **Presidentes da Câmara dos Deputados e do Senado Federal ou a requerimento da maioria dos membros de ambas as Casas**, em caso de urgência ou interesse público relevante, em todas as hipóteses deste inciso com a aprovação da maioria absoluta de cada uma das Casas do Congresso Nacional.

Na sessão legislativa extraordinária, o Congresso Nacional **somente deliberará sobre a matéria** para a qual foi convocado e **sobre as medidas provisórias em vigor na data da convocação** – estas serão automaticamente incluídas na pauta. É constitucionalmente vedado o pagamento de parcela indenizatória, em razão da convocação extraordinária (artigo 57, §§ 7º e 8º da CF/88), regra esta que se aplica também no âmbito estadual por força do artigo 27, §2º, da CF/88[6].

Em regra, cada uma das Casas Legislativas funciona separadamente. Somente em algumas hipóteses, que estão elencadas na Constituição de 1988, elas se reunirão e deliberarão em conjunto. Cuidam-se das **sessões conjuntas**.

O **artigo 57, §3º da CF/88** afirma que, além de outros casos previstos nesta Constituição, a Câmara dos Deputados e o Senado Federal reunir-se-ão em sessão conjunta para:

i. inaugurar a sessão legislativa;
ii. elaborar o regimento comum e regular a criação de serviços comuns às duas Casas;
iii. receber o compromisso do Presidente e do Vice-Presidente da República;
iv. conhecer do veto e sobre ele deliberar.

Por fim, temos as **sessões preparatórias**. Elas ocorrem em **1º de fevereiro do primeiro ano da legislatura** e têm por finalidade a **posse dos membros** de cada uma das Casas Legislativas e a realização da **eleição** para a escolha dos membros das respectivas **Mesas**.

B. Mesas

As Mesas são os **órgãos diretores das Casas do Congresso Legislativo**. Existe a Mesa da Câmara dos Deputados, a Mesa do Senador Federal e a Mesa do Congresso Nacional.

A composição das Mesas é definida pelo regimento interno. Atualmente, as Mesas do Senado Federal e da Câmara dos Deputados são compostas, cada qual, por um presidente, dois vice-presidentes, quatro secretários e quatro suplentes de secretário (artigo 46 do RISF e artigo 16 do RICD).

---

6. STF, Tribunal Pleno, ADPF 836/RR, Rel. Min. Carmen Lúcia, j. 2.8.2021.

Os mandatos terão duração de **dois anos**, sendo **vedada a recondução para o mesmo cargo na eleição imediatamente subsequente (art. 57, §4º, da CF/88)**. É interessante notar que, a despeito da clareza do constituinte na proibição ampla de reeleição, o Regimento Interno da Câmara dos Deputados não considera recondução a eleição para o mesmo cargo em legislaturas diferentes, ainda que sucessivas (artigo 5º, §1º).

O Supremo Tribunal Federal, na ADI n.º 6.524, foi chamado a analisar a constitucionalidade das normas regimentais que permitiam a reeleição para os cargos na eleição subsequente, desde que em legislaturas diferentes. Por maioria, o Plenário do Supremo Tribunal Federal: i) deu interpretação conforme a Constituição ao art. 59 do Regimento Interno do Senado Federal (RISF) e ao art. 5º, *caput*, do Regimento Interno da Câmara dos Deputados (RICD), assentando a **impossibilidade de recondução** dos presidentes das casas legislativas para o mesmo cargo na eleição imediatamente subsequente, **dentro da mesma legislatura**; e ii) rejeitou o pedido em relação ao art. 5º, § 1º, do RICD, **admitindo a possibilidade de reeleição** dos presidentes das casas legislativas em caso de **nova legislatura**.[7]

> **Atenção**: A regra do artigo 57, §4º, da CF/88 e o entendimento manifestado pelo Supremo Tribunal Federal na ADI n. 6.524 **não se aplicam no âmbito estadual**. Contudo, em respeito ao princípio republicano, que impõe a alternância de poder, uma constituição estadual não poderá permitir a reeleição para cargos que compõem a mesa diretora da Assembleia Legislativa de forma indefinida. Nesse sentido, o STF fixou as seguintes teses: i) a eleição dos membros das Mesas das Assembleias Legislativas estaduais deve observar o limite de **uma única reeleição ou recondução**, limite cuja observância **independe de os mandatos consecutivos referirem-se à mesma legislatura**; ii) a vedação à reeleição ou recondução aplica-se somente para o **mesmo cargo** da mesa diretora, não impedindo que membro da mesa anterior se mantenha no órgão de direção, desde que em cargo distinto; e iii) o limite de uma única reeleição ou recondução, acima veiculado, deve orientar a formação das Mesas das Assembleias Legislativas que foram eleitas após a publicação do acórdão da ADI 6.524, de modo que não serão consideradas, para fins de inelegibilidade, as composições eleitas antes de 7.1.2021, salvo se configurada a antecipação fraudulenta das eleições como burla ao entendimento do Supremo Tribunal Federal.[8]

7. STF, Tribunal Pleno, ADI 6.524, Rel. Min. Gilmar Mendes, j. 14.12.2020.
8. STF, Tribunal Pleno, ADI 6.684/ES, ADI 6.707/ES, ADI 6.709/TO e ADI 6.710/SE, Red. p/ acórdão Min. Gilmar Mendes, j, 17.9.2021; e STF, Tribunal Pleno, ADI 6.688/PR, ADI 6.698/MS, ADI 6.714/PR, ADI 7.016/MS, ADI 6.683/AP, ADI 6.686/PE, ADI 6.687/PI e ADI 6.711/PI, Rel. Min. Nunes Marques, j. 7.12.2022.

A composição da **Mesa do Congresso Nacional** está prevista expressamente na Constituição. O artigo 57, §5º sinaliza que ela será presidida pelo Presidente do Senado Federal, e os demais cargos serão exercidos, alternadamente, pelos ocupantes de cargos equivalentes na Câmara dos Deputados e no Senado Federal.

As **atribuições** das Mesas são, basicamente, administrativas. Elas devem ser previstas nos Regimentos Internos de cada Casa Legislativa, embora a própria Constituição Federal, em algumas passagens, confira às Mesas algumas atribuições, como, por exemplo, nos artigos 50, §§1º e 2º; 55, §§2º e 3º; 103, incisos II e III; e 139, parágrafo único.

C. Comissões parlamentares

C.1. Conceito e características

A Constituição de 1988 determina a organização do Congresso Nacional e de suas Casas Legislativas em comissões parlamentares.

Anna Cândida da Cunha Ferraz, valendo-se das lições de Barthélemy, define-as como os **organismos** constituídos em cada Casa Legislativa, compostos de um **número restrito de parlamentares**, selecionados por eleição, nomeação ou designação, e incumbidas de **preparar e organizar o trabalho do Parlamento**, particularmente a elaboração de leis.[9]

Apesar das críticas formuladas por alguns estudiosos, a previsão de comissões parlamentares é, inequivocamente, uma **forma de otimizar os trabalhos**. Os parlamentos atuais são compostos por um grande número de membros, o que inviabilizaria na prática que toda e qualquer questão fosse analisada e debatida pelo plenário *ex nihilo*. As comissões ajudam a organizar os trabalhos, de modo que os temas são analisados e debatidos primeiro pelas comissões temáticas, compostas por especialistas.

As comissões parlamentares podem ser, segundo o artigo 58, *caput*, da CF/88, **permanentes** ou **temporárias**.

As **permanentes** são aquelas que existem **continuamente** na estrutura das Casas Legislativas. Elas são comumente instituídas em razão da **matéria** e serão sempre comissões ***interna corporis***. As **temporárias**, por seu turno, são aquelas

---

9. FERRAZ, Anna Cândida da Cunha. Conceito e funções das comissões parlamentares. *In*: CANOTILHO, J.J. Gomes et al. Comentários à Constituição do Brasil. 1ª ed. São Paulo: Saraiva/Almedina, 2013, p. 1.090.

que duram por **tempo determinado**. Extinguem-se quando vem a termo o prazo previamente fixado para o seu funcionamento, que, em nenhuma hipótese, superará o término da legislatura.

O artigo 58, *caput*, da CF/88 prevê que as comissões parlamentares serão **constituídas** na forma e com as atribuições previstas no respectivo regimento ou no ato de que resultar sua criação. Contudo, deve-se assegurar o máximo quanto possível a representação proporcional dos partidos ou dos blocos parlamentares que participam da respectiva Casa (artigo 58, §1º da CF/88).

Além da classificação adotada no *caput* do artigo 58 da CF/88, que relacionada com a duração da comissão, podemos classificar as comissões parlamentares tomando por critério distintivo a sua **formação.**

Aqui, as comissões parlamentares podem ser **exclusivas**, que são aquelas formadas apenas por Deputados Federais ou por Senadores Federais; ou podem ser **mistas**, que são aquelas formadas por Deputados e Senadores. As comissões mistas, em regra, são formadas para analisar assuntos que serão decididos pelo Congresso Nacional em sessão conjunta, como, por exemplo, os projetos de leis financeiras (artigo 166, §1º da CF/88).

A despeito da liberdade que as Casas Legislativas têm de instituir e organizar a suas comissões, a Constituição de 1988 faz referência expressa a três modalidades de comissões parlamentares. Passemos, pois, a estudá-las.

C.2. Comissões temáticas

As comissões temáticas são comissões **permanentes** criadas em razão de uma **matéria** específica. A elas são conferidas diversas **atribuições** atreladas à essa matéria. O artigo 58, §2º da CF/88 prevê que cabe às comissões temáticas:

- **i.** Discutir e votar projeto de lei que dispensar, na forma do regimento, a competência do Plenário, salvo se houver recurso de um décimo dos membros da Casa;
- **ii.** Realizar audiências públicas com entidades da sociedade civil;
- **iii.** Convocar Ministros de Estado para prestar informações sobre assuntos inerentes a suas atribuições;
- **iv.** Receber petições, reclamações, representações ou queixas de qualquer pessoa contra atos ou omissões das autoridades ou entidades públicas;
- **v.** Solicitar depoimento de qualquer autoridade ou cidadão;
- **vi.** Apreciar programas de obras, planos nacionais, regionais e setoriais de desenvolvimento e sobre eles emitir parecer.

Um exemplo pode ajudar a entendermos melhor o que é e como funciona uma comissão temática. O Regimento Interno da Câmara dos Deputados criou a Comissão de Educação. Cuida-se, a toda evidência, de comissão temática, pois, além de permanente, foi criada em torno de uma matéria específica: a educação.

Essa comissão poderá exercer as atribuições previstas no artigo 58, §2º, da CF/88 naquilo que envolver o tema educação. Justamente com base no inciso III desse dispositivo que, em 2019, o então Ministro da Educação Abraham Weintraub foi convocado pela Comissão de Educação para dar explicações sobre declarações envolvendo as universidades públicas.

C.3. Comissão representativa do Congresso Nacional

A Comissão Representativa é uma novidade em nossa história constitucional e está prevista no artigo 58, §4º da CF/88. Ela tem por finalidade **representar o Congresso Nacional durante o recesso.**

Cada uma das Casas Legislativas elege, na última sessão ordinária do período legislativo, os membros que irão participar da comissão representativa. A sua composição reproduzirá, o quanto for possível, a proporcionalidade da representação partidária na respectiva Casa.

Anna Cândida da Cunha Ferraz afirma, com base nos ensinamentos de J. J. Gomes Canotilho e José Afonso da Silva, que a Comissão representativa do Congresso Nacional é uma comissão **permanente quanto à existência, mas periódica quanto ao funcionamento e aos membros que a integram.**[10]

Embora do texto constitucional se depreenda a obrigatoriedade da formação da comissão representativa, o Congresso Nacional vem interpretando esse dispositivo de forma diversa, deixando de constituir, em alguns recessos, a referida Comissão.

C.4. Comissões Parlamentares de Inquérito (CPIs)

I. Conceito e requisitos

As Comissões Parlamentares de Inquérito estão previstas no artigo 58, §3º, da CF/88. Esse dispositivo foi regulamentado pela Lei n.º 1.579/52 e pelos Regimentos Internos das Casas Legislativas.

---

10. FERRAZ, Anna Cândida da Cunha. Natureza da Comissão Representativa. *In*: CANOTILHO, J.J. Gomes et al. Comentários à Constituição do Brasil. 1ª ed. São Paulo: Saraiva/Almedina, 2013, p. 1.116.

Cuidam-se de comissões criadas pela Câmara dos Deputados e pelo Senado Federal, em separado ou em conjunto, que têm por **finalidade a apuração de fato determinado.** São um poderoso instrumento de **controle político** exercido pelo Poder Legislativo, traduzindo-se em pura manifestação da **função típica fiscalizatória.** Esse controle político pode recair não só sobre a Administração Pública, os demais Poderes e sobre entes privados, hipóteses em que a CPI é chamada de **externa**, mas também sobre questões **internas**, como, por exemplo, a punição de parlamentares.

As Comissões Parlamentares de Inquérito são **criadas** pela Câmara dos Deputados e pelo Senado Federal, em conjunto ou separadamente, mediante requerimento de um terço de seus membros, para a apuração de fato determinado e por prazo certo.

Assim, são **três** os **requisitos** constitucionais para a instalação de uma CPI:

a) **Requerimento de um terço dos membros**: para a implementação de uma Comissão Parlamentar de Inquérito, um terço dos membros da respectiva Casa Legislativa, ou de cada uma delas se a CPI for mista, deverão requerer a sua instalação. Assim, não se faz necessária deliberação de nenhuma das Casas Legislativas, dependendo a sua criação tão somente da subscrição de 171 (cento e setenta e um) Deputados Federais e/ou 27 (vinte e sete) Senadores Federais ao requerimento de constituição da CPI.
b) **Indicação de fato determinado**: o objeto de uma CPI é a apuração de um **fato determinado.** A contrário senso, não é possível a instalação de uma CPI com o objetivo de apurar fatos genéricos ou crises em abstrato. Mas o que é efetivamente um fato determinado? O artigo 35, §1º do Regimento Interno da Câmara dos Deputados responde a essa questão. Diz o referido dispositivo que se considera fato determinado o acontecimento de **relevante interesse para a vida pública e a ordem constitucional, legal, econômica e social do País, que estiver devidamente caracterizado no requerimento de constituição da Comissão.**

   Afastam-se, assim, do objeto das Comissões Parlamentares de Inquérito qualquer forma de **investigação pessoal** ou **investigação de fato de interesse meramente privado.**

> **Atenção**: É perfeitamente possível que uma CPI seja instalada para **averiguar atos privados, desde que a eles exista um interesse público subjacente.** O que é vedada é a investigação de atos que tenham interesse exclusivamente privado. Nesse sentido, o **Supremo Tribunal Federal** já denegou mandado de segurança impetrado pelo então Presidente da CBF, Marco Polo Del Nero em face do Presidente da CPI do Futebol, em que se argumentou, entre outras questões, que a CPI não tem poderes

investigatórios sobre fatos incorporados ao universo privado. Na oportunidade, o Supremo afirmou que atos praticados na esfera privada não são imunes à investigação parlamentar, desde que evidenciada a presença de interesse público potencial em tal proceder. Na hipótese, considerou-se que havia interesse público nos fatos apurados, pois eles, além de terem abrangência nacional – relacionavam-se com o futebol, esporte de inegável predileção nacional –, encontram-se inseridos em temática que é de competência legislativa do Congresso Nacional – desporte e lazer como instrumentos de promoção social.[11]

Observação: O Regimento Interno do Senado Federal possui norma que exclui do objeto das CPIs criadas nesta Casa Legislativa matérias pertinentes à Câmara dos Deputados, às atribuições do Poder Judiciário e aos Estados-membros (artigo 146 do RISF).

Por fim, ressalte-se que o Supremo Tribunal Federal já decidiu que, embora a CPI deva apurar fato determinado, ela **não está impedida de investigar fatos que se ligam intimamente com o fato principal.**[12]

c) **Temporariedade**: a Comissão Parlamentar de Inquérito é uma **comissão temporária**. Isso porque o artigo 58, §3º da CF/88 é bem claro ao prever que as CPIs serão criadas por **prazo certo**.

Não é viável, portanto, a instalação de uma CPI por prazo indeterminado – o constituinte preocupou-se, aqui, não só com a segurança jurídica dos investigados, que não podem ficar indefinidamente sobre investigação, mas também com o próprio sucesso das investigações, pois o decurso do tempo acarreta a deterioração de provas e o descrédito frente à população.

As Comissões Parlamentares de Inquérito, segundo o artigo 76 do RISF, **extinguem**-se com a **conclusão da tarefa**, com o **término do prazo** inicialmente previsto ou com o **término da sessão legislativa**.

A doutrina **admite a prorrogação** do prazo de duração da CPI, com ressalva de que o **prazo nunca poderá ultrapassar a duração da legislatura**.

Preenchidos esses três requisitos, a Comissão Parlamentar de Inquérito será **imediata e automaticamente instalada** e começará os seus trabalhos.

11. STF, Primeira Turma, MS 33.751, Rel. Min. Edson Fachin, j. 15.12.2015.

12. STF, Tribunal Pleno, MS 26.441, Rel. Min. Celso de Mello, j. 25.4.2007 e STF, Tribunal Pleno, MS 37.760 MC-Ref/DF, Rel. Min. Roberto Barroso, j. 14.4.2021.

Debruçando-se sobre o tema, o **Supremo Tribunal Federal** já decidiu que as CPIs são instrumentos colocados à disposição das **minorias parlamentares**, traduzindo-se em verdadeiro **corolário do direito de oposição**. Não pode, por conseguinte, o plenário da respectiva Casa Legislativa frustrá-la, pois não é dado à maioria parlamentar obstaculizar a criação, instalação e funcionamento de uma CPI.

Em verdade, uma vez instituída a CPI, ela se torna **autônoma** em relação às Casas Legislativas, não estando mais adstrita às autoridades congressuais. Somente caberá às normas constitucionais e às normas dos Regimentos Internos estabelecerem os limites de atuação das CPIs[13].

II. Poderes das Comissões Parlamentares de Inquérito

Sobre os **poderes atribuídos** às Comissões Parlamentares de Inquérito, a Constituição 1988 afirma que elas terão **poderes de investigação próprios das autoridades judiciais**, além de **outros previstos nos regimentos das respectivas Casas.**

Entende-se por "poderes de investigação próprios das autoridades judiciais" os poderes investigatórios atribuídos aos juízes, dentro do sistema acusatório por nós adotado. Nesse contexto, doutrina e o Supremo Tribunal Federal reconhecem os **seguintes poderes às CPIs:**

- **Inquirir testemunhas**: às testemunhas convocadas para depor nas Comissões Parlamentares de Inquérito aplica-se o mesmo regramento previsto para as testemunhas ouvidas em um processo criminal. Assim, elas têm os **deveres** de **comparecer**, **responder** às perguntas e **falar a verdade**. Caso não compareçam, poderão ser conduzidas coercitivamente (artigo 218 do CPP). Se não responderem ou faltarem com a verdade, cometem o crime de falso testemunho. Poderão silenciar, no entanto, caso isso implique na sua autoincriminação ou nas hipóteses em que a testemunha é ascendente, descendente, afim em linha reta, cônjuge, ainda que desquitado, irmão do acusado (artigo 206 do CPP), ou em razão de função, ministério, ofício ou profissão, devam guardar segredo, salvo se, desobrigadas pela parte interessada, quiserem dar o seu testemunho (artigo 207 do CPP).
- **Convocar Ministros de Estado e tomar depoimento de quaisquer autoridades federais, estaduais ou municipais**: o artigo 2º da Lei n.º 1.579/52 prevê que as CPIs poderão convocar Ministros de Estado a prestarem esclarecimentos, à exemplo do que ocorre com as comissões temáticas

13. STF, Tribunal Pleno, MS 26.441/DF, Rel. Min. Celso de Mello, j. 25.4.2007.

(artigo 58, §2º, inciso III, da CF/88). Prevê, ainda, que poderá ser tomado depoimento de quaisquer autoridades, independentemente do seu âmbito de atuação.

Atenção: Está inserido dentre os poderes de uma CPI convocar o **Chefe do Poder Executivo** para prestar esclarecimentos?

Essa questão ganhou destaque durante a CPI da Covid-19. Duas correntes de pensamento formaram-se em torno do tema:

a) Primeira corrente: Pelo princípio da separação dos Poderes (art. 2º da CF/88) e pelo disposto no artigo 50, *caput* e §1º, da CF/88, o Chefe do Poder Executivo **não pode** ser convocado a depor em uma CPI. Os defensores desse entendimento destacam que o artigo 50 exclui, de forma expressa, tal possibilidade.

b) Segunda corrente: Pelo princípio republicano (art. 1º, *caput*, da CF/88), não de conferir privilégios injustificados a nenhuma pessoa ou classe de pessoas. Ademais, o artigo 50, *caput* e §1º da CF/88 não exclui expressamente a possibilidade de o Presidente da República ser convocado para depor em uma CPI. Logo, o Chefe do Poder Executivo **pode** ser convocado por CPI.

Particularmente, entendo que não há vedação expressa em nossa Constituição à possibilidade de o Chefe do Poder Executivo ser convocado para depor em uma CPI. O artigo 50, *caput* e §1º, da CF/88 não afastaram tal possibilidade de forma peremptória. Ademais, a separação dos poderes não impede que um dos poderes exerça controle e limite a atuação de outro, já que, como vimos, conjugamos tal princípio ao princípio dos freios e contrapesos.

Todavia, duas situações devem ser distinguidas.

Caso o Chefe do Poder Executivo seja convocado por uma CPI na qualidade de testemunha, ele terá o dever de comparecer e responder, de forma verdadeira, tudo aquilo que souber sobre o que lhe for perguntado. É claro que, nessa situação, fica resguardado o seu direito a não se autoincriminar (artigo 5º, LXIII, da CF//88 e artigo 8, 2, *g*, do Decreto 678/92 - CADH), bem como todos os demais deveres e direitos que são conferidos pela legislação a qualquer testemunha. Deverá ser observado, ainda, as prerrogativas especiais que lhe foram conferidas pelo CPP, quais sejam, a possibilidade de marcar hora e local para ser ouvido, bem como de poder prestar seu depoimento por escrito (artigo 221, *caput* e §1º, do CPP).

De outra banda, caso o Chefe do Poder Executivo seja convocado por CPI para depor na qualidade de investigado, terá o direito de permanecer em silêncio e de não comparecer. Não pelo seu cargo, mas porque esse é, hoje, um direito reconhecido a todo e qualquer investigado, como veremos a seguir.

Nessa segunda situação, faz-se necessário tecer uma observação. Pelo princípio do federalismo adotado por nós (artigos 1º e 18 da CF/88), é vedado que a CPI instaurada por um ente federado investigue fatos praticados por autoridades de outro ente federado. Logo, uma CPI federal não poderá investigar Governadores ou Prefeitos, salvo se, por alguma razão, houver nítido interesse federal (como o caso de utilização de verbas federais).

O **Supremo Tribunal Federal** já teve oportunidade de se manifestar sobre a questão. Na ADPF 848, o Tribunal Pleno referendou medida cautelar que suspendeu as convocações dos Governadores de Estado realizadas no âmbito de CPI instaurada no Senado Federal (CPI da Pandemia), sem prejuízo da possibilidade de o órgão parlamentar convidar essas mesmas autoridades estatais para comparecerem, voluntariamente, à Reunião da Comissão a ser agendada de comum acordo.

Nessa oportunidade, firmou-se que **o Chefe do Poder Executivo não tem obrigatoriedade de depor em CPI**, por força do princípio da separação dos poderes e dos arts. 50, *caput* e § 2º, e 58, § 2º, III, da Constituição Federal (previstos para o Presidente da República, mas aplicáveis, por extensão, aos Governadores de Estado). Asseverou-se, ainda, que a convocação de Governador do Estado para CPI federal viola o princípio federativo.[14]

- **Requerer documentos e diligências**: esse poder, que também está previsto no artigo 2º da Lei n.º 1.579/52, é inerente ao poder de investigação, não havendo maiores controvérsias quanto ao tema.
- **Oitiva dos investigados**: o investigado poderá ser ouvido na CPI. Todavia, assegura-se a ele o **direito à não autoincriminação**. Pode, portanto, o indiciado ficar em **silêncio** e não responder as perguntas que lhe forem formuladas. O investigando **tampouco presta compromisso de dizer a verdade** e tem o direito de estar **acompanhado por advogado**.

✔ **Observação**: Questão interessante que se coloca é a seguinte: é possível a **recusa pelo investigado ao comparecimento na sessão da CPI na qual seria ouvido**?

O **Supremo Tribunal Federal**, no julgamento do HC 171.438/DF, foi chamado a enfrentar esse questionamento, formando-se duas correntes.

Os Ministros Gilmar Mendes e Celso de Mello entenderam que o comparecimento do investigado perante a CPI para ser ouvido é **facultativo**, sendo juridicamente **possível a sua recusa em ir à sessão**. Tal direito é corolário

14. STF, Tribunal Pleno, ADPF 848 MC-Ref/DF, Rel. Min. Rosa Weber, j. 25.6.2021.

do direito à não autoincriminação. Caso opte por faltar à sessão, o investigado **não pode ser conduzido coercitivamente**.

Por outro lado, os Ministros Edson Fachin e Cármen Lúcia afirmam que o comparecimento do investigado é **compulsório**. A partir de sua presença na sessão é que o direito à não autoincriminação passa a valer, podendo ele ficar em silêncio, ser assistido por advogado, não ser constrangido e até mesmo mentir. Caso o investigado não compareça, **poderá ele ser conduzido coercitivamente**.

No caso concreto, como houve um empate (2x2), prevaleceu a decisão mais favorável ao paciente do *habeas corpus*, qual seja, a de que o **comparecimento não é compulsório**.[15]

- **Transportar-se a Comissão aos lugares onde se fizer necessária sua presença**: as CPIs poderão se transportar para locais em que se fizer necessária sua presença. Trata-se de poder análogo à inspeção judicial, que é o meio de prova que se concretiza com a percepção pessoal do juiz.
- **Quebra de sigilo bancário, fiscal e de dados**: As Comissões Parlamentares de Inquérito podem, **por autoridade própria**, determinar a quebra de sigilo bancário, fiscal e dados, **inclusive** a quebra de sigilo de **dados telefônicos**.

  É esse o entendimento do **Supremo Tribunal Federal**. No MS 23.452/RJ, a Suprema Corte afirmou que, ainda que os sigilos bancário, fiscal e de dados telefônicos sejam projeções específicas do direito à intimidade, eles não são oponíveis às CPIs. Para que a quebra do sigilo seja legitima, no entanto, deve-se proferir **decisão motivada e fundamentada**, em que se aponte os indícios mínimos da existência concreta de causa provável que legitime a medida excepcional[16].

Observação: A possibilidade da quebra de sigilos de dados telefônicos não se confunde com a **quebra do sigilo da comunicação telefônica (interceptação telefônica)**. Enquanto aquela se refere aos dados pretéritos, como as chamadas realizadas e as suas durações, esta se refere a situações futuras: a partir da interceptação, passa-se a ter acesso ao conteúdo das conversas telefônicas, em tempo real. Estudaremos, logo adiante, que as CPIs não podem determinar a interceptação telefônica.

15. STF, Segunda Turma, HC 171.438/DF, Rel. Min. Gilmar Mendes, j. 28.5.2019.
16. STF, Tribunal Pleno, MS 23.452/RJ, Rel. Min. Celso de Mello, j. 16.9.1999.

Além desses poderes, é possível que os **Regimentos Internos** da Câmara dos Deputados ou do Senado Federal prevejam outros poderes. É o caso, por exemplo, o artigo 148 do RISF, que atribui às CPIs instauradas no âmbito do Senado Federal o poder de requerer ao Tribunal de Contas da União a realização de inspeções e auditorias que entender necessárias.

Os poderes investigatórios conferidos às CPIs **não são ilimitados**. Toda autoridade, seja ela qual for, está sujeita à Constituição. Isso não é diferente em relação às comissões do Poder Legislativo.

Podemos listar as seguintes **limitações** da investigação parlamentar: i) o respeito aos direitos fundamentais; ii) a separação dos poderes; iii) a forma federativa de Estado; iv) os limites impostos à investigação judiciária; e v) o princípio da reserva de jurisdição.

O primeiro dos limites é óbvio: **não podem** as Comissões Parlamentares de Inquérito **vilipendiar os direitos fundamentais** previstos em nossa Constituição. Isso não significa que não haja margem para que ponderações sejam feitas. Como vimos, é possível a quebra do sigilo de dados, desde que por meio de decisão fundamentada e motivada.

O **Supremo Tribunal Federal** reconhece essa limitação. No julgamento do HC 88.163-MC, o Ministro Ayres Britto consignou que as testemunhas ou os investigados em CPI não podem ser submetidos a tratamento desrespeitoso, humilhante ou vexatório, pois o artigo 5º, inciso III, da CF veda o tratamento desumano e degradante.[17]

O segundo limite é o respeito à **separação de poderes**. Nesse ponto, o Supremo Tribunal Federal já decidiu que as CPIs **não podem investigar atos de conteúdo jurisdicional**, por se tratar de função típica do Poder Judiciário, o que apresentaria afronta à separação de poderes. Anote-se, contudo, que é perfeitamente possível a CPI tenha por objeto atos não jurisdicionais emanado dos membros do Poder Judiciário.[18]

O terceiro limite, qual seja, o **respeito ao pacto federativo**, veda que as Comissões Parlamentares de Inquérito instaladas no âmbito de um ente investiguem atos praticados por outros entes federativos. Assim, por exemplo, uma CPI federal não poderá investigar atos praticados por autoridades estaduais ou municipais.[19]

O quarto limite imposto à atividade das CPIs decorre da própria atribuição de competência conferida pela Constituição de 1988. Se as CPIs detêm poder

---

17. STF, Decisão Monocrática, HC 88.163-MC, Rel. Min. Ayres Britto, j. 6.3.2006.
18. STF, Tribunal Pleno, HC 79.441/DF, Rel. Min. Celso de Mello, j. 15.9.1999.
19. SILVA, José Afonso da. Comentário contextual à constituição. 9ª ed. São Paulo: Malheiros, 2014, p. 441.

instrutório das autoridades judiciais, estão **sujeitas aos mesmos limites formais e substancias oponíveis aos magistrados**. Não é outro o entendimento do Supremo Tribunal Federal.[20]

O quinto limite e último limite é o **princípio da reserva de jurisdição**. Com efeito, existem competências que são atribuídas pela Constituição de 1988 **exclusivamente aos membros do Poder Judiciário**. Quando isso ocorre, não é dado às CPIs praticar esses atos.

São atos de jurisdição exclusivamente reservados ao Poder Judiciário e, consequentemente, vedados às comissões parlamentares de inquérito:

a) **Bloqueio ou indisponibilidade de bens.**[21]
b) **Busca e apreensão domiciliar.**[22]
c) **Ordem de prisão, exceto no caso de prisão em flagrante.**[23]
d) **Interceptação telefônica (quebra de sigilo das comunicações telefônicas).**[24]

Além dos limites substanciais aos poderes de investigação, as CPIs submetem-se a outros de **ordem procedimental**. Nesse contexto, o Supremo Tribunal Federal já afirmou que as deliberações tomadas por qualquer comissão parlamentar de inquérito estão adstritas ao **princípio da colegialidade**. Desse modo, as decisões devem ser tomadas pela maioria dos votos.[25]

III. Sindicabilidade dos atos das Comissões Parlamentares de Inquérito

Em regra, não se admite o controle jurisdicional sobre as atividades das comissões parlamentares de inquérito. No entanto, caso haja a violação de alguns dos limites acima listados, tal forma de controle será **possível**. Como já afirmou o Supremo Tribunal Federal, não viola o princípio separação de poderes a intervenção do Poder Judiciário para assegurar as franquias constitucionais e para garantir a supremacia da Constituição contra abusos perpetrados pelas CPIs.[26]

Nesse contexto, é **cabível** a impetração de **mandado de segurança** ou de ***habeas corpus*** contra atos praticados pelas comissões parlamentares de inquérito.

20. STF, Tribunal Pleno, HC 79.244, Rel. Min. Sepúlveda Pertence, j. 23.2.2000.
21. STF, Decisão Monocrática, MS 23.446, Rel. Min, Ilmar Galvão, j. 16.6.1999.
22. STF, Tribunal Pleno, MS 23.455, Rel. Min. Néri da Silveira, j. 24.11.1999.
23. STF, Primeira Turma, HC 85.646, Rel. Min. Marco Aurélio, j. 21.6.2005.
24. STF, Tribunal Pleno, MS 23.652, Rel. Min. Celso de Mello, j. 22.11.2000.
25. STF, Decisão Monocrática, MS 23.669-MC, Rel. Min. Celso de Mello, j. 12.4.2000.
26. STF, Tribunal Pleno, MS 23.452, Rel. Min. Celso de Mello, j. 16.9.1999.

Em relação a este remédio constitucional, é importante lembrar que deve haver ameaça ou constrangimento à liberdade de locomoção, como, por exemplo, na hipótese em que uma pessoa é intimada a depor, pois poderá ser conduzida coercivamente caso se recurse a comparecer.[27]

A jurisprudência do Supremo Tribunal Federal firmou-se no sentido de que as ações de mandado de segurança e de *habeas corpus* restarão **prejudicadas** sempre que, após a impetração, haja a conclusão dos trabalhos investigatórios da CPI na qual foi praticado o ato impugnado, ainda que o seu relatório final não tenha sido aprovado.[28]

Não é cabível a reclamação constitucional contra ato praticado por comissão parlamentar de inquérito, pois esta medida pressupõe a existência de processo judicial.[29]

IV. Conclusões das Comissões Parlamentares de Inquérito

As **conclusões** das comissões parlamentares de inquérito deverão ser formalizadas em relatório circunstanciado e **encaminhadas ao Ministério Público**, para que promova a responsabilidade civil ou criminal dos infratores (artigo 58, §3º, parte final, da CF/88).

O artigo 37 do RICD, contudo, foi além. Esse dispositivo prevê que o relatório da CPI será publicado no Diário da Câmara dos Deputados e encaminhado, não só ao Ministério Público, mas também à Mesa da Câmara dos Deputados, à Advocacia Geral da União, ao Poder Executivo, à comissão temática pertinente, à Comissão Mista do artigo 166, §1º da CF/88 ou ao Tribunal de Contas da União, a depender das providências indicadas.

Em relação ao Ministério Público, deve-se ter em mente que, embora a redação do artigo 58, §3º da CF/88 dê a entender que ele necessariamente promoverá a responsabilidade civil ou criminal dos infratores, em razão de sua **independência funcional**, o órgão ministerial somente atuará se esta for a sua convicção jurídica.

Firme nessa premissa, o Supremo Tribunal Federal julgou **inconstitucionais** os artigos 2º e 4º da Lei n. 10.001/00. Esses dispositivos previam que o Ministério Pública tinha a obrigação de comunicar o órgão, semestralmente, o andamento processual dos procedimentos administrativos ou judiciais instaurados em decorrência das conclusões das Comissões Parlamentares de Inquérito (parágrafo único

27. STF, Tribunal Pleno, HC 71.193, Rel. Min. Sepúlveda Pertence, j. 6.4.1994.
28. STF, Tribunal Pleno, MS 23.852-QO, Rel. Min. Celso de Mello, j. 28.6.2001.
29. STF, Tribunal Pleno, Rcl 2.066-QO, Rel. Min. Sydney Sanches, j. 19.8.2002.

do art. 2º da lei adotadas ou justifique a omissão (*caput* do art. 2º da lei), sob pena de "sanções administrativas, civis e penais" (art. 4º da lei). De outro lado, no mesmo julgamento, o Supremo Tribunal Federal decidiu que o artigo 3º da aludida lei, que confere prioridade aos processos e procedimentos decorrentes de relatórios de CPI é constitucional, pois há interesse público envolvido e o exercício de função fiscalizatória típica do Congresso Nacional (artigo 49, X, da CF/88).[30]

O importante é notar que as comissões parlamentares de inquérito **não possuem poderes para julgar** os investigados, **tampouco** podem **tomar, diretamente, as medidas judiciais** que entenderem cabíveis.

V. Comissões Parlamentares de Inquérito estaduais e municipais

Por fim, cabe-nos fazer algumas observações sobre as comissões parlamentares de inquéritos instauradas no âmbito dos **Estados-membros**, do **Distrito Federal** e dos **Municípios**.

De início, a **possibilidade** de as constituições estaduais e de as leis orgânicas do Distrito Federal e dos Municípios preverem a possibilidade de criação de CPIs estaduais, distritais e municipais **não gera maiores controvérsias.**

No julgamento do HC 71.039, o Supremo Tribunal Feral afirmou que: "A possibilidade de criação de CPI não se duvida, nem discute; é tranquila". Contudo, fez uma relevante observação: as **comissões parlamentares federais** têm competências para investigar questões relacionadas à **esfera federal** de governo; as **CPIs estaduais** têm o seu raio de ação é circunscrito aos **interesses do Estado-membro**; e as **comissões municipais** limitar-se-ão às **questões de competência do município.**[31]

Os **requisitos** para a criação das comissões parlamentares de inquérito estaduais, distritais e municipais, **devem ser os mesmos previstos no artigo 58, §3º da CF**, por força do **princípio da simetria.**

Nesse sentido, o **Supremo Tribunal Federal** julgou inconstitucional os artigos 34, §1º e 170, inciso I, da Consolidação do Regimento Interno da Assembleia Legislativa do Estado de São Paulo, na parte em que eles previam a submissão do requerimento de constituição de CPI ao Plenário da Assembleia Legislativa. Afirmou-se que além de violar o **princípio da simetria**, tais previsões descaracterizam as CPIs como instrumentos disponíveis às minorias parlamentares.[32]

---

30. STF, Tribunal Pleno, ADI 5.351/DF, Rel. Min. Cármen Lúcia, j. 18.6.2021.
31. STF, Tribunal Pleno, HC 71.039, Rel. Min. Paulo Brossard, j. 7.4.1994.
32. STF, Tribunal Pleno, ADI 3.619, Rel. Min. Eros Grau, j. 1º.8.2006.

A terceira e última observação a ser feita sobre o tema é relativa aos **poderes de investigação** que são atribuídos às comissões parlamentares de inquérito não federais.

Às **CPIs estaduais e distritais** são reconhecidos os **mesmos poderes** previstos no âmbito federal, **inclusive** a possibilidade de decretação de **quebra de sigilo de dados bancários.**[33]

Isso não se repete em relação às **CPIs municipais.** A doutrina majoritária entende que, em razão dos municípios não possuírem Poder Judiciário, não lhes podem ser atribuídos os poderes investigativos próprios da autoridade judicial. Desse modo, poderão solicitar informações aos órgãos da administração direta e indireta, situados no respectivo município[34], mas **não poderão determinar a quebra de sigilo de dados bancários, fiscais ou telefônicos.**

5. REMUNERAÇÃO DOS PARLAMENTARES

A Constituição Federal 1988, preocupada com possíveis abusos, traça alguns **parâmetros** para a fixação dos subsídios mensais dos parlamentares. Vejamos:

a) **Deputados Federais e Senadores Federais:** o limite remuneratório dos parlamentares federais é o subsídio mensal pago aos Ministros do Supremo Tribunal Federal (artigo 37, inciso XI, da CF/88).

b) **Deputados Estaduais e Distritais:** o subsídio dos Deputados Estaduais será fixado por lei de iniciativa da Assembleia Legislativa, na razão de, no máximo, 75% (setenta e cinco por cento) daquele estabelecido, em espécie, para os Deputados Federais, observado o que dispõem os artigos 39, § 4º, 57, § 7º, 150, II, 153, III, e 153, § 2º, I (artigo 27, §2º da CF/88).

   Sobre o tema, o Supremo Tribunal Federal já decidiu que é inconstitucional a utilização de Decreto Legislativo estadual para a fixação de subsídio de deputados estaduais, porquanto a matéria esteja submetida ao princípio da reserva da lei (artigo 27, §2º, da CF/88).

   No mesmo julgado, o STF afirmou que é vedada a vinculação do valor do subsídio dos deputados estaduais ao *quantum* estipulado pela União aos deputados federais, posto que tal proceder é incompatível com o princípio federativo e com a autonomia dos entes federados (CF, art. 18, *caput*) e com a vedação à vinculação e a equiparação entre cargos (efetivos,

33. STF, Tribunal Pleno, ADI 730/RJ, Rel. Min. Joaquim Barbosa, j. 22.9.2004.

34. STF, Tribunal Pleno, ADI 1.001, Rel. Min. Carlos Velloso, j. 8.8.2002.

comissionados ou eletivos), empregos e funções, para efeitos remuneratórios (CF, art. 37, XIII).[35]

> **Observação:** O Supremo Tribunal Federal, na ADI 6.468, entendeu que é constitucional norma estadual que estabeleça o pagamento a parlamentar, no início e no final de cada sessão legislativa, de ajuda de custo correspondente ao valor do próprio subsídio mensal. Entendeu-se que a aludida verba, que tem por finalidade auxiliar os deputados estaduais a se acomodarem na capital, tem natureza indenizatória e não está sujeita ao teto remuneratório.[36]

c) **Vereadores**: o subsídio dos Vereadores será fixado pelas respectivas Câmaras Municipais em cada legislatura para a subsequente, observados os seguintes limites máximos: i) em Municípios de até dez mil habitantes, o subsídio máximo dos Vereadores corresponderá a vinte por cento do subsídio dos Deputados Estaduais; ii) em Municípios de dez mil e um a cinquenta mil habitantes, o subsídio máximo dos Vereadores corresponderá a trinta por cento do subsídio dos Deputados Estaduais; iii) em Municípios de cinquenta mil e um a cem mil habitantes, o subsídio máximo dos Vereadores corresponderá a quarenta por cento do subsídio dos Deputados Estaduais; iv) em Municípios de cem mil e um a trezentos mil habitantes, o subsídio máximo dos Vereadores corresponderá a cinquenta por cento do subsídio dos Deputados Estaduais; v) em Municípios de trezentos mil e um a quinhentos mil habitantes, o subsídio máximo dos Vereadores corresponderá a sessenta por cento do subsídio dos Deputados Estaduais; e vi) em Municípios de mais de quinhentos mil habitantes, o subsídio máximo dos Vereadores corresponderá a setenta e cinco por cento do subsídio dos Deputados Estaduais (art. 29, VI, da CF/88).

> **Observação**: No julgamento do RE 650.898, paradigma do tema nº 484 da repercussão geral, o Supremo Tribunal Federal fixou a tese de que "o art. 39, § 4º da Constituição Federal não é incompatível com o pagamento de terço de férias e décimo terceiro salário". Na oportunidade, se esclareceu que a "definição sobre a adequação de percepção dessas verbas está inserida no espaço de liberdade de conformação do legislador infraconstitucional".[37]

35. STF, Tribunal Pleno, ADI 6.437/MT, Rel. Min. Rosa Weber, j. 31.5.2021.
36. STF, Tribunal Pleno, ADI 6.468, Rel. Min. Edson Fachin, j. 2.8.2021.
37. STF, Primeira Turma, Rcl 32.483 AgR/SP, Rel. Min. Roberto Barroso, j. 3.9.2019.

Note-se que a Constituição Federal tão somente estabeleceu **limites máximos** à remuneração dos parlamentares de todas as esferas federativas. Os atos normativos que os fixarem pode, portanto, estipular valores inferiores aos previstos.

6. ESTATUTO DOS PARLAMENTARES

A. Introdução

A Constituição Federal de 1988 traz, nos artigos 53 a 56, um conjunto de normas específicas que constituem o chamado estatuto dos parlamentares. Nelas, estão previstos **direitos e deveres** que têm por finalidade não só disciplinar questões relevantes sobre a vida funcional dos parlamentares, mas, principalmente, garantir a **liberdade** e **independência** ao exercício das funções a eles atribuídas.

B. Imunidades parlamentares

B.1. Regras gerais

As chamadas imunidade parlamentares estão previstas no **artigo 53 da CF/88.**

Elas surgiram na Inglaterra, com a edição da *Bill of Rights* (1689). Nela estava previsto que os parlamentares ingleses gozariam de liberdade de discurso no Parlamento (*freedom of speech*), não podendo as suas palavras serem questionadas em outras cortes ou tribunais fora do próprio Parlamento.

Pelo contexto histórico de seu surgimento, em que se buscava a limitação do poder do Monarca, é fácil perceber que as imunidades parlamentares não são privilégios conferidos aos membros do Poder Legislativo, mas sim verdadeiros **reforços à limitação do poder e aos direitos fundamentais.**

Não são, portanto, **direitos pessoais e subjetivos** dos ocupantes do cargo parlamentar, mas prerrogativas inerentes ao próprio Poder Legislativo. Busca-se, com elas, garantir que os parlamentares possam exercer livremente as suas funções, sem receios de perseguições.

Dessa íntima ligação entre as imunidades parlamentares e o exercício do mandato, extraem-se algumas importantes conclusões.

A primeira refere-se à sua duração. Conferidas a partir da **diplomação**, elas perduram **até o final do mandato**. Caso o parlamentar se **afaste** do exercício do mandato para investir-se em outro cargo, como por exemplo, o de Ministro de Estado, as suas imunidades serão **suspensas** enquanto perdurar o afastamento.[38]

38. STF, Tribunal Pleno, Inq. 1.070-QO, Rel. Min. Sepúlveda Pertence, j. 6.9.2001.

Ademais, as prerrogativas parlamentares **beneficiam somente os parlamentares**. Não se estendem, assim, a assessores ou outras pessoas que participem do debate parlamentar, mas que não sejam detentoras de mandado parlamentar. Tampouco se estendem aos suplentes, enquanto o titular do mandato encontrar-se em exercício. Embora diplomados, os suplentes não exercem as funções parlamentares, possuindo mera expectativa de direito. Todavia, se assumirem o cargo interna ou definitivamente, passam a gozar das imunidades.[39]

Por serem prerrogativas de caráter institucional, o parlamentar não tem poder de disposição sobre as imunidades parlamentares. Isso quer dizer que elas são **irrenunciáveis**. Afinal, a ninguém é dado dispor de algo que não lhe pertence.[40]

Feitas essas breves considerações iniciais, passemos ao estudo das imunidades parlamentares em espécie.

B.2. Imunidade material

A **imunidade material** é a proteção adicional ao direito fundamental de liberdade de expressão (artigos 5º, incisos IV e IX, da CF/88) conferida aos parlamentares quando da emissão de suas **opiniões**, **palavras** e **votos**.

É chamada, por José Afonso da Silva, de **inviolabilidade**. O renomado autor prefere a utilização do termo "imunidade" para designar somente as imunidades de cunho processual.[41]

O tema é tratado, em nossa Constituição, pelo **artigo 53, *caput*, da CF/88**. Reza o referido dispositivo que os Deputados e Senadores são invioláveis, civil e penalmente, por quaisquer de suas opiniões, palavras e votos.

Embora o texto constitucional refira-se somente à responsabilidade criminal e civil, a doutrina interpreta a imunidade material de **forma extensiva**. Desse modo, os parlamentares não poderão ser responsabilizados **criminal**, **civil**, **administrativa** e **politicamente** por conta de suas opiniões, palavras e votos. Veja-se que nem mesmo o partido político ao qual o congressista seja filiado poderá expulsá-lo por conta de suas opiniões, palavras e votos.[42]

---

39. STF, Tribunal Pleno, AgR no Inq. 2.453, Rel. Min. Ricardo Lewandowski, j. 17.5.2007.

40. STF, Tribunal Pleno, Inq. 510, Rel. Min. Celso de Mello, j. 1º.2.1991.

41. SILVA, José Afonso da. Comentário contextual à constituição. 9ª ed. São Paulo: Malheiros, 2014, p. 425-426.

42. MORAES, Alexandre de. Direito Constitucional, 34ª ed. São Paulo: Atlas, 2018, p. 481.

A **abrangência** dessa imunidade é ampla, abarcando, independentemente do conteúdo, todas as opiniões, palavras e votos proferidos pelos parlamentares **no exercício do mandato ou em função dele.**

É indiferente que as opiniões, palavras e votos sejam externados de forma **escrita ou oral, dentro ou fora do Parlamento.** É esse o entendimento pacífico do Supremo Tribunal Federal, que já rejeitou, inclusive, duas queixas-crimes que imputavam a prática de crime contra honra por Senador em razão de publicações feitas em **redes sociais.**[43]

Embora ampla, a imunidade material **não é absoluta.** Estão **excluídas** do âmbito da imunidade material as **manifestações proferidas fora do recinto parlamentar que não guardem pertinência temática com o exercício do mandato parlamentar.**

Neste ponto, a jurisprudência do **Supremo Tribunal Federal** historicamente faz uma **distinção** entre as **manifestações exprimidas dentro da Casa Legislativa**, situação em que a imunidade material é **absoluta**, abarcando toda e qualquer declaração do parlamentar, ainda que desvinculadas da função, e as **manifestações proferidas fora do recinto parlamentar**, que só estarão abarcadas pela imunidade parlamentar se **tiverem ligação com o exercício do mandato.**[44]

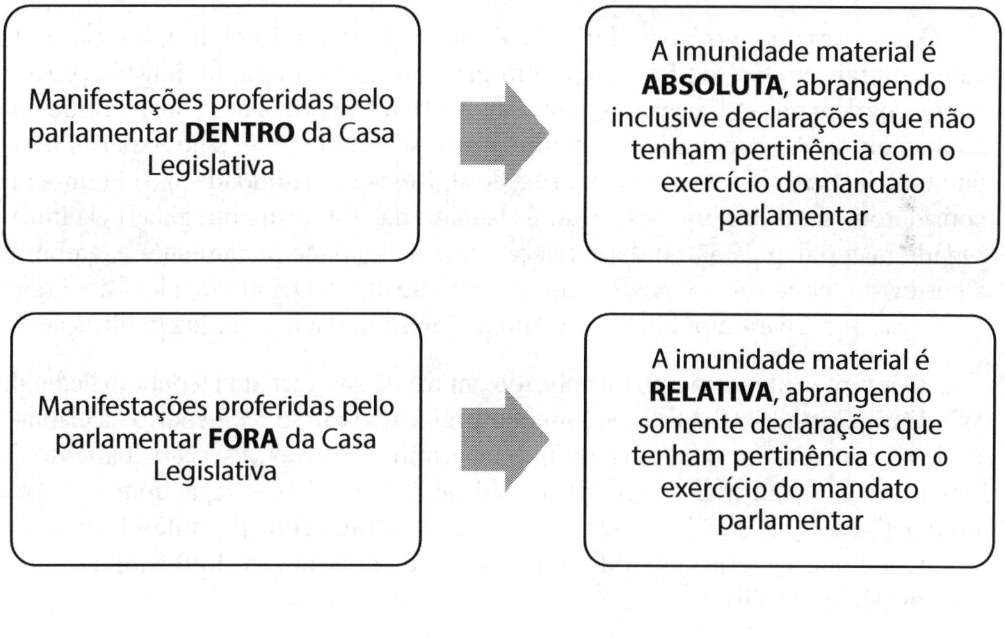

43. STF, Primeira Turma, Inq. 4.088 e Inq. 4.097, Rel. Min. Edson Fachin, j. 1º.12.2015.

44. Nesse sentido: STF, Primeira Turma, AgR no RE 463.671, Rel. Min. Sepúlveda Pertence, j. 19.6.2007 e STF, Primeira Turma, Inq 3.672/RJ, Rel. Min. Rosa Weber, j. 14.10.2014.

Importante destacar que essa distinção tradicionalmente feita pelo Supremo Tribunal Federal **foi revista**, ao menos em parte.

Em caso envolvendo o então Deputado Federal **Jair Messias Bolsonaro**, o Supremo Tribunal Federal e ao Superior Tribunal de Justiça fizeram uma distinção em relação às manifestações parlamentares proferidas dentro do Congresso Nacional, mas que se tornaram públicas por meio da rede mundial de computadores.

A situação fática analisada foi a seguinte: Jair Bolsonaro afirmou que a Deputada Federal Maria do Rosário "não merece ser estuprada por ser muito feia". Em razão das declarações, foram oferecidas uma denúncia imputando-o a prática do crime de incitação ao crime (artigo 286 do Código Penal) e uma queixa-crime pelo crime de injúria (artigo 140 do Código Penal) contra o parlamentar.

O Supremo Tribunal Federal recebeu ambas, oportunidade em que afirmou não estarem as declarações do Deputado abarcadas pela imunidade material, uma vez que elas não guardavam pertinência com o exercício do mandato parlamentar. Afastou-se a tese defensiva de que as palavras teriam sido expressadas dentro do Congresso Nacional, ou seja, sob o manto absoluto da imunidade material, pois, embora o parlamentar estivesse em seu gabinete no momento em que concedeu a entrevista, tal fato mostrou-se meramente acidental, já que não foi ali que se **tornaram públicas** as ofensas, mas sim **através da imprensa e da internet**.[45]

Pelos mesmos motivos, Maria do Rosário ajuizou ação de indenização por danos morais em face de Bolsonaro. Em primeiro grau, a ação foi julgada procedente, condenando-o a pagar a quantia de R$ 10.000,00 (dez mil reais) a título de danos morais. A condenação foi mantida pelo segundo grau e pelo Superior Tribunal de Justiça, em sede de recurso especial. Nessa oportunidade, o STJ também considerou que as declarações de Jair Bolsonaro não estavam protegidas pela imunidade material, pois não tinham relação com a atividade parlamentar e, embora a entrevista tenha sido concedida no gabinete do então Deputado, não foi ali que as ofensas se tornaram públicas, mas sim na internet, quando da sua publicação.[46]

O mesmo entendimento foi aplicado em relação ao caso do Deputado Federal **Wladimir Costa** (SD-PA). O parlamentar proferiu discurso no Plenário da Câmara dos Deputados no qual afirmou que determinados artistas seriam "bandidos", "membros de quadrilha", "verdadeiros ladrões", "verdadeiros vagabundos da Lei Rouanet". Esses artistas ingressaram com queixa-crime contra o então Deputado afirmando que ele teria cometido os crimes de difamação (art. 139) e injúria (art. 140 do Código Penal).

45. STF, Primeira Turma, Inq 3.932, Rel. Min. Luiz Fux, j. 21.6.2016.

46. STJ, Terceira Turma, REsp 1.642.310/DF, Rel. Min. Nancy Andrighi, j. 15.8.2017.

A Primeira Turma do Supremo Tribunal Federal recebeu esta queixa-crime. Reafirmou a tese de que o fato de o parlamentar estar na Casa legislativa no momento em que proferiu as declarações não afasta a possibilidade de cometimento de crimes contra a honra, porque ele depois **divulgou essas ofensas pela rede mundial de computadores.** Ressaltou, ainda que a inviolabilidade material somente abarca as declarações que apresentem nexo direto e evidente com o exercício das funções parlamentares – e, no caso concreto, embora tenha feito alusão à Lei Rouanet, o parlamentar nada acrescentou ao debate público sobre a melhor forma de distribuição dos recursos destinados à cultura, limitando-se a proferir palavras ofensivas à dignidade dos querelantes.[47]

O Supremo Tribunal Federal, ao julgar a Ação Penal n. 1.044, condenou o Deputado Federal **Daniel Silveira** à pena de 8 (oito) anos e 9 (nove) meses de reclusão, em regime inicial fechado, e 35 (trinta e cinco) dias-multa, pela prática dos crimes tipificados no art. 18 da Lei n. 7.170/83[48] e art. 344 do Código Penal. Na oportunidade, os Ministros do STF entenderam que as manifestações do Deputado Federal em suas redes sociais não estavam abrigadas pelo direito à liberdade de expressão, posto que esta não se presta a tutelar a propagação de discursos de ódio e ideias contrárias à ordem constitucional e ao Estado de Direito, e pela imunidade parlamentar, pois esta só incide no caso de as manifestações guardarem **conexão com o desempenho da função legislativa** ou que sejam proferidas em razão desta, não sendo possível utilizá-la como verdadeiro escudo protetivo para a prática de atividades ilícitas.[49] Em julgado mais recente, o STF reafirmou a necessidade de as manifestações do parlamentar, para estarem abrigadas pela imunidade material, estarem **vinculadas ao exercício do mandato**. Desse modo, poderá o parlamentar responder por declarações manifestamente injuriosas e difamatórias proferidas na rede mundial de computadores, por meio de rede social.[50]

B.3. Imunidades formais

As imunidades formais, também nomeadas de **imunidades propriamente ditas** ou **incoercibilidades pessoais relativas**, são as **prerrogativas processuais** conferidas aos parlamentares. Elas envolvem questões relativas tanto à **prisão** dos parlamentares quanto aos **processos** contra eles instaurados.

---

47. STF, Primeira Turma, PET 7.174/DF, red. p/ acórdão Min. Marco Aurélio, j. 10.3.2020.
48. A Lei n. 7.170/83 foi revogada pela Lei n. 14.197/21, que incluiu na Parte Especial do Código Penal o Título XII, relativo aos crimes contra o Estado Democrático de Direito.
49. STF, Tribunal Pleno, Inq. 4.781, Rel. Min. Alexandre de Moraes, j. 20.4.2022.
50. STF, Segunda Turma, Pet 8.242, 8.259, 8.262, 8.263, 8.267 e 8.366 AgR/DF, Red. p/acórdão Min. Gilmar Mendes, j, 3.5.2022.

I. Imunidade formal em relação à prisão

A imunidade formal em relação à prisão está prevista no **artigo 53, §2º, da CF/88**. Reza o dispositivo: "*Desde a expedição do diploma, os membros do Congresso Nacional não poderão ser presos, salvo em flagrante de crime inafiançável. Nesse caso, os autos serão remetidos dentro de vinte e quatro horas à Casa respectiva, para que, pelo voto da maioria de seus membros, resolva sobre a prisão.*"

Desse modo, **em regra**, os parlamentares **não poderão ser presos**. Em **duas situações excepcionais**, no entanto, isso poderá ocorrer.

A primeira está prevista expressamente no artigo 53, §2º, da CF/88. Trata-se da hipótese de **prisão em flagrante por crime inafiançável**. Nesse caso, os autos do flagrante são remetidos em vinte e quatro horas à **Casa Legislativa** da qual o parlamentar preso faça parte, para que ela delibere, pelo **voto aberto da maioria de seus membros**, se a prisão será mantida. A decisão da Casa Legislativa é **discricionária**, sujeita, portanto, a um juízo de conveniência e oportunidade.

A segunda exceção não se encontra prevista no texto constitucional. Embora a Constituição Federal de 1988 não tenha feito distinções, a jurisprudência do Supremo Tribunal Federal diferencia, para fins de reconhecimento da imunidade formal prisional, a prisão cautelar da prisão definitiva.

Segundo o entendimento prevalecente na Suprema Corte, o § 2º do art. 53 da CF/88 veda apenas a prisão penal cautelar do parlamentar, ou seja, **não proíbe a prisão decorrente da sentença transitada em julgado.**[51]

Desse modo, é correto afirmar que abrangência da imunidade formal prisional se limita à **vedação da prisão cautelar**, seja ela prisão em flagrante, prisão preventiva ou prisão temporária, salvo a prisão em flagrante do parlamentar por crime inafiançável.

Questão interessante que gera controvérsias doutrinárias é a possibilidade ou não de o parlamentar ser **preso civilmente** em razão do não pagamento de pensão alimentícia.

Uadi Lammêgo Bulos admite-a.[52] Alexandre de Moraes, ao contrário, afirma que a imunidade formal veda, também, a prisão civil dos parlamentares.[53] Há ainda uma terceira corrente, capitaneada por Rogério Sanches Cunha, que afirma que

---

51. STF, Tribunal Pleno, AP 396-QO/RO e ED nos ED na AP 396/RO, Rel. Min. Cármen Lúcia, j. 26.6.2013.
52. BULOS, Uadi Lammêgo. Curso de Direito Constitucional. 8ª ed. rev. e atual. São Paulo: Saraiva, 2014, p. 1.111.
53. MORAES, Alexandre de. Direito Constitucional, 34ª ed. São Paulo: Atlas, 2018, p. 487.

a prisão civil do parlamentar é cabível somente se a dívida se referir a alimentos definitivos, sendo vedada, pois, caso a dívida se refira a alimentos provisórios.[54]

Concordo com a primeira corrente. Independentemente da natureza dos alimentos, é certo que a imunidade processual prevista no artigo 53, §2º, da CF/88 não pode servir de escudo inexpugnável para o descumprimento reiterado da obrigação alimentar.

Em um juízo de ponderação entre a liberdade para o exercício do mandato parlamentar e os direitos à vida, saúde, educação, moradia e lazer do alimentando, estes devem prevalecer, mormente quando o artigo 227, *caput*, da Constituição Federal estipula que os direitos das crianças e dos adolescentes devem ser protegidos com absoluta prioridade.

A imunidade formal prevista no artigo 53, §2º, da CF/88 **não impede** que o Poder Judiciário imponha, por autoridade própria, **medidas cautelares diversas da prisão**, previstas no artigo 319 do CPP, a um parlamentar. O Supremo Tribunal Federal admite, inclusive, que o Poder Judiciário determine o afastamento de Deputados Federais e Senadores do cargo, caso a sua manutenção represente risco às investigações penais instauradas contra ele.[55]

No julgamento da **ADI 5.526/DF**, reafirmou-se a possibilidade de o Poder Judiciário impor aos parlamentares as medidas cautelares previstas no artigo 319 do CPP, em situações de excepcional gravidade. Contudo, fez-se uma relevante ponderação: se a decisão judicial que aplicou as medidas cautelares **impossibilitar, direta ou indiretamente, o pleno exercício do mandato parlamentar e de suas funções legislativas**, ela deverá ser **remetida à Casa Legislativa respectiva**, no prazo de vinte e quatro horas, para que, pelo voto nominal e aberto da maioria dos seus membros, delibere-se sobre a manutenção ou não das medidas cautelares impostas.[56]

II. Imunidade formal em relação ao processo

O **artigo 53, §3º, da CF/88** prevê que recebida a denúncia contra o Senador ou Deputado, por crime ocorrido após a diplomação, o Supremo Tribunal Federal dará ciência à Casa respectiva, que, por iniciativa de partido político nela representado e pelo voto da maioria de seus membros, poderá, até a decisão final, sustar o andamento da ação.

---

54. CUNHA, Rogério Sanches. Manual de Direito Penal: Parte Geral (artigos 1º a 120). 4ª ed. rev. ampl. e atual. Salvador: Juspodivm, 2016, p. 133.

55. STF, Tribunal Pleno, Referendo na AC 4.070, Rel. Min. Teori Zavascki, j. 5.5.2016.

56. STF, Tribunal Pleno, ADI 5.526, Red. p/ acórdão Min. Alexandre de Moraes, j. 11.10.2017.

Cuida-se da imunidade formal processual, instituto que nem sempre teve esse conteúdo. Até o advento da **EC n.º 35 de 2001**, os parlamentares federais eram improcessáveis, é dizer, não poderiam sequer serem denunciados sem a autorização do Congresso Nacional.

A antiga regra acabou gerando, na prática, uma absoluta impunidade dos parlamentares federais. Com efeito, é muito menos custoso politicamente manter-se inerte do que ativamente sustar um processo criminal contra um parlamentar.

Com a nova regra, os parlamentares não só poderão ser investigados, mas também, existindo justa causa, **poderá ser oferecida e recebida a denúncia**. Uma vez recebida a denúncia, o Supremo Tribunal Federal dará ciência à Casa Legislativa respectiva.

Se o crime imputado ao congressista tiver sido praticado **após a diplomação**, poderá partido político com representação na Casa Legislativa da qual o parlamentar processado seja membro requerer a suspensão do processo. O prazo para o pedido de sustação começa a correr da ciência dada pelo STF e finda com a decisão final no processo.

O requerimento será apreciado no prazo improrrogável de quarenta e cinco dias do seu recebimento pela Mesa Diretoria (artigo 53, §4º da CF/88), ficando o processo sustado se obtidos os votos da **maioria absoluta** dos membros da Casa Legislativa respectiva. Os votos serão ostensivos e nominais.

Obtidos os votos da maioria absoluta dos membros da respectiva Casa Legislativa, o processo ficará suspenso até o término do mandato do parlamentar processado. Durante esse período, a **prescrição também ficará suspensa** (artigo 53, §5º, da CF/88).

A abrangência da imunidade formal processual está limitada aos processos por crimes cometidos após a diplomação. Não poderão ser suspensos, assim, processos de natureza civil, administrativa ou disciplinar. Também não poderão ser suspensos processos por crimes praticados antes da diplomação.

O Supremo Tribunal Federal possui entendimento de que a regra prevista no artigo 53, §3º, da CF/88 não se aplica a crimes ocorridos após a diplomação de mandatos pretéritos. Isso significa que a suspensão cessará com o término do mandato, **não podendo ser prorrogada ainda que o parlamentar seja reeleito.**[57]

Caso haja concurso de agentes entre parlamentar e outra pessoa que não goze da imunidade formal processual, a sustação do processo atingirá somente aquele. O processo deverá ser **desmembrado** (artigo 80 do CPP) e prosseguirá em relação

---

57. STF, Primeira Turma, AgR na AC 700, Rel. Min. Carlos Britto, j. 19.4.2005.

a este. Os autos deverão ser enviados ao juízo competente para processá-los e julgá-los.[58]

B.4. Foro por prerrogativa de função

Os parlamentares federais têm **foro por prerrogativa de função**, de modo que somente podem ser processados e julgados criminalmente pelo **Supremo Tribunal Federal**. É o que prevê o artigo 53, §1º, c/c artigo 102, inciso I, alínea "b", ambos da CF/88.

Não é incomum encontrar, em doutrina ou em jurisprudência, a utilização do termo "**foro privilegiado**" como sinônimo de foro por prerrogativa de função. Contudo, a expressão é inadequada, uma vez que não se trata de um privilégio pessoal do parlamentar, mas sim uma prerrogativa do cargo que visa garantir o seu livre exercício.

A prerrogativa de foro é assegurada **exclusivamente na seara criminal**, estando por ela abrangidos todas as espécies de infrações penais, como, por exemplo, os crimes eleitorais[59], os crimes contra a vida e as contravenções penais[60]. Tal prerrogativa **não** se estende, contudo, às **ações de natureza cível**, destacadamente as ações de improbidade administrativa, que serão processas e julgadas pelo juiz de primeira instância.[61]

Não só as ações penais contra os parlamentares federais tramitarão perante o Supremo Tribunal Federal, mas também **os inquéritos policiais** em que eles figurem como investigados. Em virtude disso, não está a Polícia Federal autorizada a instaurar de ofício inquérito policial para apurar a conduta de parlamentares federais, dependendo de **autorização do Supremo Tribunal Federal** para tanto. A atividade de supervisão judicial deve ser desempenhada durante toda a tramitação das investigações, desde a abertura dos procedimentos investigatórios até o eventual oferecimento de denúncia.[62]

Nos crimes contra a honra que admitem a oposição de **exceção da verdade**, esta será julgada perante o **Supremo Tribunal Federal** se for deduzida contra Deputado Federal ou Senador Federal. A competência da Suprema Corte, nesse caso,

58. STF, Tribunal Pleno, Inq. 1.107-QO, Rel. Min. Octávio Gallotti, j. 12.12.1996.
59. STF, Tribunal Pleno, Pet 673/RJ, Rel. Min. Carlos Velloso, j. 1º.7.1993.
60. STF, Tribunal Pleno, Rcl 511/PB, Rel. Min. Celso de Mello, j. 9.2.1995.
61. STF, Tribunal Pleno, ADI 2.797, Rel. Min. Sepúlveda Pertence, j. 15.9.2005.
62. STF, Tribunal Pleno, Pet 3.825-QO/MT, Red. p/ o acórdão Min. Gilmar Mendes, j. 10.10.2007 e STF, Segunda Turma, HC 201.965/RJ, Rel. Min. Gilmar Mendes, j. 30.11.2021.

se restringirá **tão somente ao julgamento da exceção**, cabendo ao juiz da ação penal originária proceder ao juízo de admissibilidade e, caso este seja positivo, promover a instrução probatória pertinente. Somente após processado o incidente, é que os autos serão remetidos ao Supremo Tribunal Federal. Fica mantida a competência para julgamento da ação penal principal no juízo originário.[63]

A grande questão relacionada ao foro por prerrogativa de função é a sua **amplitude**.

Historicamente, o Supremo Tribunal Federal interpretava o disposto no artigo 53, §1º, da CF/88 à luz da **regra da atualidade**. Desse modo, no momento da diplomação, todos os processos-crime instaurados contra parlamentar federal, ainda que não tenham relação com o exercício da função, seriam deslocados para o Supremo Tribunal Federal. Do mesmo modo, com o término do mandato, cessa a competência da Suprema Corte, deslocando-se os processos ao juízo competente.

Essa regra, contudo, não se aplicava nos casos de crimes cometidos durante o exercício da função. O **Enunciado n.º 394 da Súmula do Supremo Tribunal Federal** afirmava que: "Cometido o crime durante o exercício funcional, prevalece a competência especial por prerrogativa de função, ainda que o inquérito ou a ação penal sejam iniciados após a cessação daquele exercício". Assim, nessas situações, mesmo após o término do mandato parlamentar, a competência do Supremo se perpetuava, não havendo o deslocamento do processo às instâncias ordinárias.

Esse enunciado, todavia, foi **cancelado**. No julgamento de Questão de Ordem suscitada no Inquérito n.º 687, a maioria dos Ministros decidiu que o término do mandato implicava na cessação do foro por prerrogativa de função, ainda que o crime investigado tenha sido cometido no exercício da função parlamentar.[64]

Após o cancelamento do Enunciado n.º 394 da Súmula do Supremo Tribunal Federal, foi editada a **Lei n.º 10.625/05**, que alterou os §§ 1º e 2º do artigo 84 do Código de Processo Penal, para dar-lhes as seguintes redações: "*A competência especial por prerrogativa de função, relativa a atos administrativos do agente, prevalece ainda que o inquérito ou a ação judicial sejam iniciados após a cessação do exercício da função pública*" e "*A ação de improbidade, de que trata a Lei 8.429, de 2 de junho de 1992, será proposta perante o tribunal competente para processar e julgar criminalmente o funcionário ou autoridade na hipótese de prerrogativa de foro em razão do exercício de função pública, observado o disposto no § 1º*".

63. STF, Decisão Monocrática, AP 602/SC, Rel. Min. Celso de Mello, j. 1º.7.2011.

64. STF, Tribunal Pleno, Inq. 687-QO, Rel. Min. Sydney Sanches, j. 25.8.1999.

Houve evidente **reação legislativa** à decisão do Supremo Tribunal Federal no Inquérito n.º 687: o legislador ordinário tentou, com essas alterações, reavivar o conteúdo do enunciado cancelado.

O Supremo Tribunal Federal, no julgamento da ADI n.º 2.797, reafirmou o seu entendimento. Na oportunidade, julgou **inconstitucionais os §§ 1º e 2º do artigo 84 do Código de Processo Penal**, sob o fundamento de que não poderia o legislador ordinário ter interpretado a norma constitucional como o fez.[65] Em embargos de declaração, os efeitos desta decisão foram modulados, de modo a manter os processos que já estivessem em tramitação no Supremo Tribunal Federal.

Assim, **o término do mandato acarreta, em regra, a cessação do foro por prerrogativa de função** e, consequentemente, o deslocamento do processo crime às instâncias ordinárias.

Há, contudo, duas situações que merecem ser analisadas mais detidamente.

A primeira é: o que ocorre se o mandato parlamentar findar quando **já iniciado o julgamento** pelo Supremo Tribunal Federal?

Nesses casos, o entendimento consolidado do Supremo Tribunal Federal é o de que a competência **se perpetua**, de modo que não haverá deslocamento de competência para outra instância.[66]

A segunda questão é mais delicada e gera maiores controvérsias. *Quid iuris* se o parlamentar que está sendo investigado ou processado **renunciar ao mandato** parlamentar?

O Supremo Tribunal Federal tem se mostrado vacilante quanto ao tema.

No julgamento de Questão de Ordem suscitada na **Ação Penal n. 333**, o entendimento adotado foi o de que a **renúncia importa na cessação do foro por prerrogativa de função**, devendo o processo crime ser remetido ao juízo de piso. Embora alguns Ministros tenham suscitado que o expediente se tratava de forma de protelar o processo, prevaleceu a aplicação da regra da atualidade.[67]

Em um segundo momento, o Supremo Tribunal Federal alterou seu posicionamento. Ao julgar a **Ação Penal n. 396**, os Ministros **mantiveram a competência da Suprema Corte** para julgar o caso, mesmo com a renúncia ao mandato parlamentar do investigado. Considerou-se, na hipótese, que houve patente **fraude processual**, tendo o ex-Deputado Federal abusado do direito à renúncia.[68]

---

65. STF, Tribunal Pleno, ADI 2.797/DF, Rel. Min. Sepúlveda Pertence, j. 15.9.2005.

66. STF, Tribunal Pleno, Inq. 2.295/MG, Red. p/acórdão Min. Menezes Direito, j. 23.10.2008.

67. STF, Tribunal Pleno, AP 333-QO, Rel. Min. Joaquim Barbosa, j. 5.12.2007.

68. STF, Tribunal Pleno, AP 396, Rel. Min. Cármen Lúcia, j. 28.10.2010.

Chamado a decidir a questão pela terceira vez, o Supremo Tribunal Federal retomou o seu primeiro entendimento. No julgamento da **Ação Penal n.º 536**, entenderam os Ministros que não houve fraude processual na renúncia ao mandato, **declinando de sua competência** para o Juízo de Direito da Comarca de Belo Horizonte/MG.[69]

Cumpre destacar que, em recente julgado, o **Supremo Tribunal Federal** sinalizou uma nova mudança de entendimento em relação à abrangência do foro por prerrogativa de função. Na Questão de Ordem na Ação Penal n.º 937, o Ministro Roberto Barroso, relator, proferiu voto fixando as seguintes teses:

a) O foro por prerrogativa de função aplica-se **apenas aos crimes cometidos durante o exercício do cargo e relacionados às funções desempenhadas**; e

b) **Após o final da instrução processual**, com a publicação do despacho de intimação para apresentação de alegações finais, **a competência para processar e julgar ações penais não será mais afetada** em razão de o agente público vir a ocupar cargo ou deixar o cargo que ocupava, qualquer que seja o motivo.

A primeira conclusão baseou-se em dois vetores interpretativos. Afirmou o Ministro Relator que os **princípios constitucionais da igualdade e republicano** impõem uma interpretação restritiva quanto aos crimes abrangidos pelo foro por prerrogativa de função. De fato, o artigo 53, §1º, da CF/88 traz uma exceção em nosso sistema constitucional e, como tal, deve ser interpretado restritivamente. Além disso, a finalidade do foro por prerrogativa de função, que é garantir o livre exercício das funções dos parlamentares federais, não pode ser utilizada como forma ilegítima de assegurar a impunidade.

A segunda conclusão, por sua vez, impõe-se para que se preserve a **efetividade e a racionalidade da prestação jurisdicional**. Na linha defendida pelo Ministro Roberto Barroso, as sucessivas alterações de competências em razão da aquisição ou perda do cargo acabam por acarretar na manipulação da jurisdição e, consequentemente, na inefetividade da prestação jurisdicional e na disfuncionalidade do sistema penal.

O julgamento do Inq. 937-QO foi finalizado em 3 de maio de 2018, tendo a maioria do Ministros acompanhado o voto do relator. Fixou-se, ainda, que esse novo entendimento deve se **aplicar imediatamente** aos processos em curso, com

69. STF, Tribunal Pleno, AP 536, Rel. Min. Cármen Lúcia, j. 27.3.2014.

a ressalva de que todos os atos praticados e decisões proferidas pelo STF e pelos demais juízos deverão ser aproveitados.

Em 2019, no julgamento do segundo AgR no Inq. 4.619, a Primeira Turma do Supremo Tribunal Federal manteve o entendimento adotado no Inq. 937-QO. Nessa oportunidade, reafirmou-se que a competência do Supremo Tribunal Federal para fatos praticados por detentores de prerrogativa de foro **aplica-se apenas aos crimes cometidos durante o exercício do cargo e relacionados às funções desempenhadas.**[70]

Em 14 de março de 2019, o Plenário do Supremo Tribunal Federal, por apertada maioria, decidiu que era competente para processar e julgar **crime eleitoral** praticado por parlamentar federal durante a sua campanha para reeleição. Consignou-se que: i) o recebimento de doação ilegal destinado à campanha de reeleição ao cargo de Deputado Federal é um **crime relacionado com o mandato parlamentar**; e ii) que é **irrelevante o fato de os crimes terem sido praticados em mandato anterior, bastando que a atual diplomação decorra de sucessivas e ininterruptas reeleições.**[71]

Já em 9 de outubro de 2019, o Supremo Tribunal Federal remeteu os autos de processo no qual era investigado o suposto cometimento de crime de corrupção passiva por Senador da República à primeira instância, sob o fundamento de que os supostos crimes não foram praticados no exercício da função.[72]

As conclusões adotadas pelo Tribunal Pleno do Supremo Tribunal Federal no julgamento da AP 937-QO foram ainda reafirmadas pela Segunda Turma no julgamento da Pet 7.716-AgR. Na oportunidade, asseverou-se que o fato de as investigações estarem perto do fim e de já terem demorado anos não servem como argumento jurídico válido para prorrogar a competência do STF. Apesar da efetiva evolução das investigações, sob a supervisão do STF, não houve oferecimento de denúncia contra o agravante nem encerramento da instrução processual penal. Logo, o marco temporal relativo à data de apresentação das razões finais não foi alcançado. Além disso, o STF esclareceu que é possível a imediata remessa dos autos às instâncias competentes, inclusive antes da publicação do acórdão ou do trânsito em julgado, quando constatado o risco de prescrição.[73]

Em 2022, o Supremo Tribunal Federal tomou nova decisão importante para fins de delimitarmos a extensão do foro por prerrogativa de função conferido aos

70. STF, Primeira Turma, Inq. 4619-AgR-AgR, Rel. Min. Luiz Fux, j. 19.2.2019.

71. Cinco dos onze Ministros entenderam que o crime eleitoral praticado não era hipótese alcançada pelo foro por prerrogativa de função, pois não vislumbraram relação entre o crime supostamente praticado e as funções desempenhadas no cargo de deputado federal. Ver: STF, Tribunal Pleno, Inq. 4435 AgR--quarto, Rel. Min. Marco Aurélio, j.14.3.2019.

72. STF, Primeira Turma, Inq. 4.624 AgR, Rel. Min. Marco Aurélio, j. 8.10.2019.

73. STF, Segunda Turma, Pet 7.716 AgR, Rel. Min. Edson Fachin, j. 18.2.2020.

parlamentares federais. No julgamento da questão de ordem suscitada no bojo do Inquérito n. 4.342, decidiu-se que o foro por prerrogativa de função **alcança** dos casos denominados de "**mandatos cruzados" exclusivamente de parlamentar federal.**[74]

Isso significa que, se um Deputado Federal passar a ser investigado ou processado pela suposta prática de crime ocorrido no curso do mandato e relacionado às funções se eleger Senador Federal – e vice-versa –, o processo se manterá no STF. Caso não se reeleja ou seja eleito para qualquer outro cargo, o processo será remitido ao juízo de primeiro grau competente.

> **Observação**: É importante destacar que as alterações de competência para processamento e julgamento de causas envolvendo Deputados e Senadores **não afetam os atos já praticados** (*tempus regit actum*). Assim, tanto o deslocamento do processo para o Supremo Tribuna Federal e/ou para as instâncias ordinárias não acarreta a nulidade dos atos já praticados, tampouco há a necessidade de ratificação.

> **Atenção**: O Supremo Tribunal Federal já afirmou que a determinação de busca e apreensão nas dependências da Câmara dos Deputados ou do Senado Federal pode ser decretada por juízo de primeira instância **se o investigado não for congressista**. Na oportunidade, consignou que a Constituição, ao disciplinar as imunidades e prerrogativas dos parlamentares, não conferiu exclusividade ao STF para determinar medidas de busca e apreensão nas dependências da Câmara dos Deputados ou do Senado Federal. Assim, a determinação de busca e apreensão nas dependências do Congresso Nacional, desde que não direcionada a apurar conduta de congressista, não se relaciona com as imunidades e prerrogativas parlamentares. Isso porque, ao contrário do que ocorre com as imunidades diplomáticas, as prerrogativas e imunidades parlamentares não se estendem aos locais onde os parlamentares exercem suas atividades nem ao corpo auxiliar.[75]

Por fim, resta-nos analisar a situação em que há **concurso de agentes** e somente um ou alguns dos investigados e/ou processados possuem foro por prerrogativa de função.

Nesses casos, a **regra geral** é o **desmembramento** dos inquéritos ou das ações penais, mantendo-se no Supremo Tribunal Federal apenas os acusados que possuam o foro por prerrogativa de função.

---

74. STF, Tribunal Pleno, Inq. 4342 QO/PR, Rel. Min. Edson Fachin, j. 1º.4.2022.
75. STF, Tribunal Pleno, Rcl 25.537/DF e AC 4.297/DF, Rel. Min. Edson Fachin, j. 26.6.2019.

Excepcionalmente, contudo, poder-se-á deliberar pelo **julgamento conjunto** de todos os corréus. Foi o que aconteceu no famoso caso do Mensalão (AP 470), em que o Supremo Tribunal Federal decidiu manter sob a sua jurisdição todas as pessoas denunciadas, sob o fundamento de que a complexidade do feito assim o reclamava. Afirmou-se que o desmembramento, antes das especiais circunstâncias do caso concreto, era desprovido de utilidade.[76]

Resumo da atual extensão do foro por prerrogativa de função de parlamentar
i. Somente haverá foro por prerrogativa de função se o ilícito penal **for cometido no curso do mandato e tiver relação com as funções parlamentares.** ii. Caso o investigado ou acusado **deixar de exercer o mandato perderá** o foro por prerrogativa de função, remetendo-se o processo ao juízo de primeiro grau competente. **Exceções** (em que o processo continuará no STF): a. **reeleição** ao mesmo cargo de parlamentar; b. eleição para outro cargo de parlamentar federal, hipótese em que Deputado Federal se elege Senador Federal ou vice-versa (**mandatos cruzados**); c. **renúncia** do mandato no curso do processo **em fraude processual**; d. perda do mandato ocorrida após o final da instrução processual, com a publicação do despacho de intimação para apresentação de alegações finais. iii. **Havendo concurso de agentes**, o processo deverá ser **desmembrado** em relação àqueles que não detém foro por prerrogativa de função, de modo a serem julgados pelo juízo de primeiro grau competente. **Exceção:** poderá o STF determinar o julgamento conjunto em casos de alta complexidade.

B.5. Outras garantias

I. Outras garantias

O artigo 53 da Constituição Federal traz, ainda, outras três garantias aos Deputados Federais e Senadores. São elas:

a) **Artigo 53, §6º, da CF/88**: os Deputados e Senadores **não serão obrigados a testemunhar** sobre informações recebidas ou prestadas em razão do **exercício do mandato**, nem sobre as pessoas que lhes confiaram ou deles receberam informações. Assim, os parlamentares federais podem, **discricionariamente**, optar por testemunhar ou não nessas hipóteses. Essa regra se aplica exclusivamente em relação aos fatos que tenham relação com mandato parlamentar, não sendo essa garantia extensível aos casos em que os parlamentares são convocados a testemunhar na qualidade de cidadãos comuns.

76. STF, Tribunal Pleno, Inq 470-QO, Rel. Min. Joaquim Barbosa, j. 6.12.2006.

b) **Artigo 53, §7º, da CF/88:** a **incorporação às Forças Armadas** de Deputados e Senadores, embora militares e ainda que em tempo de guerra, dependerá de **prévia licença da Casa respectiva.**

c) **Artigo 53, § 8º, da CF/88**: as imunidades de Deputados ou Senadores **subsistirão durante o estado de sítio**, só podendo ser suspensas mediante o voto de dois terços dos membros da Casa respectiva, nos casos de atos praticados fora do recinto do Congresso Nacional, que sejam incompatíveis com a execução da medida.

> **Observação**: A regra é a manutenção das imunidades parlamentares, ainda que decretado o estado de sítio. Somente serão suspensas, excepcionalmente, pela votação de dois terços dos membros da Casa respectiva. Na hipótese de decretação de **estado de defesa**, as imunidades permanecem **intocadas**, não havendo que se falar em suspensão.

B.6. Imunidades parlamentares estaduais, distritais e municipais

Analisamos, nos tópicos anteriores, as imunidades parlamentares aplicáveis aos Deputados Federais e Senadores. Neste tópico, estudaremos a situação específica dos parlamentares estaduais, distritais e municipais.

O **artigo 27, §1º, da Constituição de 1988 estende** aos **deputados estaduais** todas as regras aplicáveis aos parlamentares federais sobre sistema eleitoral, inviolabilidade, imunidades, remuneração, perda de mandato, licença, impedimentos e incorporação às Forças Armadas.

É também o que ocorre em relação aos **deputados distritais**, aos quais, à luz do artigo 32, §3º, da CF/88, são aplicáveis as regras previstas no artigo 27 da CF/88.

Isso significa que tudo o que estudamos até aqui é plenamente aplicável aos parlamentares estaduais e distritais, que **gozam das mesmas imunidades** conferidas aos Deputados Federais e Senadores.

O **Supremo Tribunal Federal**, debruçando-se sobre o tema, já afirmou que são constitucionais os dispositivos da Constituição do Estado que estendem aos Deputados Estaduais as imunidades formais previstas no art. 53 da Constituição Federal para Deputados Federais e Senadores, porque tais imunidades foram expressamente alastradas aos parlamentares estaduais pelo § 1º do art. 27 da CF/88.[77]

---

77. STF, Tribunal Pleno, ADI 5.823-MC/RN, ADI 5.824-MC/RJ e ADI 5.825-MC/MT, Red. p/ acórdão Min. Marco Aurélio, j. 8.5.2019; e STF, Tribunal Pleno, ADI 5.824/RJ e ADI 5.825/MT, Rel. Min. Edson Fachin, j. 16.12.2022.

Por outro lado, o Supremo Tribunal Federal já decidiu que é **incompatível** com a Constituição Federal norma de Constituição estadual que disponha sobre **nova hipótese de foro por prerrogativa de função**, em especial relativo a ações destinadas a processar e julgar atos de improbidade administrativa.[78]

Em relação especificamente à imunidade formal prisional, o **Supremo Tribunal Federal** entende que, assim como ocorre com os parlamentares federais, a Assembleia Legislativa pode rejeitar a prisão preventiva e as medidas cautelares impostas pelo Poder Judiciário contra Deputados Estaduais, sendo plenamente constitucional resolução da Assembleia Legislativa que, com base na imunidade parlamentar formal (art. 53, § 2º c/c art. 27, § 1º da CF/88), revoga a prisão preventiva e as medidas cautelares penais que haviam sido impostas pelo Poder Judiciário contra Deputado Estadual, determinando o pleno retorno do parlamentar ao seu mandato.[79]

O regime jurídico aplicável aos **vereadores**, por outro lado, é diferente. O **artigo 29, inciso VIII, da Constituição Federal** limita-se a prever a inviolabilidade dos vereadores por suas opiniões, palavras e votos no exercício do mandato e na circunscrição do município.

Desse modo, os parlamentares municipais não gozam das mesmas imunidades previstas para os parlamentares federais, estaduais e distritais no texto constitucional, mas **somente da imunidade material**. Esta, ainda, está **limitada** aos pronunciamentos que guardem **pertinência** com o exercício da função parlamentar e proferidas no âmbito da **circunscrição territorial do município**.

Não é outro o entendimento do **Supremo Tribunal Federal** que, ao julgar o Recurso Extraordinário n.º 600.063/SP, com repercussão geral, fixou a seguinte tese: "Nos limites da circunscrição do Município e havendo pertinência com o exercício do mandato, garante-se a imunidade prevista no art. 29, VIII, da CF aos vereadores."[80]

No caso analisado, um vereador, durante sessão da Câmara Municipal, após discussão sobre uma representação contra o Prefeito, passou a proferir pesadas ofensas contra outro parlamentar. O vereador ofendido ajuizou ação de indenização por danos morais contra o ofensor. O Supremo entendeu que o referido vereador não deveria ser condenado porque agiu sob o manto da imunidade material.

78. STF, Tribunal Pleno, ADI 4.870/ES, Rel. Min. Dias Toffoli, j. 14.12.2020.

79. STF, Tribunal Pleno, ADI 5.823-MC/RN, ADI 5.824-MC/RJ e ADI 5.825-MC/MT, Red. p/ acórdão Min. Marco Aurélio, j. 8.5.2019.

80. STF, Tribunal Pleno, RE 600.063/SP, Red. p/ acórdão Min. Roberto Barroso, j. 25.2.2015 (repercussão geral).

C. Incompatibilidades e impedimentos

Além das imunidades parlamentares, a Constituição Federal de 1988 listou algumas incompatibilidades e impedimentos, também como forma de garantir a independência e liberdade dos membros do Poder Legislativo.

Entendeu o constituinte que a prática de determinadas atividades concomitantemente ao exercício do mandato parlamentar poderia vir a **prejudicar o exercício das funções parlamenteares**, seja porque elas ocupariam muito tempo dos parlamentes, seja porque poderia haver conflito de interesses.

O artigo 54, inciso I, da Constituição de 1988 afirma que os Deputados e Senadores não poderão, **desde a expedição do diploma**:

a) firmar ou manter contrato com pessoa jurídica de direito público, autarquia, empresa pública, sociedade de economia mista ou empresa concessionária de serviço público, **salvo** quando o contrato obedecer a cláusulas uniformes (como, por exemplo, os contratos de fornecimento de luz, água e gás para a residência do parlamentar);

b) aceitar ou exercer cargo, função ou emprego remunerado, inclusive os de que sejam demissíveis "*ad nutum*", nas entidades constantes da alínea anterior;

O artigo 54, inciso II, da Constituição de 1988, por sua vez, dispõe que os Deputados e Senadores não poderão, **desde a posse**:

a) ser proprietários, controladores ou diretores de empresa que goze de favor decorrente de contrato com pessoa jurídica de direito público, ou nela exercer função remunerada;

b) ocupar cargo ou função de que sejam demissíveis "*ad nutum*", nas entidades referidas no inciso I, "a";

c) patrocinar causa em que seja interessada qualquer das entidades a que se refere o inciso I, "a";

d) ser titulares de mais de um cargo ou mandato público eletivo.

Caso o parlamentar viole uma dessas restrições, a sanção constitucionalmente prevista é a **perda do mandato** (artigo 55, inciso I, da CF/88).

Por estarem atreladas ao efetivo exercício do mandato parlamentar, as restrições do artigo 54 da CF/88 **não se estendem ao suplente**, salvo se ele vier a substituir o titular.[81]

81. STF, Primeira Turma, MS 21.266, Rel. Min. Célio Borja, j. 22.5.1991.

Por fim, é preciso destacar que os impedimentos e as incompatibilidades listados no artigo 54 da CF/88 são **aplicáveis aos parlamentares estaduais, distritais e municipais**, devendo estar previstos, necessariamente, nas constituições estaduais e nas leis orgânicas municipais. Cuidam-se, a toda evidência, de **normas de repetição obrigatória.**[82]

D. Perda do mandato

D.1. Visão geral

O artigo 55 da Constituição Federal enumera as hipóteses em que os parlamentares federais perderão os seus mandatos. São elas:

- **i.** Infringir qualquer das proibições estabelecidas no artigo 54 da CF/88 (incompatibilidades e impedimentos);
- **ii.** Proceder de forma incompatível com o decoro parlamentar;
- **iii.** Deixar de comparecer, em cada sessão legislativa, à terça parte das sessões ordinária da Casa a que pertencer, salvo licença ou missão por esta autorizada;
- **iv.** Perder ou tiver suspensos os direitos políticos;
- **v.** Quando a Justiça Eleitoral decretar a perda do mandato, nos casos previstos na Constituição;
- **vi.** Condenação criminal em sentença transitada em julgado.

Os parágrafos 2º e 3º da Constituição de 1988 agrupam as causas de perda do mandato parlamentar em dois grupos: cassação do mandato e extinção do mandato.

A **cassação do mandato** é a decretação da perda do mandato imposta ao parlamentar que incorra em falta funcional apenada com a perda do mandato. Cuida-se de provimento de **natureza constitutiva**, não decorrendo a perda do mandato automaticamente da prática das condutas perpetradas pelo parlamentar.

Ela poderá ocorrer nos casos dos incisos I (desrespeito às regras de incompatibilidade do artigo 54 da CF/88), II (conduta incompatível com o decoro parlamentar) e VI (condenação criminal por sentença transitada em julgado).

Uma vez constatada umas das hipóteses autorizadoras da cassação, a Mesa da Casa Legislativa respectiva ou partido político com representação no Congresso Nacional poderão provocar o início do procedimento. Nele, assegura-se ao

82. STF, Primeira Turma, RE 497.554, Rel. Min. Ricardo Lewandoswki, j. 27.4.2010.

parlamentar a ampla defesa. A cassação será decretada pelo **voto aberto e ostensivo** da maioria absoluta dos membros da Câmara dos Deputados ou do Senado Federal.

A **extinção do mandato**, ao contrário, é a **perda automática** do mandato parlamentar pela ocorrência de determinados fatos ou atos.

Ocorrendo umas das causas listadas nos incisos III (parlamentar deixar de comparecer, em cada sessão legislativa, à terça parte das sessões ordinárias da Casa a que pertencer, salvo licença ou missão por esta autorizada); IV (parlamentar perder ou tiver suspensos os direitos políticos); ou V (a Justiça Eleitoral decretar a perda do mandato nos casos previstos nesta Constituição), cessa automaticamente a investidura eletiva.

A extinção do mandato será **declarada** pela Mesa da Casa respectiva, de ofício ou mediante provocação de qualquer de seus membros, ou de partido político representado no Congresso Nacional.

Ainda que a manifestação da Mesa tenha caráter declaratório – e não constitutivo, como no caso da cassação –, assegura-se ao parlamentar ampla defesa. Com efeito, é plenamente possível que o parlamentar comprove que o fato previsto na Constituição como causa extintiva do mandato não ocorreu.

A EC n. 111/21 trouxe uma nova causa de perda do mandato. O §6º incluído no artigo 17 da CF/88 prevê que os Deputados Federais, os Deputados Estaduais, os Deputados Distritais e os Vereadores que se **desligarem do partido pelo qual tenham sido eleitos perderão o mandato**, salvo nos casos de anuência do partido ou de outras hipóteses de justa causa estabelecidas em lei, não computada, em qualquer caso, a migração de partido para fins de distribuição de recursos do fundo partidário ou de outros fundos públicos e de acesso gratuito ao rádio e à televisão.

Feitas essas breves considerações sobre a perda do mandato parlamentar, passemos a analisar mais detidamente alguns pontos sobre a matéria.

D.2. Perda do mandato por quebra do decoro parlamentar

A Constituição de 1988, em seu artigo 55, §1º, prevê como falta de decoro o abuso das prerrogativas pelo parlamentar, a percepção de vantagens indevidas e a prática de atos definidos como tal nos regimentos internos.

As **prerrogativas parlamentares** a que se refere o artigo 55, §1º, da CF/88 nada mais são do que as **imunidades materiais e formais** previstas no artigo 53 da Constituição Federal. Quando do seu estudo, vimos que elas são um meio de garantir o exercício livre e independente do mandato parlamentar, e não privilégios conferidos à pessoa do parlamentar. Nessa linha de ideias, a sua utilização de forma abusiva é inadmissível em nosso ordenamento jurídico, configurando a quebra do decoro parlamentar.

A **percepção de vantagens indevidas** também acarreta a quebra do decoro parlamentar. Os Deputados e Senadores, assim como qualquer agente público, devem obediência aos princípios da administração pública, trazidos no *caput* do art. 37 da Constituição de 1988. Entre esses princípios encontra-se o princípio da moralidade pública, que é aquele segundo o qual o agente público deve, em seu atuar, ser honesto, íntegro e probo. O recebimento de vantagens indevidas é um ato desonesto, que fere o princípio da moralidade pública e, consequentemente, caracteriza um atuar em desacordo com o decoro parlamentar.

Por fim, configura a quebra do decoro parlamentar tudo aquilo que for **listado no regimento interno do Congresso Nacional e de suas Casas como tal**. O Regimento Interno da Câmara dos Deputados cuida do decoro parlamentar em seu artigo 244. Além disso, foi editado o Código de Ética e Decoro Parlamentar (Resolução da Câmara dos Deputados n.º 25/2001). O Regimento Interno do Senado Federal, por outro lado, limita-se a repetir, em seu artigo 32, §1º, o disposto no artigo 55, §1º da CF/88.

Questão interessante envolvendo a abrangência do decoro parlamentar é saber se ela está delimitada ao exercício da atividade parlamentar ou, ao contrário, se é extensível às demais atividades políticas e à vida pessoal do parlamentar.

Em meu entendimento, **somente** poderá haver a quebra do decoro parlamentar por **atividades ligadas ao exercício do mandato**. Isso porque a perda do mandato eletivo é uma situação excepcional em nosso sistema, devendo, portanto, ser interpretada de forma restritiva. A indevida ampliação do conceito de decoro parlamentar, em verdade, pode servir de subterfúgio para as maiorias circunstanciais perseguirem politicamente seus opositores.

D.3. Perda do mandato em razão de sentença penal condenatória transitada em julgado

A condenação criminal transitada em julgado de parlamentar federal está prevista no artigo 55, inciso VI, da CF/88 como uma das hipóteses em que Deputados Federais e Senadores **perderão o mandato**.

Contudo, O artigo 55, §2º, da CF/88 aloca essa situação nas hipóteses de **cassação** do mandato eletivo, ou seja, nas hipóteses em que é necessária decisão por maioria absoluta da respectiva Casa Legislativa para que a perda do mandato efetivamente se concretize.

Em razão dessas previsões constitucionais, o **Supremo Tribunal Federal**, em um **primeiro momento**, adotou o entendimento de que a Constituição Federal de 1988 estabeleceu um **regramento específico** para os parlamentares federais. Isso porque a norma extraível do inciso VI e do §2º, ambos do artigo 55 da CF/88, é especial em relação à norma do artigo 15, inciso III, da CF/88 c/c artigo 92 do Código Penal. Esta dispõe que a condenação criminal transitada em julgado acarreta automaticamente a perda dos direitos políticos e do mandato eletivo. Aquela, que os parlamentares federais condenados definitivamente **somente perderão os mandatos após votação da respectiva Casa Legislativa.**[83]

No julgamento da **Ação Penal n.º 470** (Caso Mensalão), o Supremo Tribunal Federal **alterou** o seu posicionamento. Por cinco votos a quatro, ficou decidido que os Deputados Federais condenados **perderiam automaticamente** os seus mandatos após o trânsito sem julgado da sentença penal condenatória, não sendo necessário submeter o pleito à Câmara dos Deputados. Determinou-se a aplicação da regra do artigo 55, §3º da CF/88 ao caso, e não a do §2º.[84]

Passado menos de um ano da decisão tomada no caso do Mensalão, quando do julgamento da **Ação Penal n.º 565**, o Supremo Tribunal Federal **voltou ao seu posicionamento originário.** Na hipótese, ficou decidido que a perda do mandato do parlamentar condenado criminalmente **não é automática**, sendo necessária a deliberação da maioria dos membros da respectiva Casa Legislativa para que o mandato seja cassado.[85] Voltou-se a aplicar a regra do artigo 55, §2º da CF/88, portanto.

Em 2017, nos julgamentos **das Ações Penais n.º 694 e 863, a Primeira Turma do Supremo Tribunal Federal** adotou um **posicionamento híbrido.**[86] Com base na proposta formulada pelo Ministro Roberto Barroso, em decisão monocrática proferida no MS 32.326[87], fez-se a distinção entre duas situações para determinar se o parlamentar federal condenado criminalmente de forma definitiva perderá automaticamente o mandato ou não:

a) Se o Deputado Federal ou Senador for **condenado a mais de 120 (cento e vinte) dias em regime fechado**, a perda do cargo é **automática**, decorrendo logicamente da condenação. Isso porque o artigo 55, inciso III, da CF/88 impõe a perda automática do mandato ao parlamentar que se ausentar à terça parte das sessões ordinária da Casa a que pertencer. O parlamentar condenado a ficar preso por mais de cento e vinte e dias no regime fechado fica materialmente impossibilitado de comparecer ao

83. STF, Tribunal Pleno, MS 21.443/DF, Rel. Min. Octavio Gallotti, j. 22.4.1992.

84. STF, Tribunal Pleno, AP 470, Rel. Min. Joaquim Barbosa, j. 17.12.2012.

85. STF, Tribunal Pleno, AP 565, Rel. Min. Cármen Lúcia, j. 8.8.2013.

86. STF, Primeira Turma, AP 694, Rel. Min. Rosa Weber, j. 2.5.2017 e STF, Primeira Turma, AP 863, Rel. Min. Edson Fachin, j. 23.5.2017.

87. STF, Decisão Monocrática, MS 32.326, Rel. Min. Roberto Barroso, j. 2.9.2013.

número mínimo de sessões ordinárias, devendo a perda do mandato ser imediata, restando à Mesa da Câmara ou do Senado tão somente declarar que houve a perda (artigo 55, §3º da CF).

b) Se o Deputado Federal ou Senador for condenado a uma **pena em regime aberto ou semiaberto**, não haverá a perda automática do mandato eletivo. Aplica-se, no caso, o disposto no artigo 55, §2º da CF/88, de modo que **caberá à respectiva Casa Legislativa deliberar**, por maioria absoluta, se cassará ou não o mandato do parlamentar condenado. A votação, conforme dispõe a EC n.º 76/2013, será aberta.

No julgamento da **Ação Penal n.º 996**, realizado em 2018, foi possível perceber que a **Segunda Turma do Supremo Tribunal Federal** continua a adotar o tradicional posicionamento de que a condenação definitiva em processo criminal do parlamentar não acarreta a perda automática do mandato, cabendo à Suprema Corte apenas comunicar, por ofício, a Casa Legislativa respectiva, que deliberará sobre a perda ou não do mandato eletivo pertencente ao Deputado Federal ou Senador condenado.

Assim, há inequívoca **divergência entre a Primeira e a Segunda Turmas do Supremo Tribunal Federal**, restando-nos aguardar por uma nova manifestação do Tribunal Pleno sobre o assunto.

D.4. Renúncia do cargo

O **§4º do artigo 55 da CF/88**, adicionado pela EC n.º 6 de 1994, prevê que a renúncia de parlamentar submetido a processo que vise ou possa levar à perda do mandato, nos termos deste artigo, terá seus efeitos suspensos até as deliberações finais de que tratam os §§ 2º e 3º.

Isso significa que, embora a renúncia do parlamentar submetido a processo que possa levá-lo à perda do mandato seja possível, ela **ficará suspensa até que seja decidido** se o parlamentar será cassado ou terá o seu mandato declarado extinto.

Caso a perda do mandato seja decretada pela respectiva Casa Legislativa, o pedido de renúncia **perderá o seu objeto** e será arquivado. Evita-se, com isso, que a renúncia se torne um meio fraudulento de o parlamentar federal impedir a configuração da inelegibilidade prevista no artigo 1º, inciso I, alínea "b", da LC n.º 64 de 1990.

D.5. Controle judicial do processo de cassação

O processo de cassação de um Deputado Federal ou Senador é eminentemente **político**. Apesar disso, deve respeitar os parâmetros constitucionais estabelecidos.

É por isso que o **Supremo Tribunal Federal somente poderá interferir** no processo de cassação em três hipóteses:

- **i.** Para assegurar o cumprimento da Constituição Federal;
- **ii.** Para proteger direitos fundamentais;
- **iii.** Para resguardar os pressupostos de funcionamento da democracia e das instituições republicanas.

Esses parâmetros foram estabelecidos pelo Supremo Tribunal Federal no caso envolvendo o ex-Deputado Federal Eduardo Cunha, que impetrou mandado de segurança requerendo, além do reconhecimento de diversas nulidades, a suspensão do processo de cassação que tramitava contra ele na Câmara dos Deputados por quebra de decoro parlamentar.

Nessa oportunidade, o Supremo Tribunal Federal adotou uma postura de **autocontenção**, pois não vislumbrou nenhuma das três hipóteses que admitem a excepcional interferência do Poder Judiciário em procedimentos legislativos[88].

I. Hipóteses em que o parlamentar não perde o mandato parlamentar

O **artigo 56 da CF/88** enumera dois casos em que o parlamentar federal não perderá o seu mandato:

- **a)** A **investidura** em cargo de Ministro de Estado, Governador de Território, Secretário de Estado, do Distrito Federal, de Território, de Prefeitura de Capital ou chefe de missão diplomática temporária (inciso I); e
- **b)** O gozo de **licença** pela respectiva Casa por motivo de doença ou para tratar, sem remuneração, de interesse particular, desde que, neste caso, o afastamento não ultrapasse cento e vinte dias por sessão legislativa (inciso II).

Caso a investidura nos cargos listados no artigo 56, inciso I, da CF/88 ou a licença prevista no artigo 56, inciso II, da CF/88 **superem cento e vinte dias**, o **suplente** será convocado para assumir o mandato (artigo 56, §1º da CF/88). Essa regra, já decidiu o Supremo Tribunal Federal, é de **reprodução obrigatória** pelas Constituições estaduais, aplicando-se, portanto, aos **deputados estaduais.**[89]

Se não houver suplente e faltarem mais de quinze meses para o término do mandato, deverá ser realizada uma **nova eleição** para preencher a vaga, nos termos do artigo 56, §2º, da CF/88.

---

88. STF, Tribunal Pleno, MS 34.327/DF, Rel. Min. Roberto Barroso, j. 8.9.2016.

89. STF, Tribunal Pleno, ADI 7.253/AC, Rel. Min. Cármen Lúcia, j. 22.5.2023.

Por fim, no caso de investidura do parlamentar federal em cargo de Ministro de Estado, Governador de Território, Secretário de Estado, do Distrito Federal, de Território, de Prefeitura de Capital ou chefe de missão diplomática temporária, o Deputado ou Senador poderá **optar pela remuneração do mandato** (artigo 56, §3º da CF/88).

7. PROCESSO LEGISLATIVO

A. Introdução

O processo legislativo é o conjunto de atos realizados pelos órgãos legislativos e órgão cooperadores com a finalidade de criação de **atos normativos primários**.

O **artigo 59 da Constituição Federal de 1988** lista quais são os atos normativos primários. Afirma o dispositivo que o processo legislativo compreende a elaboração de emendas à Constituição, leis complementares, leis ordinárias, leis delegadas, medidas provisórias, decretos legislativos e resoluções.

A elaboração, redação, alteração e consolidação desses atos normativos primários, à luz do artigo 59, parágrafo único, deve ser regulamentada por uma lei complementar federal. Em atendimento ao comando constitucional, foi editada a **LC n.º 95 de 1998**.

Caso o processo legislativo de algum dos atos normativos primários listados no artigo 59 da CF/88 não obedeça às regras esquadrinhadas no texto constitucional, haverá **vício formal**, o que acarretará na **inconstitucionalidade** do ato normativo.

Questão interessante é saber se o descumprimento de um dos preceitos trazidos pela LC n.º 95 de 1998 também tem o condão de nulificar o ato normativo elaborado.

Embora possa-se sustentar que o referido diploma é uma norma de eficácia reforçada pela Constituição e, consequentemente, faz parte do bloco de constitucionalidade, o artigo 18 da LC n.º 95/98 expressamente afastou tal conclusão ao afirmar que "eventual inexatidão formal de norma elaborada mediante processo legislativo regular não constitui escusa válida para o seu descumprimento".

Nesse sentido, o **Supremo Tribunal Federal** já decidiu que não é inconstitucional a lei que contém matéria estranha a seu objeto, pois a exigência encontra-se prevista somente na LC n.º 95/98 (artigo 7º, inciso II), nada tendo tratado a Constituição Federal sobre o assunto.[90]

90. STF, Tribunal Pleno, ADI 4627/DF e ADI 4350/DF, Rel. Min. Luiz Fux, j. 23.10.2014.

Desse modo, o **descumprimento das regras estipuladas na LC n.º 95/98 não acarreta a inconstitucionalidade** do ato normativo editado, que continuará válido e eficaz.

As regras do processo legislativo federal previstas na Constituição Federal devem ser, em virtude do **princípio da simetria**, reproduzidas nos Estados-membros, Distrito Federal e Municípios. Esse é o entendimento pacífico do Supremo Tribunal Federal, que afirma serem as regras de processo legislativo previstas na Carta Federal **normas de reprodução obrigatória** pelas constituições estaduais e leis orgânicas municipais.[91,92]

B. Leis ordinárias e leis complementares

O processo legislativo varia de acordo com o ato normativo primário a ser produzido. O mais complexo e completo é o processo para a elaboração das leis ordinárias e das leis complementares, razão pela qual o tomaremos como base.

Ele é composto de três fases, quais sejam a fase introdutória, a fase constitutiva e a fase complementar. Passemos, então, a estudá-las.

B.1. Fase introdutória (iniciativa)

I. Fase introdutória

A primeira fase do processo legislativo é composta pelas regras sobre a **iniciativa legislativa**. Aqui, busca-se responder ao seguinte questionamento: quem pode dar início ao processo de edição de uma nova lei?

Cuida-se de ato fundamental do processo legislativo, pois é por meio dele que se escolhe a matéria e os interesses que serão tutelados pela ordem jurídica *(nemo legifer, sine proponente)*.

Nessa ordem de ideias, José Afonso da Silva define o poder de iniciativa como o ato pelo qual se põe em movimento o processo legislativo. Afirma ainda o renomado autor que esse poder é exercido pela apresentação de um projeto de lei ou de decreto legislativo ao Parlamento.[93]

---

91. STF, Tribunal Pleno, ADI 1.353/RN, Rel. Min. Maurício Corrêa, j. 20.3.2003.

92. Nesse sentido, o Supremo Tribunal Federal já declarou inconstitucional regra contida em constituição estadual que previa quórum de aprovação para emendas à constituição estadual diverso dos 3/5 (três quintos) previstos no artigo 60, §2º, da CF/88. Ver: STF, Tribunal Pleno, ADI 6.453/RO, Rel. Min. Rosa Weber, j. 11.2.2022.

93. SILVA, José Afonso da. Processo constitucional de formação das leis. 3ª ed. São Paulo: Malheiros, 2017, p. 138.

I. Iniciativa concorrente

A iniciativa das leis ordinárias e das leis complementares cabe a qualquer membro ou Comissão da Câmara dos Deputados, do Senado Federal ou do Congresso Nacional, ao Presidente da República, ao Supremo Tribunal Federal, aos Tribunais Superiores, ao Procurador-Geral da República e aos cidadãos (artigo 61, *caput*, da CF/88).

A **regra**, portanto, é a **iniciativa concorrente**, também conhecida como **comum** ou **geral**, pois o poder de deflagrar o processo legislativo é conferido a mais de uma pessoa ou órgão.

Fala-se em **iniciativa parlamentar** quando a faculdade de iniciar o processo legislativo é conferida a um parlamentar, às comissões parlamentares ou às Mesas da Câmara dos Deputados ou do Senado Federal – estas são concebidas como Comissões Diretoras (artigos 14 e 109, §1º do RICD). Por outro turno, a iniciativa será **extraparlamentar** quando essa atribuição for conferida ao Presidente da República, ao Supremo Tribunal Federal, aos Tribunais Superiores, ao Procurador-Geral da República ou ao povo.

II. Iniciativa privativa

Paralelamente à iniciativa concorrente, a Constituição Federal de 1988 prevê algumas matérias em que a **iniciativa será privativa** (**exclusiva** ou **reservada**). Nesses casos, somente determinado órgão ou autoridade poderá dar início ao processo legislativo.

O artigo 61, §1º, da CF/88 prevê que são de iniciativa privativa do **Presidente da República** as leis que:

i. Fixem ou modifiquem os efetivos das Forças Armadas;

ii. Disponham sobre:

> **a)** criação de cargos, funções ou empregos públicos na administração direta e autárquica ou aumento de sua remuneração;

> **Observação**: O Supremo Tribunal Federal já declarou inconstitucional lei federal de origem parlamentar que criou conselhos de fiscalização profissional e dispôs sobre a eleição dos respectivos membros efetivos e suplentes, por violação ao disposto no artigo 61, §1º, II, a, da CF/88.[94]

94. STF, Tribunal Pleno, ADI 3.428/DF, Rel. Min. Luiz Fux, j. 1º.3.2023.

b) organização administrativa e judiciária, matéria tributária e orçamentária, serviços públicos e pessoal da administração dos Territórios;

c) servidores públicos da União e Territórios, seu regime jurídico, provimento de cargos, estabilidade e aposentadoria;

d) organização do Ministério Público e da Defensoria Pública da União, bem como normas gerais para a organização do Ministério Público e da Defensoria Pública dos Estados, do Distrito Federal e dos Territórios;

e) criação e extinção de Ministérios e órgãos da administração pública, observado o disposto no art. 84, VI; e

f) militares das Forças Armadas, seu regime jurídico, provimento de cargos, promoções, estabilidade, remuneração, reforma e transferência para a reserva.

Atenção: O **Supremo Tribunal Federal** já foi chamado a analisar a possível violação à regra da iniciativa privativa do Chefe do Poder Executivo em diversas ocasiões. Destacamos as decisões mais relevantes:

- O Supremo Tribunal Federal entende que não há, na Constituição Federal, óbice a que as Casas Legislativas editem regras gerais de funcionamento da respectiva Administração Pública, desde que se atenham à reprodução e à concretização dos parâmetros constitucionais e federais e não suprimam do Executivo a possibilidade de exercício de opção política legítima entre aquelas contidas em suas atribuições típicas. Assim, julgou constitucional lei que veda a substituição, por servidor público, de trabalhador de empresa privada em greve, ressalvada a legislação federal aplicável.[95]
- O Supremo Tribunal Federal possui firme entendimento no sentido que a mera circunstância de uma norma demandar atuação positiva do Poder Executivo, como a atribuição de um dever fiscalizatório, não a insere no rol de leis cuja iniciativa é privativa do Chefe do Executivo.[96]
- É inconstitucional – por limitar o poder de iniciativa do chefe do Poder Executivo (CF/1988, art. 61, § 1º, II, "b" c/c o art. 165, III) – lei estadual que obriga a inclusão, na lei orçamentária anual, das escolhas manifestadas pela população, em consulta direta, no que diz respeito à destinação de parcela voltada a investimentos de interesses regional e municipal.[97]

95. STF, Tribunal Pleno, ADI 1.164/DF, Rel. Min. Nunes Marques, j, 1º.4.2022.

96. STF, Tribunal Pleno, ADI 5.126/SP, Rel. Min. Gilmar Mendes, j. 17.12.2022.

97. STF, Tribunal Federal, ADI 2.037/RS, Rel. Min. Nunes Marques, j. 29.9.2023.

As **leis orçamentárias** – o Plano Plurianual, a Lei de Diretrizes Orçamentárias e a Lei Orçamentária Anual – também são de iniciativa reservada ao Presidente da República, por força do artigo 84, inciso XXIII e do artigo 165, ambos da CF/88.

Com base nisso, o **Supremo Tribunal Federal** declarou inconstitucional o artigo 120, §3º, inciso V da Constituição Estadual de Santa Catarina, com redação dada pela EC n.º 14 de 1997, que destinava obrigatoriamente da receita corrente do Estado aos programas de desenvolvimento da agricultura, pecuária e abastecimento, pois tal regra violava a iniciativa privativa conferida ao Chefe do Poder Executivo para iniciar o processo legislativo referente a leis que disponham sobre matéria orçamentária.[98]

Os **Governadores dos Estados e do Distrito Federal** e os **Prefeitos**, em razão do **princípio da simetria**, terão iniciativa reservada, nos âmbitos estadual, distrital e municipal, respectivamente, em relação às matérias listadas na Constituição Federal como de iniciativa reservada ao Chefe do Poder Executivo federal.[99] Estão **ressalvadas**, por óbvio, as matérias que são de **competência exclusiva da União**.

A **Câmara dos Deputados** e o **Senado Federal** têm iniciativa exclusiva de lei que fixe a remuneração dos cargos, empregos e funções relativos aos seus serviços (artigos 51, inciso IV e 52, inciso XIII, ambos da CF/88).

No âmbito do Poder Judiciário, a Constituição Federal confere ao **Supremo Tribunal Federal** a iniciativa reservada da lei complementar que dispõe sobre o Estatuto da Magistratura (artigo 93, *caput*).

Além disso, conferiu-se ao **Supremo Tribunal Federal**, aos **Tribunais Superiores** (STJ, TST, TSE e STM) e aos **Tribunais de Justiça** a atribuição de propor ao Poder Legislativo respectivo, respeitado o disposto no artigo 169 da CF/88, a alteração do número dos membros dos tribunais inferiores, a criação e a extinção de cargos e a remuneração dos seus serviços auxiliares e dos juízos que lhes forem vinculados, bem como a fixação do subsídio de seus membros e dos juízes, inclusive dos tribunais inferiores, onde houver; a criação ou extinção dos tribunais inferiores e a alteração da organização e da divisão judiciárias (artigo 96, inciso II, da CF/88).

Sobre o tema, o Supremo Tribunal Federal já teve a oportunidade de afirmar que Compete ao Tribunal de Justiça do Distrito Federal e dos Territórios a apresentação ao Congresso Nacional de projeto de lei sobre organização, funcionamento e provimento de **serventias extrajudiciais** no Distrito Federal por se cuidar de matéria afeta à organização judiciária.[100]

---

98. STF, Tribunal Pleno, ADI 1.759/SC, Rel. Min. Néri da Silveira, j. 12.3.1998.

99. STF, Tribunal Pleno, ADI 637, Rel. Min. Sepúlveda Pertence, j 25.8.2004.

100. STF, Tribunal Pleno, ADI 3.498, Rel. Min. Cármen Lúcia, j. 11.5.2020.

As hipóteses de iniciativa privativa são **exceções** à regra geral e, por conseguinte, devem ser **interpretadas restritivamente**.

Além disso, a iniciativa privativa é, em regra, **discricionária**. Isso quer dizer que cabe ao legitimado exclusivo escolher, mediante um juízo de conveniência e oportunidade, não só como dará início ao processo legislativo daquela determinada matéria, mas também quando.

É em razão disso que o **Supremo Tribunal Federal** entende que não pode o Poder Legislativo assinalar prazo ao Chefe do Poder Executivo para que apresente proposta de lei cuja iniciativa lhe seja privativa.[101]

Há, contudo, hipóteses em que a iniciativa privativa será **vinculada**. São os casos em que o próprio constituinte expressamente fixa uma data ou um prazo certo para que o legitimado exclusivo apresente a proposta de lei. Caso tal mandamento constitucional seja desrespeitado, haverá evidente omissão inconstitucional, atacável por meio da ação direta de inconstitucionalidade por omissão ou por mandado de injunção.

Importante questão que se coloca é saber se o **poder constituinte derivado decorrente** tem que observar regra de iniciativa privativa prevista na Constituição Federal de 1998.

Em um **primeiro momento**, a jurisprudência do **Supremo Tribunal Federal** firmou-se no sentido de que o legislador constituinte decorrente, inclusive o inicial, **não** podia dispor sobre matéria reservada à iniciativa de legitimado extraparlamentar.[102]

No entanto, recentemente houve a revisão desse entendimento. No julgamento da **ADI n.º 2.581/SP**[103] **e da ADI n.º 1.167/DF**[104]**, o Supremo Tribunal Federal fez uma diferenciação entre as disposições originárias e as disposições decorrentes de emenda constitucional às constituições estaduais.**

Afirmou-se, nessas oportunidades, que as regras de iniciativa reservada previstas na Constituição Federal de 1988 **não seriam aplicáveis às normas originárias das constituições dos estados ou da Lei Orgânica do Distrito Federal.**

Continuam, todavia, **aplicáveis ao poder derivado reformador no âmbito estadual, distrital e municipal**. Dessa maneira, as matérias restritas à iniciativa do

101. STF, Tribunal Pleno, ADI 546/DF, Rel. Min. Moreira Alves, j. 11.3.1999.

102. STF, Tribunal Pleno, ADI 282/MT-MC-MC, Rel. Min. Ilmar Galvão, j. 29.6.1992.

103. STF, Tribunal Pleno, ADI 2.581/SP, Red. p/ acórdão Min. Marco Aurélio, j. 16.8.2007.

104. STF, Tribunal Pleno, ADI 1.167/DF, Rel. Min. Dias Toffoli, j. 19.11.2014.

Poder Executivo ou de qualquer outro legitimado extraparlamentar não podem ser reguladas por emenda constitucional de origem parlamentar.[105]

Observação: É importante atentar que esse entendimento jurisprudencial **não se aplica no âmbito federal**. Como estudaremos com mais vagar ao tratarmos dos limites ao poder constituinte derivado reformador no âmbito federal, a jurisprudência da Suprema Corte firmou-se no sentido de que **as regras de iniciativa reservada não são aplicáveis às emendas à Constituição Federal**.

Por fim, resta-nos verificar se a **sanção** do projeto de lei tem o condão de convalidar defeito na iniciativa. Duas correntes disputam o tema em doutrina.

A **primeira corrente**, defendida, por exemplo, pelos professores Themístocles Brandão Cavalcanti[106] e Miguel Seabra Fagundes[107], entende que **sim**. Esses autores entendem que a vontade do titular da iniciativa pode atuar tanto no momento da iniciativa quanto no momento da sanção. Essa posição já foi adotada pelo Supremo Tribunal Federal sob a égide da Constituição de 1946, que chegou a editar o Enunciado n.º 5 de sua Súmula, que assim dispunha: "A sanção do projeto supre a falta de iniciativa do Poder Executivo".

Uma **segunda corrente**, sustentada por Manoel Gonçalves Ferreira Filho[108] e José Afonso da Silva, que revisitou seu posicionamento anterior[109], entende que **não**. Para esses autores, a gravidade do vício de inconstitucionalidade ocasionada pela violação à regra de iniciativa não pode ser colmatada pela sanção aposta pelo Chefe do Poder Executivo, pois permitir a convalidação do defeito de iniciativa significaria não só admitir a convalidação de ato absolutamente nulo, mas também a relativização da supremacia da constituição.

105. STF, Tribunal Pleno, ADI 4.284/RR, Rel. Min. Ricardo Lewandowski, j. 9.4.2015.

106. CAVALCANTI, Themístocles Brandão. Lei de aumento de vencimentos - Iniciativa do poder executivo - Sanção - Ratificação e homologação. RDA: Revista de Direito Administrativo, Rio de Janeiro, v. 72, p. 417-423, 1963.

107. FAGUNDES, Miguel Seabra. Lei - Iniciativa do poder executivo - Sanção - Delegação e usurpação de poderes. RDA: Revista de Direito Administrativo, Rio de Janeiro, v. 72, p. 423-427, 1963.

108. FERREIRA FILHO, Manoel Gonçalves. Do processo legislativo. 7ª ed. rev. e atual. São Paulo: Saraiva, 2012, p. 239-241.

109. SILVA, José Afonso da. Comentário contextual à constituição. 9ª ed. São Paulo: Malheiros, 2014, p. 456-457.

Desde a promulgação da Constituição de 1988, tem **prevalecido a segunda corrente**, tanto em doutrina quanto na jurisprudência do Supremo Tribunal Federal, que superou o Enunciado n.º 5 de sua Súmula.[110]

▶ **A questão das normas sobre organização do Ministério Público**

Embora o artigo 61, §1º, inciso II, alínea "d", da CF/88 preveja que as **leis de organização do Ministério Público da União** sejam iniciativa privativa do Presidente da República, tal disposição deve ser conciliada com o artigo 128, §5º, da CF/88, que faculta aos Procuradores-Gerais a iniciativa de lei complementar que estabeleça a organização, as atribuições e o estatuto de cada Ministério Público.

José Afonso da Silva afirma que essa situação configura hipótese de **iniciativa compartilhada**, e não concorrente, pois tal iniciativa não é conferida aos parlamentares. Ademais, o ilustre professor propõe uma diferenciação. Caso o Procurador-Geral da República tome a iniciativa antes do Presidente, prevalecerá esta, mas é possível que este apresente uma nova proposta, que se anexará à primeira e ambas tramitarão juntas. Por outro lado, se o Presidente da República tomar a iniciativa primeiro, esta prevalecerá, não se admitindo a iniciativa sobreposta do Procurador-Geral da República.[111]

A **maioria da doutrina**, no entanto, não faz essa distinção. Afirma-se que há uma **iniciativa legislativa concorrente** entre o Presidente da República e o Procurador-Geral da República para a apresentação de projeto de lei federal que disponha sobre a organização do Ministério Público da União, do Distrito Federal e dos Territórios.[112]

No âmbito dos **Ministérios Públicos estaduais**, a questão relacionada à iniciativa das normas de organização também se coloca, mas de forma um pouco diferente.

O artigo 61, §1º, inciso II, alínea "d", parte final da CF/88 prevê que é de **iniciativa privativa do Presidente da República** a lei que trate das **normas gerais** para a organização do Ministério Público dos Estados e do Distrito Federal. Com base nesse dispositivo, foi editada a Lei nº 8.625, de 12.02.1993 (Lei Orgânica Nacional

---

110. STF, Tribunal Pleno, ADI 2.867, Rel. Min. Celso de Mello, j. 3.12.2003; e STF, Tribunal Pleno, ADI 1.197, Rel. Min. Celso de Mello, j. 18.5.2017.

111. SILVA, José Afonso da. Processo constitucional de formação das leis. 3ª ed. São Paulo: Malheiros, 2017, p. 162-163.

112. MORAES, Alexandre de. Direito Constitucional, 34ª ed. São Paulo: Atlas, 2018, p. 702; LENZA, Pedro. Direito constitucional esquematizado, 22ª ed., São Paulo: Saraiva Educação, 2018, p. 683; e BRANCO, Paulo Gustavo Gonet; MENDES, Gilmar Ferreira. Curso de direito constitucional. 12ª ed. rev. e atual. São Paulo: Saraiva, 2017, p. 945.

do Ministério Público – LONMP), que veicula normas gerais de organização do Ministério Público dos Estados e estabelece o estatuto básico de seus membros, com o intuito de manter a uniformidade essencial entre os Ministérios Públicos.

Já a lei complementar que trate das **normas específicas** sobre a organização, as atribuições e o estatuto do Ministério Público estadual é de **iniciativa exclusiva do respectivo Procurador-Geral de Justiça.**[113]

Veja-se que, embora exista entendimento no sentido de que, por força do princípio da simetria, a iniciativa para iniciar o processo legislativo desta lei complementar seja concorrente entre o Governador do Estado e os Procuradores-Gerais de Justiça[114], prevaleceu no **Supremo Tribunal Federal** a tese de que compete com exclusividade ao Procurador-Geral de Justiça do Estado a iniciativa de leis complementares que disponham as atribuições do Ministério Público Estadual.[115]

Em duas outras oportunidades, o Supremo Tribunal já reafirmou o seu entendimento.

No julgamento da ADI n.º 5.281/RO, o STF declarou **formalmente inconstitucional** a emenda à Constituição do Estado de Rondônia que estabeleceu competir exclusivamente ao Procurador-Geral de Justiça a promoção de inquérito civil público e ação civil pública contra atos praticados pelo Governador do Estado, pelos Membros do Legislativo, Judiciário, Tribunal de Contas, Ministério Público e da Defensoria Pública, sob o fundamento de que **usurpada iniciativa reservada** pela Constituição da República ao Presidente da República para tratar sobre normas gerais para a organização do Ministério Público (al. d do inc. II do § 1º do art. 61 da CF/88) e versada matéria reservada a lei complementar de iniciativa do chefe do Ministério Público estadual (§ 5º do art. 128 da Constituição da República).[116]

No julgamento da ADI n. 400/ES, foi declarada inconstitucional dispositivo de constituição estadual que atribuiu iniciativa privativa ao Governador do Estado para apresentar projetos de leis que disponham sobre a organização do Ministério Público estadual. Na ocasião, fixou-se a seguinte tese: "a atribuição de iniciativa privativa ao Governador do Estado para leis que disponham sobre a organização do Ministério Público estadual contraria o modelo delineado pela Constituição Federal nos arts. 61, § 1º, II, d, e 128, § 5º."[117]

113. MORAES, Alexandre de. Direito Constitucional, 34ª ed. São Paulo: Atlas, 2018, p. 72-73.

114. LENZA, Pedro. Direito constitucional esquematizado, 22ª ed., São Paulo: Saraiva Educação, 2018, p. 683; e MAZZILLI, Hugo Nigro. O Ministério Público na Constituição de 1988. São Paulo: Saraiva, 1989, p. 72-73.

115. STF, Tribunal Pleno, ADI 4.142/RO, Rel. Min. Roberto Barroso, j. 20.12.2019.

116. STF, Tribunal Pleno, ADI 5.281/RO e ADI 5.324/RO, Rel. Min. Cármen Lúcia, j. 11.5.2021.

117. STF, Tribunal Pleno, ADI 400/ES, Red. p/ acórdão Min. Roberto Barroso, j. 20.6.2022.

III. Iniciativa popular

O artigo 14 da CF/88 prevê que a forma de governo democrática adotada no Brasil será exercida, precipuamente, por meio da escolha de representantes (democracia indireta). Contudo, institui alguns mecanismos de participação direta do povo, razão pela qual se diz que a nossa democracia é semidireta (indireta, mas com **mecanismos de participação direta**).

Entre esses mecanismos de participação direta está a previsão da **iniciativa popular**.

O artigo 61, *caput*, da CF/88 corrobora essa previsão. Este dispositivo, vimos, confere a iniciativa das leis complementares e ordinárias a qualquer membro ou Comissão da Câmara dos Deputados, do Senado Federal ou do Congresso Nacional, ao Presidente da República, ao Supremo Tribunal Federal, aos Tribunais Superiores, ao Procurador-Geral da República e aos **cidadãos**.

O **§2º do artigo 61 da CF/88**, por sua vez, regulamenta como será exercida a iniciativa popular no âmbito federal. Fá-lo nos seguintes termos: "*A iniciativa popular pode ser exercida pela apresentação à Câmara dos Deputados de projeto de lei subscrito por, no mínimo, um por cento do eleitorado nacional, distribuído pelo menos por cinco Estados, com não menos de três décimos por cento dos eleitores de cada um deles*".

Assim, não necessários **três requisitos cumulativos** para que os cidadãos deem início a processo legislativo de leis federais ordinárias ou complementares:

a) O projeto de lei deve ser subscrito por, no mínimo, **1% (um por cento)** do eleitorado nacional;

b) Esse 1% (um por cento) do eleitorado nacional deve estar distribuído por, pelo menos, **5 (cinco)** Estados-membros;

c) O projeto de lei deve ser subscrito por **0,3% (três décimos por cento)** dos eleitores de cada desses Estados-membros.

A Lei n.º 9.709/98, que regulamentou os mecanismos de participação direta previstos no artigo 14 da CF/88, tratou da iniciativa popular de maneira tímida, nos §§1º e 2º do artigo 13. O primeiro afirma que o projeto de lei de iniciativa popular deverá circunscrever-se a **um só assunto**. O segundo, que o projeto de lei de iniciativa popular **não poderá ser rejeitado por vício de forma**, cabendo à Câmara dos Deputados, por seu órgão competente, providenciar a correção de eventuais impropriedades de técnica legislativa ou de redação.

A iniciativa popular também está presente nos **âmbitos estadual**, **distrital** e **municipal**, mas com requisitos diversos daqueles previstos no modelo federal. O **artigo 27, §4º da CF/88** consigna que a lei disporá sobre a iniciativa popular no processo legislativo estadual.

Apesar de lacônico, pode-se extrair desse dispositivo uma diretriz importante: o processo legislativo estadual **necessariamente** abrigará a iniciativa popular, não havendo discricionariedade quanto a este ponto.

Duas relevantes questões, entretanto, ficaram em aberto. Quem tem a competência para editar a lei que disciplinará a iniciativa popular no âmbito estadual? Devem os Estados-membros adotar o modelo federal ou podem livremente prever os requisitos para o seu exercício?

Em resposta à primeira pergunta, Léo Ferreira Leoncy afirma que cabe ao **constituinte estadual** tal tarefa, sem embargo de posterior regulamentação da matéria pelo legislador estadual ordinário.[118] É nesse mesmo sentido o escólio de Alexandre de Moraes.[119]Foi esse o caminho trilhado pela Constituição do Estado de São Paulo, que estabelece, em seu artigo 24, §3º, as diretrizes básicas para o exercício da iniciativa popular pelos cidadãos paulistas.

Já a resposta ao segundo questionamento é o de que **não é obrigatório que os Estados-membros sigam o modelo federal** previsto no artigo 61, §2º, da CF/88, podendo livremente estabelecer quais serão os requisitos exigidos para que os seus cidadãos apresentem proposta de lei estadual ordinária ou complementar.

A jurisprudência do Supremo Tribunal Federal de que as regras básicas do processo legislativo são de reprodução obrigatória pelos demais entes federativos não se aplica à hipótese por três razões.

A uma, porque o artigo 27, §4º, da CF/88 trouxe de forma expressa regra especial sobre o tema no âmbito estadual. A duas, porque, como veremos a seguir, o modelo federal não foi repetido em relação aos Municípios, o que indica que o princípio da simetria não se aplica na hipótese. A três, os requisitos para o exercício da iniciativa popular em âmbito federal trazidas pela Constituição Federal de 1988 levam em consideração circunstâncias geográficas e populacionais específicas do território nacional, que, a toda evidência, não se reproduzem nos entes federativos regionais e locais.

No que toca à iniciativa popular na **esfera municipal**, o artigo 29, inciso XIII, da CF/88 foi mais detalhista. Ele prevê que a **lei orgânica municipal** disciplinará a iniciativa popular de projetos de lei de interesse específico do Municípios, da cidade ou de bairros, através de manifestação de, pelo menos, **5% (cinco por cento)** do eleitorado.

---

118. LEONCY, Léo Ferreira. Processo legislativo estadual: o caso da iniciativa popular. *In*: CANOTILHO, J.J. Gomes et al. Comentários à Constituição do Brasil. 1ª ed. São Paulo: Saraiva/Almedina, 2013, p. 772-773.

119. MORAES, Alexandre de. Direito Constitucional, 34ª ed. São Paulo: Atlas, 2018, 703.

Observação: O artigo 61, *caput*, da CF/88 inseriu a iniciativa popular no campo da iniciativa concorrente. Desse modo, **não se admite** a iniciativa popular **em matéria reservada à iniciativa privativa** de outros legitimados.

Observação: O sistema constitucional brasileiro admite a **iniciativa popular para proposta de emenda à Constituição?**

Analisaremos com maior detalhamento essa questão a seguir, quando tratarmos do processo legislativo especial das propostas de emenda à constituição.

Contudo, desde já é importante consignar que prevalece o entendimento de que a iniciativa popular **não é admitida nas propostas de emenda à Constituição Federal**, uma vez que o artigo 60, *caput*, da CF/88 quedou-se silente quanto a essa possibilidade.

Já no **âmbito estadual**, o Supremo Tribunal Federal, no julgamento da ADI 825/AP, entendeu que **não há impedimento para que as Constituições Estaduais prevejam** a possibilidade de iniciativa popular de emenda à constituição.[120]

IV. Iniciativa conjunta

A iniciativa conjunta é aquela em que **dois ou mais legitimados, juntos,** devem apresentar o projeto de lei.

Difere, portanto, da iniciativa concorrente, uma vez que nesta, embora a Constituição preveja mais de um legitimado, cada um deles poderá, sozinho, deflagrar o processo legislativo.

A Emenda Constitucional n.º 19 de 1998, ao acrescentar o inciso XV ao artigo 48 da CF/88, que previa que a lei que fixa o subsídio dos Ministros do Supremo Tribunal Federal seria de iniciativa conjunta dos Presidentes da República, da Câmara dos Deputados, do Senado Federal e do Supremo Tribunal Federal, estabeleceu em nosso sistema constitucional uma hipótese de iniciativa conjunta de lei.

Todavia, esse dispositivo foi revogado pela Emenda Constitucional n.º 41 de 2003, de modo que a iniciativa da lei que fixa o subsídio dos Ministros do Supremo Tribunal Federal voltou a ser exclusiva do Presidente do Supremo Tribunal Federal.

120. STF, Tribunal Pleno, ADI 825/AP, Rel. Min. Alexandre de Moraes, j. 25.10.2018.

Assim, **não há mais** em nosso texto constitucional previsão de iniciativa conjunta.

V. Formalização da iniciativa

O **instrumento formal** por meio do qual o titular da iniciativa legislativa dá início ao processo legislativo e escolhe as matérias e interesses a serem regulamentados por lei é o **projeto de lei.**

O **destinatário** do projeto de lei será a Casa Legislativa em que a fase constitutiva deva iniciar-se. A **regra** é que Casa iniciadora seja a **Câmara dos Deputados**, posto que o artigo 64, *caput*, da CF/88 dispõe que a fase constitutiva dos projetos de lei de iniciativa do Presidente da República, do Supremo Tribunal Federal e dos Tribunais Superiores terão início na Câmara dos Deputados.

Embora o texto constitucional não o tenha dito, os projetos de leis apresentados pelos Deputados Federais, pelas comissões parlamentares da Câmara dos Deputados ou pelo Procurador-Geral da República também se iniciarão na Câmara dos Deputados.

O **Senado Federal** somente funcionará como Casa iniciadora nos projetos de leis apresentados por **seus membros ou por suas comissões.**

Apresentado o projeto de lei, o Presidente da Mesa da Casa iniciadora realizará um **controle da validade** da iniciativa legislativa (artigos 137, §1º do RICD e 48, incisos XI e XII do RISF). Nesse momento, verificará se:

a) quem apresentou o projeto de lei possui legitimidade para tanto (regras de iniciativa);

b) a Casa na qual foi o projeto de lei foi apresentado é competente material e formalmente;

c) o projeto de lei é constitucionalmente possível, isto é, se ele está de acordo com as proposições constitucionais – o projeto somente será recusado nesse momento se a inconstitucionalidade for flagrante; e

d) o projeto de lei está em conformidade com as regras formais estabelecidas no Regimento Interno.

Caso verifique alguma dessas irregularidades, o projeto de lei **será devolvido ao seu autor**. Dessa decisão, cabe **recurso** ao Plenário, no prazo de cinco sessões da publicação do despacho, ouvindo-se a Comissão de Constituição e Justiça e de Cidadania, em igual prazo. Caso seja provido o recurso, a proposição voltará à Presidência para o devido trâmite (artigos 137, §2º do RICD e 48, incisos XI do RISF).

Em alguns casos, o Presidente da Casa iniciadora poderá determinar que a irregularidade seja sanada, sob de pena do não envio do projeto de lei às Comissões (artigo 112 RICD).

Recebido o projeto de lei, dar-se-á início à fase constitutiva. Passamos, pois, a estudá-la.

B.2. Fase constitutiva

A segunda fase do processo legislativo é a fase constitutiva. Nela, há a **deliberação parlamentar** (**discussão** e **votação**) e a **deliberação executiva** (**sanção** ou **veto**) sobre da matéria apresentada pelo titular da iniciativa legislativa.

I. Deliberação parlamentar

I.1. Parecer das Comissões

Apresentado e recebido o projeto de lei, ele será remetido às **Comissões da Casa iniciadora**.

Primeiro, o projeto é apreciado pelas **Comissões temáticas** que tenham relação com a matéria a qual se busca regulamentar. Na sequência, se o projeto de lei envolver aspectos financeiros ou orçamentários, ele será analisado pela **Comissão de Finanças e Tributação**, que fará um exame de compatibilidade e adequação com as leis orçamentárias. Por fim, o projeto passa pela **Comissão de Constituição e Justiça e de Cidadania,** para o exame dos aspectos de constitucionalidade, legalidade, juridicidade, regimentalidade e de técnica legislativa (artigo 53 do RICD).

Nos casos em que o projeto de lei versar sobre matéria em que mais de três Comissões devam se pronunciar sobre o mérito, poderá ser constituída uma **Comissão Especial** por iniciativa do Presidente da Câmara, ou a requerimento de Líder ou de Presidente de Comissão interessada, que emitirá seu parecer por último.

As Comissões, em regra, discutem e emitem **pareces opinativos** sobre o projeto de lei, encaminhando o projeto de lei ao Plenário.

Excepcionalmente, serão **terminativos** os pareces: i) da **Comissão de Constituição e Justiça e de Cidadania**, quando esta entenda que o projeto de lei apresenta vício de inconstitucionalidade; ii) da **Comissão de Finanças e Tributação**, quando esta entenda que o projeto de lei está em desacordo com as leis orçamentárias; e iii) da **Comissão Especial**, acerca de ambas as preliminares (artigo 54 do RICD).

O **artigo 58, §2º, inciso I, da CF/88** admite que as Comissões não só discutam e emitam pareceres sobre os projetos de lei, mas **também o aprovem**, desde que o Regimento Interno dispense a competência do Plenário. Nesse caso, se houver **recurso de um décimo dos membros da Casa Legislativa**, o projeto será encaminhado à discussão e votação pelo plenário.

I.2. Discussão e votação nas Casas Legislativas

Chegando o projeto de lei ao **plenário**, ele será **discutido e votado.**

Tratando-se de **lei ordinária**, o projeto será **aprovado** pelo voto da **maioria simples** dos membros da Casa Legislativa, desde que **presente a maioria absoluta** de seus membros (artigo 47 da CF/88).

Temos, portanto:

a) **Quórum de deliberação**: é o número necessário de parlamentares presentes para que a matéria seja posta em votação. Ele é atingido quando estão presentes na sessão a maioria absoluta dos membros da respectiva Casa Legislativa. Isso significa que devem comparecer parlamentares em **número igual ao primeiro número inteiro superior à metade da totalidade dos membros** da respectiva Casa Legislativa – no caso da Câmara dos Deputados, 257 (duzentos e cinquenta e sete) Deputados Federais, e no caso do Senado Federal, 41 (quarenta e um) Senadores.

b) **Quórum de aprovação**: é o número de votos necessários para que a proposição seja considerada aprovada. Para as leis ordinárias, vimos, é necessária a aprovação da maioria simples. Exige-se, por conseguinte, que o **número de votos favoráveis seja superior ao número de votos contrários, descartando-se os votos em branco ou as abstenções** (artigo 183, §2º do RICD). Veja-se que, embora grande parte da doutrina afirme o contrário, a base de cálculo não é o número de presentes, mas o número de parlamentares que **efetivamente votaram.**[121-122] Exemplifica-se: se em uma sessão da Câmara dos Deputados para a votação de um projeto de lei ordinária estejam presentes 257 (duzentos e cinquenta e sete) Deputados Federais, mas 252 (duzentos e cinquenta e dois) se abstiverem, serão necessários somente 3 (três) votos favoráveis para a aprovação do projeto de lei.

A única diferença entre o processo legislativo das leis ordinárias e das leis complementares reside justamente no momento da votação. No caso das **leis complementares**, o quórum de aprovação exigido pelo artigo 69 da CF/88 é o de **maioria absoluta**. Isso significa que serão necessários os votos favoráveis em **número igual ao primeiro número inteiro superior à metade da totalidade dos membros** da respectiva Casa Legislativa, ainda que todos não tenham votado.

---

121. Nesse sentido, AMARAL JÚNIOR, José Levi Mello do; FERREIRA FILHO, Manoel Gonçalves. Quórum para deliberação e maioria de aprovação. *In*: CANOTILHO, J.J. Gomes et al. Comentários à Constituição do Brasil. 1ª ed. São Paulo: Saraiva/Almedina, 2013, p. 1.000.

122. STF, Tribunal Pleno, MS 20.452/DF, Rel. Min. Aldair Passarinho, j. 7.11.1982 (ver voto do Ministro Moreira Alves).

Além dessa diferença formal, as leis ordinárias e as leis complementares **distinguem-se** quanto as **matérias** que cada uma delas pode regulamentar. Somente poderão ser objeto de lei complementar as matérias elencadas de maneira taxativa pela Constituição Federal, restando às leis ordinárias todas as demais.

Nesse ponto, o **Supremo Tribunal Federal** já decidiu que as constituições estaduais não podem ampliar as matérias que são objeto de reserva de lei complementar. Isso porque não é dado ao constituinte derivado decorrente alterar o arranjo democrático-representativo desenhado pela Constituição Federal por meio da criação outras hipóteses em que se exige lei complementar.[123]

Antes de prosseguirmos na análise do processo legislativo das leis ordinárias e complementares, faz-se necessário analisar uma intrigante questão: existe **hierarquia** entre as leis complementares e as leis ordinárias?

Parcela da doutrina, destacadamente os professores Manoel Gonçalves Ferreira Filho[124] e Alexandre de Moraes[125], afirma que as leis complementares encontram-se posicionadas, em uma escala hierárquica, entre a constituição e as leis ordinárias. Para esses autores, tal conclusão decorre da exigência de um quórum mais qualificado para a sua aprovação, o que denota a necessidade de uma maior ponderação para o seu estabelecimento. Desse modo, a lei ordinária está sujeita à lei complementar, sendo inválida naquilo que a contradisser.

Contudo, **prevalece** na doutrina e na jurisprudência do Supremo Tribunal Federal[126] o entendimento de Michel Temer, que afirma que **não há hierarquia alguma entre a lei complementar e a lei ordinária**, mas sim âmbitos materiais diversos atribuídos pela Constituição a cada qual dessas espécies normativas.[127]

Isso porque o artigo 59 da CF/88 lista tanto as leis ordinárias quanto as leis complementares como espécies normativas primárias, de modo que ambas haurem suas validades diretamente da Constituição. Ora, se ambas buscam sua validade diretamente do Texto Maior, ambas estão exatamente no patamar hierárquico.

Assim, se uma lei ordinária tratar de matéria constitucionalmente reservada à lei complementar, ela será declarada **inconstitucional** não porque está em desacordo com a lei complementar, mas sim porque não respeitou o mandamento

123. STF, Tribunal Pleno, ADI 5.003/SC, Rel. Min. Luiz Fux, j. 5.12.2019.

124. FERREIRA FILHO, Manoel Gonçalves. Do processo legislativo. 7ª ed. rev. e atual. São Paulo: Saraiva, 2012, p. 270-271.

125. MORAES, Alexandre de. Direito Constitucional, 34ª ed. São Paulo: Atlas, 2018, p. 720-722.

126. STF, Tribunal Pleno, EDv no AgR no RE 509.300/MG, Rel. Min. Gilmar Mendes, j. 17.3.2016.

127. TEMER, Michel. Elementos de direitos constitucional. 22ª ed., 2ª tiragem. São Paulo: Malheiros, 2008, p. 150.

constitucional que expressamente exigiu o quórum de maioria absoluta para a regulamentação daquela matéria.

Por outro lado, se uma lei complementar tratar de matéria que caberia à lei ordinária, ela existirá, será **válida e eficaz**. Com efeito, o quórum de maioria simples exigido pela Constituição foi respeitado e até superado no curso da aprovação. Contudo, a sua alteração ou revogação não dependerá do quórum qualificado previsto no artigo 69 da CF/88, podendo ser feita por meio de lei ordinária, uma vez que não pode o legislador ampliar o rol de matérias reservadas à lei complementar.[128]

Feita essa breve digressão, voltemos ao processo legislativo das leis ordinárias e das leis complementares.

Aprovado o projeto de lei na Casa iniciadora, ele será **remetido à Casa revisora** (artigo 65 da CF/88). Nela, ele passará por todos as etapas que listamos acima: será analisado pelas Comissões e, após, remetido ao plenário para discussão e votação.

Se o projeto for **rejeitado** em qualquer uma das Casas, encerra-se o processo legislativo. O **artigo 67 da CF/88** estabelece que a matéria constante de projeto de lei rejeitado somente poderá constituir objeto de novo projeto, na mesma sessão legislativa, mediante proposta da maioria absoluta dos membros de qualquer das Casas do Congresso Nacional.

Se houver **alteração** do projeto de lei pela Casa revisora, ele **deverá retornar à Casa iniciadora** (artigo 65, parágrafo único, da CF/88). Nela, as modificações, e somente elas, passarão novamente pelas Comissões pertinentes e por deliberação e votação do Plenário.

O **Supremo Tribunal Federal** possui entendimento de que se as **alterações** promovidas pela Casa revisora forem meramente **redacionais** e não alterarem o conteúdo do projeto de lei, **não será necessário o seu retorno** à Casa iniciadora.[129]

Em respeito ao princípio do bicameralismo, não poderá a Casa iniciadora modificar novamente o projeto de lei, estando **vedada**, portanto, a **subemenda**. Deverá, por conseguinte, tão somente aprovar ou rejeitar as alterações feitas pela Casa revisora. É possível que algumas alterações sejam aprovadas e outras não, salvo se a emenda não for suscetível de divisão.

Aprovadas ou não as modificações feitas pela Casa revisora, o projeto será **remetido ao Chefe do Poder Executivo** para sanção ou veto. Veja-se que em nosso sistema constitucional há uma **predominância da Casa iniciadora sobre a Casa**

---

128. STF, Primeira Turma, RE 419.629/DF, Rel. Min. Sepúlveda Pertence, j. 23.5.2006.

129. STF, Tribunal Pleno, ADI 2.666/DF, Rel. Min. Ellen Gracie, j. 3.10.2002.

revisora, de modo a evitar que o processo legislativo se torne uma interminável repetição de idas e vindas de uma Casa Legislativa para a outra.[130]

> **Atenção**: O Supremo Tribunal Federal já decidiu que a tramitação de projeto de lei por meio de **sistema de deliberação remota**, durante a pandemia de COVID-19, **não viola as normas do processo legislativo**. Isso porque o fato de as sessões deliberativas do Senado Federal e da Câmara dos Deputados terem acontecido por meio virtual não afasta a participação e o acompanhamento da população em geral. Ambas as Casas Legislativas fornecem meios de comunicação de amplo e fácil acesso, em tempo real, em relação ao exercício da atividade legislativa. Ademais, a circunstância de se estar diante de uma pandemia, cujo vírus se revelou altamente contagioso, justifica a prudente opção do Congresso Nacional em prosseguir com suas atividades por meio eletrônico.[131]

I.3. Emendas parlamentares

As emendas parlamentares, conceitua o artigo 118 do RICD, são as **proposições apresentadas como acessórias de outra, chamada principal**.

Proposição é toda a matéria sujeita a deliberação na Câmara dos Deputados ou no Senado Federal. É gênero, dos quais são espécies: a proposta de emenda à Constituição, os projetos de lei, as emendas parlamentares, as indicações, os requerimentos, os recursos, os pareceres e as propostas de fiscalização e controle.

São consideradas **proposições principais**: as propostas de emenda à Constituição; os projetos de lei ordinária; os projetos de lei complementar; os projetos de decreto legislativo, com indicação da Casa de origem; e os projetos de resolução (artigo 138, inciso I, alíneas "a" a "e", do RICD).

Logo, as emendas são as matérias sujeitas a deliberação na Câmara dos Deputados ou no Senado Federal apresentadas como acessórias às propostas de emenda à Constituição, aos projetos de lei ordinária ou complementar, aos projetos de decreto legislativo e aos projetos de resolução.

O direito de apresentar emendas é de **titularidade exclusiva dos parlamentares**, de modo que as emendas podem ser apresentadas pelos Deputados Federais, Senadores ou pelas Comissões Parlamentares.

As emendas devem ser apresentadas no curso da a **discussão do projeto de lei**. Por se tratar de proposições acessórias, o processo legislativo deve ter se

130. STF, Tribunal Pleno, ADI 2.182/DF-MC, Rel. Min. Maurício Corrêa, j. 31.5.2000.

131. STF, Tribunal Pleno, ADI 6.442/DF, ADI 6.447/DF, ADI 6.450/DF e ADI 6.525/DF, Rel. Min. Alexandre de Moraes, j.13.3.2021.

iniciado, por meio da apresentação do projeto de lei feito pelo titular do poder de iniciativa. Com o início da votação, finda o poder de apresentar emendas.

As emendas podem ser **classificadas** em (artigo 118, §§1º a 6º, do RICD):

a) **Supressiva**: é aquela que manda erradicar qualquer parte de outra proposição;
b) **Aglutinativa**: é a que resulta da fusão de outras emendas, ou destas com o texto, por transação tendente à aproximação dos respectivos objetos.
c) **Substitutiva**: é a apresentada como sucedânea a parte de outra proposição, denominando-se "substitutivo" quando a alterar, substancial ou formalmente, em seu conjunto; considera-se formal a alteração que vise exclusivamente ao aperfeiçoamento da técnica legislativa.
d) **Modificativa**: é a que altera a proposição sem a modificar substancialmente.
e) **Aditiva**: é a que se acrescenta a outra proposição.

Temos ainda as chamadas **subemendas**, nome dado às emendas apresentadas a outra, e as **emendas concorrentes**, que são assim chamadas quando duas ou mais emendas apresentam o mesmo conteúdo, embora possam estar vazadas em termos diferentes.

Questão que se coloca quando tratamos das emendas parlamentares é se é possível ou não a formulação de **emendas parlamentares** a projeto de lei apresentado por legitimado extraparlamentar exclusivo.

Neste ponto, duas linhas de raciocínio podem ser feitas. A primeira delas enxerga o poder de emenda como um **corolário do poder de iniciativa**, o que leva necessariamente à conclusão que somente o detentor do poder principal – poder de iniciativa – poderia exercer o poder secundário – o poder de emenda. Assim, estariam vedadas as emendas parlamentares aos projetos de lei cuja iniciativa seja reservada a legitimado extraparlamentar.

A segunda linha de raciocínio admite emendas parlamentares aos projetos de lei de iniciativa exclusiva de legitimados extraparlamentares. Para essa corrente, o **poder de emenda não é um desdobramento do poder de iniciativa**. Isso porque o ato de iniciativa legislativa, embora dê início ao processo legislativo e delimite o seu objeto, não é ato legislativo, diferentemente do poder de emenda, que tem natureza elaborativa de lei. Assim, cuidam-se de duas coisas distintas, não decorrendo uma da outra.

A Constituição de 1988 chancelou o segundo entendimento, **admitindo as emendas parlamentares aos projetos de lei de iniciativa reservada**. Extrai-se tal afirmativa de uma interpretação a contrário senso do artigo 63 da CF/88. Este dispositivo prevê que somente estão vedadas as emendas parlamentares aos projetos de iniciativa exclusiva do Presidente da República que acarretem aumento de despesa, ressalvadas as emendas aos projetos de leis orçamentárias, que estão disciplinadas nos §§ 3º e 4º da CF/88.

Não é outro o entendimento do **Supremo Tribunal Federal**, que além do requisito previsto no artigo 63, inciso I, da CF/88, inclui um segundo: a emenda parlamentar deve **guardar pertinência temática com o projeto original**.[132]

Assim, combinando a previsão constitucional com a jurisprudência do Supremo Tribunal Federal temos que é **cabível emenda parlamentar a projeto de lei de inciativa exclusiva de legitimado extraparlamentar**. Devem, no entanto, ser respeitados os seguintes limites:

i) A emenda parlamentar deve guardar estreita **pertinência temática** com o objeto do projeto encaminhado pelo titular do poder de iniciativa exclusiva;

ii) A emenda parlamentar **não deve provocar aumento de despesa ao projeto original**, salvo nos projetos de lei orçamentária, que poderão gerar um aumento de despesas, desde que respeitadas as diretrizes do artigo 166, §§3º e 4º da CF.

> **Observação**: Como vimos, prevalece o entendimento de que o poder de emenda, de titularidade exclusiva dos parlamentares, não decorre do poder de iniciativa, que é mais amplo, atingindo órgãos e autoridades extraparlamentares. No entanto, é dado ao titular da iniciativa de lei encaminhar **mensagem aditiva** ao projeto de lei que por ele foi remetido ao Congresso Nacional. Por meio dela não se poderá pretender suprimir ou substituir dispositivos, mas **somente acrescentar dispositivos** na proposição original. Ademais, ela somente poderá ser apresentada na Casa iniciadora – que no caso de proposta de lei de iniciativa extraparlamentar será sempre a Câmara dos Deputados.[133]

Outra questão controversa que envolve a imbricada relação entre o poder de emenda e o poder de iniciativa é saber se é possível que os parlamentares apresentem **emendas a projetos de lei de iniciativa popular**.

Há vozes na doutrina que sustentam ser vedado o manejo de emenda parlamentar em projetos de lei de iniciativa popular uma vez que ela se traduz em exercício direto da soberania pelo povo, que é seu titular. Assim, não seria dado

132. STF, Tribunal Pleno, ADI 546, Rel. Min. Moreira Alves, j. 11.3.1999.

133. Nesse sentido, SILVA, José Afonso da. Processo constitucional de formação das leis. 3ª ed. São Paulo: Malheiros, 2017, p. 198-199.

aos parlamentares – que exercem a soberania de forma delegada, representando o povo – imiscuírem-se nesses projetos de lei, alterando-os.

Não é esse, contudo, o entendimento que deve prevalecer.

A Constituição Federal de 1988 e a legislação infraconstitucional que tratam sobre o tema não trouxeram proibição à formulação de emendas parlamentares aos projetos de lei de iniciativa popular.

De fato, não há diferenças relevantes nas regras do processo legislativo somente porque ele foi iniciado pelos cidadãos. Assim, é **plenamente possível que os parlamentares** – que também exercem soberania popular, ainda que de maneira representativa e não direta – **apresentem emendas a projetos de iniciativa popular**.

Todavia, assim como ocorre nos projetos de lei de iniciativa exclusiva extraparlamentar, o exercício do direito de emenda nos projetos de lei de iniciativa popular não é absoluto e sofre limitação.

Nesse caso, as emendas parlamentares **devem guardar pertinência temática com a proposição original**. Foi esse o entendimento adotado no julgamento da **Medida Cautelar no MS n.º 34.530/DF** pelo Ministro Luiz Fux. Em decisão monocrática, afirmou o ilustre professor que o projeto de lei de iniciativa popular deve ser debatido na sua essência, interditando-se emendas e substitutivos que desfigurem a proposta original para simular apoio público a um texto essencialmente distinto do subscrito por milhões de eleitores.[134]

I.4. Regime de urgência constitucional

A Constituição Federal de 1988 não fixou prazos para que o Poder Legislativo discuta e vote os projetos de lei. Os Regimentos Internos da Câmara dos Deputados e do Senado Federal o fizeram. Todavia esses prazos são impróprios, de modo que a sua inobservância não acarreta preclusão temporal.

Ciente disso, o constituinte estabeleceu o chamado **regime de urgência constitucional** ou **processo legislativo sumário**. Nele, o Presidente da República poderá solicitar urgência para apreciação de projetos de sua iniciativa – seja ela exclusiva ou concorrente (**artigo 64, §1º da CF/88**). Caso o faça, a própria Constituição prevê prazos preclusivos e a respectiva sanção se houver o seu descumprimento.

Destaque-se que a adoção do rito de urgência em proposições legislativas é prerrogativa atribuída ao Poder Legislativo, cuidando-se de **verdadeira questão**

134. STF, Decisão Monocrática, MC no MS 34.530/DF, Rel. Min. Luiz Fux, j. 14.12.2016.

interna corporis. Desse modo, o **Poder Judiciário não poderá interferir** nessa matéria, sob pena de violação ao princípio de separação dos poderes.[135]

Solicitado o regime urgência, cada uma das Casas Legislativas terá, sucessivamente, **45 (quarenta e cinco) dias** para discutir e votar o projeto de lei, incluída a apreciação por suas Comissões (artigo 64, §2º da CF/88). Se o projeto for emendado pela Casa revisora (Senado Federal), a Câmara dos Deputados terá **10 (dez) dias** para apreciar essa emenda (artigo 64, §3º da CF/88).

Assim, solicitado o regime de urgência, o processo legislativo durará no máximo **100 (cem dias)** – soma dos quarenta e cinco dias para cada uma das Casas, mais dez para apreciação de emendas.

Descumpridos esses prazos, **sobrestar-se-ão todas as demais deliberações legislativas** da respectiva Casa até que se ultime a votação, com **exceção das que tenham prazo constitucional determinado**.

Por expressa previsão constitucional, os prazos do regime de urgência constitucional **não correm nos períodos de recesso** do Congresso Nacional, **nem se aplicam aos projetos de código** (artigo 64, §4º da CF/88).

> **Observação**: O regime de urgência constitucional não se confunde com o regime de **urgência urgentíssima** previsto no Regimento Interno da Câmara dos Deputados e no Regimento Interno do Senado Federal. Neste regime, dispensam-se formalidades e prazos regimentais, incluindo-se automaticamente da matéria na ordem do dia (artigos 153 a 157 do RICD e artigo 336 do RISF). O Supremo Tribunal Federal já decidiu que o regime de urgência urgentíssima é constitucional, não cabendo ao Poder Judiciário intervir em matéria *interna corporis* do Poder Legislativo.[136]

II. *Deliberação executiva*

Após finda a deliberação parlamentar, o projeto de lei será encaminhado em autógrafos – reprodução da redação final aprovada – ao **Chefe do Poder Executivo**, que o sancionará ou o vetará.

II.1. Sanção

Caso o Chefe do Poder Executivo **aquiesça** com o projeto de lei, ele o sancionará. A **sanção** é o ato legislativo atribuído ao Chefe do Poder Executivo pelo

---

135. STF, Tribunal Pleno, ADPF 971/SP, ADPF 987/SP e ADPF 992/SP, Rel. Min. Gilmar Mendes, j. 25.5.2023.

136. STF, Tribunal Pleno, ADI 6.968/DF, Rel. Min. Edson Fachin, j. 20.4.2022.

qual este manifestará a sua aquiescência aos projetos de leis aprovados pelo Poder Legislativo.

O **prazo** para que o Presidente da República, o Governador do Estado ou o Prefeito se manifestem sobre o projeto de lei que lhes foi remetido é de **15 (quinze) dias úteis**.

Passados quinze dias úteis sem a manifestação expressa do Chefe do Poder Executivo, o artigo 66, §3º, da CF/88 consigna que se considerará o projeto de lei sancionado.

Há, portanto, **duas espécies** de sanção: a **sanção expressa**, que é aquela em que o Chefe do Poder Executivo deliberadamente manifesta a sua concordância com o projeto de lei; e a **sanção tácita**, que é aquela em que, transcorrido o prazo de 15 (quinze) dias do recebimento dos autógrafos do projeto de lei aprovado, o Chefe do Poder Executivo silencia.

Como já estudamos, a sanção **não tem o condão de convalidar** eventual vício de iniciativa do projeto de lei de iniciativa reservada ao Chefe do Poder Executivo. Isso porque desrespeitada a regra constitucional, o ato normativo será nulo e a nulidade absoluta é vício que não pode ser convalidado.

Outro ponto relevante sobre os projetos de lei de iniciativa exclusiva do Chefe do Poder Executivo é que, ainda que eles não tenham sido objeto de emenda durante o processo legislativo, **poderá** o autor da proposição **vetá-lo**. Não estão, portanto, o Presidente da República, o Governador do Estado ou o Prefeito vinculados à sua manifestação originária.

A sanção é **irretratável**: uma vez sancionado o projeto, não poderá o Chefe do Poder Executivo voltar atrás. Somente com a revogação da lei é que ela poderá ser retirada a lei do mundo jurídico.[137]

> **Observação**: É com a **sanção** ou com a **rejeição do veto**, e não com a promulgação, que o projeto de lei se transforma em **lei**. Tal conclusão é extraída do texto constitucional: O artigo 66, *caput*, da CF/88 dispõe que a Casa na qual tenha sido concluída a votação enviará o projeto de lei ao Presidente da República, ao passo que o artigo 66, §7º, da CF/88 afirma que é a lei, e não o projeto de lei, que será promulgada.

II.2. Veto

Em caso de **discordância**, o Chefe do Poder Executivo poderá **vetar**, total ou parcialmente, o projeto de lei. Pode-se conceituar o veto como o ato legislativo em

137. Ver STF, Tribunal Pleno, ADPF 714/DF, ADPF 715/DF e ADPF 718/DF, Rel. Min. Gilmar Mendes, j. 13.2.2021.

que o Chefe do Poder Executivo devolve ao Poder Legislativo o projeto de lei que entenda ser inconstitucional ou inconveniente aos interesses nacionais. Alguns autores referem-se a ele como uma **sanção negativa**.

O Chefe do Poder Executivo terá **15 (quinze) dias úteis** para tanto, pois, como estudamos, o transcurso desse prazo sem manifestação expressa acarreta na sanção tácita do projeto (artigo 66, §1º, da CF/88).

Alexandre de Moraes ensina que a contagem do prazo de 15 (quinze) dias para a deliberação executiva é feita da seguinte forma: **exclui-se o dia inicial – data do recebimento – e inclui-se o dia do término.**[138] Quanto às suas razões, o veto pode ser classificado em: i) **veto jurídico**, que é aquele em que em que o Chefe do Poder Executivo discorda do projeto de lei aprovado pelo Poder Legislativo por considerá-lo inconstitucional; e ii) **veto político**, que é aquele em que o Chefe do Poder Executivo veta o projeto de lei por considerá-lo contrário ao interesse público.

O Supremo Tribunal Federal possui firme entendimento no sentido de que, qualquer que tenha sido a razão – jurídica ou política – que tenha levado ao Chefe do Poder Executivo a vetar o projeto de lei, o veto é **insuscetível de controle jurisdicional**, por se tratar de ato político reservado à esfera de independência do Poder Executivo.[139]

Quanto à extensão, o veto pode ser **total**, quando todo o projeto é rejeitado pelo Chefe do Poder Executivo, ou **parcial**, quando somente uma parte do projeto for recusada.

Em relação ao veto parcial, é importante atentar-se ao disposto no artigo 66, §2º, da CF/88, que afirma: "*O veto parcial somente abrangerá texto integral de artigo, de parágrafo, de inciso ou de alínea*". **Não é possível**, desse modo, o **veto de palavras**, pois isso poderia acarretar na alteração abusiva do significado do texto.

São **características** do veto:

a) **Expresso**: o veto é fruto da expressa manifestação do Chefe do Poder Executivo, não existindo veto tácito. Passados 15 (quinze) dias do recebimento do projeto de lei sem manifestação do mandatário maior do Poder Executivo, considera-se o projeto de lei sancionado.

b) **Motivado**: o veto há de ser necessariamente motivado. Isso se impõe para que o Poder Legislativo possa conhecer e analisar as razões que levaram ao Chefe do Poder Executivo vetar o projeto de lei. O **veto sem motivação é inexistente**.

---

138. MORAES, Alexandre de. Direito Constitucional, 34ª ed. São Paulo: Atlas, 2018, p. 710.

139. STF, Tribunal Pleno, ADPF 1/RJ-QO, Rel. Min. Néri da Silveira, j. 3.2.2000.

c) **Escrito ou formal**: como decorrência lógica da característica anterior, o veto e as suas razões devem ser sempre escritos.
d) **Supressivo**: o veto não pode adicionar ou alterar o projeto de lei, limitando-se tão somente à exclusão de artigo, parágrafo, inciso ou alínea.
e) **Relativo**: em nosso sistema constitucional, o veto não importa na rejeição definitiva do projeto, mas sim na suspensão da transformação do projeto de lei, ou parte dele, em lei. Isso porque, como veremos a seguir, o Poder Legislativo poderá, pelo voto da maioria absoluta de seus membros, derrubá-lo e aprovar o projeto de lei mesmo assim. Não adotamos, portanto, a figura do **veto absoluto (*pocket veto*)**, que é aquele no qual uma vez vetado o projeto de lei, o processo legislativo encerra-se definitivamente.
f) **Irretratável**: assim como ocorre com a sanção, o veto é irretratável. Uma vez lançado, não poderá o mandatário máximo do Poder Executivo arrepender-se, restando ao Poder Legislativo, pelo voto da maioria dos seus membros, derrubá-lo.[140]

Reafirmando as características do veto, o STF possui o entendimento de que o prazo de 15 (quinze) dias para que o Chefe do Poder Executivo vete o projeto de lei é peremptório, ou seja, escoado o prazo, o projeto de lei é automaticamente sancionado, ainda que o veto tenha sido publicado apenas um dia após findo o prazo e confirmado pelo Poder Legislativo.[141]

A principal consequência do veto é a suspensão da transformação do projeto de lei em lei. Aposto o veto, o Chefe de Poder Executivo tem que **comunicar a sua decisão e os motivos que a embasaram ao Presidente do Senado Federal em 48h** (quarenta e oito horas).

O Poder Legislativo terá, então, **30 (trinta) dias** do recebimento da comunicação para apreciar o veto. No âmbito federal, essa deliberação se dará em **sessão conjunta**, sendo necessário o voto da **maioria absoluta** dos Deputados Federais e dos Senadores para a sua derrubada.

Veja-se que o artigo 66, §4º, da CF/88 fala em "maioria absoluta dos deputados e senadores", razão pela qual, ainda que se trate de sessão conjunta, deverão ser **computados separadamente os votos entre os Deputados Federais e os Senadores**. Desse modo, a derrubada do veto exige que se afira a maioria absoluta (primeiro número inteiro após a metade do número de membros) em relação aos membros de cada uma das Casas Legislativas.

140. STF, Tribunal Pleno, ADI 1.254/RJ, Rel. Min. Sepúlveda Pertence, j. 3.12.1999.

141. STF, Tribunal Pleno, ADPF 893/DF, Red. p/ acórdão Min. Roberto Barroso, j. 20.6.2022.

Esgotado sem deliberação o prazo de 30 (trinta) dias, o veto será colocado na ordem do dia da sessão imediata, sobrestadas as demais proposições, até a sua votação final (**artigo 66, §6º, da CF/88**). Embora a Constituição tenha utilizado a expressão "demais proposições", tem-se adotado **na prática** o entendimento de que a pauta do Congresso Nacional somente ficará trancada para a **análise de novos vetos**.

O Supremo Tribunal Federal, no julgamento do MS 31.816/DF foi chamado a decidir se os vetos devem ser analisados em **ordem cronológica** pelo Congresso Nacional.

Em decisão monocrática, o Ministro Luiz Fux concedeu liminar determinando que o Congresso Nacional se abstivesse de apreciar e votar vetos presidenciais fora da ordem cronológica da respectiva comunicação.[142] Contudo, o Plenário da Suprema Corte, por maioria, deu provimento ao Agravo Regimental interposto contra a decisão monocrática referida, cassando a liminar.[143]

Nessa oportunidade, o Ministro Teori Zavascki, embora tenha reconhecido que a inércia do Congresso Nacional em apreciar os vetos apostos pelo Presidente República acarrete no trancamento da pauta para todas as demais proposições e que tal análise deve ser feita respeitada a ordem cronológica da comunicação das razões do veto, votou pela cassação da medida liminar, pois considerou que a gravidade do quadro fático – havia mais de três mil vetos aguardando apreciação –, era um forte indício de que o Tribunal, quando da análise em definitivo da questão, reconheceria a sua inconstitucionalidade, mas conferiria efeitos prospectivos (*ex nunc*) à decisão.

O Ministro Ricardo Lewandowski também votou favoravelmente à cassação da liminar, mas por outros fundamentos. Em seu voto, o Ministro afirmou que a não análise do veto no prazo de 30 (trinta) dias do seu recebimento pelo Congresso Nacional não tranca a pauta para todas as deliberações, mas somente para a análise de outros vetos. Ademais, consignou que não é possível extrair da Constituição Federal que tal deliberação deva ser feita segundo uma ordem cronológica. Reforçou o seu argumento com base no poder de agenda que é conferido ao Poder Legislativo, que tem a prerrogativa de pautar as proposições que lhe pareçam mais importantes.

Assim, vê-se que, embora a maioria dos Ministros tenha votado favoravelmente à cassação da liminar deferida monocraticamente pelo Ministro Relator Luiz Fux, não houve consenso formado em relação à necessidade de observância da ordem cronológica ou não das respectivas comunicações de cada veto aposto

---

142. STF, Decisão Monocrática, MS 31.816/DF, Rel. Min. Luiz Fux, j. 7.2.2013.

143. STF, Tribunal Pleno, MS 31.816/DF, Red. p/ acórdão Min. Teori Zavascki, j. 27.2.2013.

pelo Presidente da República. Resta-nos, portanto, aguardar uma próxima manifestação do Supremo Tribunal Federal sobre o tema.

A votação, desde a promulgação da EC n.º 76 de 2013, será realizada por meio de **escrutínio aberto**.

Mantido o veto, encerra-se o processo legislativo, determinando-se o **arquivamento do projeto de lei**. Se, ao contrário, o veto for **derrubado**, a lei será remetida ao Chefe do Poder Executivo para **promulgação**. Vê-se, aqui, que a última palavra no processo legislativo é do Poder Legislativo.

Interessante questionamento é levantado em relação ao **veto parcial:** a parte que não foi vetada deve ser imediatamente encaminhada para promulgação ou, ao contrário, também fica suspensa até que o Poder Legislativo delibere sobre a parte que foi vetada?

Jose Afonso da Silva, ao responder essa questão, afirma que a parte não vetada, porquanto sancionada, já se tornou lei, devendo ser promulgada. A parte vetada, por seu turno, ficará suspensa, aguardando nova manifestação do Poder Legislativo. Caso o veto seja derrubado, a parte que foi vetada formará com a parte sancionada uma única lei cujas partes entrarão em vigor em momentos distintos.[144]

Por fim, destacamos que ainda que o **veto** ao projeto de lei tenha sido total, poderá **o Poder Legislativo derrubar somente parte dele**. Nesse sentido, Manoel Gonçalves Ferreira Filho ensina que nada obsta e que o Congresso reaprecie cada disposição do projeto em separado, ratificando umas, rejeitando outras.[145]

> **Observação: Não são objeto de deliberação executiva** os projetos que tratem de matérias de competência exclusiva do Poder Legislativo – competências exclusivas do Congresso Nacional (artigo 49 da CF/88), da Câmara dos Deputados (artigo 51 da CF/88) e do Senado Federal (artigo 52 da CF/88) –, as propostas de emenda constitucional, as medidas provisórias aprovadas sem alterações e as leis delegadas. Essas proposições não são sancionáveis ou vetáveis. Uma vez aprovadas, elas são imediatamente promulgadas.

B.3. Fase complementar

Com a sanção ou a derrubada do veto o projeto de lei se torna lei. Contudo, o processo legislativo prossegue, pois é preciso promulgar e publicar a lei.

144. SILVA, José Afonso da. Processo constitucional de formação das leis. 3ª ed. São Paulo: Malheiros, 2017, p. 233.

145. FERREIRA FILHO, Manoel Gonçalves. Do processo legislativo. 7ª ed. rev. e atual. São Paulo: Saraiva, 2012, p. 249-250.

I. Promulgação

A **promulgação** é o ato executivo que certifica o nascimento da lei. Por meio dela, declara-se solenemente que a lei existe e que deve ser aplicada e cumprida.

José Afonso da Silva ensina que da promulgação decorrem dois efeitos: a) tornar conhecidos os atos e fatos geradores da lei; e b) indicar, até que os tribunais se pronunciem em contrário, que a lei é válida, executável e obrigatória.[146]

Em regra, caberá ao **Presidente da República** promulgar as leis federais.

As leis que forem **expressamente sancionadas** pelo Presidente da República serão promulgadas no mesmo ato. Isso significa que em um **único ato**, o projeto de lei é sancionado e a lei é promulgada.

Nos casos em que houve a **sanção tática** ou a **derrubada de veto**, a promulgação ocorrerá em um ato separado. O Presidente da República terá **48h (quarenta e oito horas)** para promulgar a lei. Se não o fizer, tal atribuição passa ao **Presidente do Senado Federal**. Se este também não promulgar a lei em 48h (quarenta e oito horas), caberá ao **Vice-Presidente do Senado Federal** fazê-lo (artigo 66, §7º da CF/88).

Excepcionalmente, a promulgação caberá a outros atores. É o caso da emenda constitucional, que será promulgada pelas Mesas da Câmara dos Deputados e do Senado Federal (artigo 60, §3º da CF/88); do decreto legislativo, que será promulgado pelo Presidente do Senado Federal; e da resolução, que será promulgada pelo Presidente da Casa Legislativa que a editar.[147]

II. Publicação

Promulgada a lei, o derradeiro passo do processo legislativo é a **publicação** o ato promulgatório, para que a todos seja dada ciência da inovação legislativa. Cuida-se, na verdade, de um instrumento pelo qual a promulgação é transmitida aos destinatários da lei.

A publicação é feita, no Brasil, por meio da inserção do texto promulgado no Diário Oficial ou por meio de edital nos casos dos Municípios em que não haja órgão oficial.

---

146. SILVA, José Afonso da. Processo constitucional de formação das leis. 3ª ed. São Paulo: Malheiros, 2017, p. 250.

147. FERREIRA FILHO, Manoel Gonçalves. Do processo legislativo. 7ª ed. rev. e atual. São Paulo: Saraiva, 2012, p. 274.

A promulgação publicada da lei é **condição** para se efetivem no plano jurídico a executoriedade, obrigatoriedade e eficácia conferidas pelo legislador à lei.[148] Todavia, o termo *a quo* da eficácia da lei não é a data em que ela é publicada, pois, para que a lei seja eficaz, ela precisa entrar em vigor.

A lei, por força do artigo 8º da LC n.º 95 de 1998, deve indicar de forma expressa em que momento ela passa vigorar. Caso seja silente quanto a esse ponto, aplica-se o disposto no artigo 1º, *caput*, da Lei de Introdução às Normas do Direito Brasileiro, que prevê o prazo: "*Salvo disposição contrária, a lei começa a vigorar em todo o País **45 (quarenta e cinco) dias** depois de oficialmente publicada*". Nos Estados estrangeiros, a obrigatoriedade da lei brasileira, quando admitida, se inicia **três meses** depois de oficialmente publicada (artigo 1º, §1º da LINDB).

O período entre a o dia da publicação do ato promulgatório até a data da entrada em vigor da lei é chamado de ***vacatio legis***.

C. Processos legislativos especiais

Analisado o processo legislativo mais completo, passemos ao estudo das principais regras em torno do processo legislativo dos demais atos normativos listados no artigo 59 da CF/88.

C.1. Emendas constitucionais

I. Introdução

A constituição encontra-se no topo do ordenamento jurídico, conferindo validade a todos os demais atos normativos. É nela que são entrincheirados certos valores que, por sua importância, não podem ficar ao sabor de discussões políticas e de maiorias eventuais. Por isso, é recomendável que o texto constitucional seja dotado de **estabilidade** e não possa ser facilmente alterado.

Por outro lado, não se pode subtrair das gerações futuras a possibilidade de se autodeterminar. Com o passar do tempo, os interesses, as necessidades e as formas de se relacionar não são mais os mesmos. As pessoas e, consequentemente, as sociedades mudam. A constituição deve **acompanhar essas mudanças**, sob pena de ser tornar obsoleta.

A forma encontrada por nosso constituinte originário para conciliar esses dois vetores antagônicos (estabilidade x maleabilidade) foi a previsão de um

---

148. SILVA, José Afonso da. Processo constitucional de formação das leis. 3ª ed. São Paulo: Malheiros, 2017, p. 256.

procedimento mais dificultoso para a alteração do texto constitucional em relação à criação e/ou alteração da legislação infraconstitucional. A isso, dá-se o nome de **rigidez constitucional**.

O artigo 60, *caput*, da CF/88 estabelece que a manifestação do poder constituinte derivado reformador dar-se-á, em nosso ordenamento jurídico, por meio da edição de **emendas à constituição**.

Esse poder, diferente do poder constituinte originário, não é ilimitado. Ao contrário: os incisos e parágrafos do artigo 60 da CF/88 trazem diversas **limitações** ao seu exercício. Essas limitações podem ser agrupadas em **formais**, **materiais** e **circunstanciais**.

Neste tópico, ficaremos restritos à análise dos limites formais, posto que se referem ao processo legislativo. Os limites materiais e circunstâncias já foram estudados na Parte I, quando tratamos do poder constituinte derivado reformador.

I.I. Limitações formais

As limitações formais dizem respeito precisamente ao **processo legislativo** das emendas à constituição, ou seja, quais regras procedimentais devem ser observadas pelo poder constituinte derivado reformador para que uma emenda à constituição seja válida.

II.1. Fase introdutória (iniciativa)

Os incisos I, II e III do artigo 60 da CF/88 conferem o poder de **iniciativa** das emendas à constituição a:

a) **Um terço**, no mínimo, dos **membros da Câmara dos Deputados ou do Senado Federal**;
b) o **Presidente da República**;
c) Mais da metade das **Assembleias Legislativas** das unidades da Federação, manifestando-se, cada uma delas, pela maioria relativa de seus membros.

A doutrina tradicionalmente afirma que esse rol é **taxativo**, não havendo nenhum outro legitimado habilitado a propor emendas à constituição. Fundamenta-se tal entendimento no argumento de que os limites ao exercício do poder constituinte derivado reformador estão fincados de forma expressa na Constituição, não podendo o intérprete alterá-los.

Há, contudo, autores que discordam dessa conclusão. Para eles, além dos legitimados listados nos incisos do artigo 60 da CF/88, é perfeitamente **possível** reconhecer a possibilidade de **iniciativa popular** para a deflagração do processo de emenda constitucional.

José Afonso da Silva, um dos defensores desse entendimento, baseia-se em uma interpretação sistemática dos artigos 1º, 14 e 61, §2º da CF/88. Argumenta que, se é o povo o titular da do poder soberano e, consequentemente, do poder de editar uma nova constituição, não há razões para impedi-lo de alterar uma constituição já estabelecida.[149]

No **âmbito estadual**, a discussão mudou de tom com o julgamento da **ADI n.º 825/AP**. Nesta oportunidade, o Supremo Tribunal Federal decidiu que **é facultado aos Estados**, no exercício de seu poder de auto-organização, a **previsão de iniciativa popular para o processo de reforma das respectivas Constituições estaduais**, em prestígio ao princípio da soberania popular (art. 1º, parágrafo único, art. 14, I e III, e art. 49, XV, da CF)[150].

Assim, embora prevaleça o entendimento de que no âmbito federal não é possível que os cidadãos, por meio da iniciativa popular, iniciem o processo de reforma da Constituição Federal, não há impedimento para que as constituições estaduais ampliem o rol dos legitimados previstos nos incisos I, II e III do artigo 60 da CF/88 e estipulem a iniciativa popular de emenda constitucional. Esse entendimento é perfeitamente replicável no âmbito do **Distrito Federal** e dos **Municípios**.

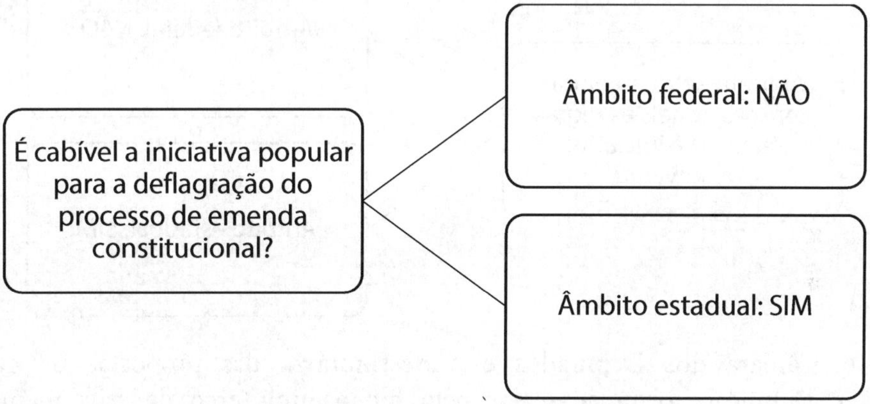

Outra questão relevante acerca do poder de iniciativa das emendas à constituição é saber se as **regras de inciativa privativa** previstas para as leis, como, por exemplo, o artigo 61, §1º, da CF/88, são aplicáveis também às propostas de emenda à constituição.

149. SILVA, José Afonso da. Curso de direito constitucional positivo. 42ª ed., rev. e atual, São Paulo: Malheiros, 2019, p. 66.

150. STF, Tribunal Pleno, ADI 825/AP, Rel. Min. Alexandre de Moraes, j. 25.10.2018.

Quanto ao tema, o Supremo Tribunal Federal também faz uma distinção em relação às emendas à Constituição Federal e às emendas às constituições estaduais.

No julgamento da **ADI n.º 5.296/DF**, o Supremo Tribunal Federal consignou que no **plano federal**, o poder constituinte derivado submete-se aos limites formais e materiais fixados no art. 60 da Constituição da República, **não lhe sendo extensível a cláusula de reserva de iniciativa** do Chefe do Poder Executivo, prevista de modo expresso no art. 61, § 1º, apenas para o poder legislativo complementar e ordinário – poderes constituídos.[151]

Já no **plano estadual**, a jurisprudência do Supremo Tribunal Federal se consolidou no sentido de que **os parlamentares não podem propor emenda constitucional para tratar de matérias restritas à iniciativa do Chefe do Poder Executivo**, pois, do contrário, haveria burla ao disposto no artigo 61, §1º, da CF/88.[152]

Tal distinção se faz necessária uma vez que o poder constituinte do Estado-membro se sujeita aos limites do ordenamento constitucional federal e, entre esses limites, estão elencadas as regras de iniciativa privativa.

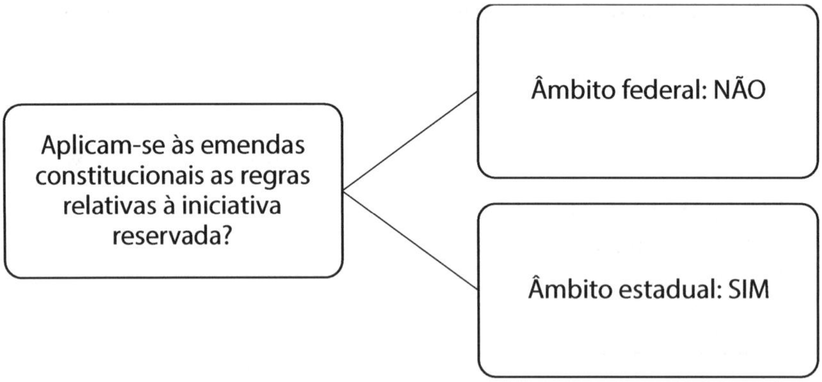

A Câmara dos Deputados é a **destinatária** das propostas de emenda à constituição formuladas por pelo menos um terço de seus membros. O processo legislativo se iniciará no Senado Federal quando a proposta for feita por no mínimo um terço dos seus membros.

E se for o **Presidente da República** que apresentar a proposta de emenda à constituição? Duas correntes disputam o tema em doutrina.

a) **Primeira corrente**: o artigo 64 da CF/88 estabelece a regra geral de que o processo legislativo se inicia na Câmara dos Deputados. Essa regra só é

151. STF, Tribunal Pleno, ADI 5.296/DF-MC, Rel. Min. Rosa Weber, j. 18.5.2016.

152. STF, Tribunal Pleno, ADI 2.966/RO, Rel. Min. Joaquim Barbosa, j. 6.4.2005; e STF, Tribunal Pleno, ADI 5.262-MC, Rel. Min. Cármen Lúcia, j. 28.3.2019.

afastada quando a proposição é apresentada por Senador Federal. Logo, as propostas de emenda à constituição feitas pelo Presidente da República e pelas Assembleias Legislativas terão a **Câmara dos Deputados** como Casa iniciadora.

Ademais, ainda que se considere que há lacuna no texto constitucional, pois o artigo 64 da CF/88 fala tão somente nos "projetos de lei de iniciativa do Presidente da República", o costume constitucional – que também é fonte de direito – firmou-se no sentido de o Presidente da República apresentar as propostas de emenda à constituição na Câmara dos Deputados. É esse o entendimento **majoritário** em doutrina.[153]

b) **Segunda corrente**: a Constituição de 1988 quedou-se silente sobre o assunto, pois o artigo 64 da CF/88 trata especificamente dos projetos de lei, nada falando sobre as propostas de emenda à constituição. No mais, essa previsão de que os projetos de lei de iniciativa extraparlamentar devem ser encaminhados obrigatoriamente à Câmara dos Deputados é uma exceção em nosso sistema, que adotou o bicameralismo no âmbito do Poder Legislativo federal, e como tal deve ser interpretada restritivamente. Desse modo, o Presidente da República poderá **escolher** livremente se encaminham os seus projetos de emenda à constituição para a **Câmara dos** Deputados ou para o **Senado Federal**.

É nesse sentido o Parecer n.º 692 de 1995 da Comissão de Constituição, Justiça e Cidadania do Senado Federal e os ensinamentos de José Afonso da Silva.[154]

Se a proposta de emenda à constituição for apresentada pelas **Assembleias Legislativas**, a questão se torna ainda mais tormentosa. Sobre o tema, formaram-se três correntes:

a) **Primeira corrente**: a Casa iniciadora do processo legislativo será a **Câmara dos Deputados**. Tal entendimento se baseia no argumento de o artigo 64, *caput*, da CF/88 estabelece a regra geral de que o processo legislativo que não seja iniciado pelos Senadores Federais terá início na

153. TAVARES, André Ramos. Curso de Direito Constitucional. 16ª ed. São Paulo: Saraiva Educação 2018, p. 1.058; SARMENTO, Daniel e SOUZA NETO, Cláudio Pereira de. Direito Constitucional: teoria, história e métodos de trabalho – 2ª edição, 2 reimpr. Belo Horizonte: Fórum, 2016, p. 289; e NOVELINO, Marcelo. Curso de direito constitucional. 12ª ed. rev. ampl. e atual. Salvador: Ed. Juspodivm, 2017, p. 652.

154. SILVA, José Afonso da. Processo constitucional de formação das leis. 3ª ed. São Paulo: Malheiros, 2017, p. 321.

Câmara dos Deputados. Nesse sentido, André Ramos Tavares e Cláudio Pereira de Souza Neto e Daniel Sarmento.[155]

b) **Segunda corrente**: a proposta de emenda à constituição apresentada por mais da metade das Assembleias Legislativas das unidades da Federação, manifestando-se, cada uma delas, pela maioria relativa de seus membros, iniciará a sua tramitação no **Senado Federal**. Os defensores desse entendimento baseiam-se no artigo 212, inciso II, do Regimento Interno do Senado Federal e no fato de ser o Senado Federal a Casa Legislativa que representa os Estados-membros. É esse o entendimento de Marcelo Novelino.[156]

c) **Terceira corrente**: as Assembleias Legislativas podem propor à emenda à constituição **tanto na Câmara dos Deputados quanto no Senado Federal**, uma vez que não há regra expressa na Constituição de 1988 sobre o tema. Esse é o pensamento de José Afonso da Silva.[157]

II.2. Fase constitutiva

Apresentada a proposta de emenda à constituição, passa-se à fase dos **debates** e da **votação**.

O **artigo 60, §2º, da CF/88** prevê que serão necessários **dois turnos** de discussão e votação **em cada uma das Casas Legislativas**. Além disso, o **quórum de aprovação** é de **3/5 (três quintos)** dos respectivos membros.

Assim, serão necessários os votos de 308 (trezentos e oito) Deputados Federais e 49 (quarenta e nove) Senadores em cada um dos dois turnos de votação em cada Casa.

É esse o limite formal mais importante para conferir a **rigidez** à constituição, pois ele torna mais dificultoso o procedimento de alteração do texto constitucional em relação à alteração da legislação infraconstitucional, em que se exige para aprovação do projeto o voto da maioria simples ou absoluta em um único turno em cada Casa Legislativa.

A exigência de **dois turnos** de discussão e votação em cada uma das Casas Legislativas tem o objetivo de permitir uma maior reflexão dos parlamentares. É

155. TAVARES, André Ramos. Curso de Direito Constitucional. 16ª ed. São Paulo: Saraiva Educação 2018, p. 1.058; e SARMENTO, Daniel e SOUZA NETO, Cláudio Pereira de. Direito Constitucional: teoria, história e métodos de trabalho – 2ª edição, 2 reimpr. Belo Horizonte: Fórum, 2016, p. 289.

156. NOVELINO, Marcelo. Curso de direito constitucional. 12ª ed. rev. ampl. e atual. Salvador: Ed. Juspodivm, 2017, p. 652.

157. SILVA, José Afonso da. Processo constitucional de formação das leis. 3ª ed. São Paulo: Malheiros, 2017, p. 321.

por essa razão que o artigo 202, §6º, do RICD exige o interstício de cinco sessões entre um turno e o outro. Em uma linha similar, o artigo 362 do RISF prevê que o interstício entre o primeiro e o segundo turno será de, no mínimo, cinco dias úteis.

Todavia, o **Supremo Tribunal Federal** entende que **não há inconstitucionalidade formal** se os dois turnos de discussão e votação de uma das Casas legislativas **ocorrerem em um único dia.**

No julgamento da **ADI n.º 4.356**, a maioria dos Ministros afirmou que a aprovação de emendas à Constituição não recebeu da Carta de 1988 tratamento específico quanto ao intervalo temporal mínimo entre os dois turnos de votação (CF, art. 60, §2º), de modo que inexiste um parâmetro objetivo que permita ao Poder Judiciário interferir no processo legislativo, campo de atuação do Poder Legislativo.[158]

As propostas de emenda à constituição **poderão** ser objeto de **emendas parlamentares**, ainda que o seu processo legislativo tenha sido iniciado pelo Presidente da República. Para tanto, a emenda parlamentar deverá: i) estar **subscrita** por pelo menos **um terço** dos membros da respectiva Casa legislativa; e ii) estar de acordo com os **limites circunstâncias e materiais** ao próprio poder constituinte derivado reformador (artigos 202, §3º do RICD e 356, parágrafo único, do RISF).

A emenda parlamentar apresentada à proposta de emenda à constituição deverá ser votada na própria Casa em que ela fora apresentada e **necessariamente remetida à outra Casa.** Diferentemente do que ocorre no processo legislativo comum, a Casa iniciadora não possui primazia aqui, sendo necessário que ambas as Casas estejam integralmente de acordo com o conteúdo da proposta de emenda à constituição.[159]

O **Supremo Tribunal Federal** entende que a emenda parlamentar somente **não será retornada à outra Casa legislativa** se for **meramente redacional** e não alterar substancialmente a proposta de emenda à constituição.[160]

Se a proposta de emenda à constituição for **rejeitada** – isto é, não alcançar ao voto de três quintos do número dos membros da respectiva Casa Legislativa em qualquer dos turnos de votação –, ela será arquivada e a sua matéria **não poderá ser objeto de nova proposta de emenda à constituição na mesma sessão legislativa** (artigo 60, §5º, da CF/88).

---

158. STF, Tribunal Pleno, ADI 4.357/DF, Red. p/ acórdão Luiz Fux, j. 14.3.2013.

159. SARMENTO, Daniel e SOUZA NETO, Cláudio Pereira de. Direito Constitucional: teoria, história e métodos de trabalho – 2ª edição, 2 reimpr. Belo Horizonte: Fórum, 2016, p. 290.

160. STF, Tribunal Pleno, ADI 3.367/DF, Rel. Min. Cezar Peluso, j. 13.4.2005.

Se for **aprovada** em ambas as Casas do Congresso Nacional, a proposta de emenda à constituição será **enviada para a promulgação** (artigo 60, §3º, da CF/88). A proposta de emenda à constituição **torna-se emenda à constituição com a simples aprovação**, não havendo sanção ou veto presidenciais.

Com efeito, não há participação do Chefe do Poder Executivo na fase deliberativa, tampouco na complementar, como veremos a seguir.

II.3. Fase complementar

Na terceira e última fase do processo legislativo, temos a promulgação e a publicação.

A emenda constitucional será **promulgada** pelas **Mesas da Câmara dos Deputados e do Senado Federal** (artigo 60, §3º, da CF/88). A Casa legislativa em que for ultimada a aprovação da proposta comunicará à outra e convocará a sessão conjunta para a promulgação (artigo 203, parágrafo único, do RICD e artigo 369 do RISF).

O ato promulgatório deverá ser publicado na imprensa oficial, para que se dê conhecimento a todos da inovação constitucional.

C.2. Leis delegadas

As leis delegadas são exemplos de exercício de função atípica e de **exceção ao princípio da indelegabilidade de atribuições**. Em regra, cabe ao Poder Legislativo a função de legislar. Contudo, por haver expressa autorização constitucional, essa função poderá ser episodicamente e dentro dos limites estabelecidos, **delegada para o Poder Executivo**.

Cuida-se de **delegação externa** (para outro Poder), que não se confunde com a delegação interna, que é aquela em que o Regimento Interno delega a competência de discutir e votar projeto de lei do Plenário da respectiva Casa Legislativa às Comissões temáticas (artigo 58, §2º, inciso I, da CF/88).

Manoel Gonçalves Ferreira Filho ensina que as **razões** para a sua admissibilidade em nosso sistema constitucional são de duas ordens. A primeira é a tornar mais célere a criação de regras jurídicas novas. A segunda é a necessidade de, em determinadas matérias, evitar que os debates no Parlamento acabem por anular os efeitos da lei projetada.[161]

161. FERREIRA FILHO, Manoel Gonçalves. Do processo legislativo. 7ª ed. rev. e atual. São Paulo: Saraiva, 2012, p. 253.

As leis delegadas estão previstas no artigo 59, inciso IV, da CF/88 e o seu processo legislativo está regulamentado no artigo 68 da CF/88.

O artigo 68, *caput*, da CF/88 afirma que as leis delegadas serão elaboradas pelo Presidente da República, que deverá solicitar a delegação ao Congresso Nacional. Desse dispositivo já se extrai uma importante conclusão: para que haja a delegação deverá necessariamente haver uma **solicitação do Presidente da República**, não sendo possível que o Legislativo obrigue o Presidente da República a legislar.

Encaminhada a solicitação ao Congresso Nacional, este deliberará se concorda ou não com a delegação legislativa. Aquiescendo, elabora-se uma **resolução** que **especificará o seu conteúdo e os termos de seu exercício** (artigo 68, §2º da CF/88).

Não serão objeto de delegação:

a) os atos de competência exclusiva do Congresso Nacional;

b) os atos de competência privativa da Câmara dos Deputados ou do Senado Federal;

c) a matéria reservada à lei complementar;

d) a legislação sobre: i) organização do Poder Judiciário e do Ministério Público, a carreira e a garantia de seus membros; ii) nacionalidade, cidadania, direitos individuais, políticos e eleitorais; e iii) planos plurianuais, diretrizes orçamentárias e orçamentos.

A delegação, para que seja válida, será sempre **temporária**. Durante o prazo determinado, poderá perfeitamente o Poder Legislativo revogar a delegação antes de seu termo final ou exercer a sua função típica legislativa e editar lei ordinária sobre a matéria que foi delegada.

No mais, a delegação poderá ser feita de **duas formas**.

Em uma primeira modalidade, dita **delegação típica**, o Congresso Nacional autoriza a delegação ao Presidente da República, que elabora, promulga e envia para a publicação a lei delegada.

Neste caso, se o Presidente da República, ao editar a lei delegada, exorbitar dos limites da delegação legislativa, o Congresso Nacional **poderá sustá-la** (artigo 49, inciso V, da CF/88).

Na segunda, chamada de **delegação atípica**, a resolução autoriza que o Presidente da República elabore a lei delegada, mas esta volta ao Congresso, para sua apreciação em votação única, vedada qualquer emenda parlamentar (artigo 68, §3º, da CF/88).

Na delegação típica, não há que se falar em sanção ou veto presidenciais. Na atípica, há controvérsia:

a) **Primeira corrente**: Pedro Lenza sustenta que, também nesse caso, **não há necessidade de sanção presidencial**, pois a lei delegada, se aprovada for, não poderá ter sido emendada.[162]

b) **Segunda corrente**: José Afonso da Silva afirma que, aprovado o projeto pelo Congresso Nacional, ele vai à **sanção** e, posterior, promulgação e publicação.[163]

Questão controvertida é saber qual é a natureza jurídica das leis delegadas. Por pressupor a edição de uma resolução – ato normativo primário –, algumas vozes sustentam que as leis delegadas têm natureza de ato normativo secundário. No entanto, é amplamente majoritário o entendimento de que as leis delegadas são **atos normativos primários**, pois haurem a sua validade diretamente da Constituição Federal.

Essa discussão, longe de ser supérflua, tem uma importante **relevância prática**. Para os defensores do primeiro entendimento, as leis delegadas podem ser objeto de controle de legalidade, sendo o parâmetro de controle a resolução editada pelo Congresso Nacional. Já para a doutrina majoritária, não há que se falar em controle de legalidade, mas sim de constitucionalidade. Trataremos desse tema com mais detalhamento na Parte III desta obra.

Por fim, deve-se ressaltar que as leis delegadas não têm tido grande relevância prática. Isso porque, como estudaremos no próximo tópico, ao Presidente da República foi conferida a atribuição de editar medidas provisórias com força de lei, sendo esse um meio mais fácil para que o Chefe do Poder Executivo inove no ordenamento jurídico.

C.3. Medidas provisórias

I. Introdução

O **artigo 62 da CF/88** atribuiu ao Presidente da República a função atípica de editar medidas provisórias e, assim, inovar no ordenamento jurídico por meio de um ato normativo geral e abstrato.

Cuida-se de instituto **tipicamente brasileiro**, não sendo encontrada, em outros ordenamentos constitucionais, figura idêntica. A sua maior fonte de inspiração

162. LENZA, Pedro. Direito constitucional esquematizado, 22ª ed., São Paulo: Saraiva Educação, 2018, p. 710.

163. SILVA, José Afonso da. Processo constitucional de formação das leis. 3ª ed. São Paulo: Malheiros, 2017, p. 331.

é o ***provvedimenti provvisori con forza di legge*** italiano, previsto no artigo 77 da Constituição Italiana de 1947. Segundo esse dispositivo, em casos extraordinários de necessidade e urgência, o Governo pode adotar, sob sua responsabilidade, provimentos provisórios com força de lei.

Embora similares, há uma grande divergência entre os institutos, pois a **Itália** adota o **sistema parlamentarista de governo**. No parlamentarismo, o Poder Executivo depende de apoio do Parlamento, não havendo uma nítida separação entre eles. Nesse cenário, a previsão de edição de atos com força de lei pelo Chefe de Governo é compreensível, uma vez que o Governo conta com o apoio dos parlamentares, sendo a sua conversão em lei extremamente provável.

Caso o provimento provisório não seja convertido em lei, haverá evidente descompasso entre o Executivo e o Legislativo, o que poderá acarretar inclusive na queda do Primeiro Ministro. É nesse sentido que o artigo 77 da Constituição Italiana fala em "sob sua responsabilidade" – responsabilidade de natureza política.

No **Brasil**, com a adoção do **sistema presidencialista de governo**, há uma separação bem delineada entre o Executivo e o Legislativo, que são exercidos de maneira independente. O Presidente da República, que é eleito diretamente pelo povo para o seu cargo, não pode ser destituído se perder a maioria parlamentar ou pelo voto de desconfiança.

Assim, a edição de uma medida provisória não conta com a alta probabilidade de sua conversão em lei, mormente se considerarmos que não raro o Presidente da República não conta com o apoio da maioria do Congresso Nacional. Além disso, caso a medida provisória não seja convertida em lei, ele não poderá ser politicamente responsabilizando com a perda de seu cargo.

É esta a maior **crítica** às medidas provisórias: em um sistema presidencialista como o nosso, a faculdade atribuída ao Chefe do Poder Executivo de editar atos com força de lei acaba por conferir-lhe desmedido poder, o que cria uma **assimetria entre os Poderes**.

II. Natureza jurídica

As medidas provisórias não têm natureza jurídica de lei, pois não emanam do Poder Legislativo.[164] São, contudo, **atos normativos primários**, pois estão elencadas no rol artigo 59 da CF/88.

José Levi Mello do Amaral Júnior ensina que as medidas provisórias, além de serem atos normativos primários e provisórios, funcionam como um **projeto**

164. TEMER, Michel. Elementos de direitos constitucional. 22ª ed., 2ª tiragem. São Paulo: Malheiros, 2008, p. 153.

de lei com eficácia antecipada frente ao Congresso Nacional, posto que haverá inafastável pronunciamento parlamentar sobre elas.[165]

Assim, podemos apontar uma **natureza jurídica ambivalente** das medidas provisórias: em face dos cidadãos, funciona como ato normativo primário; frente ao Congresso Nacional, como projeto de lei com eficácia antecipada.[166]

III. Elaboração das medidas provisórias

O processo de elaboração de uma medida provisória, após a EC n.º 32 de 2001, é regulamentado pelo **artigo 62, *caput* e parágrafos, da CF/88** e pela **Resolução do Congresso Nacional n.º 1 de 2002**.

Ele é constituído por duas fases: uma pré-congressual, em que a medida provisória é editada pelo Presidente da República; e uma fase congressual, em que o Congresso Nacional converte ou não a medida provisória em lei.

III.1. Fase pré-congressual

É de **competência exclusiva** do **Presidente da República** a edição das medidas provisórias (artigo 62, *caput*, c/c artigo 84, inciso XXVI, ambos da CF/88). Para fazê-lo validamente, deverão estar presentes no caso concreto os **pressupostos** formais e materiais previstos na Constituição de 1988.

São **pressupostos formais** para a edição das medidas provisórias a **relevância** e a **urgência**.

Diz-se **relevante** tudo aquilo que tem **importância**. No caso das medidas provisórias, o pressuposto da relevância está intimamente ligado à satisfação do **interesse público**. Assim, somente as matérias e situações que atendam a um conjunto de valores comunitários de especial importância darão azo à edição de medidas provisórias.

A **urgência**, por sua vez, manifesta-se no **perigo de demora**. A equação é simples: caso a demora no processo legislativo ordinário possa acarretar perigo de dano, abre-se a via da medida provisória. A urgência, aqui, deve ser urgentíssima, não sendo possível, no caso concreto, sequer aguardar o processo legislativo em regime de urgência constitucional previsto no artigo 64, §1º da CF/88.

Na feliz síntese de Paulo Gustavo Gonet Branco, para que se legitime a edição de medida provisória, há de estar configurada uma situação em que a demora na

165. AMARAL JÚNIOR, José Levi Mello do. Medida provisória: edição e conversão em lei: teoria e prática. 2ª ed. São Paulo: Saraiva, 2012, p. 106.

166. STF, Tribunal Pleno, ADI 293/DF-MC, Rel. Min. Celso de Mello, j. 6.6.1990.

produção da norma possa acarretar dano de difícil ou impossível reparação para o interesse público.[167]

Por serem conceitos jurídicos indeterminados, a jurisprudência do Supremo Tribunal Federal tem afirmado que a definição do que seja relevante e urgente para fins de edição de medidas provisórias consiste, em regra, em um **juízo político de competência do Presidente da República, controlado pelo Congresso Nacional**.

Somente em situações de **abuso manifesto**, quando houver manifesto excesso no poder de legislar ou desvio de finalidade, poderá o **Poder Judiciário** se imiscuir na análise dos requisitos da MP, **sindicando-os**.[168] Nesse sentido, o Supremo Tribunal Federal já declarou inconstitucional medida provisória editada com a finalidade de desconstituir deliberação do Congresso Nacional que derrubou vetos presidenciais.[169]

> **Observação**: Nas medidas provisórias para a abertura de crédito extraordinário, o pressuposto formal da relevância dá lugar a outro: a **imprevisibilidade**. É o que reza o artigo 167, §3º da CF/88: "A abertura de crédito extraordinário somente será admitida para atender a despesas imprevisíveis e urgentes, como as decorrentes de guerra, comoção interna ou calamidade pública, observado o disposto no art. 62".

Os **pressupostos materiais**, por sua vez, encontram-se previstos no artigo 62, §1º, da CF/88. Nele, o constituinte vedou a edição de medidas provisórias sobre as seguintes matérias:

a) nacionalidade, cidadania, direitos políticos, partidos políticos e direito eleitoral;
b) Direitos penal, processual penal e processual civil;
c) organização do Poder Judiciário e do Ministério Público, a carreira e a garantia de seus membros;
d) planos plurianuais, diretrizes orçamentárias, orçamento e créditos adicionais e suplementares, ressalvada a abertura de créditos extraordinários;
e) que vise a detenção ou sequestro de bens, de poupança popular ou qualquer outro ativo financeiro;
f) reservada a lei complementar;

167. BRANCO, Paulo Gustavo Gonet; MENDES, Gilmar Ferreira. Curso de direito constitucional. 12ª ed. rev. e atual. São Paulo: Saraiva, 2017, p. 954.

168. STF, Tribunal Pleno, ADI 2.527/DF-MC, Rel. Min. Ellen Gracie, j. 16.8.2007; STF, Tribunal Pleno, ADI 5.599/DF, Rel. Min. Edson Fachin, j. 23.10.2020.

169. STF, Tribunal Pleno, ADI 7.232-MC-Ref, Rel. Min, Cármen Lúcia, j. 9.11.2022.

g) já disciplinada em projeto de lei aprovado pelo Congresso Nacional e pendente de sanção ou veto do Presidente da República.

> **Observação:** O Supremo Tribunal Federal já decidiu que não há afronta ao artigo 62, §1º, IV, da CF/88 se o Presidente da República sancionar ou vetar projeto de lei e, em seguida ou mesmo concomitantemente, editar medida provisória sobre a mesma matéria.[170]

Há ainda outros dispositivos esparsos no texto constitucional que estabelecem limitações materiais à edição de medidas provisórias. O **artigo 246 da CF/88** dispõe que é vedada a adoção de medida provisória na regulamentação de artigo da Constituição cuja redação tenha sido alterada por meio de emenda promulgada entre 1º de janeiro de 1995 até a promulgação da EC n.º 32 de 2001 (11 de setembro de 2001), inclusive. O **artigo 25, §2º da CF/88**, por seu turno, consigna que cabe aos Estados explorar diretamente, ou mediante concessão, os serviços locais de gás canalizado, na forma da lei, vedada a edição de medida provisória para a sua regulamentação.

Além desses limites materiais expressamente previstos, alguns autores apontam para a existência de alguns **limites materiais implícitos**. Nesse sentido, José Levi Mello do Amaral Júnior afirma que os **atos de competência exclusiva do Congresso Nacional, da Câmara dos Deputados e do Senado Federal** não podem ser objeto de medida provisória, sob pena de violação ao princípio da separação dos poderes.[171]

Outro limite material implícito, este delineado pela jurisprudência do Supremo Tribunal federal, é a **vedação à edição de medidas provisórias que importem em diminuição da proteção ao meio ambiente equilibrado**. No julgamento da ADI n.º 4.717/DF, afirmou-se que as medidas provisórias não podem veicular norma que altere ou suprima espaços territoriais especialmente protegidos, sob pena de ofensa ao art. 225, inciso III, da Constituição da República. Seria admissível, por outro lado, a edição de medidas provisórias tratando sobre matéria ambiental que veiculem normas favoráveis ao meio ambiente.[172]

Dúvida havia se as medidas provisórias poderiam **instituir ou majorar tributos**. Havia aqueles, como Roque Antonio Carrazza, que sustentavam que, em

---

170. STF, Tribunal Pleno, ADI 2.601/DF, Rel. Min. Ricardo Lewandowski, j. 19.8.2021.

171. AMARAL JÚNIOR, José Levi Mello do. Medida provisória: edição e conversão em lei: teoria e prática. 2ª ed. São Paulo: Saraiva, 2012, p. 130-131.

172. STF, Tribunal Pleno, ADI 4.717/DF, Rel. Min. Cármen Lúcia, j. 5.4.2018.

razão do princípio da legalidade tributária previsto no artigo 150, inciso I, da CF/88, somente lei em sentido formal poderia fazê-lo.[173]

Todavia, com o advento da EC n.º 32 de 2001, não restam mais dúvidas sobre a **admissibilidade de medida provisória em matéria tributária**. Isso porque o artigo 62, §2º da CF/88 passou a expressamente admitir que medidas provisórias instituam ou majorem tributos, aplicando-se a elas o **princípio da anterioridade tributária**, de modo que a medida provisória só produzirá seus efeitos no exercício financeiro seguinte se houver sido convertida em lei até o último dia daquele em que foi editada. Estão excluídos dessa regra, por expressa previsão constitucional, o imposto de importação (II), imposto de exportação (IE), imposto sobre operações financeiras (IOF), imposto sobre produtos industrializados (IPI) e o imposto extraordinário do art. 154, II, da CF/88.

Com base no art. 62, §2º, da CF/88, o Supremo Tribunal Federal já reafirmou que a cobrança de aumento da alíquota geral de ICMS de operações internas estadual, quando decorrer da edição de uma medida provisória, somente produzirá efeitos no exercício financeiro seguinte ao que ocorrer a conversão em lei.[174]

Presentes os pressupostos constitucionais, o Presidente da República poderá editar medida provisória. André Ramos Tavares ensina que o cabimento da medida provisória é sempre excepcional, devendo ser utilizada pelo Chefe do Executivo como **última alternativa.**[175]

Editada a medida provisória, ela terá **eficácia imediata. Perderá** a sua eficácia se, desde a edição – o termo inicial do prazo é contado da sua publicação do Diário Oficial da União – não for convertida em lei no **prazo de 60 (sessenta) dias** (artigo 62, §3º, da CF/88).

Esse prazo é **prorrogável** uma **única vez por igual período** (artigo 66, § 7º, da CF/88), totalizando, portanto, **120 (cento e vinte) dias**. A prorrogação da vigência da medida provisória é **automática**: findo o prazo de 60 (sessenta) dias, se as duas Casas do Congresso Nacional não a tiverem votado, prorroga-se o prazo, sem a necessidade de pedido pelo Presidente da República (artigo 10 da Resolução n.º 1 de 2002 do Congresso Nacional).

Na prática, o prazo pode ultrapassar os 120 (cento e vinte) dias. Isso porque o artigo 62, §4º, da CF/88 prevê a **suspensão** do prazo durante os períodos de **recesso do Congresso Nacional**. Além disso, se aprovada pelo Congresso Nacional,

---

173. CARRAZZA, Roque Antonio. Curso de Direito Constitucional Tributário. 15ª ed. São Paulo: Malheiros, 2000, p. 184.

174. STF, Tribunal Pleno, ADI 7.375/TO, Rel. Min. André Mendonça, j. 29.9.2023.

175. TAVARES, André Ramos. Curso de Direito Constitucional. 16ª ed. São Paulo: Saraiva Educação 2018, p. 1.071.

a medida provisória permanece eficaz, em seu texto original, **durante a fase de sanção ou veto** (artigo 62, §12, da CF/88).

Quanto a este último ponto, Manoel Gonçalves Ferreira Filho ensina que, se o projeto de lei de conversão for vetado, o texto da medida provisória permanecerá eficaz **até eventual rejeição do veto.**[176]

Como o Congresso Nacional tem interpretado que o prazo de 30 (trinta) dias para a apreciação do veto somente passa a contar da leitura em Plenário das razões presidenciais que motivaram o veto, as medidas provisórias nessa situação podem se manter produzindo os seus efeitos por meses, o que fere toda a sistemática constitucional esquadrinhada pela EC n.º 32 de 2001.[177]

Se durante o recesso parlamentar houver convocação de **sessão extraordinária**, **levanta-se a suspensão** do prazo de eficácia de medidas provisória. Isso porque o artigo 57, §8º, da CF/88 expressamente prevê que, havendo medidas provisórias em vigor na data de convocação extraordinária do Congresso Nacional, serão elas automaticamente incluídas na pauta da convocação.

Por fim, **duas questões** envolvendo a eficácia das medidas provisórias merecem especial destaque.

A **primeira** delas envolve o **conflito de leis no tempo**. Ela pode ser traduzida na seguinte pergunta: o que ocorre com a lei anterior que cuidava de matéria veiculada por medida provisória?

A rigor, um dos efeitos da lei posterior é a revogação das leis anteriores com ela incompatíveis ou que tenham tido as suas matérias inteiramente reguladas pela nova lei (artigo 2º, §1º da LINDB).

Todavia, as medidas provisórias, vimos, não têm natureza jurídica de lei, mas de ato com força de lei. Ademais, são atos precários, que perdem a sua eficácia se não convertidas em lei. Por essas razões, Michel Temer ensina que a edição de medida provisória **paralisa temporariamente a eficácia da lei que versava sobre a mesma matéria**. Caso haja a sua **conversão em lei**, opera-se a **revogação. Do contrário, restaura-se a eficácia da norma anterior.**[178]

Foi esse o entendimento adotado pelo **Supremo Tribunal Federal**. No julgamento das ADIs n.º 5.709, 5.716, 5.717 e 5.727, a Suprema Corte fixou a tese de que a medida provisória não revoga lei anterior, mas **apenas suspende seus efeitos**

---

176. FERREIRA FILHO, Manoel Gonçalves. Do processo legislativo. 7ª ed. rev. e atual. São Paulo: Saraiva, 2012, p. 267.

177. AMARAL JÚNIOR, José Levi Mello do. Medida provisória: edição e conversão em lei: teoria e prática. 2ª ed. São Paulo: Saraiva, 2012, p. 161.

178. TEMER, Michel. Elementos de direitos constitucional. 22ª ed., 2ª tiragem. São Paulo: Malheiros, 2008, p. 155.

no ordenamento jurídico, em face de seu caráter transitório e precário. Aprovada a medida provisória, surge nova lei, a qual terá o efeito de revogar lei antecedente. Todavia, caso a medidas provisória seja rejeitada – expressa ou tacitamente –, a lei primeira vigente no ordenamento, que estava suspensa, volta a ter eficácia.[179]

A **segunda questão** tem **caráter histórico**, mas com reflexos ainda nos dias de hoje. Antes da EC n.º 32 de 2001, a medida provisória tinha eficácia por 30 (trinta) dias contados de sua edição. Se, nesse período, não fosse convertida em lei, perdia a eficácia.

Embora o prazo fosse significativamente menor, como não havia limitação expressa à **reedição** das medidas provisórias, adotou-se a prática de renová-las, com o mesmo conteúdo, se elas não fossem convertidas em lei após transcorrido o prazo constitucional.

E não era só: prevaleceu o entendimento, inclusive no âmbito do Supremo Tribunal Federal, de que, reeditada a medida provisória, mantinham-se os seus efeitos desde a sua primeira edição (**Enunciado n.º 54 da Súmula Vinculante**).

Nesse cenário, não foram poucos os abusos. Algumas medidas provisórias, que têm como característica a temporariedade e a provisoriedade – como o seu próprio *nomen iuris* deixa transparecer –, foram prorrogadas indefinidamente, chegando ao ponto de algumas vigerem por mais de cinco anos sem manifestação do Poder Legislativo.[180]

A **EC n.º 32 de 2001** rompeu com esse ciclo vicioso. Apesar de ter estendido o prazo de vigência das medidas provisórias, adicionou os parágrafos 7º e 10 ao artigo 62 da CF/88. Aquele admite a **prorrogação** do prazo de eficácia por **uma única vez**. Este **veda a reedição, na mesma sessão legislativa, de medida provisória que tenha sido rejeitada ou que tenha perdido sua eficácia por decurso de prazo.**[181]

Sensível, contudo, ao princípio da segurança jurídica, o constituinte reformador trouxe **regra específica** em relação às medidas provisórias editadas antes de 11 de setembro de 2001. Como vimos, muitas medidas provisórias vigoravam por longo período, não sendo poucas as relações jurídicas que por elas eram reguladas.

Assim, estabeleceu-se no **artigo 2º da EC n.º 32 de 2001** que as medidas provisórias editadas em data anterior à da publicação desta emenda continuam em vigor até que medida provisória ulterior as revogue explicitamente ou até deliberação definitiva do Congresso Nacional.

---

179. STF, Tribunal Pleno, ADIs 5.709, 5.716, 5.717 e 5.727, Rel. Min. Rosa Weber, j. 27.3.2019.

180. BARCELLOS, Ana Paula de. Curso de direito constitucional. Rio de Janeiro: Forense, 2018, p. 342.

181. Reafirmando a regra do artigo 62, §10, da CF/88: STF, Tribunal Pleno, ADIs 6.062/DF-MC, 6.172/DF-MC, 6.173/DF-MC, 6.174/DF-MC, Rel. Min. Roberto Barroso, j. 1º.8.2019.13.796.

III.2. Fase congressual (lei de conversão)

Adotada a medida provisória pelo Presidente da República, ela deverá ser **imediatamente submetida ao Congresso Nacional**.

O artigo 2º, §1º, da Resolução n.º 1 de 2002 do Congresso Nacional regulamenta a forma como isso se dará: no dia da publicação da medida provisória no Diário Oficial da União, o Presidente da República enviará o seu texto, acompanhado da respectiva Mensagem e de documento expondo a motivação do ato, ao Congresso Nacional.

Chegando ao Congresso Nacional, a medida provisória deve ser inicialmente apreciada por uma **comissão mista de Deputados Federais e Senadores**, que emitirá seu parecer (artigo 62, §9º, da CF/88).

Para tanto, nas 48 (quarenta e oito) horas que se seguirem à publicação no Diário Oficial da União da medida provisória, a Presidência da Mesa do Congresso Nacional designará a Comissão Mista, que será composta de 12 (doze) Deputados e 12 (doze) Senadores indicados pelos Líderes, respeitado, tanto quanto possível, a proporcionalidade dos partidos ou blocos parlamentares em cada Casa (artigo 2º, *caput* e §2º da Resolução n.º 1 de 2002 do Congresso Nacional).

Excepcionalmente, nos casos de medidas provisórias que abram crédito extraordinário à lei orçamentária anual, não será constituída comissão mista específica, sendo o exame e o parecer realizados pela Comissão Mista de Planos, Orçamentos Públicos e Fiscalização, prevista no artigo 166, §1º, da CF/88 (artigo 2º, §6º, da Resolução n.º 1 de 2002 do Congresso Nacional).

Apesar da clareza da regra esculpida no artigo 62, §9º, da CF/88, o Congresso Nacional adotou um procedimento distinto **na prática**. Em vez de uma comissão mista, com base no artigo 6º da Resolução n.º 1 de 2002 do Congresso Nacional, **designava-se um relator** para apreciar e elaborar o parecer

No julgamento da **ADI n.º 4.029/AM**, o Supremo Tribunal Federal decidiu que esse expediente era **inconstitucional**. Nessa oportunidade, afirmou a Suprema Corte que a fase de apreciação e emissão de parecer pelas Comissões Mistas é **obrigatória** no processo de conversão das medidas provisórias em leis ordinárias.

Fundamentou-se tal decisão no fato de as funções exercidas por essas comissões decorrem da necessidade, imposta pela Constituição, de assegurar uma **reflexão mais detida** sobre o ato normativo primário emanado pelo Executivo, evitando que a apreciação pelo Plenário seja feita de maneira inopinada, percebendo-se, assim, que o parecer desse colegiado representa, em vez de formalidade desimportante, uma **garantia de que o Legislativo fiscalize o exercício atípico da função legiferante pelo Executivo**.

Todavia, considerando o grande volume de leis aprovadas com base na prática inconstitucional de dispensar a manifestação da comissão mista no trâmite parlamentar das medidas provisórias, os Ministros optaram por **modular os efeitos da decisão**, preservando a validade das medidas provisórias convertidas em lei ou que estivessem em tramitação até o julgamento da ADI n.º 4.029/AM.[182]

O Supremo Tribunal Federal, ainda, **excepcionou** esse entendimento **durante da pandemia causada pelo coronavírus**. Em razão da grave crise sanitária que assolou o país, admitiu-se que o Congresso Nacional, temporariamente, estabelecesse a apresentação de parecer sobre as medidas provisórias diretamente em Plenário, por parlamentar designado na forma regimental, em virtude da impossibilidade momentânea de atuação da comissão mista.[183]

São **admitidas emendas parlamentares** à medida provisória. Elas somente podem ser oferecidas perante a Comissão Mista (artigo 4º, §1º da Resolução n.º 1 de 2002 do Congresso Nacional) e deverão ser protocoladas na Secretaria-Geral da Mesa do Senado Federal nos 6 (seis) primeiros dias que se seguirem à publicação no Diário Oficial da União (artigo 4º, *caput*, da Resolução n.º 1 de 2002 do Congresso Nacional).

Em relação às emendas parlamentares, a jurisprudência do **Supremo Tribunal Federal** é firme no sentido de que elas deverão ter relação de **pertinência temática** com a medida provisória que está sendo apreciada. As emendas parlamentares sem pertinência temática, também chamadas de "**jabutis**", devem ser liminarmente indeferidas pelo Presidente da Comissão Mista. Está vedada, portanto, a prática conhecida como "**contrabando legislativo**".[184]

Da mesma forma como ocorre no processo legislativo ordinário, se as emendas parlamentares forem apresentadas no Senado Federal (casa revisora), o projeto deverá voltar à Câmara dos Deputados (casa iniciadora) e as alterações serão apreciadas em um único turno de votação, vedadas novas alterações.

Emitido o parecer pela comissão mista, passa-se à fase de **deliberação das Casas do Congresso Nacional**. As medidas provisórias devem ser apreciadas em **sessão separada** pelo plenário de cada uma das Casas Legislativas, iniciando-se pela Câmara dos Deputados.

Tanto a Câmara dos Deputados como o Senado Federal, antes de deliberarem sobre o mérito das medidas provisórias, deverão fazer um **juízo prévio** sobre o atendimento dos **pressupostos constitucionais** (artigo 62, §5º, da CF/88).

---

182. STF, Tribunal Pleno, ADI 4.029/AM, Rel. Min. Luiz Fux, j. 8.3.2012.

183. STF, Tribunal Pleno, ADI 6.751/DF, ADPF 661/DF e ADPF 663/DF, Rel. Min. Alexandre de Moraes, j. 3.9.2021.

184. STF, Tribunal Pleno, ADI 5.127/DF, red. p/ acórdão Min. Edson Fachin, j. 15.10.2015.

A deliberação, ante a ausência de regra específica, se dará nos moldes do artigo 47 da CF/88, ou seja, mediante o **quórum de instalação** de **maioria absoluta** e o **quórum de votação** de **maioria simples**.

A EC n.º 32 de 2001 inseriu no texto constitucional o **artigo 62, §6º, da CF/88**. Segundo esse dispositivo, se a medida provisória não for apreciada em **até 45 (quarenta e cinco) dias** contados de sua publicação, ela entrará em **regime de urgência**, subsequentemente, em cada uma das Casas do Congresso Nacional, ficando **sobrestadas**, até que se ultime a votação, todas as demais deliberações legislativas da Casa em que estiver tramitando.

Assim, passados 45 (quarenta e cinco) dias da publicação da medida provisória no Diário Oficial da União sem a deliberação do Congresso Nacional, haverá o **trancamento da pauta** da Casa Legislativa em que a medida provisória esteja tramitando.

Em relação ao regime de urgência constitucional das medidas provisórias, **duas importantes situações** merecem nossa atenção.

A primeira delas é que o prazo de 45 (quarenta e cinco) dias para que se dê início ao regime de urgência constitucional é **uno**, ou seja, conta-se uma única vez para as duas Casas Legislativas que compõe o Congresso Nacional. Assim, se o projeto de conversão da medida provisória em lei ultrapassar os quarenta e cinco dias na Câmara dos Deputados, quando da sua aprovação e envio ao Senado Federal (casa revisora), a pauta deste será automaticamente trancada.

A segunda situação que se coloca é saber **quais** as deliberações legislativas ficam sobrestadas após o transcurso do prazo previsto no artigo 62, § 6º, da CF/88.

Uma **primeira corrente** faz uma **interpretação literal** do dispositivo, que se utiliza da expressão "todas as demais deliberações legislativas". Desse modo, a Casa Legislativa em que estiver tramitando o projeto de conversão da medida provisória em lei não poderá deliberar sobre nenhum outro projeto de lei ou proposta de emenda à constituição.[185]

185. Nesse sentido foi o **voto vencido** proferido pelo Ministro Marco Aurélio: "Vem a cláusula que não permite – e cessa a interpretação, segundo Carlos Maximiliano, quando o texto legal é claro – qualquer interpretação, não se podendo inserir, no preceito, exceção não contemplada. Onde o legislador não distingue não cabe ao intérprete fazê-lo, sob pena de reescrever a norma legal, sob pena de reescrever o preceito. (...) Leio, para efeito de documentação nos anais – e a história é impiedosa – do Supremo: ficando sobrestadas, até que se ultime a votação, no regime de urgência, todas as matérias, todas as demais deliberações legislativas da Casa em que estiver tramitando. Não raciocino com o extravagante, com o excepcional, com o que normalmente ocorre. E o que normalmente acontece decorre da presunção da seriedade dos Senhores Parlamentares na observância do Texto Constitucional. Repito: "[...] ficando sobrestadas, até que se ultime a votação, todas as demais deliberações legislativas da Casa em que estiver tramitando" a medida provisória, já cercada da urgência relativamente à apreciação, já impulsionada pelo regime de urgência (...)". Ver STF, Tribunal Pleno, MS 27.931, Rel. Min. Celso de Mello, j. 29.6.2017.

Prevaleceu, no entanto, no âmbito do **Supremo Tribunal Federal** a tese sustentada por Michel Temer, quando Presidente da Câmara dos Deputados, de que **somente estariam sobrestadas as deliberações que versem sobre matérias permitidas às medidas provisórias.**

No julgamento do **MS n.º 27.931/DF**, a maioria dos Ministros confirmou o entendimento adotado pelo Ministro Relator Celso de Mello quando da apreciação do pedido liminar, fixando a tese de que o regime de urgência previsto no artigo 62, §6º, da CF/88 refere-se tão somente àquelas matérias que se mostram passíveis de regramento por medida provisória, **excluídos**, em consequência, do trancamento de pauta as **propostas de emenda à Constituição**, os **projetos de lei complementar**, de **decreto legislativo**, de **resolução** e, até mesmo, tratando-se de **projetos de lei ordinária**, aqueles **que veiculem temas pré-excluídos do âmbito de incidência das medidas provisórias.**

Os fundamentos utilizados para a adoção desse entendimento são dois. O primeiro, de natureza jurídica, lastreia-se no **princípio da separação dos poderes** (artigo 2º da CF). A função legislativa é, em nosso modelo constitucional, atribuída ao Poder Legislativo. Quando o Presidente da República, Chefe do Executivo, adota as medidas provisórias, o faz no exercício de uma função atípica. As funções atípicas são exceções e, como tais, devem ser interpretadas restritivamente. Logo, uma interpretação sistemática da Constituição de 1988 leva à conclusão de que não é dado ao Poder Executivo, no exercício de uma função atípica, inviabilizar por completo a função típica de outro Poder – no caso, o Legislativo.

O segundo fundamento, esse de ordem política, é o de que, dado o grande número de medidas provisórias editadas, as pautas de ambas as Casas Legislativas estariam constantemente trancadas, o que causaria um **sentimento geral de que o Poder Legislativo não cumpre a sua função primordial, que é legislar.**

Aprovado o projeto de conversão em lei ou perdendo a medida provisória a sua eficácia em razão do decurso do prazo constitucional, cassa o regime de urgência e, consequentemente, **destranca-se a pauta da Casa.**

São **quatro** os **resultados** a que a deliberação do Congresso Nacional pode alcançar.

a) **Aprovação sem alteração**: aprovada a medida provisória, sem alteração de mérito, será o seu texto promulgado pelo Presidente da Mesa do Congresso Nacional para publicação, como lei, no Diário Oficial (artigo 12, *caput*, da Resolução n.º 1 de 2002 do Congresso Nacional). Ou seja, se não houver alteração no texto da medida provisória, a sua lei de conversão **não precisará ser sancionada** pelo Presidente da República.

b) **Aprovação com alteração**: já vimos que as emendas parlamentares à medida provisória são plenamente aceitas, desde que guardem pertinência temática com o seu texto original. Aprovada a medida provisória com alterações, o projeto de conversão será enviado, pela Casa onde houver sido concluída a votação, para **sanção ou veto do Presidente da República**.

Nesse caso, o texto original da medida provisória **manter-se-á integralmente em vigor até a deliberação do Chefe do Poder Executivo** (artigo 62, §12, da CF/88).

Como na aprovação com alteração há **rejeição a parte do texto da medida provisória**, aplica-se, somente quanto a esta parte, o disposto no **artigo 62, §11, da CF/88**. Desse modo, o Congresso Nacional terá 60 (sessenta) dias, contados da aprovação com rejeição parcial, para editar decreto legislativo que discipline as relações jurídicas que foram regidas pela parte da medida provisória rejeitada. Se não o fizer, as relações jurídicas constituídas e decorrentes de atos praticados durante sua vigência conservar-se-ão por ela regidas.

Sancionado o projeto de lei de conversão, o próprio Presidente da República o promulgará e determinará sua publicação.

c) **Rejeição expressa**: rejeitada a medida provisória por qualquer das Casas, o Presidente da Casa que assim se pronunciar comunicará o fato imediatamente ao Presidente da República, fazendo publicar no Diário Oficial da União ato declaratório de rejeição de medida provisória (artigo 14, *caput*, da Resolução n.º 1 de 2002 do Congresso Nacional).

Com a rejeição, a medida provisória **perde a sua eficácia retroativamente**. Caberá ao Congresso Nacional, por força do artigo 62, §§ 3º e 11, da CF/88, elaborar **decreto legislativo** para disciplinar as relações jurídicas que foram regidas pela medida provisória, enquanto ela produzia seus efeitos. Com essa finalidade, a **Comissão Mista** reunir-se-á novamente.

Caso o decreto legislativo não seja editado até **60 (sessenta) dias** após a rejeição, as relações jurídicas constituídas e decorrentes de atos praticados durante a vigência da medida provisória **conservar-se-ão por ela regidas** (artigo 62, §11, da CF/88).

O Presidente da República **não poderá**, na mesma sessão legislativa, **editar** medida provisória que tenha sido rejeitada (artigo 62, §10, da CF/88). Neste ponto, a jurisprudência do Supremo Tribunal Federal tem sido firme, declarando-se inconstitucionais as medidas provisórias rejeitadas que foram reapresentadas em uma mesma sessão legislativa, ainda que com pequenas mudanças que não a modifiquem substancialmente.[186]

186. STF, Tribunal Pleno, ADIs 5.717/DF, 5.709/DF, 5.716/DF e 5.727/DF, Rel. Min. Rosa Weber, j. 27.3.2019.

d) **Rejeição tácita: expirado o prazo total** de eficácia da medida provisória sem a aprovação ou rejeição expressa do Congresso Nacional, considera-se a medida provisória **rejeitada tacitamente.**

O Presidente da Mesa do Congresso Nacional comunicará o fato ao Presidente da República, fazendo publicar no Diário Oficial da União ato declaratório de encerramento do prazo de vigência de medida provisória (artigo 14, parágrafo único, da Resolução n.º 1 de 2002 do Congresso Nacional).

A rejeição tácita produz os mesmos efeitos da rejeição expressa. Desse modo, a medida provisória **perde a sua eficácia retroativamente.** O Congresso Nacional, por força do artigo 62, §§ 3º e 11, da CF/88, deverá elaborar **decreto legislativo** para disciplinar as relações jurídicas que foram regidas pela medida provisória, enquanto ela produzia seus efeitos – a comissão mista, vimos, é órgão que tem essa incumbência.

Se o decreto legislativo não for editado até **60 (sessenta) dias** após a perda de eficácia de medida provisória, as relações jurídicas constituídas e decorrentes de atos praticados durante a vigência da medida provisória **conservar-se-ão por ela regidas** (artigo 62, §11, da CF/88).

O Presidente da República **não poderá**, na mesma sessão legislativa, **editar** medida provisória que tenha perdido sua eficácia por decurso de prazo (artigo 62, §10, da CF/88).

Uma vez editada a medida provisória, **não é dado ao Presidente da República retirá-la da apreciação do Congresso Nacional.** Isso porque tal ato importa em ilegítimo impedimento ao exercício da prerrogativa conferida ao Poder Legislativo de examinar, plena e integralmente, a medida provisória editada.

Todavia, o **Supremo Tribunal Federal admite que o Presidente da República adote uma nova medida provisória que ab-rogue a anterior, desde que esta ainda não tenha sido apreciada pelo Poder Legislativo.** Neste caso, não poderá o Congresso Nacional prosseguir na análise da medida provisória ab-rogada, pois ela estará com a sua eficácia suspensa. Deverá, pois, analisar ambas as medidas em **momentos sucessivos:** primeiro, apreciará a medida provisória mais recente. Se aprová-la, a medida provisória mais antiga será definitivamente revogada. Ao contrário, se rejeitá-la, a primeira medida provisória terá sua eficácia restaurada, devendo, nesse segundo momento, ser analisada e votada pelo Congresso Nacional.[187]

Em momento posterior, o Supremo Tribunal Federal, ao julgar a **Medida Cautelar na ADI n.º 3.964/DF**, fez um importante apontamento: ainda que se

187. STF, Tribunal Pleno, ADI 2.984/DF-MC, Rel. Min. Ellen Gracie, j. 4.9.2003.

admita a ab-rogação de medida provisória ainda não analisada pelo Congresso Nacional por meio da adoção de uma nova medida provisória, deve o Presidente da República **respeitar a regra contida no artigo 62, § 10, da CF/88.**

Isso significa que é **vedada a reedição de medida provisória ainda não apreciada pelo Poder Legislativo em uma mesma sessão legislativa.** Pontou-se, na ocasião, que a revogação de uma medida provisória por outra nada mais é do que um auto-rejeição, e medida provisória rejeitada não pode ser reeditada em uma mesma sessão legislativa.[188]

Por fim, destaque-se que **a conversão da medida provisória em lei não tem o condão de convalidar vícios formais porventura existentes na medida provisória.** Não fica prejudicado, portanto, o controle de constitucionalidade sobre o atendimento ou não dos pressupostos constitucionais de admissibilidade da medida provisória.[189]

IV. Medidas provisórias nos Estados-membros e nos Municípios?

A Constituição de 1967/69, em seu artigo 200, parágrafo único, vedava expressamente a adoção do decreto-lei – instituto que antecedeu as medidas provisórias – no âmbito estadual.

A Constituição de 1988 não repetiu tal proibição. Ao contrário, o artigo 25, §2° da CF/88, com redação dada pela EC n.° 5 de 1995, interpretado a contrário senso, aponta para a possibilidade de os Governadores editarem medidas provisórias.

O Supremo Tribunal Federal, em razão da ausência de vedação expressa, **tem admitido que Governadores e Prefeitos adotem medidas provisórias.** Para tanto, deverá haver **expressa previsão**, respectivamente, na Constituição Estadual e na Lei Orgânica Município. No mais, devem ser **reproduzidos os parâmetros estabelecidos na Constituição Federal.**[190]

C.4. Decretos legislativos

O decreto legislativo é a espécie normativa que tem como conteúdo as **matérias de competência exclusiva do Congresso Nacional.**

Essas matérias estão, basicamente, enumeradas no **artigo 49 da Constituição Federal.** Além delas, o **artigo 62, §3°, da CF/88** prevê que os efeitos das medidas

188. STF, Tribunal Pleno, ADI 3.964/DF-MC, Rel. Min. Carlos Britto, j. 12.12.2007.

189. STF, Tribunal Pleno, ADI 3.330/DF-MC, Rel. Min. Ayres Britto, j. 3.5.2012.

190. STF, Tribunal Pleno, ADI 2.391/SC, Rel. Min. Ellen Gracie, j. 16.8.2006.

provisórias não convertidas em lei serão disciplinados por meio desta espécie normativa.

A natureza jurídica dos decretos legislativos é de **ato normativo primário**, pois estão listados no artigo 59, inciso VI, da CF/88.

O processo legislativo para a edição dos decretos legislativos não está previsto na Lei Fundamental. Coube, por conseguinte, aos regimentos internos da Câmara dos Deputados e do Senado Federal delineá-lo.

O projeto de decreto legislativo será discutido pelo Congresso Nacional e a sua aprovação se dá por **maioria simples**, nos moldes do artigo 47 da CF/88. Uma vez aprovado, o decreto legislativo não se submete à sanção do Presidente da República, sendo **imediatamente promulgados pelo Presidente do Senado Federal**, que determinará a sua publicação.

C.5. Resoluções

A resolução é a espécie normativa por meio da qual se regulamenta **matérias de competência privativa do Senado Federal ou da Câmara dos Deputados** e, em alguns casos, **matérias de competência do Congresso Nacional.**

Em regra, as matérias versadas por meio de resolução limitam-se a **interesses internos** das Casas Legislativas ou do Congresso Nacional. Contudo, há **algumas hipóteses** constitucionalmente previstas em que uma resolução tratará de **matéria externa**. São elas:

a) a delegação ao Presidente da República de competência para elaborar lei delegada dar-se-á por meio de resolução do Congresso Nacional (artigo 68, §2º da CF/88);

b) a fixação de alíquotas máximas para o imposto sobre transmissão *causa mortis* ou doação, de quaisquer bens ou direitos, dar-se-á por meio de resolução do Senado Federal (artigo 155, §1º, inciso IV, da CF/88);

c) resolução do Senado Federal, de iniciativa do Presidente da República ou de um terço dos Senadores, aprovada pela maioria absoluta de seus membros, estabelecerá as alíquotas de ICMS aplicáveis às operações e prestações, interestaduais e de exportação (artigo 155, §2º, inciso IV, da CF/88);

d) é facultado ao Senado Federal estabelecer alíquotas mínimas do ICMS que incide nas operações internas, mediante resolução de iniciativa de um terço e aprovada pela maioria absoluta de seus membros (artigo 155, §2º, inciso V, alínea "a", da CF/88);

e) é facultado ao Senado Federal fixar alíquotas máximas do ICMS nas operações internas para resolver conflito específico que envolva interesse de Estados, mediante resolução de iniciativa da maioria absoluta e aprovada por dois terços de seus membros (artigo 155, §2º, inciso V, alínea "b", da CF/88).

A natureza jurídica das resoluções é de **ato normativo primário**, pois estão listados no artigo 59, inciso VII, da CF/88.

O processo legislativo para a edição das resoluções, assim como ocorre nos decretos legislativos, não está previsto em nossa Constituição Federal. Coube, por conseguinte, aos regimentos internos da Câmara dos Deputados, do Senado Federal e do Congresso Nacional delineá-lo.

O projeto de resolução será deliberado na Casa Legislativa, e apenas nela, que tem detém a atribuição para expedir a resolução. Se a competência for do Congresso Nacional, a tramitação será bicameral.

A aprovação do projeto de resolução depende de aquiescência de **maioria simples**, aplicando-se o disposto no artigo 47 da CF/88.

O projeto de resolução **não dependerá de sanção do Presidente da República**. Com a aprovação, o projeto de resolução torna-se, imediatamente, resolução. A sua promulgação será feita pelo Presidente do Congresso Nacional, se versar sobre matéria de interesse comum das duas Casas Legislativas; pelo Presidente da Câmara dos Deputados, se versar sobre matéria de interesse apenas desta Casa; e pelo Presidente do Senado Federal, se a matéria for de interesse exclusivo do Senado Federal. Aquele que promulgou será responsável por determinar a sua publicação.

8. PROCESSO LEGISLATIVO

A. Introdução

Além da função legislativa, o Poder Legislativo também exerce, tipicamente, a **função fiscalizatória**. Com efeito, o artigo 49, inciso X, da CF/88 confere ao Congresso Nacional a competência de fiscalizar e controlar, diretamente, ou por qualquer de suas Casas, os atos do Poder Executivo, incluídos os da administração indireta.

São diversos os mecanismos de controle que a Constituição Federal de 1988 atribuiu ao Poder Legislativo, permitindo-lhe fiscalizar se o atuar da Administração Pública está em consonância ou não com o ordenamento jurídico.

José Levi Mello do Amaral Júnior destaca os seguintes: i) a sustação de atos normativos do Poder Executivo (artigo 49, inciso V, da CF/88); ii) a convocação de ministros e os pedidos de informações (art. 50 da CF/88); iii) as comissões parlamentares de inquéritos (art. 58, §3º, da CF/88); iv) a discussão dos projetos de lei orçamentária (art. 48, II, da CF/88) e a conversão da medida provisória em lei; (art. 62, §§ 3º e 5º, da CF/88) v) o *impeachment* (art. 52, II, da CF/88); e vi) a fiscalização financeira realizada pelo Poder Legislativo e pelo Tribunal de Contas (art. 70 da CF/88).[191]

O Supremo Tribunal Federal aplica o **princípio da simetria** em relação à função fiscalizatória, de modo que os Estados-membros, Distrito Federal e Municípios não podem tratar do tema de forma diversa àquela estabelecida no âmbito federal pela Constituição de 1988. Nesse cenário, o STF já decidiu que o Estado-membro não está autorizado a ampliar o rol de autoridades sujeitas à fiscalização direta pelo Poder Legislativo e à sanção por crime de responsabilidade.[192]

Neste tópico, nos limitaremos a estudar a **fiscalização realizada pelo Poder Legislativo sobre a atividade financeira do Estado.**

Com a finalidade de evitar a malversação dos recursos públicos, a nossa Constituição de 1988 estabeleceu, nos **artigos 70 a 75**, um amplo sistema de controle sobre todas as etapas da atividade financeira da União Federal, regras estas plenamente aplicáveis em âmbito estadual, distrital e municipal.

Cada um dos Poderes deve realizar o **controle interno** sobre a suas atividades financeiras, contábeis, orçamentária, operacional e patrimonial, nos moldes do que prescreve os artigos 70 e 74, ambos da Constituição Federal.

Além desse controle interno, o artigo 70, *caput*, da CF/88 estabelece um **controle externo**, este realizado pelo **Poder Legislativo** de cada ente federado, com o **auxílio do Tribunal de Contas.**

O controle realizado pelo Poder Legislativo sobre a atividade financeira é **bastante amplo**. Ele incidirá sobre aspectos **contábeis**, **financeiros**, **orçamentários**, **operacionais** e **patrimoniais** de todas as entidades da administração direta e indireta, recaindo inclusive sobre pessoas físicas e jurídicas privadas que manipulem verbas ou bens públicos (artigo 70, *caput* e parágrafo único, da CF/88).

O **alcance** da fiscalização não se limita à verificação de compatibilidade entre o atuar financeiro e a lei. Deve-se analisar a atuação financeira sob os seguintes aspectos:

a) **Legalidade**: verifica-se se a atividade financeira, em todos os seus aspectos, está de acordo com a legislação de regência – inclui-se no parâmetro de controle não só as leis em sentido formal, mas também os atos infralegais.

191. AMARAL JÚNIOR, José Levi Mello do. O Poder Legislativo na democracia contemporânea: A função de controle político do Parlamento na democracia contemporânea. Revista de Informação Legislativa, Brasília, a. 42, n.º 168, p. 7-18, out./dez., 2005.

192. STF, Tribunal Pleno, ADI 6.640, Rel. Min. Edson Fachin, j. 22.8.2022.

b) **Legitimidade**: valora-se se os gastos públicos atendem ao interesse público e às prioridades estipulas pelo plano plurianual.

c) **Economicidade**: analisa-se se os gastos públicos estão sendo realizados de maneira eficiente, isto é, se está sendo obtido o maior aproveitamento com a utilização da menor quantidade possível de recursos.

d) **Aplicação de subvenções**: as subvenções são as transferências legais destinadas a cobrir despesas de custeio de determinadas entidades. Elas podem ser sociais, quando se destinarem a instituições públicas ou privadas de caráter assistencial ou cultural, sem finalidade lucrativa; e podem ser econômicas, quando se destinarem a empresas públicas ou privadas de caráter industrial, comercial, agrícola ou pastoril (artigo 12 da Lei n.º 4.320/64). Em ambos os casos, deve-se fiscalizar se os valores repassados foram realmente utilizados naquilo que essas entidades se comprometeram a aplicá-los.

e) **Renúncia de receitas:** verifica-se as desonerações fiscais (isenções, deduções ou reduções da base de cálculo, reduções de alíquotas) realizadas atingiram ou não a sua finalidade.

B. Tribunais de Contas

B.1. Origem, conceito e natureza jurídica

André Ramos Tavares aponta que a origem do fiscal financeiro remonta à antiga Síria, Babilônia e Egito, mas é na Grécia Antiga e em Roma que se encontram as bases do fiscal da Fazenda Pública.[193]

Interessa-nos, contudo, a origem do Tribunal de Contas no Brasil. O primeiro ato normativo a tratar do tema foi o Decreto n.º 966-A de 1890, que instituiu o Tribunal de Contas, dando-o a incumbência de examinar, revisar e julgar as operações concernentes à receita e despesa da República (artigo 1º). Com a Constituição de 1891, a previsão ganhou *status* constitucional. Todavia, somente em 1893 é que ocorreu a sua efetiva instalação.

A Constituição Federal de 1988 trata do Tribunal de Contas da União em seus artigos 70, 71 e 73, e dos Tribunais de Contas dos Estados e dos Municípios no artigo 75.

O Tribunal de Contas da União é o órgão colegiado que **auxilia** o Congresso Nacional no exercício do **controle externo da atividade financeira, contábil, orçamentária, operacional e patrimonial da Administração Pública**.

193. TAVARES, André Ramos. Curso de Direito Constitucional. 16ª ed. São Paulo: Saraiva Educação 2018, p. 1.005.

A sua natureza jurídica é de **órgão constitucional autônomo**. Embora auxilie o Poder Legislativo em sua função fiscalizatória, não o integra, tampouco lhe é subordinado. O constituinte buscou, com isso, dar-lhe contornos técnicos, e não políticos.

Em razão da autonomia conferida ao Tribunal de Contas da União – que se estende aos Tribunais de Contas estaduais, por força do art. 75 da CF/88 –, o Supremo Tribunal Federal possui firme entendimento de que lhe cabe a **iniciativa privativa para deflagrar processo legislativo** que tenha por objeto alterar a sua **organização** ou seu **funcionamento** (art. 96, II, da CF/88).[194]

B.2. Composição

O Tribunal de Contas da União é composto por **nove Ministros** e tem **sede no Distrito Federal** (artigo 73, *caput*, da CF/88).

Seus Ministros serão escolhidos pelo Presidente da República e pelo Congresso Nacional entre os brasileiros que tenham: i) mais de trinta e cinco e menos de setenta anos de idade; ii) idoneidade moral e reputação ilibada; iii) notórios conhecimentos jurídicos, contábeis, econômicos e financeiros ou de administração pública; e iv) mais de dez anos de exercício de função ou de efetiva atividade profissional que exija os referidos conhecimentos.

> **Observação**: O **Superior Tribunal de Justiça**, no julgamento do RMS n.º 35.403/DF, entendeu que Membro do Ministério Público junto ao Tribunal de Contas de Estados ou do Distrito Federal que ocupa esse cargo há menos de dez anos pode ser indicado para compor lista tríplice destinada à escolha de conselheiro da referida corte. Isso porque o artigo 73, § 1º, da Constituição, relativo ao Tribunal de Contas da União, mas aplicável, também, aos Tribunais de Contas dos Estados e do Distrito Federal, não estabelece que os membros do Ministério Público ou os Auditores tenham 10 (dez) anos no cargo para que possam ser nomeados para o cargo de Membro do Tribunal, mas tão somente que os Ministros do TCU devem ter mais de dez anos de exercício de função ou de efetiva, o que pode ser alcançado no exercício de outra função, como, por exemplo, na advocacia.[195]

A **escolha** se dará da seguinte forma (artigo 73, §2º, da CF/88):

a) **Um terço** do Ministros serão escolhidos **pelo Presidente da República, com aprovação do Senado Federal**, sendo dois alternadamente dentre

194. STF, Tribunal Pleno, ADI 5.323, Rel. Min. Rosa Weber, j. 11.4.2019.

195. STJ, Segunda Turma, RMS 35.403/DF, Rel. Min. Herman Benjamin, j. 3.3.2016.

auditores e membros do Ministério Público junto ao Tribunal, indicados em lista tríplice pelo Tribunal, segundo os critérios de antiguidade e merecimento;

b) **Dois terços** dos Ministros serão escolhidos **pelo Congresso Nacional.**

O artigo 73, §3º, da CF/88, para garantir um atuar independente e imparcial, conferiu aos Ministros do Tribunal de Contas da União as **mesmas garantias, prerrogativas, impedimentos, vencimentos e vantagens dos Ministros do Superior Tribunal de Justiça**. Estipulou, ainda, que eles somente poderão aposentar-se com as vantagens do cargo quando o tiverem exercido efetivamente por mais de cinco anos.

O Tribunal de Contas da União conta, ainda, com **três auditores concursados**. Eles têm a incumbência de substituir os Ministros em seus afastamentos, impedimentos e em casos de vacância. Quando não convocados para substituir ministro, presidirão à instrução dos processos que lhe forem distribuídos, relatando-os com proposta de decisão a ser votada pelos integrantes do Plenário ou da Câmara para a qual estiverem designados.

Quando em substituição, assegura-se aos auditores as mesmas garantias e impedimentos do titular e, quando no exercício das demais atribuições da judicatura, as de juiz de Tribunal Regional Federal (artigo 73, §4º, da CF/88).

B.3. Competências

As competências do Tribunal de Contas da União estão arroladas nos incisos do artigo 71 da CF/88. São elas:

a) apreciar as contas prestadas anualmente pelo Presidente da República, mediante parecer prévio que deverá ser elaborado em sessenta dias a contar de seu recebimento;

b) julgar as contas dos administradores e demais responsáveis por dinheiros, bens e valores públicos da administração direta e indireta, incluídas as fundações e sociedades instituídas e mantidas pelo Poder Público federal, e as contas daqueles que derem causa a perda, extravio ou outra irregularidade de que resulte prejuízo ao erário público;

c) apreciar, para fins de registro, a legalidade dos atos de admissão de pessoal, a qualquer título, na administração direta e indireta, incluídas as fundações instituídas e mantidas pelo Poder Público, excetuadas as nomeações para cargo de provimento em comissão, bem como a das concessões de aposentadorias, reformas e pensões, ressalvadas as melhorias posteriores que não alterem o fundamento legal do ato concessório;

d) realizar, por iniciativa própria, da Câmara dos Deputados, do Senado Federal, de Comissão técnica ou de inquérito, inspeções e auditorias de natureza contábil, financeira, orçamentária, operacional e patrimonial, nas unidades administrativas dos Poderes Legislativo, Executivo e Judiciário, e demais entidades referidas no inciso II;

e) fiscalizar as contas nacionais das empresas supranacionais de cujo capital social a União participe, de forma direta ou indireta, nos termos do tratado constitutivo;

f) fiscalizar a aplicação de quaisquer recursos repassados pela União mediante convênio, acordo, ajuste ou outros instrumentos congêneres, a Estado, ao Distrito Federal ou a Município;

g) prestar as informações solicitadas pelo Congresso Nacional, por qualquer de suas Casas, ou por qualquer das respectivas Comissões, sobre a fiscalização contábil, financeira, orçamentária, operacional e patrimonial e sobre resultados de auditorias e inspeções realizadas;

h) aplicar aos responsáveis, em caso de ilegalidade de despesa ou irregularidade de contas, as sanções previstas em lei, que estabelecerá, entre outras cominações, multa proporcional ao dano causado ao erário;

i) assinar prazo para que o órgão ou entidade adote as providências necessárias ao exato cumprimento da lei, se verificada ilegalidade;

j) sustar, se não atendido, a execução do ato impugnado, comunicando a decisão à Câmara dos Deputados e ao Senado Federal;

k) representar ao Poder competente sobre irregularidades ou abusos apurados.

Acerca dessas competências, **alguns apontamentos** devem ser feitos.

O **primeiro** deles envolve a **distinção** entre as atribuições previstas nos incisos I e II do artigo 71 da CF/88.

Em relação às **contas do Poder Executivo**, a competência do Tribunal de Contas está adstrita à sua **apreciação**, mediante a emissão de **parecer prévio**. Esse parecer, que tem natureza meramente opinativa, servirá de subsídio para que o **Poder Legislativo julgue as contas do Poder Executivo** (artigo 49, inciso IX, da CF/88).

Neste ponto, o Supremo Tribunal Federal não faz distinção entre as chamadas "contas de governo" e "contas de gestão": compete ao Poder Legislativo, e não ao Tribunal de Contas, julgar todas as contas de responsabilidade do Poder Executivo.[196]

---

196. STF, Tribunal Pleno, RE 848.826/CE, Red. p/ acórdão Min. Ricardo Lewandoswki, j. 10.8.2016 (repercussão geral).

Outra decisão importante da Suprema Corte sobre o tema foi proferida na **ADI n.º 3.077/SE.** Nessa oportunidade, os Ministros decidiram que é inconstitucional a previsão em Constituição Estadual que determina o encaminhamento direto das contas de Prefeito à Câmara Municipal para julgamento, se o TCE não elaborar o parecer prévio em 180 (cento e oitenta) dias. Isso porque, segundo a sistemática estabelecida pela Constituição Federal, a **elaboração de parecer prévio é sempre necessária,** não podendo ser dispensada.[197]

> **Observação 1:** No **âmbito municipal**, o parecer prévio emitido pelo Tribunal de Contas respectivo vincula, em certa medida, o Poder Legislativo municipal. Isso porque o artigo 31, §2º, da CF/88 dispõe que o parecer prévio emitido pelo Tribunal de Contas sobre as contas que o Prefeito anualmente presta somente **não prevalecerá por decisão de dois terços dos membros da Câmara Municipal.**

> **Observação 2:** Como vimos, a competência para julgar as contas prestadas pelo Presidente da República é do Congresso Nacional. Todavia, se o Presidente deixar de prestá-las, a **tomada de contas** não apresentadas no prazo caberá à **Câmara dos Deputados** (artigo 51, inciso II, da CF/88).

Por outro lado, compete ao Tribunal de Contas **julgar**, e não apenas emitir parecer opinativo, **as contas** do **Poder Legislativo**, do **Poder Judiciário**, dos **órgãos, fundos e empresas da Administração Pública direta e indireta**, do **Ministério Público** e de **toda pessoa física que administre verbas públicas** (artigo 71, inciso II, da CF/88).

Nessa segunda hipótese, o exercício da competência de julgamento pelo Tribunal de Contas **não fica subordinado ao crivo posterior do Poder Legislativo**, conforme jurisprudência pacífica do Supremo Tribunal Federal.[198] A previsão em constituição estadual que confere privativamente à Assembleia Legislativa o julgamento das contas do Poder Legislativo estadual é inconstitucional, pois se trata de competência atribuída ao Tribunal de Contas do Estado (artigo 71, inciso II, c/c artigo 75, ambos da CF/88).[199]

O Supremo Tribunal Federal possui firme entendimento no sentido de que o prazo decadencial de 5 (cinco) anos, previsto no art. 54 da Lei nº 9.784/99, **não se**

197. STF, Tribunal Pleno, ADI 3.077/SE, Rel. Min. Cármen Lúcia, j. 16.11.2016.

198. STF, Tribunal Pleno, ADI 3.715/TO, Rel. Min. Gilmar Mendes, j. 21.8.2014.

199. STF, Tribunal Pleno, ADI 3.077/SE, Rel. Min. Cármen Lúcia, j. 16.11.2016.

aplica aos processos de tomada de contas conduzidos pelo TCU, considerando que existe uma lei específica que rege o tema, que é a Lei nº 9.784/99.[200]

O **segundo apontamento** envolve a competência descrita no **artigo 71, inciso III, da CF/88**. Esse dispositivo pode ser dividido em duas partes: a primeira atribui ao Tribunal de Contas a competência para apreciar legalidade da admissão de pessoal, a qualquer título, na administração direta e indireta, incluídas as fundações públicas, excetuando-se tão somente as nomeações para cargo em comissão; a segunda confere ao Tribunal de Contas a competência de apreciar concessões de aposentadorias, reformas e pensões, ressalvadas as melhorias posteriores que não alterem o fundamento legal do ato concessório.

Sobre tal atribuição, o Supremo Tribunal Federal já teve a oportunidade de afirmar que o **Poder Legislativo não tem competência para rever** o ato que nega registro de admissão de pessoal, posto que a posição do Tribunal de Contas, nas atribuições ligadas ao controle externo, não é, necessariamente, a de mero auxiliar do Poder Legislativo.[201]

Em relação à segunda parte do artigo 71, inciso III, da CF/88, embora haja controvérsia doutrinária, o entendimento que prevalece no Supremo Tribunal Federal é o de que a concessão de aposentadoria, reforma ou pensão que envolva servidores públicos é um **ato complexo**, e, por conta disso, depende da manifestação de vontade tanto do órgão administrativo quanto do Tribunal de Contas para ser considerado um ato jurídico perfeito.

Como consequência disso, até que se ultime a apreciação do Tribunal de Contas, **não há** que se falar no transcurso de **prazos decadenciais**, tampouco se garante **contraditório e ampla defesa** ao servidor, pois há mera expectativa de direito do interessado.[202]

É nesse sentido, inclusive, o **Verbete n.º 3 da Súmula Vinculante**: "Nos processos perante o Tribunal de Contas da União asseguram-se o contraditório e a ampla defesa quando da decisão puder resultar anulação ou revogação de ato administrativo que beneficie o interessado, excetuada a apreciação da legalidade do ato de concessão inicial de aposentadoria, reforma e pensão."

Esse entendimento, no entanto, foi mitigado em julgados posteriores. Afirmou a Suprema Corte que, em casos em que o interregno entre o ato formal de concessão de aposentadoria, reforma ou pensão pelo órgão da Administração Pública e o registro definitivo, após julgamento de legalidade, pelo Tribunal de Contas **for**

200. STF, Primeira Turma, MS 35.038 AgR, Rel. Min. Rosa Weber, j. 12.11.2019.

201. STF, Tribunal Pleno, RE 576.920, Rel. Min. Edson Fachin, j. 20.4.2020.

202. STF, Tribunal Pleno, MS 25.440/DF, Rel. Min. Carlos Velloso, j. 15.12.2005.

superior a 5 (cinco) anos, deverá o Tribunal de Contas **garantir o contraditório e a ampla defesa ao interessado**, por respeito ao princípio da segurança jurídica.[203]

Mais recentemente, no julgamento do RE 636.553, o Supremo Tribunal Federal **superou em parte o seu entendimento anterior**. Na oportunidade, sob o rito da repercussão geral, a Suprema Corte consignou que, apesar de a concessão da aposentadoria ser ato complexo e de o artigo 54 da Lei n.º 9.784/1999 não ser aplicável diretamente à hipótese, por motivos de segurança jurídica e necessidade da estabilização das relações, é necessário fixar-se, por analogia, um prazo para que a Corte de Contas exerça seu dever constitucional. Diante da inexistência de norma que incida diretamente à hipótese, aplica-se por analogia o artigo 1º do Decreto n.º 20.910/1932, que confere ao administrado o prazo de 5 (cinco) anos para buscar qualquer direito contra a Fazenda federal.

Com base nesses fundamentos, fixou-se a seguinte tese: "Em atenção aos princípios da segurança jurídica e da confiança legítima, o Tribunal de Contas da União **está sujeito ao prazo de 5 anos para o julgamento da legalidade do ato de concessão inicial de aposentadoria, reforma ou pensão, a contar da chegada do processo àquela Corte**."

Findo o prazo de cinco anos, o ato de aposentação ou de concessão de pensão considerar-se-á registrado tacitamente, não havendo mais a possibilidade de alteração pela Corte de Contas.[204]

O **terceiro apontamento** envolve a **função fiscalizadora em sentido estrito** do Tribunal de Contas. Com efeito, os incisos IV a VII do artigo 71 da CF/88 conferem ao Tribunal de Contas a competência para realizar **auditorias e inspeções** em órgãos e entidades da administração direta e indireta e de entidades privadas que recebam recursos públicos.

Quanto a este ponto, o Supremo Tribunal Federal já se pronunciou no sentido de que deve ser observado o **princípio do contraditório**, devendo o Tribunal de Contas notificar e permitir a participação daqueles que são diretamente interessados. Aqui, a jurisprudência da Suprema Corte é pacífica no sentido de que, na auditoria promovida pelo Tribunal de Contas sobre órgãos públicos, o contraditório se forma entre eles e o TCU, não se admitindo a integração do feito por eventuais terceiros.[205]

No exercício de sua função fiscalizatória, o Tribunal de Contas **não pode requisitar diretamente informações que importem quebra de sigilo bancário**. Isso porque a LC n.º 105/01, que trata sobre a quebra de sigilo bancário, não elencou os

203. STF, Tribunal Pleno, MS 24.781/DF, Red. p/ acórdão Min. Gilmar Mendes, j. 2.3.2011.

204. STF, Tribunal Pleno, RE 636.553/RS, Rel. Min. Gilmar Mendes, j. 19.2.2020.

205. STF, Primeira Turma, MS 31.707/DF, Rel. Min. Roberto Barroso, j. 24.11.2017.

Tribunais de Contas entre os legitimados para tanto. O Supremo Tribunal Federal, quanto ao ponto, destacou que, embora as atividades do Tribunal de Contas justifiquem a eventual quebra de sigilo, é incabível interpretar extensivamente uma norma que restrinja direito fundamental – no caso a intimidade e vida privada (artigo 5º, inciso X, da CF/88).[206]

O Tribunal de Contas poderá, no entanto, no exercício de sua função fiscalizadora, determinar que **entidades de direito privado da Administração Pública indireta**, como o BNDES e o Banco do Brasil, **forneçam dados de operações que envolvam recursos públicos**, não lhe sendo oponível sigilos bancários e empresariais.[207]

O **quarto apontamento** relaciona-se com a **função sancionadora** atribuída ao Tribunal de Contas no artigo 71, inciso IV, da CF/88. Com efeito, caso seja detectada alguma ilegalidade ou irregularidade, o Tribunal de Contas poderá sancionar o responsável.

As penalidades aplicáveis, que devem estar previstas em lei, foram enumeradas pela Lei n.º 8.443/92.

A principal sanção prevista na lei é a **multa**. Sobre o tema, o Supremo Tribunal Federal já teve a oportunidade de afirmar que o **prazo prescricional** para que o TCU aplique multas é de **5 (cinco) anos**, por força do artigo 1º da Lei nº 9.873/99. Na hipótese em que esteja sendo imputada uma conduta omissiva a agente público, esse prazo somente começa a contar da data em que ele deixa o cargo[208].

O artigo 71, §3º, da CF/88 consigna que as decisões do Tribunal de que resulte imputação de débito ou multa terão **eficácia de título executivo**. Essa decisão, contudo, não poderá ser executada pelo próprio Tribunal de Contas[209] ou pelo Ministério Público[210], sendo legitimado ativo para tanto o **ente público que foi prejudicado**.

Observação: Reafirmando que a legitimidade ativa para executar a multa aplicada pelo Tribunal de Contas é do ente público que foi prejudicado, o Supremo Tribunal Federal fixou a seguinte tese no Tema 642: "O Município prejudicado é o legitimado para a execução de crédito decorrente de

---

206. STF, Tribunal Pleno, MS 22.801, Rel. Min. Menezes Direito, j. 17.12.2007.

207. STF, Primeira Turma, MS 33.340/DF, Rel. Min. Luiz Fux, j. 26.5.2015 e STF, Primeira Turma, AgR no MS 23.168/DF, Rel. Min. Rosa Weber, j. 28.6.2019.

208. STF, Primeira Turma, MS 32.201/DF, Rel. Min. Roberto Barroso, j. 21.3.2017.

209. STF, Segunda Turma, AgR no AI 826.676, Rel. Min. Gilmar Mendes, j. 8.2.2011.

210. STF, Tribunal Pleno, ARE 823.347, Rel. Min. Gilmar Mendes, j. 2.10.2014.

multa aplicada por Tribunal de Contas estadual a agente público municipal, em razão de danos causados ao erário municipal".[211]

Outra sanção aplicável pelo Tribunal de Contas da União, prevista no artigo 46 da Lei n.º 8.443/92, é a declaração de **inidoneidade para participar, por até cinco anos, de licitação** na Administração Pública federal, caso comprovada fraude à licitação. O Supremo Tribunal Federal entende que esta previsão é **constitucional**.[212]

Um **quinto apontamento** que pode ser feito circunda os incisos **IX e X do artigo 71 da CF/88**. Neles, está prevista a **competência corretiva** do Tribunal de Contas, que, ao acompanhar as despesas públicas realizadas, poderá assinar prazo para que o órgão ou entidade adote as providências necessárias ao exato cumprimento da lei, ou sustar o ato impugnado, se verificar alguma irregularidade.

Então, em um primeiro momento, verificada alguma irregularidade, o Tribunal de Contas **notificará** o responsável para que tome as medidas necessárias para readequar seu proceder à lei. Se desobedecida essa determinação, **sustará a execução do respectivo ato administrativo**, comunicando a sua decisão ao Poder Legislativo.

Caso seja constatada irregularidade em um **contrato administrativo**, o Tribunal de Contas, diferentemente do que ocorre em relação aos atos administrativos, **não poderá sustá-lo**. Isso porque o artigo 71, §1º, da CF/88 conferiu tal atribuição ao **Poder Legislativo**.

Se, no prazo de 90 (noventa) dias, o Poder Legislativo não sustar a execução do contrato administrativo e o Poder Executivo não tomar as medidas cabíveis, caberá ao Tribunal de Contas "**decidir a respeito**" (artigo 71, §2º, da CF/88). Isso significa que caberá ao Tribunal de Contas fazer uma análise técnica da irregularidade e emitir parecer, nunca lhe sendo facultada a sustação do contrato, pois, como vimos, esta é uma atribuição exclusiva do Congresso Nacional.[213]

Embora não tenha o poder de anular ou sustar contratos administrativo, o Tribunal de Contas tem, por força do artigo 71, inciso IX, da CF/88, competência para **determinar à autoridade administrativa que promova a anulação do contrato** e, se for o caso, a licitação que o originou.[214]

---

211. STF. Tribunal Pleno, RE 1.003.433/RJ, Red. p/ acórdão Min. Alexandre de Moraes, j. 14.9.2021 (Tema 642).

212. STF, Tribunal Pleno, MS 30.788/MG, Red. p/ acórdão Min. Roberto Barroso, j. 21.5.2015.

213. LEITE, Harrison. Manual de Direito Financeiro. 5ª ed. rev. ampl. e atual. Salvador: Editora Juspodivm, 2016, p. 472.

214. STF, Tribunal Pleno, MS 23.550/DF, Red. p/ acórdão Min. Sepúlveda Pertence, j. 4.4.2001.

Por fim, restam **quatro observações gerais** sobre as competências do Tribunal de Contas.

A primeira delas é que, segundo entendimento do Supremo Tribunal Federal, o Tribunal de Contas **tem competência** para decretar, sem contraditório prévio, **medidas cautelares** destinadas a conferir real efetividade às suas deliberações finais, de modo a permitir que possam ser neutralizadas situações de lesividade, atual ou iminente, ao erário. Esse poder geral de cautela decorre das próprias atribuições que a Constituição expressamente outorgou à Corte de Contas para seu adequado funcionamento e alcance de suas finalidades.

Nessa esteira, já decidiu o Supremo Tribunal Federal que, como o TCU pode vir a determinar que a autoridade administrativa anule contratos de confissão de dívida, não há dúvida de que, atrelado a essa possível determinação futura, está o poder geral de cautela de impor a suspensão dos repasses mensais decorrentes dessas avenças, como forma de assegurar o próprio resultado útil da futura manifestação da Corte de Contas.[215]

Nesse cenário, o artigo 44, §2º, da Lei n.º 8.443/92, que confere ao Tribunal de Contas da União a possibilidade de decretar, por prazo não superior a um ano, a **indisponibilidade de bens** bastantes o suficiente para garantir o ressarcimento pelo responsável dos danos em apuração, é **constitucional.**[216]

A segunda observação é a de que o Tribunal de Contas **não tem competência para fazer o controle de constitucionalidade de atos normativos.**

Embora sob a vigência da Constituição de 1946 o Supremo Tribunal Federal tenha editado o **Verbete n.º 347 de sua Súmula**, que admitia ao Tribunal de Contas, no exercício de suas atribuições, a possibilidade de apreciar a constitucionalidade das leis e dos atos do Poder Público, esse entendimento não se manteve após a promulgação da Constituição de 1988.

Em decisão monocrática, o Ministro Alexandre de Moraes afirmou que é inconcebível que o Tribunal de Contas da União, órgão sem qualquer função jurisdicional, permaneça a exercer controle difuso de constitucionalidade nos julgamentos de seus processos, sob o pretenso argumento de que lhe seja permitido em virtude do conteúdo do Enunciado n. 347 da Súmula do Supremo Tribunal Federal. Para o Ministro, a subsistência desse verbete ficou comprometida pela promulgação da Constituição Federal de 1988.[217]

---

215. STF, Primeira Turma, MS 35.038 AgR/DF, Rel. Min. Rosa Weber, j. 12.11.2019.

216. STF, Segunda Turma, MS 33.092/DF, Rel. Min. Gilmar Mendes, j. 24.3.2015.

217. STF, Decisão Monocrática, MS 35.410/DF-MC, Rel. Min. Alexandre de Moraes, j. 15.12.2017.

A **terceira observação** é a de que o Supremo Tribunal Federal reconhece aos Tribunais de Contas a **competência para regulamentar** as práticas de fiscalização e prestação de contas de recursos públicos, por se tratar de mero exercício de suas funções constitucionais relacionadas ao controle externo, desde que não usurpe a competência dos Poderes Legislativo e Executivo.[218]

Por fim, a derradeira observação é a de que o Supremo Tribunal Federal possui firme entendimento no sentido de que **é prescritível** a pretensão de ressarcimento ao erário fundada em decisão de Tribunais de Contas (Tema 899)[219].

B.4. Tribunais de Contas estaduais e municipais

Os **Estados-membros** e o **Distrito Federal** têm a **obrigação** de constituir Tribunais de Contas Estaduais para auxiliar as Assembleias Legislativas – no caso do Distrito Federal, a Câmara Legislativa – no exercício do controle externo sobre a Administração Pública estadual direta e indireta.

Eles deverão estar previstos na **Constituição Estadual**, que seguirá, por **simetria**, o modelo federal. Com efeito, o artigo 75, *caput*, da CF/88 prevê expressamente que as normas estabelecidas nos artigos 70 a 74, que tratam da organização, composição, modo de investidura e fixam atribuições do Tribunal de Contas da União, aplicam-se, **no que couber**, aos Tribunais de Contas dos Estados e do Distrito Federal.[220-221]

Desse modo, os Tribunais de Contas do Estados contam com as **mesmas competências** conferidas ao TCU, mas em âmbito estadual, não sendo dado à legislação estadual – mesmo à Constituição Estadual – aumentar ou reduzir esse rol de atribuições.

Nesse cenário, o Supremo Tribunal Federal já declarou inconstitucional norma contida em Constituição Estadual que conferia à Assembleia Legislativa a atribuição exclusiva para julgar as contas dos Poderes Executivo, Legislativo e Judiciário estaduais. Veja-se que, à luz do art. 71, I e II, da CF/88, somente as contas do Chefe do Poder Executivo é que serão julgadas pela Casa Legislativa, ficando as demais à cargo do Tribunal de Contas respectivo. Na oportunidade, foi fixada a

218. STF, Tribunal Pleno, ADI 4.872/PR, Red. p/ acórdão Min. Gilmar Mendes, j. 15.2.2023.

219. STF, Tribunal Pleno, RE 636.886, Rel. Min. Alexandre de Moraes, j. 20.4.2020.

220. STF, Tribunal Pleno, ADI 5.323/RN, Rel. Min. Rosa Weber, j. 11.4.2019.

221. No julgamento da ADI n.º 4.541/BA, o Supremo Tribunal Federal decidiu que não é possível a equiparação legislativa do cargo de auditor – categorias jurídica e de controle externo – do TCE/BA ao cargo de auditor previsto no texto constitucional, ao qual atribuída a substituição de ministros e o exercício de atos da judicatura, haja vista o descompasso com o modelo federal, de observância obrigatória, e a ausência de concurso público.

seguinte tese: "É **inconstitucional** norma de Constituição Estadual que **amplia as competências de Assembleia Legislativa para julgamento de contas de gestores públicos**, sem observar a simetria com a Constituição Federal, por violação aos arts. 71, II, e 75 da CF/1988."[222]

Também foi declarada inconstitucional lei estadual que condicionou genericamente o repasse de recursos federais à prévia aprovação de projeto pelo Tribunal de Contas da unidade federativa destinatária das verbas; e lei federal que, em desrespeito à autonomia federativa, lei federal que atribua aos tribunais de contas estaduais competência para analisar contas relativas à aplicação de recursos federais.[223]

Veja-se que mesmo que não haja violação expressa a regramento contido na Constituição Federal de 1988, se a legislação estadual, ao organizar e disciplinar os Tribunais de Contas estaduais, burlar o espírito estabelecido nos artigos 73 a 75 da CF/88, ela será considerada inconstitucional. Nesse sentido, o STF declarou **inconstitucional** norma contida em lei complementar estadual que **vedava que dois ou mais auditores assumissem o lugar dos conselheiros da Corte de Contas Estadual**, ainda que em caso de justificada ausência destes, pois tal previsão pode obstar o próprio funcionamento do órgão fiscalizador.[224]

Há, porém, uma **distinção**: os Tribunais de Contas dos Estados serão compostos por **7 (sete) Conselheiros**, e não por 9 (nove) Ministros, como ocorre em âmbito federal (artigo 75, *caput*, da CF/88).

Acerca da composição dos Tribunais de Contas dos Estados, o **Supremo Tribunal Federal** possui entendimento consolidado no **Enunciado n.º 653 de sua Súmula** de que: "No Tribunal de Contas Estadual, composto por sete conselheiros, quatro devem ser escolhidos pela Assembleia Legislativa e três pelo chefe do Poder Executivo estadual, cabendo a este indicar um dentre auditores e outro dentre membros do Ministério Público, e um terceiro a sua livre escolha".

Ainda acerca da estrutura dos Tribunais de Contas dos Estados e do Distrito Federal, é certo que eles devem instituir o **cargo de auditor (conselheiro substituto)** em sua estrutura. Ao fazê-lo, têm autonomia para fixar as atribuições dos auditores e podem, até mesmo, inovar em relação àquelas fixadas na lei orgânica do Tribunal de Contas da União; no entanto, devem obediência ao **perfil judicante** do cargo instituído pela Constituição da República. Em razão disso, o STF já

---

222. STF, Tribunal Pleno, ADI 6.981/SP, Rel. Min. Roberto Barroso, j. 12.12.2022.

223. STF, Tribunal Pleno, ADI 7.002/PR, Rel. Min. Roberto Barroso, j. 25.4.2023.

224. STF, Tribunal Pleno, ADI 5.698/RJ, Rel. Min. Dias Toffoli, j. 15.8.2023.

declarou **inconstitucional** normas que atribuem a **emissão de pareceres opinativos** aos auditores de Tribunal de Contas estadual.[225]

Aos Conselheiros do Tribunal de Contas dos Estados e do Distrito Federal aplicam-se as mesmas garantias, prerrogativas, impedimentos, vencimentos e vantagens dos **Desembargadores dos Tribunais de Justiça**, sendo-lhes extensíveis, por analogia, as normas previstas na **Lei Orgânica da Magistratura Nacional.**[226]

Por essa razão, o STF já julgou **inconstitucional** lei estadual que instituiu **gratificação de representação pelo exercício da Presidência do Tribunal de Contas** do DF, já que tal previsão não guardou equivalência com o regramento conferido por lei as Desembargadores do Tribunal de Justiça, ao arrepio do art. 73, §3º, da CF/88.[227]

A Constituição Federal de 1988 atribuiu aos Tribunais de Contas dos Estados e do Distrito Federal as prerrogativas de **autonomia** e **autogoverno**, o que inclui, essencialmente, a iniciativa privativa para instaurar processo legislativo que pretenda alterar sua organização e funcionamento – interpretação lógico sistemática dos artigos 73, 75 e 96, II, d, da Constituição Federal.

Desse modo, o **Supremo Tribunal Federal** entende que é **inconstitucional** a lei estadual ou emenda à constituição estadual, de origem parlamentar ou de iniciativa do Chefe do Poder Executivo, que discipline a organização e o funcionamento do Tribunal de Contas do Estado.[228] De outra banda, o STF entendeu ser constitucional a norma estadual, decorrente de emenda parlamentar, que veicule regras sobre prescrição e decadência aplicável no âmbito de Tribunal de Contas estadual, por não dispor propriamente sobre organização e funcionamento, mas sim de garantias ligadas à paz social e segurança jurídica.[229]

No **âmbito municipal**, o artigo 31, §1º, da CF/88 prevê que o controle externo da Câmara Municipal será exercido com o auxílio dos Tribunais de Contas dos Estados ou do Município ou dos Conselhos ou Tribunais de Contas dos Municípios, onde houver. O §4º do artigo 31 da CF/88, por outro lado, veda a criação de Tribunais, Conselhos ou órgãos de Contas Municipais.

---

225. STF, Tribunal Pleno, ADI 5.530/MS, Rel. Min. Roberto Barroso, j. 22.5.2023.

226. STF, Tribunal Pleno ADI 4.190/RJ, Rel. Min. Celso de Mello, j. 10.3.2010 e STJ, Corte Especial, APn 918/DF, Rel. Min. Nancy Andrighi, j. 7.3.2018.

227. STF, Tribunal Pleno, ADI 6.126/DF, Rel. Min. Edson Fachin, j. 18.4.2023.

228. STF, Tribunal Pleno, ADI 4.643/RJ, Rel. Min. Luiz Fux, j. 15.5.2019; STF, Tribunal Pleno, ADI 5.323/RN, Rel. Min. Rosa Weber, j. 11.4.2019; STF, Tribunal Pleno, ADI 4.191, Rel. Roberto Barroso, j. 22.5.2020; e STF, Tribunal Pleno, ADI 5.563/RR, Rel. Min. Edson Fachin, j. 3.6.2022.

229. STF, Tribunal Pleno, ADI 5.384/MG, Rel. Min. Alexandre de Moraes, j. 27.5.2022.

O **Supremo Tribunal Federal**, interpretando esses dois dispositivos, chegou à conclusão de que a fiscalização orçamentária e financeira dos Municípios será alternativamente exercida[230]:

a) Pelo Tribunal de Contas do próprio Município;
b) Pelo Tribunal ou Conselho de Contas dos Municípios; ou
c) Pelo Tribunal de Contas do Estado.

Explica-se.

O **Tribunal de Contas do Município, órgão municipal**, auxilia a respectiva Câmara Municipal no controle externo por ela realizado. A sua **criação** foi expressamente **vedada** pela Constituição Federal de 1988, mas foram **mantidos aqueles que já existiam** – São Paulo e Rio de Janeiro. Assim, somente nesses dois Municípios, o controle externo será realizado pela Câmara Municipal com o auxílio do respectivo Tribunal de Contas do próprio Município.

> **Observação 1**: Nas ADIs n.º 346 e 4.776, o Supremo Tribunal Federal foi chamado a analisar a constitucionalidade do artigo 151 da Constituição do Estado de São Paulo, que previu que o Tribunal de Contas do Município de São Paulo será composto por cinco Conselheiros, aos quais serão aplicadas as normas pertinentes aos Conselheiros do Tribunal de Contas do Estado. Para o nossa Suprema Corte, essa previsão é constitucional, pois não ofende a autonomia municipal nem viola o princípio da simetria. Consignou-se que, se a Constituição Federal prevê nove conselheiros para a composição do TCU e sete para composição dos tribunais de contas dos estados, é razoável que um tribunal de contas municipal tenha um número inferior de conselheiros.[231]

> **Observação 2**: O Supremo Tribunal Federal já decidiu que o **princípio da simetria** previsto no art. 75 da CF/88 aplica-se aos Tribunais de Contas Estaduais e aos Tribunais de Contas dos Municípios, mas **não abrange o Tribunal de Contas do Município** (TCM). Dessa forma, decidiu que não é obrigatória a instituição e regulamentação do Ministério Público especial junto ao Tribunal de Contas do Município de São Paulo.[232]

Em relação aos demais Municípios, as Constituições Estaduais poderão criar **Tribunais ou Conselhos de Contas dos Municípios**. Eles são **órgãos estaduais**

230. STF, Tribunal Pleno, ADI 154/RJ, Rel. Min. Octavio Gallotti, j. 18.4.1990.

231. STF, Tribunal Pleno, ADI 346/SP e ADI 4.776/SP, Rel. Min. Gilmar Mendes, j. 3.6.2020.

232. STF, Tribunal Pleno, ADPF 272/DF, Rel. Min. Cármen Lúcia, j. 25.3.2021.

que têm a atribuição de auxiliar todas as Câmaras de Vereadores dos Municípios pertencentes ao Estado-membro que os instituir no exercício do controle externo.

Na **ADI n.º 687/PA**, a possibilidade de criação dos Tribunais de Contas dos Municípios ficou bem demonstrada:

> "A Constituição da República impede que os Municípios criem os seus próprios Tribunais, Conselhos ou órgãos de contas municipais (CF, art. 31, § 4º), mas permite que os Estados-membros, mediante autônoma deliberação, instituam órgão estadual denominado Conselho ou Tribunal de Contas dos Municípios (...) incumbido de auxiliar as Câmaras Municipais no exercício de seu poder de controle externo (CF, art. 31, § 1º). Esses Conselhos ou Tribunais de Contas dos Municípios – embora qualificados como órgãos estaduais (CF, art. 31, § 1º) – atuam, onde tenham sido instituídos, como órgãos auxiliares e de cooperação técnica das Câmaras de Vereadores."[233]

Já na **ADI n.º 5.763/CE**, reafirmou-se a facultatividade de sua criação, **admitindo-se** que emenda à constituição estadual **extinga** o Tribunal de Contas dos Municípios naqueles Estados em que eles tenham sido criados.[234]

Nos Municípios em que não houver Tribunal de Contas do Município e que estejam circunscritos em um Estado em que não há Tribunal de Contas dos Municípios, o controle externo é realizado pela Câmara Municipal com o auxílio do **Tribunal de Contas do Estado.**

B.5. Ministério Público Especial

O **artigo 130 da Constituição de 1988** instituiu um Ministério Público especial para atuar junto aos Tribunais de Contas.

Embora este dispositivo estenda aos seus membros os direitos, vedações e forma de investidura constitucionalmente atribuídos ao Ministério Público comum, o Ministério Público junto às Cortes de Contas **não dispõe de fisionomia institucional própria**.

Cuida-se, conforme a jurisprudência pacífica do Supremo Tribunal Federal, de **parte integrante da própria estruturação orgânica dos Tribunais de Contas**, estando a estes **administrativamente vinculado**.[235] Logo, o Ministério Público

233. STF, Tribunal Pleno, ADI 687, Rel. Min. Celso de Mello, j. 2.2.1995.

234. STF, Tribunal Pleno. ADI 5.763/CE, Rel. Min. Marco Aurélio, j 26.10.2017.

235. STF, Segunda Turma, AgR na Rcl 24.162, Rel. Min. Dias Toffoli, j. 22.11.2016.

atuante junto ao Tribunal de Contas não detém a prerrogativa de fazer instaurar processo legislativo concernente a sua própria organização e estruturação.[236]

Em razão desse modelo institucional heterônomo estabelecido pela Lei Fundamental ao Ministério Público especial junto aos Tribunais de Contas, o Supremo Tribunal Federal já decidiu que:

- Os **membros do Ministério Público comum não podem atuar junto aos Tribunais de Contas**, ainda que em substituição aos membros do Ministério Público especial.[237]
- O Ministério Público de Contas **não tem legitimidade para impetrar mandado de segurança** em face de acórdão do Tribunal de Contas perante o qual atua.[238]
- O Ministério Público junto ao Tribunal de Contas **não possui legitimidade ativa para propor reclamação no Supremo Tribunal Federal.**[239]
- **É inconstitucional** norma que determine que a organização do ministério público especial **se dê por meio de lei complementar**, posto que não há tal exigência na CF/88.[240]
- A **extensão automática de vencimentos e vantagens dos membros do ministério público comum aos membros do parquet especial exorbita** o modelo normativo proclamado pela própria Constituição Federal em seu art. 130 e transgride a autonomia financeira da respectiva corte de contas estadual e a cláusula proibitória fundada no art. 37, inciso XIII, da Carta da República, que veda a vinculação ou a equiparação de quaisquer espécies remuneratórias para o efeito de remuneração de pessoal do serviço público. Os únicos regramentos do ministério público comum aplicáveis ao parquet que atua junto ao tribunal de contas são aqueles que concernem, estritamente, aos direitos (art. 128, § 5º, inciso I, da CF/88), às vedações (art. 128, § 5º, inciso II, da CF/88) e à forma de investidura na carreira (art. 129, §§ 3º e 4º, da CF/88).[241]
- É **constitucional** – pois revela opção política do legislador, adotada em conformidade com a margem de discricionariedade atribuída pela própria Constituição Federal de 1988 – dispositivo de lei orgânica estadual

236.STF, Tribunal Pleno, ADI 3.804/AL, Rel. Min. Dias Toffoli, j. 3.12.2021.

237. STF, Tribunal Pleno, ADI 3.192/ES, Rel. Min. Eros Grau, j. 25.6.2006.

238. STF, Tribunal Pleno, RE 1.178.617/GO RG, Rel. Min. Alexandre de Moraes, j. 25.4.2019 (repercussão geral).

239. STF, Segunda Turma, AgR na Rcl 24.156/DF e Agr na Rcl 24.158/DF, Rel. Min. Celso de Mello, j. 24.10.2017.

240. STF, Tribunal Pleno, ADI 3.804/AL, Rel. Min. Dias Toffoli, j. 3.12.2021.

241. STF, Tribunal Pleno, ADI 3.804/AL, Rel. Min. Dias Toffoli, j. 3.12.2021.

que **dispensa a formação de lista tríplice** para nomeação do Procurador--Geral do Ministério Público junto ao Tribunal de Contas estadual.[242]

Por fim, como já vimos, o Ministério Público atuante junto ao Tribunal de Contas **não é parte legítima para ajuizar a execução de título executivo extrajudicial decorrente de condenação proferida pelo Tribunal de Contas**. A legitimidade para tanto é exclusiva do ente público prejudicado.[243]

---

242. STF, Tribunal Pleno, ADI 4.427/AM, Rel. Min. Rosa Weber, j. 1º.9.2023.

243. STF, Tribunal Pleno, ARE 823.347 RG, Rel. Min. Gilmar Mendes, j. 2.10.2014 (repercussão geral).

PODER EXECUTIVO

1. FUNÇÕES DO PODER EXECUTIVO

A **função típica** do Poder Executivo é a chamada **função executiva**.

Em que consiste a função executiva?

Dada a imprecisão que a expressão assume ao longo da história, os autores têm-se utilizado de dois caminhos diferentes para delimitar o seu conteúdo. Alguns optam por definir a função executiva por meio de um processo de exclusão, de modo que nela estariam inseridas todas as atribuições estatais que **não sejam legislar, fiscalizar ou exercer jurisdição**. A doutrina majoritária, no entanto, tem preferido afirmar que a função executiva consiste em **executar as leis**.

Seja como for, é certo que cabe ao Poder Executivo uma **ampla e diversa gama de atribuições**, que vêm mudando ao longo do tempo. Tradicionalmente, a doutrina apontava que cabia ao Poder Executivo, basicamente, a defesa externa e a manutenção da ordem interna. Na passagem do Estado Liberal para o Estado Social, a função executiva foi ampliada: além das atribuições clássicas, acrescentarem-se outras, como a prestação de serviços assistenciais e a intervenção no domínio econômico.

O Poder Executivo exerce, ainda, de maneira atípica, **função legislativa**. Na Constituição de 1988, como já estudamos, temos dois exemplos em que o constituinte autorizou ao Chefe do Poder Executivo inovar no ordenamento jurídico e, consequentemente, criar atos normativos gerais e abstratos. É o caso da adoção de medida provisória (artigo 62 da CF/88) e da edição de lei delegada (artigo 68 da CF/88).

Muitos autores afirmam que o Poder Executivo também exerce **função jurisdicional** ao julgar defesas e recursos em processos administrativos. No entanto, não concordamos com essa assertiva. Isso porque falta a essa atividade do Poder Executivo uma característica essencial da função jurisdicional, que é a definitividade. De fato, as decisões tomadas pelo Poder Executivo no bojo de um processo administrativo poderão se submeter a controle judicial posterior.

2. SISTEMAS DE GOVERNO

O termo sistema de governo é utilizado para designar a forma como as **relações entre o Poder Executivo e o Poder Legislativo** é estruturada em um determinado Estado. Basicamente, são dois os sistemas de governo que podem ser adotados: o presidencialismo e o parlamentarismo.

O **parlamentarismo** surgiu na Inglaterra, após uma longa evolução histórica. A sua principal característica é a **distinção**, dentro do Poder Executivo, **entre o Chefe de Governo**, função exercida pelo Primeiro-Ministro, **e o Chefe de Estado**, função exercida pelo Monarca ou pelo Presidente, a depender do país.

O **Chefe de Estado** exerce precipuamente a **representação do Estado nos planos internacional e interno**. Embora sua atuação seja secundária, vez que o Chefe de Estado não participa das decisões políticas, ela não é destituída de importância, Dalmo de Abreu Dallari aponta que, além das funções de representação, o Chefe de Estado confere **estabilidade** ao sistema, pois funciona como um vínculo moral do Estado, estado acima das disputas políticas.[1]

O **Chefe de Governo**, por sua vez, **exerce efetivamente a função executiva**, tomando ou referendando todas as decisões políticas relevantes. O Primeiro Ministro é **escolhido pelo Parlamento**, mantendo-se no cargo enquanto tiver a sua confiança. Ele responde politicamente perante o Poder Legislativo que pode **demiti-lo** em duas hipóteses: pela **perda da maioria parlamentar** ou pelo **voto de desconfiança.**

Em compensação, o Primeiro-Ministro, percebendo que conta com pouco apoio parlamentar, pode solicitar ao Chefe de Estado que **dissolva o Parlamento.** Se o fizer, os mandatos serão extintos antes do prazo normal e realizadas **novas eleições gerais.** Se o resultado lhe for favorável, ou seja, se a maioria dos novos

1. DALLARI, Dalmo de Abreu. Elementos da Teoria Geral do Estado. 28ª ed., São Paulo: Saraiva, 2009, p. 235-236.

representantes eleitos o apoiarem, ele se mantém no cargo. Ao contrário, se somente a minoria dos novos parlamentarem o apoiarem, ele será demitido.

Segundo Ana Paula de Barcellos, as **características** do sistema de governo parlamentarista são: a) **executivo dual**, com separação entre o Chefe de Estado e o Chefe de Governo; b) **flexibilização da separação entre os Poderes Executivo e Legislativo**, com a chegada e permanência no poder dos membros do Governo e do Legislativo dependem da aprovação um dos outros; e c) **responsabilidade política do Governo**, tendo o Governo que justificar permanentemente as suas decisões.[2]

De outra banda, o **presidencialismo** surge nos Estados Unidos, que o adotou como sistema de governo em sua Constituição de 1787. Nele, as **funções de Chefe de Estado e Chefe de Governo estão concentradas na figura do Presidente**, que exerce unipessoalmente o Poder Executivo.

Há, ainda, uma **rígida separação** entre o Poder Legislativo e o Poder Executivo, pois o Presidente é **eleito pelo povo**, direta ou indiretamente, para o exercício de um **mandato por prazo certo.**

Em razão dessa autonomia que lhe é outorgada, o Presidente não **responde politicamente ao Poder Legislativa**, mas sim aos seus eleitores – somente em casos de excepcional gravidade, chamados de crimes de responsabilidade, é que o Presidente pode ser retirado de seu cargo antes do término do mandato.

De acordo com Ana Paula de Barcellos, são características do sistema de governo presidencialista: a) **Executivo uno**, com a chefia do Estado e do governo sendo exercida pelo Presidente; b) **rígida separação entre os Poderes Executivo e Legislativo**, de modo que a chegada e permanência do poder do Presidente e dos membros do Poder Legislativo não dependem de confiança mútua; e c) **irresponsabilidade do Poder Executivo**, pois o Presidente responde politicamente somente aos eleitores, não havendo a necessidade de justificar permanente as suas decisões frente ao Poder Legislativo.[3]

Além desses dois sistemas de governo puros, há uma terceira vertente que combina elementos do parlamentarismo e do presidencialismo. Cuida-se do **semipresidencialismo.**

No semipresidencialismo, o Poder Executivo é dividido entre o Chefe de Estado e o Chefe de Governo, tal qual no parlamentarismo. Contudo, atribui-se ao Chefe de Estado, que é eleito para um mandato por prazo determinado, um conjunto relevante de competências, e não só a representação do Estado no âmbito

2. BARCELLOS, Ana Paula de. Curso de direito constitucional. Rio de Janeiro: Forense, 2018, p. 268.

3. *Ibidem*, p. 269.

externo. O Chefe de Governo, por sua vez, também mantém competências executivas relevantes e é escolhido pelo Parlamento. Assim, há dois polos de poder no Poder Executivo, um autônomo em relação ao Poder Legislativo, e o outro vinculado.

São **características** do semipresidencialismo: a) **Executivo dual**, com a separação entre o Chefe de Estado e o Chefe de Governo; b) **separação relativa entre o Poder Executivo e o Poder Legislativo**, de modo que o Presidente, que exerce a função de Chefe de Estado, possui autonomia, mas o Primeiro Ministro, Chefe de Governo, depende a aprovação do Parlamento; e c) **combinação da responsabilidade** do Governo diante do Parlamento com a **irresponsabilidade** do Presidente perante o Legislativo.[4]

O **Brasil** adota, desde a Constituição de 1891, o sistema de governo **presidencialista**. Somente durante um breve lapso temporal, que foi de 1961 a 1963, é que se adotou o parlamentarismo. A Constituição de 1988, em seu artigo 76, prevê que o Poder Executivo é exercido pelo Presidente da República, auxiliado pelos Ministros de Estado.

3. ESTRUTURA DO PODER EXECUTIVO FEDERAL

O Poder Executivo federal é exercido pelo **Presidente da República**, com auxílio dos Ministros de Estado (artigo 76 da CF/88). Além deles, compõem a estrutura do Poder Executivo federal o Vice-Presidente da República e os órgãos auxiliares.

A. Presidente da República

O Presidente da República é o **Chefe do Poder Executivo**, exercendo, cumulativamente, as funções de Chefe de Estado e de Chefe de Governo.

A.1. Eleição, posse e mandato

O Presidente da República é **eleito diretamente pelo povo**.

A eleição para escolha do Presidente da República e de seu Vice é realizada no primeiro domingo de outubro, em primeiro turno, e no último domingo de outubro, em segundo turno, se houver, do ano anterior ao término do mandato presidencial vigente (artigo 77, *caput*, da CF/88).

O candidato ao cargo de Presidente da República deve preencher os seguintes **requisitos** (**condições de elegibilidade**):

4. Ibidem, p. 270.

- Ser brasileiro nato (artigo 12, §3º, inciso I, da CF/88);
- Estar em pleno gozo dos direitos políticos (artigo 14, §3º, inciso II, da CF/88);
- Estar inscrito no cadastro eleitoral – alistamento eleitoral (artigo 14, §3º, inciso III, da CF|/88);
- Ter domicílio eleitoral em qualquer seção eleitoral do país (artigo 14, §3º, inciso IV, da CF/88);
- Possuir filiação partidária – está vedada, portanto, a candidatura avulsa (artigo 14, §3º, inciso V, c/c artigo 77, §2º, ambos da CF/88);
- Ter mais de 35 (trinta e cinco) anos de idade (artigo 14, §3º, inciso VI, alínea "a", da CF/88);
- Não ser inelegível.

O constituinte adotou o **sistema majoritário de dois turnos**, que aquele segundo o qual o candidato só é considerado eleito no **primeiro turno** de votação se obtiver o número de votos igual ao maior ao primeiro número inteiro superior à metade do total de votos válidos – não são considerados os votos brancos e nulos (artigo 77, §2º, da CF/88).

Se nenhum dos candidatos alcançar essa maioria, realiza-se um **segundo turno** de votação, no último domingo de outubro, somente entre os dois candidatos mais votados no primeiro turno. Considerar-se-á eleito aquele que obtiver a maioria dos votos válidos (artigo 77, §3º, da CF/88).

> **Observação**: Alexandre de Moraes faz uma arguta observação em relação ao artigo 77, §3º, da CF. Afirma o professor paulista que, embora esse dispositivo preveja que o segundo turno ocorrerá em até 20 (vinte) dias da proclamação do resultado do primeiro turno, deve prevalecer a norma contida *caput* do artigo 77 da CF/88, cuja redação foi dada pela EC n.º 16 de 1997. Isso porque esta norma, que regulamenta o assunto, é posterior àquela.

Se antes de realizado o segundo turno, ocorrer a morte, desistência ou impedimento legal de candidato, convocar-se-á, dentre os remanescentes, o de maior votação. Se, nessa hipótese, remanescer, em segundo lugar, mais de um candidato com a mesma votação, qualificar-se-á a participar do segundo turno o mais idoso (artigo 77, §§ 4º e 5º, da CF/88).

Eleito o Presidente da República, a sua posse, que ocorrerá em **5 de janeiro** do ano seguinte ao de sua eleição (art. 82, *caput*, da CF/88). Nela, o Presidente prestará o compromisso de manter, defender e cumprir a Constituição, observar as leis, promover o bem geral do povo brasileiro, sustentar a união, a integridade e a independência do Brasil (artigo 78, *caput* da CF/88).

Se decorridos 10 (dez) dias da data fixada para a posse, o Presidente, salvo motivo de força maior, não tiver assumido o cargo, este será declarado vago (artigo 78, parágrafo único, da CF/88).

O **mandato** do Presidente da República tem duração de **quatro anos** (artigo 82, *caput,* da CF/88), sendo permitida a **reeleição**, para um único período subsequente (artigo 14, §5º, da CF/88).

O texto originário da Constituição Federal de 1988 previa que o mandato presidencial tinha duração de cinco anos e era vedada a reeleição para o período subsequente. Com a edição da EC n.º 5/94, reduziu-se a duração do mandato para 4 (quatro) anos. Posteriormente, com a EC n.º 16/97, passou-se a permitir a reeleição, para um único período subsequente.

A.2. Substituição e sucessão do Presidente da República

Os artigos 79 a 81 da CF/88 estabelecem as regras para a substituição e a sucessão do Presidente da República.

A **substituição** do Presidente da República ocorre nos casos de **impedimento.** Por impedimento entende-se toda e qualquer causa que obsta o exercício do cargo (licença, férias, doença, viagem etc.). Cuida-se de situação **temporária**, que dura enquanto o impedimento perdurar.

O **substituto natural** do Presidente da República é o **Vice-Presidente**, conforme dispõe o artigo 79, *caput*, da CF/88.

Caso o Vice-Presidente também esteja impedido, serão chamados, sucessivamente, ao exercício da Presidência os **substitutos eventuais**. São eles, em ordem de preferência: o **Presidente da Câmara dos Deputados**, o **Presidente do Senado Federal** e o **Presidente do Supremo Tribunal Federal** (artigo 80, *caput*, da CF/88).

O **Supremo Tribunal Federal** já decidiu, em sede de medida cautelar, que os substitutos eventuais do Presidente da República – o Presidente da Câmara dos Deputados, o Presidente do Senado Federal e o Presidente do Supremo Tribunal Federal (CF, art. 80) – ficarão unicamente impossibilitados de exercer, em caráter interino, a Chefia do Poder Executivo da União, caso ostentem a posição de réus criminais, condição que assumem somente após o recebimento judicial da denúncia ou da queixa-crime (CF, art. 86, § 1º, I). Essa interdição, contudo – por unicamente incidir na hipótese estrita de convocação para o exercício, por substituição, da Presidência da República (CF, art. 80) –, não os impede de desempenhar a Chefia que titularizam no órgão de Poder que dirigem.[5]

5. STF, Tribunal Pleno, ADPF 402/DF-MC, Red. p/ acórdão Celso de Mello, j. 7.12.2016.

Já a **sucessão** do Presidente da República se dá quando houver a **vacância** do cargo. Diferentemente da substituição, a sucessão tem caráter **definitivo**, cabendo ao sucessor assumir a presidência até o fim do mandato.

Torna-se vaga a presidência nas seguintes hipóteses: por morte, por renúncia, por incapacidade absoluta de seu titular, pela perda das condições de elegibilidade, por cassação do mandato, pela ausência do país por mais de 15 (quinze) dias sem a autorização do Congresso Nacional ou pela não assunção do cargo pelo eleito dentro de 10 (dez) dias da data fixada da posse, salvo motivo de força maior.

O **único sucessor** do Presidente da República, segundo a Constituição de 1988, é o **Vice-Presidente**. Assim, havendo a vacância do cargo, o Vice-Presidente o assumirá definitivamente a Presidência da República, terminando o mandato.

Caso, **vaguem**, **simultaneamente**, os cargos de **Presidente** e de **Vice-Presidente**, deverão ser convocadas **novas eleições**. Até que se ultime o pleito, exercerão a presidência, sucessivamente, Presidente da Câmara dos Deputados, o Presidente do Senado Federal e o Presidente do Supremo Tribunal Federal, na qualidade de substitutos.

Se a dupla vacância ocorrer durante os **dois primeiros anos do período presidencial**, essa nova eleição será **direta** (pelo voto popular) e ocorrerá **90 (noventa) dias depois de aberta a última vaga**. Se ocorrer nos **dois últimos anos**, a eleição para ambos os cargos será feita **30 (trinta) dias depois da última vaga**, pelo **Congresso Nacional**, na forma da lei.

Os novos Presidente e Vice-Presidente eleitos exercerão um **mandato-tampão**, ou seja, deverão apenas completar o período de seus antecessores (artigo 81, §2º, da CF/88).

> **Observação**: No julgamento da ADI 5.525/DF, o Supremo Tribunal Federal decidiu que: i) é legítimo ao legislador federal prever hipóteses de vacância, isto é, de extinção do mandato por causas eleitorais, como faz o § 3º do artigo 224 do Código Eleitoral, nele inserido pela Lei nº 13.165/15; e ii) é inconstitucional a previsão trazida no §4º do artigo 224 do Código Eleitoral, que afirma que a eleição a que se refere o § 3º correrá a expensas da Justiça Eleitoral e será indireta, se a vacância do cargo ocorrer a menos de seis meses do final do mandato, e direta, nos demais casos, em relação em relação aos cargos de Presidente, Vice-Presidente e Senador, pois a própria Constituição Federal já estabelece o modo como será preenchido esse cargo, na verdade, o modo como será realizada a eleição.
>
> Em relação aos Governadores e Prefeitos, a previsão do artigo 224, §4º, do Código Eleitoral é constitucional, pois a Constituição de 1998 não prevê um modo específico de eleição no caso de vacância do cargo de Governador e

de Prefeito, sendo certo que a norma do artigo 81, §1º, da CF/88 não é de reprodução obrigatória no âmbito dos Estados e dos Municípios.[6]

A.3. Atribuições do Presidente da República

O **artigo 84 da Constituição de 1988** prevê que compete privativamente ao Presidente da República:

i) nomear e exonerar os Ministros de Estado;

ii) exercer, com o auxílio dos Ministros de Estado, a direção superior da administração federal;

iii) iniciar o processo legislativo, na forma e nos casos previstos nesta Constituição;

iv) sancionar, promulgar e fazer publicar as leis, bem como expedir decretos e regulamentos para sua fiel execução;

v) vetar projetos de lei, total ou parcialmente;

vi) dispor, mediante decreto, sobre: i) a organização e funcionamento da administração federal, quando não implicar aumento de despesa nem criação ou extinção de órgãos públicos; ii) a extinção de funções ou cargos públicos, quando vagos;

vii) manter relações com Estados estrangeiros e acreditar seus representantes diplomáticos;

viii) celebrar tratados, convenções e atos internacionais, sujeitos a referendo do Congresso Nacional;

ix) decretar o estado de defesa e o estado de sítio;

x) decretar e executar a intervenção federal;

xi) remeter mensagem e plano de governo ao Congresso Nacional por ocasião da abertura da sessão legislativa, expondo a situação do País e solicitando as providências que julgar necessárias;

xii) conceder indulto e comutar penas, com audiência, se necessário, dos órgãos instituídos em lei;

xiii) exercer o comando supremo das Forças Armadas, nomear os Comandantes da Marinha, do Exército e da Aeronáutica, promover seus oficiais-generais e nomeá-los para os cargos que lhes são privativos;

xiv) nomear, após aprovação pelo Senado Federal, os Ministros do Supremo Tribunal Federal e dos Tribunais Superiores, os Governadores de

6. STF, Tribunal Pleno, ADI 5.525, Rel. Min. Roberto Barroso, j. 8.3.2018.

Territórios, o Procurador-Geral da República, o presidente e os diretores do banco central e outros servidores, quando determinado em lei;

xv) nomear, observado o disposto no art. 73, os Ministros do Tribunal de Contas da União;

xvi) nomear os magistrados, nos casos previstos nesta Constituição, e o Advogado-Geral da União;

xvii) nomear membros do Conselho da República, nos termos do art. 89, VII;

xviii) convocar e presidir o Conselho da República e o Conselho de Defesa Nacional;

xix) declarar guerra, no caso de agressão estrangeira, autorizado pelo Congresso Nacional ou referendado por ele, quando ocorrida no intervalo das sessões legislativas, e, nas mesmas condições, decretar, total ou parcialmente, a mobilização nacional;

xx) celebrar a paz, autorizado ou com o referendo do Congresso Nacional;

xxi) conferir condecorações e distinções honoríficas;

xxii) permitir, nos casos previstos em lei complementar, que forças estrangeiras transitem pelo território nacional ou nele permaneçam temporariamente;

xxiii) enviar ao Congresso Nacional o plano plurianual, o projeto de lei de diretrizes orçamentárias e as propostas de orçamento previstos nesta Constituição;

xxiv) prestar, anualmente, ao Congresso Nacional, dentro de sessenta dias após a abertura da sessão legislativa, as contas referentes ao exercício anterior;

xxv) prover e extinguir os cargos públicos federais, na forma da lei;

xxvi) editar medidas provisórias com força de lei, nos termos do art. 62;

xxvii) exercer outras atribuições previstas nesta Constituição;

xxviii) propor ao Congresso Nacional a decretação do estado de calamidade pública de âmbito nacional previsto nos arts. 167-B, 167-C, 167-D, 167-E, 167-F e 167-G desta Constituição.

Acerca dessas atribuições, **quatro apontamentos** devem ser feitos. Dois de caráter geral e dois de caráter específico.

O **primeiro** deles é que o rol do artigo 84 da CF/88 é **exemplificativo**. De fato, o inciso XXVII do artigo 84 da CF/88 afirma que compete ao Presidente da República exercer não só as atribuições listadas nos incisos anterior, como também outras previstas na Constituição.

O **segundo** apontamento é o de que as competências confiadas ao Presidente da República pelo artigo 84 da CF/88 são **indelegáveis**. O parágrafo único desse artigo, contudo, traz algumas **exceções**, de modo que o Presidente poderá delegar as atribuições previstas nos incisos VI, XII e XXV, primeira parte, aos Ministros de Estado, ao Procurador-Geral da República ou ao Advogado-Geral da União, que observarão os limites traçados nas respectivas delegações.

Portanto, as seguintes competências são **delegáveis**:

- dispor, mediante decreto, sobre: i) a organização e funcionamento da administração federal, quando não implicar aumento de despesa nem criação ou extinção de órgãos públicos; ii) a extinção de funções ou cargos públicos, quando vagos;
- conceder indulto e comutar penas, com audiência, se necessário, dos órgãos instituídos em lei;
- prover os cargos públicos federais, na forma da lei.

O **terceiro** apontamento diz respeito especificamente às competências previstas nos incisos IV e VI do artigo 84 da CF/88.

O artigo 84, inciso IV, *in fine*, da CF/88 dispõe que compete ao Presidente da República, privativamente, expedir decretos e regulamentos para a fiel execução da lei. Cuida-se do **poder regulamentar**, que nada mais é do que a faculdade conferida ao Presidente da República de expedir regulamentos para fiel execução das leis federais.

Embora os regulamentos sejam normas jurídicas gerais e abstratas, não se caracterizam como exercício de função legislativa. Isso porque eles **não podem inovar no ordenamento jurídico**, limitando-se a pormenorizar o conteúdo de uma lei de modo a torná-la executável. Trata-se de mera **execução da lei** e, portanto, de exercício de função administrativa.

Caso o decreto regulamentar extrapole a lei e inove no ordenamento jurídico, ele é considerado ilegal, podendo o Congresso Nacional sustá-lo na parte que exorbite o poder regulamentar (artigo 49, inciso V, da CF/88).

Acerca do poder regulamentar conferido ao Chefe do Poder Executivo, o Supremo Tribunal Federal possui firme jurisprudência no sentido de que, por violar a separação dos poderes (art. 2º, da CF/88) e o artigo 84, IV, da CF/88, são **inconstitucionais** os dispositivos normativos contidos em lei que **estabeleçam prazo para que o regulamento seja editado**.[7]

Questão controvertida que se coloca em doutrina é saber se pode o Presidente da República editar **decretos autônomos**. Diz-se autônomo o decreto que regulamente diretamente um preceito constitucional. É ato normativo primário, pois prescinde de lei anterior. Há, portanto, inovação no ordenamento jurídico.

7. STF, Tribunal Pleno, ADI 4.728/DF, Rel. Min. Rosa Weber, j. 12.11.2021.

A possibilidade de o Presidente da República editar decretos autônomos sempre foi **rechaçada por parcela considerável da doutrina**. Celso Antônio Bandeira de Mello por exemplo, afirma que a atividade administrativa somente pode agregar concretude à lei, mas nunca instaurar originalmente qualquer cerceio a direitos de terceiro. Aceitar a figura do regulamento autônomo, para o renomado autor, é uma transplantação de conceito alienígena ao nosso Direito, que não se afina com a Constituição brasileira.[8]

Outra parcela da doutrina, todavia, **admite** a possibilidade de o Presidente da República editar decretos autônomos. José Afonso da Silva, por exemplo, faz uma distinção entre o princípio da legalidade, que estabelece que a Administração Pública deve atuar dentro da esfera estabelecida pelo legislador, e o princípio da reserva de lei, que consiste na obrigação de que determinadas matérias sejam regulamentadas necessariamente por lei formal. Para o célebre constitucionalista, fora das hipóteses em que se aplica este segundo princípio, é dado ao Poder Executivo editar regulamentos autônomos de organização.[9]

O **Supremo Tribunal Federal**, sob a égide da Constituição de 1988, **já admitiu** a existência do decreto autônomo em nosso ordenamento, reconhecendo, inclusive, que ele seja impugnado por ação direta de inconstitucionalidade.[10]

Após a edição da **EC n.º 32/01**, que deu nova redação ao inciso VI do artigo 84 da CF/88, a divergência parece ter chegado a um fim. Isso porque conferiu-se expressamente a possibilidade de o Presidente da República editar decretos autônomos sobre a organização e funcionamento da administração federal, quando não implicar aumento de despesa nem criação ou extinção de órgãos públicos e sobre a extinção de funções ou cargos públicos, quando vagos.

Acerca do tema, o Supremo Tribunal Federal já declarou inconstitucional decreto autônomo, editado pelo Presidente da República, que extinguia cargos ocupados. Isso porque o art. 84, VI, b, da CF/88 é claro ao dispor que tais decretos somente poderão ser utilizados para a extinção de funções ou cargos públicos, **quando vagos.**[11]

O **quarto** e último apontamento envolve a atribuição descrita no artigo 84, inciso XII, da CF/88.

8. MELLO, Celso Antônio Bandeira de. Curso de direito administrativo. 27. ed., São Paulo: Malheiros, 2010, p. 341-351.

9. SILVA, José Afonso da. Comentário contextual à constituição. 9ª ed. São Paulo: Malheiros, 2014, p. 492-493.

10. Por todos, ver STF, Tribunal Pleno, ADI 1.396/SC, Rel. Min. Marco Aurélio, j. 8.6.1998.

11. STF, Tribunal Pleno, ADI 6.186/DF, Rel. Min. Gilmar Mendes, j. 18.4.2023.

O Supremo Tribunal Federal, debruçando-se sobre essa atribuição, afirmou que compete ao Presidente da República definir a concessão ou não do indulto, bem como seus requisitos e a extensão desse verdadeiro ato de clemência constitucional, a partir de **critérios de conveniência e oportunidade**.

Desse modo, a concessão de indulto não está vinculada à política criminal estabelecida pelo legislativo, tampouco adstrita à jurisprudência formada pela aplicação da legislação penal, muito menos ao prévio parecer consultivo do Conselho Nacional de Política Criminal e Penitenciária, sob pena de total esvaziamento do instituto, que configura tradicional mecanismo de freios e contrapesos na tripartição de poderes.

Por fim, afirmou o Supremo Tribunal Federal que o Poder Judiciário pode analisar somente a constitucionalidade da concessão da *clementia principis*, e não o mérito, que deve ser entendido como juízo de conveniência e oportunidade do Presidente da República, que poderá, entre as hipóteses legais e moralmente admissíveis, escolher aquela que entender como a melhor para o interesse público no âmbito da Justiça Criminal.[12]

Em outra oportunidade, o Supremo Tribunal Federal decidiu que, a despeito de a concessão da graça ou do indulto ser um ato de governo, dotado de maior grau de discricionariedade, sua **sindicabilidade será possível em situações excepcionais**. No caso concreto, entenderam os Ministros que houve desvio de finalidade na concessão de graça pelo Presidente da República a condenado com quem partilhava afinidade político-partidária, ao arrepio dos princípios da impessoalidade e moralidade administrativa.[13]

B. Vice-Presidente da República

O cargo Vice-Presidente da República é criação norte-americana e foi adotado pela Constituição de 1988. A sua função primordial é **substituir** o Presidente da República, caso este encontre-se impedido de exercer a sua função, e **sucedê-lo**, em caso de vacância definitiva (artigo 79, *caput*, da CF/88).

Além dessa função, os artigos 89, inciso I, e 91, inciso I, ambos da Constituição Federal preveem a sua participação nos Conselhos da República e de Defesa Nacional. Lei complementar poderá atribuir-lhe outras funções, bem como poderá o Presidente da República convocá-lo a prestar-lhe auxílio em missões especiais (artigo 79, parágrafo único, da CF/88).

12. STF, Tribunal Pleno, ADI 5.874/DF, red. p/ acórdão Min. Alexandre de Moraes, j. 9.5.2019.
13. STF, Tribunal Pleno, ADPF 965, 966 e 967, Rel. Min. Rosa Weber, j. 10.5.2023.

O Vice-Presidente é eleito juntamente com o Presidente da República, em chapa única (artigo 77, §1º, da CF/88).

C. Ministros de Estado

Os Ministros de Estados **auxiliam** o Presidente da República no exercício da função executiva. Eles são **escolhidos livremente** pelo Presidente da República, que pode nomeá-los e exonerá-los a qualquer momento – o cargo de Ministro de Estado é ***ad nutum***, portanto.

Os únicos limites que se colocam ao Presidente quando da escolha dos Ministros estão no artigo 87, *caput*, da CF/88, que prevê alguns **requisitos**. São eles: a) ser **brasileiro**, nato ou naturalizado;[14] b) idade mínima de **21 (vinte e um) anos**; e c) estar em **pleno gozo dos direitos políticos**.

São **atribuições** dos Ministros de Estado, de acordo com parágrafo único do artigo 87 da CF/88:

i. exercer a orientação, coordenação e supervisão dos órgãos e entidades da administração federal na área de sua competência e referendar os atos e decretos assinados pelo Presidente da República;

ii. expedir instruções para a execução das leis, decretos e regulamentos;

iii. apresentar ao Presidente da República relatório anual de sua gestão no Ministério;

iv. praticar os atos pertinentes às atribuições que lhe forem outorgadas ou delegadas pelo Presidente da República.

Esse rol de atribuições é **exemplificativo**, competindo aos Ministros de Estado, além dessas, outras atribuições que estejam previstas na própria Constituição ou em lei.

Um exemplo de atribuição constitucionalmente prevista que não está no rol do artigo 87, parágrafo único, da CF/88 é a possibilidade de delegação aos Ministros, pelo Presidente da República, de suas atribuições listadas nos incisos VI, XII e XXV, primeira parte, do artigo 84 da CF/88, conforme parágrafo único deste último dispositivo.

Compete ao **Supremo Tribunal Federal** processar e julgar os Ministros de Estado nas **infrações penais comuns** (artigo 102, inciso I, alínea "c", da CF/88).

Em relação aos **crimes de responsabilidade**, a competência varia:

14. É importante notar que o artigo 12, §3º, inciso VII, da CF/88 exige que o cargo de Ministro de Estado da Defesa seja ocupado por um brasileiro **nato**.

- se houver **conexão** com crime responsabilidade praticado pela Presidente da República ou pelo Vice-Presidente, serão processados e julgados pelo **Senado Federal** (artigo 52, inciso I, da CF/88);
- se não houver conexão, os Ministros de Estado serão processados e julgados pelo **Supremo Tribunal Federal** (artigo 102, inciso I, alínea "c", da CF/88).

Por fim, o artigo 88 da CF/88, com redação dada pela EC n.º 32/01, prevê que a lei disporá sobre a criação e extinção de Ministérios e órgãos da administração pública.

D. Conselho da República e Conselho de Defesa Nacional

Os Conselhos da República e de Defesa Nacional são **órgãos superiores de consulta** do Presidente da República, sendo por ele convocados e presididos.

Compõem o **Conselho da República** (artigo 89 da CF/88):

a) Vice-Presidente da República;
b) Presidente da Câmara dos Deputados;
c) Presidente do Senado Federal;
d) Líderes da maioria e da minoria na Câmara dos Deputados;
e) Líderes da maioria e da minoria no Senado Federal;
f) Ministro de Justiça; e
g) seis cidadãos brasileiros natos, com mais de trinta e cinco anos de idade, sendo dois nomeados pelo Presidente da República, dois eleitos pelo Senado Federal e dois eleitos pela Câmara dos Deputados, todos com mandato de três anos, vedada a recondução.

Além dos membros permanentes acima listados, o Presidente da República pode convocar Ministro de Estado para participar da reunião do Conselho da República quando constar da pauta questão relacionada ao respectivo Ministério (artigo 90, §2º, da CF/88).

As **atribuições** do Conselho da República estão enumeradas no artigo 90 da CF/88. Segundo este dispositivo, o Conselho da República deve pronunciar-se sobre: i) intervenção federal, estado de defesa e estado de sítio; e ii) questões relevantes para a estabilidade das instituições democráticas.

O **Conselho de Defesa Nacional**, por seu turno, é **composto** (artigo 91 da CF/88) pelo:

a) Vice-Presidente da República;
b) Presidente da Câmara dos Deputados;
c) Presidente do Senado Federal;

d) Ministro da Justiça;
e) Ministro de Estado da Defesa;
f) Ministro das Relações Exteriores;
g) Ministro do Planejamento;
h) Comandantes da Marinha, do Exército e da Aeronáutica.

As **atribuições** do Conselho de Defesa Nacional envolvem assuntos relacionados com a soberania nacional e a defesa do Estado democrático. Segundo o artigo 91, §1º, da CF/88, compete-lhe: i) opinar nas hipóteses de declaração de guerra e de celebração da paz, nos termos desta Constituição; ii) opinar sobre a decretação do estado de defesa, do estado de sítio e da intervenção federal; iii) propor os critérios e condições de utilização de áreas indispensáveis à segurança do território nacional e opinar sobre seu efetivo uso, especialmente na faixa de fronteira e nas relacionadas com a preservação e a exploração dos recursos naturais de qualquer tipo; e iv) estudar, propor e acompanhar o desenvolvimento de iniciativas necessárias a garantir a independência nacional e a defesa do Estado democrático.

Os pareceres e manifestações dos Conselhos da República e de Defesa Nacional são **meramente opinativos**, não vinculando o Presidente da República.

4. ESTRUTURA DO PODER EXECUTIVO ESTADUAL

No âmbito estadual, o Poder Executivo é exercido pelo **Governador de Estado**, com o auxílio dos Secretários de Estado.

O artigo 28, *caput*, da CF/88 prevê que a eleição do Governador e do Vice-Governador de Estado realizar-se-á no primeiro domingo de outubro, em primeiro turno, e no último domingo de outubro, em segundo turno, se houver, do ano anterior ao do término do mandato de seus antecessores. Observa-se, no mais, as regras previstas no artigo 77 da CF/88, que versam sobre a eleição do Presidente e do Vice-Presidente da República.

O Supremo Tribunal Federal já declarou inconstitucional emenda à Constituição Estadual que previu eleição isolada para o cargo de Vice-Governador em caso de vacância, sob o fundamento de que tal emenda violou o art. 77, §1º, da CF/88, que optou pelo sistema de chapa única ao estabelecer que eleição do Presidente acarretará a eleição do Vice-Presidente com ele registrado; e o art. 28, *caput*, da CF/88, que estabelece que as regras do art. 77 da CF/88 são de reprodução obrigatória nos Estados.[15]

15. STF, Tribunal Pleno, ADI 999, Rel. Min, Dias Toffoli, j. 26.6.2023.

A posse do Governador ocorrerá em **6 de janeiro** do ano subsequente à eleição e o **mandato** é de **quatro anos**, sendo permitida a **reeleição**, para um único período subsequente (artigo 14, §5º da CF/88).

Perderá o mandato o Governador que assumir outro cargo ou função na administração pública direta ou indireta, ressalvada a posse em virtude de concurso público e observado o disposto no art. 38, I, IV e V (artigo 28, §1º, da CF/88).

Em relação à **dupla vacância no âmbito estadual** – quando ficam vagos os cargos de Governador e Vice-Governador –, o Supremo Tribunal Federal possui firme entendimento de que a norma contida no artigo 81, §1º, da CF/88 **não é de reprodução obrigatória** pelas constituições estaduais.

Assim, é perfeitamente **possível** que determinada constituição estadual preveja, para o caso de dupla vacância dos cargos de Governador e Vice-Governador, a realização de **eleições indiretas, de forma nominal e aberta, na Assembleia Legislativa.**[16]

Tal **autonomia** estadual, contudo, é **relativa**, pois os Estados-membros e o Distrito Federal não poderão se desviar completamente dos princípios constitucionais que norteiam a matéria, **não podendo**, por exemplo **suprimir a realização de novas eleições**, pois haveria violação ao princípio democrático. A partir desse cenário, o STF julgou inconstitucional dispositivo inserido em constituição estadual que previa que, no caso de dupla vacância, o período restante do mandato de Governador seria exercido pelo Presidente da Assembleia Legislativa e pelo Presidente do Tribunal de Justiça, sucessivamente.[17]

Em outra ocasião, o Supremo consignou que os Estados-membros, ao exercerem sua autonomia normativa sobre a dupla vacância, **deverão observar os seguintes limites:** i) a necessidade de registro e votação dos candidatos a Governador e Vice-Governador por meio de chapa única; ii) a observância das condições constitucionais de elegibilidade e das hipóteses de inelegibilidade previstas no art. 14 da Constituição Federal e na Lei Complementar a que se refere o § 9º do art. 14; iii) que a filiação partidária não pressupõe a escolha em convenção partidária nem o registro da candidatura pelo partido político; e iv) a regra da maioria, enquanto critério de averiguação do candidato vencedor, não se mostra afetada a qualquer preceito constitucional que vincule os Estados e o Distrito Federal".[18]

Os **subsídios** do Governador, do Vice-Governador e dos Secretários de Estado serão fixados por lei de iniciativa da Assembleia Legislativa, observado o que

16. STF, Tribunal Pleno, ADI 7.137/SP, Rel. Min. Rosa Weber, j. 19.8.2022.

17. STF, Tribunal Pleno, ADI 7.137/SP, Rel. Min. Rosa Weber, j. 19.8.2022.

18. STF, Tribunal Pleno, ADPF 969/AL, Rel. Min. Gilmar Mendes, j. 15.8.2023.

dispõem os artigos 37, XI, 39, § 4º, 150, II, 153, III, e 153, § 2º, I, todos da CF/88 (artigo 28, §2º, da CF/88).

5. ESTRUTURA DO PODER EXECUTIVO MUNICIPAL

No âmbito municipal, o Poder Executivo é exercido pelo **Prefeito**, com o auxílio dos Secretários Municipais.

Segundo o artigo 29, incisos I a III, da CF/88, a **eleição** do Prefeito e do Vice-Prefeito dar-se-ão por pleito direto e simultâneo realizado em todo o País. Ela se realizará no primeiro domingo de outubro do ano anterior ao término do mandato dos que devam suceder. No caso dos Municípios com mais de duzentos mil eleitores, aplicam-se as regras do artigo 77 da CF/88.

A posse do Prefeito e do Vice-Prefeito ocorrerá no dia 1º de janeiro do ano subsequente ao da eleição e o **mandato** é de **quatro anos**, sendo permitida a **reeleição**, para um único período subsequente (artigo 14, §5º da CF/88).

6. RESPONSABILIDADE DO PRESIDENTE DA REPÚBLICA

Em nosso sistema constitucional, os governantes respondem perante a lei. Não poderia ser diferente, pois, a forma de governo por nós adotada foi a **republicana** (artigo 1º, *caput*, da CF/88), cuja característica principal é justamente a responsabilidade dos agentes públicos perante os seus atos.

Nesse contexto, o Presidente da República pode ser responsabilizado tanto pela prática de **infrações penais**, quanto pela prática de **infrações político-administrativas.**

A. Infrações penais comuns

O Presidente da República, como qualquer pessoa, pode praticar condutas que estão tipificadas em lei como **infrações penais comuns.**

Há, contudo, um **regramento especial** conferido pela Constituição de 1988 a ele, que tem por finalidade proteger a liberdade e a independência no exercício do cargo, pois o exercício da função de Chefe do Poder Executivo poderia ficar prejudicada se, a todo momento, o seu mandatário tivesse que se defender em processos-criminais infundados.

O artigo 102, inciso I, alínea "b", da CF/88 prevê que compete ao **Supremo Tribunal Federal** processar e julgar o Presidente da República nas infrações penais comuns. Esse foro por prerrogativa da função se aplica a todas as infrações penais, incluídos os **crimes eleitorais**, os **crimes dolosos contra a vida** e as **contravenções**

penais.[19] **Não abarca**, por outro lado, as ações de **natureza cível**, como, por exemplo, as ações populares, as ações civis públicas e ações de improbidade administrativa.[20]

Outra regra específica que se aplica à responsabilização do Presidente da República está prevista no artigo 86, *caput*, da CF/88. À luz desse dispositivo, antes de o Supremo Tribunal Federal receber ou não a denúncia formulada contra o Chefe do Poder Executivo federal, deverá ser feito um **juízo de admissibilidade pela Câmara dos Deputados.**

Assim, uma vez oferecida a denúncia pelo Procurador-Geral da República imputando ao Presidente da República a prática de infração penal comum, o Supremo Tribunal Federal remete os autos à Câmara dos Deputados para que, pelo voto de **2/3 (dois terços)** de seus membros, ela faça um **controle político** de admissibilidade da acusação.

> **Observação:** O Supremo Tribunal Federal já decidiu que a regra prevista nos artigos 51, inciso I, e 86, *caput*, ambos da CF/88 **não é extensível aos codenunciados** que não se encontrem investidos nos cargos de Presidente da República, Vice-Presidente ou Ministro de Estado, pois a finalidade da norma é tutelar o regular exercício desses cargos.[21]

Admitida a acusação, o processo retorna ao **Supremo Tribunal Federal** para que proceda a **análise jurídica** da denúncia, recebendo-a ou não. A Suprema Corte já decidiu que antes do juízo político de admissibilidade da Câmara dos Deputados, não lhe cabe conhecer e decidir matéria defensiva suscitada pelo denunciado.[22]

Recebida a denúncia, o Presidente da República ficará **suspenso** de suas funções pelo prazo de **180 (cento e oitenta) dias** (artigo 86, inciso I, e §2º, da CF/88), assumindo a presidência o Vice-Presidente ou um dos substitutos eventuais, tal qual já estudamos.

O artigo 86, §3º, da CF/88 prevê que o Presidente da República **não poderá ser preso cautelarmente**, somente podendo ser preso no caso de sentença condenatória definitiva.

Com o trânsito em julgado da sentença condenatória, não só o Presidente poderá ser preso, como também perderá o **perderá o seu mandato** em razão da suspensão de seus direitos políticos (artigo 15, inciso III, da CF/88).

19. STF, Tribunal Pleno, Rcl 511/PB, Rel. Min. Celso de Mello, j. 9.2.1995.
20. STF, Tribunal Pleno, AgR na Pet 3.240/DF, Red. p/ acórdão Roberto Barroso, j. 10.5.2018.
21. STF, Tribunal Pleno, Segundo AgR no Inq 4.483/DF, Rel. Min. Edson Fachin, j. 19.12.2017.
22. STF, Tribunal Pleno. Inq 4.483/DF-QO, Rel. Min. Edson Fachin, j. 21.9.2017.

Por fim, o artigo 86, §4º, da CF prevê a **irresponsabilidade penal relativa** do Chefe do Poder Executivo federal. Segundo esse dispositivo, o Presidente da República, **na vigência de seu mandato, não pode ser responsabilizado penalmente por atos estranhos ao exercício de suas funções.**

Isso significa que, durante a investidura, o Presidente não pode ser responsabilizado criminalmente por infrações penais que não guardem relação com o exercício de suas funções, tenham sido elas praticadas antes ou durante o mandato.[23]

Embora não haja expressa previsão no texto constitucional, o **prazo prescricional ficará suspenso** enquanto perdurar a impossibilidade de perseguição penal.

Findo o mandato, cessa a impossibilidade de responsabilização criminal, bem como os prazos prescricionais voltam a correr.

> **Observação**: O Supremo Tribunal Federal entende que a imunidade penal relativa prevista no artigo 86, §4º, da CF/88 se destina exclusivamente ao Chefe do Poder Executivo da União, não autorizando, por sua natureza restritiva, qualquer interpretação que amplie sua incidência a outras autoridades, notadamente membros do Poder Legislativo.[24]

B. Crimes de responsabilidade

B.1. Conceito de crime de responsabilidade

Além das infrações penais comuns, o Presidente da República pode praticar os chamados crimes de responsabilidade. Entende-se por crime de responsabilidade as **infrações político-administrativas** praticadas por detentores de cargos públicos do alto escalão.

Em relação ao Presidente da República, o artigo 85 da CF/88 consigna que configuram crime de responsabilidade os atos que atentem contra a Constituição Federal e, especialmente, contra:

- **a)** a existência da União;
- **b)** o livre exercício do Poder Legislativo, do Poder Judiciário, do Ministério Público e dos Poderes constitucionais das unidades da Federação;
- **c)** o exercício dos direitos políticos, individuais e sociais;
- **d)** a segurança interna do País;
- **e)** a probidade na administração;

23. STF, Tribunal Pleno, AP 305/DF-QO, Rel. Min. Celso de Mello, j. 30.9.1992.

24. STF, Tribunal Pleno, Inq 3.983/DF, Rel. Min. Teori Zavascki, j. 3.3.2016.

f) a lei orçamentária;

g) o cumprimento das leis e das decisões judiciais.

O parágrafo único do artigo 85 da CF/88, por seu turno, atribuiu à lei especial a definição dos crimes de responsabilidade que podem ser praticados pelo Presidente da República e o estabelecimento das normas de processo e julgamento.

A **competência** para editar essa lei, segundo entendimento sumulado do Supremo Tribunal Federal, é **privativa da União**, nos termos do artigo 22, inciso I, da CF/88 (**Enunciado n.º 46 da Súmula Vinculante**).

Percebe-se, assim, que a **Constituição de 1988** apenas **enumera** os atos que podem ou não ser caracterizados como crimes de responsabilidade, mas **cabe à lei nacional especial efetivamente defini-los.**

Atualmente, a matéria está tratada na **Lei n.º 1.079/50**, que foi **recepcionada** pela Constituição Federal de 1988.[25]

> **Observação**: Além do Presidente da República, **também** poderão praticar crimes de responsabilidade e serem responsabilizado politicamente: o **Vice-Presidente da República**, os **Ministros de Estado**, os **Ministros do STF**, os **membros do CNJ** e **do CNMP**, o **Procurador-Geral da República**, o **Advogado-Geral da União**, os **Governadores e os Prefeitos**.

B.2. Processo de impeachment

I. Introdução

O Supremo Tribunal Federal entende, na esteira da doutrina majoritária[26], que o processo de *impeachment* tem **natureza política**.[27]

As **regras procedimentais** do processo de *impeachment* do Presidente da República estão desenhadas na Constituição Federal de 1988 e na Lei n.º 1.079/50. Além delas, o Supremo Tribunal Federal admite que sejam aplicadas subsidiariamente as regras previstas nos Regimentos Internos da Câmara do Deputados e

---

25. STF, Tribunal Pleno, ADPF 378/DF-MC, Red. p/ acórdão Min. Roberto Barroso, j. 17.12.2015.

26. Paulo Brossard de Souza Pinto, em clássica obra sobre o tema, ensina que: "Entre nós, porém, como no direito norte-americano e argentino, o 'impeachment' tem feição política, não se origina senão de causas políticas, objetiva resultados políticos, é instaurado sob considerações de ordem política e julgado segundo critérios políticos, – julgamento que não exclui, antes supõe, é óbvio, a adoção de critérios jurídicos". Ver PINTO, Paulo Brossard de Souza. O impeachment: aspectos da responsabilidade jurídica do Presidente da República. Porto Alegre: Oficinas Gráficas da Livraria do Globo S.A., 1964, p. 71.

27. STF, Tribunal Pleno, ADPF 378/DF-MC, Red. p/ acórdão Min. Roberto Barroso, j. 17.12.2015

do Senado Federal, desde que as normas regimentais sejam compatíveis com os preceitos legais e constitucionais pertinentes.[28]

Cuida-se de procedimento **divido em duas fases**: em uma primeira etapa, a Câmara dos Deputados autoriza ou não a instauração do processo (condição de procedibilidade), enquanto na segunda etapa compete ao Senado Federal receber ou não a denúncia, pronunciar ou não o Presidente da República e julgar o mérito da acusação.

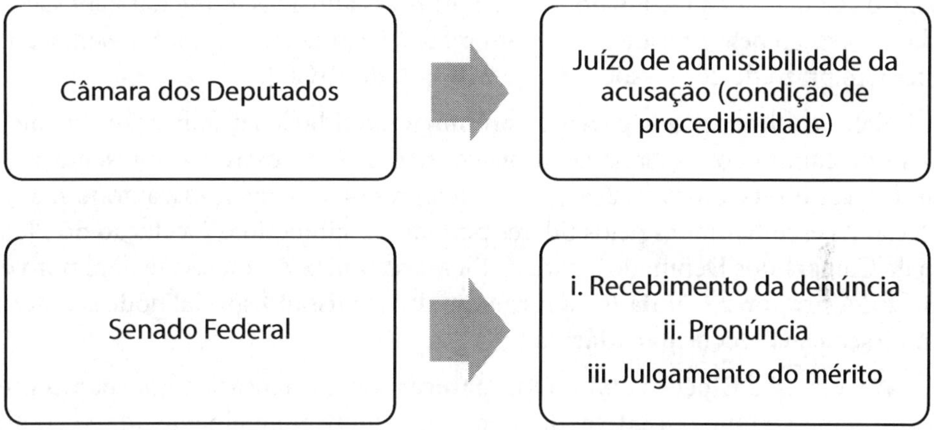

Feitas essas considerações iniciais, passemos, pois, à análise mais detalhada do procedimento.

II. Primeira etapa – Câmara dos Deputados

Todo cidadão é legitimado a formalizar acusação de crime de responsabilidade contra o Presidente (artigo 14 da Lei n.º 1.079/50).

A **denúncia** deve estar assinada, com firma reconhecida, e deve ser acompanhada dos documentos que a comprovem ou, ao menos, indicar o local onde eles podem ser encontrados, caso seja impossível juntá-los desde logo. Caso seja necessária a produção de prova testemunhal, a denúncia deve conter o rol das testemunhas, em número mínimo de cinco (artigo 16 da Lei n.º 1.079/50).

O processo de *impeachment* do Presidente da República inicia-se na **Câmara dos Deputados**, que fará um **juízo de admissibilidade** das acusações. Esse juízo é eminentemente de **natureza política**.

28. STF, Tribunal Pleno, ADPF 378/DF-MC, Red. p/ acórdão Min. Roberto Barroso, j. 17.12.2015.

O **Presidente da Câmara dos Deputados** procederá, de pronto, um exame liminar da idoneidade da denúncia popular. **Poderá rejeitá-la** imediatamente caso a acusação seja patentemente inepta ou despida de justa causa. Caso o faça, caberá recurso ao Plenário da Câmara dos Deputados.[29] **Se não a rejeitar** liminarmente, o processo prosseguirá com a formação de uma **Comissão Especial**.

Não se aplicam ao Presidente da Câmara dos Deputados as regras sobre **impedimento e suspeição** previstas no Código de Processo Penal.[30]

Não há direito à defesa prévia antes da análise preliminar feita pelo Presidente da Câmara dos Deputados.[31] A ampla defesa do acusado se dará após admitida a acusação pelo Presidente da Câmara dos Deputados, com a apresentação de defesa no prazo de dez sessões (artigo 218, §4º, do RICD).

Cabe aos **líderes dos partidos ou bloco partidários** a indicação dos membros que comporão a Comissão Especial, **não** sendo possível a apresentação de **candidaturas ou chapas avulsas**, pois isso representaria violação à autonomia partidária. As escolhas feitas pelos líderes podem ser submetidas à votação no Plenário da Câmara dos Deputados, para ratificá-las ou não. A votação se dará por **voto aberto**. A **proporcionalidade** na formação da Comissão Especial pode ser aferida **em relação aos blocos partidários**.[32]

A Comissão Especial emitirá um **parecer** sobre a acusação. Esse parecer tem natureza meramente **opinativa**, de modo que independentemente de seu conteúdo, a denúncia será remetida ao Plenário da Câmara dos Deputados, que a votará.

A Câmara dos Deputados, então, fará tão somente **um juízo político de admissibilidade da acusação**, que constitui condição para o prosseguimento da denúncia. O quórum exigido pelos artigos 51, inciso I, e 86, *caput*, da CF/88 para que a acusação seja admitida é de **2/3 (dois terços) dos membros** da Câmara dos Deputados.

Atingido o número mínimo de votos, o processo é enviado ao Senado Federal.

III. Segunda etapa – Senado Federal

Após a admissão pela Câmara dos Deputados da acusação, o processo chega ao Senado Federal. Nele, o processo é divido em **três fases**: i) fase de recebimento da denúncia; ii) fase de pronúncia; e iii) fase de julgamento.

29. STF, Tribunal Pleno, MS 20.941/DF, Rel. Min. Sepúlveda Pertence, j. 9.2.1990.

30. STF, Tribunal Pleno, ADPF 378-MC, Red. p/ acórdão Min. Roberto Barroso, j. 17.12.2015 e STF, Tribunal Pleno, ADPF 378-ED, Rel. Min. Roberto Barroso, j. 16.3.2016.

31. *Ibidem*.

32. *Ibidem*.

Na **primeira etapa (*judicium accusationis*)**, constitui-se **Comissão Especial**, que será composta por Senadores conforme o princípio da proporcionalidade partidária, para elaboração de **parecer de natureza opinativa**. Emitido o parecer sobre o conhecimento ou não da denúncia, haverá a discussão e votação pelo **Plenário do Senado Federal**. Essa votação é realizada em **turno único**, sendo o **voto aberto**. A denúncia será recebida pelo voto da **maioria simples** dos membros do Senado.[33]

É nesse momento em que se considera **instaurado** formalmente o processo contra o Presidente da República, aplicando-se a regra do artigo 86, §1º, inciso II, da CF/88. Desse modo, não é com o juízo de admissibilidade feito pela Câmara dos Deputados que o Presidente da República **ficará suspenso de suas funções pelo prazo de 180 (cento e oitenta) dias**, mas sim com o juízo de acusação positivo pelo Senado Federal.

Se, decorrido o prazo de cento e oitenta dias, o julgamento não estiver concluído, cessará o afastamento do Presidente, sem prejuízo do regular prosseguimento do processo (artigo 86, §2º, da CF/88).

Recebida a denúncia, passa-se à **segunda etapa (juízo de pronúncia)**, onde ocorrerá a **instrução probatória**. O acusado poderá apresentar defesa no prazo de 20 (vinte) dias, oportunidade em que apresentará suas teses defensivas e indicará as provas que deseja produzir.

O procedimento acusatório estabelecido na Lei nº 1.079/1950, parcialmente recepcionado pela Constituição de 1988, não impede que o **Senado adote as medidas necessárias à apuração de crimes de responsabilidade**, inclusive no que concerne à produção de provas. O **interrogatório** do acusado, instrumento de autodefesa que densifica as garantias do contraditório e da ampla defesa, deve ser o **último ato de instrução.**[34]

Colhidas as provas, possibilita-se ao denunciante e ao denunciado a apresentação de alegações finais escritas, no prazo de 15 (quinze) dias. Após, a Comissão Especial emite, em 10 (dez) dias, **novo parecer**, que será **votado pelo Plenário do Senado**. A votação, assim como no juízo de acusação, realizar-se-á em **turno único**, por **voto aberto** e pelo quórum de **maioria simples**.

Aprovado o parecer, chega-se na **terceira etapa (*judicium causae*)**. A sessão de julgamento será presidida pelo Presidente do Supremo Tribunal Federal e participarão, como juízes, os Senadores.

33. *Ibidem.*

34. *Ibidem.*

As testemunhas arroladas no libelo acusatório são inquiridas. Há possibilidade de contradita, reinquirição e acareação das testemunhas. Os Senadores, por intermédio do Presidente do Supremo Tribunal Federal, poderão formular perguntas.

Encerrada a instrução, iniciam-se os debates orais entre o denunciante e o denunciado. É facultada o uso da réplica e da tréplica. Concluídos os debates, os Senadores discutem o objeto da acusação.[35]

Após, o Presidente do STF relata o processo e inicia-se a votação. O julgamento do Presidente da República tem **natureza política**, pautando-se em um juízo de conveniência e oportunidade. Ele será realizado em **votação aberta e nominal** pelo Plenário do Senado Federal e serão necessários os votos de **2/3 (dois terços) dos Senadores para a condenação do Presidente** (artigo 52, parágrafo único, da CF/88).

A sentença será veiculada por meio de resolução.

Observação 1: Durante todo o processo de *impeachment*, em atenção ao devido processo legal, a defesa tem o direito de sempre se manifestar após a acusação.[36]

Observação 2: O Supremo Tribunal Federal entende que, iniciado o processo de *impeachment*, a **renúncia** do Presidente da República **não acarreta a extinção** do feito, que **prosseguirá até o julgamento final**[37].

IV. Sanções

O artigo 52, parágrafo único, da CF/88 prevê as sanções aplicáveis aos crimes de responsabilidade: a **perda do cargo** e a **inabilitação, por 8 (oito) anos, para o exercício de função pública**.

Embora o referido dispositivo seja claro no sentido de que, uma vez condenado o Presidente, serão aplicadas ambas as sanções, no julgamento do processo de *impeachment* da ex-Presidente Dilma Rousseff, o Senado Federal votou as sanções separadamente, condenando-a somente à perda do cargo.

---

35. Para um detalhamento de cada uma das etapas adotadas no processo de impeachment de Dilma Rousseff e de Fernando Collor, ver FERNANDES, Bernardo Gonçalves. Curso de direito constitucional. 12ª ed. Salvador: Editora Juspodivm, 2020, p. 1.468-1.470.

36. *Ibidem*.

37. STF, Tribunal Pleno, MS 21.689/DF, Rel. Min. Carlos Velloso, j. 16.12.1993.

A condenação por crime de responsabilidade e a aplicação das sanções políticas previstas **não afasta a responsabilização em outras esferas** pelos mesmos fatos, sendo possível a aplicação de outras sanções, desde que judicialmente.

V. Controle jurisdicional

O processo de *impeachment* e as decisões nele tomadas, como frisamos, têm **natureza política**. Em razão disso, **não se admite o controle judicial de mérito**, sob pena de violação do princípio da separação dos poderes. Por outro lado, o Supremo Tribunal Federal **admite** o **controle judicial em questões estritamente procedimentais.**[38]

7. RESPONSABILIDADE DOS GOVERNADORES E DOS PREFEITOS

Assim como ocorre com o Presidente da República, os Governadores e Prefeitos podem ser responsabilizados penal e político-administrativamente.

A. Governadores dos Estados-membros

A.1. Infrações penais comuns

Nas **infrações penais comuns**, a **competência** para processar e julgar os **Governadores** é do **Superior Tribunal de Justiça** (artigo 105, inciso I, alínea "a", da CF/88). Essa prerrogativa não se estende às ações cíveis, notadamente às ações de improbidade administrativa.[39]

O Supremo Tribunal Federal, em diversas oportunidades, já se manifestou no sentido de que **são inaplicáveis** aos Governadores as regras previstas no artigo 86, *caput* e parágrafos, da Constituição Federal de 1988.

Desse modo:

- **Não é necessária a prévia autorização da Assembleia Legislativa** para que o Superior Tribunal de Justiça receba denúncia ou queixa-crime oferecida contra o Governador do Estado, sendo **inconstitucionais** as previsões em constituições estaduais que exijam a autorização da Assembleia Legislativa para que o Governador seja processado criminalmente.[40]

---

38. STF, Tribunal Pleno, MS 21.623/DF, Rel. Min. Carlos Velloso, j. 17.12.1992.
39. STJ, Corte Especial, AgR na Rcl 10.037/MT, Rel. Min. Luis Felipe Salomão, j. 21.10.2015.
40. STF, Tribunal Pleno, ADI 5.540/MG, Rel. Min. Edson Fachin, j. 3.5.2017.

- Recebida a denúncia pelo Superior Tribunal de Justiça, **não haverá o afastamento automático** do Governador de suas funções, uma vez que o recebimento da denúncia é um ato jurisdicional sem cunho decisões e não há um controle político prévio. O Superior Tribunal de Justiça **pode**, contudo, **aplicar as medidas cautelares diversas da prisão** elencadas no artigo 318 do CPP, entre elas "a suspensão do exercício de função pública", e outras que se mostrarem necessárias e cujo fundamento decorre do poder geral de cautela conferido pelo ordenamento jurídico brasileiro aos juízes.[41]
- Os Governadores dos Estados **podem ser presos cautelarmente**, pois a eles não se estende a imunidade prisional prevista no artigo 86, §3º, da CF/88.[42]
- **Não se estende** aos Governadores dos Estados a **irresponsabilidade penal relativa** prevista no artigo 86, §4º, da CF/88, podendo o Chefe do Poder Executivo estadual responder, na vigência de seu mandato, por atos estranhos ao exercício de suas funções.[43]

A.2. Crimes de responsabilidade

Em relação aos **crimes de responsabilidade**, coube à **Lei n.º 1.079/50** definir quais condutas praticadas pelos Governadores configuram crimes de responsabilidade e qual o procedimento a ser aplicado.

Há que se destacar que a definição dos crimes de responsabilidade e o estabelecimento das respectivas normas de processo e julgamento **são de competência legislativa privativa da União**, não sendo dado às Assembleias Legislativas, mesmo que no exercício de poder constituinte derivado decorrente, legislar sobre o tema (**Verbete n.º 46 da Súmula Vinculante e n.º 722 da Súmula do Supremo Tribunal Federal**).

Nesse cenário, o artigo 74 da Lei n.º 1.079/50 estendeu aos Governadores e seus Secretários as condutas tipificadas como crime de responsabilidade para o Presidente da República.

Quanto ao procedimento, o Supremo Tribunal Federal já declarou não recepcionada a previsão do artigo 78, *caput*, da Lei n.º 1.079/50, na parte em que

41. STF, Tribunal Pleno, ADI 4.362/DF, Red. p/ acórdão Min. Roberto Barroso, j. 9.8.2017.
42. STF, Tribunal Pleno, ADI 1.024/SC, Red. p/ acórdão Min. Celso de Mello, j. 19.10.1995.
43. STF, Tribunal Pleno, ADI 1.021/SP, Red. p/ acórdão Min. Celso de Mello, j. 19.10.1995.

dispunha: "*O Governador será julgado nos crimes de responsabilidade, pela forma que determinar a Constituição do Estado*".[44-45]

Assim, o procedimento seguirá basicamente o seguinte roteiro:[46]

a) Denúncia: é permitido a todo cidadão **denunciar** o Governador perante a Assembleia Legislativa, por crime de responsabilidade. A denúncia, assinada pelo denunciante e com firma reconhecida, deverá ser acompanhada de documentos que a comprovem ou da declaração de impossibilidade de apresentá-los, com indicação do local onde possam ser encontrados, bem como, se for o caso, do rol das testemunhas, em número de cinco, no mínimo.

b) Análise preliminar: caberá ao **Presidente da Assembleia Legislativa** verificar se a denúncia preenche os requisitos acima listados. Se não os preencher, rejeitá-la-á. Da rejeição liminar, cabe recurso para o Plenário.

c) Comissão Especial: Recebida a denúncia pelo Presidente, ela será despachada à Comissão Especial, que será constituída de um quarto da composição da Assembleia Legislativa e eleita na mesma sessão em que se fizer a leitura da denúncia, por deliberação da maioria absoluta dos seus membros, em votação aberta, obedecida a proporcionalidade das representações partidárias ou dos blocos parlamentares, vedada a apresentação de candidatura ou chapa avulsas.

O denunciado será notificado a apresentar **defesa prévia**, no prazo de dez sessões, e, querendo, poderá comparecer às sessões pessoalmente ou por advogado.
Na sequência, a Comissão, após proceder às diligências que julgar necessárias ao esclarecimento da denúncia, emitirá seu **parecer**.

d) Juízo de admissibilidade da acusação: emitido o parecer, ele será submetido à **Assembleia Legislativa**, que fará o juízo de **admissibilidade**

44. STF, Tribunal Pleno, ADI 4.764, Red. p/ acórdão Min. Roberto Barroso, j. 4.5.2017.

45. Alexandre de Moraes possui entendimento no sentido de que, "em relação aos chamados crimes de responsabilidade, deveria ser a própria Constituição de cada Estado a fixar competência para o processo e julgamento, em face de sua autonomia em um Estado Federal", ver MORAES, Alexandre. Constituição do Brasil Interpretada e legislação constitucional. 9ª ed. São Paulo: Atlas, 2013, p. 1.284. Contudo, esse entendimento é minoritário, tendo o próprio Ministro aderido à jurisprudência pacífica do Supremo Tribunal Feral no julgamento da ADI n.º 5.895, na qual foi relator (STF, Tribunal Pleno, ADI 5.895, Rel. Min. Alexandre de Moraes, j. 27.9.2019).

46. Esse roteiro, construído com base na Lei n.º 1.079/50 e no que foi decidido na ADPF n.º 378, foi adotado nos julgamentos dos impeachments de Suely Campos, ex-Governadora de Roraima, de Wilson Witzel, ex-Governador do Rio de Janeiro, e de Carlos Moisés, ex-Governador de Santa Catarina.

da acusação. Na sessão, é dada a palavra à acusação e à defesa. Após, a matéria é posta em votação pelos Deputados Estaduais. Será autorizada a instauração do processo contra o denunciado se obtidos **2/3 (dois terços) dos votos dos membros da Casa**, comunicando-se a decisão ao Presidente do Tribunal de Justiça. Não havendo autorização o processo será arquivado.

e) **Formação do Tribunal Especial**: o processo e julgamento é de competência de um **Tribunal Especial**, composto de **cinco membros do Legislativo** e de **cinco Desembargadores**, sob a presidência do Presidente do Tribunal de Justiça local, que terá direito de voto no caso de empate. A escolha desse Tribunal será feita da seguinte forma: a dos membros do legislativo, mediante eleição pela Assembleia; a dos Desembargadores, mediante sorteio.

> **Observação:** Importante ressaltar, novamente, que as Constituições do Estado ou a Lei Orgânica do Distrito Federal não poderão, portanto, atribuir a competência do julgamento dos Governadores pela prática de crime responsabilidade à Assembleia Legislativa ou à Câmara Legislativa, sob pena de violação à competência da União Federal para legislar sobre o tema.[47]

f) **Recebimento da denúncia**: formado o Tribunal Especial, é sorteado um Relator, que determinará a notificação do acusado para apresentar **resposta escrita no prazo de 15 (quinze) dias**. Apresentada a resposta escrita, o Relator terá 10 (dez) dias para apresentar seu voto pela instauração ou não do processo. O Tribunal, então, se reunirá e o submeterá a uma só discussão e votação nominal, deliberando sobre a instauração do processo por **maioria simples de voto**. Nessa sessão, será facultada a sustentação oral da acusação e da defesa.

g) **Afastamento do exercício das funções**: instaurado o processo, o denunciado será intimado da decisão e estará automaticamente afastado do exercício das suas funções pelo prazo de **180 (cento e oitenta) dias**.

h) **Instrução**: na mesma oportunidade em que for intimado da decisão de recebimento, passa a correr para o acusado o prazo de 20 (vinte) dias para apresentação de defesa, oportunidade em que poderá requerer as diligências que julgar necessárias ao esclarecimento dos fatos. O denunciante e o denunciado poderão comparecer pessoalmente ou por procurador, assistir a todos os atos e diligências por ele praticados, inquirir, reinquirir, contestar testemunhas e requerer a sua acareação. O interrogatório será o

47. STF, Tribunal Pleno, ADI 3.466/DF, Red. p/ acórdão Min. Roberto Barroso, j. 15.5.2023.

último ato da instrução. Encerrada a instrução, será aberto o prazo sucessivo de 10 (dez) dias para a acusação e a defesa apresentarem **alegações finais escritas.**

i) **Sessão de julgamento**: no dia e hora designados para o julgamento definitivo, verificada a presença de todos os membros do Tribunal de Julgamento, do denunciante e do denunciado, ou de seus procuradores ou defensores dativos, será aberta a sessão e realizada a leitura do relatório processo. Será facultada a sustentação oral pela acusação e pela defesa. Após, passa-se à votação. O Governador será condenado por crime de responsabilidade se a denúncia for julgada procedente por 2/3 (dois terços) dos membros do Tribunal Especial Misto.

Se condenado, o Governador está sujeito às **sanções** de **perda do cargo**, com **inabilitação até cinco anos**, para o exercício de qualquer função pública, sem prejuízo da ação da justiça comum.

B. Prefeitos Municipais

A **competência** para processar e julgar os **Prefeitos** pela prática de **infração penal comum** é do **Tribunal de Justiça local** (artigo 29, inciso X, da CF/88).

Em verdade, essa competência conferida ao Tribunal de Justiça se restringe ao julgamento dos **crimes de competência da Justiça comum estadual**. Nos demais casos, a competência originária caberá ao respectivo Tribunal de segundo grau (**Enunciado n.º 702 da Súmula do Supremo Tribunal Federal**). Desse modo, compete ao **Tribunal Regional Eleitoral** julgar o Prefeito nos **crimes eleitorais**; e ao **Tribunal Regional Federal** julgar o Prefeito nos **crimes federais.**

Sobre o foro por prerrogativa de função dos prefeitos, a Primeira Turma do Supremo Tribunal Federal já decidiu que o foro por prerrogativa de função se aplica **apenas aos crimes cometidos durante o exercício do cargo** e **relacionados às funções desempenhadas.** Entretanto, a prerrogativa de foro relaciona-se às funções desempenhadas na atualidade e a jurisprudência da Corte não abrange os interregnos de mandatos. Como no caso em concreto analisado, após o término do primeiro mandato, no qual supostamente praticados os delitos apurados, o Supremo consignou que a ação deveria ter sido encaminhada para a primeira instância. O fato de o denunciado ter assumido novo mandato de prefeito não enseja a prorrogação do foro.[48]

As **ações de natureza cível**, ainda quando envolvam a prática de atos de improbidade administrativa, devem ser processas e julgadas em **primeiro grau de**

48. STF, Primeira Turma, RE 1.185.838/SP, Rel. Min. Rosa Weber, j. 14.5.2019.

jurisdição, a elas não se estendendo o foro por prerrogativa da função previsto no artigo 29, inciso X, da CF/88.

Nos **crimes de responsabilidade**, o Prefeito é processa e julgado perante a **Câmara dos Vereadores** (artigo 4º do Decreto-lei n.º 201/67).

CAPÍTULO 13

PODER JUDICIÁRIO

1. FUNÇÕES DO PODER JUDICIÁRIO

A **função típica** do Poder Judiciário consiste em aplicar a lei ao caso concreto, solucionando os conflitos de interesses qualificados por uma pretensão resistida com definitividade (**função jurisdicional**).

Além dela, a Constituição de 1988 atribuiu ao Poder Judiciários algumas **funções atípicas**. Ao elaborarem os seus regimentos internos, os Tribunais exercem **função legislativa** (artigo 96, inciso I, alínea "a", da CF/88). Ao organizarem suas secretarias e serviços auxiliares, proverem cargos, concederem licença, férias e outros afastamentos, os Tribunais exercem **função executiva** (artigo 96, inciso I, alíneas "b", "c" e "e", da CF/88).

2. GARANTIAS DO PODER JUDICIÁRIO

Para permitir que o Poder Judiciário exerça as suas funções com **independência**, sem pressões internas ou externas, a Constituição de 1988 conferiu a ele e a seus membros algumas garantias.

Veja-se que tais garantias, longe de serem privilégios, são **imprescindíveis** ao **exercício da democracia** e ao **respeito aos direitos fundamentais**. Como estudamos, a função principal do Poder Judiciário é aplicar a lei ao caso concreto, solucionando definitivamente os conflitos de interesses. Frequentemente, o conflito a ser solucionado envolve o Governo ou da Administração Pública, sendo chamado do

Poder Judiciário a analisar a juridicidade dos atos emanados pelo Poder Executivo. Também são corriqueiros os casos em que o Judiciário faz uma análise de compatibilidade entre os atos normativos editados pelo Poder Legislativo e a Constituição Federal. Para que haja um efetivo e imparcial controle desses atos, há a necessidade de assegurar a independência e a imparcialidade do Poder Judiciário.

As garantias conferidas ao Poder Judiciário dividem-se em **institucionais** e **funcionais**.

A. Garantias institucionais

As garantias institucionais protegem o Poder Judiciário **como um todo**. Elas foram previstas, em nossa Constituição Federal, na forma de autonomias. Nesse sentido, o artigo 99, *caput,* da CF/88 prevê que ao Poder Judiciário é assegurada autonomia administrativa e financeira.

À luz da **autonomia administrativa**, os Tribunais podem autogovernar-se, cabendo-lhes organizar e estruturar o funcionamento de seus órgãos. Embora prevista no *caput* do artigo 99 da CF/88, ela está detalhada no artigo 96 da CF/88, que atribuiu competência aos Tribunais para:

- **i.** eleger seus órgãos diretivos e elaborar seus regimentos internos;
- **ii.** organizar suas secretarias e serviços auxiliares;
- **iii.** prover os cargos de juiz de carreira;
- **iv.** propor a criação de novas varas judiciárias;
- **v.** prover, por concurso público de provas, ou de provas e títulos, os cargos necessários à administração da Justiça, exceto os de confiança assim definidos em lei;
- **vi.** conceder licença, férias e outros afastamentos a seus membros e aos juízes e servidores.

Atento à autonomia administrativa do Poder Judiciário e à separação dos poderes, o **Supremo Tribunal Federal** já declarou inconstitucionais dispositivos de lei estadual que fixavam metas de desempenho a serem atingidas pelos órgãos judiciários e a possível aplicação de penalidades no caso de seu descumprimento, atribuindo ao Poder Executivo o exercício desse controle de qualidade.[1]

Também com fundamento na autonomia administrativa do Poder Judiciário, o Supremo Tribunal Federal entende que a resolução de Tribunal de Justiça estadual que altera o horário de expediente forense é constitucional. Ressalva-se, contudo, que esse ato normativo não pode modificar a jornada de trabalho dos

1. STF, Tribunal Pleno, ADI 1.905/RS, Rel. Min. Dias Toffoli, j.16.8.2021.

servidores do Poder Judiciário local, porque o assunto diz respeito ao regime jurídico destes, cuja iniciativa é privativa do chefe do Poder Executivo.[2]

Já a **autonomia financeira** materializa-se na competência dos Tribunais para elaborarem a suas propostas orçamentárias, dentro dos limites estipulados em conjunto com os demais Poderes na lei de diretrizes orçamentárias (artigo 99, §1º, da CF/88).

O encaminhamento da proposta, ouvidos os outros tribunais interessados, compete, no âmbito federal, aos Presidentes do STF e dos Tribunais Superiores, com a aprovação dos respectivos Tribunais. No âmbito estadual e no do Distrito Federal e Territórios, o encaminhamento é atribuição dos Presidentes dos Tribunais de Justiça, com a aprovação dos respectivos Tribunais (artigo 99, §2º, incisos I e II, da CF/88).

Se não for encaminhada proposta orçamentária dentro do prazo estabelecido pela lei de diretrizes orçamentárias, o Poder Executivo considerará, para fins de consolidação da proposta orçamentária anual, os valores aprovados na lei orçamentária vigente, ajustados de acordo com os limites estipulados em conjunto com os demais Poderes na lei de diretrizes orçamentárias (artigo 99, §3º, da CF/88).

Se as propostas forem encaminhadas em desacordo com esses limites, o Poder Executivo procederá aos ajustes necessários para fins de consolidação da proposta orçamentária anual (artigo 99, §4º, da CF/88).

Durante a execução orçamentária do exercício, não poderá haver a realização de despesas ou a assunção de obrigações que extrapolem os limites estabelecidos na lei de diretrizes orçamentárias, exceto se previamente autorizadas, mediante a abertura de créditos suplementares ou especiais (artigo 99, §4º, da CF/88).

Reforçando a autonomia financeira do Poder Judiciário, o artigo 98, §2º, da CF/88 prevê que as **custas e emolumentos serão destinados exclusivamente ao custeio dos serviços afetos às atividades específicas da Justiça**. O artigo 168 da CF/88, por sua vez, estabelece que os recursos correspondentes às dotações orçamentárias, compreendidos os créditos suplementares e especiais, destinados aos órgãos dos Poderes Legislativo e Judiciário, do Ministério Público e da Defensoria Pública, ser-lhes-ão **entregues até o dia 20 de cada mês, em duodécimos**, na forma da lei complementar a que se refere o artigo 165, §9º.

Acerca da autonomia financeira do Poder Judiciário, o **Supremo Tribunal Federal** já enfrentou interessantes questões.

No julgamento da ADI 2.831/RJ, o STF decidiu que é inconstitucional, por violação à autonomia financeira do Poder Judiciário, dispositivo de lei complementar

2. STF, Tribunal Pleno, ADI 4.450/MS, Rel. Min. Nunes Marques, j. 27.10.2023.

estadual, de iniciativa do Procurador-Geral de Justiça. que impôs ao Poder Judiciário a obrigação de arcar com a gratificação aos membros do Ministério Público pela prestação de serviço à Justiça Eleitoral (artigo 91, inciso V, da LC Estadual n.º 106/2003).[3]

Em outra oportunidade, o STF foi chamado a analisar a constitucionalidade de leis estaduais que, com a finalidade de cobrir déficit no regime previdenciário, fixou a participação do Poder Judiciário no custeio do regime próprio de previdência social. Em decisão final, o Supremo assinalou que não viola a independência financeira do Poder Judiciário e, portanto, é constitucional norma de lei estadual que imponha ao Poder Judiciário participar, juntamente com os demais poderes e órgãos autônomos, da cobertura de déficit e do custeio do regime próprio de previdência social e realizar o pagamento do abono de permanência dos seus membros e servidores. Contudo, julgou inconstitucional norma de lei estadual que autorize a Secretaria de Estado de Fazenda a reter o valor correspondente às contribuições previdenciárias devidas pelo Poder Judiciário, seus membros e servidores, uma vez que o repasse dos duodécimos deve abranger a integralidade das verbas destinadas a cada poder, a quem compete gerenciar os seus próprios recursos.[4]

B. Garantias funcionais

As garantias funcionais são estabelecidas **em favor dos juízes**, assegurando-lhes o exercício independente, imparcial e digno da função jurisdicional.

O artigo 95 da CF/88 prevê que os juízes gozam das seguintes garantias:

a) **Vitaliciedade**: os juízes somente poderão perder o cargo por decisão judicial transitada em julgado. Isso permite com que os magistrados atuem de forma técnica e independente, libertos de pressões políticas. Ressalte-se que, não raro, o Poder Judiciário exerce um papel contramajoritário ao garantir efetividade da Constituição – destacadamente seus preceitos fundamentais –, sendo desejável que seus membros estejam libertos de preocupações a respeito da opinião pública.

No **primeiro grau**, a vitaliciedade só será adquirida após o **estágio probatório**, que tem duração de 2 (dois) anos de exercício contados da posse. Durante o estágio probatório, os juízes de primeiro grau poderão perder o cargo por deliberação do Tribunal a que estiverem vinculados.

Os juízes dos **Tribunais Superiores** e dos **Tribunais de segundo grau** tornam-se vitalícios **desde a posse**.

3. STF, Tribunal Pleno, ADI 2.831/RJ, Red. p/ acórdão Min. Alexandre de Moraes, j. 30.4.2021.

4. STF, Tribunal Pleno, ADI 4.859/PI, Rel. Min. Roberto Barroso, j. 13.3.2023.

A vitaliciedade dos **Ministros do Supremo Tribunal Federal** sofre **mitigação** constitucional. Isso porque eles podem perder o cargo se condenados pelo Senado Federal por **crime de responsabilidade** (artigo 52, inciso II, da CF/88).

> **Observação:** A vitaliciedade não se confunde com a **estabilidade** assegurada aos servidores públicos após três anos de efetivo exercício, pois o servidor estável poderá perder o seu cargo não só em razão de sentença judicial transitada em julgado, mas também em processo administrativo disciplinar (artigo 41 da CF/88).

b) **Inamovibilidade**: os juízes, sejam eles titulares ou substitutos[5], não podem ser removidos contra a sua vontade. Essa garantia evita não só que o magistrado sofra pressões externas no exercício da função jurisdicional, mas também que seja possível a escolha do juiz da causa, o que feriria o princípio do juiz natural (artigo 5º, XXXVII, da CF/88).

A garantia da inamovibilidade, contudo, **não é absoluta**. Há uma **exceção**: o magistrado pode ser removido compulsoriamente, **por interesse público**, desde que o ato de remoção se fundamente em decisão por **voto da maioria absoluta do respectivo Tribunal ou do Conselho Nacional de Justiça**, e que lhe seja assegurada **ampla defesa** (artigo 95, II c/c artigo 93, VIII, ambos da CF/88).

A inamovibilidade está assegurada ao juiz **desde a posse**.

c) **Irredutibilidade do subsídio**: Os subsídios dos juízes não podem ser diminuídos. Assegura-se, com isso, que os membros do Poder Judiciário não sejam pressionados financeiramente pelos demais Poderes.

O Supremo Tribunal Federal possui o entendimento de que essa garantia é **nominal**. Em outras palavras, isso significa que os subsídios dos magistrados não estão imunes à corrosão de seu valor real de compra pela inflação.[6]

Há que se destacar que a Constituição determina que os subsídios dos membros do Poder Judiciário se submetem ao teto previsto nos artigos 37, inciso X e XI, da CF/88, bem como estão sujeitos à tributação.

5. STF, Tribunal Pleno, MS 27.958/DF, Rel. Min. Ricardo Lewandowski, j. 17.5.2012.
6. STF, Segunda Turma, AgR no RE 449.427/PR, Rel. Min. Teori Zavascki, j. 6.8.2013.

Além das garantias previstas nos incisos do artigo 95 da CF, o **parágrafo único** desse mesmo dispositivo prevê algumas **vedações**, que têm por objetivo assegurar o exercício imparcial da função jurisdicional.

Aos juízes é vedado:

a) exercer, ainda que em disponibilidade, outro cargo ou função, salvo uma de magistério;

b) receber, a qualquer título ou pretexto, custas ou participação em processo;

c) dedicar-se à atividade político-partidária;

d) receber, a qualquer título ou pretexto, auxílios ou contribuições de pessoas físicas, entidades públicas ou privadas, ressalvadas as exceções previstas em lei;

e) exercer a advocacia no juízo ou tribunal do qual se afastou, antes de decorridos três anos do afastamento do cargo por aposentadoria ou exoneração.

Às vedações constitucionais expressas, somam-se as vedações impostas pela Lei Orgânica da Magistratura Nacional (LC n. 35/79), no seu artigo 36, sendo também vedado aos magistrados:

a) exercer o comércio ou participar de sociedade comercial, inclusive de economia mista, exceto como acionista ou quotista;

b) exercer cargo de direção ou técnico de sociedade civil, associação ou fundação, de qualquer natureza ou finalidade, salvo de associação de classe, e sem remuneração;

c) manifestar, por qualquer meio de comunicação, opinião sobre processo pendente de julgamento, seu ou de outrem, ou juízo depreciativo sobre despachos, votos ou sentenças, de órgãos judiciais, ressalvada a crítica nos autos e em obras técnicas ou no exercício do magistério.

3. ESTRUTURA DO PODER JUDICIÁRIO

A. Visão geral

A estrutura do Poder Judiciário encontra-se desenhada no artigo 92 da Constituição de 1988, segundo o qual, são órgãos do Poder Judiciário:

a) o Supremo Tribunal Federal;

b) o Conselho Nacional de Justiça;

c) o Superior Tribunal de Justiça;

d) o Tribunal Superior do Trabalho;

e) os Tribunais Regionais Federais e Juízes Federais;

f) os Tribunais e Juízes do Trabalho;

g) os Tribunais e Juízes Eleitoral;

h) os Tribunais e Juízes Militares;

i) os Tribunais e Juízes dos Estados e do Distrito Federal e Territórios.

Além deles, o artigo 98 da CF/88 prevê que poderão ser criados Juizados Especiais e a Justiça de Paz.

Para entendermos a estrutura do Poder Judiciário, devemos, de início, fazer uma distinção entre Justiça Estadual e Justiça da União.

A **Justiça Estadual** compreende a **Justiça Estadual Comum**, composta pelos Tribunais de Justiça locais e pelos Juízes de Direito. A lei estadual poderá criar, mediante proposta do Tribunal de Justiça, a **Justiça Militar estadual**, constituída, em primeiro grau, pelos Juízes de Direito e pelos Conselhos de Justiça e, em segundo grau, pelo próprio Tribunal de Justiça, ou por Tribunal de Justiça Militar nos Estados em que o efetivo militar seja superior a vinte mil integrantes.

A Justiça da União compreende a **Justiça Federal comum**, composta pelos Tribunais Regionais Federais e pelos Juízes Federais, e as Justiças da União Especiais: i) a **Justiça Eleitoral**, composta pelo Tribunal Superior Eleitoral, pelos Tribunais Regionais Eleitorais e pelos Juízes Eleitorais; ii) a **Justiça do Trabalho**, composta pelo Tribunal Superior do Trabalho, pelos Tribunais Regionais do Trabalho e pelos Juízes do Trabalho; e iii) a **Justiça Militar da União**, composta pelo Superior Tribunal Militar e pelas Auditorias Militares.

Há, ainda, os **órgãos nacionais de superposição**: o **Supremo Tribunal Federal**, que é o órgão de cúpula do Poder Judiciário, a quem compete a última palavra em matéria constitucional; e o **Superior Tribunal de Justiça**, órgão de convergência a quem cabe a última palavra na interpretação da legislação federal na Justiça Estadual e na Justiça Federal comum.

O esquema abaixo ajuda a visualizar a estrutura do Poder Judiciário:

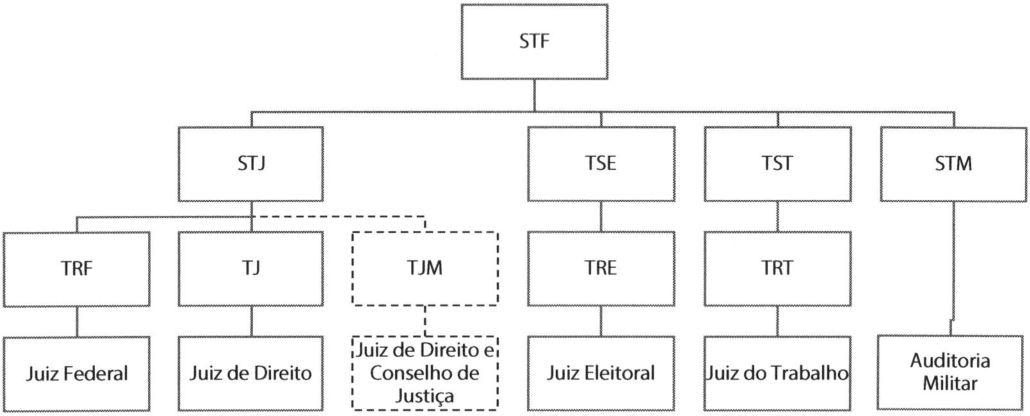

Não obstante a estrutura aqui delineada, é importante ressaltar que o pacto federativo não se expressa, em relação ao Poder Judiciário, de forma idêntica à que atua sobre os demais Poderes da República. Isso porque, conforme já decidido pelo Supremo Tribunal Federal, o **Poder Judiciário** tem **caráter nacional**, sendo a **jurisdição una e indivisível**. A divisão em Justiça Estadual e Justiça da União tem a finalidade única de repartir o trabalho de forma racional.[7]

O Conselho Nacional de Justiça, embora tenha sido incluído pela EC n.º 45/2004 no rol do artigo 92 da CF/88, não tem natureza de órgão jurisdicional, mas sim de órgão administrativo.

B. Supremo Tribunal Federal

B.1. Posição e composição

O Supremo Tribunal Federal é o **órgão de cúpula** do Poder Judiciário. Ele tem jurisdição em todo o território nacional e está sediado na Capital Federal.

Ele é composto por **11 (onze) Ministros** escolhidos e nomeados **pelo Presidente da República**, depois de aprovada a escolha pela **maioria absoluta do Senado Federal**. A votação no Senado Federal, que é **secreta**, é precedida de uma arguição pública ("**sabatina**").

Para ocupar o cargo de Ministro do Supremo Tribunal Federal, deve-se preencher os seguintes **requisitos** (artigos 12, §3º, inciso IV, e 101, *caput*, da CF/88): i) ser brasileiro nato; ii) ter idade mínima de 35 (trinta e cinco) e máxima de 70

7. STF, Tribunal Pleno, ADI 3.367/DF, Rel. Min. Cezar Peluso, j. 13.4.2005.

(setenta) anos; iii) ser cidadão, ou seja, estar em pleno gozo dos direitos políticos; e iv) ter notável saber jurídico e reputação ilibada.

B.2. Competências

Ao Supremo Tribunal Federal **compete**, precipuamente, a **guarda da Constituição.** O artigo 102 da Constituição traz um **rol taxativo** de competências do Supremo Tribunal Federal, dividindo-as em competências originárias, recursais ordinárias e recursais extraordinárias.

É **competência originária** do Supremo Tribunal Federal processar e julgar (artigo 102, inciso I, da CF/88):

a) a ação direta de inconstitucionalidade de lei ou ato normativo federal ou estadual e a ação declaratória de constitucionalidade de lei ou ato normativo federal;

b) nas infrações penais comuns, o Presidente da República, o Vice-Presidente, os membros do Congresso Nacional, seus próprios Ministros e o Procurador-Geral da República;

c) nas infrações penais comuns e nos crimes de responsabilidade, os Ministros de Estado e os Comandantes da Marinha, do Exército e da Aeronáutica, ressalvado o disposto no art. 52, I, os membros dos Tribunais Superiores, os do Tribunal de Contas da União e os chefes de missão diplomática de caráter permanente;

d) o *habeas corpus*, sendo paciente qualquer das pessoas referidas nas alíneas anteriores; o mandado de segurança e o *habeas data* contra atos do Presidente da República, das Mesas da Câmara dos Deputados e do Senado Federal, do Tribunal de Contas da União, do Procurador-Geral da República e do próprio Supremo Tribunal Federal;

e) o litígio entre Estado estrangeiro ou organismo internacional e a União, o Estado, o Distrito Federal ou o Território;

f) as causas e os conflitos entre a União e os Estados, a União e o Distrito Federal, ou entre uns e outros, inclusive as respectivas entidades da administração indireta;

g) a extradição solicitada por Estado estrangeiro;

h) o *habeas corpus*, quando o coator for Tribunal Superior ou quando o coator ou o paciente for autoridade ou funcionário cujos atos estejam sujeitos diretamente à jurisdição do Supremo Tribunal Federal, ou se trate de crime sujeito à mesma jurisdição em uma única instância;

i) a revisão criminal e a ação rescisória de seus julgados;

j) a reclamação para a preservação de sua competência e garantia da autoridade de suas decisões;

k) a execução de sentença nas causas de sua competência originária, facultada a delegação de atribuições para a prática de atos processuais;

l) a ação em que todos os membros da magistratura sejam direta ou indiretamente interessados, e aquela em que mais da metade dos membros do tribunal de origem estejam impedidos ou sejam direta ou indiretamente interessados;

m) os conflitos de competência entre o Superior Tribunal de Justiça e quaisquer tribunais, entre Tribunais Superiores, ou entre estes e qualquer outro tribunal;

n) o pedido de medida cautelar das ações diretas de inconstitucionalidade;

o) o mandado de injunção, quando a elaboração da norma regulamentadora for atribuição do Presidente da República, do Congresso Nacional, da Câmara dos Deputados, do Senado Federal, das Mesas de uma dessas Casas Legislativas, do Tribunal de Contas da União, de um dos Tribunais Superiores, ou do próprio Supremo Tribunal Federal; e

p) as ações contra o Conselho Nacional de Justiça e contra o Conselho Nacional do Ministério Público.

Além dessas competências, o artigo 102, §1º, da CF prevê que a arguição de descumprimento de preceito fundamental será apreciada pelo Supremo Tribunal Federal, na forma da lei.

A **competência recursal ordinária** do Supremo Tribunal Federal está prevista no artigo 102, inciso II, da CF/88. Segundo esse dispositivo, compete ao Supremo Tribunal Federal julgar, em recurso ordinário:

a) o *habeas corpus*, o mandado de segurança, o *habeas data* e o mandado de injunção decididos em única instância pelos Tribunais Superiores, se denegatória a decisão; e

b) o crime político.

Por fim, temos a **competência recursal extraordinária**. O inciso III do artigo 102 da CF/88 prevê que compete ao Supremo Tribunal Federal julgar, em recurso extraordinário, as causas decididas em única ou última instância, quando a decisão recorrida:

a) contrariar dispositivo da Constituição Federal;

b) declarar a inconstitucionalidade de tratado ou lei federal;

c) julgar válida lei ou ato de governo local contestado em face da Constituição Federal; e

d) julgar válida lei local contestada em face de lei federal.

Alguns apontamentos acerca dos **recursos extraordinários** devem ser feitos.

Diferentemente dos recursos ordinários, os recursos extraordinários têm por **finalidade** assegurar a validade e a uniformidade das normas constitucionais federais, de acordo com a interpretação que lhes é dada pelo Supremo Tribunal Federal.

Em razão disso, a cognição nos recursos extraordinários não é ampla, mas **limitada às matérias jurídicas**, não sendo ele o meio cabível para o revolvimento da matéria fática.

Além disso, deve-se **esgotar todas as instâncias inferiores** para que a decisão possa ser impugnada por meio de recurso extraordinário. O artigo 102, inciso III, da CF/88 é claro nesse sentido: "julgar, mediante recurso extraordinário, as causas decididas em única ou última instância".

Observação: Basta que a decisão seja proferida em única ou última instância, não sendo necessário que tenha sido proferida por Tribunal. Assim, decisões proferidas **por juiz singular ou órgão jurisdicional de primeiro grau** são atacáveis por meio de recurso extraordinário, desde que não caiba nenhum outro recurso a instância inferior. Nesse sentido, veja-se os **Verbetes n.º 281 e n.º 640 da Súmula do STF**: "É inadmissível o recurso extraordinário, quando couber na Justiça de origem, recurso ordinário da decisão impugnada" e "É cabível recurso extraordinário contra decisão proferida por juiz de primeiro grau nas causas de alçada, ou por turma recursal de juizado especial cível e criminal".

Da expressão "causas decididas" constante do inciso III do artigo 102 da CF/88 tem-se extraído, ainda, um outro requisito de admissibilidade: **o pré-questionamento**. Desse modo, exige-se que a questão constitucional tenha sido debatida nas instâncias inferiores, ainda que implicitamente, para que o recurso extraordinário seja conhecido.

Por fim, o artigo 102, §3º, da CF/88 impõe que, no recurso extraordinário, o recorrente demonstre a **repercussão geral** das questões constitucionais discutidas no caso, nos termos da lei, a fim de que o Tribunal examine a admissão do recurso. O Supremo Tribunal Federal somente poderá recusar o recurso extraordinário em razão da ausência de repercussão geral pela **manifestação de dois terços de seus membros.**

Esse dispositivo, introduzido pela EC n.º 45/2004, reafirmou a **natureza objetiva** do recurso extraordinário, que se presta precipuamente a tutelar a ordem constitucional.

A própria Lei Fundamental atribuiu ao legislador infraconstitucional a tarefa de delimitar o que é a repercussão geral. Em atendimento ao comando constitucional, o artigo 1.035, §1º, do CPC/15 consigna que, para efeito de repercussão geral, será considerada a existência ou não de **questões relevantes do ponto de vista**

econômico, político, social ou jurídico que ultrapassem os interesses subjetivos do processo. O §3º do artigo 1.035 da CPC/15, por sua vez, traz duas hipóteses em que a repercussão geral será presumida: i) se o acórdão recorrido contrariar súmula ou jurisprudência dominante do Supremo Tribuna Federal; ou ii) se o acórdão recorrido tenha reconhecido a inconstitucionalidade de tratado ou de lei federal, nos termos do artigo 97 da CF/88.

B.3. *Súmula vinculante*

A EC n.º 45/2004 introduziu, em nosso ordenamento, um novo mecanismo de uniformização da jurisprudência do Supremo Tribunal Federal: a **Súmula Vinculante.** Ela está prevista no **artigo 103-A da CF/88** e regulamentada na **Lei n.º 11.417/06.**

Os enunciados da Súmula Vinculante são estabelecidos pelo **Supremo Tribunal Federal**, de ofício ou por provocação, mediante **decisão de dois terços** dos seus membros, após **reiteradas decisões sobre matéria constitucional** (artigo 103-A, *caput*, primeira parte, da CF/88).

A Súmula Vinculante tem por **objetivo** fixar o entendimento da Corte Suprema sobre a validade, interpretação e eficácia de determinada norma acerca da qual haja **controvérsia atual entre órgãos judiciários ou entre esses e a administração pública que acarrete grave insegurança jurídica e relevante multiplicação de processos sobre questão idêntica** (artigo 103-A, §1º, da CF/88).

Segundo o artigo 3º da Lei n.º 11.417/06, são **legitimados** a propor a edição, a revisão ou o cancelamento de enunciado de súmula vinculante:

a) o Presidente da República;
b) a Mesa do Senado Federal ou da Câmara dos Deputados;
c) o Procurador-Geral da República;
d) o Conselho Federal da Ordem dos Advogados do Brasil;
e) o Defensor Público-Geral da União;
f) partido político com representação no Congresso Nacional;
g) confederação sindical ou entidade de classe de âmbito nacional;
h) a Mesa de Assembleia Legislativa ou da Câmara Legislativa do Distrito Federal;
i) o Governador do Estado ou do Distrito Federal;
j) os Tribunais Superiores, os Tribunais de Justiça de Estados ou do Distrito Federal e Territórios, os Tribunais Regionais Federais, os Tribunais Regionais do Trabalho, os Tribunais Regionais Eleitorais e os Tribunais Militares;

k) o Município, desde que o faça incidental ao curso de processo em que seja parte – neste caso, o processo não será suspenso (artigo 3º, §1º, da Lei n.º 11.417/06).

A **revisão ou cancelamento** de verbete da Súmula Vinculante também é de competência do Supremo Tribunal Federal, que poderá fazê-lo de ofício ou mediante provocação, por decisão de 2/3 (dois terços) de seus membros.

O artigo 103-A, §2º, da CF/88 prevê que: "*Sem prejuízo do que vier a ser estabelecido em lei, a aprovação, revisão ou cancelamento de súmula poderá ser provocada por aqueles que podem propor a ação direta de inconstitucionalidade*". Como vimos, o assunto foi regulamentado pelo artigo 3º da Lei n.º 11.417/06.

Sobre o tema, o Supremo Tribunal Federal já decidiu que, para que a revisão ou o cancelamento de súmula vinculante seja admitida, é necessário demonstrar que houve: a) **evidente superação** da jurisprudência do STF no tratamento da matéria; b) **alteração legislativa** quanto ao tema; ou c) **modificação substantiva** de contexto **político**, **econômico** ou **social.**[8]

Especificamente em relação às **alterações legislativas** promovidas após a edição do enunciado da Súmula Vinculante, o art. 5º da Lei n. 11.417/06 afirma que, revogada ou modificada a lei em que se fundou a edição de enunciado de súmula vinculante, o Supremo Tribunal Federal, de ofício ou por provocação, procederá à sua revisão ou cancelamento, conforme o caso.

Contudo, é importante ressaltar que, ainda que a regra seja a prevalência da lei posterior frente ao estabelecido em sede de Súmula Vinculante, se a novel legislação for contrária à Constituição, **o Supremo Tribunal Federal poderá reafirmar a validade do Enunciado da SV, mantendo seus efeitos, e declarar inconstitucional a nova lei.** A análise, portanto, dar-se-á caso a caso.[9]

Aprovada e publicada na imprensa oficial, a Súmula Vinculante passa a ter **efeitos vinculantes** em relação aos demais órgãos do Poder Judiciário e à administração pública direta e indireta, em todas as esferas federativas (artigo 103-A, *caput*, segunda parte, da CF/88).

Quanto aos efeitos da Súmula Vinculante, **quatro observações** se fazem necessárias.

A **primeira** delas é que o próprio **Supremo Tribunal Federal** e o **Poder Legislativo não estão vinculados à Súmula Vinculante**. Isso significa que o Supremo Tribunal Federal poderá decidir de forma contrária à sua Súmula Vinculante – hipótese em que é ao menos recomendável a revisão ou o cancelamento do

8. STF, Tribunal Pleno, PSV 13/DF, j. 24.9.2015.

9. STF, Tribunal Pleno, RE 1.116.485/RS, Rel. Min. Luiz Fux, j. 1º.3.2023 (Tema 477).

enunciado –, bem como poderá o Poder Legislativo editar ato normativo com conteúdo incompatível com o enunciado da súmula – hipótese em que o Supremo Tribunal federal, de ofício ou por provocação, procederá à revisão ou o cancelamento do verbete (artigo 5º da Lei n.º 11.417/06).

A **segunda** observação é esta: o Supremo Tribunal Federal pode **modular os efeitos vinculantes** de enunciado da Súmula Vinculante. De fato, o artigo 4º da Lei n.º 11.417/06 permite que a Suprema Corte, por decisão de **2/3 (dois terços)** de seus membros, restrinja ou atribua eficácia a partir de outro momento aos verbetas da Súmula Vinculante, desde que estejam presentes **razões de segurança jurídica ou de excepcional interesse público.**

A **terceira** observação é a de que o artigo 103-A, §3º, da CF/88 previu a **reclamação constitucional** ao Supremo Tribunal Federal como instrumento apto a tutelar o entendimento consolidado na Súmula Vinculante.

Desse modo, do ato administrativo ou decisão judicial que contrariar a súmula aplicável ou que indevidamente a aplicar, caberá reclamação ao Supremo Tribunal Federal que, julgando-a procedente, anulará o ato administrativo ou cassará a decisão judicial reclamada, e determinará que outra seja proferida com ou sem a aplicação da súmula, conforme o caso.

Por fim, cumpre destacar que, tradicionalmente, apontava-se como diferença entre a Súmula Vinculante e as Súmulas da jurisprudência dominante o fato destas terem caráter meramente persuasivo e não impositivo. Com o advento do Código de Processo Civil de 2015, os enunciados das Súmulas do Supremo Tribunal Federal em matéria constitucional e do Superior Tribunal de Justiça em matéria infraconstitucional ganharam eficácia vinculante (art. 927, IV, do CPC).

Entretanto, ainda remanesce uma importante diferença em relação ao grau de vinculação conferido pelo nosso ordenamento jurídico a cada um desses institutos. Os enunciados da Súmula Vinculante são de observância obrigatória, dispõe o art. 103-A. §3º, da CF/88, **não só pelos juízes e tribunais**, mas também pelos **órgãos da Administração Pública**, o que não acontece com os demais enunciados de Súmula, que possuem eficácia vinculante somente frente aos membros do Poder Judiciário.

C. Superior Tribunal de Justiça

C.1. Posição e composição

O Superior Tribunal de Justiça, órgão de superposição às Justiças Estadual e Federal em matéria de infraconstitucional federal, tem jurisdição em todo o território nacional e está sediado na Capital Federal.

De acordo com o artigo 104 da CF/88, ele é composto por, no mínimo, 33 (trinta e três) Ministros escolhidos e nomeados **pelo Presidente da República**, depois de aprovada a escolha pela **maioria absoluta do Senado Federal**. A votação no Senado Federal, que é **secreta**, é precedida de uma arguição pública ("**sabatina**").

Os Ministros do Superior Tribunal de Justiça serão **escolhidos dentre** os brasileiros, natos ou naturalizados, com mais de 35 (trinta e cinco) e menos de 70 (setenta) anos, de notável saber jurídico e reputação ilibada, sendo:

- Um terço dentre Juízes dos Tribunais Regionais Federais, indicados em lista tríplice elaborada pelo próprio STJ;
- Um terço dentre Desembargadores dos Tribunais de Justiça, indicados em lista tríplice elaborada pelo próprio STJ;
- Um terço, em partes iguais, dentre advogados e membros do Ministério Público Federal, Estadual, do Distrito Federal e Territórios, alternadamente, indicados na forma do artigo 94 da CF/88.

A **Escola Nacional de Formação e Aperfeiçoamento dos Magistrados** (ENFAM) e o **Conselho de Justiça Federal** funcionam junto ao Superior Tribunal de Justiça. Àquela, cabe, dentre outras funções, regulamentar os cursos oficiais para o ingresso e promoção na carreira. A este, cabe exercer, na forma da lei, a supervisão administrativa e orçamentária da Justiça Federal de primeiro e segundo graus, como órgão central do sistema e com poderes correicionais, cujas decisões terão caráter vinculante.

C.2. Competências

O artigo 105 da Constituição traz um **rol taxativo** de competências do Superior Tribunal de Justiça, dividindo-as em competências originárias, recursais ordinárias e recursais especiais.

A **competência originária** foi esquadrinhada no inciso I do artigo 105 da CF. Compete ao Superior Tribunal de Justiça processar e julgar, originariamente:

a) nos crimes comuns, os Governadores dos Estados e do Distrito Federal, e, nestes e nos de responsabilidade, os desembargadores dos Tribunais de Justiça dos Estados e do Distrito Federal, os membros dos Tribunais de Contas dos Estados e do Distrito Federal, os dos Tribunais Regionais Federais, dos Tribunais Regionais Eleitorais e do Trabalho, os membros dos Conselhos ou Tribunais de Contas dos Municípios e os do Ministério Público da União que oficiem perante tribunais;

b) os mandados de segurança e os *habeas data* contra ato de Ministro de Estado, dos Comandantes da Marinha, do Exército e da Aeronáutica ou do próprio Tribunal;

c) os *habeas corpus*, quando o coator ou paciente for qualquer das pessoas mencionadas na alínea "a", ou quando o coator for tribunal sujeito à sua jurisdição, Ministro de Estado ou Comandante da Marinha, do Exército ou da Aeronáutica, ressalvada a competência da Justiça Eleitoral;

d) os conflitos de competência entre quaisquer tribunais, ressalvado o disposto no art. 102, I, "o", bem como entre tribunal e juízes a ele não vinculados e entre juízes vinculados a tribunais diversos;

e) as revisões criminais e as ações rescisórias de seus julgados;

f) a reclamação para a preservação de sua competência e garantia da autoridade de suas decisões;

g) os conflitos de atribuições entre autoridades administrativas e judiciárias da União, ou entre autoridades judiciárias de um Estado e administrativas de outro ou do Distrito Federal, ou entre as deste e da União;

h) o mandado de injunção, quando a elaboração da norma regulamentadora for atribuição de órgão, entidade ou autoridade federal, da administração direta ou indireta, excetuados os casos de competência do Supremo Tribunal Federal e dos órgãos da Justiça Militar, da Justiça Eleitoral, da Justiça do Trabalho e da Justiça Federal; e

i) a homologação de sentenças estrangeiras e a concessão de *exequatur* às cartas rogatórias.

Observação: Por violação à competência do Superior Tribunal de Justiça prevista no art. 105, I, c, da CF/88, o Supremo Tribunal Federal declarou inconstitucional lei distrital que atribuiu ao TJDT competência para julgar ações de habeas corpus contra ato do Presidente ou de qualquer dos membros do TJDFT, do Presidente ou qualquer dos membros do Tribunal de Contas do Distrito Federal e do Procurador-Geral de Justiça do Distrito Federal e dos Territórios.[10]

A **competência recursal ordinária** está prevista no artigo 105, inciso II, da CF/88. Compete ao Superior Tribunal de Justiça julgar, em recurso ordinário:

10. STF, Tribunal Pleno, ADI 5.278/DF, Rel. Min. Gilmar Mendes, j. 27.3.2023.

a) os *habeas corpus* decididos em única ou última instância pelos Tribunais Regionais Federais ou pelos tribunais dos Estados, do Distrito Federal e Territórios, quando a decisão for denegatória;
b) os mandados de segurança decididos em única instância pelos Tribunais Regionais Federais ou pelos tribunais dos Estados, do Distrito Federal e Territórios, quando denegatória a decisão;
c) as causas em que forem partes Estado estrangeiro ou organismo internacional, de um lado, e, do outro, Município ou pessoa residente ou domiciliada no País.

Por fim, o artigo 105, inciso III, da CF/88 dispõe acerca da **competência recursal especial**. Diz ele que compete ao Superior Tribunal de Justiça julgar, em recurso especial, as causas decididas, em única ou última instância, pelos Tribunais Regionais Federais ou pelos tribunais dos Estados, do Distrito Federal e Territórios, quando a decisão recorrida:

a) contrariar tratado ou lei federal, ou negar-lhes vigência;
b) julgar válido ato de governo local contestado em face de lei federal; e
c) der a lei federal interpretação divergente da que lhe haja atribuído outro tribunal.

O recurso especial materializa o papel precípuo do Superior Tribunal de Justiça, que é a **uniformização da interpretação acerca da legislação federal**.

A EC n. 125/22 incluiu o §2º no artigo 105 da CF/88 de modo a prever como requisito de cabimento do recurso especial a **relevância das questões de direito** discutidas no caso. Segundo o §3º do aludido dispositivo, haverá relevância nos seguintes casos: i) ações penais; ii) ações de improbidade administrativa; iii) ações cujo valor da causa ultrapasse 500 (quinhentos) salários mínimos; iv) ações que possam gerar inelegibilidade; v) hipóteses em que o acórdão recorrido contrariar jurisprudência dominante do Superior Tribunal de Justiça; e vi) outras hipóteses previstas em lei.

D. Justiça Federal

D.1. Composição

A Justiça Federal organiza-se em dois graus de jurisdição: os **Tribunais Regionais Federais** são os órgãos de segundo grau, enquanto os **Juízes Federais** são os órgãos de primeiro grau.

Os Tribunais Regionais Federais são compostos de, **no mínimo, 7 (sete) Juízes**, recrutados, quando possível, na respectiva região e nomeados pelo Presidente da República dentre brasileiros com mais de trinta e menos de setenta anos de idade, sendo:

- **um quinto** dentre advogados com mais de dez anos de efetiva atividade profissional e membros do Ministério Público com mais de 10 (dez) anos de carreira; e
- **os demais** mediante promoção de Juízes Federais com mais de 5 (cinco) anos de exercício, por antiguidade e merecimento, alternadamente.

A EC n.º 45/2004, com o objetivo de ampliar o acesso à justiça, introduziu os parágrafos 3º e 4º no artigo 107 da CF/88.

O artigo 107, §3º, da CF/88 prevê que os Tribunais Regionais Federais instalarão a **justiça itinerante**, com a realização de audiências e demais funções da atividade jurisdicional, nos limites territoriais da respectiva jurisdição, servindo-se de equipamentos públicos e comunitários.

O artigo 107, §4º, da CF/88, por sua vez, prevê que os Tribunais Regionais Federais poderão funcionar descentralizadamente, constituindo Câmaras regionais, a fim de assegurar o pleno acesso do jurisdicionado à justiça em todas as fases do processo.

A Justiça Federal, segundo o artigo 110, *caput,* da CF/88, é dividida em seções judiciárias correspondentes a cada Estado-membro e ao Distrito Federal que terão por sede a respectiva Capital e varas localizadas segundo o estabelecido em lei.

Nos Territórios Federais, a jurisdição e as atribuições cometidas aos Juízes Federais caberão aos Juízes da justiça local, na forma da lei (artigo 110, parágrafo único, da CF/88).

D.2. Competências

I. Competência dos Tribunais Regionais Federais

A **competência dos Tribunais Regionais Federais** está prevista no artigo 108 da CF/88. Ela se divide em competência originária e competência recursal.

Aos Tribunais Regionais Federais compete processar e julgar **originariamente** (artigo 108, inciso I, da CF/88):

a) os juízes federais da área de sua jurisdição, incluídos os da Justiça Militar e da Justiça do Trabalho, nos crimes comuns e de responsabilidade, e os membros do Ministério Público da União, ressalvada a competência da Justiça Eleitoral;

b) as revisões criminais e as ações rescisórias de julgados seus ou dos juízes federais da região;

c) os mandados de segurança e os *habeas data* contra ato do próprio Tribunal ou de juiz federal;

d) os *habeas corpus*, quando a autoridade coatora for juiz federal; e

e) os conflitos de competência entre juízes federais vinculados ao Tribunal.

Compete aos Tribunais Regionais Federais julgar, **em grau de recurso**, as causas decididas pelos juízes federais e pelos juízes estaduais no exercício da competência federal da área de sua jurisdição (artigo 108, inciso II, da CF/88).

II. Competência dos Juízes Federais

A **competência dos Juízes Federais** está enumerada, em **rol taxativo**, no artigo 109 da CF/88. Compete-lhes processar e julgar:

a) as causas em que a União, entidade autárquica ou empresa pública federal forem interessadas na condição de autoras, rés, assistentes ou oponentes, exceto as de falência, as de acidentes de trabalho e as sujeitas à Justiça Eleitoral e à Justiça do Trabalho;

b) as causas entre Estado estrangeiro ou organismo internacional e Município ou pessoa domiciliada ou residente no País;

c) as causas fundadas em tratado ou contrato da União com Estado estrangeiro ou organismo internacional;

d) os crimes políticos e as infrações penais praticadas em detrimento de bens, serviços ou interesse da União ou de suas entidades autárquicas ou empresas públicas, excluídas as contravenções e ressalvada a competência da Justiça Militar e da Justiça Eleitoral;

e) os crimes previstos em tratado ou convenção internacional, quando, iniciada a execução no País, o resultado tenha ou devesse ter ocorrido no estrangeiro, ou reciprocamente;

f) as causas relativas a direitos humanos a que se refere o § 5º deste artigo;

g) os crimes contra a organização do trabalho e, nos casos determinados por lei, contra o sistema financeiro e a ordem econômico-financeira;

h) os *habeas corpus*, em matéria criminal de sua competência ou quando o constrangimento provier de autoridade cujos atos não estejam diretamente sujeitos a outra jurisdição;

i) os mandados de segurança e os habeas data contra ato de autoridade federal, excetuados os casos de competência dos tribunais federais;

j) os crimes cometidos a bordo de navios ou aeronaves, ressalvada a competência da Justiça Militar;

k) os crimes de ingresso ou permanência irregular de estrangeiro, a execução de carta rogatória, após o "*exequatur*", e de sentença estrangeira, após a homologação, as causas referentes à nacionalidade, inclusive a respectiva opção, e à naturalização; e

l) a disputa sobre direitos indígenas.

Os parágrafos do artigo 109 da CF/88 trazem algumas regras sobre **competência territorial**. Esses dispositivos são fruto de uma preocupação do constituinte em garantir o acesso à justiça.

As causas em que a União Federal for autora serão ajuizadas na seção judiciária do domicílio do réu. No entanto, quando a União Federal for ré, poderá o autor ajuizar a ação no foro em que for domiciliado, naquele em que houver ocorrido o ato ou fato que deu origem à demanda, onde esteja situada a coisa ou no Distrito Federal.

Antes da EC n.º 103/19, sempre que a comarca não fosse sede de vara do juízo federal, as causas em que fossem parte instituição de previdência social e segurado eram processadas e julgadas na Justiça Estadual, no foro de domicílio dos segurados ou beneficiários. Admitia-se, ainda, que a lei permitisse que outras causas fossem também processadas e julgadas pela Justiça Estadual, caso a comarca não fosse sede de Juízo Federal.

Com a **alteração** promovida no artigo 109, §3º, da CF/88, a **lei poderá autorizar** que as causas de competência da Justiça Federal em que forem parte instituição de previdência social e segurado possam ser processadas e julgadas na Justiça Estadual quando a comarca do domicílio do segurado não for sede de vara federal. Não é mais possível a delegação de competência à Justiça Estadual de matérias outras que não envolvam direito previdenciário.

A Lei n.º 13.876/19, alterando o artigo 15, III, da Lei nº 5.010/66, estabeleceu que poderão – a escolha é do segurado – ser processadas e julgadas na Justiça Estadual as causas em que forem parte instituição de previdência social e segurado e que se referirem a benefícios de natureza pecuniária, quando a Comarca de domicílio do segurado estiver **localizada a mais de 70 km (setenta quilômetros) de Município sede de Vara Federal.**

Nas ações previdenciárias julgadas pela Justiça Estadual, o recurso cabível será sempre para o Tribunal Regional Federal na área de jurisdição do Juiz de primeiro grau (artigo 109, §4º, da CF/88).

III. Incidente de deslocamento de competência (IDC)

O artigo 109, §5º, da CF/88, introduzido pela EC n.º 45/04, prevê o incidente de deslocamento de competência para Justiça Federal.

Tal instituto foi introduzido em nosso ordenamento constitucional, como bem pontua André de Carvalho Ramos, por motivações vindas do Direito Internacional.

Com a assunção pelo nosso país de diversas obrigações internacionais em matéria de direitos humanos, surge a possibilidade de a República Federativa do Brasil ser responsabilizada internacionalmente pela violação dos compromissos assumidos, ainda que o ato ou omissão tenham sido praticados por um ente federado específico.[11]

Para contornar essa situação, criou-se o IDC, que nada mais é do que um mecanismo que permite **deslocar** a competência de procedimentos, inquéritos ou processos da **Justiça Estadual para a Justiça Federal.**

O Supremo Tribunal Federal, chamado a manifestar-se sobre o tema, declarou que o art. 109, §5º, da CF/88 não só é **constitucional**, como também é **norma autoaplicável**, ou seja, que independe de regulamentação legislativa para produzir seus efeitos.[12]

A **legitimidade** para a propositura do incidente de deslocamento de competência coube exclusivamente ao **Procurador-Geral da República.**

A **competência** para processar e julgador o incidente foi atribuída ao **Superior Tribunal de Justiça**, sendo, contudo, cabível recurso extraordinário ao Supremo Tribunal Federal da decisão final.

Para que o incidente seja acolhido, devem estar presentes os seguintes **requisitos:**

a) a **grave violação de direitos humanos**;
b) necessidade de **assegurar o cumprimento**, pelo Brasil, de obrigações decorrentes de **tratados internacionais**; e
c) incapacidade – oriunda de **inércia, omissão, ineficácia, negligência, falta de vontade política, de condições pessoais e/ou materiais, etc. – de o Estado-Membro**, por suas instituições e autoridades, levar a cabo, em toda a sua extensão, a persecução penal.

Importante notar que o incidente de deslocamento de competência somente deve ser utilizado em situações **excepcionalíssimas.** Não basta, portanto, somente a constatação de que houve uma grave violação e direitos humanos para que o caso seja deslocado para a Justiça Federal. Deverá estar demonstrada, como asseverou o Superior Tribunal de Justiça no IDC 1 (Caso Dorothy Stang)[13], a ineficiência das autoridades estaduais adotarem as medidas cabíveis para o cumprimento das obrigações internacionalmente assumidas pela República Federativa do Brasil.

11. RAMOS, André de Carvalho. Curso de Direitos Humanos. 10ª ed. São Paulo: SaraivaJur, 2023, p. 641.
12. STF, Tribunal Pleno, ADI 3.486 e ADI 3.493, Rel. Min. Dias Toffoli, j.11.9.2023.
13. STJ, Terceira Seção, IDC 1, Rel. Min. Arnaldo Esteves Lima, j. 8.5.2005.

Nesse sentido, o Superior Tribunal de Justiça já acolheu IDC em que a falta de entendimento operacional entre a Polícia Civil e o Ministério Público do Estado ensejou um conjunto de falhas na investigação criminal que arrisca comprometer o resultado da persecução penal, com possibilidade, inclusive, de gerar a impunidade.[14]

De outro lado, o Superior Tribunal de Justiça indeferiu a federalização do Caso da Comunidade Nova Brasília, em que o Brasil foi condenado pela Corte Interamericana de Direitos Humanos[15], o que demonstra que nem mesmo a responsabilização da República Federativa do Brasil em âmbito internacional é suficiente para o acolhimento do IDC, devendo ser analisados no caso concreto os três requisitos já assinalados.

Por fim, o fato de o inquérito ter sido arquivado no âmbito estadual não impede o ajuizamento e a procedência de IDC, com a consequente reabertura dos inquéritos na seara federal para apurar os fatos.[16]

E. Justiça do Trabalho

E.1. Composição

A história da Justiça do Trabalho no Brasil tem sua origem definida a partir da criação do Conselho Nacional do Trabalho em 1923, atendendo aos anseios de uma classe trabalhadora que se consolidava. Vinculado ao Ministério da Agricultura, Indústria e Comércio, o CNT era um órgão consultivo, sem natureza jurisdicional.

A Constituição de 1934 foi a primeira a prever a Justiça do Trabalho, mas como órgão do Poder Executivo. Somente em 1º de maio de 1941 a Justiça do Trabalho foi efetivamente instalada. Com a Constituição de 1946, a Justiça do Trabalho passou a expressamente ser tratada como um órgão do Poder Judiciário da União.

A Constituição de 1988 organizou a Justiça do Trabalho em uma escala hierarquizada de três graus (artigo 111): o Tribunal Superior do Trabalho, os Tribunais Regionais do Trabalho e os Juízes do Trabalho.

O **Tribunal Superior do Trabalho**, Corte Superior da Justiça do Trabalho, é composto de **27 (vinte e sete) Ministros**, escolhidos dentre brasileiros com mais de trinta e cinco anos e menos de setenta anos de idade, de notável saber jurídico e reputação ilibada, nomeados pelo Presidente da República após aprovação pela maioria absoluta do Senado Federal, sendo (artigo 111-A):

---

14. STJ, Terceira Seção, IDC 5, Rel. Min. Rogério Schietti Cruz, j. 13.8.2014.
15. STJ, Terceira Seção, IDC 21, Rel. Min. Reynaldo Soares da Fonseca, j. 25.5.2021.
16. STJ. Terceira Seção, IDC 9, Rel. Min. João Noronha, j. 10.8.2022.

- **um quinto** dentre advogados com mais de dez anos de efetiva atividade profissional e membros do Ministério Público do Trabalho com mais de dez anos de efetivo exercício, observado o disposto no art. 94; e
- **os demais** dentre Juízes dos Tribunais Regionais do Trabalho, oriundo da magistratura da carreira, indicados pelo próprio Tribunal Superior do Trabalho.

Funcionarão junto ao Tribunal Superior do Trabalho a **Escola Nacional de Formação e Aperfeiçoamento de Magistrados do Trabalho**, com atribuição de regulamentar os cursos oficiais para o ingresso e promoção na carreira, e o **Conselho Superior da Justiça do Trabalho**, a quem cabe exercer, na forma da lei, a supervisão administrativa, orçamentária, financeira e patrimonial da Justiça do Trabalho de primeiro e segundo graus, como órgão central do sistema, cujas decisões terão efeito vinculante.

Os **Tribunais Regionais do Trabalho**, órgãos de segundo grau de jurisdição, compõem-se de, **no mínimo, 7 (sete) juízes**, recrutados, quando possível, na respectiva região, e nomeados pelo Presidente da República dentre brasileiros com mais de trinta e menos de setenta anos de idade, sendo (artigo 115):

- **um quinto** dentre advogados com mais de dez anos de efetiva atividade profissional e membros do Ministério Público do Trabalho com mais de dez anos de efetivo exercício, observado o disposto no art. 94; e
- **os demais**, mediante promoção de Juízes do Trabalho por antiguidade e merecimento, alternadamente.

Os **Juízes do Trabalho**, órgãos de primeiro grau da Justiça do Trabalho, exercem jurisdição nas **Varas do Trabalho** (artigo 116). Elas são criadas por lei, que pode, nas comarcas não abrangidas por sua jurisdição, atribuí-la aos Juízes de Direito, com recurso para o respectivo Tribunal Regional do Trabalho.

A EC n.º 45/2004, com o objetivo de ampliar o acesso à justiça, introduziu os parágrafos 1º e 2º no artigo 115 da CF/88. Aquele, prevê que os Tribunais Regionais do Trabalho instalarão a **justiça itinerante**, com a realização de audiências e demais funções de atividade jurisdicional, nos limites territoriais da respectiva jurisdição, servindo-se de equipamentos públicos e comunitários. Este, que os Tribunais Regionais do Trabalho poderão funcionar **descentralizadamente**, constituindo Câmaras regionais, a fim de assegurar o pleno acesso do jurisdicionado à justiça em todas as fases do processo.

E.2. Competências

A Constituição de 1988 deixou a cargo da lei a previsão das competências do Tribunal Superior do Trabalho e dos Tribunais Regionais do Trabalho (artigos 111-A, §1º, e 113). Previu, contudo, que compete ao Tribunal Superior do Trabalho processar e julgar, originariamente, a reclamação para a preservação de sua competência e garantia da autoridade de suas decisões (artigo 111-A, §3º).

A competência da **Justiça do Trabalho** está prevista no artigo 114 da CF/88, que foi profundamente alterado pela EC n.º 45/2004. Segundo esse dispositivo, compete à Justiça do Trabalho processar e julgar:

a) as ações oriundas da relação de trabalho, abrangidos os entes de direito público externo e da administração pública direta e indireta da União, dos Estados, do Distrito Federal e dos Municípios;
b) as ações que envolvam exercício do direito de greve;
c) as ações sobre representação sindical, entre sindicatos, entre sindicatos e trabalhadores, e entre sindicatos e empregadores;
d) os mandados de segurança, *habeas corpus* e *habeas data*, quando o ato questionado envolver matéria sujeita à sua jurisdição;
e) os conflitos de competência entre órgãos com jurisdição trabalhista, ressalvado o disposto no art. 102, I, "o", da CF/88;
f) as ações de indenização por dano moral ou patrimonial, decorrentes da relação de trabalho;
g) as ações relativas às penalidades administrativas impostas aos empregadores pelos órgãos de fiscalização das relações de trabalho;
h) a execução, de ofício, das contribuições sociais previstas no art. 195, I, "a", e II, e seus acréscimos legais, decorrentes das sentenças que proferir;
i) outras controvérsias decorrentes da relação de trabalho, na forma da lei.

O artigo 114, §§1º e 2º, da CF/88 dispõe que frustrada a negociação coletiva, as partes poderão eleger árbitros. Recusando-se qualquer das partes à negociação coletiva ou à arbitragem, é facultado às mesmas, de comum acordo, ajuizar dissídio coletivo de natureza econômica, podendo a Justiça do Trabalho decidir o conflito, respeitadas as disposições mínimas legais de proteção ao trabalho, bem como as convencionadas anteriormente.

Em caso de greve em atividade essencial, com possibilidade de lesão do interesse público, o artigo 114, §3º, da CF autoriza que o Ministério Público do Trabalho ajuíze dissídio coletivo, competindo à Justiça do Trabalho decidir o conflito.

Acerca da competência da Justiça do Trabalho, temos importantes manifestações do **Supremo Tribunal Federal**. Destacamos as principais:

- a Justiça do Trabalho é competente para processar e julgar as ações de indenização por danos morais e patrimoniais decorrentes de acidente de trabalho propostas por empregado contra empregador, inclusive aquelas que ainda não possuíam sentença de mérito em primeiro grau quando da promulgação da Emenda Constitucional nº 45/04 (SV 22);

- a Justiça do Trabalho é competente para processar e julgar ação possessória ajuizada em decorrência do exercício do direito de greve pelos trabalhadores da iniciativa privada (SV 23);
- Compete à Justiça do Trabalho julgar as ações que tenham como causa de pedir o descumprimento de normas trabalhistas relativas à segurança, higiene e saúde dos trabalhadores (S. 736 do STF);
- A competência da Justiça do Trabalho prevista no art. 114, VIII, da CF alcança a execução de ofício das contribuições previdenciárias relativas ao objeto da condenação constante das sentenças que proferir e acordos por ela homologados (SV 53);
- a Justiça do Trabalho não possui competência para processar e julgar ações penais[17].

F. Justiça Eleitoral

F.1. Composição

A Justiça Eleitoral foi criada com o Código Eleitoral de 1932, tendo constado no âmbito constitucional, pela primeira vez, na Constituição de 1934.

O artigo 118 da Constituição de 1988 prevê que são órgãos da Justiça Eleitoral: o Tribunal Superior Eleitoral, os Tribunais Regionais Eleitorais, os Juízes Eleitorais e as Juntas Eleitorais.

É interessante notar que a Justiça Eleitoral **não conta com magistrados próprios ou de carreira**. Ela é integrada por juízes de outros órgãos jurisdicionais, advogados e cidadãos.

O **Tribunal Superior Eleitoral**, órgão de cúpula da Justiça Eleitoral e Corte Superior, é composto de, **no mínimo, 7 (sete) membros**, escolhidos:

- **mediante eleição**, pelo voto secreto, de **3 (três)** Juízes dentre os Ministros do STF e **2 (dois)** Juízes dentre os Ministros do STJ; e
- **por nomeação** do Presidente da República, **2 (dois)** Juízes dentre 6 (seis) advogados de notável saber jurídico e idoneidade moral, indicados pelo STF.

O Tribunal Superior Eleitoral elegerá seu Presidente e o Vice-Presidente dentre os Ministros do Supremo Tribunal Federal, e o Corregedor Eleitoral dentre os Ministros do Superior Tribunal de Justiça (artigo 119, parágrafo único, da CF/88).

---

17. STF, Tribunal Pleno, ADI 3.684, Rel. Min. Gilmar Mendes, j. 11.5.2020.

Os **Tribunais Regionais Eleitorais**, órgãos de segundo grau de jurisdição, instalar-se-ão na Capital de cada Estado e do Distrito Federal. Eles são compostos:

- **mediante eleição**, pelo voto secreto, de **2 (dois) Juízes** dentre os Desembargadores do Tribunal de Justiça e de **2 (dois) Juízes** dentre Juízes de Direito, escolhidos pelo Tribunal de Justiça; e
- de **1 (um) Juiz** do Tribunal Regional Federal com sede na Capital do Estado ou no Distrito Federal, ou, não havendo, de Juiz Federal, escolhido, em qualquer caso, pelo Tribunal Regional Federal respectivo;
- por nomeação, pelo Presidente da República, de **2 (dois)** Juízes dentre 6 (seis) advogados de notável saber jurídico e idoneidade moral, indicados pelo Tribunal de Justiça.

O Tribunal Regional Eleitoral elegerá seu Presidente e o Vice-Presidente dentre os Desembargadores (artigo 120, §2º, da CF/88).

Os Juízes dos Tribunais Eleitorais, salvo motivo justificado, servirão por **dois anos**, no mínimo, e nunca por mais de dois biênios consecutivos, sendo os substitutos escolhidos na mesma ocasião e pelo mesmo processo, em número igual para cada categoria (artigo 121, §2º, da CF/88).

Os **Juízes Eleitorais**, órgãos de primeiro grau da Justiça Eleitoral, exercem jurisdição nas **Zonas Eleitorais.** O Tribunal Regional Eleitoral respectivo nomeará um Juiz de Direito da Justiça Estadual Comum para exercer a jurisdição eleitoral, sem se afastar da jurisdição ordinária.

As **Juntas Eleitorais** são constituídas apenas nas eleições e extintas após o término dos trabalhos de apuração de votos, exceto nas eleições municipais, em que permanece até a diplomação dos eleitos. A sua composição foi remetida, pelo artigo 121 da CF/88, à legislação complementar.

O artigo 121, §1º, da CF/88 assegura que os membros dos Tribunais, os Juízes de Direito e os integrantes das Juntas Eleitorais, no exercício de suas funções, e no que lhes for aplicável, gozarão de plenas garantias e serão inamovíveis.

F.2. Competências

A delimitação da competência da Justiça Eleitoral e de seus órgãos foi delegada, pelo artigo 121, *caput*, da CF/88, à **legislação complementar**.

Atendendo ao mandamento constitucional, o **Código Eleitoral** prevê: i) em seus artigos 22 e 23, a competência do TSE; ii) em seus artigos 29 e 30, a competência dos TREs; iii) em seu artigo 35, a competência dos Juízes Eleitorais; e iv) em seu artigo 40, a competência das Juntas Eleitorais.

O artigo 121, §3º, da CF/88, contudo, dispõe que são **irrecorríveis** as decisões do Tribunal Superior Eleitoral, salvo as que contrariarem esta Constituição e as denegatórias de *habeas corpus* ou mandado de segurança.

Já o artigo 121, §4º, da CF/88 dispõe que das decisões dos Tribunais Regionais Eleitorais somente caberá recurso quando: i) forem proferidas contra disposição expressa desta Constituição ou de lei; ii) ocorrer divergência na interpretação de lei entre dois ou mais tribunais eleitorais; iii) versarem sobre inelegibilidade ou expedição de diplomas nas eleições federais ou estaduais; iv) anularem diplomas ou decretarem a perda de mandatos eletivos federais ou estaduais; ou v) denegarem *habeas corpus* , mandado de segurança, *habeas data* ou mandado de injunção.

G. Justiça Militar da União

G.1. Composição

A Justiça Militar da União é composta pelo Superior Tribunal Militar e pelos Tribunais e Juízes Militares instituídos por lei (artigo 122 da CF/88).

O **Superior Tribunal Militar**, órgão de cúpula da Justiça Militar da União e Corte Superior, compõe-se de **15 (quinze)** Ministros vitalícios, nomeados pelo Presidente da República, depois de aprovada a indicação pelo Senado Federal, sendo três dentre oficiais-generais da Marinha, quatro dentre oficiais-generais do Exército, **3 (três)** dentre oficiais-generais da Aeronáutica, todos da ativa e do posto mais elevado da carreira, e **5 (cinco)** dentre civis (art. 123 da CF/88).

Os Ministros civis serão escolhidos pelo Presidente da República dentre brasileiros maiores de trinta e cinco anos, sendo:

- **três** dentre advogados de notório saber jurídico e conduta ilibada, com mais de dez anos de efetiva atividade profissional;
- **dois**, por escolha paritária, dentre Juízes Auditores e membros do Ministério Público da Justiça Militar.

A **primeira instância** da Justiça Militar da União é composta por 39 (trinta e nove) Juízes Federais, aprovados em concurso, distribuídos em 12 (doze) Circunscrições Judiciárias Militares (CJM), que, por sua vez, abrigam uma ou mais **Auditorias Militares.** Os julgamentos nesta instância são realizados por Conselhos Permanentes de Justiça, quando os réus são praças, ou por Conselhos Especiais de Justiça, quando os réus são oficiais.

É interessante notar que **não há órgão de segundo grau de jurisdição na Justiça Militar da União**, cabendo ao Superior Tribunal Militar, além de suas competências originárias, julgar os recursos contra as decisões de primeiro grau.

G.2. Competências

À Justiça Militar compete processar e julgar os **crimes militares definidos em lei** (artigo 124 da CF/88). É o artigo 9º do Código Penal Militar (Decreto-lei nº1.001/69) o diploma normativo que se desincumbiu dessa função.

Cumpre observar que a competência da Justiça Militar da União é definida em razão da matéria (*ratione materiae*), pouco importando se a pessoa a ser julgada é militar ou civil.

H. Justiça Estadual

H.1. Composição

O artigo 125, *caput*, da CF/88 prevê que os Estados organizarão sua Justiça, observados os princípios estabelecidos nesta Constituição.

A partir de uma interpretação sistemática de diversos dispositivos da Constituição Federal, no entanto, extrai-se que a Justiça Estadual será organizada em dois graus de jurisdição. Em segundo grau, temos os **Tribunais de Justiça** de cada Estado-membro, ao passo que no primeiro grau, temos os **Juízes de Direito**, os **Tribunais do Júri** (artigo 5º, inciso XXXVIII, da CF/88) e os **Juizados Especiais** (artigo 98 da CF/88).

Como forma de garantir o amplo acesso à justiça, os parágrafos 6º e 7º do artigo 125 da CF/88, introduzidos pela EC n.º 45/2004, previram que: i) o Tribunal de Justiça poderá funcionar **descentralizadamente**, constituindo Câmaras regionais, a fim de assegurar o pleno acesso do jurisdicionado à justiça em todas as fases do processo; e ii) o Tribunal de Justiça instalará a **justiça itinerante**, com a realização de audiências e demais funções da atividade jurisdicional, nos limites territoriais da respectiva jurisdição, servindo-se de equipamentos públicos e comunitários.

O artigo 126 da CF/88, por sua vez, prevê que para dirimir conflitos fundiários, o Tribunal de Justiça proporá a criação de **varas especializadas**, com **competência exclusiva para questões agrárias**. Nessas questões, sempre que necessário à eficiente prestação jurisdicional, o juiz far-se-á presente no local do litígio (artigo 126, parágrafo único, da CF/88).

H.2. Competências

A competência da Justiça Estadual é definida pela Constituição de 1988, nos moldes do artigo 25, §1º, **residualmente**. Desse modo, todas as disputas que não forem de competência do STF, STJ, das Justiças Especiais (Eleitoral, Trabalhista, Militar da União) e da Justiça Federal, serão julgadas na Justiça Estadual.

A competência dos **Tribunais de Justiça** será definida pela **Constituição** do respectivo Estado-membro (artigo 125, §1º, da CF/88). O artigo 96, inciso III, da CF/88, todavia, prevê que compete ao respectivo Tribunal de Justiça processar e julgar os Juízes Estaduais e do Distrito Federal e Territórios e os membros do Ministério Público estadual, nos crimes comuns e de responsabilidade.

A **organização judiciária** será delineada por lei estadual de iniciativa do Tribunal de Justiça (artigo 125, §1º, da CF/88).

Em relação a esse ponto, deve-se diferenciar a criação de órgãos na estrutura do Poder Judiciário, a qual dependerá da aprovação de lei de iniciativa privativa do Tribunal (art. 96, II, "b" e "d", da CF/88), e a organização dos serviços auxiliares, a qual não exigirá lei em sentido formal, podendo ser feita pelo próprio Tribunal (art. 96, I, "a" e "b", da CF/88). Por essa razão, o STF já julgou constitucional diploma que reconhece a competência a Órgão Especial do Tribunal de Justiça para dispor sobre transformação de juizados ou para instalar juizados em substituição aos adjuntos.[18]

Caberá, ainda, aos Estados, a instituição de representação de inconstitucionalidade de leis ou atos normativos estaduais e municipais em face da Constituição Estadual, vedada a atribuição de legitimação para agir a um único órgão (artigo 125, §2º, da CF/88).

H.3. Justiça militar dos Estados

A Constituição de 1988 previu a possibilidade de criação, por meio de **lei estadual de iniciativa do Tribunal de Justiça**, da Justiça Militar dos Estados.

Se criada, ela será constituída, em primeiro grau, por **Juízes de Direito** e **Conselhos de Justiça** e, em segundo grau, pelo próprio **Tribunal de Justiça <u>ou</u>** por **Tribunal de Justiça Militar** nos Estados em que o efetivo militar seja superior a vinte mil integrantes.

Compete à Justiça Militar estadual processar e julgar os **militares dos Estados**, nos **crimes militares definidos em lei** e as ações judiciais contra atos disciplinares militares, ressalvada a competência do Júri quando a vítima for civil, cabendo ao Tribunal competente decidir sobre a perda do posto e da patente dos oficiais e da graduação das praças.

Compete aos Juízes de Direito do juízo militar processar e julgar, singularmente, os crimes militares cometidos contra civis e as ações judiciais contra atos disciplinares militares, cabendo ao Conselho de Justiça, sob a presidência de Juiz de Direito, processar e julgar os demais crimes militares.

4. QUINTO CONSTITUCIONAL

O quinto constitucional, também conhecido como "acesso lateral", é um instrumento que permite o **ingresso de profissionais de fora da carreira da magistratura na composição dos Tribunais.**

---

18. STF, Tribunal Pleno, ADI 4.235/DF, Rel. Min. Edson Fachin, j. 12.12.2022.

Embora bastante criticado por alguns setores da doutrina[19], tem-se justificado a sua manutenção como uma forma de oxigenação do Poder Judiciário. Supõe-se que o embate de visões sobre o ordenamento jurídico entre os operadores do Direito de outras carreiras contribui para a inovação e para realização da Justiça.

O quinto constitucional foi previsto pela primeira vez, em nossa história constitucional, no artigo 104, §6º da Constituição de 1934. Desde então, todas as constituições brasileiras subsequentes adotaram-no.

O artigo 94 da CF/88, prevendo-o, dispõe que **um quinto** dos lugares dos **Tribunais Regionais Federais**, dos **Tribunais dos Estados, e do Distrito Federal e Territórios** será composto de membros do Ministério Público, com mais de dez anos de carreira, e de advogados de notório saber jurídico e de reputação ilibada, com mais de dez anos de efetiva atividade profissional, indicados em lista sêxtupla pelos órgãos de representação das respectivas classes.

O parágrafo único do referido dispositivo complementa a regra, afirmando que, recebidas as indicações, o Tribunal formará lista tríplice, enviando-a ao Poder Executivo, que, nos 20 (vinte) dias subsequentes, escolherá um de seus integrantes para a nomeação.

Embora o artigo 94, *caput*, da CF/88 apenas se refira aos Tribunais de Justiça e aos Tribunais Regionais Federais, a regra também é prevista para os **Tribunais do Trabalho** (artigos 111-A e 115, inciso I, da CF/88).[20]

Igualmente, na composição do **Superior Tribunal Militar** (artigo 123 da CF/88) e do **Superior Tribunal de Justiça** (artigo 104, parágrafo único, inciso II, da CF/88), incluem-se advogados e membros do Ministério Público. Nestes casos, não é possível falar propriamente em quinto constitucional, pois a participação de profissionais de outras carreiras é superior. No caso do Superior Tribunal de Justiça, José Afonso da Silva afirma que há um "**terço constitucional**".[21]

19. Há, inclusive proposta de emenda à constituição (PEC n.º 262/2008) que tem por finalidade a extinção do quinto constitucional. A justificativa apresentada pelo Deputado Neilton Mulim, é a de que o instituto é anacrônico, pois: i) o candidato à vaga se submete à uma "via crucis" política, o que não é compatível com a independência exigida no exercício da judicatura; ii) a sua existência arrefece a atuação de membros do Ministério Público e de advogados que estão próximos a serem escolhidos; iii) o exercício da magistratura não prescinde de especialização, que só é alcançada na prática cotidiana do ato de decidir; iv) a nomeação está sujeita a subjetividades excessivas, que não raras vezes redundam em um personalismo indesejável; v) o argumento de que o quinto constitucional serve para arejar a carreira é vazio de conteúdo; vi) após a criação do CNJ, órgão em cuja composição se incluem advogados e membros do ministério público, tornou-se despicienda a presença de representantes daquelas classes nos tribunais; e vii) o quinto significa ingerência despropositada do Poder Executivo e Poder Legislativo no âmbito do Poder Judiciário.

20. STF, Tribunal Pleno, ADI 3.490/SP, Rel. Min. Marco Aurélio, j. 19.12.2005.

21. SILVA, José Afonso da. Comentário contextual à constituição. 9ª ed. São Paulo: Malheiros, 2014, p. 520.

5. ESTATUTO DA MAGISTRATURA

O artigo 93 da CF/88 prevê que **lei complementar**, de iniciativa do Supremo Tribunal Federal, disporá sobre o Estatuto da Magistratura. Essa função, hoje, é exercida pela LC n.º 35/79 (LOMAN).

Em razão da exigência contida no artigo 93, *caput*, da CF/88, o Supremo Tribunal Federal já julgou formalmente **inconstitucional**:

- lei estadual que previa critérios diferentes de desempate para fins de promoção daqueles previstos na LOMAN;[22]
- norma do Tribunal de Justiça que permitia a reeleição de desembargadores para cargos de direção após o intervalo de dois mandatos;[23]
- provimento editado pela Corregedoria do Tribunal de Justiça dispondo sobre o expediente dos Juízes Estaduais e exigindo autorização do Presidente da Corte para que o juiz possa se ausentar da comarca;[24]
- dispositivo de constituição estadual que, ao disciplinar a remoção de magistrados, cria distinção entre juízes substitutos e titulares. Além da inconstitucionalidade formal, o STF pontou que houve ofensa à isonomia e à inamovibilidade;[25]
- dispositivo de lei de organização judiciária estadual que previa a necessidade de autorização pelo órgão colegiado do Tribunal para prosseguimento de investigações contra magistrado, por criar prerrogativa não disciplinada na LOMAN, que exige somente a remessa do inquérito ao Tribunal ou órgão competente;[26]
- norma estadual que permitia a remoção entre juízes de direito vinculados a diferentes tribunais de justiça;[27] e
- norma estadual que cria vantagem remuneratória (benefício de permanência em atividade) para os magistrados do Poder Judiciário local, pois os benefícios que podem ser conferidos aos magistrados estão listados taxativamente no art. 65 da LOMAN.[28]

---

22. STF, Primeira Turma, MS 28.494/MT, Rel. Min. Luiz Fux, j. 2.9.2014.
23. STF, Tribunal Pleno, ADI 5.310/RJ, Rel. Min. Cármen Lúcia, j. 14.12.2016.
24. STF, Tribunal Pleno, ADI 2.880/MA, Rel. Min. Gilmar Mendes, j. 30.10.2014.
25. STF, Tribunal Pleno, ADI 3.358/PE, Rel. Min. Rosa Weber, j. 22.10.2021.
26. STF, Tribunal Pleno, ADI 5.331/MG, Red. p/ acórdão Min. Roberto Barroso, j. 3.6.2021.
27. STF, Tribunal Pleno, ADI 6.782/RN, Rel. Min. Gilmar Mendes, j. 6.3.2023.
28. STF, Tribunal Pleno, ADI 2.952/RJ, Rel. Min. Gilmar Mendes, j. 3.4.2023.

De outro lado, o Supremo Tribunal Federal já decidiu que não se submete a reserva de iniciativa a lei complementar nacional que, regulamentando a EC nº 88/2015, fixa em 75 (setenta e cinco) anos a idade de aposentadoria compulsória para todos os agentes públicos titulares de cargos efetivos ou vitalícios, cuidando-se de competência de iniciativa concorrente (art. 61, *caput*, da CF).[29]

A Constituição de 1988 estabelece, ainda, alguns "**princípios**" que devem ser observados:

a) **Ingresso na carreira**, cujo cargo inicial será o de Juiz Substituto, mediante concurso público de provas e títulos, com a participação da Ordem dos Advogados do Brasil em todas as fases, exigindo-se do bacharel em direito, no mínimo, três anos de atividade jurídica e obedecendo-se, nas nomeações, à ordem de classificação.

> **Observação 1**: O Supremo Tribunal Federal, em sede de repercussão geral, fixou a seguinte tese: "É constitucional a regra que exige a comprovação do triênio de atividade jurídica privativa de bacharel em Direito no momento da **inscrição definitiva**", e não da posse.[30]

> **Observação 2**: O Supremo Tribunal Federal já decidiu que somente cabe recurso administrativo contra a prova oral nos concursos da magistratura se o recurso tiver por objetivo impugnar alguma questão que esteja fora do conteúdo programático ou suscitar outras violações formais ao edital ou à Resolução. Desse modo, não é cabível o recurso se o objetivo for impugnar os critérios de correção aplicados pelo examinador para as repostas dadas.[31]

> **Observação 3**: O Supremo Tribunal Federal já decidiu que a fixação de limite etário, máximo e mínimo, como requisito para o ingresso na carreira da magistratura viola o disposto no art. 93, I, da Constituição Federal.[32]

b) **Promoção** de entrância para entrância, alternadamente, por antiguidade e merecimento, atendidas as seguintes normas:

   i. é obrigatória a promoção do juiz que figure por três vezes consecutivas ou cinco alternadas em lista de merecimento;

29. STF, Tribunal Pleno, ADI 5.430/DF, Rel. Min. Roberto Barroso, j. 22.5.2023.
30. STF, Tribunal Pleno, RE 655.265/DF, Red. p/ acórdão Min. Edson Fachin, j. 13.4.2016.
31. STF, Segunda Turma, MS 32.042/DF, Rel. Min. Cármen Lúcia, j. 26.8.2014.
32. STF, Tribunal Pleno, ADI 5.329/DF, rel. p/ acórdão Min. Alexandre de Moraes, j. 14.12.2020 e STF, Tribunal Pleno, ADI 6.794/CE, ADI 6.795/MS e ADI 6.796/RO, Rel. Min. Roberto Barroso, j. 24.9.2021.

ii. a promoção por merecimento pressupõe dois anos de exercício na respectiva entrância e integrar o juiz a primeira quinta parte da lista de antiguidade desta, salvo se não houver com tais requisitos quem aceite o lugar vago;

iii. aferição do merecimento conforme o desempenho e pelos critérios objetivos de produtividade e presteza no exercício da jurisdição e pela frequência e aproveitamento em cursos oficiais ou reconhecidos de aperfeiçoamento;

iv. na apuração de antiguidade, o tribunal somente poderá recusar o juiz mais antigo pelo voto fundamentado de dois terços de seus membros, conforme procedimento próprio, e assegurada ampla defesa, repetindo-se a votação até fixar-se a indicação;

> **Observação:** O Supremo Tribunal Federal já decidiu que é inválida a adoção de critérios alheios ao desempenho da função jurisdicional, como "maior tempo de serviço público" ou "maior tempo de serviço público prestado ao Estado", para efeito de aferição da antiguidade do magistrado e progressão e promoção na carreira.[33]

> **Observação:** O Supremo Tribunal Federal declarou constitucional lei estadual que garante a precedência da remoção sobre a promoção por antiguidade na carreira da magistratura local. Entende o Supremo que, após a EC n. 45/04, a remoção sempre precederá à promoção por antiguidade ou merecimento, seja na carreira da magistratura federal, seja na da estadual. O critério para aferição de antiguidade é o efetivo exercício no cargo correspondente da magistratura na entrância e não entre todas as entrâncias.[34]

v. não será promovido o juiz que, injustificadamente, retiver autos em seu poder além do prazo legal, não podendo devolvê-los ao cartório sem o devido despacho ou decisão.

> **Observação**: Segundo o Supremo Tribunal Federal, o quórum de 2/3 (dois terços) dos membros do Tribunal para que a promoção por antiguidade do Juiz mais antigo seja negada deve **ter como base apenas os Magistrados em atividade**, a não ser que afastados em caráter meramente eventual. Dessa maneira, os cargos vagos, bem como os cargos providos,

---

33. STF, Tribunal Pleno, ADI 6.766/RO, Rel. Min. Alexandre de Moraes, j. 20.8.2021 e STF, Tribunal Pleno, ADPF 6.779/DF, Rel. Min. Alexandre de Moraes, j. 27.8.2021.

34. STF, Tirbunal Pleno, ADI 6.609/MG, Red. p/ acórdão Min. Gilmar Mendes, j. 19.10.2023.

mas cujos ocupantes estejam afastados cautelarmente do exercício da função jurisdicional, não devem ser computados para o fim de determinação do referido quórum[35].

c) O **acesso aos Tribunais de segundo grau** far-se-á por antiguidade e merecimento, alternadamente, apurados na última ou única entrância.

d) Previsão de cursos oficiais de preparação, aperfeiçoamento e promoção de magistrados, constituindo etapa obrigatória do processo de vitaliciamento a participação em curso oficial ou reconhecido por escola nacional de formação e aperfeiçoamento de magistrados.

e) O **subsídio** dos Ministros dos Tribunais Superiores corresponderá a noventa e cinco por cento do subsídio mensal fixado para os Ministros do Supremo Tribunal Federal e os subsídios dos demais magistrados serão fixados em lei e escalonados, em nível federal e estadual, conforme as respectivas categorias da estrutura judiciária nacional, não podendo a diferença entre uma e outra ser superior a dez por cento ou inferior a cinco por cento, nem exceder a noventa e cinco por cento do subsídio mensal dos Ministros dos Tribunais Superiores, obedecido, em qualquer caso, o disposto nos artigos 37, XI, e 39, § 4º, ambos da CF/88.

Observação 1: Sobre a remuneração dos magistrados, o Supremo Tribunal Federal já decidiu que não é possível o estabelecimento de subteto remuneratório para a magistratura estadual inferior ao teto remuneratório da magistratura federal. A correta interpretação do art. 37, XI e § 12, da Constituição Federal exclui a submissão dos membros da magistratura estadual ao subteto de remuneração.[36]

Observação 2: O STF declarou inconstitucional – por violar o art. 39, § 4º, da CF/88, haja vista o caráter de indevido acréscimo remuneratório – norma estadual que prevê adicional de "auxílio-aperfeiçoamento profissional" aos seus magistrados.[37]

Observação 3: O STF entende que, em respeito à autonomia federativa, não viola o art. 37, V, da Constituição a lei estadual que considera as

35. STF, Primeira Turma, MS 31.357/DF e MS 31.361/MT, Rel. Min. Marco Aurélio, j. 5.8.2014.
36. STF, Tribunal Pleno, ADI 3.854/DF e ADI 4.014/DF, Rel. Min. Gilmar Mendes, j. 4.12.2020.
37. STF, Tribunal Pleno, ADI 5.407/MG, Rel. Min. Alexandre de Moraes, j. 1º.7.2023.

promoções entre entrâncias para o escalonamento dos subsídios da carreira da magistratura.[38]

f) A aposentadoria dos Magistrados e a pensão de seus dependentes observarão o disposto no artigo 40 da CF/88.

Observação: O Supremo Tribunal Federal julgou constitucionais – formal e materialmente – a redação que foi data a esse dispositivo pela EC 20/1998 e pela EC 41/2003, que instituíram uma ampla reformulação do regime previdenciário no setor público, na parte em que submetem os magistrados ao Regime de Previdência Social comum aos servidores públicos.[39]

g) O Juiz Titular **residirá** na respectiva comarca, salvo autorização do Tribunal.

h) O ato de **remoção** ou de **disponibilidade** do magistrado, por interesse público, fundar-se-á em decisão por voto da maioria absoluta do respectivo tribunal ou do Conselho Nacional de Justiça, assegurada ampla defesa.

i) A **remoção** a pedido de magistrados de comarca de igual entrância atenderá, no que couber, ao disposto nas alíneas "a", "b", "c" e "e" do inciso II do *caput* do art. 93 e no art. 94 da CF/88.

j) A **permuta** de magistrados de comarca de igual entrância, quando for o caso, e dentro do mesmo segmento de justiça, inclusive entre os juízes de segundo grau, vinculados a diferentes tribunais, na esfera da justiça estadual, federal ou do trabalho, atenderá, no que couber, ao disposto nas alíneas "a", "b", "c" e "e" do inciso II do *caput* do art. 93 e no art. 94 da CF/88.

Observação: A EC n. 130 de 2023 alterou o texto constitucional nesse ponto para incluir a possibilidade de permuta entre magistrados vinculados a tribunais diferentes, mas da mesma esfera. A alteração tem impacto principalmente para os juízes estaduais, uma vez que aos juízes federais tal possibilidade já era reconhecida. Essa regra, provavelmente, se aplicará também aos membros do Ministério Público e Defensorias Públicas, já que a eles, como veremos, se aplicam subsidiariamente e no que couber, as regras contidas no art. 93 da CF/88. Observação: A EC n. 130 de 2023 alterou o texto constitucional nesse ponto para incluir a possibilidade de permuta

38. STF, Tribunal Pleno, ADI 4.216/TO, Rel. Min. Roberto Barroso, j. 1º.9.2023.

39. STF, Tribunal Pleno, ADI 3.308/DF, ADI 3.363/DF, ADI 3.998/DF, ADI 4.802/DF e ADI 4.803/DF, Rel. Min. Gilmar Mendes, j. 15.5.2023.

entre magistrados vinculados a tribunais diferentes, mas da mesma esfera. A alteração tem impacto principalmente para os juízes estaduais, uma vez que aos juízes federais tal possibilidade já era reconhecida. Essa regra, provavelmente, se aplicará também aos membros do Ministério Público e Defensorias Públicas, já que a eles, como veremos, se aplicam subsidiariamente e no que couber, as regras contidas no art. 93 da CF/88.

k) Todos os julgamentos dos órgãos do Poder Judiciário serão **públicos**, e **fundamentadas todas as decisões**, sob pena de nulidade, podendo a lei limitar a presença, em determinados atos, às próprias partes e a seus advogados, ou somente a estes, em casos nos quais a preservação do direito à intimidade do interessado no sigilo não prejudique o interesse público à informação.

Observação: A única **exceção** à obrigatoriedade de fundamentação de uma decisão judicial ocorre na **segunda fase do Tribunal do Júri**, uma vez que os jurados decidem por meio de votação sigilosa (art. 5º, XXXVIII, b, da CF/88), não sendo necessário, por conseguinte, expor as razões que os levaram a condenar ou absolver o acusado.

l) As **decisões administrativas** dos Tribunais serão **motivadas** e em sessão **pública**, sendo as disciplinares tomadas pelo voto da maioria absoluta de seus membros.

m) Nos Tribunais com número superior a 25 (vinte e cinco) julgadores, poderá ser constituído órgão especial, com o mínimo de onze e o máximo de vinte e cinco membros, para o exercício das atribuições administrativas e jurisdicionais delegadas da competência do Tribunal Pleno, provendo-se metade das vagas por antiguidade e a outra metade por eleição pelo Tribunal Pleno.

Observação 1: O Supremo Tribunal Federal já decidiu que **compete aos Tribunais de Justiça** definirem quais as competências que serão delegadas do Tribunal Pleno ao Órgão Especial, desde que aprovadas pela maioria absoluta de seus membros[40].

Observação 2: O Supremo Tribunal Federal julgou inconstitucional a previsão em constituição estadual que restringia o universo dos possíveis

40. STF, Tribunal Pleno, MS 26.411/DF-MC, Red. p/ acórdão Min. Teori Zavascki, j. 26.11.2015.

candidatos aos órgãos de cúpula do Tribunal de Justiça aos integrantes de seu órgão especial, por desrespeito à autonomia administrativa dos tribunais, consagrada no art. 96, inciso I, alínea "a", e no art. 99, ambos da CF/88. Na mesma oportunidade e pelos mesmos motivos, afirmou-se que o art. 102 da LOMAN (LC 35/79) não foi recepcionado pela CF/88, pois não é compatível com a Constituição Federal a regra segundo a qual apenas os Desembargadores mais antigos possam concorrer aos cargos diretivos dos tribunais.[41]

n) A atividade jurisdicional será ininterrupta, sendo **vedado férias coletivas** nos Juízos e Tribunais de segundo grau, funcionando, nos dias em que não houver expediente forense normal, Juízes em plantão permanente.

o) O **número de Juízes** na unidade jurisdicional será proporcional à efetiva demanda judicial e à respectiva população.

p) Os servidores receberão **delegação** para a prática de atos de administração e atos de mero expediente sem caráter decisório.

q) A **distribuição** de processos será **imediata**, em todos os graus de jurisdição.

Por fim, cumpre destacar que a EC n.º 88/15 ("PEC da Bengala") alterou o artigo 40, §1º, inciso II, da CF/88, permitindo que lei complementar amplie a idade da **aposentadoria compulsória** dos servidores públicos e, consequente, dos magistrados, por força do artigo 93, inciso VI, da CF/88, **de 70 (setenta) anos para 75 (setenta e cinco) anos**. Tal alteração foi declarada constitucional pelo STF, como já vimos.[42]

A EC n. 88/15 adicionou, ainda, ao ADCT, o artigo 100, que prevê que, até que referida lei complementar entre em vigor, os Ministros do Supremo Tribunal Federal, dos Tribunais Superiores e do Tribunal de Contas da União aposentar-se-ão, compulsoriamente, aos 75 (setenta e cinco) anos de idade, nas condições do art. 52 da Constituição Federal.

O **Supremo Tribunal Federal**, na Medida Cautelar na ADI n.º 5.316/DF, fixou dois importantes entendimentos sobre o tema.[43]

O primeiro, que a expressão "**nas condições do art. 52 da Constituição Federal**", ao sujeitar à confiança política do Poder Legislativo a permanência no cargo de Magistrados do Supremo Tribunal Federal, dos Tribunais Superiores e de membros do Tribunal de Contas da União, vulnera as condições materiais necessárias

41. STF, Tribunal Pleno, ADI 3.976/SP e MS 3.2451/DF, Rel. Min. Edson Fachin, j. 25.6.2020.

42. STF, Tribunal Pleno, ADI 5.430/DF, Rel. Min. Roberto Barroso, j. 22.5.2023.

43. STF, Tribunal Pleno, ADI 5.316/DF, Rel. Min. Luiz Fux, j. 21.5.2015.

ao exercício imparcial e independente da função jurisdicional, sendo **inconstitucional**, portanto.

O segundo, é o que a regra contida no artigo 100 do ADCT não se estende aos Magistrados de outros Tribunais, devendo ser interpretada restritivamente. Assim, é **inconstitucional** todo pronunciamento judicial ou administrativo que **afaste, amplie ou reduza a literalidade do comando previsto no art. 100 do ADCT** e, com base neste fundamento, assegure a qualquer agente público o exercício das funções relativas a cargo efetivo ou vitalício após ter completado setenta anos de idade.

6. CONSELHO NACIONAL DE JUSTIÇA (CNJ)

A. Natureza jurídica e papel

A **EC n.º 45/04** criou o Conselho Nacional de Justiça, que foi efetivamente instalado em 14 de junho de 2005.

Embora o Constituinte Reformador tenha-o incluído na estrutura organizacional do Poder Judiciário (artigo 92, inciso I-A, da CF/88), o CNJ é órgão de **natureza exclusivamente administrativa,** que tem por finalidade o **controle da atividade administrativa, financeira e disciplinar da magistratura**.

Na ADI n.º 3.367/DF, o **Supremo Tribunal Federal** entendeu que a criação do Conselho Nacional de Justiça pela EC n.º 45/04 é **constitucional**. Afirmou, na oportunidade, que não houve violação à cláusula pétrea da separação dos poderes, pois foram preservadas a função jurisdicional do Poder Judiciário e as condições materiais do seu exercício imparcial e independente; e que não houve violação ao pacto federativo, uma vez que o Poder Judicial possui caráter nacional.[44]

B. Composição

O Conselho Nacional de Justiça compõe-se de **15 (quinze) membros** com mandato de 2 (dois) anos, admitida 1 (uma) recondução, sendo:

a) o Presidente do Supremo Tribunal Federal;

b) um Ministro do Superior Tribunal de Justiça, indicado pelo respectivo tribunal;

c) um Ministro do Tribunal Superior do Trabalho, indicado pelo respectivo Tribunal;

44. STF, Tribunal Pleno, ADI 3.367/DF, Rel. Min. Cezar Peluso, j. 13.4.2005.

d) um Desembargador de Tribunal de Justiça, indicado pelo Supremo Tribunal Federal;

e) um Juiz Estadual, indicado pelo Supremo Tribunal Federal;

f) um Juiz de Tribunal Regional Federal, indicado pelo Superior Tribunal de Justiça;

g) um Juiz Federal, indicado pelo Superior Tribunal de Justiça;

h) um Juiz de Tribunal Regional do Trabalho, indicado pelo Tribunal Superior do Trabalho;

i) um Juiz do Trabalho, indicado pelo Tribunal Superior do Trabalho;

j) um membro do Ministério Público da União, indicado pelo Procurador-Geral da República;

k) um membro do Ministério Público estadual, escolhido pelo Procurador-Geral da República dentre os nomes indicados pelo órgão competente de cada instituição estadual;

l) dois advogados, indicados pelo Conselho Federal da Ordem dos Advogados do Brasil;

m) dois cidadãos, de notável saber jurídico e reputação ilibada, indicados um pela Câmara dos Deputados e outro pelo Senado Federal.

O CNJ será **presidido** pelo Presidente do Supremo Tribuna Federal e, nas suas ausências e impedimentos, pelo Vice-Presidente do Supremo Tribunal Federal (artigo 103-B, §1º, da CF/88). O Ministro do Superior Tribunal de Justiça, por sua vez, exercerá a função de **Ministro-Corregedor** (artigo 103-B, §5º, da CF/88).

Os demais membros do Conselho serão nomeados pelo Presidente da República, depois de aprovada a escolha pela maioria absoluta do Senado Federal. Caso as indicações não sejam efetuadas no prazo legal, o Supremo Tribunal Federal fará a escolha.

Oficiam, junto ao Conselho, o Procurador-Geral da República e o Presidente do Conselho Federal da Ordem dos Advogados do Brasil.

O artigo 103-B, §7º, da CF/88 prevê que a União, inclusive no Distrito Federal e nos Territórios, criará **ouvidorias de justiça**, competentes para receber reclamações e denúncias de qualquer interessado contra membros ou órgãos do Poder Judiciário, ou contra seus serviços auxiliares, representando diretamente ao Conselho Nacional de Justiça.

C. Competências

Compete ao Conselho Nacional de Justiça o controle da atuação administrativa e financeira do Poder Judiciário e do cumprimento dos deveres funcionais dos juízes, cabendo-lhe, além de outras atribuições que lhe forem conferidas pelo Estatuto da Magistratura (art. 103-B, §4º, da CF/88):

a) zelar pela autonomia do Poder Judiciário e pelo cumprimento do Estatuto da Magistratura, podendo expedir **atos regulamentares**, no âmbito de sua competência, ou recomendar providências;

b) zelar pela observância do artigo 37 da CF/88 e apreciar, de ofício ou mediante provocação, a **legalidade dos atos administrativos** praticados por membros ou órgãos do Poder Judiciário, podendo desconstituí-los, revê-los ou fixar prazo para que se adotem as providências necessárias ao exato cumprimento da lei, sem prejuízo da competência do Tribunal de Contas da União;

c) receber e conhecer das **reclamações** contra membros ou órgãos do Poder Judiciário, inclusive contra seus serviços auxiliares, serventias e órgãos prestadores de serviços notariais e de registro que atuem por delegação do poder público ou oficializados**, sem prejuízo da competência disciplinar e correicional dos Tribunais**, podendo avocar processos disciplinares em curso, determinar a remoção ou a disponibilidade e aplicar outras sanções administrativas, assegurada ampla defesa;

d) **representar** ao Ministério Público, no caso de crime contra a administração pública ou de abuso de autoridade;

e) **rever**, de ofício ou mediante provocação, os processos disciplinares de juízes e membros de Tribunais julgados há menos de 1 (um) ano;

f) elaborar semestralmente **relatório estatístico** sobre processos e sentenças prolatadas por unidade de Federação, nos diferentes órgãos do Poder Judiciário;

g) elaborar **relatório anual**, propondo as providências que julgar necessárias, sobre a situação do Poder Judiciário no País e as atividades do Conselho, o qual deve integrar mensagem do Presidente do Supremo Tribunal Federal a ser remetida ao Congresso Nacional, por ocasião da abertura da sessão legislativa.

Ao **Ministro-Corregedor** competirá, além das atribuições que lhe forem conferidas pelo Estatuto da Magistratura:

a) receber as reclamações e denúncias, de qualquer interessado, relativas aos magistrados e aos serviços judiciários;

b) exercer **funções executivas** do Conselho, de **inspeção** e de **correição geral**;

c) **requisitar e designar magistrados**, delegando-lhes atribuições, e requisitar servidores de Juízos ou Tribunais, inclusive nos Estados, Distrito Federal e Territórios.

Em relação à atuação do Conselho Nacional de Justiça, o **Supremo Tribunal Federal** possui diversos julgados importantes.

Analisando a competência regulamentar do Conselho Nacional de Justiça, o Supremo Tribunal Federal declarou constitucional a disposição do Conselho Nacional de Justiça que prevê a facultatividade de representação por advogado ou defensor público nos Centros Judiciários de Solução de Conflitos e Cidadania (CEJUSCs). Dentre outros fundamentos, assinalou-se que a competência constitucional do Conselho Nacional de Justiça (CF/1988, art. 103-B, § 4º, I) engloba a atuação em políticas públicas dos tribunais para tratamento adequado dos conflitos jurídicos.[45]

O Supremo Tribunal Federal tampouco vislumbrou violação ao pacto federativo (art. 18 da CF/88) o exercício pelo CNJ de sua competência regulamentar no sentido de editar resolução que estabelece diretrizes e parâmetros para o processamento da execução penal nos tribunais brasileiros e determina, entre outras providências, que todos os processos nessa fase processual tramitem pelo Sistema Eletrônico de Execução Unificado (SEEU).[46]

O Supremo Tribunal Federal já teve a oportunidade de afirmar que o Conselho Nacional de Justiça, embora seja órgão do Poder Judiciário, nos termos do artigo 103-B, § 4º, inciso II, da Constituição Federal, possui, tão somente, **atribuições de natureza administrativa** e, nesse sentido, **não lhe é permitido apreciar a constitucionalidade dos atos administrativos**, mas somente sua legalidade.[47]

Contudo, não é vedado ao Conselho Nacional de Justiça determinar a correção de ato do Tribunal local que, embora respaldado por legislação estadual, se distancie da interpretação dada pelo Supremo Tribunal Federal aos ditames constitucionais. Desse modo, o Conselho Nacional de Justiça **pode afirmar que determinada lei ou ato normativo é inconstitucional se esse entendimento já estiver pacificado no Supremo Tribunal Federal.**[48]

Também poderá o Conselho Nacional de Justiça, ao apreciar a validade de atos administrativos praticados por órgãos do Poder Judiciário, proceder uma análise de **compatibilidade com a Constituição Federal do ato normativo que fundamenta a edição do ato administrativo objeto de controle**. Segundo o Supremo Tribunal Federal, isso não significa reconhecer ao CNJ a competência para declarar inconstitucionalidade de norma jurídica, menos ainda atribuir efeito *erga omnes* à inconstitucionalidade assentada no julgamento do processo administrativo.[49]

45. STF, Tribunal Pleno, ADI 6.324/DF, Rel. Min. Roberto Barroso, j. 22.8.2023.
46. STF, Tribunal Pleno, ADI 6.259/DF, Red. p/ acórdão Min. Dias Toffoli, j. 21.8.2023.
47. STF, Tribunal Pleno, AgR no MS 28.872/DF, Rel. Min. Ricardo Lewandowski, j. 24.2.2011.
48. STF. Segunda Turma, AgR no MS 31.667/DF, Rel. Min. Dias Toffoli, j. 11.9.2018.
49. STF, Tribunal Pleno, Pet 4.656/PB, Rel. Min. Cármen Lúcia, j. 19.12.2016.

Não cabe ao Conselho Nacional de Justiça, também por conta de suas atribuições serem exclusivamente administrativas, o **controle de controvérsia que está submetida à apreciação pelo Poder Judiciário.**[50]

Pode o CNJ, contudo, determinar à autoridade recalcitrante o cumprimento imediato de suas decisões, ainda que impugnadas perante a Justiça Federal de primeira instância, quando se tratar de hipótese de competência originária do STF. O artigo 106 do Regimento Interno do CNJ é, por conseguinte, constitucional.[51]

Em relação ao **poder disciplinar** conferido ao Conselho Nacional de Justiça, o Supremo Tribunal possui firme entendimento de que a Constituição conferiu ao CNJ **duas modalidades** de competências para a apuração disciplinar:

a) **Competência revisional**, em que o CNJ pode rever, de ofício ou mediante provocação, os processos disciplinares de Juízes e membros de Tribunais **julgados há menos de 1 (um) ano**, para agravar ou abrandar a decisão disciplinar proferida pela corregedoria local.[52] É **desnecessário esgotar as vias ordinárias** para que o CNJ instaure o processo de revisão disciplinar.[53]

> **Observação:** o Supremo Tribunal Federal entende que o prazo de um ano do artigo 103-B, §4º, V, da CF/88 deve ser observado para que o Conselho Nacional de Justiça dê início, de ofício, à revisão disciplinar, ou para que ela seja instaurada por provocação de terceiro. Uma vez instaurada a revisão, **não existe prazo** para que o CNJ **julgue** o procedimento.[54]

b) **Competência originária**, em que o CNJ pode aplicar diretamente as sanções disciplinares aos membros do Poder Judiciário. Essa competência é **autônoma e concorrente**, e não subsidiária, podendo o CNJ atuar mesmo que não tenha sido dada oportunidade para a Corregedoria local investigar o caso.[55] O exercício da competência originária **não se sujeita ao parâmetro de um ano** aplicável à competência revisional.[56]

Ainda sobre o poder disciplinar do Conselho Nacional de Justiça, o Supremo Tribunal Federal já entendeu que:

50. STF, Primeira Turma, MS 28.845/DF, Rel. Min. Marco Aurélio, j. 21.11.2017.
51. STF, Tribunal Pleno, ADI 4.412/DF, Rel. Min. Gilmar Mendes, j. 18.11.2020.
52. STF, Primeira Turma, MS 33.565/DF, Rel. Min. Rosa Weber, j. 14.6.2016.
53. STF, Primeira Turma, AgR no MS 28.918/DF, Rel. Min. Dias Toffoli, j. 4.11.2014.
54. STF, Segunda Turma, MS 30.364/PA, Rel. Min. Cármen Lúcia, j. 17.3.2020.
55. STF, Primeira Turma, AgR no MS 30.361/DF, Rel. Min. Rosa Weber, j. 29.8.2017.
56. STF, Segunda Turma, AgR no MS 34.685RR, Rel. Min. Dias Toffoli, j. 28.11.2017.

- o CNJ **pode** determinar o **afastamento cautelar** de magistrado de suas funções, no curso de processo disciplinar;[57]
- o CNJ pode instaurar processo disciplinar contra Juiz para **apurar a parcialidade de suas decisões**, o que não fere o princípio da intangibilidade dos atos de conteúdo jurisdicional, pois o CNJ não se manifesta sobre o mérito das decisões judiciais, mas apenas apura eventual violação de dever funcional;[58]
- é **regular a designação de juiz auxiliar**, seja ele originário do Judiciário estadual ou federal, para a condução de sindicância, por delegação do Corregedor-Nacional de Justiça, ainda que o investigado seja magistrado federal;[59]
- **não se aplica a prescrição punitiva em perspectiva**, sendo imprescindível a instauração do competente processo administrativo disciplinar, no qual serão apurados os fatos e indicada a infração para a qual teria concorrido o magistrado.[60]

Acerca dos limites do controle exercido pelo Conselho Nacional de Justiça sobre atos de Banca Examinadora de concurso público realizado pelo Poder Judiciário, o Supremo Tribunal Federal já decidiu que o CNJ **não pode se substituir à Banca Examinadora** do concurso na escolha das questões, na correção de provas e na atribuição de notas. Contudo, **poderá substituir, anular ou reformar decisões da Banca que não estejam de acordo com os princípios previstos no artigo 37 da CF/88.**[61]

Por fim, há que se ressaltar que o Supremo Tribunal Federal, adotando uma postura autocontida, entende que lhe cabe fazer apenas um **controle de legalidade das decisões do CNJ, não sendo possível entrar no mérito delas.**[62]

> **Observação 1**: A quem compete julgar as ações ajuizadas em face de atos praticados pelo Conselho Nacional de Justiça?
>
> O artigo 102, I, "r", da CF/88 prevê que compete ao Supremo Tribunal Federal julgar originariamente as ações contra o Conselho Nacional de Justiça e contra o Conselho Nacional do Ministério Público.

57. STF, Segunda Turma, MS 32.721/DF, Rel. Min. Cármen Lúcia, j. 11.11.2014.
58. STF, Segunda Turma, MS 32.721/DF, Rel. Min. Cármen Lúcia, j. 11.11.2014.
59. STF, Segunda Turma, MS 28.513/DF, Rel. Min. Teori Zavascki, j. 15.9.2015.
60. STF, Primeira Turma, AgR no MS 28.918/DF, Rel. Min. Dias Toffoli, j. 4.11.2014.
61. STF, Primeira Turma, MS 33.527/RJ, Red. p/ acórdão Min. Alexandre de Moraes, j.20.3.2018.
62. STF, Segunda Turma, MS 35.540/DF e MS 35.521/DF, Rel. Min. Gilmar Mendes, j. 12.3.2019.

Inicialmente, o Supremo Tribunal Federal adotou uma **interpretação restritiva** desse dispositivo. Afirmava que a sua competência estava restrita a julgar as ações em que o próprio CNJ figurasse no polo passivo – p.ex. mandados de segurança, *habeas corpus* e *habeas data*. Nas ações ordinárias ajuizadas com a finalidade de impugnar atos do CNJ, quem figurava como ré era a União Federal, de modo que a competência para seu julgamento seria da primeira instância da Justiça Federal, na forma do artigo 109, inciso I, da CF/88.[63]

Recentemente, o Supremo Tribunal Federal reviu o seu posicionamento. Sob o fundamento de que a Constituição não discriminou as espécies de ação que seriam da alçada desta Corte, do que se extrai que procurou fixar uma atribuição mais ampla para a análise de tais demandas, fixou a seguinte tese: "Nos termos do artigo 102, inciso I, r, da Constituição Federal, é competência exclusiva do Supremo Tribunal Federal processar e julgar, originariamente, todas as ações ajuizadas contra decisões do Conselho Nacional de Justiça e do Conselho Nacional do Ministério Público proferidas no exercício de suas competências constitucionais, respectivamente, previstas nos artigos 103-B, § 4º, e 130-A, § 2º, da Constituição Federal".[64]

Sob a ótica do novo entendimento sobre o tema, serão competência do STF as ações de rito comum em que impugnados atos do CNJ "(i) de caráter normativo ou regulamentar que traçam modelos de políticas nacionais no âmbito do Judiciário; (ii) que desconstituam ato normativo de tribunal local, (iii) que envolvam interesse direto e exclusivo de todos os membros do Poder Judiciário, consubstanciado em seus direitos, garantias e deveres, (iv) que versam sobre serventias judiciais e extrajudiciais, notadamente em matéria de obrigatoriedade de realização de concurso público, regime jurídico e conformação dessas serventias com os preceitos constitucionais insculpidos no art. 37, *caput*, da Constituição Federal".

7. PRECATÓRIOS

A. Introdução

A Constituição Federal de 1988 trouxe, no art. 100, um regramento específico para a efetivação do pagamento nas execuções por quantia certa contra a Fazenda Pública. Cuida-se da sistemática dos precatórios.

São duas as razões que levaram o constituinte a prever essa norma especial. Primeiro, os **bens públicos são impenhoráveis**, de modo que não seria viável a

63. Por todos, ver STF, Primeira Turma, AO 1.894 AgR, Rel. Min. Roberto Barroso, j. 7.8.2018.

64. STF, Tribunal Pleno, Pet 4.770 AgR/DF, Rel. Min. Roberto Barroso, j. 18.11.2020; e STF, Tribunal Pleno, Rcl 33.459 AgR/PE, red. p/ acórdão Min. Gilmar Mendes, j. 18.11.2020.

concretização das condenações às obrigações de pagar pendentes contra a Fazenda Pública pela adoção do tradicional binômio executivo penhora-expropriação. Segundo, os recursos públicos são geridos conforme estipulado nas **leis orçamentárias**, havendo o risco que inúmeras decisões judiciais proferidas de forma descoordenada em processos individuais acarretassem no esvaziamento patrimonial do Estado, impossibilitando-o de cumprir com seus deveres constitucionais.

O artigo 100 da CF/88 dispõe que os pagamentos devidos pelas Fazendas Públicas Federal, Estaduais, Distrital e Municipais, em virtude de sentença judiciária, far-se-ão exclusivamente na ordem cronológica de apresentação dos precatórios e à conta dos créditos respectivos, proibida a designação de casos ou de pessoas nas dotações orçamentárias e nos créditos adicionais abertos para este fim.

A partir desse dispositivo, já podemos tirar algumas importantes conclusões.

Inicialmente, estarão sujeitos à sistemática dos precatórios somente os créditos decorrentes de **sentença judicial transitada em julgado**. Não estão englobadas, por conseguinte, as medidas coercitivas para cumprimento de decisões no curso do processo (ex.: bloqueio de contas para fornecimento de medicamento) ou execuções de títulos extrajudiciais contra a Fazenda Pública.

Segunda conclusão é a de que o sistema dos precatórios se aplica às **Fazendas Públicas federal, estaduais, distritais e municipais**. No ponto, recordo que o conceito de Fazenda Pública engloba não só a União, os Estados, o Distrito Federal e os Municípios, mas também as autarquias, fundações públicas, empresas públicas e as sociedades de economia mista prestadoras de serviço público em ambiente não concorrencial.

Nesse sentido, o Supremo Tribunal Federal já decidiu que são inconstitucionais os pronunciamentos judiciais que determinam bloqueios e outros atos de constrição sobre bens e valores da Companhia de Saneamento Ambiental do Distrito Federal (Caesb) para o pagamento de verbas trabalhistas, pois a Caesb, na qualidade de sociedade de economia mista prestadora do serviço público de saneamento básico em regime não concorrencial e sem intuito primário de lucro, submete-se ao regime dos precatórios.[65]

A terceira e última conclusão é que os valores deverão ser pagos em **ordem cronológica** de apresentação dos precatórios. Com isso, busca-se garantir a moralidade e a impessoalidade da administração pública.

B. Requisição de pequeno valor (RPV)

O constituinte entendeu por bem retirar da sistemática dos precatórios aquelas obrigações de pagar de valores não vultuosos. A espera pelo pagamento de um

65. STF, Tribunal Pleno, ADPF 890 MC-Ref/DF, Rel. Min. Dias Toffoli, j, 26.11.2021.

precatório, nessas situações, acabava se tornando extremamente onerosa para o credor. Ademais, por cuidarem de valores de menor monta, não haveria risco à desorganização das finanças estatais.

Nesse sentido, o art. 100, §3º, da CF/88 dispõe que o disposto no caput deste artigo relativamente à expedição de precatórios não se aplica aos pagamentos de obrigações definidas em leis como de pequeno valor que as Fazendas referidas devam fazer em virtude de sentença judicial transitada em julgado.

Como se vê, cada ente federativo poderá fixar qual o valor se enquadra para a finalidade de expedição de RPV, em vez de precatório. Há, contudo, um limite expresso no texto constitucional: o valor nunca poderá ser inferior ao maior valor do benefício do Regime Geral de Previdência Social (art. 100, §4º, da CF/88).

Caso não seja editada a aludida lei, o valor a ser considerado será aquele estipulado no art. 87 do ADCT, qual seja, de 40 (quarenta) salários-mínimos para os Estados e o Distrito Federal, e de 30 (trinta) salários-mínimos para os Municípios.

O Supremo Tribunal Federal, chamado a decidir sobre essa questão, firmou as seguintes teses: "(I) As unidades federadas podem fixar os limites das respectivas requisições de pequeno valor em patamares inferiores aos previstos no artigo 87 do ADCT, desde que o façam em consonância com sua capacidade econômica. (II) A aferição da capacidade econômica, para este fim, deve refletir não somente a receita, mas igualmente os graus de endividamento e de litigiosidade do ente federado. (III) A ausência de demonstração concreta da desproporcionalidade na fixação do teto das requisições de pequeno valor impõe a deferência do Poder Judiciário ao juízo político-administrativo externado pela legislação local."[66]

Para que o pagamento seja realizado por meio da requisição de pequeno valor **não será possível fracionar o valor da condenação** (art. 100, §9º, da CF/88).

Contudo, se houver litisconsórcio **facultativo**, cada litigante terá que aferir qual o valor lhe é individualmente devido, para fins de enquadramento no RPV ou não.[67] Se o litisconsórcio for **unitário**, não será possível fracionar o valor, sob pena de violação do art. 100, §9º, da CF/88.

Os honorários advocatícios também deverão ser considerados separadamente do valor principal para fins de expedição de requisição de pequeno valor ou precatório. Nesse sentido, o **Enunciado n. 47 da Súmula Vinculante**: "Os honorários advocatícios incluídos na condenação ou destacados do montante principal devido ao credor consubstanciam verba de natureza alimentar cuja satisfação ocorrerá

66. STF, Tribunal Pleno, RE 1.359.136, Rel. Min. Luiz Fux, j. 1º.9.2022 (Tema 1.231).

67. STF, Tribunal Pleno, ADI 3.579, Rel. Min. Marco Aurélio, j. 28.9.2020.

com a expedição de precatório ou requisição de pequeno valor, observada ordem especial restrita aos créditos dessa natureza."

C. Regimes de pagamento de precatórios

São três os regimes de pagamento de precatórios:

a. **Ordem superespecial** (art. 100, §2º, da CF): Os débitos de natureza alimentícia cujos titulares, originários ou por sucessão hereditária, tenham 60 (sessenta) anos de idade, ou sejam portadores de doença grave, ou pessoas com deficiência, assim definidos na forma da lei, serão pagos com preferência sobre todos os demais débitos, até o valor equivalente ao triplo fixado em lei para os fins do disposto no § 3º deste artigo (RPV), admitido o fracionamento para essa finalidade, sendo que o restante será pago na ordem cronológica de apresentação do precatório.
b. **Ordem especial** (art. 100, §1º, da CF): Os débitos de natureza alimentícia compreendem aqueles decorrentes de salários, vencimentos, proventos, pensões e suas complementações, benefícios previdenciários e indenizações por morte ou por invalidez, fundadas em responsabilidade civil, em virtude de sentença judicial transitada em julgado, e serão pagos com preferência sobre todos os demais débitos, exceto sobre aqueles referidos no § 2º deste artigo (**superpreferenciais**).
c. **Ordem geral**: Os demais, que seguirão a ordem cronológica.

D. Procedimento

O procedimento de expedição e pagamento dos precatórios, embora delimitado pela Constituição Federal, pode ter alguns aspectos regulamentados por cada Tribunal. No entanto, o procedimento seguirá basicamente as seguintes fases:

1. Temos um processo de conhecimento com a prolação de uma **sentença condenatória transitada em julgado contra a Fazenda Pública.**
2. O Juiz do processo emite um **ofício requisitório** para o Presidente do Tribunal respectivo.
3. Após auditoria interna, o Presidente do Tribunal formaliza a **expedição do precatório.**
4. Intima-se a Fazenda Pública respectiva para **inclusão da dívida no orçamento**. Aqui, deverá ser observado o disposto no artigo 100, §5º, da CF/88: "É obrigatória a inclusão no orçamento das entidades de direito público de verba necessária ao pagamento de seus débitos oriundos de sentenças transitadas em julgado constantes de precatórios judiciários apresentados até 2 de abril, fazendo-se o pagamento até o final do exercício seguinte, quando terão seus valores atualizados monetariamente."

Observação: A função do Tribunal, aqui, é **meramente administrativa**. Desse modo, os critérios de cálculo não poderão ser revistos. Somente erros materiais ou aritméticos poderão ser corrigidos. Por isso, é incabível qualquer recurso contra a decisão proferida no processamento do precatório (**Enunciado n. 733 da Súmula do STF**).

Observação: Se o Tribunal retardar a requisição, o Presidente do Tribunal incorrerá em crime de responsabilidade e responderá, também, perante o Conselho Nacional de Justiça (art. 100, §7º, da CF/88).

5. Por fim, o precatório é **pago**, sempre observada a ordem cronológica de apresentação.

Observação: Se houver preterimento na ordem de preferência quando do pagamento do precatório, o Presidente do Tribunal poderá determinar o sequestro da quantia respectiva (art. 100, §6º, da CF).

Sobre esse ponto, o Supremo Tribunal Federal decidiu que o deferimento de sequestro de rendas públicas para pagamento de precatório **deve se restringir às hipóteses enumeradas taxativamente na Constituição Federal de 1988**, ou seja, somente quando não verificada a alocação orçamentária do valor necessário à satisfação do seu débito ou demonstrada a quebra da ordem de preferência de pagamento. Logo, é inconstitucional o sequestro de verbas públicas para pagamento de crédito a portador de moléstia grave sem a observância das regras dos precatórios.[68]

O Supremo Tribunal Federal já declarou inconstitucional lei federal que determina o cancelamento dos precatórios e requisições de pequeno valor federais expedidos e cujos valores não tenham sido levantados pelo credor e estejam depositados há mais de dois nãos em instituição financeira oficial. Entendeu-se que houve violação à separação dos poderes, pois a CF/88 atribuiu ao Poder Judiciário o manejo dos precatórios e RPVs.[69]

De outro lado, o Supremo Tribunal Federal considerou **constitucional** a previsão acrescida ao ADCT pela EC n. 94/2016 que possibilita o **uso eventual de depósitos judiciais com o fim específico de quitar precatórios atrasados**. Segundo o Supremo, não houve violação ao princípio da separação dos Poderes (art. 2º da CF/88) e aos direitos de propriedade (arts. 5º, "caput", e 170, II, da CF/88), de

68. STF, Tribunal Pleno, RE 840.435/RS, Rel. Min. Dias Toffoli, j. 22.9.2023.

69. STF, Tribunal Pleno, ADI 5.755/DF, Rel. Min. Rosa Weber, j. 29 e 30.6.2022.

acesso à justiça (art. 5º, XXXV, da CF/88), do devido processo legal (art. 5º, LIV, da CF/88) e da duração razoável do processo (art. 5º, LXXVII, da CF/88).[70]

O STF também já afirmou ser constitucional – pois ausente violação ao direito de propriedade (CF/1988, arts. 5º, "caput", e 170, II) e aos princípios do devido processo legal (CF/1988, art. 5º, LIV), da separação dos Poderes (CF/1988, art. 2º) e do não confisco – a Lei Complementar 151/2015, que dispõe sobre a destinação prioritária do montante de depósitos judiciais e administrativos, tributários e não tributários, para o pagamento de precatórios de qualquer natureza dos entes federados.[71]

70. STF, Tribunal Pleno, ADI 5.679/DF, Rel. Min. Luís Roberto Barroso, j. 29.9.2023.

71. STF, Tribunal Pleno, ADI 5.361/DF e 5.463/DF, Rel. Min. Nunes Marques, j. 20.11.2023.

FUNÇÕES ESSENCIAIS À JUSTIÇA

1. INTRODUÇÃO

O exercício da função jurisdicional pelo Poder Judiciário somente ocorrerá mediante provocação de um agente externo. O Juiz, diz-se, é **inerte**. A partir dessa constatação, surge outra, inarredável: se o Poder Judiciário não funciona sem provocação, a atividade dos agentes que provoquem a sua atuação é essencial à Justiça.

Em razão disso, a Constituição de 1988 trouxe, no Título da Organização dos Poderes, o Capítulo IV, que trata especificamente desses sujeitos que, embora não estejam inseridos na estrutura do Poder Judiciário, são fundamentais para que ele desempenhe a sua missão constitucional.

São eles: o Ministério Público, a advocacia pública e privada e a Defensoria Pública.

2. MINISTÉRIO PÚBLICO

A. Conceito

O Ministério Público, segundo o artigo 127, *caput*, da CF/88, é a instituição permanente, essencial à função jurisdicional do Estado, que tem por incumbência a defesa da ordem jurídica, do regime democrático e dos interesses sociais e individuais indisponíveis.

Note-se que a Constituição de 1988, atendendo aos anseios da doutrina majoritária, retirou o Ministério Público do âmbito do Poder Executivo, tornando-o uma **instituição permanente e independente**, que não está inserida na estrutura de nenhum dos três Poderes.

A despeito desse maior destaque conferido pela Constituição de 1988, José Afonso da Silva aponta que não é aceitável a tese de que o Ministério Público funcione como um "Quarto Poder", pois, as suas atribuições são ontologicamente de natureza executiva.[1]

B. Princípios institucionais

O artigo 127, §1º, da CF/88 consigna que são princípios institucionais do Ministério Público:

a) **Unidade**: os membros do Ministério Público integram **um só órgão** sob a **direção única** de um só Procurador-Geral. Destaque-se, no entanto, que a unidade é considerada dentro de **cada Ministério Público**, não sendo possível falar em unidade relativamente aos Ministérios Públicos da União e aos Ministérios Públicos dos Estados.

b) **Indivisibilidade**: como corolário do princípio da unidade, admite-se que os membros integrantes de um mesmo Ministério Público possam ser **substituídos uns pelos outros**, desde que observadas as normas legais. Com efeito, quem pratica os atos é a instituição Ministério Público, e não o membro isoladamente considerado.

c) **Independência funcional**: cada membro do Ministério Público está, em sua atividade funcional, vinculado apenas à sua **consciência jurídica**. Desse modo, os órgãos superiores do Ministério Público não podem ditar ordens de como os seus membros devem agir no exercício da função, podendo, quando muito, editar recomendações sem caráter normativo. Tampouco é dado ao Procurador-Geral influir na atuação dos Procuradores e Promotores de Justiça que compõe o Ministério Público no qual ele exerce a chefia administrativa.

Embora não esteja expresso no texto constitucional, o Supremo Tribunal Federal vem admitindo a existência **do princípio do promotor natural**. Segundo este princípio, **são vedadas designações casuísticas** pela Chefia do Ministério Público, devendo atuar, em quaisquer causas, apenas o promotor cuja intervenção se justifique a partir de **critério abstratos e predeterminados**, estabelecidos em **lei**.[2]

---

1. SILVA, José Afonso da. Comentário contextual à constituição. 9ª ed. São Paulo: Malheiros, 2014, p. 607.
2. STF, Tribunal Pleno, HC 67.759/RJ, Rel. Min. Celso de Mello, j. 6.8.1992.

C. Garantias

Além dos princípios institucionais, a Constituição Federal de 1988 previu diversas garantias ao Ministério Público e aos seus membros, assegurando, desse modo, uma atuação **independente** e imparcial do *Parquet* na tutela dos interesses da sociedade.

Podemos dividi-las em **garantias institucionais**, que são aquelas conferidas ao Ministério Público como um todo, e em **garantias funcionais**, que são aquelas conferidas aos membros do Ministério Público.

C.1. Garantias institucionais

São **garantias institucionais** do Ministério Público (artigo 127, §§2º e 3º, da CF/88):

a) **Autonomia funcional**: o Ministério Público exerce as suas funções livre de ingerência de nenhum outro órgão do Estado (Executivo, Legislativo ou Judiciário).
b) **Autonomia administrativa**: Compete ao Ministério Público organizar a sua própria administração. Cabe-lhe, por conseguinte, propor ao Poder Legislativo lei que verse sobre a sua organização e funcionamento, destacadamente: i) a criação e extinção de seus cargos e serviços auxiliares, provendo-os por concurso público de provas ou de provas e títulos; ii) a política remuneratória; e iii) os planos de carreira.
c) **Autonomia financeira**: o Ministério Público tem a capacidade de elaborar a sua proposta orçamentária e de gerir e aplicar os recursos que lhe forem dotados. Nesse sentido, o artigo 127, §3º, da CF/99 dispõe que compete ao Ministério Público elaborar sua proposta orçamentária dentro dos limites estabelecidos na lei de diretrizes orçamentárias.

   Caso não o faça dentro do prazo legal, o Poder Executivo considerará, para fins de consolidação da proposta orçamentária anual, os valores aprovados na lei orçamentária vigente, ajustados de acordo com os limites estipulados na LDO. Por outro lado, se a proposta orçamentária for encaminhada, mas em desacordo com os limites estipulados na LDO, o Poder Executivo procederá aos ajustes necessários para fins de consolidação da proposta orçamentária anual.

   Durante a execução orçamentária do exercício, não poderá haver a realização de despesas ou a assunção de obrigações que extrapolem os limites estabelecidos na lei de diretrizes orçamentárias, exceto se previamente autorizadas, mediante a abertura de créditos suplementares ou especiais.

O **Supremo Tribunal Federal** já se manifestou diversas vezes em casos envolvendo a **autonomia** e a **independência** do Ministério Público.

O STF já decidiu que, embora o artigo 127, §2º, da CF/88 não fale expressamente em "autonomia financeira" do Ministério Público, ela deve ser reconhecida, o que é reforçado pelo artigo 127, §3º, da CF/88. Desse modo, foram julgados constitucionais dispositivos da Constituição Estadual[3] e de lei estadual[4] que asseguram ao Ministério Público autonomia financeira.

No julgamento da ADI 7.073/CE, restou consignado que o Ministério Público, como órgão financeiramente autônomo, deve necessariamente participar no ciclo orçamentário, sendo consultado no momento de elaboração da LDO, pois a regra prevista para o Poder Judiciário estende-se, também, ao Ministério Público.[5]

Ao analisar lei estadual que impôs ao Ministério Público Estadual a participação no regime próprio de previdência social dos demais servidores públicos estaduais, o Supremo assinalou que é constitucional norma de lei estadual que imponha ao Ministério Público a vinculação ao regime próprio de previdência social do respectivo ente federado; e a participação, juntamente com os poderes e demais órgãos autônomos, do custeio previdenciário. De outro lado, é inconstitucional norma de lei estadual que autorize a Secretaria de Estado de Fazenda a reter o valor correspondente às contribuições previdenciárias devidas pelo Ministério Público, seus membros e servidores, pois tal disposição viola a autonomia financeira do Ministério Público.[6]

O Supremo Tribunal Federal decidiu que, em razão da autonomia funcional e administrativa do Ministério Público, são **constitucionais** as leis estaduais que dispõem sobre a criação de Grupos de Atuação Especial contra o Crime Organizado (**GAECOs**), órgãos de cooperação institucional dentro da estrutura do Ministério Público local, com a finalidade de concretizar instrumentos procedimentais efetivos para a realização de planejamento estratégico e garantir a eficiência e a eficácia dos procedimentos de investigação criminal realizados para o combate à criminalidade organizada, à impunidade e à corrupção.[7]

O STF declarou inconstitucional norma estadual, de iniciativa parlamentar, que dispõe sobre a atuação do Ministério Público nas operações policiais de cumprimento de medidas possessórias de caráter coletivo. Tal entendimento baseou-se em dois fundamentos: i) houve usurpação da prerrogativa legislativa conferida ao

3. STF, Tribunal Pleno, ADI 145/CE, Rel. Min. Dias Toffoli, j. 20.6.2018.
4. STF, Tribunal Pleno, ADI 2.831/RJ, Red. p/ acórdão Min. Alexandre de Moraes, j. 30.4.2021.
5. STF, Tribunal Pleno, ADI 7.073/CE, Rel. Min. André Mendonça, j. 23.9.2022.
6. STF, Tribunal Pleno, ADI 4.824/PI, Rel. Min. Roberto Barroso, j. 13.3.2023.
7. STF, Tribunal Pleno, ADI 2.838/MT e ADI 4.624/TO, Rel. Min. Alexandre de Moraes, j. 13.4.2023.

Procurador-Geral de Justiça; e ii) houve ofensa à autonomia e à independência do Ministério Público (CF/1988, arts. 127, § 2º; e 128, § 5º).[8]

Por fim, o Supremo Tribunal Federal declarou inconstitucional norma estadual que autoriza a remoção por permuta, em âmbito nacional, entre membros dos Ministérios Públicos dos estados e do Distrito Federal e Territórios, por violação ao princípio federativo e a autonomia dos estados (arts. 1º, 18 e 25 da CF/88), bem como por ofender a autonomia e a independência do Ministério Público (arts. 128, § 5º e 129, § 4º, da CF/88).[9]

C.2. Garantias funcionais

São **garantias funcionais** dos membros do Ministério Público (artigo 128, §5º, inciso I, da CF/88):

a) **Vitaliciedade**: após transcorrido o período probatório, que é de 2 (dois) anos de efetivo exercício do cargo, o membro do Ministério Público somente perderá o cargo por sentença judicial transitada em julgado.

> **Observação**: O Supremo Tribunal Federal entende que o ato de vitaliciamento tem natureza administrativa, sendo permitido ao CNMP, de ofício, reformar a decisão do Colégio de Procuradores do Ministério Público que aprovou determinado Promotor de Justiça no estágio probatório.

b) **Inamovibilidade**: o membro do Ministério Público não pode ser removido sem a sua aquiescência, **salvo** por motivo de **interesse público**, mediante decisão do órgão colegiado competente do Ministério Público, pelo voto da **maioria absoluta** de seus membros, assegurada ampla defesa.

c) **Irredutibilidade de subsídios**: o membro do Ministério Público não terá o seu subsídio diminuído. Todavia, isso não impede a corrosão inflacionária. Tampouco veda que sejam descontados valores para adequar o subsídio ao teto constitucional ou a título de tributação a todos prevista.

> **Observação:** O STF já decidiu que o deslocamento de membros das carreiras do Ministério Público da União para outro ofício, sem retorno à origem, mediante designações e redesignações bienais encerra aptidão

8. STF, Tribunal Pleno, ADI 3.238/PE, Rel. Min. Nunes Marques, j. 25.8.2023.

9. STF, Tribunal Pleno, ADI 6.780/RN, Rel. Min. Nunes Marques, j. 1º.9.2023.

> para movimentações casuísticas, em possível afronta à garantia da inamovibilidade.[10]

Dentro das garantias funcionais, podemos ainda inserir as **vedações constitucionais** previstas no artigo 128, §5º, inciso II, da CF/88, pois elas asseguram que aos próprios membros do Ministério Público uma atuação imparcial. De acordo com esse dispositivo, aplicam-se aos membros do Ministério Público as seguintes vedações:

a) receber, a qualquer título e sob qualquer pretexto, honorários, percentagens ou custas processuais;
b) exercer a advocacia;
c) participar de sociedade comercial, na forma da lei;
d) exercer, ainda que em disponibilidade, qualquer outra função pública, salvo uma de magistério;

> **Observação**: O Supremo Tribunal Federal julgou inconstitucional a previsão constante da Resolução n.º 72/11 do CNMP que permitia que membros do Ministério Público exercessem cargos fora do *Parquet*, por violação ao disposto no artigo 128, §5º, inciso II, alínea "d", da CF/88. No caso, a ex-Presidente Dilma Rousseff nomeou para Ministro de Justiça um Procurador de Justiça do MP/BA.

e) exercer atividade político-partidária;
f) receber, a qualquer título ou pretexto, auxílios ou contribuições de pessoas físicas, entidades públicas ou privadas, ressalvadas as exceções previstas em lei.

Além dessas vedações, o artigo 128, §6º, da CF/88 estendeu aos membros do Ministério Público a **quarentena de saída** prevista no artigo 95, parágrafo único, inciso V, da CF/88 para os magistrados. Desse modo, é vedado ao membro do Ministério Público exercer a advocacia no Juízo ou Tribunal ao qual oficiavam, antes de decorridos três anos do afastamento do cargo por aposentadoria ou exoneração.

O Supremo Tribunal Federal, tutelando as garantias constitucionalmente previstas em favor do Ministério Público, declarou inconstitucional dispositivo acrescido via emenda à Constituição do Estado de Rondônia que estabelecia competir exclusivamente ao Procurador-Geral de Justiça a promoção de inquérito civil público e ação civil pública contra atos praticados pelo Governador do Estado, pelos

10. STF, Tribunal Pleno, ADI 5.052/DF, Rel. Min. Gilmar Mendes, j. 20.5.2022.

Membros do Legislativo, Judiciário, Tribunal de Contas, Ministério Público e da Defensoria Pública. Afirmou-se, na ocasião, que a referida emenda era materialmente inconstitucional por ofensa à autonomia e à independência do Ministério Público, asseguradas pelo § 2º do art. 127 e pelo § 5º do art. 128 da Constituição da República.[11]

Além das garantias funcionais e das vedações expressamente previstas no texto constitucional, aplicam-se, por força do art. 129, §4º, da CF/88, aos membros do Ministério Público, **no que couber**, as regras previstas no art. 93 da CF/88, que cuida do estatuto dos magistrados.

Com base nessa previsão, foram editadas a LC n. 75/93 e a Lei n. 8.625/93 (LONMP), que traçam o **estatuto dos membros do Ministério Público**.

Sobre tal estatuto, o Supremo Tribunal Federal já se manifestou em algumas ocasiões.

Ao analisar a ADI 6.845, o STF afirmou que é inconstitucional a exigência de prévia comunicação ou autorização para que os membros do Ministério Público possam ausentar-se da comarca ou do Estado onde exercem suas atribuições. Asseverou-se que tal restrição ofende desproporcional e injustificadamente a liberdade de locomoção dos membros da carreira.[12]

Ainda, o STF já decidiu que a prerrogativa assegurada pela LC n. 75/93 e pela Lei n. 8.625/93 aos membros do Ministério Público de se **apresentar no mesmo plano e à direita dos magistrados** em audiências e sessões de julgamento é constitucional e **não afronta** a isonomia, o devido processo legal, a ampla defesa, o contraditório e a paridade de armas.[13]

Destaque-se que a jurisprudência o Supremo Tribunal Federal é firme em apontar a inconstitucionalidade de leis que vinculem os subsídios dos membros do Ministério Público, ou de função essencial à justiça, à remuneração da Magistratura, por violação ao art. 38, XIII, da CF/88. Isso não impede, contudo, que a lei estabeleça gratificação por exercício de função essencial à justiça em favor de membro do Ministério Público no mesmo percentual e pela mesma forma que a gratificação dada ao magistrado, uma vez que o percentual incide sobre o vencimento base de cada qual.[14]

O Supremo já declarou inconstitucional norma estadual que fixou o tempo de serviço público no ente federado ou o maior número de filhos como critério

11. STF, Tribunal Pleno, ADI 5.281/RO e ADI 5.324/RO, Rel. Min. Cármen Lúcia, j. 11.5.2021.

12. STF, Tribunal Pleno, ADI 6.845/AC, Rel. Min. Carmen Lúcia, j, 22.10.2021.

13. STF, Tribunal Pleno, ADI 4.768/DF, Rel. Min. Cármen Lúcia, j. 23.11.2022.

14. STF, Tribunal Pleno, ADI 570/PE, Rel. Min. Roberto Barroso, j. 13.3.2023.

de desempate na aferição da antiguidade para a promoção e a remoção de membros do Ministério Público local, pois houve afronta à competência do legislador complementar nacional (arts. 61, § 1º, II, "d"; 93; e 129, § 4º, CF/88), e violação ao princípio da isonomia (arts. 5º, "*caput*"; e 19, III, CF/88).[15]

O Supremo Tribunal Federal já declarou formalmente inconstitucional lei ordinário estadual, aprovada na vigência da atual ordem constitucional, que organiza e disciplina as atribuições e regulamentar o estatuto dos respectivos membros do Ministério Público. Isso porque tal matéria é de reserva de lei complementar, tal qual estabelece o art. 128, §5º, da CF.

Na mesma ocasião, o STF afirmou ser materialmente inconstitucional – por configurar condição incompatível com o disposto no art. 128, § 5º, II, "d", da CF/1988 c/c o art. 29, § 3º do ADCT – norma estadual que permite a integração de membro do Ministério Público em comissão de sindicância ou processo administrativo estranho ao órgão ministerial mediante autorização do Procurador-Geral de Justiça, ouvido o Conselho Superior do órgão ministerial.[16]

Acerca da remuneração dos membros do Ministério Público, o STF entende que a incorporação de vantagens pessoais decorrentes do exercício pretérito de função de direção, chefia ou assessoramento, bem como o acréscimo de 20% ao cálculo dos proventos de aposentaria para aqueles que se aposentam no último nível da carreira, afrontam o regime constitucional de subsídio (art. 39, §4º, da CF/88).[17]

D. Estrutura

O artigo 128 da CF/88 prevê que o **Ministério Público** abrange o **Ministério Público da União** e os **Ministérios Públicos dos Estados.**

O **Ministério Público da União**, que compreende: o Ministério Público Federal; o Ministério Público do Trabalho; o Ministério Público Militar; e o Ministério Público do Distrito Federal e Territórios.

Tem por chefe o **Procurador-Geral da República**, que é nomeado pelo Presidente da República dentre integrantes da carreira, maiores de trinta e cinco anos, após a aprovação de seu nome pela maioria absoluta dos membros do Senado Federal, para mandato de 2 (dois) anos, permitida a recondução.

15. STF, Tribunal Pleno, ADI 7.283/MG, Rel. Min. Cármen Lúcia, j. 3.5.2023.

16. STF, Tribunal Pleno, ADI 3.194/RS, Rel. Min. Nunes Marques, j. 10.11.2023.

17. STF, Tribunal Pleno, ADI 3.834/DF, Rel. Min. Luís Roberto Barroso, j. 20.11.2023.

O Procurador-Geral da República poderá ser destruído por iniciativa do Presidente da República, mas, para tanto, deverá ser autorizado previamente pela maioria absoluta do Senado Federal.

Os **Ministérios Públicos dos Estados** terão, cada qual, um **Procurador-Geral de Justiça**, chefe da instituição. Para a sua escolha, o Ministério Público do Estado ou do Distrito Federal e Territórios respectivo formará uma **lista tríplice** dentre os integrantes da carreira, na forma da lei respectiva. O **Governador do Estado,** então, nomeará um deles, para mandato de 2 (dois) anos, permitida uma recondução.

> **Observação**: O **Supremo Tribunal Federal** já julgou **inconstitucional** dispositivo de Constituição do Estado que permitia a recondução ao cargo de Procurador-Geral de Justiça sem limite de mandatos, por violação ao disposto no artigo 128, §3º, da CF/88.[18]

Os Procuradores-Gerais nos Estados e no Distrito Federal e Territórios poderão ser **destituídos** por deliberação da **maioria absoluta do Poder Legislativo**, na forma da lei complementar respectiva.

Como já estudamos, o princípio institucional da unidade somente se aplica a cada ramo do Ministério Público. **Não há qualquer relação de hierarquia ou subordinação** entre o Ministério Público da União e os Ministérios Públicos dos Estados.

Com base nisso, o Supremo Tribunal Federal reconhece aos **Ministérios Públicos dos Estados e do Distrito Federal a legitimidade** para propor e atuar em recursos e meios de impugnação de decisões judiciais em trâmite no **Supremo Tribunal Federal e no Superior Tribunal de Justiça**, oriundos de processos de sua atribuição. Nesses casos, o Ministério Público Federal atuará na condição de *custos legis*, emitindo parecer.[19]

Dentro dessa temática, o Supremo Tribunal Federal já pontuou que Lei Orgânica estadual do Ministério Público pode atribuir privativamente ao Procurador Geral de Justiça a competência para interpor recursos dirigidos ao STF e STJ, não havendo inconstitucionalidade formal nessa previsão.[20]

Por outro lado, o Supremo Tribunal Federal não vem reconhecendo legitimidade para que o **Ministério Público do Trabalho** atue diretamente no STF, pois o exercício das funções do Ministério Público da União, do qual o MPT é parte,

18. STF, Tribunal Pleno, ADI 3.077/SE, Rel. Min. Cármen Lúcia, j. 16.11.2016.
19. STF, Primeira Turma, AgR na ACO 2.351/RN, Rel. Min. Luiz Fux, j. 10.2.2015.
20. STF, Tribunal Pleno, ADI 5.505, Rel. Min. Luiz Fux, j.15.4.2020.

junto ao Supremo Tribunal Federal cabe privativamente ao Procurador-Geral da República. No entanto, por não configurar atuação direta, pode o membro do MPT interpor recurso extraordinário, a ser julgado pelo STF, contra uma decisão proferida pelo TST.[21]

E. Investidura

O ingresso na carreira do Ministério Público, de acordo com o artigo 129, §3º, da CF/88, far-se-á mediante concurso público de provas e títulos, assegurada a participação da OAB em sua realização, exigindo-se do bacharel em Direito, no mínimo, 3 (três) anos de atividade prática. As nomeações devem observar a ordem de classificação.

Nesse ponto, é importante ressaltar que o **Supremo Tribunal Federal** já decidiu que a referência a "três anos de atividade jurídica" **não se limita à atividade privativa de bacharel em Direito**, sendo perfeitamente possível que uma pessoa que desempenhou por mais de 3 (três) anos cargo de nível médio cumpra o requisito, desde que nele realizasse atividades de cunho jurídico.[22]

Em outro importante julgado, o Supremo Tribunal Federal afirmou que, a previsão contida na Resolução nº 40/2009, do CNMP, no sentido de que os cursos de pós-graduação (especialização, mestrado e doutorado) podem ser considerados como tempo de atividade jurídica para fins de concurso público no âmbito do Ministério Público é constitucional.[23]

F. Atribuições do Ministério Público

O artigo 129 da CF/88 prevê que são **funções institucionais** do Ministério Público:

a) promover, privativamente, a ação penal pública, na forma da lei;

b) zelar pelo efetivo respeito dos Poderes Públicos e dos serviços de relevância pública aos direitos assegurados nesta Constituição, promovendo as medidas necessárias à sua garantia;

c) promover o inquérito civil e a ação civil pública, para a proteção do patrimônio público e social, do meio ambiente e de outros interesses difusos e coletivos;

d) promover a ação de inconstitucionalidade ou representação para fins de intervenção da União e dos Estados, nos casos previstos nesta Constituição;

---

21. STF, Tribunal Pleno, RE 789.874/DF, Rel. Min. Teori Zavascki, j. 17.9.2014 (repercussão geral).

22. STF, Primeira Turma, MS 27.601/DF, Rel. Min. Marco Aurélio, j. 22.9.2005.

23. STF, Tribunal Pleno, ADI 4.219, Red. p/ acórdão Min. Edson Fachin, j. 5.8.2020.

e) defender judicialmente os direitos e interesses das populações indígenas;

f) expedir notificações nos procedimentos administrativos de sua competência, requisitando informações e documentos para instruí-los, na forma da lei complementar respectiva;

g) exercer o controle externo da atividade policial, na forma da lei complementar mencionada no artigo anterior;

h) requisitar diligências investigatórias e a instauração de inquérito policial, indicados os fundamentos jurídicos de suas manifestações processuais;

i) exercer outras funções que lhe forem conferidas, desde que compatíveis com sua finalidade, sendo-lhe vedada a representação judicial e a consultoria jurídica de entidades públicas.

Acerca das atribuições do Ministério Público, o Supremo Tribunal Federal já afirmou que a Constituição Estadual não pode determinar que membro do Ministério Público participe de banca de concurso público relacionado com cargos externos aos quadros da instituição, pois essa não é uma atribuição compatível com as finalidades constitucionais do Ministério Público.[24]

Pode ser que, no exercício de suas atribuições, haja uma controvérsia entre os órgãos do Ministério Público sobre ato que caiba a algum deles praticar. Quando isso acontecer, teremos um **conflito de atribuições.**

A **quem** compete dirimir **conflito de atribuição** entre membros do Ministério Público?

São quatro as situações possíveis:

a) Conflito entre **Promotores de Justiça de um mesmo Ministério Público Estadual**: o conflito será solucionado pelo **Procurador-Geral de Justiça** (artigo 10, X, da Lei n.º 8.625/93).

b) Conflito entre **Procuradores da República** (membros do Ministério Público Federal): o conflito será dirimido pela **Câmara de Coordenação e Revisão do MPF**, sendo cabível **recurso** para o **Procurador-Geral da República** (artigos 62, VII, e 49, VIII da LC n.º 75/93).

c) Conflito entre **membros de ramos distintos do Ministério Público da União**: o conflito será resolvido pelo **Procurador-Geral da República** (artigo 26, VII, da LC n.º 75/93).

d) Conflito entre **Promotores de Justiça pertencentes a Ministério Públicos Estaduais diversos** ou entre **Promotor de Justiça e Procurador da República**: o Supremo Tribunal Federal entendia que cabia a ele próprio solucionar esse conflito de atribuições, pois se trata de um conflito entre

---

24. STF, Tribunal Pleno, ADI 3.841, Rel. Gilmar Mendes, j. 16.6.2020.

órgãos de entes federados diversos. Em um segundo momento, o Supremo Tribunal reviu seu posicionamento, passando a entender que compete ao **Procurador-Geral da República**, na condição de órgão nacional do Ministério Público, solucionar esses conflitos de atribuição, sejam eles negativos ou positivos.[25] Mais recentemente, a Corte Suprema de nosso país alterou novamente seu entendimento, fixando que a competência para dirimir os conflitos de atribuições entre diversos ramos dos Ministérios Públicos é competência **do Conselho Nacional do Ministério Público (CNMP)**, na forma do artigo 130-A, § 2º, e incisos I e II, da Constituição Federal.[26]

G. Conselho Nacional do Ministério Público (CNMP)

G.1. Composição

A reforma constitucional produzida pela EC n.º 45/04 previu a criação do Conselho Nacional do Ministério Público (CNMP).

O artigo 130-A da CF/88 dispõe que o Conselho Nacional do Ministério Público é **composto** por **14 (quatorze) membros** nomeados pelo Presidente da República, depois de aprovada a escolha pela maioria absoluta do Senado Federal, para um mandato de dois anos, admitida uma recondução, sendo:

---

25. STF, Tribunal Pleno, AgR na Pet 5.586/RS, Red. p/ acórdão Min. Teori Zavascki, j. 15.12.2016.

26. "AÇÃO CÍVEL ORIGINÁRIA. CONSTITUCIONAL E ADMINISTRATIVO. COMPETÊNCIA DO CONSELHO NACIONAL DO MINISTÉRIO PÚBLICO PARA DIRIMIR CONFLITO DE ATRIBUIÇÃO ENTRE MINISTÉRIOS PÚBLICOS DIVERSOS. EXERCÍCIO DO CONTROLE DA LEGALIDADE DA ATUAÇÃO ADMINISTRATIVA. RESPEITO À INDEPENDÊNCIA FUNCIONAL. CF, ART. 130-A, § 2º, INCISOS I E II. INCOMPETÊNCIA DO SUPREMO TRIBUNAL FEDERAL. 1. Incompetência originária do SUPREMO TRIBUNAL FEDERAL para conhecer e dirimir conflito de atribuições entre membros de ramos diversos do Ministério Público. Inaplicabilidade do art. 102, I, f, da CF, por ausência de risco ao equilíbrio federativo. 2. Impossibilidade de encaminhamento do conflito de atribuição para o Procurador-Geral da República, enquanto autoridade competente, pois é parte interessada na solução da demanda administrativa, uma vez que acumula a Chefia do Ministério Público da União com a chefia de um de seus ramos, o Ministério Público Federal, nos termos da LC 75/1993. 3. Os membros do Ministério Público integram um só órgão sob a direção única de um só Procurador-Geral, ressalvando-se, porém, que só existem unidade e indivisibilidade dentro de cada Ministério Público, inexistindo qualquer relação de hierarquia entre o Ministério Público Federal e os dos Estados, entre o de um Estado e o de outro, ou entre os diversos ramos do Ministério Público da União. 4. EC 45/2004 e interpretação sistemática da Constituição Federal. A solução de conflitos de atribuições entre ramos diversos dos Ministérios Públicos pelo CNMP, nos termos do artigo 130-A, § 2º, e incisos I e II, da Constituição Federal e no exercício do controle da atuação administrativa do Parquet, é a mais adequada, pois reforça o mandamento constitucional que lhe atribuiu o controle da legalidade das ações administrativas dos membros e órgãos dos diversos ramos ministeriais, sem ingressar ou ferir a independência funcional. 5. Não conhecimento da Ação Cível Originária e encaminhamento dos autos ao Conselho Nacional do Ministério Público para, nos termos do artigo 130-A, incisos I e II, da Constituição Federal, dirimir o conflito de atribuições." Ver: STF, Tribunal Pleno, ACO 843/SP, Red. p/ acórdão Min. Alexandre de Moraes, j. 5.6.2020.

- o Procurador-Geral da República, que o preside;
- quatro membros do Ministério Público da União, assegurada a representação de cada uma de suas carreiras;
- três membros do Ministério Público dos Estados;
- dois Juízes, indicados um pelo Supremo Tribunal Federal e outro pelo Superior Tribunal de Justiça;
- dois advogados, indicados pelo Conselho Federal da OAB;
- dois cidadãos de notável saber jurídico e reputação ilibada, indicados um pela Câmara dos Deputados e outro pelo Senado Federal.

Os membros do CNMP oriundos do Ministério Público serão indicados pelos respectivos Ministérios Públicos, na forma da lei (artigo 130-A, §1º, da CF/88).

O **Presidente** do CNMP, vimos, é o Procurador-Geral da República.

O **Corregedor nacional**, por sua vez, será escolhido pelo CNMP, em votação secreta, dentre os membros do Ministério Público que o integram, sendo vedada a recondução.

O Presidente do Conselho Federal da Ordem dos Advogados do Brasil oficiará junto ao Conselho.

A União e os Estados-membros, por meio de lei, criarão **ouvidorias do Ministério Público**, competentes para receber reclamações e denúncias de qualquer interessado contra membros ou órgãos do Ministério Público, inclusive contra seus serviços auxiliares, representando diretamente ao Conselho Nacional do Ministério Público.

G.2. Atribuições do CNMP

O artigo 130-A, §2º, da CF/88 prevê a **competência** do CNMP. Segundo esse dispositivo, compete ao Conselho o controle da atuação administrativa e financeira do Ministério Público e do cumprimento dos deveres funcionais de seus membros, cabendo-lhe:

a) zelar pela autonomia funcional e administrativa do Ministério Público, podendo expedir atos regulamentares, no âmbito de sua competência, ou recomendar providências;

b) zelar pela observância dos princípios da administração pública e apreciar, de ofício ou mediante provocação, a legalidade dos atos administrativos praticados por membros ou órgãos do Ministério Público da União e dos Estados, podendo desconstituí-los, revê-los ou fixar prazo para que se adotem as providências necessárias ao exato cumprimento da lei, sem prejuízo da competência dos Tribunais de Contas;

c) receber e conhecer das reclamações contra membros ou órgãos do Ministério Público da União ou dos Estados, inclusive contra seus serviços auxiliares, sem prejuízo da competência disciplinar e correicional da instituição, podendo avocar processos disciplinares em curso, determinar a remoção ou a disponibilidade e aplicar outras sanções administrativas, assegurada ampla defesa;
d) rever, de ofício ou mediante provocação, os processos disciplinares de membros do Ministério Público da União ou dos Estados julgados há menos de um ano;
e) elaborar relatório anual, propondo as providências que julgar necessárias sobre a situação do Ministério Público no País e as atividades do Conselho, o qual deve integrar a mensagem prevista no art. 84, XI.

O artigo 130-A, §3º, da CF/88 prevê ainda as atribuições do Corregedor Nacional do CNMP. Esse dispositivo afirma que lhe compete, além das atribuições que lhe forem conferidas pela lei, as seguintes:

a) receber reclamações e denúncias, de qualquer interessado, relativas aos membros do Ministério Público e dos seus serviços auxiliares;
b) exercer funções executivas do Conselho, de inspeção e correição geral;
c) requisitar e designar membros do Ministério Público, delegando-lhes atribuições, e requisitar servidores de órgãos do Ministério Público.

O **Supremo Tribunal Federal** já foi chamado a se pronunciar sobre algumas atribuições do CNMP.

Segundo a Corte Suprema de nosso país, o CNMP, na qualidade de órgão de natureza estritamente administrativa, **não possui competência para realizar o controle de constitucionalidade de lei**. Desse modo, não é dado ao CNMP, durante o julgamento de um procedimento administrativo, declarar a inconstitucionalidade de uma lei estadual.[27]

Acerca das atribuições disciplinares do CNMP, o Supremo Tribunal Federal já teve a oportunidade de decidir que se o Conselho **avocar** um processo administrativo disciplinar que estava tramitando na Corregedoria local, ele poderá **aproveitar os atos instrutórios praticados**, ainda que o motivo da avocação seja a suspeita de parcialidade do Corregedor.[28]

Em outro julgamento, ficou consignado que é nula a decisão do CNMP que, em procedimento de controle administrativo, notifica o interessado por meio de edital

---

27. STF, Primeira Turma, MS 27.744/DF, Rel. Min. Luiz Fux, j. 14.4.2015.

28. STF, Segunda Turma, AgR no MS 34.666/DF, Rel. Min. Dias Toffoli, j. 29.8.2017.

publicado no Diário Oficial da União para restituir valores aos cofres públicos. A **intimação**, nesses casos, deve ser **pessoal.**[29]

Por fim, o Supremo já decidiu que a competência revisora do CNMP limita-se aos processos disciplinares contra os membros do Ministério Público, **não sendo cabível a revisão de processo disciplinar contra servidor.**[30]

Observação: A quem compete julgar as ações ajuizadas em face de atos praticados pelo Conselho Nacional do Ministério Público?

Aplica-se, aqui, a mesma discussão e evolução jurisprudencial que vimos em relação à competência para julgar as ações ajuizadas em face de atos praticados pelo CNJ. Por isso, remetemos o leitor à observação feita naquele tópico.

3. ADVOCACIA PÚBLICA

A. Introdução

A advocacia pública foi tratada de forma tímida na Constituição Federal de 1988, tendo ficado a cargo das respectivas leis orgânicas de cada carreira grande parte de seu regramento.

O artigo 131 da CF/88 tratou da advocacia pública no âmbito federal, ao passo que o coube ao artigo 132 da CF/88 delinear alguns regramentos à advocacia pública no âmbito dos Estados e do Distrito Federal.

A Constituição de 1988 não fez nenhuma menção às Procuradorias dos Municípios, o que não impede que elas sejam previstas nas constituições estaduais ou nas leis orgânicas dos Municípios. Sobre o tema, o Supremo Tribunal Federal já decidiu que, em razão da ausência de previsão na Constituição de 1988, **não é obrigatório aos Municípios instituírem órgãos de advocacia pública.**[31]

Observação 1: O Supremo Tribunal Federal entende que, salvo demonstração de culpa ou erro grosseiro, submetida às instâncias administrativo-disciplinares ou jurisdicionais próprias, não cabe a responsabilização do advogado público pelo conteúdo de seu parecer de natureza meramente opinativa.[32]

29. STF, Segunda Turma, MS 26.419/DF, Rel. Min. Teori Zavascki, j. 27.10.2015.

30. STF, Primeira Turma, MS 28.827/SP, Rel. Min. Cármen Lúcia, j. 28.8.2012.

31. STF, Segunda Turma, AgR no RE 893.694/SE, Rel. Min. Celso de Mello, j. 21.10.2016.

32. STF, Primeira Turma, AgR no 27.867/DF, Rel. Min. Dias Toffoli, j. 18.9.2012.

Observação 2: O Plenário do Supremo Tribunal Federal já decidiu que os Procuradores do Município, devem se submeter, no que concerne ao teto remuneratório, ao subsídio dos desembargadores dos Tribunais de Justiça estaduais, como impõe a parte final do art. 37, inciso XI, da Constituição da República.[33]

Observação 3: O Supremo Tribunal Federal entende que é constitucional o pagamento de honorários sucumbenciais aos advogados públicos, observando-se, porém, o limite remuneratório previsto no art. 37, XI, da Constituição.[34]

B. Advocacia-Geral da União (AGU)

A Advocacia-Geral da União é a instituição que, diretamente ou através de órgão vinculado, **representa a União, judicial e extrajudicialmente**, cabendo-lhe, nos termos da lei complementar que dispuser sobre sua organização e funcionamento, as atividades de consultoria e assessoramento jurídico do Poder Executivo (artigo 131, *caput*, da CF/88).

O Chefe da AGU é o Advogado-Geral da União, cargo de livre nomeação pelo Presidente da República dentre os cidadãos maiores de 35 (trinta e cinco) anos, de notável saber jurídico e reputação ilibada (artigo 131, §1º, da CF/88).

O artigo 131, §3º, da CF/88 previu expressamente que, na execução da dívida ativa de natureza tributária, a representação da União cabe à **Procuradoria-Geral da Fazenda Nacional**, observado o disposto em lei.

O ingresso nas classes iniciais das carreiras da AGU far-se-á mediante concurso público de provas e títulos.

Acerca do regime jurídico a que se submetem os membros da AGU, o Supremo Tribunal Federal fixou a seguinte tese: "Os Advogados da União não possuem direito a férias de 60 (sessenta) dias, nos termos da legislação constitucional e infraconstitucional vigentes". Logo, os advogados da União têm direito a gozar de 30 (trinta) dias de férias anuais.[35]

Ainda, já decidiu o Supremo que, dada a natureza do cargo exercida pelos procuradores federais, a previsão legislativa que determina a necessidade de

33. STF, Tribunal Pleno, RE 663.696/MG, Rel. Min. Luiz Fux, j. 28.2.2019.
34. STF, Tribunal Pleno, ADI 6.159 e ADI 6.162, Rel. Min. Roberto Barroso, j. 25.8.2020.
35. STF, Tribunal Pleno, RE 929.886, Rel. Min. Dias Toffoli, j. 2.9.2022.

ordem ou autorização expressa do Advogado-Geral da União para manifestação do advogado público sobre assunto pertinente às suas funções é constitucional. Ficam, contudo, ressalvadas a liberdade de cátedra e a comunicação às autoridades competentes acerca de ilegalidades constatadas.[36]

C. Procuradorias estaduais e do Distrito Federal

A **Procuradoria-Geral do Estado** é o órgão constitucional e permanente ao qual se confiou o exercício da advocacia (**representação judicial** e **consultoria jurídica**) do Estado-membro.

Ela integra o Poder Executivo, **não gozando de autonomia funcional, administrativa ou financeira.** Nesse sentido, o Supremo Tribunal Federal já decidiu que a norma estadual que confira autonomia à Procuradoria do Estado, é inconstitucional. A administração direta é una e não comporta a criação de distinções entre órgãos em hipóteses não contempladas explícita ou implicitamente pela Constituição Federal.[37]

O artigo 132, *caput,* da Constituição Federal afirma que os Procuradores dos Estados e do Distrito Federal, organizados em carreira, na qual o ingresso dependerá de concurso público de provas e títulos, com a participação da Ordem dos Advogados do Brasil em todas as suas fases, exercerão a representação judicial e a consultoria jurídica das respectivas unidades federadas.

Note-se que a representação judicial e a consultoria jurídica são encargos conferidos **em caráter de exclusividade** aos Procuradores do Estado pela própria Constituição da República.

Por essa razão, é **inconstitucional** todo e qualquer diploma normativo editado pelo Estado-membro, ainda que se trate de emenda à Constituição estadual, que outorgue a exercente de **cargo em comissão ou de função de confiança, estranho aos quadros da Advocacia de Estado**, o exercício, no âmbito do Poder Executivo local, de atribuições inerentes à representação judicial e ao desempenho da atividade de consultoria e de assessoramento jurídicos.[38]

O princípio da unicidade tampouco permite a criação de órgão de assessoria jurídica na Administração direta e indireta diverso da Procuradoria do Estado

36. STF, Tribunal Pleno, ADI 4.652/DF, Rel. Min. Roberto Barroso, j. 13.6.2023.

37. STF, Tribunal Pleno, ADI 5.029, Rel. Luiz Fux, j. 15.4.2020.

38. STF, Tribunal Pleno, Referendo nos Emb. Decl. na MC na ADI 4.843/PB, Rel. Min. Celso de Mello, j. 11.12.2014.

para exercer parte das atividades que são privativas dos procuradores, ainda que haja previsão de vinculação à Procuradoria-Geral do Estado.[39]

Da mesma forma, é inconstitucional dispositivo de Constituição Estadual que preveja que a Procuradoria Geral do Estado ficará responsável pelas atividades de representação judicial e de consultoria jurídica apenas "do Poder Executivo", já que **as atribuições da PGE não ficam restritas ao Poder Executivo, abrangendo também os demais Poderes.**[40]

É inconstitucional, ainda, norma da Constituição Estadual que cria o cargo de procurador autárquico em estrutura paralela à Procuradoria do Estado ou que transforma os cargos de gestores jurídicos, advogados e procuradores jurídicos em cargos de procuradores autárquicos.[41] Também é inconstitucional a lei estadual que, ainda que não crie procuradoria autárquica paralela, atribua a servidor público da autarquia a função de representação jurídica da autarquia. De outra banda, é válido que esses servidores façam a atuação jurídica no âmbito interno da autarquia, sobretudo em atividades de *compliance*.[42]

Pela mesma razão, é inconstitucional dispositivo de Constituição Estadual que preveja que "a representação judicial e extrajudicial dos órgãos da administração indireta é de competência dos profissionais do corpo jurídico que compõem seus respectivos quadros e integram advocacia pública cujas atividades são disciplinadas em leis específicas." O art. 132 da CF/88 atribuiu aos Procuradores dos Estados e do DF exclusividade no exercício da atividade jurídica contenciosa e consultiva não apenas dos órgãos, mas **também das entidades que compõem a administração pública indireta.**[43]

A atuação da Procuradoria-Geral do Estado, contudo, está limitada à **Administração Pública direta, autárquica e fundacional**. Assim, as empresas públicas e as sociedades de economia mista não são representadas pela Advocacia Pública estadual, sendo, inclusive, inconstitucional lei estadual que lhe atribua tal função.[44]

Há, contudo, algumas **exceções** ao princípio da unicidade da representação judicial no âmbito estadual.

---

39. STF, Tribunal Pleno, ADI 6.500/RN, Rel. Min. Edson Fachin, j. 13.3.2023.
40. STF, Tribunal Pleno, ADI 5.262 MC/RR, Rel. Min. Cármen Lúcia, j. 28.3.2019.
41. STF, Tribunal Pleno, ADI 5.215/GO, Rel. Min. Roberto Barroso, j. 28.3.2019; e STF, Tribunal Pleno, ADI 4.449/AL, Rel. Min. Marco Aurélio, j. 28.3.2019.
42. STF, Tribunal Pleno, ADI 5.109/ES, Rel. Min. Luiz Fux, j. 13.12.2018; e STF, Tribunal Pleno, ADI 5.109 ED-ED/ES, Rel. Min. Luiz Fux, j. 4.6.2020.
43. STF, Tribunal Pleno, ADI 5.262 MC/RR, Rel. Min. Cármen Lúcia, j. 28.3.2019; STF, Tribunal Pleno, ADI 7.380/AM, Rel. Min. Roberto Barroso, j. 22.8.2023.
44. STF, Tribunal Pleno, ADI 3.536/SC, Rel. Min. Alexandre de Moraes, j. 2.10.2019.

O **Poder Legislativo** e o **Poder Judiciário** do Estado-membro poderão, no exercício de sua auto-organização, criar órgãos, funções ou carreiras especiais para consultoria e assessoramento jurídico. Todavia, esses órgãos somente poderão representá-los judicialmente de maneira extraordinária, apenas quando o respectivo Poder precise **defender em juízo, em nome próprio, sua autonomia, prerrogativas e independência em face dos demais Poderes.**[45]

> **Observação**: Sobre as Procuradorias das Assembleias Legislativas, o Supremo Tribunal Federal já decidiu que:
>
> - É vedado à legislação estadual equiparar a remuneração dos procuradores da Assembleia Legislativa aos membros da Procuradoria-Geral do Estado.
> - Somente poderá representar judicialmente o Poder Legislativo estadual nos feitos em que esse Poder, em nome próprio, esgrima na defesa de sua autonomia e independência em face do Executivo e do Judiciário.
> - Norma constitucional estadual de iniciativa parlamentar poderá determinar que a nomeação do Procurador-Geral da Assembleia Legislativa se dê dentre os integrantes ativos de sua carreira.
> - É inconstitucional norma da Constituição Estadual que assegure foro por prerrogativa de função para os membros integrantes da Procuradoria-Geral da Assembleia Legislativa.[46]

Também as **universidades estaduais** podem criar e organizar **procuradorias jurídicas**, em razão de sua autonomia didático-científica, administrativa, financeira e patrimonial (artigo 207, *caput*, CF/88).[47] Pelos mesmos motivos, é **constitucional** lei estadual que preveja o cargo em comissão de **Procurador-Geral da universidade estadual.**[48]

Embora o ingresso na carreira de Procurador do Estado seja feito por meio de concurso público, o cargo de **Procurador-Geral do Estado** é de **livre nomeação e exoneração** pelo Governador do Estado, que pode escolher o PGE entre membros da carreira ou não.[49] Todavia, a Constituição Estadual poderá estabelecer que a escolha necessariamente deverá recair sobre integrante da respectiva carreira.[50]

---

45. STF. Tribunal Pleno, ADI 6.433, Rel. Min. Gilmar Mendes, j. 3.4.2023.
46. STF, Tribunal Pleno, ADI 2.820/ES, Rel. Min. Nunes Marques, j. 5.6.2023.
47. STF, Tribunal Pleno, ADI 5.215/GO, Rel. Min. Roberto Barroso, j. 28.3.2019.
48. STF, Tribunal Pleno, ADI 5.262 MC/RR, Rel. Min. Cármen Lúcia, j. 28.3.2019.
49. STF, Tribunal Pleno, ADI 291/MT, Rel. Min. Joaquim Barbosa, j. 7.4.2010.
50. STF, Tribunal Pleno, ADI 3.056/RN, Red. p/ acórdão Min. Roberto Barroso, j. 22.9.2023.

O artigo 132, parágrafo único, da CF/88 assegura aos Procuradores do Estado e do Distrito Federal **estabilidade** depois de três anos de efetivo exercício, mediante avaliação de desempenho perante os órgãos próprios, após relatório circunstanciado das corregedorias.

Não lhes é garantido, no entanto, **independência funcional** e **inamovibilidade**, nos moldes da Magistratura, do Ministério Público ou da Defensoria Pública (CF/88, art. 95, II; art. 128, § 5º, I, b; e art. 134, § 1º). Isso porque as atribuições dos procuradores de estado – sujeitos que estão à hierarquia administrativa – não guardam pertinência com as funções conferidas aos membros daquelas outras instituições. Ademais, a **parcialidade** é inerente às funções de Advogado Público, que deve atuar com relativa afinidade de ideias, dentro da instituição e em relação à Chefia do Poder Executivo.[51]

O Supremo Tribunal Federal já afirmou que são **inconstitucionais** normas que outorguem aos Procuradores do Estado: i) vitaliciedade; ii) prisão domiciliar ou em sala de Estado-Maior; iii) imunidades à prisão; iv) foro por prerrogativa de função no Tribunal de Justiça; v) prerrogativa de escolha do dia, hora e local para que o procurador seja ouvido como testemunha ou ofendido em processo judicial; e vi) porte de arma independentemente de licença ou registro.[52]

Em relação ao foro por prerrogativa de função no Tribunal de Justiça, há que se destacar que o Supremo Tribunal Federal admite que a **Constituição do Estado** preveja que o **Procurador-Geral da República** seja processado e julgado pelo Tribunal de Justiça. Tal previsão, no entanto, **não poderá ser genérica**, delegando à legislação infraconstitucional a escolha de quais autoridades fazem jus ao foro especial.[53]

Acerca da **remuneração** dos procuradores estaduais, o STF possui firme entendimento de que lei estadual **poderá prever o pagamento de honorários sucumbenciais aos advogados públicos**, não havendo incompatibilidade com o regime de subsídios, nos termos do art. 39, § 4º, da Constituição. Contudo, os honorários sucumbenciais devem ser somados às demais verbas remuneratórias, estando a remuneração global **limitada ao teto constitucional** disposto no art. 37, XI, da Constituição.[54]

51. STF, Tribunal Pleno, ADI 1.246/PR, Rel. Min. Roberto Barroso, j. 11.4.2019; e STF, Tribunal Pleno, ADI 5.029, Rel. Luiz Fux, j. 15.4.2020.

52. STF, Tribunal Pleno, ADI 2.729/RN, Red. p/ acórdão Min. Gilmar Mendes, j. 19.6.2013.

53. STF, Tribunal Pleno, ADI 103.803/RR, Rel. Min. Teori Zavascki, j. 1º.7.2014.

54. STF, Tribunal Pleno, ADIs 6.165, 6.178, 6.181, 6.197, Rel. Min. Alexandre de Moraes, e ADI 6.053, Red. p/ acórdão Min. Alexandre de Moraes, j. 12.6.2020 a 19.6.2020.

A norma estadual poderá, ainda, destinar aos procuradores estaduais os honorários advocatícios incidentes na hipótese de quitação da dívida ativa em decorrência da **utilização de meio alternativo de cobrança administrativa ou de protesto do título**, desde que observado o teto remuneratório.[55]

Também foi considerada constitucional norma estadual que concede auxílio destinado ao aperfeiçoamento profissional de membros de procuradoria estadual, quando caracterizada a natureza indenizatória da verba.[56]

4. ADVOCACIA PRIVADA

A Constituição Federal reservou à advocacia o artigo 133, que prevê: "*O advogado é indispensável à administração da Justiça, sendo inviolável por seus atos e manifestações no exercício da profissão, nos limites da lei*".

Temos, portanto, dois princípios aplicáveis à advocacia.

O primeiro é o **princípio da indispensabilidade**, de modo que somente os advogados, públicos ou privados, poderão postular em juízo.

Esse princípio, contudo, não é absoluto. São **exceções** a ele:

a) as causas cíveis de competência dos **Juizados Especiais Federais** (artigo 10 da Lei n.º 10.259/01) e de competência dos **Juizados Especiais Cíveis** (artigo 9º, da Lei n.º 9.099/95), neste último desde que o valor da causa não ultrapasse **20 (vinte) salários mínimos**;

b) a impetração de ***habeas corpus*** (artigo 654 do CPP);

c) as causas ajuizadas perante a **Justiça do Trabalho**, à **exceção** dos recursos interpostos perante o **Tribunal Superior do Trabalho**, hipótese em que será necessária a postulação por meio de advogado;

d) o pedido de concessão de **medidas protetivas de urgência** pela mulher que se alega vítima de violência doméstica e familiar pode ser formulado diretamente pela suposta ofendida (artigo 19, *caput*, e § 1 º, e artigo 27, ambos da Lei 11.340/2006).

O segundo é o **princípio da inviolabilidade**, sendo o advogado inviolável por seus atos e manifestações no exercício da profissão. Estão excluídas da inviolabilidade as manifestações acerca de questões pessoais. Ademais, a própria lei poderá limitar a inviolabilidade.

---

55. STF, Tribunal Pleno, ADI 5.910/RO, Rel. Min. Dias Toffoli, j. 27.5.2022.

56. STF, Tribunal Pleno, ADI 7.271/AP, Red. p/ acórdão Min. Roberto Barroso, j. 1º.9.2023.

5. DEFENSORIA PÚBLICA

A. Posição e papel da Defensoria Pública

A Defensoria Pública é a **instituição permanente**, essencial à função jurisdicional do Estado, incumbindo-lhe, como expressão e instrumento do regime democrático, fundamentalmente, a orientação jurídica, a promoção dos direitos humanos e a defesa, em todos os graus, judicial e extrajudicial, dos direitos individuais e coletivos, de forma integral e gratuita, aos **necessitados**, na forma do inciso LXXIV do art. 5º desta Constituição Federal (artigo 134, *caput*, da CF/88).

Ao tratar a Defensoria Pública em tópico apartado, a Constituição Federal atribuiu-lhe **autonomia**. Desse modo, assim como ocorre com o Ministério Público, a Defensoria Pública não está subordinada a nenhum outro órgão estatal (Executivo, Legislativo ou Judiciário), embora exerça evidente função executiva.[57]

A função primordial da Defensoria Pública é **universalizar** e **democratizar o acesso à Justiça**, garantindo aos necessitados **assistência jurídica integral**. Cuida-se, a toda evidência, da materialização daquilo que Mauro Cappelletti e Bryant Garth chamaram de "primeira onda renovatória".[58]

A assistência jurídica integral prestada pela Defensoria Pública engloba, não só a **assistência judiciária** na defesa dos direitos individuais e coletivos em todos os graus de jurisdição, mas também a **orientação jurídica** e a **assistência no âmbito extrajudicial**.

> **Observação**: O **Supremo Tribunal Federal** já decidiu que é inconstitucional a previsão constante em Constituição do Estado que atribua à Defensoria Pública do Estado a defesa judicial de servidores públicos estaduais processados civis ou criminalmente no exercício regular de suas funções, pois a Constituição Federal restringe a atuação da Defensoria Pública à assistência jurídica aos necessitados.[59]

O Supremo Tribunal Federal, ao analisar a constitucionalidade do artigo 3º, §1º, da Lei n. 8.906/94, afirmou que constitui função constitucional da Defensoria Pública, instituição autônoma e com regime próprio, atender aos necessitados, assim consideradas as pessoas, físicas e **jurídicas**, que comprovem insuficiência de recursos, na forma da lei, cabendo à lei complementar de regência dispor sobre os

57. STF, Tribunal Pleno, ADI 3.569/PE, Rel. Min. Sepúlveda Pertence, j. 2.4.2007.

58. Sobre o tema, ver CAPPELLETTI, Mauro. Acesso à justiça. Trad. Ellen Gracie Northfleet. Porto Alegre: Fabris, 1988.

59. STF, Tribunal Pleno, ADI 4022/RS, Rel. Min. Joaquim Barbosa, j. 2.8.2004.

requisitos para o exercício do cargo de defensor público, o que torna constitucional a previsão de que sua capacidade postulatória decorre da nomeação e posse no cargo. Desse modo, preenchidos os requisitos, é perfeitamente **possível** que a Defensoria Pública **patrocine causas de pessoas jurídicas.**[60]

B. Organização e estrutura

O artigo 134, §1º, da CF/88 prevê que lei complementar organizará a **Defensoria Pública da União e do Distrito Federal e dos Territórios** e prescreverá **normas gerais para sua organização nos Estados**, em cargos de carreira, providos, na classe inicial, mediante concurso público de provas e títulos.

Atendendo ao mandamento constitucional, foi editada a LC n.º 80/94, que organiza a Defensoria Pública da União e dos Territórios e prescreve normas gerais para a sua organização nos Estados e no Distrito Federal.

O Supremo Tribunal Federal já decidiu ser inconstitucional – por conflitar com o modelo estabelecido pela União no exercício de sua competência para legislar sobre normas gerais referentes à assistência jurídica e à Defensoria Pública (CF/1988, art. 24, XIII) – norma estadual que contrarie o regramento sobre noemação e exoneração do chefe de Defensoria Pública estadual e seu substituto. No caso concreto, a lei estadual previa que cabia livremente ao governador nomear e exonerar os ocupantes dos cargos de Defensor Público-Geral e do Subdefensor Público-Geral locais, devendo escolhê-los dentre advogados com reconhecido saber jurídico e idoneidade; ao passo que o art. 99 da LC n. 80/94 estabelece que o Defensor Público-Geral será nomeado dentre os membros da carreira.[61]

A EC n.º 80/14 acrescentou o artigo 98 ao ADCT. Esse dispositivo prevê que o número de defensores públicos na unidade jurisdicional será **proporcional** à efetiva **demanda** pelo serviço da Defensoria Pública e à **respectiva população.**

O §1º do referido artigo previu, ainda, o **prazo de 8 (oito) anos** para que a União, os Estados e o Distrito Federal contem com defensores públicos em todas as suas unidades jurisdicionais. Até que esse prazo se ultime, a lotação dos defensores públicos ocorrerá, prioritariamente, atendendo as regiões com maiores índices de exclusão social e adensamento populacional.

> **Observação:** O Supremo Tribunal Federal já decidiu que é **constitucional** lei municipal que **institui o serviço de assistência judiciária** nos limites de seu território. Na ocasião, pontou-se que não houve usurpação da função conferida pela CF/88 à Defensoria Pública, mas, ao contrário, que foi

60. STF, Tribunal Pleno, ADI 4.636/DF, Rel. Min. Gilmar Mendes, j. 3.11.2021.

61. STF, Tribunal Pleno, ADI 4.982/RN, Rel. Min. Nunes Marques, j.10.11.2023.

dada maior efetividade ao dever constitucional do ente de prestar assistência aos necessitados por meio de mais um espaço para garantia de acesso ao direito e à jurisdição. Asseverou-se, contudo, que tal previsão não afasta o dever da União, dos Estados membros e do Distrito Federal de garantir a eficiência do trabalho da Defensoria Pública.[62]

C. Garantias funcionais

O artigo 134, §1º, *in fine*, da CF/88 previu a garantia da **inamovibilidade** aos Defensores Públicos e **vedou-lhes o exercício da advocacia** fora das atribuições institucionais.

Essas garantias, contudo, foram ampliadas pela LC n.º 80/94, que previu as garantias de **independência funcional no desempenho das atribuições**, a **inamovibilidade**, a **irredutibilidade de vencimentos** e a **estabilidade** (artigo 43).

O Supremo Tribunal Federal, reafirmando que os membros da Defensoria Pública se submetem a regime jurídico próprio, fixou a tese de que é **inconstitucional** a exigência de **inscrição do Defensor Público nos quadros da Ordem dos Advogados do Brasil.**[63]

Na oportunidade, o STF consignou que é possível exigir do candidato comprove estar inscrito na OAB, o que, contudo, não conduz à conclusão de que os defensores públicos tenham que estar inscritos para possuir capacidade postulatória. Ao contrário, o artigo 4º, § 6º, da Lei Complementar 80/1994, na redação dada pela Lei Complementar 132/2009, dispõe que a capacidade postulatória do defensor decorre exclusivamente de sua nomeação e posse no cargo público, para se dedicar unicamente à nobre missão institucional de proporcionar o acesso dos assistidos à ordem jurídica justa.

O Supremo Tribunal Federal já decidiu que o **poder** atribuído às Defensoria Públicas de **requisitar** de qualquer autoridade pública e de seus agentes, certidões, exames, perícias, vistorias, diligências, processos, documentos, **informações**, esclarecimentos e demais providências necessárias ao exercício de suas atribuições, previsto na LC 80/94, é **constitucional**. Isso porque tal previsão não passa de garantia que propicia condições materiais para cumprimento das suas funções institucionais.[64]

62. STF, Tribunal Pleno, ADPF 279/SP, Rel. Min. Cármen Lúcia, j. 3.11.2021.
63. STF, Tribunal Pleno, RE 1.240.999/SP, Rel. Min. Alexandre de Moraes, j. 3.11.2021 (Tema 1.074).
64. STF, Tribunal Pleno, ADI 6.852/DF e ADI 6.862/PR, Rel. Min. Edson Fachin, j. 18.2.2022.

De outro lado, é **inconstitucional** lei estadual que confira aos defensores públicos o **poder de requisitar a instauração de inquérito policial**. Nos termos dos fundamentos apresentados pelo STF, a previsão de requisição de instauração de inquérito policial é tema de direito processual, matéria de competência privativa da União (art. 22, I, CF), não sendo dado à legislação estadual imiscuir-se no tema, que já foi disciplinado pelo art. 5º do CPP. Além disso, a requisição de insaturação de inquérito policial não possui adequação com as atribuições constitucionais da Defensoria Pública.[65]

D. Autonomia das Defensorias Públicas

A **EC n.º 45/04** acrescentou o §2º ao artigo 134 da CF/88. Esse dispositivo confere às Defensorias Públicas Estaduais **autonomia funcional** e **administrativa** e a **iniciativa** de sua proposta orçamentária dentro dos limites estabelecidos pela LDO.

Posteriormente, as Emendas Constitucionais n.º 69 de 2012 e n.º 74 de 2013 conferiram, respectivamente, autonomia à Defensoria Pública do Distrito Federal e à Defensoria Pública da União.

Acerca da autonomia administrativa das Defensorias Públicas, o Supremo Tribunal Federal fixou a seguinte tese: "Ofende a autonomia administrativa das Defensorias Públicas decisão judicial que determine a lotação de defensor público em localidade desamparada, em desacordo com os critérios previamente definidos pela própria instituição, desde que observados os critérios do art. 98, caput e § 2º, do Ato das Disposições Constitucionais Transitórias – ADCT."[66]

Em outras palavras, cabe à própria Defensoria Pública, instituição com autonomia assegurada pela própria Constituição, a decisão sobre a lotação dos defensores públicos na prestação de assistência jurídica integral e gratuita às pessoas necessitadas. É certo, contudo, que tal decisão deverá, necessariamente, observar critérios previamente definidos pela própria instituição, em atenção à efetiva demanda, cobertura populacional e hipossuficiência dos assistidos.

Já em relação à autonomia funcional e financeira da Defensoria Pública, o Supremo Tribunal Federal decidiu que é dever constitucional do Poder Executivo o **repasse**, sob a forma de **duodécimos** e até o dia 20 de cada mês (art. 168 da CRFB/88), da integralidade dos recursos orçamentários destinados a outros

---

65. STF, Tribunal Pleno, ADI 4.346/MG, Red. p/ acórdão Min. Alexandre de Moraes, j. 13.3.2023.

66. STF, Tribunal Pleno, RE 887.671/CE, Red. p/ acórdão Min. Ricardo Lewandowski, j. 8.3.2023.

Poderes e órgãos constitucionalmente autônomos, como o Ministério Público e a Defensoria Pública, conforme previsão da respectiva Lei Orçamentária Anual.[67]

Posteriormente, o Supremo Tribunal Federal decidiu inclusive que a obrigatoriedade dos repasses, sob a forma de duodécimos, até o dia 20 de cada mês, deve abranger a integralidade dos recursos orçamentários destinados à Defensoria Pública estadual pela Lei de Diretrizes Orçamentárias (LDO) para o exercício financeiro, o que inclui tanto as parcelas já vencidas, quanto eventuais créditos adicionais destinados à instituição.[68]

Também com fundamento da autonomia funcional e financeira das Defensorias, o STF entendeu que **é devido o pagamento de honorários sucumbenciais** à Defensoria Pública, quando representa parte vencedora em demanda ajuizada contra **qualquer ente público**, inclusive aquele que integra. Entretanto, os valores recebidos a título de honorários sucumbenciais devem ser **destinados, exclusivamente, ao aparelhamento das Defensorias Públicas**, vedado o seu rateio entre os membros da instituição.[69]

E. Princípios institucionais

O artigo 134, §4º, da CF/88, introduzido pela EC n. 80/14, prevê que são princípios institucionais da Defensoria Pública:

a) **Unidade**: a Defensoria Pública deve ser compreendida como um todo, submetida à Chefia do Defensor Público-Geral. Tal princípio institucional se verifica no âmbito de cada ramo da Defensoria Pública.
b) **Indivisibilidade**: admite-se que os membros integrantes de uma mesma Defensoria Pública possam ser substituídos uns pelos outros, desde que observadas normas gerais e abstratas. Na verdade, quem pratica os atos é a instituição Defensoria Pública, e não o Defensor Público isoladamente considerado.
c) **Independência funcional**: cada Defensor Pública está, em sua atividade funcional, vinculado apenas à sua **consciência jurídica**.

O referido dispositivo constitucional consigna, ainda, que se aplica à Defensoria o disposto no artigo 93 e no artigo 96, inciso II, da CF/88, **no que couber**. Aquele artigo trata do Estatuto da Magistratura, ao passo que este traz a competência privativa conferida aos Tribunais de proporem projeto de leis organizativas.

67. STF, Tribunal Pleno, ADPF 339/PI, Rel. Min. Luiz Fux, j. 18.5.2016.
68. STF, Tribunal Pleno, ADPF 384 Ref-MC/MG, Rel. Min. Edson Fachin, j. 6.8.2020.
69. STF, Tribunal Pleno, RE 1.140.005/RJ, Rel. Min. Roberto Barroso, j. 26.6.2023 (RG - Tema 1002).

O **Supremo Tribunal Federal**, em razão da inobservância à competência conferida ao legislador complementar nacional para disciplinar as normas gerais acerca do estatuto dos defensores públicos e da violação à isonomia, declarou **inconstitucional** norma estadual que fixa o tempo de serviço público no ente federado ou o tempo de serviço público em geral como critério de desempate na aferição da antiguidade para a promoção e a remoção dos defensores públicos locais.[70]

70. STF, Tribunal Pleno, ADI 7.317/RS, Rel. Min. Cármen Lúcia, j. 3.5.2023.

PARTE V:
DEFESA DO ESTADO E DAS INSTITUIÇÕES DEMOCRÁTICAS

CAPÍTULO 15

SISTEMA CONSTITUCIONAL DAS CRISES

1. INTRODUÇÃO

Algumas **situações especialmente graves** – como, por exemplo, guerras e calamidades públicas – podem vir a afetar drasticamente o funcionamento do Estado e a sua ordem constitucional.

Nesses casos, dada a urgência que a realidade fática impõe, abre-se uma oportunidade para que autoridades, mal-intencionadas ou não, utilizem-se arbitrariamente do poder, suspendendo episodicamente ou abandonando definitivamente normas constitucionais de alta relevância.

Antevendo esse cenário, a própria Constituição prevê, em seu texto, regras especiais a serem aplicadas nessas situações excepcionais. Cuidam-se de mecanismos de **autopreservação**: quando a própria Constituição traz o regime jurídico diferenciado aplicável às conjunturas de crise, impede que, na ânsia para solucioná-la, rompa-se por completo com a ordem constitucional preestabelecida.

Aricê Moacyr Amaral Santos elenca **dois princípios** que informam o sistema constitucional das crises: o princípio fundante da necessidade e o princípio da temporariedade.[1]

À luz do **princípio fundante da necessidade**, o estado de exceção somente pode ser decretado caso haja necessidade, ou seja, se servir à mantença e preservação da ordem constitucional e das suas instituições. Do contrário, tratar-se-á de simples arbítrio, configurando em golpe de estado.

O **princípio da temporariedade**, por seu turno, impõe que o regime extraordinário para conter a situação de crise dure estritamente o tempo necessário para a superação da situação fática que deu ensejo à decretação da medida drástica.

A partir desses dois princípios, extraem-se **quatro conclusões**:

a) A decretação do estado de exceção está condicionada à ocorrência do pressuposto fático.

b) Os meios de resposta estão vinculados a cada anormalidade em particular, ao lugar e ao tempo.

c) O Poder Legislativo tem competência para fiscalizar a política dos atos de exceção.

d) O Poder Judiciário pode exercer controle judicial *a tempore* e *a posteriori*.

A Constituição de 1988 previu duas formas de estado de exceção: o estado de defesa e o estado de sítio. Passemos, pois, a estudá-las.

2. ESTADO DE DEFESA

O estado de defesa é modalidade **mais branda** de estado de exceção.

O artigo 136, *caput*, da CF/88 prevê que o Presidente da República pode, ouvidos o Conselho da República e o Conselho de Defesa Nacional, decretar estado de defesa para preservar ou prontamente restabelecer, em locais restritos e determinados, a ordem pública ou a paz social ameaçada por grave e iminente instabilidade institucional ou atingidas por calamidades de grandes proporções na natureza.

Assim, para a decretação do estado defesa, deverá ocorrer uma das seguintes situações (pressuposto fático): i) a **grave e iminente instabilidade institucional**; ou ii) a **calamidade de grandes proporções na natureza**.

1. SANTOS, Aricê Moacyr Amaral. O Estado de emergência. 1ª ed. São Paulo: Sugestões Literárias, 1981, p. 33-34.

A legitimidade para a sua decretação é conferida ao **Presidente da República**, após ouvir previamente os **Conselhos da República e de Defesa Nacional**, que emitirão pareceres de natureza meramente **opinativa.**

O decreto que instituir o estado de defesa determinará o **tempo de sua duração**, **especificará as áreas** a serem abrangidas e **indicará**, nos termos e limites da lei, **as medidas coercitivas** a vigorarem (art. 136, §1º, da CF/88).

As medidas coercitivas limitar-se-ão às **restrições aos direitos de reunião**, ainda que exercida no seio das associações; de **sigilo de correspondência** e de **sigilo de comunicação telegráfica e telefônica**; e à **ocupação e uso temporário de bens e serviços públicos**, na hipótese de calamidade pública (art. 136, §1º, I, da CF/88), respondendo a União pelos danos e custos decorrentes.

A duração do estado de defesa não poderá ser superior a **30 (trinta) dias**, **prorrogáveis por uma vez**, por igual período, se persistirem as razões que justificaram a sua decretação (artigo 136, §2º, da CF/88).

O **Congresso Nacional**, vimos, **não precisa autorizar** a decretação do estado de defesa, que será feita de ofício pelo Presidente da República. No entanto, uma vez instaurado o estado de sítio ou a sua prorrogação, o Presidente da República deve **submeter** o ato e a sua respectiva justificação ao Congresso Nacional, **no prazo de 24 (vinte e quatro) horas** (art. 136, §4º, da CF/88).

O Congresso Nacional, então, **decidirá**, **por maioria absoluta** e no **prazo de 10 (dez) dias**, acerca da decretação ou da prorrogação do estado de defesa (art. 136, §6º, da CF/88).

Caso o Congresso Nacional estiver em recesso, ele será convocado, extraordinária, no prazo de 5 (cinco) dias, para que possa fazer o controle político da decretação de estado de defesa pelo Chefe do Poder Executivo federal (art. 136, §5º, da CF/88).

Caso o **rejeite**, o estado de defesa **cessa imediatamente** (art. 136, §7º, da CF/88).

Caso **aprove** o decreto, o Congresso Nacional continuará funcionando enquanto vigorar o estado de defesa. A Mesa do Congresso Nacional, ouvido os líderes partidários, designará uma **Comissão** composta de 5 (cinco) membros para **acompanhar** e **fiscalizar** a execução das medidas excepcionais adotadas (art. 140 da CF/88).

Durante a vigência do estado de defesa, o artigo 136, §3º, da CF/88 prevê alguns cuidados relacionados à **prisão**:

a) a prisão por crime contra o Estado, determinada pelo executor da medida, será por este comunicada imediatamente ao juiz competente, que a relaxará, se não for legal, facultado ao preso requerer exame de corpo de delito à autoridade policial;

b) a comunicação será acompanhada de declaração, pela autoridade, do estado físico e mental do detido no momento de sua autuação;

c) a prisão ou detenção de qualquer pessoa não poderá ser superior a dez dias, salvo quando autorizada pelo Poder Judiciário;

d) é vedada a incomunicabilidade do preso.

Cessado o estado de defesa, cessam também os seus efeitos, sem prejuízo da responsabilidade pelos ilícitos cometidos por seus executores ou agentes. É possível, portanto, que o Poder Judiciário exerça **controle judicial posterior** (art. 141, *caput*, da CF/88).

O Presidente da República **relatará** as medidas aplicadas, em mensagem ao Congresso Nacional, com especificação e justificação das providências adotadas, relacionando nominalmente os atingidos e indicando as restrições aplicadas (art. 141, parágrafo único, da CF/88).

3. ESTADO DE SÍTIO

O estado de sítio é modalidade **mais drástica** de estado de exceção, pois admite não só a restrição, mas a suspensão de garantias constitucionais. Por esse motivo, os pressupostos fáticos e formais para a sua decretação são mais rígidos.

São **pressupostos fáticos** para a decretação do estado de sítio (art. 137, *caput*, da CF/88):

a) a **comoção grave de repercussão nacional** ou ocorrência de fatos que comprovem a ineficácia de medida tomada durante o estado de defesa; ou

b) a declaração de estado de **guerra** ou resposta à agressão armada estrangeiro.

O legitimado à decretação do estado de sítio é o **Presidente da República**. Entretanto, para a instauração do estado de sítio, o procedimento é diferente daquele previsto para a decretação do estado de defesa. Além da **oitiva dos Conselhos da República e de Defesa Nacional**, que emitirão parecer opinativo, o Presidente deve **solicitar ao Congresso Nacional a autorização** para decretação do estado de sítio ou a sua prorrogação, oportunidade em que relatará os motivos determinantes de seu pedido.

Caso a autorização seja solicitada durante o recesso parlamentar, o Presidente do Senado Federal, de imediato, convocará extraordinariamente o Congresso Nacional para se reunir dentro de 5 (cinco) dias, a fim de apreciar o ato (art. 138, §2º, da CF/88).

O Congresso Nacional, exercendo um controle político prévio, apreciará e decidirá a solicitação presidencial por **maioria absoluta** (art. 137, parágrafo único, da CF/88).

Autorizada a instalação do estado de sítio pelo Poder Legislativo da União, o Presidente da República editará o **decreto**. Nele, indicará a sua **duração**, as **normas necessárias** à sua execução e as **garantias constitucionais que ficarão suspensas**. Publicado o decreto, o Presidente **designará o executor** das medidas específicas e as áreas abrangidas (art. 138, *caput*, da CF/88).

O artigo 138, §1º, da CF/88 dispõe que o estado de sítio, se for decretado com fundamento em **comoção grave** de repercussão nacional ou na ocorrência de fatos que comprovem a ineficácia de medida tomada durante o estado de defesa, não poderá perdurar por mais de **30 (trinta) dias**, **prorrogáveis** por **quantas vezes forem necessárias**, por igual prazo.

No estado de sítio decretado em virtude de declaração de estado de **guerra** ou resposta à **agressão armada estrangeiro**, o estado de sítio se **prolongará enquanto perdurar** a guerra ou a agressão aramada estrangeira (art. 138, §1º, da CF/88).

Durante a vigência do estado de sítio, o **Congresso Nacional permanecerá em funcionamento** até o término das medidas coercitivas (art. 138, §3º, da CF/88). A sua Mesa designará, após a oitiva dos líderes partidários, uma Comissão composta de 5 (cinco) membros para acompanhar e fiscalizar a execução das medidas excepcionais adotadas (art. 140 da CF/88).

As **medidas** que podem ser adotadas são (artigo 139 da CF/88):

a) obrigação de permanência em localidade determinada;

b) detenção em edifício não destinado a acusados ou condenados por crimes comuns;

c) restrições relativas à inviolabilidade da correspondência, ao sigilo das comunicações, à prestação de informações e à liberdade de imprensa, radiodifusão e televisão, na forma da lei;

> **Observação:** Não se incluem, nessa restrição, a difusão de pronunciamentos de parlamentares efetuados em suas Casas Legislativas, desde que liberada pela respectiva Mesa (artigo 139, parágrafo único, da CF/88).

d) suspensão da liberdade de reunião;

e) busca e apreensão em domicílio;

f) intervenção nas empresas de serviços públicos;

g) requisição de bens.

Findo o estado de sítio, cessam os seus efeitos, sem prejuízo da responsabilidade pelos ilícitos cometidos por seus executores ou agentes. É possível, portanto, que o Poder Judiciário exerça **controle judicial posterior** (art. 141 da CF/88).

As medidas aplicadas em sua vigência serão relatadas pelo Presidente da República, em mensagem ao Congresso Nacional, com especificação e justificação das providências adotadas, com relação nominal dos atingidos e indicação das restrições aplicadas (art. 141, parágrafo único, da CF/88).

CAPÍTULO 16

FORÇAS ARMADAS

1. CONCEITO DE FORÇAS ARMADAS

As Forças Armadas, constituídas pela Marinha, pelo Exército e pela Aeronáutica, são instituições nacionais permanentes e regulares, organizadas com base na hierarquia e na disciplina, sob a autoridade suprema do Presidente da República, e destinam-se à defesa da Pátria, à garantia dos poderes constitucionais e, por iniciativa de qualquer destes, da lei e da ordem (artigo 142, *caput*, da CF/88).

2. POSIÇÃO E ORGANIZAÇÃO

As Forças Armadas são **instituições nacionais permanentes e regulares**.

Em razão do seu caráter nacional, o nosso ordenamento constitucional não admite a formação de forças armadas temporárias (artigo 5º, inciso XVI, da CF/88) ou de grupos paramilitares (artigo 5º, inciso XVII, da CF/88). Já em virtude da sua permanência e regularidade, não se admite a dissolução das Forças Armadas, tampouco o seu amesquinhamento pela ausência de recrutamento constante.

A **organização** das Forças Armadas atende ao binômio "**hierarquia-disciplina**".

A **hierarquia** significa que há uma ordenação escalonada e graduada de autoridade dentro das Forças Armadas, de modo que os inferiores se submetem aos superiores. O comandante supremo das Forças Armadas, vimos, é o Presidente da

República. A **disciplina**, por sua vez, significa que os militares de níveis inferiores devem estrita obediência às ordens emanadas por seus superiores hierárquicos.

O artigo 142, §1º, da CF/88 consigna que lei complementar estabelecerá as normas gerais a serem adotadas na organização, no preparo e no emprego das Forças Armadas.

3. FUNÇÕES

A **função** primordial das Forças Armadas é a **defesa do Estado** – notadamente em sua **dimensão territorial** – **contra agressões externas** ("defesa da Pátria"). Não é por outra razão que as Forças Armadas se dividem em três:

- o **Exército**, responsável pela proteção do território em sua dimensão **terrestre**;
- a **Marinha**, responsável pela proteção do território em sua dimensão **marítima**; e
- a **Aeronáutica**, responsável pela proteção do território em sua dimensão **aérea.**

Além dessa função, a Constituição de 1988 conferiu às Forças Armadas a função de **garantir os poderes constitucionais.**

A conjugação dessa segunda função constitucionalmente atribuída às Forças Armadas com a sua localização topográfica – as Forças Armadas foram tratadas dentro Título V (Da Defesa do Estado e das Instituições Democráticas) – permite-nos concluir que é missão institucional das Forças Armadas não só defender o Estado em sua dimensão territorial, mas também **defender** uma forma típica de Estado, o **Estado Democrático de Direito.**

Por fim, uma terceira função atribuída às Forças Armadas foi a **garantia da lei e da ordem** (GLO).

Trata-se de atribuição **subsidiária** e **eventual**, uma vez que a segurança pública, como veremos adiante, é de competência primária das forças de segurança pública. Ela somente será exercida, nos termos dos do artigo 15, §2º, da LC n.º 97/99, por iniciativa de quaisquer dos poderes constitucionais, após **esgotados** os instrumentos destinados à preservação da ordem pública e da incolumidade das pessoas e do patrimônio, relacionados no artigo 144 da Constituição Federal.

Consideram-se esgotados os instrumentos relacionados no artigo 144 da CF/88 quando o Chefe do Poder Executivo federal ou estadual **reconhecer formalmente** que a sua **indisponibilidade, inexistência** ou **insuficiência** para o desempenho regular de sua missão constitucional.

A atuação das Forças Armadas, na garantia da lei e da ordem ocorrerá de acordo com as **diretrizes baixadas em ato do Presidente da República**, que ativará os **órgãos operacionais das Forças Armadas**. Eles desenvolverão, de forma episódica, em área previamente estabelecida e por tempo limitado, as **ações de caráter preventivo e repressivo** necessárias para assegurar o resultado das operações da GLO.

Determinado o emprego das Forças Armadas na garantia da lei e da ordem, caberá à autoridade competente, mediante ato formal, transferir o controle operacional dos órgãos de segurança pública necessários ao desenvolvimento das ações para a autoridade encarregada das operações, a qual deverá constituir um centro de coordenação de operações, composto por representantes dos órgãos públicos sob seu controle operacional ou com interesses afins.

Segundo o artigo 15, §6º, da LC n.º 97/99, considera-se controle operacional o poder conferido à autoridade encarregada das operações, para atribuir e coordenar missões ou tarefas específicas a serem desempenhadas por efetivos dos órgãos de segurança pública, obedecidas as suas competências constitucionais ou legais.

4. ESTATUTO DOS MILITARES

Em razão das peculiaridades das funções exercidas pelas Forças Armadas e do binômio hierarquia-disciplina aplicável à sua organização, entende-se que os militares se submetem a um **regime jurídico especial de sujeição com o Estado**.

Nesse regime, admite-se uma **maior restrição aos seus direitos fundamentais**, desde que elas sejam compatíveis com as funções a serem desempenhadas e não importem em renúncia absoluta a todos os direitos fundamentais.

A própria Constituição de 1988, veremos, excluiu expressamente a incidência de alguns direitos fundamentais. O artigo 142, §2º, da CF/88, por exemplo, prevê que **não caberá *habeas corpus*** em relação às **punições disciplinares militares**. O **Supremo Tribunal Federal**, contudo, tem interpretado essa norma restritivamente, admitindo a impetração do *habeas corpus* para discutir a **legalidade** da punição disciplinar militar.[1]

A Constituição Federal de 1998 estabeleceu, em seu artigo 142, §3º, algumas regras aplicáveis aos militares, abrindo à legislação infraconstitucional a fixação das demais. À luz desse dispositivo, aplicam-se aos militares as seguintes disposições:

1. STF, Segunda Turma, RE 338.840, Rel. Min. Ellen Gracie, j. 19.8.2003.

a) as **patentes**, com prerrogativas, direitos e deveres a elas inerentes, são conferidas pelo Presidente da República e asseguradas em plenitude aos oficiais da ativa, da reserva ou reformados, sendo-lhes privativos os títulos e postos militares e, juntamente com os demais membros, o uso dos uniformes das Forças Armadas;

b) o militar em atividade que tomar posse em cargo ou emprego público civil **permanente**, ressalvada a hipótese prevista no art. 37, inciso XVI, alínea "c", será transferido para a **reserva**, nos termos da lei;

c) o militar da ativa que, de acordo com a lei, tomar posse em cargo, emprego ou função pública civil **temporária**, não eletiva, ainda que da administração indireta, ressalvada a hipótese prevista no art. 37, inciso XVI, alínea "c", ficará **agregado** ao respectivo quadro e somente poderá, enquanto permanecer nessa situação, ser promovido por antiguidade, contando-se o tempo de serviço apenas para aquela promoção e transferência para a reserva, sendo depois de dois anos de afastamento, contínuos ou não, transferido para a reserva, nos termos da lei;

d) ao militar são **proibidas** a **sindicalização** e a **greve**;

e) o militar, enquanto em serviço ativo, **não pode estar filiado a partidos políticos**;

f) o oficial só **perderá o posto e a patente** se for julgado indigno do oficialato ou com ele incompatível, por **decisão de tribunal militar de caráter permanente**, em tempo de paz, ou de **tribunal especial**, em tempo de guerra;

g) o oficial condenado na justiça comum ou militar a pena privativa de liberdade superior a dois anos, por sentença transitada em julgado, será submetido ao julgamento previsto no inciso anterior;

h) aplica-se aos militares os seguintes direitos previstos no disposto no artigo 7º da CF/88: décimo terceiro salário, salário-família, férias anuais remuneradas com, pelo menos, um terço a mais do que o salário normal, licença-gestante por 120 (cento e vinte) dias, licença-paternidade e assistência gratuita aos filhos e dependentes desde o nascimento até os 5 (cinco) anos de idade em creches e pré-escolas; as regras remuneratórias previstas no artigo 37, incisos XI, XIII, XIV e XV, da CF/88; bem como, na forma da lei e com prevalência da atividade militar, a regra do art. 37, inciso XVI, alínea "c" da CF/88.

Por fim, o artigo 142, §3º, inciso X, da CF/88 **delegou à lei** o regramento sobre o ingresso nas Forças Armadas, os limites de idade, a estabilidade e outras condições de transferência do militar para a inatividade, os direitos, os deveres, a remuneração, as prerrogativas e outras situações especiais dos militares, consideradas as peculiaridades de suas atividades, inclusive aquelas cumpridas por força de compromissos internacionais e de guerra.

5. SERVIÇO MILITAR OBRIGATÓRIO

O serviço militar é **obrigatório**, conforme dispõe o artigo 143, *caput*, da CF/88.

Ficam **isentos** do serviço militar obrigatório, nos **tempos de paz**, as **mulheres** e os **eclesiásticos**. Ficarão sujeitos, contudo, mesmo nos tempos de paz, aos encargos que a lei lhes atribuir. Em tempos de guerra, não há isenção, devendo mulheres e eclesiásticos se apresentarem obrigatoriamente, caso convocados.

O artigo 143, §1º, da CF/88 prevê uma hipótese de **objeção de consciência**. Os alistados poderão se **recusar** a prestar o serviço militar, desde que:

a) A recusa se dê em **tempo de paz**;

b) A recusa seja motivada por **imperativo de consciência** decorrente de **crença religiosa** ou **convicção filosófica ou política**;

c) Preste **serviço alternativo**, na forma da lei.

O serviço alternativo consiste em atividades de caráter administrativo, assistencial, filantrópico ou produtivo (Lei n.º 8.239/91). Pode ser prestado nas organizações militares ou, mediante convênio, nos ministérios civis.

Caso haja a **dupla recusa** do indivíduo em **cumprir obrigação a todos imposta** e à **prestação alternativa**, a sanção prevista pelo artigo 15, inciso IV, da CF/88 é a **suspensão dos direitos políticos**.

CAPÍTULO 17

SEGURANÇA PÚBLICA

1. INTRODUÇÃO

A segurança pública é, nas palavras de José Afonso da Silva, a **manutenção da ordem pública interna.**[1]

A Constituição Federal de 1988, no *caput* do artigo 144, previu que a segurança pública é **dever do Estado** e **direito e responsabilidade de todos**. O exercício da segurança pública se dará com a finalidade de **preservar a ordem pública** e a **incolumidade das pessoas e do patrimônio.**

2. ÓRGÃOS DE SEGURANÇA PÚBLICA E SUAS FINALIDADES

atribuição da **Polícia** garantir a segurança pública. Embora caiba à **lei** a sua organização, a Constituição Federal, nos incisos do artigo 144, previu a sua estrutura básica, compondo-a de:

a) **Polícia Federal**: instituída por lei como **órgão permanente**, organizado e mantido pela **União** e estruturado em carreira, destina-se a:

   i) **apurar infrações penais** contra a ordem política e social ou em detrimento de bens, serviços e interesses da União ou de suas entidades

1. SILVA, José Afonso da. Comentário contextual à constituição. 9ª ed. São Paulo: Malheiros, 2014, p. 649.

autárquicas e empresas públicas, assim como outras infrações cuja prática tenha repercussão interestadual ou internacional e exija repressão uniforme, segundo se dispuser em lei;

ii) **prevenir e reprimir** o tráfico ilícito de entorpecentes e drogas afins, o contrabando e o descaminho, sem prejuízo da ação fazendária e de outros órgãos públicos nas respectivas áreas de competência;

iii) exercer as funções de polícia marítima, aeroportuária e de fronteiras;

iv) exercer, com exclusividade, as funções de polícia judiciária da União.

b) **Polícia Rodoviária Federal**: órgão permanente, organizado e mantido pela União e estruturado em carreira, destina-se, na forma da lei, ao patrulhamento ostensivo das rodovias federais.

c) **Polícia Ferroviária Federal**: órgão permanente, organizado e mantido pela União e estruturado em carreira, destina-se, na forma da lei, ao patrulhamento ostensivo das ferrovias federais.

d) **Polícias Civis**: dirigidas por Delegados de Polícia de carreira, estão incumbidas, ressalvada a competência da União, das funções de polícia judiciária e a apuração de infrações penais, exceto as militares.

e) **Polícias Militares e Corpos de Bombeiros Militares**: às Polícias Militares cabem a polícia ostensiva e a preservação da ordem pública; aos corpos de bombeiros militares, além das atribuições definidas em lei, incumbe a execução de atividades de defesa civil.

A EC n.º 104/19 acrescentou, ainda a **Polícia Penal federal, estadual e distrital**, que são polícias vinculadas ao órgão administrador do sistema penal da unidade federativa a que pertencem, a quem cabe a **segurança dos estabelecimentos penais**.

Temos, assim, o seguinte panorama:

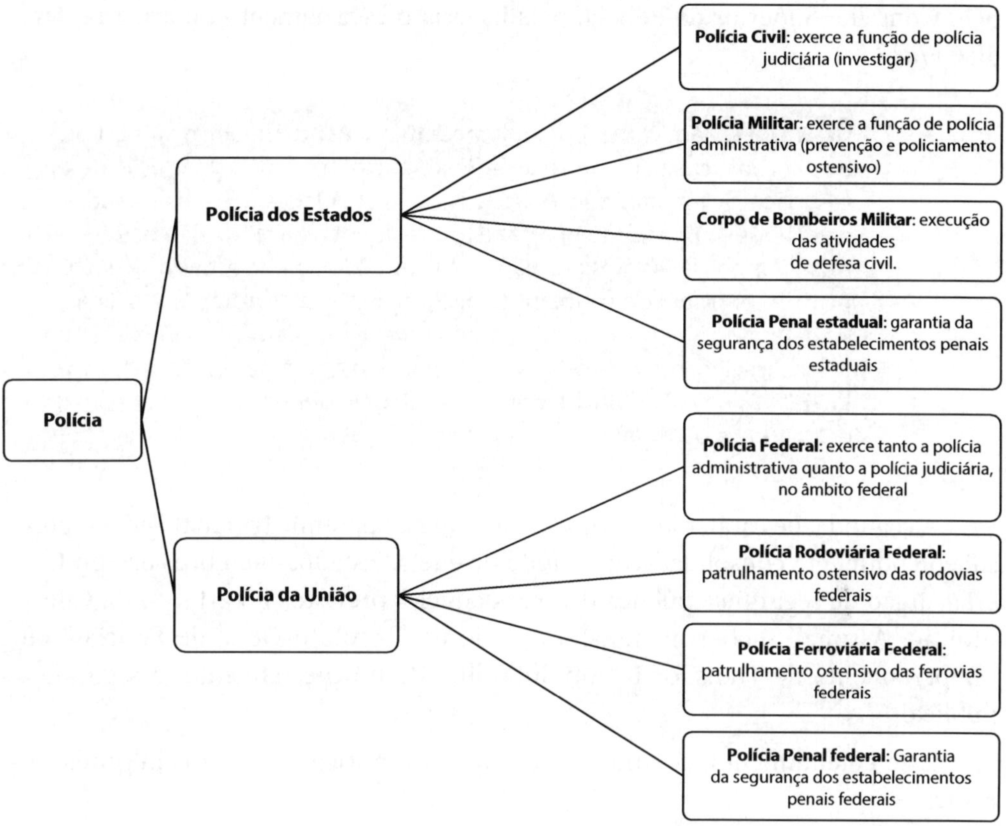

Sobre a Polícia Estadual, **quatro observações** devem ser feitas.

A primeira, de natureza positiva, é que o §6º do artigo 144 da CF/88 prevê que as Polícias Militares e os Corpos de Bombeiros Militares, forças auxiliares e reserva do Exército, **subordinam-se**, juntamente com as Polícias Civis e as Polícias Penais estaduais e distrital, **aos Governadores** do respectivo ente federado.

Nesse cenário, o Supremo Tribunal Federal entende ser inconstitucional toda norma estadual, ainda que prevista na própria constituição estadual, que conferir autonomia à carreira de delegado, atribuir independência funcional aos Delegados de Polícia Civil, incluir a categoria entre as funções essenciais à Justiça e ampliar seu rol de competências. Tais disposições violam o artigo 144, §6º, da CF/88 que expressamente subordinou a Polícia Civil ao Governador.[2]

Tampouco emenda à Constituição Estadual poderá determinar que a escolha do Delegado-Chefe da Polícia Civil se dará por meio de lista tríplice formada

2. STF, Tribunal Pleno, ADI 5.522/SP, Rel. Min. Gilmar Mendes, j. 18.2.2022.

pelo Conselho Superior da Polícia, pois haveria o esvaziamento do art. 144, §6º, da CF/88.[3]

> **Observação:** O STF possui firme entendimento de que as atribuições de direção e chefia de delegacias de polícia, bem como a condução de investigações criminais pela polícia civil, são atividades típicas reservadas a delegados de polícia integrantes da carreira. Por essa razão, não podem ser exercidas por servidores que não fazem parte do quadro específico, em respeito ao princípio do concurso público, ao sistema acusatório, aos direitos de defesa e à hierarquia institucional. Firme nessa premissa, o STF declarou inconstitucional norma estadual que permite que o gestor de Delegacias Interativas de Polícia do Interior (DIPs) seja servidor estranho ao quadro de delegados, a partir de designação pelo delegado-geral de polícia civil.[4]

A segunda, de caráter jurisprudencial, é que o Supremo Tribunal Federal possui entendimento consolidado no sentido de que os Estados-membros não podem criar órgão de segurança pública diverso daqueles previstos no art. 144 da Constituição. Assim, é inconstitucional a criação de "Instituto-Geral de Perícias" ou "Departamento de Trânsito", incumbindo-lhes de funções atinentes à segurança pública.

Esse entendimento, contudo, parece ter sido mitigado em dois julgados recentes.

Na ADI n.º 2.575/PR, o STF decidiu que não ofende à Constituição a estruturação de um órgão composto por peritos criminais e médicos legistas, separado da Polícia Civil e autônomo. Na oportunidade, afirmou-se que, ainda que a norma instituidora desse órgão denomine-o "Polícia Científica", não há inconstitucionalidade se não for criada uma nova modalidade de polícia, como órgão de segurança pública, mas apenas disciplina órgão administrativo de perícia.[5]

Na ADI n.º 6.621/TO, o Supremo Tribunal Federal foi além e afirmou que a tradicional compreensão sobre a taxatividade do rol do art. 144 da Constituição da República cedeu lugar a interpretação menos restritiva, permitindo aos entes federativos criarem polícias científicas autônomas que, do ponto de vista da organização administrativa, não estejam vinculadas à Polícia Civil. Assim, decidiu que não ofende a Constituição da República legislação estadual que considera agentes de necrotomia, papiloscopistas e peritos oficiais como servidores da polícia civil de

3. STF, Tribunal Pleno, ADI 6.923/RO, Rel. Min. Edson Fachin, j. 28.10.2022.
4. STF, Tribunal Pleno, ADI 6.847/AM, Rel. Min. Edson Fachin, j. 20.11.2023.
5. STF, Tribunal Pleno, ADI 2.575/PR, Rel. Min. Dias Toffoli, j. 24.6.2020.

Estado-membro, remetendo o poder de controle e supervisão exercido sobre eles à Superintendência de Polícia Científica.[6]

Por terceiro, deve-se destacar que a Lei n. 10.029/00 previu a possibilidade de **prestação voluntária** de serviços administrativos e de serviços auxiliares de saúde e de defesa civil nas **polícias militares** e nos **corpos de bombeiros militares**. Debruçando-se sobreo tema, o Supremo Tribunal Federal fixou algumas balizas; i) **não pode a legislação estadual dispor de maneira diversa** sobre o tema, sob pena de violação à competência da União Federal para editar normas gerais sobre o assunto (art. 22, XXI, da CF/88); e ii) somente pode ser delegada aos corpos de bombeiros voluntários a **execução de atos materiais**, e nunca as atividades de fiscalização e imposição de sanções, que somente podem ser desempenhadas por agentes públicos, representantes do próprio Estado.[7]

A quarta e derradeira observação é a de que o STF entende ser **constitucional** norma de Constituição estadual que **atribui ao corpo de bombeiros militar (CBM) competência para a coordenação e execução de perícias de incêndios e explosões em local de sinistros**, desde que tal competência não lhe seja atribuída de forma exclusiva, sob pena de prejudicar a atuação das polícias civis na apuração criminal de fatos que envolvam incidentes dessa natureza.

Na oportunidade, o Supremo afirmou que a investigação criminal não é atribuição exclusiva dos órgãos de polícia judiciária e que a atuação conjunta e coordenada dos órgãos de segurança pública é medida que confere máxima efetividade às funções confiadas a essas corporações para a elucidação de fatores e circunstâncias de infrações penais (art. 144, §§ 4º e 5º, da CF/88); e tem a finalidade de resguardar os direitos fundamentais alusivos à ordem, à segurança e à incolumidade das pessoas e do patrimônio público.[8]

A Constituição de 1988 permitiu que os Municípios constituam **Guardas Municipais** destinadas à proteção de seus bens, serviços e instalação (artigo 144, §8º, da CF/88).

Em razão da opção topográfica do constituinte, que não incluiu as Guardas Civis Municipais nos incisos do art. 144 da CF/88, somente as prevendo no §8º do aludido dispositivo, há bastante controvérsia se tais instituições estão ou não incluídas entre os órgãos de segurança pública.

Um **primeiro entendimento** aponta que o rol dos incisos do artigo 144 da CF/88 é **taxativo**, de modo que os agentes de segurança público são restritos aos órgãos nele expressamente previstos, ou seja: polícia federal, polícia rodoviária

---

6. STF, Tribunal Pleno, ADI 6.621/TO, Rel. Min. Edson Fachin, j. 8.6.2021.
7. STF, Tribunal Pleno, ADI 5.354/SC, Rel. Min. Dias Toffoli, j. 26.6.2023.
8. STF, Tribunal Pleno, ADI 2.776/ES, Rel. Min. Nunes Marques, j. 11.9.2023.

federal, polícia ferroviária federal, polícias civis, polícias militares e corpos de bombeiros militares, e polícias penais federal, estaduais e distrital. Assim, as Guardas Municipais **não comporiam os órgãos de segurança pública, não estando dentro de suas atribuições as atividades ostensivas ou investigativas típicas de polícia**, como o patrulhamento urbano ou a realização de busca pessoal em caso de flagrante delito. Nesse sentido, temos diversos julgados do **Superior Tribunal de Justiça**.[9]

De outro lado, há vozes que apontam que o deslocamento topográfico da disciplina das guardas municipais no texto constitucional não implica a desconfiguração do órgão como agente de segurança pública. Nessa linha, o **Supremo Tribunal Federal** já decidiu mais de uma vez que as Guardas **Municipais exercem atividade típica de segurança pública**; e a Lei n. 13.675/18, que disciplina a organização e o funcionamento dos órgãos responsáveis pela segurança pública e institui o Sistema Único de Segurança Pública, expressamente inclui as Guardas Civis Municipais no rol dos órgãos de segurança pública (art. 9º).

Assim, segundo o Supremo Tribunal Federal, as Guardas Municipais têm entre suas atribuições primordiais o poder-dever de prevenir, inibir e coibir, pela presença e vigilância, infrações penais ou administrativas e atos infracionais que atentem contra os bens, serviços e instalações municipais. Igualmente, cabe-lhes a atuação preventiva e permanentemente, no território do Município, com fins de proteger sistematicamente a população que utiliza os bens, serviços e instalações municipais, o que é atividade típica de órgão de segurança pública.[10] Com a finalidade de regulamentar e padronizar as Guardas Civis Municipais, foi editada a **Lei n. 13.022/14 (Estatuto Geral das Guardas Municipais)**. Tal ato normativo foi declarado **constitucional** pelo Supremo Tribunal Federal, que considerou resguardada a autonomia dos municípios uma vez que foi mantida a prerrogativa aos aludidos entes federados de criar, por meio de Lei, guarda municipal que ficará subordinada ao Chefe do Poder Executivo Municipal.[11]

Ainda sobre as Guardas Civis Municipais, o STF fixou em repercussão geral que é constitucional a atribuição às guardas municipais do exercício de poder de polícia de trânsito, inclusive para imposição de sanções administrativas legalmente previstas (Tema n. 472).[12]

E, no julgamento da ADI n. 5.538, o STF declarou inconstitucional dispositivo da Lei n. 10.826/03 que permitia o poder de arma de fogo aos integrantes das

---

9. STJ, Sexta Turma, REsp 1.977.119/SP, Rel. Min. Rogério Schietti Cruz, j. 16.8.2022.
10. STF, Tribunal Pleno, ADPF 995, Rel. Min. Alexandre de Moraes, j. 28.8.2023.
11. STF, Tribunal Pleno, ADI 5.780/DF, Rel. Min. Gilmar Mendes, j. 1º.7.2023.
12. STF, Tribunal Pleno, RE 658.570, Red. p/ acórdão Roberto Barroso, j. 6.8.2015.

Guardas Municipais somente aos integrantes de guardas municipais das capitais dos Estados e dos Municípios com mais de 500.000 (quinhentos mil) habitantes e de guardas municipais dos Municípios com mais de 50.000 (cinquenta mil) e menos de 500.000 (quinhentos mil) habitantes, quando em serviço.[13]

3. ESTATUTO DOS AGENTES DE SEGURANÇA PÚBLICA

Aos agentes de segurança pública, em razão da função desempenhada, reconhece-se um regime jurídico diferenciado, sendo possível o reconhecimento de prerrogativas ou vedações mais restritas a direitos fundamentais por esse motivo.

Nesse cenário, o Supremo Tribunal Federal já se manifestou sobre alguns pontos acerca do referido regime jurídico.

Sobre o **direito à greve**, o Supremo Tribunal Federal, em sede de repercussão geral, fixou as seguintes teses: i) o exercício do **direito de greve**, sob qualquer forma ou modalidade, **é vedado aos policiais civis e a todos os servidores públicos que atuem diretamente na área de segurança pública**; e ii) é **obrigatória** a **participação do poder público** em mediação instaurada pelos órgãos classistas das carreiras de segurança pública, nos termos do art. 165 do CPC, para vocalização dos interesses da categoria[14].

O STF, ainda, possui entendimento de que os integrantes das polícias e militares da ativa **não podem exercer a advocacia**, mesmo em causa própria. Tal incompatibilidade tem por finalidade obstar a ocorrência de conflitos de interesse e preservar a exclusividade no desempenho das atividades policiais ou militares.[15]

Ao analisar lei estadual que **proíbe** os policiais civis de "**promover ou participar de manifestações de apreço ou desapreço a quaisquer autoridades**" e de "**manifestar-se ou participar de manifestações contra atos da Administração Pública em geral**", o Supremo Tribunal Federal entendeu que referida normativa é compatível com o texto constitucional. Afirmou-se, na ocasião, que tais restrições à liberdade de expressão dos aludidos agentes são proporcionais, prevalecendo no caso concreto os princípios da hierarquia e disciplina que regem a carreira e a segurança e a ordem pública que poderiam ser abaladas pela manifestação de agentes armados.[16]

---

13. STF, Tribunal Pleno, ADI 5.538, Rel. Min. Alexandre de Moraes, j. 1.3.2021.
14. STF, Tribunal Pleno, ARE 654.432/GO, Red. p/ acórdão Min. Alexandre de Moraes, j. 5.4.2017.
15. STF, Tribunal Pleno, ADI 7.227/DF, Rel. Min. Cármen Lúcia, j. 20.3.2023.
16. STF, Tribunal Pleno, ADPF 734/PE, Rel. Min. Dias Toffoli, j. 13.4.2023.

O Supremo Tribunal Federal entende que não viola o art. 7º, XVI, da CF – que estabelece que as horas extras deverão ser pagas com o adicional de 50% sobre a remuneração devida pela hora normal –, o estabelecimento de programa de jornada extra de segurança com prestação de serviço em período pré-determinado e com contraprestação pecuniária em valor previamente estipulado, desde que a **adesão seja voluntária**. Asseverou-se, no julgamento, que tal solução concilia, de um lado, a necessidade de contenção de gastos com pessoal e o compromisso com a responsabilidade fiscal, e, de outro, o fortalecimento das ações de defesa e segurança.[17]

O Supremo Tribunal Federal já asseverou que é constitucional – por não caracterizar investidura em cargo público nem formação de novo vínculo jurídico concomitante com a inatividade (arts. 37, II, XVI e § 10; e 42, § 3º, CF/88) – norma estadual que permite o aproveitamento transitório e por prazo certo de policiais militares da reserva remunerada em tarefas relacionadas ao planejamento e assessoramento no âmbito da Polícia Militar ou para integrarem a segurança patrimonial em órgão da Administração Pública.[18] Por fim, o STF declarou constitucional norma estadual que institui, por meio de **diploma único**, regras jurídico-previdenciárias direcionadas tanto aos seus servidores públicos civis como aos militares. Consignou-se que não há violação ao disposto nos art. 42, § 1º c/c o art. 142, § 3º, X, ambos da CF/88, pois a exigência de lei específica quanto ao regime de previdência do servidor militar não se confunde com exigência de lei exclusiva.[19]

17. STF, Tribunal Pleno, ADI 7.356/PE, Red. p/ acórdão Min. Roberto Barroso, j. 26.6.2023.

18. STF, Tribunal Pleno, ADI 3.663/MA, Rel. Min. Dias Toffoli, j. 22.8.2023.

19. STF, ADI 5.154//PA, Red. p/ acórdão Min. Gilmar Mendes, j. 11.9.2023.

PARTE VI: Controle de Constitucionalidade

CAPÍTULO 18

CONSIDERAÇÕES INICIAIS SOBRE O CONTROLE DE CONSTITUCIONALIDADE

1. CONCEITO DE CONTROLE DE CONSTITUCIONALIDADE

Em Direito, sempre que falamos em **controle** de algum ato estamos nos referindo a um **procedimento de verificação** de adequação entre um objeto de análise a um parâmetro de controle.

Esse controle pode ser de legalidade, quando o parâmetro de validade é uma lei; pode ser de convencionalidade, quando o parâmetro de validade é uma convenção internacional; e pode ser de **constitucionalidade**, quando o **parâmetro é a constituição.**

Assim, podemos conceituar o controle de constitucionalidade como sendo a **atividade de verificação da compatibilidade entre uma lei ou um ato do poder público e a constituição.**

Cuida-se de mecanismo fundamental para a manutenção da **unidade do ordenamento jurídico**, que é um sistema, e como tal, pressupõe ordem e unidade. A constituição, na qualidade de último fundamento de validade das normas jurídicas, confere justamente essa unidade e caráter sistemático ao ordenamento jurídico. A quebra dessa harmonia deve ser corrigida, sendo o controle de constitucionalidade o mecanismo mais importante com essa finalidade.[1]

---

1. BARROSO, Luís Roberto. O controle de constitucionalidade no direito brasileiro: exposição sistemática da doutrina e análise crítica da jurisprudência. 4ª ed. rev. e atual – São Paulo: Saraiva: 2009, p. 1.

Estando a lei ou ato do poder público em desconformidade com a Constituição, deverá haver o reconhecimento de sua **invalidade**, para que o ato normativo transgressor pare de produzir seus efeitos.

2. PRESSUPOSTOS DO CONTROLE DE CONSTITUCIONALIDADE

Para que se possa falar em um controle de constitucionalidade, devemos ter a presença de **dois pressupostos**, que nada mais são do que duas premissas lógicas que dão sustentação à ideia de reconhecimento da invalidade de um ato normativo editado sem a observância da constituição.

O primeiro pressuposto é o reconhecimento do **princípio da supremacia constitucional**.

Ao tratarmos das normas constitucionais estudamos que, além das características inerentes a toda norma jurídica, elas são dotadas de atributos especiais. Um desses atributos é justamente o reconhecimento de sua **superioridade em relação aos demais atos normativos**.

Para bem compreendermos esse ponto, devemos recordar-nos que o ordenamento jurídico é, tal qual preconizado por Hans Kelsen, um **sistema hierarquizado** em que as normas de níveis inferiores haurem a sua validade das normas de nível superior.

Nesse sistema, a **constituição** encontra-se no **ápice da pirâmide normativa**, ou seja, é a norma situada hierarquicamente no topo do ordenamento jurídico. Por essa razão, todas as demais normas – leis e demais atos normativos – só serão válidas quando tiverem sido editadas em conformidade com o procedimento previsto na Constituição e não violarem nenhum preceito material nela descrito.

O segundo pressuposto para o reconhecimento do controle de constitucionalidade é a **rigidez constitucional**.

Diz-se que uma constituição é rígida quando o **procedimento para a modificação** do seu texto é **mais dificultoso** do que o procedimento para edição ou alteração de uma lei infraconstitucional.

É fácil entender o motivo pelo qual só é possível falar em controle de constitucionalidade em países que adotem uma constituição rígida: caso a constituição seja flexível, ou seja, possua um procedimento de alteração do seu texto igual ao previsto para a edição de um ato normativo infraconstitucional, a edição de uma lei que contrarie o texto constitucional que lhe precede simplesmente o revogaria.

Esse pressuposto é citado por quase toda a doutrina pátria. Todavia, **parcela minoritária da doutrina** defende que é possível falar em controle de constitucionalidade em Estados que adotem Constituição **flexível**, mas somente em relação à inconstitucionalidade formal. Isso porque, fixado um procedimento para elaboração das leis nesta Constituição, qualquer violação desse procedimento acarretaria o reconhecimento de inconstitucionalidade formal.[2]

3. ANTECEDENTES HISTÓRICOS DO CONTROLE DE CONSTITUCIONALIDADE

A ideia do controle de constitucionalidade é tributária de séculos de amadurecimento do pensamento jurídico. Desde a Grécia Antiga, passando pela Idade Média, construiu-se a ideia de que as normas hierarquicamente inferiores deveriam estar de acordo com as normas superiores, sob pena de invalidade.

Contudo, atribui-se ao caso ***Marbury v. Madison***, julgado em 1803, o título de certidão de nascimento do controle de constitucionalidade no constitucionalismo moderno.

Para entendermos melhor o caso e o que foi decidido, devemos voltar três anos na história. John Adams, então presidente dos Estados Unidos, foi derrotado nas urnas por Thomas Jefferson, tendo seu partido perdido também a maioria no Congresso.

Buscando manter a sua influência política, Adams e seus partidários editaram leis alterando a estrutura Poder Judiciário, reduzindo alguns cargos e criando outros. Nessa reforma, Adams nomeou quarenta e dois novos juízes de paz. A despeito da nomeação e da aprovação pelo Senado, não foi possível entregar todos os atos de investidura até o fim do governo.

Empossado, Thomas Jefferson instruiu seu Ministro James Madison a não entregar os atos de investidura aos juízes de paz que ainda não o tinham recebido, como era o caso de William Marbury, para tentar evitar a perpetuação da influência de seu opositor político.

Marbury, então, ajuizou uma ação para ver reconhecido seu direito ao cargo. A relatoria dessa ação coube ao Presidente da Suprema Corte, John Marshall, que havia sido nomeado ao cargo por John Adams e feito parte de seu governo. Marshall entendeu que que Marbury tinha o direito à investidura no cargo. Mas, antes de efetivamente determinar a nomeação ao Poder Executivo, teve que enfrentar uma intrincada questão acerca da competência da Suprema Corte para conceder o *mandamus*.

2. Nesse sentido, ver CLÈVE, Clèmerson Merlin. A fiscalização abstrata da constitucionalidade no Direito brasileiro. 2ª ed. rev. atual. amp. São Paulo: Editora Revista dos Tribunais, 2000.

É que em 1789 foi editada uma lei pelo Congresso alterando a competência da Suprema Corte. Contudo, segundo Marshall, tal ato normativo estava em desacordo com o art. 3º da Constituição estadunidense. E, assim sendo, pode o Poder Judiciário invalidá-la ou, ao menos, deixar de aplicá-la.

A decisão de Marshall representou a **consagração da supremacia da Constituição** em face das demais normas jurídicas e do **poder-dever dos juízes de invalidar as leis contrárias à Constituição**, sob o argumento de que o Poder Judiciário é o intérprete final da Constituição. Nascia, assim, o controle judicial da constitucionalidade das leis tal qual entendido nos tempos atuais.[3]

4. SISTEMAS NORTE-AMERICANO E AUSTRÍACO DE CONTROLE DE CONSTITUCIONALIDADE

Como vimos, a decisão no caso *Marbury v. Madison* foi pioneira e instituiu o modelo norte-americano de controle de constitucionalidade. Esse modelo, como bem aponta Ana Paula de Barcellos, não encontrou concorrentes pelos próximos cem anos. Somente **em 1920**, o jusfilósofo Hans Kelsen cria outro modelo de controle judicial de constitucionalidade, que ficou conhecido como o **sistema austríaco.**[4]

O **sistema norte-americano** de controle de constitucionalidade das leis e dos atos do poder público limita-se a um controle **incidental**, ou seja, um controle que se exerce no caso **concreto**, frente a uma controvérsia real e concreta.

Também é um controle **difuso**, de modo que **qualquer juiz pode exercê-lo**, não estando concentrado em um órgão específico da estrutura do Poder Judiciário.

Outra característica desse sistema é que o ato normativo em contraste com a Constituição deve ser reconhecido como **nulo**, afetando o seu plano de validade. O juiz, ao verificar a incompatibilidade da norma com a Constituição **declara a sua nulidade (decisão declaratória)**, reconhecendo um vício congênito.

No **sistema austríaco**, ao contrário, o controle de constitucionalidade é dito **concentrado.** Isso porque cabe a **um órgão jurisdicional especial** (Tribunal Constitucional) exercê-lo, com exclusividade. Os demais órgãos da jurisdição ordinária não poderão exercer esse controle.

Além de concentrado, esse controle é exercido pela via **principal** e em **abstrato**, posto que o Tribunal Constitucional não julga nenhuma pretensão concreta,

3. Para maiores detalhes de um dos julgamentos mais célebres da história, ver BARROSO, Luís Roberto. Marbury contra Madison. *In:* NEVES, José Roberto de Castro (org.). Os grandes julgamentos da história. 1ª ed. Rio de Janeiro: Nova Fronteira, 2018; MARINONI, Luiz Guilherme; MITIDIERO, Daniel; SARLET, Ivo Wolfgang. Curso de Direito Constitucional. 7ª ed., São Paulo: Saraiva Educação, 2018, p. 974-978.

4. BARCELLOS, Ana Paula de. Curso de direito constitucional. Rio de Janeiro: Forense, 2018, p. 511.

mas examina tão somente a compatibilidade entre a lei e a Constituição. Como consequência disso, Kelsen chega a dizer que o Tribunal Constitucional sequer exercia uma função judicial, já que não julgava casos em concreto, mas sim uma função constitucional de legislador negativo.

Outra diferença em relação ao modelo norte-americano, é de que, no modelo austríaco, considera-se a lei válida até que seja declarada inconstitucional. Dessa forma, a inconstitucionalidade é considerada um vício de **anulabilidade**, tendo a decisão que a reconhece natureza **constitutiva.**[5]

► **Quadro-resumo das diferenças entre os sistemas norte-americano e austríaco:**

Sistema norte-americano	Sistema austríaco
Difuso	Concentrado
Incidental	Principal
Concreto	Abstrato
Decisão declaratória	Decisão constitutiva
Vício de inconstitucionalidade é aferido no plano da validade	Vício de constitucionalidade é aferido no plano da eficácia
Decisão produz efeitos *ex tunc*	Decisão produz efeitos *ex nunc*
O ato normativo inconstitucional é nulo	O ato normativo inconstitucional é anulável

5. Nas palavras do jusfilósofo austríaco: "Levanta-se, portanto, a questão de saber a quem deve a Constituição conferir competência para decidir se, num caso concreto, foram cumpridas as normas constitucionais, se um instrumento cujo sentido subjetivo é o de ser uma lei no sentido da Constituição há de valer também como tal segundo o seu sentido objetivo. (...) A situação jurídica é essencialmente diversa quando a Constituição transfere o controle e a decisão da questão de saber se uma lei corresponde às determinações constitucionais que regulam diretamente a legiferação para um órgão diferente do legislativo e confere a este órgão competência para anular uma lei que considere "inconstitucional". Esta função pode ser cometida a um tribunal especial, ou ao tribunal supremo, ou a todos os tribunais. (...) Se o controle da constitucionalidade das leis é reservado a um único tribunal, este pode deter competência para anular a validade da lei reconhecida como "inconstitucional" não só em relação a um caso concreto mas em relação a todos os casos a que a lei se refira - quer dizer, para anular a lei como tal." Ver KELSEN, Hans. Teoria pura do direito. Trad. João Baptista Machado. São Paulo: Martins Fontes, 1999, p. 188-192.

Sistema norte-americano	Sistema austríaco
Lei inconstitucional é inválida desde o início, não subsistindo nenhum efeito	Lei inconstitucional é válida até ser declarada inconstitucional, produzindo seus efeitos até a sua anulação

5. BLOCO DE CONSTITUCIONALIDADE

Todos os atos normativos devem estar em conformidade, formal e substancialmente, com a constituição.

Essa assertiva simples esconde uma questão fundamental para delimitação do âmbito de exercício do controle de constitucionalidade. O parâmetro de controle, vimos, é a constituição. Mas que normas são consideradas constitucionais e, portanto, podem ser alçadas ao patamar de parâmetro de controle das demais normas do ordenamento jurídico?

Para responder essa pergunta, a doutrina trabalha com o conceito de **bloco de constitucionalidade.**

A noção de um bloco de constitucionalidade surgiu por decisões do Conselho Constitucional Francês e pela tese de Charles Eisenmann, mas só passou a ser utilizada de forma regular e com essa nomenclatura a partir dos estudos de **Louis Favoreau.**[6]

Podemos conceituar bloco de constitucionalidade como o **conjunto de normas a que é reconhecido *status* constitucional e, portanto, que serve como parâmetro para o exercício do controle de constitucionalidade.**

Como bem aponta J.J Gomes Canotilho, há **divergência** doutrinária acerca do **conteúdo** do bloco de constitucionalidade:[7]

- **Primeira posição**: o bloco de constitucionalidade está **limitado à constituição escrita e formal.**
- **Segunda posição**: o conteúdo do bloco de constitucionalidade é **mais amplo**, não se limitando às normas e princípios escritos, abrangendo também princípios reclamados pelo espírito e pelos valores que informam a ordem constitucional global.

---

6. FAVOREAU, Louis. El bloque de la constitucionalidad. Revista del Cientro de Estudos Constitucionales, núm. 5, Enero-Marzo, 1990.

7. CANOTILHO, J.J. Gomes. Direito Constitucional e Teoria da Constituição, 7ª ed., 20ª reimp. Coimbra: Almedina, 2003, p. 919-920.

No **direito brasileiro** tem prevalecido o primeiro entendimento, reduzindo-se o bloco de constitucionalidade às **normas formalmente constitucionais**. É esse o entendimento do **Supremo Tribunal Federal**, que considera inseridas no bloco de constitucionalidade todas as normas formalmente constitucionais, incluídos os **tratados internacionais de direitos humanos que foram aprovados pelo procedimento do artigo 5º, §3º, da CF/88.**[8]

De outro lado, por não serem normas formalmente constitucionais, **não estão inseridos** no bloco de constitucionalidade o **preâmbulo**[9], as **normas regimentais da Câmara dos Deputados e do Senado Federal** que cuidam do processo legislativo não compõem o bloco de constitucionalidade[10] ou os **tratados internacionais de direitos humanos inseridos em nosso ordenamento jurídico pela via ordinária.**[11]

8. Ver STF, Segunda Turma, HC 185.051, Rel. Min. Celso de Mello, j. 10.10.2020.
9. STF, Tribunal Pleno, ADI 2.076, Rel. Min. Carlos Velloso, j. 15.8.2022.
10. STF, Tribunal Pleno, RE 1.297.884, Rel. Min. Dias Toffoli, j. 11.6.2021 (Repercussão Geral).
11. STF, Tribunal Pleno, RE 466.343, Rel. Min. Cezar Peluso, j. 3.12.2008.

CAPÍTULO 19

A INCONSTITUCIONALIDADE

1. CONCEITO E EFEITOS

A inconstitucionalidade é a **incompatibilidade de uma lei ou de um ato normativo com a Constituição.**

Nos dizeres de Jorge Miranda:

> "Constitucionalidade e inconstitucionalidade designam conceitos de relação: a relação que se estabelece entre uma coisa – a Constituição – e outra coisa – um comportamento – que lhe está ou não conforme, que cabe ou não cabe no seu sentido, que tem nela ou não a sua base. Assim declaradas, são conceitos que aprecem surgir por dedução imediata. De modo pré-sugerido, resultam do confronto de uma norma ou de um ato com a Constituição, correspondem a atributos que tal comportamento recebe em face de cada norma constitucional".[1]

Uma vez constatada essa desconformidade, surge a dúvida: esse ato incompatível com a Constituição é **inexistente, inválido** ou **ineficaz?**

Uma lei ou ato normativo inconstitucional **não será inexistente**. Isso porque estão presentes os seus elementos constitutivos. Esse ato ingressa no mundo jurídico e, na maioria dos casos, produz efeitos concretos.

1. MIRANDA, Jorge. Manual de Direito Constitucional. 3º v. Tomo VI. Coimbra: Coimbra Editora, 2014, p. 7-8.

Em verdade, o ato inconstitucional é **inválido**, já que foi editado sem respeitar as regras formais e/ou materiais impostas pela Constituição, que é a norma superior de todo ordenamento jurídico. Como já estudamos, o ordenamento jurídico é um conjunto de normas escalonadas, em que as de grau inferior buscam sua validade nas de grau superior. Caso uma norma esteja em descompasso com aquela que lhe seja hierarquicamente superior, será inválida.

Reconhecida a invalidade da norma inconstitucional, **atinge-se, consequentemente, a sua eficácia**, de modo que o ato em desconformidade com a Constituição não deverá ser mais aplicado e não mais produzirá seus efeitos.

Entretanto, dizer que a inconstitucionalidade ataca o plano da validade por si só não basta. Isso porque o plano da validade comporta tanto a **anulabilidade** quanto a **nulidade**.

Uma **primeira corrente** adota a tese desenvolvida pelo *Chief of Justice* John Marshall no caso *Marbury v. Madison* de que o ato inconstitucional é **nulo** de pleno direito. Isto é: o ato **nasce** já inválido, não produzindo qualquer efeito, sendo de natureza **declaratória** a decisão que reconhece a inconstitucionalidade.

Segundo o magistrado norte-americano, o reconhecimento da supremacia constitucional seria incompatível com a ideia de um ato infraconstitucional reger situações concretas e produzir efeitos válidos e regulares, ainda que durante um determinado período de tempo, pois isso acarretaria a negativa de vigência da Constituição durante esse lapso temporal.

Outra corrente, capitaneada pelo jusfilósofo Hans Kelsen, discorda dessa proposição. Para esses autores, os juízes não poderiam deixar de aplicar uma lei considerada inconstitucional, sob pena de violação do princípio da separação dos poderes. Somente um legislador negativo – uma Corte Constitucional – poderia retirar o ato normativo inconstitucional do mundo jurídico, desconstituindo-o.

Assim, o vício da inconstitucionalidade acarretaria a **anulabilidade** da lei inconstitucional, produzindo efeitos somente **para o futuro**. A decisão que reconhece a inconstitucionalidade teria natureza **desconstitutiva**.

Prevalece no mundo, inclusive no Brasil, o entendimento de que o ato inconstitucional é **nulo**. O próprio Supremo Tribunal Federal sempre adotou expressamente a **teoria da nulidade** dos atos inconstitucionais.

Todavia, a teoria da nulidade absoluta vem sendo **mitigada** casuisticamente tanto na doutrina quanto na jurisprudência, pois, em algumas situações, a retroatividade do pronunciamento da inconstitucionalidade vilipendiaria outros princípios de magnitude também constitucional, como a **segurança jurídica** e a **boa-fé**.

O Supremo Tribunal Federal já deixou de invalidar atos praticados por funcionário público investido em cargo em razão de lei declarada inconstitucional, para resguardar a boa-fé de terceiros.[2] Também já deixou de determinar a devolução de valores recebidos por magistrados com fundamento em lei declarada inconstitucional, para tutelar o princípio da irredutibilidade salarial.[3]

A nossa Constituição de 1988 não trouxe previsão da possibilidade de **modulação dos efeitos da decisão**. Entretanto, a Lei n.º 9.868/99, que trata da ação direta de inconstitucionalidade e da ação direta de constitucionalidade ajuizadas perante o Supremo Tribunal Federal, previu em seu artigo 27 a possibilidade de restrição dos efeitos da declaração de inconstitucionalidade, desde que presentes dois requisitos: i) justificativa fundada em razões de **segurança jurídica** ou de **excepcional interesse social**; e ii) aprovação de **2/3** (dois terços) dos membros da Suprema Corte.

A regra do artigo 27 da Lei n.º 9.868/99, que nada mais é do que a positivação daquilo que já vinha sido debatido em doutrina e decidido pelos Tribunais sobre o tema no Brasil, vem sendo inclusive aplicada pelo Supremo Tribunal Federal, por analogia, no **controle difuso.**[4]

> **Observação**: A inconstitucionalidade não se confunde com a **revogação.** A revogação é a **retirada de uma norma do mundo jurídico por meio de outra norma, produzindo seus efeitos somente para o futuro.** A inconstitucionalidade, por sua vez, é o reconhecimento da incompatibilidade da norma com a Constituição, produzindo, em regra, efeitos retroativos. Assim, uma norma declarada inconstitucional pelo Supremo Tribunal Federal, no bojo de uma ação do controle abstrato de inconstitucionalidade, é inválida e ineficaz, mas continua a existir, podendo ser, desse modo, revogada posteriormente, já que **a revogação atua no campo da existência.**

2. ESPÉCIES DE INCONSTITUCIONALIDADE

A. Formal e material

A distinção entre inconstitucionalidade formal e inconstitucionalidade material se dá com base na **origem do defeito que macula o ato impugnado.**

Temos a inconstitucionalidade **formal** (*nomodinâmica*) quando o ato normativo viola regra de ordem técnica ou procedimental (**inconstitucionalidade formal propriamente dita**) ou regra referente à competência (**inconstitucionalidade**

2. STF, Segunda Turma, RE 78.533/SP, Rel. Min. Firmino Paz, j. 13.11.1981.
3. STF, Segunda Turma, RE 122.202/MG, Rel. Min. Francisco Rezek, j. 10.8.1993.
4. STF, Tribunal Pleno, MS 22.357/DF, Rel. Min. Gilmar Mendes, j. 27.5.2004.

orgânica). Aqui, não há vício no conteúdo, mas nos pressupostos relativos à formação da lei.[5]

A inconstitucionalidade **material** (nomoestática), por sua vez, ocorre quando há uma incompatibilidade de **conteúdo** entre o ato normativo e a constituição.

Nesse ponto, Gilmar Ferreira Mendes ensina que a inconstitucionalidade material envolve não só o contraste direto do ato legislativo com o parâmetro constitucional, mas também a aferição do desvio de poder ou do excesso de poder legislativo.[6]

O ato editado com **desvio ou excesso de poder legislativo** é aquele editado em descompasso com os fins constitucionais ou com o princípio da proporcionalidade. É inegável que o Poder Legislativo possui liberdade para editar leis e atos normativos. Todavia, essa liberdade está condicionada pela constituição. Somente dentro desses limites constitucionais é que as escolhas legislativas são legítimas.

Dentro do excesso do poder legislativo, temos não só situações em que são editadas leis que violem os limites da constituição, como também os casos em que haja **omissão no dever de legislar**.

Por fim, importante observar que um mesmo ato normativo pode ser, **ao mesmo tempo, formalmente e materialmente inconstitucional**.

B. Por ação e por omissão

A constituição pode ser violada tanto pela edição de um ato que ela proíbe, quanto pelo deixar de praticar um ato que ela exigia.

A inconstitucionalidade **por ação** é aquela na qual se **edita** um ato normativo incompatível com a Constituição. Esse ato, por estar em desconformidade com a norma que lhe é hierarquicamente superior, deve ser extirpado do ordenamento jurídico, sob pena de negativa de vigência da constituição.

Já na inconstitucionalidade **por omissão, deixa-se de adotar uma conduta** determinada no texto constitucional. Essa inércia ilegítima, que pode ocorrer no âmbito dos três Poderes, pode ser:

a. **Político-administrativa**: ocorre quando não são praticados atos de governo ou atos administrativos necessários para tornar plenamente aplicáveis normas constitucionais;

5. BRANCO, Paulo Gustavo Gonet; MENDES, Gilmar Ferreira. Curso de direito constitucional. 12ª ed. rev. e atual. São Paulo: Saraiva, 2017, p. 1.124-1.125.

6. BRANCO, Paulo Gustavo Gonet; MENDES, Gilmar Ferreira. Curso de direito constitucional. 12ª ed. rev. e atual. São Paulo: Saraiva, 2017, p. 1.126.

b. **Normativa**: acontece quando se deixa de observar um dever constitucional de legislar;

c. **Judicial**: dá-se com a própria denegação da justiça.[7]

A mais debatida delas é a **omissão normativa**. A Constituição prevê certas hipóteses em que é necessária a edição de ato normativo para que seus comandos se realizem a contento. Caso o Legislador omita-se, haverá um não fazer inconstitucional.

Veja-se que as omissões normativas podem ser imputadas também ao Poder Executivo, quando este deixa de editar ato normativo de caráter secundário, tal qual um regulamento, ou ao Poder Judiciário, quando deixa de exercer sua competência legislativa atípica.

No caso brasileiro, a Constituição de 1988 previu dois mecanismos que visam sanar a omissão normativa inconstitucional, são eles: o **mandado de injunção** (artigo 5º, LXXI) e a **ação direta de inconstitucionalidade por omissão** (artigo 103, §2º).

Ainda sobre a inconstitucionalidade por omissão, temos duas importantes **observações** a serem feitas.

A **primeira** é a de que o **poder de legislar** é, em **regra**, uma **faculdade** do legislador. Assim, insere-se no âmbito desse poder escolher se irá ou não o exercer, bem como quando e como isso se dará. Há, portanto, **discricionariedade** do legislador. Nesse contexto, só é possível falar em omissão inconstitucional nas hipóteses excepcionais em que a Constituições impõe um dever de legislar que não é obedecido.

A **segunda** observação é que a omissão inconstitucional pode ser total ou parcial.

Diz-se que a omissão é **total** quando o legislador não cumpre inteiramente a determinação constitucional, ou seja, quando, tendo o dever de editar uma lei, ele não a edita.

A omissão **parcial**, por sua vez, ocorre em duas hipóteses. Na primeira, chamada de **omissão relativa**, o legislador cumpre seu dever de legislar, mas o faz de maneira incompleta, pois concede vantagens ou benefícios a determinados

---

7. Jorge Miranda ensina que: "Relativamente a quaisquer funções do Estado objeto de disciplina pela Constituição, não custa surpreender manifestações possíveis – e não apenas teóricas – de comportamentos omissivos, sejam omissões de atos normativos, seja de atos de conteúdo não normativo ou individual e concreto. Sucede isto com a função legislativa e com a função política ou de governo e, em alguns casos, com a revisão constitucional; sucede isto com a função administrativa e pode suceder até com a função jurisdicional.", ver MIRANDA, Jorge. Manual de Direito Constitucional. Vol. 3, Tomo VI. Coimbra: Coimbra Editora, 2014, p. 361-364.

grupos, mas não abrange outros grupos que estão na mesma situação. Há patente violação ao princípio da igualdade, o que leva, inclusive, alguns autores a falarem em "exclusão de benefício incompatível com o princípio da igualdade".[8]

Temos, ainda, a **inconstitucionalidade parcial propriamente dita**, em que o legislador não viola o princípio da igualdade, mas exerce o seu dever de legislar de forma insuficiente, ou seja, a regulamentação é inadequada para garantir em níveis mínimos o que a Constituição previu.[9]

C. Total e parcial

A inconstitucionalidade pode cair sobre um diploma normativo inteiro ou somente sobre parte dele. Na primeira situação, temos a chamada inconstitucionalidade **total**, em que o ato normativo é **integralmente** extirpado do ordenamento jurídico por estar em desconformidade com a Constituição.

Caso, entretanto, a incompatibilidade se dê somente em relação a **alguma parte do ato**, teremos a inconstitucionalidade **parcial**. Desse modo, podemos ter hipóteses em que a inconstitucionalidade abrangerá alguns artigos da lei, alguma parte de um artigo ou, até mesmo, uma única palavra.

Ao declarar a inconstitucionalidade parcial deve-se somente atentar para que **não haja uma modificação completa no sentido da norma**, sob o risco de invasão do Poder Judiciário em função típica do Poder Legislativo.

Um exemplo pode ilustrar bem a questão. Caso uma lei preveja que "os mercados da cidade não abrirão aos domingos", não pode o Judiciário declarar inconstitucional somente a palavra "não", pois acarretaria na obrigação de todos os mercados abrirem aos domingos. Nesse caso, deve ser declarado inconstitucional todo o dispositivo, sob pena de atuação da Corte Constitucional como legislador positivo.

D. Originária e superveniente

A classificação entre inconstitucionalidade originária e superveniente toma como base o **momento da edição das normas constitucionais**.

Fala-se em inconstitucionalidade **originária** quando o ato normativo **objeto do controle é editado posteriormente à norma constitucional** que lhe servirá de

---

8. BRANCO, Paulo Gustavo Gonet; MENDES, Gilmar Ferreira. Curso de direito constitucional. 12ª ed. rev. e atual. São Paulo: Saraiva, 2017, p. 1.303.

9. BARROSO, Luís Roberto. O controle de constitucionalidade no direito brasileiro: exposição sistemática da doutrina e análise crítica da jurisprudência. 4ª ed. rev. e atual – São Paulo: Saraiva: 2009, p. 38.

parâmetro. Aqui, não há dúvidas de que teremos uma inconstitucionalidade, apta a produzir todos os seus efeitos (declaração de nulidade do ato com efeitos *ex tunc*).

Contudo, **se o ato normativo é editado antes** e, somente depois, entra em vigor norma constitucional paramétrica incompatível com ele, teremos uma inconstitucionalidade **superveniente.**

Nessa segunda hipótese, temos forte embate doutrinário sobre a **natureza jurídica** dessa incompatibilidade.

Parte da doutrina, destacadamente o professor português Jorge Miranda, entende que esse conflito de normas deve ser solucionado pelo **critério hierárquico**, sendo, portanto, declarado o ato normativo como **inconstitucional.**[10]

Para outros autores, no entanto, deve-se valer do **critério temporal**, de modo que, havendo incompatibilidade entre lei anterior e norma constitucional posterior, aquela terá sido **revogada** – mais tecnicamente, **não recepcionada.**[11]

Essa disputa, longe de ser uma discussão meramente teórica, tem **efeitos práticos** relevantes. Isso porque, caso se reconheça que a contradição entre norma legal e norma constitucional posterior caracteriza uma inconstitucionalidade, aplicam-se as regras inerentes ao reconhecimento de **inconstitucionalidade**, como a necessidade de **observância da cláusula de reserva de plenário** (artigo 97 da Constituição Federal de 1988). Por outro lado, caso se reconheça que estamos diante de uma hipótese de **não recepção**, poderá **qualquer juiz**, reconhecê-lo em sua decisão, deixando de aplicar a norma revogada.

A Constituição Federal de 1988 não tomou partido nesse embate, não trazendo qualquer previsão sobre o tema. Coube, então, ao **Supremo Tribunal Federal** definir a natureza jurídica da "inconstitucionalidade superveniente".

Em um **primeiro momento**, o entendimento foi de que o critério a ser adotado é o hierárquico, de modo que a norma anterior seria **inconstitucional**. Entretanto, no julgamento da **ADI 3.833**, houve uma alteração desse entendimento, passando a Suprema Corte a adotar a posição de que prevalece o critério temporal, devendo a lei anterior à vigência da Constituição deve ser considerada **não recepcionada**, ou seja, **revogada.**[12]

Particularmente, parece-me que o primeiro entendimento é mais técnico. Isso porque, no conflito aparente de normas, o critério hierárquico precede em

---

10. MIRANDA, Jorge. Manual de Direito Constitucional. Vol. III, tomo VI. Coimbra: Coimbra Editora, 2014, p. 37-38.

11. Bernardo Gonçalves Fernandes é preciso ao apontar que o termo revogação é inadequado, pois um ato normativo somente é revogado por outro ato normativo de igual hierarquia. Ver FERNANDES, Bernardo Gonçalves. Curso de direito constitucional. 12ª ed. Salvador: Editora Juspodivm, 2020, p. 1.818.

12. STF, Tribunal Pleno, ADI 3.833, Red. p/ acórdão Min. Marco Aurélio, j. 19.12.2006.

relevância o critério temporal.[13] Todavia, não posso deixar de reconhecer que, sob um viés consequencialista, a teoria da não recepção possui vantagens inequívocas, facilitando a transição entre regimes constitucionais.

Por fim, faz-se necessário fazer **três apontamentos derradeiros** sobre a inconstitucionalidade superveniente.

Primeiro, deve-se atentar para o fato de que não é preciso que haja a superveniência de uma nova constituição ou de uma alteração formal em seu texto para a sua ocorrência, sendo possível que a **mutação constitucional** acarrete a incompatibilidade da norma anteriormente editada.

Segundo, **inexiste** no direito pátrio a figura da **inconstitucionalidade formal superveniente**. Se um ato normativo é editado em conformidade com os aspectos formais delineados pela constituição então em vigor, ele permanecerá válido ainda que uma nova constituição ou emenda constitucional altere alguma regra procedimental (*tempus regit actum*).

Terceiro, a inconstitucionalidade superveniente pode ser **progressiva**. Aqui, reconhece-se que o ato normativo **ainda não está** em desconformidade absoluta com a norma constitucional, mas que a ocorrência **alterações progressivas na realidade fática acarretarão a inconstitucionalidade** da norma objeto de controle. Desse modo, não se retira de imediato a norma do ordenamento jurídico, deixando para momento posterior a sua nulificação.

Um caso já analisado pelo Supremo Tribunal Federal ilustra muito bem a questão. O artigo 68 do Código de Processo Penal prevê que quando o titular do direito à reparação do dano for pobre, a execução da sentença condenatória ou a ação civil será promovida, a seu requerimento, pelo Ministério Público.

Entretanto, a Constituição Federal de 1988 dispõe que é atribuição da Defensoria Pública a defesa judicial, em todos os graus, dos direitos individuais e coletivos das pessoas necessitadas (artigo 134). Há, assim, uma clara incompatibilidade entre o CPP, que foi editado em 1941, e a Constituição de 1988.

Ocorre que a instalação e o aparelhamento das Defensorias Públicas ocorreram imediatamente após a edição da norma constitucional. Como sabemos, entre o *dever ser* e o *ser*, muitas vezes há um abismo, mormente no caso de normas criadoras de instituições, que dependem de recursos e tempo para a sua total implementação.

Em razão disso o Supremo Tribunal Federal optou por reconhecer que o artigo 68 do CPP era uma norma **ainda constitucional**, que estava passando por um

13. BOBBIO, Norberto. Teoria do ordenamento jurídico. Trad. Maria Celeste C. J. Santos. 6ª. Brasília: Editora Universidade de Brasília, 1995, p. 107-108.

processo de inconstitucionalização. Isso porque a atribuição de assistência judiciária dos necessitados só estará totalmente transferida para a Defensoria Pública, quando e onde ela exista de maneira organizada. Até lá, deve-se considerar vigente o artigo 68 do CPP.[14]

O STF adotou, portanto, a técnica da **inconstitucionalidade superveniente progressiva**, reconhecendo que a eficácia do artigo 134 da CF/88 depende de mudanças fáticas. Somente após essas alterações é que é possível falar na inconstitucionalidade do artigo 68 do CPP.

3. ESTADO DE COISAS INCONSTITUCIONAL

O termo "**estado de coisas inconstitucional**" foi empregado originalmente pela Corte Constitucional colombiana na *Sentencia* SU-559 de 6.11.1997.

Utiliza-se a expressão para se referir à existência de um **quadro insuportável de violação massiva de direitos fundamentais**, decorrente de atos comissivos e omissivos praticados por **diferentes autoridades públicas**, agravado pela **inércia continuada** dessas mesmas autoridades, de modo que **apenas transformações estruturais** da atuação do Poder Público podem modificar a situação inconstitucional.

O **Supremo Tribunal Federal**, em liminar proferida no bojo da **ADPF 347**, utilizou o termo pela primeira vez no Brasil, reconhecendo que no sistema penitenciário brasileiro, em razão das violações sistemáticas e generalizadas aos direitos fundamentais dos presos, há um estado de coisas inconstitucional.

Verificou-se que a responsabilidade dessa situação é dos três Poderes, em todas as esferas da Federação, cabendo, portanto, ao Supremo, o papel de coordenar ações para retirar os demais Poderes da inércia.

No julgamento definitivo da referida ação, o Supremo Tribunal Federal fixou as seguintes teses: "1. Há um estado de coisas inconstitucional no sistema carcerário brasileiro, responsável pela violação massiva de direitos fundamentais dos presos. Tal estado de coisas demanda a atuação cooperativa das diversas autoridades, instituições e comunidade para a construção de uma solução satisfatória. 2. Diante disso, União, Estados e Distrito Federal, em conjunto com o Departamento de Monitoramento e Fiscalização do Conselho Nacional de Justiça (DMF/CNJ), deverão elaborar planos a serem submetidos à homologação do Supremo Tribunal Federal, nos prazos e observadas as diretrizes e finalidades expostas no presente voto, especialmente voltados para o controle da superlotação carcerária, da má qualidade das vagas existentes e da entrada e saída dos presos. 3. O CNJ realizará

14. STF, Tribunal Pleno, RE 135.328/SP, Rel. Min. Marco Aurélio, j. 29.6.1994.

estudo e regulará a criação de número de varas de execução penal proporcional ao número de varas criminais e ao quantitativo de presos."[15]

Essa atuação, contudo, não deve ser intensa ao ponto de invadir as competências e atribuições das instâncias políticas, servindo tão somente para superar os bloqueios políticos e institucionais.

As **objeções** ao posicionamento do Supremo Tribunal Federal são, basicamente, três: i) a **falta de legitimidade democrática** do Poder Judiciário; ii) a **incapacidade institucional** do Supremo Tribunal Federal; e iii) a **inutilidade** da classificação, uma vez que o reconhecimento de um estado de coisas inconstitucional é incapaz, por si só, de solucionar os problemas no mundo dos fatos.

---

15. STF, Tribunal Pleno, ADPF 347/DF, Red. p/ acórdão Min. Luís Roberto Barroso, j. 4.10.2023.

MODALIDADES DE CONTROLE DE CONSTITUCIONALIDADE

1. CONSIDERAÇÕES INICIAIS

Já vimos os sistemas norte-americano e austríaco de controle de constitucionalidade e as suas diferenças. Além desses modelos, ao visitarmos o direito comparado, é possível identificar diversas formas de exercício do controle de constitucionalidade.

Dessa variedade e riqueza de manifestações, podemos elencar algumas características e elementos que os diferenciam. Passemos, então, a estudá-los.

2. CONTROLE POLÍTICO E CONTROLE JUDICIAL

O primeiro critério distintivo que analisaremos baseia-se na **natureza jurídica do órgão** competente para o controle.

O controle é **político** quando confiado a órgãos de natureza política, ou seja, ao **Poder Executivo** e ao **Poder Legislativo**.

Historicamente, esse modelo está ligado ao **sistema francês** de controle de constitucionalidade. Os jacobinos e girondinos, quando da revolução francesa, tinham intensa desconfiança em relação aos juízes, que, na ótica deles, teriam ajudado na manutenção do *ancien régime*. É por essa razão que a Constituição de 1958 criou um órgão político – o *Conseil Constitutionnel* –, que não se encontra na estrutura do Poder Judiciário, para realizar a fiscalização de constitucionalidade na França.[1]

A grande vantagem dessa modalidade é, se não eliminar, reduzir bastante a dificuldade contramajoritária. Todavia, o professor Manoel Gonçalves Ferreira Filho alerta que o controle político tem se mostrado, na prática, ineficaz.[2]

O controle **judicial**, por sua vez, é atribuído a um órgão ou a órgãos integrantes do **Poder Judiciário**.

No Brasil, adotamos um sistema eclético, em que há uma preponderância do controle judicial, com incidências pontuais de controle político. O Poder Executivo, por exemplo, pode vetar uma lei inconstitucional, enquanto o processo legislativo conta com a análise pela Comissão de Constituição e Justiça dos projetos de lei.

3. CONTROLE PREVENTIVO E REPRESSIVO

Em relação ao momento de realização do controle, podemos separar o controle em preventivo e repressivo.

O controle **preventivo** é aquele que ocorre **durante o procedimento de elaboração do ato**, ou seja, antes da conversão do projeto de lei em lei. Essa modalidade é partidária do velho ditado popular: "*é melhor prevenir do que remediar*". Busca-se, com ele, evitar que um ato inconstitucional ingresse no ordenamento jurídico e venha a produzir efeitos incompatíveis com a constituição.

Em nosso ordenamento jurídico, temos **três possibilidades** de controle preventivo de constitucionalidade:

a) **Veto jurídico**: o artigo 66, §1º, da Constituição de 1988 prevê que o Chefe do Poder Executivo pode vetar, no todo ou em parte, o projeto de lei que considere inconstitucional.

> **Observação**: O veto, conforme expressa previsão constitucional (artigo 66, §2º, da CF/88), poderá ser parcial. No entanto, diferentemente do que ocorre no controle de constitucionalidade realizado pelo Poder Judiciário, em que se poderá declarar inconstitucional até mesmo uma única palavra, desde que não haja completa alteração no sentido do dispositivo, o veto parcial somente abrangerá texto integral de artigo, de parágrafo, de inciso ou de alínea.

1. CAPPELLETTI, Mauro. O controle judicial de constitucionalidade das leis no direito comparado. Trad. Aroldo Plínio Gonçalves. Porto Alegre: Fabris, 1984, p. 27-29.

2. FERREIRA FILHO, Manoel Gonçalves. Curso de direito constitucional. 40. ed. São Paulo: Saraiva, 2015, p. 65.

b) **Parecer negativo da CCJ**: as Comissões de Constituição e Justiça das Casas Legislativas podem emitir parecer contrário a um projeto de lei que considerem inconstitucional. Caso isso ocorra, o projeto de lei será, em regra, arquivado definitivamente (artigo 101, §1º do Regimento Interno do Senado Federal e artigo 54, inciso I do Regime Interno da Câmara dos Deputados).

c) **Decisão judicial**: o Supremo Tribunal Federal, como **regra, não admite** o controle preventivo realizado pelo Poder Judiciário. Admite-o, contudo, em duas situações **excepcionais**: i) por meio de mandado de segurança impetrado por parlamentar para garantir o seu direito público subjetivo de não participar da deliberação de uma proposta de **emenda constitucional** manifestamente ofensiva a **cláusula pétrea**[3] e ii) por meio de mandado de segurança impetrado por parlamentar quando, no **projeto de lei ou PEC,** se verifique manifesta ofensa ao **devido processo legislativo.**[4-5]

> **Observação**: Nesses casos em que o STF admite o controle judicial preventivo, **não caberá o controle sobre aspectos discricionários, tampouco sobre atos *interna corporis*.**

O controle **repressivo**, também chamado de **sucessivo** ou **posterior**, é aquele que ocorre somente **após a conclusão do processo legislativo**, ou seja, que é realizado sobre a lei. Aqui, o ato impugnado já ingressou no ordenamento jurídico.

O controle repressivo, **em regra**, é exercido pelo **Poder Judiciário**. Contudo, existem algumas hipóteses excepcionais em que ele será exercido pelos outros Poderes.

A **primeira exceção** está prevista no **artigo 49, inciso V, segunda parte da CF/88**. De acordo com esse dispositivo, poderá o Congresso Nacional, por meio de decreto legislativo, sustar atos normativos do Poder Executivo que exorbitem dos limites de delegação legislativa.

---

3. STF, Tribunal Pleno, MS 20.257, Rel. Min. Moreira Alves, j. 8.10.1980.
4. STF, Tribunal Pleno, MS 32.033, Red. p/ acórdão Min. Teori Zavascki, j. 20.6.2013.
5. Luiz Guilherme Marinoni, encampando doutrina minoritária, sustenta que o controle judicial do processo legislativo por meio da impetração de mandado de segurança por parlamentar não é forma de controle judicial preventivo, mas repressivo. Nas palavras do autor: "Contudo, é importante perceber que, neste caso, não há controle preventivo de constitucionalidade. O que existe é controle judicial repressivo, mediante mandado de segurança. (...) Há inconstitucionalidade muito antes de se chegar à deliberação, o processo é, por si só, inconstitucional", ver MARINONI, Luiz Guilherme; MITIDIERO, Daniel; SARLET, Ivo Wolfgang. Curso de Direito Constitucional. 7ª ed., São Paulo: Saraiva Educação, 2018, p. 1.014-1.016.

O artigo 68 da Constituição Federal permite que o Presidente da República elabore lei delegada, mediante delegação do Congresso Nacional, o que se materializa por meio da edição de uma resolução. Se o Presidente, na edição da lei delegada, exorbitar os limites da delegação previstos nessa resolução, poderá o Congresso Nacional sustar esse ato normativo.

Essa sustação, para a **doutrina minoritaríssima**, representa uma forma de **controle de legalidade**, e não de constitucionalidade. Isso porque, teríamos o confrontamento da lei delegada com a resolução editada pelo Congresso Nacional e, não com a Constituição.[6]

Todavia, **prevalece** o entendimento de que o Congresso Nacional, ao exercer a sua prerrogativa constante do artigo 49, inciso V, segunda parte da Constituição, está realizando um **controle de constitucionalidade**. Isso porque a lei delegada (objeto do controle) está sendo comparada com o próprio artigo 68 da CF/88, que seria, portanto, o verdadeiro parâmetro de controle. Temos, assim, um exemplo de controle de constitucionalidade político repressivo.[7]

A **segunda exceção** está relacionada com a edição de **medidas provisórias**.

O artigo 62 da CF/88 prevê que, nos casos de relevância e urgência, o Presidente da República poderá adotar medidas provisórias, com força de lei, devendo submetê-las de imediato ao Congresso Nacional.

Caso o Poder Legislativo, ao apreciar a medida provisória, **não a converta em lei por entender que não estavam presentes os pressupostos constitucionais que autorizariam sua edição**, teremos um controle de constitucionalidade exercido pelo Congresso Nacional posterior à edição do ato normativo (a medida provisória).

Por fim, a **última exceção** é a possibilidade de **recusa direta do Chefe do Poder Executivo em aplicar a norma inconstitucional.**

O **Supremo Tribunal Federal**, antes da Constituição de 1988, possuía entendimento de que era possível aos Governadores dos Estados-membro expedirem ato determinando aos seus servidores o descumprimento de lei por ele (Governador) considerada inconstitucional. O fundamento para tal baseava-se no fato de que a Constituição não é interpretada exclusivamente pelo Poder Judiciário,

6. PINHEIRO, Bruno. Controle de constitucionalidade: doutrina, jurisprudência e questões. Rio de Janeiro: Forense, 2009, p. 102.

7. MORAES, Alexandre de. Direito Constitucional, 34ª ed. São Paulo: Atlas, 2018, p. 765; BARROSO, Luís Roberto. O controle de constitucionalidade no direito brasileiro: exposição sistemática da doutrina e análise crítica da jurisprudência. 4ª ed. rev. e atual – São Paulo: Saraiva: 2009, p. 46; e CUNHA JÚNIOR, Dirley da. Controle de constitucionalidade: teoria e prática. 8ª ed. rev. ampl. e atual. – Salvador: Juspodivm, 2016, p. 106.

mas por todos os Poderes. Veja-se que os Chefes do Poder Executivo assumem, ao serem empossados, o compromisso de cumprir e defender a Constituição Federal.[8]

Com o advento da CF/88, há dúvida doutrinária se esse entendimento da Suprema Corte se mantém. Isso porque, diferente da Constituição de 1946, que vigia quando da decisão, a Constituição de 1988 **alargou o rol de legitimados à propositura de ações do controle abstrato de constitucionalidade**, prevendo expressamente o próprio Governador no elenco dos legitimados.

Soma-se a isso o fato de o STF ter decido que, após a EC n.º 16/65, **não pode o Presidente da República descumprir deliberadamente lei federal que entenda ser inconstitucional**, uma vez que o Procurador-Geral da República, cargo até então de confiança do Presidente, poderia dar início, de forma rápida e singela, ao processo de controle abstrato de normas.[9]

Em razão disso, Gilmar Ferreira Mendes entende que, atualmente, pelos mesmos motivos, não se deve reconhecer ao Governador a prerrogativa de repelir a execução de lei que lhe pareça em desconformidade com as normas constitucionais. Todavia, os **Prefeitos Municipais**, por não possuírem legitimidade para o ajuizamento de ação direta de inconstitucionalidade, **poderiam recusar a aplicação de lei** que avaliem como inconstitucional.[10]

José Joaquim Gomes Canotilho, por outro lado, possui entendimento um pouco diverso. Para ele, os administradores não podem deixar de aplicar a lei por entenderem que ela é inconstitucional, **salvo se a ordem implicar o cometimento de crime.**[11]

Seja qual for o entendimento adotado, fato é que todos os autores, em alguma medida, admitem que integrantes do Poder Executivo exerçam controle de constitucionalidade posterior à edição do ato normativo quando a aplicação do ato enseje o cometimento de crime.

4. CONTROLE DIFUSO E CONCENTRADO

Em relação ao **número de órgãos com competência para o controle**, o controle pode ser difuso ou concentrado.

8. STF, Tribunal Pleno, RMS 14.557, Rel. Min. Cândido Motta Filho, j. 17.5.65.

9. STF, Tribunal Pleno, MS 15.886, Rel. Min. Victor Nunes, j. 26.05.1966.

10. BRANCO, Paulo Gustavo Gonet; MENDES, Gilmar Ferreira. Curso de direito constitucional. 12ª ed. rev. e atual. São Paulo: Saraiva, 2017, p. 147-150.

11. CANOTILHO, J.J. Gomes. Direito Constitucional e Teoria da Constituição, 7ª ed., 20ª reimp. Coimbra: Almedina, 2003, p. 442-445.

O controle **difuso**, também conhecido como controle **aberto**, é aquele no qual o ordenamento jurídico constitucional do Estado confere à **pluralidade de órgãos do Poder Judiciário** a possibilidade do reconhecimento da inconstitucionalidade de uma lei ou ato normativo.

No controle **concentrado**, por outro lado, reserva-se a **único órgão** o controle de constitucionalidade das leis. Esse órgão é criado especificamente para exercer essa função.

> **Observação**: Não podemos perder de vista que, em um Estado que adote a forma federativa de Estado, cada ente federado poderá contar com um órgão específico para analisar a constitucionalidade de atos frente a sua constituição, sem que isso descaracterize o fato desse controle ser concentrado.
>
> Na realidade brasileira, por exemplo, o Supremo Tribunal Federal é incumbido de realizar o controle concentrado de constitucionalidade tendo como parâmetro a Constituição Federal, enquanto os Tribunais de Justiça têm competência para realizar o controle concentrado tendo como parâmetro as constituições estaduais respectivas.

5. CONTROLE PRINCIPAL E INCIDENTAL

Quanto ao **modo de manifestação do controle**, podemos ter o controle pela via principal ou o controle pela via incidental.

O controle é exercido pela **via principal** quando a declaração de inconstitucionalidade é o **pedido principal da ação**. Temos, aqui, uma **ação direta**, em que o controle é exercido fora do caso concreto, ou seja, em abstrato.

Já no controle exercido pela **via incidental**, a inconstitucionalidade é arguida como uma **questão prejudicial** à resolução do mérito. O pedido, deduzido na ação, é outro, sendo a inconstitucionalidade analisada somente como parte de um itinerário lógico à resolução do caso em concreto.

Embora **no Brasil o controle difuso seja sempre desencadeado pela via incidental e o controle concentrado sempre pela via principal**, tal correlação não necessariamente existe em outros sistemas jurídicos. É perfeitamente possível, como ocorre em diversos países europeus, que a constitucionalidade de um ato seja suscitada como questão prejudicial (incidentalmente a um caso concreto, portanto) e dê azo a um controle concentrado (em um único órgão).[12]

12. Mauro Cappelletti ensina que "Eles (os juízes) devem sempre, se assim posso me exprimir, ter como boas as leis existentes, salvo, eventualmente – como acontece na Itália e na Alemanha, mas não na Áustria – o

CAPÍTULO 21

O SISTEMA BRASILEIRO DE CONTROLE DE CONSTITUCIONALIDADE

1. HISTÓRICO

A **Constituição imperial de 1824 não** previu qualquer mecanismo de controle de constitucionalidade das leis e atos normativos.

Isso pode ser explicado por dois fatores que influenciaram os juristas e homens públicos da época: i) os ideais franceses de soberania do Parlamento, segundo os quais cabe somente ao Poder Legislativo, fazer, interpretar, suspender e revogar as leis; e ii) a previsão de um Poder Moderador, titularizado pelo Imperador, ao qual cabia a solução dos conflitos entre os Poderes.

A **Constituição de 1891**, primeira após a Proclamação da República, teve como base o anteprojeto revisado por Ruy Barbosa, que era profundo admirador do sistema constitucional estadunidense. Em razão disso, consagrou-se em seu texto o **controle jurisdicional difuso de constitucionalidade das leis** (artigo 59, §1º). Era a **primeira vez** que uma Constituição brasileira previa um mecanismo de controle de constitucionalidade.

A **Constituição de 1934 manteve o controle difuso de constitucionalidade**, mas trouxe novidades. Em seu artigo 179, previu a **cláusula de reserva de plenário**,

---

seu poder de suspender o processo diante deles pendente, a fim de arguir, perante o Tribunal especial Constitucional, a questão de constitucionalidade surgida por ocasião de tal processo". Ver CAPPELLETTI, Mauro. O controle judicial de constitucionalidade das leis no direito comparado. Trad. Aroldo Plínio Gonçalves. Porto Alegre: Fabris, 1984, p. 85.

exigindo-se, para a declaração de inconstitucionalidade de um ato normativo, que fosse observado o quórum de maioria absoluta dos membros do respectivo tribunal.

Além disso, o artigo 91, inciso IV, e o artigo 96 da CF/34 consagravam a competência do **Senado Federal para suspender a execução** de lei ou ato normativo que tivessem sido declarados inconstitucionais pelo Poder Judiciário. Buscou-se, com isso, resolver o problema de falta de eficácia *erga omnes* das decisões tomadas pelo Supremo Tribunal Federal em matéria de controle de constitucionalidade.

A maior novidade, todavia, ficou por conta da instituição da **ação direta de inconstitucionalidade interventiva** (artigo 12, §2º), mecanismo de controle preventivo obrigatório de constitucionalidade das leis federais que decretavam a intervenção da União nos Estados, nos casos de violação dos princípios constitucionais sensíveis.

A **Carta Constitucional de 1937** representou retrocesso em diversos aspectos, atingindo também o nosso sistema de controle de constitucionalidade. Preservou-se o modelo de controle difuso de constitucionalidade, mas o parágrafo único do artigo 96 previa que a **possibilidade de o Presidente da República rever a decisão declaratória de inconstitucionalidade de determinada lei**, bastando, para tanto, submetê-la novamente ao Parlamento.

No mais, a Carta de 1937 **não repetiu** em seu texto a possibilidade de **suspensão pelo Senado Federal da execução** de lei declarada inconstitucional pelo Judiciário e a **representação interventiva.**

A **Constituição de 1946**, liberal e democrática, **manteve o controle difuso de constitucionalidade** (artigo 101, III, "b" e "c"), mas sem a possibilidade de revisão das decisões judiciais por órgãos políticos.

Durante a sua vigência, foi aprovada a **Emenda Constitucional n.º 16 de 1965**, que instituiu o **controle abstrato de normas estaduais e federais**. Consagrou-se a possibilidade de o Procurador-Geral da República ajuizar representação no Supremo Tribunal Federal para o reconhecimento da inconstitucionalidade de uma lei. Autorizou-se, ademais, a adoção pelos **Estados-membro** do controle de constitucionalidade de atos normativos municipais em confronto com a Constituição estadual, de competência dos Tribunais de Justiça.

Nosso sistema de controle de constitucionalidade, antes difuso, agora se tornava **misto ou eclético.**

A **Constituição de 1967**, editada durante a Ditadura Militar, **manteve o mesmo panorama**, inclusive com a ação direta de inconstitucionalidade. Houve uma **ampliação na representação para fins de intervenção**, que passou a não assegurar somente os princípios sensíveis, mas também a execução de lei federal. **Não** foi reproduzida a possibilidade que autorizava aos **Estados-membro** instituírem a representação de inconstitucionalidade genérica das leis municipais em face de suas Constituições estaduais.

A **Emenda n.º 1 de 1969**, que para muitos representou a edição de uma nova Constituição, manteve o sistema de controle de constitucionalidade, somente acrescentando a representação interventiva para assegurar a observância dos princípios sensíveis listados na Constituição estadual.

Durante a vigência da Constituição de 1967/69, tivemos ainda a edição da **Emenda Constitucional n.º 7 de 1977**, que trouxe duas novidades: a **representação para fins de interpretação de lei ou ato normativo federal ou estadual no Supremo Tribunal Federal** e a previsão de **medida cautelar** nas representações genéricas de inconstitucionalidade.

2. CONSTITUIÇÃO FEDERAL DE 1988

A Constituição de 1988 manteve o **sistema eclético** de controle de constitucionalidade inaugurado em nosso país desde a EC n.º 16/65 à Constituição de 1946. Todavia, houve significativa **ampliação** dos mecanismos de proteção judicial, inclusive quanto ao controle de constitucionalidade.

Em relação ao controle concentrado de constitucionalidade no âmbito federal, **ampliou-se a legitimação para a propositura** da representação de inconstitucionalidade, que antes estava adstrita ao Procurador-Geral da República.

O artigo 103 da CF/88 prevê que podem propor a ação direta de inconstitucionalidade e a ação declaratória de constitucionalidade: o Presidente da República, a Mesa do Senado Federal, a Mesa da Câmara dos Deputados, a Mesa de Assembleia Legislativa ou da Câmara Legislativa do Distrito Federal, o Governador de Estado ou do Distrito Federal, o Procurador-Geral da República, o Conselho Federal da Ordem dos Advogados do Brasil, partido político com representação no Congresso Nacional e confederação sindical ou entidade de classe de âmbito nacional.

Em razão do **alargamento do rol de legitimados** à propositura da ação, o controle de constitucionalidade abstrato ganhou uma **relevância** nunca tida em nossa história. Com efeito, foram vários os órgãos da sociedade que foram contemplados com a legitimidade ativa para ajuizar ação do controle abstrato, tornando muito mais fácil o acesso à essa modalidade de controle.

O constituinte de 1988 teve, ainda, especial preocupação com as omissões legislativas. Previu, nesse contexto, o **controle de constitucionalidade de omissões legislativas**, a ser exercido por meio de ação declaratória de inconstitucionalidade por omissão (artigo 103, §2º da CF/88) e por meio do mandado de injunção (artigo 5º, LXXI da CF/88).

O artigo 102, §1º, da CF/88 facultou à lei infraconstitucional a criação da ação de descumprimento de preceito fundamental (**ADPF**), o que acarretou na edição da Lei n.º 9.868/99.

A **Emenda Constitucional n.º 3 de 1993** introduziu ao sistema a **ação declaratória de constitucionalidade**.

No âmbito estadual, o artigo 125, §2º, da CF/88 estabeleceu a **possibilidade** de os **Estados-membros** instituírem representação de inconstitucionalidade de leis e atos normativos estaduais ou municipais em confronto com a Constituição estadual.

Feitas essas breves considerações históricas sobre o controle de constitucionalidade no Brasil, passemos à análise mais detida de seus institutos.

CAPÍTULO 22

CONTROLE DIFUSO-INCIDENTAL DE CONSTITUCIONALIDADE NA CONSTITUIÇÃO DE 1988

1. INTRODUÇÃO

O controle difuso de constitucionalidade, como já estudamos, teve origem nos Estados Unidos, no *leading case Marbury v. Madison*, julgado pela Suprema Corte Estadunidense em 1803. No Brasil, ele esteve presente em nosso ordenamento jurídico desde a instalação da República, com a Constituição de 1891, até os dias de hoje.

Características do controle de constitucionalidade difuso-incidental no Direito brasileiro:
• Pronúncia de invalidade no caso concreto. • Questão prejudicial. • Qualquer juiz ou tribunal pode exercê-lo.

À luz da Constituição de 1988, o **controle difuso**, que é aquele que pode ser exercido por qualquer órgão jurisdicional, **é também incidental**, ou seja, dá-se no caso concreto, sendo a declaração de inconstitucionalidade questão prejudicial à solução da questão principal.

É interessante notar que, a despeito do alargamento do controle concentrado-principal com o advento da Constituição de 1988, o controle incidental é, ainda hoje, **a única via de acesso ao cidadão comum** para tutelar os seus direitos subjetivos constitucionais.[1]

Qualquer parte que participe da relação jurídica processual poderá arguir a inconstitucionalidade de uma lei ou ato normativo. O **autor** pode ajuizar uma ação pedindo, prejudicialmente, que determinada lei seja declarada inconstitucional. O **réu**, sendo demandando, pode se valer da alegação de inconstitucionalidade da norma, como matéria de defesa, com a finalidade de se desobrigar de seu cumprimento. Podem, ainda, suscitar a inconstitucionalidade o **Ministério Público**, tanto na qualidade parte, quanto como *custos iuris*, os terceiros intervenientes, e o próprio **juiz**, de ofício.

A inconstitucionalidade de uma norma pode ser suscitada em p**rocessos de qualquer natureza**, bem como em **qualquer fase procedimental** (conhecimento, de execução ou cautelar).

2. FORMA DE PROVOCAÇÃO

A despeito de qualquer parte do processo poder arguir a inconstitucionalidade de ato normativo em processos de qualquer natureza, existem algumas situações específicas que, por gerarem maiores discussões doutrinárias e jurisprudenciais, precisam ser avaliadas mais detidamente.

A primeira questão que se impõe está relacionada à **ação civil pública**. A ação civil pública é o instrumento processual, previsto na Constituição Federal brasileira (artigo 129, inciso III) e regulamentada em sede infraconstitucional (Lei n.º 7.347/85), de que podem se valer o Ministério Público e outras entidades legitimadas para a defesa de interesses difusos, coletivos e individuais homogêneos.

O artigo 16 da Lei n.º 7.346/95 prevê que a decisão proferida no bojo de uma ação civil pública poderá fazer **coisa julgada *erga omnes***, ou seja, valerá para todos e não somente para aqueles que fizeram parte do processo.

Essa especial característica da coisa julgada na ação civil pública fez com que parte da doutrina e o próprio Supremo Tribunal Federal entendessem que **não era possível** provocar o controle difuso-incidental de constitucionalidade no bojo desta ação.[2] O raciocínio era o de que os efeitos *erga omnes* da decisão tomada

1. BARROSO, Luís Roberto. O controle de constitucionalidade no direito brasileiro: exposição sistemática da doutrina e análise crítica da jurisprudência. 4ª ed. rev. e atual – São Paulo: Saraiva: 2009, p. 89.

2. STF, Tribunal Pleno, Rcl 434, Rel. Min. Francisco Rezek, j. 10.12.1993.

em uma ação civil pública fariam com que a competência para exercer o controle concentrado de constitucionalidade conferida ao Supremo Tribunal Federal ou aos Tribunais de Justiça fosse usurpada.

Entretanto, o **Supremo Tribunal Federal reviu**, paulatinamente, a sua posição. Em julgado posterior, o Supremo passou a **admitir** o exercício do controle difuso de constitucionalidade no bojo de uma ação civil pública que tratasse de **direitos individuais homogêneos**, mas continuou negando essa possibilidade quanto aos direitos coletivos e difusos. Nesse segundo momento, aventou-se que os efeitos da decisão, quando o objeto da ação fossem direitos individuais homogêneos, alcançariam somente os titulares determinados desse direito, não se confundindo as ações diretas, que atingem a todos indistintamente.[3]

Em 2000, o Supremo Tribunal Federal reviu por completo seu posicionamento originário, **passando a admitir, sem restrições quanto ao direito tutelado**, a legitimidade do controle de constitucionalidade difuso-incidental em ação civil pública. A única ressalva é a de que a **questão constitucional** deve estar ventilada no processo como **questão prejudicial, e não como questão principal.**[4]

Essa mesma discussão sobre a possibilidade ou não do exercício do controle de constitucionalidade no bojo de uma ação civil pública se aplica às **ações populares.**

A ação popular é o meio processual a que tem direito qualquer cidadão que deseje questionar judicialmente a validade de atos que considera lesivos ao patrimônio público, à moralidade administrativa, ao meio ambiente e ao patrimônio histórico e cultural. Está prevista em nossa Constituição no artigo 5º, inciso LXXIII, e regulamentada pela Lei n.º 4.717/65.

O artigo 18 da Lei n.º 4.717/65 traz previsão semelhante ao artigo 16 da Lei n.º 7.346/96, asseverando que a sentença terá eficácia de coisa julgada oponível "*erga omnes*", exceto no caso de haver sido a ação julgada improcedente por deficiência de prova; neste caso, qualquer cidadão poderá intentar outra ação com idêntico fundamento, valendo-se de nova prova.

Aqui, aplicam-se as mesmas questões tratadas acerca da ação civil pública, de modo que tem prevalecido o entendimento de que o exercício do controle difuso de constitucionalidade no seio de uma ação popular é perfeitamente **possível**, desde que a questão constitucional tenha sido intentada **como prejudicial à resolução da questão principal.**[5]

3. STF, Rcl 554, Rel. Min. Maurício Corrêa, decisão monocrática, j. 13.11.1997.
4. STF, Rcl 1.733, Rel. Min. Celso de Mello, decisão monocrática, j. 24.11.2000.
5. STF, Tribunal Pleno, AO 506, Rel. Min. Sydney Sanches, decisão liminar, j. 6.5.1998.

O **mandado de segurança**, que é o remédio constitucional destinado à proteção de direito líquido e certo, não amparado por *habeas corpus* ou *habeas data*, quando o responsável pela ilegalidade ou abuso de poder for autoridade pública ou agente de pessoa jurídica no exercício de atribuições do Poder Público, está previsto no artigo 5º, LXIX, da CF/88 e regulamentado pela Lei n.º 12.016/09.

Cuida-se de **meio hábil a veicular o controle difuso de constitucionalidade**, não havendo, quanto a ele, maiores discussões doutrinárias ou jurisprudenciais, já que produz efeitos *inter partes*, diferentemente dos remédios anteriores.

Por fim, temos o **mandado de injunção**, que é o remédio constitucional destinado ao controle incidental das omissões legislativas. O artigo 5º, inciso LXXI, da CF/88 prevê que se concederá mandado de injunção sempre que a falta de norma regulamentadora torne inviável o exercício dos direitos e liberdades constitucionais e das prerrogativas inerentes à nacionalidade, à soberania e à cidadania.

Trata-se de instrumento inovador trazido pela Constituição de 1988 e tem um objetivo claro: o Poder Constituinte, preocupado em dar **máxima efetividade ao extenso rol de direitos fundamentais** elencados em nossa Carta Política, introduziu diversos meios de garanti-los. O mandado de injunção é um desses meios.

Após longos anos de espera, o legislador infraconstitucional finalmente editou lei (**Lei n.º 13.300/16**) para regulamentar o mandado de injunção, que antes dependia de construção pretoriana para seu exercício.

Analisaremos com maiores detalhes esse importante instituto do direito brasileiro na Parte IV, referente aos direitos e garantias fundamentais. Por ora, basta o registro de que, à luz do entendimento mais recente do Supremo Tribunal Federal sobre a matéria, bem como do estipulado na Lei n.º 13.300/16, **haverá a declaração incidental de que há uma omissão inconstitucional no bojo do mandado de injunção**, que tem a função, justamente, de garantir o exercício desse direito que está sendo violado pela mora legislativa.

3. COMPETÊNCIA

O que caracteriza o controle de constitucionalidade difuso é exatamente o fato de **qualquer juiz ou tribunal**, tanto em uma ação originária, quanto na via recursal, ter a competência para declarar a inconstitucionalidade de uma lei ou ato normativo.

Entretanto, há uma situação específica em que estará **vedado** ao tribunal realizar o controle difuso de constitucionalidade. É o caso do **Superior Tribunal de Justiça em sede de recurso especial** (artigo 105, inciso III da CF/88). Isso ocorre porque o Superior Tribunal de Justiça não poderá reanalisar questões constitucionais já decididas pelos tribunais inferiores, sob pena de **invadir a competência do Supremo**

Tribunal Federal, a quem caberá, via recurso extraordinário (art. 102, inciso III da CF/88), tal mister.[6]

Na verdade, o Superior Tribunal de Justiça só exercerá o controle difuso de constitucionalidade em duas hipóteses específicas: i) em **ação de competência originária**; ou ii) **via recurso especial, quando a questão constitucional for diversa da que tiver sido decidida pelo tribunal inferior**.

4. PROCEDIMENTO

Quando for suscitada a inconstitucionalidade de uma norma **perante juiz, não há nenhum procedimento especial** a ser seguido. Como já estudamos, a questão constitucional será uma questão prejudicial à resolução do mérito, cabendo ao juiz, obrigatoriamente, conhecê-la antes de entrar no mérito propriamente dito e decidir o caso em concreto.

Por outro lado, quando a questão constitucional é arguida **perante tribunal**, temos algumas **regras procedimentais** a serem observadas, em razão da previsão em nosso ordenamento jurídico da **cláusula de reserva de plenário**, também conhecida como **regra do *full bench*** (artigo 97 da CF/88).

O **artigo 97 da CF/88** prevê que os tribunais somente poderão declarar a inconstitucionalidade de lei ou ato normativo do Poder Público pelo voto da maioria absoluta de seus membros ou dos membros do respectivo órgão especial.

Essa regra funda-se no **princípio da presunção de constitucionalidade das leis** e busca equalizar a tensão entre o princípio democrático e o controle judicial de constitucionalidade.

A professora Ana Paula de Barcellos, ensina que a declaração de inconstitucionalidade de uma lei reveste-se de considerável gravidade do ponto de vista institucional e sob uma perspectiva democrática. Os atos dos Poderes Legislativo e Executivo, em razão da sua legitimidade democrática e da vinculação ao princípio da legalidade/juridicidade, **presumem-se constitucionais** e a interpretação por eles conferida à Constituição julga-se adequada. Essa presunção, contudo, é **relativa** e pode ser superado pelo Judiciário.[7]

Assim, caso a matéria seja de competência do pleno do tribunal ou de seu órgão especial, bastará que seja respeitado o **quórum de maioria absoluta**, para que seja uma lei ou um ato normativo sejam declarados inconstitucionais.

---

6. STF, Tribunal Pleno, AgRg no AI 145.589, Rel. Min. Sepúlveda Pertence, j. 2.9.1993.
7. BARCELLOS, Ana Paula de. Curso de direito constitucional. Rio de Janeiro: Forense, 2018, p. 542-543.

De outro lado, se a competência para análise da matéria for de uma **Turma**, **Câmara** ou **Seção do Tribunal**, deve-se observar o **procedimento bifásico** esquadrinhado nos artigos 948 a 950 do Código de Processo Civil, que regulamenta o procedimento de declaração incidental de inconstitucionalidade perante órgão fracionário de tribunal.

Nesse caso, distribuído o processo para o órgão fracionário do tribunal, o relator ouvirá o Ministério Público e as partes, e submeterá a questão à turma ou à câmara à qual competir o conhecimento do processo, que poderá:

i) **Rejeitar a arguição de inconstitucionalidade**: nesse caso, o órgão fracionário entende que a norma é **constitucional**, não sendo, portanto, necessário remeter a questão constitucional ao Plenário ou ao Órgão Especial. O julgamento prosseguirá normalmente.

ii) **Acolher a arguição de inconstitucionalidade**: caso o órgão fracionário entenda que a norma está, de fato, em desconformidade com a constituição, deverá lavrar o acórdão e **remeter a questão constitucional para o plenário ou órgão especial**. O processo ficará **suspenso** na turma, câmara ou seção, aguardando o julgamento do incidente. O Tribunal, então, deliberará sobre a constitucionalidade da norma vergastada, respeitando o **quórum de maioria absoluta**. **Decidida a questão, o julgamento no órgão fracionário será retomado**, sendo certo que ele estará vinculado à decisão do plenário ou órgão especial sobre a questão constitucional. Haverá, portanto, uma **cisão funcional horizontal de competência**, cabendo ao pleno ou órgão especial julgar a questão constitucional e ao órgão fracionário decidir a questão principal.

Algumas **observações** sobre essa segunda hipótese – acolhimento de inconstitucionalidade feito pelo órgão fracionário – devem ser feitas.

A **primeira** delas é que caberá ao **regimento interno** do Tribunal respectivo determinar se a análise da questão constitucional será feita pelo **Plenário** do Tribunal ou pelo seu **Órgão Especial** (art. 93, XI, da CF/88). Há, aqui, **discricionariedade** do tribunal na escolha, posto que lhe cabe decidir sobre a sua auto-organização.

A **segunda** observação está relacionada com o artigo 949, parágrafo único, do CPC/15. Esse dispositivo prevê que os órgãos fracionários dos Tribunais **não** submeterão ao plenário ou ao órgão especial a arguição de inconstitucionalidade quando **já houver pronunciamento destes ou do plenário do Supremo Tribunal Federal sobre a questão.**

Trata-se de norma intimamente ligada aos princípios da **duração razoável do processo** e da **economia processual**, que busca evitar instaurações repetitivas e desnecessárias do incidente acima abordado. Há, ainda, a preservação dos princípios da segurança jurídica e da isonomia, evitando-se a prolação de decisões divergentes.

Outros casos em que a regra prevista no artigo 97 da Constituição Federal é **excepcionada**, não sendo necessária a instauração do incidente e a observância ao quórum de maioria absoluta dos membros do Tribunal ou de seu órgão especial, são:

a) **Decisões cautelares.**[8]
b) Quando o objeto de controle for **norma editada antes da norma constitucional que está servindo de parâmetro de controle**, posto que, em caso de incompatibilidade, não haverá a declaração de inconstitucionalidade, mas o reconhecimento de sua **não recepção.**[9]
c) Quando o tribunal se valer da **interpretação conforme a Constituição**, não declarando, portanto, a norma inconstitucional.[10]
d) **Julgamento de recurso extraordinário por Turma do Supremo Tribunal Federal**, que não precisará remeter a questão constitucional ao Plenário, posto que o STF exerce por excelência o controle difuso de constitucionalidade quando do julgamento do RE.[11]
e) **Julgamento do recurso inominado por Turmas Recursais dos Juizados Especiais**, pois tais órgãos não são considerados "tribunais".[12]
f) Não se aplica a cláusula de reserva de plenário para **julgamento de decreto legislativo que se refira a situação individual e concreta**, já que o que se submete ao regramento do artigo 97 da CF/88 são leis e atos normativos.[13]

Outro ponto que merece destaque é o **momento adequado** para a interposição de eventual **recurso extraordinário** pela parte sucumbente. A dúvida surge porque, com a instauração do incidente de arguição de inconstitucional, pode-se ter a lavratura de até três acórdãos (acórdão acolhendo o incidente, acórdão do plenário ou órgão especial julgando a questão constitucional e acórdão do órgão fracionário decidindo a questão principal).

A questão já chegou ao Supremo Tribunal Federal, que editou o **Enunciado n.º 513 de sua Súmula**. De acordo com a Corte Suprema, somente caberá a

8. STF, Tribunal Pleno, AgR em Rcl 10.864, Rel. Min. Cármen Lúcia, j. 24.3.2011.
9. STF, Primeira Turma, AgR em AI 669.872, Rel. Min. Luiz Fux, j. 11.12.2012.
10. STF, Tribunal Pleno, AgR em Rcl 12.107, Rel. Min. Rosa Weber, j. 13.6.2012.
11. STF, Segunda Turma, ED em RE 361.829, Rel. Min. Ellen Gracie, j. 2.3.2010.
12. STF, Segunda Turma, AgR em ARE 792.562, Rel. Min. Teori Zavascki, j. 18.3.2014.
13. STF, Segunda Turma, AgR em Rcl 18.165, Rel. Min. Teori Zavascki, j. 18.10.2016.

interposição de recurso extraordinário da **decisão final** que julgar a questão principal, não sendo possível atacar o acórdão que admite o incidente ou o acórdão do plenário ou órgão especial que decide a questão constitucional. Veja o teor do verbete: "A decisão que enseja a interposição de recurso ordinário ou extraordinário não é a do plenário, que resolve o incidente de inconstitucionalidade, mas a do órgão (câmaras, grupos ou turmas) que completa o julgamento do feito."

Por fim, é de se destacar que a cláusula de reserva de plenário **deve ser observada** mesmo quando o órgão fracionário não declare expressamente a inconstitucionalidade de lei ou ato normativo do poder público, mas **se limite a afastar a sua incidência**. É o que prevê o **Enunciado n.º 10 da Súmula Vinculante** ("Viola a cláusula de reserva de plenário (CF, artigo 97) a decisão de órgão fracionário de tribunal que, embora não declare expressamente a inconstitucionalidade de lei ou ato normativo do poder público, afasta sua incidência, no todo ou em parte.").

Nesse ponto, é importante reafirmar que **não** incidirá a regra do *full bench* quando a não aplicação da norma se der por causa da interpretação, ainda que se trate de **interpretação conforme a Constituição**. Como estudamos, o Supremo Tribunal Federal já decidiu que não há violação ao princípio da reserva de plenário quando o acórdão recorrido apenas interpreta norma infraconstitucional, sem declará-la inconstitucional ou afastar sua aplicação com apoio em fundamentos extraídos da Lei Maior.[14]

5. EFEITOS

Reconhecido, incidentalmente, que o ato normativo violou formal ou materialmente a Constituição, a consequência é a declaração de sua **nulidade**. O ato, portanto, é inválido e destituído de qualquer carga de eficácia que se possa atribuir-lhe.

Os **efeitos temporais** dessa declaração de nulidade são ***ex tunc***, ou seja, **retroativos**. A norma inconstitucional é inválida desde o seu nascimento, sendo certo que a declaração de inconstitucionalidade atinge todos os efeitos produzidos.

Nesse ponto, uma questão se impõe: os efeitos temporais da declaração de inconstitucionalidade **poderão ser modulados no controle difuso-incidental?**

Inicialmente, destaque-se que **não há previsão legal** sobre o tema, como ocorre no controle concentrado de constitucionalidade, cabendo à doutrina e à jurisprudência tentar solucionar esse impasse.

14. STF, 2ª Turma, AgR em ARE 784.179, Rel. Min. Ricardo Lewandowski, DJe. 17.02.2014.

A **doutrina majoritária** entende que **sim**, é possível conceder efeitos *ex nunc* à decisão que declara incidentalmente a inconstitucionalidade de uma lei em determinadas hipóteses. Nas palavras de Alexandre de Moraes:

> "Entendemos que, excepcionalmente, com base nos princípios da segurança jurídica e na boa-fé, será possível, no caso concreto, a declaração de inconstitucionalidade incidental com efeitos ex nunc, desde que razões de ordem pública ou social exijam."[15]

O Plenário do Supremo Tribunal Federal, no RE 522897/RN, também se manifestou nesse sentido. Nessa oportunidade, a Suprema Corte decidiu que **é possível a modulação dos efeitos da decisão proferida em sede de controle incidental de constitucionalidade.**[16]

Assim, poderá o tribunal restringir os efeitos da declaração, ou decidir que ela só tenha eficácia a partir de seu trânsito em julgado, ou de outro momento que venha a ser fixado, desde que haja **razões de segurança jurídica** e de **excepcional interesse social** e que se **respeite o quórum de 2/3 (dois terços)**, tal qual previsto no artigo 27 da Lei n.º 9.868/99. O STF aplicou analogicamente a previsão legal de modulação dos efeitos da decisão em controle concentrado de constitucionalidade para o controle difuso-incidental.

> **Observação**: No julgamento dos segundos embargos de declaração no RE 638.115, o Supremo Tribunal fez uma diferenciação procedimental entre a modulação de efeitos das decisões proferidas no controle difuso de constitucionalidade. Na oportunidade, afirmou-se que o quórum para modular os efeitos de decisão proferida em julgamento de recurso extraordinário repetitivo, com repercussão geral, **caso não tenha havido a declaração de inconstitucionalidade** do ato normativo impugnado, é de **maioria absoluta**, e não de 2/3 (dois terços).[17]

Quanto aos **efeitos subjetivos** da decisão, em razão de o controle difuso-incidental de constitucionalidade ocorrer em um processo subjetivo, em que há uma questão principal concreta a ser decidida entre as partes da demanda, a decisão do incidente de constitucionalidade terá **eficácia *inter partes*.**

---

15. MORAES, Alexandre de. Direito Constitucional, 34ª ed. São Paulo: Atlas, 2018, p. 773.
16. STF, Tribunal Pleno, RE 522897/RN, Rel. Min. Gilmar Mendes, j. 16.3.2017.
17. STF, Tribunal Pleno, RE 638.115-ED-ED, Rel. Min. Gilmar Mendes, j.18.12.2019.

Nessa ordem de ideias, o ato normativo atacado continuará válido e plenamente eficaz em relação às outras pessoas, posto que a decisão que declarar a sua inconstitucionalidade **só valerá para as partes daquele processo específico**.

Isso decorre das origens históricas do controle difuso-incidental de constitucionalidade. Como vimos, tal modalidade de controle nasceu pela construção pretoriana no direito norte-americano. Nos Estados Unidos adota-se o sistema da *common law*, em que o direito é construído pela tradição, pelos usos e costumes, e revelado pelos juízes no caso concreto. Além disso, adota-se a doutrina do *stare decisis*, que é aquela segundo a qual as decisões judiciais criam precedentes de vinculam as decisões futuras.

Nesse cenário, as decisões incidentais de constitucionalidade não se limitam ao caso concreto em análise somente, posto que aquela decisão servirá de precedente para os futuros casos.

Quando essa modalidade de controle é transportada para o Brasil, país que adota o sistema de *civil law*, em que o direito é criado pelo legislador e não há, salvo previsão legal, eficácia vinculante das decisões judiciais, torna-se possível que um mesmo ato seja nulo e não produza efeitos para uns e seja válido e produza efeitos para outros, ao mesmo tempo.

Em razão disso, buscando contornar essa problemática hipótese de uma lei ser inválida para uns e válida para outros, a Constituição de 1988 previu, seguindo os passos da Constituição de 1934 e de suas sucessoras, um **mecanismo de ampliação dos efeitos subjetivos da decisão**. Parte da doutrina foi além, e formulou a **tese da abstrativização do controle difuso-incidental de constitucionalidade**.

Vejamos, então, esses dois mecanismos.

A. Suspensão pelo Senado Federal da execução de lei declarada inconstitucional pelo Supremo Tribunal Federal (artigo 52, inciso X, da CF/88)

O **artigo 52, inciso X, da Constituição de 1988** prevê que compete privativamente ao Senado Federal suspender a execução, no todo ou em parte, de lei declarada inconstitucional por decisão definitiva do Supremo Tribunal Federal.

Desse modo, o constituinte atribuiu ao **Senado Federal** a competência de **ampliar os efeitos** de decisão declaratória de inconstitucionalidade proferida em caso concreto pelo Supremo Tribunal Federal, para atingir a todos (**eficácia *erga omnes***).

O **procedimento** para aplicação do artigo 52, inciso X, da CF/88 é simples. Transitado em julgado a declaração de inconstitucionalidade de uma lei pelo STF, em sede de controle difuso, será feita a **comunicação ao Senado Federal** (artigo 178 do Regimento Interno do STF).

Além da comunicação do Presidente do STF, o Regimento Interno do Senado Federal prevê que poderá ser dado início ao processo de edição dessa resolução por meio de representação do Procurador-Geral da República ou por projeto de resolução da Comissão de Constituição, Justiça e Cidadania (artigo 386 do RISF).

Caso a iniciativa ocorra por comunicação ou representação, esta será lida em plenário e encaminhada para a CCJ, que formulará o projeto de resolução (artigo 388 RISF).

Após, finalmente, o Senado poderá suspender a eficácia dessa lei mediante a aprovação dessa **resolução.**

> **Atenção**: O Senado Federal **não revoga** o ato declarado inconstitucional, mesmo porque não possui competência para tanto. Cuida-se, na verdade, de mera ampliação dos efeitos da decisão do STF, **suspendendo-se a eficácia da norma**.

Há, todavia, algumas questões polêmicas sobre a suspensão do artigo 52, inciso X, da CF/88. Sobre elas, hoje **prevalecem**, seja em **doutrina** ou em **jurisprudência**, os entendimentos explicados a seguir.

A suspensão pelo Senado Federal poderá atingir **qualquer ato normativo** (interpretação extensiva do vocábulo "lei" empregado no artigo 52, inciso X, da CF/88) editado por **qualquer ente da federação** (União, Estados, Distrito Federal, Municípios).

Destaque-se que os atos estaduais, distritais e municipais deverão ter sido declarados incidentalmente incompatíveis com a Constituição Federal pelo STF, para que o Senado Federal possa suspendê-los. Caso a declaração de inconstitucionalidade tenha sido feita pelo **Tribunal de Justiça com base em Constituição estadual**, tal suspensão somente caberá se houver **previsão na constituição estadual do respectivo ente** e será de atribuição da **Assembleia Legislativa.**[18]

Embora alguns autores entendam que o Senado Federal deve, obrigatoriamente, suspender a execução do ato inconstitucional[19], **prevalece** em doutrina e no Supremo Tribunal Federal o entendimento de que a atuação do Senado Federal

18. TEMER, Michel. Elementos de direitos constitucional. 22ª ed., 2ª tiragem. São Paulo: Malheiros, 2008, p. 48.

19. Nesse sentido, FERREIRA FILHO, Manoel Gonçalves. Curso de direito constitucional. 40. ed. São Paulo: Saraiva, 2015, p. 71.

tem caráter **discricionário**, uma vez que a suspensão do artigo 52, inciso X, da CF/88 é um **ato político**.

Assim, não estaria ele vinculado a editar a resolução suspendendo os efeitos do ato normativo declarado inconstitucional pelo STF, bem como não está sujeito a nenhum prazo para tanto. Entretanto, uma vez editada a resolução, ela possui caráter **irrevogável**, não podendo o Senado simplesmente revogá-la com o fito de restabelecer a norma.[20]

Entende-se, majoritariamente, que caso o Senado Federal opte por editar a resolução, embora tenha discricionariedade para fazê-lo, **não poderá ampliar ou restringir a extensão da decisão proferida pelo Supremo Tribunal Federal.**[21]

Nas palavras de José Afonso da Silva:

> "Entende-se: se toda a lei foi declarada inconstitucional, a suspensão há de ser dela toda; o Senado não pode decidir fazê-lo apenas em parte. Portanto, quando o texto fala 'em parte', significa que também só dita parte foi declara inconstitucional."[22]

Por outro lado, Michel Temer e Luís Roberto Barroso, **minoritariamente**, sustentam que o Senado não está obrigado a suspender a execução da lei na mesma extensão da declaração efetivada pelo STF, podendo suspender em parte uma lei que foi declarada inteiramente inconstitucional.[23]

Quanto aos **efeitos temporais** da suspensão do ato normativo declarado inconstitucional pelo Senado Federal, **não há posicionamento majoritário na doutrina.**

---

20. STF, Tribunal Pleno, MS 16.512/DF, Rel. Min. Oswaldo Trigueiro, j. 25.5.1966.
21. STF, Tribunal Pleno, MS 16.512/DF, Rel. Min. Oswaldo Trigueiro, j. 25.5.1966.
22. SILVA, José Afonso da. Comentário contextual à constituição. 9ª ed. São Paulo: Malheiros, 2014, p. 421.
23. TEMER, Michel. Elementos de direitos constitucional. 22ª ed., 2ª tiragem. São Paulo: Malheiros, 2008, p. 49; e BARROSO, Luís Roberto. O controle de constitucionalidade no direito brasileiro: exposição sistemática da doutrina e análise crítica da jurisprudência. 4ª ed. rev. e atual – São Paulo: Saraiva: 2009, p. 129.

Alfredo Buzaid[24], Luís Roberto Barroso[25], Clèmerson Merlin Clève[26] e Gilmar Ferreira Mendes[27] entendem que a resolução suspensiva tem por finalidade ampliar os efeitos subjetivos da decisão, não alterando, todavia, os efeitos temporais da decisão do Supremo. Logo, a resolução teria **efeitos *ex tunc***, em regra; ou se tiver havido modulação, seguirá os efeitos temporais previstos na decisão.

De outro lado, há vozes, entre elas a de Themístocles Brandão Cavalcanti[28], Oswaldo Aranha Bandeira de Mello[29] e José Afonso da Silva[30], sustentando que os efeitos serão ***ex nunc***, nunca retroagindo. Desse modo, os efeitos do ato normativo serão suspensos para todos somente a partir da publicação da resolução na Imprensa Oficial.

Particularmente, concordo com o segundo entendimento, por uma questão de segurança jurídica. Os destinatários da norma que não tomaram parte no processo em que foi decidida de maneira incidental a inconstitucionalidade de um ato normativo não podem, sem grave desrespeito às suas legítimas expectativas, ser surpreendidos por uma suspensão da norma ampla e irrestrita com efeitos retroativos.

B. Abstrativização do controle difuso-incidental

A previsão do artigo 52, inciso X, da CF/88 é um interessante mecanismo para a ampliação dos efeitos das decisões tomadas pelo Supremo Tribunal Federal em sede de controle difuso-incidental de constitucionalidade.

Entretanto, **para parcela da doutrina**, que vem crescendo com o tempo, ela é **insuficiente**. Alguns autores, destacadamente Gilmar Ferreira Mendes[31], de-

---

24. BUZAID, Alfredo. Da ação direta de declaração de inconstitucionalidade no direito brasileiro. São Paulo: Saraiva, 1958, p. 135-136.
25. BARROSO, Luís Roberto. O controle de constitucionalidade no direito brasileiro: exposição sistemática da doutrina e análise crítica da jurisprudência. 4ª ed. rev. e atual – São Paulo: Saraiva: 2009, p. 130-131.
26. CLÈVE, Clèmerson Merlin. A fiscalização abstrata da constitucionalidade no Direito brasileiro. 2ª ed. rev. atual. amp. São Paulo: Editora Revista dos Tribunais, 2000, p. 122.
27. BRANCO, Paulo Gustavo Gonet; MENDES, Gilmar Ferreira. Curso de direito constitucional. 12ª ed. rev. e atual. São Paulo: Saraiva, 2017, p. 1.228-1.229.
28. CAVALCANTI, Themístocles Brandão. Do controle da constitucionalidade. Rio de Janeiro: Forense, 1966, p. 164 *apud* BRANCO, Paulo Gustavo Gonet; MENDES, Gilmar Ferreira. Curso de direito constitucional. 12ª ed. rev. e atual. São Paulo: Saraiva, 2017, p. 1.228.
29. MELLO, Oswaldo Aranha Bandeira de. Teoria das constituições rígidas. 2ª ed. São Paulo: Bushatsky, 1980, p. 211 *apud* BRANCO, Paulo Gustavo Gonet; MENDES, Gilmar Ferreira. Curso de direito constitucional. 12ª ed. rev. e atual. São Paulo: Saraiva, 2017, p. 1.228.
30. SILVA, José Afonso da. Curso de direito constitucional positivo. 42ª ed., rev. e atual, São Paulo: Malheiros, 2019, p. 55-56.
31. BRANCO, Paulo Gustavo Gonet; MENDES, Gilmar Ferreira. Curso de direito constitucional. 12ª ed. rev. e atual. São Paulo: Saraiva, 2017, p. 1.237.

fendem que as decisões declaratórias de inconstitucionalidade proferidas pelo Supremo Tribunal Federal **deveriam possuir efeito *erga omnes* e vinculantes**, independentemente de serem proferidas em controle difuso ou na via concentrada.

Cuida-se da **teoria da abstrativização (objetivação) do controle de constitucionalidade difuso.**

São vários os **argumentos** que embasam essa conclusão.

O primeiro argumento foi formulado originalmente por Lúcio Bittencourt[32]. Para o renomado autor, se a natureza jurídica do ato inconstitucional é de **ato nulo**, quando o Supremo Tribunal Federal reconhece a inconstitucionalidade do ato, **não seria lógico que essa decisão se restringisse entre as partes**. Se o ato é nulo, é nulo para todos, e não somente para as partes da demanda.

O segundo argumento é de ordem **sistemática.** Com a paulatina expansão do controle concentrado de constitucionalidade no ordenamento jurídico, atribuiu-se ao Supremo Tribunal Federal a competência de declarar a inconstitucionalidade de um ato normativo em abstrato, tendo essa decisão efeitos *erga omnes* e vinculantes. Não seria, assim, harmônico e sistemático que os **efeitos** de uma mesma decisão do STF, ao decidir a constitucionalidade de determinada norma, **fossem diversos somente em razão da via adotada.**

O terceiro argumento é o de que o **artigo 52, inciso X, da CF/88** teria passado por uma **mutação constitucional.** Em razão de alterações fáticas subjacentes ao texto constitucional, quais sejam, a ampliação do controle concentrado de constitucionalidade, a inefetividade do Senado em suspender os atos normativos declarados inconstitucionais pelo Supremo na via incidental e valorização dos precedentes na legislação infraconstitucional, **o sentido da norma alterou-se para limitar a resolução do Senado Federal à concessão de mera publicidade da decisão**, que já contaria, desde a sua publicação, com eficácia geral e vinculante.

O quarto argumento possui viés **principiológico.** Ao se reconhecer força normativa à constituição, que é a norma hierarquicamente superior do ordenamento jurídico, bem como ao se conferir ao Supremo Tribunal Federal o papel de guardião máximo do Texto Maior, seria **anti-isonômico** e **antieconômico** exigir que o Supremo tivesse que se manifestar repetidas vezes sobre uma mesma lei, que já foi reconhecida como inconstitucional.

Por fim, o último argumento é o de que a legislação infraconstitucional, com destaque para o Código de Processo Civil de 2015, tem **valorizado cada vez mais a jurisprudência dos Tribunais.** Com isso, nosso sistema jurídico, que sempre

32. BITTENCOURT, Carlos Alberto Lúcio. O controle jurisdicional de constitucionalidade das leis. 2ª ed. Rio de Janeiro: Forense, 1968, p. 140-146.

foi identificado como sendo da *civil law*, está integrando cada vez mais elementos do sistema da *common law*. Esse movimento impacta diretamente nos efeitos das decisões proferidas no controle de difuso de constitucionalidade, que passariam a ter efeitos *erga omnes* e vinculantes.

De outro lado, parcela da doutrina **discorda** da teoria da abstrativização do controle difuso de constitucionalidade.

Com efeito, **não há previsão constitucional ou legal** que confira efeitos *erga omnes* e vinculantes às decisões constitucionais proferidas em sede de controle difuso, sendo certo que não é possível falar em silêncio eloquente na hipótese. Quando o constituinte decidiu conferir efeitos *erga omnes* e vinculantes a uma decisão, o fez **expressamente**, como no caso do controle concentrado e da súmula vinculante (artigos 102, §2º, e 103-A, ambos da CF/88).

O argumento de que a nulidade do ato inconstitucional implica, necessariamente, no reconhecimento de efeitos para todos e vinculantes, em que se pese o brilhantismo de seu formulador, não é correto. Isso porque **o reconhecimento de efeitos *erga omnes* dependem das partes da demanda e não do conteúdo decisório.**

Um exemplo com uma questão não constitucional pode aclarar o raciocínio. Imaginemos que uma pessoa (A) ajuíza em face de outra (B) uma ação para reconhecer que um contrato celebrado entre eles é nulo. O pedido é julgado procedente e a sentença transita em julgado.

Agora vamos supor que B ajuíze uma nova ação, agora pleiteando que C lhe pague determinados valores, sendo a causa de pedir o mesmo contrato do caso anterior. C poderá alegar que há coisa julgada? Poderá alegar que os efeitos daquela decisão no primeiro processo entre A e B lhe atingem, porque o contrato foi declarado nulo? A toda evidência que não, pois o a coisa julgada se operou *inter partes*, ou seja, entre A e B, não atingindo C, que não participou do primeiro processo.

Assim, o fato de um ato jurídico ser declarado nulo em um processo não implica necessariamente que ele seja nulo para todos os demais. **Os efeitos da decisão não atingem a todos, mas somente aqueles que participaram do processo**.

Ademais, se bastasse o reconhecimento de nulidade da lei para que os efeitos se estendessem a todos, seria suficiente a declaração de inconstitucionalidade incidental em uma decisão transitada em julgado proferida por um juiz de primeiro grau. O próprio contra-argumento de que a hipótese é diversa, porque o juiz de primeiro grau não possui competência para decidir a questão constitucional como questão principal em uma ação, demonstra que **o reconhecimento de nulidade do ato não é o que determina se os efeitos da decisão serão *erga omnes*.**

O segundo argumento de que o importante é ter a questão sido decidida pelo Supremo Tribunal Federal e não a via eleita, também não é verdadeiro.

Como vimos, para que se fale em eficácia *erga omnes* o que importa são as partes da demanda, e não o órgão julgador. A competência conferida ao Supremo Tribunal Federal para declarar, em abstrato, inconstitucional uma lei, vem acompanhada de um **procedimento específico**, em que são garantidas ampla **participação popular** – audiências públicas, a intervenção de *amicus curiae* – bem como da figura do ***defensor legis***, que tem o dever de defender a constitucionalidade da lei.

Ainda que a doutrina e o próprio Supremo Tribunal Federal afirmem que as ações do controle concentrado de constitucionalidade não possuem partes, é certo que se tutela a coesão jurídica do sistema jurídico, que é um direito transindividual, pertencente à coletividade. Logo, **a parte material dessa ação é justamente a coletividade.** Daí a eficácia *erga omnes.*

Ampliar interpretativamente os efeitos de uma decisão proferida em um processo individual, com parte delimitadas, sem a previsão dos mecanismos de participação popular e defesa da própria lei **agrava, ainda mais, a tensão entre o princípio democrático e o controle judicial de constitucionalidade.** Há o **risco de banalização e facilitação extrema na declaração de inconstitucionalidade de leis** que foram editadas pelo Poder Legislativo e sancionadas pelo Chefe do Executivo, instâncias decisórias que possuem legitimidade democrática.

Ademais, **é inviável interpretar a competência do Senado prevista no artigo 52, inciso X da CF/88 como sendo de mero atribuidor de publicidade da decisão do Supremo Tribunal Federal.** Já vimos que, para se falar em mutação constitucional, temos dois limites: o texto constitucional e os princípios fundamentais que dão sentido à Constituição.

No caso, **o texto legal não dá margem para a alteração da norma extraída**, tal qual proposta pelos defensores da abstrativização do controle difuso de constitucionalidade. O dispositivo é claro no sentido de que compete privativamente ao Senado Federal suspender o ato normativo declarado inconstitucional, o que não dá margem à interpretação de que se trata de mera publicidade.

Por fim, é inegável que o Código de Processo Civil de 2015 buscou valorizar os precedentes, valendo-se muitas vezes de elementos típicos do sistema da *common law*. Isso, todavia**, não quer dizer que o nosso sistema tenha passado da *civil law* para a *common law*.** A fonte primária de obrigações e direitos, em nosso ordenamento jurídico, ainda continua a ser a lei.

No mais, o artigo 927 da Código de Processo Civil prevê que os juízes deverão observar: i) as decisões do Supremo Tribunal Federal em controle concentrado de constitucionalidade; ii) os enunciados de súmula vinculante; iii) os acórdãos em incidente de assunção de competência ou de resolução de demandas repetitivas e em julgamento de recursos extraordinário e especial repetitivos; iv) os enunciados das súmulas do Supremo Tribunal Federal em matéria constitucional e do Superior

Tribunal de Justiça em matéria infraconstitucional; v) a orientação do plenário ou do órgão especial aos quais estiverem vinculados. Vê-se que **não foi feita menção à decisão do Supremo Tribunal Federal em controle difuso-incidental de constitucionalidade.**

Vistas as duas posições e seus argumentos, cumpre-nos analisar como o **Supremo Tribunal Federal** vem se posicionando sobre o tema.

O Supremo Tribunal Federal, **tradicionalmente, não aceitava a tese da abstrativização do controle difuso-incidental de constitucionalidade**. Contudo, com o passar o tempo, houve **alteração** desse entendimento.

No julgamento da **Reclamação n.º 4.335/AC**[33], o Plenário do STF discutiu se teria ocorrido ou não a mutação do artigo 52, inciso X da CF/88.

Tratava-se de reclamação, ajuizada pela Defensoria Pública do Estado do Acre, em face de decisão do Juiz de Direito da Vara de Execuções Penais da Comarca de Rio Branco, no Estado do Acre, que indeferiu o pedido de progressão de regime a alguns presos, sob o argumento de que as penas aplicadas para crimes hediondos deveriam ser cumpridas em regime integralmente fechado.

Em fevereiro de 2006, por seis votos a cinco, os ministros do STF declararam a inconstitucionalidade do dispositivo da Lei dos Crimes Hediondos que proibia a progressão do regime de cumprimento da pena (parágrafo 1º do artigo 2º da Lei 8.072/90).

Entretanto, como a decisão foi tomada por meio de um *habeas corpus*, o juiz da Vara de Execuções considerou que ela só teve efeito imediato para as partes envolvidas no processo. Para o magistrado prolator da decisão, a eficácia geral da decisão só passaria a valer quando o Senado Federal publicasse resolução suspendendo a execução da norma considerada inconstitucional pelo Supremo, como prevê a Constituição.

A relatoria da reclamação coube o Ministro Gilmar Ferreira Mendes, que como já vimos, possui posição favorável à abstrativização do controle difuso de constitucionalidade. Ele foi acompanhado pelo Ministro Eros Grau, que também defendeu que a decisão tomada no HC possuía efeitos *erga omnes* e vinculantes, sendo cabível a reclamação na hipótese. Para eles, teria ocorrido a mutação constitucional do artigo 52, inciso X da CF/88, que servia justamente para dar publicidade às decisões proferidas pelo STF.

Os Ministros Sepúlveda Pertence, Joaquim Barbosa, Ricardo Lewandowski e Marco Aurélio, por sua vez, não concordaram com a tese. Para eles, não teria

33. STF, Tribunal Pleno, Rcl 4.335/AC, Rel. Min. Gilmar Mendes, j. 20.3.2014.

havido a mutação constitucional do dispositivo, sendo os efeitos da decisão em HC *inter partes*. Todavia, por concordarem com a inconstitucionalidade do regime integralmente fechado previsto na Lei n. 8.072/90, eles foram concordes com a concessão de *habeas corpus* de ofício.

O julgamento só foi finalizado em 20 de março de 2014. O Ministro Teori Zavascki, em seu voto-vista, julgou **procedente a reclamação, sem, contudo, adotar a tese da abstrativização**. Isso ocorreu porque fora editada o Enunciado n.º 26 da Súmula Vinculante do Supremo Tribunal Federal reconhecendo a inconstitucionalidade do artigo 2º da Lei n.º 8.072/90, fato esse superveniente que deveria ser levado em consideração, por força do artigo 462 do CPC/73 (atual artigo 493 do CPC/15).

O Ministro Teori foi acompanhado pelos Ministros Luís Roberto Barroso, Rosa Weber e Celso de Mello, formando-se, assim, maioria pela procedência da reclamação.

Vê-se, portanto, que nesse caso, embora tenha se formado maioria em torno da procedência da reclamação, somente dois Ministros fundamentaram sua decisão com base na mutação constitucional do artigo 52, inciso X da CF/88 e da abstrativização do controle de difuso de constitucionalidade.

Em 29 de novembro de 2017, foram julgadas pelo Plenário do STF a **ADI 3.406/RJ** e a **ADI 3.470/RJ**[34].

Nessas ações diretas de inconstitucionalidade debatia-se se a Lei nº 3.579/2001 do Estado do Rio de Janeiro, que proíbe a extração do asbesto/amianto em todo território daquela unidade da Federação e prevê a substituição progressiva da produção e da comercialização de produtos que o contenham, era inconstitucional, por violar a norma geral sobre o tema (Lei federal n.º 9.055/95).

Alguns meses antes, o STF já havia se debruçado sobre a constitucionalidade de lei do Estado de São Paulo com o mesmo conteúdo. Naquela oportunidade, reconheceu-se a constitucionalidade da lei paulista, tendo sido o artigo 2º da Lei federal n.º 9.055/95 declarado inconstitucional de forma incidental.[35]

A Corte manteve o seu posicionamento quanto à lei carioca e julgou, por maioria, improcedentes pedidos formulados em ações diretas de inconstitucionalidade ajuizadas.

Entretanto, ganhou destaque a declaração, também por maioria e incidentalmente, da inconstitucionalidade do art. 2º da Lei federal nº 9.055/95, com efeito vinculante e "erga omnes".

34. STF, Tribunal Pleno, ADI 3406/RJ e ADI 3470/RJ, Rel. Min. Rosa Weber, j. 29.11.2017 (Informativo n.º 886).

35. STF, Tribunal Pleno, ADI 3.936/SP, Red. p/ acórdão Min. Dias Toffoli, j. 24.8.2017.

Em razão da referida decisão, **parcela da doutrina** já sustentava ter o **Supremo Tribunal Federal adotado** a tese da abstrativização do controle de constitucionalidade. Contudo, ainda que o resultado final tenha sido por conferir efeitos *erga omnes* e vinculantes à declaração incidental de inconstitucionalidade do artigo 2º da Lei federal n.º 9.055/95, **não é seguro dizer que, nesse julgado, se formou maioria quanto à equiparação dos efeitos entre o controle difuso e o controle concentrado**, vez que somente quatro dos onze Ministros (Luiz Fux, Dias Toffoli, Gilmar Mendes e Edson Fachin) adotaram expressamente a teoria da abstrativização do controle difuso, afirmando que o controle difuso e o controle concentrado de constitucionalidade devem igualmente produzir efeitos *erga omnes* e vinculantes.

No julgamento do RE 955.227/BA, o Supremo Tribunal Federal finalmente se manifestou de maneira categórica e **acolheu a teoria da abstrativização** do controle difuso de constitucionalidade para os julgamentos de **recursos extraordinários com repercussão geral reconhecida.**[36]

Na ocasião, afirmou-se que, a partir das atuações do Poder Judiciário e do Poder Legislativo, as decisões proferidas em recursos extraordinários com repercussão geral e as proferidas em controle concentrado passaram a ter, gradativamente, os mesmos efeitos, havendo a objetivação do controle difuso.

Para tanto, foi fundamental a sistemática da repercussão geral, instituída pela EC nº 45/2004, e a sucessiva adoção de teses de julgamento pelo Supremo Tribunal Federal. Com o advento do Código de Processo Civil de 2015, o Poder Judiciário ficou expressamente vinculado às decisões do STF proferidas em recurso extraordinário com repercussão geral (art. 927, III, do CPC), sendo cabível reclamação para garantia do acórdão em recurso extraordinário com repercussão geral, quando já esgotadas as instâncias ordinárias (art. 988, § 5º, II, do CPC).

Dessa forma, a declaração de inconstitucionalidade, em sede de **recurso extraordinário com repercussão geral**, passou a ter os mesmos **efeitos vinculantes** e **eficácia *erga omnes*** atribuídos às ações de controle abstrato, independentemente de qualquer providência ulterior. À resolução do Senado, a que faz menção o art. 52, X, da CF/88, restou somente a finalidade de publicizar as decisões de inconstitucionalidade.

36. STF, Tribunal Pleno, RE 955.227/BA, Rel. Min. Roberto Barroso, j. 8.2.2023.

CONTROLE CONCENTRADO-PRINCIPAL DE CONSTITUCIONALIDADE NA CONSTITUIÇÃO DE 1988

1. INTRODUÇÃO

O controle concentrado de constitucionalidade foi idealizado pelo jusfilósofo austríaco **Hans Kelsen**, tendo sido positivado pela primeira vez, por sua influência, na Constituição Austríaca de 1920.

No **Brasil**, a **Constituição de 1934** foi a primeira em nossa história a prever uma ação direta de controle de constitucionalidade. Tratava-se da **representação interventiva**, que funcionava como um pressuposto para a decretação de intervenção federal nos Estados-membros, nas hipóteses de ofensa aos princípios constitucionais sensíveis.

Embora com caráter bem específico e com hipótese de cabimento bem delimitada, em razão da competência exclusiva do Supremo Tribunal Federal para julgá-la, a representação interventiva prevista na Constituição de 1934 é tida pela doutrina como o marco zero do controle concentrado em nosso país.

Somente com a **Emenda Constitucional n.º 16 de 1965** que o controle concentrado-principal de constitucionalidade foi **ampliado** e se instalou em definitivo em nosso país, com a criação da **representação genérica de inconstitucionalidade**, também de competência exclusiva do Supremo Tribunal Federal.

Com o advento da **Constituição de 1988**, o controle concentrado de constitucionalidade chegou a um nível de elasticidade e abrangência inéditos no ordenamento jurídico pátrio. **Diversas modalidades de ações diretas** foram previstas, bem como o **número de legitimados** à propositura da ação foram substancialmente **ampliados**.

Em nosso texto constitucional atual, o controle **concentrado**, que é aquele exercido por um único órgão ou por um número restrito deles, também se dará pela **via principal**, ou seja, o juízo de compatibilidade da norma com a Constituição é o objeto principal da ação. Não haverá situação em concreto a ser solucionada, sendo a fiscalização em abstrato dos atos normativos a finalidade precípua e única dessa ação.

Características do controle concentrado-principal do controle de constitucionalidade no Direito brasileiro:

- Pronúncia em **abstrato** acerca da validade da norma.
- Constitucionalidade do ato normativo como **questão principal**.
- Somente o **Supremo Tribunal Federal**, quando o parâmetro for a Constituição Federal, e os **Tribunais de Justiça**, quando o parâmetro for Constituição estadual, poderão exercê-lo.

A doutrina tem apontado como grande **vantagem** desse modelo de controle de constitucionalidade, quando cotejado com o controle difuso-incidental, a maior garantia de promoção de **segurança jurídica** e **isonomia**.

De fato, todos os problemas que estudamos quanto à eficácia da decisão no controle difuso-incidental não existem aqui, uma vez que, em razão de a análise da constitucionalidade ocorrer em um processo objetivo, os **efeitos** serão ***erga omnes***.

Ademais, há previsão expressa de que esses efeitos serão **vinculantes**, impedindo que outros órgãos do Poder Judiciário e que a Administração Pública entendam de forma diversa daquela já decidida pelo órgão de controle.

2. FORMA DE PROVOCAÇÃO

No controle concentrado-principal de constitucionalidade, a questão constitucional é suscitada por meio de uma **ação direta**. Além disso, toda ação constitucional de controle concentrado de constitucionalidade é espécie de **processo objetivo**, ou seja, **não há nela um conflito de interesses concreto** a ser resolvido. Discute-se a **lei em tese**, verificando a sua compatibilidade com a Constituição.

Essa natureza objetiva do processo traz diversas consequências jurídicas. São elas:

i) O processo **não terá partes em sentido material**.

ii) A **ausência de lide** (conflito de interesses qualificado por uma pretensão resistida).

iii) Uma vez proposta a ação, **não será possível a desistência** (**princípio da indisponibilidade**).

iv) **Não se admite a arguição de suspeição** de Ministro do Supremo no seu julgamento, instituto somente aplicável aos processos subjetivos. [1] Contudo, poderá o próprio ministro firmar, por razões de foro íntimo, a sua não participação.[2]

v) A **causa de pedir é aberta**. Diferentemente do que ocorre nos processos subjetivos, em que a cognição pelo magistrado se encontra limitada à causa de pedir e ao pedido, no controle concentrado-principal de constitucionalidade, a Corte deverá analisar a constitucionalidade da norma vergastada **em face de toda a Constituição Federal ou Constituição estadual**. Diz-se, portanto, que a causa de pedir é aberta, ou seja, o Supremo Tribunal Federal ou o Tribunal de Justiça **não estarão limitados à causa de pedir** formulada pelos legitimados à propositura da ação, mas **somente ao pedido**.[3]

vi) As ações diretas têm **natureza dúplice**. Julgado improcedente o pedido de declaração de inconstitucionalidade do ato normativo atacado, automaticamente estará o Supremo Tribunal Federal ou o Tribunal de Justiça declarando a constitucionalidade daquela norma, e vice-versa.

vii) As **prerrogativas processuais dos entes públicos**, tal como prazo recursal em dobro e intimação pessoal, **não se aplicam** aos processos em sede de controle abstrato.[4]

> **Observação**: É possível a celebração de **acordo** em ações do controle concentrado-principal de constitucionalidade?
>
> **Em regra, não**. Isso porque a análise de compatibilidade de um objeto frente à Constituição de 1988 é matéria dotada de altíssimo grau de interesse público, não detendo, os legitimados, de poder de disposição em relação a

1. STF, Tribunal Pleno, ADI 2.321-MC, Rel. Min. Celso de Mello, j. 25.10.2000.
2. STF, Tribunal Pleno, ADI 6.362/DF, Rel. Min. Ricardo Lewandowski, j. 2.9.2020.
3. STF, Tribunal Pleno, ADI 3.796/PR, Rel. Min. Gilmar Mendes, j. 8.3.2017 (Informativo n.º 856).
4. O fato de o processo ser objetivo foi, dentre outros argumentos utilizados pelos Ministros do Supremo Tribunal Federal, determinante para negar a incidência do prazo em dobro nos processos em sede de controle abstrato de constitucionalidade. Asseverou-se que a previsão do prazo em dobro está relacionada à defesa dos interesses subjetivos da Fazenda Pública, o que não se coaduna aos processos objetivos. Ver: STF, Tribunal Pleno, ARE 830.727-AgR, Red. p/ acórdão Min. Cármen Lúcia, j. 6.2.2019.

ela – princípio da indisponibilidade. E, como vimos, no âmbito do controle concentrado de constitucionalidade, a questão constitucional é veiculada como questão principal em um processo objetivo, sem que haja um conflito de interesses concreto a ser analisado pelo Poder Judiciário.

Contudo, em um **caso excepcional**, o Supremo Tribunal Federal **já homologou um acordo** proposto no bojo de uma **ADPF**. No caso, a ação direta tinha por objeto a discussão dos expurgos inflacionários dos planos econômicos Bresser, Verão e Collor II. Afirmou-se, quando da decisão definitiva, que a celebração de acordo coletivo era viável, mesmo em um processo de índole objetiva, pois havia um **notável conflito intersubjetivo subjacente** na espécie. Destacou-se, ainda, que a homologação do acordo não acarretava a chancela pelo Supremo Tribunal Federal de nenhuma interpretação específica da lei impugnada, mas **se limitava a regular as disposições patrimoniais** firmadas no âmbito da disponibilidade das partes.[5]

No nosso sistema, o controle concentrado-principal de constitucionalidade perante o Supremo Tribunal Federal possui como **ações diretas**: a ação direta de inconstitucionalidade (artigo 102, inciso I, alínea "a" da CF/88), a ação declaratória de constitucionalidade (artigo 102, inciso I, alínea "a" da CF/88), a ação direta de inconstitucionalidade por omissão (artigo 103, §2º, da CF/88) e a arguição de descumprimento de prefeito fundamental (artigo 102, §1º, da CF/88).

Estudemos, então, esses instrumentos.

3. AÇÃO DIRETA DE INCONSTITUCIONALIDADE - ADI

A. Conceito e fundamento legal

A ação direta de inconstitucionalidade, também conhecida como **ação genérica**, é a principal ação do controle concentrado.

Cuida-se da ação que tem por finalidade a **defesa da ordem constitucional, possibilitando a verificação de compatibilidade entre as normas constitucionais e os atos normativos primários**.

Foi prevista em nosso país pela primeira vez com a edição da Emenda Constitucional n.º 16 de 1965, que deu nova redação ao artigo 101, inciso I, alínea "k" da Constituição de 1946. Era chamada de "representação contra inconstitucionalidade".

---

5. STF, Tribunal Pleno, ADPF 165, Rel. Min. Ricardo Lewandowski, j. 1.3.2018.

A Constituição de 1988 a previu no **artigo 102, inciso I, alínea "a"**, com a nomenclatura de "ação direta de inconstitucionalidade". Posteriormente, foi editada a **Lei n.º 9.868/99** para regulamentá-la.

B. Competência

Compete ao **Supremo Tribunal Federal** processar e julgar, originalmente e com exclusividade, a ação direta de inconstitucionalidade de lei ou ato normativo federal ou estadual em face da Constituição Federal (artigo 102, inciso, alínea "a" da CF/88).

Todavia, o STF não é o único órgão que pode exercer controle de constitucionalidade concentrado em nosso ordenamento jurídico. Em razão da forma de distribuição espacial de poder adotada no Brasil (federalismo), temos também a possibilidade de controle concentrado e abstrato de constitucionalidade no âmbito dos **Estados-membros.**

O **artigo 125, §2º, da CF/88** prevê que a possibilidade de instituição de representação de inconstitucionalidade estadual. A competência para processar e julgar essa ação de verificação de compatibilidade entre leis e atos normativos estaduais ou municipais em face da Constituição estadual será do **Tribunal de Justiça.**

Aqui é importante deixar claro que **tanto o STF quanto os Tribunais de Justiça** possuem, em tese, competência para processar e julgar ação direta de inconstitucionalidade de **norma estadual.**

Para descobrirmos no caso concreto qual deles será o competente nesse caso, é preciso analisar o **parâmetro de controle**: se o ato estadual for impugnado em face da **Constituição Federal**, a competência será do **STF**; se, por outro lado, for impugnado em face da **Constituição Estadual**, a competência será do **Tribunal de Justiça.**

E se a norma da Constituição Estadual que está sendo apontada como parâmetro de controle em sede de ação direta de inconstitucionalidade ajuizada no Tribunal de Justiça **repetir norma da Constituição Federal?**

Parte da doutrina entende que se a norma paramétrica for "**norma de reprodução**", ou seja, norma prevista na Constituição Federal que obrigatoriamente o poder constituinte estadual deve repetir, a competência para julgar essa ação direta será somente do **Supremo Tribunal Federal.**

Caso, porém, o parâmetro seja "**norma de imitação**", ou seja, norma prevista na Constituição Federal que o Estado não estava obrigado a repetir em sua

Constituição, mas o fez no âmbito de sua autonomia, a competência para processamento e julgamento da ação direta seria do **Tribunal de Justiça.**[6]

Não é esse, contudo, o entendimento do **Supremo Tribunal Federal**, que não faz essa diferenciação e vem decidindo que **é possível a propositura simultânea da ação direta no âmbito estadual e no âmbito federal**, ainda que o objeto de análise seja o mesmo ato normativo estadual, que será confrontado frente à Constituição Federal e à Constituição estadual.[7]

Entretanto, caso a norma constitucional estadual seja de **reprodução obrigatória**, o curso da ação direta proposta perante o Tribunal de Justiça poderá ser **suspenso** até o julgamento final da ação proposta perante o Supremo Tribunal Federal.[8] Além disso, da decisão do Tribunal de Justiça **caberá recurso extraordinário** para exame da questão pelo Supremo, o que não ocorre se a norma paramétrica for de imitação. A decisão proferida no bojo desse recurso extraordinário possuirá **efeitos *erga omnes***, estendendo-se por todo o território nacional, e **vinculantes.**[9]

Por fim, existem diversas decisões do **Supremo Tribunal Federal** no sentido de que **não há usurpação de sua competência** caso seja ajuizada **representação de inconstitucionalidade no Tribunal de Justiça em face de lei municipal** que está sendo confrontada com norma de reprodução obrigatória prevista na Constituição estadual.

Nesse caso, assim como ocorre com o ato normativo estadual impugnado frente à norma de reprodução obrigatória contida em constituição estadual, **é cabível, recurso extraordinário para o Supremo** realizar o controle da interpretação dada à norma constitucional estadual de reprodução obrigatória.[10] No julgamento desse recurso extraordinário, **não será necessário observar o quórum de maioria absoluta do artigo 97 da CF/88.**[11]

C. Parâmetro de controle

A ação direta de inconstitucionalidade tem por parâmetro todas as **normas formalmente constitucionais**, sejam elas **expressas** ou **implícitas.**

6. Nesse sentido: CUNHA JÚNIOR, Dirley da. Controle de constitucionalidade: teoria e prática. 8ª ed. Salvador: Juspodivm, 2016, p. 220.
7. STF, Tribunal Pleno, Rcl 383-3, Rel. Min. Moreira Alves, j. 11.6.1992.
8. STF, Tribunal Pleno, ADI-MC 1.423-4/SP, Rel. Min. Moreira Alves, j. 20.6.1996.
9. STF, Tribunal Pleno, RE 187.142/RJ, Rel. Min. Ilmar Galvão, j. 13.8.1998.
10. STF, Tribunal Pleno, Rcl 383-3, Rel. Min. Moreira Alves, j. 11.6.1992.
11. STF, Tribunal Pleno, AgR na Pet. 2.788/RJ, Rel. Min. Carlos Velloso, j. 24.10.2002.

Além disso, o Supremo Tribunal Federal possui entendimento de que a norma paramétrica **deve estar em vigor e produzindo seus efeitos**, não servindo como parâmetro de uma ADI, por conseguinte, normas constitucionais **revogadas** ou com **eficácia exaurida.**

Caso a norma apontada como **parâmetro seja revogada ou perca sua eficácia no curso da ADI**, a ação direta de inconstitucionalidade será julgada extinta, sem resolução do mérito.[12]

Todavia, é importante destacar que o Supremo Tribunal Federal, em situação **excepcional** e buscando evitar uma proliferação de ações, já prosseguiu com o julgamento de uma ação direta de inconstitucionalidade mesmo após a alteração do parâmetro de controle. No julgamento da questão de ordem na **ADI 2.158**, o **STF** não seguiu seu entendimento tradicional sobre tema e, em vez de extinguir a ação em razão da revogação da norma constitucional parâmetro, **analisou a constitucionalidade da lei com base na regra constitucional anterior**. Esse entendimento excepcional foi também encampado no julgamento da ADI n.º 239/RJ[13].

Nesse cenário, **servem de normas paramétricas em uma ADI**:

a) as normas constitucionais, expressas ou implícitas, constantes do **corpo permanente da Constituição (art. 1º ao 250)**, não importando se originárias ou fruto de emenda à constituição, desde que estejam em vigor;

b) as normas previstas no **ADCT**, desde que não tenham tido sua eficácia exaurida; e

c) os **tratados de direitos humanos aprovados pelo procedimento de emenda constitucional** (artigo 5º, §3º, da Constituição Federal).

De outro lado, não servirão de parâmetro de controle em uma ADI:

a) o **preâmbulo**[14];

b) as **normas *interna corporis*** das Casas Legislativas, ou seja, aquelas contidas exclusivamente nos regimentos internos;[15] e

c) os tratados internacionais de direitos humanos que foram aprovados pelo procedimento ordinário.[16]

---

12. STF, Tribunal Pleno, ADI 2.197-4/RJ, Rel. Min. Maurício Corrêa, j. 10.3.2004.
13. STF, Tribunal Pleno, ADI 239/RO, Rel. Min. Dias Toffoli, j. 19.2.2014.
14. STF, Tribunal Pleno, ADI 2.076, Rel. Min. Carlos Velloso, j. 15.8.2022.
15. STF, Tribunal Pleno, RE 1.297.884, Rel. Min. Dias Toffoli, j. 11.6.2021 (Repercussão Geral).
16. STF, Tribunal Pleno, RE 466.343, Rel. Min. Cezar Peluso, j. 3.12.2008.

Atenção: O Supremo Tribunal Federal possui entendimento de que **não basta que o** legitimado ativo, ao ajuizar uma ADI, **aponte o dispositivo constitucional que supostamente tenha sido violado.** Ele deverá explicitar as razões, de **forma fundamentada**, pelas quais a norma objeto de controle viola a norma constitucional, sob pena de não conhecimento do pedido.[17]

D. Objeto de controle

O objeto de controle em uma ação direta de inconstitucionalidade genérica, segundo o artigo 102, inciso I, alínea "a" da CF/88, é **lei ou ato normativo federal ou estadual**.

A primeira observação a ser feita é: **o que são leis e atos normativos?**

A Constituição de 1988, ao colocar como objeto da ação direta de inconstitucionalidade as leis e atos normativos quis, com isso, referir-se aos **atos primários**, ou seja, aos atos que haurem a sua validade diretamente da constituição.

Os **atos secundários**, que não se fundamentam diretamente na constituição, mas, antes em outro ato normativo, **não serão objeto** de controle de constitucionalidade, mas sim de controle de legalidade – deverão ser confrontados com a lei ou ato normativo primário que lhes dão fundamento imediato de validade.

Nesse sentido, o **STF não conheceu a ADI** ajuizada contra Provimento n.º 758/2001 do Conselho Superior da Magistratura do Tribunal de Justiça de São Paulo, que tão somente interpretou norma contida no artigo 69 da Lei n.º 9.099/95, pois entendeu que se tratava de ato normativo secundário.[18]

Ademais, veja-se que o artigo 102, inciso I, alínea "a" da CF/88 fala em lei <u>e</u> atos **normativos**.

Quanto aos atos, não há dúvida de que deverão ser revestidos de indiscutível **conteúdo normativo** para que sejam objeto de uma ADI. Ou seja, esses atos deverão ser dotados de **generalidade** e **abstração**, não sendo possível o ajuizamento de ação direta de inconstitucionalidade contra ato de efeitos concretos.

Até esse ponto não há maiores discussões, sendo a doutrina e a jurisprudência unânimes. Tal tranquilidade, porém, não se mantém no que toca às leis.

17. STF, Tribunal Pleno, ADI 2.536/DF, Rel. Min. Cármen Lúcia, j. 15.4.2009.

18. STF, Tribunal Pleno, ADI 2.862/SP, Rel. Min. Cármen Lúcia, j. 26.3.2008.

Teria o adjetivo "normativos" se referido às leis também? Exige-se que a lei tenha generalidade e abstração para que ela seja objeto de uma ADI, excluindo-se, portanto, as leis de efeitos concretos dessa via de controle?

O **Supremo Tribunal Federal**, em um **primeiro momento**, adotou uma **postura restritiva**. É dizer: exigia que a lei, para ser objeto de ação direta de inconstitucionalidade, veiculasse norma genérica e abstrata. Caso a lei tratasse de medidas materialmente administrativas, com objeto determinado e destinatários certos, a ação genérica ajuizada para impugná-la em face da constituição não seria conhecida.[19]

O Supremo entendia, portanto, que o adjetivo "normativo" do artigo 102, inciso I, alínea "a" da Constituição de 1988 **referia-se não só aos atos, mas também às leis.**

Essa postura restritiva, que foi alvo de críticas pela doutrina, motivou-se em grande parte por uma **jurisprudência defensiva** da Corte Suprema, que temia um relevante aumento no volume de processos.

Em um **segundo momento**, sensível às críticas doutrinárias, o Supremo mitigou a rigidez de seu entendimento, passando a **admitir o controle abstrato de constitucionalidade de leis de efeitos concretos em situações excepcionais**[20] **ou desde que presentes doses reduzidas de abstração.**[21]

Finalmente, em **2008**, quando do julgamento da ADI-MC 4.048, o Supremo Tribunal Federal **abandonou de vez a linha restritiva**, passando a entender que **o adjetivo "normativo" só se aplica aos atos, sendo possível o controle abstrato de qualquer tipo de lei, inclusive aqueles que veiculem atos de efeitos concretos.**[22]

Assim, hoje prevalece que **qualquer lei**, genérica ou específica, abstrata ou concreta, **pode ser objeto de ADI**.

Outro importante apontamento é que também será cabível a propositura de ADI em face de lei ou ato normativo **distrital**, desde que ele tenha sido editado no exercício de **competência equivalente à dos Estados-membros.**

Na hipótese de o ato normativo distrital ter sido editado no âmbito da competência equivalente a municipal, não caberá ADI, posto que atos municipais não pode ser objeto de ação direta de inconstitucionalidade. Nesse exato sentido, temos o **Enunciado n.º 642 da Súmula do Supremo Tribunal Federal**, que diz: "Não cabe

---

19. STF, Tribunal Pleno, ADI 767, Rel. Min. Carlos Velloso, j. 26.8.1992.
20. STF, Tribunal Pleno, ADI-MC 2.381/RS, Rel. Min. Sepúlveda Pertence, j. 20.6.2001.
21. STF, Tribunal Pleno, ADI 2.925/DF, Rel. Min. Ellen Gracie, j. 18.12.2003.
22. STF, Tribunal Pleno, ADI-MC 4.048/DF, Rel. Min. Gilmar Mendes, j. 14.5.2008.

ação direta de inconstitucionalidade de lei do Distrito Federal derivada da sua competência legislativa municipal".

Uma terceira e última observação geral sobre o objeto de controle diz respeito à sua **vigência**.

A lei ou ato normativo objeto de controle deverá ter sido **editado posteriormente à promulgação da Constituição Federal e ainda estar em vigor**. De fato, o **Supremo Tribunal Federal** possui entendimento de **não ser cabível ADI contra lei ou ato normativo já revogado**[23] **ou cuja eficácia já tenha se exaurido.**[24]

Caso a **revogação do ato contestado ocorra no curso do processo, em regra**, a ação direta de inconstitucionalidade ficará **prejudicada**, por perda do objeto.[25] Do mesmo modo, caso o ato normativo **perca a sua eficácia** durante o curso do processo – como ocorre, por exemplo, com uma medida provisória que não é convertida em lei –, haverá a perda do objeto superveniente.[26]

> **Observação:** Não haverá a perda de objeto da ADI se a lei impugnada for revogada por medida provisória ainda não convertida em lei. Isso porque a medida provisória, embora seja ato normativo primário, apenas suspende a eficácia das leis e atos normativos anteriores. É somente com a sua conversão em lei que o efeito revogador se opera plenamente. Assim sendo, o STF poderá apreciar livremente a ADI, enquanto não aprovada a MP, não havendo que se falar em perda do interesse de agir.[27]

Essa, como vimos, é a regra. Todavia, a jurisprudência do Supremo abre quatro **exceções**.

A **primeira** é que não haverá perda do objeto da ADI, que deverá ser conhecida e julgada, caso fique demonstrado que houve "**fraude processual**", ou seja, que o ato normativo objeto de controle foi revogado propositalmente a fim de evitar que o Supremo Tribunal Federal o declarasse inconstitucional e desconstituísse os efeitos produzidos.

---

23. STF, Tribunal Pleno, ADI-ED 951/SC, Rel. Min. Roberto Barroso, j. 27.10.2016.
24. STF, Tribunal Pleno, ADI 612/RJ, Rel. Min, Celso de Mello, j. 3.6.1993.
25. STF, Tribunal Pleno, ADI 1.859-5/DF, Rel. Min. Marco Aurélio, j. 26.10.1999.
26. STF, Tribunal Pleno, ADI 162-1/DF, Rel. Min. Moreira Alves, j. 2.8.1993.
27. STF, Tribunal Pleno, ADI 5.717/DF, ADI 5.709/DF, ADI 5.716/DF e ADI 5.727/DF, Rel. Min. Rosa Weber, j. 27.3.2019.

Um bom exemplo disso ocorreu no julgamento da **ADI 3.306/DF.**[28] No bojo dessa ação, o Supremo concedeu medida liminar, com efeitos *ex tunc*, para suspender a eficácia de Resoluções editadas pela Câmara Legislativa do Distrito Federal que concedia um acréscimo remuneratório aos seus servidores.

Três anos após essa decisão, o Distrito Federal editou uma lei regulamentando o tema e requereu a extinção da ADI, por perda superveniente do objeto. Buscou-se, com isso, cassar os efeitos da liminar concedida, o que acarretaria no reconhecimento de vigência das resoluções por seis anos – das suas edições até a revogação pela nova lei – e, consequentemente, no acréscimo salarial retroativo nesse período.

O Supremo, reconhecendo que houve fraude, prosseguiu com o julgamento da ADI, proferindo decisão de mérito.

A **segunda** hipótese em que a revogação do objeto não acarretará na extinção superveniente da ação direita de inconstitucionalidade ocorre quando o **conteúdo do ato impugnado for repetido, em sua essência, em outro diploma normativo.**[29]

Na hipótese de a norma revogadora ter o mesmo conteúdo da norma revogada, o Supremo Tribunal Federal tem entendido que é **ônus do autor aditar a petição**, na forma e no tempo processual adequados. **Em sendo realizado o aditamento, o processo prosseguirá, do contrário, será extinto.**[30]

O mesmo ocorre com a **conversão de medida provisória em lei**. Caso seja proposta ADI em face de medida provisória e, antes do julgamento da ação direta, houver a conversão em lei com a manutenção do mesmo atacado, não haverá prejudicialidade do pedido. **Deverá o STF realizar o juízo de constitucionalidade, desde que o autor tenha aditado a petição inicial, incluindo a lei de conversão.**[31]

A **terceira** exceção é o **julgamento do mérito da ADI, pelo Supremo Tribunal Federal, sem que tenha havido a comunicação prévia de que houve a revogação da norma atacada.** Entende o Supremo, nesses casos, que se deve preservar o trabalho já realizado pelo Tribunal.[32]

Em recente julgado, o Supremo Tribunal Federal conheceu de ADPF cujo ato impugnado – uma lei municipal – foi revogado por outra lei. Afirmou-se que, no

---

28. STF, Tribunal Pleno, ADI 3.306/DF, Min. Rel. Gilmar Mendes, j. 17.3.2011.

29. Ver STF, Tribunal Pleno, ADI 2.418/DF, Rel. Min. Teori Zavascki, j. 4.5.2016 (Informativo n.º 824).

30. STF, Tribunal Pleno, ADI 2.542-AgR, Rel. Min. Luiz Fux, DJe. 21.10.2017.

31. STF, Tribunal Pleno, ADI 1.055/DF, Rel. Min. Gilmar Mendes, j. em 15.12.2016 (Informativo n.º 851).

32. STF, Tribunal Pleno, ADI 951-ED/SC, Rel. Min. Roberto Barroso, j. 27.10.2016 (Informativo n.º 845).

caso, **persistia a utilidade da prestação jurisdicional** com o intuito de estabelecer, com **caráter *erga omnes* e vinculante**, o regime aplicável às relações jurídicas estabelecidas durante a vigência da norma impugnada, bem como no que diz respeito a leis de idêntico teor aprovadas em outros municípios. Consignou-se, ainda, que conhecer e julgar a ação era a solução mais consentânea com o **princípio da eficiência processual** e o imperativo aproveitamento dos atos já praticados de maneira socialmente proveitosa.[33]

Embora tomada em ADPF, os fundamentos utilizados pelo STF podem ser perfeitamente transpostos para a ADI, se considerado um ato normativo estadual. Assim sendo, teríamos uma **quarta exceção** à regra de que a revogação do ato normativo impugnado acarreta à perda supervenientes de interesse processual e, consequente, à extinção do processo.

Feitas as observações gerais, cumpre-nos analisar, de forma específica e didática, quais atos podem e quais atos não podem ser objeto de ADI.

Podem ser objeto de controle via ADI:

a) **Emendas à Constituição**: como já visto, a manifestação do poder constituinte derivado reformador é condicionada. Assim, a edição de emendas constitucionais está **limitada formal, material e circunstancialmente**. Serão esses limites justamente o parâmetro de controle das emendas, diferentemente do que ocorre com os demais atos passíveis de ser objetos de ADI.

   O procedimento próprio de sua criação está previsto no **artigo 60, *caput* e §2º da CF/88**, enquanto o parâmetro substancial serão as cláusulas pétreas, previstas no **artigo 60, §4º da CF/88**. Além disso, a Constituição não poderá ser emendada durante intervenção federal, estado de defesa e estado de sítio (**artigo 60, §1º da CF/88**).

> **Observação**: As **normas constitucionais originárias não podem ser objeto** de ação direta de inconstitucionalidade, pois não se submetem ao controle de constitucionalidade como um todo. Esse entendimento é pacífico na jurisprudência do Supremo Tribunal Federal.[34]

b) **Leis complementares e leis ordinárias**: por serem **atos normativos primários**, previstos no artigo 59, incisos II e III da CF/88, não há dúvidas de que podem ser objeto de ação direta de inconstitucionalidade.

33. STF, Tribunal Pleno, ADPF 449/DF, Rel. Min. Luiz Fux, j. 9.5.2019.

34. STF, Tribunal Pleno, RE 543.974/MG, Rel. Min. Eros Grau, j. 26.03.2009.

Vimos que a jurisprudência do Supremo foi evoluindo, de modo que hoje, **ainda que com efeitos concretos**, as leis podem ser objeto de controle. Assim, todas as leis editadas pelo Poder Legislativo expõem-se à fiscalização abstrata de compatibilidade com a constituição.

> **Observação: Não há** entre leis complementares e leis ordinárias uma **hierarquia**, de modo que não será possível controlar uma lei ordinária tendo como parâmetro uma lei complementar. Há, todavia, uma divisão de competências esquadrinhada na Constituição de 1988, de modo que se uma lei ordinária dispuser de matéria que deveria ser tratada por lei complementar, será inconstitucional, não por violar uma lei complementar, mas por violar a competência descrita na Constituição de 1988.

c) **Leis delegadas:** trata-se, assim como as leis ordinárias e leis complementares, de ato normativo primário (artigo 59, inciso IV da CF/88), razão pela qual **sujeitam-se** ao controle abstrato de constitucionalidade.

Importante destacar que não só a lei delegada pode ser objeto de controle, como também a **resolução do Congresso Nacional** que veicula a delegação.

> **Observação**: Além do controle via ADI, há previsão no artigo 49, inciso V da CF/88 de controle político repressivo, com a possibilidade de sustação da lei delegada caso ela ultrapasse os limites da delegação.

d) **Medidas provisórias**: as medidas provisórias são atos normativos emanados pelo Chefe do Poder Executivo e possuem força de lei (artigo 62, *caput* da CF/88). Estão previstas no artigo 59, inciso V da CF/88 sendo, portanto, atos normativos que haurem sua validade diretamente da Constituição.

Nesse contexto, inegável que as medidas provisórias **podem ser objeto** de ADI. Tal controle pode recair tanto em seu **conteúdo** e **forma**, como sobre seus **pressupostos de edição** – a relevância e a urgência.

Em regra, o controle sobre esses pressupostos é vedado ao Poder Judiciário, cabendo ao Chefe do Executivo, ao editar a medida provisória, e ao Poder Legislativo, quando da conversão ou não em lei, exercê-lo.

Muito excepcionalmente, **poderá** o Supremo Tribunal Federal realizar o controle de constitucionalidade desses pressupostos, quando houver **excesso de poder** ou **manifesto abuso institucional.**[35]

35. STF, Tribunal Pleno, ADI 2.213-0/DF, Rel. Min. Celso de Mello, j. 04.04.2002.

Observação: No caso da abertura de crédito extraordinário, o artigo 167, §3º da Constituição de 1988 traz ainda um terceiro pressuposto para a edição de medida provisória, que é a **imprevisibilidade**. Aqui, da mesma forma que ocorre com as demais medidas provisórias, poderá, excepcionalmente, haver o controle judicial dos pressupostos de edição.[36]

e) **Decretos legislativos e resoluções legislativas**: cuidam-se de atos normativos primários (artigo 59, incisos VI e VII da CF/88), por meio dos quais as casas legislativas veiculam suas competências privativas. **Sujeitam-se**, dessa forma, ao controle direto de constitucionalidade, desde que propalem normas gerais e abstratas.

Observação: Não se pode confundir decreto legislativo com **decreto regulamentar**. Este é ato normativo secundário, expedido pelo Chefe do Poder Executivo com a finalidade de pormenorizar as disposições gerais e abstratas da lei, viabilizando sua aplicação em casos específicos. Aquele é ato normativo de competência exclusiva do Poder Legislativo, com eficácia análoga a de uma lei.

f) **Tratados internacionais**: em regra, os tratados internacionais que foram internalizados ao nosso ordenamento terão *status* de lei ordinária. Excepcionalmente, eles poderão ter natureza de norma supralegal – estando, por conseguinte, em uma escala hierárquica, entre a legislação ordinária e a Constituição –, ou, até mesmo, *status* de emenda constitucional.

É o caso dos tratados internacionais que tenham por objeto direitos humanos. Caso sejam aprovados pelo procedimento comum, terão natureza de norma supralegal.[37] Por outro lado, se forem aprovados pelo procedimento trazido pela EC n.º 45/04, que está esquadrinhado no artigo 5º, §3º, da CF/88, terão natureza de emenda constitucional.

Qualquer que seja o *status* adquirido pelos tratados, não há dúvidas de que eles **podem ser objeto de controle via ADI**, ressalvando-se, tão somente, que na última hipótese (*status* de emenda à Constituição), o parâmetro de controle será o mesmo das emendas constitucionais (limites ao poder constituinte derivado reformador).

36. STF, Tribunal Pleno, ADI 4.049-MC, Rel. Min. Carlos Britto, j. 5.11.2008.

37. STF, Tribunal Pleno, RE 349.073-1/RS, Red. p/ acórdão Min. Gilmar Mendes, j. 3.12.2008.

Observação: O processo de incorporação dos tratados ao ordenamento jurídico interno possui quatro fases. Inicialmente, os tratados são celebrados pelo Presidente da República (artigo 84, inciso VIII da CF/88). Após, haverá a ratificação do tratado pelo Congresso Nacional, o que se dará por meio de um decreto legislativo (artigo 49, inciso I da CF/88). Em um terceiro passo, caberá ao Poder Executivo a troca ou o depósito do instrumento de ratificação. Por fim, será promulgado e publicado decreto presidencial. Somente após a conclusão das quatro etapas é que o tratado adquire executoriedade no plano interno.

Há, todavia, embate doutrinário sobre **qual seria o real objeto de controle concentrado**.

Para uma **primeira corrente, somente poderá ser objeto de controle de constitucionalidade o decreto executivo que promulga o tratado**, uma vez que o tratado somente estará internalizado, apto a produzir efeitos, após a sua edição.[38]

Para uma **segunda corrente**, é possível atacar, via ADI, o **decreto legislativo que aprova o tratado** e, ao mesmo tempo, **autoriza ao Presidente da República o ratifique**. Impedir-se-ia a recepção do tratado na ordem jurídica interna. Teríamos, assim, um controle jurisdicional preventivo, o que, já estudamos, é excepcionalíssimo em nosso ordenamento.[39]

g) **Decretos autônomos**: decretos autônomos são aqueles que não regulamentam nenhum ato normativo. Pelo contrário, possuem autonomia e generalidade. Em razão disso, são atos normativos primários e, nesta condição, **podem** ser objeto de controle de constitucionalidade.[40]

Em verdade, o Supremo Tribunal Federal possui jurisprudência no sentido de que a ADI é cabível contra atos normativos infralegais que inovem originariamente no ordenamento, em confronto direto com o texto constitucional.[41]

h) **Resoluções do CNJ e do CNMP**: os artigos 103-B, §4º e 130-A, §2º da CF/88 autorizam que o CNJ e o CNMP editem resoluções, desde que no exercício de suas atribuições constitucionais. Quando esses atos **forem**

38. Nesse sentido, ver PINHEIRO, Bruno. Controle de constitucionalidade: doutrina, jurisprudência e questões. Rio de Janeiro: Forense, 2009, p. 176-181.

39. BRANCO, Paulo Gustavo Gonet; MENDES, Gilmar Ferreira. Curso de direito constitucional. 12ª ed. rev. e atual. São Paulo: Saraiva, 2017, p. 1.270-1.271.

40. STF, Tribunal Pleno, ADI 3.664/RJ, Rel. Min. Cezar Peluso, j. 1º.6.2011; e STF, Tribunal Pleno, ADI 6.121-MC, Rel. Min. Marco Aurélio, j. 13.6.2019.

41. STF, Tribunal Pleno, ADI 3.481/DF, Rel. Min. Alexandre de Moraes, j. 6.3.2021.

dotados de abstração e generalidade, **poderão** ser objeto de ADI, posto que serão atos normativos primários.[42]

i) **Legislação estadual**: **podem** ser objeto de ADI a Constituição do Estado-membro, a legislação ordinária estadual e todos os atos normativos estaduais: as próprias constituições estaduais, emendas às constituições estaduais, leis estaduais, regimentos internos dos Tribunais de Justiça e Assembleias Legislativas e atos normativos editados por pessoas jurídicas de direito público estadual.

j) **Regimento interno de Tribunal**: o artigo 96, inciso I, alínea "a", da CF/88 confere aos Tribunais a atribuição de elaborar seus próprios regimentos internos. Quando essas normas violarem diretamente a constituição, não há dúvidas de que **poderão** ser objeto de ADI. Veja-se que o Supremo Tribunal Federal já chegou até mesmo a declarar inconstitucional, via ADI, portaria editada por Tribunal que tratava de expediente forense.[43] A Suprema Corte brasileira também já afirmou que a deliberação administrativa de Tribunal pode ser objeto de ADI, desde que tenha conteúdo normativo (generalidade e abstração).[44] Entretanto, **quando a norma regimental violar lei processual**, não há que se falar em controle de constitucionalidade via ADI, uma vez que o **parâmetro** de controle será a **lei.**

k) **Resolução do Tribunal Superior Eleitoral**: quando o Tribunal Superior Eleitoral editar resolução que tenha caráter normativo, dotado de abstração e generalidade, poderá haver o controle, via ADI, conforme já decidido pelo Supremo mais de uma vez.[45]

Não podem ser objeto de controle via ADI:

a) **Normas constitucionais originárias**: o Supremo Tribunal Federal, como já vimos na Parte I desta obra, não admite o controle de constitucionalidade de normas constitucionais originárias, em respeito ao princípio da unidade e da rigidez constitucionais.[46]

b) **Atos normativos secundários:** por serem atos que estão subordinados à lei, não inovando no ordenamento jurídico, não podem ser objeto de controle de constitucionalidade. Na verdade, a verificação de compatibilidade que deve ser feita é com a lei (**controle de legalidade**).

42. STF, Tribunal Pleno, ADC 12-MC, Rel. Min. Carlos Britto, j. 12.2.2006.
43. STF, Tribunal Pleno, ADI 2.862/SP, Rel. Min. Cármen Lúcia, j. 26.3.2008.
44. STF, Tribunal Pleno, ADI 1.244/QO-QO, Rel. Min. Gilmar Mendes, j. 19.12.2019.
45. Por todos, ver STF, Tribunal Pleno, ADI 5.104/DF, Rel. Min. Roberto Barroso, j. 21.5.2014.
46. STF, Tribunal Pleno, ADI 4.097-AgR, Rel. Min. Cezar Peluso, j. 8.10.2008.

c) **Leis anteriores à Constituição:** já vimos que o Supremo Tribunal Federal possui firme entendimento de que o confronto entre lei anterior e Constituição posterior é solucionado pelo critério temporal, e não pelo hierárquico. Assim, em eventual incompatibilidade entre ambos, considera-se que a lei foi **revogada (não recepcionada)** pela constituição.

d) **Lei municipal:** o artigo 102, inciso I, alínea "a", da CF/88 não fala em lei ou ato normativo municipal. Em razão disso, o entendimento pacífico, tanto da jurisprudência, quanto da doutrina, é o de que atos normativos municipais **não podem ser atacados por ADI.**[47] Aqui, entram as **leis e atos normativos distritais**, quando editados em competência análoga à dos Municípios. Os atos normativos municipais, todavia, **poderão ser objeto de ação de descumprimento de prefeito fundamental**, como veremos mais adiante.

e) **Proposta de emenda constitucional ou projeto de lei**: por não ser admitido, em nosso sistema jurídico, o controle judicial preventivo de constitucionalidade, não podem ser objeto de ADI emenda à constituição ou projeto de lei.

> **Observação**: Apesar de não poder ser objeto de ADI, a proposta de emenda constitucional que viole cláusula pétrea e a PEC ou o projeto de lei que viole o processo legislativo podem ser atacados por mandado de segurança impetrado por parlamentar, que tem o direito líquido e certo de não participar de tal deliberação.[48-49]

f) **Enunciado de Súmula**: é entendimento pacífico do Supremo Tribunal Federal que os enunciados sumulados **não podem** ser objeto de controle concentrado de constitucionalidade, pois não possuem características de ato normativo. Isso porque os Tribunais, ao editarem os enunciados de sua Súmula, estão registrando a interpretação pacífica ou majoritária por eles assumida em determinada controvérsia.[50]

---

47. STF, ADI 4.651/SP, Rel. Min. Gilmar Mendes, j. 16.09.2011.

48. STF, Tribunal Pleno, MS 24.667-AgR, Rel. Min. Carlos Velloso, j. 4.12.2003.

49. No julgamento do MS 32.033, o Ministro Teori Zavascki, em seu voto vencedor, afirmou categoricamente: "Somente em duas situações a jurisprudência do STF abre exceção a essa regra: a primeira, quando se trata de Proposta de Emenda à Constituição – PEC que seja manifestamente ofensiva a cláusula pétrea; e a segunda, em relação a projeto de lei ou de PEC em cuja tramitação for verificada manifesta ofensa a alguma das cláusulas constitucionais que disciplinam o correspondente processo legislativo." (STF, Tribunal Pleno, MS 32.033, Red. p/ acórdão Min. Teori Zavascki, j. 20.6.2013.

50. STF, Tribunal Pleno, ADI 594/DF, Rel. Min. Carlos Velloso, j. 19.02.1992.

Até mesmo os Enunciados da Súmula Vinculante do Supremo Tribunal Federal não podem ser objeto de controle concentrado, conforme já decidido[51].

A bem da verdade, há um procedimento específico previsto na Lei n.º 11.417/06 para a revisão ou cancelamento dos enunciados sumulados.

g) **Sentenças normativas**: a Justiça do Trabalho, em dissídios coletivos, possui competência para fixar normas. No entanto, as sentenças normativas que veiculam essas normas **não podem** ser objeto de controle concentrado de constitucionalidade, uma vez que o mecanismo adequado para as impugnar é a **via recursal**.

h) **Convenções coletivas de trabalho:** apesar de veicularem normas jurídicas, as convenções coletivas de trabalho não podem ser objeto de ADI porque não são atos editados pelo poder público.

i) **Respostas do Tribunal Superior Eleitoral:** O Supremo Tribunal Federal já decidiu que as respostas emitidas pelo Tribunal Superior Eleitoral não podem ser objeto de controle concentrado, posto que não possuem caráter vinculante aos demais órgãos do Poder Judiciário[52].

E. Legitimidade

A ação direta de inconstitucionalidade é, como já vimos, um processo objetivo. Busca-se avaliar a compatibilidade do ato normativo com a constituição em abstrato, para a defesa da coesão e harmonia do ordenamento jurídico.

Nesse contexto, não temos partes em sentido material no processo. Teremos, sim, partes em **sentido formal**. São os legitimados, que não estarão em juízo defendendo interesse próprio, mas que são autorizados por lei a promover a ação direta de inconstitucionalidade ou a prestar informações sobre atos por eles emanados.

E.1. Legitimidade ativa

Desde a Emenda n.º 16 de 1965, que inaugurou o controle concentrado-abstrato no Brasil, a legitimidade para ajuizar a ação direta de inconstitucionalidade era conferida somente ao Procurador-Geral da República. Com o advento da Constituição de 1988 houve uma verdadeira revolução no ponto, **com a ampliação** significativa do rol dos legitimados a propor a ação genérica de inconstitucionalidade.

51. STF, Tribunal Pleno, ADPF 146-AgR, Rel. Min. Cármen Lúcia, j. 24.03.2011.

52. STF, Tribunal Pleno, ADI 1.805-MC, Rel. Min. Néri da Silveira, j. 26.03.1998.

O artigo 103 da CF/88 – que, como não poderia deixar de ser, é reproduzido pelo artigo 2º da Lei n.º 9.868/99 – traz um **rol taxativo** de legitimados a propor a ADI e a ADC.

Nesse cenário, são legitimados para ajuizar uma ADI:

i. Presidente da República;
ii. Mesa do Senado Federal;
iii. Mesa da Câmara dos Deputados;
iv. Mesa da Assembleia Legislativa ou da Câmara Legislativa do Distrito Federal;
v. Governador do Estado ou do Distrito Federal;
vi. Procurador-Geral da República;
vii. Conselho Federal da Ordem dos Advogados do Brasil;
viii. Partido político com representação no Congresso Nacional;
ix. Confederação sindical ou entidade de classe de âmbito nacional.

> **Observação:** O art. 103 da CF/88 foi alterado pela EC n. 45/04 tão somente para aclarar que o Governador e a Mesa da Câmara Legislativa do Distrito Federal também estão incluídos nessa listagem.

Apesar de a Constituição e a lei não terem feito qualquer distinção entre os legitimados à propositura da ADI, o **Supremo Tribunal Federal**, em seus julgados, faz uma **distinção** entre dois grupos: os legitimados universais e os legitimados especiais.

São **legitimados especiais**: o Governador do Estado ou do Distrito Federal, a Mesa da Assembleia Legislativa ou da Câmara Legislativa do Distrito Federal e a confederação sindical e as entidades de classe de âmbito nacional.

Esses legitimados, ao ajuizarem uma ADI, deverão demonstrar que cumprem um requisito prévio, a **pertinência temática.**[53] A pertinência temática é comprovada com a demonstração de que o ato impugnado atinge, ou pode vir a atingir, diretamente na esfera jurídica do legitimado ou de seus filiados.

Por outro lado, são **legitimados universais** a ajuizar a ação genérica de constitucionalidade: o Presidente da República, as Mesas do Senado Federal e da Câmara de Deputados, o Procurador-Geral da República, o Conselho Federal da Ordem dos Advogados do Brasil e o partido político com representação no Congresso

53. STF, Tribunal Pleno, ADI 1.507-MC-AgR, Rel. Min. Carlos Velloso, j. 3.2.1997.

Nacional. Esses legitimados não precisarão satisfazer o requisito da pertinência temática para o ajuizamento da ADI.

Há, ainda, **outra distinção** que é feita pelo Supremo Tribunal Federal entre os legitimados, referente à **capacidade postulatória.**

A nossa Suprema Corte entende que **partidos políticos** e as **confederações sindicais ou entidades de classe de âmbito nacional** devem contratar advogado, outorgando-lhe **procuração com poderes específicos**, para propor a ação genérica. Deverá constar da procuração o **exato ato normativo que será impugnado.**[54]

Já os **demais legitimados possuem capacidade postulatória plena**, conferida pela própria Constituição de 1988, de modo que não precisarão de advogado para ajuizar a ação direta de inconstitucionalidade.[55]

Feitas essas considerações gerais, resta pontuar algumas **observações** específicas referentes a cada legitimado:

a) **Presidente da República**: uma primeira questão é saber se é possível que o **Presidente ajuíze ADI que tenha como objeto ato normativo que foi por ele proposto ou sancionado.** A resposta só pode ser **positiva**, posto que não é factível, à luz do princípio da supremacia constitucional, exigir que um legitimado se mantenha inerte só porque participou do processo de elaboração da norma.[56]

   Outro ponto de destaque é que, sendo o rol do artigo 103 da CF/88 taxativo, **não é possível estender** a legitimidade conferida ao Presidente da República **ao seu Vice**, salvo se este o tiver substituído ou sucedido (artigos 79 e 80 da CF/88).[57]

b) **Mesa do Senado Federal e Mesa da Câmara dos Deputados**: em relação a esses dois legitimados, é importante esclarecer que a legitimidade a eles conferida **não se estende à Mesa do Congresso Nacional, tampouco a parlamentar.**

c) **Mesa da Assembleia Legislativa ou da Câmara Legislativa do Distrito Federal**: aqui, deve-se pontuar o mesmo que foi observado no tópico anterior, ou seja, que a legitimidade da Mesa da Assembleia Legislativa **não se estende aos seus deputados estaduais.**

54. STF, Tribunal Pleno, ADI 2.187-QO, Rel. Min. Octávio Gallotti, j. 24.5.2000.

55. STF, Tribunal Pleno, ADI 127-QO, Rel. Min. Celso de Mello, j. 20.11.1989.

56. BARROSO, Luís Roberto. O controle de constitucionalidade no direito brasileiro: exposição sistemática da doutrina e análise crítica da jurisprudência. 4ª ed. rev. e atual – São Paulo: Saraiva: 2009, p. 161-162.

57. STF, ADI 2.896/SC, Rel. Min. Ellen Gracie, j. 7.8.2003.

d) **Governador do Estado ou do Distrito Federal**: o primeiro apontamento é o de que a legitimidade conferida ao Governador **não se estende ao seu Vice, tampouco ao Procurador-Geral do Estado.** Desse modo, exige-se que a petição inicial da ADI seja **subscrita pelo próprio Governador**, não podendo fazê-lo o Procurador-Geral do Estado, ainda que em nome do próprio Governador.[58]

Outro aspecto de especial importância é que, embora o Governador seja legitimado especial e, portanto, tenha o dever de comprovar a pertinência temática em relação ao ato impugnado, isso **não limita a sua atuação aos atos normativos de seu Ente Federado, podendo ajuizar ADI em face de lei de outro ente federado, desde que esse ato possa causar reflexos na esfera jurídica de sua unidade.**[59-60]

Por fim, ressalto que o Supremo Tribunal Federal entende que o afastamento cautelar de cargo de Governador de Estado, suspendendo o exercício das funções públicas respectivas, implica a ilegitimidade para a propositura de ação direta de inconstitucionalidade, na forma do art. 103, V, da Constituição da República. Isso porque, uma vez constatada a existência de medida cautelar de afastamento das funções, inexiste fundamento para que o titular do mandato retenha o poder de expressar a vontade do Estado por meio de ação direta de inconstitucionalidade.[61]

e) **Procurador-Geral da República**: o Procurador-Geral da República, além de legitimado à propositura da ação genérica de constitucionalidade funciona também como ***custos iuris*** (artigo 103, §1º da CF/88). Essa manifestação é **obrigatória**, e **ocorrerá mesmo quando o PGR for o autor da ação.**[62] Ainda que na condição de autor da ação, poderá o PGR opinar pela improcedência do pedido, em razão de seu dever de imparcialidade.

f) **Conselho Federal da Ordem dos Advogados do Brasil**: em razão da taxatividade do rol de legitimados, não é possível que os conselhos estaduais ajuízem ADI, sendo a legitimidade **somente do Conselho Federal.**

g) **Partido político com representação no Congresso Nacional**: a exigência constitucional de representação no Congresso Nacional é preenchida se

---

58. STF, ADI 5084/RO, Rel. Min. Rosa Weber, j. 21.2.2014.

59. STF, Tribunal Pleno, ADI 2.656/SP, Rel. Min. Maurício Corrêa, j. 8.5.2003.

60. No julgamento da ADI n. 4.507, o STF decidiu que o Governador do Distrito Federal possui legitimidade para ajuizar ação direta de inconstitucionalidade contra ato normativo, editado pela União, a versar remuneração de integrantes de carreiras de órgãos cujos serviços são prestados à população local (STF, Tribunal Pleno, ADI 4.507, Rel. Min. Carmen Lúcia, j. 5.8.2020).

61. STF, Tribunal Pleno, ADI 6.728- AgR/DF, Rel. Min. Edson Fachin, j. 30.4.2021.

62. SILVA, José Afonso da. Comentário contextual à constituição. 9ª ed. São Paulo: Malheiros, 2014, p. 570.

o partido tiver **pelo menos 1 (um) parlamentar**, em qualquer das Casas Legislativas.

O partido, para ajuizar a ADI, deverá estar representado pelo **Diretório Nacional** ou pela **Executiva do Partido**. Os Diretórios Regionais ou as Executivas Regionais não possuem legitimidade, pois não representam o partido nacionalmente.[63]

O STF possuía entendimento no sentido de que a perda de representação no Congresso Nacional pelo partido que ajuizou a ação genérica faria com que ação fosse extinta. Essa posição, todavia, foi revista no julgamento da **ADI 2.618**, em que se consignou que a aferição da representação do partido político em uma das Casas Legislativas do Congresso Nacional **deve ser feita na propositura da ação**. Eventual **perda de representação não desqualifica** o partido para permanecer no polo ativo da relação processual, **tampouco acarreta a sua extinção**.[64]

> **Atenção**: A perda de representação no Congresso Nacional do Partido Político que ajuizou a ação declaratória de inconstitucionalidade **não se confunde com a perda do mandato político do parlamentar que impetrou mandado de segurança** com a finalidade de garantir o seu direito líquido e certo de participar de um processo legislativo que não viole a Constituição Federal. Nesta segunda hipótese, havendo a perda do mandato político, o *mandamus* será **extinto sem resolução do mérito**.

h) **Confederação sindical ou entidade de classe de âmbito nacional:** o STF vem reconhecendo legitimidade para ajuizamento de ADI somente às **confederações sindicais**[65], **não estando abarcadas as federações sindicais**[66] **e os sindicatos**[67].

Em relação às **entidades de classe de âmbito nacional**, o STF, fazendo uma analogia com a Lei Orgânica dos Partidos Políticos, possui entendimento

63. STF, Tribunal Pleno, ADI 1.528-QO, Rel. Min. Ellen Gracie, j. 24.5.2000.

64. STF, Tribunal Pleno, ADI 2.618-AgR no AgR, Rel. Min. Gilmar Mendes, j. 12.8.2004.

65. Na forma do artigo 535 da CLT, a confederações sindicais são formadas por, pelo menos, três federações.

66. As federações sindicais são compostas por no mínimo cinco sindicatos que representem a maioria absoluta de um grupo de atividades profissionais idênticas (artigo 534 da CLT).

67. STF, Tribunal Pleno, ADI 1.442, Rel. Min. Celso de Mello, j. 03.11.2004.

de que a **entidade deve ter filiados em pelo menos nove Estados da Federação para ser reconhecido seu caráter nacional.**[68]

Ademais, o conceito de classe deve ser entendido como **categoria profissional**, excluindo-se, assim, entidades estudantis ou de promoção de direitos humanos.[69] A associação, por outro lado, **não poderá reunir membros de categorias profissionais diversas**, pois o hibridismo de sua composição atua como elemento descaracterizador da sua representatividade.[70]

Tradicionalmente, o Supremo não reconhecia legitimidade às **associações de segundo grau**, que são aquelas compostas por outras associações ("associação de associações"), entendimento esse que foi superado no julgamento da **ADI 3.153.**[71]

Por fim, a entidade postulante deve **representar a integralidade da categoria profissional.** As associações que representam somente a fração da categoria não pode ajuizar ADI que extrapole o universo dos seus representados.[72]

E.2. Legitimidade passiva

No que toca à **legitimidade passiva**, há controvérsia doutrinária.

Alguns autores, como Luís Roberto Barroso[73], entendem que o legitimado passivo de uma ADI é a **autoridade ou órgão que editou o ato normativo que está sendo impugnado** (artigo 6º da Lei n.º 9.868/99).

O Supremo Tribunal Federal, em julgamentos antigos, parece já ter chancelado esse posicionamento. Isso porque, ao julgar a **ADI 1.434-MC**, afirmou que "a formação litisconsorcial passiva só pode abranger as entidades ou órgãos públicos que tenham sido responsáveis pela edição do ato impugnado".[74]

---

68. STF, Tribunal Pleno, ADI 79-QO, Rel. Min. Celso de Mello, j. 13.04.1992; e STF, Tribunal Pleno, ADI 3.287, Red. p/ acórdão Min. Ricardo Lewandowski, j. 5.8.2020.

69. STF, Tribunal Pleno, ADI 894, Rel. Min. Néri da Silveira, j. 18.11.1993.

70. STF, Tribunal Pleno, ADI 108-QO, Rel. Min. Celso de Mello, j. 13.04.1992.

71 STF, Tribunal Pleno, ADI 3.153-AgR, Red. p/acórdão Min. Sepúlveda Pertence, j. 12.08.2004 (Informativo n.º 361).

72. STF, Tribunal Pleno, ADPF 254-AgR, Rel. Min. Luiz Fux, j.18.05.2016; e STF, Tribunal Pleno, ADI 6.465 AgR/DF, Rel. Min. Alexandre de Moraes, j. 19.10.2020.

73. BARROSO, Luís Roberto. O controle de constitucionalidade no direito brasileiro: exposição sistemática da doutrina e análise crítica da jurisprudência. 4ª ed. rev. e atual – São Paulo: Saraiva: 2009, p. 159.

74. STF, Tribunal Pleno, ADI 1.434-MC, Rel. Min. Celso de Mello, j. 29.08.1996.

Para outra parcela da doutrina, destacadamente Clèmerson Merlin Clève[75] e Dirley da Cunha Júnior[76], **os elaboradores do ato normativo impugnado não podem ser considerados como parte passiva** da ação direta de inconstitucionalidade, uma vez que essas ações são propostas contra o ato normativo, e não contra quem o editou.

F. Processo e julgamento

F.1. Procedimento

O procedimento para processamento e julgamento das ações diretas de inconstitucionalidade está desenhado na **Lei n.º 9.868/99** e no **Regimento Interno do Supremo Tribunal Federal** (artigos 169 a 178).

A **petição inicial** deverá indicar a causa de pedir, que apontará o dispositivo da lei ou do ato normativo impugnado, os fundamentos jurídicos do pedido em relação a cada uma das impugnações e o pedido (artigo 3º, incisos I e II, da lei).

Quanto ao pedido e à causa de pedir, algumas observações relacionadas ao **princípio da congruência** devem ser feitas. De acordo com esse princípio, o órgão de Poder Judiciário, ao decidir uma demanda, está **adstrito à causa de pedir e ao pedido** formulados pelas partes, não podendo proferir decisão *extra, ultra* ou *citra petita/causa petendi.*

Entretanto, no controle abstrato de constitucionalidade, esse princípio vem sendo mitigado pela **técnica da declaração de inconstitucionalidade por arrastamento** (ou **consequencial**, ou **derivada**, ou **por atração**, ou **por reverberação normativa**). Essa técnica permite à Corte, percebendo que existem dispositivos dependentes daquele que foi impugnado e julgado inconstitucional, estenda os efeitos da decisão a eles e também os declare inconstitucionais. Em virtude da impossibilidade de existência autônoma do dispositivo secundário, o Tribunal amplia a sua decisão, para abarcá-lo.

O Supremo Tribunal Federal, inclusive, já foi além e decidiu pela inconstitucionalidade por arrastamento de decreto que se fundava na lei declarada inconstitucional (**arrastamento no plano vertical**).[77]

Uma segunda observação também está relacionada ao princípio da congruência, mas com os olhos voltados à **causa de pedir**.

---

75. CLÈVE, Clèmerson Merlin. A fiscalização abstrata da constitucionalidade no Direito brasileiro. 2ª ed. rev. atual. amp. São Paulo: Editora Revista dos Tribunais, 2000, p. 159.

76. CUNHA JÚNIOR, Dirley da. Controle de constitucionalidade: teoria e prática. 8ª ed. rev. ampl. e atual. – Salvador: Juspodivm, 2016, p. 212.

77. STF, Tribunal Pleno, ADI 2.995/PE, Rel. Min. Celso de Mello, j. 12.12.2006.

A despeito de o legitimado ativo estar obrigado a formular a fundamentação jurídica em sua petição inicial, o Tribunal, ao julgar a questão, poderá considerar fundamentos diferentes dos apresentados. É o que se chama de **causa de pedir aberta**. Tal proposição se fundamenta na necessidade de o ato impugnado ser confrontado com todas as normas constitucionais, e não somente naquelas apontadas na inicial.

A **petição inicial**, que será apresentada em **duas vias**, deverá vir acompanhada de **instrumento de procuração**, quando subscrita por advogado.

O Supremo Tribunal Federal possui firme entendimento de que essa procuração, além de conter poderes especiais, **deve indicar o ato normativo a ser impugnado**, sob pena de indeferimento da peça inaugural.[78]

Caso a procuração não indique o ato normativo a ser impugnado na ADI ajuizada, é possível a sua regularização antes que seja reconhecida a carência da ação. Cuida-se, portanto, de **vício sanável.**[79]

Além da procuração, deve-se juntar **cópias** da lei ou do ato normativo impugnado e dos documentos necessários para comprovar a impugnação (artigo 3º, parágrafo único da lei).

O Supremo Tribunal Federal possui entendimento de que é **possível** o **aditamento** à petição inicial em ação direta de inconstitucionalidade. Todavia, isso só será possível nas hipóteses em que a inclusão da nova impugnação (i) **dispense a requisição de novas informações e manifestações**; e (ii) **não prejudique o cerne da ação.**[80]

Firme nesse entendimento, o STF, ao julgar a ADI n.º 4.541/BA, não admitiu o aditamento à inicial da ação, visando a inclusão de outro dispositivo normativo, após o recebimento das informações dos Requeridos e das manifestações do Advogado-Geral da União e do Procurador-Geral da República.[81]

A petição inicial inepta, não fundamentada ou manifestamente improcedente será **liminarmente indeferida** pelo relator. Dessa decisão, cabe **agravo** (artigo 4º, *caput* e parágrafo único da lei).

Uma vez ajuizada a ação, o art. 5º da Lei n. 9.868/99 **veda com que haja a desistência** da ação. O fundamento dessa regra é o **princípio da indisponibilidade**, segundo o qual a questão pertinente à controvérsia constitucional reveste-se de tamanha magnitude, que, uma vez instaurada a fiscalização concentrada de

78. STF, Tribunal Pleno, ADI 3.903, Rel. Min. Cezar Peluso, j. 29.4.2008.

79. STF, Tribunal Pleno, ADI 6.051, Rel. Min. Cármen Lúcia, j. 27.3.2020.

80. STF, Tribunal Pleno, ADI 1.926, Rel. Min. Roberto Barroso, j. 20.4.2020.

81. STF, Tribunal Pleno, ADI 4.541/BA, Rel. Min. Cármen Lúcia, j. 16.4.2021.

constitucionalidade, torna-se inviável a extinção desse processo objetivo pela só e unilateral manifestação de vontade do autor.

Recebida a peça inicial, o relator pedirá **informações** aos órgãos ou às autoridades das quais emanou a lei ou o ato normativo impugnado, que terão o prazo de 30 (trinta) dias para prestá-las (artigo 6º, *caput* e parágrafo único da lei).

Decorrido o prazo das informações, serão ouvidos, sucessivamente, o **Advogado-Geral da União** e o **Procurador-Geral da República**, que deverão manifestar-se, cada qual, no prazo de quinze dias (artigo 8º da lei).

O **Advogado-Geral da União** funciona na ADI na qualidade de ***defensor legis***, ou seja, atuará no processo como curador da presunção de constitucionalidade da lei. Deverá, tal qual previsto no artigo 103, §3º, da CF/88, defender a constitucionalidade do ato normativo que está sendo impugnado, seja ele **federal ou estadual.**

O **Supremo Tribunal Federal** já entendeu, em um **primeiro momento**, que esse dever de defender a presunção de constitucionalidade da lei **não poderia ser excepcionado.** Deveria, então, o AGU obrigatoriamente promover a defesa do texto impugnado, veiculando os argumentos disponíveis.[82]

Houve, contudo, uma revisão desse posicionamento no julgamento da **ADI 1.616/PE.** Nessa ocasião, o Supremo **admitiu que o AGU deixasse de defender o ato atacado, quando a Corte já tenha fixado anteriormente entendimento pela sua inconstitucionalidade.** Nesta hipótese, não haverá mais presunção de constitucionalidade do ato a ser defendida.[83]

O entendimento do Supremo Tribunal Federal avançou ainda mais quando do julgamento da questão de ordem suscitada pelo Ministro Marco Aurélio na **ADI 3.916.** Decidiu-se, por maioria, o artigo 103, §3º da CF/88 deve ser interpretado sistematicamente, tendo-se em conta principalmente o artigo 131 da CF/88, que atribuiu à AGU a representação dos interesses da União.[84]

Desse modo, em casos em que a defesa do ato fosse **impossível** ou que **colidissem com os interesses da própria União**, o AGU poderia deixar de defender o ato atacado. Haveria, na verdade, um **direito de manifestação** do AGU, e não propriamente a obrigatoriedade na defesa do ato. Alguns Ministros ressaltaram que não há sanção expressa caso o AGU se recuse a defender o ato.

A questão, contudo, está longe de estar pacificada. No julgamento da **ADI 3.414/RJ**, constou da emenda do acórdão que incumbe ao Advogado-Geral da

82. STF, Tribunal Pleno, ADI 72-QO, Rel. Min. Sepúlveda Pertence, j. 22.03.1990.

83. STF, Tribunal Pleno, ADI 1.616/PE, Rel. Min. Maurício Corrêa, j. 24.5.2001.

84. STF, Tribunal Pleno, ADI 3.916/DF, Rel. Min. Eros Grau, j. 7.10.2009.

União a defesa do ato ou texto impugnado na ação direta de inconstitucionalidade, **não lhe cabendo a emissão de simples parecer, sendo-lhe vedado concluir que o ato é inconstitucional.**[85]

Assim, resta-nos aguardar em qual sentido será a próxima manifestação do STF sobre o tema para que sejam tiradas conclusões, senão definitivas, mais precisas.

O **Procurador-Geral da República**, como já vimos, além de legitimado à propositura da ação, atua como ***custos iuris***. Veja-se que o artigo 103, §1º da CF/88 prevê que o PGR deverá ser previamente ouvido nas ações de inconstitucionalidade.

Na qualidade de fiscal da ordem jurídica, poderá o Procurador-Geral da República emitir **parecer** tanto pela constitucionalidade, quanto pela inconstitucionalidade do ato impugnado. Mesmo no caso de a ação genérica ter sido ajuizada pelo próprio PGR, é certo que ele poderá, caso altere sua convicção em momento posterior, emitir parecer opinando pela improcedência da ação. Esse parecer, a toda evidência, terá **caráter opinativo**, não vinculando os Ministros do Supremo.

Vencidos os prazos sucessivos de manifestação do AGU e do PGR, o relator lançará o **relatório**, com cópia a todos os Ministros, e pedirá dia para julgamento (artigo 9º, *caput* da lei).

Em caso de necessidade de esclarecimento de matéria ou circunstância de fato ou de notória insuficiência das informações existentes nos autos, poderá o relator **requisitar informações adicionais**, designar **perito** ou comissão de peritos para que emita parecer sobre a questão, ou fixar data para, em **audiência pública**, ouvir depoimentos de pessoas com experiência e autoridade na matéria (artigo 9º, §1º, da lei).

O relator poderá, ainda, solicitar informações aos Tribunais Superiores, aos Tribunais federais e aos Tribunais estaduais acerca da aplicação da norma impugnada no âmbito de sua jurisdição (artigo 9º, §2º, da lei).

Todas essas informações serão realizadas no prazo de 30 (trinta) dias, contado da solicitação do relator (artigo 9º, §3º, da lei).

Por fim, em razão do caráter **objetivo** do processo, tem-se duas consequências no procedimento de uma ação direta de inconstitucionalidade que devem ser destacadas. A primeira, prevista em lei, é que a **intervenção de terceiros não é admissível** no processo de ação direta de inconstitucionalidade (artigo 7º da lei).

Entretanto, o relator poderá admitir a manifestação no processo de órgãos ou entidades que possuam representatividade e que a matéria seja relevante (artigo

85. STF, Tribunal Pleno, ADI 3.414/RJ, Rel. Min. Marco Aurélio, j. 1º.6.2011.

7º, §2º da lei). É a figura do ***amicus curiae***, que será mais bem analisada em tópico separado a seguir.

Uma segunda consequência, essa assinalada pela jurisprudência do Supremo Tribunal Federal, é que **não é possível a arguição de suspeição ou impedimento dos julgadores**. Isso porque não há partes, situações individuais e interesses concretos que possam fundamentar uma eventual quebra de imparcialidade do magistrado. **Excepcionalmente**, contudo, veda-se que Ministro participe do julgamento final da ADI se tiver oficiado no processo na qualidade de **PGR**.[86]

Os **prazos** em ADI e nas demais ações do controle concentrado de constitucionalidade são contados **em dias úteis**, aplicando-se subsidiariamente o disposto no art. 219 do CPC.

F.2. Medida cautelar

O **artigo 102, inciso I, alínea "p" da CF/88** prevê a possibilidade de concessão de medida cautelar nas ações diretas de inconstitucionalidade, o que é regulamentado nos **artigos 10 a 12 da Lei n.º 9.868/99**.

De início, destaque-se que a nomenclatura utilizada pelo constituinte e pelo legislador ordinário não é a mais adequada tecnicamente falando. Isso porque a natureza jurídica da tutela de urgência concedida em uma ação direta de inconstitucionalidade é de **antecipação de tutela**, e não de medida cautelar.[87]

Outra questão inicial e de extrema relevância posta pela doutrina é que a medida cautelar – adotaremos aqui a nomenclatura utilizada pela lei – é uma providência absolutamente **excepcional**.

De fato, à luz do princípio da **presunção de constitucionalidade das leis e atos normativos**, não é recomendável que uma decisão proferida com cognição sumária suspenda, ainda que momentaneamente, os efeitos de uma lei ou ato normativo, ressalvando-se tal medida aos casos realmente excepcionais.[88]

---

86. STF, Tribunal Pleno, ADI 4/DF, Rel. Min. Sydney Sanches, j. 07.03.1991.

87. Nas palavras de Teori Albino Zavascki: "Em suma, as liminares deferidas nas ações de controle concentrado antecipam um, alguns ou todos os efeitos habilitados a operar reflexos no plano da realidade – ou seja, efeitos executivos – que podem decorrer da futura sentença de procedência." Ver: ZAVASCKI, Teori Albino. Processo coletivo. 5ª ed. São Paulo: Revista dos Tribunais, 2011, p. 243-245.

88. Sobre o tema, Luiz Guilherme Marinoni observa que: "A presunção de constitucionalidade nada tem que possa impedir a concessão de liminar. Ora, do mesmo modo que se pode pronunciar a inconstitucionalidade da lei, esta pode ter a sua eficácia suspensa. Basta que exista **forte fundamento** de a lei ser inconstitucional aliada ao perigo de que a sua aplicação, no tempo que se supõe necessário à solução da ação direta, possa trazer prejuízos irreversíveis. É claro que, em certos casos, será adequado realizar um balanceamento entre as vantagens e desvantagens de suspensão da aplicação da norma.", ver MARINONI, Luiz Guilherme; MITIDIERO, Daniel; SARLET, Ivo Wolfgang. Curso de Direito Constitucional. 7ª ed., São Paulo: Saraiva Educação, 2018, p. 1.182.

A lei não trata dos **requisitos** para a concessão da medida cautelar em ADI, ficando à cargo da jurisprudência do Supremo Tribunal Federal a sua definição. Em regra, tem-se adotado os pressupostos básicos para a concessão de qualquer medida cautelar: a plausibilidade jurídica da tese exposta ("***fumus boni iuris***") e a possibilidade de prejuízo causado pela demora na concessão da medida pleiteada ("***periculum in mora***").

No entanto, há julgados do STF em que, ao conceder a medida cautelar no bojo de uma ação direta de inconstitucionalidade, utilizou-se como pressupostos a "**relevância do pedido**" e a "**conveniência do pedido**".[89] Vê-se, por conseguinte, que a Supremo Corte se vale, em alguns casos, de parâmetros mais subjetivos para justificar a medida de urgência.

A jurisprudência do **STF** tem entendido que a propositura da ADI após transcorrido **significativo lapso temporal** da entrada em vigor do ato normativo demonstra a **ausência do perigo na demora**, requisito essencial para a concessão da medida cautelar.[90]

As **regras procedimentais** para a análise e o julgamento da medida cautelar são simples.

O artigo 10 da Lei n.º 9.868/99 prevê que, à exceção do período de recesso, a cautelar será concedida após a decisão da **maioria absoluta** dos membros do Tribula (seis Ministros), respeitado o **quórum de instalação da sessão de julgamento de oito Ministros.**

Antes do julgamento da cautelar, deve-se ouvir os órgãos ou as autoridades responsáveis pela edição do ato normativo que será submetido à controle. O prazo para manifestação é de **5 (cinco) dias**. Em caso de **excepcional urgência**, pode-se **dispensar** essa audiência e conceder a medida cautelar ***inaudita altera partes*** (artigo 10, §3º, da lei).

Caso o relator julgue indispensável, poderá ouvir o **AGU** e o **PGR** no prazo de três dias (artigo 10, §1º, da lei).

No julgamento do pedido de medida cautelar, é facultada a **sustentação oral** dos representantes judiciais do requerente e das autoridades ou órgãos responsáveis pela expedição do ato (artigo 10, §2º da lei).

No período de **recesso** e durante as **férias**, caberá ao **Presidente do Supremo Tribunal Federal** a apreciação e julgamento das medidas cautelares. Deverá,

89. Ver, por exemplo: STF, Tribunal Pleno, ADI 834-MC, Rel. Min. Celso de Mello, j. 11.2.1993 e STF, Tribunal Pleno, ADI 3401-MC, Rel. Min. Gilmar Mendes, j. 3.2.2005.

90. STF, Tribunal Pleno, ADI 1.935-MC, Rel. Min. Marco Aurélio, j. 14.4.1999.

contudo, fazê-lo somente em casos de **extrema necessidade**, em que possa haver o perecimento do direito.

Embora seja esse o procedimento traçado pela Lei n.º 9.868/99, que somente abriu a possibilidade de decisão monocrática em períodos em que o Tribunal Pleno não se reúna, o STF tem admitido uma **segunda exceção** à necessidade de decisão colegiada para a concessão de medida cautelar em ADI. Ainda que fora do período de recesso, poderá o Ministro Relator deferir, ***ad referendum*** **do Plenário**, medida cautelar em situações excepcionalíssimas, em que a **urgência** da situação **inviabilize a apreciação da matéria pelo Plenário.**[91]

Concedida a medida cautelar, **suspende-se a eficácia** da lei ou ato normativo impugnado. De acordo com o artigo 11, §2º, da lei, os **efeitos** dessa decisão serão ***erga omnes*** (estendem contra todos) e ***ex nunc*** (dali para a frente). O Tribunal, todavia, poderá conceder efeitos retroativos (***ex tunc***).

A medida cautelar concedida, ao suspender o ato impugnado, atinge todos os seus efeitos, inclusive a revogação de eventual ato normativo anterior. Ocorre, portanto, o chamado **efeito repristinatório**. Não por outra razão, o **artigo 11, §2º, da Lei n.º 9.868/98** diz que a concessão da cautelar torna aplicável a legislação anterior acaso existente, salvo expressa manifestação em sentido contrário, previsão esta já declarada constitucional pelo Supremo Tribunal Federal.[92]

Embora não haja previsão legal expressa nesse sentido, poderá o Supremo Tribunal Federal determinar a **suspensão da tramitação de todos os processos** que versarem sobre a aplicação do ato normativo que teve sua eficácia suspendida.[93] O Supremo Tribunal Federal possui algumas decisões suspendendo a tramitação de processos após a concessão de medida cautelar.[94]

No caso de **indeferimento** da medida cautelar em ADI, o STF **não vem reconhecendo efeitos vinculantes à decisão,** permitindo-se que os demais órgãos do Poder Judiciário possam julgar, incidentalmente, inconstitucional o ato normativo debatido na ação genérica.

Contudo, há posicionamento doutrinário no sentido de que, se a medida cautelar for indeferida pelo Supremo sob o **fundamento** de que o ato é, em uma análise sumária, **constitucional**, os demais órgãos do Judiciário **deveriam ficar**

91. STF, Decisão Monocrática, ADI 2.310/DF-MC, Rel. Min. Marco Aurélio, j. 19.12.2000.

92. STF, Tribunal Pleno, ADI 2.154/DF e ADI 2.258/DF, Red. p/ acórdão Min. Cármen Lúcia, j. 3.4.2023.

93. Nesse mesmo sentido, ver PINHEIRO, Bruno. Controle de constitucionalidade: doutrina, jurisprudência e questões. Rio de Janeiro: Forense, 2009, p. 201-202.

94. STF, Tribunal Pleno, ADI 1.244-QO, Rel. Min. Néri da Silveira, j. 28.8.1997 e STF, Tribunal Pleno, Rcl 2.256/RN, Rel. Min. Gilmar Mendes, j. 11.9.2003.

vinculados, não podendo mais declarar incidentalmente o ato impugnado como sendo inconstitucional.[95]

O Supremo Tribunal Federal tem admitido a **reiteração** do pedido de concessão de liminar, ainda que tal pedido já tenha sido anteriormente indeferido, desde de que fundamentado em fatos supervenientes.[96]

O **artigo 12 da Lei n.º 9.868/98** autoriza que o relator, em caso de pedido de medida cautelar, **acelere o rito procedimental da ADI**.

Caso a matéria seja relevante e possua especial significado para a ordem social e a segurança jurídica, o relator poderá, após a prestação das informações, no prazo de dez dias, e a manifestação do Advogado-Geral da União e do Procurador-Geral da República, sucessivamente, no prazo de cinco dias, submeter o processo diretamente ao Tribunal, que terá a faculdade de **julgar definitivamente a ação**.

Por fim, importante destacar que o princípio da indisponibilidade também se aplica às medidas cautelares requeridas em ADI. Logo, por razões fundadas no interesse público, o autor da ADI **não pode desistir do pedido de medida cautelar por ele eventualmente formulado.**[97]

F.3. Amicus curiae *e audiências públicas*

O controle de constitucionalidade, ao extirpar do ordenamento jurídico um ato emanado de um Poder democraticamente eleito, convive em tensão com o princípio democrático.

Uma das formas de amenizar esse antagonismo e suprir, ainda que parcialmente, a falta de legitimidade democrática do Poder Judiciário, é a utilização de instrumentos que permitam a **manifestação da sociedade no processo**, ampliando e democratizando o debate.

Nesse tópico estudaremos dois deles: a realização de audiências públicas e a intervenção do *amicus curiae*.

As **audiências públicas**, no âmbito da ADI, estão previstas no artigo 9º, §1º, da Lei n.º 9.868/99. De acordo com esse dispositivo, **o relator**, em caso de **necessidade de esclarecimento de matéria ou circunstância de fato** ou **de notória**

---

95. Luiz Guilherme Marinoni, defensor desse entendimento, afirma: "Enquanto pender a ação de inconstitucionalidade, a decisão que analisar requerimento de liminar tem eficácia vinculante, impedindo que qualquer tribunal ou juiz, diante da mesma questão constitucional em exame, negue os seus fundamentos determinantes. Nessa perspectiva, portanto, pouco importa se a decisão concedeu ou não a liminar.", ver MARINONI, Luiz Guilherme; MITIDIERO, Daniel; SARLET, Ivo Wolfgang. Curso de Direito Constitucional. 7ª ed., São Paulo: Saraiva Educação, 2018, p. 1.183.

96. STF, Tribunal Pleno, ADI 1.667-MC, Rel. Min. Ilmar Galvão, j. 25.9.1997.

97. STF, Tribunal Pleno, ADI 892-MC, Rel. Min. Celso de Melo, j. 27.10.1994.

insuficiência das informações existentes nos autos, poderá fixar data para, em audiência pública, ouvir depoimentos de pessoas com experiência e autoridade na matéria.

Os artigos 13, inciso XVII, e 21, inciso XVII do Regimento Interno do Supremo Tribunal Federal trazem previsão semelhante. Segundo esses dispositivos, o **relator ou o Presidente do STF** poderão convocar audiência pública para ouvir o depoimento de pessoas com experiência e autoridade em determinada matéria, sempre que entender necessário o esclarecimento de questões ou circunstâncias de fato, com repercussão geral ou de interesse público relevante.

Já o ***amicus curiae***, em tradução do latim "amigo da corte", é o órgão ou entidade que auxilia o tribunal **esclarecendo** questões do processo, enriquecendo o procedimento de tomada de decisão com **informações** sobre a matéria de direito e sobre os reflexos da decisão na sociedade.

Estudamos que o artigo 7º da Lei n.º 9.868/99 veda a intervenção de terceiros na ação direta de inconstitucionalidade, em decorrência da objetividade do processo. No entanto, o **artigo 7º, §2º** da lei mitigou essa proibição.[98] Este dispositivo prevê que o relator, considerando a relevância da matéria e a representatividade dos postulantes, poderá, por despacho irrecorrível, admitir, observado o prazo de 30 (trinta) dias, a manifestação de outros órgãos ou entidades.

É verdade que o Supremo Tribunal Federal desde antes da inovação legislativa já admitia a apresentação de memorais por *amicus curiae* em ações diretas de inconstitucionalidade.[99] Mas a positivação, além conferir mais segurança jurídica, permite a extração de valiosas informações sobre o instituto e seu procedimento.

Primeiro, os **requisitos** para que alguém possa ser admitido no processo na qualidade de *amicus curiae* são: i) a **relevância da matéria** e ii) a **representatividade dos postulantes**.

A **relevância da matéria** é a magnitude dos efeitos da decisão a ser proferida. Verifica-se, aqui, a intensidade do impacto da decisão em determinados setores da sociedade ou mesmo em toda a sociedade.

A **representatividade dos postulantes** (*adequacy of representation*), por sua vez, buscar analisar se o órgão ou entidade que postula o seu ingresso na ação genérica reúne, dentre seus afiliados, porção significativa – quantitativa ou qualitativamente – dos membros do grupo social que será afetado pela decisão final.[100]

---

98. AGUIAR, Mirella de Carvalho. Amicus curiae. Salvador: Editora Juspodivm, 2005.

99. STF, Tribunal Pleno, ADI 748-AgR, Rel. Min. Celso de Mello, j. 1º.8.1994.

100. BINENBOJM, Gustavo. A nova jurisdição constitucional brasileira. 2ª ed. Rio de Janeiro: Renovar, 2004, p. 162.

Observação: Em razão do não preenchimento do requisito da representatividade do postulante, o Supremo Tribunal Federal possui decisões no sentido da **impossibilidade de admissão de pessoa física** como *amicus curiae.*[101]

Há, ainda, um terceiro requisito não previsto em lei, mas construído pela jurisprudência do Supremo Tribunal Federal, qual seja, a **pertinência temática**. Cuida-se da relação de congruência que necessariamente deve existir entre os objetivos estatutários ou as finalidades institucionais da entidade que postula seu ingresso na qualidade de *amicus curiae* e o conteúdo material da norma questionada em sede de controle abstrato.[102]

Observação: O Ministério Público pode ser *amicus curiae* em uma ação direta ajuizada pelo Procurador-Geral da República?

O Supremo Tribunal Federal já admitiu, **excepcionalmente**, o ingresso do Ministério Público Militar como *amicus curiae* em ADPF ajuizada pelo PGR. No caso específico, assinalou-se que não deveria prevalecer o entendimento consolidado de que os ramos do Ministério Público da União não podem postular diretamente no STF, pois a questão envolvia a defesa da própria autonomia funcional do referido ramo do Ministério Público e as peculiaridades da atuação como colaborador da corte recomendam que qualquer órgão que tenha possibilidade de contribuir com informações seja admitido a falar nos autos[103].

O **procedimento**, por sua vez, é simples.

Os órgãos ou entidades interessadas deverão atravessar **petição simples** no processo, requerendo o seu ingresso. Caberá ao **relator** analisar o preenchimento dos requisitos e decidir.

A **decisão de admissão ou inadmissão é irrecorrível**, mas, poderá o Tribunal referendá-la ou não.[104]

Em relação à decisão de inadmissão, cumpre destacar que, tradicionalmente, o Supremo Tribunal Federal chancelava o entendimento de que tal provimento

---

101. STF, ADI 4.178/GO, Rel. Min. Cezar Peluso, decisão monocrática, j. 9.10.2009; STF. Tribunal Pleno, ADI 3.396 AgR/DF, Rel. Min. Celso de Mello, j. 6.8.2020.

102. STF, ADI 3.931, Rel. Min. Cármen Lúcia, decisão monocrática, j. 6.8.2008.

103. STF, decisão monocrática, ADPF 289, Rel. Min. Gilmar Mendes, j. 11.2.2015.

104. STF, Tribunal Pleno, ADI 2.238-QO, Rel. Min. Ilmar Galvão, j. 9.5.2002.

jurisdicional era recorrível por meio da interposição de agravo.[105] Todavia, esse entendimento foi superado, não mais admitindo o Supremo Tribunal Federal recurso da decisão que indefere o pedido de ingresso na condição de *amicus curiae*, tanto em processos de índole objetiva[106] quanto em processos subjetivos[107].

Com o advento do artigo 138 do Código de Processo Civil, não resta qualquer dúvida de que também é possível ao **relator**, **de ofício**, solicitar a participação de determinado órgão ou entidade na qualidade de *amicus curiae*.

No que toca ao **momento processual** oportuno para a intervenção, é importante ressaltar que o artigo 7º, §2º, da Lei n.º 9.868/99 faz referência ao §1º, que foi vetado pelo Presidente da República e previa a manifestação dar-se-ia no prazo de informações. Esse prazo era de 30 (trinta) dias do recebimento do pedido.

Com a lacuna legal, o Supremo Tribunal Federal[108], em consonância com a doutrina[109], vem afirmando que a intervenção do *amicus curiae* poderá ocorrer durante a instrução processual. Assim, o prazo limite é a **data da remessa dos autos pelo relator para o julgamento**, pois nesse momento o relator já terá firmado seu entendimento e suas convicções sobre o caso.

Admitido, o *amicus curiae* poderá apresentar suas manifestações por escrito e apresentar **sustentação oral** de suas razões em plenário – artigo 131, §3º do Regimento Interno do STF.[110] Não poderá, entretanto, formular pedido ou aditar o pedido já delimitado pelo autor da ação[111]; pleitear medida cautelar[112]; ou interpor recursos, inclusive embargos de declaração.[113]

F.4. Julgamento

Transcorrido todo o procedimento, tal qual esmiuçado nos tópicos acima, o relator lançará o relatório e pedirá dia para julgamento.

O **quórum de instalação** da sessão para julgamento da ADI é de pelo menos **oito ministros** (artigo 22 da Lei n.º 9.868/99 e artigo 143, parágrafo único do RISTF).

---

105. STF, Tribunal Pleno, ADI 3.396 AgR/DF, Rel. Min. Celso de Mello, j. 6.8.2020.

106. STF, Tribunal Pleno, ADO 70-AgR, Rel. Min. Dias Toffoli, j. 4.7.2022.

107. STF, Tribunal Pleno, Inq 4.888-AgR, Rel. Min. Alexandre de Moraes, j. 22.8.2022.

108. STF, Tribunal Pleno, ADI 4.071-AgR, Rel. Min. Menezes Direito, j. 22.4.2009.

109. CABRAL, Antônio do Passo. Pelas asas de Hermes: a intervenção do amicus curiae, um terceiro especial. Revista de Direito Administrativo (RDA), Rio de Janeiro, n. 234, p. 111-141, out./dez., 2003.

110. STF, Tribunal Pleno, ADI 2.777-QO, Rel. Min. Cezar Peluso, j. 26.11.2003.

111. STF, Tribunal Pleno, ADPF 187/DF, Rel. Min. Celso de Mello, decisão, j. 15.6.2011.

112. STF, Tribunal Pleno, ADPF 347 TPI-Ref/DF, red. p/ acórdão Min. Alexandre de Moraes, j. 18.3.2020.

113. STF, Tribunal Pleno, Adi 3.615-ED, Rel. Min. Carmen Lúcia, j. 17.3.2008.

O **quórum de julgamento** é de **maioria absoluta**, em consonância com o previsto no artigo 97 da CF/88 (artigo 23 da Lei n.º 9.868/99). Assim, para declarar a inconstitucionalidade ou a constitucionalidade do ato normativo impugnado, deve-se ter o voto de pelo menos **seis ministros**.

Caso esse número não seja alcançado na sessão, estando ausentes Ministros em número que possa influir no julgamento, este será suspenso a fim de aguardar-se o comparecimento dos Ministros ausentes, até que se atinja o número necessário para prolação da decisão num ou noutro sentido (artigo 23, parágrafo único da Lei n.º 9.868/99).

Caso não haja maioria absoluta em nenhum sentido, o STF não pronunciará a inconstitucionalidade ou constitucionalidade do ato normativo impugnado, sendo **o julgamento destituído de eficácia vinculante**. A lei continuará a ser eficaz, podendo sua constitucionalidade ou não ser analisada, incidentalmente, pelos demais órgãos do Poder Judiciário.

O artigo 24 da Lei n.º 9.868/99 prevê que proclamada a constitucionalidade, julgar-se-á improcedente a ação direta ou procedente eventual ação declaratória; e, proclamada a inconstitucionalidade, julgar-se-á procedente a ação direta ou improcedente eventual ação declaratória. Esse dispositivo, em conjunto com o seu antecedente, corroboram o fato de a ação declaratória de inconstitucionalidade ter **caráter dúplice** ou **ambivalente**.

Julgada a ação, far-se-á a **comunicação** à autoridade ou ao órgão responsável pela expedição do ato.

Por fim, a Lei n.º 9.868/99 expressamente prevê que a decisão que declara a constitucionalidade ou a inconstitucionalidade da lei ou do ato normativo em ação direta ou em ação declaratória é **irrecorrível** e **não poderá ser objeto de ação rescisória** (artigo 26). Tal disposição já foi declarada constitucional pelo Supremo Tribunal Federal.[114]

Ressalvam-se os embargos de declaração, que poderão ser opostos nas hipóteses do artigo 1.022 do Código de Processo Civil (obscuridade, contradição, omissão e erro material).

Transitada em julgado a decisão, será publicada a parte dispositiva da decisão em seção especial do Diário Oficial da União, no prazo de dez dias.

G. Decisão e seus efeitos

As decisões definitivas proferidas pelo STF em sede de ADI produzirão efeitos ***ergas omnes***, **vinculantes**, ***ex tunc*** e **repristinatórios**.

114. STF, Tribunal Pleno, ADI 2.154/DF e ADI 2.258/DF, Red. p/ acórdão Min. Cármen Lúcia, j. 3.4.2023.

G.1. Efeitos erga omnes

Os efeitos da decisão definitiva em ADI, em seu aspecto subjetivo, são ***erga omnes***. Isso significa que **atingirão a todos indistintamente**.

Decorrem da própria natureza objetiva do processo, em que não figuram partes, no sentido estritamente processual, mas entes legitimados a atuar institucionalmente, sem outro interesse que não o da preservação do sistema de direito.

Na verdade, o que ocorre é que a higidez da ordem jurídica é um direito difuso, titularizado por toda a **coletividade**. Os legitimados atuam como substitutos processuais, sendo a coletividade a parte material desse processo. É por isso que os efeitos da decisão atingirão a todas as pessoas.

G.2. Efeitos vinculantes

Além de *erga omnes*, os efeitos da decisão serão **vinculantes**.

O artigo 102, §2º, da CF/88 e o artigo 28, parágrafo único, da Lei n.º 9.868/99 preveem que a decisão de constitucionalidade ou inconstitucionalidade tomada no bojo de uma ADI tem efeito vinculante relativamente aos **demais órgãos do Poder Judiciário e à administração pública direta e indireta, nas esferas federal, estadual e municipal**.

Isso significa que, transitada em julgado a decisão proferida pelo Supremo Tribunal Federal, não poderão os demais órgãos do Poder Judiciário, tampouco a administração pública, de todos os níveis da Federação, decidir de maneira diferente.

Veja-se que a Constituição e a legislação infraconstitucional falam em "demais órgãos do Poder Judiciário", ou seja, a vinculação **não atinge o próprio Supremo Tribunal Federal**.

A despeito disso, temos que diferenciar duas situações.

A primeira é a **declaração de inconstitucionalidade da lei**. Nessa hipótese, não poderá vir o Supremo Tribunal Federal decidir contrariamente ao que já decidiu em uma nova ação, ou seja, não poderá julgar constitucional um ato que já fora declarado inconstitucional.

Isso não ocorre porque o Supremo está vinculado à sua própria decisão, pois, como vimos, ele não está. A razão de o STF não poder se manifestar novamente sobre o ato julgado anteriormente inconstitucional é que a declaração de inconstitucionalidade importa no reconhecimento da **nulidade** da lei ou ato normativo, extirpando-o do ordenamento jurídico. Deixando de existir, caso o STF viesse a declará-lo constitucional em um momento posterior, haveria claro exercício de função legislativa, o que feriria de morte o princípio da separação dos poderes.

Nada impede, todavia, que um **novo** ato normativo, com o mesmo conteúdo, venha a ser analisado pelo Supremo e que a decisão seja diversa daquela tomada na primeira oportunidade.

Já no caso de improcedência da ADI – reconhecendo-se, portanto, a **constitucionalidade da lei** –, poderá o Supremo Tribunal Federal, em razão da sua não vinculação à decisão anterior, manifestar-se novamente sobre a constitucionalidade ou não da lei, podendo alterar seu entendimento.

Outro aspecto relevante é que, embora em alguns sistemas constitucionais alienígenas a declaração de inconstitucionalidade impeça o Parlamento de reeditar norma com o mesmo conteúdo, essa não foi a opção brasileira.

O direito positivo brasileiro silenciou acerca do Poder Legislativo quando tratou dos efeitos vinculantes, tratando-se, à toda evidência, de um silêncio eloquente. Desse modo, **a função legislativa não está vinculada** à decisão definitiva proferida pelo Supremo em controle concentrado de constitucionalidade.

> **Observação:** É muito importante ficar atento ao fato de ser a **função legislativa** que não está vinculada à decisão definitiva do Supremo Tribunal Federal em ADI, **e não o Poder Legislativo.** Embora este tenha no ato de legislar a sua principal função, também exerce, de maneira atípica, função administrativa. Quando do exercício desta função de administrar (ex.: promovendo licitações, concursos etc.) estará vinculado à decisão. Do mesmo modo ocorre com o Poder Executivo: embora exerça majoritariamente a função de administrar – e, por conseguinte, esteja vinculado às decisões do STF em controle abstrato –, quando exercer atipicamente a função legislativa (ex.: edição de medida provisória), não estará vinculado.

Desse modo, é perfeitamente possível que seja editada uma nova emenda constitucional ou lei infraconstitucional com idêntico conteúdo ao da norma declarada inconstitucional. É o que se convencionou chamar em doutrina de **reação legislativa**, **reversão jurisprudencial** ou **ativismo legislativo.**

Caso isso aconteça, não será possível a utilização de reclamação perante o STF para questionar o ato normativo. Caberá a um dos legitimados, em caso de discordância com a interpretação dada pelo Poder Legislativo, ajuizar uma **nova ação direta de inconstitucionalidade.**

No julgamento da **ADI 5.105/DF**, o Supremo afirmou que a **lei ordinária** que colida frontalmente com a jurisprudência da Corte ("leis *in your face*") nasce com **presunção relativa de inconstitucionalidade**, de forma que caberá ao legislador o ônus de demonstrar, argumentativamente, que a correção do precedente se faz necessária, ou, ainda, que as premissas fáticas e axiológicas sobre as quais se fundou o posicionamento jurisprudencial não mais subsistem (mutação constitucional pela via legislativa).

Por outro lado, se a reação legislativa tenha se dado via **emenda constitucional**, o **parâmetro** de análise de compatibilidade terá se **alterado**, passando a ser os limites ao poder derivado reformador, e não mais todo o bloco de constitucionalidade.[115]

Hipótese emblemática de reação legislativa aconteceu com a edição da Emenda Constitucional n.º 96 de 2017, também conhecida como "**emenda da vaquejada**".

Na **ADI 4.983**, o Supremo Tribunal Federal julgou **inconstitucional** a Lei n.º 15.299/2013 do Estado do Ceará, que permitia e regulamentava a prática da "**vaquejada**", na qual dupla de vaqueiros, montados em cavalos distintos, busca derrubar um touro, puxando-o pelo rabo dentro de uma área demarcada.

Fundamentou-se a decisão no fato de a lei estadual violar a norma insculpida no artigo 225, §1º, inciso VII da CF, que veda que animais sejam submetidos a tratamento cruel. Assentou-se que, nesse caso, a **proteção ao meio ambiente** deve se sobrepor ao pleno exercício das manifestações culturais – no caso a cultura sertaneja (artigo 215, §1º da CF/88).

Um mês após a decisão, o Congresso Nacional editou a **Lei nº 13.364/2016**, em que o rodeio e a vaquejada são expressamente tidos como "manifestações culturais". Buscou-se, assim, superar a decisão (reação legislativa/reversão jurisprudencial) que havia sido proferida pelo STF.

Mas a reação não parou por aí. Cientes de que a edição de uma lei infraconstitucional, por si só, não seria capaz de impedir o ajuizamento de uma nova ação direta de inconstitucionalidade em que o Supremo mantivesse a proibição, o Congresso Nacional editou a **EC n.º 96/2017**.

Essa emenda alterou o artigo 225, §7º, da CF/88, que passou a viger com o seguinte teor: "Para fins do disposto na parte final do inciso VII do § 1º deste artigo, não se consideram cruéis as práticas desportivas que utilizem animais, desde que sejam manifestações culturais, conforme o § 1º do art. 215 desta Constituição Federal, registradas como bem de natureza imaterial integrante do patrimônio cultural brasileiro, devendo ser regulamentadas por lei específica que assegure o bem-estar dos animais envolvidos."

Assim, para que o Supremo Tribunal Federal mantenha a proibição agora, será necessário avaliar se a emenda constitucional editada não respeitou os limites constitucionalmente impostos ao poder constituinte derivado reformador, ou seja, reduziu-se drasticamente o parâmetro de controle.

115. STF, Tribunal Pleno, ADI 5.105/DF, Rel. Min. Luiz Fux, j. 1º.10.2015.

Observação: O caso da vaquejada, além de exemplo de reação legislativa, tem sido apontado pela doutrina como um exemplo de "**efeito *backlash***". Esse termo, que já foi utilizado pelo Ministro Luiz Fux em voto proferido no julgamento da ADC 29/DF, tem sido empregado pela doutrina para denominar as reações significativas da população ou das forças políticas – em geral do Poder Legislativo – contrárias às decisões do Poder Judiciário que interpretam a Constituição.[116]

Ainda acerca do efeito vinculante, deve-se ter em mente que ele, em sua extensão objetiva, **alcança somente o dispositivo da decisão**, e não seus fundamentos.

Esse nem sempre foi o posicionamento adotado pelo Supremo Tribunal Federal. **Tradicionalmente**, a Corte Suprema entendia que a vinculação não se limitava à parte dispositiva da decisão, abarcando também os fundamentos determinantes da decisão.[117] Adotava-se, portanto, a **teoria da transcendência dos motivos determinantes.**

As razões para estender o efeito vinculante aos fundamentos determinantes de julgado proferido pelo Supremo em sede de controle abstrato estão na necessidade de **preservação da força normativa da Constituição**. Nesse contexto, as interpretações feitas pelo STF, guardião da Constituição, deveriam ser obrigatoriamente acompanhadas pelos demais órgãos do Judiciário.

Observação: Como o próprio nome indica, a adoção da teoria da transcendência dos motivos determinantes não implica em reconhecer efeito vinculante a toda a fundamentação. Ao contrário, somente a razão fundamental de decidir (*ratio decidendi*) é que deverá ser obrigatoriamente observada. As partes da fundamentação consideradas dispensáveis, que julgador valeu-se apenas por força de retórica (*obiter dictum*) não estarão cobertas pela força vinculante.[118]

116. Parte da doutrina associa o efeito backlash a uma reação conservadora. Contudo, como bem pontua George Marmelstein, "O backlash é uma reação adversa não-desejada à atuação judicial. Para ser mais preciso, é, literalmente, um contra-ataque político ao resultado de uma deliberação judicial. (...) O foco de ataque não é o fundamento jurídico em si da decisão judicial, mas a vertente ideológica que costuma estar por trás do tema decidido. Se a decisão judicial tem um viés conservador, a reação política pode vir de setores progressistas. Se, por outro lado, a decisão for progressista, o contra-ataque virá de setores mais conservadores.", ver MARMELSTEIN, George. Efeito Backlash da Jurisdição Constitucional: reações políticas ao ativismo judicial. Disponível em < *https://www.cjf.jus.br/caju/ Efeito.Backlash.Jurisdicao.Constitucional_1.pdf* >, acesso em 10.8.2020.

117. STF, Tribunal Pleno, ADI 3.345/DF, Rel. Min. Celso de Mello, j. 25.08.2005.

118. Ver FERNANDES, Bernardo Gonçalves. Curso de direito constitucional. 12ª ed. Salvador: Editora Juspodivm, 2020, p. 1.911.

No entanto, em um **segundo momento**, o Supremo Tribunal Federal passou a **rejeitar** a teoria da transcendência dos motivos determinantes. A razão que acarretou essa mudança foi a de que a tese implicaria em um desprestígio máximo ao demais órgãos do Poder Judiciário, o que se contraporia ao regime democrático, que segue a lógica da desconcentração do poder decisório.[119]

Alguns autores, todavia, apontam que o Supremo abandonou a tese por motivos consequencialistas: buscou evitar o número crescente de reclamações que estavam sendo ajuizadas com fulcro na parte da fundamentação de julgamentos de ADI.[120]

Os efeitos *erga omnes* e vinculantes da declaração de inconstitucionalidade de um ato normativo ocorrida no bojo de uma ação do controle concentrado-principal de constitucionalidade são produzidos automaticamente e decorrem da própria lei (*ex lege*). **Não dependem**, por conseguinte, **de nenhuma providência posterior**, como a edição de ato pelo Poder Legislativo suspendendo a eficácia do ato.[121]

G.3. Efeitos retroativos (ex tunc)

Os efeitos temporais da decisão, como já vimos anteriormente, são ***ex tunc*** (**retroativos**). Desse modo, uma vez declarado inconstitucional o ato, ele é desfeito desde a sua origem, juntamente com todas as consequências dele derivadas.

Isso decorre da própria natureza jurídica da inconstitucionalidade, que é de **nulidade**. Sendo o ato nulo, o vício é congênito, não sendo possível reconhecer a produção de nenhum efeito desde a sua edição.

A declaração de inconstitucionalidade de uma lei **atinge**, inclusive, **os atos pretéritos que foram editados com fundamento nela**. Todos esses atos serão desfeitos, não sendo sequer possível invocar a proteção do direito adquirido, do ato jurídico perfeito e da coisa julgada.[122]

Em particular, no que toca à coisa julgada, é necessário destacar que será preciso o ajuizamento de **ação rescisória para desconstituir as decisões de mérito transitadas em julgado que se basearam no ato declarado inconstitucional.** Isso porque o exercício do controle de concreto de constitucionalidade pelo STF não produz a automática reforma ou rescisão das decisões anteriores que tenham

119. STF, Tribunal Pleno, Rcl 8.168, Red. p/ acórdão Min. Edson Fachin, j. 19.11.2015.

120. Nesse sentido, ver LENZA, Pedro. Direito constitucional esquematizado, 22ª ed., São Paulo: Saraiva Educação, 2018, p. 356.

121. STF, Tribunal Pleno, ADI 5.548/PE, Rel. Min. Ricardo Lewandowski, j, 16.8.2021.

122. STF, Tribunal Pleno, Rcl 276-AgR, Rel. Min. Cezar Peluso, decisão j. 14.9.2006.

adotado entendimento diferente.[123] O termo inicial do prazo de dois anos para ajuizamento da ação rescisória é o trânsito em julgado da decisão paradigma do Supremo Tribunal Federal (artigos 524, §15 e 535, §8º, ambos do CPC/15).

G.4. Efeitos repristinatórios

A decisão declaratória de inconstitucionalidade repercute, ainda, sobre a legislação que havia sido revogada pela lei reconhecida pelo Supremo Tribunal Federal como nula. De fato, **a legislação anterior revogada voltará a viger**, ocorrendo o chamado **efeito repristinatório**.

Tal consequência da decisão em ADI decorre da anterior (efeito retroativo), pois, ao removerem-se do mundo jurídico todos os efeitos da lei declarada inconstitucional desde o seu nascimento, **retira-se também o efeito revogador**, restaurando-se o ato normativo revogado.

A Lei n.º 9.868/99 tratou expressamente do efeito repristinatório, em seu **artigo 11, §2º**. Embora tenha falado somente em medida cautelar, é certo que tal previsão se estende à decisão definitiva, pois não faria sentido que uma decisão em sede de cognição sumária restaurasse a norma revogada e a decisão definitiva, com cognição exauriente, não.

A própria lei prevê que o Supremo Tribunal Federal, ao declarar a inconstitucionalidade, poderá se manifestar expressamente sobre o efeito repristinatório, **afastando-o no caso concreto.**

Se a legislação revogada tiver conteúdo similar, sendo seu conteúdo também incompatível com a ordem constitucional, **o legitimado ativo à propositura da ação direta de inconstitucional deverá impugná-lo expressamente**, para evitar o chamado **efeito repristinatório indesejado**, ou seja, que o ato normativo revogado também inconstitucional volte a viger com a declaração de inconstitucionalidade da lei revogadora.

Tal impugnação deve abranger, segundo o Supremo Tribunal Federal, apenas a cadeia de normas revogadoras e revogadas **até o advento da Constituição de 1988**, já que o controle abstrato de constitucionalidade abrange tão somente o direito pós-constitucional. No entanto, seja o legitimado ativo, por excesso de cuidado, impugnar toda a cadeia normativa, mesma as normas anteriores ao texto constitucional de 1988, o STF conhecerá da ação e declarará a inconstitucionalidade das normas posteriores a 5 de outubro de 1988 e, na mesma decisão, declarará a não recepção das normas anteriores a essa data.[124]

---

123. STF, Tribunal Pleno, RE n.º 730.462/SP, Rel. Min. Teori Zavascki, decisão j. 28.5.2015 (repercussão geral).

124. STF, Tribunal Pleno, ADI 3.660, Rel. Min. Gilmar Mendes, j. 13.03.2008.

Caso o legitimado não impugne todo o complexo normativo, o STF não poderá apreciar de ofício a constitucionalidade das normas revogadas não incluídas no pedido e a própria ADI **não será conhecida.**[125]

G.5. Modulação dos efeitos

O **artigo 27 da Lei n.º 9.868/99** prevê que ao declarar a inconstitucionalidade de lei ou ato normativo, e tendo em vista razões de segurança jurídica ou de excepcional interesse social, poderá o Supremo Tribunal Federal, por maioria de dois terços de seus membros, restringir os efeitos daquela declaração ou decidir que ela só tenha eficácia a partir de seu trânsito em julgado ou de outro momento que venha a ser fixado.

Trata-se da consagração, em no ordenamento jurídico pátrio, da possibilidade de **modulação** dos efeitos da decisão de declaração de inconstitucionalidade pelo Supremo Tribunal Federal , instituto que já teve sua constitucionalidade reconhecida.[126]

Entende-se, majoritariamente, que essa regra infraconstitucional busca conciliar dois relevantes valores constitucionais: o **princípio da supremacia da Constituição** e o **princípio da segurança jurídica.**

Como já estudamos, a lei ou ato normativo inconstitucional deve ser retirada do ordenamento jurídico, não se reconhecendo a produção de qualquer efeito, pois do contrário estar-se-ia a admitir que a Constituição deixasse de viger por determinado momento ou em relação a determinadas situações.

Todavia, em alguns casos **excepcionalíssimos**, o princípio da **segurança jurídica** recomenda que algumas **situações consolidadas sejam mantidas**, ainda que fundamentadas no ato viciado.

Luís Roberto Barroso, neste ponto **minoritário**, discorda dessa proposição. Para o renomado autor, o princípio da supremacia da constituição não pode ser ponderado, pois é uma premissa lógica do próprio controle de constitucionalidade. O que há, na verdade, é uma ponderação entre a norma constitucional violada e as normas constitucionais que protegem os efeitos produzidos pela lei inconstitucional.[127]

---

125. STF, Tribunal Pleno, ADI 3.148, Rel. Min. Celso de Mello, j. 12.12.2006 e STF, Tribunal Pleno, ADI 3.660, Rel. Min. Gilmar Mendes, j. 13.3.2008.

126. STF, Tribunal Pleno, ADI 2.154/DF e ADI 2.258/DF, Red. p/ acórdão Min. Cármen Lúcia, j. 3.4.2023.

127. BARROSO, Luís Roberto. O controle de constitucionalidade no direito brasileiro: exposição sistemática da doutrina e análise crítica da jurisprudência. 4ª ed. rev. e atual – São Paulo: Saraiva: 2009, p. 210-211.

Para que haja a modulação dos efeitos da decisão que declara determinado ato inconstitucional, devem estar presentes dois **requisitos**:

a) **Requisito formal**: a decisão deve ser tomada pela maioria qualificada de **2/3 (dois terços) da Corte**, ou seja, por pelo menos **oito Ministros** (**requisito formal**).
b) **Requisito material**: devem estar presentes **razões de segurança jurídica** ou de **excepcional interesse social**.

O procedimento da modulação é **bifásico**. Em um primeiro momento, a Suprema Corte julga a constitucionalidade do objeto de controle. Caso seja decidida pela inconstitucionalidade, passa-se a um segundo momento, de análise de limitação dos efeitos da decisão.

Pode-se limitar os efeitos **temporais**, os efeitos **subjetivos** e o efeito **repristinatório.**

Em relação aos **efeitos temporais**, a **regra**, como vimos, é que eles retroajam até a data de entrada em vigor do ato inconstitucional (**efeitos *ex tunc***). Todavia, preenchidos os requisitos do artigo 27 da Lei n.º 9.868/99, pode o Supremo Tribunal conferir efeitos:

a) ***Ex nunc***: a decisão de mérito que declara o ato inconstitucional passará a valer **desde o seu trânsito em julgado**, não atingindo os efeitos produzidos anteriormente.
b) ***Pro praeterito***: a decisão de mérito que declara o ato inconstitucional passará a valer de **algum ponto do passado**, mas sem atingir os efeitos desde o nascimento da lei inconstitucional.
c) ***Pro futuro***: também chamados de efeitos **prospectivos**. Aqui, a decisão de mérito passará a valer **a partir de algum ponto no futuro**. Dá-se à norma inconstitucional uma sobrevida.

Já os efeitos **subjetivos** da decisão, que, como **regra**, atingirá a todos indistintamente (**efeitos *erga omnes***), podem ser modulados pela Corte para que **não se apliquem em relação a algumas situações consolidadas ou a uma categoria de pessoas.**

Outrossim, o **efeito repristinatório** também pode ser **afastado** completamente, impedindo-se, no caso concreto, que a norma revogada pela lei declarada inconstitucional volte a vigorar.

Uma observação importante a ser feita é a **correlação da modulação dos efeitos temporais com o afastamento do efeito repristinatório**. Isso ocorre uma vez que, **modulado o efeito temporal da decisão**, reconhece-se que o ato inconstitucional produziu efeitos, ainda que por um lapso curto de tempo. Desse modo, o **efeito revogador também foi produzido**, ou seja, a lei anterior foi revogada, não sendo possível que ela volte a viger.

Por fim, conforme entendimento do Supremo Tribunal Federal, é possível a utilização de **embargos de declaração** para fins de modulação dos efeitos de decisão proferida em ação direta de inconstitucionalidade, ainda que o pedido de modulação não tenha sido feito na petição inicial.[128]

G.6. Efeitos da decisão de inconstitucionalidade sobre as decisões judiciais

Como vimos, a decisão definitiva em ADI possui efeitos vinculantes em relação a todos os órgãos do Poder Judiciário, excluindo-se tão somente o próprio Supremo Tribunal Federal.

Todavia, remanesce uma importante questão: qual é o impacto da decisão final em ADI sobre as **decisões judiciais que já foram proferidas com base na norma que agora foi declarada inconstitucional em ADI?**

Parte da doutrina afirma que a decisão definitiva em ADI desconstituirá, **automaticamente**, tais decisões. Os defensores desse entendimento argumentam que essa é uma decorrência lógica da própria declaração de nulidade da lei que foi objeto da ação do controle concentrado de constitucionalidade.[129]

Já a **doutrina majoritária** faz uma distinção entre a eficácia normativa e a eficácia executiva da decisão em ADI. Em relação à primeira, a declaração de inconstitucionalidade exclui integralmente o ato normativo do nosso ordenamento jurídico desde a sua edição. Em relação à segunda, por decorrer da decisão do STF na ADI, seu termo inicial será a data da publicação do acórdão no Diário Oficial (art. 28 da Lei 9.868/1999) e, portanto, só atingirá as decisões judiciais supervenientes a essa publicação, e não os pretéritos. Logo, **para desconstituir** a decisão judicial anteriormente proferida com suporte em norma posteriormente declarada inconstitucional, **será necessário manejar o recurso cabível ou a ação rescisória.**[130]

O **Supremo Tribunal Federal**, encampando a doutrina majoritária, possui firme entendimento de que os efeitos vinculantes da decisão **somente se aplicam para o futuro**, e nunca para o passado, não atingindo as decisões judiciais prolatadas com base em norma declarada inconstitucional.

Nesse sentido, firmou-se a seguinte tese em repercussão geral: "A decisão do Supremo Tribunal Federal declarando a constitucionalidade ou a inconstitucionalidade de preceito normativo **não produz a automática reforma ou rescisão das sentenças anteriores que tenham adotado entendimento diferente**; para que tal

---

128. STF, Tribunal Pleno, ADI 3.601-ED, Rel. Min. Dias Toffoli, j. 9.9.2010.

129. OTERO, Paulo. Ensaio sobre o caso julgado inconstitucional. Lisboa: Lex, 1993.

130. MARINONI, Luiz Guilherme; MITIDIERO, Daniel; SARLET, Ivo Wolfgang. Curso de Direito Constitucional. 7ª ed., São Paulo: Saraiva Educação, 2018, p. 1.244-1.283.

ocorra, será indispensável a interposição do recurso próprio ou, se for o caso, a propositura da ação rescisória própria, nos termos do art. 485, V, do CPC, observado o respectivo prazo decadencial (CPC, art. 495)."[131]

O STF, contudo, **exclui** desse entendimento a **execução de efeitos futuros da sentença proferida em caso concreto sobre relações jurídicas de trato continuado**, uma vez que a eficácia da coisa julgada nesses casos apenas permanece enquanto se mantiverem inalterados os pressupostos fáticos e jurídicos adotados para o juízo de certeza estabelecido pelo provimento sentencial.[132]

Nesse sentido, analisando os efeitos de suas decisões em controle de constitucionalidade sobre a coisa julgada formada nas relações tributárias de trato continuado, o Supremo Tribunal Federal fixou a seguinte tese: "1. As decisões do STF em controle incidental de constitucionalidade, anteriores à instituição do regime de repercussão geral, não impactam automaticamente a coisa julgada que se tenha formado, mesmo nas relações jurídicas tributárias de trato sucessivo. 2. Já as decisões proferidas em **ação direta** ou em sede de **repercussão geral interrompem automaticamente os efeitos temporais das decisões transitadas em julgado** nas referidas relações, respeitadas a irretroatividade, a anterioridade anual e a noventena ou a anterioridade nonagesimal, conforme a natureza do tributo".[133]

H. Técnicas especiais de julgamento: as decisões intermediárias

Com o avançar da prática e dos estudos acerca da jurisdição constitucional, a ideia kelseniana de que as Cortes Constitucionais deveriam funcionar tão somente como legisladores negativos passou a ser questionada.[134]

Isso porque limitar as técnicas de decisão ao binômio constitucionalidade-inconstitucionalidade não se mostrou suficiente para a solução de diversas questões. Como já estudamos, em alguns casos, declarar que um ato é inconstitucional e retirá-lo do ordenamento jurídico pode não ser a estratégia mais adequada do ponto de vista social, axiológico e jurídico.

Nesse cenário, surgiram as chamadas **técnicas especiais de julgamento**, que nada mais são do que um conjunto de possibilidades decisórias das quais dispõem

131. STF, Tribunal Pleno, RE 730.462, Rel. Min. Teori Zavascki, j. 28.5.2015 (Tema 733).

132. STF, Tribunal Pleno, RE 596.663, Red. p/ acórdão Teori Zavascki, 24.9.2014.

133. STF, Tribunal Pleno, RE 955.227, Rel. Min. Roberto Barroso, j. 8.2.2023 (Tema 885).

134. Ver MORAIS, Carlos Blanco de. As sentenças com efeitos aditivos. *In* As sentenças intermédias da justiça constitucional (coord. Carlos Blanco de Morais). Lisboa: AAFDL, 2009, p. 21-26. Para uma análise acepção dos Tribunais Constitucionais como legisladores negativos na doutrina pátria, ver ABBOUD, Georges. Processo constitucional brasileiro. 4ª ed. São Paulo: Revista dos Tribunais, 2020, p. 466-476.

as Cortes Constitucionais no exercício do controle de constitucionalidade e que fogem ao tradicional binômio constitucionalidade-inconstitucionalidade.

Embora ainda não haja uniformidade terminológica em doutrina, as técnicas especiais de julgamento em controle de constitucionalidade também são conhecidas pelo termo "**sentenças intermediárias**"[135] ou "**decisões intermediárias**".[136]

O Supremo Tribunal Federal, amparado na dogmática constitucional, tem adotado algumas **técnicas especiais** quando do julgamento da ação direta de inconstitucionalidade. Algumas dessas técnicas, inclusive, são previstas expressamente na própria Lei n.º 9.868/99.

Vejamos as mais importantes.

H.1. Interpretação conforme a Constituição

O **artigo 28, parágrafo único da Lei n.º 9.868/99**, ao tratar dos efeitos da decisão definitiva proferida no bojo de uma ação direta de inconstitucionalidade menciona a interpretação conforme a Constituição.

Cuida-se de técnica decisória em que a Suprema Corte, prestigiando o princípio da presunção de constitucionalidade das leis e atos normativos, **julga parcialmente procedente a ação genérica para declarar inconstitucionais alguns sentidos possíveis da norma, mantendo válida e vigente aquela interpretação que é compatível com o Texto Maior**.

Explica-se.

O texto de um ato normativo, não raras vezes, pode ser **interpretado** de diversas formas, extraindo-se dele, por conseguinte, **diferentes normas**. Quando isso ocorre, pode ser que algumas dessas normas extraídas sejam incompatíveis com a Constituição, mas outras sejam compatíveis.

Assim, quando da análise do ato impugnado via ação genérica de constitucionalidade, o Supremo Tribunal Federal pode se deparar com uma situação em que a interpretação **mais aparente** acarrete a inconstitucionalidade do ato. Todavia, havendo interpretação que seja **compatível** com o Texto Maior, deverá adotá-la. Evita-se, assim, a declaração de inconstitucionalidade de todo o ato normativo,

---

135. Esse termo, que surgiu na VII Conferência dos Tribunais Constitucionais europeus, ocorrido em 1987, foi difundido no Brasil por José Adércio Leite Sampaio. Ver: SAMPAIO, José Adércio Leite. As sentenças intermediárias e o mito do legislador negativo. *In*: CRUZ, Álvaro Ricardo de Souza; SAMPAIO, José Adércio Leite (Orgs.). Hermenêutica e jurisdição constitucional. Belo Horizonte: Del Rey, 2001, p. 163.

136. Luís Roberto Barroso e Patrícia Perrone Campos MELLO também se utilizam do termo. Ver BARROSO, Luís Roberto; MELLO, Patrícia Perrone Campos. O papel criativo dos tribunais – técnicas de decisão em controle de constitucionalidade. Revista da AJURIS. Porto Alegre, v. 46, n.º 146, p. 295-334, junho, 2019.

declarando-se **inconstitucionais somente as interpretações que violem a Constituição.**

O texto se manterá o mesmo. Entretanto, deverá ser interpretado pelos demais órgãos do Poder Judiciário e pela Administração Pública da forma assinalada na decisão (**efeito vinculante da decisão**).

Sobre o tema, o professor José Joaquim Gomes Canotilho faz um importante alerta: a interpretação conforme a Constituição só será legítima quando, de fato, **existir uma interpretação possível**, dentro do espaço interpretativo, e que seja compatível com a Constituição.[137]

Com efeito, não pode a Corte se valer de uma interpretação que não possa ser extraída do texto legal, sob pena de o Judiciário atuar como legislador positivo, usurpando a competência conferida tipicamente ao Poder Legislativo.

H.2. Declaração parcial de inconstitucionalidade sem redução do texto

A técnica da declaração parcial de inconstitucionalidade sem redução do texto também tem previsão legal no **artigo 28, parágrafo único da Lei n.º 9.868/99.** De acordo com ela, poderá a Corte, ao analisar a constitucionalidade de um ato normativo, **julgar inconstitucional uma determinada hipótese de incidência da norma, sem alterar o texto.**

Para compreendermos bem essa técnica de julgamento, faz-se necessário dar um passo atrás e rememorar o procedimento de **aplicação das normas-regras.**

Quando o Legislador edita uma lei, ele o faz de maneira abstrata e genérica, visando atingir a todas as pessoas e/ou situações que se encaixem na previsão legal. Para que esse comando genérico seja aplicado, ele é comparado com as situações concretas, que ocorrem no mundo dos fatos. Caso haja compatibilidade, ou seja, caso a norma abarque a situação concreta, os efeitos nela previstos serão ali aplicados (**técnica da subsunção**).

Um exemplo simples deixa claro como a técnica da subsunção funciona. Vamos supor que seja editada uma lei que prevê que todo aquele que comprar uma camisa pagará dez por cento do seu valor a título de imposto para o Estado. Essa é a norma genérica, geral e abstrata, a hipótese de incidência. Quando uma pessoa, no mundo dos fatos, compra efetivamente a blusa, ocorre o fato imponível, aplicando-se a norma ao caso concreto, produzindo-se seus efeitos regulares – a pessoa recolhe os impostos devidos.

---

137. CANOTILHO, J.J. Gomes. Direito Constitucional e Teoria da Constituição, 7ª ed., 20ª reimp. Coimbra: Almedina, 2003, p. 1.226-1.227.

Entendido isso, fica fácil compreender a técnica da declaração parcial de inconstitucionalidade sem redução do texto. Com ela, o Supremo Tribunal Federal declara que **algumas situações fáticas não podem se enquadrar no âmbito de incidência da norma**, posto que isso seria inconstitucional.

Voltemos ao nosso exemplo. O Supremo Tribunal Federal, ao analisar a constitucionalidade da norma que previu a cobrança de dez por cento de imposto na compra de uma blusa, pode entender que aplicar essa norma a um determinado grupo, como por exemplo, aos aposentados, viola a Constituição. Nesse caso, o Supremo declarará a norma parcialmente inconstitucional, sem redução do texto, para excluir do seu âmbito de incidência a compra de camisas por pessoas aposentadas.

Embora se trate de um exemplo banal, ele ajuda a tornar evidente a **diferença entre a interpretação conforme a Constituição e a declaração parcial de inconstitucionalidade sem redução do texto**.

Naquela, excluem-se determinadas interpretações, mantendo-se somente aquela que é constitucional. Nesta, o texto legal e a interpretação a ele conferida mantêm-se os mesmos, não sendo alterado o significado da norma. A norma extraída é a mesma. Contudo, exclui-se do seu âmbito de aplicação determinados grupos de pessoas ou de situações que estariam abrangidos, mas que não são compatíveis com a Constituição.

> **Observação**: O Supremo Tribunal Federal, em seus julgados, não tem sido rigoroso na utilização das expressões "interpretação conforme a Constituição" e "declaração parcial de inconstitucionalidade sem redução do texto", tratando-as como se **fungíveis** fossem.

H.3. Apelo ao legislador

O apelo ao legislador é uma técnica de decisão em que a Corte julga improcedente a ação direta de inconstitucionalidade, ou seja, decide que o **ato analisado é (ainda) constitucional**.

No entanto, por visualizar que a norma atacada é insuficiente e que, no futuro, com a alteração da situação fática que a justifica, ela se tornará inconstitucional, o Tribunal faz um **apelo ao legislador, para que edite uma nova lei, corrigindo esses defeitos**.

Nas palavras de José Adércio Leite Sampaio:

> "Pode-se declarar a constitucionalidade de uma norma no momento da prolação da sentença, antevendo-se, no entanto, sua

> inconstitucionalidade futura e, por isso, motivando um apelo ao legislador para que adote as providências cabíveis destinadas a impedir que essa situação venha a se constituir"[138]

Tal apelo, **não tem força coercitiva**, não sendo o Legislador obrigado a legislar.[139] O que pode ocorrer é que, no futuro, caso o ato venha a ser novamente impugnado, o Supremo Tribunal Federal altere seu posicionamento e decida pela inconstitucionalidade do ato normativo.

Essa técnica é também chamada de **declaração de constitucionalidade de norma ainda constitucional em trânsito para a inconstitucionalidade**[140], **de declaração de constitucionalidade provisória** e de **declaração de inconstitucionalidade progressiva.**

H.4. Declaração de inconstitucionalidade sem a pronúncia de nulidade

A declaração de inconstitucionalidade sem a pronúncia de nulidade é a técnica decisória segundo o qual a Corte Constitucional julga procedente da ação direta de inconstitucionalidade, **declarando a inconstitucionalidade** do ato normativo impugnado. Todavia, para **evitar uma catástrofe política, econômica e social**, faz-se uma ponderação entre o princípio da nulidade dos atos inconstitucionais e a **segurança jurídica**, de modo a **não pronunciar a nulidade do ato**, que continuará válido e produzindo efeitos.

Essa técnica também é conhecida por **"sentença de inconstitucionalidade sem efeito ablativo"**.[141]

Ela foi aplicada em um caso emblemático julgado pelo Supremo Tribunal Federal. No ano 2000, na Bahia, foi editada a Lei Estadual n.º 7.619, que criou o **Município de Luís Eduardo Magalhães.**

Essa lei **violou** frontalmente o disposto no **artigo 18, §4º, da CF/88**, que prevê parâmetros para a criação de novos municípios. Isso porque, dentre outras

---

138. SAMPAIO, José Adércio Leite. As sentenças intermediárias e o mito do legislador negativo. In: CRUZ, Álvaro Ricardo de Souza; SAMPAIO, José Adércio Leite (Orgs.). Hermenêutica e jurisdição constitucional. Belo Horizonte: Del Rey, 2001, p. 175.

139. MENDES, Gilmar Ferreira. O apelo ao legislador – Appellentscheidung – na Práxis da Corte Constitucional Federal Alemã. Revista de Informação Legislativa. Brasília, a. 29, n. 114, p. 473-502, abr./jun. 1992.

140. BARROSO, Luís Roberto; MELLO, Patrícia Perrone Campos. O papel criativo dos tribunais – técnicas de decisão em controle de constitucionalidade. Revista da AJURIS. Porto Alegre, v. 46, n.º 146, p. 295-334, junho, 2019.

141. SAMPAIO, José Adércio Leite. As sentenças intermediárias e o mito do legislador negativo. *In*: CRUZ, Álvaro Ricardo de Souza; SAMPAIO, José Adércio Leite (Orgs.). Hermenêutica e jurisdição constitucional. Belo Horizonte: Del Rey, 2001, p. 172-174; e FERNANDES, Bernardo Gonçalves. Curso de direito constitucional. 12ª ed. Salvador: Editora Juspodivm, 2020, p. 2.006.

irregularidades, não havia sido editada lei complementar federal fixando o lapso temporal em que era possível criar novos Municípios; não foram ouvidos, em plebiscito, a população de todos os Municípios envolvidos, mas somente a população do Município criado; e não foi feito estudo de viabilidade anterior ao plebiscito.

Em razão disso, foi ajuizada a **ADI 2.240/BA**, impugnando a lei estadual baiana, colocando o Supremo Tribunal Federal em uma difícil situação. Não havia dúvidas de que a lei estadual era incompatível com a Constituição. Contudo, o Município já havia sido criado, diversos servidores públicos já tinham sido nomeados, vários atos administrativos já tinham sido praticados e a municipalidade já estava prestando diversos serviços à população.

Assim, o reconhecimento de nulidade da lei e a consequente retirada de seus efeitos do mundo jurídico, ainda que em uma data futura (efeitos temporais *pro futuro*) causariam um **resultado prático pior do que a manutenção do Município criado inconstitucionalmente**.

A Corte Suprema, ponderando essas questões, decidiu **declarar a lei inconstitucional, mas sem a pronúncia de nulidade**. Foi dado o prazo de 24 (vinte e quatro) meses para que o legislador municipal reapreciasse o tema, agora tendo como base os parâmetros da lei complementar federal a ser promulgada pelo Congresso Nacional.

Na prática, a lei complementar federal não foi elaborada. No entanto, a Emenda Constitucional n.º 57 de 2008 inseriu o artigo 96 no ADCT ("Ficam convalidados os atos de criação, fusão, incorporação e desmembramento de Municípios, cuja lei tenha sido publicada até 31 de dezembro de 2006, atendidos os requisitos estabelecidos na legislação do respectivo Estado à época de sua criação"), que acabou por convalidar a criação do Município de Luís Eduardo Magalhães.

Gilmar Ferreira Mendes, em análise à práxis da Corte Constitucional alemã, pontua que o apelo ao legislador se diferencia da declaração de constitucionalidade sem pronúncia de nulidade, ainda que seja frequente a formulação de recomendações expressas ao legislador quando da aplicação desta segunda técnica. Isso porque, enquanto o apelo ao legislador não obriga juridicamente o órgão legislativo a empreender uma providência, a declaração de inconstitucionalidade sem pronúncia de nulidade contém um juízo de desvalor em relação à norma questionada, o que obriga ao legislador empreender as medidas necessárias à supressão do estado de inconstitucionalidade.[142]

142. Ver MENDES, Gilmar Ferreira. O apelo ao legislador – Appellentscheidung – na Práxis da Corte Constitucional Federal Alemã. Revista de Informação Legislativa. Brasília, a. 29, n. 114, p. 473-502, abr./jun. 1992.

H.5. Decisões manipulativas

As decisões manipulativas, também conhecidas como **construtivas**[143], são aquelas em que a Corte Constitucional altera ou acrescenta algo ao conteúdo da norma submetida à sua apreciação, de modo a adequá-la à constituição.

Nas palavras de Roberto Romboli:

> "A Corte modifica diretamente a norma posta ao seu exame, através de decisões que são definidas como 'autoaplicativas', a indicar o caráter imediato de seus efeitos, que prescindem de qualquer sucessiva intervenção parlamentar."[144]

As decisões manipulativas podem ser de dois tipos: as decisões aditivas e as decisões substitutivas.

As **decisões aditivas** são aquelas em que a Corte Constitucional, percebendo que a norma analisada é inconstitucional por excluir de seu âmbito de incidência situações que deveriam ter sido incluídas, faz as vezes de legislador e **alarga** o seu âmbito de incidência.

Luís Roberto Barroso e Patrícia Perrone Campos Mello, ao analisar as decisões aditivas, fazem uma interessante divisão dessas decisões em duas partes distintas: a **parte demolitória**, na qual se julga inconstitucional a norma implícita que negou o direito mencionado a grupo que também deveria ter sido contemplado, e a **parte restaurativa**, na qual a Corte adiciona o conteúdo que faltava à norma, tornando-a constitucional. *In verbis*:

> "Considera-se que, ao lado da norma positiva, que confere determinado direito a um grupo, existe uma espécie de norma implícita, que nega outro direito não mencionado ou o mesmo direito a um outro grupo, que também deveria ter sido contemplado pela norma e não o foi.

---

143. Luís Roberto Barroso e Patrícia Perrone Campos Mello preferem a expressão "decisões construtivas", pois afirmam, na esteira dos ensinamentos de Zagrebelski e Marcenó, que a expressão "manipulativa" possui uma conotação negativa, que sugere um comportamento incompatível com o de um juiz, o que poderia gerar resistências à adoção da técnica. Ver: BARROSO, Luís Roberto; MELLO, Patrícia Perrone Campos. O papel criativo dos tribunais – técnicas de decisão em controle de constitucionalidade. Revista da AJURIS. Porto Alegre, v. 46, n.º 146, p. 295-334, junho, 2019, p. 309-310. Adotamos, no presente trabalho, a expressão "decisões manipulativas", posto que parece ser a mais difundida na doutrina alienígena e também entre os autores brasileiros. Ver: BRANCO, Paulo Gustavo Gonet; MENDES, Gilmar Ferreira. Curso de direito constitucional. 12ª ed. rev. e atual. São Paulo: Saraiva, 2017, p. 1.416-1.419.

144. Roberto Romboli *et al.*, Giustizia costituzionale, 2 ed. Torino: G. Giappichelli, 2001, p. 222 *apud* BRANCO, Paulo Gustavo Gonet; MENDES, Gilmar Ferreira. Curso de direito constitucional. 12ª ed. rev. e atual. São Paulo: Saraiva, 2017, p. 1.416.

> A declaração de inconstitucionalidade, parte ablativa ou demolitória da decisão, incide apenas sobre a norma negativa implícita, que caracteriza a inconstitucionalidade por omissão parcial. A parte reconstrutiva ou restaurativa do julgado é aquela por meio da qual se adiciona o conteúdo que faltava, para que a norma possa ser considerada plenamente constitucional. Na hipótese, a Corte declara a norma "inconstitucional na parte em que não previu X". Da declaração de inconstitucionalidade em tais termos decorre a inclusão do conteúdo faltante na norma."[145]

Carlos Blanco de Morais faz alusão à existência de três **subcategorias** de decisões aditivas.[146] São elas:

a) **Decisões aditivas estrito senso**: são aquelas que, nos moldes já descritos, não só declaram a inconstitucionalidade parcial de uma disposição normativa, mas também reparam imediatamente o silêncio inconstitucional, alargando o texto da lei ou seu âmbito de incidência.

   Dentro das decisões aditivas em sentido estrito, podemos identificar, a partir da natureza do bem protegido: i) as **decisões aditivas de garantia**, que são aqueles que reparam direitos, liberdades e garantias individuais; e ii) as **decisões aditivas de prestação**, que são aquelas que reparam direitos econômicos, sociais e culturais.[147]

b) **Decisões demolitórias com efeitos aditivos**: são aquelas que uma lei inconstitucional constritora de direitos. Em outras palavras, as decisões demolitórias com efeitos aditivos eliminam uma norma que contém um preceito inconstitucional por restringir a titularidade ou o exercício de um direito. Ao fazê-lo, ampliam o âmbito aplicativo da norma restrita e restabelecem o *status* de constitucionalidade.

---

145. BARROSO, Luís Roberto; MELLO, Patrícia Perrone Campos. O papel criativo dos tribunais – técnicas de decisão em controle de constitucionalidade. Revista da AJURIS. Porto Alegre, v. 46, n.º 146, p. 295-334, junho, 2019, p. 311.

146. MORAIS, Carlos Blanco de. As sentenças com efeitos aditivos. *In* As sentenças intermédias da justiça constitucional (coord. Carlos Blanco de Morais). Lisboa: AAFDL, 2009, p. 41-71.

147. Gilmar Ferreira Mendes afirma que as decisões aditivas de prestações são aquelas que têm impacto orçamentário, ver BRANCO, Paulo Gustavo Gonet; MENDES, Gilmar Ferreira. Curso de direito constitucional. 12ª ed. rev. e atual. São Paulo: Saraiva, 2017, p. 1.417. Todavia, tão conclusão não me parece adequada, uma vez que as decisões aditivas de garantia também oneram os cofres públicos. Como estudaremos mais adiante, a implementação de direitos individuais também depende da criação de estruturas de proteção. Logo, não há razões para distingui-las sobre essa ótica.

c) **Decisões aditivas de princípio**: Essas também são conhecidas por **aditivas de mecanismo** e **sentenças de delegação**[148]. São aquelas em que a Corte Constitucional declara a norma inconstitucional, mas abstém-se de proceder à reparação diretamente. Ao contrário, fixa princípios e parâmetros que deverão ser observados pelo legislador quando da edição de uma nova norma que discipline aquela mesma questão. Essa técnica é geralmente utilizada o Tribunal percebe que há mais de uma solução constitucionalmente aceita, de modo que a sua atuação positiva violaria a discricionariedade conferida ao Poder Legislativo no exercício de sua função legislativa.

De outra banda, nas **decisões substitutivas**, a Corte Constitucional declara a inconstitucionalidade de determinado ato normativo, no todo ou em parte, e, logo na sequência, **substitui** o conteúdo normativo declarado nulo por outro consentâneo com a constituição.

Aqui, diferentemente do que ocorre com as sentenças aditivas, a **parte ablativa** da decisão incide sobre uma **norma explícita**, e não sobre uma norma implícita. Após declarar inconstitucional a norma, a Corte Constitucional, na **parte restaurativa** da decisão, cria uma norma compatível com a constituição. Nesse sentido, Luís Roberto Barroso e Patrícia Perrone Campos Mello ensinam:

> "A declaração da inconstitucionalidade da norma, pelo que ela prevê, gera, então, uma omissão normativa ou um vácuo, que é tão ou mais danoso e violador da Constituição do que a própria norma declarada inconstitucional. Essa é justificativa para que, além de declarar a inconstitucionalidade, a Corte supra a omissão inconstitucional gerada por sua própria decisão. Nessa hipótese, a Corte declara 'a inconstitucionalidade da disposição, na parte em que prevê 'X', em lugar de prever 'Y' para estar em conformidade com a Constituição'. O conteúdo que se explicita que a norma deveria ter previsto, para estar de acordo com a Constituição, corresponde ao componente reconstrutivo do julgado."[149]

Por fim, importante consignar que as decisões manipulativas são objeto de **críticas** por parte da doutrina. Os argumentos formulados por esses autores são: i) violação ao **princípio democrático**, pois não é dado a juízes não eleitos alterar

148. FERNANDES, Bernardo Gonçalves. Curso de direito constitucional. 12ª ed. Salvador: Editora Juspodivm, 2020, p. 2.001.

149. BARROSO, Luís Roberto; MELLO, Patrícia Perrone Campos. O papel criativo dos tribunais – técnicas de decisão em controle de constitucionalidade. Revista da AJURIS. Porto Alegre, v. 46, n.º 146, p. 295-334, junho, 2019, p. 315.

as leis produzidas pelos representantes do povo; ii) violação ao **princípio da separação dos poderes**, pois o Poder Judiciário, ao proferir uma decisão manipulativa, atua produzindo uma norma geral e abstrata, que nada mais é do que o exercício da função legislativa, sem autorização constitucional para tanto; iii) afetação ao **equilíbrio orçamentário**, pois decisões aditivas e substitutivas podem gerar custos que não possuem previsão orçamentária; e iv) as **consequências** da prolação de decisões manipulativas são ruins, porquanto há a supressão da presença de incentivos que gerariam a mobilização popular necessária para provocar a atuação do legislador, o que enfraquece a democracia e instiga o Poder Legislativo a continuar inadimplente no exercício de suas funções.[150]

Elival da Silva Ramos possui um interessante posicionamento sobre o tema. Para o ilustre professor, os tribunais não extrapolam a sua função jurisdicional ao fazer uso de uma sentença manipulativa aditiva, pois a adoção dessa técnica não se diferencia da interpretação extensiva.

Todavia, para que essa técnica seja adotada de forma respeitosa ao ordenamento jurídico, deverão ser observados os seguintes critérios: i) o princípio ou a norma constitucional que justificam a parte restaurativa da decisão deve gozar de eficácia plena; e ii) a parte restaurativa deverá contar com um suporte textual que lhe dê suporte, ou seja, não poderá estar fora do âmbito de interpretação do dispositivo ou conjunto de dispositivos que são alargados.

Arremata o autor que as operações corretivas ou integrativas das sentenças aditivas não devem editar Direito novo para colmatar um vazio jurídico, mas sim recorrer às normas jurídicas já existentes no ordenamento jurídico. As sentenças aditivas de princípios e as sentenças substitutivas estão inviabilizadas pelo sistema constitucional estruturado no Brasil.[151]

I. Prescritibilidade?

Há divergência doutrinária acerca da existência ou não de prazo para a propositura da ação direta.

150. Os argumentos contrários à adoção das decisões manipulativas são muito bem reunidos e explicitados em BARROSO, Luís Roberto; MELLO, Patrícia Perrone Campos. O papel criativo dos tribunais – técnicas de decisão em controle de constitucionalidade. Revista da AJURIS. Porto Alegre, v. 46, n.º 146, p. 295-334, junho, 2019, p. 319-328.

151. RAMOS, Elival da Silva. Ativismo judicial: parâmetros dogmáticos. 2ª ed. São Paulo: Saraiva, 2015, p. 221-227.

Para uma **primeira corrente, majoritária** em doutrina, o vício de inconstitucionalidade é **imprescritível**. Assim, não haveria qualquer prazo para o ajuizamento da ação direta de inconstitucionalidade.[152]

Já uma **segunda corrente** sustenta que o vício de inconstitucionalidade é **prescritível**. Isso porque, em consonância com o princípio da segurança jurídica, a regra é a prescritibilidade. As hipóteses de imprescritibilidade foram previstas expressamente no artigo 5º, incisos XLII e XLIV, da Constituição de 1988, que não englobou o vício de inconstitucionalidade.[153]

Para esse segundo grupo de autores, por não haver prazo legal expresso, deve-se aplicar, analogicamente, o **prazo** legal do artigo 205 do Código Civil, que é de **10 (dez) anos**. Assim, editado o ato em desconformidade com a Constituição, os legitimados ativos teriam o prazo de dez anos para impugná-lo, sob pena de prescrição.

J. Reclamação

Vimos que a decisão em controle concentrado de constitucionalidade proferida pelo Supremo Tribunal Federal possui efeitos vinculantes, de modo que os demais órgãos do Poder Judiciário e a Administração Pública não poderão contrariá-la.

Com a finalidade de garantir a autoridade da decisão proferida no bojo de uma ADI, o artigo 102, inciso I, alínea "l", da CF/88 previu o instrumento da **reclamação**. Esse instituto, que segundo o Supremo Tribunal Federal possui natureza jurídica de exercício do **direito de petição** insculpido no artigo 5º, inciso XXXIV, alínea "a" da CF/88[154], poderá ser ajuizada por **qualquer pessoa** que seja atingida por decisão contrária à firmada pelo STF em uma ADI.[155]

A competência para processo e julgamento será originária do próprio **Supremo Tribunal Federal.**

O ato judicial, para ser objeto de uma reclamação, **não poderá ter transitado em julgado** (Enunciado n.º 734 da Súmula do Supremo Tribunal Federal).

152. Por todos, CLÈVE, Clèmerson Merlin. A fiscalização abstrata da constitucionalidade no Direito brasileiro. 2ª ed. rev. atual. amp. São Paulo: Editora Revista dos Tribunais, 2000.

153. Nesse sentido, BARROSO, Luís Roberto. O controle de constitucionalidade no direito brasileiro: exposição sistemática da doutrina e análise crítica da jurisprudência. 4ª ed. rev. e atual – São Paulo: Saraiva: 2009, p. 214.

154. STF, Tribunal Pleno, ADI 2.212, Rel. Min. Ellen Gracie, j. 2.10.2003.

155. STF, Tribunal Pleno, Rcl 1.880-AgR-QO, Rel. Min. Maurício Corrêa, j. 6.11.2002.

4. AÇÃO DECLARATÓRIA DE CONSTITUCIONALIDADE - ADC

A. Conceito e fundamento legal

A ação declaratória de constitucionalidade é uma ação constitucional que tem por finalidade **afastar a insegurança jurídica ou o estado de incerteza** sobre a validade de uma lei ou ato normativo federal. Busca-se, com isso, tutelar a presunção de constitucionalidade do ato e preservar a ordem constitucional.

Nesse momento inicial, é muito importante visualizar que a ADC não se presta à declaração de constitucionalidade de todo e qualquer ato normativo. Isso porque, como já vimos, vige em nosso ordenamento jurídico o princípio da presunção de constitucionalidade das leis e atos normativos. Para que seja cabível a ADC, deve-se demonstrar que há **efetiva controvérsia judicial** em torno da constitucionalidade daquele ato, estando a sua presunção de constitucionalidade ameaçada (artigo 14, inciso III, da Lei n.º 9.868/99).

A ação declaratória de constitucionalidade não foi prevista originalmente em nossa Constituição de 1988, tendo sido inserida por obra do Constituinte reformador, com a edição da **Emenda Constitucional n.º 3 de 1993**.

Essa emenda à constituição, que deu nova redação ao artigo 102, inciso I, alínea "a", da CF/88 e inseriu o §2º no mesmo artigo, teve a sua constitucionalidade questionada, sob os argumentos de que teria violado a separação de poderes, a garantia de acesso ao Judiciário, o devido processo legal e o contraditório e ampla defesa.

O Supremo Tribunal Federal teve que enfrentar essa discussão quando da análise da primeira ADC ajuizada. Naquela oportunidade, afirmou-se tanto a constitucionalidade da EC 3/97, quanto a sua aplicabilidade imediata, independentemente de lei infraconstitucional regulamentando o seu procedimento.[156]

Posteriormente, a **Lei n.º 9.868/99** alinhavou o procedimento de processo e julgamento da ADC.

> **Observação**: A ADC e a ADI têm **natureza dúplice**. Cuidam-se, na verdade, de faces distintas de uma mesma moeda: a procedência em uma equivale à improcedência na outra, e vice-versa. Por essa razão muitos dos apontamentos feitos em relação à ADI aplicam-se à ADC.

156. STF, Tribunal Pleno, ADC 1-QO, Rel. Moreira Alves, j. 27.10.1993.

B. Competência

Compete ao **Supremo Tribunal Federal** processar e julgar, originalmente e com exclusividade, a ação declaratória de constitucionalidade de lei ou ato normativo federal em face da Constituição Federal (artigo 102, inciso, alínea "a" da CF/88).

A Constituição de 1988 silenciou sobre a **possibilidade de os Estados-membros instituírem** a ação declaratória de constitucionalidade, diferentemente do que fez com a representação de inconstitucionalidade, que está prevista expressamente em seu artigo 125, §2º.

Assim, surgem duas posições doutrinárias acerca da possibilidade de a Constituição do Estado-Membro instituir ação declaratória de constitucionalidade no âmbito estadual.

Uma **primeira corrente**, capitaneada por José Afonso da Silva, **não admite** a possibilidade, em razão da ausência de previsão no texto constitucional.[157] Todavia, **prevalece o entendimento** de que é perfeitamente **possível** que o Estado-membro, no âmbito de sua autonomia, institua ação declaratória de constitucionalidade, que terá por objeto o controle de lei ou ato normativo estadual ou municipal. Esses atos teriam sua constitucionalidade verificada em face da Constituição estadual, e a competência para processar e julgar seria do **Tribunal de Justiça.**[158]

C. Parâmetro de controle

O parâmetro de controle da ADC é **idêntico ao da ADI**, razão pela qual remetemos o leitor ao item 3.3 do Capítulo VI da Parte III (*supra*).

D. Objeto de controle

De acordo com o artigo 102, inciso I, alínea "a", da CF/88, podem ser objeto de ação declaratória de constitucionalidade as **leis e atos normativos federais**.

O objeto da ADC é, portanto, **mais restrito que o da ADI**, que também pode ser ajuizada em face de leis e atos normativos estaduais. Excetuada essa diferença, tudo o que falamos sobre o objeto de controle na ADI se aplica aqui.

Para que seja cabível ADC, deve-se comprovar que sobre o ato objeto de controle pesa **controvérsia relevante** de sua constitucionalidade. O Supremo Tribunal Federal possui firme entendimento que não basta, contudo, que essa controvérsia

157. SILVA, José Afonso da. Curso de direito constitucional positivo. 42ª ed., rev. e atual, São Paulo: Malheiros, 2019, p. 61.

158. Por todos, ver MORAES, Alexandre de. Direito Constitucional, 34ª ed. São Paulo: Atlas, 2018, p. 835.

seja doutrinária. Deve-se demonstrar que há uma vultosa **divergência judicial** – existência de inúmeras ações em andamento em juízos ou tribunais, em que a inconstitucionalidade do ato normativo é levantada.[159]

E. Legitimidade

A **Emenda Constitucional n.º 3 de 1997**, que criou a ADC em nosso ordenamento jurídico, acrescentou o artigo 103, §4º à Constituição de 1988. Esse dispositivo trazia um rol de legitimados ativos à propositura da ADC **mais restrito** que o previsto para a ADI.

Eram legitimados: o Presidente da República, as Mesas do Senado Federal e da Câmara dos Deputados e o Procurador-Geral da República.

Em 2004, houve a "Reforma do Poder Judiciário", tendo sido editada a **Emenda Constitucional n.º 45**. Essa emenda revogou o §4º do artigo 103, e alterou seu *caput*, de modo a **igualar os legitimados ativos à propositura da ADC aos que já eram previstos para a ADI**.

O **artigo 13 da Lei n. 9.868/99**, editado antes dessa alteração, repetiu o que era previsto no extinto §4º do artigo 103 da CF/88. Essa previsão, a toda evidência, **não mais subsiste, pois não foi recepcionada pela EC n.º 45/04**.

Assim, os legitimados ativos à propositura da ADC são: o Presidente da República, as Mesas do Senado Federal e da Câmara dos Deputados, a Mesa das Assembleias Legislativas ou da Câmara Legislativa, o Governador do Estado ou do Distrito Federal, o Procurador-Geral da República, o Conselho Federal da Ordem dos Advogados, o partido político com representação no Congresso Nacional e a confederação sindical ou entidade de classe de âmbito nacional.

A esses legitimados ativos aplicam-se os apontamentos já feitos quando da análise da legitimidade na ADI. O mesmo ocorre com a legitimação passiva.

F. Processo e julgamento

F.1. Procedimento

Em um primeiro momento, o procedimento foi delineado pelo STF, quando do julgamento da Questão de Ordem na ADC 1.[160] Em momento seguinte, foi editada a **Lei n.º 9.868/99**. Tal lei, valendo-se daquilo que havia sido definido pela

159. STF, Tribunal Pleno, ADC 1-QO, Rel. Moreira Alves, j. 27.10.1993.

160. STF, Tribunal Pleno, ADC 1-QO, Rel. Moreira Alves, j. 27.10.1993.

Suprema Corte, positivou o procedimento de processo e julgamento da ADC (artigos 13 a 21), que é muito similar ao previsto para a ADI.

A **petição inicial** indicará o dispositivo da lei ou do ato normativo questionado e os fundamentos jurídicos do pedido, o pedido e suas especificações e a **existência de controvérsia judicial relevante** sobre a aplicação da disposição objeto da ação declaratória.

A exordial deverá vir acompanhada de instrumento de procuração, quando subscrita por advogado. Será apresentada em duas vias, devendo conter cópias do ato normativo questionado e dos **documentos necessários** para comprovar a procedência do pedido de declaração de constitucionalidade.

Entre os documentos necessários, deverão ser juntados, em **número suficiente** à comprovação de que há uma controvérsia judicial, **julgados** em que se declarou incidentalmente inconstitucional o ato normativo objeto da ADC.

Em caso de inépcia da petição inicial, ausência de fundamentação ou improcedência manifesta, o relator poderá **indeferi-la liminarmente**. Dessa decisão, cabe agravo ao Tribunal Pleno.

Assim como ocorre com a ADI, uma vez proposta a ação, **não se admite a sua desistência**. Além disso, é **incabível a intervenção de terceiros no processo**.

Haverá a manifestação do **Procurador-Geral da República**, na qualidade de ***custos iuris***. O prazo é de 15 (quinze) dias.

Vencido esse prazo, o relator lançará o relatório, com cópia a todos os demais Ministros, e pedirá dia para julgamento.

A exemplo do que ocorre na ADI, em caso de necessidade de esclarecimento de matéria ou circunstância de fato ou de notória insuficiência das informações existentes nos autos, poderá o relator requisitar **informações adicionais**, designar **perito** ou comissão de peritos para que emita parecer sobre a questão, ou fixar data para, em **audiência pública**, ouvir depoimentos de pessoas com experiência e autoridade na matéria.

O relator poderá, ainda, solicitar informações aos Tribunais Superiores, aos Tribunais federais e aos Tribunais estaduais acerca da aplicação da norma impugnada no âmbito de sua jurisdição.

Todas essas informações serão prestadas no prazo de 30 (trinta) dias, contado da solicitação do relator.

Desse modo, as **diferenças** em relação ao procedimento de processo e julgamento da **ADI** basicamente são:

a) A **admissibilidade** da ADC está sujeita à comprovação, na petição inicial, da existência de **relevante controvérsia judicial** acerca da constitucionalidade do ato impugnado.

b) **Não** há previsão, em ADC, de prazo para que as **autoridades responsáveis pelo ato prestem informações.**

c) O **Advogado-Geral da União não atuará como *defensor legis*** na ação declaratória de constitucionalidade. Para a doutrina majoritária e o Supremo Tribunal Federal,[161] a ausência de previsão legal nesse sentido é acertada, uma vez que o próprio legitimado que ajuíza a ação genérica já faz a defesa da constitucionalidade do ato, sendo despiciendo que o AGU também o faça.

F.2. Medida cautelar

A **Constituição de 1988**, diferentemente do que ocorre na ADI, **não prevê** expressamente a possibilidade de concessão de medida cautelar no seio de uma ADC. Em razão disso, criou-se uma disputa doutrinária entre aqueles que defendiam e os que rejeitavam a possibilidade de concessão de medida cautelar em ADC.

O Supremo Tribunal Federal, na ADC 4/DF, foi chamado a enfrentar essa questão, tendo decidido, com base no poder geral de cautela inerente à atividade jurisdicional, que é **juridicamente possível a concessão de medida cautelar** no bojo de uma ADC, a despeito do silêncio constitucional.[162]

Posteriormente, com o advento da Lei n.º 9.868/99 a discussão foi de uma vez por todas sepultada, posto que o **artigo 21, *caput*** da lei tratou especificamente da concessão de medida cautelar em ação declaratória de constitucionalidade.

Assim, presentes os requisitos – ***fumus boni iuris*** e ***periculum in mora*** – a Corte Suprema poderá determinar, pelo voto de **maioria absoluta** de seus membros, que os processos que envolvam a aplicação da lei ou do ato normativo objeto de controle sejam **suspensos até o julgamento da ADC**. Tal previsão já foi declarada constitucional pelo Supremo Tribunal Federal.[163]

Essa suspensão durará por **180 (cento e oitenta) dias** contados da publicação da parte dispositiva da decisão no Diário Oficial da União, prazo em que a ação declaratória de constitucionalidade deverá ser julgada definitivamente.

Há **divergência doutrinária** se, após transcorrido o prazo sem julgamento, a cautelar concedida perderá a sua eficácia de forma automática ou não.

Para uma parcela da doutrina, passados os 180 (cento e oitenta) sem o julgamento definitivo da ADC, a cautelar concedida poderá perder a sua eficácia, o que

161. STF, Tribunal Pleno, ADC 1-QO, Rel. Moreira Alves, j. 27.10.1993.

162. STF, Tribunal Pleno, ADC 4/DF, Rel. Min. Sydney Sanches, decisão de 11.02.1998.

163. STF, Tribunal Pleno, ADI 2.154/DF e ADI 2.258/DF, Red. p/ acórdão Min. Cármen Lúcia, j. 3.4.2023.

não ocorrerá de forma automática. Nesse sentido, Bernardo Gonçalves Fernandes adverte:

> "Porém, ultrapassado o prazo de 180 (cento e oitenta) dias sem o julgamento da ADC, não ocorre a perda automática dos efeitos da liminar. O que a lei diz é que pode ser que a liminar perca a eficácia. Sem dúvida, isso não equivale a dizer que há perda automática."[164]

Por outro lado, alguns autores sustentam que a perda de eficácia da cautelar é automática. É o caso de Pedro Lenza, que afirma:

> "Essa suspensão perdurará apenas por 180 dias contados da publicação da parte dispositiva da decisão no DOU, prazo esse definido pela lei para que o tribunal julgue a ação declaratória. Findo tal prazo, sem julgamento, cessará a eficácia da medida cautelar."[165]

O Supremo Tribunal Federal não possui decisão expressamente encampando nenhuma das posições. Contudo, parece-me que o Supremo adota a primeira corrente. Isso porque a nossa Suprema Corte já julgou procedentes reclamações ajuizadas com a finalidade de garantir a autoridade de medida cautelar deferida em ADC há mais de 180 (cento e oitenta) dias e não renovada expressamente.[166-167]

F.3. Amicus curiae *e audiências públicas*

Vimos que o artigo 20, §1º, da Lei n.º 9.868/99 prevê expressamente a possibilidade de realização de audiências públicas em ADC, não havendo controvérsia quanto ao tema.

Já em relação à admissão de *amicus curiae* em ação declaratória de constitucionalidade, essa tranquilidade doutrinária não se reproduz. Isso porque o artigo 18, §2º, da Lei n.º 9.868/99, que previa a intervenção do *amicus curiae* em ADC foi **vetado** pelo Presidente da República.

---

164. FERNANDES, Bernardo Gonçalves. Curso de direito constitucional. 12ª ed. Salvador: Editora Juspodivm, 2020, p. 1.940.

165. LENZA, Pedro. Direito constitucional esquematizado, 22ª ed., São Paulo: Saraiva Educação, 2018, p. 429.

166. O Supremo Tribunal Federal já julgou procedente reclamação para cassar decisão proferida por Juiz Federal, proferida em 2000, que não observou a medida cautelar deferida, em 11.2.1998, no bojo da ADC n.º 4. Há que se destacar que, passados 180 (cento e oitenta) dias da concessão da medida cautelar, não houve sua prorrogação expressa nos autos da ADC n.º 4. Ver STF, Tribunal Pleno, Rcl 1.722-2, Rel. Min. Celso de Mello, j. 26.2.2003.

167. Por outro lado, na ADC 18, houve a preocupação de, antes de escoado o prazo de 180 (cento e oitenta) dias, submeter a medida cautelar a nova votação pelo plenário. Ver STF, Tribunal Pleno, ADC 18-QO, Rel. Min. Celso de Mello, j. 25.3.2010.

Embora haja esse vácuo legislativo, a **doutrina majoritária** vem entendendo ser perfeitamente **possível** a admissão de *amicus curiae* em ação declaratória de constitucionalidade, aplicando-se analogicamente o artigo 7º, §2º, da Lei n.º 9.868/99.[168]

Tal posicionamento ganhou mais força com o advento do novo Código de Processo Civil, que tratou da possibilidade de intervenção do *amicus curiae* de forma ampla, permitindo sua participação em qualquer processo.

Quanto ao procedimento, poderes e outras questões relativas à admissão do *amicus curiae*, remetemos o leitor ao tópico da ação direta de inconstitucionalidade sobre o tema.

F.4. Julgamento

O julgamento da ação declaratória de constitucionalidade obedece às mesmas regras do julgamento em ação direta de inconstitucionalidade, razão pela qual remetemos o leitor ao subitem "C", item 3.6, Capítulo VI da Parte III (*supra*).

G. Decisão e seus efeitos

A decisão definitiva em ADC produzirá efeitos contra todos (***erga omnes***), **vinculantes** e **retroativos** (***ex tunc***).

Aplicam-se, aqui, todas as observações feitas no item 3.7, Capítulo VI da Parte III (*supra*).

5. AÇÃO DIRETA DE INCONSTITUCIONALIDADE POR OMISSÃO - ADO

A. Conceito e fundamento legal

Ao estudarmos os tipos de inconstitucionalidade, vimos que não somente por meio de um agir que a Constituição pode ser violada, mas também por uma **omissão.** De fato, quando algum dos três Poderes deixa de fazer algo que a Constituição impõe, haverá um grave abalo à ordem jurídica constitucional.

A Constituição de 1988, buscando sanar o histórico descompasso entre o que é previsto no texto constitucional (dever ser) e a realidade (ser), previu, em seu **artigo 103, §2º** a ação direta de inconstitucionalidade por omissão.

168. Por todos, ver MARINONI, Luiz Guilherme; MITIDIERO, Daniel; SARLET, Ivo Wolfgang. Curso de Direito Constitucional. 7ª ed., São Paulo: Saraiva Educação, 2018, p. 1.201.

O objetivo pretendido pelo Poder Constituinte foi **dar plena eficácia às normas constitucionais** que dependessem da edição de um ato normativo infraconstitucional.

Posteriormente, foi editada a **Lei n.º 12.063/09**, que alterou a Lei n.º 9.868/99, incluindo nela regramento específico relativo à ADO.

B. Competência

Compete ao **Supremo Tribunal Federal** processar e julgar, originalmente e com exclusividade, a ação direta de inconstitucionalidade por omissão (artigo 103, §2º c/c artigo 102, inciso I, alínea "a", ambos da CF/88).

Pouco importará, para fins de competência, se o ato normativo que deveria ter sido editado for de incumbência da União, dos Estados-membros, do Distrito Federal ou dos Municípios, desde que a omissão esteja impedindo a plena efetividade de norma insculpida na Constituição Federal.

Prevalece na doutrina que os **Estados-membros**, ao organizarem o seu Poder Judiciário, **poderão instituir** ação direta de inconstitucionalidade por omissão para garantir a efetividade das normas previstas em suas Constituições estaduais.[169] Nesse caso, a competência para processar e julgar essa ação seria do **Tribunal de Justiça**.

C. Parâmetro de controle

O parâmetro de controle da ADO é mais restrito do que aquele das ADI e ADC, abarcando somente as **normas constitucionais de eficácia limitada**, ou seja, as normas que dependam da edição de norma infraconstitucional para que sejam plenamente eficazes.

As normas de eficácia **plena** e as normas de eficácia **contida**, por não dependerem de complemento para que sejam aplicáveis, **não poderão servir de parâmetro** de controle em ADO.

A **maioria da doutrina** limita-se a pontuar que as normas constitucionais de eficácia limitada são o parâmetro de controle da ADO, sem maiores digressões sobre o tema.

Contudo, sob a rubrica de "normas de eficácia limitada", encontram-se as **normas de princípio institutivo**, que traçam linhas gerais de estruturação de órgãos, entidades ou institutos jurídicos, e as **normas programáticas**, que definem objetivos a serem perseguidos, mas não especificam como fazê-lo.

---

169. A Constituição do Estado de São Paulo prevê, em seu artigo 74, inciso VI, a competência do Tribunal de Justiça de processar e julgar ação direta de inconstitucionalidade por omissão.

Atentos a essa distinção, **alguns autores** sustentam que as **normas programáticas não podem ser parâmetro de controle em ADO**, pois elas não impõem um dever específico de legislar. Para essa parte da doutrina, não se pode buscar sanar uma omissão legislativa com fundamento em uma norma programática, pois não há previsão específica impondo a edição de um ato normativo para tornar a norma constitucional eficaz.[170]

Em sentido próximo, Luís Roberto Barroso ensina que a omissão ocorrerá em relação às **normas de organização** ou **definidoras de direito**. As normas programáticas, por não especificarem uma conduta a ser adotada, não serviriam como parâmetro de controle.[171]

Alexandre de Moraes, por outro lado, entende que o parâmetro da ADO abrange, além das **normas de princípio institutivo**, as **normas programáticas vinculadas ao princípio da legalidade**, que são aquelas que dependem de atuação normativa ulterior para garantir sua aplicabilidade.[172]

D. Objeto de controle

O objeto das ações diretas de inconstitucionalidade por omissão é justamente a **omissão inconstitucional**, ou seja, o descumprimento de um dever imposto pela norma constitucional.

Esse deixar de fazer pode ser perpetrado por qualquer dos três Poderes, em qualquer das três funções. Todavia, importa-nos aqui a **omissão normativa**, que é aquela que pode ser objeto de ADO.

O **Supremo Tribunal Federal**, corroborando essa assertiva, **não conhece** de ADO que vise à **prática de um ato administrativo concreto**, sob o fundamento de que essa ação do controle abstrato de constitucionalidade se limita às omissões no dever de legislar.[173]

A omissão normativa, embora mais afeta ao **Poder Legislativo**, também pode ocorrer no âmbito do **Poder Executivo**, quando se deixa de editar atos normativos secundários gerais, tais quais decretos e resoluções, e no âmbito do **Poder Judiciário**, ao deixar de regulamentar questão que deveria ter sido prevista em seu Regimento Interno.

---

170. Ver, CANOTILHO, J.J. Gomes et al. Comentários à Constituição do Brasil. 1ª ed. São Paulo: Saraiva/Almedina, 2013. p. 1.033-1.035.

171. BARROSO, Luís Roberto. O controle de constitucionalidade no direito brasileiro: exposição sistemática da doutrina e análise crítica da jurisprudência. 4ª ed. rev. e atual – São Paulo: Saraiva: 2009, p. 250-251.

172. MORAES, Alexandre de. Direito Constitucional, 34ª ed. São Paulo: Atlas, 2018, p. 830.

173. STF, Tribunal Pleno, ADI 19/AL, Rel. Min, Aldair Passarinho, j. 23.2.1989.

Outro ponto a ser destacado é que a omissão inconstitucional pode ser **total**, que ocorre quando a abstenção em legislar é integral, ou pode ser **parcial**, nos casos em que o legislador atua, mas de forma incompleta ou deficiente.

Na omissão **parcial**, como há uma atuação, ainda que deficitária, do legislador, o Supremo Tribunal Federal possui entendimento de que é **cabível tanto a ADI quanto à ADO**, que seriam **fungíveis** entre si.[174]

Apesar de a Suprema Corte admitir a impugnação da omissão parcial via ADI, é importante ter em mente que a declaração de inconstitucionalidade da norma incompleta pode não ser a técnica adequada para solucionar o problema, principalmente nos casos em que há violação do princípio da isonomia.

Aqui, duas situações devem ser distinguidas.

Na primeira, o legislador edita **propositalmente** um ato normativo que contemple somente alguns grupos ou situações (**exclusão explícita**). Nessa hipótese, a **declaração de inconstitucionalidade** da norma por violação do princípio da igualdade, com a sua consequente retirada do ordenamento jurídico, **mostra-se adequada**.

Na segunda, o legislador **contempla somente alguns grupos ou situações**, esquecendo-se de outros, por não ter apreciado corretamente a realidade fática subjacente (**incompletude normativa**).

Neste segundo caso, **declarar inconstitucional** a norma, retirando-a do ordenamento jurídico, **agravaria ainda mais a omissão inconstitucional**. Por essa razão, a declaração de **inconstitucionalidade por omissão, apelando ao legislador** que edite norma mais ampla, é a técnica que mais adequada à solução do problema.

Alguns autores sustentam que o Supremo Tribunal Federal, neste caso, deveria **estender os efeitos da norma** aos casos que não foram por ela contemplados, mas que deveriam ter sido. Seria proferida, assim, uma sentença aditiva. É nesse sentido os ensinamentos de Dirley da Cunha Júnior.[175] Essa posição, contudo, é **minoritária**.

Questão interessante e assaz relevante é saber em que **momento** ocorre a omissão inconstitucional. Isso porque, para falarmos em uma omissão inconstitucional, é indispensável que o não agir do legislador seja cotejado com o **fator tempo**, ou seja, deve-se perquirir qual o lapso temporal dentro do qual o legislador deveria e poderia editar o ato normativo integrador da norma constitucional limitada.

174. STF, Tribunal Pleno, ADI 875, Rel. Min. Gilmar Mendes, j. 24.2.2010.

175. CUNHA JÚNIOR, Dirley da. Controle de constitucionalidade: teoria e prática. 8ª ed. rev. ampl. e atual. – Salvador: Juspodivm, 2016, p. 270.

Quando a própria norma constitucional estipula um prazo, essa análise é simples, configurando-se a omissão legislativa com o **fim do prazo** sem que o ato normativo tenha sido editado.

Quando não houver prazo expressamente previsto, deverá ser feito um juízo de **razoabilidade**, em que se avalia qual o tempo razoável para que a medida legislativa fosse tomada, sob pena de se configurar a omissão injusta.

O Supremo Tribunal Federal possui julgados em que a ação direta de inconstitucionalidade por omissão não foi conhecida porque o processo legislativo já havia sido iniciado. Também já decidiu que o encaminhamento de projeto de lei sobre a matéria ao Congresso Nacional acarretaria a extinção da ADO, por perda superveniente do objeto.[176]

No entanto, na ADI 3.682, a Suprema Corte alterou seu entendimento. Ficou consignado que, apesar de tramitarem no Congresso diversos projetos de lei para regulamentar o artigo 18, §4º da CF/88, que prevê a necessidade de edição de lei complementar para regulamentar a criação de novos Municípios, havia inequívoca omissão inconstitucional quanto a efetiva deliberação e aprovação de lei.

Assim, as peculiaridades parlamentares de tramitação de um projeto de lei não podem ser opostas de forma uma conduta **negligente** e **desidiosa** das Casas Legislativas, devendo-se reconhecer a omissão legislativa e prosseguir com a ADO.[177]

Por outro lado, se a **norma constitucional que não tinha sido regulamentada for revogada**, a ADO deverá ser **extinta** por perda superveniente do objeto, uma vez que a omissão inconstitucional deixou de existir.[178]

E. Legitimidade

A **legitimidade para ajuizar** a ação direta de inconstitucionalidade por omissão está prevista no artigo 103 da CF/88 e no artigo 12-A da Lei n.º 9.868/99. O rol é o mesmo daquele previsto para a ADI e a ADC, sendo aplicáveis as observações feitas no item 3.5, Capítulo VI da Parte III (*supra*).

Um único apontamento a ser feito é que o **Supremo Tribunal Federal** possui entendimento no sentido de que **o responsável pela omissão não poderá ser legitimado ativo à propositura da ação**. Assim, se a lei a ser editada for de iniciativa do Presidente da República e este não apresentar proposta de lei, não poderá, posteriormente, ajuizar uma ADO. Da mesma forma, se a omissão for resultado do

176. STF, Tribunal Pleno, ADI 2.495, Rel. Min, Ilmar Galvão, j. 02.05.2002.

177. STF, Tribunal Pleno, ADI 3.682, Rel. Min. Gilmar Mendes, j. 09.05.2007.

178. STF, Tribunal Pleno, ADI 1.836-QO, Rel. Min. Moreira Alves, j. 18.06.1998.

retardamento do Congresso Nacional em analisar um projeto de lei, não poderão as Mesas das Casas Legislativas proporem ADO.[179]

A legitimidade **passiva** é da **pessoa ou órgão responsável pela omissão normativa inconstitucional**, ou seja, daquele que deveria ter editado o ato normativo, mas não o fez.

F. Processo e julgamento

F.1. Procedimento

O procedimento da ADO está delineado nos artigos 12-A a 12-H da Lei n.º 9.868/99. **Serão aplicadas, no que couber, as regras previstas para o processo e julgamento da ação direta de inconstitucionalidade** (artigo 12-E, *caput*, da lei).

A **petição inicial** indicará a omissão inconstitucional total ou parcial quanto ao cumprimento de dever constitucional de legislar ou quanto à adoção de providência de índole administrativa e o pedido, com suas especificações.

Não há um prazo específico para o ajuizamento da ADO, devendo-se, tão somente, como vimos, ter transcorrido um **prazo razoável** para que a ausência de edição da norma infraconstitucional configure uma omissão.

A petição inicial inepta, não fundamentada, e a manifestamente improcedente serão **liminarmente indeferidas** pelo relator. Cabe **agravo** da decisão que indeferir a petição inicial.

Por se tratar de um processo objetivo, proposta a ação direta de inconstitucionalidade por omissão, **não se admitirá desistência.**

Os demais legitimados ativos poderão manifestar-se, por escrito, sobre o objeto da ação e pedir a juntada de documentos reputados úteis para o exame da matéria, no prazo das informações, bem como apresentar memoriais.

Diferentemente do que ocorre na ADI, o **Advogado-Geral da União não** terá que se manifestar obrigatoriamente na qualidade de *defensor legis*. Isso porque não há ato a ser defendido, mas justamente a ausência de norma regulamentadora.

Todavia, o artigo 12-E, §2º, da Lei n.º 9.868/99 prevê a **possibilidade de o relator solicitar a manifestação** do Advogado-Geral da União, que deverá ser encaminhada no prazo de 15 (quinze) dias.

O **Procurador-Geral da República**, por sua vez, será sempre ouvido nas ações que não for autor, na qualidade de ***custos iuris***. Essa manifestação se dará nos 15 (quinze) dias subsequentes ao decurso do prazo de informações.

179. STF, Tribunal Pleno, ADI 3.682, Rel. Min. Gilmar Mendes, j. 9.5.2007.

F.2. Medida cautelar

O **Supremo Tribunal Federal possuía** entendimento firme no sentido de ser **incabível** a concessão de tutela de urgência no bojo de uma ADO, pois nem mesmo na decisão final poderia ser expedido provimento normativo com o objetivo de suprir a omissão legislativa.[180]

Entretanto, a **Lei n.º 12.063/09**, ao introduzir regras sobre o processo e julgamento da ADO na Lei n.º 9.868/99, **previu a possibilidade** de concessão de medida cautelar em ADO.

O artigo 12-F da Lei n.º 9.868/99 prevê que em caso de **excepcional urgência** e **relevância da matéria**, o Tribunal, por decisão da **maioria absoluta** de seus membros, presentes na sessão pelo menos oito ministros, poderá conceder medida cautelar, após a audiência dos órgãos ou autoridades responsáveis pela omissão inconstitucional, que deverão pronunciar-se no prazo de 5 (cinco) dias.

O relator, julgando indispensável, ouvirá o Procurador-Geral da República, no prazo de 3 (três) dias.

No julgamento do pedido de medida cautelar, será facultada sustentação oral aos representantes judiciais do requerente e das autoridades ou órgãos responsáveis pela omissão inconstitucional, na forma estabelecida no Regimento do Tribunal.

A concessão da medida cautelar **poderá consistir em**: i) **suspensão da aplicação da lei ou ato normativo questionado** – aplicável somente no caso de omissão parcial; ii) **suspensão de processos judiciais ou de procedimentos administrativos**; e iii) **quaisquer outras providências** a serem fixadas pela Corte.

F.3. Amicus curiae *e audiências públicas*

As audiências públicas e a intervenção do *amicus curiae* **são admitidas na ADO.**

O **artigo 12-E da Lei n.º 9.868/99** prevê serem aplicáveis ao procedimento da ADO as disposições referentes à ADI que forem compatíveis. No caso, não há qualquer incompatibilidade a contraindicar a aplicação do artigo 7º, §2º e do artigo 9º, §1º da lei.

Quanto ao procedimento, poderes e outras questões relativas à admissão do *amicus curiae*, remetemos o leitor ao tópico da ação direta de inconstitucionalidade sobre o tema.

180. STF, Tribunal Pleno, ADI 361-MC, Rel. Min. Marco Aurélio, j. 05.10.1990.

F.4. Julgamento

O **quórum de instalação** da sessão para julgamento da ADO é de pelo menos **oito ministros** (artigo 12-H c/c 22 da Lei n.º 9.868/99), enquanto o **quórum de julgamento** é de **maioria absoluta**, ou seja, de pelo menos **seis ministros** (artigo 12-H, §2º c/c 23 da Lei n.º 9.868/99).

A decisão de procedência em ação direta de inconstitucionalidade por omissão tem caráter **mandamental**. Declarada a inconstitucionalidade por omissão, será dada ciência ao Poder competente para a adoção das providências necessárias.

Por fim, com base no artigo 12-H, §2º, da Lei n.º 9.868/99, aplica-se na ADO o previsto no artigo 26 do mesmo diploma legal, que prevê que a decisão definitiva é **irrecorrível** e **não poderá ser objeto de ação rescisória**.

Ressalvam-se os embargos de declaração, que poderão ser opostos nas hipóteses do artigo 1.022 do Código de Processo Civil (obscuridade, contradição, omissão e erro material).

Transitada em julgado a decisão, será publicada a parte dispositiva da decisão em seção especial do Diário Oficial da União, no prazo de dez dias.

G. Decisão e seus efeitos

Julgada procedente a ADO, o Supremo Tribunal Federal **estabelecerá a mora** e **cientificará** o ente omisso (artigo 103, §2º, da CF e artigo 12-H da Lei n.º 9.868/99).

Tradicionalmente, a doutrina e a jurisprudência do Supremo Tribunal entendiam que, em razão da separação dos poderes (art. 2º da CF/88), não poderia a Corte Suprema substituir-se ao legislador e, efetivamente editar a norma apta a sanar o vácuo legislativo inconstitucional.

Desse modo, se a omissão fosse imputável a **órgão administrativo**, o Supremo Tribunal ordenará que sejam adotadas as medidas necessárias para suprir a omissão inconstitucional no **prazo de 30 (trinta) dias** ou, excepcionalmente, em razão do interesse público, em **outro prazo razoável assinalado pela Suprema Corte**. Em caso de descumprimento da ordem judicial, a Corte poderá **responsabilizar** o agente público que continuou inerte e não atendeu ao que fora determinado.

Por outro lado, se a omissão fosse imputável ao **Poder Legislativo**, caberia à Suprema Corte tão somente **declarar a mora e notificá-lo**, não havendo na lei prazo ou sanção em razão do descumprimento da ordem judicial. A **ausência de sanção jurídica** era considerada fruto do reconhecimento de que o exercício da função legislativa é discricionário. Haveria, assim, tão somente a imputação de um **ônus político** ao legislador omissivo, o que torna a ADO em um remédio jurídico de baixa eficácia jurídica.

Em um **segundo momento**, no julgamento da ADI 3.682, o Supremo Tribunal Federal, ainda que o texto constitucional e a Lei n.º 9.868/99 não tenham previsto nenhum prazo a ser aplicado no caso de mora do Poder Legislativo, **estabeleceu um prazo** para que o Poder Legislativo editasse a lei complementar prevista no artigo 18, §4º, da CF/88.[181] Posteriormente, o Ministro Gilmar Mendes, então Presidente do STF, por meio de ofício enviado ao Presidente da Câmara dos Deputados, esclareceu que não se impôs um prazo para a atuação legislativa do Congresso Nacional, mas apenas **fixou-se um parâmetro temporal razoável para a edição da norma**.

Em um **terceiro momento** esse entendimento tradicional foi **superado**, ao menos em parte.

Na ADO 25, o Supremo Tribunal Federal julgou procedente o pedido para declarar a mora do Congresso Nacional quanto à edição da Lei Complementar prevista no art. 91 do ADCT, e fixou o prazo de 12 meses para que a omissão fosse sanada a omissão. Em caso de descumprimento, fixou-se que caberia ao Tribunal de Contas da União, enquanto não for editada a lei complementar: a) fixar o valor do montante total a ser transferido anualmente aos Estados-membros e ao Distrito Federal, considerando os critérios dispostos no art. 91 do ADCT; b) calcular o valor das quotas a que cada um deles fará jus, considerando os entendimentos entre os Estados-membros e o Distrito Federal realizados no âmbito do Conselho Nacional de Política Fazendária – CONFAZ.[182]

Na ADO 30, o STF declarou a inconstitucionalidade por omissão da Lei nº 8.989/95, ao deixar de incluir as pessoas com deficiência auditiva no rol de beneficiários da isenção de IPI por ela estabelecida. Considerou-se que referido diploma legislativo promoveu políticas públicas de modo incompleto e, por isso, determinou-se a aplicação do benefício, às pessoas com deficiência auditiva, enquanto perdurar a omissão legislativa. Ainda, estabeleceu-se o prazo de 18 (dezoito) meses, a contar da data da publicação do acórdão, para que o Congresso Nacional adote as medidas legislativas necessárias a suprir a omissão.[183]

No julgamento da ADO 38, o Supremo Tribunal Federal novamente não se limitou a declarar a omissão inconstitucional na observância do comando do §1º do art. 45 da CF, adotando uma solução normativa apta a colmatar a lacuna no caso concreto, mormente porque não era a primeira vez que a mora era declarada por aquela Corte.

181. STF, Tribunal Pleno, ADI 3.682, Rel. Min. Gilmar Mendes, j. 09.05.2007.

182. STF, Tribunal Pleno, ADO 25, Rel. Min. Gilmar Mendes, j. 30.11.2016.

183. STF, Tribunal Pleno, ADO 30, Rel. Min, Dias Toffoli, j. 24.8.2020.

Na ocasião, afirmou-se expressamente que era necessário adotar uma decisão construtiva, de modo a efetivamente introduzir conteúdos normativos não identificáveis na legislação em vigor. Justificou-se a adoção de tal medida com base nos seguintes argumentos: a) o conteúdo da norma é de fácil extração da literalidade do texto constitucional; b) a omissão inconstitucional identificada implica em ofensa ao direito político fundamental ao sufrágio das populações dos Estados subrepresentados e, por conseguinte, ao princípio democrático; c) as controvérsias relacionadas ao funcionamento do processo político-eleitoral impõem uma postura mais expansiva e particularista por parte do Supremo Tribunal Federal, em detrimento de opções mais deferentes e formalistas.

Com base nisso, o Supremo Tribunal Federal fixou prazo para que o Congresso Nacional sane a omissão e, caso não cumprido o prazo assinalado, estipulou ao Tribunal Superior Eleitoral a edição das normas necessárias à solução da questão, fixando as balizas para o exercício desse *múnus.*[184]

A partir desses três julgados, percebe-se claramente que, em situações **excepcionais** e de **forma justificada**, o Supremo Tribunal Federal, ao julgar procedente uma ADO, pode não só **fixar prazo para que o Poder Legislativo** colmate a omissão inconstitucional, mas **também editar ele próprio os parâmetros normativos caso, escoado o prazo assinalado, a mora persista**.

H. Ação direta de inconstitucionalidade por omissão e mandado de injunção

A Constituição de 1988, como estudamos, deu um especial tratamento à omissão inconstitucional, em razão do histórico de inefetividade das promessas constitucionais em nosso país. Buscando reverter esse quadro e dar efetividade às suas disposições, criou dois instrumentos aptos a resolver a problemática de inércia na edição de ato normativo regulamentador de norma constitucional de eficácia limitada: a **ação direta de inconstitucionalidade por omissão** e o **mandado de injunção.**

Embora possuam a mesma finalidade, esses institutos possuem nítidas **diferenças** entre.[185] São elas:

a) A **ação direta de inconstitucionalidade por omissão** é uma ação do **controle principal e abstrato** de constitucionalidade, ao passo que o **mandado de injunção** é um **remédio constitucional**.

---

184. STF, Tribunal Pleno, ADO 38, Rel. Min, Luiz Fux, j. 28.8.2023.

185. Ver CUNHA JÚNIOR, Dirley da. Controle de constitucionalidade: teoria e prática. 8ª ed. rev. ampl. e atual. – Salvador: Juspodivm, 2016, p. 291-293.

b) A finalidade da **ADO** é **concretizar a norma constitucional**, garantindo-se a efetividade da Constituição. O **mandado de injunção**, por sua vez, também busca dar concretude ao texto constitucional, mas isso serve apenas como um meio para que se **torne viável o exercício de direitos fundamentais**. Trata-se, portanto, de garantia individual.

c) A **ação direta de inconstitucionalidade por omissão** somente é cabível após **transcorrido o prazo** previsto na Constituição para que a norma regulamentadora seja editada ou, quando o Texto Maior for silente, após transcorrido lapso temporal razoável. O **mandado de injunção**, por outro lado, **não depende de nenhum prazo** para ser impetrado.

d) A legitimidade ativa para o ajuizamento de **ADO** está adstrita aos **legitimados** previstos no **artigo 103 da CF/88**, enquanto o **mandado de injunção** pode ser impetrado por **qualquer pessoa** que titularize o direito fundamental que está sendo obstaculizado pela não edição da norma regulamentadora.

e) A **competência** para julgamento de **ADO** está concentrada no **Supremo Tribunal Federal** - ou, no caso da ADO estadual, no Tribunal de Justiça. Já em relação ao **mandado de injunção**, a Constituição de 1988 prevê que **vários órgãos judiciais** terão competência para julgá-lo, a depender do ente que descumpriu seu dever de legislar.

f) A decisão definitiva em uma **ação direta de inconstitucionalidade por omissão** que tenha por objeto a inércia na edição de ato normativo primário pelo Poder Legislativo **declarará a mora** legislativa e **notificará** o Congresso Nacional. Já no **mandado de injunção**, o Poder Judiciário concederá um **prazo para que a omissão seja suprida** e, caso esse comando não seja obedecido, **editará norma** que permita o exercício do direito fundamental obstaculizado, até a edição de lei regulamentadora (artigo 8º da Lei n.º 13.300/16).

g) Os efeitos subjetivos da decisão definitiva em **ADO** são ***erga omnes***, como sói ocorrer em processos objetivos. No **mandado de injunção**, os efeitos são, em regra, ***inter partes***, somente sendo *erga omnes* ou *ultra partes* quando isso for inerente ou indispensável ao exercício do direito, da liberdade ou da prerrogativa objeto da impetração (artigo 9º, *caput* e §1º da Lei n.º 13.300/16).

Em razão dessas diferenças entre os dois institutos constitucionais, o Supremo Tribunal Federal possui entendimento no sentido de que **não há fungibilidade** entre a ADO e o mandado de injunção.[186]

186. STF, Tribunal Pleno, MI 395-QO, Rel. Min. Moreira Alves, j. 27.5.1992.

6. ARGUIÇÃO DE DESCUMPRIMENTO DE PRECEITO FUNDAMENTAL - ADPF

A. Conceito e fundamento legal

A arguição de descumprimento de preceito fundamental é a ação do controle concentrado de constitucionalidade que tem por finalidade a **tutela dos preceitos mais importantes da Constituição.**

Foi prevista em nosso ordenamento jurídico, de forma inédita, no artigo 102, parágrafo único, da Constituição de 1988. Posteriormente, com o advento da Emenda Constitucional n.º 3 de 1993, a previsão passou a constar do §1º do mesmo artigo, conservando a sua redação: "*A arguição de descumprimento de preceito fundamental decorrente da Constituição será apreciada pelo Supremo Tribunal Federal na forma da lei*".

O Supremo Tribunal Federal sempre entendeu que a norma contida no **artigo 102, §1º, da CF/88** era de **eficácia limitada.** Desse modo, para que fosse aplicável, era necessária a edição de uma lei regulamentadora.[187] Isso veio acontecer somente após mais de dez anos da promulgação da Constituição de 1988, com a edição da **Lei n.º 9.882/99**, lei já considerada constitucional pelo Supremo Tribunal Federal.[188]

B. Espécies

A doutrina tem afirmado, com fundamento na Lei n.º 9.882/99, a existência de **duas espécies** de arguição de descumprimento de preceito fundamental em nosso ordenamento jurídico: a ADPF autônoma e a ADPF incidental/paralela.

A **ADPF autônoma** está prevista no artigo 1º, *caput* da Lei n.º 9.882/99. Cuida-se de processo objetivo, sendo a ação ajuizada diretamente no Supremo Tribunal Federal. Tem por objeto **evitar ou reparar lesão a preceito fundamental resultante de ato do Poder Público.**

A **ADPF incidental (paralela)** está prevista no artigo 1º, parágrafo único, inciso I da Lei n.º 9.882/99. Cuida-se de processo de natureza **subjetivo-objetiva.** Também é ajuizada perante o Supremo Tribunal Federal, mas decorre de processo judicial em curso perante as instâncias inferiores.

A ADPF incidental se desenvolve da seguinte forma: diante de uma demanda concreta já submetida ao Poder Judiciário, surge uma **relevante controvérsia constitucional sobre a aplicação de lei ou ato normativo federal, estadual ou**

187. STF, Tribunal Pleno, AI-AgR 145.860, Rel. Min. Marco Aurélio, j. 9.2.1993.

188. STF, Tribunal Pleno, ADI 2.231/DF, Rel. Min. Roberto Barroso, j. 22.5.2023.

municipal, incluídos os anteriores à Constituição. O legitimado – estudaremos quem são os legitimados a seguir –, então, decide ajuizar a ADPF incidental perante o STF, ocorrendo uma cisão funcional de competência vertical. Admitida a arguição incidental, a ação que lhe deu origem ficará suspensa até a decisão definitiva do STF sobre o tema, decisão essa que terá os mesmos efeitos de uma decisão final em ADPF autônoma.

C. Competência

A competência para processar e julgar a ADPF, seja ela autônoma ou incidental, está concentrada no **Supremo Tribunal Federal**, por expressa previsão constitucional (artigo 102, §1º, da CF/88).

Não há previsão expressa de arguição de descumprimento de preceito fundamental no âmbito estadual. Contudo, poderá a Constituição estadual prever a ADPF, desde que o parâmetro de controle seja preceitos fundamentais previstos na Constituição Federal e reproduzidos na Constituição estadual. Caso haja esta previsão, a competência para processar e julgar será do **Tribunal de Justiça do Estado** respectivo.[189]

D. Cabimento

D.1. Parâmetro de controle: descumprimento de preceito fundamental

O artigo 102, §1º, da Constituição de 1988 atribuiu ao **legislador infraconstitucional** a tarefa de regulamentar a arguição de descumprimento de preceito fundamental, sendo a única pista constitucional sobre os contornos do instituto o *nomen iuris* que lhe fora dado.

A **Lei n.º 9.882/99**, embora tenha regulamentado a ADPF e permitido a sua aplicação em nosso ordenamento jurídico, **não tratou expressamente de todos os pontos necessários** para uma compreensão total do tema.

Uma dessas questões fundamentais que não foram objeto de atenção do legislador foi justamente o **conceito de "preceito fundamental"**, o que traz certa insegurança na verificação do parâmetro de controle a ser adotada na ADPF.

À luz da Constituição de 1988, não será a violação de toda e qualquer norma constitucional que poderá ser invocada no bojo de uma ADPF. O **parâmetro de controle**, nessa ação do controle concentrado de constitucionalidade, é **mais restrito**, limitando-se justamente àquilo que se entende por "**preceito fundamental**".

189. A possibilidade de ADPF estadual não é pacífica na doutrina (ver subitem 2.2, item 2 do Capítulo VII desta Parte *infra*).

Coube, por conseguinte, à doutrina e à jurisprudência do Supremo Tribunal Federal a tarefa de delimitar esse conceito.

Embora, segundo o princípio da unidade, não haja hierarquia entre normas constitucionais, não se pode olvidar que a Constituição é uma ordem de valores, sendo possível falar em uma **hierarquia axiológica** entre as normas de uma Constituição.

Isso significa que algumas normas, por consagrarem **valores de excepcional relevância**, são "mais fundamentais" que outras, razão pela qual a sua violação traz consequências mais graves ao ordenamento jurídico. O constituinte, atento a isso, optou por conferir-lhes proteção extra com a criação da ADPF.

Nesse contexto, Dirley da Cunha Júnior conceitua preceito fundamental como **toda a norma constitucional – regra ou princípio – que serve de fundamento básico de conformação e preservação da ordem jurídica e política do Estado.**[190]

A despeito da indeterminabilidade jurídica do conceito, há um certo **consenso** na doutrina no sentido de que são preceitos fundamentais:

a) **Artigos 1º a 4º da CF/88**: sob a rubrica de "**princípios fundamentais**", tratam dos fundamentos e objetivos da República, bem como das decisões políticas estruturantes do Estado.
b) **Artigos 5º ao 17 da CF/88**: preveem as **garantias e direitos fundamentais**. Importante destacar que esses dispositivos não exaurem o rol de direitos fundamentais, sendo certo que outros direitos fundamentais espalhados pela Constituição ou em tratados internacionais incorporados ao direito brasileiro pelo procedimento do artigo 5º, §3º da CF/88 também poderão ser parâmetro de controle em ADPF.
c) **Artigo 34, inciso VII da CF/88**: lista os **princípios sensíveis**, cuja inobservância autoriza a intervenção federal.
d) **Artigo 60, §4º da CF/88**: trata das **cláusulas pétreas**, que são as limitações materiais ao poder constituinte derivado reformador. Servirão de parâmetro da ADPF tanto as cláusulas pétreas explícitas, quanto as implícitas.

Visto o que é preceito fundamental, resta-nos definir o que é "**descumprimento**" para que o primeiro pressuposto de cabimento da ADPF fique completamente delimitado.

Já estudamos que na ADI e na ADC somente a violação direta e imediata é qualificada como inconstitucionalidade. As violações indiretas à Constituição

190. CUNHA JÚNIOR, Dirley da. Controle de constitucionalidade: teoria e prática. 8ª ed. rev. ampl. e atual. – Salvador: Juspodivm, 2016, p. 325.

– quando, por exemplo, o objeto de controle está em descompasso com a lei e, reflexamente, com a Constituição – não autorizam o manejo de ADI ou ADC.

No âmbito da ADPF, o conceito de descumprimento é **mais amplo.** Isso porque a Lei n.º 9.882/99, em seu artigo 1º, *caput*, define o "descumprimento" como **a lesão a preceito fundamental resultante de ato do Poder Público.**

Abarca-se, assim, também as **violações diretas e indiretas** às normas constitucionais, **atos normativos e não normativos, ações ou omissões.**[191]

D.2. Objeto de controle

A arguição de descumprimento de preceito fundamental, estudamos, possui um **parâmetro de controle reduzido** em relação à ação direta de inconstitucionalidade (ADI). Em contrapartida, como veremos nesse tópico, o seu **objeto é mais amplo.** Portanto, há uma inversão entre a amplitude de parâmetro e de objeto entre essas duas ações do controle concentrado de constitucionalidade.

À luz do artigo 1º, *caput*, da Lei n.º 9.882/99, poderá ser objeto de controle via ADPF **qualquer ato ou omissão do poder público.** Incluem-se, aqui, atos normativos e não normativos, abstratos ou concretos, anteriores ou posteriores à Constituição, federais, estaduais ou municipais, provenientes de qualquer órgão, entidade ou Poder.

Passemos, pois, à análise de alguns atos em específico:

a) **Atos privados**: uma das poucas limitações feitas pela Lei n.º 9.882/99 em relação ao objeto da ADPF é a exigência de o ato impugnado ter sido emanado do poder público. Desse modo, atos normativos e negociais envolvendo particulares **não** estão, a princípio, sujeitos ao controle via ADPF. Todavia, há consenso na doutrina no sentido de que os **atos particulares editados no exercício de função pública delegada** poderão ser atacados em ADPF.[192]
b) **Atos normativos**: estão abarcados no objeto da ADPF **todos** os atos normativos editados pelo poder público. Poderão, desse modo, ser objeto

191. STF, Tribunal Pleno, ADPF 4, Rel. Min. Octavio Gallotti, j. 17.4.2002.

192. Nesse sentido, Daniel Sarmento afirma: "A expressão Poder Público, empregada pelo legislador, deve ser compreendida em seu sentido mais lato, e alcança também, em nosso entendimento, os atos de particulares que agem investidos de autoridade pública, como os praticados por empresas concessionárias e permissionárias de serviço público. Parece-nos, neste particular, perfeitamente cabível a analogia com o mandado de segurança, que pode também ser impetrado contra atos de pessoas jurídicas de direito privado, no exercício de atribuições do Poder Público.", em SARMENTO, Daniel. Apontamentos sobre a arguição de descumprimento de preceito fundamental. *In*: André Ramos Tavares e Walter Claudius Rothenburg (orgs.), Arguição de descumprimento de preceito fundamental: análise à luz da Lei n. 9.882/99, São Paulo: Atlas, 2001, p. 91-92.

de ADPF, **atos normativos primários** e **atos normativos secundários** (como, por exemplo, decretos e regulamentos). Outra importante novidade no âmbito do controle concentrado de constitucionalidade é a possibilidade de a ADPF ser utilizada para atacar atos **federais, estaduais** e **municipais.**

Observação: Deve-se atentar que, em razão do princípio da **subsidiariedade** (artigo 4º, §1º, da Lei n.º 9.882/99), a ADPF terá destaque em relação à declaração de inconstitucionalidade de atos normativos municipais e à declaração de constitucionalidade de atos normativos estaduais e municipais. Isso porque os atos normativos primários federais e estaduais editados posteriormente ao parâmetro de controle terão sua inconstitucionalidade ventilada via ADI, enquanto os atos normativos federais terão sua constitucionalidade declarada por meio de ADC, estando afastado o cabimento da ADPF nessas hipóteses.

A arguição de descumprimento de preceito fundamental pode ter como objeto **atos normativos editados anteriormente à Constituição**, diferentemente do que ocorre em relação à ADI. O artigo 1º, parágrafo único, inciso I, da Lei n.º 9.882/99 deixa isso claro em relação à ADPF incidental/paralela, mas é certo que também a ADPF autônoma poderá ser utilizada para o controle de direito pré-constitucional.

Ainda, a ADPF poderá ser utilizada, inclusive, para impugnar atos normativos **já revogados.**[193]

c) **Atos de natureza concreta**: a Lei n.º 9.882/99 não faz distinção entre atos normativos e atos não normativos, apenas descrevendo o objeto da ADPF com o termo "atos de poder público". Por essa razão, os atos **não normativos**, ou seja, os atos **individuais** e **concretos** do poder público, poderão ser fiscalizados por ADFP. Incluem-se aqui os atos administrativos, os fatos materiais da Administração e os contratos administrativos.

d) **Atos jurisdicionais**: o nosso ordenamento jurídico, em regra, estabelece que os atos jurisdicionais são atacáveis mediante recurso. Todavia, é perfeitamente possível que, em caso de ameaça ou lesão a preceito fundamental, havendo relevância na controvérsia constitucional, seja **admissível ADPF contra decisão judicial.**

Na **ADPF 405-MC**, o Supremo Tribunal Federal reafirmou que o conjunto de decisões questionadas são atos típicos do Poder Público

193. STF, Tribunal Pleno, ADPF 33, Rel. Min, Gilmar Mendes, j. 5.12.2005.

passíveis de impugnação por meio de APDF.[194] Foi essa também a conclusão a chegou o STF ao conhecer a ADPF 484.[195]

Na **ADPF 216**, o Supremo entendeu que a ADPF é instrumento cabível para **questionar interpretação judicial de norma constitucional**, ou seja, para dizer que a interpretação que está sendo dada pelos juízes e Tribunais a respeito de determinado dispositivo constitucional está equivocada e, com isso, viola preceito fundamental.[196]

De outro lado, **não será cabível** a ADPF para impugnar **decisão judicial já transitada em julgado**, uma vez que referida ação não é sucedâneo da ação rescisória.[197]

e) **Enunciado de Súmula:** interessante questão é saber se os enunciados de Súmula podem ser objeto de impugnação de arguição de descumprimento de preceito fundamental ou não. Dirley da Cunha Júnior entende que os enunciados de Súmula, por serem atos do poder público, podem perfeitamente ser objeto de controle em ADPF.[198] O Supremo Tribunal Federal, no entanto, possui firme entendimento de que **não é possível atacar enunciado de Súmula por nenhuma ação do controle concentrado de constitucionalidade, inclusive a ADPF**. Na ADPF 80, negou-se seguimento à ação que tinha por objeto enunciado de Súmula, sob o fundamento de que não se trataria de ato do poder público, mas sim expressão de entendimento reiterados da Corte.[199]

Todavia, excepcionalmente, o Supremo Tribunal Federal já conheceu de ADPF que tinha por objeto **enunciado da Súmula do Tribunal Superior do Trabalho (TST)**. Pontou-se, na ocasião, que o enunciado atacado criou sanção não prevista em lei, configurando, desse modo, ato de caráter normativo, ou seja, de natureza abstrata suscetível de impugnação via controle concentrado de constitucionalidade.[200]

---

194. STF, Tribunal Pleno, ADPF 405-MC, Rel. Min. Rosa Weber, j. 14.6.2017.

195. "Cabe ADPF contra o conjunto de decisões judiciais que determinam medidas de constrição judicial em desfavor do Estado-membro, das Caixas Escolares ou das Unidades Descentralizadas de Execução da Educação UDEs e que recaiam sobre verbas destinadas à educação." STF, Tribunal Pleno, ADPF 484/AP, Rel. Min. Luiz Fux, j. 4.6.2020 (Informativo n.º 980).

196. STF, Tribunal Pleno, ADPF 216, Rel. Min. Cármen Lúcia, j. 14.3.2018.

197. STF, Tribunal Pleno, ADPF 693, Rel. Min. Roberto Barroso, j. 9.3.2022.

198. CUNHA JÚNIOR, Dirley da. Controle de constitucionalidade: teoria e prática. 8ª ed. rev. ampl. e atual. – Salvador: Juspodivm, 2016, p. 345.

199. STF, Tribunal Pleno, AgR na ADPF 80, Rel. Min. Eros Grau, j. 12.6.2006.

200. STF, Tribunal Pleno, ADPF 501-AgR, Red. p/ acórdão Min. Ricardo Lewandowski, j. 16.9.2020.

f) **Atos políticos**: a possibilidade de controle judicial de atos políticos é questão polêmica tanto na doutrina quanto na jurisprudência. O **Supremo Tribunal Federal**, tradicionalmente, possuía entendimento de que **não era possível sindicar judicialmente atos políticos**. Firme nesse posicionamento, não conheceu da ADPF 1, que tinha como objeto veto aposto a dispositivo constante de projeto de lei.[201]

   No entanto, a Corte parece estar **alterando paulatinamente seu entendimento**. Mostra disso foi a decisão monocrática do Ministro Celso de Mello proferida no bojo da ADPF 45, em que se asseverou que a arguição de descumprimento de preceito fundamental pode ser instrumento utilizado para viabilizar a implementação de políticas públicas.

g) **Omissões legislativas**: já vimos que a Constituição de 1988 trouxe dois instrumentos para sanar as omissões legislativas inconstitucionais: o mandado de injunção e a ação direta de inconstitucionalidade por omissão. Em razão disso e com base na regra da subsidiariedade (artigo 4º, §1º, da Lei n.º 9.882/99), poder-se-ia sustentar que a ADPF não seria cabível para sanar omissões legislativas. Essa não é, todavia, a posição adotada pela doutrina majoritária e pelo Supremo Tribunal Federal. No bojo da ADPF 4, a nossa Corte Maior **conheceu** a ação, aduzindo que a ADO não era meio eficaz para a sanar omissão legislativa que estava sendo atacada.[202-203]

   No julgamento da ADPF 272, o Supremo Tribunal Federal reafirmou esse entendimento, oportunidade em que afirmou que a ADPF pode ter por objeto as omissões do poder público, quer totais ou parciais, normativas ou não normativas, nas mesmas circunstâncias em que ela é cabível contra os atos em geral do poder público, desde que essas omissões se afigurem lesivas a preceito fundamental, a ponto de obstar a efetividade de norma constitucional que o consagra.[204]

h) **Projetos de lei ou de emendas constitucionais**: o Supremo Tribunal Federal possui entendimento consolidado no sentido de que **não é possível** controlar abstratamente a constitucionalidade de projetos de leis ou projetos de emendas constitucionais. Buscando superar esse entendimento jurisprudencial, o projeto de lei que deu vida à Lei n.º 9.882/99 previa, em seu artigo 5º, §4º e no artigo 9º a autorização para que o STF procedesse o controle preventivo de constitucionalidade via ADPF. Esses dispositivos,

---

201. STF, Tribunal Pleno, ADPF 1-QO, Rel. Min. Néri da Silveira, j. 3.2.2000.

202. Por todos, ROTHENBURG, Walter Claudius. Arguição de descumprimento de preceito fundamental. *In*: André Ramos Tavares e Walter Claudius Rothenburg (orgs.), Arguição de descumprimento de preceito fundamental: análise à luz da Lei n. 9.882/99, São Paulo: Atlas, 2001, p. 216.

203. STF, Tribunal Pleno, ADPF 4, Rel. Min. Octávio Gallotti, j. 17.4.2002 (Informativo n.º 264).

204. STF, Tribunal Pleno, ADPF 272/DF, Rel. Min. Cármen Lúcia, j. 25.3.2021.

contudo, foram vetados pelo Presidente da República, mantendo-se hígido o posicionamento tradicional do Supremo sobre o tema.

> **Observação:** Embora o objeto da ADPF, como vimos, seja bastante amplo, ela **não será cabível quando** o **pedido for deduzido de maneira vaga e genérica**, visando à prolação de decisão judicial de conteúdo incerto, indeterminado e ambíguo. Nesse sentido, o Supremo Tribunal Federal deixou de conhecer ADPF ajuizada contra discursos, pronunciamentos e comportamentos atribuídos ao Presidente da República, Ministros de Estado e integrantes do alto escalão do Poder Executivo Federal com a finalidade de obter provimento judicial ordenando a conformação dos comportamentos das autoridades reclamadas aos comandos da Constituição Federal.[205]

Por fim, há que se ressaltar importante controvérsia doutrinária acerca do objeto de controle nas **arguições de descumprimento de preceito fundamental incidentais/paralelas.**

O artigo 1º, *caput*, da Lei n.º 9.882/99, que previu a ADPF autônoma, fala tão somente em **ato do poder público**, expressão esta que abarca um sem número de situações. Já o artigo 1º, parágrafo único, inciso I, da lei, ao tratar da ADPF incidental/paralela, fala somente em **lei ou ato normativo federal, estadual ou municipal, incluídos os anteriores à Constituição.**

Em razão dessa diferença de tratamento legislativo, parte da doutrina entende que há diferença no tocante ao objeto da ADPF autônoma e da ADPF incidental. Para esses autores, o **objeto da ADPF incidental seria mais restrito**, englobando somente leis e atos normativos, estando **excluídos os atos não normativos do poder público.**[206]

Para **outros doutrinadores**, contudo, o legislador infraconstitucional, ao tratar da ADPF incidental, não optou deliberadamente por restringir o objeto de controle em relação à ADPF autônoma. Adotou-se, na verdade, uma fórmula explicativa do que seria ato do poder público. Não há, assim, diferença entre os objetos, **podendo ser ajuizada ADPF incidental em face de atos não normativos.**[207]

205. STF, Tribunal Pleno, ADPF 686/DF, Rel. Min. Rosa Weber, j. 18.10.2021.

206. TAVARES, André Ramos. Tratado da arguição de preceito fundamental: Lei n.º 9.868/99 e Lei n.º 9.882/99. São Paulo: Saraiva, 2001, p. 430.

207. Nesse sentido, não fazendo diferenciação entre o objeto de controle: MENDES, Gilmar Ferreira. Arguição de descumprimento de preceito fundamental: parâmetro de controle e objeto. *In*: André Ramos Tavares e Walter Claudius Rothenburg (orgs.), Arguição de descumprimento de preceito fundamental: análise à luz da Lei n. 9.882/99, São Paulo: Atlas, 2001, p. 134-135.

D.3. Princípio da subsidiariedade

O artigo 4º, §1º, da Lei n.º 9.882/99 prevê que não será admitida arguição de descumprimento de preceito fundamental quando houver qualquer outro meio eficaz de sanar a lesividade.

Desse modo, surge um terceiro pressuposto de cabimento da ADPF, qual seja, a **inexistência de qualquer outro meio idôneo a sanar o descumprimento de preceito fundamental**.

A grande dúvida que surge acerca do princípio da subsidiariedade gira em torno da sua amplitude. Afinal, o que pode ser considerado um meio idôneo apto a afastar o cabimento da ADPF?

Uma **primeira corrente rejeita** em absoluto o princípio da subsidiariedade. O argumento central dos autores que encampam esse posicionamento é o de que a lei infraconstitucional não poderia ter restringido o conteúdo da ADPF, mas tão somente regulamentado o seu procedimento. Desse modo, o artigo 4º, §1º, da Lei n.º 9.882/99 seria inconstitucional, podendo-se admitir a arguição de descumprimento de preceito fundamental sempre que algum preceito fundamental for vilipendiado por ato do Poder Público.[208]

Em sentido diametralmente oposto, uma **segunda corrente** entende não só ser o artigo 4º, §1º, da Lei n.º 9.882/99 **constitucional**, posto que a Constituição incumbiu ao legislador ordinário regulamentar o procedimento da ADPF, estando no seu âmbito de discricionariedade criar pressupostos de cabimento, mas também que deve o princípio da subsidiariedade ser **interpretado literalmente**.

Para esses autores, **não será admissível** a ADPF sempre que for cabível **outra ação do controle concentrado de constitucionalidade** ou **qualquer ação individual ou recurso**, como, por exemplo, mandado de segurança, ação popular, reclamação e recursos extraordinários ou ordinários.[209]

Há, ainda, uma **terceira corrente**, que adota um posicionamento **intermediário**. Assim como a segunda corrente, os autores da posição intermediária consideram o princípio da subsidiariedade **constitucional**. Todavia, fazem uma **interpretação mais restrita** dele, de modo a não reduzir a ADPF a um papel diminuto em nosso ordenamento jurídico.

Para tanto, sustenta-se que **não será cabível** a arguição de descumprimento de preceito fundamental somente **quando for admissível também o ajuizamento**

208. TAVARES, André Ramos. Arguição de descumprimento de preceito fundamental: aspectos essenciais do instituto na Constituição e na lei. *In*: André Ramos Tavares e Walter Claudius Rothenburg (orgs.), Arguição de descumprimento de preceito fundamental: análise à luz da Lei n. 9.882/99, São Paulo: Atlas, 2001, p. 43-48.

209. MORAES, Alexandre de. Direito Constitucional, 34ª ed. São Paulo: Atlas, 2018, p. 844-845.

de ação do controle concentrado e abstrato de constitucionalidade, ou seja, quando for possível o manejo de medida de caráter objetivo. Não existindo meio apto a solucionar a controvérsia constitucional de forma **ampla**, **geral** e **imediata**, a ADPF será o meio idôneo para tanto, sendo plenamente cabível.[210]

Como vem se posicionando o **Supremo Tribunal Federal** acerca do tema?

O entendimento que vem sendo adotado pela Suprema Corte aproxima-se em muito da segunda corrente. A Corte **não tem admitido o cabimento de ADPF se existir qualquer outro meio eficaz, seja no âmbito do controle difuso, seja no âmbito do controle concentrado**[211].

Tem-se ressalvado, contudo, que os instrumentos existentes devem se mostrarem efetivamente capazes a neutralizar a situação de lesividade, ou seja, devem possuir aptidão real para fazer cessar prontamente a situação de lesividade.[212]

Por considerar não observado o princípio da subsidiariedade, o STF **não vem conhecendo** das arguições de descumprimento de preceito fundamental que tenham por objeto **leis e atos normativos municipais que violem dispositivo de Constituição estadual ou mesmo da Constituição Federal, desde que se trate de norma de reprodução obrigatória**, uma vez que caberá, no caso, ADI estadual perante o Tribunal de Justiça respectivo.[213]

Em razão do princípio da subsidiariedade, os casos mais frequentes de cabimento da ADPF são: i) relevante controvérsia judicial sobre a constitucionalidade de leis e atos normativos estaduais e municipais; ii) declaração de inconstitucionalidade de leis e atos normativos municipais; e iii) análise da recepção ou não de atos e leis editados anteriormente à CF/88.

> **Observação**: O **STF** tem reconhecido a **fungibilidade entre ADPF e ADI**, nos casos em que for ajuizada ADPF, mas em que era cabível ADI. Para tanto, devem estar cumpridos os requisitos necessários à propositura desta – legitimidade ativa, objeto, fundamentação e pedido.[214]

E. Legitimidade

Os **legitimados ativos** da ADPF **são os mesmos legitimados à propositura da ADI e da ADC**. Nesse sentido, o artigo 2º, inciso I, da Lei n.º 9.882/99 prevê que

210. MENDES, Gilmar Ferreira. Arguição de descumprimento de preceito fundamental: demonstração de inexistência de outro meio eficaz. In: Revista Jurídica Virtual, vol. 2, n.º 13, junho/2000.

211. STF, Tribunal Pleno, ADPF 3-QO, Rel. Min. Sydney Sanches, j. 18.5.2000.

212. STF, Tribunal Pleno, AgR na ADPF 17, Rel. Min. Celso de Mello, j. 5.6.2002.

213. STF, Tribunal Pleno, ADPF 703-AgR, Rel. Min, Alexandre de Moraes, j. 17.2.2021.

214. STF, Tribunal Pleno, ADPF 72-QO Rel. Min. Ellen Gracie, j. 1º.6.2005.

podem propor arguição de descumprimento de preceito fundamental os legitimados para a ação direta de inconstitucionalidade.

Para evitar repetições desnecessárias, remete-se o leitor às observações já feitas quando do estudo da ADI sobre o tema.

Importante ressaltar, contudo, que no projeto de lei que culminou com a edição da Lei n.º 9.882/99 havia a previsão de que **qualquer pessoa** lesada ou ameaçada por ato do Poder Público poderia suscitar o incidente de constitucionalidade diretamente ao Supremo Tribunal Federal (artigo 2º, inciso II).

Tal dispositivo foi **vetado** pelo Presidente da República, sob o argumento de que não era compatível com o controle concentrado de constitucionalidade e de que poderia causar um congestionamento de processos no Supremo Tribunal Federal, inviabilizando o funcionamento da Corte. De acordo ainda com o veto presidencial, cabe ao **Procurador-Geral da República**, em sua função precípua de Advogado da Constituição, promover mecanismos aptos a equalizar questões constitucionais controvertidas e socialmente relevantes.

Nesse cenário, resta tão somente à pessoa lesada ou ameaçada por ato do Poder Público **representar ao PGR** para que ele ajuíze a ADPF.

A decisão sobre ajuizá-la ou não é **discricionária**, cabendo ao próprio Procurador-Geral da República avaliar a viabilidade jurídica dessa empreitada jurídica (artigo 2º, §1º da Lei n.º 9.882/99).

Quanto à **legitimidade passiva**, aplica-se à ADPF todos os comentários feitos quando da análise da ADI.

F. Processo e julgamento

F.1. Procedimento

O procedimento da arguição de descumprimento de preceito fundamental é regido pela **Lei n.º 9.882/99**.

O artigo 3º da lei prevê que a **petição inicial** deverá conter a indicação do preceito fundamental que se considera violado, a indicação do ato questionado, a prova da violação do preceito fundamental, o pedido, com suas especificações, e, no caso da ADPF incidental, a comprovação da existência de controvérsia judicial relevante sobre a aplicação do preceito fundamental que se considera violado.

A petição inicial, acompanhada de instrumento de mandato, se for o caso, deverá ser apresentada em **duas vias**, devendo conter cópias do ato questionado e dos documentos necessários para comprovar a impugnação.

O relator poderá **indeferi-la liminarmente**, quando não for cabível a arguição de descumprimento de preceito fundamental, quando faltar algum dos requisitos prescritos em lei ou quando a inicial for inepta. Da decisão de indeferimento da petição inicial caberá **agravo**, no prazo de cinco dias.

Havendo **pedido liminar**, ele deverá ser analisado. Após sua apreciação, o relator solicitará informações às autoridades que editaram o ato atacado.

O **Ministério Público**, nas arguições que não houver formulado, terá vista do processo, por cinco dias, após o decurso do prazo para informações.

Após, o relator poderá, caso entenda necessário, ouvir as partes nos processos que ensejaram a arguição – regra esta somente aplicável à ADPF incidental. Poderá, ainda, requisitar informações adicionais, designar **perito** ou comissão de peritos para que emita parecer sobre a questão, ou ainda, fixar data para declarações, em **audiência pública**, de pessoas com experiência e autoridade na matéria.

Poderão ser autorizadas, a critério do relator, **sustentação oral** e juntada de memoriais, por requerimento dos interessados no processo.

Decorrido o prazo das informações, o relator lançará o relatório, com cópia a todos os ministros, e pedirá dia para julgamento.

F.2. Medida liminar

O artigo 5º da Lei n.º 9.882/99 prevê expressamente que o Supremo Tribunal Federal, por decisão da **maioria absoluta de seus membros (seis Ministros)**, poderá deferir pedido de medida liminar na arguição de descumprimento de preceito fundamental.

Em casos de extrema urgência ou perigo de lesão grave, ou ainda, em período de recesso, poderá o **relator** conceder a liminar, *ad referendum* do Tribunal Pleno. Nessa hipótese, o relator poderá ouvir os órgãos ou autoridades responsáveis pelo ato questionado, bem como o Advogado-Geral da União ou o Procurador-Geral da República, no prazo comum de cinco dias.

Os **efeitos** da medida liminar concedida poderão consistir na determinação de que juízes e tribunais **suspendam o andamento de processos ou os efeitos de decisões judiciais**, ou de **qualquer outra medid**a que apresente relação com a matéria objeto da arguição de descumprimento de preceito fundamental, salvo se decorrentes da coisa julgada.

F.3. Amicus curiae *e audiências públicas*

São cabíveis, no bojo de uma ADPF, tanto a realização de audiências públicas, quanto a intervenção do *amicus curiae*.

Em relação às **audiências públicas**, há expressa previsão legal permitindo que o relator fixe data para declarações, em audiência pública, de pessoas com experiência e autoridade na matéria (artigo 6º, §1º, da Lei n.º 9.882/92).

Por outro, no que toca à intervenção do ***amicus curiae***, não há tratamento explícito sobre o seu cabimento na Lei n.º 9.882/99. Todavia, isso não tem sido empecilho para que o Supremo Tribunal Federal **admita a intervenção**, valendo-se do artigo 7º, §2º, da Lei n.º 9.868/99 analogicamente.[215]

Assim, estando presentes os requisitos – **relevância da matéria** e **representatividade dos postulantes** – é possível que o relator admita a admissão de terceiros em arguição de descumprimento de preceito fundamental na qualidade de *amicus curiae*.

Quanto ao procedimento, poderes e outras questões relativas à admissão do *amicus curiae*, remetemos o leitor ao tópico da ação direta de inconstitucionalidade sobre o tema.

F.4. Julgamento

O **quórum de instalação** da sessão para julgamento definitivo de ADPF é de **oito Ministros**. Isso porque o artigo 8º da Lei n.º 9.882/99 prevê que a decisão sobre a arguição de descumprimento de preceito fundamental somente será tomada se presentes na sessão pelo menos **dois terços dos Ministros**.

A lei específica não estabelece **quórum para votação**, devendo ser adotado a regra geral, que é de **maioria absoluta**. Assim, são necessários 6 (seis) votos para julgar procedente uma ADPF.

Julgada a ação, far-se-á **comunicação** às autoridades ou órgãos responsáveis pela prática dos atos questionados, fixando-se as condições e o modo de interpretação e aplicação do preceito fundamental.

O presidente do Tribunal determinará o **imediato** cumprimento da decisão, lavrando-se o acórdão posteriormente.

Dentro do prazo de 10 (dez) dias contado a partir do trânsito em julgado da decisão, sua parte dispositiva será publicada em seção especial do Diário da Justiça e do Diário Oficial da União.

A decisão que julgar procedente ou improcedente o pedido em arguição de descumprimento de preceito fundamental é **irrecorrível**, não podendo ser objeto de ação rescisória.

---

215. STF, ADPF 205, Rel. Min. Dias Toffoli, decisão monocrática, j. 16.2.2011.

G. Decisão e seus efeitos

A decisão definitiva em arguição de descumprimento de preceito fundamental poderá declarar a **inconstitucionalidade**, a **constitucionalidade**, a **recepção** ou a **não recepção** de determinado ato. Ao fazê-lo, fixará as condições e o modo de interpretação e aplicação do preceito fundamental, tal qual preconiza o artigo 10 da Lei n.º 9.882/98.

Essa decisão, em relação aos efeitos **subjetivos**, terá eficácia contra todos (***erga omnes***) e efeitos **vinculantes** relativamente aos demais órgãos do Poder Público. Valem, aqui, os mesmos apontamentos feitos quando analisamos os efeitos das decisões definitivas em sede de ação direta de inconstitucionalidade (v. *supra*).

Os efeitos **temporais**, por sua vez, são **retroativos** (***ex tunc***). Contudo, a Lei n.º 9.882/99, em seu artigo 11, seguindo os passos da Lei n.º 9.868/99, previu a possibilidade de **modulação** desses efeitos.

Assim, ao declarar a inconstitucionalidade de lei ou ato normativo, caso estejam presentes **razões de segurança jurídica** e **excepcional interesse social**, poderá o Supremo Tribunal Federal, por **maioria de dois terços** de seus membros, restringir os efeitos da decisão.

Aqui também remetemos o leitor às observações feitas quando do estudo dos efeitos da ADI, que são totalmente aplicáveis aqui (ver *supra*).

7. AÇÃO DIRETA INTERVENTIVA (REPRESENTAÇÃO INTERVENTIVA)

A. Conceito e fundamento legal

A Constituição de 1988, seguindo a tradição brasileira desde a proclamação da República em 1889, adotou como forma de Estado a **federação**. Desse modo, o **poder político foi repartido espacialmente** pelo território brasileiro, conferindo-se autonomia ao ente central, aos entes regionais e aos entes locais.

Nesse sentido, o artigo 18 da CF/88 prevê que a organização político-administrativa da República Federativa do Brasil compreende a **União**, os **Estados**, o **Distrito Federal** e os **Municípios**, todos **autônomos**, nos termos desta Constituição.

No entanto, a própria Constituição prevê situações **excepcionalíssimas** em que poderá haver a **intervenção de um ente federado em outro** – da União nos Estados-membros, Distrito Federal e Municípios localizados em Território Federal e do Estado-membro em seus Municípios.

A **ação direta interventiva federal** surge justamente nesse contexto, sendo um dos **pressupostos** para a decretação da intervenção da União nos Estados-membros ou no Distrito Federal, quando a intervenção tiver por finalidade assegurar a observância dos **princípios constitucionais sensíveis** (artigo 34, inciso VII da CF/88) ou houver a **recusa na execução de lei federal**.

Cuida-se, assim, de ação direta de inconstitucionalidade ajuizada em face de atos dos poderes estaduais e distritais que tem por finalidade **sancionar politicamente o ente federado com a perda temporária de sua autonomia**.

O fundamento positivo da representação interventiva federal reside nos **artigos 36, inciso III c/c artigo 34, inciso VII, ambos da Constituição de 1988**. No âmbito infraconstitucional, temos a **Lei n.º 12.562/11**, que regulamentou o procedimento atinente à representação interventiva federal. Embora não tenha revogado expressamente a Lei n.º 4.337/64, diploma que lhe antecedeu, o fez tacitamente, posto que regulou toda a matéria ali tratada (artigo 2º, §1º, da LINDB).

No que toca à natureza jurídica do processo que instrumentaliza a ação direta interventiva, há divergência doutrinária:

a) **Primeira corrente (majoritária)**: o processo tem natureza **subjetiva**, sendo submetido ao Poder Judiciário um caso concreto. Isso porque haverá um litígio constitucional entre a União e o Estado-membro ou o Distrito Federal. Essa é a posição, por exemplo, de Luís Roberto Barroso.[216]

b) **Segunda corrente**: o processo tem natureza **objetiva**, não havendo litígio entre a União e o Estado-membro ou Distrito Federal. O Procurador-Geral da República atua, nesse processo, na qualidade de substituto processual da coletividade, objetivando tutelar a ordem jurídica. Essa era a posição do professor Alfredo Buzaid.[217]

B. Competência

A competência para processar e julgar a ação direta interventiva da União Federal em Estado-membro ou Distrito Federal é do **Supremo Tribunal Federal**, conforme preceitua o artigo 36, inciso III, da Constituição Federal.

C. Parâmetro de controle

O parâmetro de controle é bastante restrito, limitando-se aos **princípios constitucionais sensíveis**. Eles estão previstos no artigo 34, inciso VII da Constituição Federal:

216. BARROSO, Luís Roberto. O controle de constitucionalidade no direito brasileiro: exposição sistemática da doutrina e análise crítica da jurisprudência. 4ª ed. rev. e atual – São Paulo: Saraiva: 2009, p. 318.

217. BUZAID, Alfredo. Da ação direta de declaração de inconstitucionalidade no direito brasileiro. São Paulo: Saraiva, 1958, p. 106-107.

a) Forma republicana, sistema representativo e regime democrático.

b) Direitos da pessoa humana.

c) Autonomia municipal.

d) Prestação de contas da administração pública, direta e indireta.

e) Aplicação do mínimo exigido da receita resultante de impostos estaduais, compreendida a proveniente de transferências, na manutenção e desenvolvimento do ensino e nas ações e serviços públicos de saúde.

D. Objeto de controle

Constitui objeto da ação direta interventiva toda **ação ou omissão, normativa ou não normativa, que viola os princípios constitucionais sensíveis**.

Na **IF 114/MT**, o Supremo Tribunal Federal firmou o entendimento de que a **omissão** em fazer respeitar os princípios sensíveis – no caso, os direitos da pessoa humana – também pode ser objeto de ação direta interventiva.[218]

Isso foi positivado posteriormente na Lei n.º 12.562/11, que, em seu artigo 3º, inciso II, prevê que a petição inicial da ação interventiva deverá conter a indicação do **ato normativo**, do **ato administrativo**, do **ato concreto** ou da **omissão** questionados.

E. Legitimidade

A legitimidade ativa está restrita ao **Procurador-Geral da República**, tal qual previsto no artigo 36, inciso III, da CF/88.

A dúvida que surge é: qual a natureza jurídica da atuação do PGR na ação direta interventiva?

a) **Primeira corrente**: o Procurador-Geral da República atua como **substituto processual**, em nome da coletividade. Para esses autores, o processo é objetivo, justamente porque a parte material do polo ativo é a coletividade e a finalidade da ação é tutelar a ordem jurídica.[219]

b) **Segunda corrente**: o PGR atua, na representação interventiva, como **representante judicial da União Federal**.[220]

---

218. STF, Tribunal Pleno, IF 114/MT, Rel. Min. Néri da Silveira, j. 13.3.1991.

219. BUZAID, Alfredo. Da ação direta de declaração de inconstitucionalidade no direito brasileiro. São Paulo: Saraiva, 1958, p. 106-107.

220. BRANCO, Paulo Gustavo Gonet; MENDES, Gilmar Ferreira. Curso de direito constitucional. 12ª ed. rev. e atual. São Paulo: Saraiva, 2017, p. 1.343-1.344.

O entendimento de que o Procurador-Geral da República atua na qualidade de substituto processual da coletividade na defesa da ordem jurídica é hoje **majoritário** na doutrina.

Alexandre de Moraes, seguindo a primeira corrente, traz dois interessantes fundamentos para tanto: i) o artigo 129, inciso IX da CF/88 **veda** expressamente que o Ministério Público represente judicialmente entidades públicas; e ii) em razão do princípio da **independência funcional**, o Procurador-Geral da República atua de maneira discricionária, não estando obrigado a ajuizar a representação interventiva, ainda que o Presidente da República o queira, o que não se coaduna com o instituto de representação.[221]

A **legitimidade passiva**, por outro lado, recai no **ente federado** que não observa o princípio constitucional que se considera violado ou que se recusa a aplicar lei federal.

A doutrina[222] e o Supremo Tribunal Federal[223] entendem ser perfeitamente possível a **intervenção federal no Poder Legislativo estadual**. Nesta hipótese, o ente federado como um todo continua sendo o legitimado passivo e a sua representação será feita pelo Procurador-Geral do Estado, ainda que a Assembleia Legislativa possua corpo de procuradores. Isso porque é a autonomia do ente como um todo que será temporariamente afastada em eventual procedência.

F. Processo e julgamento

F.1. Procedimento

O procedimento para processar e julgar a ação direta interventiva federal está esquadrinhado na **Lei n.º 12.562/11**.

A **petição inicial**, que será apresentada em duas vias, deverá conter: i) a indicação do princípio constitucional que se considera violado ou, se for o caso de recusa à aplicação de lei federal, das disposições questionadas; ii) a indicação do ato normativo, do ato administrativo, do ato concreto ou da omissão questionados; iii) a prova da violação do princípio constitucional ou da recusa de execução de lei federal; e iv) o pedido, com suas especificações (artigo 3º da lei).

O Procurador-Geral da República deverá juntar, se for o caso, cópia do ato questionado e dos documentos necessários para comprovar a impugnação.

---

221. MORAES, Alexandre de. Direito Constitucional, 34ª ed. São Paulo: Atlas, 2018, p. 829.

222. LEWANDOWSKI, Enrique Ricardo. Pressupostos materiais e formais da intervenção federal no Brasil. 2ª ed. rev. ampl. e atualizada, Belo Horizonte: Fórum, 2018.

223. STF, IF 5.179/DF, Rel. Min. Gilmar Mendes, despacho de 7.4.2010.

O relator, ao analisar a petição inicial, poderá **indeferi-la liminarmente**, quando não for o caso de representação interventiva, faltar algum dos requisitos estabelecidos nesta Lei ou for inepta (artigo 4º da lei). Caso isso ocorra, poderá o PGR interpor **agravo**, no prazo de cinco dias.

Poderá ser formulado **pedido liminar**, conforme estudaremos com mais detalhes no tópico seguinte. Apreciado o pedido de liminar ou, logo após recebida a petição inicial, se não houver pedido de liminar, o relator solicitará as **informações** às autoridades responsáveis pela prática do ato questionado. Elas terão o prazo de 10 (dez) dias para prestar as informações.

Decorrido o prazo para prestação das informações, serão ouvidos, sucessivamente, o **Advogado-Geral da União** e o **Procurador-Geral da República**, que deverão manifestar-se, cada qual, no prazo de 10 (dez) dias.

Aqui é interessante notar que o Procurador-Geral da República, além de legitimado ativo à propositura da ação, atua também na qualidade de ***custos iuris***, manifestando-se durante do procedimento após os demais atores processuais.

Se entender necessário, poderá o relator requisitar **informações adicionais**, designar **perito** ou comissão de peritos para que elabore laudo sobre a questão ou, ainda, fixar data para declarações, em **audiência pública**, de pessoas com experiência e autoridade na matéria. Poderão, ainda, ser autorizadas pelo relator a manifestação e a juntada de documentos por parte de interessados no processo.

Vencidos os prazos para manifestações e praticadas as diligências determinadas, o relator lançará o relatório, com cópia para todos os Ministros, e pedirá dia para julgamento.

F.2. Medida liminar

Há expressa previsão legal, no artigo 5º da Lei n.º 12.562/11, acerca da **possibilidade** de concessão de medida liminar. Para tanto, é necessária a decisão da **maioria absoluta** dos membros do Supremo Tribunal Federal (**seis Ministros**).

O relator, caso não esteja seguro de imediato da necessidade de concessão de medida liminar, poderá **ouvir** os órgãos ou autoridades responsáveis pelo ato questionado, bem como o Advogado-Geral da União ou o Procurador-Geral da República, no prazo comum de 5 (cinco) dias.

A liminar concedida poderá consistir na determinação de **suspensão do andamento de processos ou os efeitos de decisões judiciais ou administrativas** ou de **qualquer outra medida** que apresente relação com a matéria objeto da representação interventiva.

F.3. Amicus curiae *e audiências públicas*

A realização de audiências públicas e a intervenção do *amicus curiae* **são cabíveis** na representação interventiva.

No que se refere às **audiências públicas**, como vimos, há expressa previsão legal no artigo 7º, *caput* da Lei n.º 12.562/11, que permite ao relator fixar data para declarações, em audiência pública, de pessoas com experiência e autoridade na matéria.

Em relação à intervenção do ***amicus curiae***, a doutrina vem interpretando o **artigo 7º, parágrafo único, da Lei n.º 12.562/11**, que fala em "interessados", como sendo o dispositivo que permite a admissão de *amicus curiae* na representação interventiva.

F.4. Julgamento

O **quórum de instalação** da sessão para julgamento definitivo da representação interventiva é de pelo menos **8 (oito) Ministros** (artigo 9º da Lei n. º 12.562/11).

O **quórum de votação** é de maioria **absoluta** (artigo 10 da Lei n.º 12.562/11). Assim, realizado o julgamento, proclamar-se-á a procedência ou improcedência do pedido formulado na representação interventiva se num ou noutro sentido se tiverem manifestado **pelo menos 6 (seis) Ministros.**

Caso, na sessão de julgamento, estejam ausentes Ministros em número que possa influir na decisão sobre a representação interventiva, o julgamento será suspenso, a fim de se aguardar o comparecimento dos Ministros ausentes, até que se atinja o número necessário para a prolação da decisão.

O Supremo Tribunal Federal entende que, em razão da gravidade e excepcionalidade da intervenção, não é toda e qualquer violação aos princípios sensíveis que conduzirá à procedência da representação interventiva. Para isso, deverá haver: i) **manifesto propósito das autoridades estaduais ou distritais em violar os princípios sensíveis**; e ii) **permanência dos fatos graves que deram causa à propositura da ação.**[224]

Julgada a ação, far-se-á a **comunicação** às autoridades ou aos órgãos responsáveis pela prática dos atos questionados, e, se a decisão final for pela procedência do pedido formulado na representação interventiva, o Presidente do Supremo Tribunal Federal, publicado o acórdão, levá-lo-á ao **conhecimento do Presidente da República** para, no prazo improrrogável de até 15 (quinze) dias, dar cumprimento aos §§ 1º e 3º do art. 36 da Constituição Federal.

224. STF, Tribunal Pleno, IF 5.179/DF, Rel. Min. Cezar Peluso, j. 30.6.2010.

Dentro do prazo de 10 (dez) dias, contado a partir do trânsito em julgado da decisão, a parte dispositiva será publicada em seção especial do Diário da Justiça e do Diário Oficial da União.

A decisão que julgar procedente ou improcedente o pedido da representação interventiva é **irrecorrível**, sendo **insuscetível de impugnação por ação rescisória** (artigo 12 da lei).

G. Decisão e seus efeitos

A decisão na ação direta interventiva limita-se solucionar **o conflito entre a União e o Estado-membro** que violou o princípio constitucional sensível ou deixou de aplicar lei federal. Não há haverá, portanto, a declaração de inconstitucionalidade ou constitucionalidade propriamente dita, que deve ser objeto das demais ações do controle concentrado de constitucionalidade que já estudamos.

Caso o Supremo Tribunal Federal julgue **improcedente** a ação, a União Federal **não poderá intervir no Estado-membro**, posto que estará ausente justamente um dos pressupostos formais para tanto, que é a decisão positiva do STF.

Por outro lado, se a Corte julgar **procedente** a ação, o Presidente da República será notificado para que **decrete a intervenção federal** no respectivo Estado-membro ou no Distrito Federal. Trata-se de verdadeira **requisição** do Supremo Tribunal Federal, que não poderá ser desobedecida pelo Presidente da República, sob pena de responsabilização por crime de responsabilidade (artigo 12, n.º 3, da Lei n.º 1.079/50).

O Presidente da República, então, por meio de decreto, **suspenderá** a execução do ato impugnado – **intervenção branda**. Caso isso não seja suficiente para restauração da ordem jurídica, o Presidente **decretará** a intervenção federal – **intervenção efetiva**.

No caso de intervenção efetiva, o **decreto presidencial delimitará a amplitude, o prazo e as condições da intervenção.** Caso seja necessário, nomeará, ainda, interventor. Esse decreto submete-se, no prazo de 24 (vinte e quatro) horas à **controle político** pelo Congresso Nacional.

H. Ação direta interventiva estadual

Estudamos a ação direta interventiva em âmbito federal, pressuposto para a decretação da intervenção da União nos Estados-membros quando houver violação aos princípios constitucionais sensíveis ou descumprimento de lei federal.

Em sentido similar, o artigo 35, inciso IV da Constituição de 1988 prevê, como pressuposto para a decretação de **intervenção de Estado-membro em Município**, a decisão favorável de Tribunal de Justiça em **representação interventiva**, quando a finalidade da intervenção for **assegurar a observância de princípios indicados na Constituição Estadual, ou para prover a execução de lei, de ordem ou de decisão judicial.**

Aplica-se tudo que falamos sobre a ação direta interventiva federal aqui, com algumas adequações: i) a **competência** para processar e julgar a ação direta interventiva estadual será do **Tribunal de Justiça local**; e ii) o **parâmetro de controle** é o grupo de **princípios indicados na própria Constituição estadual.**

O procedimento foi delineado pela **Lei n.º 5.778/72**, que prevê a aplicação subsidiária da Lei n.º 4.337/64. No entanto, em razão da revogação deste diploma pela Lei n.º 12.562/11, é esta a lei que deverá ser aplicada, no que couber, ao procedimento da representação interventiva estadual.

CAPÍTULO 24

CONTROLE DE CONSTITUCIONALIDADE NOS ESTADOS-MEMBROS

1. CONTROLE DIFUSO-INCIDENTAL DE CONSTITUCIONALIDADE NOS ESTADOS-MEMBROS

Tribunais de Justiça e juízes estaduais podem exercer controle difuso-incidental de constitucionalidade de **leis federais, estaduais, distritais ou municipais em face da Constituição Federal**.

Também poderão exercer o controle, de forma incidental à análise do caso concreto que lhes for submetido, de **lei estadual, distrital ou municipal em face da Constituição Estadual do respectivo Estado-membro**.

Não é possível o **controle de constitucionalidade de lei federal em face de Constituição estadual**, uma vez que as Cartas Estaduais não são fonte de validade de leis federais, não se encontrando em uma posição hierárquica superior para que possam servir de parâmetro de controle.

O que pode haver é uma lei federal dispor, indevidamente, de matéria reservada à esfera constitucional-estadual. Todavia, nessa hipótese, não estará a lei federal violando Constituição do Estado, mas sim, a própria Constituição Federal, que traçou os limites de atuação de cada ente federativo.

Quando o controle de constitucionalidade for exercido por **juízo de primeiro grau, não há procedimento** específico a ser observado.

Entretanto, quando o controle for exercido por **Tribunal de Justiça**, deve-se respeitar a **cláusula de reserva de plenário** (*full bench*), prevista no artigo 97 da CF/88.

2. CONTROLE CONCENTRADO-PRINCIPAL DE CONSTITUCIONALIDADE NOS ESTADOS-MEMBROS

A. Introdução

A **Constituição de 1946** foi a **primeira** da nossa história a prever a possibilidade de instituição do controle concentrado-principal de constitucionalidade nos Estados-membros.

O artigo 124, inciso XIII, da Constituição de 1946, adicionado pela EC n.º 16 de 1965, dispunha que: "*a lei poderá estabelecer processo, de competência originária do Tribunal de Justiça, para declaração de inconstitucionalidade de lei ou ato de Município, em conflito com a Constituição do Estado.*"

Veja-se que somente a **lei municipal** poderia ser cotejada em face da Constituição do Estado-membro, ficando o controle de leis estaduais limitado à verificação de compatibilidade em relação à Constituição Federal.

Essa lei nunca foi editada, razão pela qual o controle concentrado de constitucionalidade no âmbito do Estados-membros não passou de mera previsão no texto constitucional, sem qualquer efetividade na prática.

A **Constituição de 1967/69**, editada em um momento histórico de concentração de poder no Governo Federal, mais precisamente nas mãos do Poder Executivo Federal, **não** repetiu tal previsão.

Somente com o advento da **Constituição de 1988** que o tema ganhou novos contornos. O **artigo 125, §2º, da CF/88** dispõe que cabe aos Estados a instituição de representação de inconstitucionalidade de leis ou atos normativos estaduais ou municipais em face da Constituição Estadual, vedada a atribuição da legitimação para agir a um único órgão.

Consagrou-se, assim, o controle concentrado-principal de constitucionalidade nos Estados-membros. E mais: o objeto de controle foi ampliado em relação à Constituição de 1946, passando a **incluir leis e atos normativos estaduais**.

Vedou-se a atribuição de legitimação ativa a um único órgão, o que demonstra o interesse do constituinte originário em ampliar o acesso à via concentrada de controle.

Passemos à análise detalhada dessas e de outras características.

B. Competência

A competência para processar e julgar as ações do controle concentrado de constitucionalidade nos Estados-membros é originária e exclusiva do **Tribunal de Justiça local**.

C. Parâmetro

O parâmetro de controle será a **Constituição Estadual**, de modo que se verifica a compatibilidade dos atos normativos municipais ou estaduais com a Carta Estadual.

Em relação ao parâmetro de controle, algumas **observações** devem ser feitas.

A primeira é a de que a **Constituição Federal nunca** poderá ser tomada como parâmetro de controle em ação do controle concentrado de constitucionalidade estadual, sob pena de violação da competência originária e exclusiva do Supremo Tribunal Federal.

Isso não quer dizer, em absoluto, que os Tribunais de Justiça não possam exercer o controle de constitucionalidade de leis e atos normativos frente à Constituição Federal. É plenamente possível que o Tribunal de Justiça local, exerça tal controle pela **via difusa-incidental**, respeitado, por óbvio, o procedimento adequado para tanto – principalmente a cláusula de reserva de plenário.

A segunda observação é de que **todas as normas** que compõe a Constituição Estadual podem servir de parâmetro de controle. Assim, poderão ser utilizadas normas **autônomas**, normas de **repetição obrigatória** ou normas de **imitação** para verificação de compatibilidade dos atos normativos municipais e estaduais com a Constituição Estadual.

Em relação às normas autônomas e de imitação, nunca houve maiores questionamentos acerca da possibilidade de elas servirem de parâmetro ao controle concentrado de constitucionalidade estadual.

No entanto, havia grande celeuma doutrinária e jurisprudencial no que toca às **normas de repetição obrigatória.** Destaco três momentos diferentes em relação ao **entendimento do Supremo Tribunal Federal** sobre o tema:

- **Primeiro momento**: o Supremo Tribunal Federal entendia que as **normas de reprodução obrigatória não** poderiam servir de parâmetro de controle concentrando de constitucionalidade estadual, sob o fundamento de que haveria usurpação da competência originária e exclusiva do Supremo para avaliar abstratamente as violações à própria Constituição Federal.[1]

1. STF, Tribunal Pleno, Rcl 370, Rel. Min. Octavio Gallotti, j. 9.4.1992.

- **Segundo momento**: o Supremo alterou seu posicionamento, passando a **admitir** que as normas de reprodução obrigatória pudessem servir de parâmetro para o controle concentrado estadual. Para tanto, seria necessário que essas normas fossem **reproduzidas expressa** e **fisicamente na Constituição Estadual.**[2]
- **Terceiro momento**: a Corte Suprema passou a entender que as normas de reprodução obrigatória **podem** servir de parâmetro, **estando elas reproduzidas expressa e fisicamente ou não no texto da Constituição do Estado-membro.**[3]

Caso o parâmetro seja norma de **repetição obrigatória**, diferentemente do que ocorre quando o parâmetro for norma autônoma ou de imitação, será cabível a interposição de **recurso extraordinário ao STF**.

A Suprema Corte proferirá, no bojo desse recurso, decisão com **efeito *erga omnes***, em razão da natureza objetiva do processo.

A terceira observação é a de que a **Lei Orgânica Municipal** nunca poderá funcionar como parâmetro de controle de constitucionalidade concentrado e abstrato no âmbito estadual. O controle de compatibilidade entre uma Lei Orgânica Municipal e um ato normativo que lhe seja inferior – leis e atos normativos municipais – deverá ser feito sempre de forma difusa, caso a caso. Nesse sentido, o Supremo Tribunal Federal julgou inconstitucional dispositivo de Constituição Estadual que atribuía ao Tribunal de Justiça a competência para julgar representações de inconstitucionalidade cujo parâmetro era Lei Orgânica Municipal.[4]

D. Objeto

São objeto de controle exclusivamente as **leis e atos normativos municipais e estaduais**.

Já vimos que **leis e atos normativos federais não** podem ser objeto de controle concentrado de constitucionalidade pelo Tribunal de Justiça, uma vez que as leis federais não haurem validade das constituições estaduais, não havendo relação de hierarquia entre elas.

---

2. STF, Tribunal Pleno, Rcl 383, Rel. Min. Moreira Alves, j. 11.6.1999.
3. STF, Tribunal Pleno, RE 650.898, Red. p/ acórdão Min. Roberto Barroso, j. 1º.2.2017 e STF, Tribunal Pleno, ADI 5.647/AP, Rel. Min. Rosa Weber, j. 3/11/2021.
4. STF, Tribunal Pleno, ADI 5.5.48, Rel. Min. Ricardo Lewandoswki, 16.8.2021.

E. Legitimidade

A Constituição de 1988 **não especifica** quem são os legitimados à propositura de ação do controle concentrado de constitucionalidade estadual. Caberá, desse modo, à própria Constituição do Estado-membro indicar o rol de legitimados ativos.

Há, contudo, **vedação** expressa de que se **atribua legitimação de agir a um único órgão** (art. 125, §2º, *in fine,* da CF/88).

Uma questão surge é saber se a Constituição Estadual deverá respeitar o **princípio da simetria** quando da fixação do rol de legitimados. A doutrina, nesse ponto, se divide em duas correntes:

a. **Primeira corrente**: **não** há necessidade de observar o princípio da simetria, de modo que a Constituição do Estado-membro é livre para escolher os legitimados ativos à propositura das ações do controle concentrado de constitucionalidade estadual, desde que respeite a vedação constitucional de ser dada a legitimidade ativa a dois ou mais órgãos.[5]
b. **Segunda corrente**: as Constituições Estaduais **deverão** respeitar o princípio da simetria, prevendo como legitimados ativos, ao menos, os órgãos estaduais e municipais equivalentes aos previstos no artigo 103 da CF/88.[6]

Filio-me ao primeiro entendimento, uma vez que não há previsão constitucional que limite o rol de legitimados ativos aos órgãos equivalentes em âmbito estadual daqueles previstos no artigo 103 da CF. Ademais, o próprio princípio da simetria não possui sede constitucional. Por fim, reconhecer a necessidade de observância de simetria, nesse caso, seria restringir indevidamente a autonomia do ente federado.

O **Supremo Tribunal Federal** adota a primeira corrente. Ao julgar a ADI 119, fixou a tese de que o constituinte derivado decorrente estadual **não tem o dever de simetria** para com o modelo federal, sendo a única limitação imposta pela Constituição Federal a necessidade de pluralidade de legitimados à propositura da ação.[7]

---

5. LEONCY, Léo Ferreira. Controle de constitucionalidade estadual: as normas de observância obrigatória e a defesa abstrata da Constituição do Estado-membro. São Paulo: Saraiva, 2007, p. 57-62; FERNANDES, Bernardo Gonçalves. Curso de direito constitucional. 12ª ed. Salvador: Editora Juspodivm, 2020, p. 1.973.
6. LENZA, Pedro. Direito constitucional esquematizado, 22ª ed., São Paulo: Saraiva Educação, 2018, p. 463-464.
7. STF, Tribunal Pleno, ADI 119/RO, Rel. Min. Dias Toffoli, j. 19.2.2014.

No julgamento do RE 261.677, o **STF** decidiu que pela **possibilidade** de a Constituição Estadual prever como legitimados ativos à propositura de ação direta de inconstitucionalidade estadual **Deputados Estaduais**, o que, novamente, demonstra não ter o Supremo aplicado o princípio da simetria.[8]

F. Ações possíveis em âmbito estadual

O artigo 125, §2º, da Constituição de 1988, ao tratar do controle concentrado-principal de constitucionalidade nos Estados-membros previu expressamente somente a possibilidade de instituição de "**representação por inconstitucionalidade**", que seria a correspondente à ação direta de inconstitucionalidade no âmbito federal.

No que toca às demais ações do controle concentrado a Constituição Federal quedou-se **silente**. Em razão disso, surge a dúvida: É **possível** que a Constituição Estadual, respeitados os limites constitucionais, preveja os **demais meios de controle** no âmbito estadual?

A **doutrina majoritária** entende que **sim**, sob o fundamento de que o artigo 125, §2º, da Constituição Federal, embora tenha se limitado a mencionar a representação por inconstitucionalidade, transferiu ao Tribunal de Justiça do Estado-membro a guarda da Constituição Estadual.

Nesse contexto, é plenamente possível que a Carta do Estado-membro preveja, além da **ADI** estadual, a ação direta de inconstitucionalidade por omissão (**ADO**), a ação declaratória de constitucionalidade (**ADC**), a representação interventiva (**RI**) e a arguição de descumprimento de preceito fundamental (**ADPF**).[9]

Em relação à ADO e à ADC, não há maior questionamentos, sendo tal posicionamento pacífico. Há, inclusive, decisão do **Supremo Tribunal Federal** reconhecendo a possibilidade de Constituição Estadual prever a ação direta de inconstitucionalidade por omissão estadual.[10]

Tal tranquilidade não se repete, todavia, quanto à **ADPF**. Há parcela da doutrina que entende **não ser possível instituir ADPF estadual**, sob o argumento de que o artigo 102, §1º, da CF fala expressamente que a arguição de preceito fundamental será apreciada pelo Supremo Tribunal Federal, não abrindo margem para que Tribunais de Justiça tivessem essa competência. Outra razão apontada por

8. STF, Tribunal Pleno, RE 261.677, Rel. Min. Sepúlveda Pertence, j. 6.4.2006.

9. Ver: BARROSO, Luís Roberto. O controle de constitucionalidade no direito brasileiro: exposição sistemática da doutrina e análise crítica da jurisprudência. 4ª ed. rev. e atual – São Paulo: Saraiva: 2009, p. 292-293; CUNHA JÚNIOR, Dirley da. Controle de constitucionalidade: teoria e prática. 8ª ed. rev. ampl. e atual. – Salvador: Juspodivm, 2016, p. 392-393; BARCELLOS, Ana Paula de. Curso de direito constitucional. Rio de Janeiro: Forense, 2018, p. 581-583.

10. STF, Primeira Turma, RE 148.283, Rel. Min. Ilmar Galvão, j. 8.8.2000.

esses autores é a de que a ADPF estadual teria pouca ou nenhuma utilidade prática, uma vez que a ADPF federal já possui um espectro de atuação bastante alargado.[11]

G. Recurso extraordinário

A decisão definitiva proferida pelo Tribunal de Justiça no âmbito do controle concentrado de constitucionalidade estadual, **em regra**, é **irrecorrível**. Isso porque a Constituição de 1988 atribuiu ao Tribunal de Justiça do Estado-membro a **guarda da Constituição Estadual**, sendo ele, portanto, o intérprete final das disposições ali encartadas.

Há, contudo, **exceções**. Como vimos, é possível que algumas normas que compõe o texto constitucional estadual sejam de **reprodução obrigatória**. Há situações, inclusive, que a norma de reprodução obrigatória sequer está prevista expressa e fisicamente na Constituição do Estado-membro, mas ainda assim poderá servir de parâmetro de controle em ação direta de inconstitucionalidade estadual.

Nesses casos específicos, o ato normativo objeto de controle será cotejado não só com norma constitucional estadual, mas também com norma constitucional federal, razão pela qual se admite o cabimento de **recurso extraordinário** contra a decisão proferida pelo Tribunal de Justiça. Cuida-se de uma forma de levar a matéria que está sendo discutida à análise do Supremo Tribunal Federal, que é o guardião da Constituição Federal.

Os **efeitos** da decisão tomada neste recurso extraordinário, excepcionalmente, serão ***erga omnes***, **vinculantes** e **retroativos** (***ex tunc***). Poderá também haver a **modulação** dos efeitos da decisão, tal qual previsto no artigo 27 da Lei n.º 9.686/99. Tudo por conta da objetividade do processo. É nesse sentido o entendimento do Supremo Tribunal Federal.[12]

Outra possibilidade de interposição de recurso extraordinário contra decisão tomada pelo Tribunal de Justiça tomada no bojo do controle concentrado-principal de constitucionalidade se dá quando o Tribunal, incidentalmente, julgar **inconstitucional o parâmetro de controle** – a norma prevista na Constituição Estadual.

Explica-se: é possível que, ao receber a ação do controle concentrado de constitucionalidade estadual, o Tribunal de Justiça perceba que norma constitucional estadual que está sendo invocada como parâmetro de controle não se compatibiliza com a Constituição Federal.

11. Nesse sentido: FERNANDES, Bernardo Gonçalves. Curso de direito constitucional. 12ª ed. Salvador: Editora Juspodivm, 2020, p. 1.983-1.984; e NOVELINO, Marcelo. Curso de direito constitucional. 12ª ed. rev. ampl. e atual. Salvador: Ed. Juspodivm, 2017, p. 240-241.

12. STF, Tribunal Pleno, Rcl 383, Rel. Min. Moreira Alves, j. 11.6.1992.

Caso isso ocorra, o Tribunal de Justiça deverá, **de ofício e incidentalmente**, suscitar e declarar a inconstitucionalidade da norma constitucional estadual. Em consequência, a ação do controle concentrado estadual será julgada improcedente.

> **Observação**: A doutrina tradicional sobre o tema ensina que, julgado incidentalmente inconstitucional o parâmetro de controle estadual, haveria a extinção terminativa do processo por impossibilidade jurídica do pedido. Com o advento do Código de Processo Civil de 2015, a possibilidade jurídica do pedido foi retirada da categoria das condições para o regular exercício do direito de ação, de modo que tais questões passaram a ser analisadas no próprio mérito. Em razão disso, entendo que o Tribunal de Justiça local, ao decidir que o parâmetro é inválido, deverá julgar a ação improcedente, com resolução de mérito.

Dessa declaração de inconstitucionalidade caberá a interposição de **recurso extraordinário** para o Supremo Tribunal Federal, uma vez que o Tribunal de Justiça realizou controle difuso de constitucionalidade, valendo-se da Constituição Federal como parâmetro, no bojo de uma ação de controle concentrado de constitucionalidade estadual.

Caso a Suprema Corte, ao analisar o recurso extraordinário, entenda que a Corte Estadual decidiu corretamente, será confirmada a declaração de inconstitucionalidade. Do contrário, se o STF entender que a norma constitucional estadual é compatível com o Texto Maior, deverá declará-lo e remeter o processo para que o Tribunal de Justiça proceda **novo julgamento**, agora **considerando a validade do parâmetro**.

> **Observação**: O Supremo Tribunal Federal já decidiu que os **procuradores públicos**, estaduais ou municipais[13], **têm capacidade postulatória para interpor recursos extraordinários** contra acórdãos proferidos em sede de ação de controle concentrado de constitucionalidade, nas hipóteses em que o legitimado para a causa outorgue poderes aos subscritores das peças recursais.[14] Nesse caso, é desnecessária a aposição de assinatura pelo Chefe do Poder executivo na peça recursal.[15]

13. STF, Tribunal Pleno, ARE 873.804 AgR-segundo-ED-EDv-AgR, Rel. Min. Cármen Lúcia, j. 13.10.2022.
14. STF, Tribunal Pleno, RE 1.068.600 AgR-ED-EDv/RN, Rel. Min. Alexandre de Moraes, j. 4.6.2020.
15. STF, Tribunal Pleno, RE 774.057 AgR-EDv-AgR-ED, Rel. Min. Nunes Marques, j. 10.11.2022.

H. Simultaneidade de ações

As leis e os atos normativos **estaduais** podem ser objeto de controle de constitucionalidade tanto federal – tendo por parâmetro a Constituição Federal – quanto estadual – tendo por parâmetro a Constituição do respectivo Estado-membro.

Em razão disso, pode ocorrer a curiosa situação de uma mesma lei estadual ser objeto de uma ação de controle concentrado no Supremo Tribunal Federal e de uma ação de controle concentrado no Tribunal de Justiça. É o que a doutrina convencionou chamar de "**simultaneidade de ações diretas de inconstitucionalidade**" ou de "**tramitação paralela de ações diretas de inconstitucionalidade**".

Ocorrendo essa situação, tem-se entendido que a ação direta de inconstitucionalidade estadual deve ser **suspensa** até que ultime o julgamento da ação proposta no Supremo Tribunal Federal.

A doutrina[16] e a jurisprudência do Supremo Tribunal Federal têm assinalado que essa **suspensão prejudicial** da ação estadual somente ocorrerá se o parâmetro invocado nela for norma constitucional estadual que "**reproduza princípios da Constituição Federal**".[17]

Suspensa a ação estadual, caso o Supremo Tribunal Federal declare a **inconstitucionalidade** da lei ou do ato normativo estadual, a **ação estadual** perderá seu objeto, devendo ser **extinta sem resolução do mérito.**

Por outro lado, se a decisão da Suprema Corte declarar a lei estadual **constitucional** em face da Constituição Federal, o processo objetivo no Tribunal de Justiça **retomará seu curso**, para que a Corte Estadual analise a compatibilidade do ato com a Constituição Estadual.

Nesta hipótese, não poderá o Tribunal local contrariar a decisão do Supremo Tribunal Federal e julgar a lei inconstitucional com base em norma constitucional estadual de reprodução obrigatória. Poderá, contudo, declarar a inconstitucionalidade do ato normativo estadual tendo por base outra norma da Constituição Estadual.

16. MORAES, Alexandre de. Direito Constitucional, 34ª ed. São Paulo: Atlas, 2018, p. 788.

17. STF, ADI 4.138, Rel. Min. Celso de Mello, decisão monocrática, j. 11.12.2009.

PARTE VII:
Direitos e Garantias Fundamentais

TEORIA DOS DIREITOS FUNDAMENTAIS

1. CONCEITO

A ideia de direitos fundamentais é tributária das correntes políticas, jurídicas e filosóficas dos Estados Unidos e da França do final do século XVIII. É com o advento do constitucionalismo moderno e a sua ideia de limitação dos poderes que surgem os direitos fundamentais.

Os direitos fundamentais são os direitos titularizados pelas pessoas frente o Estado que se encontram positivados nas Constituições e que têm por finalidade concretizar uma vida digna, livre e igual.

A partir desse conceito, já podemos extrair importantes conclusões.

A. "Titularizados pelas pessoas"

O artigo 5º, *caput*, da Constituição Federal prevê que são garantidos aos **brasileiros e aos estrangeiros residentes no País** o direito à vida, à liberdade, à igualdade, à segurança e à propriedade, além de todos os demais direitos e garantias listados em seus incisos.

De início, é importante destacar que a Constituição de 1988, ao falar em "brasileiros", não fez distinção entre os brasileiros **natos** e os brasileiros **naturalizados**, não cabendo ao intérprete distingui-los. Desse modo, **ambos são titulares** de direitos fundamentais.

A partir de uma interpretação estritamente literal do texto positivado em nossa Constituição, poderíamos concluir que, no Brasil, somente são titulares de direitos fundamentais os brasileiros e os estrangeiros residentes no País. Estariam excluídos, portanto, os **estrangeiros não residentes** – por exemplo, um turista que está passando férias no Brasil – e os **apátridas**.

Não é esse, todavia, o entendimento que prevalece em doutrina e em jurisprudência.

A quase totalidade dos autores pátrios sustenta que o artigo 5º, *caput*, deve ser interpretado em conjunto com o artigo 1º, inciso III, ambos da Constituição de 1998. Este dispositivo prevê que a dignidade da pessoa humana é fundamento da República Federativa do Brasil, de modo que nosso ordenamento tutela a pessoa humana, independentemente da sua nacionalidade e local de residência. Não faria sentido, portanto, negar gozo dos direitos fundamentais aos estrangeiros não residentes no país ou aos apátridas.[1]

Nesse contexto lógico e sistemático, o **Supremo Tribunal Federal** possui jurisprudência consolidada no sentido de que **também os estrangeiros não residentes no país e os apátridas** são titulares dos direitos fundamentais previstos em nosso ordenamento jurídico.[2] O artigo 4º da Lei n. 13.445/17 expressamente positivou esse entendimento, reafirmando que ao migrante é garantida no território nacional, em condição de igualdade com os nacionais, a inviolabilidade do direito à vida, à liberdade, à igualdade, à segurança e à propriedade.

Outra questão acerca da titularidade dos direitos fundamentais que se coloca é: somente as pessoas naturais são titulares de direitos fundamentais ou, ao contrário, as **pessoas jurídicas** também podem titularizá-los?

Diferentemente das Constituições da Alemanha e de Portugal, em que há previsão expressa sobre a titularidade dos direitos fundamentais por parte das pessoas jurídicas, a Constituição Federal de 1988 quedou-se silente sobre o tema.

Embora nada tenha dito nosso Texto Maior, a doutrina e a jurisprudência são firmes ao reconhecer que a **pessoa jurídica é titular** de direitos fundamentais.[3] De fato, a própria Constituição, ao tratar de alguns direitos e garantias fundamentais, prevê expressamente a titularidade das pessoas jurídicas – por exemplo, o artigo 5º, inciso LXX, alínea "a", da Constituição prevê que o mandado de segurança

1. BRANCO, Paulo Gustavo Gonet; MENDES, Gilmar Ferreira. Curso de direito constitucional. 12ª ed. rev. e atual. São Paulo: Saraiva, 2017, p. 171-172; SARLET, Ingo Wolfgang. A eficácia dos direitos fundamentais: uma teoria geral dos direitos fundamentais na perspectiva constitucional. 11. ed. rev. atual. Porto Alegre: Livraria do Advogado Editora, 2018, p. 219-221. Em sentido contrário, afirmando que os estrangeiros não residentes não são titulares dos direitos fundamentais previstos na CF/88, embora a eles seja assegurada proteção contra o arbítrio por normas internacionais e pela dignidade da pessoa humana (artigo 1º, inciso III, da CF/88): SILVA, José Afonso da. Comentário contextual à constituição. 9ª ed. São Paulo: Malheiros, 2014, p. 67.
2. STF, Segunda Turma, HC 94.016/SP-MC, Rel. Min. Celso de Mello, j. 7.4.2008.
3. STF, Tribunal Pleno, AgR na Rcl 1.905/SP, Rel. Min. Marco Aurélio, j. 15.8.2002.

coletivo pode ser impetrado por partido político com representação no Congresso Nacional.

Embora amplamente reconhecida a possibilidade de a pessoa jurídica ser titular de direitos fundamentais, só lhe são titularizados os direitos que são **compatíveis às suas finalidades**, o que deve ser analisado caso a caso.

Havendo compatibilidade entre a finalidade do direito fundamental e a natureza e os fins da pessoa jurídica, está, em princípio, garantida a proteção constitucional. Isso porque, ao tutelar as pessoas jurídicas, está-se protegendo, ainda que indiretamente, os direitos fundamentais das próprias físicas que a compõe. Em alguns casos, os próprios entes coletivos são resultado do exercício de um direito fundamental por parte dos indivíduos – como o direito de associação.[4]

Uma última questão que se coloca é a possibilidade ou não de **animais** serem titulares de direitos fundamentais.

A Constituição de 1988, em seu artigo 225, previu o direito fundamental ao meio ambiente ecologicamente equilibrado. O inciso VII, §1º, do referido artigo foi além, atribuindo ao poder público a obrigação de proteger a fauna e a flora, vedando, na forma da lei, as práticas que coloquem em risco sua função ecológica, provoquem a extinção de espécies ou submetam os animais a crueldade.

A ideia prevalente é a de que a nossa Constituição adotou uma **visão antropocêntrica** da proteção ao direito meio ambiente e dos animais. É dizer: a pessoa humana é o centro de proteção da ordem jurídica, sendo o meio ambiente tutelado como uma forma de, instrumentalmente, proteger os seres humanos, garantindo-lhes o gozo de um ambiente saudável.

Todavia, tal entendimento tem sido cada vez mais questionado. Cada vez mais surgem vozes na doutrina que defendem uma **visão ecocêntrica** e até mesmo **biocêntrica** da proteção ao meio ambiente, trazendo para o centro das preocupações, respectivamente, o próprio meio ambiente e a fauna e a flora.

Em razão dessa nova visão ética, **alguns autores** têm entendido que os animais não seriam meramente objeto de proteção, mas sim **verdadeiros titulares de direitos fundamentais.**[5]

O debate, longe de ser algo limitado ao Brasil, é internacional. Em 2002, a Alemanha se tornou o primeiro país europeu a prever a garantia dos direitos dos animais em sua Constituição, adicionando as palavras "e animais" à cláusula que

4. SARLET, Ingo Wolfgang. A eficácia dos direitos fundamentais: uma teoria geral dos direitos fundamentais na perspectiva constitucional. 11. ed. rev. atual. Porto Alegre: Livraria do Advogado Editora, 2018, p. 230-232.

5. Nesse sentido: SUSTEIN, Cass R. "The Rights of Animals: A Very Short Primer". University of Chicago Public Law & Legal Theory Working Paper No. 30, 2002.

obriga ao Estado a respeitar a dignidade das pessoas humanas. Em 2011, um caso envolvendo a existência ou não de direitos autorais de um macaco da espécie *macaca nigra*, na Indonésia, ganhou os holofotes da imprensa mundial.[6] Em 2022, o Tribunal de Nova Iorque decidiu que uma elefanta não era pessoa e, portanto, não era titular de direitos fundamentais.[7]

Apesar dos debates, tem prevalecido no Brasil, inclusive no âmbito do **Supremo Tribunal Federal**,[8] a tese de que os direitos fundamentais são titularizados **somente por pessoas**.

Isso não implica dizer que os animais, especialmente aqueles mais complexos, não sejam objeto de tutela por nosso ordenamento. Os animais, na ótica predominante, embora não sejam sujeitos de direitos, são **objeto de proteção**. Como vimos, a própria Constituição veda o tratamento cruel aos animais.

B. "Frente ao Estado": a questão da eficácia horizontal

Em sua formulação **tradicional**, os direitos fundamentais são limites **impostos ao Poder Público frente ao indivíduo**. Assim, o Estado possui o dever de respeito a esses limites, ao mesmo tempo em que pode o indivíduo, frente ao Estado-opressor, invocá-los para sua proteção (**direitos de defesa**). Temos, desse modo, o que se convencionou chamar de **eficácia vertical** dos direitos fundamentais.

Com o desenvolvimento do Direito Constitucional e a consolidação da ideia de que também pode haver opressão e abuso de poder nas relações entre particulares, surge a dúvida: **os direitos fundamentais são aplicáveis** somente na relação Estado-particular ou **também na relação entre particulares?**

Três teorias que buscam responder essa pergunta:

---

6. Em julho de 2011, o fotógrafo David Slater teve sua câmera "roubada" por um macaco da espécie "macaca nigra", enquanto trabalhava na Ilha de Sulawesi, Indonésia. Naruto, como ficou posteriormente conhecido o primata, tirou um autorretrato sorridente que acabou viralizando na rede mundial de computadores. Posteriormente, a organização de Pessoas pelo Tratamento Ético de Animais (Peta) ajuizou uma ação em face de David. Na ação, alegava-se que os direitos autorais do autorretrato pertenceriam ao próprio macaco, e não ao fotógrafo. Na primeira instância, David sagrou-se vencedor. Todavia, em grau de recurso, as partes compuseram amigavelmente, tendo David aceitado doar 25% (vinte e cinco por cento) dos valores recebidos com a foto para instituições que se dedicam a proteção de macacas nigras.
7. No caso, um grupo de proteção aos animais requereu a libertação da elefanta "Happy", exposta no zoológico da cidade. Argumentou-se que o animal, por compartilhar habilidades cognitivas com os humanos, deveria ser reconhecida como uma pessoa e, portanto, ser titular de direitos fundamentais, dentre eles o direito à liberdade ambulatorial. A mais alta Corte de Nova Iorque, contudo, não acolheu os argumentos e decidiu que o *habeas corpus* somente era cabível quando o paciente fosse um ser humano.
8. STF, Segunda Turma, RE 153.531/SC, Rel. Min. Marco Aurélio, j. 3.6.1997.

a) **Doutrina da *state action***: para essa teoria, os direitos fundamentais **não são aplicáveis nas relações entre particulares**, sob o fundamento de que os direitos fundamentais impõem limites tão somente ao Poder Público.

   Essa teoria, que é muito forte nos Estados Unidos, é **minoritária** em nossa doutrina.

b) **Teoria da eficácia horizontal indireta**: segundo os defensores desse entendimento, os direitos fundamentais **não podem ser invocados, diretamente, nas relações entre particulares.** Isso porque, caso se permitisse a incidência direta dos direitos fundamentais entre particulares, estar-se-ia ferindo o princípio da autonomia da vontade, marca registrada do Direito Privado.

   No entanto, é plenamente possível que os direitos fundamentais sejam **aplicados nas relações privadas de forma indireta**, ou seja, que o **legislador** edite atos normativos que possibilitem a sua aplicação nas relações privadas.

   Segundo o professor Virgílio Afonso da Silva, a forma mais adequada de fazer isso se dá por meio da edição de **cláusulas gerais**, que permitem uma interseção da lei com os valores da sociedade, entre eles os direitos fundamentais.[9]

   Essa segunda teoria tem grande acolhida pela jurisprudência alemã, mas também é **minoritária** em nosso país.

c) **Teoria da eficácia horizontal direta**: À luz dessa teoria, os direitos fundamentais **incidem** nas relações particulares **independentemente de mediação legislativa.**

   Destaque-se que, mesmo para essa concepção, não são todos os direitos fundamentais que incidem nas relações entre particulares. Ademais, não se pode olvidar que, em muitos casos, deverá ocorrer uma ponderação com a autonomia da vontade, que como já vimos, é o vetor norteador do Direito Privado.

   Essa é a corrente que tem **prevalecido** entre os autores brasileiros, bem como em nossa jurisprudência.

O **Supremo Tribunal Federal** adota a terceira corrente, ou seja, **reconhece a eficácia horizontal direta dos direitos fundamentais.** São diversos os julgados nesse sentido, sendo o mais célebre deles o **RE 201.819/RJ**.

---

9. SILVA, Virgílio Afonso da. A constitucionalização do direito: os direitos fundamentais nas relações entre particulares. 1ª ed. 3ª tiragem. São Paulo: Malheiros, 2014.

Nele, a Segunda Turma do STF foi chamada a decidir se a exclusão de um músico associado à União Brasileira de Compositores (UBC) havia violado ou não o devido processo legal (artigo 5º, inciso LIV da CF). A UBC é uma associação civil sem fins lucrativos que tem por objetivo a tutela dos direitos autorais de seus músicos associados. Alegava, em suas razões recursais, que por ser uma entidade privada, não estaria vinculada aos limites constitucionais impostos, podendo excluir seus associados sem a observância de um devido processo legal.

O Supremo, por maioria, decidiu que as violações a direitos fundamentais não ocorrem somente no âmbito das relações entre o cidadão e o Estado, mas igualmente nas relações travadas entre pessoas físicas e jurídicas de direito privado, devendo, portanto, o músico ser reintegrado ao quadro de associados[10].

> **Observação:** Alguns autores utilizam a expressão "**eficácia diagonal**" para se referir à incidência de direitos fundamentais nas relações entre particulares que são marcadas pelo desequilíbrio de forças, ou seja, em que uma das partes se encontra em uma posição de supremacia em relação à outra. São exemplos as relações trabalhistas e relações de consumo. A expressão é atribuída a Sérgio Gamonal Contreras, que defende que o império econômico e jurídico de uma das partes em relação a outra, ainda que ambas sejam particulares, atrai a aplicação dos direitos fundamentais a essas relações.[11]

C. "Positivados nas Constituições"

Ao adicionarmos ao conceito de direitos fundamentais a necessária positivação em uma constituição, trazemos à lume diversos debates e conclusões.

A primeira conclusão, como nos ensina o professor português Jorge Miranda, é a de que a noção de direitos fundamentais depende de **três condições**, quais sejam:

- **i)** a existência de um **Estado** ou, pelo menos, de uma comunidade política integrada;
- **ii)** o reconhecimento de uma esfera própria de **autonomia das pessoas frente ao poder** – de modo que não existem direitos fundamentais em governos totalitários; e
- **iii)** a existência de uma **constituição**, tida aqui na acepção moderna de fundação do Estado e de limitação dos poderes.[12]

---

10. STF, 2ª Turma, RE 201.819/RJ, Red. p/ acórdão Min. Gilmar Mendes, j. 11.10.2005.
11. CONTRERAS, Sérgio Gamonal. Cidadania na empresa e eficácia diagonal dos direitos fundamentais. São Paulo: LTr, 2011.
12. MIRANDA, Jorge. Direitos Fundamentais. 2ª ed. Coimbra: Almedina, 2018, p. 12-13.

Outro ponto de destaque, que será mais bem trabalhado no tópico subsequente, é a de que os direitos fundamentais se **distinguem de outras categorias** justamente por estarem positivados na constituição, e não em tratados internacionais, como, por exemplo, ocorre com os direitos humanos.

Por fim, o fato de necessariamente estarem previstos na Constituição **não** quer dizer que **há um rol taxativo** previsto no texto constitucional. O artigo 5º, §2º da Constituição Federal prevê expressamente que: "*Os direitos e garantias expressos nesta Constituição não excluem outros decorrentes do regime e dos princípios por ela adotados, ou dos tratados internacionais em que a República Federativa do Brasil seja parte*".

Dessa forma, os direitos fundamentais **não estão limitados topograficamente ao artigo 5º, tampouco ao Título II ("Dos Direitos e das Garantias Fundamentais"), ambos da Constituição de 1988.** Nesse sentido, o **Supremo Tribunal Federal** já declarou inconstitucionais emendas constitucionais por violação aos direitos sociais previstos no artigo 6º da CF[13] ou por violação ao princípio da anterioridade tributária (artigo 150, inciso III, alínea "a" da CF).[14]

Os direitos fundamentais também não estão limitados àqueles que constam da constituição formal (**direitos formalmente fundamentais**). Embora essa seja a regra, existem direitos que, em virtude de seu conteúdo umbilicalmente ligado à ideia de proteção da dignidade da pessoa humana ou à organização estatal, pertencem à constituição material do Estado, ainda que não estejam expressamente previstos no texto formal da constituição (**direitos materialmente fundamentais**). Estes direitos são dotados de ***jusfundamentalidade***, sendo indiretamente deduzidos da constituição.[15]

Em razão de nossa Constituição de 1988 ter adotado uma perspectiva material dos direitos fundamentais, alguns autores, como o professor Manoel Gonçalves Ferreira Filho, sustentam a existência de **direitos formalmente fundamentais, mas não materialmente fundamentais.** Segundo essa perspectiva, alguns direitos, embora elencados no rol de direitos e garantias fundamentais, teriam caráter meramente organizatório ou poderiam constar de legislação infraconstitucional.[16] Tal entendimento, todavia, não é o que prevalece. Entende-se, **majoritariamente**, que

13. STF, Tribunal Pleno, ADI 1.946-MC, Rel. Min. Sydney Sanches, j. 29.4.1999.

14. STF, Tribunal Pleno, ADI 939, Rel. Min, Sydney Sanches, j. 15.12.1993.

15. MIRANDA, Jorge. Direitos Fundamentais. 2ª ed. Coimbra: Almedina, 2018, p. 14.

16. FERREIRA FILHO, Manoel Gonçalves. Curso de direito constitucional. 40. ed. São Paulo: Saraiva, 2015, p. 326-328.

todos os direitos elencados em nosso Texto Maior como direitos fundamentais são material e formalmente fundamentais.[17]

D. "Concretizar uma vida digna, livre e igual"

A última parte do conceito, qual seja, a finalidade de concretizar uma vida digna, livre e igual, tem o mérito de destacar a íntima relação que há entre os direitos fundamentais e o **princípio da dignidade da pessoa humana**.

Esse vínculo não passa desapercebido pela doutrina. Paulo Bonavides, por exemplo, aponta o princípio da dignidade da pessoa humana como a **norma das normas dos direitos fundamentais.**[18] Luís Roberto Barroso, por sua vez, afirma que a dignidade da pessoa humana e os direitos fundamentais são **duas faces de uma mesma moeda.**[19]

Mas afinal, qual é a relação entre o princípio da dignidade da pessoa humana e os direitos fundamentais?

A bem da verdade, há entre eles uma verdadeira **simbiose**: enquanto a dignidade da pessoa humana **justifica moralmente** os direitos fundamentais, estes conferem-lhe **juridicidade**.

Explica-se.

Somente sob o prisma do princípio da dignidade da pessoa humana é que se pode reconhecer que o indivíduo, pelo simples fato de ser uma pessoa humana, possui certas projeções que devem ser respeitadas pelos demais, inclusive pelo Estado.

Essas projeções derivativas da dignidade da pessoa humana, em razão de sua importância moral, justificam a inserção no texto constitucional dos direitos fundamentais. Quando isso ocorre, elas deixam de ser meras proposições morais para entrar no mundo do Direito. Tornam-se posições jurídicas, as quais se garante coercibilidade.

17. Por todos, ver SARLET, Ingo Wolfgang. A eficácia dos direitos fundamentais: uma teoria geral dos direitos fundamentais na perspectiva constitucional. 11. ed. rev. atual. Porto Alegre: Livraria do Advogado Editora, 2018, p. 75-79.

18. BONAVIDES, Paulo. Prefácio. *In*: SARLET, Ingo Wolfgang. A eficácia dos direitos fundamentais: uma teoria geral dos direitos fundamentais na perspectiva constitucional. 11. ed. rev. atual. Porto Alegre: Livraria do Advogado Editora, 2018.

19. BARROSO, Luís Roberto. A dignidade da pessoa humana no direito constitucional contemporâneo: a construção de um conceito jurídico à luz da jurisprudência mundial. Trad. Humberto Laport de Mello, 4ª reimpr. Belo Horizonte: Fórum, 2016.

2. INSTITUTOS AFINS

Os direitos fundamentais são, muitas vezes, confundidos com outros institutos similares. Por isso, é importante diferenciá-los para que não se incorra em imprecisões terminológicas.

A. Direitos naturais

A expressão "direitos naturais" é utilizada para designar direitos inerentes ao homem, pura e simplesmente por sua condição humana. Existem **independentemente de positivação** no ordenamento jurídico, surgindo, a depender da corrente jusfilosófica adotada, da lei divina ou da racionalidade humana.

Distingue-se, portanto, dos direitos fundamentais, uma vez que estes encontram-se positivados nas constituições, sendo dotados de historicidade – o que se contrapõe à ideia de direito natural, que não está limitado ao tempo-espaço.

J. J. Gomes Canotilho, ao traçar essa distinção, reforça que sem a positivação jurídica, que é própria dos direitos fundamentais, os direitos reconhecidos ao homem em razão de sua condição humana não passam de esperanças, aspirações, quando não meras retóricas políticas. É a positivação na constituição que assegura a tutela dos direitos fundamentais pelo Direito Constitucional.[20]

B. Direitos humanos

Os direitos humanos, da mesma forma que os direitos fundamentais, buscam tutelar e promover a dignidade humana. Todavia, diferenciam-se por estarem positivados em planos distintos.

Enquanto os direitos fundamentais encontram-se positivados na constituição de um país, ou seja, no plano interno, os direitos humanos estão **positivados no plano externo, em tratados e convenções internacionais.**

C. Garantias fundamentais

Como já vimos, o Título II da Constituição de 1988 foi nomeado, pelo constituinte, de "Direitos e garantias fundamentais". Neste trabalho, por questões didáticas, optamos por utilizar a expressão direitos fundamentais para abranger as duas categorias, em razão até mesmo a dificuldade em diferenciá-los.

---

20. CANOTILHO, J.J. Gomes. Direito Constitucional e Teoria da Constituição, 7ª ed., 20ª reimp. Coimbra: Almedina, 2003, p. 377.

No entanto, alguns autores distinguem-nas. José Afonso da Silva, por exemplo, afirma, com base nos ensinamentos de Rui Barbosa, que direitos são disposição meramente declaratórias, enquanto as garantias têm caráter assecuratório dos direitos.[21]

Assim, os **direitos fundamentais** são um **fim em si mesmo**, constituindo um conjunto de faculdades e prerrogativas que conferem vantagens e benefícios **diretos** aos seus titulares, ao passo que as **garantias fundamentais** têm caráter **instrumental**, servindo com um **meio de assegurar** os direitos fundamentais.

Um exemplo pode ajudar a clarear essa diferenciação: o direito à intimidade é um direito fundamental, pois confere uma vantagem direta ao seu titular, enquanto a inviolabilidade do domicílio é uma garantia a esse direito, pois, ao impedir a entrada não consentida na residência de seu titular, está na verdade assegurando que o seu direito à intimidade seja resguardado.

D. Direitos da personalidade

Os **direitos da personalidade** são aqueles direitos enraizados na esfera íntima da pessoa e não mensuráveis economicamente, voltados à afirmação de seus valores existenciais. Estão ligados à condição de pessoa humana, preservando a sua dignidade.[22]

Como se vê, seu conceito se aproxima muito do conceito de direitos fundamentais, posto que ambos estão ligados à ideia de tutela da dignidade da pessoa humana.

No entanto, são duas as diferenças básicas entre eles. A primeira é a de que, enquanto os **direitos da personalidade** estão ligados exclusivamente a ideia de **valores existenciais**, contrapondo-se aos direitos patrimoniais, a ideia de **direitos fundamentais é mais ampla**.

Ainda que todo direito fundamental, como vimos, beba da fonte da dignidade da pessoa humana, é nítido que alguns direitos fundamentais como o direito de ação (artigo 5º, XXXV da CF/88), os direitos dos trabalhadores (artigo 7º da CF/88), o direito à propriedade (artigo 5º, *caput* e inciso XXII da CF/88) e o direito à herança (artigo 5º, inciso XXX da CF/88) não podem ser considerados direitos da personalidade.

---

21. SILVA, José Afonso da. Curso de direito constitucional positivo. 42ª ed., rev. e atual, São Paulo: Malheiros, 2019, p. 188-190.

22. FARIAS, Cristiano Chaves de; ROSENVALD, Nelson. Curso de direito civil: parte geral e LINDB. 15ª ed. rev. ampl. e atual. Salvador: Ed. Juspodivm, 2017.

Outra grande e importante diferença entre eles é que os direitos da personalidade são tutelados pela **legislação infraconstitucional**, notadamente o Código Civil, ao passo que os direitos fundamentais são previstos na **constituição**, garantindo-se, portanto, uma tutela mais qualificada.

E. Direitos públicos subjetivos

Miguel Reale define o direito subjetivo como a possibilidade de exigir-se, de maneira garantida, aquilo que as normas de direito atribuem a alguém como próprio.[23] O direito público subjetivo seria, assim, a possibilidade de exigir-se *frente ao Estado*, de maneira garantida, aquilo que as normas de direito atribuem a alguém como próprio.

José Afonso da Silva ensina que o conceito de direito público subjetivo está preso à concepção de Estado Liberal e, consequentemente, a uma visão individualista do homem. Isso porque, tal expressão é utilizada para se referir às **prerrogativas que o indivíduo tem, em conformidade com as regras de Direito Objetivo, frente ao Estado**. O exercício desse direito depende da vontade do titular, que pode renunciá-lo ou transferi-lo.[24]

Assim, o conceito de **direito fundamental** é **mais amplo**, pois abarca não somente a limitação do Estado frente à esfera privada da pessoa, mas também os **direitos econômicos e sociais**, que, em grande medida, permitem que particulares exijam determinadas prestações estatais do Estado.

Além disso, como veremos, diferentemente dos direitos públicos subjetivos, os direitos fundamentais são **irrenunciáveis, imprescritíveis** e **intransferíveis.**

3. HISTÓRICO

A certidão de nascimento dos direitos fundamentais é a **Declaração de Direitos do Bom Povo da Virgínia de 1776**. No entanto, desde logo, deve ficar claro que é errôneo apontar o período anterior à *Virginia Bill of Rights* (1776) e à Declaração dos Direitos do Homem (1789), como sendo um período de cegueira em relação aos direitos do homem.[25]

Com efeito, a ideia de direitos fundamentais surge com o Estado Moderno e com o constitucionalismo. Todavia, não se pode negar a importância da fase

23. REALE, Miguel. Lições preliminares de direito. 27ª ed., São Paulo: Saraiva, 2002, p. 260.

24. SILVA, José Afonso da. Comentário contextual à constituição. 9ª ed. São Paulo: Malheiros, 2014, p. 57.

25. Sobre a história dos direitos fundamentais, ver CANOTILHO, J.J. Gomes. Direito Constitucional e Teoria da Constituição, 7ª ed., 20ª reimp. Coimbra: Almedina, 2003, p. 380-388.

histórica anterior, sendo certo que os direitos fundamentais são uma noção tributária de uma evolução histórica e filosófica que se inicia na antiguidade.

Na **antiguidade**, concebia-se a liberdade de maneira muito distinta. Para os antigos, a liberdade era vista como a **participação na vida pública** – vida da Cidade. Essa concepção de liberdade apartada da vida privada, permitiu que a escravidão fosse vista como algo natural, o que a toda evidência não se coaduna com o ideal dos direitos fundamentais.[26]

Todavia, na Grécia Antiga, já se afirmava a existência de leis superiores, leis essas que permitiram inclusive que a desobediência individual frente ao governante, como bem demonstrado por Sófocles, na Antígona. Também se passa a trabalhar com tese da igualdade natural e a ideia de humanidade.

Com o advento do **Cristianismo**, a ideia de liberdade passa a estar ligada à realização da **vida pessoal**. Reconhece-se a todos os seres humanos, em razão de sua condição de filhos de Deus, criados à Sua imagem e semelhança, a liberdade fundamental de fazer o bem e buscar a Salvação.

Opera-se, assim, uma distinção fundamental entre Política e Religião, entre a esfera do Estado e a órbita de ação própria do homem, que deixa de valer apenas como um cidadão, passando a valer como homem.[27]

Santo Tomás de Aquino, Santo Doutor da Igreja, ao distinguir entre a *lex aeterna*, *lex divina*, *lex naturalis* e *lex positiva*, traz à lume a ideia de que ao homem, em sua racionalidade, é dado conhecer o **Direito Natural**, que nada mais é do que aquilo o que deve e aquilo que não deve fazer. Esse Direito Natural tomista, de matriz eminentemente religiosa, servia de parâmetro e submetia ao seu crivo a lei positiva, humana.

Em um terceiro momento histórico, houve a **secularização do Direito Natural**. No século XVII, Grócio, Pufendorf e Locke substituíram a base religiosa do direito natural tomista pela "reta razão". Para esses filósofos, é a **razão**, última medida do certo e do errado, apartada da vontade de Deus, que fundamenta o direito natural. Segundo essa concepção, os homens **são livres e têm direitos inatos por natureza**. Mesmo ao entrar no estado de sociedade, não podem desses direitos serem despojados.

É essa matriz jusfilosófica que embasa a Declaração de Direitos da Virgínia e, posteriormente, a Declaração dos Direitos dos Homens e dos Cidadãos. Somam-se a ela outras condições históricas, políticas e sociais, como os abusos do Absolutismo e as condições socioeconômicas da época, e o resultado é a eclosão das

26. MIRANDA, Jorge. Manual de direito constitucional. v. II, tomo IV, Coimbra: Coimbra Editora, 2014, p. 18-19.

27. REALE, Miguel. Lições preliminares de direito. 27ª ed., São Paulo: Saraiva, 2002.

Revoluções Liberais e, consequentemente, na formação dos Estados Constitucionais Modernos.

4. EVOLUÇÃO E DIMENSÕES DOS DIREITOS FUNDAMENTAIS

Os direitos fundamentais, vimos, nascem com a formação do Estado Moderno: é com a promulgação das constituições dos novos Estados que os direitos fundamentais passam a ser previstos e garantidos.

Todavia, os direitos fundamentais **não nascem ao mesmo tempo**. Ao contrário, a depender das inspirações filosóficas e, principalmente, das demandas sociais de cada época, vão surgindo novos direitos.

A esse movimento histórico e progressivo, a doutrina cunhou o termo **gerações** de direitos fundamentais.[28] Posteriormente, em razão do reconhecimento de que os novos direitos fundamentais não superam os antecessores, mas se unem a eles, passa-se a adotar a nomenclatura **dimensões** dos direitos fundamentais.

Vejamos, então, quais são as gerações/dimensões dos direitos fundamentais.

a) Primeira dimensão: direitos civis e políticos.

Em um primeiro momento, na passagem do Estado Absolutista para o Estado de Direito, a preocupação era a garantia das **liberdades individuais** do homem frente ao Estado. Reconhece-se uma esfera individual de proteção a qual o Estado não pode transpor (**dever de abstenção**). Surgem, então, nesse primeiro momento, os **direitos civis e políticos**, frutos do pensamento liberal-burguês, que representam o valor **liberdade**.

b) Segunda dimensão: direitos econômicos e sociais.

No século XX, em um segundo momento histórico-evolutivo dos direitos fundamentais, as atenções se voltam para a **igualdade material**.

No campo filosófico, são famosas as objeções de Karl Marx ao Estado Liberal Burguês. No campo histórico, em razão das péssimas condições de trabalho enfrentadas, eclodem movimentos sociais como a Comuna de Paris (1848), reivindicando melhores condições materiais.

Percebeu-se que não bastava que o Estado se abstivesse de intervir na esfera de liberdade dos seus súditos, posto que, as desigualdades sociais impingiam, nas

28. BONAVIDES, Paulo. Curso de direito constitucional. 34ª ed. atual. São Paulo: Malheiros, 2019, p. 574-593.

relações sociais, grilhões mais árduos que o próprio Poder Estatal poderia impor aos indivíduos.

Passa-se a exigir do Estado não só o respeito aos direitos civis e políticos das pessoas, mas **um atuar efetivo para garantir condições materiais mínimas para uma vida digna**. Surgem os **direitos econômicos e sociais.**

As primeiras Constituições a prevê-los foram a Constituição do México (1917) e a Constituição alemã de Weimar (1919). No Brasil, a Constituição de 1934 é a primeira a, efetivamente, prever direitos sociais e econômicos.

c) Terceira dimensão: direitos da coletividade.

Enquanto os direitos de primeira dimensão estão ligados à liberdade, os de segunda geração à igualdade, os direitos de terceira dimensão são corolários do valor **solidariedade.**

Com o avanço científico-tecnológico e com a formação de sociedades de massa, surge a conclusão que alguns problemas não atingem a determinados indivíduos, grupos ou até mesmo países, mas sim a toda a humanidade.

Nascem, assim, os direitos fundamentais **transindividuais**, dos quais são exemplos o direito ao meio ambiente ecologicamente sustentável, o direito ao desenvolvimento, o direito à autodeterminação dos povos, o direito à propriedade sobre o patrimônio comum da humanidade e o direito à comunicação.

d) Quarta dimensão: globalização dos direitos fundamentais.

Com a **globalização política**, introduz-se os direitos de quarta dimensão. Trata-se de um contraponto ao neoliberalismo feito por autores situados mais à esquerda no espectro político. Os direitos de quarta dimensão correspondem, em verdade, à fase final da institucionalização do Estado social.

Paulo Bonavides lista os direitos de quarta dimensão: o **direito à democracia**, o **direito à informação** e o **direito ao pluralismo**. Segundo o autor, em uma democracia globalizada, o homem é o centro de gravidade, garantindo-se a cidadania e a liberdade de todos os povos.[29]

e) Quinta dimensão: direito à paz.

Adotando os ensinamentos de Paulo Bonavides, na quinta dimensão teríamos o **direito à paz**. Diferentemente do formulador original da teoria das gerações,

29. BONAVIDES, Paulo. Curso de direito constitucional. 34ª ed. atual. São Paulo: Malheiros, 2019, p. 585-587.

Karel Vasak, que coloca o direito à paz na terceira dimensão, Bonavides prefere o tratamento deste direito, em razão da sua importância e íntima ligação com o direito supremo de humanidade, em uma categoria autônoma.[30]

5. CARACTERÍSTICAS

Os direitos fundamentais possuem algumas características que lhe são inerentes e os distinguem de outros institutos. Em doutrina, não há tratamento uniforme para o tema. Contudo, podemos apontar as características que mais frequentemente são atribuídas aos direitos fundamentais. São elas:

a) **Universalidade**: os direitos fundamentais, como vimos, estão intrinsecamente ligados à **dignidade humana**. Ora, se determinados direitos são inerentes ao homem pelo simples fato de sua condição humana, não há como negar que **esses direitos são titularizados por todos os seres humanos, sem exceção.**

   Outra dimensão da universalidade trazida por parcela da doutrina é a de que os direitos fundamentais devem ser previstos e respeitados **em qualquer sociedade.**

   Essa segunda dimensão, no entanto, tem sido objeto de **crítica** por alguns autores. Eles destacam que o dito caráter universal dos direitos fundamentais nada mais é do que uma imposição dos valores e dos costumes ocidentais às demais nações. Nesse contexto, em vez de se falar em universalidade, deve-se adotar uma visão **multiculturalista** dos direitos fundamentais. É dizer: deve-se reconhecer que cada sociedade possui história, cultura, religião e tradição diferentes e que, os direitos fundamentais devem ser lidos e interpretados com base nesses fatores.

   Embora a crítica multiculturalista tenha muitos adeptos, **prevalece** o entendimento de que os **direitos fundamentais são universais, sem, todavia, serem uniformes.** É possível algum espaço de conformação dentro de cada sociedade do conteúdo dos direitos fundamentais. No entanto, isso não pode servir de escudo para mudanças e para a efetivação desses direitos.

   Particularmente, ainda que não adote a visão multiculturalista, entendo que, em relação aos direitos fundamentais, a universalidade somente se restringe à primeira dimensão. Assim, todos os seres humanos, sem exceção, são titulares dos direitos fundamentais reconhecidos por uma determinada ordem jurídica. A universalidade, lida como a necessidade que

30. *Ibidem.*

todas as sociedades têm de reconhecerem e tutelarem determinados direitos, é característica, na verdade, dos direitos naturais ou, quando muito, dos direitos humanos.

> **Observação:** Embora a universalidade seja uma característica dos direitos fundamentais, é importante destacar que **alguns direitos fundamentais não se aplicam a toda e qualquer pessoa, mas somente a algumas pessoas e/ou grupos** (ex.: direitos dos trabalhadores, cargos privativos de nacionais etc.).

b) **Historicidade**: os direitos fundamentais possuem **caráter histórico**. Embora tenham nascido sob o manto do jusnaturalismo, atualmente entende-se que os direitos fundamentais são fruto de conquistas históricas. A própria divisão em gerações/dimensões feita no tópico anterior demonstra isso.

O reconhecimento da historicidade dos direitos fundamentais permite que **surjam novos direitos**, bem como que os direitos já existentes se **modifiquem** ao longo do tempo.

c) **Relatividade**: também chamada, por alguns autores, de **limitabilidade**, essa característica dos direitos fundamentais quer dizer que eles **não são absolutos**. Trataremos do tema com mais vagar mais adiante. No entanto, desde logo, ressaltamos que os direitos fundamentais **podem ser limitados quando confrontados com outros valores de ordem constitucional**.

A maioria dos autores, contudo, reconhece que alguns pouquíssimos direitos fundamentais – o direito a **não ser torturado** e o direito a **não ser escravizado** – são absolutos, ou seja, não poderão ser restringidos, ponderados ou excepcionados em nenhuma circunstância.[31]

d) **Irrenunciabilidade**: os direitos fundamentais **não podem ser renunciados**. Aqui, algumas ponderações devem ser feitas.

A primeira é a de que o que não se admite é a renúncia ao **núcleo essencial** do direito fundamental, sendo plenamente possível que o seu titular limite o seu direito voluntariamente, desde que tal limitação seja livre e voluntária e não atinja o conteúdo do direito como um todo. Outra ponderação a ser feita é esta: do **não exercício** do direito pelo seu titular não se pode concluir que houve a renúncia ao mesmo. Desse modo, sempre

31. BOBBIO, Norberto. A era dos direitos. Trad. Carlos Nelson Coutinho. Rio de Janeiro: Elsevier, 2004.

que o titular quiser valer-se do seu direito fundamental, ele poderá fazê-lo, ainda que no passado não o tenha feito.

e) **Inalienabilidade**: os direitos fundamentais são indisponíveis, inegociáveis e intransferíveis. Uma vez que não possuem caráter patrimonial, não são consumíveis, isto é, não podem ser colocados à venda.

f) **Imprescritibilidade**: os direitos fundamentais **não prescrevem**, ou seja, o não exercício do direito por seu titular não significa que ele perderá a exigibilidade, ou seja, a possibilidade de exigir a sua tutela. Isso ocorre, fundamentalmente, porque a prescrição é um instituto que atinge direitos patrimoniais, e não direitos existenciais.

6. CLASSIFICAÇÃO DOS DIREITOS FUNDAMENTAIS

Os direitos fundamentais, em razão de sua íntima ligação ao valor da dignidade da pessoa humana e à constituição, possuem semelhanças, formando, assim, uma **unidade**. Essa unidade não impede, todavia, que esses direitos sejam **categorizados**, segundo diferentes critérios.

Antes de analisarmos a classificação mais difundida entre os autores pátrios, faz-se necessário compreender a **teoria dos *status*** desenvolvida por Georg Jellinek, posto que ela é a pedra angular sobre a qual essa categorização é esculpida.

A. Teoria dos quatro *status* de Jellinek

Segundo essa teoria, o indivíduo pode encontrar-se, em relação aos Poderes Públicos, em quatro situações – *status* – distintos, que o qualificam. Esses *status* são:

i. ***Status subjectionis* (passivo)**: é aquele em que a pessoa se encontra em posição de **subordinação ao Estado**. O indivíduo, portanto, detém **deveres** para com o Estado, ao passo que, o Estado pode estabelecer mandamentos e proibições ao indivíduo.

ii. ***Status libertatis* (negativo)**: é o espaço que o indivíduo desfruta de **liberdade, sem ingerência do Estado**. Nessa ótica, o Estado tem o dever de abstenção, de não ingerência na esfera de liberdade do indivíduo.

iii. ***Status civitatis* (positivo)**: em algumas situações, o indivíduo encontra-se em posição de **exigir do Estado um agir positivo**, assegurando-lhe uma **prestação** a seu favor.

iv. ***Status activus* (ativo)**: é aquele no qual o indivíduo detém de **competência para influenciar na formação de vontade do Estado**, permitindo-lhe participação política. Entram, aqui, os direitos políticos, como o direito de votar.

Com base nesta teoria, a doutrina costuma classificar os direitos fundamentais em três grandes grupos: direitos de defesa, direitos a prestações e direitos de participação. O *status subjectionis* não é utilizado para fundar uma categoria, pois se refere mais precisamente aos deveres do indivíduo frente ao Estado.

B. Direitos de defesa, direitos a prestações e direitos de participação

B.1. Direitos de defesa

Os direitos de defesa estão atrelados ao ***status libertatis*** que o indivíduo goza frente ao Estado, ou seja, ao espaço de liberdade que o indivíduo desfruta frente aos poderes do Estado.

São direitos de defesa todos aqueles direitos fundamentais que impõem ao Estado um **dever de abstenção**, um dever de não interferência no espaço de autodeterminação da pessoa. Exige-se do Estado, precipuamente, um comportamento **omissivo**, um não agir.

Os direitos de defesa manifestam-se em três desdobramentos relevantes: i) os Poderes Públicos não podem intervir nas liberdades dos indivíduos (ex.: censura a manifestações artísticas); ii) o Estado não pode afetar bens jurídicos protegidos, como o direito à vida; e iii) as posições jurídicas concretas não podem ser eliminadas.

Os direitos de defesa são **autoaplicáveis**, não havendo maiores questionamentos na doutrina acerca da sua plena eficácia.

B.2. Direitos a prestações

Os direitos a prestações estão ligados ao ***status civitatis***. Têm por finalidade, assim, um comportamento **comissivo** dos Poderes Públicos no sentido de proteger determinados bens jurídicos frente a terceiros, bem como promover as condições necessárias à fruição desses bens.

Diferentemente dos direitos de defesa, os direitos a prestações partem de um pressuposto de que a mera não intervenção estatal não é suficiente para que os indivíduos gozem de plena liberdade e dignidade. Deve, então, o Estado **agir para libertar os indivíduos de suas necessidades**. São, portanto, **direitos a promoção.**

Em razão dessa peculiar característica de exigir um agir estatal, a aplicabilidade dos direitos a prestações é bastante controvertida. Trataremos do tema com mais vagar adiante.

B.3. Direitos de participação

Os direitos de participação relacionam-se com o ***status* ativo** proposto por Jellinek. Seu objetivo é permitir que os indivíduos **participem da formação da vontade da comunidade política**, correspondendo aos **direitos políticos.**

7. APLICABILIDADE DAS NORMAS DE DIREITOS FUNDAMENTAIS

É da tradição brasileira que os textos constitucionais sejam ricos na previsão de direitos e garantias, mas que, na prática, tais normas não sejam concretizadas. Pior: algumas normas que veicularam - e vinculam - direitos e garantias fundamentais serviram somente como uma forma de legitimar o *status quo*, não havendo sequer a expectativa por parte de seus destinatários que tais previsões fossem efetivamente implementadas.

Como forma de superar essa **insinceridade normativa**, ou seja, o descompasso existente entre o plano normativo e o plano da realidade, o constituinte originário incluiu artigo 5º, §1º na Constituição Federal de 1988, que prevê: "*as normas definidoras dos direitos e garantias fundamentais têm **aplicação imediata.***"

Mas o que, efetivamente, significa dizer que as normas definidoras de direitos e garantias fundamentais têm aplicabilidade imediata? E mais, tal previsão se aplica de forma igual e indistinta a todas as normas que preveem direitos fundamentais?

Essas perguntas não são de fácil resposta, havendo grande embate doutrinário sobre o tema. Para os fins da presente obra, vamos expor de forma sintetizada e clara os principais posicionamentos doutrinários.

Uma primeira cisma na doutrina, essa já mais pacificada, refere-se à **extensão** da aplicabilidade da norma contida no artigo 5º, §1º, da CF/88.

a) **Primeiro entendimento**: em razão de sua posição topográfica, o artigo 5º, §1º, da CF/88 aplica-se **somente aos direitos e garantias fundamentais listados no artigo 5º, *caput* e incisos, da CF/88.** Ainda que a expressão utilizada tenha sido "direitos e garantias fundamentais", a vontade do constituinte teria sido limitar tal norma aos direitos descritos nas alíneas do artigo 5º. Essa posição, encampada por Gebran Neto, é **minoritária.**[32]
b) **Segundo entendimento**: é a posição **amplamente majoritária** em doutrina, sendo adotada por Ingo Sarlet e José Afonso da Silva.[33] Segundo

32. GEBRAN NETO, João Pedro. A aplicação imediata dos direitos e garantias individuais: a busca de uma exegese emancipatória. São Paulo: Editora Revista dos Tribunais, 2002, p. 157-159.

33. Ver SARLET, Ingo Wolfgang. A eficácia dos direitos fundamentais: uma teoria geral dos direitos fundamentais na perspectiva constitucional. 11. ed. rev. atual. Porto Alegre: Livraria do Advogado Editora,

esses autores, o artigo 5º, §1º, da Constituição Federal **aplica-se a todas as categorias de direitos fundamentais**, não estando limitado aos direitos individuais e coletivos. Isso porque, embora topograficamente inserida no artigo que trata dos direitos individuais e coletivos, a expressão utilizada pelo constituinte foi "direitos e garantias fundamentais", de forma ampla, não fazendo diferenciações entre direitos individuais, sociais, políticos e de nacionalidade.

Em relação ao significado do artigo 5º, §1º, da Constituição, o debate é bem mais intricado. Podemos separar, didaticamente, os autores em três grupos:

a) **Posição restritiva**: segundo parcela da doutrina, notadamente Manoel Gonçalves Ferreira Filho, embora a intenção da constituinte tenha sido nobre – tentar evitar que a Constituição se torne letra morta –, a previsão do artigo 5º, §1º, da Constituição **não tem o condão de subverter a natureza das coisas**. As normas constitucionais definidoras de direitos fundamentais que não sejam completas, isto é, dependam de intermediação legislativa para sua aplicação, **não terão aplicação imediata**. Desse modo, **não haveria diferença entre as normas que preveem direitos fundamentais e as demais normas constitucionais.**[34]
b) **Posição ampliativa**: em um outro extremo, estão aqueles autores que advogam que o artigo 5º, §1º, da CF/88 impõe que **todos os direitos fundamentais sejam aplicados imediatamente, independentemente de terem caráter programático**. Eros Roberto Grau, partidário desse entendimento, sustenta que a Constituição, ao dispor expressamente que toda norma de direito fundamental é aplicável imediatamente, atribui ao indivíduo um direito subjetivo de gozar do direito fundamental.[35]
c) **Posição intermediária**: essa é a posição é a **majoritária** em doutrina. Segundo os autores que encampam essa corrente, é inquestionável que existem normas veiculadoras de direitos fundamentais de cunho **programático**, que **dependem de legislação infraconstitucional** para que dela se extraiam direitos subjetivos individuais. Assim, o artigo 5º, §1º, da CF/88 não teria o condão de tornar imediatamente aplicável essas normas. Nas palavras de J. J. Gomes Canotilho: "*A aplicabilidade directa das normas consagradoras de direitos, liberdades e garantias não implica sempre, de*

2018, p. 269-281; e SILVA, José Afonso da. Comentário contextual à constituição. 9ª ed. São Paulo: Malheiros, 2014, p. 180-181.

34. FERREIRA FILHO, Manoel Gonçalves. Comentários à Constituição Brasileira de 1988. Vol. I. São Paulo: Saraiva, 1990, p. 86-87.

35. GRAU, Eros Roberto. A ordem econômica na Constituição de 1988. 13ª ed. São Paulo: Malheiros, 2008.

> *forma automática, a transformação destes em direitos subjectivos, concretos e definitivos".*[36]
>
> Todavia, em virtude dessa previsão, as normas instituidoras de direitos fundamentais teriam um **tratamento diferenciado** em relação às demais normas constitucionais. José Afonso da Silva[37] diz que, em razão do artigo 5º, §1º, da CF/88, os direitos fundamentais **são aplicáveis até onde as instituições ofereçam condições para o seu atendimento**, não podendo o Poder Judiciário, se provocado, deixar de observar aquilo que já está instituído. Ingo Wolfgang Sarlet[38], por sua vez, ressalta que a previsão do artigo 5º, §1º, da CF/88 não pode se confundir com o princípio da constitucionalidade. Embora existam normas programáticas, essa previsão constitucional é um mandado de otimização que **impõe o dever aos órgãos estatais de maximizar a eficácia dos direitos fundamentais**, devendo os Poderes Executivo, Legislativo e Judiciário promover as condições para que os direitos e garantias fundamentais sejam reais e efetivos. Desse modo, há uma **presunção em favor da aplicabilidade imediata das normas definidoras de direitos fundamentais**, sendo certo que eventual recusa de sua aplicação em razão da ausência de ato concretizador deve ser fundamentada e justificada.

Na verdade, as maiores polêmicas acerca da aplicabilidade imediata referem-se aos direitos sociais, de modo que, voltaremos ao assunto de forma mais aguda quando de sua análise.

8. DIMENSÃO SUBJETIVA E DIMENSÃO OBJETIVA

Embora seja comum raciocinarmos os direitos fundamentais sempre com o enfoque nas posições jurídicas que eles conferem a seus titulares, uma das formulações mais importantes para o Direito Constitucional moderno é aquela segundo a qual os direitos fundamentais possuem **duas dimensões**.

Se por um lado os direitos fundamentais conferem aos indivíduos **direitos subjetivos**, por outro, eles também estabelecem os **princípios e objetivos**

36. CANOTILHO, J.J. Gomes. Direito Constitucional e Teoria da Constituição, 7ª ed., 20ª reimp. Coimbra: Almedina, 2003, p. 438.

37. SILVA, José Afonso da. Curso de direito constitucional positivo. 42ª ed., rev. e atual, São Paulo: Malheiros, 2019, p. 165.

38. SARLET, Ingo Wolfgang. A eficácia dos direitos fundamentais: uma teoria geral dos direitos fundamentais na perspectiva constitucional. 11. ed. rev. atual. Porto Alegre: Livraria do Advogado Editora, 2018, p. 274-281.

fundamentais do ordenamento jurídico. É nesse contexto que podemos falar em dimensão subjetiva e dimensão objetiva dos direitos fundamentais:

a) **Dimensão subjetiva**: os direitos fundamentais, em sua dimensão subjetiva, são tidos como **direitos subjetivos**, ou seja, como a **possibilidade de seu titular impor judicialmente determinada pretensão em face do destinatário da norma**. Nessa dimensão, os direitos fundamentais estão associados à exigência de uma ação positiva ou negativa de outrem.

b) **Dimensão objetiva**: os direitos fundamentais não se limitam, contudo, à perspectiva subjetiva, sendo **verdadeiras decisões valorativas de natureza jurídico-objetiva da constituição**. Nessa perspectiva, os direitos fundamentais são **valores essenciais da ordem constitucional**, formando a base da sociedade política e do ordenamento jurídico.

O reconhecimento da dimensão objetiva dá ensejo a importantes **desdobramentos.**[39] São eles:

i) Os direitos fundamentais devem ter sua eficácia valorada não só sob um ângulo individualista, mas também do ponto de vista **comunitário**, sendo legítima a restrição de conteúdo dos direitos fundamentais com base em interesses comunitários, desde que não se viole seu núcleo essencial.

ii) Os direitos fundamentais contêm uma **ordem** dirigida ao Estado, obrigando-o a **permanentemente concretizá-los e realizá-los.**

iii) Os direitos fundamentais servem como **parâmetro de controle de constitucionalidade.**

iv) Os direitos fundamentais possuem **eficácia irradiante**, isto é, oferecem diretrizes para a aplicação e interpretação das normas de direito infraconstitucional. Esse é um dos desdobramentos mais relevantes para o Direito atual, tendo levado à **constitucionalização-releitura** de diversos ramos do Direito, notadamente o Direito Civil.

v) Os direitos fundamentais possuem **eficácia horizontal**, sendo direitos não só oponíveis ao Estado, mas também nas relações privadas.

vi) Determinadas **garantias institucionais** – instituições de direito público e institutos de direito privado – que, por sua importância na proteção dos direitos fundamentais, devem ser **protegidas contra a ação erosiva do legislador.**

39. SARLET, Ingo Wolfgang. A eficácia dos direitos fundamentais: uma teoria geral dos direitos fundamentais na perspectiva constitucional. 11. ed. rev. atual. Porto Alegre: Livraria do Advogado Editora, 2018, p. 151-156.

vii) Cabe ao Estado zelar, inclusive de maneira preventiva, pela **proteção dos direitos fundamentais do indivíduo, não somente contra os poderes públicos, mas também contra agressões de particulares ou de outros Estados.** Nesse ponto fica claro que, mesmo direitos considerados de defesa, que exigem uma abstenção do Poder Público, demandam ações comissivas do Estado no sentido de evitar que terceiros o violem. Um bom exemplo é o investimento em segurança pública com a finalidade de proteger a vida, integridade física e patrimônio das pessoas.

viii) Deve ser criado um **direito organizacional e procedimental** que auxilie na efetivação e proteção dos direitos fundamentais.

9. ÂMBITO DE PROTEÇÃO, RESTRIÇÕES E CONTEÚDO ESSENCIAL DOS DIREITOS FUNDAMENTAIS

O exercício dos direitos fundamentais por seus titulares pode acarretar conflitos com outros direitos constitucionalmente protegidos. Quando isso ocorre, deve-se fazer uma análise em três momentos distintos e igualmente importantes para solucionar a questão.

A. Suporte fático

Na primeira etapa da análise deve-se verificar qual é a **abrangência do direito fundamental**. Nesse momento, o intérprete busca saber se determinado ato, fato, estado ou posição jurídica encontra-se abrangida no âmbito de proteção do direito fundamental.

O professor Gilmar Ferreira Mendes, baseando-se nos ensinamentos de Jurgen Schwabe, usa a expressão **âmbito de proteção** para se referir aos diferentes pressupostos fáticos e jurídicos contemplados na norma jurídica. Estariam abarcados, no âmbito de proteção, tanto o **objeto de proteção** quanto **contra que tipo de agressão ou restrição se outorga essa proteção.**[40]

Robert Alexy, todavia, prefere utilizar a expressão **suporte fático** dos direitos fundamentais para se referir aos fatos ou atos do mundo que são descritos por determinada norma e cuja ocorrência prevê determinada consequência jurídica. O **âmbito de proteção** seria apenas um dos conceitos englobados pelo suporte fático e se refere ao objeto de proteção (o que é protegido?). Além dele, forma o suporte

40. BRANCO, Paulo Gustavo Gonet; MENDES, Gilmar Ferreira. Curso de direito constitucional. 12ª ed. rev. e atual. São Paulo: Saraiva, 2017, p. 190-191.

fático o conceito de **intervenção estatal**, que se refere aos tipos de agressões ou restrições a que o Estado outorga a proteção (contra o que é protegido?).[41]

Virgílio Afonso da Silva, adotando a nomenclatura de Alexy, acrescenta ainda outro elemento ao suporte fático, que é a **ausência de fundamento constitucional para a intervenção**. Segundo o professor paulista, não basta que haja a ocorrência do âmbito de proteção e da intervenção estatal para que a consequência jurídica de um direito fundamental seja acionada. É preciso que não haja fundamentação constitucional para a intervenção, pois, se houver, estar-se-á diante não de uma violação, mas de uma restrição legítima ao direito.[42]

Qualquer que seja a terminologia adotada, o primeiro passo para a aplicação de um direito fundamental é delimitar as situações que se encontram abrigadas por ele. Aqui, surgem duas visões doutrinárias antagônicas sobre quais situações estão inseridas no suporte fático do direito fundamental:

a) **Suporte fático restrito**: **nem todas** as ações, fatos e estados jurídicos que poderiam ser, em tese, abrigados no âmbito de proteção da norma estão por ela garantidas. De acordo com essa teoria, cabe ao intérprete, definir o conteúdo do suporte fático com base na **busca pela essência** do direito em análise. Para os autores que adotam essa teoria, não há conflito entre o direito invocado e outros direitos, posto que é **o próprio preceito constitucional que não protege aquela situação.**[43]

b) **Suporte fático amplo**: o âmbito de proteção do direito fundamental compreende **qualquer** ação, fato, estado ou posição jurídica que, isoladamente considerados, possam ser abrigados no **âmbito temático** do direito fundamental. A premissa básica aqui é que o **âmbito de proteção define somente aquilo que está protegido em um primeiro momento (*prima facie*)**. A delimitação **definitiva** do direito ocorre somente em **momento posterior**, após a análise das **restrições** provenientes das colisões com outros direitos e valores fundamentais.

Há, dessa forma, uma mudança no momento da fundamentação. Enquanto para os defensores do suporte fático restrito a tarefa precípua é

---

41. ALEXY, Robert. Teoria dos direitos fundamentais. Tradução de Vírgilio Afonso da Silva. 2ª ed. 5ª tiragem, São Paulo: Malheiros, 2017, p. 301-306.

42. SILVA, Virgílio Afonso da. Direitos fundamentais, conteúdo essencial, restrições e eficácia. 2ª ed. 4ª tiragem, São Paulo: Malheiros, 2017, p. 65-123.

43. Nesse sentido, José Carlos Vieira de Andrade afirma: "(...) deve admitir-se uma interpretação das normas constitucionais que permita restringir *à partida* o âmbito de proteção da norma que prevê o direito fundamental, excluindo os conteúdos que possam considerar-se de *plano* constitucionalmente inadmissíveis, mesmo quando não estão expressamente ressalvados na definição textual do direito." Ver ANDRADE, José Carlos Vieira de. Os direitos fundamentais na Constituição portuguesa de 1976. 6ª ed. Coimbra: Almedina, 2019, p. 265.

fundamentar o que deve ou não ser incluído no âmbito de proteção, para os defensores do suporte fático amplo, a fundamentação se concentra no momento da intervenção, buscando-se apurar se a restrição ao direito fundamental foi legítima ou não.[44]

A concepção do suporte fático **amplo** é que a **prevalece**, tanto em doutrina quanto em jurisprudência. Dessa concepção de âmbito de proteção e intervenção estatais amplos, surgem inevitáveis colisões entre direitos fundamentais e, consequentemente, uma necessidade de restringi-los em inúmeros casos concretos.

B. Restrições aos direitos fundamentais

Como vimos, ao adotar um suporte fático amplo, existirão situações em que direitos fundamentais entrarão em colisão, sendo necessário restringi-los. Contudo, ainda que se adote um suporte fático restrito é possível falar em restrições aos direitos fundamentais.

O reconhecimento da possibilidade de restrição dos direitos fundamentais decorre da circunstância fática de haver **colisões entre eles** em diversos casos concretos, bem como da própria previsão expressa nas **constituições**, que não raro preveem **restrições diretas e indiretas aos direitos fundamentais.**

Assim, delimitado o âmbito de proteção da norma, deve-se verificar se há, no caso, alguma restrição ao seu conteúdo (**segundo momento de análise**). Duas teorias buscam explicar as restrições aos direitos fundamentais. São elas:

a) **Teoria interna**: segundo essa teoria, o processo de definição dos limites de cada direito é algo **interno ao próprio direito.** Não se faz, aqui, uma diferenciação entre o conceito de direito e de restrição como categorias autônomas. Substitui-se a ideia de restrição pela ideia de **limites**. Os limites, todavia, não são determinados por aspectos heterônomos, mas sim pela definição interna do conteúdo e da extensão de cada direito (**limites imanentes**). Virgílio Afonso da Silva, ao comentar a teoria interna, ensina que os direitos fundamentais teriam sempre a estrutura de **regras**, não podendo serem sopesados com outros direitos no caso concreto.[45]

b) **Teoria externa**: é a posição que tem **prevalecido** em doutrina no nosso país. Para a teoria externa, a ideia de **direito em si** e a ideia de **restrição** são distintas e **existem separadamente**, diferentemente da teoria interna, que vê o direito e seus limites como uma coisa só. A relação entre o direito

44. Na defesa da adoção do suporte fático amplo, ver SILVA, Virgílio Afonso da. Direitos fundamentais, conteúdo essencial, restrições e eficácia. 2ª ed. 4ª tiragem, São Paulo: Malheiros, 2017, p. 94-112.

45. SILVA, Virgílio Afonso da. Direitos fundamentais, conteúdo essencial, restrições e eficácia. 2ª ed. 4ª tiragem, São Paulo: Malheiros, 2017, p. 129.

e as restrições se dá no **caso concreto**, a partir da necessidade de coabitação entre os diversos direitos fundamentais. Essas restrições **não atingem o conteúdo do direito**, mas somente o seu exercício naquele caso específico. Assim, a determinação do conteúdo do direito, no caso concreto, ocorre em **duas etapas**. Na primeira, analisa-se o conteúdo protegido em um primeiro momento pelo direito (**âmbito de proteção**). Em um segundo momento, esse conteúdo é **restringido** com base em outros direitos fundamentais e princípios constitucionais, segundo a técnica da **ponderação**.

Uma importante **observação** é a de que **não existe uma ligação necessária** entre a teoria do suporte fático restrito e a teoria interna e entre a teoria do suporte fático amplo e a teoria externa.

Conforme ensina Virgílio Afonso da Silva, a adoção de uma ou outra teoria acerca da extensão do suporte fático não implica necessariamente tratar da forma de relação entre o direito e suas restrições, pois são coisas metodologicamente distintas.[46]

O professor paulista formula dois argumentos para comprovar isso. O primeiro é que diversos autores alemães, como Pieroth e Schlink defendem um suporte fático restrito ao mesmo tempo em que sustentam que se deve aplicar a teoria externa. O segundo é um exemplo. É perfeitamente possível sustentar que um programa de televisão que tenha como finalidade única exclusiva caluniar alguém não se encontra abrigado no suporte fático do direito de liberdade de imprensa e, ao mesmo tempo, defender que o conteúdo restante desse direito possa se submeter a ponderação com outros direitos fundamentais em outras hipóteses concretas.

Avançando na matéria, é importante destacar que as **restrições** aos direitos fundamentais **devem estar previstas direta ou indiretamente na constituição**. Quando a limitação está expressamente disposta na Constituição, chama-se de **restrição imediata**. Caso, todavia, a limitação se dê por lei ordinária promulgada com fundamento na própria constituição, temos uma **restrição mediata**.

As restrições mediatas serão formalizadas sempre por lei, posto que se aplica a elas o **princípio da reserva legal**, o que pode ser extraído do artigo 5º, inciso II, do CF/88. A exigência de lei, no entanto, deve ser interpretada de maneira ampla, permitindo-se que as restrições sejam veiculadas formalmente por **qualquer ato normativo primário** (artigo 59 da CF/88).

Ainda em relação à restrição mediata, podemos ter uma **reserva legal simples**, em que o constituinte se limita a autorizar a intervenção legislativa sem fazer

46. *Ibidem*, p. 158-162.

qualquer exigência quanto ao conteúdo ou finalidade do ato infraconstitucional limitador, ou a **reserva legal qualificada**, em que a constituição, além de prever a possibilidade de limitação, estabelece condições ou fins especiais a serem perseguidos com a limitação.

Em regra, portanto, não é possível que o legislador ordinário estabeleça limites a um direito fundamental sem que a constituição expressamente preveja a possibilidade. **Excepcionalmente**, contudo, tem-se **admitido a intervenção legislativa**, desde que fundamentada em **direitos fundamentais de terceiros** ou **em outros princípios de hierarquia constitucional** (**reserva implícita**).

C. Limite dos limites: conteúdo essencial dos direitos fundamentais

Determinado qual o âmbito de proteção do direito fundamental, bem como quais as restrições recaem sobre ele, o derradeiro momento de análise está ligado ao conteúdo essencial desse direito. Embora se admita a possibilidade de limitar ou restringir os direitos fundamentais, essa ingerência não pode ser tamanha a ponto de aniquilar o direito por completo.

É por isso que a doutrina fala na imposição de **limite aos limites** aplicados aos direitos fundamentais. Os direitos fundamentais possuem um **conteúdo essencial** que deve ser respeitado pelo legislador infraconstitucional. É dizer: nenhum ato normativo pode ser editado validamente se vilipendiar o conteúdo essencial de um direito fundamental.

Embora nossa Constituição não tenha previsão expressa sobre o tema, diferentemente, por exemplo, das Constituições alemã, espanhola e portuguesa, a **doutrina** pátria e a **jurisprudência do Supremo Tribunal Federal** afirmam que a **inviolabilidade do conteúdo essencial dos direitos fundamentais** decorre do próprio princípio da supremacia da constituição.[47-48]

Para determinar qual é o conteúdo essencial de um direito fundamental, temos que passar por duas questões controvertidas em doutrina.

A primeira refere-se à **interpretação** do conteúdo essencial:

a) **Teoria objetiva**: para os defensores da teoria objetiva, entre eles Friedrich Klein, o reconhecimento do núcleo essencial dos direitos fundamentais veda que a validade de uma disposição de direito fundamental seja de

---

47. Na doutrina brasileira, ver: MENDES, Gilmar Ferreira. Direitos fundamentais e controle de constitucionalidade. 4ª ed. São Paulo: Saraiva, 2012; SILVA, Virgílio Afonso da. Direitos fundamentais, conteúdo essencial, restrições e eficácia. 2ª ed. 4ª tiragem, São Paulo: Malheiros, 2017, p. 181-202; e SARLET, Ingo Wolfgang. A eficácia dos direitos fundamentais: uma teoria geral dos direitos fundamentais na perspectiva constitucional. 11. ed. rev. atual. Porto Alegre: Livraria do Advogado Editora, 2018, p. 413-414.

48. STF, Tribunal Pleno, ADI 2.024/DF, Rel. Min. Sepúlveda Pertence, j. 27.10.1999.

tal forma reduzida que se torne **insignificante pra todos os indivíduos ou para a maior parte deles ou ainda para a vida social.**[49] Não se busca, aqui, a proteção dos direitos subjetivos de cada indivíduo, mas sim da instituição objetiva garantida pela constituição. Ainda que uma posição individual seja drasticamente afetada, não haverá, segundo essa teoria, violação ao conteúdo essencial do direito se o instituto ficou protegido.

b) **Teoria subjetiva**: para os partidários dessa teoria, **majoritária** no Brasil, a proteção do conteúdo essencial dos direitos fundamentais visa, precipuamente, a **tutela de posições jurídicas individuais**. Desse modo, não basta que o instituto, objetivamente considerado, seja protegido, devendo-se proteger o **indivíduo no caso concreto.**[50] Robert Alexy afirma que a teoria objetiva pode até subsistir com a teoria subjetiva. Todavia, não seria possível descartar esta, posto que a natureza dos direitos fundamentais como direitos do indivíduo milita em favor da existência da teoria subjetiva.[51]

A segunda questão acerca do conteúdo essencial dos direitos fundamentais, que também divide os doutrinadores em dois grupos, é se esse conteúdo é **absoluto** ou **relativo**:

a) **Teoria absoluta**: à luz da teoria absoluta, os direitos fundamentais podem ser vistos como dois círculos concêntricos. O menor círculo – o **núcleo – é imune à interferência do legislador, que não pode transpô-lo, independentemente da situação e dos direitos que possam estar justificando a restrição.** A parte externa, por outro lado, seria suscetível de limitação constitucionalmente justificada. O professor português Jorge Miranda, defensor dessa teoria, ao se referir ao conteúdo essencial dos direitos fundamentais diz que: "*torna-se claro que, para funcionar como barreira última e efetiva contra o abuso do poder, como barreira que o legislador, seja qual for o interesse (permanente ou conjuntural) que prossiga, não deve romper, o conteúdo essencial tem que ser entendido como um limite absoluto correspondente à finalidade ou ao valor que justifica o direito.*"[52]

---

49. KLEIN, Friedrich. *Das Bonner Grundgesetz*, v.1, Art. 19, Anm v.2. *apud* ALEXY, Robert. Teoria dos direitos fundamentais. Tradução de Vírgilio Afonso da Silva. 2ª ed. 5ª tiragem, São Paulo: Malheiros, 2017, p. 297.

50. Ver SILVA, Virgílio Afonso da. Direitos fundamentais, conteúdo essencial, restrições e eficácia. 2ª ed. 4ª tiragem, São Paulo: Malheiros, 2017, p. 186-187.

51. ALEXY, Robert. Teoria dos direitos fundamentais. Tradução de Vírgilio Afonso da Silva. 2ª ed. 5ª tiragem, São Paulo: Malheiros, 2017, p. 297.

52. MIRANDA, Jorge. Manual de direito constitucional. v. II, tomo IV. Coimbra: Coimbra Editora, 2014, p. 350.

b) **Teoria relativa**: segundo a teoria relativa, o conteúdo essencial dos direitos fundamentais deve ser **definido caso a caso**, mediante a **ponderação** dos direitos e valores constitucionais em jogo. **Rejeita-se um núcleo essencial fixo e delimitado aprioristicamente**. Assim, deve-se aplicar a **regra da proporcionalidade** para solucionar os casos de restrições a direitos fundamentais. Todas as restrições que passem pelos três degraus da proporcionalidade (adequação, necessidade e proporcionalidade em sentido estrito) não afetam o conteúdo essencial do direito fundamental.[53]

> **Observação**: Ao aplicarmos a regra da proporcionalidade, é possível que nada reste de um direito fundamental. É o caso, por exemplo, de um imóvel que é expropriado: nada do direito de propriedade sobra, no caso concreto.

O **Supremo Tribunal Federal**, embora ainda não o tenha feito de maneira expressa, parece caminhar para adoção da teoria relativa. Isso ficou claro no julgamento do RE n.º 603.583/RS[54], quando ficou decidido que o Exame da Ordem dos Advogados é constitucional e não viola a liberdade de profissional (artigo 5º, inciso XIII, da CF/88). Na oportunidade, o Ministro Luiz Fux afirmou que não há violação ao núcleo essencial do direito quando a restrição passa pelo triplo teste da proporcionalidade.

D. Casos especiais de restrição

Vimos as regras para que ocorra uma restrição legítima aos direitos fundamentais. Nessa linha de raciocínio, é importante destacar que existem algumas situações que, por suas peculiaridades, permitem que os direitos fundamentais sejam **restringidos mais intensamente.**

Algumas relações jurídicas especiais com os Poderes Públicos, como, por exemplo, a dos funcionários públicos, militares e presos, diferenciam-se do estatuto geral dos cidadãos, admitindo-se uma **maior imposição de deveres e obrigações**. São os chamados "**estatutos especiais**", também conhecidas como "**relações especiais de sujeição**".

Um bom exemplo é a vedação ao direito de greve e à sindicalização dos militares, prevista expressamente no artigo 142, §3º, inciso IV, da CF/88. Reiterando essa

53. Essa posição é adotada por SARLET, Ingo Wolfgang. A eficácia dos direitos fundamentais: uma teoria geral dos direitos fundamentais na perspectiva constitucional. 11. ed. rev. atual. Porto Alegre: Livraria do Advogado Editora, 2018, p. 414-419; e por SILVA, Virgílio Afonso da. Direitos fundamentais, conteúdo essencial, restrições e eficácia. 2ª ed. 4ª tiragem, São Paulo: Malheiros, 2017, 196-202.

54. STF, Tribunal Pleno, RE 603.583/RS, Rel. Min. Marco Aurélio, j. 26.10.2011.

proibição, o Supremo Tribunal Federal fixou, em sede de repercussão geral, a tese de que o exercício do direito de greve, sob qualquer forma ou modalidade, é vedado aos policiais civis e a todos os servidores públicos que atuem diretamente na área de segurança pública.[55]

Outro exemplo, envolvendo também os militares, é a criminalização da recusa de obediência a uma ordem de superior hierárquico prevista no artigo 163 do Código Penal Militar, que, se transposta para o setor privado, acarretaria flagrante inconstitucionalidade por violação ao direito de liberdade.

Embora em algum momento da história já se tenha defendido que os indivíduos que se encontravam nessas situações estariam completamente excluídos do âmbito de proteção dos direitos fundamentais, hoje é quase unânime em doutrina que **não há** que se falar em **renúncia** aos direitos fundamentais.[56]

Essa maior interferência no conteúdo dos direitos fundamentais deve estar prevista em na **constituição ou em lei – neste caso, fundamentada na constituição –**, e **estar atrelada aos fins constitucionais que embasam essas relações.**

10. DEVERES FUNDAMENTAIS

Os deveres fundamentais, em período não tão distante da história, já foram considerados como categorias de igual importância à dos direitos fundamentais. De fato, na filosofia republicana, os deveres fundamentais são considerados como categorias jurídicas de alta importância.

Nos regimes nazifascistas e comunistas do século XX, os deveres fundamentais ocupavam posição de centralidade. Na compreensão fascista, os "membros do povo" possuem inúmeros deveres fundamentais, como o dever de trabalhar, o dever de defender o povo e o dever de serviço. No ideário comunista, por outro lado, os direitos fundamentais estavam fortemente atrelados aos deveres fundamentais, sendo certo que, com o tempo, os deveres foram hipertrofiados na mesma medida em que os direitos foram definhando.[57]

Em razão da desconfiança em relação aos deveres fundamentais, uma vez que a sua **inflação esteve, historicamente, atrelada a regimes políticos totalitários**, o Direito Constitucional do pós-guerra **esqueceu-se** quase que por completo a problemática dos deveres fundamentais.

---

55. STF, Tribunal Pleno, ARE 654.432/GO, Red. p/ acórdão Min. Alexandre de Moraes, j. 5.4.2017 (repercussão geral).

56. CANOTILHO, J.J. Gomes. Direito Constitucional e Teoria da Constituição, 7ª ed., 20ª reimp. Coimbra: Almedina, 2003, p. 466.

57. *Ibidem*, p. 531.

No entanto, após o amadurecimento da democracia nos países ocidentais, a doutrina tem, paulatinamente, invocado a necessidade de **reproblematizar** os deveres fundamentais. Nesse sentido, o professor Ingo Wolfgang Sarlet alerta que a hipertrofia dos direitos guarda conexão com uma noção de um cidadão pouco comprometido com a sua comunidade, sendo necessário moderar o excessivo individualismo que acomete os tempos atuais.[58]

O reconhecimento da **dimensão objetiva dos direitos fundamentais**, que deixam de servir apenas como direitos subjetivos, passando também a representar valores comunitários que devem ser respeitados, protegidos e promovidos por todos, trazem para o indivíduo, deveres fundamentais frente a sua comunidade.

Soma-se a isso o fato de a dignidade humana, pedra angular dos direitos fundamentais, ter, em seu conteúdo mínimo, além do valor intrínseco e da autonomia, o **valor comunitário**. Este último elemento da dignidade, está centrada na noção de deveres e responsabilidades, que inclui o respeito aos outros e a si mesmo.[59]

Em nosso ordenamento jurídico, não há dúvida de que existem deveres fundamentais impostos a todos. O Capítulo I do Título II da Constituição Federal de 1988 trata dos direitos e **deveres** individuais e coletivos. Além disso, podemos citar como exemplos expressos no texto constitucional de deveres fundamentais o **dever de votar** (artigo 14, §1º, inciso I, da CF/88) e o **dever de educação imposto à família** (artigo 205, *caput,* da CF/88).

O Ministro Gilmar Ferreira Mendes, no julgamento da ADI n.º 1.055/DF, falou expressamente na existência de um **dever fundamental de pagar impostos**. Afirmou que a Constituição de 1988 foi pródiga na concessão de direitos sociais e na promessa de prestações estatais aos cidadãos. Para fazer frente aos inevitáveis gastos necessários para a efetivação desses direitos, o instrumento escolhido foi o tributo, existindo, portanto, verdadeiro dever fundamental de pagar impostos (artigo 145, §1º da CF/88).[60]

Em relação ao **regime jurídico** dos deveres fundamentais, duas observações são relevantes.

A primeira é a de que os deveres fundamentais não se confundem com meras restrições a direitos fundamentais. Trata-se de verdadeiras **normas constitucionais autônomas**. Nessa qualidade, até é possível que em determinada situação

58. SARLET, Ingo Wolfgang. A eficácia dos direitos fundamentais: uma teoria geral dos direitos fundamentais na perspectiva constitucional. 11. ed. rev. atual. Porto Alegre: Livraria do Advogado Editora, 2018, p. 234-235.

59. BARROSO, Luís Roberto. A dignidade da pessoa humana no direito constitucional contemporâneo: a construção de um conceito jurídico à luz da jurisprudência mundial. Trad. Humberto Laport de Mello, 4ª reimpr. Belo Horizonte: Fórum, 2016, p. 89.

60. STF, Tribunal Pleno, ADI 1.055/DF, Rel. Min. Gilmar Mendes, j. 15.12.2016.

concreta, um direito fundamental venha a ser sopesado com um dever fundamental e, após o crivo do princípio da proporcionalidade, venha a ser restringido. Contudo, o que importa destacar aqui é que nem sempre os deveres fundamentais serão meras restrições, configurando-se verdadeiras categorias jurídicas autônomas.

A segunda observação é a de que, embora seja reconhecida a existência de deveres fundamentais, bem como a necessidade de maior atenção por parte da doutrina e da jurisprudência ao tema, tem **prevalecido** a ideia de que os deveres fundamentais, em regra, **não são diretamente exigíveis**, sendo **necessária a intermediação legislativa para sua concretização.**[61]

---

61. CANOTILHO, J.J. Gomes. Direito Constitucional e Teoria da Constituição, 7ª ed., 20ª reimp. Coimbra: Almedina, 2003, p. 535-536.

CAPÍTULO 26

DIREITOS FUNDAMENTAIS INDIVIDUAIS EM ESPÉCIE

1. INTRODUÇÃO

No conceito de José Afonso da Silva, os direitos individuais são os direitos fundamentais do **homem-indivíduo**, que reconhecem **autonomia** aos particulares, garantindo a **iniciativa e independência** aos indivíduos diante dos demais membros da sociedade política e do próprio Estado.[1]

Os direitos individuais fundamentais são expressão da **primeira dimensão** dos direitos fundamentais. Estão, portanto, ligados ao valor de **liberdade** e à ideia de limitação do poder estatal, que tem o **dever de se abster**, de não interferir nas esferas de liberdade do indivíduo.

Não há maiores questionamentos acerca da **autoexecutoriedade** e da **eficácia plena** das normas que veiculam esses direitos, diferentemente do que ocorre com os direitos econômicos e sociais, que veremos mais adiante.

Isso, contudo, não significa dizer que esses direitos não demandem, também, um fazer do Estado. Isso porque, como vimos, em razão do reconhecimento da **dimensão objetiva** dos direitos fundamentais, que são vistos como verdadeiros valores que dão base ao ordenamento jurídico, exige-se do Poder Público uma atuação

1. SILVA, José Afonso da. Curso de direito constitucional positivo. 42ª ed., rev. e atual, São Paulo: Malheiros, 2019, p. 193.

voltada a evitar que esses direitos sejam violados por terceiros ou por outros Estados (**direitos prestacionais**). Nesse aspecto, aplica-se tudo aquilo que falaremos sobre a aplicabilidade, eficácia e efetivação dos direitos sociais.

2. DIREITO À VIDA

A. Aspectos gerais

A inviolabilidade ao direito à vida está prevista expressamente no ***caput* do artigo 5º da Constituição Federal**, sendo essa a principal norma constitucional de proteção à vida. Há, todavia, outras menções, diretas ou indiretas, ao direito à vida, no texto constitucional.

O artigo 5º, inciso XXXVIII, da CF/88 prevê que é reconhecida a instituição do tribunal do júri para julgamentos de crimes dolosos contra a vida, o que, indiretamente, indica que os atentados dolosos contra a vida devem ser punidos criminalmente.

O artigo 225, §1º, V, da CF/88, que prevê a tutela ao meio ambiente ecologicamente equilibrado, impõe ao Poder Público o dever de controlar a produção, a comercialização e o emprego de técnicas, métodos e substâncias que comportem risco para a vida, a qualidade de vida e o meio ambiente.

O artigo 227 da CF/88, ainda, prevê que é dever da família, da sociedade e do Estado assegurar à criança e ao adolescente, com absoluta prioridade, o direito à vida.

O direito à vida é, **abstratamente**, **superior** a todo outro interesse. Isso porque a vida é a fonte primária de todos os outros direitos, sendo certo que a existência humana é o **pressuposto elementar de todos os demais direitos e liberdades** previstos na Constituição.

A vida que é protegida pelo constituinte é a **vida humana**.

Nos debates da Constituinte, três posições sobre o **início** da vida se formaram:

a) **Primeira corrente**: a Constituição deveria **positivar** que a vida se inicia com a **concepção** – isto é, com a fecundação do óvulo pelo espermatozoide.

b) **Segunda corrente**: só há que se falar em vida tutelável pelo direito a partir do nascimento com vida, razão pela qual a Constituição deveria prever expressamente o nascimento como o marco inicial da proteção à vida humana.

c) **Terceira posição**: defendia que não caberia ao Constituinte tomar partido nessa discussão, remetendo o debate à sociedade e ao legislador ordinário. Foi essa a tese que prevaleceu, tendo a Constituição de 1988 silenciado sobre o momento em que se inicia a vida.

Coube, portanto, à legislação infraconstitucional definir quando a vida se inicia e quando ela termina, para os fins do Direito. O artigo 2º do Código Civil prevê que a personalidade civil da pessoa começa do nascimento com vida, mas a põe a salvo os direitos do nascituro, desde a concepção.

O entendimento majoritário da doutrina é no sentido de que a vida se inicia com a **concepção** – e não o nascimento – e finda com a **morte.**[2]

Por fim, é importante destacar que **não é possível graduar o direito à vida**. Aspectos incidentais, como, por exemplo, idade, sexo, condições de saúde, não são aptos a amesquinhar a proteção constitucional conferida a vida. O direito à vida é reconhecido com a mesma intensidade a todos os seres humanos, da concepção até a morte.

B. Âmbito de proteção

O **âmbito de proteção** do direito à vida engloba, inequivocamente, o **direito à existência**. Este direito consiste, nas palavras de José Afonso da Silva, no direito de **estar vivo**, isto é, no direito de não ter interrompido o processo vital senão pela morte espontânea e inevitável.[3]

O artigo 6º, 1, do Pacto de Direitos Civis e Políticos de 1966, internalizado por meio do Decreto n.º 592/92, explicita esse sentido básico de direito à vida, ao prever que: "*O direito à vida é inerente à pessoa humana. Esse direito deverá ser protegido pela lei. Ninguém poderá ser arbitrariamente privado de sua vida.*"

Encontra-se também no âmbito de proteção ao direito à vida, a proteção à **integridade física e moral**. Em relação àquela, sua proteção é corolário do direito à vida uma vez que a vida se realiza no corpo humano.

É nesse sentido que o artigo 5º, inciso XLIX, da CF/88 assegura aos presos o respeito à integridade física. Também estão **vedadas** as **penas de morte e as cruéis** (artigo 5º, inciso XLVII, alíneas "a" e "e" da CF/88) e a **tortura** (artigo 5º, inciso III da CF/88).

---

2. Nesse sentido: TAVARES, André Ramos. Curso de Direito Constitucional. 16ª ed. São Paulo: Saraiva Educação 2018, p. 432; SILVA, José Afonso da. Comentário contextual à constituição. 9ª ed. São Paulo: Malheiros, 2014, p. 69-70; PONTES DE MIRANDA. Tratado de direito privado. Parte Geral. 4. ed. São Paulo: RT, t. I, 1974, p. 166.
3. SILVA, José Afonso da. Curso de direito constitucional positivo. 42ª ed., rev. e atual, São Paulo: Malheiros, 2019, p. 200.

Já o direito à integridade moral desdobra-se do direito à vida porque a vida é integrada não só por elementos materiais, mas também imateriais, como a moral no sentido de **honra objetiva e subjetiva.**

Por fim, ressalte-se que, tradicionalmente, a doutrina entendia que, a despeito do direito à vida abarcar elementos físicos, psíquicos e imateriais, não faria parte de seu conteúdo a ideia de uma existência digna. José Afonso da Silva, partidário desse entendimento, defende que incluir a existência digna no âmbito de proteção ao direito poderia acarretar riscos, como a autorização de eliminação de pessoa com deficiência física.[4]

Todavia, nos dias de hoje, é **majoritário** o entendimento de que o direito à vida, além da acepção negativa – direito assegurado a todo o ser humano de permanecer vivo –, possui uma **acepção positiva**, que está associada à ideia de **existência digna.**

Assim, o direito à vida aparece atrelado aos direitos a uma alimentação adequada, a se vestir com dignidade, à moradia, a serviços médicos, aos descansos e aos serviços sociais indispensáveis, confundindo-se, em grande medida, com o princípio da dignidade da pessoa humana (artigo 1º, inciso III da CF/88) e com a ideia de mínimo existencial.[5]

C. Relatividade do direito à vida

Embora de altíssima importância axiológica, o direito à vida é **relativo** e pode ser ponderado com outros direitos fundamentais e valores constitucionais. Em razão do seu robusto peso em abstrato, no entanto, a **regra** é que o direito à vida **prevaleça** quando em confronto com outros direitos, sendo mais facilmente afastado de um caso em concreto quando em confronto com o direito à vida de outro ou de outros indivíduos.

Alguns exemplos de relativização do direito à vida são: i) a expressa previsão de **pena morte no caso de guerra externa declarada** (artigo 5º, inciso XLVII, alínea a c/c artigo 84, XIX, ambos da CF/88) – tal hipótese é justificada, pois, em caso de guerra, a traição coloca em risco a vida de todos os demais brasileiros; ii) a possibilidade de agir em **legítima defesa** ou em **estado de necessidade** (artigos 24 e 25 do Código Penal); iii) as possibilidade aborto previstas nos incisos do artigo 128 do Código Penal, quais sejam, o aborto terapêutico e o aborto sentimental

---

4. SILVA, José Afonso da. Curso de direito constitucional positivo. 42ª ed., rev. e atual, São Paulo: Malheiros, 2019, p. 201.
5. Nesse sentido, ver: TAVARES, André Ramos. Curso de Direito Constitucional. 16ª ed. São Paulo: Saraiva Educação 2018, p. 431; e BRANCO, Paulo Gustavo Gonet; MENDES, Gilmar Ferreira. Curso de direito constitucional. 12ª ed. rev. e atual. São Paulo: Saraiva, 2017, p. 259-262.

– respectivamente, no caso de risco para a gestante e de gestação resultante de estupro.

Em relação ao **direito de não ser torturado**, corolário do direito à vida, alguns autores o apontam como o único, ou um dos poucos, **direito fundamental absoluto**, que não pode ser ponderado no caso concreto, tamanha a sua relevância.

Tal entendimento é fruto de uma constatação **histórica**, uma vez que a tortura foi utilizada frequentemente como arma política pelos detentores do poder para aniquilar seus opositores, e de uma constatação **axiológica** – a tortura viola não só o direito à integridade física, mental e à vida, como também é uma crueldade que despe a pessoa de toda a sua humanidade.

D. Questões controvertidas

Feitas essas considerações sobre o direito à vida, passemos às grandes questões envolvendo intensos desacordos morais nos dias de hoje.

D.1. Aborto

O direito à vida, como todo e qualquer direito fundamental, deve ser visto sob a suas dimensões **subjetiva** e **objetiva**. Naquela, o direito à vida é um **direito de defesa**, que é oposto ao Estado e aos particulares, que não podem interromper voluntariamente a vida de um ser humano. Nesta, o direito à vida ganha contornos de **dever de proteção**, de modo que compete ao Estado protegê-lo, seja criminalizando condutas que o violem, seja criando e mantendo um serviço de polícia, sistema prisional e uma organização judiciária.

A **criminalização do aborto**, portanto, é um consentâneo lógico do dever de proteção que tem o Estado para com o direito fundamental à vida. O legislador infraconstitucional pátrio, firme nessa premissa, criminaliza a prática do aborto nos **artigos 124 a 126 do Código Penal**. Exclui, contudo, a punibilidade nos casos em que não há outro meio para salvar a vida da gestante (**aborto necessário** – artigo 128, inciso I do Código Penal) e nos casos em nos casos em que a gravidez resulta de estupro (**aborto sentimental** – artigo 128, inciso II do Código Penal).

Todavia, o assunto gera intensos debates na sociedade e na doutrina.

Em uma **primeira posição** sobre o tema, agruparemos todos os argumentos que são **favoráveis**, se não à completa **descriminalização** do aborto, ao menos à fixação de um marco temporal durante a gestação em que ele seja permitido.

O ponto de partida de diversos defensores desse entendimento é o de que **a vida não se inicia com a concepção**, mas em outro momento diverso (a partir da nidação, a partir do desenvolvimento da capacidade neurológica do feto, a partir da formação do sistema nervoso central, a partir do momento em que o feto passa a ter capacidade de existir fora do ventre materno). Se não há vida, não há que se falar na necessidade de proteção desse direito, de modo que o aborto deveria ser juridicamente permitido até o marco temporal adotado.

Um segundo argumento analisa a questão sob o viés da **ponderação de direitos fundamentais**. Afirma-se que, ainda que se admita que há vida no feto, o direito à vida deve ceder ao colidir com o **direito à integridade física e psíquica** da mulher, que é quem sofre as consequências de uma gravidez. Além disso, considerando-se que a gravidez recai integralmente sobre a mulher, admitir o aborto seria uma forma de colocá-las em pé de **igualdade** com os homens. No mais, a vedação ao aborto tolhe o **direito à liberdade** da mulher – incluída sua **autonomia reprodutiva** –, que se vê impedida de autodeterminar-se e decidir, por si mesma, se deseja ou não abortar. Todos esses direitos somados **prevaleceriam, em um juízo de ponderação, sobre o direito à vida do feto**.

Somam-se a esses argumentos outros de **ordem fática**. Os defensores da descriminalização, parcial ou total, sustentam que a política de criminalizar o aborto não atinge os resultados pretendidos, uma vez que não há diferença no número de abortos em países em que ele é criminalizado somente a partir de um marco temporal ou é totalmente descriminalizado e países em que ele é criminalizado desde a concepção, sendo **questionável a adequação da medida** – aqui tida como subprincípio do princípio da proporcionalidade. A criminalização do aborto acarretaria somente **discriminação de fato contra mulheres pobres**, que são privadas de assistência médica e buscam meios primitivos e perigosos para abortar.

Destaque-se, por fim, que nem sempre os defensores da descriminalização total ou parcial do aborto são moralmente favoráveis ao aborto, mas insurgem-se contra a política pública punitivista que é adotada pelo Estado.

De outra banda, há uma **segunda posição** sobre o tema, que afirma que o aborto **não deve ser descriminalizado**.

O ponto de partido desse posicionamento é o de que a vida humana se inicia com a **concepção** – a fecundação do óvulo pelo espermatozoide. Isso ocorre porque, com o avanço da ciência, foi possível comprovar que, quando ocorre a concepção, surge um embrião com um código genético distinto do da mãe. Trata-se, portanto, de um ser vivo, distinto da mãe que o gerou e pertencente à espécie biológica do *homo sapiens*. Não é possível, desse modo, considerar o nascituro como um mero apêndice do corpo da mãe.

Ademais, o **Pacto de São José da Costa Rica**, marco supralegal sobre o tema, adota a concepção como marco inicial da vida humana, pois dispõe que o direito à vida de deve ser protegido por lei desde a concepção. É esse também, como vimos, a posição da doutrina majoritária.

Outro argumento a favor de considerar-se o início da vida com a concepção é que balizar o início da vida a partir de qualquer outro marco seria não apenas temerário, como arbitrário. A ausência de autossuficiência, autoconsciência e quaisquer outros aspectos laterais não podem ser utilizados como critérios para reconhecer o momento do início da vida ou, ainda, para graduá-la. A um porque **todos os seres humanos são dependentes em alguma medida dos demais.** Ainda que se faça uma distinção entre dependência social e dependência biológica, é difícil visualizar, sob esse viés, diferenças entre um nascituro e um recém-nascido, sendo ambos totalmente dependentes de seus pais para sobreviver. A dois porque, como vimos, **o direito à vida não pode ser graduado.** Não existem seres humanos de segunda categoria e, reconhecer no feto uma vida humana de menor valor, não difere de reconhecer menor valor a uma pessoa idosa, acamada e inválida ou de uma pessoa com uma severa deficiência física e/ou mental: todos esses raciocínios são igualmente arbitrários e desumanos.

Havendo vida, o **dever de proteção** que decorre da dimensão objetiva do direito à vida impõe que o aborto seja uma conduta criminalizada, sob pena de violação ao **princípio da proteção insuficiente**.

Ainda que se reconheça a possibilidade de haver uma colisão de direitos entre o **direito à vida do feto** e os direitos de liberdade, integridade física, mental e igualdade da mulher, **deve** aquele **prevalecer**. Isso ocorre porque o direito à vida é o mais importante de todos os direitos, pressuposto para o exercício de todos os demais. O direito à autodeterminação da mãe não pode, sob hipótese alguma, prevalecer sobre a vida de um terceiro. Nas palavras de Paulo Gustavo Gonet Branco:

> *"na equação de valores contrapostos, se o fiel da balança apontar para o interesse que pretende superar a vida intrauterina o resultado é a morte do ser contra quem se efetua a ponderação.* ***Perde-se tudo de um dos lados da equação.*** *Um equilíbrio entre interesses é impossível de ser obtido".*[6]

Outro argumento utilizado é o de que a mulher tem a liberdade de escolher entre ter ou não relações sexuais, entre utilizar ou não métodos contraceptivos – considera-se aqui que o aborto nos casos de estupro já é despenalizado criminalmente. **A cada escolha que fazemos, guiados por nossa autodeterminação, advêm consequências**, que fazem parte justamente do direito de liberdade. Invocar o direito a se autodeterminar em momento posterior, mormente quando há uma gama de métodos contraceptivos, de fácil acesso, para pôr fim à uma vida humana não é uma conduta tutelada pelo ordenamento jurídico. José Afonso da Silva, nessa linha de pensamento, adverte que, *numa época em que há muitos métodos para se*

---

6. BRANCO, Paulo Gustavo Gonet; MENDES, Gilmar Ferreira. Curso de direito constitucional. 12ª ed. rev. e atual. São Paulo: Saraiva, 2017, p. 262.

evitar a gravidez, parece injustificável a interrupção da vidra intrauterina que não se evitou.[7]

Por fim, os defensores da manutenção da criminalização do aborto afirmam que se a tutela penal da vida intrauterina não se mostra plenamente eficaz para impedir que abortos aconteçam, como sói de ser, aliás, com qualquer conduta que é criminalizada, **o seu abandono implica em enfraquecer ainda mais a proteção que é conferida à vida humana**. A descriminalização da conduta pode, ainda, levar às pessoas a reduzir o grau de cuidado na utilização de métodos contraceptivos, o que causaria um aumento significativo no número de abortos.

Sobre tema, há duas importantes manifestações do **Supremo Tribunal Federal**.

Na **ADPF 54**, o Supremo Tribunal Federal, por oito votos a dois, decidiu que **não é crime interromper a gravidez de fetos anencefálicos**, não sendo necessária autorização judicial para que a "cirurgia de retirada do feto" (*sic*) seja realizada.

Nesse caso, sete dos onze Ministros consideraram que **não havia aborto** nessa situação, uma vez que **não há possibilidade de vida fora do útero materno** nos casos em que o feto é diagnosticado como anencefálico. Desse modo, ao se colocar na balança de um lado a dignidade da pessoa humana, a liberdade no campo sexual, a autonomia, a privacidade, a saúde e a integridade física, psicológica e moral da mãe, e, de outro, a inexistência de vida em potencial, deve-se conferir à mulher o direito de optar por prosseguir ou não com a gestação.

O Ministro Luiz Fux, em seu voto, afirma que impedir a interrupção da gravidez sob ameaça penal efetivamente equivale a uma "tortura", vedada pela Constituição Federal. Isso porque, a manutenção compulsória de uma gravidez em que não há qualquer perspectiva de que o feto sobreviva após o parto assemelhar-se-ia a colocar a mulher em uma espécie de "cárcere privado em seu próprio corpo", deixando-a desprovida do mínimo essencial de autodeterminação.

A partir desse julgamento, o Conselho Federal de Medicina editou a Resolução n.º 1.989/2012 que, em seu artigo 2º, prevê que o diagnóstico da anencefalia será realizado por meio de exame de ultrassonografia a partir da décima segunda semana de gestação e deve conter duas fotografias que demostrem a ausência da calota craniana e de parênquima cerebral identificável e laudo assinado por dois médicos.

Criou-se, por via jurisprudencial, **mais uma exceção à prática do aborto**, além das duas já previstas no Código Penal.

---

7. SILVA, José Afonso da. Curso de direito constitucional positivo. 42ª ed., rev. e atual, São Paulo: Malheiros, 2019, p. 205.

Em 29 de novembro de 2016, a **Primeira Turma do Supremo Tribunal Federal**, ao julgar o **HC 124.396/RJ**, mencionou a possibilidade de se admitir **uma quarta exceção**, qual seja, a **possibilidade de aborto provocado pela própria gestante ou com o seu consentimento, no primeiro trimestre da gestação**, sem que a conduta seja considerada criminosa.[8]

O Ministro Luís Roberto Barroso, em seu voto, asseverou que a criminalização do aborto no primeiro trimestre de gestação é incompatível com os seguintes direitos fundamentais: os **direitos sexuais e reprodutivos da mulher**, que não pode ser obrigada pelo Estado a manter uma gestação indesejada; **a autonomia da mulher**, que deve conservar o direito de fazer suas escolhas existenciais; **a integridade física e psíquica da gestante**, que é quem sofre, no seu corpo e no seu psiquismo, os efeitos da gravidez; **e a igualdade da mulher**, já que homens não engravidam e, portanto, a equiparação plena de gênero depende de se respeitar a vontade da mulher nessa matéria.

Além desses fundamentos, o Ministro listou outros dois. Afirmou que o **impacto da criminalização recai de maneira especialmente intensa sobre as mulheres pobres**. Isso porque a previsão de tipificação do aborto impede que estas mulheres, que não têm acesso a médicos e clínicas privadas, recorram ao sistema público de saúde para se submeterem aos procedimentos cabíveis e, consequentemente, acabem por se automutilar, lesionar-se gravemente e até vir a óbito na tentativa de abortos clandestinos.

Por fim, o Ministro Luís Roberto Barroso consignou que a tipificação penal **viola, também, o princípio da proporcionalidade**: i) ela constitui medida de duvidosa adequação para proteger o bem jurídico que pretende tutelar (vida do nascituro), por não produzir impacto relevante sobre o número de abortos praticados no país, apenas impedindo que sejam feitos de modo seguro; (ii) é possível que o Estado evite a ocorrência de abortos por meios mais eficazes e menos lesivos do que a criminalização, tais como educação sexual, distribuição de contraceptivos e amparo à mulher que deseja ter o filho, mas se encontra em condições adversas; (iii) a medida é desproporcional em sentido estrito, por gerar custos sociais (problemas de saúde pública e mortes) superiores aos seus benefícios.

Embora essa decisão tenha sido emblemática e aponte para uma possível futura mudança de posição da Corte sobre o tema, **não se pode afirmar que o aborto, no primeiro trimestre da gravidez, foi descriminalizado no Brasil.**

Isso porque se trata de **uma decisão em questão incidental da Primeira Turma do STF, que não tem caráter vinculante**. Ademais, a ordem foi concedida de ofício para desconstituir a prisão preventiva dos médicos que praticaram o aborto

8. STF, Primeira Turma, HC 124.396/RJ, Red. p/ acórdão Min. Roberto Barroso, j. 9.8.2016.

também com fundamento na ausência dos requisitos que autorizam a prisão cautelar (artigo 312 do CPP).

D.2. Eutanásia

A **eutanásia** é a morte que alguém provoca em outra pessoa já em estado agônico ou pré-agônico, com o fim de liberá-la de gravíssimo sofrimento, em consequência de doença tida como incurável, ou muito penosa, ou tormentosa.[9]

Majoritariamente, tem-se entendido que a eutanásia, por ser uma forma não espontânea de interrupção do processo vital, **está vedada pelo direito à vida**, ainda que haja o consentimento lúcido do doente.

Essa conclusão se baseia em três argumentos: i) a **vida** é um bem jurídico tutelado não somente do ponto de vista do indivíduo, mas também da comunidade, em virtude de sua **alta importância e de seu valor social**; ii) é possível que tenha havido um **erro de diagnóstico** ou que os **avanços da medicina permitam a descoberta de uma cura para a patologia que acomete o doente**; e iii) o **consentimento** do doente ou da pessoa mais velha – pessoa em situação de vulnerabilidade – **pode estar comprometido** por pressões da família e dos planos de saúde.

Assim, aquele que pratica a eutanásia tem sua conduta tipificada como crime no artigo 121, § 1º do Código Penal (**homicídio privilegiado por motivo de relevante valor moral**).

Existe, todavia, posição hoje **minoritária** no sentido de que a **eutanásia deve ser discriminalizada**. Para os defensores dessa corrente, deve-se ponderar o direito à vida com o **direito à integridade física e mental** e a **autonomia** do paciente, pendendo-se a balança para estes direitos.

Sustentam os defensores dessa posição que o doente pode, livre e conscientemente, optar por morrer em vez de prolongar uma vida indigna, repleta de sofrimentos. Assim, se o médico concordar em realizar o procedimento, a conduta dele não pode ser considerada criminosa.

Embora nosso ordenamento jurídico não faça qualquer distinção entre a eutanásia e outros **conceitos afins**, é importante fazer a distinção entre algumas situações.[10]

A **distanásia**, também conhecida como **obstinação terapêutica**, é o retardamento da morte com o emprego de todos os meios médicos disponíveis, ainda

---

9. SILVA, José Afonso da. Curso de direito constitucional positivo. 42ª ed., rev. e atual, São Paulo: Malheiros, 2019, p. 204.

10. Ver sobre o tema: BARROSO, Luís Roberto; MARTEL, Letícia de Campos Velho. A morte como ela é: dignidade e autonomia individual no final da vida. Revista Consultor Jurídico, 11.7.2012.

que eles causem intenso sofrimento ao paciente. Associa-se, à distanásia, a ideia de **prolongamento da morte** e de **tratamento inútil**, já que os procedimentos terapêuticos utilizados possuem efeitos mais nocivos do que a própria doença incurável.

A **ortotanásia**, por sua vez, é a **morte em seu tempo adequado, não postergada com os métodos terapêuticos extraordinários e desproporcionais**, como ocorre na distanásia, **nem adiantada por ação intencional externa**, como sói de ser na eutanásia. Não significa dizer que não podem ser utilizados cuidados paliativos para aliviar a dor e humanizar a morte. Deixa-se de empregar, contudo, meios desproporcionais que geram grande sofrimento ao paciente, que tem sua vida abusivamente prolongada.

O **suicídio assistindo**, por fim, ocorre quando a **pessoa em estágio terminal pratica todos os atos que levarão a sua morte**, porém com **auxílio ou assistência de terceira pessoa**. Em nosso ordenamento jurídico, essa prática consiste no crime previsto no artigo 122 do Código Penal (induzimento, instigação ou auxílio ao suicídio ou a automutilação).

Como dito, a nossa legislação penal não diferencia a eutanásia da distanásia ou da ortotanásia, configurando todas elas, ao menos em tese, o crime de homicídio. Em relação ao suicídio assistindo, a conduta é criminalizada, porém, em tipo diverso.

No entanto, em relação à ortotanásia, é importante destacar que a Resolução n.º 1.805/2006 do Conselho Federal de Medicina prevê que é permitido ao médico limitar ou suspender procedimentos e tratamentos que prolonguem a vida do doente em fase terminal, de enfermidade grave e incurável, respeitada a vontade da pessoa ou de seu representante legal.

Nessa situação, o médico tem o dever de esclarecer ao doente ou a seu representante legal as modalidades terapêuticas adequadas para cada situação, bem como de promover todos os cuidados necessários para aliviar os sintomas que levam ao sofrimento do paciente, assegurada a assistência integral, o conforto físico, psíquico, social e espiritual, inclusive assegurando-lhe o direito da alta hospitalar.

Essa resolução foi objeto de ação civil pública ajuizada pelo Ministério Público Federal, que buscava a anulação da resolução, sob o fundamento de que não poderia o Conselho Federal de Medicina, por via de resolução, prever como ética uma conduta criminalizada na legislação brasileira. A ação, em primeira instância, foi julgada improcedente.

Desse modo, parece-me que, atualmente, **a ortotanásia é admitida** como uma conduta lícita em nosso país, desde que precedida de livre e informado consentimento do paciente.

D.3. Células-tronco embrionárias

Em 2010, o **Supremo Tribunal Federal** foi chamado a enfrentar outra delicada questão envolvendo o direito à vida: **a constitucionalidade ou não do uso de células-tronco embrionárias em pesquisas científicas para fins terapêuticos.**[11]

O artigo 5º da Lei n.º 11.105/05 (Lei de Biossegurança) permitiu, para fins de pesquisa e terapia, a utilização de células-tronco embrionárias obtidas de embriões humanos produzidos por fertilização *in vitro* e não utilizados no respectivo procedimento, desde que: i) os embriões sejam inviáveis ou que eles estejam há três anos ou mais congelados, e ii) haja o consentimento dos genitores.

Esse dispositivo foi objeto de uma **ação direta de inconstitucionalidade** sob o fundamento de que haveria **violação ao direito à vida**, uma vez que os embriões seriam uma vida humana – ser vivo, com material genético distinto dos doadores do óvulo e do espermatozoide que o gerou e pertencente à espécie biológica do *homo sapiens*. Argumentou-se, ainda, que a não utilização de células-tronco embrionárias não inviabilizariam as pesquisas, que poderiam ser feitas como células-tronco adultas.

Em votação acirrada, por **seis votos a cinco**, a ação direta de inconstitucionalidade foi julgada **improcedente**. Os fundamentos de decidir foram:

i) **Não cabe ao Supremo Tribunal Federal decidir sobre qual das duas formas de pesquisa básica é a mais promissora**: a pesquisa com células-tronco adultas e aquela incidente sobre células-tronco embrionárias. A certeza científico-tecnológica está em que um tipo de pesquisa não invalida o outro, pois ambos são mutuamente complementares.

ii) **Inexistência de ofensa ao direito à vida e da dignidade da pessoa humana**, pois a pesquisa com células-tronco embrionárias (inviáveis biologicamente ou para os fins a que se destinam) significa a "celebração solidária da vida" e alento aos que se acham acometidos por graves doenças e sofrimentos, vivendo à margem do exercício concreto e inalienável dos direitos à felicidade e do viver com dignidade. Desse modo, embora os momentos da vida humana anteriores ao nascimento devam ser objeto de proteção, **não há que se falar em aborto na hipótese**, pois o embrião pré-implanto não é uma pessoa em sentido biográfico, tampouco desencadeia, por si só, uma gestação humana.

iii) A proibição de pesquisas com células-tronco embrionárias violaria os direitos fundamentais à **autonomia da vontade**, ao **planejamento familiar**

11. STF, Tribunal Pleno, ADI 3.510, Rel. Min. Ayres Britto, j. 29.5.2008, p. 28.5.2010.

e à **maternidade**, além dos direitos fundamentais à **saúde** e à **liberdade científica**.

Assim, hoje é permitido no Brasil a utilização de células-tronco embrionárias em pesquisas e em terapias, desde que observados o disposto no artigo 5º da Lei de Biossegurança.

D.4. Legítima defesa da honra

Uma das garantias ao direito à vida é a criminalização das condutas que atentem contra esse importante bem jurídico. Paralelamente a isso, nossa Constituição de 1988 reconheceu a instituição do Tribunal do Júri (art. 5º, XXXVIII, da CF), garantindo-se aos réus acusados das práticas dos crimes dolosos contra a vida que a decisão seja tomada diretamente por pessoas do povo, e não por um juiz togado, em meio a um procedimento em que se garante a plenitude de defesa.

Por plenitude de defesa deve-se entender que poderão ser veiculados não só todos os argumentos jurídicos cabíveis na defesa do acusado, mas também os argumentos não jurídicos – morais, políticos, sociológicos, sentimentais etc. Há um ganho em relação à tradicional ampla defesa, que somente admite a formulação de argumentos jurídicos.

Com base na plenitude de defesa, não era incomum que a defesa se utilizasse da chamada tese da legítima defesa da honra, principalmente em casos de feminicídio – assassinato de uma mulher cometido por razões da condição de sexo feminino. Por meio dela, alega-se que o assassínio não seria ilícito uma vez que fora praticado para afastar mal injusto e grave consubstanciado na mácula da honra do homicida.

Contra a utilização dessa tese nos plenários do Júri foi ajuizada a ADPF 779. Nela, o Supremo Tribunal Federal conferiu interpretação conforme à Constituição ao art. 483, inciso III, § 2º, do Código de Processo Penal, para entender que não fere a soberania dos vereditos do tribunal do júri o provimento de apelação que anule a absolvição fundada em quesito genérico, quando, de algum modo, possa implicar a repristinação da odiosa tese da legítima defesa da honra.

Como fundamento, o STF assinalou que a tese da legítima defesa da honra viola a dignidade da pessoa humana, o direito à vida e a igualdade entre homens e mulheres, sobretudo porque tal tese estimula a perpetuação do feminicídio e da violência contra a mulher.[12]

12. STF, Tribunal Pleno, ADPF 779, Rel. Min. Dias Toffoli, j. 1.8.2023.

D.5. Regulamentação do uso de armas de fogo por agentes da segurança pública

A Lei 13.060/2014, que disciplina o uso de instrumentos de menor potencial ofensivo pelos agentes de segurança pública, em todo o território nacional, estabeleceu em seu art. 2º, parágrafo único, que não é legítimo o uso de arma de fogo contra pessoa em fuga que esteja desarmada ou que não represente risco imediato de morte ou de lesão aos agentes de segurança pública ou a terceiros; e contra veículo que desrespeite bloqueio policial em via pública, exceto quando o ato represente risco de morte ou lesão aos agentes de segurança pública ou a terceiros.

Esse dispositivo foi impugnando na ADI 5.243, sob o argumento de que a delimitação de situações em que não se autoriza o uso de arma de fogo por profissionais de segurança pública afrontaria os arts. 2º, 5º, caput e LIV, e 144, *caput*, da Constituição.

O STF não acolheu o pedido e declarou a constitucionalidade da Lei 13.060/2014, sob o fundamento de que a norma impugnada se limitou a fixar parâmetros, de maneira proporcional objetiva, ao uso das armas de fogo, em respeito às obrigações que decorrem da própria proteção ao direito à vida, dentre elas, está a de impedir que qualquer pessoa seja dela privada de forma arbitrária.[13]

3. DIREITO À LIBERDADE

A. Aspectos gerais

O **conceito** de liberdade, em filosofia, é um dos conceitos mais disputados e debatidos. Para os fins da presente obra, adotarei o chamado conceito de liberdade objetiva/externa, que nada mais é do que **a liberdade concreta de ação não prejudicada por fatores externos**.

Em termos jurídicos, a liberdade tende a ser balizada em função da **autoridade**. Isso porque é inequívoco que as necessidades sociais impõem um **mínimo de coação ao indivíduo**. Afinal, a liberdade absoluta de um, significaria a ausência total de liberdade dos demais, que a ele estariam sujeitos. Desse modo, não é toda e qualquer coação sobre o agir do indivíduo que se configura uma afronta à liberdade, mas tão somente as coações ilegítimas e anormais o serão.

A Constituição de 1988 previu, no artigo 5º, inciso II, o **direito geral à liberdade**: "*ninguém será obrigado a fazer ou deixar de fazer alguma coisa senão em virtude de lei*".

13. STF, Tribunal Pleno, ADI 5.243, Red. p/ acórdão Min. Edson Fachin, j. 11.4.2019.

Consagra-se, assim, a **liberdade de agir**. É dizer: cada indivíduo pode fazer ou não fazer aquilo que quiser, salvo se houver limitação em lei. O vocábulo lei, aqui, compreende qualquer ato normativo estatal que seja legitimamente editado e que respeite o princípio da proporcionalidade.

Ao lado do direito geral de liberdade, a Constituição de 1988 conta, ainda, com diversas **liberdades específicas**, que, conquanto não deixem de estar englobadas no direito geral de liberdade, foram expressamente previstas pelo constituinte como forma de conferir-lhes especial proteção.

Passemos, pois, ao seu estudo.

B. Liberdade de locomoção

O **artigo 5º, inciso XV, da CF/88** prevê que: "*É livre a locomoção no território nacional em tempo de paz, podendo qualquer pessoa, nos termos da lei, nele entrar, permanecer ou dele sair com seus bens*".

Trata-se do direito de locomoção, que abrange o **direito de ir, vir e permanecer**.

O dispositivo constitucional pode ser dividido em dois: o direito ambulatorial **dentro do território nacional** e o **direito de entrar e sair no território brasileiro** (imigrar e emigrar). Ambas as vertentes, como visto, **podem ser condicionadas por lei**, desde que respeitado o conteúdo essencial da liberdade de locomoção.

Em relação à entrada e saída de **estrangeiros no território pátrio**, é comum que a legislação infraconstitucional traga, legitimamente, **maiores restrições**, em razão de uma maior preocupação com a tutela dos nacionais e por questões de segurança nacional.

Outra hipótese em que pode haver uma maior restrição a esse direito, essa expressamente prevista no texto constitucional, é no caso de **guerra**. Contudo, essas restrições também devem ser constitucionalmente justificadas e deve o princípio da proporcionalidade ser respeitado.

Durante o **estado de sítio**, o artigo 139, incisos I e II, da CF/88 autoriza que sejam tomadas as medidas de **obrigação de permanência em localidade determinada** e de **detenção em edifício não destinado a acusados ou condenados por crimes comuns**.

Em caso de violação ou ameaça de violação ao direito de locomoção, o artigo 5º, LXVIII, da Constituição de 1988 prevê o cabimento de impetração de ***habeas corpus***, um remédio constitucional específico para a tutela desse direito, que estudaremos mais adiante.

Questão controvertida envolvendo a liberdade de locomoção é a constitucionalidade da **cobrança de pedágio** nas hipóteses em que não há via alternativa gratuita para os usuários.

A questão chegou a **Supremo Tribunal Federal** por meio do **RE 645.181**, que reconheceu a repercussão geral da questão. O Relator Ministro Alexandre de Moraes, em 11.4.2019 votou por negar provimento ao recurso, fundamentando seu voto na constitucionalidade da restrição à liberdade de locomoção, que encontraria amparo inclusive constitucional no artigo 150, inciso V, da CF/88, que expressamente permite a cobrança de pedágio pela utilização de vias conservadas pelo Poder Público. Com o pedido de vista do Ministro Luís Roberto Barroso, a questão **encontra-se pendente de julgamento**.

C. Liberdade de expressão

C.1. Aspectos gerais

A liberdade de pensamento é um dos mais importantes e valiosos direitos fundamentais, seja porque intimamente ligada à plenitude de formação da personalidade do indivíduo, seja porque é um instrumento essencial para o bom funcionamento do sistema democrático.

Confere-se, assim, ao indivíduo a possibilidade de escolher entre quais **crenças**, **opiniões** e **pensamentos** acreditar e defender, de acordo com a sua consciência, bem como de **manifestá-las em público** por qualquer meio (verbal, comportamental, musical, por imagem etc.).

O **artigo 5º, inciso IV, da CF/88** prevê que uma **cláusula geral da liberdade de expressão**, preceituando que: "*é livre a manifestação do pensamento, sendo vedado o anonimato.*"

Na qualidade de direito de defesa, não pode o Poder Público impedir, previamente, que ideias sejam divulgadas, sendo **vedada**, em nosso ordenamento jurídico, a **censura**.

Embora a liberdade de expressão tenha, em regra, como sujeito passivo o Estado, em razão do reconhecimento da eficácia horizontal dos direitos fundamentais, tem-se admitido que ela seja aplicada em **contextos privados**.

O **Supremo Tribunal Federal**, no RE 197.911, por exemplo, com base no direito à liberdade de expressão, já decidiu que **as empresas são obrigadas a admitir a fixação de comunicados de sindicatos de trabalhadores em quadros de aviso.**[14]

Ainda que plenamente aplicável nas relações privadas, conferindo-se inclusive o direito de resposta àquele que tem sua imagem e honra manchadas por opinião veiculada em veículo de comunicação (artigo 5º, inciso V, da CF/88), prevalece o entendimento em doutrina que **não está abarcado pela liberdade de expressão o**

14. STF, Primeira Turma, RE 197.911, Rel. Min. Octavio Gallotti, j. 24.9.1996.

direito a expor ideias em órgãos de comunicação. Não se pode obrigar terceiros a veicular as ideias de uma dada pessoa.[15]

Embora extremamente relevante, o direito à manifestação do pensamento é **relativo** e pode ser restringido em alguns casos.

Na própria previsão constitucional há a **vedação ao anonimato**, o que tem por finalidade evitar o abuso desse direito, bem como permitir a responsabilização do emissor das opiniões.

Outra **vedação**, essa de natureza implícita, é a manifestação do pensamento por **meios violentos.** Vimos que a liberdade de expressão pode se manifestar não só verbalmente, mas por meio de gestos. No entanto, embora a manifestação de uma opinião tenda a impactar de alguma forma a audiência, esse impacto deve ser espiritual, **não abrangendo a coação física.**[16]

Ademais, ainda que não seja possível a censura prévia à manifestação de um pensamento, isso **não exime o autor da manifestação de responsabilidade civil e penal**, quando houver a violação a outros bens jurídicos constitucionalmente protegidos. Uma vez emitido o pensamento, cabe ao emissor defender a sua licitude.

É nesse contexto que a opinião ou pensamento ofensivos à honra ou à privacidade de outrem podem ser enquadradas nos crimes de **calúnia** (artigo 138 do Código Penal), **difamação** (artigo 139 do Código Penal) e **injúria** (artigo 140 do Código Penal).

Do mesmo modo, a legislação penal criminaliza a conduta daquele que **incita publicamente a prática de crime** (artigo 286 do Código Penal) ou que faz **apologia, publicamente, de fato criminoso ou de autor de crime** (artigo 287 do Código Penal). Nesses casos, tutela-se a **paz pública** e, indiretamente, todos os **demais bens jurídicos** que são colocados em risco com a conduta do indivíduo.

Também é criminalizada a conduta daquele que, ao manifestar seu pensamento ou opinião, acaba por **discriminar ilegitimamente um indivíduo ou grupo.** Os incisos XLI e XLII do artigo 5º da CF/88 trazem, respectivamente, o dever ao Estado de editar lei que puna qualquer discriminação atentatória aos direitos e garantias fundamentais e a prática do **racismo.** Nesse sentido, o artigo 20 da Lei n.º 7.716/89 prevê que **é crime praticar, induzir ou incitar a discriminação ou preconceito de raça, cor, etnia, religião ou procedência nacional.**

No âmbito civil, o artigo 5º, inciso V, da CF/88 assegura o direito de resposta, proporcional ao agravo, além da indenização por dano material, moral ou à

15. BRANCO, Paulo Gustavo Gonet; MENDES, Gilmar Ferreira. Curso de direito constitucional. 12ª ed. rev. e atual. São Paulo: Saraiva, 2017, p. 267.

16. Ibidem, p. 265.

imagem. Assim, caso uma manifestação viole algum direito da personalidade de terceiro, haverá o dever de **reparar civilmente pelos danos morais causados** – estando excluídos, a toda evidência, sentimentalismos ou meros aborrecimentos.

Feitas essas considerações gerais, passemos à análise de alguns **casos emblemáticos** que já foram decididos pelo Supremo Tribunal Federal.

C.2. Questões controvertidas

I. *Discurso de ódio* (hate speech)

Uma das questões mais debatidas sobre o direito à liberdade expressão e os seus limites é saber se manifestações de ódio ou intolerância contra pessoas ou grupos motivadas por preconceitos de etnia, gênero, religião, orientação sexual ou deficiências físicas e mentais (**discurso de ódio**) encontram-se protegidas ou não.

Nos **Estudos Unidos da América**, o direito à liberdade de expressão tem ganhado contornos bem amplos, sendo ele um dos direitos fundamentais mais valorizados pela jurisprudência estadunidense. Tem-se entendido que a **liberdade de expressão deve prevalecer** nos casos de *hate speech*, que não podem ser censurados ou penalizados.

Nesse sentido, a *Supreme Court* já decidiu que o Estado deve adotar uma postura de absoluta neutralidade em relação às diferentes ideias presentes na sociedade, ainda que considere algumas delas abjetas, desprezíveis ou perigosas. Isso porque o direito à liberdade de manifestação do pensamento serve justamente para os casos em que há discordância com a opinião que é emitida. Opiniões e pensamentos imorais ou ruins devem ser combatidos no campo das ideias, e não no campo jurídico.

Não é esse o entendimento, contudo, que vem prevalecendo no mundo e, mais especificamente, no Brasil.

No famoso **Caso Ellwanger**, o Supremo Tribunal Federal manteve a condenação pelo crime de racismo imposta pelo Tribunal de Justiça do Rio Grande do Sul ao editor Siegfried Ellwanger.

No julgamento, ficou assentado que o **direito à liberdade de expressão não ampara a conduta daquele que incita a discriminação racial**, por meio de ideias antissemitas, que buscam resgatar a ideia própria do regime nazista de que o povo judeu é inferior. Em um juízo de ponderação, entendeu a Corte que deveria prevalecer os **princípios da dignidade da pessoa humana** e da **igualdade jurídica.**[17]

17. STF, Tribunal Pleno, HC 81.885, Red. p/ acórdão Min. Maurício Corrêa, j. 17.9.2013.

II. Marcha da maconha

Na **ADPF 187**, o Supremo Tribunal Federal decidiu, por oito votos a zero, que a realização dos eventos chamados "**marcha da maconha**", que reúnem manifestantes favoráveis à descriminalização da droga, **é lícita**, pois abarcada pelos direitos à liberdade de expressão e reunião.[18]

O Ministro Celso de Mello, relator, asseverou que a mera proposta de descriminalização de determinado ilícito penal não se confunde com o ato de incitação à prática do delito nem com o de apologia de fato criminoso.

O Ministro Luiz Fux, em seu voto, ponderou que alguns parâmetros deveriam ser estabelecidos: i) as manifestações devem ser pacíficas, sem o uso de armas ou incitação à violência; ii) deve-se noticiar previamente às autoridades públicas a data, horário, local e objetivo do evento; iii) não pode haver a incitação ou estímulo ao consumo de entorpecentes durante o evento; e iv) crianças e adolescentes não podem estar engajadas na marcha.

Deu-se, assim, **interpretação conforme ao artigo 287 do Código Penal**, com efeito vinculante, "**de forma a excluir qualquer exegese que possa ensejar a criminalização da defesa da legalização das drogas, ou de qualquer substância entorpecente específica, inclusive através de manifestações e eventos públicos.**"

Na **ADI 4.274**, o Supremo Tribunal Federal foi novamente chamado a decidir a questão, agora com base no **artigo 33, §2º, da Lei n.º 11.343/06**, que prevê como crime "induzir, instigar ou auxiliar alguém ao uso indevido de droga". O Supremo manteve seu posicionamento, excluindo do referido tipo as manifestações e debates públicos sobre a descriminalização ou legalização das drogas.[19]

III. Trucagem e sátiras políticas

O artigo 45, incisos II e III, da Lei n.º 9.504/97 prevê que encerrado o prazo para a realização das convenções no ano das eleições, **é vedado** às emissoras de rádio e televisão, em sua programação normal e em seu noticiário usar trucagem, montagem ou outro recurso de áudio ou vídeo que, de qualquer forma, degradem ou ridicularizem candidato, partido ou coligação, ou produzir ou veicular programa com esse efeito e veicular propaganda política ou difundir opinião favorável ou contrária a candidato, partido, coligação, a seus órgãos ou representantes.

Entende-se por "**trucagem**" todo e qualquer efeito realizado em áudio ou vídeo que degrade ou ridicularize candidato, partido político ou coligação, ou que

18. STF, Tribunal Pleno, ADPF 187, Rel. Min. Celso de Melo, j. 15.6.2011.

19. STF, Tribunal Pleno, ADI 4.274, Rel. Ayres Britto, j. 23.11.2011.

desvirtue a realidade e beneficie ou prejudique qualquer candidato, partido político ou coligação (artigo 45, §4º, da Lei n.º 9.504/97).

Já o termo "**montagem**", para fins do disposto na Lei de Eleições, significa toda e qualquer junção de registros de áudio ou vídeo que degradar ou ridicularizar candidato, partido político ou coligação, ou que desvirtuar a realidade e beneficiar ou prejudicar qualquer candidato, partido político ou coligação (artigo 45, §5º da Lei n.º 9.504/97).

Sob o argumento de que essas disposições vilipendiavam o direito à liberdade de expressão, foi ajuizada a ADI n.º 4.451/DF, na qual pleiteou-se a declaração de inconstitucionalidade desses dispositivos.

O Plenário do Supremo Tribunal Federal, por unanimidade, decidiu que **a proibição de sátiras contra políticos nos tempos de eleição é inconstitucional**. Afirmou o Relator Ministro Alexandre de Moraes, em seu voto, que:

> "(...) a livre discussão, a ampla participação política e o princípio democrático estão interligados com a liberdade de expressão, tendo por objeto não somente a proteção de pensamentos e ideias, mas também opiniões, crenças, realização de juízo de valor e críticas a agentes públicos, no sentido de garantir a real participação dos cidadãos na vida coletiva. O direito fundamental à liberdade de expressão não se direciona somente a proteger as opiniões supostamente verdadeiras, admiráveis ou convencionais, mas também aquelas que são duvidosas, exageradas, condenáveis, satíricas, humorísticas, bem como as não compartilhadas pelas maiorias. Ressalte-se que, mesmo as declarações errôneas, estão sob a guarda dessa garantia constitucional."[20]

IV. Tatuagem e concursos públicos

Outra interessante questão decidida pelo Supremo Tribunal Federal com base no direito à liberdade de expressão foi a **inconstitucionalidade da previsão, em edital de concurso público, de restrição a candidato que possua tatuagem**.

No julgamento do **RE 989.450**, com **repercussão geral**, o Relator Ministro Luiz Fux asseverou que as pigmentações de caráter permanente inseridas voluntariamente em partes dos corpos dos cidadãos configuram instrumentos de exteriorização da liberdade de manifestação do pensamento e de expressão, valores amplamente tutelados pelo ordenamento jurídico brasileiro (CRFB/88, artigo 5°, IV e IX). Por isso, a Administração Pública não pode considerar, aprioristicamente, o

20. STF, Tribunal Pleno, ADI 4.451, Rel. Min. Alexandre de Moraes, j. 21.6.2018.

fato de uma pessoa possuir tatuagens, visíveis ou não, como parâmetro discriminatório para o ingresso em uma carreira pública.

Ficou **ressalvada** na decisão, contudo, que, em **situações excepcionais em que as tatuagens exteriorizem valores excessivamente ofensivos à dignidade dos seres humanos, ao desempenho da função pública pretendida, incitação à violência iminente, ameaças reais ou representem obscenidades, pode o edital impedir legitimamente o acesso à função pública, sem prejuízo eventual revisão judicial.**

V. Caso Gerald Thomas

Em 2003, o diretor e teatrólogo Gerald Thomas, após vaias da plateia durante uma apresentação no Teatro Municipal do Rio de Janeiro, **reagiu mostrando as nádegas para o público e simulando um ato de masturbação.**

Em razão disso, o Ministério Público do Estado do Rio de Janeiro ofereceu denúncia contra o diretor, dando-o como incurso no tipo penal do artigo 233 do Código Penal (praticar ato obsceno).

O acusado impetrou *habeas corpus* pleiteando o trancamento da ação penal, sob o fundamento de que os gestos foram praticados escudados na liberdade de expressão, que engloba a liberdade de manifestação artística.

A Segunda Turma do Supremo Tribunal Federal, em apertada votação, concedeu a ordem para trancar a ação penal. O Ministro Gilmar Mendes, redator do acórdão, afirmou que, em razão do horário (duas horas da manhã) e do público alvo, bem como do contexto, **os gestos praticados pelo teatrólogo, ainda que deseducados e inadequados, não teriam atingido o pudor público e estão abrangidos no direito à liberdade de expressão.**[21]

VI. Dossiê contra servidores do grupo "antifascista"

Foi ajuizada ADPF contra ato do Ministério da Justiça e Segurança Pública de promover investigação sigilosa sobre grupo de mais de quinhentos servidores federais e estaduais de segurança identificados como integrantes do "movimento antifascismo" e professores universitários.

Segundo a inicial, a confecção de dossiê, que teria sido compartilhado com diversos órgãos, como Polícia Rodoviária Federal, Casa Civil da Presidência da República, Agência Brasileira de Inteligência, Força Nacional de Segurança e três centros de inteligência vinculados à Secretaria de Operações Integradas (Seopi), nas regiões Sul, Norte e Nordeste, violava os preceitos fundamentais da liberdade

---

21. STF, Segunda Turma, HC 83.996/RJ, Red. p/ acórdão Min. Gilmar Mendes, j. 17.8.2004.

de expressão, reunião, associação, inviolabilidade de intimidade, vida privada e honra.

O Plenário do STF, em decisão definitiva, declarou inconstitucionais atos do Ministério da Justiça e Segurança Pública de produção ou compartilhamento de informações sobre a vida pessoal, as escolhas pessoais e políticas, as práticas cívicas de cidadãos, servidores públicos federais, estaduais e municipais identificados como integrantes de movimento político antifascista, professores universitários e quaisquer outros que, atuando nos limites da legalidade, exerçam seus direitos de livremente expressar-se, reunir-se e associar-se.[22]

Afirmou-se na ocasião que são asseguradas, pela Constituição de 1988, as manifestações livres de expressão, de reunião e de associação, a inviolabilidade da intimidade, da vida privada e da honra, conferindo-se a todos a garantia da liberdade para veicular ideias e opiniões e para se reunirem e também para se associarem (CF, art. 5º, IV, X, XVI e XVII).

VII. Especial de Natal do "Porta dos Fundos"

Em 2019, a Netflix, plataforma de "*streaming*", em parceria com o Porta dos Fundos, grupo de humor, lançaram um programa televisivo chamado "Especial de Natal do Porta dos Fundos: A Primeira Tentação de Cristo", uma sátira a diversos dogmas da fé cristã.

A Associação Centro Dom Bosco de Fé e Cultura ajuizou ação civil pública em face dos produtores, com o objetivo de impedir a difusão do referido conteúdo audiovisual, e de qualquer alusão publicitária ao referido filme, além da condenação dos réus ao pagamento de danos morais coletivos decorrentes da exibição da obra. Alegou-se que a sátira veiculada na obra constituiria "um ataque 'frontal, bárbaro e malicioso ao conjunto de crenças e valores que cercam a figura do Cristo, do Deus uno e trino, da Santíssima Virgem e seu esposo, São José, [ultrapassando, assim,] os limites da liberdade artística protegida pelo texto constitucional".

O pedido liminar foi indeferido em primeira instância. Interposto agravo de instrumento, o Desembargador Relator deferiu a liminar para determinar a completa suspensão da exibição do filme, sob o fundamento de que o direito às liberdades de expressão, imprensa e artística, que não são absolutos, não poderiam servir de respaldo para toda e qualquer manifestação, quando há dúvidas sobre se tratar de crítica, debate ou achincalhe, sendo necessária a ponderação dos direitos para evitar a ocorrência de excessos.

---

22. STF, Tribunal Pleno, ADPF 722/DF, Rel. Min. Cármen Lúcia, j. 13.5.2022.

A Netflix, então, ajuizou reclamação ao Supremo Tribunal Federal, que decidiu que a retirada de circulação produto audiovisual disponibilizado em plataforma de "*streaming*" apenas porque seu conteúdo desagrada parcela da população, ainda que majoritária, não encontra fundamento em uma sociedade democrática e pluralista como a brasileira.[23]

A Segunda Turma do Supremo Tribunal Federal asseverou que, por se tratar de conteúdo veiculado em plataforma de transmissão particular, na qual o acesso é voluntário e controlado pelo próprio usuário, é possível optar-se por não assistir ao conteúdo disponibilizado, bem como é viável decidir-se pelo cancelamento da assinatura contratada.

Afirmou, ainda, a importância da liberdade de circulação de ideias e o fato de que deve ser assegurada à sociedade brasileira, na medida do possível, o livre debate sobre todas as temáticas, permitindo-se que cada indivíduo forme suas próprias convicções, a partir de informações que escolha obter. Há diversas formas de indicar descontentamento com determinada opinião e de manifestar-se contra ideais com os quais não se concorda – o que, em verdade, nada mais é do que a dinâmica do chamado "mercado livre de ideias". A censura, com a definição de qual conteúdo pode ou não ser divulgado, deve-se dar em situações excepcionais, para que seja evitada, inclusive, a ocorrência de verdadeira imposição de determinada visão de mundo.

Nesse contexto, atos estatais de quaisquer de suas esferas de Poder praticados sob o manto da moral e dos bons costumes ou do politicamente correto apenas servem para inflamar o sentimento de dissenso, de ódio ou de preconceito, afastando-se da aproximação e da convivência harmônica.

VIII. Restrição à comercialização de testes psicológicos

O Supremo Tribunal Federal decidiu que o inciso III e os §§ 1º e 2º do art. 18 da Resolução 2/2003-CFP, ao restringirem a comercialização e o uso de testes psicológicos aos profissionais regularmente inscritos no Conselho Federal de Psicologia, acabaram por instituir disciplina desproporcional e ofensiva aos postulados constitucionais relativos à liberdade de manifestação do pensamento (art. 5º, IV, IX e XIV, da CF/88) e de liberdade de acesso à informação (art. 220 da CF/88).[24]

IX. Caso Aída Curi – direito ao esquecimento

No RE n.º 1.010.606/RJ, com repercussão geral reconhecida, o Supremo Tribunal Federal foi chamado a enfrentar uma intrincada questão envolvendo a liberdade de expressão.

---

23. STF, Segunda Turma, Rcl 38.782/RJ, Rel. Min. Gilmar Mendes, j. 3.11.2020.
24. STF, Tribunal Pleno, ADI 3.481/DF, Rel. Min. Alexandre de Moraes, j. 6.3.2021.

No caso em concreto, o programa de televisão "Linha Direta: Justiça", revisitando alguns crimes que abalaram o Brasil, apresentou, dentre alguns casos verídicos que envolviam vítimas de violência contra a mulher, o caso de Aída Curi.

Os irmãos da vítima, inconformados com a representação do crime ocorrido em 1958, ajuizaram ação indenizatória objetivando a compensação pecuniária e a reparação material em razão do uso, não autorizado, da imagem de sua falecida irmã. Os argumentos principais formulados pelos autores foram: i) a violação aos seus direitos ao esquecimento da tragédia; e ii) a violação ao direito de imagem de sua irmã.

Os pedidos foram julgados improcedentes e mantida a sentença de primeiro grau em sede de apelação e de recurso especial. No Supremo Tribunal Federal, foi reconhecida a **Repercussão Geral (Tema n.º 786)** e fixada a seguinte tese: "**É incompatível com a Constituição a ideia de um direito ao esquecimento**, assim entendido como o poder de obstar, em razão da passagem do tempo, a divulgação de fatos ou dados verídicos e licitamente obtidos e publicados em meios de comunicação social analógicos ou digitais. Eventuais excessos ou abusos no exercício da liberdade de expressão e de informação devem ser analisados caso a caso, a partir dos parâmetros constitucionais - especialmente os relativos à proteção da honra, da imagem, da privacidade e da personalidade em geral – e das expressas e específicas previsões legais nos âmbitos penal e cível".

Nessa ocasião, o Supremo Tribunal Federal asseverou que o direito ao esquecimento deve ser entendido como a pretensão apta a impedir a divulgação, seja em plataformas tradicionais ou virtuais, de fatos ou dados verídicos e licitamente obtidos, mas que, em razão da passagem do tempo, teriam se tornado descontextualizados ou destituídos de interesse público relevante.

Assim entendido, a previsão ou aplicação do direito ao esquecimento constituiu uma **afronta a liberdade de expressão**. Isso porque um comando jurídico que eleja a passagem do tempo como restrição à divulgação de informação verdadeira, licitamente obtida e com adequado tratamento dos dados nela inseridos, precisa estar previsto em lei, de modo pontual, clarividente e sem anulação da liberdade de expressão. Ele não pode, ademais, ser fruto apenas de ponderação judicial.[25]

X. Restrições à publicidade comercial de fumígenos

O Supremo Tribunal Federal foi chamado a analisar a constitucionalidade ou não de normas que impõem restrições à publicidade comercial de fumígenos e derivados do tabaco, na ADI n. 3.311.

25. STF, Tribunal Pleno, RE 1.010.606/RJ, Rel. Min. Dias Toffoli, j. em 11.2.2021 (Repercussão Geral – Tema 786).

Na oportunidade, o Supremo Tribunal Federal afirmou que a publicidade comercial encontra proteção constitucional, por ser manifestação da liberdade de expressão e comunicação. Todavia, como todo direito fundamental, não é absoluto e pode ser restringido quando colidir com outros direitos e valores constitucionais. No caso específico analisado, a própria Constituição Federal prevê expressamente tal possibilidade no artigo 220, §4º. Tais restrições, contudo, têm que ser proporcionais, limitando-se exclusivamente ao necessário para a tutela de outro valor ou direito.

Com base nesses fundamentos, ficou decidido que a limitação à exposição dos produtos nos postos de vendas e a imposição de advertência sanitária acompanhada de imagem nas embalagens dos produtos são restrições adequadas, necessárias e proporcionais em sentido estrito, pois visam à tutela do direito à saúde (art. 6º da CF/88) e à proteção de crianças e adolescentes (art. 227 da CF/88), que prevalecem no caso.[26]

D. Liberdade de informação e de imprensa

D.1. Aspectos gerais

O artigo 5º, inciso XIV, da CF/88 estatui que *é assegurado a todos o acesso à informação e resguardado o sigilo da fonte, quando necessário ao exercício profissional.*

Em sentido próximo, porém voltado às informações constantes de órgão público, o artigo 5º, inciso XXXIII, da CF/88 prevê que *todos têm direito a receber dos órgãos públicos informações de seu interesse particular, ou de interesse coletivo ou geral, que serão prestadas no prazo da lei, sob pena de responsabilidade, ressalvadas aquelas cujo sigilo seja imprescindível à segurança da sociedade e do Estado.*

Ambos os dispositivos tratam da **liberdade de informação**. Segundo José Afonso da Silva, a liberdade de informação compreende a **procura**, o **acesso**, o **recebimento** e a **difusão** de informações ou ideias, por qualquer meio, e sem dependência de censura.[27] Essa liberdade, do ponto de vista jurídico, possui **duas dimensões**: o **direito de informar** e o **direito de ser informado.**

A liberdade de informação **diferencia-se da liberdade de expressão/manifestação de pensamento**, embora não raro sejam tratadas juntas pela doutrina, posto que esta consiste no direito de **expressar-se** e de emitir uma **opinião**, enquanto aquela, no direito de emitir ou receber uma **informação.**

---

26. STF, Tribunal Pleno, ADI 3.311, Rel. Min. Rosa Weber, j. 13.9.2022.

27. SILVA, José Afonso da. Comentário contextual à constituição. 9ª ed. São Paulo: Malheiros, 2014, p. 112.

A liberdade de informação também **não se confunde com o direito à informação**, também conhecida como **liberdade de imprensa**. Isso porque, a liberdade de informar e ser informado é um direito pessoal, enquanto o direito à informação/liberdade de imprensa é um **direito coletivo**.

Tal distinção, longe de ser um fetiche doutrinário, foi adotada pelo constituinte originário. De fato, o direito à informação, de caráter coletivo e exercido por intermédio dos meios de comunicação, está previsto no artigo 220, *caput*, da Constituição Federal, que afirma que *a manifestação do pensamento, a criação, a expressão e a informação, sob qualquer forma, processo ou veículo não sofrerão qualquer restrição, observado o disposto nesta Constituição.*

Os §§1º e 2º desse mesmo dispositivo constitucional prosseguem, prevendo que *nenhuma lei conterá dispositivo que possa constituir embaraço à plena liberdade de informação jornalística em qualquer veículo de comunicação social*, e que *é vedada toda e qualquer censura de natureza política, ideológica e artística.*

Todavia, o próprio **Supremo Tribunal Federal** em seus julgados **não tem feito essa distinção**, tratando, muitas vezes, as liberdades de expressão, de informação e de imprensa de forma homogênea, não as diferenciando.

Voltando à liberdade de informação, é preciso destacar que a Constituição de 1988 previu o **sigilo à fonte** quando necessária ao exercício profissional. O sigilo à fonte é o direito de o profissional não revelar quem lhe transmitiu a informação, onde e como ela foi obtida.

Ponto de relevante destaque é que as liberdades de informação e de imprensa se encontram em **rota de colisão**, com alguma frequência, com outros direitos fundamentais e valores constitucionais. O caso mais frequente é a necessidade de conciliar a direito à informação com o **direito à privacidade**.

Dessa forma, é possível que, em um juízo de ponderação, a liberdade de informação venha a ser restringida. Também não há que se olvidar que o **exercício abusivo** dessa liberdade pode vir a ser **penalizado nas esferas cível e criminal**.

D.2. Questões controvertidas

I. Biografia não autorizada

Em 2012, a Associação Nacional dos Editores de Livros (ANEL) ajuizou ação direita de inconstitucionalidade com o fito de que os **artigos 20 e 21 do Código Civil** fossem declarados parcialmente inconstitucionais.

Isso porque os artigos 20 e 21 do CC/02 eram o sustentáculo legislativo para a **proibição das biografias não autorizadas**. Esses dispositivos preveem que é necessária a **autorização** para a divulgação de escritos ou a publicação que exponham ou utilizem a imagem – englobada aqui a imagem-atributo, que se refere às características morais – de uma pessoa, que poderá **proibir** a sua circulação.

Em 2015, por unanimidade, o Plenário do Supremo Tribunal Federal julgou procedente a ADI n.º 4.815 e **declarou que não é necessária autorização prévia para a publicação de biografias.**[28]

Ficou consignado pela Suprema Corte que a Constituição proíbe qualquer censura, sendo certo que o **direito de informação**, constitucionalmente garantido, permite que cada um dos cidadãos receba livremente dados sobre assuntos de interesse da coletividade e sobre as pessoas cujas ações são público-estatais ou público-sociais. Do contrário, haveria injustificada interferência ao direito de saber e de aprender.

Prosseguiu-se afirmando que as biografias, por serem parte da história, estão abarcadas nessas informações essenciais de interesse coletivo. Pontuou-se que não há dúvidas de que alguns abusos podem ser cometidos e que, em alguns casos, o direito à privacidade deverá prevalecer. Todavia, **o remédio jurídico para sanear isso não é a censura prévia**, mas sim o direito de resposta e a indenização civil.

II. Não recepção da lei da imprensa

O Supremo Tribunal Federal, ao julgar **a ADPF 130**, entendeu que **a Lei n.º 5.250/67 (Lei de Imprensa) não foi recepcionada pela Constituição de 1988**. Na oportunidade, consignou-se que a Lei de Imprensa era incompatível materialmente com a Constituição de 1988, não sendo sequer possível uma tentativa de conciliação hermenêutica entre ambas.

Para a maioria dos ministros, a própria ideia de uma lei que regule especificamente a atividade da imprensa viola as previsões constitucionais que asseguram a **liberdade de informação, de imprensa e manifestação do pensamento**. Afirmou-se que é da lógica encampada pela nossa Constituição de 1988 a autorregulação da imprensa como mecanismo de permanente ajuste de limites da sua liberdade ao sentir-pensar da sociedade civil. As consequências para o abuso já estão previstas na própria Constituição. Ademais, a responsabilização nas esferas cível e criminal, tal qual esquadrinhadas na Lei n.º 5.250/67, se mostra desproporcional, o que inibe o pleno gozo de tais liberdades.

III. Programação de televisão e classificação indicativa

A liberdade e o direito de informação, como estudamos, não são absolutas, podendo haver limitação no caso concreto. Um desses limites, previsto expressamente

28. STF, Tribunal Pleno, ADI 4.815/DF, Rel. Min. Cármen Lúcia, j. 10.06.2015.

na Constituição de 1988 é a **proteção à família e a adolescentes e crianças** (artigos 21, XVI, e 220, §3º, inciso I e III).

Nesse sentido, cabe ao Ministério da Justiça, por meio de portaria, **classificar** programas de rádio e televisão, com base em seu conteúdo, de acordo com a faixa etária. Como forma de fazer com que essa classificação fosse respeitada, editou-se o artigo 254 do ECA. Segundo esse dispositivo, caso a emissora violasse essa determinação, seria **apenada administrativamente** com multa e, em caso de reincidência, com a suspensão da programação por até dois dias.

Esse artigo foi impugnado pelo Partido Trabalhista Brasileiro na **ADI n.º 2.404**/DF, sob o argumento de violação às liberdades de expressão, de informação e de imprensa.[29]

O Supremo Tribunal Federal, ao analisar referida ação, julgou **inconstitucional a expressão "em horário diverso do autorizado" contida no art. 254 do ECA**. Afirmou-se que a **liberdade de programação** se encontra abrangida pelas **liberdades de expressão**, **informação** e **imprensa**, de modo que a proteção às crianças e aos adolescentes deve ser compatibilizada com essas liberdades por meio da elaboração de **classificação indicativa dos programas**, e não por meio de autorização para exibir os programas, o que representa **censura prévia**, vedada em nosso ordenamento jurídico.

Afirmou-se que a obrigatoriedade das emissoras de **exibir aviso de classificação etária antes ou durante** a exibição de seus programas (artigo 76 do ECA), somada à **responsabilização judicial posterior** em casos de abusos, já são suficientes a salvaguardar os direitos das crianças e dos adolescentes.

IV. Entrevista com Adélio Bispo

Em 6 de setembro de 2018, o candidato à Presidência da República Jair Messias Bolsonaro sofreu um atentado contra a sua vida em um comício promovido durante a sua campanha. Enquanto era carregado por apoiadores, o então Deputado Federal sofreu um golpe de faca no abdômen. Posteriormente, o autor da facada foi identificado como sendo Adélio Bispo de Oliveira, que foi preso preventivamente.

Em 17 de setembro de 2018, a revista VEJA pediu uma entrevista com Adélio Bispo de Oliveira, que contou com a aquiescência do acusado, de seus advogados e do Juiz de primeira instância. No entanto, o Desembargador do TRF/3ª Região, Nino Oliveira Toldo, proferiu uma decisão liminar impedindo o encontro.

---

29. STF, Tribunal Pleno, ADI 2.404/DF, Rel. Min. Dias Toffoli, j. 31.8.2016.

O veículo de comunicação ajuizou reclamação no Supremo Tribunal Federal contra a decisão, sob o argumento de que o provimento jurisdicional, ao desautorizar entrevista jornalística com custodiado, teria incorrido em censura prévia, em afronta aos artigos 5º, IX e XIV, e 220 da Constituição Federal. Alegou ter havido desrespeito à decisão tomada na ADPF 130, que julgou não recepcionada a Lei de Imprensa.

A Segunda Turma do Supremo Tribunal Federal, todavia, decidiu que não houve violação ao assentado pelo STF na ADPF 130, de modo que a reclamação era incabível no caso.[30]

Afirmou-se que não houve restrição à liberdade de imprensa, nem qualquer espécie de censura prévia ou de proibição de circulação de informações que configure ofensa ao assentado pela corte na ADPF.

Isso porque o juízo *a quo*, ao analisar a situação fática, destacou a importância da proteção das investigações e da prevenção de possíveis prejuízos processuais, inclusive quanto ao direito ao silêncio, além da necessidade de proteção do próprio custodiado, cuja sanidade mental ainda era discutível. Concluiu, diante dessas ponderações, que, pelo menos naquele momento, a realização da entrevista pleiteada não seria adequada.

A Turma acrescentou que, posteriormente, o custodiado foi declarado inimputável, em virtude de diagnóstico de "transtorno delirante persistente", tendo sido a ele imposta medida de segurança de internação por prazo indeterminado.

Ficou vencido o Ministro Edson Fachin, que deu provimento ao agravo regimental para julgar procedente a reclamação. Entendeu que, em razão da fundamentalidade que a liberdade de expressão possui no estado de direito democrático, não encontra amparo a decisão judicial que, sem examinar os parâmetros reconhecidos pela jurisprudência deste tribunal, restringe, indevidamente, a imprescindível atividade jornalística.

Para o Ministro, ainda que relevantes os fundamentos da decisão reclamada, a restrição à liberdade de expressão só poderia ser justificada se tivesse em conta os demais elementos que a resguardam. Ressaltou que, à época, havia elevado interesse público na informação a ser obtida decorrente de fato ocorrido durante uma campanha presidencial. Ponderou que a entrevista sequer foi realizada, providência que, à míngua de fortes razões, contraria o disposto no art. 13.2 do Pacto de San José da Costa Rica. Ou seja, a decisão reclamada, sem se pronunciar sobre o elevado interesse público na realização da entrevista, impediu que ela fosse feita, coarctando, indevidamente, o alcance da liberdade de expressão.

30. STF, Segunda Turma, Rcl 32.052 AgR/MS, Rel. Min. Gilmar Mendes, j. 14.4.2020.

V. *Pandemia de COVID-19 e acesso à informação*

Durante a pandemia de COVID-19, o Supremo Tribunal Federal já proferiu diversas decisões reafirmando a importância de o Poder Público manter a transparência à população acerca dos dados epidemiológicos, sob pena de violação ao artigo 5º, XXXIII, da CF/88.

Nesse cenário, o STF juntou inconstitucional o art. 6º-B da Lei nº 13.979/2020, incluído pela MP 928/2020, sob o fundamento de que esse dispositivo impõe uma série de restrições ao livre acesso do cidadão a informações. Afirmou-se que o art. 6º-B não estabelece situações excepcionais e concretas impeditivas de acesso à informação. Pelo contrário, transforma a regra constitucional de publicidade e transparência em exceção, invertendo a finalidade da proteção constitucional ao livre acesso de informações a toda sociedade.[31]

Em outra oportunidade, o Supremo Tribunal Federal afirmou que é necessária a manutenção da divulgação integral dos dados epidemiológicos relativos à pandemia da Covid-19 e que a interrupção abrupta da coleta e divulgação de importantes dados epidemiológicos, imprescindíveis para a análise da série histórica de evolução da pandemia (Covid-19), caracteriza ofensa a preceitos fundamentais da Constituição Federal, nomeadamente o acesso à informação, os princípios da publicidade e da transparência da Administração Pública e o direito à saúde.[32]

VI. *Resolução do TSE para o enfrentamento à desinformação atentatória à integridade do processo eleitoral*

Com a finalidade de regulamentar a disseminação de informações e notícias falsas em meio as eleições gerais ocorridas em 2022, o Tribunal Superior Eleitoral editou a Resolução nº 23.714/2022, ampliado os seus poderes de combate às "*fake news*" e estabelecendo novas vedações e sanções sobre o tema.

O Procurador-Geral da República ajuizou ADI contra aludida resolução, argumentando que: o TSE invadiu a competência legislativa da União sobre direito eleitoral; a resolução feriu a liberdade de manifestação do pensamento, independentemente de censura prévia, o princípio da proporcionalidade, os deveres de inércia e de imparcialidade do magistrado, a garantia do duplo grau de jurisdição e o princípio da colegialidade; foram atingidas as funções institucionais do Ministério Público Eleitoral.

---

31. STF, Tribunal Pleno, ADI 6.351 MC-Ref/DF, ADI 6.347 MC-Ref/DF e ADI 6.353 MC-Ref/DF, Rel. Min. Alexandre de Moraes, j. 30.4.2020.

32. STF, Tribunal Pleno, ADPF 690/DF, ADPF 691/DF e ADPF 692 /DF, Rel. Min. Alexandre de Moraes, j. 13.3.2021.

O Supremo Tribunal Federal, analisando a medida cautelar requerida, reputou que a norma impugnada era constitucional, valendo-se das seguintes razões de decidir: i) o TSE, ao exercer a sua atribuição de elaboração normativa e o poder de polícia em relação à propaganda eleitoral, não usurpa a competência legislativa da União, porquanto a Justiça Especializada vem tratando da temática do combate à desinformação por meio de reiterados precedentes jurisprudenciais e atos normativos, editados ao longo dos últimos anos; ii) a Resolução TSE nº. 23.714/2022 não consiste em exercício de censura prévia; iii) a disseminação de notícias falsas, no curto prazo do processo eleitoral, pode ter a força de ocupar todo espaço público, restringindo a circulação de ideias e o livre exercício do direito à informação; iv) o fenômeno da desinformação veiculada por meio da internet, caso não fiscalizado pela autoridade eleitoral, tem o condão de restringir a formação livre e consciente da vontade do eleitor.[33]

E. Liberdade de consciência e religiosa

E.1. Aspectos gerais

A **Reforma Protestante**, com a **quebra da unidade** religiosa da cristandade na Europa, deu origem a minorias religiosas e a intensos conflitos. Passou-se a postular o **direito à liberdade religiosa** como uma forma de vedar que o Estado impusesse aos seus súditos uma determinada religião.

A importância histórica desses acontecimentos para o desenvolvimento da própria noção de direitos fundamentais foi tamanha que alguns autores, como Georg Jellinek, chegam a apontar que a luta pela liberdade religiosa foi a **verdadeira origem dos direitos fundamentais.**[34]

Parcela da doutrina, quando da análise da **liberdade de pensamento**, afirma que essa liberdade engloba a liberdade de consciência e liberdade de expressão, o que sem dúvida não deixa de ser verdadeiro.[35] Nesta obra, contudo, optamos por tratá-las em tópicos separados.

A nossa Constituição de 1988 previu, no **artigo 5º, inciso VI**, que *é inviolável a liberdade de consciência e de crença, sendo assegurado o livre exercício dos cultos religiosos e garantida, na forma da lei, a proteção aos locais de culto e a suas liturgias.*

---

33. STF, Tribunal Pleno, ADI 7.261 MC/DF, Rel. Min. Edson Fachin, j. 25.10.2022.
34. CANOTILHO, J.J. Gomes. Direito Constitucional e Teoria da Constituição, 7ª ed., 20ª reimp. Coimbra: Almedina, 2003, p. 383.
35. Nesse sentido: FERREIRA FILHO, Manoel Gonçalves. Curso de direito constitucional. 40. ed. São Paulo: Saraiva, 2015, p. 329.

Nesse dispositivo encontram-se consagrados dois direitos: **o direito à liberdade de consciência** e o **direito à liberdade religiosa**. Embora próximos, eles não se confundem.

A **liberdade de consciência** é a liberdade que o sujeito tem de **aderir a valores morais e espirituais**, formulando, assim, **juízos e ideias sobre si mesmo e sobre o mundo externo**.

A **liberdade religiosa**, por sua vez, é a liberdade de **crer em uma determinada religião** (liberdade de crença), bem como de **exercitar o seu culto** (liberdade de culto).

Fica claro, nesse contexto, que a liberdade religiosa está inserida na liberdade de consciência, sendo que esta não se esgota naquela, posto que mais ampla.

Em virtude desses direitos, que são verdadeiros **direitos de defesa, é vedado ao Estado interferir na esfera íntima do indivíduo, impondo-lhe forçosamente determinadas concepções filosóficas ou religiosas.**

Uma manifestação concreta desse dever de abstenção estatal está prevista no artigo 5º, inciso VIII, da CF/88. Esse dispositivo dispõe que **ninguém será privado de direitos por motivo de crença religiosa ou de convicção filosófica ou política**, salvo se as invocar para eximir-se de obrigação legal a todos imposta e recursar-se a cumprir prestação alternativa fixada em lei.

Cuida-se da **objeção de consciência**, que nada mais é do que a pretensão de isenção de cumprimento de um dever geral, em razão de convicções filosóficas, religiosas ou políticas.[36] Para que ela seja legítima, deve: i) referir-se a uma **prestação individual** – os casos mais comuns são o serviço militar obrigatório e o direito-dever de votar; ii) basear-se em **convicções seriamente arraigadas no indivíduo**; e iii) impor-se **prestação alternativa ao indivíduo**.

Caso haja a **dupla recusa** do indivíduo em **cumprir obrigação a todos imposta** e à **prestação alternativa**, a sanção prevista pelo artigo 15, inciso IV, da CF/88 é a **suspensão dos direitos políticos**.

Caso mundialmente famoso envolvendo a objeção de consciência envolveu o ex-boxeador e campeão dos pesos pesados Muhammad Ali. Convocado para servir às Forças Armadas estadunidenses na guerra do Vietnã, em 1967, o boxeador recusou-se, por motivos religiosos. Em razão dessa recusa, Muhammad Ali foi denunciado e condenado à pena de cinco anos de prisão e ao pagamento de dez mil dólares de multa. Além disso, ficou impossibilitado de continuar lutando,

---

36. BRANCO, Paulo Gustavo Gonet; MENDES, Gilmar Ferreira. Curso de direito constitucional. 12ª ed. rev. e atual. São Paulo: Saraiva, 2017, p. 314.

tendo, inclusive, perdido seu título mundial. O caso chegou à *Supreme Court*, que absolveu Ali, reconhecendo como legítima a objeção de consciência apresentada.

Em relação à **liberdade religiosa**, é importante anotar que ela não se limita à esfera íntima do indivíduo, possuindo desdobramentos externos. É nesse sentido que se encontram abarcados pela liberdade religiosa a **liberdade de crença** (**dimensão interna**), isto é, a liberdade que o sujeito tem de escolher qual religião acreditar e professar, mas também a liberdade de fazer **proselitismo religioso** e a **liberdade de culto** (**dimensão externa**).

O **proselitismo religioso** nada mais é do que a possibilidade de empreender esforços para convencer outras pessoas a também se converterem à sua religião, ao passo que a **liberdade de culto** é o direito, individual ou coletivo, de praticar atos externos de veneração próprios de uma determinada religião.

A liberdade religiosa está intimamente ligada à **laicidade do Estado**. Desde 1890, o Brasil é um Estado laico, não confessional. O artigo 19, inciso I, da CF/88 prevê expressamente que: "*É vedado à União, aos Estados, ao Distrito Federal e aos Municípios estabelecer cultos religiosos ou igrejas, subvencioná-los, embaraçar-lhes o funcionamento ou manter com eles ou seus representantes relações de dependência ou aliança, ressalvada, na forma da lei, a colaboração de interesse público.*"

A laicidade tem **duas vertentes**: de um lado, impede que as confissões religiosas sofram intervenções do Estado em suas questões internas, por outro, protege o Estado de interferências indevidas da esfera religiosa.[37]

Dizer que o Estado é laico não significa dizer que o Estado deve adotar uma perspectiva ateísta ou refratária à religião, até porque o ateísmo não deixa de ser uma crença religiosa, não podendo ser privilegiada pelo Poder Público. Na verdade, o que se impõe é uma adoção de um **dever de neutralidade do Estado.**

Uma amostra positiva de que o **Estado brasileiro não é ateu** é a previsão, no preâmbulo da Constituição de 1988, que **invoca a proteção de Deus**. Além disso, o artigo 210, §1º, da CF/88 permite expressamente a **matrícula facultativa no ensino religioso em escolas públicas** e o artigo 226, §§ 1º e 2º, da CF/88 **admite que o casamento religioso produza efeitos civis, na forma da lei**.

O artigo 5º, inciso VII, da CF/88 traz, ainda, um direito a prestação atrelado à liberdade religiosa. Diz a norma constitucional que é **assegurado, os termos da lei, a prestação de assistência religiosa nas entidades civis e militares de internação coletiva.**

---

37. SARMENTO, Daniel. Os crucifixos nos tribunais e a laicidade do Estado. Revista eletrônica PRPE, maio de 2007.

Feitas essas observações de cunho geral, passemos à análise dos casos que já foram submetidos ao Supremo Tribunal Federal sobre essa temática.

E.2. Questões controvertidas

I. Obrigatoriedade da expressão "sob a proteção de Deus" no preâmbulo das Constituições estaduais

Vimos que, embora laico, o Estado brasileiro não é ateu, tampouco refratário à religiosidade. Em seu preâmbulo, a Constituição Federal de 1988 traz a expressão "*sob a proteção de Deus*".

Em âmbito estadual, quando do exercício do poder constituinte derivado decorrente, os constituintes estaduais adotaram a mesma fórmula, trazendo, nos preâmbulos das constituições estaduais, a menção à proteção de Deus, com a exceção do Estado do Acre.

O Partido Social Liberal (PSL), inconformado com essa omissão, ajuizou ação declaratória de inconstitucionalidade em face do preâmbulo da constituição estadual do Acre, sustentando, em síntese, que a omissão era inconstitucional, pois a invocação à proteção de Deus teria natureza de norma de reprodução obrigatória (**ADI 2.076/AC**).

O Plenário do STF, por unanimidade, julgou improcedente o pedido. Firmou-se a tese de que **a invocação da proteção de Deus não é norma de reprodução obrigatória, cabendo ao constituinte estadual deliberar discricionariamente pela sua inclusão ou não no texto constitucional**. Além desse argumento, reafirmou-se que o preâmbulo, embora possa servir de norte interpretativo, é irrelevante juridicamente.[38]

II. Ensino religioso nas escolas

O **artigo 210, §1º, da CF/88** prevê que: "*O ensino religioso, de matrícula facultativa, constituirá disciplina dos horários normais das escolas públicas de ensino fundamental.*"

O legislador infraconstitucional também trilhou esse caminho. O **artigo 33 da Lei n.º 9.394/96** (Lei de Diretrizes Básicas da Educação) estabelece que o ensino religioso, de matrícula facultativa, é parte integrante da formação básica do cidadão e constitui disciplina dos horários normais das escolas públicas de ensino

38. STF, Tribunal Pleno, ADI 2.076/AC, Rel. Min. Carlos Velloso, j. 15.8.2002.

fundamental, assegurado o respeito à diversidade cultural religiosa do Brasil, vedadas quaisquer formas de proselitismo.

Há ainda a previsão no **artigo 11, §1º, do Acordo Brasil-Santa Sé**, promulgado por meio do Decreto nº 7.107/2010, no sentido de que o ensino religioso, católico e de outras confissões religiosas, de matrícula facultativa, constitui disciplina dos horários normais das escolas públicas de ensino fundamental, assegurado o respeito à diversidade cultural religiosa do Brasil, em conformidade com a Constituição e as outras leis vigentes, sem qualquer forma de discriminação.

Com base nesse arcabouço normativo, diversas escolas públicas do país disponibilizam aulas de religião baseadas na fé católica.

A Procuradoria-Geral da República ajuizou ação direta de inconstitucionalidade (**ADI 4.439/DF**) contra os dispositivos infraconstitucionais acima listados, sob os argumentos de que o **ensino confessional** – vinculado a uma determinada religião – **viola** a **liberdade de religião**, o **princípio da laicidade** e o **princípio da igualdade**. Requereu que fosse dada interpretação conforme à Constituição a esses artigos para que o ensino religioso oferecido em escolas públicas seja voltado para o caráter histórico das várias religiões.

A Plenário do Supremo Tribunal Federal, em apertada votação (seis votos a cinco), julgou **improcedentes os pedidos**. Ficou consignado pelo STF que, observado o binômio laicidade do Estado (artigo 19, inciso I, da CF/88) e liberdade religiosa (artigo 5º, inciso VI, da CF/88), o previsto no artigo 210, §1º, da CF/88 **autoriza à rede pública o oferecimento, em igualdade de condições, de ensino confessional.**

Destacou-se que o direito à liberdade religiosa e a laicidade do Estado garantem a **voluntariedade da matrícula**, respeitando-se aqueles que não desejarem se matricular e **impede que o Poder Público crie, de forma artificial, seu próprio ensino religioso, com determinado conteúdo par a disciplina.**[39]

III. Provas de concurso público e dias de guarda

Na Suspensão de Tutela Antecipada n.º 389, o Supremo Tribunal Federal foi chamado a decidir uma interessante questão envolvendo a liberdade religiosa e **provas de concursos públicos que são agendadas para em dias de guarda para determinadas religiões.**

O Exame Nacional do Ensino Médio (ENEM) do ano de 2009 foi marcado para os dias 5 e 6 de dezembro, que caíam, respectivamente, em um sábado e um

39. STF, Tribunal Pleno, ADI 4.439/DF, Red. p/ acórdão Min. Alexandre de Moraes, j. 27.9.2017 (Informativo n.º 879).

domingo. Como a guarda do sábado como dia santo é da prática comum de algumas religiões – destacadamente o judaísmo –, foi ajuizada uma ação na 16ª Vara Federal de São Paulo buscando a suspensão do exame. Indeferida a tutela antecipada pelo juízo de piso, o Centro de Educação Religiosa Judaica agravou da decisão, tendo conseguido decisão judicial favorável junto ao TRF da 3ª Região.

A questão chegou ao Supremo, que decidiu por suspender a decisão do TRF da 3ª Região. Ficou assentado que, em mero juízo de delibação, **a designação de data alternativa para a realização dos exames não se revela em sintonia com o princípio da isonomia, convolando-se em privilégio para um determinado grupo religioso.**[40]

O tema seria analisado com maior profundida na ADI n.º 3.714/SP. Nessa ação, a Lei Estadual n.º 12.142/05 de São Paulo, que estabelece períodos para a realização de concursos ou processos seletivos para provimento de cargos públicos e de exames vestibulares no âmbito do Estado. O seu artigo 1º dispõe que as provas de concurso público ou processo seletivo para provimento de cargos públicos e os exames vestibulares das universidades públicas e privadas serão realizados no período de domingo a sexta-feira, no horário compreendido entre as 8h e as 18h. Já o artigo 1º, §1º, consigna que, quando inviável a promoção de certames em conformidade com o *"caput"*, a entidade organizadora poderá realizá-los no sábado, devendo permitir ao candidato que alegar motivo de crença religiosa a possibilidade de fazê-los após as 18h.

Todavia, a ADI 3.714/SP foi julgada prejudicada, ante a ocorrência de fato superveniente e prejudicial ao conhecimento da questão posta, qual seja: o advento da Lei Federal 13.796/2019, que altera a Lei de Diretrizes e Bases da Educação Nacional, para assegurar a alunos da rede de ensino o direito à escusa de consciência e prestações alternativas à realização de provas e frequência a aulas em dia de guarda religiosa.[41]

Não entendo que a ADI 3.714/SP devesse ter sido julgada extinta, sem resolução do mérito, por perda do objeto. A Lei Federal n.º 13.796/2019, que alterou a Lei n.º 9.394/1996 (Lei de Diretrizes e Bases da Educação Nacional) para incluir o artigo 7ª-A, não tratou integralmente da matéria estabelecida na Lei Estadual paulista. Esta disciplinava não só a aplicação de provas por instituições de ensino particulares e públicas aos alunos nelas matriculados – o que foi tratado na Lei Federal –, mas também a aplicação de provas de concursos públicos e vestibulares.

Em 2020, o Supremo Tribunal Federal foi chamado novamente a se manifestar sobre a questão, e dessa vez adotou posicionamento diverso.

40. STF, Tribunal Pleno, STA 389/MG, Rel. Min. Gilmar Mendes, j. 3.12.2009.

41. STF, Decisão Monocrática na ADI 3.714/SP, Rel. Min. Alexandre de Moraes, j. 22.2.2019.

No julgamento do RE 611.874/DF, com repercussão geral, fixou a seguinte tese: "Nos termos do art. 5º, VIII, da CF, **é possível** a realização de etapas de concurso público em datas e horários distintos dos previstos em edital por candidato que invoca a escusa de consciência por motivo de crença religiosa, **desde que** presente a razoabilidade da alteração, a preservação da igualdade entre todos os candidatos e que não acarrete ônus desproporcional à Administração pública, que deverá decidir de maneira fundamentada."[42]

Argumentou-se que a separação entre Igreja e Estado não pode implicar no isolamento daqueles que guardam uma religião à sua esfera privada. O princípio da laicidade não se confunde com laicismo. O Estado deve proteger a diversidade, em sua mais ampla dimensão, dentre as quais incluem-se a liberdade religiosa e o direito de culto.

Assim, deve o Estado implementar prestações positivas que assegurem a plena vivência da liberdade religiosa, que não são apenas compatíveis, como também recomendadas pela Constituição da República, a teor do inciso VII do art. 5º, CRFB, que assegura a "prestação de assistência religiosa nas entidades civis e militares de internação coletiva", bem como do art. 210, §1º, CRFB, o qual dispõe que o "ensino religioso, de matrícula facultativa, constituirá disciplina dos horários normais das escolas públicas de ensino fundamental".

Sob os mesmos fundamentos, foi fixada ainda outra tese afeta à questão: "Nos termos do art. 5º, VIII, da CRFB, é possível a Administração Pública, inclusive em estágio probatório, estabelecer critérios alternativos para o regular exercício dos deveres funcionais inerentes aos cargos públicos, em face de servidores que invocam escusa de consciência por motivos de crença religiosa, desde que presente a razoabilidade da alteração, não se caracterize o desvirtuamento no exercício de suas funções e não acarrete ônus desproporcional à Administração Pública, que deverá decidir de maneira fundamentada".[43]

IV. Proselitismo religioso em rádios comunitárias

O **artigo 4º, §1º, da Lei n.º 9.612/98**, lei que institui o serviço de radiodifusão comunitária, prevê que é vedado o proselitismo de qualquer natureza na programação das emissoras de radiodifusão comunitária.

---

42 STF, Tribunal Pleno, RE 611.874/DF, Red. p/ acórdão Min. Edson Fachin, j. 26.11.2020 (repercussão geral – Tema 386).

43. STF, Tribunal Pleno, RE 1.099.099/SP, Rel. Min. Edson Fachin, j. 26.11.2020 (repercussão geral – Tema 1.021).

Como vimos, o proselitismo religioso é um dos desdobramentos da liberdade religiosa. Não teria, portanto, restado violado esse direito fundamental com a edição dessa proibição?

No julgamento de **ADI 2.566/DF**, o Supremo Tribunal Federal entendeu que sim e **declarou inconstitucional** o referido dispositivo. Ficou consignado que **a proibição de veiculação de discurso proselitista em serviço de radiodifusão comunitária viola o direito à liberdade de expressão e o direito à liberdade religiosa.**[44]

Especificamente em relação à liberdade religiosa, afirmou-se que ela não é exercível apenas em privado, **mas também no espaço público**, e inclui o direito de tentar convencer os outros, por meio do ensinamento, a mudar de religião. O discurso proselitista é, por conseguinte, inerente à liberdade de expressão religiosa.

V. Discurso de ódio e liberdade religiosa

O direito à liberdade religiosa **não é absoluto**. Uma vez confrontado com outros direitos e valores constitucionais, em juízo de ponderação, pode ceder no caso concreto.

Um exemplo extremo é a impossibilidade de se alegar a liberdade religiosa para justificar a prática de sacrifícios humanos, como ocorre em algumas vertentes de religiões de matriz africana. Tal conduta configura o crime de homicídio (artigo 121 do Código Penal), prevalecendo, no caso, o direito à vida.

Há, no entanto, situações menos claras. Dois casos interessantes chegaram ao Supremo Tribunal Federal que, pelas circunstâncias concretas de cada um deles, adotou posições distintas.

O primeiro caso ocorreu na Bahia. Um sacerdote da Igreja Católica, **Jonas Abib**, foi acusado e denunciado pelo crime de racismo (artigo 20, §2º, da Lei n.º 7.716/89), pois escreveu um livro com críticas a outras religiões.

No **RHC 134.682/BA**, a Primeira Turma do Supremo Tribunal Federal entendeu que **não houve a prática de conduta típica no caso**. Ficou assentado que, embora tenha o autor do livro clamado à comunidade católica a resgatar os adeptos do espiritismo da inferioridade, **não houve incitação à violência, dominação, exploração, escravização, eliminação, supressão ou redução de direitos fundamentais**, razão pela qual a conduta estaria amparada na liberdade religiosa.

44. STF, Tribunal Pleno, ADI 2.566/DF, Red. p/ acórdão Min. Edson Fachin, j. 16.5.2018.

Em interessante passagem do voto, foram fixadas **balizas para que o discurso seja considerado criminosamente discriminatório**. Para tanto, seria necessário percorrer três etapas cumulativas:

a) primeiro, o agente atesta que há **desigualdade entre grupos e/ou indivíduos**;

b) após, ele afirma que há **suposta relação de superioridade** entre eles;

c) por fim, a partir das fases anteriores, o agente **supõe legítima a dominação, exploração, escravização, eliminação, supressão ou redução de direitos fundamentais do diferente que compreende inferior**.

Em outro caso, um pastor de uma igreja evangélica publicou, em uma página na rede mundial de computadores, vídeos e mensagens de conteúdo religioso nos quais ofendia líderes e seguidores de outras crenças religiosas diversas da sua, pregando inclusive o fim de algumas delas e imputando fatos ofensivos aos seus devotos e sacerdotes.

No julgamento do **RHC 146.303/RJ**, a Segunda Turma do Supremo Tribunal Federal entendeu que, no caso concreto, **não poderia ser alegada a liberdade religiosa e de expressão como forma de eximir-se de responsabilidade penal**.

Na decisão, ficou consignado que deve ser feita uma distinção entre o discurso religioso (que é centrado na própria crença e nas razões da crença) e o discurso sobre a crença alheia, especialmente quando se faça com intuito de atingi-la, rebaixá-la ou desmerecê-la (ou a seus seguidores). Um é tipicamente a representação do direito à liberdade de crença religiosa; outro, em sentido diametralmente oposto, é o ataque ao mesmo direito.

VI. Sacrifícios de animais em rituais religiosos

Em 2019, o Supremo Tribunal Federal foi chamado a analisar a compatibilidade do artigo 2º, parágrafo único, da Lei Estadual n.º 11.915/03 do Rio Grande de Sul com a Constituição Federal.

Os incisos do artigo 2º da referida lei trazem uma lista de condutas que são consideradas maus-tratos aos animais e, consequentemente, são proibidas. O parágrafo único, no entanto, excepcionou dessas vedações o livre exercício dos cultos e liturgias das religiões de matriz africana. Abriu-se a **possibilidade**, assim, de serem realizados **sacrifícios de animais nesses rituais**.

Esse dispositivo foi impugnado pelo Ministério Público do Rio Grande do Sul, que alegou, além de inconstitucionalidades de ordem formal, a incompatibilidade material com a Constituição.

O Plenário do Supremo Tribunal Federal decidiu que **é constitucional a lei de proteção animal que, a fim de resguardar a liberdade religiosa, permite o sacrifício ritual de animais em cultos de religiões de matriz africana.**[45] Entendeu-se, nessa oportunidade, que a liberdade religiosa deveria prevalecer sobre o direito fundamental a um meio ambiente ecologicamente equilibrado. Além disso, asseverou-se que não houve violação ao princípio da laicidade, pois a proteção conferida às religiões de matriz africana, que são minoritárias e poderiam ser subjugadas pelo Estado, não seria um privilégio, mas sim uma forma de assegurar a livre prática religiosa.

VII. Vacinação obrigatória

No julgamento do ARE 1.267.879/SP, com repercussão geral, o Supremo Tribunal Federal fixou a tese de que: "**É constitucional a obrigatoriedade de imunização por meio de vacina** que, registrada em órgão de vigilância sanitária, (i) tenha sido incluída no Programa Nacional de Imunizações ou (ii) tenha sua aplicação obrigatória determinada em lei ou (iii) seja objeto de determinação da União, estado, Distrito Federal ou município, com base em consenso médico-científico. Em tais casos, não se caracteriza violação à liberdade de consciência e de convicção filosófica dos pais ou responsáveis, nem tampouco ao poder familiar."[46]

Asseverou-se, nessa ocasião, que, embora o direito à liberdade de consciência e de crença seja objeto de especial proteção pelo texto constitucional, que destaca o pluralismo como um dos valores essenciais do Estado brasileiro, em certas hipóteses, ela precisa ser ponderada com outros direitos, entre os quais a vida e a saúde. O caso da obrigatoriedade de tomar vacinas testadas, aprovadas e registradas pelas autoridades competentes é uma dessas situações.

Consignou-se que, quando estão em jogo direitos fundamentais de terceiros ou de toda a coletividade, a decisão do indivíduo de se submeter ou não a uma medida sanitária não produz efeitos apenas sobre a sua esfera jurídica, mas também sobre a de outras pessoas, que não necessariamente compartilham das mesmas ideias.

Além de a obrigatoriedade da vacinação está prevista em alguns diplomas legais vigentes de longa data, diversos fundamentos justificam a legitimidade do caráter compulsório de vacinas quando existentes consenso científico e registro nos órgãos de vigilância sanitária, entre os quais: a) o Estado pode, em situações

45. STF, Tribunal Pleno, RE 494.601/RS, red. p/ o ac. Min. Edson Fachin, julgado em 28.3.2019 (repercussão geral).

46. STF, Tribunal Pleno, ARE 1.267.879/SP, Rel. Min. Roberto Barroso, j. 17.12.2020 (repercussão geral – Tema 1103).

excepcionais, proteger as pessoas mesmo contra a sua vontade (dignidade como valor comunitário); b) a vacinação é importante para a proteção de toda a sociedade, não sendo legítimas escolhas individuais que afetem gravemente direitos de terceiros (necessidade de imunização coletiva); e c) o poder familiar não autoriza que os pais, invocando convicção filosófica, coloquem em risco a saúde dos filhos (melhor interesse da criança).

VIII. Medidas de contenção à transmissão do novo coronavírus e proibição temporária de atividades religiosas em ambiente presencial

O Supremo Tribunal Federal decidiu que é compatível com a Constituição Federal a imposição de restrições à realização de cultos, missas e demais atividades religiosas presenciais de caráter coletivo como medida de contenção do avanço da pandemia da Covid-19.[47]

Segundo a Suprema Corte, a liberdade de realização de cultos coletivos não é absoluta. A Constituição Federal ao estabelecer reserva de lei ao exercício dos cultos religiosos, permite a restrição ao direito à liberdade religiosa em sua "dimensão externa", que compreende a liberdade de crença, a liberdade de aderir a alguma religião e a liberdade de exercício do culto respectivo. A lei deve proteger os templos e não deve interferir nas liturgias, a não ser que assim o imponha algum valor constitucional concorrente de maior peso.

Afirmou-se que a medida sanitária em análise se mostra adequada, necessária e proporcional, bem como em consonância com as diretrizes científicas propostas pela Organização Mundial da Saúde.

IX. Manutenção de Bíblias em escolas públicas e bibliotecas

O Supremo Tribunal Federal entende que a imposição legal de manutenção de exemplares de Bíblias em escolas e bibliotecas públicas estaduais configura contrariedade à laicidade estatal e à liberdade religiosa consagrada pela Constituição da República de 1988.

Isso porque, ao determinar que escolas e bibliotecas públicas mantenham exemplares da Bíblia em seus acervos, a norma estadual impugnada estimula e promove certos tipos de crenças e dogmas religiosos em detrimento de outros. Dessa forma, ofende os princípios da laicidade estatal, da liberdade religiosa e da isonomia entre os cidadãos.

47. STF, Tribunal Pleno, ADPF 811/SP, Rel. Min. Gilmar Mendes, j. 8.4.2021.

Em matéria confessional, portanto, compete ao Estado manter-se neutro, para preservar, em favor dos cidadãos, a integridade do direito fundamental à liberdade religiosa.[48]

F. Liberdade de reunião e de associação

As liberdades de reunião e de associação estão fortemente ligadas ao **princípio democrático** e à **liberdade de manifestação do pensamento**, sendo fundamentais para o controle do exercício do poder.

Essa interligação é tão forte que alguns autores, como Paulo Gustavo Gonet Branco, chegam a afirmar que o direito de reunião é o próprio direito de expressão exercido de maneira coletiva.[49] A bem da verdade, não há dúvidas de que tanto o direito de reunião quanto o direito de associação são **direitos individuais de exercício coletivo**.

F.1. Liberdade de reunião

A **liberdade de reunião** está prevista no artigo 5º, inciso XVI da CF/88. Esse dispositivo preceitua que *todos podem reunir-se pacificamente, sem armas, em locais abertos ao público, independentemente de autorização, desde que não frustrem outra reunião anteriormente convocada para o mesmo local, sendo apenas exigido prévio aviso à autoridade competente.*

A faceta mais imediata da liberdade de reunião contempla o **direito de agrupar-se pacificamente com outras pessoas, de forma transitória**. É importante observar que a aglomeração de pessoas tutelada pelo direito de reunião deve se dar em **locais públicos**. A liberdade de promover encontros privados não se encontra abarcada nesse direito, estando protegida pelo direito de liberdade geral previsto no artigo 5º, inciso II, da CF/88 e pelo direito à privacidade.

A liberdade de reunião inclui, em seu âmbito de proteção, não só **estar com outras pessoas**, mas **convocar**, **preparar**, **organizar** e **manifestar**. O Ministro Celso de Mello, em voto proferido no bojo da ADI n.º 1.969, reconheceu a amplitude desse direito, incluindo nele também o **direito de protestar.**[50]

Nesse contexto, o Estado tem o dever de não interferir ilegitimamente em reuniões públicas (**direito de abstenção**) e de proteger os manifestantes contra perturbações de grupos opositores (**direito de prestação**). Os **particulares** que

---

48. STF, Tribunal Pleno, ADI 5.258/AM, Rel. Min. Cármen Lúcia, j. 12.4.2021.

49. BRANCO, Paulo Gustavo Gonet; MENDES, Gilmar Ferreira. Curso de direito constitucional. 12ª ed. rev. e atual. São Paulo: Saraiva, 2017, p. 296.

50. STF, Tribunal Pleno, ADI 1.969, Rel. Min. Ricardo Lewandowski, j. 28.6.2007.

não compartilhem dos ideais veiculados na reunião, por sua vez, tem o **dever de não interferência**, podendo ser, inclusive, impedidas dela participar.

Como todo direito fundamental, o direito de reunião pode ser limitado. A próprio Constituição traz expressamente alguns **limites:**

i. Embora não seja exigida autorização prévia, deve-se **avisar previamente às autoridades públicas** que a reunião acontecerá. Esse aviso deve conter o lugar, itinerário, duração, objetivo da reunião e apontar quem são os líderes.

Embora possa parecer, em uma leitura apressada, que a necessidade do aviso prévio às autoridades possa criar embaraços intransponíveis à liberdade de reunião, tal limite é necessário para compatibilizar o exercício desse direito com outros direitos fundamentais – como a liberdade de locomoção, por exemplo –, bem como para viabilizar o próprio direito, evitando-se que ocorra mais de uma reunião no mesmo local e horário.
Contudo, o Supremo Tribunal Federal já decidiu que a notificação não precisa ser pessoal ou registrada, porque implica reconhecer como necessária uma organização que a própria Constituição não exigiu. Desse modo, a exigência constitucional de aviso prévio relativamente ao direito de reunião é **satisfeita com a veiculação de informação que permita ao poder público zelar para que seu exercício se dê de forma pacífica ou para que não frustre outra reunião no mesmo local**.
Na mesma oportunidade, o STF decidiu que manifestações espontâneas não estão proibidas nem pelo texto constitucional, nem pelos tratados de direitos humanos, de modo que a **inexistência de notificação não torna *ipso facto* ilegal a reunião**, não devendo serem os seus organizadores punidos penal ou administrativamente.[51]

ii. A reunião deve ser **pacífica e sem armas.**

iii. O direito de reunião pode ser **suspenso durante o estado de sítio** (artigo 139, inciso IV da CF/88) e **restringido durante o estado de defesa** (artigo 136, §1º, inciso, alínea 'a' da CF/88).

Além desses limites explícitos, pode ser que, no caso concreto, **a colisão com outros direitos fundamentais e valores constitucionais impliquem em restrições ao direito de reunião**. A doutrina tem apontado que são possíveis restrições sobre o **modo de expressão, tempo** e **lugar**.

---

51. STF, Tribunal Pleno, RE 806.339, Red. p/ acórdão Min. Edson Fachin, j. 14.12.2020 (Repercussão geral – Tema 855).

Dois exemplos clássicos ilustram bem a situação. É perfeitamente possível que a reunião seja deslocada para outro lugar, caso originalmente esteja prevista para ocorrer em frente a um hospital ou a uma casa de repouso, como forma de tutelar o direito à saúde e à tranquilidade das pessoas que lá se encontrem. Também é possível a delimitação ou transferência do espaço físico da reunião caso o local original cause transtornos sérios ao tráfego de pessoas e veículos, violando o direito de locomoção das demais pessoas.

Importante questão envolvendo a liberdade de reunião foi decidida pelo Supremo Tribunal Federal, na **ADPF 187** e na **ADI 4.274**, sobre a licitude das **marchas da maconha**. Quanto ao tema, remetemos o leitor ao item III, B.3, B, 2.1, 2 da Parte IV (*supra*).

F.2. Liberdade de associação

A **liberdade de associação**, por sua vez, ficou desenhada nos incisos XVII, XVIII, XIX, XX e XXI do artigo 5º da CF/88. Tais dispositivos preveem o direito às pessoas de **unirem-se, em caráter estável, para finalidades lícitas, vedada a associação de caráter paramilitar**.

Em seu âmbito de proteção, a liberdade de associação engloba as faculdades de **constituir**, **ingressar**, **permanecer**, **abandonar**, **organizar** a si mesma e **desenvolver** atividades associativas.

Em todas essas dimensões da liberdade de associação, notadamente nos núcleos ingressar, permanecer e abandonar, há necessidade de manifestação de **vontade** do indivíduo. É dizer: ninguém pode ser obrigado a participar de uma associação compulsoriamente, devendo ingressar e permanecer de maneira livre e desembaraçada.

No julgamento da **ADI 2.054**, que tinha por objeto a constitucionalidade da obrigatoriedade dos autores, intérpretes e músicos de terem de se associar ao ECAD para terem seus direitos autorais defendidos e resguardados (artigo 99 da Lei n.º 9.610/98), o Supremo Tribunal Federal **entendeu não haver violação à liberdade de associação.**[52]

Tal decisão fundou-se na legitimidade da decisão legislativa que, ao fixar as normas de organização e procedimento, viabiliza a cobrança de direitos autorais por uma entidade central, **tutelando os direitos autorais** (artigo 5º, XXVIII, da CF/88).

---

52. STF, Tribunal Pleno, ADI 2.054, Red. p/acórdão Min. Sepúlveda Pertence, j. 2.4.2003.

Ponderou-se que a liberdade de associação não se acha vulnerada pelo texto da Lei nº 9.610/98, uma vez que **os autores poderão perfeitamente associar-se ou não**, e, se o fizerem, não ficarão privados do direito de praticarem, pessoalmente, os atos necessários à defesa judicial ou extrajudicial de seus direitos autorais, ou do direito à cobrança da expressão patrimonial de tais direitos.

Reconhecendo a **dimensão negativa** do direito à liberdade de associação, o STF já decidiu que condicionar a desfiliação de associado à quitação de débitos e/ou multas constitui ofensa à liberdade de associação (na dimensão direito de não se associar), cuja previsão constitucional é expressa.[53]

Por fim, o Supremo Tribunal Federal tem entendido, com supedâneo no artigo 5º, inciso XXI, da CF/88, que as associações **podem representar** seus filiados judicialmente, desde que **autorizados expressamente** e que a **matéria objeto da ação tenha pertinência com os fins sociais da entidade.**[54]

A **exceção** ocorre nas hipóteses **de mandado de segurança coletivo** ou **mandado de injunção coletivo**, em que não há a necessidade de autorização expressa, bastando autorização genérica contida no estatuto da associação (**Enunciado n.º 629 da Súmula do STF**).

G. Liberdade profissional

A Constituição de 1988 prevê o direito individual de **escolha livre de trabalho, ofício e de profissão** à pessoa, de acordo com suas aptidões, capacidade e esforço. Nesse sentido, o artigo 5º, inciso XIII da CF/88 dispõe que *é livre o exercício de qualquer trabalho, ofício ou profissão, atendidas as qualificações profissionais que a lei estabelecer.*

José Afonso da Silva alerta que esse direito **não se confunde com o direito social ao trabalho**, entabulado no artigo 7º da CF/88. Isso porque a liberdade profissional está ligada a um dever de abstenção estatal, que não pode embaraçar a escolha e o exercício de uma profissão, ao passo que o direito social ao trabalho tem caráter prestacional, voltando-se ao conteúdo do trabalho e às condições materiais para a investidura em um ofício.[55]

O artigo 5º, inciso XIII, da CF/88 é **norma constitucional de eficácia contida.** Desse modo, a lei infraconstitucional pode **limitar** o seu alcance, desde que seja proporcional e que vise a tutela de outros direitos fundamentais.

---

53. STF, Tribunal Pleno, RE 820.823, Rel. Min. Dias Toffoli, j. 30.9.2022.

54. STF, 2ª Turma, RE 192.305, Rel. Min. Marco Aurélio, j. 15.12.1998.

55. SILVA, José Afonso da. Comentário contextual à constituição. 9ª ed. São Paulo: Malheiros, 2014, p. 110-111.

O Supremo Tribunal Federal tem sido firme em relação às restrições impostas por lei, exigindo que haja **potencial lesivo na atividade** para que eventuais limitações sejam consideradas constitucionais.

No julgamento do **RE 603.583**, com **repercussão geral**, o STF entendeu ser **constitucional** a exigência de aprovação no **Exame da Ordem dos Advogados do Brasil** para o exercício da advocacia, tal qual previsto no artigo 84 da Lei nº 8.906/94. Ficou consignado no julgado que a atuação profissional dos advogados repercute no campo de interesse de terceiros, havendo potencial lesivo apto a legitimar a limitação imposta.

No mesmo sentido, o Supremo Tribunal Federal entendeu, no julgamento do RE 1.156.197, com repercussão geral, que a restrição imposta pela Lei 13.021/2014, no sentido de que apenas farmacêuticos legalmente habilitados podem figurar como responsáveis técnicos de farmácias e drogarias, não é incompatível com o 5º XIII, da Constituição Federal. Afirmou-se que o objetivo maior da disciplina jurídica contida na Lei nº 13.021/2014 é assegurar que atividade de risco seja desempenhada por pessoa com conhecimento técnico suficiente, evitando-se, tanto quanto possível, danos à coletividade.[56]

Por outro lado, como vimos quando da análise da liberdade de informação, o Supremo Tribunal Federal, ao decidir o **RE n.º 511.961**, **derrubou a exigência de diploma para o exercício do jornalismo**, sob o fundamento de que tal restrição era excessiva e incompatível com a Constituição de 1988.

Na mesma toada, o STF já decidiu que **não é legítima a exigência de inscrição em conselho profissional para o exercício da profissão de músico**. Asseverou-se que a liberdade é a regra e que a atividade de músico prescinde de controle, pois não apresenta potencial lesivo.[57]

4. DIREITO À PRIVACIDADE

A. Aspectos gerais

O direito à privacidade pode ser definido como o direito que o sujeito tem de **não sofrer interferências de terceiros em questões de sua esfera íntima e na condução de sua vida**. Na célebre expressão cunhada na jurisprudência estadunidense, o direito à privacidade é o **direito de ser deixado só** ("*right to be alone*").

---

56. STF, Tribunal Pleno, RE 1.156.197, Rel. Marco Aurélio, julgado em 24.8.2020 (Tema 1.049).

57. STF, Tribunal Pleno, RE 414.426, Rel. Min. Ellen Gracie, j. 1.8.2011.

Esse importante direito foi alçado pelo constituinte originário à condição de direito individual fundamental no artigo 5º, inciso X da CF/88, que prevê a inviolabilidade da intimidade, da vida privada, da honra e da imagem das pessoas. Há, ainda, a previsão de inviolabilidade do domicílio (artigo 5º, inciso XI da CF/88) e de inviolabilidade da comunicação privada (artigo 5º, inciso XII da CF/88).

Como se vê do próprio texto constitucional, o direito à privacidade possui âmbito de proteção **amplo**, abarcando a tutela à **intimidade**, à **vida privada**, à **honra**, à **imagem** e a **inviolabilidade do domicílio** e das **comunicações privadas**.

B. Direito à intimidade, vida privada, honra e imagem

Embora muitas vezes sejam tratadas como expressões sinônimas, a **intimidade não se confunde com a privacidade**, tendo o constituinte originário atentado para essa diferença ao trazer, no artigo 5º, X da CF/88, as expressões "intimidade" e "vida privada" de forma separada.

Félix Ruiz Alonso ensina que a **intimidade** é o âmbito interior da pessoa mais profundo, secreto e escondido. Em virtude disso, é inacessível e invisível, de modo que somente a própria pessoa é capaz de conhecê-la verdadeiramente. É nesse espaço que a pessoa se constrói e descobre a si mesma.[58]

A **privacidade**, por sua vez, encontra-se em um **momento posterior**. Inicialmente, os atos humanos são gestados na intimidade da pessoa, em seu interior. Quando praticados, **externalizados**, os atos humanos se tornam tangíveis, visíveis e cognoscíveis.

Esses atos exteriores reúnem-se em dois grupos. Aqueles que envolvem relações sociais e atividades públicas, encontram-se no âmbito da **vida pública** da pessoa, e podem ser objeto de pesquisa e conhecimento de terceiros. Por outro lado, os atos exteriores relacionados à amizade, família, relacionamentos amorosos e tudo aquilo que a pessoa não quer divulgar ou publicar, estão englobados pela **vida privada**. É nesse segundo grupo, precipuamente, que incide a **proteção do direito à privacidade**.

Essa distinção entre vida pública e vida privada, em alguns casos, pode ser nebulosa. Sabemos que o ser humano é um ser social e vive em sociedade. Essa vida em sociedade **obsta que se atribua um valor extremado ao direito de privacidade**, pois certos acontecimentos despertam legítimo interesse social.

---

58. ALONSO, Félix Ruiz. Pessoa, intimidade e o direito à privacidade. *In*: MARTINS FILHO, Ives Gandra; MONTEIRO JÚNIOR, Antônio Jorge (org.). Direito à privacidade. São Paulo: Centro de Extensão Universitária, 2005, p. 33.

Mas como faremos para saber, em um determinado caso concreto, qual interesse deve **prevalecer** entre o direito de privacidade do indivíduo e o direito da sociedade em ser informada e saber determinados acontecimentos?

Em geral, alguns **parâmetros** têm sido utilizados pela doutrina e pela jurisprudência para solucionar essa questão:

i) A intensidade da proteção à vida privada depende do **modo de viver do indivíduo**. Pessoas públicas, que ocupam cargos públicos ou são celebridades, têm o seu âmbito da privacidade mais reduzido – mas não anulado – se comparadas a uma pessoa que não se encontre nessa situação.

ii) A **finalidade** da exposição dos atos externos de determinada pessoa deve estar atrelada, obrigatoriamente, ao **interesse público**. Não se aceita, aqui, que a mera curiosidade justifique restrição ao direito da privacidade.

iii) Os fatos veiculados devem ser, necessariamente, **verdadeiros**. A mentira não encontra amparo em nosso ordenamento jurídico, sendo, ao contrário, por ele combatida.

iv) A própria pessoa pode **consentir** com a exposição de sua vida privada. Como vimos quando da análise das características dos direitos fundamentais, embora eles sejam irrenunciáveis, autolimitações que não afetem o núcleo essencial do direito são admitidas.

   A grande questão que surge, nesse ponto, paira em torno do **consentimento tácito**. Em geral, tem-se entendido que, nos casos que envolvam atos praticados em locais públicos, como praças, ruas e praias, não deve prevalecer o direito à privacidade, pois haveria um consentimento tácito da pessoa à sua exposição.

Esses parâmetros não podem ser analisados isoladamente. Caso a caso, deve o intérprete **conjugá-los**. Assim, por exemplo, não basta que uma notícia seja verdadeira para que o direito à privacidade seja legitimamente limitado. Se na hipótese, embora a notícia seja verdadeira, mas esteja sendo veiculada somente em virtude de curiosidade, terá havido violação ao direito à privacidade.

A **honra** e a **imagem**, que também são declaradas como invioláveis pelo artigo 5º, inciso X, da CF/88, ainda que tratadas no mesmo dispositivo constitucional e, por nós, dentro de um conceito amplíssimo de direito à privacidade, não se confundem com este, tampouco com o direito à intimidade.

A **honra** engloba a reputação, o bom nome, o respeito, o apreço que o indivíduo goza no meio social (**honra objetiva**) e, também, o sentimento de dignidade próprio que a pessoa faz de si própria (**honra subjetiva**).

Tanto a honra objetiva quanto a honra subjetiva são protegidas pelo **direito fundamental à honra, surgindo** para o seu titular o direito de preservar a sua dignidade – aqui utilizada no mesmo sentido da *dignitas* romana –, podendo obstar que determinados fatos ou dados, ainda que verdadeiros, permaneçam em segredo.

Já o **direito à imagem** protege os caracteres exteriores que identificam a pessoa no meio social, como a forma física e seus componentes (rosto, braços, pernas etc.), voz e fisionomia. Trata-se de direito autônomo à honra e é protegido ainda quando esta não seja vilipendiada.

C. Sigilo de comunicações privadas e dados

O sigilo de comunicação privada, que abarca o sigilo de correspondência e de comunicação telefônica, pode ser ligado à liberdade de expressão e à liberdade de pensamento. No entanto, sua nota mais característica é a proteção conferida aos **segredos pessoais.**

Isso porque, adverte Paulo Gustavo Gonet Branco, a quebra na confidencialidade da comunicação implica na frustração do emissor em escolher o destinatário do conteúdo de sua comunicação.[59]

Já o **sigilo de dados** refere-se, precipuamente, ao **conteúdo** dos dados, e não à sua comunicação, que está protegida no sigilo de comunicação privada. No seu âmbito de proteção, encontram-se os dados bancários, dados fiscais, dados telefônicos e dados informáticos.

Nesse contexto, o artigo 5º, inciso XII, da CF/88 prevê que é *inviolável o sigilo da correspondência e das comunicações telegráficas, de dados e das comunicações telefônicas, salvo, no último caso, por ordem judicial, nas hipóteses e na forma que a lei estabelecer para fins de investigação criminal ou instrução processual penal.*

Esse comando constitucional é composto por **dois blocos de proteção.** O primeiro refere-se ao sigilo da correspondência e das comunicações telegráficas, enquanto o segundo refere-se aos dados e comunicações telefônicas.

José Afonso da Silva entende que em relação ao **primeiro bloco** – sigilo da correspondência e das comunicações telegráficas – o **sigilo é absoluto**, pois, diferentemente do que ocorreu em relação ao segundo bloco, não houve previsão expressa do constituinte admitindo a sua quebra.[60]

Todavia, não é esse o entendimento que prevalece. A **doutrina majoritária** e o **Supremo Tribunal Federal** têm entendido que, em **situações excepcionais**,

59. BRANCO, Paulo Gustavo Gonet; MENDES, Gilmar Ferreira. Curso de direito constitucional. 12ª ed. rev. e atual. São Paulo: Saraiva, 2017, p. 293.

60. SILVA, José Afonso da. Comentário contextual à constituição. 9ª ed. São Paulo: Malheiros, 2014, p. 106-107.

ponderando-se outros princípios e valores constitucionais, é **possível que haja a quebra do sigilo também no primeiro bloco.**

É o caso, por exemplo, a interceptação de correspondências enviadas aos presos pela administração penitenciária, prevista no artigo 41, parágrafo único, da Lei de Execuções Penais.[61]

Em relação ao **segundo bloco, há expressa previsão legal excepcionando o sigilo**, desde que a quebra se dê por ordem judicial, nas condições previstas em lei e para fins de investigação criminal ou instrução processual penal.

Todavia, o constituinte, ao prever expressamente a possibilidade de restrição, valeu-se da fórmula "**salvo, no último caso**". Assim, surge o questionamento: ao utilizar essa expressão, quis o constituinte abranger somente o sigilo de comunicações telefônicas ou, ao contrário, todo o segundo bloco, que inclui o sigilo de dados?

A **doutrina majoritária** tem adotado uma **interpretação restritiva** da expressão "salvo, no último caso", de modo que a exceção constitucional expressa seria aplicável **somente às comunicações telefônicas.**[62]

É a **Lei n.º 9.296/96** que regula o procedimento e os requisitos para que seja decretada, por ordem judicial, a interceptação telefônica. A inobservância dos seus parâmetros torna a prova ilícita, pois terá havido restrição indevida à inviolabilidade das comunicações telefônicas e, consequentemente, também ao direito à privacidade.

Isso não quer dizer, contudo, que o **sigilo de dados** não possa ser quebrado em situações excepcionais. Assim como ocorre com o sigilo das correspondências e das comunicações telegráficas, tal direito fundamental é **relativo** e pode ser relativizado por ordem judicial, desde que por decisão fundamentada em razões de interesse público atreladas a direitos e valores de ordem constitucional.[63]

Para colmatar qualquer dúvida acerca da proteção dos dados pessoais no meio digital, a EC n. 115/22 incluiu no artigo 5º da CF/88 o inciso LXXIX, que expressamente assegura o direito à proteção dos dados pessoais, **inclusive nos meios digitais**, nos termos da lei.

Em torno do tema, existem inúmeros **julgados do Supremo Tribunal Federal**. Para os fins do presente trabalho, colaciona-se os mais relevantes.

---

61. STF, Primeira Turma, HC 70.814/SP, Rel. Min. Celso de Mello, j. 1º.3.1994.

62. Nesse sentido: FERREIRA FILHO, Manoel Gonçalves. Comentários à Constituição Brasileira de 1988. Vol. I. São Paulo: Saraiva, 1990, p. 38; e STRECK, Lenio Luiz. As interceptações telefônicas e os direitos fundamentais. 2ª ed. Porto Alegre: Livraria do Advogado, 2001, p. 48.

63. STF, Segunda Turma, HC 96.056/PE, Rel. Min. Gilmar Mendes, j. 28.6.2011.

O **artigo 6º da LC n.º 105/01**, que permite que autoridade e agentes fiscais tributários da União, dos Estados, do Distrito Federal e dos Municípios requisitem das instituições financeiras, sem autorização judicial prévia, informações sobre movimentações bancárias dos contribuintes, é **constitucional**. O Supremo Tribunal Federal entendeu que não haveria, na hipótese, quebra do sigilo de dados bancários, mas sim mera transferência de sigilo dos bancos para o Fisco.[64]

O **Tribunal de Contas da União**[65] **e o Ministério Público**[66] **podem requisitar diretamente**, isto é, sem prévia autorização judicial, **informações bancárias de contas de titularidade da Prefeitura Municipal**, com o fim de proteger o patrimônio público. O STF afirmou, nessas decisões, que deve prevalecer o interesse da sociedade em conhecer o destino dos recursos públicos em detrimento do direito à privacidade de terceiros que tenham recebido esses recursos.

A página do Senado Federal na rede mundial de **computadores não pode divulgar relatório final de CPI que contenha dados que foram obtidos por meio da quebra de sigilo bancário, telefônico e fiscal**. Esses dados, segundo ficou decidido, devem ser mantidos sob reserva.[67]

É constitucional o **compartilhamento dos relatórios de inteligência financeira da UIF e da íntegra do procedimento fiscalizatório da Receita Federal do Brasil (RFB)**, que define o lançamento do tributo, com os órgãos de persecução penal para fins criminais, sem a obrigatoriedade de prévia autorização judicial, devendo ser resguardado o sigilo das informações em procedimentos formalmente instaurados e sujeitos a posterior controle jurisdicional. Esse compartilhamento, contudo, deve ser feito unicamente por meio de comunicações formais, com garantia de sigilo, certificação do destinatário e estabelecimento de instrumentos efetivos de apuração e correção de eventuais desvios.[68]

O STF entende, ainda, que a requisição dos dados bancários e fiscais imprescindíveis por parte do **Corregedor Nacional de Justiça**, nos moldes do art. 8º, V, do Regimento Interno do CNJ, é **constitucional**, desde que efetivada em processo regularmente instaurado para apuração de infração por sujeito determinado, mediante decisão fundamentada e baseada em indícios concretos da prática do ato.[69]

---

64. STF, Tribunal Pleno, RE 601.314/SP, Rel. Min. Edson Fachin, j. 24.2.2016 (repercussão geral).

65. STF, Primeira Turma, MS 33.340, Rel. Min. Luiz Fux, j. 26.5.2015.

66. STF, Segunda Turma, RHC 133.118/CE, Rel. Min. Dias Toffoli, j. 26.9.2017.

67. STF, Tribunal Pleno, MS 25.940, Rel. Min. Marco Aurélio, j. 26.4.2018.

68. STF, Tribunal Pleno, RE 1.055.941/SP, Rel. Min. Dias Toffoli, j. 4.12.2019 (repercussão geral – Tema 990).

69. STF, Tribunal Pleno, ADI 4.709/DF, Rel. Min. Rosa Weber, j, 27.5.2022.

O Supremo Tribunal Federal referendou medida cautelar, no bojo das ADIs 6.387, 6.388, 6.389, 6.390 e 6.393, para suspender a eficácia dos dispositivos da MP 954 de 2020 que impunham às empresas de telecomunicações o compartilhamento de dados com a Fundação Instituto Brasileiro de Geografia e Estatística (IBGE), para fins de suporte à produção estatística oficial durante a situação de emergência de saúde pública de importância internacional decorrente do Coronavírus (Covid-19).

Entendeu-se, na ocasião, que tais informações, relacionadas à identificação – efetiva ou potencial – de pessoa natural, configuram dados pessoais e integram o âmbito de proteção das cláusulas constitucionais assecuratórias da liberdade individual (art. 5º, *caput*), da privacidade e do livre desenvolvimento da personalidade (art. 5º, X e XII). Sua manipulação e seu tratamento, desse modo, deveriam observar, sob pena de lesão a esses direitos, os limites delineados pela proteção constitucional.

No caso, como o único dispositivo da MP 954/2020 a dispor sobre a finalidade e o modo de utilização dos dados objeto da norma é o § 1º do seu art. 2º, que se limita a enunciar que os dados em questão serão utilizados exclusivamente pelo IBGE para a produção estatística oficial, com o objetivo de realizar entrevistas em caráter não presencial no âmbito de pesquisas domiciliares, não delimitando o objeto da estatística a ser produzida, nem a finalidade específica, sua amplitude e não esclarece a necessidade de disponibilização dos dados nem como serão efetivamente utilizados, houve patente inconstitucionalidade.[70]

O Plenário do Supremo Tribunal Federal entendeu que o artigo 4º, parágrafo único, da Lei n.º 9.883/99, que prevê que os órgãos que compõem o SISBIN deverão fornecer informações para a ABIN, é constitucional. Para tanto, deve ser interpretado com base nos seguintes critérios: a) os órgãos componentes do Sistema Brasileiro de Inteligência (Sisbin) somente podem fornecer dados e conhecimentos específicos à Agência Brasileira de Inteligência (Abin) quando comprovado o interesse público da medida, afastada qualquer possibilidade de esses dados atenderem interesses pessoais ou privados; b) toda e qualquer decisão que solicitar os dados deverá ser devidamente motivada para eventual controle de legalidade pelo Poder Judiciário; c) mesmo quando presente o interesse público, os dados referentes a comunicações telefônicas ou dados sujeitos à reserva de jurisdição não podem ser compartilhados na forma do dispositivo em razão daquela limitação, decorrente do respeito aos direitos fundamentais; e d) nas hipóteses cabíveis de fornecimento de informações e dados à Abin, é imprescindível procedimento

70. STF, Tribunal Pleno, ADI 6.387, ADI 6.388, ADI 6.389, ADI 6.390 e ADI 6.393 MC-Ref/DF, Rel. Min. Rosa Weber, j. 7.5.2020.

formalmente instaurado e existência de sistemas eletrônicos de segurança e registro de acesso, inclusive para efeito de responsabilização, em caso de eventuais omissões, desvios ou abusos.[71]

D. Inviolabilidade do domicílio

O **artigo 5º, inciso XI, da CF/88** dispõe que *a casa é asilo inviolável do indivíduo, ninguém nela podendo penetrar sem consentimento do morador, salvo em caso de flagrante delito ou desastre, ou para prestar socorro, ou, durante o dia, por determinação judicial.*

Tal previsão constitucional garante que o indivíduo desfrute de um **espaço físico livre de intromissões de terceiros**, onde possa desenvolver, com tranquilidade, sua privacidade e intimidade.

O vocábulo "**casa**", para os fins da proteção constitucional conferida pelo artigo 5º, inciso XI, da CF/88, deve ser interpretado de maneira **ampla**, abarcando não só o **espaço ocupado com a finalidade de moradia**, mas também o **compartimento não aberto ao público em que alguém exerce a sua profissão.**

José Afonso da Silva faz dois importantes apontamentos sobre o tema. O primeiro é que **não estão abarcados** pela inviolabilidade do domicílio bares, restaurantes, cafés, mercados, lojas e quaisquer outros **estabelecimentos abertos ao público enquanto estiverem em horário de funcionamento**. O segundo é que a proteção constitucional **não está atrelada, necessariamente, à propriedade**, podendo dela gozar possuidores e até mesmo detentores.[72]

Embora a norma tenha como **destinatário** principal o **Poder Público** e seus agentes, não há dúvidas de que ela se aplica **também em face de particulares**, que não podem ingressar ou manter-se, sem autorização, na casa de outrem. Não à toa, a violação ao domicílio é conduta tipificada como crime em nosso ordenamento jurídico (artigo 150 do Código Penal).

O próprio texto constitucional traz **quatro exceções**, em que poderá ser possível penetrar, sem autorização, em casa alheia. São elas:

a) **Flagrante delito**: considera-se em flagrante delito aquele está cometendo a infração penal; acaba de cometê-la; é perseguido, logo após, pela autoridade, pelo ofendido ou por qualquer pessoa, em situação que faça presumir ser autor da infração; é encontrado, logo depois, com instrumentos, armas, objetos ou papéis que façam presumir ser ele autor da infração (artigo 302 do Código de Processo Penal). Nessas hipóteses, poderá a

71. STF, Tribunal Pleno, ADI 6.529/DF, Rel. Min. Cármen Lúcia, j. 8.10.2021.

72. SILVA, José Afonso da. Comentário contextual à constituição. 9ª ed. São Paulo: Malheiros, 2014, p. 105.

autoridade ingressar no domicílio, seja durante o dia ou durante a noite, sem autorização judicial.

b) **Desastre**: em caso de acontecimento calamitoso, que coloque em risco a vida ou a integridade física dos moradores ou de terceiros, será admitida a entrada em casa alheia, ainda que sem sua autorização, para salvar outrem ou a si mesmo.

c) **Prestar socorro**: na hipótese em que o morador necessite de ajuda de terceiros, como, por exemplo, em caso de doença ou risco causado por um animal, será mitigada a inviolabilidade domiciliar.

d) **Autorização do Poder Judiciário**: nesse caso, poderá a autoridade ingressar na casa de outrem, sem o seu consentimento. Diferentemente das outras exceções, aqui é necessário que a penetração na casa ocorra **durante o dia**.

Mas qual o conceito de dia para fins do artigo 5º, inciso XI, da CF/88? Há intensa controvérsia doutrinária sobre o assunto:

i. **Primeira posição**: Paulo Gustavo Gonet Branco entende que o conceito de "dia" corresponde a todas as horas compreendidas entre o nascer e o pôr do sol.[73]

ii. **Segunda posição**: José Afonso da Silva, posicionamento com o qual concordamos, adota um critério objetivo, entendendo que deve se considerar dia o período entre as 6h até as 18h.[74]

iii. **Terceira posição**: Alexandre de Moraes, por sua vez, conjuga os dois critérios, resguardando a hipótese de invasão domiciliar com autorização judicial mesmo após as 18h, desde que ainda não seja noite.[75]

A segunda posição, por sua maior objetividade, é **majoritária** em doutrina. Era esse também o meu posicionamento pessoal sobre o tema.

Contudo, com o advento da Lei n.º 13.869/19, que estabeleceu como crime, em seu artigo 22, §1º, inciso III, a conduta cumprir mandado de busca e apreensão domiciliar após as 21h (vinte e uma hora) ou antes da 5h (cinco horas), parece-me que o legislador infraconstitucional tomou partido no debate e definiu que dia, para os fins do artigo 5º, XI, da CF/88 abarca o período de **5h às 21h**.

73. BRANCO, Paulo Gustavo Gonet; MENDES, Gilmar Ferreira. Curso de direito constitucional. 12ª ed. rev. e atual. São Paulo: Saraiva, 2017, p. 293.

74. SILVA, José Afonso da. Comentário contextual à constituição. 9ª ed. São Paulo: Malheiros, 2014, p. 106.

75. MORAES, Alexandre de. Direito Constitucional, 34ª ed. São Paulo: Atlas, 2018, p. 61-62.

O **Supremo Tribunal Federal**, ao julgar, com repercussão geral, **o RE 603.616/RO** traçou alguns parâmetros envolvendo o caso de flagrante delito em crimes permanentes. Inicialmente, estipulou que é perfeitamente possível o ingresso em residência, inclusive durante a noite, sem autorização judicial, nos casos de crime permanente, posto que nestes a consumação – e, consequentemente, o flagrante – se protrai no tempo.

Tal medida, contudo, **poderá ser controlada *a posteriori* pelo Judiciário**, que avaliará, no caso concreto, se havia de fato **fundadas razões**, **devidamente justificadas**, que indicassem que havia flagrante delito, sob pena de responsabilização disciplinar, civil e penal da autoridade ou do agente e a nulidade dos atos praticados.[76]

E. Proteção aos dados pessoais

A Emenda Constitucional n. 115 de 2021 incluiu o inciso LXXIX no rol do artigo 5º da CF/88, assegurando, nos termos da lei, o direito à proteção dos dados pessoais, inclusive nos meios digitais.

Cuida-se, a toda evidência, de mais um desdobramento do direito à privacidade, cuja proteção de forma expressa já era reclamada há muito pela doutrina, uma vez que com o avanço nos meios de comunicação e com os impactos que a era digital trouxe à economia, houve relevante intensificação no fluxo de dados pessoais, o que levou à necessidade de uma reafirmação dos compromissos entre os detentores desses dados e os indivíduos sobre os quais esses dados se referem.

O direito à proteção de dados pessoais foi disciplinado pela Lei n. 13.709/18 (Lei Geral de Proteção de Dados Pessoais), que conceituou dado pessoal como a informação relacionada a pessoa natural identificada ou identificável (art. 5º, I).

Na ADI 5.545, o Supremo Tribunal Federal foi chamado a decidir interessante questão envolvendo a proteção de **dados genéticos pessoais**. Com a finalidade de evitar ou, ao menos dificultar, a troca de recém-nascidos nas dependências de hospitais, casas de saúde e maternidades, a Assembleia Legislativa do Rio de Janeiro editou uma lei obrigando a realização de coleta de material genético para permitir a posterior identificação dos bebês por meio de exame de DNA.

Embora reconhecendo a louvável finalidade da referida lei, o STF declarou-a inconstitucional. Isso porque, asseverou-se, que a lei fluminense, ao permitir a coleta e armazenagem de dados genéticos do nascituro e da parturiente independentemente de prévio consentimento, violou o direito à privacidade em sua dimensão negativa, que impõe a proteção contra ações que interfiram na intimidade e vida privada e a proibição de o Estado afetar o seu núcleo essencial, e em sua dimensão

76. STF, Tribunal Pleno, RE 603.616/RO, Rel. Min. Gilmar Mendes, j. 5.11.2015.

positiva, que impõe a salvaguarda das informações pessoais armazenadas tanto pelo setor público como pelo privado.

Nesse contexto, fixou-se a seguinte tese: "É **inconstitucional** a lei estadual que preveja o arquivamento de materiais genéticos de nascituros e parturientes, em unidades de saúde, com o fim de realizar exames de DNA comparativo em caso de dúvida."[77]

5. DIREITO À IGUALDADE

A. Aspectos gerais

Os homens, em essência, **são iguais**. Isso porque cada ser humano faz parte da **mesma espécie**, que é sumamente digna.

Isso não afasta, todavia, as **diferenças e desigualdades** que ocorrem no mundo dos fatos. Em verdade, basta uma olhada ao entorno para perceber que questões naturais, sociais, morais, políticas entre outras diferenciam-nos. Essa desigualdade não é de toda ruim, pois traz riqueza e pluralidade à sociedade humana.

Todavia, **algumas desigualdades** podem representar **barreiras** e **entraves ilegítimos**, que impedem as pessoas de colocar em prática seus projetos pessoais mais preciosos, ferindo, assim a sua dignidade.

É nesse contexto que surge a ideia de **igualdade jurídica**. Longe de querer dissipar toda e qualquer desigualdade, a igualdade jurídica tem por pano de fundo garantir ao ser humano as condições mínimas de justiça para que seja digno e feliz em sua existência.

Historicamente, e no Brasil isso não foi diferente, o constitucionalismo surgiu com uma matriz fortemente **liberal**. Desse modo, grande importância foi dada aos direitos relacionados à liberdade, colocando-se a igualdade em um segundo plano. Contentava-se com o aspecto formal da igualdade que, à luz do pensamento liberal, era suficiente para garantir que os indivíduos os meios necessários a perscrutar seus objetivos.

Surge, assim, a ideia de **igualdade formal**. Segundo ela, a lei deve tratar a todos de maneira igual, sem qualquer distinção. Desse modo, as normas jurídicas gerais devem ser criadas e aplicadas aos casos concretos sem qualquer diferenciação ilegítima. É nítido o **caráter negativo** da igualdade formal, que visa abolir privilégios, isenções pessoais e regalias de classe.

---

77. STF, Tribunal Pleno, ADI 5.545/RJ, Rel. Min. Luiz Fux, j.13.4.2023.

Essa vertente da igualdade está prevista no **artigo 5º, *caput*, da Constituição**, que expressamente prevê que *todos são iguais perante a lei.*

Embora o constituinte originário tenha falado expressamente na **igualdade perante a lei**, a doutrina é firme ao apontar que a igualdade formal não se limita a ela. Além da igualdade perante a lei, deve haver a **igualdade na lei**.

De fato, o destinatário da igualdade formal não é só o **aplicador do direito**, que, ao aplicar a norma geral ao caso concreto, não pode fazer qualquer diferenciação (igualdade perante a lei), mas também e principalmente o próprio **legislador** (igualdade na lei).

Nessa toada, o legislador tem o dever de elaborar a lei levando em consideração que devem ser **atribuídos direitos e encargos iguais àqueles que se encontram na mesma situação**. Por outro lado, se houver **distinção legítima e constitucionalmente assegurada entre grupos**, deve o legislador atentar-se para isso, **tratando essas situações de forma desigual para reduzir essas diferenças**.

Com o avanço da sociedade e da ciência jurídica, chegou-se à conclusão de que não bastava garantir as liberdades e uma igualdade meramente formal. **Sem mínimas condições** sociais, materiais e jurídicas e um fino equilíbrio entre liberdade e igualdade, **as liberdades e a igualdade formal mostram-se insuficientes**. Indivíduos premidos por suas necessidades se veem compelidos a abrir mão de seus projetos mais caros, muitas das vezes para garantir sua sobrevivência.

Nesse contexto, surge a ideia de **igualdade material**. Essa dimensão da igualdade está fortemente associada à justiça. Exige-se do Estado, aqui, um atuar firme no sentido de **atenuar e superar a miséria e as desigualdades materiais, sociais e políticas** que privem o indivíduo de um grau mínimo de **igualdade perante a vida**.

O constituinte originário de 1988 não se olvidou dessa realidade.

No **artigo 3º, incisos I e III, da CF/88** afirmou que constituem objetivos fundamentais da República Federativa do Brasil *construir uma sociedade livre, justa e solidária* e *erradicar a pobreza e a marginalização e reduzir as desigualdades sociais e regionais.*

O **artigo 5º, inciso I, da CF/88**, por sua vez, previu que **homens e mulheres** são iguais em direitos e obrigações, nos termos desta Constituição. Embora aqui transpareça um forte caráter de igualdade formal, esse inciso tem sido interpretado como uma chamada ao legislador e à própria sociedade à implementação de medidas legítimas que assegurem uma igualdade real entre os sexos.

Os **incisos XXX e XXXI do artigo 7 da CF/88** asseguram que não se criem diferenciação de salários, de exercício de funções e de critério de admissão por motivo de sexo, idade, cor ou estado civil, bem como proíbe qualquer discriminação no tocante a salário e critérios de admissão do trabalhador portador de deficiência.

Além da igualdade em suas dimensões formal e material, recentemente passou-se a falar em uma **terceira vertente da igualdade**: a **igualdade como reconhecimento**. A igualdade como reconhecimento significa o respeito que se deve ter para com as **minorias**, sua identidade e suas diferenças, sejam raciais, religiosas, sexuais ou quaisquer outras.

Nessa vertente, fica muito claro aquilo que tratamos no início deste tópico. A igualdade, antes de obnubilar as diferenças entre as pessoas, busca garantir que essas diferenças floresçam, garantindo a **abertura do mundo à diferença**, sem que isso implique em desigualdade de oportunidades.

Enquanto a igualdade material se volta precipuamente para questões socioeconômicas, a igualdade como reconhecimento enfoca a transformação **cultural** e **simbólica** necessárias para romper com a dominação cultural e desprezo que é imposta a determinados grupos.

Essa dimensão pode ser extraída da nossa **Constituição de 1988**, em seu **artigo 3º, inciso IV**. Nesse dispositivo previu-se que é objetivo fundamental da República Federativa do Brasil *promover o bem de todos, sem preconceitos de origem, raça, sexo, cor, idade e quaisquer outras formas de discriminação.*[78]

O Supremo Tribunal Federal vem reconhecendo as três dimensões da igualdade. No julgamento da ADC 41/DF, ficou assentada a constitucionalidade da previsão legal de reserva de vagas para negros em concursos públicos. O Ministro Roberto Barroso, relator, tratou expressamente das três dimensões da igualdade.[79]

A grande questão a ser resolvida em relação ao princípio da igualdade é saber **até que ponto** as desequiparações legais desejadas, se transmudam em desigualdades inconstitucionais.

A doutrina e a jurisprudência, para responder essa pergunta, têm se voltado para o **fundamento discriminatório (discrímen)**. Caso ele seja **razoável** e o **fim visado seja compatível com a Constituição**, não há ofensa ao princípio da igualdade. Todavia, caso o discrímen seja irrazoável e/ou incompatível com a Constituição, temos um **privilégio odioso**, restando vilipendiado o princípio da igualdade.

B. Ações afirmativas

Como estudamos, o princípio da igualdade veda que se trate situações iguais de forma desigual, ao mesmo tempo em que permite que se trate de maneira desigual situações desiguais, na medida da sua desigualdade.

---

78. Sobre os três aspectos da igualdade, ver: BARROSO, Luís Roberto; OSÓRIO, Aline. "Sabe com quem está falando?": Notas sobre princípio da igualdade no Brasil contemporâneo. Revista Direito & Práxis. Rio de Janeiro, vol. 7, n.º 13, 2016, p. 204-232.

79. STF, Tribunal Pleno, ADC 41, Rel. Min. Roberto Barroso, j. 8.6.2017.

Nesse contexto, surgem as ações afirmativas, um poderoso instrumento de **inclusão social**. Elas podem ser definidas como a implementação de **políticas compensatórias** adotadas para **remediar situações históricas de marginalização social** com a finalidade assegurar a diversidade e pluralidade, **garantindo igualdade de oportunidades**.

São medidas que, por meio de uma **discriminação positiva** (*affirmative actions*), buscam promover uma **igualdade fática**.

O **Supremo Tribunal Federal** foi chamado, mais de uma vez, a analisar a constitucionalidade de algumas ações afirmativas.

Na **ADPF 186**, o Partido Democratas questionou a constitucionalidade de atos que instituíram o sistema de reserva de vagas com base em critério étnico-racial (**cotas raciais**) **no processo de seleção para ingresso na Universidade de Brasília (UnB)**.

O Plenário do STF, por unanimidade, julgou improcedente o pedido formulado na arguição. Ficou assentado que **a implementação de cotas raciais não viola o princípio da igualdade**, pelo contrário, o prestigia.

Consignou-se que a Constituição de 1988 possibilita que o Estado lance mão de políticas de cunho universalista, que abrangem um número indeterminados de indivíduos, mediante ações de natureza estrutural, e atribua a determinados grupos marginalizados certas vantagens, de modo a permitir-lhes a superação de desigualdades decorrentes de situações históricas particulares. Ressalvou-se, contudo, que essas medidas devem ter **caráter temporário**, perdurando enquanto persistir o quadro de exclusão social que lhes deu origem.[80]

Foi no mesmo sentido a decisão tomada na **ADC 41**. Nessa ação, o Supremo Tribunal Federal julgou ser **constitucional a Lei n.º 12.990/14**, que prevê a **reserva de vagas para negros em concursos públicos federais**.[81]

Ficou assentado que a desequiparação promovida pela política de ação afirmativa em questão está em consonância com o princípio da isonomia, uma vez que ela se funda na **necessidade de superar o racismo estrutural e institucional ainda existente na sociedade brasileira**.

Afastou-se, também, o argumento de que tal política **violaria a regra do concurso público**, uma vez que os beneficiários submetem-se à prova e devem alcançar a nota necessária para serem aprovados, ou o **princípio da eficiência**, posto que a incorporação do fator etnia contribui para a realização de uma burocracia

80. STF, Tribunal Pleno, ADPF 186, Rel. Min. Ricardo Lewandowski, j. 26.4.2012.

81. STF, Tribunal Pleno, ADC 41, Rel. Min. Roberto Barroso, j. 8.6.2017.

representativa, capaz de garantir que os pontos de vista e interesses de toda a população sejam considerados na tomada de decisões estatais.

Outro argumento **rechaçado** foi o de que a previsão de cotas raciais em concursos públicos **era desproporcional**. Pontuou-se que a mera implementação de cotas raciais para ingresso no ensino superior não torna desnecessária a reserva de vagas para ingresso nos quadros da administração pública, já que nem todos os cargos e empregos públicos exigem curso superior, e, ainda quando haja essa exigência, nem todos os concorrentes foram beneficiados pelas cotas em universidades públicas e, aqueles que foram, enfrentam barreiras que os impede de competir em pé de igualdade nos concursos públicos.

Nesse julgado, previu-se a possibilidade de instituição de mecanismos para evitar fraudes pelos candidatos. Desse modo, reconheceu-se como legítima a utilização, além da autodeclaração, de **mecanismos de heteroidentificação**, desde que respeitados a dignidade humana e os princípios do contraditório e ampla defesa.

C. Lei Maria da Penha

Na **ADC 19**, o Supremo Tribunal Federal declarou a **constitucionalidade da Lei n.º 11.340/06 (Lei Maria da Penha)**, que prevê um tratamento penal mais rigoroso em casos de crimes que envolvam violências doméstica e familiar contra mulheres.

Nessa oportunidade, considerou-se que a previsão legal de tratamento diferenciado entre homens e mulheres não viola o princípio da igualdade, posto que as **peculiaridades** físicas e morais da mulher e da cultura brasileira, impõe que sejam adotadas **medidas mais protetivas** a elas.[82]

D. Reserva de vagas para alunos de escolas públicas do mesmo ente federativo

O Supremo Tribunal Federal entendeu ser inconstitucional a lei distrital que previa que 40% (quarenta por cento) das vagas das universidades e faculdades públicas do Distrito Federal seriam reservadas para alunos que estudaram em escolas públicas do Distrito Federal.

Segundo o Supremo, essa lei, ao restringir a cota apenas aos alunos que estudaram no Distrito Federal, viola o artigo 3º, inciso IV e o artigo 19, inciso III, da CF/88, tendo em vista que faz uma restrição injustificável entre brasileiros.

82. STF, Tribunal Pleno, ADI 19, Rel. Min. Marco Aurélio, j. 9.2.2012.

Ressaltou-se, contudo, que a inconstitucionalidade não está no fato de ter sido estipulada a cota em favor de alunos de escolas públicas, mas sim em razão de a lei ter restringindo as vagas para alunos do Distrito Federal, em detrimento dos estudantes de outros Estados da Federação.[83]

No julgamento do RE 614.873/AM, o Supremo Tribunal Federal reafirmou em parte seu entendimento, asseverando que é inconstitucional - por violar a garantia de tratamento igualitário a todos os cidadãos brasileiros, que veda a criação de distinções ou preferências entre si (CF/1988, art. 19, III) – lei estadual que assegura, de forma infundada e/ou desproporcional, percentual das vagas oferecidas para a universidade pública local a candidatos que cursaram integralmente o ensino médio em instituições públicas ou privadas da mesma unidade federativa.[84]

E. Critérios diferenciados entre homens e mulheres para a concessão de pensão por morte

O Supremo Tribunal Federal decidiu, em se de repercussão geral, que é inconstitucional, por transgressão ao princípio da isonomia entre homens e mulheres (art. 5º, I, da CF/88), a exigência de requisitos legais diferenciados para efeito de outorga de pensão por morte de ex-servidores públicos em relação a seus respectivos cônjuges ou companheiros/companheiras (art. 201, V, da CF/88).

Na ocasião, os Ministros entenderam que exigir, para concessão da pensão por morte ao cônjuge varão supérstite, a comprovação de invalidez e de dependência econômica não exigidos à mulher ou companheira viola o direito à igualdade. Assinalou-se que estudos recentes do Instituto de Pesquisa Econômica Aplicada (IPEA) revelam a importância das mulheres como "chefes de família", o que torna completamente ultrapassada a presunção de dependência econômica da mulher em relação a seu cônjuge ou companheiro a justificar a mencionada discriminação.[85]

6. DIREITO À PROPRIEDADE

A. Aspectos gerais

O direito de propriedade está umbilicalmente ligado à garantia da **subsistência individual** e ao poder de **autodeterminação** do indivíduo. É por meio da

83. STF, Tribunal Pleno, ADI 4.868, Rel. Min. Gilmar Mendes, j. 27.3.2020.
84. STF, Tribunal Pleno, RE 614.873/AM, Red. p/ acórdão Min. Alexandre de Moraes, j. 19.10.2023.
85. STF, Tribunal Pleno, RE 659.424/RS, Rel. Min. Celso de Mello, j. 9.10.2020 (repercussão geral – Tema 457).

propriedade que as pessoas asseguram suas necessidades mais básicas, como alimentação, vestuário e moradia. Também serve a propriedade como um instrumento para a tutela da privacidade e liberdade do proprietário.

A nossa Constituição, atenta a isso, garantiu o direito de propriedade em seu **artigo 5º, inciso XXII.**

Essa garantia, como ensina Gilmar Ferreira Mendes, tem **natureza institucional**. Quis o constituinte originário conferir uma especial proteção à propriedade, visando assegurar a sua permanência em nosso ordenamento jurídico, mas transferiu ao **legislador ordinário a tarefa de esmiuçar o seu conteúdo.**[86]

Assim, a Constituição traça limites à ação legislativa, que **não pode extirpar o direito de propriedade, tampouco ferir seu conteúdo** essencial. Todavia, cabe ao legislador ordinário **conformar o conteúdo e os elementos desse direito.**

Pelos limites e objetivos dessa obra, não esmiuçaremos como o legislador infraconstitucional vem tratando o direito de propriedade, tarefa essa desempenhada precipuamente pelos civilistas. Trataremos, nesse tópico, dos limites e das previsões **constitucionais** sobre o tema.

Um primeiro ponto a ser destacado aqui é que a Constituição Federal de 1988 traz um **conceito mais amplo do aquele previsto no Direito Privado.** Isso porque a proteção constitucional à propriedade não está adstrita na relação dos homens com as coisas, estendendo-se a outros valores patrimoniais materiais e imateriais, como os direitos autorais e participações societárias.

Um segundo ponto de destaque é este: o constituinte **não adotou a percepção de propriedade absoluta**, tributária do pensamento liberal do século XIX. O **artigo 5º, inciso XXIII**, impõe ao proprietário que atenda à **função social**, bem como diversas outras passagens do texto constitucional **permitem limitações e restrições** a esse direito.

A função social da propriedade transforma a propriedade capitalista, sem socializá-la.[87] Isso porque, a partir dela, a propriedade se despe de seu caráter exclusivamente individualista e passa a ter **contornos supraindividuais.** É dizer: o direito de propriedade só é legitimamente exercido quando o proprietário cumprir a sua função social.

A propriedade **urbana** tem a sua função social cumprida quando observadas as exigências fundamentais de ordenação da cidade expressas no plano diretor

86. BRANCO, Paulo Gustavo Gonet; MENDES, Gilmar Ferreira. Curso de direito constitucional. 12ª ed. rev. e atual. São Paulo: Saraiva, 2017, p. 322-323.

87. SILVA, José Afonso da. Curso de direito constitucional positivo. 42. ed., rev. e atual, São Paulo: Malheiros, 2019, p. 286.

(artigo 182, §2º da CF/88). A propriedade **rural**, por seu turno, deve cumprir os seguintes requisitos: i) aproveitamento racional e adequado; ii) utilização adequada dos recursos naturais disponíveis e preservação do meio ambiente; iii) observância das disposições que regulamentam as relações de trabalho; e iv) exploração que favoreça o bem-estar dos proprietários e dos trabalhadores (artigo 186 da CF/88).

B. Desdobramentos constitucionais do direito de propriedade

B.1. Desapropriação

A desapropriação é o procedimento administrativo pelo qual o Poder Público ou seus delegados, mediante prévia declaração de necessidade pública, utilidade pública ou interesse social, **impõe** ao proprietário a **perda de um bem**, substituindo-o em seu patrimônio por **justa indenização.**[88]

Em razão de o proprietário ficar totalmente privado de seu direito, fala-se que a desapropriação é uma **forma de intervenção drástica** do Estado na propriedade privada, sendo um exemplo de restrição a esse direito.

O **artigo 5º, inciso XXIV, da CF/88** traz para o texto constitucional a regra geral da desapropriação. Diz o dispositivo que a lei estabelecerá o procedimento para desapropriação por necessidade ou utilidade pública, ou por interesse social, mediante justa e prévia indenização em dinheiro, ressalvados os casos previstos nesta Constituição.

A **lei** que estabelece o procedimento desapropriatório é de competência da **União** (artigo 22, inciso II da CF/88). Essa lei deve respeitar as **balizas** traçadas pelo constituinte: só poderá admitir a desapropriação para atender à **necessidade ou utilidade pública ou interesse social** e deverá prever **justa e prévia indenização em dinheiro** para o desapropriado.

Na esteira do ensinamento de Hely Lopes Meirelles:

a) a **necessidade pública** surge quando a Administração se depara com situações emergenciais que, para que sejam solucionadas de forma eficiente, exigem a transferência dos bens de terceiro para o seu patrimônio;
b) a **utilidade pública**, por outro lado, ocorre quando a transferência de bens de terceiros para o patrimônio da Administração, embora não seja necessária, é conveniente; e

88. DI PIETRO, Maria Sylvia Zanella, Direito Administrativo, 30. ed. rev., atual e ampl., Rio de Janeiro: Forense, 2017, p. 199.

c) o **interesse social** se dá quando a distribuição ou condicionamento da propriedade acarretar melhor aproveitamento, utilização ou produtividade em benefício da coletividade ou de grupos sociais que merecem amparo específico do Poder Público.[89]

No que tange à **indenização** ao proprietário, fica claro que o constituinte tentou maximizar o direito de propriedade que, embora mitigado, continua a ser protegido. Isso porque o constituinte originário estabeleceu que a indenização a ser paga na desapropriação deve ser **prévia, justa** e **em dinheiro.**

Somente em **situações excepcionais**, em que haja a **violação à função social** da propriedade pelo titular do direito, que a Constituição excepcionou essa verdadeira regra de ouro da desapropriação.

É o caso do proprietário de **imóvel urbano** que deixa de observar os ditames do plano diretor, não edificando ou utilizando a contento o solo. Aqui, o Poder Público municipal poderá parcelar ou edificar compulsoriamente o solo, cobrar IPTU progressivo no tempo e, por último, desapropriar o imóvel, com **pagamento mediante títulos da dívida pública resgatáveis em até dez anos** (artigo 182, §4º da CF/88).

Já o proprietário de **imóvel rural** que não atender à sua função social, poderá ter seu bem desapropriado por interesse social pela União, mediante prévia e justa indenização em **títulos da dívida agrária resgatáveis no prazo de até vinte anos** (artigo 184, *caput*, da CF/88). As benfeitorias úteis e necessárias, no entanto, serão indenizadas em dinheiro (artigo 184, §1º, da CF/88).

B.2. Requisição

A requisição administrativa é o ato administrativo unilateral, autoexecutório e oneroso, consistente na **utilização** de bens e serviços particulares pela Administração para **atender necessidades coletivas** em tempos de guerra ou em caso de perigo público iminente.[90]

A requisição administrativa está prevista no **artigo 5º, inciso XXV, da CF/88.** Esse dispositivo afirma que, no caso de iminente perigo público, a autoridade competente poderá usar de propriedade particular, assegurada ao proprietário indenização ulterior, se houver dano. O **inciso VII do artigo 139 da CF/88**, ao tratar do estado de sítio, também prevê a possibilidade de adoção de requisição de bens.

---

89. MEIRELLES, Hely Lopes. Direito administrativo brasileiro. 32ª ed., São Paulo: Malheiros, 2006, p. 607-608.

90. DI PIETRO, Maria Sylvia Zanella, Direito Administrativo, 30. ed. rev., atual e ampl., Rio de Janeiro: Forense, 2017, p. 176.

Diferentemente do que ocorre na desapropriação, a intervenção estatal na propriedade privada, aqui, não acarreta a perda do bem, mas somente a sua utilização enquanto for necessário. Por isso, fala-se que a requisição administrativa é uma **intervenção branda** do Estado na propriedade privada.

A competência para legislar sobre a requisição, seja no tempo de guerra, seja em caso de iminente perigo, é da **União** (artigo 22, inciso III, da CF/88).

A principal característica da requisição é que a restrição sobre a propriedade dar-se-á de forma **unilateral** e sem a necessidade de intervenção prévia do Poder Judiciário (**autoexecutoriedade**). A **indenização**, diferentemente do que ocorre na desapropriação, ocorrerá **somente se houver dano à coisa** e em **momento posterior**.

B.3. Impenhorabilidade da pequena propriedade rural

O **artigo 5º, inciso XXVI, da CF/88** dispõe que a pequena propriedade rural, assim definida em lei, desde que trabalhada pela família, não será objeto de penhora para pagamento de débitos decorrentes de sua atividade produtiva, dispondo a lei sobre os meios de financiar o seu desenvolvimento.

Por sua vez, o **artigo 185, inciso I, da CF/88**, prevê que a pequena e a média propriedade rural são insuscetíveis de desapropriação para fins de reforma agrária, desde que seu proprietário não possua outra.

No âmbito infraconstitucional, o **artigo 833, inciso VIII, do CPC/15** torna absolutamente impenhorável a pequena propriedade rural, desde que trabalhada pela família.

Todos esses dispositivos buscam tutela a pequena propriedade rural trabalhada pela família, como forma de mantença de sua subsistência. Aqui, mais do que o direito à propriedade, o constituinte originário e o legislador voltam-se à proteção do direito à **moradia** e à uma **vida digna** daquelas famílias que retiram seu sustento de sua terra.

Sobre o tema, o Supremo Tribunal Federal fixou a seguinte, em sede de repercussão geral: "É impenhorável a pequena propriedade rural familiar constituída de mais de 01 (um) terreno, desde que contínuos e com área total inferior a 04 (quatro) módulos fiscais do município de localização."[91]

B.4. Direitos autorais

O **artigo 5º, inciso XXVII, da CF/88** dispõe que cabe aos autores o **direito exclusivo de utilização**, **publicação** ou **reprodução** de suas obras. Esse direito,

---

91. STF, Tribunal Pleno, ARE 1.038.507, Rel. Min. Edson Fachin, j. 18.12.2020 (repercussão geral – Tema 961).

ainda segundo nossa Constituição, é transmissível aos herdeiros, pelo tempo que a lei fixar.

O **artigo 5º, inciso XXVIII, da CF/88** prevê, ainda, que são assegurados, nos termos da lei, a proteção às participações individuais em obras coletivas e à reprodução da imagem e voz humanas, inclusive nas atividades desportivas; e o direito de fiscalização do aproveitamento econômico das obras que criarem ou de que participarem aos criadores, aos intérpretes e às respectivas representações sindicais e associativas.

Assim, a nossa Constituição assegura ao autor o **direito de propriedade intelectual** de obra literária, artística, científica e de comunicação. Esse direito, que é **vitalício**, compreende tanto **direitos morais** quanto **direitos patrimoniais**.

José Afonso da Silva lista os direitos morais do autor: a) reivindicar a **paternidade** da obra; b) ter o **nome**, pseudônimo ou sinal convencional indicado ou anunciado na utilização de sua obra; c) **conservar** a obra inédita; d) assegurar a **integridade** da obra, opondo-se a modificações; e) **modificar** a obra; f) **retirar** a obra de circulação ou **suspender** qualquer forma de utilização já autorizada; e g) ter acesso a exemplar raro e único da obra para **preservar sua memória**, desde que seja causado o menor transtorno possível ao legítimo possuidor.[92]

Os direitos morais do autor são **inalienáveis** e **irrenunciáveis**, não podendo o autor dispor validamente deles. Qualquer avença nesse sentido é nula.

Os **direitos patrimoniais**, por outro lado, abarcam as faculdades elementares do direito de propriedade (**usar**, **gozar** e **dispor**). Aqui, é plenamente **possível** que ocorra a **alienação** a terceiros.

Após a morte do autor, os direitos autorais – morais e patrimoniais – serão **transmissíveis aos seus herdeiros**, mas agora, pelo tempo previsto na legislação que trata sobre o tema. Nesse sentido, a Lei n.º 9.610/98, em seu artigo 41, prevê que os direitos patrimoniais do autor perduram por **setenta anos** contados de 1º de janeiro do ano subsequente ao de seu falecimento, obedecida a ordem sucessória da lei civil. Caso o autor não deixe herdeiros ou testamento, a obra cairá no domínio público com o seu falecimento (artigo 45 da referida lei).

Quando tratamos da liberdade de associação, vimos que o Supremo Tribunal Federal entende **ser legítima a outorga exclusiva ao Escritório Central de Arrecadação e Distribuição (ECAD) da gestão coletiva e da distribuição extrajudicial**. Consignou-se, nessa oportunidade, que o artigo 99 da Lei n.º 9.610/98 não ofende o art. 5º, incisos XVII e XX, da Constituição, cuja aplicação, na esfera dos direitos autorais e conexos, há de conciliar-se com o disposto no art. 5º, inciso

92. SILVA, José Afonso da. Curso de direito constitucional positivo. 42ª ed., rev. e atual, São Paulo: Malheiros, 2019, p. 278.

XXVIII, alínea "b", da própria Lei Fundamental. Outro fundamento da decisão foi de ordem pragmática, pois o STF reconheceu que a centralização no ECAD permite uma melhor fiscalização e, consequentemente, uma arrecadação mais eficaz.[93]

B.5. Propriedade de inventos, patentes e marcas

A nossa Constituição consagra, em seu texto, o direito de propriedade de inventos, patentes e marcas, também chamado de **direito à propriedade industrial e de marcas.**

O **artigo 5º, inciso XXIX, da CF/88** prevê que *a lei assegurará aos autores de inventos industriais privilégio temporário para sua utilização, bem como proteção às criações industriais, à propriedade das marcas, aos nomes de empresas e a outros signos distintivos, tendo em vista o interesse social e o desenvolvimento tecnológico e econômico do País.*

Do próprio enunciado normativos retira-se a necessidade de **edição de lei infraconstitucional** para que tal proteção seja plenamente eficaz. Em virtude disso, foi editada a **Lei n.º 9.279/96.**

Questão interessante levada ao Supremo Tribunal Federal envolvendo a conformação do direito ora estudado pela lei é saber se o legislador pode alterar o regime jurídico previsto na lei infraconstitucional que o concretiza e se essas alterações podem ser aplicadas de imediato.

No RE 94.020, o **STF** firmou posicionamento no sentido de que **não há direito adquirido a regime jurídico de um instituto de direito.** Desse modo, se a lei nova modificar o regime aplicável ao direito de propriedade – incluído aí o direito à propriedade industrial – essa **alteração não só é constitucional, como também se aplica de imediato.**[94]

B.6. Direito de herança

Um dos corolários do direito de propriedade mais destacados é o direito de herança. É nesse sentido que o **artigo 5º, inciso XXX, da CF/88** garante tal direito.

Assim como o direito de propriedade, o direito de herança tem caráter institucional, sendo a sua forma de exercício objeto de construção pelo **legislador ordinário.**

O **inciso XXXI do artigo 5º da CF/88** traz ainda outra regra, essa de influência no direito internacional privado. Tal dispositivo dispõe que *a sucessão de*

93. STF, Tribunal Pleno, ADI 2.054, Red. p/acórdão Min. Sepúlveda Pertence, j. 2.4.2003.

94. STF, Tribunal Pleno, RE 94.020/RJ, Rel. Min. Moreira Alves, j. 4.11.1981.

bens de estrangeiros situados no País será regulada pela lei brasileira em benefício do cônjuge ou dos filhos brasileiros, sempre que não lhes seja mais favorável a lei pessoal do "de cujus".

CAPÍTULO 27

GARANTIAS FUNDAMENTAIS INDIVIDUAIS EM ESPÉCIE

1. SEGURANÇA JURÍDICA

A. Noções gerais

A doutrina e a jurisprudência, de maneira quase unânime, entendem que, embora não esteja expressamente positivado no texto constitucional, é plenamente possível extrair da nossa Constituição o **princípio da segurança jurídica**.

Ingo Wolfgang Sarlet[1] e Humberto Ávila[2] afirmam que o princípio da segurança jurídica deriva de **diversos trechos da Constituição de 1988**. A "segurança" é mencionada no **preâmbulo** como valor fundamental. No ***caput*** **do artigo 5º**, a "segurança" aparece novamente, agora incluída entre os direitos invioláveis.

Além dessas previsões mais genéricas, o constituinte trouxe expressamente alguns dos **desdobramentos** mais importantes da segurança jurídica. A título de exemplo, o artigo 5º, inciso II, da CF/88 prevê o **princípio da legalidade**; o artigo 5º, inciso XXXVI, da CF/88, positiva o **princípio da irretroatividade das leis**; e

1. SARLET, Ingo Wolfgang. A eficácia do direito fundamental à segurança jurídica: dignidade da pessoa humana, direitos fundamentais, e proibição de retrocesso social no direito constitucional brasileiro. Revista Brasileira de Direito Público – RBDP, Belo Horizonte, ano 3, n.º 11, p. 111-156, out./dez. 2005.
2. ÁVILA, Humberto. Teoria da Segurança Jurídica. 5ª ed. São Paulo: Malheiros, 2019.

o artigo 150, inciso III, alínea "b", da CF/88 traz o **princípio da anterioridade tributária.**

Firmada a existência da segurança jurídica em nosso ordenamento jurídico, passamos a um segundo momento da análise: o **conceito de segurança jurídica**.

José Joaquim Gomes Canotilho diz que a segurança jurídica exige fiabilidade, clareza, racionalidade e transparência dos atos de poder, de modo que os cidadãos vejam garantida a segurança nas suas disposições pessoais e nos efeitos jurídicos de seus próprios atos.[3]

Luís Roberto Barroso, por sua vez, insere no conteúdo da segurança jurídica: i) a existência de instituições estatais dotadas de poder e garantias, assim como sujeitas ao princípio da legalidade; ii) a confiança nos atos do Poder Público, que deverão reger-se pela boa-fé e pela razoabilidade; iii) a estabilidade das relações jurídicas, manifestada na durabilidade das normas, na anterioridade das leis em relação aos fatos sobre os quais incidem e na conservação de direitos em face da lei nova; iv) a previsibilidade dos comportamentos, tanto os que devem ser seguidos como os que devem ser suportados; v) a igualdade na lei e perante a lei, inclusive com soluções isonômicas para situações idênticas ou próximas.[4]

Desse modo, pode-se conceituar o princípio da segurança jurídica como o conjunto de condições que, com a finalidade de garantir **estabilidade social** e **certeza** na regência da vida, garantam um **mínimo de previsibilidade** às pessoas, garantindo-as que suas posições jurídicas, quando baseadas em normas vigentes e válidas, não sofrerão ingerências do Poder Público.

B. Corolários da segurança jurídica

B.1. Princípio da legalidade

O princípio da legalidade é uma garantia individual **basilar do Estado democrático de Direito**, assegurando a proteção não só da segurança jurídica, mas também da liberdade e de vários outros valores fundamentais.

A partir da legalidade, o Poder Público encontra-se acorrentado, não podendo restringir ou exigir comportamentos das pessoas, senão mediante aprovação de lei, que representa a **vontade geral**. Assim, somente a própria vontade do povo,

---

3. CANOTILHO, J.J. Gomes. Direito Constitucional e Teoria da Constituição, 7ª ed., 20ª reimp. Coimbra: Almedina, 2003, p. 257.

4. BARROSO, Luís Roberto. Em algum lugar do passado. Revista Brasileira de Estudos Políticos, Belo Horizonte, v. 90, p. 33-68, 2004.

representado no Parlamento, é capaz de impor obrigações e deveres, em um ato de autolimitação de sua liberdade.

É nesse sentido que o **artigo 5º, inciso II, da CF/88** prevê que *ninguém será obrigado a fazer ou deixar de fazer alguma coisa senão em virtude de lei.*

José Afonso da Silva ensina, com acuidade, que a expressão "**em virtude de lei**" significa não só a **lei formal**, que é o ato emanado pelos órgãos de representação popular e elaborado em conformidade com o processo legislativo constitucionalmente previsto, mas também os **atos equiparados à lei formal**, como as leis delegadas e as medidas provisórias.[5]

A doutrina costuma a fazer uma importante **distinção** em relação ao princípio da legalidade em relação aos particulares e à Administração Pública.

Vimos que as pessoas são livres, podendo fazer tudo ou deixar de fazer tudo aquilo que a lei não proíbe ou obrigue a fazer. Esse é o princípio da legalidade aplicável aos **particulares**. Em relação à **Administração Pública**, o princípio da legalidade possui outra conotação: a Administração Pública só poderá fazer aquilo que estiver previsto em lei (artigo 37, *caput* da CF/88).

B.2. Princípio da irretroatividade das leis

O princípio da não retroatividade das leis está inserido dentro da necessidade de garantia da segurança jurídica quando houver uma **sucessão de leis no tempo**.

Os indivíduos, ao praticarem atos quando da vigência de uma determinada lei, confiam que os seus efeitos **continuarão** a ser regulados por ela ao longo do tempo, ainda que a norma venha a ser substituída. Caso a alteração da lei pudesse atingir os atos praticados anteriormente, ter-se-ia uma insuportável sensação de insegurança, não se podendo prever minimamente o futuro ou se organizar de acordo com tal previsão.

É com fundamento nisso que todas as nossas Constituições, com exceção da Carta de 1937, previram a **vedação genérica de elaboração de leis com efeitos retroativos**, ou seja, proibiram que a lei nova atinja os fatos anteriores à sua vigência. Na Constituição de 1988, o **artigo 5º, inciso XXXVI da CF** dispõe que *a lei não prejudicará o direito adquirido, o ato jurídico perfeito e a coisa julgada.*

O primeiro ponto a ser observado aqui é que, embora o princípio da não retroatividade seja a **regra** em nosso sistema, ele só será aplicado a contento nas

5. SILVA, José Afonso da. Comentário contextual à constituição. 9ª ed. São Paulo: Malheiros, 2014, p. 84-85.

situações trazidas na Constituição, ou seja, quando tratarmos de direitos adquirido, ato jurídico perfeito e coisa julgada.

O **direito adquirido**, segundo o **artigo 6º, §2º, da LINDB**, é aquele que o seu titular, ou alguém por ele, possa exercer, como aquele cujo começo do exercício tenha termo pré-fixo, ou condição pré-estabelecida inalterável, a arbítrio de outrem.

Tal definição, embora tenha seu valor, não foi capaz de aplacar a doutrina, que ainda hoje discute o conceito direito adquirido. A formulação mais célebre e com o maior número de adeptos foi feita por Gabba, que afirma serem dois os elementos caracterizadores do direito adquirido:

a) ter sido ele **produzido por um fato idôneo para sua produção**; e
b) ter-se **incorporado definitivamente ao patrimônio do titular.**[6]

Para mais bem compreender o que é o direito adquirido, pode-se traçar uma **linha cronológica**:

a) Em um **primeiro momento**, o legislador **edita uma lei** que cria direitos e obrigações de maneira ampla e genérica.
b) Em um **segundo momento**, surge a **expectativa do direito**, pois a pessoa passa a cumprir determinados requisitos da lei, esperando, no futuro, adquirir aquele direito. Nessa etapa, embora o direito esteja na iminência de ocorrer, não se pode ainda falar em direito adquirido, pois não foram cumpridos todos os requisitos exigidos pela lei, não tendo o direito se incorporado definitivamente no patrimônio do titular.
c) Na **terceira etapa**, o destinatário da norma já preencheu todos os requisitos para a aquisição do direito, mas, em um juízo discricionário, ainda não o exerceu. Surge, aqui, o **direito adquirido**, uma vez que há fato idôneo para a sua produção e já houve a sua incorporação ao patrimônio do seu titular.
d) Em uma **quarta** e derradeira etapa, temos o **direito consumado**, que é o momento em que a pessoa, após ter adquirido o direito, de fato o exerce, produzindo integralmente os efeitos jurídicos previstos na norma.

Esse caminho, embora não se aplique a todas as situações, pois há direitos que são exercidos e se consumam instantaneamente, tem o mérito de organizar as ideias e tornar claro quando surge o direito adquirido, mormente em contraposição à ideia de expectativa de direito.

O **ato jurídico perfeito** é conceituado pelo **artigo 6º, §1º, da LINDB** como o já consumado segundo a lei vigente ao tempo em que se efetuou.

6. Ibidem, p. 136.

Segundo a definição legal, não haveria diferença entre o direito consumado e o ato jurídico perfeito. Nessa toada, **alguns autores** sustentam que a previsão constitucional de que a lei não atingirá o **ato jurídico perfeito e a coisa julgada** são desnecessárias, pois ambas **estariam abarcadas pela proteção conferida ao direito adquirido**, sendo aqueles somente um *plus*, um estágio mais avançado de realização do direito.

Todavia, a diferenciação entre os institutos tem relevâncias não só dogmáticas, mas práticas. Como ensina José Afonso da Silva, o **ato jurídico perfeito não se equivale ao direito consumado**. Este, que também é inatingível pela lei nova, é o exercício do direito adquirido, esgotando-o. O direito consumado emana diretamente da lei em favor de um titular, diferente do ato jurídico perfeito, que é o negócio fundado na lei.[7]

Ainda que não se reconhecesse essa fina diferenciação conceitual, não se pode questionar o **valor pragmático** da previsão expressa da proteção às categorias do ato jurídico perfeito e da coisa julgada. De fato, a maior simplicidade desses conceitos facilita o reconhecimento da proteção constitucionalmente conferida, evitando-se discussões desnecessárias.

Por fim, a **coisa julgada**, à luz do **artigo 6º, §3º, da LINDB** é a decisão judicial de que já não caiba recurso.

Aqui, há **divergência** doutrinária se a proteção constitucionalmente conferida à coisa julgada **abarca somente a coisa julgada material**, que, à luz do artigo 502 do CPC/15, é a autoridade que torna imutável e indiscutível a decisão de mérito não mais sujeita a recurso, impedindo, assim que se modifique a decisão no mesmo ou em qualquer outro processo, **ou se abarca também a coisa julgada formal**, que é aquela que produz efeitos estritamente endoprocessuais, impedindo o reexame da decisão dentro de um mesmo processo.

A doutrina minoritária entende que a garantia conferida pelo constituinte se refere **somente à coisa julgada material**, pois o que se busca proteger é a prestação jurisdicional definitivamente outorgada.[8]

Todavia, a **posição majoritária** em doutrina é de que estão englobadas no princípio da não retroatividade **tanto a coisa julgada material, quanto a coisa julgada formal.** O fundamento principal dessa corrente, a qual sou partidário, é o

7. *Ibidem*, p. 137.

8. Nesse sentido: SILVA, José Afonso da. Comentário contextual à constituição. 9ª ed. São Paulo: Malheiros, 2014, p. 137.

de que o constituinte não fez distinção entre as situações, não sendo possível interpretar restritivamente garantias fundamentais.[9]

Outra questão interessante envolvendo a estabilidade jurídica é a chamada **relativização da coisa julgada**.

Há diversas **previsões infraconstitucionais** que relativizam a coisa julgada e permitem, consequentemente, que ela seja revista. É o caso, por exemplo, da ação rescisória (artigo 966 e seguintes do CPC), da ação de *querela nullitatis* e a revisão criminal (artigo 621 e seguintes do CPP). Todas essas previsões têm um mesmo pano de fundo: busca-se equilibrar a garantia da segurança jurídica com a **justiça**, evitando-se que erros judiciários graves sejam cristalizados e se perpetuem.

Historicamente tem-se entendido que tais previsões, embora mitiguem o disposto no artigo 5º, inciso XXXVI, da CF/88, são plenamente **constitucionais**. Como já vimos, é plenamente possível que a lei restrinja um direito ou garantia fundamental, desde que o faça para a tutela de outro direito ou valor igualmente constitucional, de forma proporcional, e sem aniquilar o conteúdo essencial do direito ou garantia que está sendo limitada.

A questão ganha contornos mais tortuosos quando alguns autores, dentre os quais destacamos o professor Cândido Rangel Dinamarco[10], sustentam que, para além das previsões legais de relativização da coisa julgada, é possível relativizá-la sempre que houver **injustiça** ou **inconstitucionalidade**.

Embora existam vozes de peso que defendam tal possibilidade, é certo que esse entendimento, além de não encontrar amparo legal, aniquilaria por completo o conteúdo essencial do artigo 5º, inciso XXXVI, da CF/88. Bastaria ao litigante vencido no processo judicial alegar injustiça da decisão para pleitear a sua revisão.

Como vimos, o artigo 6º da LINDB repete a previsão constitucional de proteção ao direito adquirido, ao ato jurídico perfeito e à coisa julgada, trazendo, em seus parágrafos, uma tentativa de conceituar esses institutos. Embora louvável a atitude do legislador infraconstitucional, não se pode perder de vista que a não retroatividade das leis é uma **garantia constitucional, e não infraconstitucional**, tampouco se pode correr o risco de interpretar a Constituição segundo a lei.[11]

---

9. Por todos, ver TAVARES, André Ramos. Curso de Direito Constitucional. 16ª ed. São Paulo: Saraiva Educação 2018, p. 645.

10. DINAMARCO, Cândido Rangel. Relativizar a coisa julgada material. Revista de Processo. São Paulo: RT, 2003, n. 109, p. 24-25.

11. BRANCO, Paulo Gustavo Gonet; MENDES, Gilmar Ferreira. Curso de direito constitucional. 12ª ed. rev. e atual. São Paulo: Saraiva, 2017, p. 369-370.

Feitas essas considerações de cunho geral, passemos a três questões interessantes envolvendo o princípio da não retroatividade.

A primeira envolve as **normas de ordem pública**: é possível que uma lei nova, que veicule norma de ordem pública, atinja o direito adquirido, o ato jurídico perfeito e a coisa julgada?

Lei de ordem pública é aquela que veicula uma norma em que o **interesse da sociedade** se sobrepuja ao interesse particular. Em virtude disso, essas normas não podem ser afastadas pela vontade dos particulares, que devem observá-las. Diferenciam-se, nesse ponto, das leis dispositivas, que trazem normas de interesse predominantemente particular e podem ser afastadas pela vontade de seus destinatários.

Um outro efeito que parte da doutrina atribui às leis de ordem pública é a possibilidade de retroação dessas normas. Segundo esses autores, em virtude do especial interesse público que as envolve, elas seriam aplicáveis a situações constituídas preteritamente, não lhe sendo oponível a proteção do direito adquirido, do ato jurídico e da coisa julgada (**retroatividade máxima**).

Outros autores adotam uma posição intermediária, afirmando que as normas de ordem públicas podem atingir os efeitos produzidos após a sua entrada em vigor, ainda que de atos que foram editados anteriormente (**retroatividade mínima**).

Todavia, **doutrina majoritária** entende que **não é possível se reconhecer nenhum grau de retroatividade às normas de ordem pública**, pois a irretroatividade da lei aplica-se para todas as leis, inclusive as que veiculem normas que guardem especial relação com o interesse da sociedade. O artigo 5º, XXXVI, da CF/88 não fez distinção quanto ao conteúdo normativo da lei, **vedando, em todas as hipóteses, qualquer grau de retroatividade da lei nova**. É esse o entendimento de Gilmar Ferreira Mendes[12] e de Luís Roberto Barroso[13]. O Supremo Tribunal também já se manifestou nesse sentido.[14]

Outra situação que envolve os níveis de retroatividade é a previsão do **artigo 2.035, *caput* e parágrafo único, do Código Civil**.

O ***caput*** do artigo 2.035 do CC/02 prevê que *a validade dos negócios e demais atos jurídicos, constituídos antes da entrada em vigor deste Código, obedece ao disposto nas leis anteriores, referidas no art. 2.045, mas os seus efeitos, produzidos*

12. *Ibidem*, p. 367.

13. BARROSO, Luís Roberto. Em algum lugar do passado. Revista Brasileira de Estudos Políticos, Belo Horizonte, v. 90, p. 33-68, 2004.

14. RTJ 143/724, Rel. Min. MOREIRA ALVES, Pleno.

após a vigência deste Código, aos preceitos dele se subordinam, salvo se houver sido prevista pelas partes determinada forma de execução.

O **parágrafo único** do mesmo artigo, por sua vez, dispõe que *nenhuma convenção prevalecerá se contrariar preceitos de ordem pública, tais como os estabelecidos por este Código para assegurar a função social da propriedade e dos contratos.*

Da leitura desses dispositivos pode-se claramente perceber que o legislador **previu dois níveis de retroatividade às regras previstas no Código Civil**: i) as normas de natureza dispositiva, à luz desse regramento, se aplicariam aos efeitos de atos jurídicos editados antes de sua vigência, desde que não haja modulação de sua forma de execução pela vontade das partes no próprio ato (**retroatividade mínima**); e ii) as normas de ordem pública do Código Civil de 2002 não podem ser contrariadas por atos editados anteriormente (**retroatividade máxima**).

Essa previsão é constitucional? Poderia o legislador infraconstitucional ter admitido que as normas do Código Civil retroagissem, em maior ou menor medida?

Tem prevalecido em doutrina que as previsões da segunda parte do *caput* e do parágrafo único do artigo 2.035 do Código Civil são **inconstitucionais**. Isso porque há patente violação ao princípio da não retroatividade das leis (artigo 5º, inciso XXXVI, da CF).[15]

Uma última questão a ser analisada é a **inaplicabilidade do princípio constitucional do direito adquirido** quando a lei modificar ou extinguir **institutos jurídicos** ou **estatutos jurídicos** previamente fixados.

É esse o entendimento que vem sendo adotado na **doutrina** e na **jurisprudência**.

O **Supremo Tribunal Federal**, por exemplo, ao julgar se a previsão do artigo 693 do Código Civil se aplicaria às enfiteuses constituídas em momento anterior à sua vigência, afastou a alegação de ofensa ao ato jurídico perfeito e ao direito adquirido, posto que a proteção conferida pelo artigo 5º, XXXVI, da CF/88 não tem o condão de impedir a modificação ou supressão de institutos jurídicos.

Nesse contexto, editou-se o **Enunciado n.º 170 da Súmula do Supremo Tribunal Federal**, que diz: "É resgatável a enfiteuse instituída anteriormente à vigência do Código Civil".

Em relação ao regime jurídico, um exemplo a ser citado é o entendimento pacífico do Supremo Tribunal Federal no sentido de que **não podem os servidores públicos invocar direito adquirido para reivindicar a manutenção de estatuto**

15. Por todos: BARROSO, Luís Roberto. Em algum lugar do passado. Revista Brasileira de Estudos Políticos, Belo Horizonte, v. 90, p. 33-68, 2004.

jurídico (ex.: número de dias de férias) que tenha sido alterado por lei posterior ao seu ingresso.

Nesse sentido, ficou consignado no RE 563.965, com repercussão geral, que **não há direito adquirido a regime jurídico, desde que respeitado o princípio constitucional da irredutibilidade dos vencimentos.**[16]

Em recente julgado, o **Supremo Tribunal Federal** reafirmou a tese de que o direito adquirido e o ato jurídico perfeito não são oponíveis a regimes ou institutos jurídicos. O caso versava sobre a constitucionalidade ou não o artigo 38 da Lei n.º 8.880/94, que previu que a URV deveria ser utilizada como parâmetro de cálculo de índices de correção monetária nos dois primeiros meses de implantação do Plano Real. Ficou assentado, pelo STF, que essa previsão é constitucional e que sua aplicação imediata para os contratos em vigor não viola o artigo 5º, inciso XXXVI, da CF/88, pois **questões envolvendo regime monetário possuam natureza estatutária e institucional.**[17]

2. GARANTIAS PENAIS

A. Introdução

Sob a rubrica de garantias penais, estudaremos todos as normas elencadas no artigo 5º da Constituição que trazem **limitações ao poder punitivo estatal**.

Em um Estado democrático de Direito como o nosso, não se imagina que o Estado possa estabelecer delitos e penas de forma absoluta. Pelo contrário, deve observar uma série de **princípios e regras que salvaguardam as garantias mínimas dos cidadãos**.

Essas normas se espraiam por **todos os momentos do *ius puniendi***, direcionando-o desde o momento em que o legislador decide criar um tipo penal novo ou alterar um já existente, até o momento em que a pena é efetivamente aplicada.

Para fins didáticos, separamos em **três grandes grupos** essas regras e princípios: garantias relativas às normas penais, garantias relativas às penas e garantias relativas à prisão. Deixamos aqueles que envolvam questões processuais para o próximo tópico (garantias judiciárias).

16. STF, Tribunal Pleno, RE 563.965, Rel. Min. Cármen Lúcia, j. 20.03.2008.

17. STF, Tribunal Pleno, ADPF 77, Rel. Min. Dias Toffoli, j. 16.5.2019.

B. Garantias relativas às normas penais

B.1. Princípio da legalidade penal

Já estudamos o princípio da legalidade quando da análise da segurança jurídica. Naquele momento, vimos que o Estado se encontra limitado, somente podendo proibir ou impor um determinado comportamento por intermédio de lei, elaborada sob os ditames da vontade geral que se encontra representada no Parlamento.

Em relação à tipificação de condutas e a cominação de penas, achou por bem o constituinte trazer uma previsão específica no **artigo 5º**, razão pela qual foi positivado, no **inciso XXXIX**, que *não há crime sem lei anterior que o defina, nem pena sem prévia cominação legal*. Adotou-se a fórmula de Feuerbach: ***nullum crimen, nulla poena sine lege.***

Desse modo, para que uma determinada conduta seja considerada crime e para que seja aplicado ao agente que pratica aquela conduta uma pena, deverá existir uma **lei incriminadora**.

Mas qual o conceito de lei que deve ser adotado aqui? Entende-se, de maneira pacífica, que a lei incriminadora deve ser **lei formal**, que é aquela editada pelo Congresso Nacional, segundo o procedimento legislativo entabulado na Constituição. É por isso que, além do princípio da legalidade, pode-se dizer que o artigo 5º, XXXIX, da CF/88 estabelece o **princípio da reserva legal** em matéria penal.

Nesse contexto, o artigo 62, §1º, inciso I, alínea 'b', da CF/88 **veda** que seja editada **medida provisória** em matéria de Direito Penal. Embora o constituinte não tenha feito diferenciação, o **Supremo Tribunal Federal** possui firme entendimento no sentido de que o que é vedado é a edição de medida provisória prejudicial ao réu – incriminadora, exasperadora de pena etc. –, sendo perfeitamente **possível** que se edite uma medida provisória em matéria penal, **desde que benéfica ao réu.**[18]

Além dessa natureza formal, a lei incriminadora deve ser **clara e precisa**, não podendo adotar expressões vagas, equívocas ou ambíguas. Do contrário, far-se-ia tábula rasa do princípio da legalidade, tornando-o, na prática, pouco efetivo. A esse substrato da legalidade penal chama-se de **princípio da taxatividade**.

B.2. Princípio da irretroatividade da lei penal

A lei que tipifica uma conduta e comina uma pena, além de ser formal e certa, deve ser **prévia** ao fato cuja punição se pretende. O próprio artigo 5º, inciso

18. STF, Primeira Turma, RHC 117.566/SP, Rel. Min. Luiz Fux, j.24.9.2013.

XXXIX, da CF/88 prevê que a lei deve ser "**anterior**", mas é com **o artigo 5º, inciso XL, da CF/88**, que o princípio da irretroatividade da lei penal ganha forma definitiva: *a lei penal não retroagirá, salvo para beneficiar o réu.*

Novamente, temos uma garantia que se encaixa, de maneira genérica, no princípio da segurança jurídica. Todavia, achou por bem o legislador torná-la explícita em matéria penal, **reforçando-a**, dada a sua importância e gravidade nesse ramo do Direito.

Desse modo, a lei penal prejudicial **só se aplica aos fatos que ocorram após a sua entrada em vigor**, sendo inaplicável aos fatos que ocorram antes, ainda que durante a sua *vacatio legis*.

Todavia, se a lei penal que entrar em vigor após um determinado fato **for mais benéfica**, ela **retroagirá**. A razão de ser dessa exceção é muito simples: se a sociedade deixa de considerar uma determinada conduta como criminosa ou abranda a sua punição, não faria sentido que se continue aplicando uma lei mais dura, que já não é mais axiologicamente compartilhada pela sociedade.

B.3. Mandados de criminalização

A Constituição de 1988 trouxe não só limitações ao poder punitivo estatal, mas também listou hipóteses em que o **legislador penal deverá intervir obrigatoriamente**. São os chamados **mandados de criminalização**.

Nessas hipóteses, entendeu por bem o constituinte **garantir a proteção**, por meio da lei penal, de determinados direitos fundamentais e valores constitucionais, como o princípio democrático e o direito de igualdade.

Nesse contexto, prevê o artigo 5º da CF/88 que:

- A lei punirá qualquer **discriminação** atentatória dos direitos e liberdades fundamentais (inciso XLI).
- A prática do **racismo** constitui crime inafiançável e imprescritível, sujeito à pena de reclusão, nos termos da lei (inciso XLII).
- A lei considerará crimes inafiançáveis e insuscetíveis de graça ou anistia a prática da **tortura**, o **tráfico ilícito de entorpecentes e drogas afins**, o **terrorismo** e os definidos como **crimes hediondos**, por eles respondendo os mandantes, os executores e os que, podendo evitá-los, se omitirem (inciso XLIII).
- Constitui crime inafiançável e imprescritível a **ação de grupos armados, civis ou militares, contra a ordem constitucional e o Estado Democrático** (inciso XLIV).

O Supremo Tribunal Federal, no julgamento conjunto da **ADO 26**/DF e do **MI 4.733/DF**, entendeu que o Congresso Nacional se encontra em estado de mora inconstitucional por não ter editado lei penal incriminadora para a proteção dos integrantes do grupo LGBT. Afirmou-se, na oportunidade, que é extraível do artigo 5º, incisos XLI e XLII, da Constituição o **dever constitucional de criminalizar a homofobia e a transfobia**. Foram dois os fundamentos que embasaram essa conclusão:

a) as práticas homotransfóbicas podem ser qualificadas como **espécies** do gênero racismo, na **dimensão de racismo social**, pois tais condutas importam em atos de segregação que inferiorizam membros integrantes do grupo LGBT, em razão de sua orientação sexual ou de sua identidade de gênero; e

b) os comportamentos de homotransfobia ajustam-se ao conceito **de atos de discriminação e de ofensa a direitos e liberdades fundamentais** daqueles que compõem o grupo vulnerável em questão.

Além de **cientificar o Congresso Nacional**, no bojo da ADO, o STF determinou que a **Lei n.º 7.716/89**, que tipifica diversas formas de discriminação, seja **aplicada prospectivamente** aos casos de discriminação por orientação sexual ou identidade de gênero.[19]

Novamente chamado a analisar a extensão da norma contida no artigo 5º, XLII, da CF/88, o Supremo Tribunal Federal decidiu que o crime de injúria racial (artigo 140, §3º, do Código Penal) reúne todos os elementos necessários à sua caracterização como uma das espécies de racismo, de modo que também é imprescritível.[20]

C. Garantias relativas às penas

C.1. Princípio da intranscendência das penas

Nos primórdios da ciência jurídica, era **comum** que as **penas se estendessem aos membros da família do condenado**. Em nossa história, é célebre a punição aplicada a Joaquim da Silva Xavier, Tiradentes, um dos participantes da Inconfidência Mineira. Na sentença condenatória, além da pena capital por enforcamento e o esquartejamento do seu corpo, declarou-se o réu, seus filhos e netos infames.

19. STF, Tribunal Pleno, ADO 26/DF, Rel. Min. Celso de Mello; MI 4.733/DF, Rel. Min. Edson Fachin, j. 13.6.2019.

20. STF, Tribunal Pleno, HC 154.248/DF, Rel. Min. Edson Fachin, j. 28.10.2021.

Com a humanização do Direito, passou-se a entender que **ninguém pode ser responsabilizado por fato cometido por terceira pessoa.** A pena deve ser aplicada a quem pratica a conduta criminosa, não podendo passar de sua pessoa.

Nesse sentido, o **artigo 5º, inciso XLV** da Constituição prevê que *nenhuma pena passará da pessoa do condenado, podendo a obrigação de reparar o dano e a decretação do perdimento de bens ser, nos termos da lei, estendidas aos sucessores e contra eles executadas, até o limite do valor do patrimônio transferido.*

Trata-se da positivação, no texto constitucional pátrio, do **princípio da intranscendência das penas**, também conhecido como **princípio da personalização da pena.**

Em observância a esse princípio, o Supremo Tribunal Federal já afirmou que é inconstitucional lei estadual que proíba que a Administração Pública contrate empresa cujo diretor, gerente ou empregado tenha sido condenado por crime ou contravenção relacionados com a prática de atos discriminatórios, pois essa lei viola os princípios da intransmissibilidade da pena, da responsabilidade pessoal e do devido processo legal.[21]

C.2. Princípio da individualização das penas

O **artigo 5º, inciso XLVI, da CF/88** dispõe que a lei regulará a individualização da pena e adotará, entre outras, as seguintes: a) privação ou restrição da liberdade; b) perda de bens; c) multa; d) prestação social alternativa; e) suspensão ou interdição de direitos.

Cuida-se da previsão constitucional do **princípio da individualização das penas.** À luz desse princípio, **cada sujeito tem o direito a sua própria pena**, de modo que seja levado em consideração, quando da dosimetria, não só o fato praticado, mas também o seu protagonista.

Esse princípio atua em **três planos** distintos:

a) **Legislativo**: o legislador, ao criar o tipo penal, deve cominar uma sanção proporcional e razoável, indicando seus patamares mínimo e máximo, bem como as circunstâncias aptas a aumentar ou diminuir a pena.
b) **Judicial**: o juiz, ao aplicar a pena no caso concreto, deverá estar atento aos elementos angariados durante a instrução penal, para que possa aplicar a pena adequado ao indivíduo que cometeu determinada infração penal.
c) **Administrativa**: durante a execução da pena, deve ser possibilitado ao condenado que se ressocialize e que progrida ou regrida de regime de

21. STF, Tribunal Pleno, ADI 3.092, Rel. Marco Aurélio, j. 22.6.2020.

acordo com suas condições pessoais, como bom comportamento e demonstração da aptidão à volta do convívio social.

O **Supremo Tribunal Federal** já enfrentou duas instigantes questões envolvendo esse princípio.

A **Lei n.º 8.072/90**, que trata dos crimes hediondos e equiparados, previu, em seu artigo 2º, §1º, que as penas aplicadas a esses crimes seriam **cumpridas em regime integralmente fechado**. Tal previsão, no entanto, foi julgada **inconstitucional** pelo Supremo Tribunal Federal, pois se entendeu que teria havido violação ao princípio da individualização da pena em suas dimensões judicial e administrativa ao impedir que o juiz, no caso concreto, escolhesse o regime inicial adequado, bem como ao impedir que o réu progredisse no curso da execução penal.[22]

Em razão dessa decisão, o Congresso Nacional editou a Lei n.º 11.464/07, dando **nova redação ao §1º do artigo 2º da Lei n.º 8.072/90**. Esse dispositivo passou a prever que a pena por crime previsto neste artigo será cumprida **inicialmente** em regime fechado.

Mais uma vez o Supremo Tribunal Federal entendeu que a previsão legal de regime inicialmente fechado **violava o princípio da individualização da pena** ao impedir que o juiz do caso analisasse, ante as circunstâncias concretas, qual o melhor regime inicial de cumprimento da pena. Nessa esteira, a Corte Suprema consignou que **é inconstitucional a fixação *ex lege*, com base no art. 2º, § 1º da Lei 8.072/1990, do regime inicial fechado**, devendo o julgador, quando da condenação, ater-se aos parâmetros previstos no artigo 33 do Código Penal.[23]

C.3. Princípio da humanidade

Historicamente, a previsão **da pena privativa de liberdade é uma conquista recente da humanidade**. Nos primórdios, as penas aplicadas eram basicamente as de expulsão da comunidade ("perda da paz"). Em um momento posterior, as penas passaram a ser as de morte, de mutilações, de desterros e de multas. Até o final do século XVIII, o encarceramento servia só para preservar o réu para o julgamento.[24]

Com o avanço civilizatório, chegou-se a um consenso de que as penas, embora necessárias, não podem perder de vista que o condenado é um **ser humano**,

22. STF, Tribunal Pleno, HC 82.959, Rel. Min. Marco Aurélio, j. em 23.2.2006.
23. STF, Tribunal Pleno, ARE 1.052.700, Rel. Min. Edson Fachin, j. 2.11.2017.
24. BUSATO, Paulo César. Direito penal: parte geral. 2ª ed., São Paulo: Atlas, 2015.

dotado de dignidade. Assim, as penas passam a ser, basicamente, as privativas de liberdade, restritivas de direitos e a multa.

É nessa esteira que o artigo **5º, inciso XLVII, da CF/88** prevê que não haverá penas: a) de morte, salvo em caso de guerra declarada, nos termos do art. 84, XIX; b) de caráter perpétuo; c) de trabalhos forçados; d) de banimento; e e) cruéis.

Esse dispositivo constitucional, segundo a doutrina, é aquele que veicula o **princípio da humanidade das penas**. Cezar Roberto Bittencourt, discorrendo sobre o assunto, diz que esse princípio prescreve que o poder punitivo estatal não pode aplicar sanções que atinjam a dignidade da pessoa humana ou que lesionem a constituição físico-psíquica dos condenados.[25]

Por fim, é importante destacar que a própria Constituição de 1988 traz uma **exceção** em que a **pena de morte é admissível**: nos casos de guerra declarada pelo Presidente da República e autorizado ou referendado pelo Congresso Nacional em virtude de agressão estrangeira (artigo 84, inciso XIX, e artigo 49, inciso II, ambos da CF/88).

José Afonso da Silva ensina que a justificação dessa exceção encontra-se na superposição do **valor "pátria em perigo"** ao valor individual da pessoa que, responsável pela da nação, falta com o seu compromisso.[26]

> **Observação**: Também ligado à dignidade e respeito com que devem ser tratados os presos, sejam eles provisórios ou definitivos, o Supremo Tribunal Federal editou enunciado vinculante **proibindo o uso imotivado de algemas**: "só é lícito o uso de algemas em casos de resistência e de fundado receio de fuga ou de perigo à integridade física própria ou alheia, por parte do preso ou de terceiros, justificada a excepcionalidade por escrito, sob pena de responsabilidade disciplinar, civil e penal do agente ou da autoridade e de nulidade da prisão ou do ato processual a que se refere, sem prejuízo da responsabilidade civil do Estado." (SV n. 11).

C.4. Limitações à extradição

Segundo José Francisco Rezek, a **extradição** é a entrega, por um Estado a outro, e a pedido deste, de pessoa que em seu território deva responder a processo penal ou cumprir pena.[27]

---

25. BITTENCOURT, Cezar Roberto. Tratado de direito penal: parte geral 1. 24. ed., São Paulo: Saraiva Educação, 2018.
26. SILVA, José Afonso da. Comentário contextual à constituição. 9ª ed. São Paulo: Malheiros, 2014, p. 152.
27. REZEK, José Francisco. Direito internacional público: curso elementar. 15. ed. rev. e atual, São Paulo: Saraiva, 2014, p. 124.

Relativamente ao tema, o artigo 5º da CF/88 trouxe, na qualidade de garantias fundamentais, **duas limitações.** O **inciso LI** dispõe que nenhum brasileiro será extraditado, salvo o naturalizado, em caso de crime comum, praticado antes da naturalização, ou de comprovado envolvimento em tráfico ilícito de entorpecentes e drogas afins, na forma da lei. O **inciso LII**, por sua vez, prevê que não será concedida extradição de estrangeiro por crime político ou de opinião.

Além desses dispositivos de ordem constitucional, a legislação infraconstitucional traz outros limites à extradição. Os **artigos 81 a 99 da Lei n.º 13.455/17** preveem as balizas legais para que alguém seja extraditado do Brasil.

D. Garantias relativas à prisão

A Constituição Federal de 1988, atenta aos direitos de **liberdade** e aos princípios da **legalidade** e da **dignidade da pessoa humana**, positivou um extenso rol de garantias em torno da prisão e da proteção aos presos.

O **artigo 5º, LXI, da CF/88** prevê que ninguém será preso senão em flagrante delito ou por ordem escrita e fundamentada de autoridade judiciária competente, salvo nos casos de transgressão militar ou crime propriamente militar, definidos em lei.

Trata-se da positivação da **excepcionalidade da prisão.** A regra deve ser sempre a liberdade, sendo certo que o indivíduo, salvos nos casos de transgressão militar, só poderá se ver dela privado nos casos de prisão em flagrante delito ou ordem judicial escrita e fundamentada.

Uma vez preso, deverá haver a **comunicação imediata do juiz competente** e da **família do preso ou à pessoa por ele indicada** (artigo 5º, inciso LXII, da CF/88), garantia essa que permitirá não só o controle da medida pelo Poder Judiciário, mas também que o preso seja assistido por seus familiares ou pessoas próximas.

O juiz, ao ser comunicado da prisão, deverá **relaxá-la** se constatar que a mesma foi ilegal (artigo 5º, inciso LXV, da CF/88). Sendo a prisão legal, o juiz poderá conceder a **liberdade provisória**, com ou sem fiança, ou, estando presentes os requisitos legais para tanto (artigos 312 a 316 do Código de Processo Penal), **decretar a prisão preventiva** (artigo 5º, inciso LXVI da CF/88).

À luz do artigo 5º, inciso LXIII, da CF/88, o preso tem o direito de ser **informado de seus direitos**, com o direito a permanecer calado, bem como o de **receber assistência de sua família e de um advogado.** É desse dispositivo que se extrai, em nosso ordenamento jurídico, uma das garantias mais valiosas em um Estado democrático de Direito: **o direito à não autoincriminação** (***nemo tenetur se detegere***). Assim, **ninguém pode ser compelido a produzir prova contra si mesmo.**

Embora tenha o constituinte se limitado a prever expressamente o **direito ao silêncio**, a doutrina e a jurisprudência interpretam tal previsão de forma ampla, extraindo dele outras posições jurídicas, tais como: i) o direito de **não ser compelido a confessar**; ii) a **inexigibilidade de dizer a verdade**; iii) o direito de **não adotar conduta ativa que possa causar-lhe incriminação**; iv) o direito de **não produzir prova incriminadora invasiva ou que imponham penetração em seu organismo.**[28]

Além disso, o preso tem o direito à **identificação dos responsáveis por sua prisão ou por seu interrogatório policial** (artigo 5º, inciso LXIV, da CF/88). Buscou-se, aqui, dar transparência à prisão e ao interrogatório, o que permite um controle *a posteriori* que poderá levar, inclusive, à responsabilização do agente ou autoridade que agirem de forma abusiva.

Por fim, estabelece o **artigo 5º, inciso LXVII, da CF/88** que não haverá prisão civil por dívida, salvo a do responsável pelo inadimplemento voluntário e inescusável de obrigação alimentícia e a do depositário infiel.

Todavia, só subsistente em nosso sistema jurídico como possível a prisão civil em razão de inadimplemento voluntário e inescusável de obrigação alimentícia, pois o Pacto de São José da Costa Rica, promulgado pelo Decreto n.º 678/92, ampliou a garantia para vedar também a prisão civil do depositário infiel. Nesse sentido, o Supremo Tribunal Federal editou o **Enunciado n.º 25 da Súmula Vinculante**, que diz: "*É ilícita a prisão civil de depositário infiel, qualquer que seja a modalidade do depósito*".

3. GARANTIAS PROCESSUAIS

A. Introdução

A Constituição Federal de 1988 traz um expressivo rol de direitos e garantias fundamentais relacionadas ao **processo judicial civil e penal**. Tais garantias, alerta Gilmar Ferreira Mendes, não se limitam somente aos processos judiciais, aplicando-se, também aos de natureza **administrativa** e até mesmo aos de natureza **privada.**[29]

Essas normas positivadas na Constituição de 1988 são a **pedra angular** de todo e qualquer processo. Além de **estruturarem** o modelo de processo, elas servem como **vetor interpretativo** de todas as demais normas processuais infraconstitucionais.

28. LIMA, Renato Brasileiro de. Manual de processo penal: volume único. 4ª ed. rev. ampl. e atual, Salvador: Ed. Juspodivm, 2016.

29. BRANCO, Paulo Gustavo Gonet; MENDES, Gilmar Ferreira. Curso de direito constitucional. 12ª ed. rev. e atual. São Paulo: Saraiva, 2017, p. 398.

B. Princípio da inafastabilidade da jurisdição

O **artigo 5º, inciso XXXV da CF/88** afirma que *a lei não excluirá da apreciação do Poder Judiciário lesão ou ameaça a direito.*

Desse dispositivo surge o **princípio da inafastabilidade da jurisdição** que, em sua formulação clássica, confunde-se com o **direito de ação.** Assim, é dado ao indivíduo bater às portas do Poder Judiciário e ter a sua alegação de lesão ou ameaça a direito apreciada.

Nesse contexto, salvo raras exceções legais e jurisprudenciais, **não é necessário** que o indivíduo procure valer-se previamente de **mecanismos administrativos de soluções de conflito.** Tampouco deve haver **esgotamento das esferas administrativas** para que possa o indivíduo acionar o Poder Judiciário e ter a sua pretensão analisada.

Uma das **mitigações** à essa garantia está prevista expressamente no texto constitucional. O **artigo 217, §1º, da CF/88** prevê que o Poder Judiciário só admitirá ações relativas à disciplina e às competições desportivas após esgotarem-se as instâncias da **justiça desportiva**, regulada em lei.

Atualmente, no entanto, esse princípio foi objeto de uma **releitura ampliativa** pelos processualistas. Percebeu-se que tão somente assegurar o acesso ao Poder Judiciário não bastava. Para que tenhamos acesso a uma **ordem jurídica justa**, é necessário garantir não só a possibilidade de ter a sua pretensão analisada pelo Poder Judiciária, mas dar a quem tem razão a outorga de uma tutela jurisdicional **efetiva**, **adequada** e **tempestiva.**[30]

C. Princípio do juiz natural

A doutrina pátria extrai da conjugação dos **incisos XXXVII e LIII do artigo 5º da CF/88** o princípio constitucional do juiz natural. Aquele veda a instituição de juízo ou tribunal de exceção, enquanto este consigna que ninguém será processado nem sentenciado senão pela autoridade competente.

À luz dessa garantia, a **ninguém é dado escolher o juiz da causa**, que deverá ser fixado com base em **regras gerais e abstratas previamente estabelecidas.**

D. Tribunal do júri

A Constituição Federal de 1988 trouxe no rol de direitos e garantias fundamentais o Tribunal do Júri. O **artigo 5º, inciso XXXVIII da CF/88** diz que *é*

30. DINAMARCO, Cândido Rangel; Lopes, Bruno Vasconcellos Carrilho. Teoria geral do novo processo civil. 2ª ed., São Paulo: Malheiros, 2017, p. 55.

reconhecida a instituição do júri, com organização que lhe der a lei, assegurados a plenitude de defesa, o sigilo das votações, a soberania dos veredictos e a competência para o julgamento dos crimes dolosos contra a vida.

Tem-se afirmado que o Tribunal do Júri possui uma **dupla dimensão fundamental**: ao mesmo tempo em que é uma **garantia fundamental** que assegura um julgamento por seus pares àquele que é acusado de ter cometido um crime doloso contra a vida, é também um **direito fundamental** de participação direta dos cidadãos de bem como jurados.[31]

A própria Constituição prevê que caberá à lei infraconstitucional a organização do Tribunal do Júri, o que é feito pelo **Código de Processo Penal**, em seus artigos 406 a 497.

Embora deixe para o legislador ordinário conformar o instituto, o constituinte trouxe algumas importantes balizas, que devem ser observadas.

A primeira delas é a **competência** do Tribunal do Júri para julgar **crimes dolosos contra a vida**, que são aqueles que o agente pratica com a vontade livre e consciente de destruir a vida, ou assumindo o risco de fazê-lo. Aqui, estão incluídos os seguintes crimes: homicídio (artigo 121 do CP); induzimento, instigação ou auxílio a suicídio (artigo 122 do CP); infanticídio (artigo 123 do CP) e abortos (artigos 124, 125 e 126 do CP).

Cuida-se, a bem da verdade, de uma **competência mínima** constitucionalmente assegurada. Nada impede que o legislador infraconstitucional amplie a incidência dessa garantia, prevendo que crimes outros serão julgados por meio do procedimento do Júri.

> **Observação**: A competência constitucional do Tribunal do Júri prevalece sobre o foro por prerrogativa de função estabelecido exclusivamente pela constituição estadual (Enunciado n. 45 da Súmula Vinculante).

Outra garantia associada ao Tribunal do Júri constitucionalmente prevista é a **plenitude de defesa**.

Como veremos a seguir, em todo e qualquer processo se asseguram os princípios do contraditório e da ampla defesa, de modo que qualquer acusado terá a possibilidade de defender-se amplamente, sem embaraços.

No Júri, no entanto, previu-se especificamente a plenitude de defesa, que confere ao acusado um **grau maior de defesa** em relação à acusação que lhe está

31. NUCCI, Guilherme de Souza. Manual de processo penal e execução penal. 3. ed. São Paulo: RT, 2007, p. 667.

sendo imputada. Isso porque, tanto a defesa técnica quanto o acusado em seu interrogatório poderão utilizar-se, além de argumentos técnicos, de **argumentos extrajurídicos** para convencer os jurados.

> **Atenção:** Embora tenha a Constituição Federal de 1988 previsto a garantia à plenitude de defesa nos julgamentos de competência do Tribunal do Júri, o Supremo Tribunal Federal já decidiu que a tese da legítima defesa da honra é inconstitucional, por violar os princípios constitucionais da dignidade da pessoa humana (art. 1º, III, da CF/88), da proteção à vida e da igualdade de gênero (art. 5º, *caput*, da CF/88). Por conseguinte, a defesa, a acusação, a autoridade policial e o juízo não poderão utilizar, direta ou indiretamente, a tese de legítima defesa da honra, ou qualquer argumento que induza à tese, nas fases pré-processual ou processual penais, bem como durante o julgamento perante o tribunal do júri, sob pena de nulidade do ato e do julgamento.[32]

O artigo 5º, XXXVIII, da CF/88 previu, ainda, o **sigilo das votações** no Júri, não sendo dado a ninguém saber como cada jurado decidiu. Para assegurar que a votação seja sigilosa: i) a votação ocorre em sala secreta, com os jurados respondendo "sim" ou "não", por meio de cédula de papel, aos quesitos postos pelo Juiz-Presidente; e ii) os jurados deverão ficar incomunicáveis até que se encerre a sessão de julgamento.

Por fim, o último limite traçado pela Constituição em relação ao Júri é a **soberania dos veredictos**. Dessa forma, a conclusão a que os jurados chegarem não poderá ser reformada, no mérito, por juízes togados, pois, do contrário, estar-se-ia fazendo tábula rasa da competência do Tribunal do Júri para julgar determinados delitos.

E. Devido processo legal

O **artigo 5º, inciso LIV, da CF/88** dispõe que *ninguém será privado da liberdade ou de seus bens sem o devido processo legal.*

Trata-se da positivação, em nossa Constituição, do **princípio do devido processo legal.** Por meio dele, garante-se um sistema de **limitação ao poder**, impondo-se que todo e qualquer processo esteja em conformidade com o Direito.

A doutrina tem apontado, de maneira pacífica, que o conteúdo desse princípio é **amplíssimo**, dele sendo possível extrair todos os demais princípios ligados à um processo adequado e que proteja efetivamente os direitos das pessoas. Nesse

32. STF, Tribunal Pleno, ADPF 779 MC-Ref/DF, Rel. Min. Dias Toffoli, j. 13.3.2021.

sentido, o princípio do devido processo legal funciona como um "**guarda-chuvas**" onde estão abrigados todos os demais princípios que devem ser observados em um processo.

Modernamente, tem-se advertido que o devido processual legal possui uma **dupla dimensão.**

Para além de comportar as garantias processuais, que é o que se convencionou chamar de **devido processo legal formal** (*procedural due process*), transportou-se para o direito pátrio a formulação estadunidense de **devido processo legal substancial** (*substantive due process*).

Nesta segunda dimensão, não basta que o processo esteja formalmente em ordem e tenham sido respeitadas todas as garantias processuais. Para que se possa falar efetivamente em um devido processo, esse processo deve ter gerado **decisões jurídicas substancialmente devidas.**

É importante destacar que o **Supremo Tribunal Federal** tem se valido do princípio do devido processo legal, em sua dimensão substantiva, para **extrair o princípio da proporcionalidade**, que não tem previsão expressa no texto constitucional.[33]

F. Contraditório e ampla defesa

De acordo com o **artigo 5º, inciso LV, da CF/88**, *aos litigantes, em processo judicial ou administrativo, e aos acusados em geral são assegurados o contraditório e ampla defesa, com os meios e recursos a ela inerentes.*

Esse dispositivo traz **dois princípios**: o do contraditório e o da ampla defesa.

O **princípio do contraditório**, que possui íntima ligação com o princípio democrático, significa que a cada litigante deve ser dada ciência dos atos praticados pelo contendor (**informação**), para que possa, caso queira, refutá-los (**poder de reação**).

Hodiernamente, no entanto, tem-se entendido que além do binômio informação-poder de reação, deve-se adicionar ao conteúdo do princípio do contraditório um terceiro elemento, o **poder de influência**. Percebeu-se que não bastava, para garantir **substancialmente o contraditório**, somente informar e possibilitar a reação. Sem que a manifestação do litigante possa efetivamente influenciar o juiz, a garantia não passaria de letra morta.

O **princípio da ampla defesa**, por sua vez, é uma qualificação do princípio do contraditório, consistindo no conjunto de meios adequados para o exercício

33. Por exemplo: STF, Tribunal Pleno, ADI 1.076-MC, Rel. Min. Sepúlveda Pertence, j. 15.6.1994.

efetivo do contraditório. Com a evolução do princípio do contraditório (informação + poder de reação + poder de influência), tem-se entendido que houve a **fusão** entre essas duas garantias.[34]

> **Observação:** O Enunciado n. 5 da Súmula Vinculante dispõe que a falta de defesa técnica por advogado no processo administrativo disciplinar **não** ofende a Constituição.

> **Observação:** O Enunciado n. 14 da Súmula Vinculante dispõe que é direito do defensor, no interesse do representado, ter acesso amplo aos elementos de prova que, já documentados em procedimento investigatório realizado por órgão com competência de polícia judiciária, digam respeito ao exercício do direito de defesa.

G. Inadmissibilidade da utilização de provas ilícitas

Dispõe o **artigo 5º, inciso LVI, da CF/88** que *são inadmissíveis, no processo, as provas obtidas por meios ilícitos.*

Tal garantia decorre do próprio **Estado democrático de Direito**, que não admite que as regras do jogo sejam quebradas para que um acusado seja condenado e punido. A busca pela verdade e pela justiça não pode ser feita a qualquer custo e em detrimento dos direitos e fundamentais, pois, do contrário, haveria injustiça na justiça.

Desse modo, a atividade persecutória do Estado deve respeitar os limites constitucional e infraconstitucionalmente traçados. Caso haja o trespasse dessas linhas, a prova produzida, e todas aquelas que dela derivarem, não poderão ser utilizadas. Vê-se, aqui, além do **caráter protetivo** aos direitos fundamentais, um evidente **caráter pedagógico**.

Embora a Constituição de 1988 não tenha feito nenhuma diferenciação, a doutrina tem distinguido as **provas ilícitas** e as **provas ilegítimas**, ambas vedadas. Aquelas são conceituadas como as provas obtidas por meio da violação de norma de direito material, seja ela constitucional ou legal. Estas, por outro lado, são as provas colhidas por meio obtida com a transgressão de norma de direito processual.

34. DIDIER JÚNIOR, Fredie. Curso de direito processual civil: introdução ao direito processual civil, parte geral e processo de conhecimento. v. 1. 19ª ed. Salvador: Juspodivm, 2017, p. 100.

H. Presunção de inocência

O princípio da **presunção de não culpabilidade**, também conhecido como **presunção de inocência**, é aquele segundo o qual não podem ser aplicadas as consequências jurídicas cominadas pelo tipo penal até que a sua culpa seja judicialmente reconhecida.

De proêmio, é preciso destacar que, embora alguns autores busquem distinguir as expressões "presunção de não culpabilidade" e "presunção de inocência"[35], a maioria dos autores e a jurisprudência as utilizam **sem fazer diferenciações**, como se fungíveis fossem.

As nossas **Constituição passadas não traziam** essa garantia que, contudo, já era invocada inclusive pelo Supremo Tribunal Federal como um corolário do princípio do devido processo legal.[36]

Somente com o advento da Constituição de 1988 é que a presunção de não culpabilidade ficou assentada no texto constitucional: o **artigo 5º, inciso LVII** prevê que ninguém será considerado culpado até o trânsito em julgado de sentença penal condenatória.

Ainda, o **Pacto de São José da Costa Rica**, promulgado pelo Decreto n.º 678/92, em seu artigo 8º, item 2, estabelece que toda pessoa acusada de delito tem direito a que se presuma sua inocência enquanto não se comprove legalmente sua culpa.

A fórmula utilizada pelo constituinte gera, como veremos a seguir, intensa polêmica. Isso porque, diferentemente do que se vinha entendendo e do que o Pacto de São José da Costa Rica estipulou, previu-se que é **somente com o trânsito em julgado** que a culpa estaria formada.

Antes, contudo, de entrarmos nessa instigante questão, algumas **considerações** sobre o princípio em análise devem ser feitas.

A **primeira** delas é que do princípio da presunção de não culpabilidade são extraíveis **duas importantes consequências**:

a) **O ônus de comprovar que o acusado é culpado recai exclusivamente sobre o acusador**, que deverá provar, respeitando os limites legais e constitucionais, que o fato existiu e que foi o acusado quem os praticou. Rechaça-se, consequentemente, a ideia de que é o réu quem deve provar a sua inocência.

35. Para uma diferenciação entre eles, ver: SILVA JÚNIOR, Walter Nunes da. Princípios da presunção de inocência e da não culpabilidade: distinção, aplicação e alcance. Revista Digital Constituição e Garantia de Direitos, v. 10, n. 2, p. 145 - 169, 4 jul. 2018.

36. STF, Tribunal Pleno, RE 86.297, Rel. Min. Thompson Flores, j. 10.11.1976.

b) A presunção de inocência impõe ao Estado uma **regra de tratamento** ao suspeito, indiciado e até mesmo ao processado criminalmente, que **não poderá ser tratado como se já tivesse sido condenado**. Assim, além de não ser possível executar a pena antes formado o juízo de culpa do réu, em regra o acusado responderá ao processo em liberdade.

É com base nessa segunda consequência que o Supremo Tribunal Federal entendeu que o **artigo 594 do CPP**, que previa que a prisão era requisito para o conhecimento do recurso de apelação, **não foi recepcionado** pela Constituição de 1988[37] e que é **inconstitucional** a regra prevista no artigo 44 da Lei n.º 11.343/06, que **veda a concessão da liberdade provisória aos presos acusados de tráfico de drogas.**[38]

Sob o mesmo fundamento, o STF possui firme jurisprudência no sentido de que o **candidato inscrito em concurso público não pode ser excluído do certame com fundamento em condenação não transitada em julgado.**[39] Nesse sentido, em sede de repercussão geral, foi firmada a seguinte tese: "Sem previsão constitucionalmente adequada e instituída por lei, não é legítima a cláusula de edital de concurso público que restrinja a participação de candidato pelo simples fato de responder a inquérito ou a ação penal."[40]

A **segunda** consideração a ser feita é que o princípio da presunção de inocência **não impede que a lei infraconstitucional preveja algumas limitações a direitos do investigado ou acusado.**

Assim, embora a regra seja responder ao processo em liberdade, são **constitucionais** as **prisões cautelares**, incluídas aqui a prisão temporária (Lei n.º 7.960/89) e a prisão preventiva (artigos 311 a 316 do CPP), previstas em lei e determinadas no curso das investigações ou do processo-crime. Isso se justifica porque tais medidas não se confundem com a antecipação da pena ou da execução penal. São, na verdade, meios para se garantir o êxito da persecução penal ou evitar que novas infrações penais continuem a ser praticadas.

Nessa mesma toada, o Supremo Tribunal Federal, ao julgar a constitucionalidade da Lei da Ficha Limpa, entendeu que **não viola** o princípio da não culpabilidade as **previsões legais que tragam hipóteses de inelegibilidade a sujeitos condenados criminalmente por decisões ainda não transitadas em julgados.**[41]

---

37. STF, Tribunal Pleno, RHC 83.810, Rel. Min. Celso de Mello, j. 5.3.2009.
38. STF, Tribunal Pleno, HC 104.339/SP, Rel. Min. Gilmar Mendes, j. 10.5.2012.
39. STF, RE 634.224, Rel. Min. Celso de Mello, j. 14.3.2011.
40. STF, Tribunal Pleno, RE 560.900/DF, Rel. Min. Roberto Barroso, j. 6.2.2020 (repercussão geral – Tema 22).
41. STF, Tribunal Pleno, ADC 29/DF, ADC 30/DF e ADI 4.578/DF, Rel. Min. Luiz Fux, j. 16.2.2012.

A grande questão hoje envolvendo o artigo 5º, inciso LVII, da CF/88 é saber se é possível a **execução provisória da pena quando houver condenação em segunda instância**, ainda que não tenha ocorrido o trânsito em julgado em virtude da interposição de recurso especial e/ou recurso extraordinário.

O **Supremo Tribunal Federal**, sob égide da Constituição de 1988, tem tomado decisões vacilantes sobre o tema.

Em um **primeiro momento**, reconheceu-se que **é possível** a execução provisória da pena privativa de liberdade. Consignou-se que tal previsão não conflitaria com o previsto no artigo 5º, inciso LVII, da CF/88, pois a prisão após a condenação em segundo grau de jurisdição teria uma **natureza processual**, concernente à execução da pena imposta, após **reconhecida a responsabilidade penal do acusado, segundo o devido processo legal**. Outro fundamento lançado era o de que os recursos especial e extraordinário **não possuem efeito suspensivo**, mas tão somente efeito devolutivo.[42]

Após consolidado esse primeiro entendimento, o Supremo Tribunal Federal, passados mais de dezoito anos, **reviu** o seu posicionamento ao decidir o **HC 84.078**. Nessa oportunidade, ficou assentado que **a execução da pena privativa de liberdade antes do trânsito em julgado da sentença condenatória viola o disposto no artigo 5º, inciso LVII, da CF/88.**[43]

Asseverou-se que a execução provisória da pena antes do trânsito em julgado, além de violar a presunção de inocência, fere o **princípio da ampla defesa**, que se estende por todos os graus de jurisdição, inclusive os especiais. Rechaçou-se também o argumento pragmático de que tal entendimento levaria a uma sobrecarga de trabalho nas instâncias superiores, pois a conveniência dos magistrados não pode se sobrepor aos direitos fundamentais do cidadão.

Em nova virada jurisprudencial, agora em **2016**, o Supremo Tribunal Federal **retomou** o seu posicionamento originário sobre a matéria. Ao julgar o **HC 126.292**, decidiu que a execução provisória de acórdão penal condenatório proferido em grau de apelação, ainda que sujeito a recurso especial ou extraordinário, **não compromete o princípio constitucional da presunção de inocência** afirmado pelo artigo 5º, inciso LVII, da Constituição Federal.[44]

Fundamentou-se a decisão, nesse terceiro momento, não só na ausência de efeito suspensivo dos recursos especial e extraordinário, mas também na ausência de violação ao núcleo essencial do princípio da presunção de inocência. Afirmou-se que, após exauridas as instâncias ordinárias, cessaria a incidência do princípio.

42. STF, Tribunal Pleno, HC 68.726, Rel. Min. Néri da Silveira, j. 28.6.1991.

43. STF, Tribunal Pleno, HC 84.078, Rel. Min. Eros Grau, j. 5.2.2009.

44. STF, Tribunal Pleno, HC 126.292/SP, Rel. Min. Teori Zavascki, j. 17.2.2016.

O Ministro Teori Zavascki ainda se valeu do direito comparado, afirmando que em nenhum outro país do mundo, após a condenação pelas instâncias ordinárias, obsta-se o início da execução provisória da pena.

Todavia, em 7 de novembro de **2019**, em uma **nova virada jurisprudencial**, o Plenário do STF, por seis votos a cinco, julgou constitucional o artigo 283 do CP, que prevê que a execução da pena só poderá ser iniciada com o trânsito em julgado da decisão condenatória (**ADC 43 e 44**).

Entendeu-se que a previsão do artigo 5º, inciso LVII, da CF/88 é clara no sentido de que a **aplicação da sanção criminal só pode ocorrer após exauridas todas instâncias de julgamento**. Afirmou-se que o entendimento de que é possível a execução provisória da pena após condenação em segunda instância viola a presunção de inocência, que, por uma escolha do constituinte originário, estende-se até o trânsito em julgado.

Em razão dos efeitos vinculantes e *erga omnes* dessa decisão, a discussão, por ora, parece ter se encerrado.

Decisões do Supremo Tribunal Federal em ordem cronológica	É cabível a execução provisória após decisão de segunda instância e antes do trânsito em julgado?
HC 68.726 (1991)	SIM
HC 84.078 (2009)	NÃO
HC 121.292 (2016)	SIM
ADC 43 e 44 (2019)	NÃO

No julgamento do RE 1.224.374, o Supremo Tribunal Federal decidiu outra importante questão envolvendo a presunção de inocência. Na ocasião, fixou-se a seguinte tese: "Não viola a Constituição a previsão legal de imposição das sanções administrativas ao condutor de veículo automotor que se recuse à realização dos testes, exames clínicos ou perícias voltadas a aferir a influência de álcool ou outra substância psicoativa (art. 165-A e art. 277, §§ 2º e 3º, todos do Código de Trânsito Brasileiro, na redação dada pela Lei 13.281/2016)."[45]

45. STF, Tribunal Pleno, RE 1.224.374/RS, Rel. Min. Luiz Fux, j. 18 e 19/5/2022 (Tema 1.079).

I. Publicidade dos atos processuais

O **artigo 5º, inciso LX, da Constituição de 1988** consigna que *a lei só poderá restringir a publicidade dos atos processuais quando a defesa da intimidade ou o interesse social o exigirem.*

Na mesma toada, o **artigo 93, inciso IX, da CF/88** dispõe que *todos os julgamentos dos órgãos do Poder Judiciário serão públicos, e fundamentadas todas as decisões, sob pena de nulidade, podendo a lei limitar a presença, em determinados atos, às próprias partes e a seus advogados, ou somente a estes, em casos nos quais a preservação do direito à intimidade do interessado no sigilo não prejudique o interesse público à informação.*

Desse modo, a **regra** é que os atos processuais sejam **públicos**. O princípio da publicidade, que tem firme inspiração nos valores democráticos, possui **duas funções**: i) **impedir** que as partes sejam julgadas por **juízos secretos**; e ii) **permitir** o **controle externo do Poder Judiciário.**

Embora fundamental para afastar a desconfiança do cidadão na administração da justiça e coibir excessos ou arbitrariedades, a própria Constituição admite, expressamente, **limitações** a esse princípio, desde que justificadas pela defesa da intimidade ou do interesse social.

A **legislação infraconstitucional**, animada pelo texto constitucional, lista algumas situações em que haverá sigilo externo, para terceiros não envolvidos no processo.

O **Pacto de São José da Costa Rica** (Decreto n.º 678/92) prevê, em seu **artigo 8º, item 5**, que o processo penal deve ser público, salvo se for necessário para preservar os interesses da justiça.

O **artigo 792, §1º, do CPP** dispõe que, se da publicidade da audiência, da sessão ou do ato processual, puder resultar escândalo, inconveniente grave ou perigo de perturbação da ordem, o juiz, ou o tribunal, câmara, ou turma, poderá, de ofício ou a requerimento da parte ou do Ministério Público, determinar que o ato seja realizado a portas fechadas, limitando o número de pessoas que possam estar presentes.

O **artigo 189 do CPC/15** prevê que tramitam em segredo de justiça os processos em que o exija o interesse público ou social; que versem sobre casamento, separação de corpos, divórcio, separação, união estável, filiação, alimentos e guarda de crianças e adolescentes; em que constem dados protegidos pelo direito constitucional à intimidade; e que versem sobre arbitragem, inclusive sobre cumprimento de carta arbitral, desde que a confidencialidade estipulada na arbitragem seja comprovada perante o juízo.

J. Assistência judiciária

O **artigo 5º, inciso LXXIV, da CF/88** prevê que *o Estado prestará assistência jurídica integral e gratuita aos que comprovarem insuficiência de recursos.*

Tal norma impõe ao Estado uma verdadeira **obrigação** de prestar a assistência jurídica integral aos pobres, e não uma mera recomendação. Quis o constituinte, com isso, garantir o acesso à justiça a todos, pois, do contrário, teríamos grande parte das pessoas impossibilitadas de defender judicialmente seus direitos mais básicos.

Importante anotar que a nossa Constituição adotou o termo "**assistência jurídica integral**", que possui uma conotação mais ampla do que a mera assistência judiciária e a gratuidade de justiça. Assim, devem ser assegurados não só os meios para a defesa dos direitos do hipossuficiente econômico em juízo (assistência judiciária), ou a dispensa de antecipação do pagamento de despesas judiciais (gratuidade de justiça), mas sim **todo e qualquer auxílio jurídico, seja dentro ou fora de uma relação jurídica processual**.

No Brasil, o artigo 134 da CF/88 atribuiu à **Defensoria Pública**, órgão estatal composto por servidores públicos efetivos, a prestação da assistência jurídica integral e gratuita aos necessitados.

No entanto, nas hipóteses em que a Defensoria Pública não foi ainda satisfatoriamente estruturada, a legislação infraconstitucional (artigo 5º, §2º, da Lei n.º 1.060/50) admite que o juiz nomeie **advogado dativo** para exercer o patrocínio jurídico do hipossuficiente. Esse profissional liberal receberá do Estado honorários pela sua atuação (art. 22, § 1º, da Lei nº 8.906/1994).

K. Princípio da razoável duração do processo

A Reforma do Poder Judiciário (EC n.º 45/2004) incluiu o **inciso LXXVIII ao artigo 5º da CF/88** ("*a todos, no âmbito judicial e administrativo, são assegurados a razoável duração do processo e os meios que garantam a celeridade de sua tramitação*"), positivando o princípio da razoável duração do processo em nosso texto constitucional.

Antes mesmo dessa inclusão, **já se reconhecia a existência** desse princípio em nosso ordenamento jurídico, seja por se tratar de um corolário do princípio do devido processo legal (artigo 5º, LIV da CF/88), seja porque ele foi previsto expressamente no Pacto de São José da Costa Rica (artigo 8º, item 1 do Decreto n.º 678/92).

A garantia de que os processos tramitem em tempo razoável decorre da percepção de que o decurso do tempo pode causar o **perecimento de direitos**, acarretando na própria negativa de acesso à justiça.

Sobre esse princípio, **dois apontamentos** são necessários.

O **primeiro** é o de que essa garantia constitucional se estende não só ao processo judicial, mas **também ao processo administrativo**. Essa conclusão pode ser retirada do próprio artigo 5º, LXXVIII, da CF/88, que utilizou o termo "processo" de forma ampla, sem adjetivações restritivas, e do artigo 37, *caput* da CF/88, que traz como princípio da Administração Pública a eficiência.

O **segundo** apontamento é o de que duração razoável do processo **não se confunde com celeridade**. O que se busca com essa garantia não é somente a rapidez para a finalização de um processo. Deve-se cotejar a celeridade com os demais princípios constitucionais, como o contraditório e a ampla defesa, bem como com a necessária qualidade das decisões judiciais.

Desse modo, a doutrina tem se valido de **quatro parâmetros** para aferir se o processo está tendo uma duração razoável ou não. São eles: i) a **complexidade do assunto**; ii) o **comportamento dos litigantes e de seus procuradores no processo**; iii) a **atuação do órgão jurisdicional**; e iv) a **estrutura do órgão judiciário.**[46]

Assim, o processo deve andar com **rapidez suficiente** para as partes tenham uma prestação jurisdicional em **tempo hábil**, mas não tão rápido de modo a atropelar outras garantias constitucionais. No mais, **circunstâncias concretas**, como o comportamento das partes e a estrutura o órgão judiciário, podem justificar uma **demora um pouco maior**.

4. REMÉDIOS CONSTITUCIONAIS

A. Aspectos gerais

O constituinte originário listou uma série de **meios de defesa, jurisdicionais ou não, dos direitos fundamentais**. A esses meios, a doutrina pátria atribuiu o nome de remédios constitucionais.

Embora a expressão seja criticada por alguns autores, como Manoel Gonçalves Ferreira Filho[47], e celebrada por outros, como é o caso de André Ramos Tavares[48], é ampla a sua utilização pelos doutrinadores brasileiros, razão pela qual a adotaremos no presente trabalho.

46. DIDIER JÚNIOR, Fredie. Curso de direito processual civil: introdução ao direito processual civil, parte geral e processo de conhecimento. v. 1. 19ª ed. Salvador: Juspodivm, 2017, p. 109.

47. FERREIRA FILHO, Manoel Gonçalves. Curso de direito constitucional. 40. ed. São Paulo: Saraiva, 2015, p. 348-349.

48. TAVARES, André Ramos. Curso de Direito Constitucional. 16ª ed. São Paulo: Saraiva Educação 2018, p. 715-717.

Antes de analisar cada um dos remédios constitucionais em espécie, faz-se necessário um **aparte explicativo. Incluí**, entre os remédios constitucionais, **o direito de petição**, uma vez que se trata de um meio posto à disposição dos indivíduos para provocar a intervenção das autoridades competentes quando há a violação ou ameaça de direitos individuais.

Entretanto, muitos autores limitam a expressão "remédios constitucionais" aos **meios jurisdicionais** de defesa dos direitos individuais, incluindo em seu rol tão somente os *habeas corpus*, o *habeas data*, o mandado de segurança, o mandado de injunção e a ação popular. [49]

B. *Habeas corpus*

B.1. *Aspectos gerais*

O *habeas corpus* foi o primeiro remédio constitucional a integrar as conquistas liberais. Foi com a **Magna Carta de 1215** que o remédio heroico foi previsto pela primeira vez de forma escrita. Em seu nascimento, essa garantia não estava atrelada e limitada ao direito de ir e vir, mas sim ao devido processo legal, servindo como meio de apresentar alguma pessoa ao Poder Judiciário.

No Brasil, foi introduzindo inicialmente pela via infraconstitucional, com o Código de Processo Criminal de 1832 (artigo 340). Foi somente com a **Constituição de 1891** que o *habeas corpus* ganhou *status* constitucional.

Em sua redação original, o artigo 72, §22, da Constituição de 1891 consignava: "*Dar-se-á o habeas corpus, sempre que o indivíduo sofrer ou se achar em iminente perigo de sofrer violência ou coação por ilegalidade ou abuso de poder*".

Em razão dessa previsão aberta, Ruy Barbosa, um dos mais importantes juristas da época e de toda nossa história, formulou a **doutrina brasileira do *habeas corpus***. Segundo essa doutrina, o *habeas corpus* não se limitava à tutela do direito ambulatorial, podendo ser impetrado para salvaguardar **qualquer direito que se encontrasse ameaçado ou impossibilitado por uma ilegalidade ou abuso de poder**.

49. No mesmo sentido do aqui proposto, José Afonso da Silva afirma que, no rol dos remédios constitucionais, incluem-se: o direito de petição e as ditas ações constitucionais – o mandado de segurança, o mandado de injunção, o *habeas data*, o *habeas corpus* e a ação popular. Ver: SILVA, José Afonso da. Curso de direito constitucional positivo. 42ª ed., rev. e atual, São Paulo: Malheiros, 2019, p. 445. Em sentido diverso, André Ramos Tavares e Manoel Gonçalves Ferreira Filho somente incluem na categoria de remédios constitucionais as garantias jurisdicionais (mandado de segurança, mandado de injunção, *habeas corpus*, *habeas data* e ação popular). Ver: TAVARES, André Ramos. Curso de Direito Constitucional. 16ª ed. São Paulo: Saraiva Educação 2018, p. 715; e FERREIRA FILHO, Manoel Gonçalves. Curso de direito constitucional. 40. ed. São Paulo: Saraiva, 2015, p. 348.

Em 1926, foi editada a Emenda Constitucional n.º 29. Essa emenda deu nova redação ao artigo 77, §22, limitando o cabimento do *habeas corpus* aos casos de **ameaça ou violação à liberdade de locomoção**, fórmula que prevalece até hoje.

A Constituição de 1988 prevê o *habeas corpus* em seu **artigo 5º, inciso LXVIII**: "*conceder-se-á habeas corpus sempre que alguém sofrer ou se achar ameaçado de sofrer violência ou coação em sua liberdade de locomoção, por ilegalidade ou abuso de poder*".

Desse modo, quando um **ato ilegal ou praticado em abuso de poder ameaçar ou violentar o direito subjetivo de ir, vir e permanecer**, estará à disposição do indivíduo o *habeas corpus*, que é a ação constitucional vocacionada à **tutela do direito de locomoção** contra ilegalidades e abusos de autoridade.

B.2. Hipóteses de cabimento

Para que o *habeas corpus* seja cabível, devem estar presentes no caso concreto dois requisitos: a prática de **ato ilegal ou em abuso de poder** e a **coação à liberdade de locomoção.**

A ameaça ou violência ao direito de locomoção que permite o manejo o *habeas corpus* é aquela provocada por **ato ilegal** ou **com abuso de poder**. Ato ilegal é aquele praticado em dissonância com os parâmetros traçados em lei, enquanto o abuso de poder ocorre quando, determinada conduta é inicialmente lícita, mas no transcorrer do seu exercício, há o desborde dos limites e das finalidades legais, o que a torna antijurídica.

Embora as ameaças e violações à liberdade de ir, vir e permanecer sejam preponderantemente veiculadas pelo Poder Público, não há dúvidas de que o **particular também pode figurar no polo passivo do *habeas corpus*.** Dois exemplos podem ilustram bem a questão: i) é cabível o manejo do *habeas corpus* para assegurar a liberdade ambulatorial de paciente que está sendo impedido de deixar hospital em virtude do não pagamento dos custos do tratamento; e ii) é cabível *habeas corpus* para permitir que trabalhadores que não aderiram a uma greve e estão sendo impedidos por grevistas entrem no local de trabalho.

Em relação ao segundo requisito, tem prevalecido no âmbito do **Supremo Tribunal Federal** que o *habeas corpus* somente será cabível se o **direito ambulatorial** do paciente estiver sendo **diretamente** afetado. Nessa linha de ideias, não se tem admitido o cabimento do remédio heroico quando o direito de locomoção estiver **ameaçado hipoteticamente ou reflexamente**. São exemplos:

- É **incabível** *habeas corpus* contra **decisão que decretou a perda da função pública**, por não haver violação ao direito de locomoção.[50] Nesse sentido, editou-se o **Enunciado n.º 694 da Súmula do STF**: "*Não cabe* habeas corpus *contra a imposição da pena de exclusão de militar ou de perda de patente ou de função pública*".
- **Não cabe** *habeas corpus* para **discutir processo-crime que envolva a imputação prevista no artigo 28 da Lei n.º 11.343/06** (uso de entorpecentes), pois a sanção a ele cominada não é privativa da liberdade.[51]
- É **incabível** o *habeas corpus* para se buscar o reconhecimento do **direito a visitas íntimas ao preso**, pois tal questão não está diretamente ligada ao direito de ir e vir.[52]
- O *habeas corpus* **não é** o instrumento adequado para perseguir o **trancamento de processo de *impeachment***, uma vez que as sanções previstas têm natureza político-administrativa, não advindo dele qualquer risco à liberdade de locomoção.[53]
- O *habeas corpus* **não é** meio idôneo a impugnar decisão judicial que **nega ao réu preso, que é advogado, a possibilidade de sustentar sozinho a própria defesa na ação penal**, pois, não há afronta ao direito ambulatorial.[54]
- **Enunciado n.º 683 da Súmula do STF**: Não cabe *habeas corpus* contra decisão condenatória a pena de multa, ou relativo a processo em curso por infração penal a que a pena pecuniária seja a única cominada.
- **Enunciado n.º 695 da Súmula do STF**: Não cabe *habeas corpus* quando já extinta a pena privativa de liberdade. Desse modo, não é cabível o *habeas corpus* para que seja requerida a reabilitação do artigo 94 do Código Penal.

Todavia, mais recentemente, o Supremo Tribunal Federal decidiu que, quando a liberdade de alguém estiver **direta ou indiretamente** ameaçada, cabe *habeas corpus* ainda que para solucionar questões de natureza processual.[55] Será preciso aguardar se essa decisão da Segunda Turma do STF foi isolada ou, ao contrário, representa uma virada na jurisprudência da Corte Maior.

---

50. STF, Primeira Turma, HC 150.059, Red. p/ acórdão Min. Roberto Barroso, j. 22.5.2018.
51. STF, Primeira Turma, HC 127.834, Red. p/ acórdão Min. Alexandre de Moraes, j. 5.12.2017.
52. STF, Primeira Turma, HC 138.286, Rel. Min. Marco Aurélio, j. 5.12.2017.
53. STF, Tribunal Pleno, AgR em HC 134.315, Rel. Min. Teori Zavascki, j. 16.6.2016.
54. STF, Segunda Turma, HC 122.382, Rel. Min. Cármen Lúcia, j. 5.8.2014.
55. STF, Segunda Turma, HC 163.943 AgR/PR, Red. p/ acórdão Min. Ricardo Lewandowski, j. 4.8.2020.

Outra hipótese em que não se admitirá o manejo do *habeas corpus* está expressamente prevista no texto constitucional. O artigo 142, §2º, da CF/88 vaticina que **não caberá *habeas corpus* em relação a punições disciplinares militares.**

Tal previsão funda-se no binômio **hierarquia-disciplina**, que rege as relações militares. Caso fosse possível que um subordinado discutisse, em juízo, uma punição aplicada por seu superior – ainda que esta seja a privação da liberdade –, toda a lógica e dinâmica militares estariam prejudicadas.

O Supremo Tribunal Federal, contudo, tem interpretado a norma do artigo 142, §2º, da CF/88 **restritivamente**. Assim, tem-se **admitido a impetração do *habeas corpus* para discutir a legalidade da punição disciplinar militar**, restringindo-se a vedação de cabimento do remédio heroico à reanálise do mérito administrativo (conveniência e oportunidade).[56]

Por fim, cumpre destacar que os Tribunais Superiores vêm, paulatinamente, **alterando** o entendimento de que o ***habeas corpus* é cabível mesmo que haja outro meio de impugnação previsto no ordenamento jurídico para atacar decisão judicial.**

Nesse sentido, o Supremo Tribunal Federal decidiu que **não cabe *habeas corpus* para o STF contra decisão monocrática do Ministro do STJ que indefere liminar**, pois seria cabível agravo regimental neste Tribunal.[57] Há, inclusive, entendimento sumulado nesse sentido (**Enunciado n.º 691 da Súmula do STF**: "Não compete ao Supremo Tribunal Federal conhecer de *habeas corpus* impetrado contra decisão do relator que, em habeas corpus requerido a tribunal superior, indefere a liminar").

Contudo, caso a decisão do STJ se mostre teratológica e flagrantemente ilegal, o Supremo tem, excepcionalmente, concedido a **ordem de *habeas corpus* de ofício.**[58]

Ainda, o Supremo Tribunal Federal decidido que **não cabe *habeas corpus* contra decisão monocrática de Ministro do STF**, pois o meio de impugnação adequado para atacar uma decisão monocrática de Ministro do STF é o agravo regimental.[59] Em sentido próximo, o **Enunciado n.º 606 da Súmula do STF** dispõe: "Não cabe *habeas corpus* originário para o Tribunal Pleno de decisão de turma, ou do plenário, proferida em *habeas corpus* ou no respectivo recurso".

---

56. STF, Segunda Turma, RE 338.840, Rel. Min. Ellen Gracie, j. 19.8.2003.
57. STF, Segunda Turma, AgR no HC 131.550, Rel. Min. Gilmar Mendes, j. 15.12.2015.
58. STF, Segunda Turma, HC 143.476, Red. p/ acórdão Min. Ricardo Lewandowski, j. 6.6.2017.
59. STF, Tribunal Pleno, HC 115.787, Red. p/ acórdão Min. Dias Toffoli, j. 18.5.2017.

Endossando esse entendimento, o STF já decidiu que **não cabe** *habeas corpus* contra **decisão de Ministro do STF que decreta a prisão preventiva de investigado ou réu**, pois se aplica à situação, por analogia, o entendimento exposto no enunciado 606 da Súmula do STF.[60] Da mesma forma, não cabe pedido de *habeas corpus* originário para o Tribunal Pleno contra ato de Ministro ou outro órgão fracionário da Corte.[61]

De outra banda, por não existir previsão legal de recurso cabível em face de **não homologação ou de homologação parcial de acordo**, o Supremo Tribunal Federal já decidiu que deve ser **possível** a impetração de *habeas corpus* nesses casos. Consignou a Suprema Corte que a homologação do acordo de colaboração premiada é etapa fundamental da sistemática negocial regulada pela Lei nº 12.850/2013, estando diretamente relacionada com o exercício do poder punitivo estatal, considerando que nesse acordo estão regulados os benefícios concedidos ao imputado e os limites à persecução penal.[62]

No que toca ao **cabimento de *habeas corpus* em face de decisão judicial transitada em julgado**, ainda que a Segunda Turma do Supremo Tribunal Federal já tenha decidido pela sua possibilidade[63], prevalece que o remédio heroico **não** se presta a funcionar como um sucedâneo da revisão criminal, **salvo em situações excepcionalíssimas de manifesta ilegalidade.**[64]

Questão interessante envolvendo o cabimento do *habeas corpus* envolve a concessão do **benefício da transação penal**. Se, no caso concreto, houver a celebração da transação penal após o suposto autor dos fatos já ter impetrado *habeas corpus* para o trancamento da ação penal, esse habeas corpus que estava pendente fica prejudicado ou deverá ser julgado mesmo assim?

O **Superior Tribunal de Justiça** já se manifestou no sentido de que a concessão do benefício da transação penal **impede** a impetração de *habeas corpus* em que se busca o trancamento da ação penal. Caso já impetrado, o HC será considerado prejudicado.[65]

A **Segunda Turma do Supremo Tribunal Federal**, por outro lado, entende que o Tribunal de Justiça deverá julgar o mérito do *habeas corpus*, ainda que o paciente tenha sido beneficiado com a transação penal. A realização de acordo

---

60. STF, Tribunal Pleno, HC 162.285 AgR/DF, Rel. Min. Alexandre de Moraes, j. 19.12.2019.
61. STF, Tribunal Pleno, HC 170.263, Rel. Edson Fachin, j. 22.6.2020.
62. STF, Segunda Turma, HC 192.063/RJ, Rel. Min. Gilmar Mendes, j. 2.2.2021.
63. STF, Segunda Turma, RHC 146.32, Rel. Min. Gilmar Mendes, j. 27.2.2018.
64. STF, Primeira Turma, AgR no HC 143.445, Rel. Min. Roberto Barroso, j. 5.2.2018 e STF, Segunda Turma, AgR no HC 148.631, Rel. Min. Dias Toffoli, j. 1º.12.2017.
65. STJ, Sexta Turma, HC 495.148-DF, Rel. Min. Antônio Saldanha Palheiro, j. 24.9.2019.

de transação penal **não enseja a perda de objeto** de *habeas corpus* anteriormente impetrado. Isso porque, embora o sistema negocial possa trazer aprimoramentos positivos em casos de delitos de menor gravidade, a barganha no processo penal pode levar a riscos consideráveis aos direitos fundamentais do acusado. Assim, o controle judicial é fundamental para a proteção efetiva dos direitos fundamentais do imputado e para evitar possíveis abusos que comprometam a decisão voluntária de aceitar a transação. No mais, não há qualquer disposição em lei que imponha a desistência de recursos ou ações em andamento ou determine a renúncia ao direito de acesso à Justiça.[66]

B.3. Legitimidade

A **legitimidade ativa** para a impetração do *habeas corpus* é **bem ampla**, de modo que qualquer pessoa, independentemente de qualquer qualidade especial, está apta a ajuizá-lo.

É o que vaticina o artigo 654 do Código de Processo Penal: "*O habeas corpus poderá ser impetrado por qualquer pessoa, em seu favor ou de outrem, bem como pelo Ministério Público*". Assim, podem impetrar o *habeas corpus* a pessoa física ou jurídica, nacional ou estrangeira, civilmente capaz ou incapaz.

Em razão dessa larga possibilidade conferida pelo artigo 654 do Código de Processo Penal alguns autores têm apontado que o *habeas corpus* possui natureza de **ação penal de caráter popular**.

Outra questão relevante, que também pode ser extraído do artigo 654 do CPP, é que há uma distinção entre impetrante e paciente do *habeas* corpus, que podem não ser a mesma pessoa. O **impetrante** é aquele que pleiteia em juízo a concessão da ordem, ao passo que o **paciente** é aquele que está tendo sua liberdade de locomoção coagida por ilegalidade ou abuso de poder.

Essa diferenciação é importante, pois a amplitude conferida à legitimidade para a impetração de *habeas corpus* **não se estende à figura paciente** do remédio heroico. É dizer: embora uma determinada pessoa possa impetrar um *habeas corpus* em favor de terceiro, ela pode não estar apta a figurar como paciente.

O caso emblemático em que isso ocorre envolve a **pessoa jurídica**. Como mencionado, é perfeitamente possível que pessoa jurídica impetre um HC em favor de outra pessoa. Contudo, majoritariamente, entende-se que ela não que ela

66. STF, Segunda Turma, HC 176.785/DF, Rel. Min. Gilmar Mendes, j. 17.12.2019.

pode figurar na qualidade de paciente, pois pessoa jurídica **não tem liberdade locomoção.**[67]

Nesse ponto, é importante destacar que o **Supremo Tribunal Federal** possui um único julgado em que **conheceu *habeas corpus* em que figuravam como pacientes, além dos sócios, pessoa jurídica acusada de ter cometido crime ambiental.** O relator, Ministro Ricardo Lewandowski, afirmou ser viável o manejo de *habeas corpus*, pois não há, em nosso sistema processual penal, instrumentos aptos a sanar ilegalidade ou abuso de poder em ação penal em que figure no polo passivo pessoa jurídica.[68]

Uma derradeira situação que merece realce é a possibilidade ou não de impetração de ***habeas corpus* coletivo.** Diferentemente do que ocorre com o mandado de segurança, a Constituição de 1988 e a nossa legislação infraconstitucional não preveem expressamente o seu cabimento.

Entretanto, no julgamento do **HC 143.641/SP**, a Primeira Turma do STF admitiu essa **possibilidade.** Afirmou-se, o julgamento, que se deve conferir ao remédio heroico a mais amplitude possível, posto que se trata de uma garantia fundamental.

A suprema corte aplicou, analogicamente, o disposto no artigo 12 da Lei n.º 13.300/16, que trata dos legitimados ativos para impetração de mandado de injunção coletivo, afirmando que pode impetrar o *habeas corpus* coletivo o Ministério Público, o partido político com representação no Congresso Nacional, a organização sindical, entidade de classe ou associação legalmente constituída e em funcionamento há pelo menos 1 (um) ano e a Defensoria Pública.[69]

O **legitimado passivo** é o **responsável pela ilegalidade ou pelo abuso de poder** que viole ou ameace a liberdade ambulatorial do paciente.

B.4. Competência

A competência para processar e julgar o *habeas corpus* está prevista no texto constitucional e é balizada de acordo com a **autoridade coatora** e com o **paciente.** Assim, será competente:

a) **Supremo Tribunal Federal**: quando o **paciente** for o Presidente da República, Vice-Presidente da República, membros do Congresso Nacional, Ministros do STF, Procurador-Geral da República, Ministros de Estado,

67. STJ, Sexta Turma, RHC 16.762/MT, Rel. Min. Hamilton Carvalhido, j. 23.11.2004.

68. STF, Primeira Turma, HC 92.921/BA, Rel. Min. Ricardo Lewandowski, j. 19.8.2008.

69. STF, Segunda Turma, HC 143.641/SP. Rel. Min. Ricardo Lewandowski, j. 20.2.2018.

Comandantes da Marinha, Exército e Aeronáutica, membros de Tribunais Superiores ou do TCU e chefes de missão diplomática de caráter permanente (artigo 102, inciso I, alínea "d" da CF/88).

O STF também será competente para processar e julgar o HC quando a **autoridade coatora** for Tribunal Superior ou quando o **coator ou paciente** for autoridade ou funcionário cujos atos estejam sujeitos diretamente à jurisdição do Supremo Tribunal Federal, ou se trate de crime sujeito à mesma jurisdição em uma única instância (artigo 102, inciso I, alínea "i", da CF/88).

Compete, ainda, ao STF julgar, em **recurso ordinário**, o *habeas corpus* decidido em única instância pelos Tribunais Superiores, se denegatória a decisão (artigo 102, inciso II, alínea "a" da CF/88).

b) **Superior Tribunal de Justiça**: quando o **coator ou paciente** for Governador dos Estados e do DF, Desembargadores dos Tribunais de Justiça dos Estados e do DF, os membros dos Tribunais de Contas dos Estados e do DF, Desembargadores dos Tribunais Federais Regionais, dos Tribunais Regionais Eleitorais e do Trabalhos, membros dos Conselhos ou Tribunais de Contas dos Municípios e os do Ministério Público da União que oficiem perante tribunais (artigo 105, inciso I, alínea "c", primeira parte, da CF/88).

Também será competente quando o **coator** for Ministro de Estado ou Comandante da Marinha, do Exército ou da Aeronáutica, ressalvada a competência da Justiça Eleitoral (artigo 105, inciso I, alínea "c", segunda parte, da CF/88).

Compete ao STJ julgar, em **recurso ordinário**, o *habeas corpus* decidido em única ou última instância pelos Tribunais Regionais Federais ou Tribunais de Justiça dos Estados, DF e Territórios, quando a decisão for denegatória (artigo 105, inciso II, alínea "a", da CF/88).

c) **Tribunais Regionais Federais**: compete aos Tribunais Regionais Federais processar e julgar, originariamente, os *habeas corpus*, quando a **autoridade coatora** for juiz federal (artigo 108, inciso I, alínea "d", da CF/88).

d) **Tribunais de Justiça**: a competência dos Tribunais de Justiça para processar e julgar *habeas corpus* não está prevista expressamente na Constituição de 1988. O artigo 125, §1º, da CF/88 deixa a cargo das constituições estaduais e da lei de organização judiciária tal definição. Todavia, por uma questão de lógica interpretativa e sistemática, não há dúvidas de que compete aos Tribunais de Justiça dos Estados e do Distrito Federal julgar o *habeas corpus* quando a autoridade coatora for Juiz de Direito.

e) **Juízes Federais e Juízes de Direito**: os juízes de primeira instância têm competência para processar e julgar o *habeas corpus* impetrado quando o coator for particular ou autoridade que não tenha foro por prerrogativa de função. Em relação aos juízes federais, há previsão expressa (artigo 109, inciso VII da CF/88).

B.5. Procedimento

No que tange ao procedimento do *habeas corpus*, **quatro questões** merecem ser postas à lume.

A primeira é a de que **não é necessário ostentar capacidade postulatória** para que se impetre um *habeas corpus*. Isso significa que, diferentemente do que ocorre na grande maioria das ações, a petição inicial do remédio heroico não precisa estar subscrita por advogado devidamente registrado nos quadros da OAB.

Nesse sentido, o **artigo 1º, §1º, da Lei n.º 8.906/94** (Estatuto da Ordem dos Advogados) dispõe expressamente que não se inclui na atividade privativa de advocacia a impetração de habeas corpus em qualquer instância ou tribunal.

A segunda observação sobre o *habeas corpus* é que, por sua natureza de **ação sumaríssima, não há uma fase de dilação probatória** em seu procedimento. Isso não significa, contudo, que o impetrante está desobrigado de provar os fatos que são narrados na petição inicial. Ao contrário, o impetrante deve juntar, no ato da impetração, prova documental do constrangimento ilegal (prova pré-constituída).

Em virtude dessa característica do remédio heroico, a jurisprudência do Supremo Tribunal Federal é firme ao entender que **não é possível**, pela via estreita do *habeas corpus*, o **revolvimento do conjunto fático-probatório do processo**. Nesse sentido, já decidiu o STF que:

- Como **regra**, **não se admite** o HC para **rediscutir a pena** aplicada na sentença. Somente se houver **ilegalidade manifesta** e desde que **não seja necessário rediscutir provas**, é que o *habeas corpus* com a finalidade de reanálise da dosimetria da pena **será admitido**.[70]
- É **incabível** a utilização de HC com a **finalidade de desclassificar a imputação de homicídio doloso, na modalidade dolo eventual, para homicídio culposo**, na hipótese em que o paciente teria cometido o **delito na direção de veículo automotor**. Os limites estreitos do *habeas corpus* impossibilitam a análise apurada do elemento subjetivo de modo a

70. STF, Primeira Turma, HC 110.152/MS, Rel. Min. Cármen Lúcia, j. 8.5.2012.

determinar se houve dolo eventual ou culpa consciente em homicídio praticado na direção de veículo automotor.[71]

- **Não é possível** a utilização de HC para discutir a **correta tipificação** dos fatos imputados ao paciente na ação penal.[72]
- O *habeas corpus* **não é** sede processual adequada para discussão sobre a **correta fixação da competência**, bem como sobre a existência de **transnacionalidade** do delito imputado.[73]

A terceira questão é: o artigo 5º, inciso LXXVII, da CF/88 prevê que são **gratuitas** as ações de *habeas corpus*. Cuida-se de gratuidade **incondicionada**, ou seja, independentemente da condição socioeconômica do paciente, não será necessário recolher as despesas processuais para o exercício dessa garantia.

Por fim, cumpre ressaltar que há divergência entre as Turmas do Supremo Tribunal Federal acerca do cabimento de **sustentação oral** no agravo regimental interposto contra a decisão monocrática do Ministro do STF que negou seguimento ao *habeas corpus*.

A **Primeira Turma** entende que é **incabível** sustentação oral em agravo regimental interposto contra decisão monocrática que nega seguimento a *habeas corpus*, sob o fundamento de que o artigo 131, § 2º, do RISTF veda expressamente a possibilidade de sustentação oral em agravo interno e o art. 937, § 3º, do CPC/2015 a admite unicamente em ação rescisória, reclamação e mandado de segurança.[74]

A **Segunda Turma**, por sua vez, entende que **cabe** sustentação oral no agravo regimental interposto contra a decisão monocrática do Ministro do STF que negou seguimento ao habeas corpus, pois é aplicável, por analogia, da regra do § 3º do art. 937 do CPC/2015.[75]

C. *Habeas data*

C.1. *Aspectos gerais*

A Constituição de 1988, promulgada após o Regime Militar, teve especial preocupação em relação ao **ocultamento de dados pelo governo**, mormente àqueles que envolvessem convicções político-filosóficas.

---

71. STF, Primeira Turma, HC 131.029/RJ, Red. p/ acórdão Min. Edson Fachin, j. 17.5.2016 e STF, Segunda Turma, HC 132.036/SE, Rel. Min. Cármen Lúcia, j. 29.3.2016.

72. STF, Primeira Turma, HC 111.445/PE, Rel. Min. Dias Toffoli, 16.4.2013.

73. STF, Primeira Turma, HC 151.881 AgR/SP, Rel. Min. Rosa Weber, j. 12.11.2019

74. STF, Primeira Turma, HC 151.881 AgR/SP, Rel. Min. Rosa Weber, j. 12.11.2019.

75. STF, Segunda Turma, HC 152.676/PR, Rel. Red. p/ acórdão Min. Gilmar Mendes, j. 9.4.2019.

Durante o regime de exceção, foi comum que informações colhidas em fontes inidôneas e por meios ilegais, quando não mesmo fabricadas, fossem introduzidas em registros oficiais e servissem de parâmetro para a imposição de medidas punitivas.

Com a finalidade de garantir ao indivíduo o conhecimento das informações contidas em bancos de dados públicos que se refiram à sua própria pessoa, bem como de permitir a contestação desses dados, retificando-os ou acrescendo importantes anotações, o Constituinte de 1988 **positivou** no texto constitucional a figura do ***habeas data***.

O **artigo 5º, inciso LXXII, da CF** consigna que se concederá *habeas data* para assegurar o conhecimento de informações relativas à pessoa do impetrante, constantes de registros ou bancos de dados de entidades governamentais ou de caráter público e para a retificação de dados, quando não se prefira fazê-lo por processo sigiloso, judicial ou administrativo.

Como bem assinala José Afonso da Silva, o constituinte valeu-se da mesma fórmula utilizada para a tutela da liberdade de locomoção nas Constituições anteriores: reconheceu o **direito de conhecimento e de retificação de dados pessoais constantes em bancos de dados públicos** por meio da previsão de sua garantia.[76]

C.2. Hipóteses de cabimento

A Constituição de 1988 previu que o *habeas data* é cabível em duas hipóteses: para assegurar o **conhecimento** de informações pessoais contidas em registros ou bancos de dados governamentais ou públicos e para **retificar** esses dados.

A Lei n.º 9.507/97, que disciplina o *habeas data*, ampliou a garantia constitucional e trouxe mais uma hipótese de cabimento: a **anotação** nos assentamentos do interessado, de **contestação** ou **explicação** sobre dado verdadeiro, mas justificável e que esteja sob pendência judicial ou amigável (artigo 7º, inciso III).

Desse modo, é cabível o *habeas data* para:

I) assegurar o **conhecimento** de informações relativas à pessoa do impetrante, constantes de registro ou banco de dados de entidades governamentais ou de caráter público;

II) a **retificação** de dados, quando não se prefira fazê-lo por processo sigiloso, judicial ou administrativo; e

76. SILVA, José Afonso da. Comentário contextual à constituição. 9ª ed. São Paulo: Malheiros, 2014, p. 171-173.

III) a **anotação** nos assentamentos do interessado, de contestação ou explicação sobre dado verdadeiro, mas justificável, e que esteja sob pendência judicial ou amigável.

Veja-se que essa **terceira hipótese** de cabimento diferencia-se da segunda na medida em que os dados que constam do banco de dados governamental ou público são **verdadeiros**, e não falsos. Todavia, a incompletude da informação pode causar prejuízos à pessoa do impetrante, razão pela qual é permitido que faça uma anotação **complementando-a**.

Importante destacar que o direito de conhecimento, retificação ou anotação de dado pessoal **não se confunde com o direito de certidão**, previsto no artigo 5º, XXXIV, alínea "b", da CF. Caso esse direito seja violado, não é cabível a impetração do remédio constitucional ora estudado, devendo o interessado manejar **mandado de segurança**.

Em sentido similar, o Superior Tribunal de Justiça **não admite** o emprego do *habeas data* como meio para a **obtenção de cópia de autos de processo administrativo**, sob o fundamento de que o direito supostamente violado é o devido processo legal, propósito esse não abarcado no que dispõe o art. 7º, inciso I, da Lei 9.507/1997. Nesse caso, será cabível o mandado de segurança.[77]

De outro lado, o **Supremo Tribunal Federal** já decidiu, em sede repercussão geral, que este remédio constitucional é cabível para a obtenção dos dados concernentes ao pagamento de tributos do próprio contribuinte constantes dos sistemas informatizados de apoio à arrecadação dos órgãos da administração tributária dos entes estatais.[78]

C.3. Legitimidade

Tanto a Constituição de 1988 quanto a Lei de n.º 9.507/97 não trataram, de maneira expressa, sobre a legitimidade ativa para a impetração de *habeas data*. Coube, assim, à doutrina determinar quem são os legitimados à impetração do referido remédio constitucional.

Majoritariamente, entende que a **legitimação ativa é ampla**, admitindo-se que pessoas **físicas** ou **jurídicas**, **nacionais** ou **estrangeiras** impetrem o *habeas data*.[79]

77. STJ, Primeira Seção, HD 282, Rel. Min. Sérgio Kukina, j. 12.12.2018.

78. STF, Tribunal Pleno, RE 673.707/MG, Rel. Min. Luiz Fux, j. 17.6.2015.

79. Nesse sentido, ver: MEIRELLES, Hely Lopes. Mandado de segurança e ações constitucionais/Hely Lopes Meirelles, Arnaldo Wald, Gilmar Ferreira Mendes; com a colaboração de Marina Gaensly e Rodrigo de Oliveira Kaufmann – 38 ed. – São Paulo: Malheiros, 2019; e MOREIRA, José Carlos Barbosa. O habeas

Embora a legitimação ativa para impetrar *habeas data* seja ampla, é importante destacar o seu **caráter personalíssimo**, de modo que somente o titular da informação terá legitimidade para impetrar o HD. Tal concepção do remédio constitucional analisado é extraível do texto constitucional, que fala em "informações relativa à própria pessoa do impetrante".

O **Superior Tribunal de Justiça**, no entanto, já reconheceu uma **exceção** a isso. Cuida-se da hipótese em que o titular da informação é **pessoa falecida**. Nesse caso, é possível admitir a legitimidade ativa do cônjuge sobrevivente ou de seus herdeiros para a impetração do *habeas data*, sob pena de ofensa ao próprio escopo da norma constitucional.[80]

A **legitimação passiva**, por sua vez, é do **órgão ou entidade que detém a informação a qual se busca conhecer, retificar ou complementar**.

Nesse ponto, é importante observar que, embora o sujeito passivo seja, em regra, órgão ou entidade governamental, é plenamente possível o manejo do *habeas data* em face de **entidade não governamental**.

Isso porque nem todo registro ou banco de dados público é gerido por órgãos governamentais. É nesse sentido que o **artigo 1º, §1º, da Lei n.º 9.507/97** preceitua que se considera de caráter público todo registro ou banco de dados contendo informações que sejam ou que possam ser transmitidas a terceiros ou que não sejam de uso privativo do órgão ou entidade produtora ou depositária das informações.

O exemplo mais corriqueiro de entidade privada que gere dados pessoais de forma pública envolve os bancos de dados de proteção ao crédito (ex.: SPC e SERASA).

C.4. Competência

A competência para processar e julgar o *habeas corpus* está prevista na Constituição e replicada no artigo 20 da Lei n.º 9.507/97:

a) **Supremo Tribunal Federal**: compete **ordinariamente** ao STF processar e julgar o *habeas data* contra atos do Presidente da República, das Mesas da Câmara dos Deputados e do Senado Federal, do Tribunal de Contas da União, do Procurador-Geral da República e do próprio STF (artigo 102, inciso I, alínea "d", da CF/88).

---

data brasileiro e sua lei regulamentadora. Revista de Direito Administrativo, Rio de Janeiro, 211: 47-63, jan./mar., 1998.

80. STJ, Quinta Turma, HD 147/DF, Rel. Min Arnaldo Esteve Lima, j. 12.12.2007.

Compete, ainda, ao STF julgar, em **recurso ordinário**, o *habeas data* decidido em única instância pelos Tribunais Superiores, se denegatória a decisão (artigo 102, inciso II, alínea "a", da CF/88).

b) **Superior Tribunal de Justiça**: compete ao STJ originariamente processar e julgar o *habeas data* contra ato de Ministro de Estado, dos Comandantes da Marinha, do Exército e da Aeronáutica, ou do próprio STJ.

c) **Tribunais Regionais Federais**: compete aos Tribunais Regionais Federais processar e julgar, originariamente, os *habeas data* contra ato do próprio tribunal ou de juiz federal (artigo 108, inciso I, alínea "c", da CF/88).

d) **Tribunais de Justiça**: a competência dos Tribunais de Justiça para processar e julgar *habeas corpus* não está prevista expressamente na Constituição de 1988. O artigo 125, §1º, da CF/88 deixa a cargo das constituições estaduais e da lei de organização judiciária tal definição. Todavia, por uma questão de lógica interpretativa e sistemática, não há dúvidas de que compete aos Tribunais de Justiça dos Estados e do Distrito Federal julgar o *habeas data* contra ato do próprio tribunal ou de Juiz de Direito vinculado a ele.

   A título de exemplo, a Constituição do Estado de São Paulo prevê a competência do Tribunal de Justiça para processar e julgar os *habeas data* contra atos do Governador, da Mesa e da Presidência da Assembleia, do próprio Tribunal ou de algum de seus membros, dos Presidentes dos Tribunais de Contas do Estado e do Município de São Paulo, do Procurador-Geral de Justiça, do Prefeito e do Presidente da Câmara Municipal da Capital (artigo 74, inciso III).

e) **Juízes Federais e Juízes de Direito**: compete aos juízes federais processar e julgar o *habeas data* contra ato de autoridade federal, excetuada a competência conferida ao TRF (artigo 109, inciso VIII, da CF/88). Em relação à competência dos Juízes de Direito, a competência será prevista nas respectivas Constituições Estaduais e nos respectivos Códigos de Organização Judiciária (artigo 125, §1º, da CF/88).

C.5. Procedimento

O procedimento da ação de *habeas data* está esquadrinhado na **Lei n.º 9.507/97**, que pôs fim a diversas divergências doutrinárias que existiam antes da sua edição.

A primeira questão que merece ênfase aqui é a **necessidade de prévia provocação extrajudicial** do órgão ou entidade gestor dos dados. Nesse sentido, os artigos 2º a 4º da lei preveem o procedimento administrativo prévio, enquanto o artigo 8º, ao tratar da petição inicial, traz a expressa exigência de sua instrução com prova da negativa ou inércia administrativa no fornecimento, retificação ou complementação dos dados.

Uma segunda questão que também foi dirimida pela Lei n.º 9.507/97 refere-se à **aproximação** do rito do *habeas data* **com o rito do mandado de segurança**. Em virtude desse abeiramento, **não há que se falar em dilação probatória** no bojo da ação de *habeas data*, que deverá vir instruída, desde a petição inicial, com **prova pré-constituída** dos fatos alegados pelo impetrante.

Além disso, **parte da doutrina** entende que **não é possível a obtenção, em um mesmo processo, do fornecimento da informação e da sua eventual retificação ou complementação**. Isso porque não só faltaria interesse de agir em relação a esse segundo pedido, ante a ausência de requerimento administrativo específico, como também o rito estreito e célere do *habeas data* não admitiria o desenrolar de uma segunda fase procedimental no mesmo processo.[81]

No entanto, outros autores, mesmo após a edição da Lei n.º 9.507/97, sustentam que **é possível**, após julgado procedente o pedido de acesso aos dados e a sua exibição, que o **impetrante prossiga com o processo, requerendo, nos mesmos autos, a retificação ou complementação deles.**[82]

O **Superior Tribunal de Justiça** abraça a **primeira corrente**, já tendo decidido que é inviável a pretensão de que, em um mesmo *habeas data*, se assegure o conhecimento de informações e se determine a sua retificação.[83]

Por fim, assim como ocorre no *habeas corpus*, o *habeas data* é uma ação constitucional **gratuita** (artigo 5º, inciso LXXVII, da CF/88). Isso significa que o seu manejo não depende do recolhimento de despesas processuais. Essa gratuidade é **incondicionada**, pois independe da comprovação da situação socioeconômica da parte autora.

D. Mandado de segurança

D.1. Aspectos gerais

O mandado de segurança é o remédio constitucional voltado à proteção de **direito líquido e certo**, quando não couber outro remédio específico, notadamente o *habeas corpus* ou o *habeas data*.

---

81. MEIRELLES, Hely Lopes. Mandado de segurança e ações constitucionais/Hely Lopes Meirelles, Arnaldo Wald, Gilmar Ferreira Mendes; com a colaboração de Marina Gaensly e Rodrigo de Oliveira Kaufmann - 38 ed. - São Paulo: Malheiros, 2019, p. 399.

82. Nesse sentido: MOREIRA, José Carlos Barbosa. O habeas data brasileiro e sua lei regulamentadora. Revista de Direito Administrativo, Rio de Janeiro, 211: 47-63, jan./mar., 1998.

83. STJ, Primeira Seção, HD 160/DF, Rel. Min. Denise Arruda, j. 27.8.2008.

Está previsto no art. 5º, incisos LXIX e LXX, da CF/88 e regulamentado pela Lei n. 12.016/09.

D.2. Histórico

Com a promulgação da EC n.º 29 de 1926, que alterou o artigo 77, §22, da Constituição de 1891 para limitar o cabimento do *habeas corpus* às hipóteses de perigo ou violação à liberdade ambulatorial, surgiu a necessidade da previsão de um instrumento célere e efetivo para tutelar os demais **direitos públicos subjetivos ameaçados por ato de autoridade**.

Foi em razão disso que a Constituição de 1934 previu a figura do mandado de segurança, remédio constitucional adequado para proteger o **direito líquido e certo que se encontra ameaçado ou foi violado por ato de autoridade e que não seja amparado por outro remédio constitucional específico**.

Após essa primeira previsão constitucional, todas as demais Constituições pátria, à exceção da Constituição de 1937, contemplaram o mandado de segurança em seus textos.

A Constituição de 1988 listou o mandado de segurança como uma garantia fundamental. O **artigo 5º, inciso LXIX da CF/88** consigna que se *concederá mandado de segurança para proteger direito líquido e certo, não amparado por habeas corpus ou habeas data, quando o responsável pela ilegalidade ou abuso de poder for autoridade pública ou agente de pessoa jurídica no exercício de atribuições do Poder Público.*

D.3. Hipóteses de cabimento

Para bem compreender o que é o mandado de segurança, bem como quais são as suas hipóteses de cabimento, é preciso, inicialmente, delimitar o que é "**direito líquido e certo**".

Hely Lopes Meirelles conceitua o **direito líquido e certo** como sendo aquele que se apresenta manifesto na sua existência, delimitado na sua extensão e apto a ser exercitado no momento da impetração. O brilhante autor paulista, todavia, faz uma arguta observação que é replicada por toda a doutrina brasileira. Na verdade, o que é líquido e certo não é o direito, uma vez que, a rigor, todo direito seria líquido e certo, mas sim as **alegações de fato feitas pelo autor**.[84]

84. MEIRELLES, Hely Lopes. Mandado de segurança e ações constitucionais/Hely Lopes Meirelles, Arnaldo Wald, Gilmar Ferreira Mendes; com a colaboração de Marina Gaensly e Rodrigo de Oliveira Kaufmann - 38 ed. - São Paulo: Malheiros, 2019, p. 38.

Desse modo, a exigência de "direito líquido e certo" feita pelo constituinte e pelo legislador infraconstitucional é cumprida quando o autor do *mandamus* produza, junto à petição inicial, **prova pré-constituída** que comprove os fatos nela alegados.

É por isso que, como veremos a seguir, não há que se falar em dilação probatória no mandado de segurança, pois é ônus do impetrante produzir todas as provas em um **único momento processual**: no registro ou na distribuição da petição inicial.

Embora haja alguma divergência em doutrina acerca da natureza da prova apta a demonstrar a liquidez e certeza das alegações de fato do impetrante, o único tipo de prova admitido no mandado de segurança é a **prova documental**, que é aquela prova composta por um objeto que representa um fato (por exemplo, um auto de infração).[85]

Não se admite, assim, a **prova documentada**, que é aquela prova que não é documental, mas foi reduzida a termo. Logo, as provas testemunhal e pericial, ainda que reduzidas a termo, não poderão ser utilizadas com a finalidade de comprovar o "direito líquido e certo" em um mandado de segurança.

> **Observação:** alguns autores sustentam que a prova documentada é apta a cumprir o requisito exigido para a impetração de mandado de segurança. Tal posicionamento, contudo, é **minoritário.**

A ausência de prova pré-constituída acarreta a **extinção sem resolução do mérito**, posto que não foi preenchido um dos pressupostos de cabimento do *writ*.

Ainda sobre o direito líquido e certo, **três derradeiras observações** devem ser feitas.

A primeira é que a exigência de prova pré-constituída para que a via do mandado de segurança seja admissível **não se confunde com a complexidade da matéria**. É perfeitamente possível, para fins de cabimento do *mandamus,* que os fatos sejam certos e incontroversos ou comprováveis por meio de prova documental, mas que o direito envolvido seja altamente controvertido e complexo. Nesse sentido, o **Enunciado n.º 625 da Súmula do Supremo Tribunal Federal** aduz que controvérsia sobre matéria de direito não impede concessão de mandado de segurança.

A segunda observação é que, ainda que o impetrante não comprove, no registro ou distribuição da petição inicial, a matéria fática alegada, esses fatos poderão

85. CUNHA, Leonardo Carneiro da. A Fazenda Pública em juízo, 13ª ed., totalmente reformulada, Rio de Janeiro: Forense, 2016, p. 506.

se tornar incontroversos **se a autoridade apontada como coatora, em suas informações, não os controverter**. Nessa hipótese, o mandado de segurança deverá ser admitido, ainda que não tenha havido a produção de prova documental no momento oportuno.

Por fim, a derradeira observação é a de que o mandado de segurança possui um **caráter subsidiário** em relação ao *habeas corpus* e o *habeas data*. Assim, se o direito líquido e certo vilipendiado for tutelável por meio desses outros dois remédios constitucionais, não será cabível o mandado de segurança.

Um segundo conceito que deve ser aclarado, para entendermos quais são as hipóteses de cabimento do mandado de segurança, é o de **ato de autoridade**.

Isso porque, como vimos, o artigo 5º, inciso LXIX, da CF/88, dispõe que não são todos os casos de violação ou ameaça a direito líquido e certo que estão amparados pelo mandado de segurança, mas **somente** aqueles que forem praticados por autoridade pública ou agente de pessoa jurídica no exercício de atribuições do Poder Público.

Considera-se autoridade pública todo aquele que, integrando os quadros da Administração Pública, está investido de **poder de decisão**, podendo editar atos administrativos decisórios.

Para fins de cabimento do mandado de segurança, **equiparam-se** às autoridades, os representantes ou órgãos de partidos políticos e os administradores de entidades autárquicas, bem como os dirigentes de pessoas jurídicas ou as pessoas naturais no exercício de atribuições do poder público, somente no que disser respeito a essas atribuições (artigo 1º, §1,º da Lei n.º 12.016/09).

A rigor, o mandado de segurança é cabível contra ato ilegal ou em abuso de poder de **qualquer autoridade.** Há, contudo, algumas hipóteses que precisam ser analisadas mais detidamente, seja porque a própria lei as excluiu expressamente, seja porque são limítrofes e podem gerar certa dúvida. São elas:

a) **Atos praticados por administradores de empresas públicas, sociedades de economia mista e de concessionárias de serviço público**: os administradores de empresas públicas, sociedades de economia mista e concessionárias de serviço não se encontram abarcadas pelo conceito de autoridade pública, uma vez que essas entidades são de **direito privado**. Em razão disso, o artigo 1º, §2º, da Lei n.º 12.016/09, por cautela, disse o óbvio ao afirmar que **não cabe mandado de segurança contra os atos de gestão comercial** praticados pelos administradores de empresas públicas, de sociedade de economia mista e de concessionárias de serviço público.

   O Supremo Tribunal Federal, no julgamento da ADI n.º 4.296/DF reafirmou a **constitucionalidade** do artigo 1º, §2º, da Lei n.º 12.016/19 e expressamente afirmou que não cabe mandado de segurança contra atos de gestão comercial praticados por administradores de empresas públicas, sociedades de economia mista e concessionárias de serviço público.[86]

Entretanto, isso não afasta integralmente o cabimento do *writ*. A própria Constituição Federal dá um tratamento diferenciado às empresas públicas e às sociedades de economia mista, aplicando-lhes, expressamente, **algumas regras de direito público.** É o caso da exigência de **licitação** para contratar bens e serviços relativos à atividade-meio, bem como de realização de **concurso público** para a seleção de sua mão de obra (artigo 37, incisos II e XXI, e artigo 173, §1º, inciso III, todos da CF/88).

Os atos praticados no bojo desses procedimentos administrativos são de **natureza pública**, atraindo a regra do artigo 1º, §1º, da Lei n.º 12.016/09 e, consequentemente, o cabimento do mandado de segurança para impugná-los. É por essa razão que foi editado o **Enunciado n.º 333 da Súmula do Superior Tribunal de Justiça** ("Cabe mandado de segurança contra ato praticado em licitação promovida por sociedade e economia mista ou empresa pública").

b) **Ato do qual caiba recurso administrativo**: o artigo 5º, I, da Lei n.º 12.016/09 prevê de forma expressa que não se concederá o mandado de segurança quando se tratar de ato do qual caiba recurso administrativo com efeito suspensivo, independentemente de caução.

Essa previsão legal, no entanto, tem sido interpretada *cum grano salis* pela doutrina e pela jurisprudência. Isso porque não basta que caiba recurso administrativo com efeito suspensivo para que o mandado de segurança não seja admissível. Na verdade, o **que não se aceita é a impetração de mandado de segurança quando o recurso administrativo com efeito suspensivo tenha sido efetivamente interposto**, pois o ato não poderá produzir qualquer efeito e, consequentemente, nenhuma ameaça ou lesão ao direito do impetrante.

c) **Decisão judicial**: o artigo 5º, incisos II e III, da Lei n.º 12.016/09 prevê que **não se concederá** o mandado de segurança quando o ato impugnado for decisão judicial **da qual caiba recurso com efeito suspensivo** ou que já tenha **transitado em julgado**. Assim, não se afasta de todo o cabimento do *writ* para a impugnação de decisões judiciais, sendo certo que é cabível o *mandamus* para impugnar ato judicial violar de "direito líquido e certo" não amparado por *habeas corpus* ou *habeas data*, desde que não haja previsão, em nosso sistema processual, de recurso adequado para combatê-la.

86. STF, Tribunal Pleno, ADI 4.296/DF, Red. p/ acórdão Min. Alexandre de Moraes, j. 9.6.2021.

Nesse aspecto, é muito importante destacar que, embora a lei fale em recurso sem efeito suspensivo, na verdade o mandado de segurança não será cabível **sempre que houver recurso com aptidão de resolver, eficazmente e adequadamente, a violação ao direito da parte**. Assim, se o recurso não tiver efeito suspensivo *ex lege*, mas esse efeito possa ser concedido pelo relator do recurso, não será cabível o mandado de segurança – o agravo de instrumento se encaixa perfeitamente nessa situação.

No que toca à decisão transitada em julgado, assim como ocorre com o *habeas corpus*, não se admite que o remédio constitucional em análise seja utilizado como sucedâneo de ação rescisória. Além da previsão expressa na lei, há o **Enunciado n.º 268 da Súmula do STF** nesse sentido: "Não cabe mandado de segurança contra decisão judicial com trânsito em julgado".

A Corte Especial do Superior Tribunal de Justiça, todavia, já decidiu que o mandado de segurança **deverá ter seu mérito** apreciado **independentemente de superveniente trânsito em julgado** da decisão questionada, não podendo ser invocado o não cabimento do remédio constitucional ou a sua perda de objeto.[87]

d) **Lei em tese: não se tem admitido** a utilização do mandado de segurança para a impugnação de lei em tese, posto que o seu objeto é o ato ilegal ou com abuso de direito praticado por autoridade. Nesse sentido, o **Enunciado n.º 266 da Súmula do Supremo Tribunal Federal** dispõe que não cabe mandado de segurança contra lei em tese.

   Destaque-se que o não cabimento do *writ* para impugnar lei em tese não se confunde com situação diversa, que é a possibilidade de impetração do *mandamus* para atacar **atos legislativos**. É **plenamente possível** que um parlamentar, que tem direito líquido e certo a um processo legislativo devido, utilize-se deste remédio constitucional para atacar atos praticados por parlamentares na elaboração da lei.[88]

e) **Omissões de autoridade pública**: a ilegalidade ou o abuso de poder pode ocorrer por meio de uma omissão perpetrada pela autoridade pública, hipótese em que será **cabível** o mandado de segurança.

f) **Ato disciplinar**: a antiga lei de mandado de segurança (Lei n.º 1.533/51) vedada expressamente a utilização do mandado de segurança para atacar

---

87. STJ, Corte Especial, ED no MS 22.157, Rel. Min. Luis Felipe Salomão, j. 14.3.2019.

88. MEIRELLES, Hely Lopes. Mandado de segurança e ações constitucionais/Hely Lopes Meirelles, Arnaldo Wald, Gilmar Ferreira Mendes; com a colaboração de Marina Gaensly e Rodrigo de Oliveira Kaufmann – 38 ed. – São Paulo: Malheiros, 2019, p. 36.

atos disciplinares, salvo quando praticados por autoridade incompetente ou com inobservância de formalidade essencial. Contudo, tal disposição não foi repetida na Lei n.º 12.016/09, de modo que, após o seu advento, é inquestionável o cabimento do *mandamus* para a impugnação de atos disciplinares.

Por fim, para que seja cabível, o mandado de segurança deverá ser impetrado em até 120 (cento e vinte) dias contados da ciência, pelo interessado, do ato impugnado (art. 23 da Lei n. 12.019/16).

Esse prazo tem natureza **decadencial**, e não prescricional, razão pela qual, uma vez iniciado, *não há que se falar em interrupção ou suspensão* de seu decurso. O Superior Tribunal de Justiça, no entanto, reconhece a possibilidade da *prorrogação* deste prazo, desde que o seu termo final caia em dia que não haja expediente forense.[89]

Parte da doutrina lamenta a opção legislativa e afirma que tal previsão é inconstitucional por restringir tão importante garantia fundamental. Tal entendimento, contudo, não foi acolhido pela doutrina majoritário ou pelo Supremo Tribunal Federal, que editou o **Enunciado n. 632 de sua Súmula** nos seguintes termos: "É **constitucional** lei que fixa o prazo de decadência para a impetração do mandado de segurança."

O referido prazo decadencial só se **inicia** quando o ato a ser impugnado se torna **operante e exequível**, ou seja, quando a ofensa à esfera jurídica do impetrante se concretiza. No caso do mandado de segurança preventivo, em que há tão somente uma ameaça ao direito, a ofensa se concretiza quando o ato se perfectibiliza, mas ainda não foi executado.[90]

Sobre o tema, é importante destacar que a interposição de **recurso administrativo com efeito suspensivo** impede que o ato produza seus efeitos, de modo que o prazo só começa a ser contado da **intimação do seu resultado final**. Por outro lado, o simples pedido de **reconsideração** administrativo **não inibe ou interrompe** o prazo de cento e vinte dias, entendimento esse sumulado pelo Supremo Tribunal Federal (**Enunciado n.º 430 da Súmula do STF**).

No caso de **omissão**, duas situações devem ser distinguidas. Caso haja um **prazo legal** estabelecido para que a autoridade pratique o ato, o prazo do mandado de segurança inicia-se a partir do seu **termo final**.[91] De outra parte, se esti-

89. STJ, Segunda Turma, RMS 22.573/MS, Rel. Min. Castro Meira, j. 9.2.2010.

90. MEIRELLES, Hely Lopes. Mandado de segurança e ações constitucionais/Hely Lopes Meirelles, Arnaldo Wald, Gilmar Ferreira Mendes; com a colaboração de Marina Gaensly e Rodrigo de Oliveira Kaufmann – 38 ed. – São Paulo: Malheiros, 2019, p. 68.

91. STF, Tribunal Pleno, MS 23.126, Rel. Min. Ilmar Galvão, j. 30.9.1998.

vermos diante de um **ato omissivo continuado**, não há que se falar em prazo de impetração, pois a ofensa se **renova dia a dia.**[92]

> *Requisitos para o cabimento de MS: direito líquido e certo + ato de autoridade + prazo de 120 dias.*

D.4. Espécies de mandado de segurança

O mandado de segurança pode ser dividido tomando por base o **momento** em que se tutela o direito líquido e certo.

O mandado de segurança será **preventivo** sempre que o ato ilegal ou abusivo esteja em vias de ser praticado, mas ainda não o foi. Tenta-se, assim, **evitar a lesão** ao direito, que se encontra somente ameaçado.

A **ameaça**, para que seja cabível a impetração do mandando de segurança, deve ser **concreta**, pois não se admite o manejo do *writ* para coibir ameaça em tese. Neste caso, falta interesse de agir por parte do impetrante.

O mandado de segurança **repressivo**, por sua vez, é aquele em que o direito já foi violado e tem por objetivo **corrigir** tal situação. Assim, concretizada a lesão ao "direito líquido e certo", fala-se em mandado de segurança repressivo, e não mais preventivo.

O mandado de segurança pode também ser dividido, caso o critério adotado seja a **titularidade** do direito líquido e certo que se supõe ameaçado ou violado, em individual e coletivo.

Caso o direito seja de titularidade de apenas do **indivíduo**, teremos o mandado de segurança **individual**. Por outro lado, caso o direito invocado seja **transindividual**, o mandado de segurança será **coletivo.**

A Constituição Federal de 1988, em seu artigo 5º, inciso LXX, e a Lei n.º 12.016/09, em seus artigos 21 e 22, trataram, ainda que de forma tímida, do mandado de segurança coletivo.

Analisando-se esses dispositivos, surgem algumas relevantes questões.

A primeira delas se refere a que tipo de direitos transindividuais podem ser objeto do mandado de segurança coletivo. A lei, nos incisos do parágrafo único do artigo 21, limitou o cabimento aos **direitos individuais homogêneos** e aos **direitos coletivos.**

92. STF, Tribunal Pleno, AgR no MS 26.733, Rel. Min. Eros Grau, j. 5.11.2007.

Parcela da doutrina concorda com essa limitação, **afastando** o cabimento do mandado de segurança coletivo para a tutela de **direitos difusos**[93], **enquanto outros autores sustentam que a limitação legal é indevida, devendo-se fazer uma interpretação conforme a Constituição para estender** o cabimento remédio constitucional em lume aos direitos difusos.[94]

A segunda questão é que o Supremo Tribunal Federal possui dois importantes entendimentos já sumulados. No **Enunciado n.º 629** da Súmula do Supremo Tribunal Federal, fixou-se que a impetração de mandado de segurança coletivo por entidade de classe em favor dos associados independe da autorização destes. Já no **Enunciado n.º 630** da Súmula do Supremo Tribunal Federal, firmou-se a tese de que a entidade de classe tem legitimação para o mandado de segurança ainda quando a pretensão veiculada interesse apenas a uma parte da respectiva categoria.

D.5. Legitimidade

A **legitimidade ativa** para impetrar mandado de segurança individual é **ampla**, de modo que **pessoas físicas**, **pessoas jurídicas**, **universalidades de direito** e até mesmo **órgãos despersonalizados** podem se valer do *mandamus* para tutelar um direito líquido e certo que esteja sendo violado.

No caso dos órgãos, deve-se observar que só haverá legitimidade ativa caso se trate de **órgão de cúpula** da Administração Pública e o objetivo do mandado de segurança seja a **garantia de uma prerrogativa sua institucional** que se encontra ameaçada ou violada.

Portanto, ainda que o artigo 1º da Lei n.º 12.016/09 refira-se somente à pessoa física ou jurídica, a doutrina e a jurisprudência são unânimes ao afirmar que mesmo entes despersonalizados podem impetrar o mandado de segurança, exigindo-se, tão somente, a **titularidade do direito**.

Nessa ordem de ideias, vê-se que o direito à impetração de mandado de segurança é um **direito personalíssimo** e, consequentemente, **intransmissível**. É justamente por isso que o STF e o STJ entendem que o **falecimento do impetrante** acarreta a **extinção** do mandado de segurança, não sendo possível a sucessão processual.[95]

---

93. Nesse sentido: MEIRELLES, Hely Lopes. Mandado de segurança e ações constitucionais/Hely Lopes Meirelles, Arnaldo Wald, Gilmar Ferreira Mendes; com a colaboração de Marina Gaensly e Rodrigo de Oliveira Kaufmann – 38 ed. – São Paulo: Malheiros, 2019.

94. Ver: CUNHA, Leonardo Carneiro da. A Fazenda Pública em juízo, 13ª ed., totalmente reformulada, Rio de Janeiro: Forense, 2016.

95. STJ, Terceira Seção, MS 6.594/DF, Rel. Min. Hamilton Carvalhido, j. 22.3.2000 e STF, Tribunal Pleno, MS 22.130/DF-QO, Rel. Min. Moreira Alves, j. 13.3.1997.

No **MS coletivo**, os legitimados estão mencionados no art. 5º, LXX, da CF/88 e no art. 21 da Lei n. 12.016/09. São eles: i) partidos políticos; e ii) sindicatos, entidades de classe e associações.

Para possuírem legitimidade ativa para impetrar um mandado de segurança coletivo, os **partidos políticos** deverão estar **representados no Congresso Nacional** – isto é, ter ao menos um parlamentar de seus quadros exercendo mandato na legislatura federal. Tal circunstância é analisada no momento da impetração, sendo indiferente a perda do mandato do parlamentar no curso do processo.

O art. 21 da Lei n. 12.016/09 parece ter restringido a legitimidade dos partidos políticos somente a duas hipóteses: na defesa de seus interesses legítimos relativos a seus integrantes ou à finalidade partidária. Contudo, a doutrina majoritária defende que os partidos políticos têm legitimidade ampla para manejar a ação, independentemente de vinculação com interesse de seus filiados.[96]

A jurisprudência do Supremo Tribunal Federal, conquanto já tenha adotado uma visão restritiva no passado, parece caminhar por conferir interpretação mais elástica às hipóteses em que o partido político possui legitimidade para impetração de MS coletivo, conferindo interpretação ampla a "finalidade partidária".[97]

Em relação às associações, entidades de classe e sindicatos, a sua legitimidade está atrelada à defesa dos direitos líquidos e certos da **totalidade ou de parte de seus membros**, conforme disposto no artigo 21 da Lei n. 12.016/09. No mesmo sentido, temos o **Enunciado n. 630 da Súmula do STF** ("A entidade de classe tem legitimação para o mandado de segurança ainda quando a pretensão veiculada interesse apenas a uma parte da respectiva categoria.")

No **MS coletivo**, diferente do que ocorre nos demais procedimentos jurisdicionais, é **desnecessária a prévia autorização dos associados** (**Enunciado n. 629 da Súmula do STF**).

Particularmente a respeito das **associações**, é exigida **a pré-constituição há pelo menos um ano**. Os sindicatos não precisam cumprir essa regra para que possam impetrar o mandado de segurança coletivo.[98]

> **Observação**: O Conselho Federal da OAB, embora não conste no rol da Constituição Federal e da Lei de Mandado de Segurança, possui

96. Ver ZAVASCKI, Teori. Processo coletivo. 6 ed. São Paulo: RT, 2014. p. 193-194.

97. Em decisão monocrática, o Min. Gilmar Mendes afirmou que se encontra abrigado dentro do conceito de finalidade partidária o interesse que a oposição tem de levar ao judiciário atos administrativos de efeitos concretos lesivos a direitos difusos e a defesa da ordem institucional. Ver: STF, Decisão Monocrática, MS 34.070, Rel. Min. Gilmar Mendes, j. 18.3.2016.

98. STF, Primeira Turma, RE 198.919, Rel. Min. Ilmar Galvão, j. 15.6.1999.

legitimidade para impetrar o mandado de segurança coletivo, por força do artigo 54, inciso XIV, do Estatuto da OAB.

Diferentemente do que ocorre em relação à legitimidade ativa, onde há certa tranquilidade doutrinária, a **legitimidade passiva** é objeto de refrega entre os autores pátrios.

Parcela da doutrina sustenta que a legitimidade passiva no mandado de segurança é da **autoridade coatora ao lado da pessoa jurídica de direito público**. É esse o entendimento, por exemplo, do professor Hely Lopes Meirelles, que, baseando-se nos artigos 6º e 7º, inciso II, ambos da Lei n.º 12.016/09 afirma que a pessoa jurídica de direito público cujos quadros o coator integra figura no *writ* como litisconsorte necessária.[99]

Outros autores, no entanto, defendem que a legitimidade passiva é da própria **pessoa jurídica cujos quadros integra a autoridade coatora**, fundamentando tal posicionamento no fato de que é a pessoa jurídica que suportará as consequências financeiras da demanda, bem como na circunstância de a coisa julgada formada alcançar a pessoa jurídica e não a autoridade coatora.[100]

O **Supremo Tribunal Federal**, antes da edição da Lei n.º 12.016/09, já afirmou que o sujeito passivo na relação processual do mandado de segurança é a pessoa jurídica de direito público ou, em sendo o caso, de direito privado, funcionando a autoridade coatora como mero representante processual da parte ré.[101]

Já sob a vigência da nova lei, o a **Primeira Turma do Supremo Tribunal Federal** já asseverou que a autoridade coatora figura na qualidade de legitimado passivo, ao lado da pessoa jurídica de direito público.[102] Adotou-se, portanto, a **primeira corrente** acima mencionada.

---

99. MEIRELLES, Hely Lopes. Mandado de segurança e ações constitucionais/Hely Lopes Meirelles, Arnaldo Wald, Gilmar Ferreira Mendes; com a colaboração de Marina Gaensly e Rodrigo de Oliveira Kaufmann – 38 ed. – São Paulo: Malheiros, 2019, p. 74. No mesmo sentido: BUENO, Cassio Scarpinella. A nova lei do mandado de segurança. 2ª ed. São Paulo: Saraiva, 2010.

100. CUNHA, Leonardo Carneiro da. A Fazenda Pública em juízo, 13ª ed., totalmente reformulada, Rio de Janeiro: Forense, 2016, p. 524; e LOPES, João Batista. Sujeito passivo no mandado de segurança. In BUENO, Cássio Scarpinella et al (Org.), Aspectos polêmicos e atuais do mandado de segurança – 51 anos depois. São Paulo: RT, 2002, p. 419.

101. STF, Tribunal Pleno, Rcl 367, Red. p/ acórdão Min. Sepúlveda Pertence, j. 4.2.1993.

102. STF, Primeira Turma, RMS 34.247-AgR, Rel. Min. Roberto Barroso, j. 9.12.2016.

O **Superior Tribunal de Justiça** já encampou ambas posições, havendo, contudo, ligeira preponderância do segundo entendimento na Corte da Cidadania.[103]

> **Observação:** Em relação à legitimidade passiva do mandado de segurança, o **Superior Tribunal de Justiça** adota a **teoria da encampação,** que permite a continuidade do mandado de segurança impetrado apontando, equivocadamente, a autoridade coatora. Para tanto, deverão estar preenchidos três requisitos cumulativos: i) vínculo hierárquico entre a autoridade que prestou informações e a que ordenou a prática do ato impugnado; ii) Manifestação a respeito do mérito nas informações prestadas; e iii) ausência de modificação de competência estabelecida na Constituição Federal (**Enunciado n. 628 da Súmula do STJ**).

D.6. Competência

A competência para processar e julgar o mandado de segurança está prevista na Constituição Federal e nas leis de organização judiciária. Ela é definida pela **categoria da autoridade coatora** e pela sua **sede funcional**, sendo irrelevante, para esse fim, a matéria que está sendo discutida.

Primeiro, verificamos se a competência é originária do Supremo Tribunal Federal ou do Superior Tribunal de Justiça.

O artigo 102, I, *d,* da CF/88 prevê que é competência do **STF** o mandado de segurança e o habeas data contra atos do Presidente da República, das Mesas da Câmara dos Deputados e do Senado Federal, do Tribunal de Contas da União, do Procurador-Geral da República e do próprio Supremo Tribunal Federal.

O art. 105, I, *b,* da CF/88, por sua vez, dispõe que será competência do **STJ** processar e julgar os mandados de segurança e os habeas data contra ato de Ministro de Estado, dos Comandantes da Marinha, do Exército e da Aeronáutica ou do próprio Tribunal.

> **Observação:** Não compete ao STF e ao STJ conhecer originariamente de mandado de segurança contra atos de outros Tribunais (**Enunciado n.º 41 da Súmula do STJ e Enunciado n.º 624 da Súmula do STF**).

Não sendo competência de nenhum dos tribunais de superposição, o próximo passo é verificar se a competência é da Justiça Federal ou da Justiça Estadual. Será da **Justiça Federal** se o mandado de segurança tiver por objeto alguma das

103. STF, Primeira Turma, REsp 547.235/RJ, Rel. Min. José Delgado, j. 18.12.2003 e STJ, Primeira Turma, REsp 842.279/MA, Rel. Min. Luiz Fux, j. 3.4.2008.

matérias ou enquadrar-se em alguma das situações descritas no art. 109 da CF/88. Do contrário, a competência (residual) será da **Justiça Estadual** (art. 125, §1º, da CF/88).

> **Observação**: Em sede de repercussão geral, o **STF** já decidiu que são de competência da **Justiça Federal** os mandados impetrados em face de ato praticado:
>
> i) Por dirigente de sociedade de economia mista federal.[104]
>
> ii) Pela Ordem dos Advogados do Brasil.[105]

Fixada qual a Justiça competente para processar e julgar o remédio heroico, passamos a analisar se a competência é do Tribunal de segundo grau ou do juízo de primeiro grau. Se a competência for da Justiça Federal, basta olharmos para o art. 108, I, c, da CF/88, que diz que compete ao **TRF** processar e julgar os mandados de segurança e os habeas data contra ato do próprio Tribunal ou de juiz federal. Sendo da Justiça Estadual, a competência dos **Tribunais de Justiça** está prevista na lei de organização judiciária e nas normas de repartição de competências do próprio Estado-membro.

Por fim, sendo a competência de um juízo de primeiro grau, resta-nos fixar a competência territorial, que será do **local da sede funcional da autoridade coatora**. Contudo, se o mandado de segurança tiver sido impetrado contra a União Federal, pode-se eleger a Seção Judiciária do domicílio do autor, com o objetivo de facilitar o acesso à Justiça.[106]

D.7. *Algumas observações procedimentais*

O rito procedimental do mandado de segurança é célere, inexistindo fase instrutória.

Basicamente o autor ajuíza a petição inicial. Com o recebimento pelo juiz, a autoridade coatora é notificada para prestar informações no prazo de 10 (dez) dias (art. 7º, I, da Lei n. 12.016/09). Também no despacho de recebimento o juiz dará ciência à pessoa jurídica a que a autoridade coatora integra (art. 7º, II, da lei). Findo o prazo, abre-se vista ao Ministério Público para parecer em 10 (dez) dias (art. 12, *caput*, da lei). Após, os autos sobem conclusos para sentença, a ser proferida no

---

104. STF, Tribunal Pleno, RE 726.035/SE, Rel. Min. Luiz Fux, j. 24.4.2014.

105. STF, Tribunal Pleno, RE 595.332/PR, Rel. Min. Marco Aurélio, j. 31.8.2016.

106. STF, Primeira Seção, AI no CC 166.130/RJ, Rel. Min. Benedito Gonçalves, j. 5.9.2019.

prazo de 30 (trinta) dias (art. 12, parágrafo único, da lei). O prazo para sentença é impróprio.

Acerca do procedimento, é necessário fazermos dois importantes apontamentos.

O primeiro deles refere-se à possibilidade de concessão de **liminar** no bojo de um mandado de segurança. O **artigo 7º, inciso III, da Lei n.º 12.016/09** dispõe que o juiz, ao despachar a inicial, ordenará que se suspenda o ato que deu motivo ao pedido, quando houver **fundamento relevante** e do ato impugnado puder **resultar a ineficácia da medida**, caso seja finalmente deferida, sendo facultado exigir do impetrante caução, fiança ou depósito, com o objetivo de assegurar o ressarcimento à pessoa jurídica.

A Lei n.º 12.016/09, todavia, previa uma **limitação** à concessão de liminares no bojo de mandados de segurança. O artigo 7º, §2º, dispunha que: "não será concedida medida liminar que tenha por objeto a compensação de créditos tributários, a entrega de mercadorias e bens provenientes do exterior, a reclassificação ou equiparação de servidores públicos e a concessão de aumento ou a extensão de vantagens ou pagamento de qualquer natureza.

Esse dispositivo foi julgado **inconstitucional** pelo Supremo Tribunal Federal, sob o fundamento de que impedir ou condicionar a concessão de medida liminar caracteriza verdadeiro obstáculo à efetiva prestação jurisdicional e à defesa do direito líquido e certo do impetrante.

No mesmo julgado, decidiu-se que é constitucional a faculdade conferida ao juiz de exigir caução, fiança ou depósito para o deferimento de medida liminar em mandado de segurança, quando verificada a real necessidade da garantia em juízo, de acordo com as circunstâncias do caso concreto (Lei 12.016/2019, art. 7º, III).[107]

> **Atenção**: Com essa decisão do Supremo Tribunal Federal, o Enunciado n. 212 da Súmula do STJ ("A compensação de créditos tributários não pode ser deferida em ação cautelar ou por medida liminar cautelar ou antecipatória") está **superado**.

Da decisão do juiz de primeiro grau que conceder ou denegar a liminar caberá **agravo de instrumento** (artigo 7º, §1º, da Lei n.º 12.016/09).

Uma vez **deferida** a medida liminar, o processo terá **prioridade** para julgamento (artigo 7º, §4º, da lei).

107. STF, Tribunal Pleno, ADI 4.296/DF, Red. p/ acórdão Min. Alexandre de Moraes, j. 9.6.2021.

A segunda observação a ser feita é a de que o **Supremo Tribunal Federal**, em julgamento com repercussão geral, fixou o entendimento de que o **impetrante pode desistir da ação mandamental a qualquer tempo antes do trânsito em julgado, independentemente da anuência da autoridade coatora.**[108]

Desse modo, mesmo após a prolação de sentença de mérito, é possível que impetrante desista o *mandamus*, desde que antes do trânsito em julgado.

E. Mandado de injunção

E.1. Aspectos gerais

Durante a Constituinte, a garantia efetiva do generoso rol de direitos fundamentais que estava ali sendo construído foi uma das preocupações que permeou os debates.

Isso não se deu por acaso. Durante toda nossa história sempre houve um altíssimo **grau de insinceridade normativa**, de modo que direitos eram previstos nos textos constitucionais, mas não eram observados no mundo dos fatos. Havia o que se convencionou chamar de **crise de inefetividade** das normas constitucionais, principalmente aquelas que conferiam direitos.

Nesse contexto, foi criado o mandado de injunção, remédio constitucional que tem por finalidade **suprir eventuais omissões do Poder Público que obstaculizem o exercício de um direito ou de uma garantia previstos na Constituição.**

Embora alguns autores apontem que o mandado injunção deite raízes remotamente no instituto inglês da ***equity***, e mais proximamente no ***writ of injunction*** do direito norte-americano, ou, ainda, no Direito Português, a verdade é que se trata de instrumento sem exato paralelo no Direito Comparado.

Prevê o **artigo 5º, inciso LXXI, da CF/88** que se *concederá mandado de injunção sempre que a falta de norma regulamentadora torne inviável o exercício dos direitos e liberdades constitucionais e das prerrogativas inerentes à nacionalidade, à soberania e à cidadania.*

Esse dispositivo, conforme decidido pelo Supremo Tribunal Federal ao analisar questão de ordem no MI 107/DF, é **autoaplicável**. Logo, o mandado de injunção era perfeitamente impetrável, ainda que inexistisse lei infraconstitucional que regulamentasse o seu procedimento.[109]

---

108. STF, Tribunal Pleno, RE 669.367, Red. p/ acórdão Min. Rosa Weber, j. 2.5.2013 (repercussão geral).

109. STF, Tribunal Pleno, QO-MI 107/DF, Rel. Min. Moreira Alves, j. 23.11.1989.

Muito anos depois, atendendo aos anseios da doutrina, foi editada a **Lei n.º 13.300/16** com a finalidade de disciplinar o processo e julgamento do mandado de injunção individual e coletivo.

E.2. Hipóteses de cabimento

Para que o mandado de injunção seja cabível, é necessário que estejam presentes **dois requisitos**:

i. a existência de **norma constitucional de eficácia limitada** que verse sobre **direitos, liberdades** e **prerrogativas constitucionais**; e

ii. a **inviabilização do exercício** desse direito, liberdade ou prerrogativa constitucional por seu titular em virtude da **ausência de norma regulamentadora.**

Inicialmente, deve-se destacar que se a edição da norma regulamentadora for desnecessária para o exercício do direito, liberdade ou garantia, não será cabível o mandado de injunção. Dessa forma, **não é admissível** mandado de injunção para conferir efetividade às **normas de eficácia plena e aplicabilidade imediata.**

Outro ponto central para determinar o cabimento ou não do mandado de injunção é que, conforme o **entendimento majoritário**, podem ser tutelados pela via do mandado de injunção não só direitos políticos ou ligados diretamente aos direitos à nacionalidade, ou os direitos previstos no rol do Título II da Constituição, mas **todo e qualquer direito fundamental, seja ele individual, coletivo, difuso ou social.**[110]

Quanto ao segundo requisito, é importante salientar que se entende por "norma regulamentadora essencial para o efetivo gozo do direito constitucional" **toda e qualquer providência regulamentadora** necessária a tornar efetiva a norma constitucional. Logo, o cabimento do mandado de injunção não está limitado à ausência de lei formal, estendendo-se também para as situações em que a mora na edição de um regulamento esteja a obstaculizar o exercício de um direito fundamental.[111]

Por fim, faz-se necessário destacar que a **omissão inconstitucional** em regulamentar direito, liberdade ou prerrogativa constitucional pode ser **total** ou **parcial** (artigo 2º, *caput*, da Lei n.º 13.300/16).

Diz-se **total** quando a inércia do Poder Público em disciplinar o preceito constitucional é **absoluta**, inexistindo qualquer norma regulamentadora. De outro

---

110. Por todos: CUNHA JÚNIOR, Dirley da. Controle de constitucionalidade: teoria e prática. 8ª ed. rev. ampl. e atual. – Salvador: Juspodivm, 2016, p. 135.

111. SILVA, José Afonso da. Comentário contextual à constituição. 9ª ed. São Paulo: Malheiros, 2014, p. 169.

lado, a omissão será **parcial** se houver norma regulamentadora, mas ela **não disciplina por inteiro a questão.**

E.3. Legitimidade

A **legitimidade ativa** para a impetração do mandado de injunção **individual** é do **titular do direito, liberdade ou prerrogativa** que não está conseguindo exercitá-lo em razão da omissão normativa.

O artigo 3º, *caput*, primeira parte, da Lei n.º 13.300/06 previu expressamente que o mandado de injunção individual poderá ser impetrado tanto por **pessoa jurídica**, quanto por **pessoa física**.

O **Supremo Tribunal Federal**, embora já tenha decidido de maneira diversa[112], tem **admitido que a pessoa jurídica de direito público** impetre mandado de injunção. No MI 725/RO, o Ministro Gilmar Mendes afirmou que, ao se reconhecer às pessoas jurídicas de direito público a titularidade de alguns direitos fundamentais, como, por exemplo, o direito à tutela judicial efetiva, automaticamente se confere a essas entidades a legitimidade para impetrar mandado injunção com a finalidade de garantir o efetivo exercício desses direitos.[113]

Em relação ao mandado de injunção **coletivo**, o artigo 12 da Lei n.º 13.300/16 dispõe que serão legitimados ativos:

- **i.** o **Ministério Público**, quando a tutela requerida for especialmente relevante para a defesa da ordem jurídica, do regime democrático ou dos interesses sociais ou individuais indisponíveis;
- **ii.** o **partido político** com representação no Congresso Nacional, para assegurar o exercício de direitos, liberdades e prerrogativas de seus integrantes ou relacionados com a finalidade partidária;
- **iii.** a **organização sindical**, **entidade de classe** ou **associação** legalmente constituída e em funcionamento há pelo menos 1 (um) ano, para assegurar o exercício de direitos, liberdades e prerrogativas em favor da totalidade ou de parte de seus membros ou associados, na forma de seus estatutos e desde que pertinentes a suas finalidades, dispensada, para tanto, autorização especial; e
- **iv.** a **Defensoria Pública**, quando a tutela requerida for especialmente relevante para a promoção dos direitos humanos e a defesa dos direitos individuais e coletivos dos necessitados, na forma do inciso LXXIV do art. 5º da Constituição Federal.

---

112. STF, Decisão Monocrática no MI 527/SC, Rel. Min. Maurício Corrêa, j. 30.8.2001.

113. STF, Tribunal Pleno, MI 725/RO, Rel. Min. Gilmar Mendes, j. 10.5.2007.

A **legitimidade** para figurar no polo **passivo** do mandado de injunção, seja ele individual ou coletivo, é do **Poder, órgão ou autoridade que detenha a atribuição para editar a norma regulamentadora** (artigo 3º, *caput*, segunda parte, da Lei n.º 13.300/16).

Por expressa determinação do artigo 4º da Lei n.º 13.300/16, a petição inicial deverá indicar não só o órgão impetrado, mas **também a pessoa jurídica que ele integra ou aquela a que está vinculado.**

E.4. Competência

A competência para processar e julgar o mandado de injunção está prevista na Constituição Federal:

a) **Supremo Tribunal Federal**: compete **ordinariamente** ao STF processar e julgar o mandado de injunção quando a elaboração da norma regulamentadora for atribuição do Presidente da República, do Congresso Nacional, da Câmara dos Deputados, do Senado Federal, das Mesas de uma dessas Casas Legislativas, do Tribunal de Contas da União, de um dos Tribunais Superiores, ou do próprio Supremo Tribunal Federal (artigo 102, inciso I, alínea "q", da CF/88).

   Compete, ainda, ao STF julgar, em **recurso ordinário**, o mandado de injunção decidido em única instância pelos Tribunais Superiores, se denegatória a decisão (artigo 102, inciso II, alínea "a" da CF/88).

b) **Superior Tribunal de Justiça**: compete ao STJ **originariamente** processar e julgar o mandado de injunção quando a elaboração da norma regulamentadora for atribuição de órgão, entidade ou autoridade federal, da administração direta ou indireta, excetuados os casos de competência do Supremo Tribunal Federal e dos órgãos da Justiça Militar, da Justiça Eleitoral, da Justiça do Trabalho e da Justiça Federal (artigo 105, inciso I, alínea 'h', da CF/88).

c) **Tribunais de Justiça**: a competência dos Tribunais de Justiça para processar e julgar mandado de injunção não está prevista expressamente na Constituição de 1988. O artigo 125, §1º, da CF/88 deixa a cargo das constituições estaduais e da lei de organização judiciária tal definição.

   A título exemplificativo, a Constituição Estadual do Estado de São Paulo prevê a competência do Tribunal de Justiça para processar e julgar o mandado de injunção quando a elaboração da norma regulamentadora for atribuição de órgão, entidade ou autoridade federal, da administração direta ou indireta, excetuados os casos de competência do Supremo

Tribunal Federal e dos órgãos da Justiça Militar, da Justiça Eleitoral, da Justiça do Trabalho e da Justiça Federal (artigo 74, inciso V).

E.5. Procedimento

O procedimento do mandado de injunção está previsto nos artigos 4º a 7º da Lei n.º 13.300/16. Cuida-se de procedimento **sumário**, em que se aplica, subsidiariamente, as regras que disciplinam o mandado de segurança (artigo 14 da lei).

A **petição inicial** deverá preencher os requisitos estabelecidos pela lei processual e indicará, além do órgão impetrado, a pessoa jurídica que ele integra ou aquela a que está vinculado (artigo 4º).

Caso a **prova** daquilo que está sendo alegado pelo impetrante encontrar-se em repartição ou estabelecimento público ou em poder de autoridade ou de terceiros, e esteja havendo recusa em fornecê-lo por certidão, no original, ou em cópia autêntica, **será ordenada**, a pedido do impetrante, **a exibição** do documento no prazo de 10 (dez) dias, devendo, nesse caso, ser juntada cópia à segunda via da petição (artigo 4º, § 2º).

Recebida a petição inicial, será ordenada: i) a **notificação** do impetrado sobre o conteúdo da petição inicial, devendo-lhe ser enviada a segunda via apresentada com as cópias dos documentos, a fim de que, no prazo de 10 (dez) dias, preste informações; ii) a **ciência do ajuizamento da ação ao órgão de representação judicial da pessoa jurídica interessada**, devendo-lhe ser enviada cópia da petição inicial, para que, querendo, ingresse no feito (artigo 5º).

A petição inicial será desde logo **indeferida** quando a impetração for **manifestamente incabível** ou **manifestamente improcedente** (artigo 6º). Dessa decisão do relator, cabe agravo, no prazo de cinco dias, para o órgão colegiado (artigo 6º, parágrafo único).

Findo o prazo de dez dias para apresentação das informações, será ouvido o **Ministério Público**, que opinará em 10 (dez) dias, após o que, com ou sem parecer, os autos serão **conclusos para decisão** (artigo 7º).

E.6. Decisão e efeitos

Para bem compreender os efeitos da decisão proferida no bojo de um mandado de injunção, é preciso fazer uma análise em **duas etapas**. Em um primeiro momento, estudaremos as três correntes doutrinárias sobre o tema. Em uma segunda e derradeira etapa, caminharemos pela linha histórica de evolução da jurisprudência e da legislação sobre o tema.

Existem **três posições** a respeito dos efeitos da decisão proferida em um mandado de injunção. São elas:

a) **Posição não concretista**: a decisão proferida em mandado de injunção tem o condão **apenas de decretar a mora do Poder, órgão ou autoridade com atribuição para editar a norma regulamentadora**. O fundamento que embasa essa conclusão é o de que o princípio da separação dos poderes (artigo 2º da CF/88) impede que o Poder Judiciário invada a esfera dos demais Poderes e edite uma norma regulamentadora. Por conseguinte, restaria ao órgão julgador tão somente **declarar a inconstitucionalidade da omissão** e **notificar o órgão competente para a adoção das providências cabíveis.**

b) **Posição concretista intermediária**: concedida a ordem, o Poder Judiciário deve, **primeiro**, **comunicar** o Poder, órgão ou autoridade omisso, concedendo **prazo** para que a norma regulamentadora seja editada. Transcorrido o prazo sem que a omissão seja sanada, o Poder Judiciário **asseguraria o exercício direito, criando a norma regulamentadora para o caso concreto.**

c) **Posição concretista direta**: reconhecendo o Poder Judiciário que há mora na edição da norma regulamentadora, deve **garantir de plano o imediato exercício do direito, da liberdade ou da prerrogativa** que está sendo obstaculizado por ausência de regulamentação, criando a norma regulamentadora para o caso concreto.

Para aqueles que adotam a posição concretista, há ainda divergência sobre os limites subjetivos da decisão que regulamenta o direito, liberdade ou prerrogativa. Para alguns, a decisão teria **efeitos *inter partes***, assegurando, portanto, o exercício do direito apenas para o impetrante do mandado de injunção (**posição concretista individual**). Para outros, no entanto, os efeitos da decisão seriam ***erga omnes***, ou seja, o direito passaria a ser assegurado a todos, e não somente ao impetrante (**posição concretista geral**).

Vistos os diversos entendimentos acerca dos efeitos da decisão de concede a ordem em mandado de injunção, resta-nos responder a seguinte indagação: qual deles **prevalece** na prática?

Tradicionalmente, o **Supremo Tribunal Federal** entendia que, concedida a ordem no mandado de segurança, caberia ao Poder Judiciário declarar a omissão inconstitucional e comunicar ao Poder, órgão ou autoridade responsável para que editasse a norma regulamentadora.[114] Adotava-se, portanto, a **posição não concretista.**

114. STF, Tribunal Pleno, MI 107-3, Rel. Min. Moreira Alves, j. 31.10.1990.

Essa solução foi alvo de duras **críticas** por parte da doutrina. Apontava-se que a adoção da posição não concretista, embora tecnicamente parecesse perfeita, esvaziaria por completo o novo remédio constitucional.

Durante os anos que se seguiram, o pesadelo dos estudiosos tornou-se realidade: as decisões em mandado de injunção acabaram não tendo **nenhuma eficácia prática**, sendo ignoradas por seus destinatários, destacadamente o Congresso Nacional, que continuava a não editar as normas que regulamentassem determinados direitos, liberdades e prerrogativas constitucionais.

Em um **segundo momento**, houve um pequeno avanço no entendimento do Supremo Tribunal Federal. No julgamento do MI 283, ficou decidido que, em caso de persistência da mora do Congresso Nacional, a parte prejudicada pela não edição do ato normativo poderia ajuizar uma ação de **reparação por perdas e danos.**[115]

Embora seja possível encontrar **decisões isoladas** em que se conferiu algum grau de concretude ao mandado de injunção, como no caso do **MI 232-1/RJ**, em que o STF adotou, excepcionalmente, a posição concretista intermediária[116], o entendimento não concretista se manteve sólido no Supremo por quase duas décadas.

Somente com o julgamento do **MI 721/DF**, no ano de 2007**,** houve uma **guinada jurisprudencial**. Nessa oportunidade, o Supremo Tribunal Federal adotou a **posição concretista direta individual**, deferindo à impetrante, servidora pública, a aposentadoria especial, mesmo não tendo sido editada lei complementar que regulamentasse o disposto no artigo 40, §4º, da CF/88.[117]

Menos de dois meses após, o Supremo Tribunal Federal se reuniu para julgar, em conjunto, os **MIs 670, 708 e 712**. Nessa oportunidade, concedeu-se a ordem para reiterar a declaração do estado de mora do Congresso Nacional por não editar norma que regulamentasse o direito de greve dos servidores públicos. Em razão da omissão sistemática e recorrente, o Supremo determinou a aplicação genérica, no que coubesse, da Lei n.º 7.783/89 – que regulamenta o direito de greve para os trabalhadores particulares – a todos os servidores públicos.[118] Adotou-se, desse modo, a **posição concretista direta geral**.

Em 2016, com a edição da **Lei n.º 13.300/06**, a questão dos efeitos da decisão que concede a ordem em mandado de injunção foi, finalmente, positivada em nosso ordenamento jurídico.

115. STF, Tribunal Pleno, MI 283, Rel. Min. Sepúlveda Pertence, j. 20.3.1991.

116. STF, Tribunal Pleno, MI 232-1/RJ, Rel. Min. Moreira Alves, j. 2.8.1991.

117. STF, Tribunal Pleno, MI 721/DF, Rel. Min. Marco Aurélio, j. 30.8.2007.

118. STF, Tribunal Pleno, MI 670, Rel. Gilmar Mendes, j. 25.10.2007.

O **artigo 8º** da lei consigna que, reconhecido o estado de mora legislativa, será deferida a injunção para: i) **determinar prazo razoável** para que o impetrado promova a edição da norma regulamentadora; e ii) **estabelecer as condições** em que se dará o exercício dos direitos, das liberdades ou das prerrogativas reclamados ou, se for o caso, as condições em que poderá o interessado promover ação própria visando a exercê-los, caso não seja suprida a mora legislativa no prazo determinado.

Assim, o legislador pátrio adotou, como **regra**, a **posição concretista intermediária**, pois o Poder Judiciário, após reconhecida a mora, deverá fixar prazo para que o impetrado regulamente o direito, liberdade ou prerrogativa e, somente após findo o prazo, poderá estabelecer as condições para o seu exercício efetivo.

No entanto, o **parágrafo único do artigo 8º** prevê uma **exceção**, em que o Judiciário deverá **imediatamente** regulamentar ele próprio o direito. É o caso em que ficar comprovado que o **impetrado deixou de atender, em mandado de injunção anterior, ao prazo estabelecido para a edição da norma.**

O artigo 9º da Lei n.º 13.300/06 dispõe que a decisão terá **eficácia subjetiva limitada às partes** e produzirá efeitos até o **advento da norma regulamentadora** (posição concretista **individual**).

Contudo, poderá ser conferida **eficácia *ultra partes* ou *erga omnes*** à decisão, quando isso for inerente ou indispensável ao exercício do direito, da liberdade ou da prerrogativa objeto da impetração (artigo 9º, §1º, da lei).

Os §§ 2º e 3º do artigo 9º preveem ainda que, transitada em julgado a decisão, seus efeitos poderão ser **estendidos** aos casos análogos por **decisão monocrática do relator**; e que o indeferimento do pedido por **insuficiência de prova não impede a renovação da impetração** fundada em outros elementos probatórios.

O artigo 10 da Lei n.º 13.300/16 trouxe uma interessante novidade: a possibilidade de **ação revisional** da decisão proferida em mandado de injunção. Sobrevindo relevantes modificações das circunstâncias de fato ou de direito, a decisão poderá ser revista, a pedido de qualquer interessado, não havendo prejuízo dos efeitos já produzidos anteriormente. Essa ação observará, no que couber, o procedimento estabelecido na própria Lei n.º 13.300/16.

O artigo 11 da Lei n.º 13.300/16 trata da sucessão temporal entre a norma criada pelo Poder Judiciário e aquela editada supervenientemente por quem tem atribuição para tanto. Prevê o referido artigo que a norma regulamentadora superveniente produzirá **efeitos *ex nunc* em relação aos beneficiados por decisão transitada em julgado, salvo se a aplicação da norma editada lhes for mais favorável**.

Caso a norma regulamentadora for **editada antes da decisão**, o processo deverá ser **extinto sem resolução do mérito**, em virtude da perda do interesse de agir superveniente (artigo 11, parágrafo único, da Lei n.º 13.300/16).

E.7. Mandado de injunção coletivo

Ao tratarmos da legitimidade ativa para a impetração do mandado de injunção, já vimos uma diferença entre o mandado de injunção individual e o mandado de injunção coletivo.

O **artigo 13, *caput* e parágrafo único, da Lei n. º 13.300/16**, todavia, traz outras duas interessantes **peculiaridades** do mandado de injunção coletivo.

A primeira delas diz respeito à coisa julgada: no mandado de injunção coletivo, a sentença fará **coisa julgada limitadamente às pessoas integrantes da coletividade, do grupo, da classe ou da categoria substituídos pelo impetrante**, sem prejuízo do disposto nos §§ 1º e 2º do art. 9º.

A segunda delas se refere à relação entre o mandado de injunção coletivo e os mandados de injunção individuais. Afirma o artigo 13, parágrafo único, da lei que o mandado de injunção coletivo **não induz litispendência em relação aos individuais**, mas os efeitos da coisa julgada não beneficiarão o impetrante que não requerer a desistência da demanda individual no prazo de 30 (trinta) dias a contar da comprovada ciência da impetração coletiva.

F. Ação popular

F.1. Aspectos gerais

A ação popular é o remédio constitucional por meio do qual **qualquer cidadão** pode obter a **anulação** de **ato lesivo ao patrimônio público, à moralidade administrativa, ao meio ambiente ou ao patrimônio histórico cultural**.

Trata-se de relevante instrumento de defesa da *res publica*, que é utilizável por qualquer um dos membros da coletividade. Nessa mesma medida, é, ao lado da iniciativa popular, do plebiscito e do referendo, um instrumento de **participação direta** do cidadão na vida política.

Tal remédio constitucional foi positivado no **artigo 5º, inciso LXXIII, da CF/88**, que é regulamentado, no âmbito infraconstitucional, pela **Lei n.º 4.717/65**. Essa lei, que dá à ação popular o rito ordinário com algumas alterações, foi editada sob a vigência de ordem constitucional anterior e recepcionada pela CF/88.

F.2. Requisitos

Antes do advento da Constituição de 1988, a ação popular estava limitada, em âmbito constitucional, aos atos lesivos ao patrimônio público. A Lei n.º 4.717/65 ampliava a ideia de patrimônio público, abrangendo além de bens materiais, o patrimônio histórico-cultural. Assim, tradicionalmente, a doutrina sempre apontou como requisitos para o cabimento da ação popular o **binômio ilegalidade e lesividade** do ato impugnado.

Com a **ampliação** do objeto da ação popular feita pelo artigo 5º, inciso LXXIII, da CF/88, o referido remédio constitucional passou a abranger também a proteção do meio ambiente e da moralidade administrativa. Surge, então, a dúvida: o binômio ilegalidade-lesividade se mantém?

Em relação à primeira hipótese de cabimento, qual seja, o ato lesivo ao **patrimônio** público, não há maiores complicações ao se admitir que a **existência de ilegalidade e de lesividade** se mantém como requisito para o ajuizamento da ação popular. O mesmo ocorre quando a ação popular tiver por finalidade a tutela do **patrimônio histórico-cultural** e do **meio ambiente.**

A grande dificuldade encontra-se na proteção da **moralidade administrativa.**

Caso se exija o vício da ilegalidade como um dos requisitos, nessa hipótese, acaba-se por esvaziar a intenção do constituinte originário ao ampliar o cabimento da ação popular para abarcar os atos que violem a moralidade administrativa.

Como ensina Celso Antônio Bandeira de Mello, a moralidade administrativa não está limitada pelo princípio da legalidade, dando a este um âmbito mais compreensivo, abarcando qualquer violação a uma norma de moral social que traga consigo menosprezo a um bem juridicamente valorado.[119]

Desse modo, **basta a constatação da lesividade à moralidade administrativa** para que o ato possa ser anulado pela via da ação popular. Essa lesividade, no entanto, **não deve ser interpretada como dano material ao erário**, mas sim como lesão aos padrões éticos que devem ser adotados pela Administração Pública, ou seja, a **bem imaterial** integrante do patrimônio público.

F.3. Legitimidade

A **legitimidade ativa** para ajuizar a ação popular é de qualquer **cidadão** (artigo 1º, *caput*, da Lei n.º 4.717/65). Assim, não poderá a ação popular ser ajuizada por quem não esteja nos gozos de seus direitos políticos.

O **Enunciado n.º 365 da Súmula do STF** dispõe que **pessoa jurídica não tem legitimidade para propor ação popular**. Tal entendimento tem razão de ser no fato de a pessoa jurídica não ter direitos políticos, não sendo, por conseguinte, cidadã.

---

119. MELLO, Celso Antônio Bandeira de. Curso de direito administrativo. 27 ed., São Paulo: Malheiros, 2010.

A comprovação da qualidade de cidadão é feita, de acordo com o disposto no artigo 1º, §3º, da Lei n.º 4.717/65, com o **título eleitoral**, ou com documento que a ele corresponda.

É amplamente majoritário na doutrina o entendimento de que o cidadão possui **legitimidade ativa extraordinária**, pois, na ação popular, ele não está a defender direito próprio, mas sim direito difuso, titularizado pela coletividade.

A **legitimidade passiva**, por sua vez, recai na **pessoa daquele que praticou o ato**, na **entidade lesada** e nos **beneficiários** do ato ou contrato que está sendo impugnado.

Nesse sentido é a previsão do **artigo 6º da Lei n.º 4.717/65**, que consigna que a ação será proposta contra as pessoas públicas ou privadas e as entidades referidas no art. 1º (União, Distrito Federal, Estados, Municípios, entidades autárquicas, sociedades de economia mista, de sociedades mútuas de seguro nas quais a União represente os segurados ausentes, empresas públicas, serviços sociais autônomos, instituições ou fundações para cuja criação ou custeio o tesouro público haja concorrido ou concorra com mais de cinquenta por cento do patrimônio ou da receita ânua, empresas incorporadas ao patrimônio da União, do Distrito Federal, dos Estados e dos Municípios, e quaisquer pessoas jurídicas ou entidades subvencionadas pelos cofres públicos), contra as autoridades, funcionários ou administradores que houverem autorizado, aprovado, ratificado ou praticado o ato impugnado, ou que, por omissas, tiverem dado oportunidade à lesão, e contra os beneficiários diretos do mesmo.

O **Ministério Público** acompanhará a ação na qualidade de *custos iuris* (artigo 6º, §4º, da lei), podendo, se o autor desistir da ação ou der motiva à absolvição da instância, assumir o polo ativo e prosseguir com a ação (artigo 9º da lei).

F.4. Competência

A competência para processar e julgar a ação popular é, em regra, do **primeiro grau de jurisdição**, ainda que a autoridade que praticou o ato impugnado tenha foro por prerrogativa de função no âmbito penal ou na apuração de crimes de responsabilidade.

Nesse contexto, o **Supremo Tribunal Federal** já se declarou **incompetente** para processar e julgar originalmente ação popular na qual o **Presidente da República** se encontrava no polo passivo. Os autos, na oportunidade, foram remetidos ao primeiro grau de jurisdição da Justiça Federal.[120]

120. STF, Tribunal Pleno, AgR na Pet 5.856, Rel. Min. Celso de Mello, j. 25.11.2015.

Há, no entanto, **duas** situações **excepcionais** em que será competência do Supremo Tribunal Federal processar e julgar a ação popular.

A primeira é a ação em que todos os membros da magistratura sejam direta ou indiretamente interessados e aquela em que mais da metade dos membros do tribunal de origem estejam impedidos ou sejam direta ou indiretamente (artigo 102, inciso I, alínea 'n' da CF/88).

A segunda é a ação que envolver conflito entre a União e os Estados-membros ou o Distrito Federal, ou entre uns e outros, inclusive as respectivas entidades da administração indireta (artigo 102, inciso I, alínea 'f' da CF/88).

G. Direito de petição

O **artigo 5º, inciso XXXIV, alínea "a", da CF/88** assegura a todos, independentemente do pagamento de taxas, o direito de petição aos Poderes Públicos em defesa de direitos ou contra ilegalidade ou abuso de poder.

Trata-se do **direito de petição**, que segundo José Joaquim Gomes Canotilho, pode ser definido como a faculdade reconhecida a indivíduo ou grupo de indivíduos de se dirigir a quaisquer autoridades públicas apresentado petições, representações, reclamações ou queixas destinadas à defesa de seus direitos, da constituição, das leis ou do interesse geral.[121]

Além da possibilidade conferida ao indivíduo ou grupo de indivíduos de dirigir uma petição ao órgão ou autoridade competente, surgem outros **corolários** que, embora não estejam previstos expressamente no texto constitucional, decorrem da própria existência do direito de petição.

Uma vez peticionado, o requerimento deve ser **analisado** e o peticionante **informado** da decisão. Ademais, a decisão tem que ser **motivada.**[122] De fato, seria inócuo garantir um direito de petição se a Administração pudesse quedar-se inerte mesmo quando provocada ou pudesse proferir decisão sem analisar detidamente o requerimento formulado.

É nesse sentido que a **Lei n.º 9.784/99**, ao traçar regras sobre os processos administrativos no âmbito federal, estipula que a Administração tem o dever de explicitamente emitir decisão nos processos administrativos e sobre solicitações ou reclamações, em matéria de sua competência (artigo 48).

---

121. CANOTILHO, J.J. Gomes. Direito Constitucional e Teoria da Constituição, 7ª ed., 20ª reimp. Coimbra: Almedina, 2003, p. 512.

122. BRANCO, Paulo Gustavo Gonet; MENDES, Gilmar Ferreira. Curso de direito constitucional. 12ª ed. rev. e atual. São Paulo: Saraiva, 2017, p. 491.

CAPÍTULO 28

DIREITOS SOCIAIS

1. INTRODUÇÃO

Os direitos sociais podem ser conceituados como os direitos fundamentais que **possibilitam aos mais fracos melhores condições materiais de vida**. Estão intimamente ligados à ideia de **igualdade**, destacadamente em seu **aspecto substancial**.

Como já estudamos, a quase totalidade da doutrina defende que os direitos fundamentais possuem uma carga de **historicidade**, de modo que seu conteúdo não surgiu integralmente em um momento específico da história. O que há, na verdade, é uma construção contínua que vai se desenrolando ao longo dos tempos.

As **constituições oitocentistas**, de matriz **liberal**, preocuparam-se essencialmente com a **limitação pode poder estatal**, positivando, assim, liberdades públicas e direitos políticos (primeira dimensão dos direitos fundamentais).

Em um **segundo momento histórico**, inicialmente com a Constituição do México de 1917 e com a Constituição alemã de Weimar de 1919, surge uma **segunda dimensão dos direitos fundamentais**. Percebeu-se, naquele momento, que a previsão de um rol de liberdades públicas e direitos políticos não bastava para que os indivíduos alcançassem uma liberdade real.

Para tanto, as pessoas precisam ter as suas **necessidades mais básicas preenchidas**, de modo a atingir o pleno desenvolvimento de suas personalidades humanas. Nesse contexto, caberia ao Estado o papel de garantir direitos como educação, saúde, alimentação, trabalho e moradia para tal finalidade.

Em nossa história constitucional, foi a **Constituição de 1934** a responsável por inaugurar o constitucionalismo social no Brasil. Em seus artigos 124 a 155, ela tratou de temas como a família, educação, cultura e ordem econômica.

Todas as demais constituições que se seguiram trouxeram um rol de direitos sociais, que foi se avolumando com o tempo, até chegarmos à **Constituição de 1988**, que não só trouxe um **generoso rol de direitos sociais**, como também se preocupou com a sua **efetivação**.

2. APLICABILIDADE DAS NORMAS QUE VEICULAM DIREITOS SOCIAIS

A. Introdução ao tema

A aplicabilidade de normas que veiculam direitos sociais é uma das questões mais **controvertidas** de nosso tempo e tem sido objeto de acirrada disputa doutrinária.

O principal fator causador dessa cizânia entre os autores pátrios é o fato de que os direitos fundamentais sociais são, na sua grande maioria, **prestacionais** e, por conseguinte, exigem um **fazer** do Estado. Como esse fazer tem um **custo de recursos materiais**, torna-se impossível que todas as demandas sociais sejam atendidas a contento até mesmo pelos países mais ricos do mundo.

Na verdade, devemos ter claro que de todo direito fundamental, seja ele individual, social ou coletivo, se pode extrair **uma dimensão negativa e uma dimensão positiva**. E mais: ambas as dimensões dependem de **recursos públicos** para a sua efetivação.

Para mais bem compreendermos esse **caráter ambivalente** dos direitos fundamentais, analisaremos dois direitos fundamentais distintos.

O **direito à liberdade de expressão**, que é aquele segundo o qual não pode o Poder Público impedir, previamente, que ideias sejam divulgadas, possui um nítido caráter de direito de defesa, sendo um verdadeiro limitador da atuação estatal, que tem um dever de abstenção.

Contudo, caso haja uma violação a esse direito e um agente público censure uma publicação em um periódico, qual caminho o indivíduo que teve a sua liberdade de expressão violada trilhará para garantir o seu direito? Esse indivíduo, sem dúvidas, pode tentar resolver o problema administrativamente, buscando o agente público para demonstrar que o seu direito fundamental à liberdade de expressão foi violado. Todavia, somente isso pode não bastar, sendo necessário o ajuizamento de uma ação para que Poder Judiciário garanta o direito no caso concreto.

Vê-se, portanto, que há uma obrigação estatal em criar uma estrutura de proteção aos direitos individuais. A instituição e manutenção do Poder Judiciário, por exemplo, são essenciais para a garantia desses direitos. Sem a prestação jurisdicional, o direito, ainda que reconhecido expressamente em nossa Constituição, seria inócuo em caso de violação.

Um segundo exemplo é o **direito à educação**. Esse direito, conforme estudaremos a seguir, é um direito basicamente prestacional, sendo um dever do Estado a sua efetiva prestação, possibilitando o acesso a todos indivíduos aos serviços educacionais.

Embora seja nítido que o direito à educação é preponderantemente um direito a prestações positivas, não há que olvidar que nele se encontra contido também um ínsito dever de abstenção. Não só é dever do Estado promover a educação, como também lhe é vedado embaraçar injustificadamente e desproporcionalmente as atividades educacionais. Nesse sentido, é vedado ao Poder Público fechar uma escola particular sem qualquer motivo relevante e justificado para tanto.

Fixada essa premissa básica de que os direitos fundamentais contêm em si mesmos **um caráter de defesa e um caráter prestacional**, é preciso fazer dois apontamentos relevantíssimos.

O **primeiro** é o de que, embora haja esse caráter ambivalente nos direitos fundamentais, é certo que **uma das dimensões se apresentará de forma mais acentuada** a depender do direito fundamental que analisamos, o que trará impactos jurídicos e práticos em sua aplicabilidade.

O **segundo** apontamento é o de que, embora ambas as dimensões exijam recursos públicos, é evidente que os direitos prestacionais os exigem de maneira mais intensa. Em outras palavras, a efetivação **dos direitos prestacionais demanda mais recursos**.

O professor Virgílio Afonso da Silva, ao analisar a questão, aponta que um dos fatores que encarecem a efetivação dos direitos sociais em comparação com as liberdades públicas é que boa parte dos custos empregados para garantir as liberdades públicas é aproveitado de maneira global por todas elas – legislação, organização judiciária, por exemplo –, enquanto que os direitos sociais, além de exigirem essas mesmas condições, necessitam de uma prestação estatal exclusiva que só é aproveitada na realização de um direito social específico – como a construção de hospitais que só atende ao direito à saúde.[1]

Feitas essas breves considerações, dividiremos didaticamente a análise sobre a aplicabilidade das normas que veiculam direitos sociais em **três etapas**. Em uma primeira, analisaremos os argumentos contrários e favoráveis ao reconhecimento de uma maior densidade normativa dessas normas. Após, em um segundo momento,

1. SILVA, Virgílio Afonso da. Direitos fundamentais, conteúdo essencial, restrições e eficácia. 2ª ed. 4ª tiragem, São Paulo: Malheiros, 2017.

faremos a exposição de como os autores pátrios articulam esses argumentos e quais a conclusões são alcançadas. Por fim, faremos a exposição de como a jurisprudência pátria – com enfoque nos Tribunais Superiores – vem se posicionando sobre o tema.

B. Argumentos doutrinários

B.1. Argumentos favoráveis ao reconhecimento de uma menor densidade normativa

O **primeiro** argumento formulado para embasar uma postura mais autocontida do Poder Judiciário ao apreciar demandas que envolvam direitos sociais é o de que as normas que veiculam direitos fundamentais sociais são, em sua grande maioria, **normas programáticas**.

Desse modo, elas **não consubstanciam, de pronto, direitos subjetivos plena e diretamente exercitáveis perante o Estado**, dependendo para a sua implementação de uma escolha política do Poder Legislativo e do Poder Executivo.

Elival da Silva Ramos observa que classificar alguns direitos sociais como normas programáticas não significa que eles estão descobertos de proteção judicial. Ensina o douto professor que o **que não se admite é a intervenção do Poder Judiciário diretamente voltada à sua tutela**, porquanto as normas que os veiculam não contêm os elementos que lhes tracem uma completa modelagem, a ser concluída pela disciplina de nível infraconstitucional.[2]

As normas programáticas, como já estudamos, são dotadas de **eficácia indireta**, essa sim de aplicação imediata tal qual preconiza o artigo 5º, §1º, da Constituição Federal. Ingo Wolfgang Sarlet lista quais seriam essas cargas eficaciais englobadas pela eficácia indireta das normas programáticas:

a) **revogação** dos atos normativos anteriores e contrários ao conteúdo da norma definidora do direito social;

b) **vinculação do legislativo** ao plano da norma, de modo que **não** pode ele afastar-se da norma constitucional e **legislar contrariamente a ela**;

c) utilização desses direitos fundamentais como parâmetro **interpretativo**, **integrativo** e de **aplicação** das demais normas constitucionais e das normas infraconstitucionais;

---

2. RAMOS, Elival da Silva. Controle jurisdicional de políticas públicas: a efetivação dos direitos sociais à luz da Constituição brasileira de 1988. Revista da Faculdade de Direito da Universidade de São Paulo, São Paulo, v. 102, p. 327-356, jan./dez. 2007.

d) a possibilidade de o titular do direito fundamental programático exigir do Estado que se abstenha de atuar de forma contrária ao conteúdo daquela norma (**dimensão negativa dos direitos prestacionais**); e

e) uma vez concretizado normativamente o direito fundamental, estaria **vedado o retrocesso**, matéria esta que analisaremos com mais vagar em tópico apartado.[3]

Um **segundo** argumento é o de que as decisões do Poder Judiciário que tutelem de forma direta os direitos sociais veiculados em normas programáticas **violam a separação dos Poderes** (artigo 2º da CF/88).

Vimos que é impossível a realização de todos os direitos sociais em seu grau máximo, não por falta de boa vontade política, mas em razão da escassez real de recursos para tanto. Toda decisão política que priorize a concretização de um determinado direito social ao mesmo tempo em que aloca recursos para a sua concretização, acaba necessariamente por não os alocar na concretização de outros direitos fundamentais. A isso convencionou-se chamar de "**escolhas trágicas**".

A escolha de quais políticas públicas priorizar e de quais pautas serão provisionadas com mais ou menos recursos materiais é a atividade principal do **Poder Executivo**. Do mesmo modo, a limitação dessa atividade e a previsão de deveres e direitos por meio uma norma geral e abstrata é a função precípua do **Poder Legislativo**.

Nessa ordem de ideias, as decisões emanadas do Poder Judiciário determinando a alocação de recursos para a efetivação de um ou outro direito social necessariamente invadiria as funções dos demais Poderes, violando o princípio da separação dos poderes.

Soma-se a isso uma outra questão extremamente problemática no Direito Constitucional atual. Decisões mais ativistas do Poder Judiciário em matéria de direitos sociais, além da separação dos poderes, violariam também o **princípio democrático**, uma vez que os membros do Poder Judiciário não são eleitos e não possuem legitimidade democrática, diferentemente dos membros dos demais Poderes.

Mesmo que um uma maioria bastante qualificada da população elegesse seus representantes para que eles priorizassem uma determinada área, isso cairia por terra quando magistrados não eleitos passassem de proferir decisões judiciais determinando a alocação de recursos em outra área.

3. SARLET, Ingo Wolfgang. A eficácia dos direitos fundamentais: uma teoria geral dos direitos fundamentais na perspectiva constitucional. 11. ed. rev. atual. Porto Alegre: Livraria do Advogado Editora, 2018, p. 303-306.

Um terceiro fundamento utilizado pela corrente restritiva é a chamada **reserva do possível**.

Essa tese, que se assenta na ideia romana de que obrigação impossível não pode ser exigida – *impossibilium nulla obligatio est* –, tem como sua certidão de nascimento o julgamento a decisão proferida pelo Tribunal Constitucional Federal Alemão, em 18 de julho de 1972, no caso *numerus clausus* (BVerfGE 33, 303).

Na oportunidade, alguns estudantes que não foram admitidos em cursos de medicina oferecidos por universidades alemãs em razão da limitação do número de vagas, ajuizaram ações judiciais alegando que o seu direito constitucionalmente assegurado a escolher livremente uma profissão estava sendo vilipendiado.

O Tribunal Constitucional Alemão, embora tenha reconhecido que há um direito à escolha livre da profissão, consignou que não era razoável exigir da sociedade o oferecimento de vagas ilimitadas para cursos de ensino superior. Criou-se, então, a teoria da reserva do possível, que preconiza **um indivíduo só pode exigir do Estado aquilo que razoavelmente dele se pode esperar**.

No Direito Brasileiro, no entanto, a teoria da reserva possível foi desenvolvida de modo a abarcar **três dimensões distintas**, porém complementares, todas ligadas à ideia de que uma obrigação impossível não pode ser exigida.

Em sua **dimensão fática-econômica**, a reserva do possível está atrelada à **ausência de recursos financeiros e materiais** para que a prestação seja fornecida pelo Estado. É dizer: o Estado **não possui efetivamente recursos para dar cumprimento àquela norma**, de modo que uma decisão proferida pelo Poder Judiciário que obrigue o Poder Público seria inócua.

Em uma formulação mais refinada, a reserva do possível fático-econômica se mesclada com o **princípio da igualdade**. Em vez de analisarmos se aquela única prestação reclamada pelo indivíduo não poderia ser suportada pelo Estado, o que raramente ocorreria, haja vista a grandiosidade que os Estados Nacionais atingiram nos dias de hoje, deve-se analisar a **capacidade do Estado em fornecer aquela prestação a todos os indivíduos que estejam na mesma situação daquele que requer a prestação em juízo**.

A premissa por trás disso é óbvia: não havendo recursos para fornecer a prestação a todas as pessoas que se encontram na mesma situação, não seria justo, por violação ao princípio da isonomia, que somente um ou alguns indivíduos se beneficiassem da prestação estatal porque têm uma decisão judicial que determine o seu implemento.[4]

4. Ver: AMARAL, Gustavo. Direito, escassez e escolha. Rio de Janeiro: Renovar, 2001.

A segunda dimensão da **reserva do possível** é a **jurídica**. Assim como a primeira dimensão, a reserva do possível jurídica está atrelada à impossibilidade do cumprimento da obrigação. Todavia, aqui, essa **impossibilidade** não é fática, mas sim **jurídica**, pois os recursos para fazer frente às demandas sociais **não estão alocados na lei orçamentária para essa finalidade**.

Para mais bem compreendermos a questão, precisamos fazer uma breve análise da atividade financeira estatal. Em razão do princípio da legalidade administrativa, o administrador público só pode atuar quando a lei expressamente o autorizar. Isso ocorre inclusive com o dispêndio de recursos públicos, tendo a Constituição Federal e leis infraconstitucionais traçado um detalhado regramento da atividade financeira do Estado, prevendo a necessidade de edição de leis orçamentárias que determinarão em que áreas os recursos serão alocados.

Essa lei que autoriza o Estado a realizar gastos, discriminando detalhadamente as obrigações que devem ser concretizadas e fazendo a previsão dos ingressos necessários para fazer frente às despesas é o chamado **orçamento público**.

Nesse contexto, quando o Poder Judiciário determina que o Estado implemente uma determinada prestação, isso não estaria abarcado na lei orçamentária, que não destinou esses recursos para aquela área. Isso violaria não só a competência constitucional do Poder Legislativo de, ao analisar e aprovar lei proposta pelo Poder Executivo, determinar onde os recursos serão alocado – ponto de toque entre a reserva do possível jurídica e o argumento da violação da separação dos poderes –, como também acarretaria uma desorganização na atividade financeira estatal que pode atingir outras áreas, que ficariam desguarnecidas de recursos para sua implementação – ponto de toque com o argumento consequencialista.

A terceira e última dimensão da reserva do possível é aquela que diz respeito ao **princípio da razoabilidade.**

Segundo essa dimensão, o indivíduo só pode exigir do Estado e da sociedade uma determinada prestação social se ela estiver dentro dos limites da razoabilidade. Nesse ponto, ainda que existam recursos materiais e que haja disponibilidade jurídica, faz-se uma análise da razoabilidade da obrigação em si, de modo a verificar se o indivíduo pode mesmo exigir da sociedade aquela determinada obrigação.[5]

Por fim, um último argumento manejado pela corrente restritiva é o de que a concretização dos direitos sociais promovida por meio de decisões judiciais viola o **princípio da isonomia**, mormente em países subdesenvolvidos como o Brasil.

---

5. Sobre a reserva do possível, ver: SARMENTO, Daniel. A proteção judicial dos direitos sociais: alguns parâmetros ético-jurídicos. *In*: SOUZA NETO, Cláudio Pereira de; SARMENTO, Daniel. (Orgs.). Direitos Sociais: fundamentos, judicialização e direitos sociais em espécie. Rio de Janeiro: Lumen Juris, 2008.

Quando os Poderes Legislativo e Executivo elaboram e executam as políticas públicas, há uma **visão ampliada** das necessidades e das possibilidades, o que permite que todos as pessoas que estejam na mesma situação sejam incluídas e tenham acesso às prestações estatais que são oferecidas. Há, ainda, a possibilidade de que os grupos mais vulneráveis economicamente sejam contemplados com um enfoque especial, garantindo-se, assim, uma maior efetividade na redistribuição de riquezas.

O Poder Judiciário, por seus próprios limites institucionais, não tem uma visão ampla da situação, sendo certo que os juízes são chamados a decidir em sua maioria demandas individuais e estão restritos às regras processuais e procedimentais.

Essa situação fica ainda mais dramática ao constatarmos que as camadas mais pobres da população não têm ainda hoje pleno acesso ao Poder Judiciário, seja pelas próprias limitações econômicas, seja por desconhecimento de seus direitos.

Paradoxalmente, o ativismo em matéria de direitos sociais, **em vez de reduzir desigualdades, estaria por agravá-las**, sendo proferidas decisões judiciais alocativas de recursos em favor das classes mais abastadas, o que acaba por desalocar recursos que poderiam ser destinados aos mais pobres.

B.2. Argumentos favoráveis ao reconhecimento de uma maior densidade normativa

O primeiro argumento a favor do reconhecimento de uma maior densidade normativa às normas constitucionais que veiculam direitos sociais é o de que elas **não são programáticas**, em virtude do artigo 5º, §1º, da CF/88 ("*As normas definidoras dos direitos e garantias fundamentais têm aplicação imediata*").

Em matéria de direitos sociais, a aplicabilidade imediata significa que é **possível exigir do Estado as prestações positivas** que efetivem o direito fundamental social previsto em nossa Constituição. Entender diferentemente implicaria em deixar os direitos sociais desprotegidos caso haja uma omissão estatal, o que não se compatibiliza com a importância destes direitos para a vida das pessoas.[6]

Um segundo argumento é o de que uma postura ativista do Poder Judiciário na concretização dos direitos sociais **não fere o princípio da separação dos poderes.** É função do Poder Judiciário **garantir direitos fundamentais**, bem como aplicar as normas constitucionais no caso concreto, resolvendo o conflito de interesses

6. SARMENTO, Daniel. A proteção judicial dos direitos sociais: alguns parâmetros ético-jurídicos. In: SOUZA NETO, Cláudio Pereira de; SARMENTO, Daniel. (Orgs.). Direitos Sociais: fundamentos, judicialização e direitos sociais em espécie. Rio de Janeiro: Lumen Juris, 2008.

que lhe é posto. A própria Constituição, em seu artigo 5º, inciso XXXV, previu que nenhuma ameaça ou lesão a direito será excluída da apreciação do Poder Judiciário (**princípio da inafastabilidade da jurisdição**).

Ademais, **não há que se falar propriamente em uma escolha** conferida aos Poderes Legislativo e Executivo de efetivar ou não as normas que veiculam direitos sociais, pois a Constituição impõe a sua concretização.

Especificamente em relação ao **princípio democrático**, verifica-se que, na verdade, a concretização dos direitos sociais pelo Judiciário, antes de violá-lo, atende-o. Isso porque a democracia, diferentemente do que sustentam alguns, são se limita ao autogoverno da maioria, abarcando também a proteção aos direitos fundamentais necessários ao seu bom funcionamento.

De fato, o bom funcionamento democrático não pressupõe o atendimento de uma regra formalista segundo o qual a cada homem é conferido um voto. Para que possamos falar verdadeiramente em democracia, é preciso que uma série de direitos fundamentais sejam efetivamente garantidos, como, por exemplo, a livre circulação de ideias e informações e a possibilidade de associação e reunião.

Entre esses pressupostos para permitir que uma pessoa verdadeiramente participe do jogo democrático, não estão somente direitos de defesa, sendo preciso garantir condições materiais mínimas ao indivíduo. É difícil acreditar que uma pessoa sem acesso à educação, à saúde e à moradia participe plenamente do debate democrático.

O terceiro argumento que é deduzido é o de que **não é possível opor a chamada "reserva do possível"**, em nenhuma de suas dimensões, à realização dos direitos fundamentais sociais.

A principal crítica à aplicação da teoria da reserva do possível no caso brasileiro é a de que houve a transposição de uma criação jurisprudencial alemã para o debate constitucional pátrio **sem a observância do seu conteúdo originário e da diferença entre a realidade alemã e a realidade braseira.**

Como vimos, em sua origem, a teoria da reserva do possível preconizava tão somente que é preciso fazer um juízo de razoabilidade da pretensão requerida pelo indivíduo. Questões envolvendo a possibilidade fática e jurídica passaram ao largo do que foi decido pelo Tribunal Constitucional Alemão em 1972.

Ademais, diferentemente do que ocorre na Alemanha, onde os cidadãos têm asseguradas condições materiais mínimas para desenvolver sua vida com dignidade, no Brasil há uma dramática desigualdade social, havendo um grande número de pessoas que não tem acesso a serviços básicos. Invocar a reserva do possível nesse cenário significa perpetuar esse quadro de injustiça social.

Nesse contexto, não se pode invocar a teoria da reserva do possível com a finalidade de exonerar o Estado de suas obrigações constitucionalmente previstas, mormente quando o que está em jogo é **garantia do mínimo existencial**.

O termo "mínimo existencial" tem sua origem também na jurisprudência do Tribunal Constitucional Alemão e é utilizado para designar o **conjunto de condições materiais básicas imprescindíveis a uma vida humana digna**. Ana Paula de Barcellos destaca que, em matéria de direitos sociais, o mínimo existencial é composto de saúde, educação, alimentação, vestuário, abrigo e acesso à justiça.[7]

A esse conjunto de direitos prestacionais é dada plena eficácia jurídica, não sendo possível opor a eles a cláusula da reserva do possível, seja ela fática, jurídica ou em sua dimensão que se confunde com a razoabilidade.

Em relação à **reserva do possível fática**, argumenta-se que a posição de destaque conferida pelo Constituinte aos direitos sociais ligados ao mínimo existencial impõe ao Estado que os **recursos sejam alocados prioritariamente para o atendimento dessas necessidades**. Os vultuosos gastos supérfluos ou com aspectos menos importantes, como, por exemplo, a propaganda institucional, já afastam, por si só, o argumento de que há escassez de recursos.

Ademais, é ônus processual do Estado comprovar que o ente federativo processado não possui condições materiais efetivas de cumprir a obrigação constitucionalmente imposta.

A questão da disponibilidade jurídica dos recursos também não é uma barreira intransponível à efetivação desses direitos, muito menos impede a sua sindicabilidade judicial. Embora a legislação orçamentária seja de suma importância para a organização da atividade financeira estatal, **não é dado ao legislador infraconstitucional escolher entre realizar ou não o mínimo existencial**, sob pena de um Poder constituído desobedecer a uma decisão tomada pelo Poder constituinte.

Por fim, em relação à inoponibilidade da dimensão da razoabilidade ao mínimo existencial, afirma-se que o acesso às condições materiais básicas para uma vida digna atende a esse requisito, uma vez que, **caso a pretensão fosse irrazoável, ela sequer estaria abarcada pelo mínimo existencial.**[8]

Por fim, o último argumento é o de que **não há violação ao princípio da isonomia** ao se reconhecer uma maior densidade às normas constitucionais que veiculam direitos sociais. A igualdade significa tratar a todos que se encontram em

7. BARCELLOS, Ana Paula de. A eficácia jurídica dos princípios constitucionais: o princípio da dignidade da pessoa humana. 3ª ed. rev. e atualizada. Rio de Janeiro: Renovar, 2011, p. 293-301.

8. SARMENTO, Daniel. A proteção judicial dos direitos sociais: alguns parâmetros ético-jurídicos. In: SOUZA NETO, Cláudio Pereira de; SARMENTO, Daniel. (Orgs.). Direitos Sociais: fundamentos, judicialização e direitos sociais em espécie. Rio de Janeiro: Lumen Juris, 2008.

uma mesma situação de forma igual. No caso, **reconhece-se que todo aquele que precisar de uma prestação estatal poderá exigi-la judicialmente, sem exclusões discriminatórias.**

As dificuldades que parcela da população brasileira enfrenta para ter acesso ao Poder Judiciário não são aptas a fragilizar essa conclusão. Entender de forma contrária, em vez de melhorar a situação daqueles que, por variadas razões, não se socorreram ao Poder Judiciário, piora a situação dos necessitados que o fizeram.

Além disso, é inegável que a expansão das Defensorias Públicas, a instituição da gratuidade de justiça e a constante conscientização da população de seus direitos, têm, paulatinamente, **reduzido as barreiras do acesso à justiça.**

C. Conclusões doutrinárias

Transpostos os principais argumentos que são ventilados pela doutrina sobre o tema, podemos dividir os autores, de acordo com a articulação desses fundamentos e as suas conclusões, em quatro grupos:

a) **Posição autocontida**: os autores desse primeiro grupo adotam integralmente o primeiro grupo de argumentos e rejeitam integralmente o segundo grupo. Concluem, assim, que **não é possível extrair diretamente da maioria das normas constitucionais que veiculam direitos sociais Constituição um direito subjetivo do indivíduo à respectiva prestação.** Para que se reconheça o direito subjetivo, é necessário que haja intermediação legislativa e a implementação, pelo Poder Executivo, de políticas públicas que efetivem esses direitos. Não caberia, consequentemente, ao Poder Judiciário sindicar determinada política pública, muito menos determinar que o Estado efetive determinada prestação. Podemos destacar como defensor desse entendimento o professor Elival da Silva Ramos.[9]

b) **Posição ativista branda**: os autores que comungam esse posicionamento adotam, em sua maioria, os argumentos do segundo grupo, mas sem deixar de cotejá-los com os argumentos do primeiro grupo. Dessa forma, admitem um **grau reduzido de ingerência do Poder Judiciário na efetivação dos direitos sociais**, de modo a reconhecer a possibilidade de controle judicial exclusivamente para a **verificação da razoabilidade e**

9. RAMOS, Elival da Silva. Controle jurisdicional de políticas públicas: a efetivação dos direitos sociais à luz da Constituição brasileira de 1988. Revista da Faculdade de Direito da Universidade de São Paulo, São Paulo, v. 102, p. 327-356, jan./dez. 2007.

proporcionalidade das políticas públicas já implementadas. Fábio Konder Comparato é um dos partidários desse entendimento.[10]

c) **Posição ativista intermediária**: segundo essa parcela da doutrina, os argumentos a favor do reconhecimento a uma maior densidade normativa devem prevalecer, sem, contudo, se olvidar de algumas das dificuldades levantadas pelos críticos a uma postura mais ativista em matéria de direitos sociais. Embora as normas que veiculem direitos sociais devam ser levadas à sério, algumas objeções à sua concretização são relevantes. Desse modo, os direitos sociais devem ser vistos como **direitos subjetivos garantidos *prima facie***. Para que o seu reconhecimento ocorra no caso concreto, deve o intérprete fazer uma ponderação prévia entre o direito social em questão e as dificuldades econômicas, jurídicas e institucionais que se apresentam à sua efetivação. Daniel Sarmento é um dos defensores desse entendimento.[11]

d) **Posição ativista intensa**: os autores dessa quarta e última corrente adotam integralmente os argumentos a favor do reconhecimento de uma maior densidade normativa, afastando por completo os argumentos contrários. Sustentam que todas as normas que veiculam direitos sociais conferem aos indivíduos **direitos subjetivos definitivos**. Desse modo, independentemente de questões práticas e jurídicas que possam ser levantadas para obstar o reconhecimento da prestação no caso concreto, é plenamente possível que o Poder Judiciário condene o Estado a efetivamente fornecer a prestação pretendida pelo indivíduo. Podemos citar como um dos autores que encampam esse entendimento o professor Eros Grau.[12]

Como é facilmente perceptível, esses posicionamentos foram organizados em uma **escala crescente** em grau de reconhecimento de efetividade às normas constitucionais que veiculam direitos sociais.

D. A jurisprudência dos Tribunais Superiores

Vistas as bases argumentativas e as conclusões a que chegam os doutrinadores pátrios sobre o tema, resta-nos a análise de como os Tribunais Superiores vêm decidido a questão.

---

10. COMPARATO, Fábio Konder. O Ministério Público na Defesa dos Direitos Econômicos, Sociais e Culturais. In: Eros Roberto Grau e Sérgio Sérvulo Cunha. Estudos de Direito Constitucional em Homenagem a José Afonso da Silva. São Paulo: Malheiros, 2003.

11. SARMENTO, Daniel. A proteção judicial dos direitos sociais: alguns parâmetros ético-jurídicos. In: SOUZA NETO, Cláudio Pereira de; SARMENTO, Daniel. (Orgs.). Direitos Sociais: fundamentos, judicialização e direitos sociais em espécie. Rio de Janeiro: Lumen Juris, 2008.

12. GRAU, Eros Roberto. A ordem econômica na Constituição de 1988. 13ª ed. São Paulo: Malheiros, 2008.

Tradicionalmente, o discurso preponderante na doutrina de que os direitos sociais são normas programáticas, não sendo possível extrair delas um direito subjetivo à prestação estatal correspondente, era replicado pela jurisprudência brasileira. Adotava-se, assim, uma **postura autocontida**, sendo raros os casos em que o Poder Judiciário optava por intervir nas políticas públicas.

Como exemplo desse entendimento, pode-se citar o acórdão proferido pela Primeira Turma do Superior Tribunal de Justiça, no **REsp 57.614-8/RS**, julgado em 27 de maio de 1996. Nessa oportunidade, consignou-se que o direito social à saúde foi positivado em nossa Constituição por meio de uma norma programática, não resultando dela um direito à satisfação das prestações positivas estatais antes que o legislador infraconstitucional a complemente. Afirmou-se, também, que a nenhum órgão público ou autoridade é possível realizar despesas sem a prévia dotação orçamentária.[13]

Atualmente, no entanto, a postura autocontida do Poder Judiciário foi substituída por uma postura **mais ativista**.

Na **Petição 1.246/SC**, julgada pelo Supremo Tribunal Federal em 31 de outubro de 1997, o Ministro Celso de Mello, em decisão monocrática, indeferiu pedido de suspensão de medida liminar concedida por Juiz de Direito, que havia determinado ao Estado de Santa Catarina o custeio de tratamento de saúde de um menor portador de doença rara. Essa decisão fundamentou-se na premissa de que o **direito à saúde é um direito subjetivo inalienável assegurado pela Constituição de 1988**. Consignou-se que a efetivação do direito à saúde, por sua absoluta prioridade em nossa ordem jurídica, prevalece em relação ao interesse patrimonial do Estado, que é secundário.[14]

Esse entendimento foi reafirmado no julgamento do **Agravo Regimental no RE 271.286**, também de relatoria do Ministro Celso de Mello, oportunidade em que a Segunda Turma do Supremo Tribunal Federal decidiu que a distribuição de medicamentos às pessoas portadoras do vírus HIV era válida, pois o direito à saúde é um direito público subjetivo, que não pode se tornar uma "promessa constitucional inconsequente".[15]

Em 29 de abril de 2004, o Ministro Celso de Mello, ao julgar prejudicado pela perda de objeto a **ADPF 45**, teceu importantes considerações sobre a aplicabilidade das normas constitucionais que propagam direitos sociais. Afirmou o Ministro que os Poderes Legislativo e Executivo não têm liberdade absoluta na formulação e execução de políticas públicas que concretizem os direitos sociais, pois há um

13. STJ, Primeira Turma, REsp 57.614-8/RS, Rel. Min. Demócrito Reinaldo, j. 27.5.1996.

14. STF, Decisão Monocrática, Pet 1.246/SC, Rel. Min. Celso de Mello, j. 31.1.1997.

15. STF, Segunda Turma, AgR no RE 271.286/RS, Rel. Min. Celso de Mello, j. 12.9.2000.

conjunto irredutível de condições mínimas necessárias a uma existência digna que não podem ser ignoradas ou amesquinhadas. Nessa ordem de ideias, é plenamente viável que o Poder Judiciário intervenha com o fito de viabilizar o acesso a todos desses bens, caso a sua fruição seja injustificadamente recusada pelo Estado.

A principal consideração feita nessa decisão, que foi utilizada por decisões que lhe seguiram, foi o **afastamento da teoria da reserva do possível** como óbice à realização dos direitos sociais. Nas palavras do Ministro:

> "Cumpre advertir, desse modo, que a cláusula da "reserva do possível" – ressalvada a ocorrência de justo motivo objetivamente aferível – não pode ser invocada, pelo Estado, com a finalidade de exonerar-se do cumprimento de suas obrigações constitucionais, notadamente quando, dessa conduta governamental negativa, puder resultar nulificação ou, até mesmo, aniquilação de direitos constitucionais impregnados de um sentido de essencial fundamentalidade".[16]

Em decisão paradigmática proferida nos autos da **STA 175**, que envolvia a intrincada questão do fornecimento de medicamentos pelo Poder Público, o Tribunal Pleno do Supremo Tribunal Federal reafirmou a possibilidade de intervenção do Poder Judiciário para garantir o direito à saúde e determinar o fornecimento de medicamento ou de tratamento médico indispensável para o aumento de sobrevida e qualidade de vida de paciente.[17]Analisaremos com mais detalhamento essa decisão ao tratarmos do direito à saúde.

O entendimento de que deve ser dada **maior densidade normativa às previsões constitucionais que envolvem direitos sociais** tem sido constantemente replicado tanto pelo **STF**[18]**, quanto pelo STJ.**[19]

Ao que se depreende desses julgados, os nossos Tribunais Superiores adotam a **posição ativista intermediária**. É dizer: reconhece-se que os direitos sociais são verdadeiros direitos públicos subjetivos, que podem ser extraídos diretamente da Constituição sem a necessidade de intermediação legislativa, mas sem olvidar de algumas dificuldades fáticas, financeiras e jurídicas que as suas concretizações envolvem.

A despeito dessas dificuldades, a tônica tem sido conceder a máxima efetividade a esses direitos, mormente quando estejam inseridos no conceito de **mínimo**

16. STF, Decisão Monocrática, ADPF 45, Rel. Min. Celso de Mello, j. 29.4.2004.
17. STF, Tribunal Pleno, AgR na STA 175, Rel. Min. Gilmar Mendes, j. 17.3.2010.
18. STF, Primeira Turma, RE 440.028/SP, rel. Min. Marco Aurélio, j. 29.10.2013.
19. STJ, Segunda Turma, REsp 1.607.472/PE, Rel. Min. Herman Benjamin, j. 15.9.2016.

existencial. Não se tem acolhido, assim, a teoria da reserva do possível em relação às prestações que concretizem as condições mínimas para uma vida digna.

Mais recentemente, o **Supremo Tribunal Federal**, em sede de repercussão geral, debruçou-se sobre os limites impostos à **intervenção do Poder Judiciário em políticas públicas** envolvendo direitos sociais.

No caso em análise, foi interposto recurso extraordinário contra acórdão proferido pelo Tribunal de Justiça do Rio de Janeiro que, buscando suprir déficit de pessoal na área de saúde do Município do Rio de Janeiro, determinou a realização de concurso público de provas e títulos para provimento dos cargos de médico e funcionários técnicos, com a nomeação e posse dos profissionais aprovados no certame.

Prevaleceu no Supremo que, embora a saúde seja um bem jurídico constitucionalmente tutelado, por cuja integridade deve zelar o Poder Público, a quem incumbe formular - e implementar - políticas sociais e econômicas que visem a garantir, aos cidadãos, o acesso universal e igualitário às ações e serviços para sua promoção, proteção e recuperação, a intervenção casuística do Poder Judiciário, definindo a forma de contratação de pessoal e da gestão dos serviços de saúde, coloca em risco a própria continuidade das políticas públicas de saúde, já que desorganiza a atividade administrativa e compromete a alocação racional dos escassos recursos públicos.

Desse modo, a Corte Suprema de nosso país estabeleceu parâmetros para que a atuação judicial na análise de políticas públicas seja pautada por critérios de razoabilidade e eficiência, respeitado o espaço de discricionariedade do administrador, fixando as seguintes teses: teses de julgamento: "1. A intervenção do Poder Judiciário em políticas públicas voltadas à realização de direitos fundamentais, em caso de **ausência ou deficiência grave do serviço**, não viola o princípio da separação dos poderes. 2. A decisão judicial, como regra, **em lugar de determinar medidas pontuais, deve apontar as finalidades a serem alcançadas** e determinar à Administração Pública que apresente um plano e/ou os meios adequados para alcançar o resultado; 3. No caso de serviços de saúde, o déficit de profissionais pode ser suprido por concurso público ou, por exemplo, pelo remanejamento de recursos humanos e pela contratação de organizações sociais (OS) e organizações da sociedade civil de interesse público (OSCIP)".[20]

3. PRINCÍPIO DA VEDAÇÃO DO RETROCESSO

Estudamos, no tópico anterior, que a maioria dos direitos sociais necessitam de um fazer estatal para a sua efetivação e que, em razão disso, há um intenso

20. STF, Tribunal Pleno, RE 684.612/RJ, Red. p/ acórdão Min. Roberto Barroso, j. 1º.7.2023 (RF – Tema 698).

debate doutrinário sobre a necessidade ou não de lei infraconstitucional para que os direitos sociais possam ser considerados como direitos subjetivos dos indivíduos e, por conseguinte, exigíveis judicialmente.

O princípio da vedação ao retrocesso entra em cena em um **momento posterior** a essa questão. Aqui, o ponto de partida é a **existência de uma lei infraconstitucional que concretiza** um determinado direito social. A partir desse dado, pergunta-se: é possível que haja a revogação ou modificação dessa lei? Uma vez atingido uma determino nível de proteção, é possível regredir e reduzir, por meio de lei, esse patamar protetivo?

Como uma forma de responder a essas questões, a doutrina criou o chamado princípio da vedação do retrocesso, também conhecido como "**efeito *cliquet***", "**proibição de contrarrevolução social**", "**proibição de evolução reacionária**" e "**proibição de retrocesso social**".

Segundo o princípio da vedação do retrocesso, **não é possível a adoção de medidas que amesquinham ou reduzam o grau de proteção que já foi conferido a um direito social por meio da legislação infraconstitucional.**

Os fundamentos utilizados para tal conclusão são:

a) O **Estado Democrático de Direito** possui, na modernidade, uma inegável dimensão social. Essa dimensão social restaria vulnerada se maiorias ocasionais pudessem amesquinhar direitos que já foram objeto de conquista pelas gerações anteriores (artigo 1º, *caput*, da CF/88).
b) Íntima relação com o valor da **segurança jurídica**. Esta, segundo Ingo Sarlet, engloba não apenas a proteção contra medidas propriamente retroativas – que são aquelas que atingem o direito adquirido, o ato jurídico perfeito e a coisa julgada –, mas também a proteção contra medidas retrocessivas – que são aquelas em que o legislador, por meio de emendas constitucionais ou reformas na legislação infraconstitucional venham a suprimir determinado patamar de proteção já conferido ao direito fundamental (artigo 5º, *caput*, e inciso XXXVI da CF).[21]
c) A própria **dignidade da pessoa humana** exige a satisfação de prestações positivas para garantir uma vida digna a todos. Embora a questão do conteúdo da dignidade da pessoa humana seja tormentosa, é certo que a grande maioria dos autores insere nela a garantia ao mínimo existencial (artigo 1º, inciso III, da CF/88).

---

21. SARLET, Ingo Wolfgang. A eficácia dos direitos fundamentais: uma teoria geral dos direitos fundamentais na perspectiva constitucional. 11. ed. rev. atual. Porto Alegre: Livraria do Advogado Editora, 2018, p. 452-454.

d) O **princípio da máxima efetividade** conferida às normas definidoras de direitos fundamentais impõe aos Poderes Constituídos o dever de efetivar os direitos fundamentais, e não de reduzir a sua efetividade (artigo 5º, §1º, da CF/88).

e) Permitir que o legislador retorne a um nível de concretização menor dos direitos fundamentais seria admitir que lei infraconstitucional posterior tenha aptidão de tornar a Constituição inefetiva, o que, à luz do **princípio da supremacia da Constituição**, não se pode admitir. Não é possível, por conseguinte, o retorno ao estado de omissão inconstitucional.

A existência do princípio da vedação do retrocesso não parece mais ser objeto de maiores questionamentos, havendo, inclusive, diversas decisões de Tribunais Constitucionais alienígenas, como o português e o alemão, aplicando-o.

A questão central sobre esse princípio é saber se essa vedação ao retrocesso é absoluta ou relativa e, se relativa, até que ponto pode o legislador infraconstitucional voltar em relação à anterior implementação dos direitos fundamentais sociais.

Inicialmente, há um certo consenso no sentido de que a vedação ao retrocesso **não é absoluta**. É dizer: existe uma margem de conformação que é conferida ao legislador para modificar a legislação que concretize direitos fundamentais sociais.

É plenamente possível que a **alteração da situação fática** imponha um contingenciamento na efetivação dos direitos sociais. Nesse ponto, nunca é demais lembrar que o direito não pode se dissociar da realidade fática, sob pena de tornar-se inefetivo. Na célebre frase de Georges Ripert: "quando o Direito ignora a realidade, a realidade se vinga ignorando o direito".

Ademais, na qualidade de princípio, a vedação ao retrocesso não se aplica como as regras (tudo ou nada), admitindo **ponderações** com outros valores constitucionais no caso concreto.

Todavia, a capacidade de conformação do legislador é **limitada**. São inconstitucionais alterações que atinjam o **núcleo essencial do direito**, não podendo o legislador atingir o conjunto de prestações materiais que garantam o **mínimo existencial.**

Também não são possíveis retrocessos **arbitrários**. Para que se admita algum nível de amesquinhamento do patamar de proteção que já havia sido construído, há um forte **ônus argumentativo**, devendo haver uma justificativa amparada em outros valores constitucionais.

Por fim, deve-se assegurar regras **razoáveis de transição** para aqueles indivíduos que, embora não tivessem um direito adquirido, possuíam uma legitima expectativa de adquirir o direito a uma determina prestação social. Um exemplo corriqueiro são as regras de transição quando há uma reforma na Previdência Social.

Uma **última observação** sobre o tema é que, embora estejamos tratando do princípio da vedação ao retrocesso dentro da análise dos direitos sociais, o princípio não está limitado a eles. Na verdade, a vedação ao retrocesso aplica-se a todo e qualquer direito fundamental.

A escolha didática de tratá-lo neste ponto se deu em razão da discussão ganhar maior relevo em relação aos direitos que possuam uma acentuada dimensão positiva, como sói acontecer com os direitos fundamentais sociais.

Ainda assim, é muito importante destacar que o princípio da vedação ao retrocesso tem ganhando bastante destaque em relação ao direito fundamental ao meio ambiente ecologicamente equilibrado, ganhando inclusive nomenclatura própria: **princípio da vedação ao retrocesso ambiental**.[1]

4. DIREITOS SOCIAIS EM ESPÉCIE

O **artigo 6º, *caput*, da Constituição de 1988** prevê que: "*São direitos sociais a educação, a saúde, a alimentação, o trabalho, a moradia, o transporte, o lazer, a segurança, a previdência social, a proteção à maternidade e à infância, a assistência aos desamparados, na forma desta Constituição*".

Esse dispositivo, embora só tenha listado alguns direitos fundamentais sem entrar no seu conteúdo, tem o grande mérito de ser o primeiro em nossa história constitucional a afirmar serem os direitos sociais **autênticos direitos fundamentais**. De fato, pela primeira vez, incluiu-se no título dos direitos e garantias fundamentais os direitos sociais básicos e os direitos dos trabalhadores.

A parte final do dispositivo ("na forma desta Constituição") deve ser interpretada em conjunto com o **Título VIII ("Da Ordem Social")** da Constituição de 1988. É somente com a conjugação dessas normas que se alcança o **conteúdo** dos direitos sociais.

A. Direito à seguridade social

Desde os primórdios da humanidade, há uma preocupação da humanidade com os **infortúnios da vida**. Embora atualmente o homem busque incansavelmente, e até mesmo acredite que possui o controle de todos os aspectos de sua

1. Nesse sentido, o Supremo Tribunal Federal já decidiu que: "O direito ao meio ambiente ecologicamente equilibrado se configura como direito fundamental da pessoa humana. A mera revogação de normas operacionais fixadoras de parâmetros mensuráveis necessários ao cumprimento da legislação ambiental, sem sua substituição ou atualização, aparenta comprometer a observância da Constituição Federal, da legislação vigente e de compromissos internacionais." (STF, Tribunal Pleno, ADPF 747 MC-Ref/DF, ADPF 748 MC-Ref/DF e ADPF 749 MC-Ref/DF, Rel. Min. Rosa Weber, j. 27.11.2020).

vida, a verdade é que a vida conta com uma alta carga de aleatoriedade. O desemprego, a doença, a velhice, a viuvez, a invalidez, e uma série de outras adversidades podem surgir mesmo para aqueles mais precavidos.

Historicamente, coube à **família** o dever de amparar e proteger aqueles membros que eram atingidos pelos dissabores da vida e que, sozinhos, não possuíam mais condições de prover suas próprias necessidades básicas. Àqueles que eram duplamente desafortunados, pois além de não poderem se sustentar com o fruto de seu próprio esforço, não contavam com uma família para fazê-lo, restava a esperança na **caridade** alheia, com destaque aos trabalhos caritativos da Igreja Católica.

Com o avanço das sociedades, percebeu-se que o dever de amparar os mais fracos era um dever não só das pessoas em âmbito privado ou de instituições religiosas, mas também e principalmente do **Estado.**

É nesse sentido que a Constituição de 1988 prevê expressamente o direito à seguridade social no ***caput* do artigo 194**, conceituando-o como o conjunto integrado de ações de iniciativa dos poderes públicos e da sociedade, destinadas a assegurar os direitos relativos à **saúde**, à **previdência** e à **assistência social.**

Quis, assim, o poder constituinte originário criar um **sistema protetivo amplo**, apto a amparar a todos aqueles que encontrem dificuldades em manter um **padrão de vida mínimo digno de um ser humano.**

A.1. Direito à saúde

I. Aspectos gerais

O direito à saúde encontra-se positivado no **artigo 6º, *caput*, da CF/88** como um direito fundamental. Seu conteúdo, no entanto, só pode ser extraído quando conjugamos esse dispositivo com o que dispõe o **artigo 196, *caput*, da CF/88.**

Trata-se da **primeira vez** em nossa história constitucional que o direito à saúde é expressamente positivado no texto constitucional. Antes, a matéria foi tratada de forma genérica e esparsa, como, por exemplo, a previsão do artigo 179, inciso XXXI da Constituição de 1824, que consignava que "*a Constituição tambem garante os soccorros publicos*".

O artigo 196, *caput*, da CF/88 prevê que a **saúde** é direito de todos e dever do Estado, garantido mediante políticas sociais e econômicas que visem à redução do risco de doença e de outros agravos e ao acesso universal e igualitário às ações e serviços para sua promoção, proteção e recuperação.

Desse artigo podemos retirar importantes conclusões sobre o direito à saúde:

a) **Titularidade**: conforme a previsão constitucional, o direito à saúde é direito de todos, sendo, por conseguinte de **titularidade universal**. Parece óbvio falar que um direito fundamental de extrema importância e intimamente ligado ao direito à vida – o mais salutar entre os direitos fundamentais – é de titularidade de todos. Contudo, essa previsão é importante para diferenciá-lo dos outros direitos que compõem a seguridade social, que não são atribuídos de forma tão ampla quanto o direito à saúde. Como veremos adiante, o direto à assistência social é titularizado somente pelos pobres, enquanto o direito à previdência social só abarca os segurados-contribuintes.

b) **Destinatário**: o destinatário principal da norma é o **Estado**, que tem o dever de garantir o direito social à saúde. Isso, contudo, não significa que não haja também um dever dos particulares na promoção do direito à saúde. Pelo contrário, assim como o Estado, os particulares têm o dever de abstenção de qualquer ação que viole o direito à saúde de terceiro, bem como, em alguns casos, podem participar de forma complementar ao Sistema Único de Saúde, mediante ajuste com o Poder Público.

c) **Conteúdo**: embora o artigo 196 da CF/88 não permita definir, de maneira exauriente, o conteúdo do direito à saúde, a partir dele podem ser traçadas importantes balizas. A primeira é a de que o direito à saúde abarca não só as medidas de cunho **curativo** – que são aquelas adotadas quando já há o diagnóstico de alguma enfermidade –, mas também medidas **preventivas** e **promocionais**. Estas medidas estão englobadas naquilo que se chama de "saúde preventiva", que é aquela que busca evitar o surgimento da doença. Nesse ponto, podemos inserir no direito à saúde o direito ao saneamento básico, importantíssimo fator preventivo do surgimento de doenças.

d) **Exigibilidade**: um dos pontos mais controvertidos envolvendo os direitos sociais e, principalmente, o direito à saúde, é a possibilidade de exigi-lo judicialmente, como se direito subjetivo fosse. Já analisamos o tema com vagar, não sendo este o momento de retomar toda a discussão. Em relação especificamente ao direito à saúde, há a previsão expressa no artigo 196, *caput*, da CF/88 que ele será "**garantido mediante políticas sociais e econômicas**", o que robustece o argumento dos autores que sustentam o caráter programático da maioria dos direitos sociais. Gilmar Ferreira Mendes, por exemplo, afirma que existe um direito público subjetivo às políticas públicas que promovam, protejam e recuperem a saúde, e não um direito absoluto e todo e qualquer procedimento ou tratamento.[2] Todavia, tem

2. BRANCO, Paulo Gustavo Gonet; MENDES, Gilmar Ferreira. Curso de direito constitucional. 12ª ed. rev. e atual. São Paulo: Saraiva, 2017, p. 696.

prevalecido doutrinaria e jurisprudencialmente que há um **direito subjetivo do indivíduo** de exigir do Estado prestações positivas relacionadas ao direito à saúde que estejam ligadas ao **mínimo existencial**.

Outro importante dispositivo constitucional afeto ao direito à saúde é **o artigo 198 da CF/88**. Esse dispositivo trouxe para o texto constitucional a institucionalização do **Sistema Único de Saúde**, que assume, desse modo, a natureza jurídica de garantia institucional fundamental.

As **diretrizes** constitucionalmente traçadas para o SUS são: a) a **descentralização**, com direção única em cada esfera do governo; b) o **atendimento integral**, com prioridade para as atividades preventivas, sem prejuízo dos serviços assistenciais; e c) a **participação da comunidade**.

A **Lei n.º 8.080/90** é responsável por concretizar e regulamentar o artigo 198 da CF/88. Além de **definir** o Sistema Único de Saúde como o conjunto de ações e serviços de saúde, prestados por órgãos e instituições públicas federais, estaduais e municipais, da Administração direta e indireta e das fundações mantidas pelo Poder Público (artigo 4º), a lei trata dos seus **objetivos**, **princípios** e de sua **organização**.

Os **três principais** princípios reitores do SUS são:

a) **Universalidade**: como não poderia deixar de ser, uma vez que o artigo 196 da CF/88 é claro a esse respeito, o Sistema Único de Saúde é destinado a todas as pessoas, sem quaisquer diferenciações.
b) **Equidade**: os serviços de saúde devem ser prestados de forma isonômica, ou seja, as situações iguais devem ser tratadas de forma similar. Não pode haver, no âmbito do SUS, preconceitos ou privilégios de qualquer espécie.
c) **Integralidade**: os serviços de saúde são um conjunto articulado e contínuo de ações e serviços preventivos e curativos, individuais e coletivos, exigidos para cada caso em todos os níveis de complexidade do sistema.

Feita a análise das normas constitucionais mais relevantes sobre o direito à saúde, passemos à análise dos julgados mais importantes já proferidos pelos **Tribunais Superiores** sobre o tema.

II. Fornecimento de medicamentos e tratamentos pelo poder público

No julgamento da **STA 175**, o Supremo Tribunal Federal, partindo da premissa de que o direito à saúde é plenamente judicializável, traçou **parâmetros** para a solução judicial dos casos concretos que envolvem o direito à saúde.[3]

3. STF, Tribunal Pleno, AgR na STA 175, Rel. Min. Gilmar Mendes, j. 17.3.2010.

Primeiramente, deve-se analisar se existe ou não política estatal que abranja a prestação de saúde pleiteada pela parte. Caso **exista**, não há dúvidas de que o indivíduo possui **direito subjetivo** à prestação, pois o Judiciário não está criando uma política pública, mas apenas determinando o seu cumprimento.

Por outro lado, se a prestação requerida **não estiver abarcada pela política do SUS**, em **regra**, **não há o dever de fornecimento da prestação**, posto que a obrigação estatal é de formular políticas públicas para a promoção, proteção e recuperação de saúde.

Nessa segunda hipótese, contudo, devem ser diferenciadas duas situações distintas. Quando o SUS fornece **tratamento alternativo**, deve-se **privilegiar** essa opção feita pelo Poder Público em detrimento da escolha do paciente. Todavia, se houve comprovação de que o **tratamento fornecido não é eficaz** para aquele paciente em específico, **poderá o Poder Judiciário condenar o Estado** a fornecer esse tratamento alternativo.

A segunda situação é quando **não há tratamento específico** para a enfermidade que acomete o requerente previsto no SUS. Se o estágio de desenvolvimento científico somente contar com **tratamentos experimentais**, que não contem com comprovação científica de sua eficácia, **não é possível condenar** o Estado a fornecê-los. Por outro lado, se o tratamento for novo e ainda não foi testado pelo SUS em virtude da **lentidão burocrática** e da **omissão do Estado** em fornecê-lo, **poderá** o Poder Judiciário condená-lo a fornecer essa prestação.

Em todos os casos, ficou destacado que deve haver ampla produção de provas, o que poderá ser um óbice à concessão de tutelas antecipadas.

No julgamento do **RE 429.903/RJ**, a Primeira Turma do STF decidiu que o **Poder Judiciário pode obrigar a Administração Pública a manter estoque mínimo de determinado medicamento**, evitando, assim, interrupções nos tratamentos das pessoas que possuam doença rara. Nesse ponto, ficou consignado que não há violação à separação de Poderes, uma vez que a Administração Pública já se comprometera, previamente, a adquirir esses medicamentos.[4]

Em 2018, o Superior Tribunal de Justiça julgou, em sede de recurso repetitivo, o **REsp 1.657.156/RJ**, oportunidade em que traçou balizas para o fornecimento de **medicamentos que não estejam incorporados em atos normativos do SUS**.

Nesta oportunidade, ficou consignado que a Administração Pública tem o dever de fornecer medicamentos que não estejam na listagem do SUS, desde que preenchidos três requisitos cumulativos:

4. STF, Primeira Turma, RE 429.903/RJ, Rel. Min. Ricardo Lewandowski, j. 25.6.2014.

- **i.** Comprovação, por meio de **laudo médico fundamentado e circunstanciado** expedido por médico que assiste o paciente, da imprescindibilidade ou necessidade do medicamento, assim como da ineficácia, para o tratamento da moléstia, dos fármacos fornecidos pelo SUS.
- **ii.** **Incapacidade financeira** do paciente de arcar com o custo do medicamento prescrito.
- **iii.** Existência de **registro** do medicamento na Agência Nacional de Vigilância Sanitária (**Anvisa**).

Nessa oportunidade, o STJ **modulou os efeitos da decisão**, com fundamento no artigo 927, §3º, do CPC, determinando que os critérios e requisitos estipulados no *decisum* somente serão exigidos para os **processos que forem distribuídos a partir da conclusão do julgamento**, o que ocorreu em **25.4.2018.**[5]

Cinco meses após, o Superior Tribunal de Justiça julgou **embargos de declaração** que foram opostos em face da decisão anterior, dando provimento ao recurso para ratificar o terceiro requisito, acrescentando que, além de **o medicamento estar registrado na Anvisa, deve ser observado os usos autorizados por ela**. Vedou-se, portanto, o uso *off label* não autorizado pela autarquia federal.[6]

Em maio de 2019, foi a vez do **Supremo Tribunal Federal** enfrentar a novamente a questão do **fornecimento pelo Poder Judiciário de medicamentos não registrados pela ANVISA**. No julgamento do **RE 657.718/MG**, com repercussão geral,[7] ficou assentado que:

- **i.** O Estado **não** pode ser obrigado a fornecer **medicamentos experimentais.**
- **ii.** A **ausência de registro** na Agência Nacional de Vigilância Sanitária (**Anvisa) impede**, como regra geral, o fornecimento de medicamento por decisão judicial.
- **iii.** É possível, **excepcionalmente**, a concessão judicial de medicamento **sem registro sanitário**, em caso de mora irrazoável da Anvisa em apreciar o pedido (prazo superior ao previsto na Lei 13.411/2016), quando preenchidos três requisitos: a) a existência de pedido de registro do medicamento no Brasil (salvo no caso de medicamentos órfãos para doenças raras e ultrarraras); b) a existência de registro do medicamento em renomadas

5. STJ, Primeira Seção, REsp 1.657.156/RJ, Rel. Min. Benedito Gonçalves, j. 25.4.2018 (recurso repetitivo).
6. STJ, Primeira Seção, EDcl no REsp 1.657.156/RJ, Rel. Min. Benedito Gonçalves, j. 12.9.2018 (recurso repetitivo).
7. STF, Tribunal Pleno, RE 657.718/MG, red. p/ o acórdão Min. Roberto Barroso, j. 22.5.2019 (repercussão geral).

agências de regulação no exterior; e c) a inexistência de substituto terapêutico com registro no Brasil.

iv. As ações que demandem fornecimento de medicamentos sem registro na Anvisa deverão necessariamente ser **propostas em face da União**.

Veja-se, portanto, que essa decisão do STF trouxe uma **exceção ao terceiro requisito formulado pelo STJ** para a concessão de medicamentos não previstos na listagem do SUS. Isso porque, a partir dos critérios traçados pelo STF, é possível, excepcionalmente, condenar o Poder Público a fornecer medicamento não registrado na ANVISA.

Em mais um passo dado sobre a questão do fornecimento de medicamentos, o Supremo Tribunal Federal, ao julgar o RE 1.165.959/SP (com repercussão geral), abriu **nova exceção à necessidade de registro na Anvisa** para o Estado seja obrigado a fornecer determinado fármaco. Entendeu a mais alta Corte do país que: "Cabe ao Estado fornecer, em termos excepcionais, medicamento que, embora não possua registro na ANVISA, tem a sua importação autorizada pela agência de vigilância sanitária, desde que comprovada a incapacidade econômica do paciente, a imprescindibilidade clínica do tratamento, e a impossibilidade de substituição por outro similar constante das listas oficiais de dispensação de medicamentos e os protocolos de intervenção terapêutica do SUS."[8]

Em síntese, em relação à obrigação estatal de fornecer medicamentos, temos o seguinte quadro:

- **Primeiro passo:** se houver previsão legal em lista de medicamentos a serem fornecidos, não há maiores dúvidas, haverá o dever estatal de fornecê-los.
- **Segundo passo:** não havendo previsão legal, verifica-se se há tratamento similar e tão eficaz já fornecido pelo SUS. Caso positivo, é esse o tratamento a que o requerente fará jus.
- **Terceiro passo:** não havendo previsão legal e tratamento similar na lista do SUS, ou aquele que está listado é ineficaz para o caso do requerente, o poder público terá o dever de fornecer se preenchidos três requisitos cumulativos:

  i. Pedido esteja acompanhado de laudo médico fundamentado.

  ii. Fique demonstrada a incapacidade financeira da parte que requer o tratamento.

8. STF, Tribunal Pleno, RE 1.165.959/SP, Red. p/ acórdão Min. Alexandre de Moraes, j. em 18.6.2021 (Tema 1.161).

iii. O medicamento não seja experimental e esteja, portanto, registrado junto à Anvisa. Esse terceiro requisito poderá ser excepcionado em duas situações, quais sejam, haja mora irrazoável da autarquia em apreciar o pedido de registro de medicamento já registrado em renomadas agências do exterior, e o caso de medicamentos que, embora não registrados, tenham tido sua importação autorizada pela agência.

Outra importante questão envolvendo o fornecimento de tratamentos de saúde por parte do Estado envolve a **competência material** sobre a questão. Afinal, aquele que necessita de prestação envolvendo o direito à saúde poderá exigi-lo de qual ente federado?

Tradicionalmente, entende-se que **todos os entes federados são solidariamente responsáveis** e poderão figurar no polo passivo das ações que versem sobre prestações sanitárias, isolada ou conjuntamente, a critério da parte autora, uma vez que é competência comum cuidar da saúde (art. 23, II, da CF/88).[9]

Ainda que tal entendimento tenha prevalecido por um longo período, a discussão federativa permaneceu e os Tribunais Superiores, se ainda não reviram sua posição anterior, ao menos excepcionaram algumas situações.

Em 2019, o Supremo Tribunal Federal pontuou que, ainda que a competência seja solidária, cabe ao **magistrado**, com base nas regras de descentralização e hierarquização, **direcionar o cumprimento da obrigação para o ente competente**. Caso, em virtude da urgência, outro ente cumpra a obrigação e forneça a prestação sanitária, poderá o juiz da causa **determinar o ressarcimento pelo ente competente.**[10]

Também em 2019, o STF, como vimos, **excepcionou** o seu tradicional entendimento em relação às ações que tenham por objeto o **fornecimento de medicamentos sem registro na Anvisa**. Nesse caso, a ação deverá ser ajuizada necessariamente contra a **União Federal**, atraindo a competência da Justiça Federal.[11]

Resta ainda pendente de julgamento pelo STF, já com repercussão geral reconhecida, o Tema 1.234, em que o Supremo fixará tese acerca da legitimidade passiva da União e da competência da Justiça Federal, nas demandas que versem sobre fornecimento de medicamentos registrados na Agência Nacional de Vigilância Sanitária - ANVISA, mas não padronizados no Sistema Único de Saúde - SUS.

9. STF, Segunda Turma, RE 195.192-3, Rel. Min. Marco Aurélio, j. 22.2.2000.
10. STF, Tribunal Pleno, EDcl no RE 855.178/SE, red. p/ acórdão Min. Edson Fachin, j. 23.5.2019.
11. STF, Tribunal Pleno, RE 657.718/MG, red. p/ o acórdão Min. Roberto Barroso, j. 22.5.2019 (repercussão geral).

Nesses autos, em 18 de abril de 2023, o STF estabeleceu, cautelarmente, que até para estabelecer que, até o julgamento definitivo do Tema 1234 da Repercussão Geral, a atuação do Poder Judiciário seja regida pelos seguintes parâmetros: (i) nas demandas judiciais envolvendo medicamentos ou tratamentos padronizados: a composição do polo passivo deve observar a repartição de responsabilidades estruturada no Sistema Único de Saúde, ainda que isso implique deslocamento de competência, cabendo ao magistrado verificar a correta formação da relação processual, sem prejuízo da concessão de provimento de natureza cautelar ainda que antes do deslocamento de competência, se o caso assim exigir; (ii) nas demandas judiciais relativas a medicamentos não incorporados: devem ser processadas e julgadas pelo Juízo, estadual ou federal, ao qual foram direcionadas pelo cidadão, sendo vedada, até o julgamento definitivo do Tema 1234 da Repercussão Geral, a declinação da competência ou determinação de inclusão da União no polo passivo; (iii) diante da necessidade de evitar cenário de insegurança jurídica, esses parâmetros devem ser observados pelos processos sem sentença prolatada; diferentemente, os processos com sentença prolatada até a data desta decisão (17 de abril de 2023) devem permanecer no ramo da Justiça do magistrado sentenciante até o trânsito em julgado e respectiva execução.[1]

III. Direito à saúde e a pandemia de Covid-19

Por fim, em razão da **pandemia de COVID-19**, o Supremo Tribunal Federal foi chamado a decidir diversas questões envolvendo o direito à saúde.

Na ADPF 709, o Relator Ministro Roberto Barroso deferiu medida cautelar, posteriormente referendada pelo Plenário, determinando que a União implemente, em resumo, as seguintes providências: 1) Quanto aos **povos indígenas em isolamento ou povos indígenas de recente contato**: i) criação de barreiras sanitárias, que impeçam o ingresso de terceiros em seus territórios; ii) criação de Sala de Situação, para gestão de ações de combate à pandemia quanto aos Povos Indígenas em Isolamento e de Contato Recente. 2) Quanto aos **povos indígenas em geral**: i) inclusão de medida emergencial de contenção e isolamento dos invasores em relação às comunidades indígenas ou providência alternativa, apta a evitar o contato; ii) imediata extensão dos serviços do Subsistema Indígena de Saúde; iii) Elaboração e monitoramento de um Plano de Enfrentamento da COVID-19 para os Povos Indígenas Brasileiros pela União.[2]

Na mesma esteira da decisão acima, o Supremo Tribunal Federal determinou que a União elaborasse **plano de combate à Covid-19 para população quilombola**,

1. STF, Tribunal Pleno, RE 1.366.243/TPI-Ref., Rel. Min. Gilmar Mendes, j. 19.4.2023.
2. STF, Tribunal Pleno, ADPF 709 Ref-MC/DF, Rel. Min. Roberto Barroso, j. 5.8.2020.

com a participação de representantes da Coordenação Nacional de Articulação das Comunidades Negras Rurais Quilombolas. Além disso, o STF deferiu pedido para suspender os processos judiciais, notadamente ações possessórias, reivindicatórias de propriedade, imissões na posse, anulatórias de processos administrativos de titulação, bem como os recursos vinculados a essas ações, sem prejuízo dos direitos territoriais das comunidades quilombolas até o término da pandemia.[3]

No julgamento conjunto das ADIs n.º 6.586 e 6.587, o Supremo Tribunal Federal conferiu interpretação conforme à Constituição ao art. 3º, III, "d", da Lei nº 13.979/2020. Ao fazer isso, a Suprema Corte fixou a seguinte tese: (A) A vacinação compulsória **não significa vacinação forçada**, por exigir sempre o consentimento do usuário, podendo, contudo, ser implementada por meio de medidas indiretas, as quais compreendem, dentre outras, a restrição ao exercício de certas atividades ou à frequência de determinados lugares, desde que previstas em lei, ou dela decorrentes, e (i) tenham como base evidências científicas e análises estratégicas pertinentes, (ii) venham acompanhadas de ampla informação sobre a eficácia, segurança e contraindicações dos imunizantes, (iii) respeitem a dignidade humana e os direitos fundamentais das pessoas; (iv) atendam aos critérios de razoabilidade e proporcionalidade, e (v) sejam as vacinas distribuídas universal e gratuitamente; e (B) tais medidas, com as limitações acima expostas, podem ser implementadas tanto pela União como pelos Estados, Distrito Federal e Municípios, respeitadas as respectivas esferas de competência.[4]

Na ADPF 754, o Plenário do STF referendou medida cautelar para determinar que o Governo Federal que divulgue, no prazo de cinco dias, com base em critérios técnico-científicos, a ordem de preferência entre os grupos prioritários, especificando, com clareza, dentro dos respectivos grupos, a ordem de precedência dos subgrupos nas distintas fases de imunização contra a Covid-19.

Nessa ocasião, o Supremo Tribunal Federal consignou que **o Poder Judiciário, em situações excepcionais, pode determinar que Administração Pública adote medidas concretas, assecuratórias de direitos constitucionalmente reconhecidos essenciais, como é o caso da saúde**. Na hipótese, a pretensão de que sejam editados e publicados critérios e subcritérios de vacinação por classes e subclasses no Plano de Vacinação, assim como a ordem de preferência dentro de cada classe e subclasse, encontra arrimo nos princípios da publicidade e da eficiência que regem a Administração Pública (CF, art. 37, "caput"); no direito à informação que assiste aos cidadãos em geral (CF, art. 5º, XXXIII, e art. 37, § 3º, II); na obrigação da União de "planejar e promover a defesa permanente contra as calamidades públicas" (CF, art. 21, XVIII); no dever incontornável cometido ao Estado de

3. STF, Tribunal Pleno, ADPF 742/DF, Red. p/ acórdão Min. Edson Fachin, j. 24.2.2021.
4. STF, Tribunal Pleno, ADIs 6.586 e 6.587, Rel. Min. Ricardo Lewandowski, j. 17.12.2020.

assegurar a inviolabilidade do direito à vida (CF, art. 5º, "caput"), traduzida por uma "existência digna" (CF, art. 170, "caput"), e no direito à saúde. Este último "garantido mediante políticas sociais e econômicas que visem à redução do risco de doenças e outros agravos e ao acesso universal e igualitário às ações e serviços para sua promoção, proteção e recuperação" (CF, art. 6º, "caput", e art. 196, "caput").[5]

Na **ADI 6.625**, o Supremo Tribunal Federal deferiu medida cautelar para **prorrogar a vigência das medidas excepcionais previstas nos artigos 3° ao 3°-J da Lei n° 13.979/2020**, dada a continuidade da situação de emergência na área da saúde pública.

A Lei 13.979/2020, que dispõe sobre medidas para enfrentamento da emergência de saúde pública de importância internacional decorrente do coronavírus responsável pelo surto de 2019, estabeleceu, em seu artigo 8°, que ela "vigorará enquanto estiver vigente o Decreto Legislativo n° 6, de 20 de março de 2020".

Contudo, como a pandemia do coronavírus, longe de ter arrefecido o seu ímpeto, na verdade encontra-se em franco recrudescimento, o STF entendeu que é plausível considerar que a verdadeira intenção dos legisladores tenha sido a de manter as medidas profiláticas e terapêuticas extraordinárias, preconizadas no referido diploma normativo, pelo tempo necessário à superação da fase mais crítica da pandemia, mesmo porque, à época de sua edição, não lhes era dado antever a surpreendente persistência e letalidade da doença.[6]

O Supremo Tribunal Federal decidiu, ainda, que, em condições de recrudescimento da pandemia do novo coronavírus (Covid-19), **não é constitucionalmente aceitável qualquer retrocesso nas políticas públicas de saúde**, como a que resulta em decréscimo no número de leitos de Unidade de Terapia Intensiva (UTI) habilitados (custeados) pela União.[7]

IV. Demais entendimentos do Supremo Tribunal Federal sobre o direito à saúde

No julgamento do **RE 597.064/RJ**, com repercussão geral, o Supremo Tribunal Federal reafirmou a **constitucionalidade do artigo 32 da Lei n.º 9.656/98**. Esse dispositivo prevê que se uma pessoa coberta por plano de saúde utiliza alguma prestação ou serviço do SUS, o Poder Público poderá cobrar da operadora do plano de saúde o ressarcimento dos custos dispendidos com o tratamento.[8]

5. STF, Tribunal Pleno, ADPF 754 TPI-segunda-Ref/DF, Rel. Min. Ricardo Lewandowski, j. 27.2.2021.
6. STF, Tribunal Pleno, ADI 6.625 MC-Ref/DF, Rel. Min. Ricardo Lewandowski, j. 6.3.2021.
7. STF, Tribunal Pleno, ACO 3,473 MC-Ref/DF, ACO 3.474 TP-Ref/SP, ACO 3.475 TP-Ref/DF, ACO 3.478 MC--Ref/PI e ACO 3.483 TP-Ref/DF, Rel. Min. Rosa Weber, j. 7.4.2021.
8. STF, Tribunal Pleno, RE 597.064/RJ, Rel. Min. Gilmar Mendes, j. 7.2.2018 (repercussão geral).

O Supremo Tribunal Federal, ao apreciar **medida cautelar** no bojo da **ADI 5.501/DF**, decidiu suspender a eficácia da Lei n.º 13.269/16. Segundo ficou assentado, esta lei, que permitia o uso da "**fosfoetanolamina**" sem a necessidade de prévio registro sanitário, além de violar a separação dos poderes, violou o direito à saúde.[9] Em sede de cognição exauriente, a cautelar foi confirmada, tendo o STF decidido que a Lei nº 13.269/2016 é inconstitucional.[10]

No julgamento do **RE 581.488/RS**, com repercussão geral, o Supremo Tribunal Federal entendeu que é constitucional a regra que veda, no âmbito do Sistema Único de Saúde – SUS, a internação em acomodações superiores, bem como o atendimento diferenciado por médico do próprio SUS, ou por médico conveniado, mediante o pagamento da diferença dos valores correspondentes. É **inconstitucional**, portanto, a chamada "**diferença de classes**" no SUS, pois isso representaria subversão aos princípios reitores do SUS, principalmente a equidade.[11]

O Supremo Tribunal Federal, ao decidir o **Tema 1.033**, fixou a seguinte tese: "o **ressarcimento de serviços de saúde** prestados por unidade privada em favor de paciente do Sistema Único de Saúde, em cumprimento de **ordem judicial**, deve utilizar como critério o mesmo que é adotado para o ressarcimento do Sistema Único de Saúde por serviços prestados a beneficiários de planos de saúde", qual seja, a **tabela da Agência Nacional de Saúde (ANS)**. No caso, os hospitais particulares pretendiam que o ressarcimento se desse com base no valor por eles cobrado para os pacientes particulares, enquanto o Poder Público pretendia que fosse aplicada a tabela do SUS.[12]

Por violarem o direito à saúde, nas dimensões da vedação à proteção insuficiente e da vedação ao retrocesso, o Supremo Tribunal Federal já entendeu que é inconstitucional lei que autorize a liberação de **medicamentos para emagrecimento** quando não observem minimamente os padrões de controle previstos em lei e veiculados por resoluções da Anvisa.[13]

A.2. Direito à previdência social

A previdência social pode ser definida como um seguro coletivo de filiação obrigatória, organizado pelo Estado, em que os segurados vertem contribuições e, em contrapartida, ficam, juntamente com seus beneficiários, amparados contra

---

9. STF, Tribunal Pleno, MC na ADI 5.501/DF, Rel. Min. Marco Aurélio, j. 19.5.2016.
10. STF, Tribunal Pleno, ADI 5.501/DF, Rel. Min. Marco Aurélio, j. 23.10.2020.
11. STF, Tribunal Pleno, RE 581.488/RS, Rel. Min. Dias Toffoli, j. 3.12.2015.
12. STF, Tribunal Pleno, RE 666.094/DF, Rel. Min. Roberto Barroso, j. 30.9.2021 (Tema 1.033).
13. STF, Tribunal Pleno, ADI 5.779/DF, Red. p/ acórdão Min. Edson Fachin, j. 14.10.2021.

determinados riscos e necessidades sociais, tais como a invalidez, velhice, maternidade, morte e prisão.

No Brasil, os artigos 201 e 202 da CF/88 lançam as bases constitucionais da previdência social. Coexistem **dois regimes básicos** – o **Regime Geral da Previdência Social** e os **Regimes Próprios de Previdência de Servidores Públicos** – e a **previdência complementar**, esta facultativa.

Sob pena de desvirtuar os fins da presente obra, que não pretende exaurir toda a matéria de outro ramo do Direito, apontaremos tão somente as disposições constitucionais mais importantes sobre o tema.

O artigo 201, §2º, da CF/88 trouxe uma importante garantia aos beneficiários de prestações previdenciárias, que é a **garantia do valor mínimo de um salário mínimo** para os benefícios que substituem o salário de contribuição ou o rendimento do trabalho do segurado.

Na mesma toada de manutenção do poder de compra dos beneficiários de prestações previdenciárias, que não podem ficar à mercê da inflação que corrói o poder de compra, o artigo 201, §3º, da CF/88 estipula que os **salários de contribuições** para o cálculo do benefício serão **atualizados**, enquanto o §4º do mesmo artigo assegura o **reajustamento dos benefícios**, em caráter permanente, assegurado o seu valor real.

A.3. Direito à assistência social

A assistência social é o conjunto de ações que tem por finalidade **prover os mínimos sociais** e, consequentemente, garantir o atendimento às necessidades básicas daquelas pessoas que não tenham os meios para provê-las.

Um importante ponto, posto que norte diferenciador da assistência social para os demais direitos abrigados pela seguridade social, é que a assistência social **não depende de contribuição** do beneficiário, que, no entanto, deve ser **pessoa necessitada**.

A Constituição de 1988 foi a primeira da nossa história a tratar sobre o tema, e o fez nos artigos 203 e 204.

I. Benefício de prestação continuada (BPC)

O artigo 203, inciso V, da CF/88 prevê: "*a garantia de um salário mínimo de benefício mensal à pessoa portadora de deficiência e ao idoso que comprovem não possuir meios de prover à própria manutenção ou de tê-la provida por sua família, conforme dispuser a lei.*"

Cuida-se do chamado **benefício de prestação continuada**, que está regulamentado na Lei n.º 8.742/93, mais precisamente nos artigos 20 a 21-A.

Assim, fará jus ao recebimento de um salário mínimo por mês a pessoa **deficiência física** ou a pessoa **idosa com mais de 65 (sessenta e cinco) anos** da idade que **não possa prover as suas necessidades básicas por conta própria ou por meio de sua família.**

Visando traçar um critério objetivo para a aferição do requisito socioeconômico exigido por lei, o artigo 20, §3º, da Lei n.º 8.742/93, originariamente, consignou que se considera incapaz de prover a manutenção da pessoa com deficiência ou idosa a família cuja renda mensal per capita seja inferior a 1/4 (um quarto) do salário mínimo.

À época, o Supremo Tribunal Federal foi chamado a analisar a constitucionalidade dessa previsão legal e, em um primeiro momento, julgou **improcedente a ADI 1.232-1/DF**, que impugnava o critério de um quarto do salário mínimo.[14]

Passados quinze anos dessa decisão, houve a reformulação da composição da Suprema Corte, bem como significativas mudanças no quadro social e econômico do nosso país, o que levou a mudança de entendimento quando do julgamento conjunto da **Rcl 4.374** e dos **REs 567.985/MT** e **580.963/PR.**

Nessa oportunidade, a Corte reconheceu que houve um **processo de inconstitucionalização do artigo 20, §3º, da LOAS**, em razão de notórias mudanças fáticas – políticas, econômicas e sociais – e jurídicas – modificações legislativas alterando os patamares econômicos utilizados como critérios de concessão de outros benefícios assistenciais. Assim, declarou-se a **inconstitucionalidade parcial do referido dispositivo, sem pronúncia de nulidade**, considerando-se incompatível com a Constituição a utilização do critério de 1/4 (um quarto) do salário mínimo para a concessão do benefício de prestação continuada.[15]

Encampando a posição jurisprudencial do Supremo Tribunal Federal, o Congresso Nacional editou a Lei n.º 13.146/15, que inseriu o §11 no artigo 20 da Lei n.º 8.742/93. Esse dispositivo prevê que: "Para concessão do benefício de que trata o caput deste artigo, poderão ser utilizados outros elementos probatórios da condição de miserabilidade do grupo familiar e da situação de vulnerabilidade, conforme regulamento."

Em um novo capítulo dessa questão, a Lei n.º 13.891/20 alterou o §3º do artigo 20, da Lei n.º 8.742/93, aumentando a renda *per capita* exigida para a concessão do benefício de prestação continuada para **1/2 (metade) do salário mínimo**.

Além disso, a Lei n.º 13.982/20 incluiu na Lei n.º 8.742/93 o artigo 20-A, que assim dispunha: "Em razão do estado de calamidade pública reconhecido pelo

14. STF, Tribunal Pleno, ADI 1.232-1/DF, Red. p/ acórdão Min. Nelson Jobim, j. 27.8.1998.

15. STF, Tribunal Pleno, Rcl 4.374, Rel. Min. Gilmar Mendes, j. 18.4.2013.

Decreto Legislativo nº 6, de 20 de março de 2020, e da emergência de saúde pública de importância internacional decorrente do coronavírus (Covid-19), o critério de aferição da renda familiar mensal per capita previsto no inciso I do § 3º do art. 20 poderá ser ampliado para até 1/2 (meio) salário mínimo."

Em nova reviravolta, foi editada a MP n.º 1.023/20, que retirou do artigo 20, §3º, I, da Lei n.º 8.742/93 a limitação temporal. Por conseguinte, voltou a valer o critério de 1/4 (um quarto) do salário mínimo.

Em 22 de junho de 2021, a Medida Provisória n.º 1.023 de 2020 foi convertida na Lei n.º 14.176. Essa nova lei deu nova redação ao artigo 20, §3º, da Lei n.º 8.742/83, passando a prever o seguinte: "*Observados os demais critérios de elegibilidade definidos nesta Lei, terão direito ao benefício financeiro de que trata o caput deste artigo a pessoa com deficiência ou a pessoa idosa com renda familiar mensal per capita igual ou inferior a 1/4 (um quarto) do salário mínimo*".

Essa lei também revogou o artigo 20-A da Lei n.º 8.742/93, que previa possibilidade de elevação do requisito socioeconômico para 1/2 (um meio) do salário mínimo. Todavia, acrescentou o § 11-A ao artigo 20, que permite a ampliação, via regulamento, do limite de renda mensal familiar per capita previsto no § 3º deste artigo para até 1/2 (meio) salário mínimo, desde que observados os critérios dispostos no art. 20-B da lei, quais sejam: i) o grau da deficiência; ii) a dependência de terceiros para o desempenho de atividades básicas da vida diária; e iii) o comprometimento do orçamento do núcleo familiar de que trata o § 3º do art. 20 desta Lei exclusivamente com gastos médicos, com tratamentos de saúde, com fraldas, com alimentos especiais e com medicamentos do idoso ou da pessoa com deficiência não disponibilizados gratuitamente pelo SUS, ou com serviços não prestados pelo Suas, desde que comprovadamente necessários à preservação da saúde e da vida.[16]

Assim, o parâmetro socioeconômico legal atualmente previsto para que uma pessoa se torne elegível ao recebimento do benefício de prestação continuada é a percepção de renda *per capita* **igual ou inferior a 1/4 (um quarto) do salário mínimo.**

Quadro de evolução legal do critério socioeconômico para aferição do BPC	
Primeiro momento: Lei n.º 12.435/11	Renda mensal *per capita* seja **inferior a 1/4 (um quarto) do salário mínimo.**
Segundo momento: Lei n.º 13.981/20	Renda mensal *per capita* **inferior a 1/2 (meio) salário mínimo.**

16. O §11-A do artigo 20 e o artigo 20-B, ambos da Lei n.º 14.176 de 2021 somente entrarão em vigor em 1º de janeiro de 2022 (artigo 6º, inciso I, da Lei n.º 14.176/21).

Terceiro momento: Lei n.º 13.982/20	Renda mensal *per capita* **igual ou inferior a 1/4 (um quarto) de salário mínimo, até 31 de dezembro de 2020.**
Quarto momento: MP n.º 1.023/30	Renda mensal *per capita* seja **inferior a 1/4 (um quarto) do salário mínimo.**
Quinto momento: Lei n.º 14.176/21	Renda mensal *per capita* seja **igual ou inferior a 1/4 (um quarto) do salário mínimo.**

É importante ressaltar que, com a decisão do Supremo Tribunal Federal sobre o tema e o §11 do artigo 20 da Lei n.º 8.742/93, essas alterações nos critérios servem apenas como baliza ao INSS na concessão administrativa do benefício, pois poderá o juiz, no caso concreto, conceder judicialmente o benefício independentemente da renda *per capita* mensal da família, desde que comprova a miserabilidade no caso concreto.

> **Observação:** O benefício de prestação continuada, em regra, não poderá ser cumulado com nenhum outro benefício assistencial. Excepcionalmente, poderá sê-lo com: benefícios de assistência médica; pensão especial de natureza indenizatória; e programas de transferência de renda previstos no art. 6º, parágrafo único, da CF/88 (renda básica familiar), no art. 203, VI, da CF/88 (redução de vulnerabilidade socioeconômica para pessoas e famílias em extrema pobreza) e no art. 1º, *caput* e §1º, da Lei nº 10.835/04 (renda básica de cidadania), conforme previsto no art. 20, §4º, da Lei n. 8.742/93, com redação dada pela Lei n.14.601/23.

Ainda sobre o benefício de prestação continuada, o Supremo Tribunal Federal já teve a oportunidade decidir que os **estrangeiros residentes no País são beneficiários** da assistência social prevista no art. 203, V, da Constituição Federal, uma vez atendidos os requisitos constitucionais e legais. Por outro lado, os **estrangeiros não residentes não fazem jus ao benefício**, pois não estão inseridos na sociedade brasileira, não contribuindo para a construção de uma melhor situação socioeconômica do País.[17]

Por fim, o STF já declarou constitucional, à luz dos arts. 1º, III; 3º, I; 6º, parágrafo único; e 203, todos da CF/88, norma que autoriza a realização de empréstimos e financiamentos consignados, bem como amplia a margem do crédito, aos titulares do benefício de prestação continuada (BPC) e de outros programas federais de transferência de renda.[18]

17. STF, Tribunal Pleno, RE 587.970/SP, Rel. Min. Marco Aurélio, j. 20.4.2017 (repercussão geral).
18. STF, Tribunal Pleno, ADI 7.223/DF, Rel. Min. Nunes Marques, j. 11.9.2023.

II. Renda básica familiar

A EC n. 114/21 inseriu o parágrafo único no art. 6º da CF, com a seguinte redação: "Todo brasileiro em situação de vulnerabilidade social terá direito a uma renda básica familiar, garantida pelo poder público em programa permanente de transferência de renda, cujas normas e requisitos de acesso serão determinados em lei, observada a legislação fiscal e orçamentária."

Inicialmente, verifica-se que o constituinte derivado optou por conferir a titularidade da renda básica familiar a "todo brasileiro", o que, em um primeiro momento, exclui os estrangeiros residentes e não residentes. Todavia, tratando-se de prestação derivada da assistência social, pode-se afirmar que tal benefício se estenderá a todo necessitado, seja ele brasileiro ou estrangeiro (artigo 203, *caput*, da CF). Vimos que foi essa a linha interpretativa adotada pelo STF em relação ao benefício de prestação continuada.[19]

Os requisitos para a contemplação do benefício, bem como os seus valores, deverão ser esquadrinhados pela legislação infraconstitucional. Primeiro, deve-se definir quais são os critérios para que reste configurada a "situação de vulnerabilidade social". Além disso, deve-se fixar um valor para o benefício, respeitadas as possibilidades orçamentárias e fiscais.

III. Outros benefícios assistenciais

Além dos benefícios assistenciais expressamente previstos no texto constitucional, podemos encontrar na legislação infraconstitucional diversos outros programas assistenciais, como o Bolsa Escola (Lei n.º 9.533/97), o Programa de Erradicação do Trabalho Infantil (Portaria n.º 458/2001 da Secretaria de Assistência Social), o Auxílio-Gás (Dec. nº. 4.102/02) e o Programa Auxílio Brasil (Lei n. 14.284/21).

Dentre esses benefícios, deve ser destacado a "renda básica de cidadania", prevista na Lei n. 10.835/04. Segundo aludida lei, é instituída, a partir de 2005, a renda básica de cidadania, que se constituirá no direito de todos os brasileiros residentes no País e estrangeiros residentes há pelo menos 5 (cinco) anos no Brasil, não importando sua condição socioeconômica, receberem, anualmente, um benefício monetário (art. 1º).

Após 16 (dezesseis) anos de omissão legislativa e executiva, foi impetrado mandado de injunção pela Defensoria Pública da União em favor de um morador

19. STF, Tribunal Pleno, RE 587.970/SP, Rel. Min. Marco Aurélio, j. 20.4.2017 (repercussão geral).

de rua que "sobrevivia" mensalmente com R$ 91,00 (noventa e um reais) recebidos pelo então vigente "Bolsa Família".

O STF, então, decidiu que a omissão do Governo Federal em definir o valor do benefício previsto no artigo 1º da Lei n.º 10.835/04 era inconstitucional. Presente estado de mora inconstitucional, determinou a fixação do valor da "renda básica de cidadania" para o estrato da população brasileira em condição de vulnerabilidade socioeconômica – pobreza e extrema pobreza – a ser efetivado, pelo Presidente da República, no exercício fiscal seguinte ao da conclusão do julgamento de mérito (2022).[20]

B. Direito à educação

A **educação** é o processo de transmissão de conhecimentos e valores entre as gerações que tem por objetivo propiciar aos seres humanos a formação intelectual e moral necessária para a vida em sociedade e para o pleno desenvolvimento de sua consciência.

O **artigo 6º, *caput*, da CF/88** listou o direito à educação como um direito fundamental, ao passo que o **artigo 205, *caput*, da CF/88** consignou que: "*A educação, direito de todos e dever do Estado e da família, será promovida e incentivada com a colaboração da sociedade, visando ao pleno desenvolvimento da pessoa, seu preparado para o exercício da cidadania e sua qualificação para o trabalho*".

Desses dispositivos, pode-se extrair algumas importantes conclusões.

O primeiro é que a educação é um **direito de todos**, ou seja, de **titularidade universal**. Assim sendo, deve-se garantir ao indivíduo, durante a sua formação, o direito de ser colocado em meio escolar e, consequentemente, de ter acesso à educação formal. Mas não só. A educação não se limita ao ensino formal, abarcando também a educação moral e a transmissão de valores culturais e sociais, sendo direito de todos de ter acesso aos meios para seu pleno desenvolvimento moral e social.

O segundo é que a educação é um **dever do Estado e da família**, com a **colaboração da sociedade**.

Em relação ao dever do Estado, o artigo 208 da CF/88 consigna que o **Estado deverá garantir**:

i. educação básica obrigatória e gratuita dos 4 (quatro) aos 17 (dezessete) anos de idade, assegurada inclusive sua oferta gratuita para todos os que a ela não tiveram acesso na idade própria;

20. STF, Tribunal Pleno, MI 7.300/DF, Red. p/ acórdão Min. Gilmar Mendes, j. 26.4.2021.

ii. progressiva universalização do ensino médio gratuito;
iii. atendimento educacional especializado para os portadores de deficiência, preferencialmente na rede regular de ensino;
iv. educação infantil, em creche e pré-escola, às crianças até 5 (cinco) anos de idade;
v. acesso aos níveis mais elevados do ensino, da pesquisa e da criação artísticas, segundo a capacidade de cada um;
vi. oferta de ensino regular noturno, adequado às condições do educando;
vii. atendimento a todas as etapas da educação básica, por meio de programas suplementares de material didático escolar, transporte, alimentação e assistência à saúde.

Desse modo, a União, os Estados, o Distrito Federal e o Município têm a obrigação de organizar os seus sistemas de ensino, não se olvidando da cooperação mútua entre eles, de modo a fornecer prestações estatais que garantam, no mínimo, a **educação básica**.

O **artigo 208, §1º, da CF/88** reforça tal obrigatoriedade, afirmando expressamente que o acesso ao ensino obrigatório e gratuito é **direito público subjetivo**. Desse modo, não pairam quaisquer dúvidas de que o indivíduo pode exigir judicialmente do Poder Público a efetiva prestação educacional básica.

Mesmo antes da **Emenda Constitucional n.º 59 de 2009** já se afirmava majoritariamente que a **obrigatoriedade estatal em fornecer, gratuitamente, a educação básica** (educação infantil, fundamental e média) decorria deste §1º do artigo 208 da CF/88. Todavia, como o artigo 208, inciso I da CF/88 usava o termo "obrigatório e gratuito" somente para se referir ao ensino fundamental, havia algumas vozes que limitavam a esse nível escolar. Com a EC n.º 59/09 a discussão foi completamente superada.

O Supremo Tribunal Federal, chamado a analisar a questão, fixou as seguintes teses: "1. A educação básica em todas as suas fases - educação infantil, ensino fundamental e ensino médio - constitui direito fundamental de todas as crianças e jovens, assegurado por normas constitucionais de eficácia plena e aplicabilidade direta e imediata. 2. A educação infantil compreende creche (de zero a 3 anos) e a pré-escola (de 4 a 5 anos). Sua oferta pelo Poder Público pode ser exigida individualmente, como no caso examinado neste processo. 3. O Poder Público tem o dever jurídico de dar efetividade integral às normas constitucionais sobre acesso à educação básica."[21]

---

21. STF, Tribunal Pleno, RE 1.008.166, Rel. Min. Luiz Fux, j. 22.9.2022.

Mas o que acontece se o Poder Público descumprir esse dever constitucional? Além do ajuizamento de ações individuais e coletivas para resguardar o direito daqueles que foram prejudicados, o **artigo 208, §2º, da CF/88** traz, especificamente, a **responsabilização da autoridade competente** pelo não oferecimento, ou oferta irregular, do ensino obrigatório. Em relação ao dever da **família**, como vimos, a educação não se limita ao ensino formal, mas também à transmissão de valores, cultura e tudo o mais que permita a formação da consciência do indivíduo para o convívio saudável em sociedade. Nesse processo, é de suma importância o papel da família, célula *mater* da sociedade.

Tamanha é a relevância desse dever, que a conduta de deixar, sem justa causa, de prover à instrução primária de filho em idade escolar é criminalizada em nosso ordenamento, tipificando o crime de **abandono intelectual** (artigo 246 do Código Penal).

Interessantíssima questão é saber se é permitido, ou não, em nosso ordenamento jurídico, a prática do ***homeschooling***, também conhecida como **educação domiciliar**.

O *homeschooling* nada mais é do que o método de ensino em que os pais ou responsáveis da criança ou adolescente assumem diretamente a educação formal destes, deixando de delegar tal mister a uma instituição de ensino oficial. As aulas podem ser tanto ministradas pelos próprios pais do menor ou por professores por eles contratados.

Tal prática é permitida em diversos países do mundo – por exemplo, Estado Unidos, Reino Unido, França, Portugal, Itália, Rússia, Canadá – e proibida expressamente em outros – como na Alemanha e na Espanha.

O Supremo Tribunal Federal já decidiu a questão, em repercussão geral, quando do julgamento do **RE 888.815**/RS. Nessa oportunidade, o Ministro Alexandre de Moraes, redator do voto vencedor, fez uma distinção entre o *unschooling* radical (desescolarização radical), *unschooling* moderado (desescolarização moderada), o *homeschooling* puro e o homeschooling "utilitarista" ou "por conveniência circunstancial".

Segundo o Ministro, no ***unschooling* radical** (desescolarização radical), veda-se ao Estado a instituição de escolas, currículos, a edição de uma lei de diretrizes e bases educacionais e qualquer fiscalização. No ***unschooling* moderado** (desescolarização moderada), não se proíbe ao Poder Público o oferecimento de educação escolar, mas compete exclusivamente aos pais escolher pela educação institucionalizada ou pelo ensino domiciliar, com plena liberdade de conteúdo e método, sem qualquer interferência ou supervisão estatal. No ***homeschooling* puro**, a tarefa de educar formalmente os filhos é da família, atuando o Estado somente subsidiariamente nos casos em que os responsáveis do menor não se considerem capazes de educá-lo. Por fim, no ***homeschooling* utilitarista**, reconhece-se a importância da atuação estatal, mas há a opção de a educação formal ser ministrada fora das instituições oficiais por questões religiosas, de violência, *bullying* etc.

Na decisão, consignou-se expressamente que as três primeiras modalidades estão vedadas em nosso ordenamento jurídico. Em relação ao ***homeschooling* utilitarista, não há vedação constitucional, mas para que se reconheça a existência de um direito subjetivo à prática, deve ser editada uma lei pelo Congresso Nacional**, limitada pelos seguintes parâmetros: i) a obrigatoriedade, de 4 a 17 anos; ii) respeito ao dever solidário família/Estado; iii) estabeleça um núcleo básico de matérias acadêmicas; iv) haja a supervisão, avaliação e fiscalização pelo Poder Público; v) esteja de acordo com as demais previsões impostas diretamente pelo texto constitucional, inclusive no tocante às finalidades e objetivos do ensino; em especial, evitar a evasão escolar e garantir a socialização.[22]

Prosseguindo com o tratamento constitucional do direto à educação, a Constituição, no artigo 206 da CF/88, estabelece os **princípios básicos da educação**. São eles:

a) **Igualdade** de condições para o acesso e permanência na escola.
b) **Liberdade** de aprender, ensinar, pesquisar e divulgar o pensamento, a arte e o saber.
c) **Pluralismo** de ideias e de concepções pedagógicas, e coexistência de instituições públicas e privadas de ensino.
d) **Gratuidade** do ensino público em estabelecimentos oficiais.
e) **Valorização** dos profissionais da educação escolar, garantidos, na forma da lei, planos de carreira, com ingresso exclusivamente por concurso público de provas e títulos, aos das redes públicas.
f) **Gestão democrática** do ensino público, na forma da lei.
g) Garantia de **padrão de qualidade**.
h) **Piso salarial profissional nacional** para os profissionais da educação escolar pública, nos termos da lei federal.

Com a finalidade de garantir investimentos mínimos para a concretização desse importante direito fundamental, o artigo 212 da CF/88 estabelece que a União aplicará, anualmente, nunca menos de dezoito, e os Estados, o Distrito Federal e os Municípios vinte e cinco por cento, no mínimo, da receita resultante de

22. STF, Tribunal Pleno, RE 888.815/RS, Red. p/ acórdão Min. Alexandre de Moraes, j. 12.8.2018 (repercussão geral).

impostos, compreendida a proveniente de transferências, na manutenção e desenvolvimento do ensino.

O §7º do aludido dispositivo reforça tal garantia, vedando que esses recursos sejam destinados ao pagamento de aposentadorias e pensões. Note-se, embora seja importante prestigiar aqueles servidores que muito já entregaram à sociedade, os valores dispendidos com os servidores inativos acabam não se revertendo efetivamente na prestação do direito à educação, não podendo ser considerados como investimento "na manutenção e desenvolvimento do ensino". O Supremo Tribunal Federal, mesmo antes da inclusão desse parágrafo, já tinha firmado entendimento nesse sentido.[23]

O **Supremo Tribunal Federal** já proferiu decisões importantes envolvendo o direito à educação. Destacamos as seguintes.

O Poder Judiciário **pode obrigar o Município a fornecer vaga em creche a criança de até 5 (cinco) anos de idade**, uma vez que a educação infantil, em creche e pré-escola, representa prerrogativa constitucional indisponível garantida no artigo 208, inciso IV, da CF/88, sendo um dever do Estado. Ademais, os Município têm o dever de atuar prioritariamente no ensino fundamental e na educação infantil (art. 211, § 2º, da CF/88), não podendo se recusar a cumprir este mandato constitucional.[24]

É **constitucional lei estadual** que assegure, nos estabelecimentos de ensino superior estadual e municipal, a **livre organização** dos Centros Acadêmicos, Diretórios Acadêmicos e Diretórios Centrais dos Estudantes e que estabeleça que é de **competência exclusiva dos estudantes** a definição das formas, dos critérios, dos estatutos e demais questões referentes à sua organização. Também é constitucional a previsão legal que **obrigue os estabelecimentos de ensino a garantir espaços**, em suas dependências, para a divulgação e para as instalações dos Centros Acadêmicos, Diretórios Acadêmicos e Diretórios Centrais Estudantis. É **inconstitucional**, por outro lado, lei estadual **preveja multa** para as entidades particulares de ensino em caso de descumprimento das medidas acima listadas.[25]

São **constitucionais** a exigência de **idade mínima** de 4 (quatro) e 6 (seis) anos para ingresso, respectivamente, na educação infantil e no ensino fundamental. Cabe ao **Ministério da Educação** a definição do momento em que o aluno deverá preencher o requisito etário, sendo constitucional resolução da Câmara de

23. STF, Tribunal Pleno, ADI 6.049/GO, Rel. Min. Ricardo Lewandowski, j. 20.8.2021.

24. STF, Decisão Monocrática, RE 956.475, Rel. Min. Celso de Mello, j. 12.5.2016.

25. STF, Tribunal Pleno, ADI 3.757/PR, Rel. Min. Dias Toffoli, j. 17.10.2018.

Educação Básica do Conselho Nacional de Educação que fixe 31 de março como data limite o para que referidas idades estejam completas.[26]

O **ensino religioso nas escolas públicas** brasileiras pode ter natureza **confessional**. Não há vedação constitucional ao oferecimento de aulas sobre os dogmas e valores de uma religião específica, desde que garantido espaço a todas as religiões. Analisamos este julgado com maior profundidade quando tratamos da liberdade religiosa, tópico para o qual remetemos o querido leitor.[27]

A cobrança de taxa de **matrícula nas universidades públicas** viola o disposto no art. 206, IV, da Constituição Federal (**Enunciado n.º 12 da Súmula Vinculante**).

A garantia constitucional da gratuidade de ensino não obsta a cobrança, por universidades públicas, de **mensalidade em curso de especialização.** Fundamentou-se tal decisão fazendo uma diferenciação entre a atividade de ensino promovida pelas universidades públicas, e as atividades de extensão e pesquisa. Em relação a estas, não se aplica a regra da gratuidade do ensino público prevista não artigo 206, inciso IV, da CF.[28]

O art. 28, § 1º e o art. 30 da Lei nº 13.146/2015, que determinam que as escolas privadas ofereçam atendimento educacional adequado e inclusivo às **pessoas com deficiência** sem que possam cobrar valores adicionais de qualquer natureza em suas mensalidades, anuidades e matrículas para cumprimento dessa obrigação, são **constitucionais.** Isso porque, esses dispositivos estão em consonância com o compromisso ético de acolhimento e pluralidade democrática adotados pela Constituição ao exigir que não apenas as escolas públicas, mas também as escolas particulares deverão pautar sua atuação educacional a partir de todas as facetas e potencialidades que o direito fundamental à educação possui.[29]

É **constitucional a cobrança de contribuição dos alunos para o custeio das atividades do Sistema Colégio Militar do Brasil.** Consignou-se que os colégios militares, integrantes do Sistema de Ensino do Exército e instituição secular da vida social brasileira, possuem peculiaridades aptas a diferenciá-los dos estabelecimentos oficiais de ensino e qualificá-los como instituições educacionais sui generis, por razões éticas, fiscais, legais e institucionais, razão pela qual não há ofensa à regra da gratuidade do ensino público.[30]

---

26. STF, Tribunal Pleno, ADPF 292/DF, Rel. Min. Luiz Fux, j. 1º.8.2018 e STF, Tribunal Pleno, ADC 17/DF, Red. p/ acórdão Min. Roberto Barroso, j. 1º.8.2018.
27. STF, Tribunal Pleno, ADI 4.439/DF, Red. p/ acórdão Min. Alexandre de Moraes, j. 27.9.2017.
28. STF, Tribunal Pleno, RE 597.854/GO, Rel. Min. Edson Fachin, j. 26.4/.2017.
29. STF, Tribunal Pleno, ADI 5.357/DF, Rel. Min. Edson Fachin, j. 9.6.2016.
30. STF, Tribunal Pleno, ADI 5.082/DF, Rel. Min. Edson Fachin, j. 24.10.2018.

O Supremo Tribunal Federal entendeu que é inconstitucional lei municipal que proíba a divulgação de material com referência à **ideologia de gênero** nas escolas municipais. Afirmou-se que há inconstitucionalidade formal, pois compete privativamente à União legislar sobre diretrizes e bases da educação nacional (art. 22, XXIV, da CF); e há também inconstitucionalidade material nessa lei, pois houve violação à liberdade de aprender, ensinar, pesquisar e divulgar o pensamento, a arte e o saber (art. 206, II, CF/88) e ao pluralismo de ideias e de concepções pedagógicas (art. 206, III). Consignou-se, ainda, que essa lei contrariava ainda um dos objetivos fundamentais da República Federativa do Brasil, que é a promoção do bem de todos sem preconceitos (art. 3º, IV, CF/88).[31]

O Supremo Tribunal Federal já decidiu que a Lei nº 5.540/68, com redação dada pela Lei nº 9.192/95, que os dirigentes máximos universitários serão escolhidos pelo Presidente da República dentre uma lista com três nomes de professores da instituição elaborada pela própria universidade **não ofende a autonomia universitária**, prevista no artigo 207 da Constituição. Isso porque tal procedimento não significa um instrumento de implantação de políticas específicas determinadas pelo Chefe do Poder Executivo, nem indica mecanismo de controle externo à autonomia universitária. Trata-se tão somente de discricionariedade mitigada que, a partir de requisitos objetivamente previstos pela legislação federal, exige que a escolha do chefe do Poder Executivo recaia sobre um dos três nomes eleitos pela universidade.[32]

Ainda sobre a autonomia universitária, o Supremo Tribunal Federal já decidiu ser inconstitucional emenda à Constituição Estadual que amplia a autonomia universitária, conferindo autonomia administrativa, financeira e orçamentária à Universidade estadual, iniciativa privativa para propositura de lei, eleição de reitor e procuradoria jurídica própria. Segundo asseverou-se, tais ampliações à autonomia universitária implicam violação à separação dos poderes. De outra banda, considerou-se constitucional previsão na Constituição Estadual de que o repasse de recursos orçamentários para universidade estadual deveria ocorrer na forma de duodécimos.[33]

No contexto da pandemia causada pelo coronavírus, o Supremo Tribunal Federal fixou a seguinte tese: "É inconstitucional decisão judicial que, sem considerar as circunstâncias fáticas efetivamente demonstradas, deixa de sopesar os reais efeitos da pandemia em ambas as partes contratuais, e determina a concessão de

31. STF, Tribunal Pleno, ADPF 457, Rel. Min. Alexandre de Moraes, j. 27.4.2020.

32. STF, Tribunal Pleno, ADPF 759 MC-Ref/DF, Red. p/ acórdão Min. Alexandre de Moraes, j. 6.2.2021.

33. STF, Tribunal Pleno, ADI 5.946/RR, Rel. Min. Gilmar Mendes, j. 21.5.2021.

descontos lineares em mensalidades de cursos prestados por instituições de ensino superior."[34]

O STF já decidiu que lei estadual, de iniciativa parlamentar, que determina a reserva de vagas, no mesmo estabelecimento de ensino, para irmãos que frequentem a mesma etapa ou ciclo escolar é constitucional. Tal lei, além de não versar sobre matéria de iniciativa do Chefe do Poder Executivo, visa a consolidar políticas públicas de acesso ao sistema educacional e garantir o maior convívio familiar possível.[35]

C. Direito à cultura

A **cultura** é comumente definida como o conjunto de conhecimentos, crenças, arte, moral, lei, costumes, hábitos e capacidades adquiridos e transmitidos hereditariamente por um determinado grupo social.

Em virtude de sua importância para a construção de uma sociedade livre, justa e solidária, o direito à cultura foi tratado, pelo artigo 215 da CF/88, como um **direito fundamental**. O *caput* desse dispositivo prevê que o Estado garantirá a todos o pleno exercício dos direitos culturais e acesso às fontes da cultura nacional, e apoiará e incentivará a valorização e a difusão das manifestações culturais.

Além de expressamente tornar a cultura um direito fundamental, a Constituição de 1988 foi além. Preocupada com a proteção das diversas culturas que integram o nosso país, **atribuiu-se ao Estado o dever de proteger as manifestações das culturas populares, indígenas e afro-brasileiras, e das de outros grupos participantes do processo civilizatório nacional** (artigo 215, §1º). Quis, com isso, evitar que a cultura dominante venha a dizimar as demais.

Para o desenvolvimento cultural do Brasil, a Constituição estabeleceu a obrigatoriedade de elaboração do **Plano Nacional de Cultura**, que tem por objetivo integrar as ações do Poder Público, de modo a: i) defender e valorizar o patrimônio cultural brasileiro; ii) produzir, promover e difundir os bens culturais; iii) formar pessoal qualificado para a gestão da cultura em suas múltiplas dimensões; iv) democratizar o acesso aos bens de cultura; e v) valorizar a diversidade étnica e regional.

O artigo 216 da CF/88 tratou especificamente do **patrimônio cultural brasileiro**. De acordo com esse dispositivo, constituem patrimônio cultural brasileiro os bens de natureza material e imaterial, tomados individualmente ou em conjunto, portadores de referência à identidade, à ação, à memória dos diferentes grupos

34. STF, Tribunal Pleno, ADFP 706/DF e ADPF 713/DF, Rel. Min. Rosa Weber, j. 17 e 18.11.2021.

35. STF, Tribunal Pleno, ADI 7.149/RJ, Rel. Min. Ricardo Lewandoswki, j. 23.9.2022.

formadores da sociedade brasileira, nos quais se incluem: as formas de expressão; os modos de criar, fazer e viver; as criações científicas, artísticas e tecnológicas; as obras, objetos, documentos, edificações e demais espaços destinados às manifestações artístico-culturais; e os conjuntos urbanos e sítios de valor histórico, paisagístico, artístico, arqueológico, paleontológico, ecológico e científico.

É dever do Poder Público, com a colaboração da comunidade, a promoção e **proteção do patrimônio cultural brasileiro**, o que pode ser feito por meio de inventários, registros, vigilância, tombamento e desapropriação, e de outras formas de acautelamento e preservação (artigo 216, §1º da CF/88).

A Emenda Constitucional n.º 71 de 2012, atendendo a um anseio doutrinário, criou o **Sistema Nacional de Cultura** com a finalidade de preordenar as instituições estatais de cultura, o que é extremamente relevante já que a competência para proporcionar os meios de acesso à cultura é comum a todos os Entes Federativos.

O Supremo Tribunal Federal já se manifestou sobre importantes questões envolvendo o direito à cultura.

No RE 627.432/RS, com repercussão geral, o Supremo Tribunal Federal decidiu que são **constitucionais** a **cota de tela**, consistente na obrigatoriedade de exibição de filmes nacionais nos cinemas brasileiros, e as **sanções administrativas** decorrentes de sua inobservância. Isso porque a denominada "cota de tela" promove intervenção voltada a viabilizar a efetivação do direito à cultura, sem, por outro lado, atingir o núcleo dos direitos à livre iniciativa, à livre concorrência e à propriedade privada, apenas adequando as liberdades econômicas à sua função social.[36]

No RE 1.070.527/PE, julgado com repercussão geral, o STF afirmou que são **constitucionais** os **procedimentos licitatórios** que exijam percentuais mínimos e máximos a serem observados pelas emissoras de rádio na produção e transmissão de programas culturais, artísticos e jornalísticos **locais**, nos termos do artigo 221 da Constituição Federal.[37]

O Supremo Tribunal Federal, ao analisar a compatibilidade da Lei n. 12.933/13 com a CF/88, entendeu que é inconstitucional, por violar a liberdade de associação, dispositivo que obrigava as entidades estudantis de âmbito local e estadual a previamente se filiar às entidades de âmbito nacional para que possam emitir carteira de estudante. De outro lado, entendeu constitucional a previsão que estabelece um modelo único nacionalmente padronizado do documento.[38]

36. STF, Tribunal Pleno, RE 627.432/RS, Rel. Min. Dias Toffoli, j. 18.3.2021 (repercussão geral – Tema 704).

37. STF, Tribunal Pleno, RE 1.070.522/PE, Rel. Min. Luiz Fux, j. 18.3.2021 (repercussão geral – Tema 1013).

38. STF, Tribunal Pleno, ADI 5.108/DF, Rel. Min. Dias Toffoli, j. 25.3.2022.

Por fim, o STF já declarou inconstitucional norma de lei estadual que fixa prazo final para que fundos e fechos de pasto (grupos tradicionais que vivem de pastoreio comunal em áreas rurais) protocolem requerimentos de certificação de reconhecimento e de regularização fundiária de seus territórios, pois tal previsão é incompatível com a proteção territorial devida às comunidades tradicionais (art. 215, §1º, e art. 216, *caput* e §1º, todos da CF/88).[39]

D. Direito à alimentação

O direito à alimentação adequada foi incluído no rol de direitos sociais listados no *caput* do artigo 6º da CF/88 por meio da **EC n.º 64 de 2010**. Embora antes desse marco legislativo não houvesse expressa previsão, não há que se olvidar que o direito à uma alimentação digna já podia ser extraído, sem maiores esforços hermenêuticos, do direito à vida e à saúde, bem como do princípio da dignidade da pessoa humana.

De todo modo, em razão do histórico descaso das autoridades públicas para com a promoção dos direitos mais básicos do ser humano, é sempre bem-vinda a previsão expressa no texto constitucional de um direito de extrema relevância.

Gilmar Ferreira Mendes ensina que o direito à alimentação **não se confunde com o direito de ser alimentado**. Enquanto este significa que o Estado tem o dever de entrar alimentos direta e gratuitamente àqueles que necessitam, o direito à alimentação consubstancia-se no direito de se alimentar de maneira digna, esperando-se que os indivíduos satisfaçam as suas próprias necessidades por meio de seu próprio esforço.[40]

E. Direito à moradia

O direito à moradia, assim como o direito à alimentação digna, não estava previsto originalmente na Constituição de 1988. Foi somente com a **Emenda Constitucional n.º 26 de 2000** que passou a constar expressamente no *caput* do artigo 6º.

Embora não estivesse expressamente previsto no rol do artigo 6º da CF/88, o direito à moradia poderia ser construído com base no direito à vida e no princípio da dignidade humana. Veja-se que o artigo 23 da CF, ao tratar das competências administrativas comuns à União, aos Estados, ao Distrito Federal e aos Municípios,

39. STF, Tribunal Pleno, ADI 5.783/BA, Rel. Min. Rosa Weber, j. 6.9.2023.

40 BRANCO, Paulo Gustavo Gonet; MENDES, Gilmar Ferreira. Curso de direito constitucional. 12ª ed. rev. e atual. São Paulo: Saraiva, 2017, p. 691-692.

trouxe, em seu inciso IX, a competência de promover programas de construção de moradias e a melhoria das condições habitacionais e de saneamento básico.

O direito à moradia, como ocorre com os demais direitos fundamentais, abarca tanto uma **dimensão negativa**, quanto uma **dimensão positiva**. Naquela, o direito à moradia impõe um **dever de abstenção** ao Estado e aos demais particulares consubstanciado na impossibilidade de privar, arbitrariamente, a pessoa de sua moradia.

Nesse contexto, a legislação infraconstitucional é profícua em normas que tutelam justamente o direito à moradia. A de maior destaque é a Lei n.º 8.009/90, que prevê ser **impenhorável o bem de família** – imóvel residencial próprio do casal ou da entidade familiar.

Ressalte-se, no entanto, que a própria lei traz, em seu artigo 3º, hipóteses em que a regra (impenhorabilidade do bem de família) é **excepcionada**, permitindo-se a penhora e a posterior expropriação do bem. Essas situações em que o único bem que serve de moradia da pessoa fica vulnerável à execução de outra dívida geram debates na doutrina. Alguns autores sustentam que, se não todo o artigo 3º da Lei n.º 8.009/90 é inconstitucional por violar o direito à moradia, pelos alguns de seus incisos.

A exceção mais polêmica é a permite a penhorabilidade do único imóvel residencial de propriedade do **fiador em contrato de locação**, para a cobrança de alugueres não pagos pelo locatário.

Em 2006, chamado a se manifestar sobre a constitucionalidade do artigo 3º, inciso VII, da Lei n.º 8.009/90, o Supremo Tribunal Federal, por maioria de votos, entendeu que esse dispositivo é **constitucional**, não havendo afronta ao direito à moradia previsto no artigo 6º, *caput*, da CF/88. Afirmou-se, na oportunidade, que essa norma, antes de violar o direito à moradia, o concretizava, pois facilita a locação de imóveis.[41]

Posteriormente, em 2010, o STF reconheceu **repercussão geral** sobre o tema e, mantendo sua jurisprudência, firmou entendimento no sentido da constitucionalidade da penhora sobre o bem de família do fiador, mesmo após a EC 26/2000 (tema 295).[42]

No entanto, em 2018, a Primeira Turma da Suprema Corte Brasileira, ao julgar o **RE 605.709/SP**, fez um *distinguishing* em relação ao que ficou sedimento no tema 295 da repercussão geral. Isso porque se decidiu, nesse recurso extraordinário,

41. STF, Tribunal Pleno, RE 407.688/SP, Rel. Min. Cezar Peluso, j. 8.2.2006.

42. STF, Tribunal Pleno, RE 612.360/SP, Rel. Min. Ellen Gracie, j. 16.9.2010 (repercussão geral).

que é **inconstitucional** interpretação que estende a exceção da penhorabilidade do bem de família de fiador em contrato de locação para as **locações comerciais**. Fundamentou-se a decisão não só no direito à moradia, mas também na isonomia, uma vez que o locatário, devedor principal teria seu direito à moradia resguardado, enquanto o fiador, responsável, não.[43]

Em sua **dimensão positiva**, o direito à moradia funciona como o direito à uma **prestação positiva**, qual seja, a **obtenção de uma moradia digna e adequada**. Nesse ponto, faz-se necessário destacar que **não** é possível extrair da dimensão positiva do direito à moradia um **direito a ser proprietário de um imóvel**. O direito à moradia é plenamente atendido por políticas públicas que estimulem a oferta de bens imóveis à locação habitacional ou que resguarde o direito à moradia dos pobres por meio de concessões de uso de bens público, por exemplo.

Atento ao direito social à moradia, o Supremo Tribunal Federal já declarou **constitucional** lei estadual que instituiu "Programa Bolsa Aluguel", prevendo a concessão de **benefício financeiro destinado ao subsídio para pagamento de aluguel** de imóvel a famílias baixa renda que tenham perdido suas moradias em catástrofes ou que se situassem em regiões de risco iminente.

Na ocasião, o Supremo também afastou o argumento formal de que a iniciativa para a deflagração do processo legislativo de tal lei seria reservada ao Chefe do Poder Executivo, pois, embora a lei tenha criado despesa para a Administração Pública, não tratou de estruturação ou atribuição de órgãos, tampouco de regime jurídico de servidores. Contudo, foi declarada a inconstitucionalidade de fixação de prazo de 90 (noventa) dias fixado pelo legislador ao Poder Executivo para que estabelecesse as normas necessárias para operacionalização do Programa, por vilipêndio à separação dos poderes (art. 2º da CF/88), já que não é dado ao Poder Legislativo estabelecer restrição temporal ao exercício das funções de outro Poder.[44]

Recentemente, o Supremo Tribunal Federal concedeu medida cautelar no bojo da ADPF 976, reconhecendo haver um **estado de coisas inconstitucional em relação à população em situação de rua.**

Na ocasião, a mais alta Corte de nosso país afirmou que: (i) a discussão acerca das condições precárias de vida da população em situação de rua no Brasil demanda uma reestruturação institucional que decorre de um quadro grave e urgente de desrespeito a direitos humanos fundamentais; e (ii) a violação maciça de direitos humanos – a indicar um potencial estado de coisas inconstitucional – impele o

43. STF, Primeira Turma, RE 605.709/SP, Red. p/ acórdão Min. Rosa Weber, j. 12.6.2018.

44. STF, Tribunal Pleno, ADI 4.727/DF, Rel. Min. Edson Fachin, Red. p/ acórdão Min. Gilmar Mendes, j. 23.2.2023.

Poder Judiciário a intervir, mediar e promover esforços para estabelecer uma estrutura adequada de enfrentamento.

Assim, o Supremo estabeleceu a obrigatoriedade da observância da Política Nacional para a População em Situação de Rua, materializada no Decreto Federal n. 7.053/09, pelos Estados, Distrito Federal e Municípios e determinou aos Poderes Executivos de todos os níveis federativos diversas medidas para remediar a situação, destacando a fixação de prazo de 120 (cento e vinte) dias para que o Poder Executivo Federal formule o Plano de Ação e Monitoramento para a Efetiva Implementação da Política Nacional para a População em Situação de Rua.[45]

Atenção: O que é "***housing first***"?

A expressão *housing first*, em português "moradia primeiro", é utilizada para designar um modelo de **combate à situação de rua** aplicado pela primeira na cidade de Nova Iorque, em 1992, por meio do *Pathways Housing First Institute*

Como sabemos, os moradores de rua encontram-se uma situação de extrema vulnerabilidade, estando desatendidos em diversos direitos fundamentais. À luz da teoria da moradia primeiro, como seu próprio nome já indica, **a primeira e mais importante necessidade a ser atendida nessas situações é a obtenção de uma moradia estável**, que deve ser realizada de maneira imediata, uma vez que a habitação constitui a base estruturante para o acesso a outros direitos fundamentais que permitam uma vida digna, como o trabalho, renda, saúde e educação.

O modelo do "*housing first*" se contrapõe ao modelo do "*treatment first*", também conhecido como etapista, em escada ou cuidado contínuo linear, no qual o acesso à moradia de forma estável é a última etapa de um processo que se inicia com o acolhimento provisório em abrigos e repúblicas e à submissão a tratamento médico e a mudança comportamental em caso de vício.[46]

F. Direitos dos trabalhadores

O **artigo 7º da CF/88** trouxe um extenso rol de direitos dos trabalhadores em suas **relações individuais**. Equiparam-se, no *caput*, os trabalhadores urbanos e rurais, que gozam dos mesmos direitos.

---

45. STF, Tribunal Pleno, ADPF 976 MC-Ref/DF, Rel. Min. Alexandre de Moraes, j. 21.8.2023.

46. GAIO, Daniel; LIMA, Sílvia Tibo Barbosa. Políticas de moradia para pessoas em situação de rua: uma abordagem comparativa entre os modelos Housing First e Treatment First. R. Bras. de Dir. Urbanístico – RBDU, Belo Horizonte, ano 8, n. 15, p. 165-178, jul./dez. 2022.

Os direitos elencados são:

i) relação de emprego protegida contra despedida arbitrária ou sem justa causa, nos termos de lei complementar, que preverá indenização compensatória, dentre outros direitos;

ii) seguro-desemprego, em caso de desemprego involuntário;

iii) fundo de garantia do tempo de serviço;

iv) salário mínimo, fixado em lei, nacionalmente unificado, capaz de atender às suas necessidades vitais básicas e às de sua família com moradia, alimentação, educação, saúde, lazer, vestuário, higiene, transporte e previdência social, com reajustes periódicos que lhe preservem o poder aquisitivo, sendo vedada sua vinculação para qualquer fim;

v) piso salarial proporcional à extensão e à complexidade do trabalho;

vi) irredutibilidade do salário, salvo o disposto em convenção ou acordo coletivo;

vii) garantia de salário, nunca inferior ao mínimo, para os que percebem remuneração variável;

viii) décimo terceiro salário com base na remuneração integral ou no valor da aposentadoria;

ix) remuneração do trabalho noturno superior à do diurno;

x) proteção do salário na forma da lei, constituindo crime sua retenção dolosa;

xi) participação nos lucros, ou resultados, desvinculada da remuneração, e, excepcionalmente, participação na gestão da empresa, conforme definido em lei;

xii) salário-família pago em razão do dependente do trabalhador de baixa renda nos termos da lei;

xiii) duração do trabalho normal não superior a oito horas diárias e quarenta e quatro semanais, facultada a compensação de horários e a redução da jornada, mediante acordo ou convenção coletiva de trabalho;

xiv) jornada de seis horas para o trabalho realizado em turnos ininterruptos de revezamento, salvo negociação coletiva;

xv) repouso semanal remunerado, preferencialmente aos domingos;

xvi) remuneração do serviço extraordinário superior, no mínimo, em cinquenta por cento à do normal;

xvii) gozo de férias anuais remuneradas com, pelo menos, um terço a mais do que o salário normal;

xviii) licença à gestante, sem prejuízo do emprego e do salário, com a duração de cento e vinte dias;

xvix) licença-paternidade, nos termos fixados em lei;

xx) proteção do mercado de trabalho da mulher, mediante incentivos específicos, nos termos da lei;

xxi) aviso prévio proporcional ao tempo de serviço, sendo no mínimo de trinta dias, nos termos da lei;

xxii) redução dos riscos inerentes ao trabalho, por meio de normas de saúde, higiene e segurança;

xxiii) adicional de remuneração para as atividades penosas, insalubres ou perigosas, na forma da lei;

xxiv) aposentadoria;

xxv) assistência gratuita aos filhos e dependentes desde o nascimento até 5 (cinco) anos de idade em creches e pré-escolas;

xxvi) reconhecimento das convenções e acordos coletivos de trabalho;

xxvii) proteção em face da automação, na forma da lei;

xxviii) seguro contra acidentes de trabalho, a cargo do empregador, sem excluir a indenização a que este está obrigado, quando incorrer em dolo ou culpa;

xxix) ação, quanto aos créditos resultantes das relações de trabalho, com prazo prescricional de cinco anos para os trabalhadores urbanos e rurais, até o limite de dois anos após a extinção do contrato de trabalho;

xxx) proibição de diferença de salários, de exercício de funções e de critério de admissão por motivo de sexo, idade, cor ou estado civil;

xxxi) proibição de qualquer discriminação no tocante a salário e critérios de admissão do trabalhador portador de deficiência;

xxxii) proibição de distinção entre trabalho manual, técnico e intelectual ou entre os profissionais respectivos;

xxxiii) proibição de trabalho noturno, perigoso ou insalubre a menores de dezoito e de qualquer trabalho a menores de dezesseis anos, salvo na condição de aprendiz, a partir de quatorze anos;

xxxiv) igualdade de direitos entre o trabalhador com vínculo empregatício permanente e o trabalhador avulso.

Há, ainda, a previsão do **direito à liberdade de associação sindical**, que se encontra positivado no artigo 8º da CF/88 e do **direito de greve**, que está previsto no artigo 9º da CF/88.

Em relação aos direitos dos trabalhadores, sejam eles individuais ou coletivos, o **Supremo Tribunal Federal** já se manifestou sobre questões relevantes.

O artigo 7º, inciso IV, da CF/88 prevê o direito social do trabalhador à fixação por lei de um **salário mínimo**, que atenda às suas necessidades básicas. Este dispositivo **veda**, no entanto, que o salário mínimo seja **vinculado para qualquer fim**.

Analisando essa proibição de utilização do salário mínimo como parâmetro para outras finalidades que não sejam a remuneração do trabalho, o Supremo Tribunal Federal tem entendido que **não há violação à regra** se uma lei instituidora de benefício assistencial ou fixadora de piso salarial de determinada categoria utilize como base o valor do salário mínimo. No entanto, **a referência ao salário mínimo não pode servir como um indexador de correção do valor do benefício ou do piso salário.**

O que a norma contida no artigo 7º, IV, da CF/88 na verdade tem o sentido de **proibir** que o salário mínimo seja **utilizado indevidamente como indexador econômico.** Logo, **no momento da instituição do valor do benefício ou do piso salarial da categoria, pode-se utilizar o salário mínimo como parâmetro.** Após esse momento, contudo, esse valor deverá ser corrigido por **índice econômico diverso**, não podendo acompanhar os reajustes do salário mínimo.[47]

Ainda sobre o salário mínimo, o Supremo Tribunal Federal decidiu que o **artigo 29, *caput*, da Lei n.º 7.210/84 (LEP) não é inconstitucional.** Esse dispositivo prevê que o trabalho do preso será remunerado, mediante prévia tabela, não podendo ser inferior a 3/4 (três quartos) do salário mínimo.

Afirmou-se que o patamar mínimo diferenciado, inferior a um salário mínimo, justifica-se porque o preso não se sujeita ao regime da Consolidação das Leis do Trabalho (CLT) e seu trabalho possui finalidades educativa e produtiva, não podendo ser comparado com o trabalho das pessoas que não cumprem pena. Essas têm garantido o salário mínimo para satisfação de necessidades vitais básicas do trabalhador e de sua família com moradia, alimentação, educação, saúde, lazer, vestuário, higiene, transporte e previdência social. Por outro lado, o preso já tem atendidas pelo Estado boa parte das necessidades vitais básicas que o salário mínimo almeja satisfazer, tais como educação, alojamento, saúde, alimentação, vestuário e higiene. Além disso, o preso recebe o benefício da remição da pena, na proporção de 1 dia de redução da sanção criminal para cada 3 dias de trabalho e o produto da remuneração deve ser direcionado para a indenização dos danos causados pelo crime, a assistência à família, para pequenas despesas pessoais e para promover o ressarcimento ao Estado das despesas realizadas com a sua manutenção.[48]

De outro lado, o Supremo Tribunal Federal fixou a seguinte tese: "é defeso o pagamento de remuneração em valor inferior ao salário mínimo ao servidor

47. STF, Tribunal Pleno, ADI 4.726/AP, Rel. Min. Marco Aurélio, j. 10.11.2020 e STF, Primeira Turma, AgR no RE 1.077.813/PR, Rel. Min. Marco Aurélio, j. 5.2.2019; e STF, Tribunal Pleno, ADPF 53 Ref-MC/PI, ADPF 149 Ref-MC/DF e ADPF 171 Ref-MC/MA, Rel. Min. Rosa Weber, j. 18.2.2022.

48. STF, Tribunal Pleno, ADPF 336/DF, Rel. Min. Luiz Fux, j. 27.2.2021.

público, ainda que labore em jornada reduzida de trabalho." O STF da leitura dos artigos 7º, IV, e 39, §3º, ambos da CF/88 não se pode extrair outra norma que não a garantia do mínimo existencial para os integrantes da administração pública direta e indireta.[49]

> **Observação:** Sobre a possibilidade ou não de vinculação ao salário mínimo, o Supremo Tribunal Federal já editou dois enunciados de sua súmula vinculante: i) "Salvo nos casos previstos na Constituição, o salário mínimo não pode ser usado como indexador de base de cálculo de vantagem de servidor público ou de empregado, nem ser substituído por decisão judicial (SV n. 4)"; e ii) "Não viola a Constituição o estabelecimento de remuneração inferior ao salário mínimo para as praças prestadoras de serviço militar inicial" (SV n. 6).

Em relação à trabalhadora gestante, o Supremo Tribunal Federal já decidiu, em sede de repercussão geral, que **é garantida a estabilidade à empregada gestante** prevista no artigo 10, inciso II, do ADCT **mesmo que** no momento em que ela tenha sido demitida pelo empregador ele **não soubesse de sua gravidez**. Não há, portanto, necessidade que o empregador saiba dessa circunstância, sendo o único requisito exigido o de natureza biológica.[50]

O Supremo Tribunal Federal, no julgamento do RE 1.348.854, com repercussão geral, fixou a seguinte tese: "À luz do art. 227 da CF, que confere proteção integral da criança com absoluta prioridade e do princípio da paternidade responsável, a **licença maternidade**, prevista no art. 7º, XVIII, da CF/88 e regulamentada pelo art. 207 da Lei 8.112/1990, **estende-se ao pai genitor monoparental**." Logo, o pai monoparental, com nascimento ou adoção do filho, fará jus à licença pelo prazo de 120 (cento e vinte) dias.[51]

No julgamento da **ADI 5.938/DF**, o STF entendeu ser **inconstitucional** a previsão inserida na CLT pela Lei n.º 13.467/2017 que tinha por finalidade **permitir que empregadas grávidas ou lactantes trabalhassem em atividades insalubres**. Entendeu o Supremo que o trabalho de gestantes e de lactantes em atividades insalubres viola a proteção à maternidade e integral proteção à criança garantidas pela Constituição de 1988.[52]

---

49. STF, Tribunal Pleno, RE 964.659, Rel. Min. Dias Toffoli, j. 5.8.2022.
50. STF, Tribunal Pleno, RE 629.053/SP, Red. p/ acórdão Min. Alexandre de Moraes, j. 10.10.2018 (repercussão geral).
51. STF, Tribunal Pleno, RE 1.348.854/DF, Rel. Min. Alexandre de Moraes, j. 12.5.2022 (Tema 1.182).
52. STF, Tribunal Pleno, ADI 5.938/DF, Rel. Min. Alexandre de Moraes, j. 29.5.2019.

Na ADI n. 6.327, o Supremo Tribunal Federal, a fim de que seja protegida a maternidade e a infância e ampliada a convivência entre mães e bebês, deu interpretação conforme ao artigo 392, §1º, da CLT de modo a se considerar como **termo inicial** da licença-maternidade e do respectivo salário-maternidade a **alta hospitalar do recém-nascido e/ou de sua mãe, o que ocorrer por último**, prorrogando-se em todo o período os benefícios, quando o período de internação exceder as duas semanas previstas em lei.[53] Em sede de repercussão geral, o STF, debruçando-se sobre a extensão da licença-maternidade e da estabilidade provisória conferida à gestante, fixou a seguinte tese: "A trabalhadora gestante tem direito ao gozo de licença-maternidade e à estabilidade provisória, independentemente do regime jurídico aplicável, se contratual ou administrativo, ainda que ocupe cargo em comissão ou seja contratada por tempo determinado."[54]

No RE 740.434-AgR, a Primeira Turma do STF afirmou que a **legitimidade dos sindicatos** para representação de determinada categoria **depende do devido registro no Ministério do Trabalho** em obediência ao princípio constitucional da unicidade sindical (art. 8º, inciso II, da CF/88).[55]

O Supremo Tribunal Federal decidiu que o artigo 522 da CLT, que estabelece um **número máximo de empregados** que podem ser dirigentes sindicais, é **constitucional**. O artigo 8º, inciso I, da CF/88 proíbe que o poder público interfira na organização dos sindicatos. Todavia, a liberdade sindical não possui caráter absoluto. A previsão legal de número máximo de dirigentes sindicais dotados de estabilidade de emprego não esvazia a liberdade sindical. Essa garantia constitucional existe para que possa assegurar a autonomia da entidade sindical, mas não serve para criar situações de estabilidade genérica e ilimitada que violem a razoabilidade e a finalidade da norma constitucional garantidora do direito.[56]

No julgamento da ADI n.º 2.096, o Supremo Tribunal Federal afirmou que a norma fundada no art. 7º, inciso XXXIII, da Constituição Federal, na alteração que lhe deu a Emenda Constitucional n.º 20/1998, tem plena validade constitucional. Logo, é vedado "qualquer trabalho a menores de dezesseis anos, salvo na condição de aprendiz, a partir de quatorze anos".[57]

Por fim, há dois importantes entendimentos da Corte Suprema envolvendo as contribuições do artigo 8º, inciso IV, da CF/88.

53. STF, Tribunal Pleno, ADI 6.327/DF, Rel. Min. Edson Fachin, j. 21.10.2022.
54. STF. Tribunal Pleno, RE 842.844/SC, Rel. Min. Luiz Fux, j. 5.10.2023 (RG – Tema 542).
55. STF, Primeira Turma, RE 740.434-AgR, Rel. Min. Luiz Fux, j. 19.2.2019.
56. STF, Tribunal Pleno, ADPF 276, Rel. Cármen Lúcia, j. 15.5.2020.
57. STF, Tribunal Peno, ADI 2.096/DF, Rel. Min. Celso de Mello, j. 9.10.2020.

Em relação à **contribuição de assembleia**, prevista na primeira parte do dispositivo, o **Enunciado n.º 40 da Súmula Vinculante** assevera que a contribuição confederativa de que trata o artigo 8º, inciso IV, da Constituição Federal, **só é exigível dos filiados ao sindicato respectivo.**

Já no que tange a **contribuição sindical**, a principal questão envolve a sua obrigatoriedade ou não. Até 2017, todos integrantes de uma determinada categoria profissional, associados ou não, tinham que obrigatoriamente pagar a contribuição sindical ao sindicato respectivo.

Com a reforma trabalhista feita por meio da Lei n.º 13.467/17, houve a **extinção da sua obrigatoriedade**, bem como condicionou-se o seu **pagamento à prévia autorização dos filiados**, o que foi objeto de questionamento no Supremo.

No julgamento da **ADI 5.794/DF**, decidiu o Plenário da Suprema Corte que essa previsão legal é **material e formalmente constitucional**. Como razão de decidir, afirmou-se que a Constituição de 1988 não prevê a obrigatoriedade da contribuição sindical. Ao contrário, o artigo 8º, inciso V, da CF/88 prevê expressamente a liberdade de associação profissional ou sindical, de modo que as contribuições aos sindicatos devem ser voluntárias.[58]

58. STF, Tribunal Pleno, ADI 5.794/DF, Red. p/ acórdão Min. Luiz Fux, j. 29.6.2018.

DIREITO À NACIONALIDADE

1. CONCEITO

A **nacionalidade** é o vínculo jurídico-político que une uma pessoa física a um Estado, tornando-a nacional e, consequentemente, atribuindo-lhe uma série de direitos e deveres.

Para bem entendermos esse conceito, devemos dar um passo atrás e rememorar o próprio conceito analítico de Estado. O professor Dalmo de Abreu Dallari conceitua o Estado com sendo a ordem jurídica soberana que tem por fim o bem comum de um povo situado em determinado território.[1]

Desse conceito, podemos extrair três elementos que compõem o Estado: o povo, o território e a soberania. O primeiro desses elementos, o **povo**, é composto justamente pelo grupo de pessoas que estão ligadas ao Estado por meio do vínculo jurídico da nacionalidade.

Assim, fica fácil compreender a noção jurídica de nacionalidade, bem como de **diferenciá-la** de outros conceitos que são próximos, mas essencialmente diferentes.

A nacionalidade não se confunde com a ideia de **cidadania**. Cidadão é o **titular de direitos políticos – pode votar e ser votado**. Para que a pessoa exerça a sua cidadania, em regra, os ordenamentos jurídicos exigem como pressuposto que ela seja nacional.

---

1. DALLARI, Dalmo de Abreu. Elementos da Teoria Geral do Estado. 28ª ed., São Paulo: Saraiva, 2009, p. 119.

A nacionalidade, sob sua acepção jurídica, também difere da ideia da **nação**. A definição de nação, embora complexa, engloba o grupo de pessoas que falam uma mesma língua, possuem laços culturais, econômicos e raciais comuns e, principalmente, partilham um passado e projetam um futuro em comum.

Conquanto seja comum, não necessariamente uma nação encontra-se associada a um só Estado, podendo, até mesmo, existir uma nação sem Estado. Um bom exemplo é povo judeu que, até a recente formação do Estado Israel, encontrava-se espalhada pelos mais diversos Estados Nacionais.

Nesse ponto, é importante destacar o termo "nacionalidade" em seu aspecto sociológico indica o pertencimento de uma pessoa a uma nação. Todavia, para os fins do Direito, adota-se o conceito jurídico de nacionalidade, que nada tem a ver com a ideia de nação, como já exposto.

Por fim, a nacionalidade também não está ligada, necessariamente, à ideia de **naturalidade**. Esta significa o local onde nasceu o indivíduo, o que, como veremos a seguir, não necessariamente implica no reconhecimento do vínculo jurídico da pessoa com o Estado.

2. NATUREZA JURÍDICA

A definição das regras atributivas da nacionalidade incumbe **exclusivamente ao Estado**, sendo um ato de soberania. Não poderia ser diferente, uma vez que, como vimos, o povo é o elemento humano do Estado, fazendo parte da sua própria existência.

A despeito de ser um ato de soberania e de poder o Estado determinar livremente quem são os seus nacionais, tem-se reconhecido a natureza jurídica de **direito humano** à nacionalidade.

Há um consenso no Direito Internacional que o vínculo-jurídico com um Estado soberano traz uma **carga de proteção** sem a qual o indivíduo fica desemparado, à mercê da boa vontade política de um Estado Nacional inclusive para ser acolhido em um território.

Nesse sentido, a Declaração Universal dos Direitos Humanos prevê, em seu artigo XV, par. 1º, que toda pessoa tem direito a uma nacionalidade, o que é corroborado pelo artigo 24, par. 3º, do Pacto dos Direitos Civis e Políticos e pelo artigo 20, par. 2º do Pacto de São José da Costa Rica.

Voltando-se os olhos para o Brasil, é da nossa tradição tratar da nacionalidade em sede constitucional. Assim, entre nós, o direito à nacionalidade é materialmente e formalmente constitucional, tratando-se, a bem da verdade, de verdadeiro **direito fundamental**.

Em alguns países a nacionalidade não é tratada na Constituição, mas sim na legislação infraconstitucional. É o caso, por exemplo, da França e da Itália. Todavia, mesmo nesses países em que as regras de nacionalidade não estão inseridas formalmente na Constituição, a doutrina reconhece a sua natureza materialmente constitucional.[2]

3. ESPÉCIES DE NACIONALIDADE E CRITÉRIOS PARA A SUA AQUISIÇÃO

A nacionalidade é classificada em:

a) **Nacionalidade primária ou originária**: é aquela que é atribuída unilateralmente pelo Estado no momento do nascimento do indivíduo. Aqui, a vontade da pessoa não tem qualquer influência.

b) **Nacionalidade secundária ou derivada**: é aquela atribuída por fato posterior ao nascimento, decorrendo de uma prévia manifestação de vontade do indivíduo em adquiri-la, respeitadas as regras legais.

Os **critérios** para aquisição tanto da nacionalidade originária quanto da derivada são de **livre escolha** pelo Estado, como já estudamos. Todavia, é possível perceber, ao analisarmos os ordenamentos jurídicos mundo a fora, que alguns critérios **predominam**.

No caso da **nacionalidade originária**, sobressaem-se o ***ius soli*** e o *ius sanguinis*. Aquele, também conhecido como **critério da territorialidade**, utiliza-se do **local do nascimento** para definição da nacionalidade da pessoa. Assim, a pessoa que nasce no território do Estado, adquire a sua nacionalidade, independentemente da nacionalidade de seus genitores.

Já o critério do ***ius sanguinis***, também chamado de **fator sanguíneo**, independe do local de nascimento para determinar a nacionalidade do nascituro. A pessoa adquirirá a **nacionalidade de seus ascendentes, em regra dos genitores**, não importando onde ocorra o seu nascimento.

O critério territorial é, comumente, adotado por Estados novos, formados basicamente por imigrantes, como é o caso dos países da América do Sul. Já o critério sanguíneo é mais utilizado por países antigos, de emigração, como é o caso dos países europeus.

---

2. SILVA, José Afonso da. Curso de direito constitucional positivo. 42ª ed., rev. e atual, São Paulo: Malheiros, 2019, p. 323.

O critério de aquisição da nacionalidade derivada é, por excelência, a **naturalização**. Cada Estado, dentro de sua soberania, estabelece requisitos para que um indivíduo possa requerer a sua naturalização.

É importante destacar que a discricionariedade do Estado não se limita à escolha dos requisitos a serem cumpridos para que um estrangeiro ou apátrida requeira a sua naturalização. **Ainda que preenchidos todos os requisitos**, a pessoa possui, em regra, tão somente **expectativa de direit**o e não um direito adquirido à naturalização, podendo o Estado não conceder a naturalidade derivada, mediante um juízo de conveniência e oportunidade.

Paulo Henrique Gonçalves Portela aponta critérios outros que podem ser usados para a aquisição da nacionalidade derivada. É o caso do **casamento**, da formação de um **vínculo funcional** com o Estado, da **anexação ou unificação** de Estados e da **nacionalização unilateral**, que o reconhecimento da nacionalidade por meio de lei.[3]

4. CONFLITOS DE NACIONALIDADE: APATRIDIA E POLIPATRIDIA

Como cada Estado é livre para determinar quais critérios adotará para conferir a sua nacionalidade a uma pessoa, pode ocorrer que a um indivíduo se reconheça mais de uma nacionalidade ou que não se reconheça nenhuma.

No primeiro caso, temos um **conflito positivo** de nacionalidades, ocorrendo o que se convencionou chamar de **polipatridia** ou **polipatria**. Um exemplo, para ajudar a ilustrar a situação, é a hipótese em que uma pessoa nasce em um território cujo Estado adota o critério do *ius soli* e seus genitores são nacionais de um Estado que adota o critério do *ius sanguinis*.

No Direito Internacional, adota-se o princípio de que cada pessoa só deve ter uma única nacionalidade, tal qual entabulado na Convenção de Haia de 1930, introduzida no Brasil pelo Decreto n.º 21.798/32. Contudo, a nossa Constituição admite expressamente a polipatridia no artigo 12, §4º, inciso II, alíneas 'a' e 'b'.

No segundo caso, temos um **conflito negativo** de nacionalidades. É dizer: no momento do nascimento, não há a incidência de nenhum critério que reconheça a nacionalidade à pessoa. Ocorre, aqui, a chamada **apatridia** ou **apatria**. A pessoa sem nacionalidade, por sua vez, é chamada de **apátrida** ou ***heimatlos***.

3. PORTELA, Paulo Henrique Gonçalves. Direito internacional público e privado. 7ª ed. rev. ampl. e atualizada. Salvador: Editora Juspodivm, 2015, p. 293.

Uma hipótese em que ocorrerá a apatridia se dá quando o indivíduo nasce em um território cujo Estado adota o critério da *ius sanguinis* e seus ascendentes são nacionais de um Estado que adota o critério do *ius soli*.

O artigo 1º, §1º, IV, da Lei n. 13.445/17 define o apátrida como a pessoa que não seja considerada como nacional por nenhum Estado, segundo a sua legislação, nos termos da Convenção sobre o Estatuto dos Apátridas, de 1954, promulgada pelo Decreto nº 4.246, de 22 de maio de 2002, ou assim reconhecida pelo Estado brasileiro.

Como já estudamos, há um consenso internacional sobre a importância de evitar a apatridia, pois o direito a uma nacionalidade é direito humano e fundamental. Um *heimatlos*, por circunstância alheia à sua vontade, enfrenta enormes dificuldades para viver em qualquer Estado, em virtude das restrições jurídicas que lhe são impostas.

5. O CASO BRASILEIRO

A. Brasileiros natos

O artigo 12, inciso I, da CF/88 prevê quem serão os **brasileiros natos**. O **principal critério** adotado foi o ***ius soli***, uma vez que o Brasil é um país formado eminentemente por imigrantes.

Contudo, outros **três critérios** baseados no ***ius sanguinis*** foram também adotados pelo Constituinte, de modo que se pode afirmar que o Brasil é bem generoso e flexível para reconhecer uma pessoa como sendo sua nacional.

São **brasileiros natos**:

a) **Artigo 12, inciso I, alínea 'a', da CF/88**: os nascidos na República Federativa do Brasil, ainda que de pais estrangeiros, desde que estes não estejam a serviço de seu país (***ius soli***).

   Assim, os nascidos em **território brasileiro** – incluídos aqui as terras delimitadas pelas fronteiras geográficas, rios, lagos, baías, golfos, ilhas, espaço aéreo correspondente, mar territorial; os navios e aeronaves de guerra brasileiros, onde quer que se encontrem; os navios mercantes brasileiros em alto mar ou de passagem em mar territorial estrangeiro; as aeronaves civis brasileiras em voo sobre o alto mar ou de passagem sobre águas territoriais ou espaços aéreos estrangeiros – são brasileiros natos.

   A **exceção** fica por conta da situação em que o **nascido no território brasileiro tenha pais estrangeiros e que estejam a serviço de seu país**. É importante observar aqui que será brasileiro nato o filho de estrangeiro que esteja a serviço de um terceiro Estado ou de uma organização internacional no Brasil.

b) **Artigo 12, inciso I, alínea, 'b', da CF/88**: os nascidos no exterior, de pai brasileiro ou mãe brasileira, desde que qualquer deles esteja a serviço da República Federativa do Brasil (***ius sanguinis*** + **serviço ao Brasil**).

O segundo critério de nacionalidade é uma complementação ao critério territorial adotado na alínea "a". O Constituinte fez uma combinação entre o critério sanguíneo com o critério do serviço ao Brasil, de modo a reconhecer como brasileiro nato o **filho de pai brasileiro ou mãe brasileira**, que tenha **nascido fora do país** em virtude de um dos seus genitores estar no exterior **a serviço do Brasil.**

Uma importante observação a ser feita neste ponto, que valerá para os outros dois critérios de concessão da nacionalidade originária brasileira que serão analisados a seguir, é que o pai ou a mãe **não precisam ser brasileiros natos**. A Constituição limitou-se a exigir a nacionalidade brasileiro, não fazendo distinção entre **brasileiros natos e naturalizados.**

Quid iuris se a pessoa for **adotada** no estrangeiro, por pai brasileiro ou mãe brasileira que esteja a serviço do Brasil? José Afonso da Silva, com muita propriedade, afirma que se o procedimento adotivo foi válido, o filho adotivo **será brasileiro nato**. Ainda que o artigo 12, inciso I, alínea 'b', da CF/88 utilize o termo "nascido", deve-se interpretar este dispositivo em conjunto com o disposto no artigo 227, §6º, da CF/88, que veda qualquer distinção entre os filhos adotivos e os filhos biológicos.[4]

c) **Artigo 12, inciso I, alínea 'c', primeira parte, da CF/88**: os nascidos no estrangeiro de pai brasileiro ou mãe brasileira, desde que sejam registrados em repartição brasileira competente (***ius sanguini*** + **registro em repartição brasileira**).

Na terceira hipótese em que se reconhece a nacionalidade brasileira originária, novamente temos o critério da hereditariedade somado a outro, agora o registro em repartição brasileira.

Aqui, portanto, basta que o nascituro seja **filho de mãe ou pai brasileiros natos ou naturalizados** e que seja **registrado na repartição competente** (**embaixadas e consulados brasileiros**). Não há necessidade que o descendente venha a residir no Brasil, tampouco que manifeste opção pela nacionalidade brasileira.

---

4. SILVA, José Afonso da. Curso de direito constitucional positivo. 42ª ed., rev. e atual, São Paulo: Malheiros, 2019, p. 331.

d) **Artigo 12, inciso I, alínea 'c', segunda parte, da CF/88:** Os nascidos no estrangeiro de pai brasileiro ou mãe brasileira que venham a residir na República Federativa do Brasil e que optem, em qualquer tempo, depois de atingida a maioridade, pela nacionalidade brasileira (***ius sanguinis* + residência no Brasil + opção após a maioridade**).

O último critério de atribuição da nacionalidade originária brasileira é o mais complexo entre eles. Exigem-se, aqui, requisitos positivos e um requisito negativo – este implícito.

Para que se reconheça que uma pessoa é brasileira nata por este critério, ela deverá ter **nascido no exterior, ter pai brasileiro ou mãe brasileira** (pouco importando se nato ou naturalizado), **não ter sido registrado na repartição competente** (eis o requisito negativo, uma vez que se registrado, aplica-se de pronto a regra anterior), e **vir a residir no Brasil**, fazendo a **opção, após a maioridade, pela nacionalidade brasileira.**

A utilização da opção, que é um requisito associado à nacionalidade derivada, e não à nacionalidade originária, acarreta algumas **dificuldades jurídicas.**

A **primeira** delas é: pode o Estado brasileiro negar o reconhecimento da nacionalidade brasileira ao optante que preencha todos os requisitos do artigo 12, inciso I, alínea 'c', segunda parte, da CF/88? A resposta só pode ser negativa. Isso porque, embora haja uma opção, a nacionalidade aqui é originária, havendo **verdadeiro direito potestativo** ao optante em ver reconhecida ou não a sua nacionalidade brasileira originária. Por isso, muitos autores falam em "**nacionalidade potestativa**" ao se referir a essa hipótese.

A **segunda** dificuldade é saber qual a condição jurídica do optante antes de feita a opção. **Feita a opção**, por se tratar de nacionalidade originária, reconhece-se que o indivíduo **já era brasileiro nato desde o seu nascimento.** A opção, no caso, serve apenas para dar **definitividade** à nacionalidade brasileira.

Aquele que **ainda não** optou pela nacionalidade brasileira, ainda assim será **brasileiro nato, mas essa condição ficará suspensa até que faça a opção confirmativa.**

Para que a opção confirmativa seja feita, deverá o interessado ajuizar **ação de opção de nacionalidade**, de competência da Justiça Federal (artigo 63 da Lei n.º 13.445/17).

B. Brasileiros naturalizados

O artigo 12, inciso II, da CF/88, segundo a doutrina, traz duas hipóteses de naturalização: a **ordinária** e a **extraordinária**.

A naturalização **ordinária** está prevista na **alínea 'a'** do inciso II do artigo 12 da CF/88, que dispõe: "*São brasileiros naturalizados os que, na forma da lei, adquiram a nacionalidade brasileira, exigidas aos originários de países de língua portuguesa apenas residência por um ano ininterrupto e idoneidade moral*".

A lei que trata sobre os requisitos e a forma de naturalização ordinária é a Lei n.º 13.445/17 (**Lei de Migração**). Este diploma revogou expressamente a Lei n.º 6.815/80 (Estatuto do Estrangeiro), que versava anteriormente sobre o tema.

Da combinação entre o disposto em sede constitucional e a Lei de Migrações, é possível extrair **quatro tipos** de naturalização ordinária. São eles:

a) **Naturalização dos originários de língua portuguesa.**
b) **Naturalização ordinária-ordinária.**
c) **Naturalização ordinária especial.**
d) **Naturalização ordinária provisória.**

Os requisitos para a **naturalização dos estrangeiros originários de países lusófonos** estão previstos no artigo 12, inciso II, alínea 'a', *in fine*, da CF/88. O constituinte originário entendeu por bem, em razão da proximidade cultural e linguística, **simplificar** a concessão da naturalização nesses casos, prevendo requisitos mais facilmente reenchidos.

Assim, exige-se tão somente que o interessado originário de um país lusófono:

i. **resida por 1 (um) ano ininterruptamente no território brasileiro**; e
ii. seja **moralmente idôneo.**

Aos **portugueses** que não optarem pela naturalização, mas que **residam permanentemente** em nosso país, o artigo 12, §1º, da CF/88 previu a garantia de **reciprocidade**. Isso significa que serão conferidos a eles **os mesmos direitos que tem um brasileiro**, desde que haja reciprocidade em favor dos brasileiros em Portugal e que não haja norma constitucional expressa em sentido diverso.

Para a concessão da **naturalização ordinária-ordinária** – repetimos o vocábulo "ordinária" para fazer alusão ao fato de esta naturalização ser ordinária tanto constitucionalmente quanto legalmente – o artigo 65 da Lei n.º 13.445/17, prevê que devem ser preenchidos pelo interessado quatro requisitos, a saber:

i. ter **capacidade civil**, segundo a lei brasileira;
ii. ter **residência em território nacional**, pelo prazo mínimo de **4 (quatro) anos**;

> **Observação:** O artigo 66 da Lei n.º 13.445/17 reduz o prazo mínimo de residência em território nacional para um ano se o naturalizando: tiver filho

brasileiro; tiver cônjuge ou companheiro brasileiro e não estar dele separado legalmente ou de fato no momento de concessão da naturalização; haver prestado ou poder prestar serviço relevante ao Brasil; ou recomendar-se por sua capacidade profissional, científica ou artística.

iii. **comunicar-se em língua portuguesa**, consideradas as condições do naturalizando; e
iv. **não possuir condenação penal ou estiver reabilitado**, nos termos da lei.

Em relação à **naturalização ordinária especial**, a lei exige o preenchimento de **uma das seguintes condições**: i) ser o naturalizando cônjuge ou companheiro, há mais de 5 (cinco) anos, de integrante do Serviço Exterior Brasileiro em atividade ou de pessoa a serviço do Estado brasileiro no exterior; ou ii) ser ou ter sido empregado em missão diplomática ou em repartição consular do Brasil por mais de 10 (dez) anos ininterruptos.

Preenchido um desses dois pressupostos, o naturalizando deverá cumprir, também, **três requisitos cumulativos**. São eles:

i. ter **capacidade civil**, segundo a lei brasileira;
ii. **comunicar-se em língua portuguesa**, consideradas as condições do naturalizando; e
iii. **não possuir condenação penal ou estiver reabilitado**, nos termos da lei.

Vê-se, portanto, que a diferença da naturalização ordinária especial para a naturalização ordinária-ordinária é que, naquela, o legislador entendeu por bem dispensar o requisito residir no Brasil por determinado tempo, posto que há uma relação com o país, consubstanciada em uma das duas condições previstas.

Por fim, a **naturalização ordinária provisória** é aquela concedida ao **migrante criança ou adolescente que tenha fixado residência em território nacional antes de completar 10 (dez) anos de idade** e a requeira, por intermédio de seu representante legal (artigo 70, *caput*, da Lei n.º 13.445/17).

Uma vez concedida, essa naturalização poderá ser convertida em **definitiva** se o naturalizado, **no prazo de 2 (dois) anos após atingida a maioridade, expressamente requerer** (artigo 70, parágrafo único, Lei n.º 13.445/17).

A **naturalização extraordinária** está prevista no artigo 12, inciso II, alínea 'b', da CF/88. Este dispositivo consigna que: "*os estrangeiros de qualquer nacionalidade, residentes na República Federativa do Brasil há mais de quinze anos ininterruptos e sem condenação penal, desde que requeiram a nacionalidade brasileira.*"

Assim, pela Constituição, o que foi repetido pelo artigo 67 da Lei n.º 13.445/17, basta o preenchimento de somente **dois requisitos** para que possa o interessado requerer a naturalização extraordinária:

i. ter **residência no Brasil há mais de 15 (quinze) anos ininterruptos;**
ii. **não ter condenação penal.**

A **doutrina majoritária**, acompanhada pelo **Supremo Tribunal Federal**, diz que a naturalização extraordinária é uma **exceção à regra de que a naturalização é ato discricionário do Poder Executivo**. É dizer, uma vez preenchidos os requisitos previstos na Constituição, há verdadeiro **direito subjetivo do requerente**.

Ademais, o ato administrativo que reconhece o preenchimento dos requisitos tem natureza **meramente declaratória**, e não constitutiva, de modo que os efeitos da naturalização **retroagem à data da solicitação.**[5]

Os **artigos 71 e 72 da Lei n.º 13.445/17** preveem **regras básicas** para o pedido de naturalização, seja qual for a modalidade pleiteada.

O pedido de naturalização será apresentado e processado na forma prevista pelo **órgão competente do Poder Executivo**, sendo cabível recurso em caso de denegação. No curso do processo de naturalização, o naturalizando poderá requerer a tradução ou a adaptação de seu nome à língua portuguesa. Será mantido cadastro com o nome traduzido ou adaptado associado ao nome anterior.

A naturalização produz **efeitos** a partir da publicação no Diário Oficial do ato de naturalização. A lei, no entanto, prevê que, no prazo de até 1 (um) ano após a concessão da naturalização, deverá o naturalizado comparecer perante a Justiça Eleitoral para o devido cadastramento.

> **Observação:** O constituinte originário de 1988 **não previu hipótese de naturalização tácita ("grande naturalização")**, como ocorreu por ocasião da Constituição de 1891, que concedeu a naturalização aos estrangeiros que, estando dentro do território brasileiro em 15.11.1889, não declarassem expressamente, em seis meses, a opção por manter a nacionalidade de origem (artigo 69, §4º, da Constituição de 1891).

C. Diferenças de tratamento entre brasileiros natos e naturalizados

Em regra, não há qualquer diferença de tratamento entre os brasileiros natos e os brasileiros naturalizados. É o que prevê o artigo 12, §2º, da CF/88, que veda que o legislador infraconstitucional estabeleça quaisquer distinções entre os brasileiros natos e os brasileiros naturalizados, **salvo aquelas que constam do texto constitucional.**

5. STF, Primeira Turma, RE 264.8482/TO, Rel. Min. Carlos Britto, j. 29.6.2005.

São quatro as diferenças de tratamento estabelecidas na Constituição de 1988, que, em relação ao texto constitucional que lhe antecedeu, foi menos restritiva em relação aos brasileiros naturalizados. São elas:

a) **Cargos privativos de brasileiros natos (artigo 12, §3º, da CF/88)**: com a finalidade de tutelar a soberania nacional, a Constituição de 1988 reservou alguns cargos aos brasileiros natos, quais sejam: i) Presidente da República; ii) Vice-Presidente da República; iii) Presidente da Câmara dos Deputados; iv) Presidente do Senado; v) Ministro do Supremo Tribunal Federal; vi) carreira diplomática; vii) oficial das Forças Armadas; e viii) Ministro de Estado da Defesa.

b) **Conselho da República (artigo 89, inciso VII, da CF/88)**: o Conselho da República, que é órgão superior consultivo do Presidente da República, tem composição mista, tal que previsto nos incisos do artigo 89 da CF/88. No inciso VII, ao tratar dos **6 (seis) assentos destinados aos cidadãos brasileiros com mais de trinta e cinco anos**, exige que sejam brasileiros **natos.**

   Quis, com isso, o Constituinte, manter a maioria de membros do Conselho da República como brasileiros natos, permitindo-se somente que cinco, das quinze cadeiras, sejam ocupadas por brasileiros naturalizados (Ministro de Justiça e líderes da maioria e minoria de cada uma das Casas do Congresso Nacional).

c) **Propriedade de empresa jornalística e de radiodifusão (artigo 222 da CF/88)**: em razão da fortíssima influência exercida pelos meios de comunicação na população, o que lhes rende a alcunha pouco técnica de "Quarto Poder", o Constituinte originário achou por bem limitar a propriedade das empresas jornalísticas e de radiodifusão aos **brasileiros natos**, aos **brasileiros naturalizados há mais de 10 (dez) anos** e às **pessoas jurídicas constituídas sob as leis brasileiras e que tenham sede no País**.

d) **Extradição (artigo 5º, inciso LI, da CF/88)**: a Constituição de 1988 **veda a extradição** (medida de cooperação internacional entre o Estado brasileiro e outro Estado pela qual se concede ou solicita a entrega de pessoa sobre quem recaia condenação criminal definitiva ou para fins de instrução de processo penal em curso) **do brasileiro nato em toda e qualquer hipótese**, o que não ocorre com o brasileiro **naturalizado**. Em regra, este também não poderá ser extraditado. No entanto, **há duas exceções** em que isso será possível: i) no caso de **crime comum praticado antes da naturalização**; e ii) no caso de **envolvimento comprovado em tráfico ilícito de entorpecentes e drogas afins.**

Por fim, uma última questão que se coloca é a **possibilidade de emenda constitucional trazer nova hipótese de tratamento diferenciado** entre brasileiros natos e brasileiros naturalizados.

Majoritariamente, entende-se que **não** é possível. Isso porque, embora a vedação constitucional limite-se à "lei", o direito à nacionalidade, na qualidade de direito fundamental, encontra-se abrigado nos limites materiais à alteração previstos no artigo 60, §4º, inciso IV, da CF/88.

D. Perda da nacionalidade

O parágrafo 4º do artigo 12 da Constituição de 1988 prevê, **taxativamente**, as hipóteses em que um brasileiro pode vir a **perder a sua nacionalidade**. Em razão dessa taxatividade, o **legislador infraconstitucional não poderá ampliar ou restringir o rol constitucional**, conforme inclusive já decidido pelo Supremo Tribunal Federal.[6]

Segundo o texto constitucional, será declarada a **perda da nacionalidade** do brasileiro que:

a) **Tiver cancelada sua naturalização, por sentença judicial, em virtude de fraude relacionada ao processo de naturalização ou de atentado contra a ordem constitucional e o Estado Democrático**: a primeira hipótese constitucional de perda da nacionalidade brasileira é chamada, por alguns autores, de **perda-punição**, pois tem evidente caráter **sancionatório.**

   O processo judicial de cancelamento é de competência da **Justiça Federal** (artigo 109, inciso X, da CF/88). Antes da Lei n.º 13.445/17, o procedimento estava esquadrinhado na Lei n.º 818/49. Agora, a Lei dos Migrantes limitou-se a prever que **o risco de geração de situação de apatridia será levado em consideração antes da efetivação da perda da nacionalidade.** Outro ponto de destaque é que os efeitos da sentença que decreta a perda da nacionalidade não são retroativos, somente se produzindo a partir do trânsito em julgado da sentença (**efeitos *ex nunc***).
   Por fim, **Supremo Tribunal Federal** decidiu, no RMS 27.840/DF que, conforme revela o inciso I do § 4º do artigo 12 da Constituição Federal, **o Ministro de Estado da Justiça não tem competência para rever ato de naturalização.** No caso, um austríaco havia se naturalizado brasileiro valendo-se de documentos falsificados, o que motivou o Ministro da Justiça a rever o ato concessivo da naturalização. A Suprema Corte entendeu que

6. STF, Tribunal Pleno, QO no HC 83.113/DF, Rel. Min. Celso de Mello, j. 26.3.2003.

somente por meio de sentença transitada em julgado poderia ter o naturalizado perdido a sua condição de brasileiro.[7]

Por fim, deve-se atentar para o fato de que o **brasileiro nato não poderá perder** sua nacionalidade com base nessa hipótese.

b) **Fizer pedido expresso de perda da nacionalidade brasileira perante autoridade brasileira competente, ressalvadas situações que acarretem apatridia.**

Importante destacar que a atual redação do art. 12, §4º, da CF/88 é fruto da Emenda Constitucional n. 131 de 2023. Antes da referida emenda, havia a possibilidade de perda da nacionalidade brasileira, seja ela originária ou superveniente, pela aquisição de outra nacionalidade. Após as alterações promovidas, essa hipótese de perda não mais existe em nosso ordenamento jurídico.

E. Reaquisição da nacionalidade

Uma vez **cancelada a naturalização** por sentença judicial transitada em julgado, na hipótese do artigo 12, §4º, inciso I, da CF/88, o indivíduo **nunca mais poderá readquirir a nacionalidade brasileira perdida**.

A única forma de uma pessoa que se encontre nessa situação retomar a sua nacionalidade brasileira é por meio da rescisão da sentença, no bojo de uma **ação rescisória**.

Por outro lado, no caso de perda da nacionalidade brasileira em razão de acolhimento do pedido expresso de perda da nacionalidade brasileira perante a autoridade brasileira competente (art. 12, §4º, da CF/88), o interessado poderá readiquirir sua nacionalidade brasileira originária, nos termos da lei (art. 12, §5º, da CF/88).

O art. 76 da Lei n. 13.445/17, editado antes da EC n. 131/23 e, portanto, com base na antiga redação do art. 12, §4º, II, da CF/88, estabelece que: "o brasileiro que, em razão do previsto no inciso II do § 4º do art. 12 da Constituição Federal , houver perdido a nacionalidade, uma vez cessada a causa, poderá readquiri-la ou ter o ato que declarou a perda revogado, na forma definida pelo órgão competente do Poder Executivo."

A partir desse dispositivo, foi editado o art. 254 do Decreto n. 9.199/17, que estabelecia o processo de reaquisição da nacionalidade brasileira.

Com a alteração promovida pela EC n. 131/23, parece-me que ainda é possível aplicar esse regramento, até sua atualização, fazendo as adaptações necessárias.

7. STF, Tribunal Pleno, RMS 27.840/DF, Red. p/ acórdão Min. Marco Aurélio, j. 7.2.2013.

Assim, para que seja readquirida a nacionalidade originária, perdida nos termos do art. 12, §4º, II, da CF/88, bastará a formulação de requerimento junto ao Ministério da Justiça. No procedimento, o interessado deverá comprovar que possuía a nacionalidade brasileira, que poderá ser demonstrada por meio de ato do interessado que represente pedido de renúncia da nacionalidade então adquirida.

Questão interessante é saber se a **nacionalidade readquirida** tem natureza **originária ou derivada**. Duas correntes disputam o tema em doutrina.

Uma **primeira corrente** (Marcelo Novelino) sustenta que é mais coerente com as formas de aquisição de nacionalidade o entendimento no qual a nacionalidade readquirida tem natureza de nacionalidade **derivada**, pois depende da vontade do naturalizando.[8]

De outra banda, uma **segunda corrente** (José Afonso da Silva) sustenta que o **readquirente recupera a condição que perdera**: se era brasileiro nato, voltará a ser brasileiro nato; se naturalizado, retomará a qualidade de brasileiro naturalizado.[9] Foi esse o entendimento adotado pelo **Decreto n.º 9.199/17** (artigo 254, §7º).

Com o advento da EC n. 131/23 e a inclusão do §5º no art. 12 da CF/88, não há dúvida que a nacionalidade readquirida na hipótese de perda decorrente da renúncia (art. 12, §4º, II, da CF/88) será de natureza originária, remanescendo a discussão acima somente para a reaquisição da nacionalidade perdida por força do art. 12, §4º, I, da CF/88.

F. Situação jurídica do estrangeiro

Como estudamos, a condição de nacional traz um grau de proteção maior dentro do ordenamento jurídico brasileiro.

No Brasil, são dois os principais diplomas que cuidam da situação jurídica do estrangeiro. A própria Constituição, em diversos momentos, fará distinções entre nacionais e estrangeiros. Além dela, temos a Lei de Migração (Lei n. 13.447/17), que tem por finalidade justamente disciplinar os direitos e deveres dos estrangeiros que se encontrem no território brasileiro ou sob o manto do nosso ordenamento jurídico.

Estudemos, pois, as regras mais importantes desse regime jurídico.

Logo no *caput* do artigo 5º da CF/88 há a previsão de que os direitos fundamentais ali enumerados se aplicam somente aos brasileiros e aos estrangeiros

8. NOVELINO, Marcelo. Curso de direito constitucional. 12ª ed. rev. ampl. e atual. Salvador: Ed. Juspodivm, 2017, p. 516.

9. SILVA, José Afonso da. Curso de direito constitucional positivo. 42ª ed., rev. e atual, São Paulo: Malheiros, 2019, p. 338.

residentes no país, o que, tomado de forma estritamente literal, nos levaria à conclusão de que os estrangeiros não residentes não seriam titulares de direitos fundamentais reconhecidos pela nossa ordem constitucional. Contudo, vimos que a doutrina majoritária e a jurisprudência do Supremo Tribunal Federal não têm feito essa distinção, reconhecendo a titularidade dos direitos fundamentais também aos estrangeiros não residentes e aos apátridas.

> **Observação**: Firme no entendimento de que os estrangeiros são titulares dos direitos fundamentais previstos em nossa ordem constitucional, o Supremo Tribunal Federal já decidiu que é imune ao pagamento de taxas para registro da regularização migratória o estrangeiro que demonstre sua condição de hipossuficiente, nos termos da legislação de regência. No caso, pontuou-se que se aplicam às pessoas nessa condição o disposto no artigo 5º, LXXVI e LXXVII, da CF/88.[10]

Outra distinção importante que encontramos no texto constitucional é a possibilidade de extradição do estrangeiro. Do artigo 5º, LI e LII, da CF/88 retiramos a seguinte norma:

i. O brasileiro nato não poderá, em hipótese alguma, ser extraditado.

ii. O brasileiro naturalizado, em regra, não poderá ser extraditado. Excepcionalmente, nos casos de crime comum praticado antes da naturalização ou de comprovado envolvimento em tráfico ilícito de entorpecentes e drogas afins, poderá sê-lo.

iii. Os estrangeiros poderão ser extraditados, salvo no caso de cometimento de crime político ou de opinião.

Nesse contexto, o Supremo Tribunal Federal já decidiu que a **brasileira naturalizada americana poderá ser extraditada**. Isso porque a opção pela aquisição do *green card* acarretou a perda da nacionalidade originária, nos termos do artigo 12, §4º, II, da CF/88. Logo, cuidando-se de estrangeira e não sendo o crime cometido de natureza política ou de opinião, não há qualquer óbice à sua extradição.[11]

Além dessa diferença em relação à extradição, os estrangeiros estão sujeitos a **medidas de retirada compulsória**, o que não ocorre com os nacionais. São medidas de retirada compulsória: a repatriação, e deportação e a expulsão.

A **repatriação** consiste em medida administrativa de devolução de pessoa em situação de impedimento ao país de procedência ou de nacionalidade (artigo 49, *caput*, da Lei n. 13.445/17. Ela não será aplicada à pessoa em situação de refúgio ou

10. STF, Tribunal Pleno, RE 1.018.911/RR, Rel. Min. Luiz Fux, j, 10.11.2021 (Tema 988).

11. STF, Tribunal Pleno, MS 33.864, Rel. Min. Roberto Barroso, j. 19.4.2016.

de apatridia, de fato ou de direito, ao menor de 18 (dezoito) anos desacompanhado ou separado de sua família, exceto nos casos em que se demonstrar favorável para a garantia de seus direitos ou para a reintegração a sua família de origem, ou a quem necessite de acolhimento humanitário, nem, em qualquer caso, medida de devolução para país ou região que possa apresentar risco à vida, à integridade pessoal ou à liberdade da pessoa (art. 49, §4º, da Lei n. 13.445/17).

A **deportação** é medida decorrente de procedimento administrativo que consiste na retirada compulsória de pessoa que se encontre em situação migratória irregular em território nacional (art. 50, *caput*, da Lei n. 13.445/17).

A **expulsão**, por seu turno, consiste em medida administrativa de retirada compulsória de migrante ou visitante do território nacional, conjugada com o impedimento de reingresso por prazo determinado (art. 54, *caput*, da Lei n. 13.445/17). Poderá dar causa a ela a condenação com sentença transitada em julgado relativa à prática de crime de genocídio, crime contra a humanidade, crime de guerra ou crime de agressão, nos termos definidos no Estatuto de Roma, e de crime comum doloso passível de pena privativa de liberdade, consideradas a gravidade e as possibilidades de ressocialização em território nacional.

Interessante regra é trazida pelo artigo 55 da Lei n. 13.445/17. Está vedada a expulsão do estrangeiro se ele: a) tiver filho brasileiro que esteja sob sua guarda ou dependência econômica ou socioafetiva ou tiver pessoa brasileira sob sua tutela; b) tiver cônjuge ou companheiro residente no Brasil, sem discriminação alguma, reconhecido judicial ou legalmente; c) tiver ingressado no Brasil até os 12 (doze) anos de idade, residindo desde então no País; ou d) for pessoa com mais de 70 (setenta) anos que resida no País há mais de 10 (dez) anos, considerados a gravidade e o fundamento da expulsão.

Sobre o tema, o Supremo Tribunal Federal e o Superior Tribunal de Justiça já decidiram que o estrangeiro que tenha filho brasileiro sob sua guarda ou dependência **não poderá** ser expulso do território brasileiro **ainda que o nascimento tenha ocorrido após os fatos que ensejaram a expulsão.**[12]

Em todo caso, estão vedadas as retiradas compulsórias coletivas (art. 61 da Lei n. 13.445/17).

Outra distinção feita pela nossa Constituição Federal encontra-se no artigo 14, §2º, da CF/88. **Impede-se os estrangeiros de adquirirem cidadania brasileira**, ou seja, de adquirirem direitos políticos.

A Constituição Federal ainda impõe limites aos **direitos econômicos dos estrangeiros.**

12. STF, Primeira Turma, RHC 123.891, Rel. Min. Rosa Weber, j. 23.2.2021 e STJ, Primeira Seção, HC 452.975, Min. Rel. Og Fernandes, j. 12.2.2020.

O artigo 172 da CF/88 dispõe que a lei disciplinará, com base no interesse nacional, os investimentos de capital estrangeiro, incentivará os reinvestimentos e regulará a remessa de lucros. Assim, havendo interesse nacional, os estrangeiros **poderão se submeter a uma regulação mais rígida em relação aos investimentos aqui feitos.**

Outra limitação de cunho econômico encontra-se no artigo 178, parágrafo único, da CF/88, que prevê a edição de lei regulamentando em que condições o **transporte de mercadorias na cabotagem e a navegação interior** poderão ser feitos por embarcações estrangeiras.

O art. 190 da CF/88 prevê que a lei regulará e limitará a **aquisição ou o arrendamento de propriedade rural** por pessoa física ou jurídica estrangeira e estabelecerá os casos que dependerão de autorização do Congresso Nacional. Houve, por parte do poder constituinte, uma legítima preocupação à aquisição ilimitada de propriedades rurais por parte de estrangeiros, o que poderia acarretar até mesmo com uma ruptura parcial de nosso território.

O artigo 199 da CF ao permitir que a **assistência à saúde** seja explorada pela iniciativa privada, entendeu por bem **vedar a participação direta ou indireta de empresas ou capitais estrangeiros na assistência à saúde no País**, salvo nos casos previstos em lei (§3º do dispositivo).

O artigo 222, *caput*, da CF/88 vedou a aquisição de propriedade de empresa jornalística e de radiodifusão sonora e de sons e imagens aos estrangeiros, podendo tão somente haver participação de capital estrangeiro, na forma da lei, e em limite não superior a setenta por cento do capital total e do capital votante (§§ 1º e 2º do artigo 222).

Por fim, a Constituição Federal trouxe uma limitação em relação à possibilidade de um estrangeiro adotar crianças e adolescentes brasileiros. Embora não tenha vedado tal prática, previu expressamente que a lei deverá estabelecer os casos e as condições em que ela ocorrerá (§5º do artigo 227 da CF/88).

CAPÍTULO 30

DIREITOS POLÍTICOS

1. CONCEITO

Os direitos políticos estão intimamente ligados à ideia de **democracia.**

A Constituição Federal de 1988, logo no parágrafo único do seu primeiro artigo, dispõe que todo o poder emana do povo, que o exerce por meio de representantes eleitos ou diretamente, nos termos desta Constituição.

Trata-se da consagração no texto constitucional da **soberania popular**, ou seja, da regra segundo a qual o povo é a fonte primária do poder. Mas não é só: o artigo 1º, parágrafo único, da CF/88 tem o mérito não só de lançar a premissa básica de toda e qualquer democracia, mas também de expressamente estabelecer os meios como essa premissa se assenta em nosso modelo constitucional.

No Brasil, adotou-se aquilo se convencionou chamar de **democracia participativa**. Isso quer dizer que, em regra, a participação popular é **indireta**, ou seja, exercida por meio da escolha de representantes. Contudo, abrem-se algumas janelas para que possa o povo participar **diretamente**.

Esse direito de participação do povo, seja direta ou indiretamente, no governo, para que se dê de forma adequada, precisa ser regulada por um **conjunto de normas**. Essas normas são compostas justamente pelos **direitos políticos**.

Assim, os direitos políticos podem ser **conceituados** como o conjunto de regras que disciplinam a soberania popular e que conferem aos cidadãos os direitos fundamentais de participação na vida política do Estado e na formação das decisões públicas.

2. NATUREZA JURÍDICA

A partir do conceito dos direitos políticos, chegamos a inarredável conclusão de que os direitos políticos são **direitos materialmente fundamentais**.

Isso porque um dos substratos da dignidade humana, régua balizadora da jusfundamentalidade de um direito, é justamente a **autonomia pública**, que nada mais é do que a possibilidade dada a cada indivíduo de participar, livre e igualmente, dos processos de deliberação social dos quais resultarão decisões que incidirão diretamente em sua vida.[1]

Além de materialmente fundamentais, os direitos políticos são **formalmente fundamentais**, posto que o Capítulo IV ("Dos direitos políticos") está inserido no Título II da Constituição de 1988 ("Dos direitos e das garantias fundamentais").

Dessa constatação de que os direitos políticos são direitos fundamentais, exsurgem todas as consequências jurídicas que estudamos quando da análise da Teoria Geral dos Direitos Fundamentais.

3. AQUISIÇÃO DA CIDADANIA

Os direitos políticos são adquiridos pelo indivíduo por meio do **alistamento eleitoral**.

O alistamento eleitoral é o **procedimento administrativo-eleitoral** pelo qual se qualifica e se inscreve a pessoa como eleitor perante a Justiça Eleitoral. Nele, verifica-se se estão preenchidos os requisitos constitucionais e legais para a inscrição como eleitor. Uma vez **deferido**, por decisão do Juiz Eleitoral, a pessoa **adquire a cidadania**, podendo votar, ser votado e, enfim, participar da vida política.

Os **§§ 1º e 2º do artigo 14 da CF/88** versam sobre o alistamento. Optou o constituinte originário por diferenciar três situações:

- **Alistamento obrigatório**: os brasileiros maiores de 18 (dezoito) anos e menores de 70 (setenta) anos devem, obrigatoriamente, se alistar.

  A previsão constitucional de obrigatoriedade do alistamento e do voto bebe da fonte do republicanismo, que vê a participação popular na vida política não como um direito subjetivo, mas sim como um dever cívico.

---

1. BARROSO, Luís Roberto. A dignidade da pessoa humana no direito constitucional contemporâneo: a construção de um conceito jurídico à luz da jurisprudência mundial. Trad. Humberto Laport de Mello, 4ª reimpr. Belo Horizonte: Fórum, 2016, p. 83-84.

- **Alistamento facultativo**: os brasileiros maiores de 16 (dezesseis) e menores de 18 (dezoito) anos, maiores de 70 (setenta) anos ou analfabetos têm a faculdade de se alistar ou não.
- **Inalistáveis**: os estrangeiros e os conscritos durante o serviço militar obrigatório não podem se alistar.

Estrangeiro é todo aquele que não possui nacionalidade brasileira, de modo que, é pressuposto para se tornar um cidadão brasileiro deter, antes, a nacionalidade brasileira, seja ela originária ou derivada.

Conscrito é aquele que foi convocado para o serviço militar obrigatório. Os demais militares, engajados no serviço militar permanentemente, são alistáveis.

A inalistabilidade impede que a pessoa adquira a cidadania, não podendo, por conseguinte, votar e ser votado.

Assim, percebe-se que a **regra** em nosso sistema constitucional é a **obrigatoriedade** da participação na vida pública e nas tomadas de decisões estatais, somente ficando dispensados ou mesmo impossibilitados de exercer a cidadania algumas poucas pessoas, por motivos devidamente justificados.

4. DIREITOS POLÍTICOS POSITIVOS

Os direitos políticos positivos são aqueles que asseguram ao cidadão o direito de participar no processo político e nos órgãos governamentais.[2] O seu núcleo essencial reside no **direito de sufrágio**, que nada mais é do que o direito de **eleger**, **ser eleito** e de **participar da vida política** do Estado.

O direito de sufrágio possui duas dimensões distintas:

a) **Capacidade eleitoral ativa**: também conhecida como **cidadania ativa**, engloba a **alistabilidade** e o **direito de votar**.

b) **Capacidade eleitoral passiva**: também conhecida como **cidadania passiva** ou ***jus honorum***, abarca a elegibilidade e o direito de ser votado.

Além dessas duas dimensões, está abarcado pelo direito de sufrágio o exercício do direto de poder votar nas consultas populares – como é o caso, em nosso ordenamento, do **plebiscito** e do **referendo**.

---

2. SILVA, José Afonso da. Curso de direito constitucional positivo. 42ª ed., rev. e atual, São Paulo: Malheiros, 2019, p. 352.

O ***caput* do artigo 14 da CF/88** prevê que a soberania popular será exercida pelo sufrágio universal e pelo voto direto e secreto, com valor igual para todos. Desse dispositivo extraem-se algumas conclusões sobre a **forma de sufrágio** adotada pelo constituinte.

A primeira delas é que a forma de sufrágio escolhida pelo constituinte foi o **sufrágio universal**. Essa forma, segundo a qual é dado ao maior número possível de nacionais o direito de votar, contrapõe-se ao sufrágio restrito, forma em que o direito de votar é reconhecido a somente um grupo restrito de nacionais.

Algumas das formas de restringir o sufrágio a um seleto grupo são: i) **sufrágio censitário**, que aquele segundo o qual somente os nacionais que detenham alta capacidade econômica podem votar; ii) **sufrágio capacitário**, que é aquele em que somente os nacionais que detenham certo grau de instrução podem votar; e iii) **sufrágio masculino**, que é aquele em que somente os nacionais do sexo masculino podem votar.

Em relação à capacidade eleitoral passiva (direito de ser votado), o constituinte previu uma **mitigação ao sufrágio universal.** O artigo 14, §4º, da CF/88 estabelece que os **analfabetos são inelegíveis**. Estabeleceu-se, portanto, um sufrágio passivo capacitário, sob o fundamento de que, no mundo burocratizado em que vivemos, seria inviável que um analfabeto exercesse adequadamente um cargo eletivo.

Uma instigante observação que deve ser feita é que o sufrágio universal, diferentemente do que possa parecer em um primeiro momento, não confere a toda e qualquer pessoa o direito de votar. **Há, e sempre haverá, algum grau de restrição** ao direito de voto – como, por exemplo, a impossibilidade de as crianças votarem.

O que distingue o sufrágio universal do sufrágio restrito é que naquele busca-se conferir ao maior número possível de pessoas o direito de votar, restringindo-se tal direito somente mediante **justificativa proporcional e não discriminatória**, fundada na natural incapacidade de participação daquele que é excluído.

O sufrágio, em nosso sistema constitucional, além de universal, é **igual**. Isso quer dizer que o voto de cada pessoa tem o mesmo peso político ("*one man, one vote*"). Trata-se, como bem observa o professor José Afonso da Silva, da mais pura aplicação do **princípio da igualdade** no campo do direito político.[3]

Portanto, o nosso ordenamento jurídico não acolheu a forma de **sufrágio desigual**, que é aquela em que se atribuiu a determinados eleitos, por condições

3. SILVA, José Afonso da. Curso de direito constitucional positivo. 42ª ed., rev. e atual, São Paulo: Malheiros, 2019, p. 356.

especiais, o direito de votar mais de uma vez. São exemplos: i) **sufrágio familiar**, em que o pai de família dispõe dos votos da esposa e dos filhos; ii) **sufrágio plúrimo,** em que o eleitor pode votar mais de uma vez na mesma circunscrição eleitoral; e iii) **sufrágio múltiplo**, em que o eleitor pode votar mais de uma vez em uma mesma eleição, mas em circunscrições eleitorais diferentes.

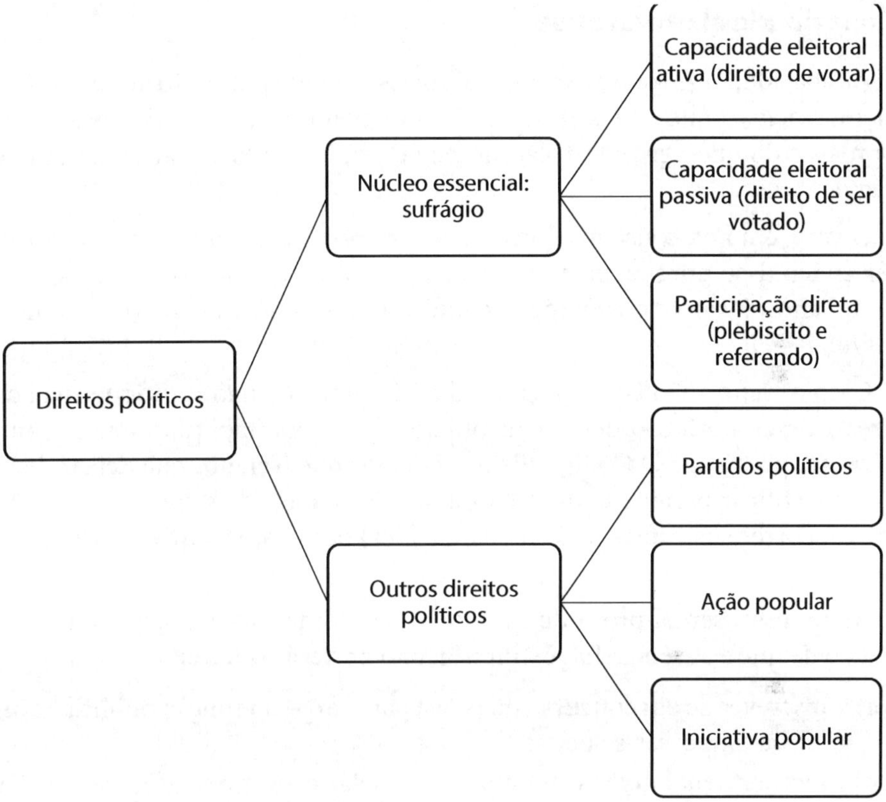

Além do núcleo essencial, representado pelo direito de sufrágio, os direitos políticos positivos englobam as formas de participação direta na democracia que não são exercidas por meio de uma votação, como (i) a **iniciativa popular**, (ii) a legitimidade para o ajuizamento da **ação popular** e (iii) o direito de criar, organizar e participar dos **partidos políticos**.

> **Observação**: É de suma importância, desde logo, diferenciarmos os termos "sufrágio", "voto" e "escrutínio". Embora possam parecer sinônimos, em nosso ordenamento jurídico eles são utilizados para designar coisas diferentes:

- **Sufrágio**: é, como vimos, o direito subjetivo público de votar e ser votado;
- **Voto**: o voto é o exercício do direito de sufrágio, é o meio pelo qual o direito de sufrágio é ativamente exercido;
- **Escrutínio**: é a forma pela qual o direito de votar se exercita.

A. Capacidade eleitoral ativa

A capacidade eleitoral ativa, vimos, consiste **na participação ativa** do cidadão na democracia, o que se instrumentaliza por meio do **direito de votar**. O **voto** nada mais é do que a manifestação no plano prático da faceta ativa do direito ao sufrágio.

O voto, em nosso sistema constitucional, além de um direito subjetivo, é um **dever cívico**. Isso porque, para os maiores de 18 (dezoito) anos e menores de 70 (setenta) anos, o **voto é obrigatório**, conforme se extrai do artigo 14, §1º, inciso I, da CF/88.

Caso o eleitor não compareça no dia da votação e não justifique sua ausência, resta descumprido o dever constitucional de votar, aplicando-se as **sanções legalmente previstas**. O Código Eleitoral dispõe que o eleitor que deixar de votar e não se justificar perante o juiz eleitoral até 30 (trinta) dias após a realização da eleição, incorrerá na **multa** de 3 (três) a 10 (dez) por cento sobre o salário mínimo da região.

Além disso, sem a prova de que votou na última eleição, pagou a respectiva multa ou de que a ausência foi justificada, **não poderá o eleitor**:

a) inscrever-se em concurso ou prova para cargo ou função pública, investir-se ou empossar-se neles;

b) receber vencimentos, remuneração, salário ou proventos de função ou emprego público, autárquico ou paraestatal, bem como de fundações governamentais, empresas, institutos e sociedades de qualquer natureza, mantidas ou subvencionadas pelo governo ou que exerçam serviço público delegado, correspondentes ao segundo mês subsequente ao da eleição;

c) participar de concorrência pública ou administrativa da União, dos Estados, dos Territórios, do Distrito Federal ou dos Municípios, ou das respectivas autarquias;

d) obter empréstimos nas autarquias, sociedades de economia mista, caixas econômicas federais ou estaduais, nos institutos e caixas de previdência social, bem como em qualquer estabelecimento de crédito mantido pelo governo, ou de cuja administração este participe, e com essas entidades celebrar contratos;

e) obter passaporte ou carteira de identidade;

f) renovar matrícula em estabelecimento de ensino oficial ou fiscalizado pelo governo;
g) praticar qualquer ato para o qual se exija quitação do serviço militar ou imposto de renda.

Caso o eleitor se abstiver de votar três vezes consecutivas, sem justificativa e sem recolher a multa, além das sanções acima listadas, terá sua **inscrição eleitoral cancelada** (artigo 7º, §3º, do Código Eleitoral).

Além da obrigatoriedade, que analisamos separadamente para justificar a razão de o voto não ser somente um direito, mas também um dever, podemos extrair da Constituição de 1988 as seguintes **características** do voto no nosso ordenamento jurídico:

a) **Livre**: o eleitor é livre para escolher e votar no candidato de sua preferência, ou, ainda, para anular ou votar em branco. Em razão dessa característica, Alexandre de Moraes pontua que a obrigatoriedade do voto só pode significar o comparecimento do eleitor no local de votação, no depósito do voto na urna e na assinatura da lista de presença.[4] Não pode ser o eleitor obrigado a votar em um determinado candidato, sendo possível, reiteramos, o voto em branco ou nulo.
b) **Direto**: o cidadão escolhe o seu representante diretamente, sem que haja intermediários nesse ato. O voto indireto, que é aquele em que o eleitor escolhe delegados que, posteriormente, decidem quem será o representante, é **excepcional** em nosso sistema, ocorrendo em uma única hipótese: na eleição do Presidente da República e do Vice-Presidente da República pelo Congresso Nacional no caso de vacância de ambos os cargos nos últimos dois anos do mandato presidencial (artigo 81, §1º, da CF/88).
c) **Secreto**: o voto é sigiloso, não podendo o seu conteúdo ser revelado pela Justiça Eleitoral. Em relação ao próprio eleitor, é seu dever, no momento de votar, preservar o sigilo do voto. É vedada, por exemplo, a conduta daquele que tira uma fotografia do próprio voto dentro da cabine da eleição (artigo 91-A, parágrafo único, da Lei n.º 9.504/97). Após a votação, contudo, o próprio eleitor pode quebrar o sigilo do seu voto, abrindo para terceiro as suas preferências políticas.

O sigilo do voto garante não só a liberdade do eleitor, mas também a lisura e a probidade do processo eleitoral, pois ajuda a evitar anomalias no pleito, tais como o suborno, a corrupção e a coação do eleitor.

4. MORAES, Alexandre de. Direito Constitucional, 34ª ed. São Paulo: Atlas, 2018, p. 256.

Observação: Como já analisamos, o escrutínio é a maneira como o processo de votação se desenvolve. É esse processo de votação que é secreto ou público, logo, essa "característica do voto" é, na verdade, a **forma do escrutínio**. Todavia, como a maioria dos autores pátrios coloca o sigilo como uma característica do voto, assim também o fizemos.

d) **Igual**: os votos de todos os cidadãos têm o mesmo valor no processo eleitoral. Ou seja, a cada eleitor é dado um único voto. Já analisamos essa qualidade quando tratamos do sufrágio, sendo certo que é o sufrágio que é igual, e não o voto. Todavia, assim como acontece com o sigilo da votação, listamos a igualdade como uma característica do voto, posto que a maioria dos autores pátrios o faz.

e) **Periódico**: o direito de votar deve ser exercitado de tempos em tempos. Veja-se que o artigo 60, §4º, inciso II, da CF/88 refere-se expressamente ao "voto periódico". Ademais, a periodicidade dos mandatos é decorrência lógica forma de governo republicana, por nós adotada.

f) **Personalíssimo**: o voto só pode ser exercido pessoalmente pelo eleitor, que deve se apresentar para votar. Desse modo, são vedados o exercício do direito ao voto por meio de procuração ou correspondência.

O **Supremo Tribunal Federal** já proferiu duas importantes decisões em que se discutiu as características do voto, mais precisamente o sigilo.

Na **ADI 4.543/DF**, o STF entendeu que o artigo 5º da Lei n.º 12.034/09, que previa a **criação do voto impresso conferido pelo eleitor** é **inconstitucional**. Afirmou-se, na decisão, que a exigência legal do voto impresso no processo de votação, contendo número de identificação associado à assinatura digital do eleitor, vulnera o segredo do voto, garantia constitucional expressa que impõe a necessidade de se assegurar que o eleitor não seja coagido.[5]

Dois anos após essa decisão, o **artigo 2º da Lei n.º 13.165/15** acrescentou o **artigo 59-A à Lei n.º 9.504/97**. Este dispositivo prevê expressamente que no processo de votação eletrônica, a urna imprimirá o registro de cada voto, que será depositado, de forma automática e sem contato manual do eleitor, em local previamente lacrado. Somente após a confirmação pelo eleitor de que o teor do seu voto e o registro impresso correspondem, é que o processo de votação estará concluído.

Uma **nova ADI**, então, foi ajuizada para impugnar a constitucionalidade dessa alteração. Em 2018, o Supremo Tribunal Federal, também com fundamento na garantia do sigilo dos votos, deferiu **medida cautelar** para suspender a eficácia

5. STF, Tribunal Pleno, ADI 4.543/DF, Rel. Min. Cármen Lúcia, j. 6.11.2013.

do art. 59-A da Lei nº 9.504/1997, com efeitos ***ex tunc***.[6] Em **2020**, a ação direta de inconstitucionalidade foi julgada procedente em sede de cognição exauriente, oportunidade em que a medida liminar antes deferida foi **confirmada**.[7]

B. Capacidade eleitoral passiva

A capacidade eleitoral passiva, que é a dimensão passiva do sufrágio, está atrelada ao direito de pleitear determinado mandato político e, consequentemente, **ser votado e eleito**. Para retratar essa ideia, utiliza-se o substantivo **elegibilidade**.

Abstratamente, todo cidadão tem o direito de ser votado. Todavia, para que tal situação se concretize, devem ser preenchidas as **condições de elegibilidade** para o cargo pleiteado. Além disso, não podem estar presentes causas de inelegibilidade, que estudaremos em tópico apartado.

O artigo 14, §3º, da CF/88 prevê que são **condições de elegibilidade**, na forma da lei:

a) **Nacionalidade brasileira**: como não poderia deixar de ser, uma vez que a nacionalidade brasileira é condição para o alistamento eleitoral, previu o constituinte que somente os nacionais brasileiros podem disputar eleições.

   Essa condição, contudo, é **excepcionada** em uma única situação. É o caso dos portugueses que residirem permanentemente no País e desde que seja reconhecida em solo português a capacidade eleitoral ativa aos brasileiros lá residentes (reciprocidade) – artigo 12, §1º, da CF/88.

b) **Pleno exercício dos direitos políticos**: para que uma pessoa possa pleitear um mandato eletivo, em nosso ordenamento jurídico, ela deverá estar em pleno gozo dos seus direitos políticos. Assim, a privação temporária ou definitiva dos direitos políticos, prevista no artigo 15 da CF, impede o registro da candidatura.

c) **Alistamento eleitoral**: vimos que o alistamento eleitoral é meio pelo qual se obtém a cidadania. Logo, aquele que não se encontra inscrito no cadastro eleitoral não poderá exercer os seus direitos políticos, inclusive o direito de ser votado. A prova do alistamento eleitoral é feita por meio do título de eleitor.

---

6. STF, Tribunal Pleno, MC na ADI 5.889/DF, Red. p/ acórdão Min. Alexandre de Moraes, j. 6.6.2018.

7. STF, Tribunal Pleno, ADI 5.889/DF, Rel. Min. Gilmar Mendes, j. 16.9.2020.

d) **Domicílio eleitoral na circunscrição**: o cidadão brasileiro somente poderá concorrer às eleições na circunscrição eleitoral em que for domiciliado há pelo menos **6 (seis) meses** (artigo 9º da Lei n.º 9.504/97).

e) **Filiação partidária**: a nossa democracia, além de representativa, é também partidária. Com efeito, os partidos políticos são peças-chave para o bom funcionamento da democracia, uma vez que representam diferentes ideologias e convicções políticas existentes na sociedade, reunindo, na qualidade de filiados, cidadãos adeptos à sua corrente de pensamento.

   É por isso que a nossa Constituição exige a filiação partidária como condição de elegibilidade, nã**o havendo possibilidade de candidatura avulsa**, como ocorre em alguns países (*v.g.* nos Estados Unidos da América).

   Para concorrer ao pleito, o candidato, em regra, deverá estar com a filiação partidária deferida pelo partido há pelo menos **6 (seis) meses** (artigo 9º da Lei n.º 9.504/97).

f) **Idade mínima** de: i) 35 (trinta e cinco) anos para Presidente e Vice-Presidente da República e Senador; ii) 30 (trinta) anos para Governador e Vice-Governador de Estado e do Distrito Federal; iii) 21 (vinte e um) anos para Deputado Federal, Deputado Estadual ou Distrital, Prefeito, Vice-Prefeito e juiz de paz; iv) 18 (dezoito) anos para Vereador.

   Vê-se que a Constituição de 1988, preocupada com o grau de maturidade e experiência necessários para o bom exercício de determinados cargos, implementou como condição para candidatar-se um critério etário.

   O artigo 11, §2º, da Lei n.º 9;504/97 prevê que a idade mínima constitucionalmente estabelecida como condição de elegibilidade é verificada tendo por referência a data da posse, salvo quando fixada em dezoito anos, hipótese em que será aferida na data-limite para o pedido de registro.

> **Observação**: Historicamente, o nosso sistema constitucional admite a **reeleição** de titulares de mandatos parlamentares (senadores, deputados federais, deputados estaduais e vereadores), mas proibia a reeleição para mandatos executivos. Isso foi alterado com o advento da EC n. º 16/97, que introduziu o instituto da reeleição também para os mandatos executivos, nos seguintes termos: "*O Presidente da República, os Governadores de Estado e do Distrito Federal, os Prefeitos e quem os houver sucedido, ou substituído no curso dos mandatos poderão ser reeleitos* ***para um único período subsequente***" (CF, artigo 14, §5º - Grifei).

C. Plebiscito, referendo e iniciativa popular

A Constituição de 1988 inovou ao trazer mecanismos de **participação democrática direta**, de modo que o nosso regime de governo pode ser qualificado como uma **democracia participativa**.

A Lei n.º 9.709/98, que regulamenta o plebiscito, o referendo e a iniciativa popular, definiu o **plebiscito** e **referendo** como sendo as consultas formuladas ao povo para que delibere sobre matéria de acentuada relevância, de natureza constitucional, legislativa ou administrativa (artigo 2º, *caput*).

A diferença entre os institutos se dá em relação ao **momento** em que a consulta ocorre: se a consulta for convocada com **anterioridade** ao ato legislativo ou administrativo, cabendo ao povo **aprovar ou denegar** o que lhe tenha sido submetido, teremos um **plebiscito** (artigo 2º, inciso I da lei); se, ao contrário, a consulta for convocada com **posteridade** ao ato legislativo ou administrativo, para que o povo **o ratifique ou o rejeite**, estaremos diante de um **referendo** (artigo 2º, inciso II da lei).

É competência exclusiva do **Congresso Nacional** autorizar referendo e convocar plebiscito (artigo 49, inciso XV, da CF/88) em âmbito federal. A convocação é feita por meio de **decreto legislativo**, após a proposta de **um terço dos membros** que compõem qualquer uma das casas do Congresso Nacional (artigo 3º da Lei n.º 9.709/98).

O plebiscito destinado à criação, à incorporação, à fusão e ao desmembramento de Municípios, será convocado pela Assembleia Legislativa (artigo 5º da Lei n.º 9.709/98), ao passo que nas demais questões, de competência dos Estados, do Distrito Federal e dos Municípios, o plebiscito e o referendo serão convocados de conformidade, respectivamente, com a Constituição Estadual e com a Lei Orgânica (artigo 6º da Lei n.º 9.709/98).

Em todos os casos, o quórum de deliberação é de **maioria simples**, havendo a homologação do resultado pelo Tribunal Superior Eleitoral (artigo 10 da Lei n.º 9.709/98).

A EC n. 111/21 trouxe novas regras envolvendo as consultas populares realizadas no **âmbito municipal**. O art. 14, §12, da CF/88 prevê que elas serão realizadas **concomitantemente às eleições municipais**, devendo ser aprovadas pelas Câmaras Municipais e encaminhadas às Justiça Eleitoral em até 90 (noventa) dias antes da data das eleições. Ainda, o §13 do mesmo dispositivo prevê que as manifestações favoráveis e contrárias às questões submetidas às consultas populares municipais deverão ocorrer durante as campanhas eleitorais e não poderão ser veiculadas por rádio ou televisão.

Por seu turno, a **iniciativa popular** nada mais é do que a forma de iniciativa legislativa pela qual se admite que o **povo apresente projetos de lei ao Poder**

Legislativo. Consiste, segundo o artigo 13, *caput*, da Lei n.º 9.709/98, na apresentação de projeto de lei à Câmara dos Deputados subscrito por, no mínimo, um por cento do eleitorado nacional, distribuído pelo menos por cinco Estados, com não menos de três décimos por cento dos eleitores em cada um deles.

O projeto de lei de iniciativa deve circunscrever-se a **um só assunto** e **não pode ser rejeitado por vício de forma**, cabendo à Câmara dos Deputados, por seu órgão competente, providenciar a correção de eventuais impropriedades de técnica legislativa ou de redação (artigo 13, §§ 1º e 2º, da Lei n.º 9.709/98).

No âmbito **estadual**, caberá à lei dispor sobre a iniciativa popular no processo legislativo estadual (artigo 27, §4º da CF/88), enquanto no âmbito **municipal**, a lei orgânica do Município deve, obrigatoriamente, prever a iniciativa popular de projetos de lei de interesse específico do Município, da cidade ou de bairros, através de manifestação de, pelo menos, cinco por cento do eleitorado (artigo 29, inciso XIII, da CF/88).

D. Ação popular

A ação popular é um instrumento de **defesa da coisa pública**, que, diferentemente das demais ações coletivas, pode ser ajuizada por qualquer membro da coletividade que demonstre ter a qualidade de **cidadão**.

Esse poder conferido ao cidadão de fiscalizar e de provocar o Poder Judiciário com a finalidade de que um ato lesivo ao patrimônio público seja anulado concedida é, sem dúvida, uma relevantíssima forma de **participação direta na vida política do Estado**.

Como já esmiuçamos o tema quando do estudo dos remédios constitucionais, remetemos o leitor à Parte IV, 2, 2.2, D, D.6.

E. Partidos políticos

Os **partidos políticos** são o agrupamento de pessoas organizadas de maneira estável que, inspiradas por ideais ou movidas por interesses, almejam alcançar ou manter o poder, de modo a implementar o seu plano de governo.

Na mesma linha do conceito apresentado, Paulo Bonavides traz **cinco elementos** indispensáveis para a configuração de um partido político, são eles: i) um grupo social; ii) um princípio de organização; iii) um acervo de ideias e princípios, que inspiram a ação do partido; iv) um interesse básico em vista: a tomada de poder; v) um sentimento de conservação desse mesmo poder ou de domínio do aparelho governativo quando este lhes chega às mãos.[8]

---

8. BONAVIDES, Paulo. Curso de direito constitucional. 34ª ed. atual. São Paulo: Malheiros, 2019, p. 372.

De acordo com a Lei n.º 9.096/95, o partido político tem natureza jurídica de **pessoa jurídica de direito privado** e destina-se a assegurar, no interesse do regime democrático, a autenticidade do sistema representativo e a defender os direitos fundamentais definidos na Constituição Federal (artigo 1º).

A **criação** de um partido político ocorre em três etapas. A primeira se dá com a **inscrição do ato constitutivo no Registro Civil**, momento em que há a aquisição da personalidade jurídica. Na sequência, deve-se comprovar o **apoiamento mínimo**, tal qual regulamenta o artigo 7º, §1º, da Lei n.º 9.096/95. Por fim, é feito o **registro do estatuto no TSE** (artigo 17, §2º, da CF/88).

Os **princípios** reitores dos partidos políticos são:

a) **Liberdade partidária**: o *caput* do artigo 17 da Lei n.º 9.096/95 prevê que é livre a criação, fusão, incorporação e extinção dos partidos políticos. Essa liberdade, no entanto, é **condicionada** ao resguardo da soberania nacional, do regime democrático, do pluripartidarismo e dos direitos fundamentais. Além disso, os partidos devem ter caráter nacional – o que é comprovado pelo apoiamento mínimo –, não podem receber recursos financeiros provenientes de entidades ou governos estrangeiros, devem prestar contas à Justiça Eleitoral e devem ter funcionamento parlamentar de acordo com a lei. Também é vedado aos partidos a utilização de organização paramilitar (artigo 17, §4º, da CF/88).

b) **Autonomia partidária**: além da liberdade partidária, que está ligada à própria existência do partido, a Constituição de 1988 assegura aos partidos políticos a autonomia para definir sua estrutura interna e estabelecer regras sobre escolha, formação e duração de seus órgãos permanentes e provisórios e sobre sua organização e funcionamento e para adotar os critérios de escolha e o regime de suas coligações nas eleições majoritárias, vedada a sua celebração nas eleições proporcionais, sem obrigatoriedade de vinculação entre as candidaturas em âmbito nacional, estadual, distrital ou municipal, devendo seus estatutos estabelecer normas de disciplina e fidelidade partidária (artigo 17, §1º, da CF/88).

Observação: A **candidatura nata**, instituto por meio do qual o detentor de mandato eletivo tem o direito subjetivo a ser indicado pelo partido político para a reeleição, não encontra abrigo constitucional em nosso ordenamento jurídico, uma vez que haveria violação à autonomia partidária. Nesse sentido, o Supremo Tribunal Federal já julgou inconstitucional dispositivo de lei que assim previa: "Aos detentores de mandato de Deputado Federal, Estadual ou Distrital, ou de Vereador, e aos que tenham exercido esses cargos em qualquer período da legislatura que estiver em curso, é assegurado o registro de candidatura para o mesmo cargo pelo partido a que estejam filiados.", dada sua incompatibilidade com o artigo 17 da CF/88.[9]

Observação: Ainda que se reconheça que os partidos políticos são autônomos e que possam estabelecer a duração dos mandatos de seus dirigentes, o Supremo Tribunal Federal já decidiu que a previsão de mandato de oito para os cargos de órgãos provisórios dos partidos é inconstitucional. Isso porque, à luz dos princípios republicano e democrático, as eleições devem ocorrer em prazo razoável, garantindo-se a alternância do poder.[10]

c) **Disciplina e fidelidade partidárias**: como vimos, o artigo 17, §1º, da CF/88 prevê que os estatutos dos partidos políticos devem estabelecer normas de disciplina e fidelidade partidária. Deve, portanto, o mandatário pautar a sua atuação pela orientação programática do partido pelo qual foi eleito, estando os estatutos dos partidos políticos autorizados a estabelecer sanções para os atos de indisciplina e infidelidade.

No julgamento da **ADI 5.081/DF**, o Supremo Tribunal Federal sedimentou o entendimento de que é legítima a **decretação da perda do mandato do candidato** que abandona a legenda pela qual se elegeu, sem justa causa, desde que tal eleição tenha se dado por meio do **sistema proporcional**. Neste sistema, dá-se ênfase nos votos obtidos pelos partidos, sendo a fidelidade importante para garantir as opções feitas pelo eleitor. Por outro lado, caso o sistema adotado seja o **majoritário**, como ocorre nas eleições para Presidente, Governador, Prefeito e Senador, a desfiliação do partido e, portanto, a quebra da fidelidade partidária, **não podem acarretar a perda do mandato**. Isso porque, nesse sistema, a ênfase é da figura do candidato, de modo que a perda do mandato frustraria a vontade do eleitor.[11]

Ainda nessa linha, a EC n. 111 de 2021 acrescentou o §6º ao art. 17 da CF/88. Esse dispositivo prevê que os eleitos a mandatos parlamentares pelo sistema proporcional – deputados federais, deputados estaduais e distritais e vereadores – perderão o mandato ao se desligarem do partido, exceto nos casos de anuência do partido ou de outras hipóteses de justa causa estabelecidas em lei.

---

9. STF, Tribunal Pleno, ADI 2.530, Rel. Min. Nunes Marques, j. 18.8.2021.
10. STF, Tribunal Pleno, ADI 6.230, Rel. Min. Ricardo Lewandoswki, j. 5.8.2022.
11. STF, Tribunal Pleno, ADI 5.081/DF, Rel. Min. Roberto Barroso, j. 27.5.2015.

Por fim, a última questão pendente em torno dos partidos políticos envolve a sistemática dos seus **financiamentos**.

Os candidatos e partidos políticos necessitam de recursos para fazer frente às despesas com a divulgação de suas ideias e projetos e, consequentemente, angariar votos e influenciar as pessoas.

A forma como essa captação de recursos é feita, bem como quais são as fontes de recursos possíveis, são matérias regulamentadas por lei. Busca-se, com isso, garantir a higidez do processo eleitoral - que pode ser influenciado caso haja um abuso de poder econômico -, bem como garantir a sua transparência.

A Lei n.º 9.096/95 prevê que os partidos políticos receberão dinheiro do Fundo Partidário (financiamento público) e de doações (financiamento particular), de modo que se adotou, em nosso país, o modelo de **financiamento misto**.

O artigo 31 da Lei n.º 9.095/95 traz hipóteses em que é vedada a doação de recursos aos partidos políticos. Com efeito, os partidos **não poderão receber dinheiro procedente de**: i) entidade ou governo estrangeiros; ii) entes públicos e pessoas jurídicas de qualquer natura, salvo as dotações provenientes do Fundo Partidário; iii) entidades de classe ou sindical e iv) pessoas físicas que exerçam função ou cargo público de livre nomeação e exoneração, ou cargo ou emprego público temporário, ressalvados os filiados a partido político.

A legislação pátria admitia, portanto, que pessoas jurídicas privadas realizassem doações diretamente aos partidos políticas e às campanhas políticas de candidatos a sua escolha, desde que não esbarrassem em umas das vedações expressas.

No entanto, em 2015, o **Supremo Tribunal Federal** decidiu, quando do julgamento da ADI 4.650/DF, que eram **inconstitucionais** as previsões legais que admitiam a **realização de doações por pessoas jurídicas a partidos políticos**.

Afirmou-se, na oportunidade, que os limites previstos pela legislação de regência para a doação de pessoas jurídicas às campanhas eleitorais se afiguram assaz insuficientes a coibir, ou, ao menos, amainar, a captura do político pelo poder econômico, de maneira a criar indesejada "plutocratização" do processo político.

Consignou-se, ainda, que a doação por pessoas jurídicas às campanhas eleitorais, antes de refletir eventuais preferências políticas, denota um agir estratégico desses grandes doadores, no afã de estreitar suas relações com o poder público, em pactos, muitas vezes, desprovidos de espírito republicano.[12]

Desse modo, os detentores de mandatos eletivos cujas eleições se deram pelo sistema proporcional não podem se desligar ou mudar de partido. Caso o façam,

12. STF, Tribunal Pleno, ADI 4.650/DF, Rel. Min. Luiz Fux, j. 17.9.2015.

perderão os mandatos, salvo as exceções constitucionais e legais (ver art. 22-A da Lei n. 9.096/95).

5. DIREITOS POLÍTICOS NEGATIVOS

Os direitos políticos negativos são as previsões constitucionais que **privam** o cidadão de participar do processo político e dos órgãos governamentais. Neles estão incluídas normas sobre **inelegibilidade** e também sobre **perda e suspensão dos direitos políticos.**

A. Inelegibilidades

A.1. Introdução

A inelegibilidade é o **impedimento ao exercício da capacidade política passiva**, de modo que o cidadão fica privado da possibilidade de concorrer a um cargo eletivo e de ser votado.

> **Observação:** Não se pode confundir os conceitos de inelegibilidade, inalistabilidade e **condições de elegibilidade**. Como vimos, a **inalistabilidade** impede que a pessoa se aliste como eleitora, ficando privada da condição de cidadã e, consequentemente, impedida de votar, ser votada e participar diretamente na democracia. As condições de elegibilidade, por sua vez, são requisitos positivos que devem ser preenchidos para que possa o cidadão concorrer a um determinado cargo eletivo.

A Constituição de 1988 prevê expressamente algumas hipóteses de inelegibilidade, como é o caso da inelegibilidade reflexa prevista no artigo 14, §7º, da CF/88. Além disso, o artigo 14, §9º, da CF/88 dispõe que a **lei complementar estabelecerá outros casos de inelegibilidade** e os prazos de sua cessação, a fim de proteger a probidade administrativa, a moralidade para exercício de mandato considerada vida pregressa do candidato, e a normalidade e legitimidade das eleições contra a influência do poder econômico ou o abuso do exercício de função, cargo ou emprego na administração direta ou indireta.

Assim, podemos separar didaticamente as inelegibilidades em constitucionais e infraconstitucionais.

A.2. Inelegibilidades constitucionais

As inelegibilidades constitucionais estão previstas nos §§ 4º a 7º do artigo 14 da CF/88. Elas, diferentemente das inelegibilidades infraconstitucionais, que só podem ser alegadas durante o período do registro da candidatura, sob pena de preclusão, podem ser alegadas em qualquer momento, até mesmo após as eleições.

São elas:

a) **Inelegibilidade dos inalistáveis**: o artigo 14, §4º, da CF/88 prevê que os inalistáveis são inelegíveis. Tal previsão, a toda evidência, era de todo desnecessária, uma vez que sem o alistamento, não se adquire a cidadania e, consequentemente, não se está apto a ser votado.

b) **Inelegibilidade dos analfabetos**: o analfabeto é aquele que não conhece o alfabeto, não sabendo ler e escrever. O constituinte achou por bem restringir os direitos políticos dos analfabetos, não permitindo a sua candidatura aos mandatos eletivos, em virtude das complexidades que envolvem o exercício de um cargo público (artigo 14, §4º, da CF/88).

c) **Inelegibilidade por motivos funcionais**: o artigo 14, §5º, da CF/88, como vimos, admite uma única reeleição subsequente dos Chefes do Poder Executivo. A contrário senso, serão inelegíveis o Presidente, os Governadores e os Prefeitos para um **terceiro mandato subsequente relativamente ao mesmo cargo.**

   Neste ponto, o Supremo Tribunal Federal já decidiu que a regra do artigo 14, §5º, da CF/88 **veda** a assunção de um terceiro mandato subsequente para o mesmo cargo, **ainda que em outra circunscrição eleitoral**. Segundo o Supremo, o **princípio republicano** impede a perpetuação de uma mesma pessoa ou grupo no poder, pois traduz um postulado de temporariedade e de alternância do poder. Desse modo, o nosso ordenamento constitucional não chancela a figura do "**prefeito itinerante**", também conhecido como "**prefeito profissional**".[13]

   Outra questão interessante que já foi enfrentada pelo Supremo Tribunal Federal é a possibilidade ou não de o vice que substituiu o chefe do Poder Executivo poder se reeleger. Quanto à **sucessão**, que ocorre quando há a vacância definitiva do cargo, **não há dúvidas de que a regra se aplica**. No entanto, quando há a **substituição**, em razão do seu caráter temporário e não definitivo, o Supremo já entendeu que esse período de substituição **não deve ser computado para fins de reeleição**. Assim, é possível que um eleito duas vezes para o cargo de Vice-governador e que, no primeiro mandato tenha substituído o Governador, e, no segundo, o sucedido, se reeleja como Governador no período subsequente.[14]

13. STF, Tribunal Pleno, RE 637.485/RJ, Rel. Min. Gilmar Mendes, j. 1º.8.2012 (repercussão geral).
14. STF, Segunda Turma, RE 366.488/SP, Rel. Min. Carlos Velloso, j. 4.10.2005.

Outra regra de inelegibilidade envolvendo a função está esculpida no **artigo 14, §6º, da CF/88**: os Chefes do Poder Executivo, para concorrerem a outros cargos, devem renunciar aos respectivos mandatos até 6 (seis) meses antes do pleito.

d) **Inelegibilidade reflexa**: o artigo 14, §7º, da CF/88 traz uma hipótese de inelegibilidade a qual se atribuiu a alcunha de "reflexa", posto que atinge não ao titular do mandato, mas **àqueles que mantém algum vínculo pessoal com ele.** Consigna o dispositivo que: "*São inelegíveis, no território de jurisdição do titular, o cônjuge e os parentes consanguíneos ou afins, até o segundo grau ou por adoção, do Presidente da República, de Governador de Estado ou Território, do Distrito Federal, de Prefeito ou de quem os haja substituído dentro dos seis meses anteriores ao pleito, salvo se já titular de mandato eletivo e candidato à reeleição*".

Assim, o cônjuge – inclui-se, aqui, o companheiro – e os parentes referidos no dispositivo são inelegíveis para qualquer cargo eletivo dentro da circunscrição eleitoral na qual o mandatário exerce sua função.

No caso do **Prefeito**, a circunscrição eleitoral é o Município, atingindo a inelegibilidade os cargos de Prefeito, Vice-Prefeito e Vereador do Município respectivo. No caso do **Governador**, a circunscrição eleitoral é o território do Estado-membro respectivo, estendendo-se a inelegibilidade aos cargos de Governador, Vice-Governador e Deputado Estadual no Estado-membro respectivo. Abrangerá, também, o cargo de Deputado Federal e Senador Federal pelo Estado-membro respectivo. No caso do **Presidente da República**, a inelegibilidade reflexa atinge todo e qualquer cargo eletivo, já que a circunscrição eleitoral é todo o território nacional.

Note-se que o próprio dispositivo constitucional prevê **exceção** à regra, não se aplicando a inelegibilidade quando o cônjuge, companheiro ou parente já seja **titular de mandato eletivo e disputar a reeleição**.

Além dessa hipótese excepcional, aquele que se encontrar ilegível por conta do seu grau de parentesco com o mandatário, poderá concorrer à eleição desde que haja a **desincompatibilização em até seis meses antes do pleito**, ou seja, desde que o titular do cargo de Chefe do Poder Executivo na respectiva circunscrição deixe o cargo, por qualquer motivo antes de seis meses das eleições.

Como forma de burlar essa inelegibilidade, eram comuns as separações judiciais e divórcios somente "no papel". Percebendo essa realidade, o Supremo Tribunal Federal editou o **Enunciado n.º 18 de sua Súmula Vinculante**, nos seguintes termos: "a dissolução da sociedade ou do vínculo conjugal, no curso do mandato, não afasta a inelegibilidade prevista no §7º do artigo 14 da Constituição Federal."

No entanto, caso o mandatário faleça durante o mandato, o Supremo Tribunal Federal entende que não se aplica esse enunciado, ou seja, a inelegibilidade do art. 14, § 7º, da Constituição **não se aplica** ao cônjuge sobrevivente quando ocorrer o falecimento do mandatário.[15]

No julgamento do AgR no RE 1.128.439/RN, o Supremo Tribunal Federal foi além, e entendeu que **a eleição de integrante do mesmo núcleo familiar para exercício de terceiro mandato consecutivo viola os §§ 5º e 7º do artigo 14 da CF/88.**[16]

A.3. *Inelegibilidades infraconstitucionais*

As inelegibilidades infraconstitucionais encontram fundamento no artigo 14, §9º, da CF/88. Elas são estabelecidas por meio de **lei complementar** que, além de prever os **casos**, deve prever os **prazos** de suas cessações.

A finalidade dessas previsões deve ser a probidade administrativa, a moralidade para o exercício do mandato, a normalidade e a legitimidade das eleições contra a influência do poder econômico e o abuso do exercício da função, cargo ou emprego na administração direta ou indireta.

As inelegibilidades legais devem ser arguidas quando do registro da candidatura, sob pena de preclusão. Após esse momento, somente poderão ser ventiladas inelegibilidades constitucionais ou legais que tenham surgido entre o registro da candidatura e a data da eleição (inelegibilidades supervenientes).

A principal lei complementar que trata das inelegibilidades infraconstitucionais é a LC n.º 64/90. Em 2010, foi promulgada a LC n.º 135/10, conhecida como "Lei da Ficha Limpa", que alterou diversos dispositivos da LC n.º 64/90, trazendo um tratamento mais rígido.

Sobre a **Lei da Ficha Limpa**, o **Supremo Tribunal Federal** já decidiu que a lei é **inteiramente constitucional**, não havendo nenhuma incompatibilidade com o texto constitucional.

Afirmou-se, no julgamento, que não violação ao princípio da irretroatividade ao admitir a aplicação da Lei da Ficha Limpa a atos praticados antes de sua vigência. Isso porque a elegibilidade é a adequação do indivíduo ao regime jurídico do processo eleitoral, o que é verificado no momento do registro de sua candidatura. Antes há mera expectativa de direito.

15. STF, Tribunal Pleno, RE 758.461/PB, Rel. Min. Teori Zavascki, j. 22.5.2014.

16. STF, Segunda Turma, AgR no RE 1.128.439/RN, Rel. Min. Celso de Mello, j. 23.10.2018.

Ademais, a previsão de que a decisão por órgão colegiado para que a inelegibilidade fique configurada não viola o princípio da presunção de inocência, que se aplica somente no âmbito penal e processual penal[17].

B. Perda e suspensão dos direitos políticos

O **artigo 15 da CF/88** prevê que é vedada a cassação de direitos políticos, cuja perda ou suspensão só se dará nos casos de: i) cancelamento da naturalização por sentença transitada em julgado; ii) incapacidade civil absoluta; iii) condenação criminal transitada em julgado, enquanto durarem seus efeitos; iv) recusa de cumprir obrigação a todos imposta ou prestação alternativa, nos termos do art. 5º, VIII; e v) improbidade administrativa, nos termos do art. 37, § 4º.

O primeiro apontamento a ser feito é que a Constituição de 1988 **vedou a cassação dos direitos políticos**, expediente largamente utilizado no governo militar. A cassação nada mais é do que a **privação direta** dos direitos políticos por meio de decisão proferida por autoridade.

Diferencia-se da perda dos direitos políticos na medida em que, embora esta também dependa de uma decisão de autoridade, o **conteúdo decisório não corresponde diretamente à privação dos direitos políticos**.

Um exemplo ajuda a clarear a situação. Conforme estudaremos a seguir, uma das hipóteses de perda dos direitos políticos é o cancelamento da naturalização por sentença transitada em julgado. Veja-se que se trata de uma decisão, proferida por uma autoridade judiciária, cujo conteúdo é o cancelamento da naturalização. É consequência dessa decisão, que não cassa diretamente os direitos políticos, a perda dos direitos políticos, mas não o seu próprio conteúdo.

A distinção entre **perda** e **suspensão** dos direitos políticos é mais simples. Embora ambas importem em privação dos direitos políticos, aquela é **definitiva**, enquanto esta é **temporária**.

O constituinte não distinguiu, expressamente, quais as hipóteses são de perda e quais são de suspensão dos direitos políticos, cabendo à doutrina fazer tal separação.

B.1. Perda dos direitos políticos

A perda, vimos, é a **privação definitiva** dos direitos políticos.

A **doutrina majoritária** aponta como hipótese de perda dos direitos políticos o **cancelamento da naturalização por sentença transitada em julgado** (artigo 15,

17. STF, Tribunal Pleno, ADC 29/DF, ADC 30/DF e ADI 4.578/DF, Rel. Min. Luiz Fux, j 16.2.2012.

inciso I, da CF/88). Isso porque, o mero decurso do tempo não é capaz de acabar com a sua existência, sendo possível reverter o quadro somente por meio de uma nova decisão judiciária em sentido contrário.

O cancelamento da naturalização é o rompimento do vínculo jurídico-político entre a pessoa e o Estado. Ocorrerá quando o **brasileiro naturalizado praticar atividade considerada nociva ao interesse nacional**, fato este reconhecido por meio de sentença transitada em julgado (artigo 12, §4º, inciso I, da CF/88).

A perda dos direitos políticos não precisa ser declarada na parte dispositiva da decisão, tratando-se de efeito decorrente do próprio cancelamento da naturalização: perdida a nacionalidade brasileira, retorna-se ao estado de estrangeiro e, consequentemente, perde-se a qualidade de cidadão brasileiro.

Embora o artigo 15, inciso I, da CF/99 fale apenas no cancelamento da naturalização brasileira como forma de perda dos direitos políticos, a doutrina quase unânime aponta que **a perda da nacionalidade brasileira em virtude da aquisição de outra nacionalidade** (artigo 12, §4º, inciso II, da CF/88) **também acarretará à perda dos direitos políticos.**

B.2. Suspensão dos direitos políticos

A suspensão é a **privação temporária** dos direitos políticos.

De acordo a maioria dos autores, ocorre nas seguintes hipóteses:

a) **Incapacidade civil absoluta** (artigo 15, inciso II, da CF/88): o constituinte originário entendeu que aqueles que não têm capacidade de gerir os seus próprios negócios privados, também não terão condições de conduzir os negócios públicos.

   Trata-se de hipótese de suspensão dos direitos políticos, uma vez que, retomada a capacidade civil, os direitos políticos são restabelecidos.

   O Código Civil, originalmente, previa que eram considerados absolutamente incapazes: i) os menores de dezesseis anos; ii) os que, por enfermidade ou deficiência mental, não tiveram o necessário discernimento para a prática desses atos; iii) os que, mesmo por causa transitória, não puderem exprimir sua vontade.

   Todavia, com o advento da **Lei n.º 13.146/15 (Estatuto da Pessoa com Deficiência),** alterou-se o artigo 3º do CC/02 de modo que ficou mantido como absolutamente incapaz tão somente a hipótese dos menores de 16 (dezesseis) anos.

Como é impróprio falar que os menores de 16 (dezesseis) anos tiveram seus direitos políticos suspensos, uma vez que sequer os adquiriram, a norma contida no artigo 15, inciso II, da CF/88 **restou absolutamente esvaziada** com a alteração legislativa.

Quis iuris se uma **pessoa com deficiência** for absolutamente inapta de formar e expressar a sua vontade? Embora tenha o Estatuto da Pessoa com Deficiência alterado o *status* jurídico do deficiente que não consiga, transitória ou permanentemente, manifestar a sua vontade para relativamente incapaz e, expressamente previsto que a curatela afeta tão somente os direitos patrimoniais e negociais, tem-se entendido, majoritariamente, que aqueles **deficientes impossibilitados de manifestar livremente a sua vontade terão seus direitos políticos suspensos enquanto tal situação persistir**, devendo o juiz cível que decretar a interdição comunicar tal fato à Justiça Eleitoral.[18]

b) **Condenação transitada em julgado** (artigo 15, inciso III, da CF/88): o cidadão que é condenado criminalmente, por decisão transitada em julgado, terá os seus direitos políticos suspensos **enquanto perdurarem os efeitos da condenação.**

Trata-se de **efeito secundário da sentença criminal** condenatória que exsurge de maneira automática com o seu trânsito em julgado. Conforme já decidido pelo Supremo Tribunal Federal, a norma do artigo 15, inciso III, da CF/88 é de **aplicabilidade imediata**, não dependendo de intermediação legislativa para sua incidência.[19]

No julgamento do RE 601.182/MG, com repercussão geral, o Supremo Tribunal Federal decidiu que a suspensão de direitos políticos prevista no art. 15, III, da Constituição Federal, **aplica-se** não só nos casos em que se aplica a pena privativa de liberdade, mas também nas hipóteses em que há a **substituição da pena privativa de liberdade pela restritiva de direitos.**[20]

Em sede de repercussão geral, o Supremo Tribunal Federal fixou a seguinte tese: ""A suspensão dos direitos políticos prevista no artigo 15, III, da Constituição Federal não impede a nomeação e posse de candidato aprovado em concurso público, desde que não incompatível com a infração

18. GOMES, José Jairo. Direito eleitoral. 13ª ed. São Paulo: Atlas, 2017; e NOVELINO, Marcelo. Curso de direito constitucional. 12ª ed. rev. ampl. e atual. Salvador: Ed. Juspodivm, 2017.
19. STF, Primeira Turma, AgR no RMS 22.470/SP, Rel. Min. Celso de Mello, j. 11.6.1996.
20. STF, Tribunal Pleno, RE 601.182/MG, Red. p/ acórdão Min. Alexandre de Moraes, j. 8.5.2019 (repercussão geral).

penal praticada, em respeito aos princípios da dignidade da pessoa humana e do valor social do trabalho (art. 1º, III e IV, da CF/88) e do dever do Estado em proporcionar as condições necessárias para a harmônica integração social do condenado, objetivo principal da execução penal, nos termos do artigo 1º da LEP (Lei nº 7.210/84). O início do efetivo exercício do cargo ficará condicionado ao regime da pena ou à decisão judicial do juízo de execuções, que analisará a compatibilidade de horários."[21]

c) **Recusa de cumprir obrigação a todos imposta ou prestação alternativa** (artigo 15, inciso IV, da CF/88): o artigo 5º, inciso VIII, da CF/88 prevê que ninguém será privado de direitos por motivo de crença religiosa ou de convicção filosófica ou política, salvo se as invocar para eximir-se de obrigação legal a todos imposta e recursar-se a cumprir prestação alternativa, fixada em lei. Cuida-se da objeção de consciência. Caso, por motivos filosóficos ou religiosos uma pessoa não queira cumprir obrigações que lhe são legalmente impostas, como é o caso do serviço militar e do exercício da função de jurado, deverá cumprir a prestação alternativa que lhe é imposta. Descumpridas as duas, haverá a suspensão dos direitos políticos **até que suas obrigações legais sejam cumpridas.**

   Alguns autores qualificam essa hipótese como caso de perda dos direitos políticos. Todavia, vem prevalecendo que se cuida de uma hipótese de suspensão, pois basta que as obrigações legais inadimplidas sejam adimplidas para que o sujeito retome seus direitos políticos.

d) **Improbidade administrativa** (artigo 15, inciso V, da CF/88): a Lei n.º 8.429/92, com a redação dada pela Lei n. 14.230/21, prevê, entre as sanções aplicáveis à prática do ato de improbidade administativa, a suspensão dos direitos políticos pelo prazo de até 14 (quatorze) anos, no caso de atos que gerem enriquecimento ilícito (artigo 12, inciso I, da lei) e pelo prazo de até 12 (doze) anos, no caso de atos que gerem dano ao erário (artigo 12, inciso II, da lei).

C. Reaquisição dos direitos políticos

A Constituição Federal de 1988 não previu norma sobre a reaquisição dos direitos políticos perdidos ou suspensos, diferentemente das Constituições de 1946 e de 1967/69, que expressamente transferiram para a legislação infraconstitucional tal mister.

21. STF, Tribunal Pleno, RE 1.282.553/RR, Rel. Min. Alexandre de Moraes, j. 4.10.2023 (RG – Tema 1.190).

A Lei n.º 818/49, editada quando da vigência da Constituição de 1946 e recepcionada pelas constituições que lhe sucederam, tratava do tema. Contudo, esta lei foi revogada expressamente pela Lei n.º 13.445/17, havendo verdadeiro vácuo legislativo quanto a questão.

Nesse cenário, resta à doutrina a definição de quando os direitos políticos serão readquiridos.

No caso de perda em virtude do **cancelamento da naturalização**, para que ocorra a reaquisição dos direitos políticos será necessária uma decisão judicial rescindindo a decisão que cancelou a naturalização no bojo de uma **ação rescisória**.

No caso de perda pela **aquisição de outra nacionalidade**, deverá, cessada a causa, ocorrer a **reaquisição ou a revogação do ato** que declarou a perda da nacionalidade brasileira, na forma da Lei n.º 13.445/17 c/c Decreto n.º 9.199/17. Além disso, deverá ser feito um **novo alistamento eleitoral**.

Nas hipóteses de **suspensão dos direitos políticos**, basta que **cessem as causas** que a determinou para que o indivíduo recupere os seus direitos políticos.

6. PRINCÍPIO DA ANTERIORIDADE ELEITORAL

O **artigo 16 da CF/88** determina que a lei que alterar o processo eleitoral entrará em vigor na data de sua publicação, não se aplicando à eleição que ocorra até um ano da data de sua vigência.

Cuida-se de previsão intimamente ligada ao princípio da **segurança jurídica**, sendo verdadeiro corolário desse princípio no âmbito eleitoral. Com efeito, a finalidade do constituinte foi **preservar o processo eleitoral de mudanças casuísticas**, promovidas por aqueles que, além de legisladores, são destinatários da norma.

Desse modo, a **lei que modificar o processo eleitoral**, embora entre em vigor na data de sua publicação, **somente se aplicará aos pleitos que ocorram até um ano após a data de sua vigência.**

BIBLIOGRAFIA

ABBOUD, Georges. Processo constitucional brasileiro. 4ª ed. São Paulo: Revista dos Tribunais, 2020.

ACKERMAN, Bruce. We the people, volume II: *Transformations*, Harvard University Press: 2000.

AGUIAR, Mirella de Carvalho. Amicus curiae. Salvador: Editora Juspodivm, 2005.

ALEXY, Robert. Derechos Sociales Fundamentales. In: Miguel Carbonell, Juan Antonio Parcero y Rodolfo Vázques. Derechos Sociales y Derechos de las Minorías. México: Editorial Porrúa, 2004.

ALEXY, Robert. Teoria dos direitos fundamentais. Tradução de Vírgilio Afonso da Silva. 2ª ed. 5ª tiragem, São Paulo: Malheiros, 2017.

ALMEIDA, Fernanda Dias Menezes de. Competências na Constituição 1988. 6ª ed. São Paulo: Atlas, 2013.

ALMEIDA, Roberto Moreira de. Curso de Direito Eleitoral. 9ª ed. rev. ampl. e atualizada. Salvador: Editora Juspodivm, 2015.

ALONSO, Félix Ruiz. Pessoa, intimidade e o direito à privacidade. *In*: MARTINS FILHO, Ives Gandra; MONTEIRO JÚNIOR, Antônio Jorge (org.). Direito à privacidade. São Paulo: Centro de Extensão Universitária, 2005.

AMARAL, Gustavo. Direito, escassez e escolha. Rio de Janeiro: Renovar, 2001.

AMARAL JÚNIOR, José Levi Mello do. Constitucionalismo e Conceito de Constituição, RDP, Brasília, Volume 18, n. 98, 673-723, mar./abr. 2021.

AMARAL JÚNIOR, José Levi Mello do. Medida provisória: edição e conversão em lei: teoria e prática. 2ª ed. São Paulo: Saraiva, 2012.

AMARAL JÚNIOR, José Levi Mello do. O Poder Legislativo na democracia contemporânea: A função de controle político do Parlamento na democracia contemporânea. Revista de Informação Legislativa, Brasília, a. 42, n.º 168, p. 7-18, out./dez., 2005.

ANDRADE, José Carlos Vieira de. Os direitos fundamentais na Constituição portuguesa de 1976. 6ª ed. Coimbra: Almedina, 2019.

ANDRADE, Paes de; BONAVIDES, Paulo. História Constitucional do Brasil. 5ª ed. Brasília: OAB Editora, 2004.

ARAGÃO, Alexandre Santos de. Empresas estatais: o regime jurídico das empresas públicas e sociedades de economia mista. 1ª ed. São Paulo: Forense, 2017.

ARAUJO, Luiz Alberto David; NUNES JÚNIOR, Vidal Serrano. Curso de Direito Constitucional. 23ª ed. Santana de Parnaíba: Manole, 2021.

ARISTÓTELES. Política. Trad. Maria Aparecida de Oliveira Silva. São Paulo, Edipro, 2019.

ATALIBA, Geraldo. Superação jurídica da Constituição de 1993. *In*: CUNHA, Sérgio Sérvulo da (Org.). Revisão constitucional: aspectos jurídicos, políticos e éticos. Porto Alegre: Sérgio A. Fabris, 1993.

ÁVILA, Humberto. Teoria da Segurança Jurídica. 5ª ed. São Paulo: Malheiros, 2019.

ÁVILA, Humberto. Teoria dos Princípios. 18ª ed. rev. e atual, São Paulo: Malheiros, 2018.

BACHOFF, Otto. Normas constitucionais inconstitucionais? Trad. José Manual M. Cardoso da Costa. Coimbra: Almedina, 1994.

BARBOSA, Ruy. Obras completas de Ruy Barbosa. Vol. XLII, Tomo I, 1915.

BARCELLOS, Ana Paula de. Curso de direito constitucional. Rio de Janeiro: Forense, 2018.

BARCELLOS, Ana Paula de. A eficácia jurídica dos princípios constitucionais: o princípio da dignidade da pessoa humana. 3ª ed. rev. e atualizada. Rio de Janeiro: Renovar, 2011.

BARCELLOS, Ana Paula de. Ponderação, racionalidade e atividade jurisdicional. Rio de Janeiro: Renovar, 2005.

BARDEAU, Georges. Traité de science politique, v.4, 1969.

BARRETO, Vicente de Paulo; OLIVEIRA, Rafael Tomaz de; STRECK, Lenio Luiz. Ulisses e o canto das sereias: sobre ativismos judiciais e os perigos da instauração de um "terceiro turno da constituinte". Revista Eletrônica da Faculdade de Direito de Franca, São Paulo, v.2. n.1, 2010.

BARROSO, Luís Roberto. O controle de constitucionalidade no direito brasileiro: exposição sistemática da doutrina e análise crítica da jurisprudência. 4ª ed. rev. e atual – São Paulo: Saraiva: 2009.

BARROSO, Luís Roberto. Curso de direito constitucional contemporâneo: os conceitos fundamentais e a construção do novo modelo. 7ª ed. São Paulo: Saraiva Educação, 2018. BARROSO, Luís Roberto. A dignidade da pessoa humana no direito constitucional contemporâneo: a construção de um conceito jurídico à luz da jurisprudência mundial. Trad. Humberto Laport de Mello, 4ª reimpr. Belo Horizonte: Fórum, 2016.

BARROSO, Luís Roberto. Interpretação e aplicação da Constituição: fundamentos de uma dogmática constitucional transformadora. 7ª ed. rev. São Paulo: Saraiva, 2009.

BARROSO, Luís Roberto; MARTEL, Letícia de Campos Velho. A morte como ela é: dignidade e autonomia individual no final da vida. Revista Consultor Jurídico, 11.7.2012.

BARROSO, Luís Roberto. Em algum lugar do passado. Revista Brasileira de Estudos Políticos, Belo Horizonte, v. 90, p. 33-68, 2004.

BARROSO, Luís Roberto. Neoconstitucionalismo e constitucionalização do direito (O triunfo tardio do direito constitucional no Brasil). Revista de Direito Administrativo. Rio de Janeiro, 240: 1-42, abr./jun. de 2005.

BARROSO, Luís Roberto; MELLO, Patrícia Perrone Campos. O papel criativo dos tribunais – técnicas de decisão em controle de constitucionalidade. Revista da AJURIS. Porto Alegre, v. 46, n.º 146, p. 295-334, junho, 2019.

BARROSO, Luís Roberto; OSÓRIO, Aline. "Sabe com quem está falando?": Notas sobre princípio da igualdade no Brasil contemporâneo. Revista Direito & Práxis. Rio de Janeiro, vol. 7, n.º 13, 2016, p. 204-232.

BATEUP, Cristina. The Dialogic Promise: Assessing the Normative Potential of Theories of Constitutional Dialogue. Brooklyn Law Review, v. 71, 2006.

BINENBOJM, Gustavo. A nova jurisdição constitucional brasileira. 2. ed., Renovar, 2004.

BITTENCOURT, Carlos Alberto Lúcio. O controle jurisdicional de constitucionalidade das leis. 2ª ed. Rio de Janeiro: Forense, 1968.

BITTENCOURT, Cezar Roberto. Tratado de direito penal: parte geral 1. 24. ed., São Paulo: Saraiva Educação, 2018.

BOBBIO, Norberto. Teoria da norma jurídica. Trad. Ariani Bueno Sudatti e Fernando Pavan Baptista e. 6ª ed. São Paulo: Edipro, 2016.

BOBBIO, Norberto. Teoria do ordenamento jurídico. Trad. Maria Celeste C. J. Santos. 6ª. Brasília: Editora Universidade de Brasília, 1995.

BODIN, Jean. Os seis livros da República: livro primeiro. Tradução José Carlos Orsi Morel. 1ª ed. São Paulo: Ícone, 2011.

BONAVIDES, Paulo. Prefácio. *In*: SARLET, Ingo Wolfgang. Dignidade da pessoa humana e direitos fundamentais na Constituição Federal de 1988. Belo Horizonte: Livraria do Advogado, 2001.

BONAVIDES, Paulo. Curso de direito constitucional. 34ª ed. atual. São Paulo: Malheiros, 2019.

BOVERO, Michelangelo. Contra o governo dos piores: uma gramática democrática. Trad. Daniela Becaccia Versiani. Rio de Janeiro: Campus, 2002.

BRANCO, Paulo Gustavo Gonet; MENDES, Gilmar Ferreira. Curso de direito constitucional. 12ª ed. rev. e atual. São Paulo: Saraiva, 2017.

BRANDÃO, Rodrigo. Direitos fundamentais, democracia e cláusulas pétreas. Rio de Janeiro: Renovar, 2008.

BRANDÃO, Rodrigo. São os direitos sociais cláusulas pétreas? Em que medida? Custos Legis: revista eletrônica do Ministério Público Federal. Vol. II. 2010.

BRITTO, Carlos Ayres. Teoria da constituição. Rio de Janeiro: Forense, 2003.

BUENO, Cassio Scarpinella. A nova lei do mandado de segurança. 2ª ed. São Paulo: Saraiva, 2010.

BULOS, Uadi Lammêgo. Curso de Direito Constitucional. 8ª ed. rev. e atual. São Paulo: Saraiva, 2014.

BUSATO, Paulo César. Direito penal: parte geral. 2ª ed., São Paulo: Atlas, 2015.

BUZAID, Alfredo. Da ação direta de declaração de inconstitucionalidade no direito brasileiro. São Paulo: Saraiva, 1958.

CABRAL, Antônio do Passo. Pelas asas de Hermes: a intervenção do amicus curiae, um terceiro especial. Revista de Direito Administrativo (RDA), Rio de Janeiro, n. 234, p. 111-141, out./dez., 2003.

CAPPELLETTI, Mauro. Acesso à justiça. Trad. Ellen Gracie Northfleet. Porto Alegre: Fabris, 1988.

CAPPELLETTI, Mauro. O controle judicial de constitucionalidade das leis no direito comparado. Trad. Aroldo Plínio Gonçalves. Porto Alegre: Fabris, 1984.

CAPPELLETTI, Mauro. Juízes Irresponsáveis? Trad. Carlos Alberto Álvaro de Oliveira. Porto Alegre: Fabris, 1989.

CAMPOS, Roberto. A constituição contra o Brasil: ensaios de Roberto Campos sobre a constituinte e a Constituição de 1988. Org. Paulo Roberto de Almeida. São Paulo: LVM Editora, 2018.

CAMPOS, Carlos Alexandre de Azevedo. O Estado de Coisas Inconstitucional e o litígio estrutural. Disponível em: https://www.conjur.com.br/2015-set-01/carlos-campos-estado-coisas-inconstitucional-litigio-estrutural. Acesso em: 13 de abril de 2019.

CANOTILHO, J.J. Gomes *et al.* Comentários à Constituição do Brasil. 1ª ed. São Paulo: Saraiva/Almedina, 2013.

CANOTILHO, J.J. Gomes. Constituição dirigente e vinculação do legislador: contributo para a compreensão das normas constitucionais programáticas. 2ª ed. Coimbra: Coimbra Editora, 2001.

CANOTILHO, J.J. Gomes. Direito Constitucional e Teoria da Constituição, 7ª ed., 20ª reimp. Coimbra: Almedina, 2003.

CARRAZZA, Roque Antonio. Curso de Direito Constitucional Tributário. 15ª ed. São Paulo: Malheiros, 2000.

CARVALHO FILHO, José dos Santos. Manual de Direito Administrativo. 33ª ed. São Paulo: Atlas, 2019.

CAVALCANTI, Themístocles Brandão. Lei de aumento de vencimentos - Iniciativa do poder executivo - Sanção - Ratificação e homologação. Revista de Direito Administrativo. RDA: Revista de Direito Administrativo, Rio de Janeiro, v. 72, p. 417-423, 1963.

CLÈVE, Clèmerson Merlin. A fiscalização abstrata da constitucionalidade no Direito brasileiro. 2ª ed. rev. atual. amp. São Paulo: Editora Revista dos Tribunais, 2000.

CLÈVE, Clèrmerson Merlin. Medidas provisórias. 3ª ed. São Paulo: Revista dos Tribunais, 2010.

COELHO, Inocêncio Mártires. Métodos e princípios da interpretação constitucional. RDA, Rio de Janeiro, 230, p. 163-168, Out./Dez. 2002.

COELHO, Paulo Magalhães da Costa. O poder constituinte e a construção de utopias: suas possibilidades e limites, em Revista do Instituto de Pesquisas e Estudos Divisão Jurídica, v. 48, n. 62, 2014.

COMPARATO, Fábio Konder. O Ministério Público na Defesa dos Direitos Econômicos, Sociais e Culturais. *In*: Eros Roberto Grau e Sérgio Sérvulo Cunha. Estudos de Direito Constitucional em Homenagem a José Afonso da Silva. São Paulo: Malheiros, 2003.

CONTRERAS, Sérgio Gamonal. Cidadania na empresa e eficácia diagonal dos direitos fundamentais. São Paulo: LTr, 2011.

CORASSIN, Maria Luiza. Sociedade e política na Roma Antiga. São Paulo: Atual, 2001.

CUNHA JÚNIOR, Dirley da. Controle de constitucionalidade: teoria e prática. 8ª ed. rev. ampl. e atual. – Salvador: Juspodivm, 2016.

CUNHA, Leonardo Carneiro da. A Fazenda Pública em juízo, 13ª ed., totalmente reformulada, Rio de Janeiro: Forense, 2016.

CUNHA, Rogério Sanches. Manual de Direito Penal: Parte Geral (artigos 1º a 120). 4ª ed. rev. ampl. e atual. Salvador: Juspodivm, 2016.

DAHL, Robert. Sobre a democracia. Trad. Beatriz Sidou. Brasília: Editora Universidade de Brasília, 2001.

DALLARI, Dalmo de Abreu. Elementos da Teoria Geral do Estado. 28ª ed., São Paulo: Saraiva, 2009.

DIDIER JÚNIOR, Fredie. Curso de direito processual civil: introdução ao direito processual civil, parte geral e processo de conhecimento. v. 1. 19ª ed. Salvador: Juspodivm, 2017.

DINAMARCO, Cândido Rangel; Lopes, Bruno Vasconcellos Carrilho. Teoria geral do novo processo civil. 2ª ed., São Paulo: Malheiros, 2017.

DINAMARCO, Cândido Rangel. Relativizar a coisa julgada material. Revista de Processo. São Paulo: RT, 2003, n. 109, p. 24-25.

DI PIETRO, Maria Sylvia Zanella, Direito Administrativo, 30. ed. rev., atual e ampl., Rio de Janeiro: Forense, 2017.

DWORKIN, Ronald. Taking rights seriously. Harvard University Press, 1977.

FAGUNDES, Miguel Seabra. Lei - Iniciativa do poder executivo - Sanção - Delegação e usurpação de poderes. RDA: Revista de Direito Administrativo, Rio de Janeiro, v. 72, p. 423-427, 1963.

FAORO, Raymundo *et al*. Constituição e constituinte. São Paulo: Revista dos Tribunais, 1987.

FARIAS, Cristiano Chaves de; ROSENVALD, Nelson. Curso de direito civil: parte geral e LINDB. 15ª ed. rev. ampl. e atual. Salvador: Ed. Juspodivm, 2017.

FARIAS, Paulo José Leite. Competência federativa e proteção ambiental. Porto Alegre: Fabris, 1999.

FAVOREAU, Louis. El bloque de la constitucionalidad. Revista del Cientro de Estudos Constitucionales, núm. 5, Enero-Marzo, 1990.

FERNANDES, Bernardo Gonçalves. Curso de direito constitucional. 12ª ed. Salvador: Editora Juspodivm, 2020.

FERRAZ, Anna Cândida da Cunha. Poder constituinte do estado-membro. São Paulo: Revista dos Tribunais, 1979.

FERRAZ, Leonardo de Araújo. Princípio da proporcionalidade: da teoria à crítica. Belo Horizonte: Editora Dictum, 2009.

FERREIRA FILHO, Manoel Gonçalves. Comentários à Constituição Brasileira de 1988. Vol. I. São Paulo: Saraiva, 1990.

FERREIRA FILHO, Manoel Gonçalves. Curso de direito constitucional. 40. ed. São Paulo: Saraiva, 2015.

FERREIRA FILHO, Manoel Gonçalves. O Estado Federal Brasileiro à luz da Constituição de 1988. Revista da Faculdade de Direito, Universidade de São Paulo, 86, 1991.

FERREIRA FILHO, Manoel Gonçalves. O poder constituinte. 6ª ed. rev., São Paulo: Saraiva, 2014.

FERREIRA FILHO, Manoel Gonçalves. Do processo legislativo. 7ª ed. rev. e atual. São Paulo: Saraiva, 2012.

FERREIRA FILHO, Manoel Gonçalves. Os princípios do direito constitucional e o art. 192 da carta magna. Revista de Direito Público, São Paulo, v. 21, n. 88, p. 162–171, out./dez., 1988.

GAIO, Daniel; LIMA, Sílvia Tibo Barbosa. Políticas de moradia para pessoas em situação de rua: uma abordagem comparativa entre os modelos Housing First e Treatment First. R. Bras. de Dir. Urbanístico – RBDU, Belo Horizonte, ano 8, n. 15, p. 165-178, jul./dez. 2022.

GAMONAL, Sergio Conteras. La Eficacia Diagonal u Oblicua y los Estándares de Conducta en el Derecho del Trabajo. Santiago: Thomson Reuters, 2015.

GEBRAN NETO, João Pedro. A aplicação imediata dos direitos e garantias individuais: a busca de uma exegese emancipatória. São Paulo: Editora Revista dos Tribunais, 2002.

GOMES, José Jairo. Direito eleitoral. 13ª ed. São Paulo: Atlas, 2017.

GRAU, Eros Roberto. A ordem econômica na Constituição de 1988. 13ª ed. São Paulo: Malheiros, 2008.

GUASTINI, Riccardo. Das fontes às normas. Trad. Edson Bibi. São Paulo: Quartier Latin, 2005.

HÄBERLE, Peter. Hermenêutica constitucional: a sociedade aberta dos intérpretes da Constituição – contribuição para a interpretação pluralista e procedimental da Constituição. Porto Alegre: Sérgio Antônio Fabris Editor, 2004.

HABERMAS, Jurgen; RATZINGER, Joseph. Dialética da secularização: sobre a razão e religião. Trad. Alfred J. Keller. Aparecida: Ideias & Letras, 2007.

HORTA, Raul Machado. Direito constitucional. 5ª ed. Belo Horizonte: Del Rey Editora, 2010.

HORTA, Raul Machado. Natureza do poder constituinte do Estado-membro. In: HORTA, Raul Machado. Estudos de direito constitucional, 1985, pp. 73 a 78.

KELSEN, Hans. A democracia. 3ª ed., São Paulo: Editora WMF Martins Fontes, 2019.

KELSEN, Hans. Teoria geral do direito e do estado. Trad. Luís Carlos Borges. São Paulo: Martins Fontes, 2000.

KELSEN, Hans. Teoria pura do direito. Trad. João Baptista Machado. São Paulo: Martins Fontes, 1999.

KONRAD, Hesse. A força normativa da constituição. Trad. Gilmar Ferreira Mendes. Porto Alegre: Sergio Antônio Fabris Editor, 1991.

LANDAU, David. *Abusive constitutionalism.* UC Davis Law Review, Estados Unidos, v. 47, n. 1, pp. 189-260, nov. 2013.

LASALLE, Ferdinand. A essência da Constituição. 6ª ed., Rio de Janeiro: Editora Lumen Juris, 2001.

LE GOFF, Jacques. A civilização do Ocidente medieval. Trad. Mônica Stahel. Rio de Janeiro: Vozes, 2016.

LEITE, Harrison. Manual de Direito Financeiro. 5ª ed. rev. ampl. e atual. Salvador: Editora Juspodivm, 2016.

LENZA, Pedro. Direito constitucional esquematizado, 22ª ed., São Paulo: Saraiva Educação, 2018.

LEONCY, Léo Ferreira. Controle de constitucionalidade estadual: as normas de observância obrigatória e a defesa abstrata da Constituição do Estado-membro. São Paulo: Saraiva, 2007.

LEWANDOWSKI, Enrique Ricardo. Pressupostos materiais e formais da intervenção federal no Brasil. 2ª ed. rev. ampl. e atualizada, Belo Horizonte: Fórum, 2018.

LIMA, Renato Brasileiro de. Manual de processo penal: volume único. 4ª ed. rev. ampl. e atual, Salvador: Ed. Juspodivm, 2016.

LOCKE, John. Dois tratados do governo civil. Trad. Miguel Morgado. Lisboa: Edições 70, 2009.

LOEWENSTEIN, Karl. Teoría de la Constitución. Tradución por Alfredo Gallego Anabitarte. 2 ed. Barcelona: Editorial Ariel, 1976.

LOPES, João Batista. Sujeito passivo no mandado de segurança. *In* BUENO, Cássio Scarpinella *et al* (Org.), Aspectos polêmicos e atuais do mandado de segurança – 51 anos depois. São Paulo: RT, 2002.

MARINONI, Luiz Guilherme; MITIDIERO, Daniel; SARLET, Ivo Wolfgang. Curso de Direito Constitucional. 7ª ed., São Paulo: Saraiva Educação, 2018.

MARMELSTEIN, George. Efeito Backlash da Jurisdição Constitucional: reações políticas ao ativismo judicial. Disponível em <https://www.cjf.jus.br/caju/Efeito.Backlash.Jurisdicao.Constitucional_1.pdf>. Acesso em 10.8.2020.

MARTINS FILHO, Ives Gandra; MONTEIRO JÚNIOR, Antônio Jorge (org.). Direito à privacidade. São Paulo: Centro de Extensão Universitária, 2005.

MAZZILLI, Hugo Nigro. O Ministério Público na Constituição de 1988. São Paulo: Saraiva, 1989.

MCILWAIN, Charles Howard. *Constitutionalism: ancient and modern.* Indianápolis: Liberty Fund, 2007.

MEIRELLES, Hely Lopes. Direito administrativo brasileiro. 32ª ed., São Paulo: Malheiros, 2006.

MEIRELLES, Hely Lopes. Direito municipal brasileiro. 16ª ed. São Paulo: Malheiros, 2008.

MEIRELLES, Hely Lopes. Mandado de segurança e ações constitucionais/Hely Lopes Meirelles, Arnaldo Wald, Gilmar Ferreira Mendes; com a colaboração de Marina Gaensly e Rodrigo de Oliveira Kaufmann – 38. ed. – São Paulo: Malheiros, 2019.

MELLO, Celso Antônio Bandeira de. Curso de direito administrativo. 27. ed., São Paulo: Malheiros, 2010.

MENDES, Conrado Hübner. Direitos fundamentais, separação de poderes e deliberação. Dissertação (Doutorado em Ciência Política) – Faculdade de Filosofia, Letras e Ciências Humanas, Universidade de São Paulo – USP, São Paulo, 2008.

MENDES, Gilmar Ferreira. O apelo ao legislador – Appellentscheidung – na Práxis da Corte Constitucional Federal Alemã. Revista de Informação Legislativa. Brasília, a. 29, n. 114, p. 473-502, abr./jun. 1992.

MENDES, Gilmar Ferreira. Arguição de descumprimento de preceito fundamental: demonstração de inexistência de outro meio eficaz. In: Revista Jurídica Virtual, vol. 2, n.º 13, junho/2000.

MENDES, Gilmar Ferreira. Controle de constitucionalidade: aspectos jurídicos e políticos. São Paulo: Saraiva, 1990.

MENDES, Gilmar Ferreira. Direitos fundamentais e controle de constitucionalidade. 2ª ed. São Paulo: Saraiva, 2012.

MENDES, Gilmar Ferreira. Os limites da revisão constitucional. Cadernos de Direito Constitucional e Ciência Política, n.º 21, p. 69-91, 1997.

MIRANDA, Jorge. Direitos Fundamentais. 2ª ed. Coimbra: Almedina, 2018.

MIRANDA, Jorge. Manual de direito constitucional. 3 v. Coimbra: Coimbra Editora, 2014.

MIRANDA, Jorge. Teoria do Estado e da Constituição. 5ª ed. Rio de Janeiro: Forense, 2019.

MONTESQUIEU, Charles de Secondat Baron de. O espírito das leis. Trad. Cristina Murachco. São Paulo: Martins Fontes, 1996.

MORAES, Alexandre. Constituição do Brasil Interpretada e legislação constitucional. 9ª ed. São Paulo: Atlas, 2013.

MORAES, Alexandre de. Direito Constitucional, 34ª ed. São Paulo: Atlas, 2018.

MORAIS, Carlos Blanco de. As sentenças com efeitos aditivos. *In:* As sentenças intermédias da justiça constitucional (coord. Carlos Blanco de Morais). Lisboa: AAFDL, 2009.

MOREIRA NETO, Diogo de Figueiredo. Competência Concorrente Limitada. O problema da conceituação das normas gerais. Revista de Informação Legislativa, Brasília, ano 25, n. 100, p. 127-162, out./dez. 1988.

MOREIRA NETO, Diogo de Figueiredo. A revisão constitucional brasileira: como se situa, qual seu alcance e quais seus limites. Rio de Janeiro: Lumen Juris, 1993.

MOREIRA, José Carlos Barbosa. O habeas data brasileiro e sua lei regulamentadora. Revista de Direito Administrativo, Rio de Janeiro, 211: 47-63, jan./mar., 1998.

MULLER, Friedrich. Métodos de trabalho do direito constitucional. Trad. Peter Naumann. 3ª ed. rev. e ampliada. Rio de Janeiro: Renovar, 2005.

NEVES, José Roberto de Castro (org.). Os grandes julgamentos da história. 1ª ed. Rio de Janeiro: Nova Fronteira, 2018.

NEVES, Marcelo. A constitucionalização simbólica. São Paulo: Editora Acadêmica, 1994.

NEVES, Marcelo. Do diálogo entre as cortes supremas e a Corte Interamericana de Direitos Humanos ao transconstitucionalismo na América Latina. Revista de informação legislativa, ano 51, n. 201, jan./mar. 2014.

NOVELINO, Marcelo. Curso de direito constitucional. 12ª ed. rev., ampl. e atual. Salvador: Ed. Juspodivm, 2017.

NUCCI, Guilherme de Souza. Manual de processo penal e execução penal. 3. ed. São Paulo: RT, 2007.

OTERO, Paulo. Ensaio sobre o caso julgado inconstitucional. Lisboa: Lex, 1993.

PERNICE, Ingolf. La dimensión global del Constitucionalismo Multinivel: Una respuesta legal a los desafíos de la globalización. Serie Unión Europea y Relaciones Internacionales, n. 61, 2012.

PINHEIRO, Bruno. Controle de constitucionalidade: doutrina, jurisprudência e questões. Rio de Janeiro: Forense, 2009.

PINHEIRO, Bruno. Hermenêutica constitucional. Belo Horizonte: Editora D'Plácido, 2019.

PINTO, Paulo Brossar de Souza. O impeachment: aspectos da responsabilidade jurídica do Presidente da República. Porto Alegre: Oficinas Gráficas da Livraria do Globo S.A., 1964.

PONTES DE MIRANDA, Francisco Cavalcanti. Comentários à Constituição de 1967 com a Emenda n.º 1 de 1969. São Paulo: Revista dos Tribunais, 1970.

PONTES DE MIRANDA. Tratado de direito privado. Parte Geral. 4. ed. São Paulo: RT, t. I, 1974.

PORTELA, Paulo Henrique Gonçalves. Direito internacional público e privado. 7ª ed. rev. ampl. e atualizada. Salvador: Editora Juspodivm, 2015.

RAMOS, André de Carvalho. Curso de Direitos Humanos. 10ª ed. São Paulo: SaraivaJur, 2023.

RAMOS, Dircêo Torrecillas. O federalismo assimétrico. 2ª ed. Rio de Janeiro: Forense, 2000.

RAMOS, Elival da Silva. Ativismo judicial: parâmetros dogmáticos. 2ª ed. São Paulo: Saraiva, 2015.

RAMOS, Elival da Silva. Controle jurisdicional de políticas públicas: a efetivação dos direitos sociais à luz da Constituição brasileira de 1988. Revista da Faculdade de Direito da Universidade de São Paulo, São Paulo, v. 102, p. 327-356, jan./dez. 2007.

RANIERI, Nina. Teoria do Estado: do Estado de Direito ao Estado Democrático de Direito. Barueri: Manole, 2013.

REALE, Miguel. Lições preliminares de direito. 27ª ed., São Paulo: Saraiva, 2002.

REALE, Miguel. Teoria do direito e do estado. 5ª ed. São Paulo: Saraiva, 2000.

REZEK, José Francisco. Direito internacional público: curso elementar. 15. ed. rev. e atual, São Paulo: Saraiva, 2014.

ROUSSEAU, Jean-Jacques. Do contrato social. Trad. Eduardo Brandão. São Paulo: Penguin Classics, Companhia das Letras, 2011.

SAMPAIO, José Adércio Leite. As sentenças intermediárias e o mito do legislador negativo. *In*: CRUZ, Álvaro Ricardo de Souza; SAMPAIO, José Adércio Leite (Orgs.). Hermenêutica e jurisdição constitucional. Belo Horizonte: Del Rey, 2001.

SAMPAIO, Nelson de Souza. O poder de reforma constitucional. Salvador: Livraria Progresso, 1954.

SANTOS, Aricê Moacyr Amaral. O Estado de emergência. 1ª ed. São Paulo: Sugestões Literárias, 1981.

SARLET, Ingo Wolfgang. A eficácia do direito fundamental à segurança jurídica: dignidade da pessoa humana, direitos fundamentais, e proibição de retrocesso social no direito constitucional brasileiro. Revista Brasileira de Direito Público – RBDP, Belo Horizonte, ano 3, n.º 11, p. 111-156, out./dez. 2005.

SARLET, Ingo Wolfgang. A eficácia dos direitos fundamentais: uma teoria geral dos direitos fundamentais na perspectiva constitucional. 11. ed. rev. atual. Porto Alegre: Livraria do Advogado Editora, 2018.

SARMENTO, Daniel. Constituição e Globalização: a crise dos paradigmas do Direito Constitucional. Revista de Direito Administrativo, Rio de Janeiro, v. 215, pp. 19-34, jan./mar. 1999.

SARMENTO, Daniel. Os crucifixos nos tribunais e a laicidade do Estado. Revista eletrônica PRPE, maio de 2007.

SARMENTO, Daniel; SOUZA NETO, Cláudio Pereira de. Direito Constitucional: teoria, história e métodos de trabalho – 2ª edição, 2 reimpr. Belo Horizonte: Fórum, 2016.

SARMENTO, Daniel. Livres e iguais: estudos de Direito Constitucional. Rio de Janeiro: Lumen Iuris, 2006.

SARMENTO, Daniel. A proteção judicial dos direitos sociais: alguns parâmetros ético-jurídicos. *In*: SOUZA NETO, Cláudio Pereira de; SARMENTO, Daniel. (Orgs.). Direitos Sociais: fundamentos, judicialização e direitos sociais em espécie. Rio de Janeiro: Lumen Juris, 2008.

SCHMITT, Carl. *Teoría de la Constituición*. Versión española de Francisco Ayala. 1ª ed., 2ª reimpresión, Madrid: Alianza Universidad Textos, 1996.

SIÈYES, Emmanuel Joseph. A constituinte burguesa: Qu'est-ce que le Tier État? 4ª ed. Trad. Norma Azevedo. Rio de Janeiro: Editora Lumen Iuris, 2001.

SIÈYES, Emmanuel Joseph. Qu'est-ce que le Tiers-État? Ed. Prodinnova, 2019.

SILVA, José Afonso da. Aplicabilidade das normas constitucionais. 7ª ed. 3ª tiragem, São Paulo: Malheiros, 2009.

SILVA, José Afonso da. Comentário contextual à constituição. 9ª ed. São Paulo: Malheiros, 2014.

SILVA, José Afonso da. Curso de direito constitucional positivo. 42ª ed., rev. e atual, São Paulo: Malheiros, 2019.

SILVA, José Afonso da. Direito urbanístico brasileiro. 5ª ed. São Paulo: Malheiros, 2008.

SILVA, José Afonso da. Processo constitucional de formação das leis. 3ª ed. São Paulo: Malheiros, 2017.

SILVA, Marco Antonio Marques. Cidadania e democracia: instrumentos para a efetivação da dignidade da pessoa humana. In: SILVA, Marco Antonio Marques da & MIRANDA, Jorge (Coordenação). Tratado Luso-Brasileiro da Dignidade Humana. 2ª ed. São Paulo: Quartier Latin, 2009.

SILVA, Virgílio Afonso da. A constitucionalização do direito: os direitos fundamentais nas relações entre particulares. 1ª ed. 3ª tiragem. São Paulo: Malheiros, 2014.

SILVA, Virgílio Afonso da. Direitos fundamentais, conteúdo essencial, restrições e eficácia. 2ª ed. 4ª tiragem, São Paulo: Malheiros, 2017.

SILVA, Virgílio Afonso da. O proporcional e o razoável, em Revista dos Tribunais, n. 798, p. 23-50, 2002.

SILVA JÚNIOR, Walter Nunes da. Princípios da presunção de inocência e da não culpabilidade: distinção, aplicação e alcance. Revista Digital Constituição e Garantia de Direitos, v. 10, n. 2, p. 145 - 169, 4 jul. 2018.

SMEND, Rudolf. Costitucion y derecho constitucional. Trad. José María Beneyto Pérez. Madrid: Centro de Estudios Constitucionales, 1995.

STRECK, Lenio Luiz. As interceptações telefônicas e os direitos fundamentais. 2ª ed. Porto Alegre: Livraria do Advogado, 2001.

STRECK, Lenio Luiz. O que é isto – o constitucionalismo contemporâneo. Revista do CEJUR/TJSC: Prestação Jurisdicional, v. 1, n. 02, p. 27-41, out. 2014.

SUNDFELD, Carlos Ari. Direito Administrativo para céticos. São Paulo: Malheiros, 2012.

SUSTEIN, Cass R. "The Rights of Animals: A Very Short Primer". University of Chicago Public Law & Legal Theory Working Paper No. 30, 2002.

TEMER, Michel. Elementos de direitos constitucional. 22ª ed., 2ª tiragem. São Paulo: Malheiros, 2008.

TEMER, Michel. Território federal nas constituições brasileiras. São Paulo: Revista dos Tribunais, 1975.

TAVARES, André Ramos; ROTHENBURG, Walter Claudius (org.). Arguição de descumprimento de preceito fundamental: análise à luz da Lei n. 9.882/99. São Paulo: Atlas, 2001.

TAVARES, André Ramos. Tratado da arguição de preceito fundamental: Lei n.º 9.868/99 e Lei n.º 9.882/99. São Paulo: Saraiva, 2001.

TAVARES, André Ramos. Curso de Direito Constitucional. 16ª ed. São Paulo: Saraiva Educação 2018.

VIEIRA, Oscar Vilhena. A Constituição e sua reserva de justiça: um ensaio sobre os limites materiais ao poder de reforma. São Paulo: Malheiros, 1999.

VIEHWEG, Theodor. Tópica e Jurisprudência. Trad. de Tércio Sampaio Ferraz Jr. Brasília: Departamento de Imprensa Nacional, 1979.

WALDRON, Jeremy. Separation of Powers in Thought and Practice, 54 B.C.L. Rev. 433 (2013).

ZAGREBELSKY, Gustavo. El derecho dúctil: ley, derechos, justicia. Traducción de Marina Gascón. Madrid: Editorial Trotta, 1995.

ZAVASCKI, Teori Albino. Processo coletivo. 5ª ed. São Paulo: Revista dos Tribunais, 2011.

ZIMMERMAN, Augusto. Curso de direito constitucional. 2ª ed. Rio de Janeiro: Lumen Juris, 2000.

EDITORA *Jus*PODIVM
www.editorajuspodivm.com.br

COLOR system

JUS3099